Professor Dr. Dr. h.c. mult. Peter Häberle

Europäische Verfassungslehre

4., aktualisierte und erweiterte Auflage

 Nomos

Bibliografische Information Der Deutschen Bibliothek

Die Deutsche Bibliothek verzeichnet diese Publikation in der Deutschen Nationalbibliografie; detaillierte bibliografische Daten sind im Internet über http://dnb.ddb.de abrufbar.

ISBN 3-8329-1831-0 (Nomos Verlagsgesellschaft, Baden-Baden)
ISBN 3-7190-2573-X (Helbing & Lichtenhahn Verlag, Basel)

4. Auflage 2006
© Nomos Verlagsgesellschaft, Baden-Baden 2006. Printed in Germany. Alle Rechte, auch die des Nachdrucks von Auszügen, der photomechanischen Wiedergabe und der Übersetzung, vorbehalten. Gedruckt auf alterungsbeständigem Papier.

Inhaltsübersicht

Vorwort zur vierten, überarbeiteten Auflage 1
Vorwort zur dritten, aktualisierten und erweiterten Auflage 1
Vorwort zur zweiten, erweiterten Auflage 1
Vorwort 2

Einleitung: Kulturwissenschaftliches Vorverständnis, text- und kontextwissenschaftliche Methodenwahl, entwicklungsgeschichtlicher Ansatz 4

   A. Das Textstufenparadigma, komparatistische und kulturwissenschaftliche Öffnung der Verfassungslehre – erarbeitet an der "Sache Europa" 4

   B. Die Kontextthese 10

   C. Europa als Beispiel einer konstitutionell dichten regionalen Verantwortungs- und Solidargemeinschaft im Rahmen der globalen Verantwortungsgemeinschaft der Menschheit bzw. des Völkerrechts als Menschheitsrechts 27

   D. Regionale und universale Verantwortungsgemeinschaften: Europäische Verfassungslehre (nicht "Europäisches Verfassungsrecht"), auch nicht europäische Staatslehre, da Europa kein Superstaat, sondern das Europa der "kulturellen Vaterländer" ist, diese aber "europäische Verfassungsstaaten" sind 31

   E. Die "europäische (Verfassungs-)Familie" im Spannungsfeld von "europäischer Identität" und nationalen Identitäten – "Europäisierung" und ihre Grenzen 53

Erster Teil: Europa als Gegenstand (im Focus) der Verfassungslehre 65

   A. Das – kulturelle – Europa-Bild 65

   B. Europäische Rechtskultur – "Gemeineuropäisches Verfassungsrecht" – der "Europäische Jurist" 104

   C. Europäische Öffentlichkeit 163

   D. Rationale und emotionale Konsensquellen in Europa: national/europäisch 183

Zweiter Teil: Verfassunggebung in Europa heute sowie in naher Zukunft 187

   A. Verfassungsverständnisse – klassische und neuere (national/europäisch) – das "gemischte Verfassungsverständnis" 187

   B. Das konstitutionelle Europa von heute: eine werdende "Verfassungsgemeinschaft" eigener Art mit Gemeinschaftsvölkern, das konstitutionelle Mosaik ... 209

C. Konsequenzen: Relativierung der nationalen Verfassungen zu Teilverfassungen 221

D. Eine – welche – "Verfassung für Europa" inskünftig – Wege, Verfahren und Inhalte 232

E. Europäische Verfassungsinterpretation – die offene Gesellschaft der europäischen Verfassungsinterpreten und das Desiderat einer europäischen Methodenlehre 246

Dritter Teil: Wesentliche Verfassungsthemen und Textformen des sich konstituierenden Europa 273

    A. Präambeln 274

    B. Menschenwürde als "kulturanthropologische Prämisse" auch Europas 286

    C. Demokratie als organisatorische Konsequenz der Menschenwürde (national und europäisch) 295

    D. Das "Europa der Bürger": Gemeineuropäisches Grundrechte-Recht 330

    E. Gemeinwohl, Grund- bzw. Orientierungswerte, Verfassungsziele, Erziehungsziele, national und europäisch 369

    F. Rechtsstaatliche Strukturen im europäischen Verfassungsraum – der "europäische Rechtsstaat" 395

    G. "Checks and Balances" im konstitutionellen Europa 404

    H. Europäische Verfassungsgerichte: EuGH und EGMR 460

    I. Konstitutionelle Elemente und Dimensionen sozialer Gerechtigkeit in Europa 481

    J. Europäisches Kulturverfassungsrecht 489

    K. Europäisches Religionsverfassungsrecht 513

    L. Europäisches Umweltverfassungsrecht 526

    M. Das europäische Wirtschaftsverfassungsrecht 536

    N. Das EU-Steuer- bzw. Finanzverfassungsrecht (Auswahl) 561

Ausblick und Schluss: Reformbedürfnisse und Reformfähigkeit des konstitutionellen Europa 577

    A. Reformfragen der nationalen Verfassungsstaaten in Europa 578

    B. Reformbedürfnisse heute, eine Bestandsaufnahme in Auswahl 583

    C. Reformwege und -verfahren in Verfassungstheorie und -praxis 588

D. Reformfragen in Europa im engeren und weiteren Sinne 593

Anhang: "Versuch und Irrtum" in der jüngsten Verfassungsentwicklung der EU 600

Nachtrag: Die Brüsseler EU-Verfassung vom Juni/Oktober 2004 auf dem Forum der Europäischen Verfassungslehre 647

Ausblick 2006: Juristische Konsequenzen des doppelten Neins von Frankreich und den Niederlanden zur EU-Verfassung 666

Abkürzungsverzeichnis 678
Sachregister 683

Inhaltsverzeichnis

Vorwort zur vierten, überarbeiteten Auflage 1
Vorwort zur dritten, aktualisierten und erweiterten Auflage 1
Vorwort zur zweiten, erweiterten Auflage 1
Vorwort 3
Einleitung: Kulturwissenschaftliches Vorverständnis, text- und kontextwissenschaftliche Methodenwahl, entwicklungsgeschichtlicher Ansatz 4

   A. Das Textstufenparadigma, komparatistische und kulturwissenschaftliche Öffnung der Verfassungslehre – erarbeitet an der "Sache Europa" 4

      I. Das Textstufenparadigma als Teil der Entwicklungsgeschichte des Verfassungsstaates – die komparatistische Öffnung der Verfassungslehre . 4

      II. Verfassungstheorien: Die kulturwissenschaftliche Grundierung und Sensibilisierung der Verfassungslehre 6

         1. Klassische Verfassungstheorien – eine Übersicht 6

         2. Der eigene Ansatz: das gemischte, kulturwissenschaftliche Verfassungsverständnis 9

      III. Die Verarbeitung von Texten, Theorien und Judikatur aus ganz Europa – ein Ideal 9

   B. Die Kontextthese 10

      I. Problemstellung 10

      II. Allgemeine Überlegungen zum Typus "Verfassungsstaat", seiner Kultur sowie zum Kontext-Begriff 11

         1. Das kulturwissenschaftliche Verfassungsverständnis – "Verfassung als Kultur" –, alte und neue Klassikertexte, die spezifische Offenheit 11

         2. Der Kontext-Begriff: Text und Kontext 12

            a) Elemente einer Bestandsaufnahme 12

            b) Ein eigener Ansatz: Das kontextualistische Verfassungsverständnis ... 14

         3. Bezugsfelder für verfassungsstaatliche Kontexte 16

            a) Religion und Philosophie, Ethik und Pädagogik 16

            b) Politik und Psychologie 20

            c) Ökonomie und Ökologie 20

      III. Beispiele aus der Schweizer Bundesverfassung und Kantonsverfassungen (Auswahl) 22

         1. Die neue Schweizer Bundesverfassung in ihren Kontexten 22

         2. Ältere und neuere Kantonsverfassungen 25

      IV. Ausblick 27

C. Europa als Beispiel einer konstitutionell dichten regionalen Verantwortungs- und Solidargemeinschaft im Rahmen der globalen Verantwortungsgemeinschaft der Menschheit bzw. des Völkerrechts als Menschheitsrechts 27
  I. Die regionale Einbindung 27
  II. Der "Schulterschluss" mit dem Völkerrecht als verfassungsstaatlichem "Innenrecht": "Menschheitsrecht" 28

D. Regionale und universale Verantwortungsgemeinschaften: Europäische Verfassungslehre (nicht "Europäisches Verfassungsrecht"), auch nicht europäischen Staatslehre, da Europa kein Superstaat, sondern das Europa der "kulturellen Vaterländer" ist, diese aber "europäische Verfassungsstaaten" sind 31
  I. Problemstellung 31
  II. Methodenfragen 33
  III. Konsequenzen 36
  IV. Inkurs: Art. 29 GG in kulturwissenschaftlicher und "europäischer" Sicht . 39
    1. Problemstellung 39
    2. Der primär kulturverfassungsrechtliche Ansatz 41
      a) Die Vielschichtigkeit und Offenheit des Kulturbegriffs, die Relativierung der Staatsbezogenheit, die ganzheitliche und prozessuale Interpretation 42
      b) Insbesondere: Die "kulturellen Zusammenhänge" (Art. 29 Abs. 1 S. 2 GG) 43
      c) Zur Neugliederungsdebatte in den ost- und westdeutschen Bundesländern 47
      d) Die Idee des "fiduziarischen Föderalismus" 49
      e) Eine rechtsvergleichende Perspektive 49
    3. Die Europäisierung des Art. 29 Abs. 1 GG 52

E. Die "europäische (Verfassungs-)Familie" im Spannungsfeld von "europäischer Identität" und nationalen Identitäten – "Europäisierung" und ihre Grenzen 53
  I. Vorbemerkung 53
  II. Europäische Identität und nationale Identitäten – Die Stunde der vergleichenden Kulturwissenschaft – Methodenfragen 54
  III. Die Relevanz der Unterscheidung von Europarecht im engeren und weiteren Sinne 56
  IV. Inhaltliche und prozessuale Balancen zwischen den Konnexbegriffen "Nation" und "Europa" 57
    1. Das Europa im engeren Sinne 57
    2. Das Europa im weiteren Sinne 59
  V. "Europäisierung" und ihre Grenzen 61
    1. Allgemeine begriffliche Annäherung 61
    2. Europäisierung als spezifisch juristischer Terminus 62
    3. Grenzen der Europäisierung 64

Erster Teil: Europa als Gegenstand (im Focus) der Verfassungslehre 65

A. Das – kulturelle – Europa-Bild 65
  I. Klassikertexte 65
    1. Sieben Ausgangsthesen in kulturwissenschaftlicher Sicht 65
    2. Erste Begriffsklärung 67
    3. Die Begründung eines materiellen Klassikerbegriffs: "Verfassung" vor dem Hintergrund von Klassikertexten 69
    4. Europäische Klassikertexte 71
  II. Europabilder im "nationalen Europaverfassungsrecht" 72
    1. Bilderphilosophie 72
    2. Nationales Europaverfassungsrecht 76
      a) Einführende Aspekte: Europa "im" Verfassungsstaat 76
      b) Elemente einer typologischen Bestandsaufnahme: die Sache Europa in Verfassungen und Verfassungsentwürfen europäischer Staaten 77
        aa) Eine Typologie von Europa-Klauseln 78
          (1) Europabezüge in Präambeln und Grundlagen-Artikeln – Europa als Staatsziel 78
          (2) Europabezüge in Regionalismus-Klauseln 79
          (3) Europa als Erziehungsziel 79
          (4) Die Rezeption europäischer Grundrechte, z.B. der EMRK 79
          (5) Europa-Bezüge in gliedstaatlichen Verfassungen 79
            (a) Die deutschen Bundesländerverfassungen 80
            (b) Die Schweizer Kantonsverfassungen 83
          (6) Europa-Bezüge in osteuropäischen Verfassungen 84
          (7) Sonstige Erscheinungsformen von Europa-Bezügen 85
          Inkurs: "Quellen" der europabezogenen Verfassungstexte (in Deutschland) 85
            (a) Deutsche Parteiprogramme 86
            (b) Europa-Abkommen 88
            (c) Große wissenschaftliche Literatur zum Europarecht 88
        bb) Zwischenergebnis: 89
      c) Theoretische und praktische Folgerungen (eine Skizze) 90
        aa) Normative Inhalte der Europa-Texte 90
        bb) Prinzipien der Verfassungsinterpretation für Europa-Artikel ("nationales Europaverfassungsrecht") 92
          (1) Das nationale Europaverfassungsrecht im Rahmen der "Einheit der Verfassung" 92
          (2) Europa-Artikel als "offene Verweisungen" 93

(3)Die Europa-Artikel im Kontext "gemeineuropäischer Hermeneutik" 93

cc)Der Ausbau von nationalem "Europaverfassungsrecht" 94

d)Ausblick: Verfassungspolitik in Sachen Europa 97

3.Europa als geographischer und/oder kultureller und rechtskultureller – "ideeller" – Begriff (Inhaltliche Kennzeichnungen) 100

   a)Das Europaverständnis und Europabild, Europa als Kultur 102

   b)Insbesondere: Europa als Kultur 102

B.Europäische Rechtskultur – "Gemeineuropäisches Verfassungsrecht" – der "Europäische Jurist" 104

   I.Die Europäische Rechtskultur – sechs Elemente 104

      1.Die Geschichtlichkeit 104

      2.Die Wissenschaftlichkeit – juristische Dogmatik 105

      3.Die Unabhängigkeit der Rechtsprechung 106

      4.Die weltanschaulich-konfessionale Neutralität des Staates – Religionsfreiheit 107

      5.Europäische Rechtskultur als Vielfalt und Einheit 107

      6.Partikularität und Universalität der europäischen Rechtskultur 110

   II.Gemeineuropäisches Verfassungsrecht 111

      1.Einleitende Aspekte 111

      2.Theorieelemente des Gemeineuropäischen Verfassungsrechts in seiner "gemeineuropäischen" Dimension 113

         a)Der offene, kulturbezogene Europabegriff 113

         b)"Gemeinrecht" als rechtswissenschaftliche Kategorie, die Prinzipienstruktur 114

         c)Inhalte (allgemein, schichtenspezifisch) 116

            aa)Insbesondere: "Allgemeine Rechtsgrundsätze" 117

            bb)Insbesondere: Nationales "Europaverfassungsrecht" 118

            cc)Insbesondere: Parallele Reformvorhaben der nationalen Verfassungsstaaten 119

         d)Entwicklungswege, Verfahren der Rechtsgewinnung 121

         e)Akteure, die personale Seite 122

      3.Theorieelemente des Gemeineuropäischen Verfassungsrechts als "Verfassungsrecht" 124

         a)Das Verfassungsverständnis (das "gemischte" und kulturelle) 124

         b)Das Verhältnis von Staat und Verfassung, das "vierte" Staatselement als "erstes": die Kultur 126

         c)Typische Inhalte des Gemeineuropäischen Verfassungsrechts 128

         d)Spezielle Funktionen des Gemeineuropäischen Verfassungsrechts 129

            aa)Die (integrierende) Reservefunktion – die Subsidiarität 129

            bb)Die Einbindung des Nationalstaates 130

cc)Die Erleichterung der europäischen Fortbildung der nationalen Verfassungen 130

dd)Gegensteuerung zur Idee eines "Kerneuropa" 130

ee)Die wissenschaftliche Strukturierung der europäischen "Rechts-Kreise" 130

ff)Vielfalt und Einheit – das multikulturelle Europa 131

4.Praktische Beispielsfelder für Gemeineuropäisches Verfassungsrecht – Defizite und Reformziele 133

a)Grundrechte, Rechtsstaatlichkeit, Rechtsschutz 133

b)Europäische Verfassungsgerichtsbarkeit 135

c)Demokratie-Probleme 136

d)Strukturen vertikaler Gewaltenteilung: Föderalismus und (werdender) Regionalismus sowie die Kommunen 137

e)Verfahren für nationale Verfassungsreformen und dauernde "Europaoffenheit" bzw. "-fähigkeit" aller Verfassungsstaaten 139

5.Ausblick 140

a)Das offene Europa 140

b)Die innere Offenheit Europas: Abschied vom klassischen Rechtsquellen kanon, der Aufstieg der "Allgemeinen Rechtsgrundsätze" 141

III.Der "europäische Jurist" 143

1.Vorbemerkung 143

2.Das "Europäische" am europäischen Juristen 144

a)Das Europaverständnis – historisch und aktuell, Europa im engeren und weiteren Sinne, der kulturwissenschaftlich-komparatistische Ansatz 144

b)Aussagen in Rechtstexten – übernational/gemeineuropäisch und das "nationale Europaverfassungsrecht", das Textstufenparadigma 145

aa)Die übernational – gemeineuropäische Ebene 145

bb)Das "nationale Europaverfassungsrecht" – eine kurze Vergegenwärtigung 148

cc)Der europäische Jurist – ein Interpret von nationalem Europaverfassungsrecht 149

dd)Der Ausbau von nationalem "Europaverfassungsrecht": eine Aufgabe für den Europäischen Juristen 150

ee)Verfassungspolitik in Sachen Europa – der Europäische Jurist als europäischer Verfassungspolitiker 150

c)Die europäische Öffentlichkeit als "Resonanzboden" für den europäischen Juristen 151

3.Konturen der europäischen Rechtskultur 152

a)Sechs Merkmale 152

b)Grenzen als Brücken, die Mittlerrolle Spaniens nach Lateinamerika und Afrika hin 154

c) Gefährdungen der europäischen Rechtskultur..155
4. Aktuelle Herausforderungen für den "europäischen Juristen"....................156
   a) Die Kontroverse um das Ob und Wie europäischer Verfassunggebung 156
   b) Die Grundrechte-Charta der EU...159
   c) Bewahrung und Bewährung nationaler Identitäten...................................160
   d) Die "Causa Österreich"...161
   e) Der europäische Jurist: Ausbildung und Bildung......................................162

C. Europäische Öffentlichkeit..163
   I. Problemstellung 163
   II. Öffentlichkeit – verfassungsstaatliche Öffentlichkeit..................................164
      1. Der Begriff der Öffentlichkeit..164
      2. Verfassungstheoretische Strukturierung des Öffentlichkeitsbegriffs........165
      3. Öffentlichkeit als "Bereichs"- und als "Wert"-Begriff.................................166
      4. Defizite und Gefahren des Öffentlichkeitsdenkens 167
   III. Europäische Öffentlichkeit – Entwicklungschancen, Wachstumsbedingungen, Defizite, Gefährdungen und Grenzen................168
      1. Die Rolle der Öffentlichkeit in der europäischen Verfassungsgemeinschaft..168
      2. Texte zur europäischen Öffentlichkeit...168
      3. Die europäischen Öffentlichkeit im Spiegel der Wirklichkeit...................170
      4. Öffentlichkeit aus Kultur – komplementär aus Wirtschaft und Politik 172
      5. Europäische Öffentlichkeit aus der Kunst 173
      6. Verfassungsstaatliche Öffentlichkeit in Europa..177
      7. Europäische Öffentlichkeit im Spannungsfeld von Wirtschaft und Politik...177
   IV. Zusammenfassung und Ausblick 180

D. Rationale und emotionale Konsensquellen in Europa: national/europäisch.....184
   I. National..184
   II. Europäisch 186

Zweiter Teil: Verfassunggebung in Europa heute sowie in naher Zukunft...................187

A. Verfassungsverständnisse – klassische und neuere (national/europäisch) – das "gemischte Verfassungsverständnis"..187
   I. Klassische und neuere nationalstaatsbezogene – das "gemischte Verfassungsverständnis"...187
   II. Insbesondere: Verfassung als Kultur 193
      1. "Verfassung" 193
         a) Stichworte zur Entwicklungsgeschichte des Verfassungsstaates.........193

    b) Verfassungsverständnisse in deutscher Sicht 195
    c) Verfassungsperspektiven in Europa – Elemente der europäischen
       Rechtskultur 198
  2. Kultur 201
    a) Stichworte zur Sache "Kultur" 202
    b) Erste Unterscheidungen 202
    c) Kultur in der Verfassung: "Kulturverfassungsrecht" 203
  3. Verfassung als Kultur 204
    a) Ausgangsthesen 204
    b) Der Erkenntnisgewinn 205
    c) Vorbehalte und Grenzen 207
  III. Die Übertragung auf Europa: Lösungsvorschläge (Europäische
      Unionsgrundordnung, Staatenverbund, Verfassungsverbund),
      Darstellung und Kritik 208

B. Das konstitutionelle Europa von heute: eine werdende "Verfassungsgemeinschaft" eigener Art mit Gemeinschaftsvölkern, das konstitutionelle
Mosaik 209

Vorbemerkung 209
  I. Die geltende Verfassung Europas – ein Ensemble von geschriebenen und
     ungeschriebenen Teilverfassungen 210
    1. Die Frage 210
    2. Eine Antwort 211
    3. Das Europa der (Rechts-)Kultur 212
  II. Elemente der Europäischen Rechtskultur – aus der Tiefe der Geschichte
     und der Weite und Dichte des – offenen – europäischen Raumes 213
  III. Europäische Öffentlichkeit – primär aus Kultur, komplementär
      zunehmend auch aus der Politik 214
    1. Öffentlichkeit – verfassungsstaatliche Öffentlichkeit 214
    2. Europäische Öffentlichkeit – Entwicklungschancen, Wachstumsbedin-
       gungen, Defizite und Grenzen 214
  IV. Zukunftsperspektiven der Europäischen Verfassung 216
    1. Die Vorfrage 216
    2. Eine "Vollverfassung"? 217
    3. Schrittweises Vorgehen 218
    4. Erweiterung und Vertiefung 219
  V. Der "europäische Jurist": Leitbilder, Ausbildungs- und Bildungsforen 220
    1. Das Leitbild 220
    2. Reformen 221

C. Konsequenzen: Relativierung der nationalen Verfassungen zu Teilver-
fassungen 221

Vorbemerkung 221

I. Der "stille" Weg von der Vollverfassung zur überlagerten Teilverfassung – eine Bestandsaufnahme der Geländeverluste 223

1. Elemente einer Bestandsaufnahme 223
2. Themen der Europäisierung bzw. Vergemeinschaftung 224
3. Staatsorgane und Staatsfunktionen im Zeichen Europas 226
4. Die Relativierung der Staatselemente 228
5. Insbesondere: Die Relativierung des Staatsgebietes 229
6. Die Bereicherung der nationalen Verfassung durch die europäische Dimension 229

II. Verfassungstheoretische Folgerungen auf dem Hintergrund einer europäischen Verfassungslehre 230

III. Ausblick 232

D. Eine – welche – "Verfassung für Europa" inskünftig – Wege, Verfahren und Inhalte 232

I. Der klassische – pluralistische – Prozess der Verfassunggebung im nationalen Raum 233

1. Die Fragestellung 233
2. Der Problemkatalog: fünf Fragenkreise als Kontinuum im Wandel der Verfassungstexte 234
3. Antworten 235
4. Die zwei Ebenen: Verfassunggebung im Typus Verfassungsstaat – Verfassunggebung eines konkreten Volkes im Kontext seiner kulturellen Individualität und Identität 237
5. Die Normativierung und Konstitutionalisierung der verfassunggebenden Gewalt des Volkes 237
6. Verfassungspolitische Erwägungen 238

II. Künftige Wege und Verfahren europäischer Verfassunggebung: Stückwerktechnik 241

III. Zwei aktuelle Beispiele: Europäische Grundrechte-Charta und Europäische Grundwerte-Charta 243

1. Die EU-Grundrechte-Charta 243
2. Eine europäische Grundwerte-Charta 243

E. Europäische Verfassungsinterpretation – die offene Gesellschaft der europäischen Verfassungsinterpreten und das Desiderat einer europäischen Methodenlehre 246

Vorbemerkung 246

I. Methoden und Prinzipien der Verfassungsinterpretation – national 247

1. Einleitende Aspekte 247
2. Der Verfassungsbezug der Methoden und Prinzipien, insbesondere das "gemischte", kulturwissenschaftliche Verfassungsverständnis 248

a) Verfassungstheorien ... 248
b) Der eigene Ansatz ... 250
3. Die klassischen vier Auslegungsmethoden und die neue "fünfte" (rechtsvergleichende) – der Pluralismus der Auslegungsmethoden, die Offenheit ihres Zusammenspiels ... 250
4. Insbesondere: Kulturelle Verfassungsvergleichung – Verfassungsvergleichung als "fünfte" Auslegungsmethode ... 252
5. Inhaltliche Direktiven für das Zusammenspiel der vier bzw. fünf Auslegungsmethoden und ihre Unverzichtbarkeit für die Verfassungsinterpretation ... 256
a) Gerechtigkeit und Gemeinwohl ... 256
b) Grundrechtsideen und Föderalismuskonzepte als Beispielsfelder ... 257
6. Prinzipien der Verfassungsinterpretation und ihrer Grenzen ... 258
a) "Prinzipien der Verfassungsinterpretation" ... 259
b) Prinzipien zu den Grenzen der Verfassungsinterpretation ... 260
II. Die verfassungsbezogene Grundthese: die offene Gesellschaft der Verfassungsinterpreten ... 261
1. Die bisherige Fragestellung der Theorie der Verfassungsinterpretation .. 261
2. Neue Fragestellung und These ... 262
3. Erläuterung der These, Interpretationsbegriff ... 262
4. Die offene Gesellschaft der Verfassungsinterpreten ... 263
a) Systematisches Tableau ... 263
b) Erläuterung des systematischen Tableaus ... 264
c) Bewertung der Bestandsaufnahme ... 265
aa) Mögliche Einwände, Kritik ... 265
bb) Legitimation aus Gesichtspunkten der Rechts-, Norm- und Interpretationstheorie ... 266
cc) Legitimation aus verfassungstheoretischen Überlegungen ... 266
dd) Insbesondere: Demokratietheoretische Überlegungen als Legitimation ... 267
III. Die Übertragung auf Europa: die offene Gesellschaft der Verfassungsinterpreten in Europa ... 268
1. Eher formal: ... 269
2. Eher materiell: ... 270
IV. Europäisierung der Rechtsquellen und das Desiderat einer europäischen Methodenlehre ... 270
1. Die Europäisierung der Rechtsquellen ... 270
2. Das Desiderat einer europäischen Methodenlehre ... 271

Dritter Teil: Wesentliche Verfassungsthemen und Textformen des sich konstituierenden Europa ... 273

Vorbemerkung ... 273

A. Präambeln 274
  I. National/verfassungsstaatlich...274
    1. Die Präambel als Grundlegung und Bekenntnis 274
    2. Die Brückenfunktion in der Zeit 275
    3. Insbesondere Gottesbezüge in Präambeltexten......................................276
  II. Europarechtliche Präambeln als hohe Schicht der "constitutio Europae" ...277
    1. Problem 277
    2. Bestandsaufnahme (Auswahl)..278
      a) Die bürgernahe Feiertagssprache 278
      b) Die Zeitachse (Verarbeitung von Geschichte und Entwurf von Zukunft)..279
      c) Die inhaltliche Grundlegung in Gestalt konstitutioneller Leitbegriffe 280
      d) Die kulturwissenschaftliche Grundierung...282
    3. Umrisse einer europaverfassungsrechtlichen Präambeltheorie..................284
    4. Verfassungspolitische Perspektiven..286

B. Menschenwürde als "kulturanthropologische Prämisse" auch Europas 286
  I. Die Menschenwürde im Verfassungsstaat 286
    1. Die Menschenwürde und das Person-Sein des Menschen......................286
    2. Verfassungstheoretische Konsequenzen des Menschenwürdedenkens 287
      a) Der Mensch als Subjekt...287
      b) Menschenwürde im Du-Bezug und im Generationenverbund............288
      c) Menschenwürde im kulturellen Wandel...289
    3. Insbesondere: Der Zusammenhang von Menschenwürde und Demokratie 289
      a) Das "klassische" Trennungsdenken und seine Kritik..........................289
      b) Wandlungen der Verfassungstexte..289
  II. Die Auslegung im Kontext der europäischen Verfassungslehre: der "homo europaeus"..291
    1. Die Idee des "homo europaeus" 291
    2. Die europäische Dimension der Menschenwürde im Spiegel von Texten und Judikatur 291

C. Demokratie als organisatorische Konsequenz der Menschenwürde (national und europäisch) 295
  I. Vorbemerkung: 295
  II. Die national-verfassungsstaatliche Ebene 296
    1. Demokratie als Inbegriff einer guten Staatsordnung – Demokratievarianten 296
    2. Texte, Judikatur, Theorien zum Thema Demokratie 297
      a) Das Pluralismuskonzept 299
      b) Das Mehrheitsprinzip..299

c)Grenzen der Demokratie 300
3. Demokratietheoretische Überlegungen als Legitimation 301
III. Der konstitutionelle EU-Raum 304
1. Das Demokratieprinzip im Spiegel einer Textstufenanalyse 304
2. Grundsatzprobleme in Sachen Europäische Demokratie (Auswahl) 306
   a) Der Volksbegriff, die "Völker Europas" 306
   b) Demokratiedefizite, verfassungspolitische Überlegungen 307
IV. Demokratie als Ideal im Europa(recht) i.w.S. 308
1. Textstufenentwicklungen 308
2. Verfassungspolitische Fragen 311
Inkurs: Die Repräsentation auf EU- Ebene 311
1. "Repräsentation" 311
   a) Einleitende Aspekte 311
   b) Klassikertexte in Sachen Repräsentation: Verfassungstexte im
      weiteren und engeren Sinne 312
   c) Die positivrechtliche Rolle des Begriffs "Repräsentation" im
      deutschen Grundgesetz 314
2. Ein eigener Ansatz zur "Europäisierung" der Repräsentationsidee 316
   a) Anhaltspunkte für "Repräsentation" auf EU-Ebene 316
      aa) Das Gemeinwohl ("öffentliches Interesse") – Konnexbegriff zur
          Repräsentation 316
      bb) Öffentlichkeit – "europäische Öffentlichkeit" als Element der
          Repräsentationsidee 321
      cc) Politische Parteien auf EU-Ebene: im Koordinatensystem der
          (Teil-) Repräsentation 323
      dd) "Europäische Verfassungsorgane" im Kraftfeld von
          Repräsentation und Teilrepräsentation 325
   b) Theorieelemente des "europäisierten" Repräsentationsbegriffs 326
3. Ausblick 329

D. Das "Europa der Bürger": Gemeineuropäisches Grundrechte-Recht 330

Vorbemerkung: Ein Forschungsprogramm in Europa (Möglichkeiten und
   Grenzen) 330
I. Statuslehren auf der Spur der Klassikertexte von G. Jellinek 332
II. Weitere "Einteilungen" auf dem nationalverfassungsstaatlichen und
    gemeineuropäischen Prüfstand 333
III. Drittwirkung von Grundrechten: Textmodelle
     in der "Werkstatt Schweiz" 335
IV. Grundrechtsverwirklichungsgarantien 335
V. Grundrechtsentwicklungsgarantien: das Vorbild Estland 336
VI. Minderheitenschutz – gemeineuropäische Defizite 337

VII. Schrankenregelungen – gemeineuropäische Gemeinsamkeiten 339
VIII. Wesensgehaltsgarantien und ihr Kontext: das Übermaßverbot 341
IX. Grundpflichten: gemeineuropäische Defizite? 343
X. Rechtsschutzfragen 344
XI. Ausblick 347
Inkurs I: Die wachsende Relativierung aller drei nationalen Staatselemente, die Kultur als viertes bzw. erstes Staatselement, "Schengen", Europa und das Internet, das Europa (i.w.S.) der Grenzregionen 349
   1. Die kulturelle Dimension der Staatselemente 349
   2. Die Relativierung der Staatselemente 351
Inkurs II: Unionsbürgerschaft – die "verbleibende" Staatsbürgerschaft: zwei europäische Konnexinstitute 353
   1. Einleitende Aspekte 353
   2. "Unionsbürgerschaft" – eine werdende EU-Teilverfassung 353
   3. Die verbleibende Staatsbürgerschaft als Thema einer europäischen Verfassungslehre 357
      a) Einleitung: Problem 357
      b) Rechtsvergleichende Aspekte: Modelle, Entwicklungstrends in anderen Verfassungsstaaten Europas (Elemente einer Bestandsaufnahme) 358
      c) Die positive Rechtslage und herrschende Meinung in Deutschland 362
      d) Umrisse einer europäischen Verfassungslehre in Sachen "Staatsbürgerschaft" 365

E. Gemeinwohl, Grund- bzw. Orientierungswerte, Verfassungsziele, Erziehungsziele, national und europäisch 369

Vorbemerkung 369
   I. Gemeinwohl als verfassungsrechtlicher Text und Kontext: der materiell/prozessuale Doppelansatz, die pluralistische Gemeinwohl-theorie auf der national-verfassungsstaatlichen Ebene 371
     1. Zusammenfassung der Gemeinwohltheorie von 1970/83, ihre "Fortschreibung" 371
     2. Konstitutionelle Gemeinwohltypologie, Textstufenanalysen und "Gemeinwohljudikatur" des BVerfG aus jüngerer Zeit 373
       a) Textstufenanalyse: Gemeinwohlklauseln (Typologie) in neueren Verfassungen in Ost und West, Nord und Süd (Auswahl) 374
       b) Beispiele für "Gemeinwohljudikatur" in der Rechtsprechung des deutschen BVerfG aus jüngerer Zeit 375
   II. Gemeinwohl im europarechtlichen Kontext: Elemente einer Bestandsaufnahme 377
     1. Das Gemeinwohl im Verfassungsrecht der EU/EG 377
       a) Geschriebene Rechtstexte 377
       b) "Gemeinwohljudikatur" des EuGH 380

c)Zwischenbilanz..381
2. Das Gemeinwohl im Europarecht im weiteren Sinne.....................................381
   a) Geschriebene Rechtstexte (Europarat, OSZE) – Auswahl..................381
   b) Insbesondere: Die EMRK und die zugehörige "Gemeinwohl-
      judikatur" des EGMR 383
III. Aspekte einer Gemeinwohltheorie im Europäischen Verfassungsrecht 385
   1. Die EU/EG-Ebene – Acht Thesen 385
   2. Die gesamteuropäische Ebene – Sieben Thesen.......................................388
IV. Ausblick: Eine europäische Grundwertediskussion? Globalisierung der
    Gemeinwohldiskussion? 392
   1. Das Gemeinwohl im künftigen Europa..392
   2. Eine europäische Grundwerte-Diskussion? 393
   3. Globalisierung der Gemeinwohldiskussion? 394

F. Rechtsstaatliche Strukturen im europäischen Verfassungsraum – der "euro-
   päische Rechtsstaat" 395

Vorbemerkung...395
   I. Stichworte zur Rechtsstaatlichkeit auf der national-verfassungsstaatlichen
      Ebene: Der soziale Rechtsstaat 396
      1. Entwicklungsgeschichte, Klassikertexte, Verfassungstexte 396
      2. Die Ausgestaltung des Rechtsstaatsprinzips im deutschen Grundgesetz...398
      3. Das Sozialstaatsprinzip 399
   II. Rechts"staatliche" Strukturen im Verfassungsraum der EU......................400
   III. Rechtsstaatliche Strukturen im Europa im weiteren Sinne 402

G. "Checks and Balances" im konstitutionellen Europa...404

Vorbemerkung...404
   I. Der national verfassungsstaatliche Bereich (Organkonstituierung und
      Funktionenteilung)...406
      1. Gewaltenteilung im engeren und weiteren Sinne 406
         a) Der Gewaltenteilungsgrundsatz 406
         b) Die nationalen Varianten des "Prinzips Gewaltenteilung" 408
      2. Organkonstituierung und Funktionenteilung im Interesse staatlicher
         Aufgabenerfüllung..410
         a) Die Staatsfunktionen 410
         b) Die Staatsorgane, die Vielfalt organisierter Staatsfunktionen 411
            aa) Das Parlament..411
            bb) Das Staatsoberhaupt – Staatspräsident bzw. Monarch...................415
            cc) Die Regierung..416
            dd) Die Verwaltung 417
            ee) Die Rechtsprechung..420

II. Das konstitutionelle EU-Europa (Vorformen bzw. das "institutionelle Gleichgewicht") 422
 1. Organkonstituierung im EU-Raum 422
 2. Funktionenteilung 424
 Inkurs: (Prä)Föderalismus und Regionalismus in Europa 426
  a) Einleitende Aspekte 426
  b) Elemente einer Bestandsaufnahme 427
   aa) Der Föderalismus 427
    (1) Die innerverfassungsstaatliche Ebene 427
    (2) Die europäische bzw. EU-Ebene 430
   bb) Der Regionalismus 431
    (1) Die innerverfassungsstaatliche Ebene 432
    (2) Die EU-Ebene 432
    (3) Die europäische, die EU-transzendierende Ebene (national) 434
    (4) Die gesamteuropäische Ebene (übernational) 434
  c) Der Theorierahmen: der Regionalismus als eigenständiger "kleiner Bruder" des Föderalismus 445
   aa) Gemeinsamkeiten zwischen Föderalismus und Regionalismus 445
    (1) Die sieben Legitimationsgründe 445
    (2) Föderalismus und Regionalismus als "Solidargemeinschaften" 449
   bb) Unterschiede zwischen Föderalismus und Regionalismus 450
    (1) Die Ausgangsthese 450
    (2) Einzelne Kriterien der Differenz 450
    (3) Konturen des verfassungsstaatlichen Regionalismus (Zusammenfassung) 453
   cc) Insbesondere: "Differenzierter" Föderalismus bzw. offener Regionalismus? 454
    (1) Differenzierter, offener Regionalismus 454
    (2) Differenzierter Föderalismus 455
  d) Reformfragen in Deutschland, Spanien sowie auf EU- und Europaratsebene 455
   aa) Die Bundesrepublik Deutschland 456
   bb) Der Regionalstaat Spanien 456
   cc) Reformen auf EU- und Europaratsebene – in Sachen Regionalismus 457
  e) Ausblick 459

H. Europäische Verfassungsgerichte: EuGH und EGMR 460
 I. Nationale Verfassungsgerichte in Europa: das BVerfG als "Muster" 460
  1. Einleitende Aspekte 460
  2. Aspekte selbständiger Verfassungsgerichtsbarkeit – Rechtsvergleich in Raum und Zeit 462

a) Methodenfragen 462

b) Selbständige Verfassungsgerichtsbarkeit als Teilergebnis und Teilerfolg der europäischen Verfassungsgeschichte 462

c) Ein Katalog der typischen Elemente selbständiger Verfassungsgerichtsbarkeit – sieben Charakteristika 465

d) Auf dem Weg zu einer Verfassungstheorie der Verfassungsgerichtsbarkeit 469

3. Der "Modellcharakter" des deutschen BVerfG 470

a) Vorfragen zum "Modellcharakter" bzw. Musterproblem 470

b) Einzelne Modellelemente des BVerfG 472

4. Punktuelle Defizite und (Reform)Fragen 474

a) Zurückhaltung in Sachen Rechtsvergleichung, Defizite in Sachen Europa? 474

b) Infragestellung der abstrakten Normenkontrolle? 475

c) Reform der Verfassungsbeschwerde? 476

d) Die deutsche Staatsrechtslehre als bloßer "Postglossator" des BVerfG? 477

II. Die beiden europäischen Verfassungsgerichte EGMR und EuGH 478

1. Analogie 478

2. Inhalte, das "europäische Rechtsgespräch" 480

I. Konstitutionelle Elemente und Dimensionen sozialer Gerechtigkeit in Europa 481

Vorbemerkung 481

I. Verfassungsstaatliche Strukturen auf den nationalen Ebenen Osteuropas ...483

1. Generalklauselartige Bezugnahmen 483

2. "Soziale Grundrechte" 483

3. Sonstige Textensembles im Dienste "sozialer Gerechtigkeit" 484

II. "Soziale Gerechtigkeit" in Europa im engeren und weiteren Sinne 485

1. Das konstitutionelle Europa der EU 485

2. Das Europa im weiteren Sinne 488

J. Europäisches Kulturverfassungsrecht 489

Vorbemerkung 489

I. Bestandsaufnahme der Erscheinungsformen von Kulturverfassungsrecht auf der nationalen und europäischen Ebene 490

1. National-verfassungsstaatliche Typologie 490

a) Präambeln 490

b) Allgemeine und spezielle Kulturstaatsklauseln 491

c) Kulturelle Grundrechte 492

d) Minderheitenschutz 493

e) Erziehungsziele 493

f)Sonstige Erscheinungsformen von Kulturverfassungsrecht 494

2.Die europaverfassungsrechtliche Ebene 495

   a)Kulturverfassungsrecht im Europa der EU................................495

   b)Kulturverfassungsrecht in Europa im weiteren Sinne....................498

   c)Insbesondere: Private und gesellschaftliche Kulturinitiativen:
   Aktivitäten einzelner Bürger im Kraftfeld der kulturellen Öffentlichkeit Europas in den 70er und 80er Jahren..................................500

II.Ein Theorierahmen: Die werdende Kulturverfassung Europas 502

   1.Europa zwischen kulturellem Erbe und kulturellem Auftrag: die Zeitdimension, Europa als kultureller Prozess......................................504

   2.Einzelne Garantien der Vielfalt und Einheit, Offenheit und Identität Europas als Kultur 506

      a)Kulturelle Grundrechte als ein Stück Freiheit der Kultur 507

      b)Erziehungsziele als Direktiven für Offenheit und für Kommunikation mit anderen (europäischen) Kulturen: Der Weg zur "multikulturellen Gesellschaft" in Europa als Ganzem und in seinen Einzelstaaten......509

   3.Dezentralisierte Organisationsstrukturen: eine Essenz von Kulturverfassungsrecht in Europa..511

   4.Insbesondere: Dezentralisierte Kulturpolitik................................512

K.Europäisches Religionsverfassungsrecht 513

Vorbemerkung 513

   I.Die Fragestellung: Europäisierung, fortschreitende Säkularisierung, islamischer Fundamentalismus..513

   II.Elemente einer Bestandsaufnahme: Staat/Kirche-Modelle in Europa........516

      1.Die innerverfassungsstaatliche Ebene: nationale Modellvielfalt.............516

      2.Europäisches Religionsverfassungsrecht als spezielles Kulturverfassungsrecht 518

      3.Die europäische Ebene: Religionsverfassungsrechtliche Direktiven.........520

         a)"Maastricht","Amsterdam" und die Grundrechte-Charta der EU 520

         b)Europarat (EMRK) und KSZE bzw. OSZE 523

   III.Theoretische Aspekte eines europäischen Religionsverfassungsrechts (Thesen)..524

   IV.Ein verfassungsstaatlicher "Euro-Islam"?...................................524

L.Europäisches Umweltverfassungsrecht 526

Vorbemerkung 526

   I.Nationalstaatliche Erscheinungsformen vom Umweltverfassungsrecht ("Umweltstaat")..527

      1.Der Umweltschutz als nationales Staatsziel (in Präambeln oder Grundlagen-Artikeln)..528

      2.Der Umweltschutz als konstitutionelles Erziehungsziel.......................530

3. Umweltschutz als Grundrecht bzw. Grundpflicht 530

II. Konstitutionalisierungstendenzen im Europäischen Raum: europäisches Umweltverfassungsrecht im Werden..532

1. Umweltverfassungsrecht in der EU/EG 532

2. Umweltverfassungsrecht im übrigen europäischen Raum ("Haus")...........535

M. Das europäische Wirtschaftsverfassungsrecht 536

Vorbemerkung 536

I. Stichworte zum nationalen Wirtschaftsverfassungsrecht: Fünf Thesen zur Verfassungstheorie des Marktes 537

1. Einleitende Aspekte 537

2. Die Einzelausarbeitung 539

a) Der Markt in kulturwissenschaftlicher Sicht, die "Zweihände-Lehre" Markt/Recht, das integrierende Verfassungsverständnis.....................539

b) Der Markt im Koordinatensystem staats- und rechtsphilosophischer Klassiker-Texte: Menschenbild, Gesellschaftsvertrag, Erziehungsziele und Gewaltenteilung im wirtschaftlichen Bereich....................542

c) Marktwirtschaft und Demokratie – ein Analogon?............................544

d) Drei Grenzen des Prinzips "Markt und Marktwirtschaft"...................546

e) Die soziale Marktwirtschaft als "dritter Weg" zwischen Kapitalismus und Sozialismus: die Kulturleistung des Verfassungsstaates............547

3. Zusammenfassender Ausblick 549

II. Konstitutionelle Teilverfassungen in Sachen Wirtschaft in Europa............550

1. Europa im engeren Sinne der EU..550

2. Europa im weiteren Sinne einschließlich gemeinsamer Strukturen in den osteuropäischen Reformstaaten 553

a) Texte in Sachen Wirtschaft 553

b) Wirtschaftsverfassungsrechtliche Prinzipien in Osteuropa.................554

aa) Markt und (soziale) Marktwirtschaft als allgemeine Strukturnorm 555

bb) Wirtschaftliche Freiheiten 556

cc) Sonstige Erscheinungsformen von (nationalem) Wirtschaftsverfassungsrecht...556

III. Der Theorierahmen: Europa als Markt im Europa als Kultur....................557

1. Vom Marktbürger und "Wirtschaftssubjekt" zum Europabürger der EU..557

2. Der homo europaeus in ganz Europa..558

N. Das EU-Steuer- bzw. Finanzverfassungsrecht (Auswahl)................................561

Vorbemerkung 561

I. Das nationale Steuerverfassungsrecht im Textstufenvergleich 562

1. Elemente einer Bestandsaufnahme (Auswahl) 562

a) Die Schweiz...562

  b) Die osteuropäischen Reformstaaten 565
  c) Westeuropa 566
  d) Deutschland 568
 2. Ein typologischer Problemkatalog 569
 3. Perspektiven einer Verfassungstheorie des nationalen Steuerrechts 572
II. Ein europäischer Theorierahmen für die EU 574

Ausblick und Schluss: Reformbedürfnisse und Reformfähigkeit des konstitutionellen Europa 577

 Vorbemerkung 577

 A. Reformfragen der nationalen Verfassungsstaaten in Europa 578
  I. Problemstellung 578
  II. Methoden der wissenschaftlichen Erfassung: weltweite Produktions- und Rezeptionsprozesse seit Jahrhunderten, kultur- bzw. erfahrungswissenschaftlicher Ansatz, Klassikertexte, das Textstufenparadigma, Rechtsvergleichung in "weltbürgerlicher Absicht" 578
  III. Kennzeichnung der wesentlichen Inhalte (Prinzipien) des Verfassungsstaates 580

 B. Reformbedürfnisse heute, eine Bestandsaufnahme in Auswahl 583
  I. Einleitende Aspekte 583
  II. National-verfassungsstaatsbezogene Reformbedürfnisse 584
  III. Auf die Welt bzw. die Menschheit bezogene Reformbedürfnisse 587

 C. Reformwege und -verfahren in Verfassungstheorie und -praxis 588
  I. Die drei Arten verfassungstheoretischen Denkens: Möglichkeits-, Notwendigkeits- und Wirklichkeitsdenken 588
  II. Die Vielzahl gestufter Reformwege und -verfahren 589
  III. Ausblick 593

 D. Reformfragen in Europa im engeren und weiteren Sinne 593
  I. Die EU-Ebene 593
  II. Das Europa im weiteren Sinne von Europarat und OSZE 594
  III. Wechselwirkungen zwischen den nationalen und europäischen Reformproblemen 595
  IV. Wechselwirkungen und Abhängigkeiten mit anderen Kontinenten und der "Verfassung der Völkergemeinschaft" 595
  V. Europäische Verfassungslehre als Kulturwissenschaft – Selbstbescheidung 598

Anhang: "Versuch und Irrtum" in der jüngsten Verfassungsentwicklung der EU 600

Erster Teil: Die Herausforderungen des europäischen Juristen vor den Aufgaben unserer Verfassungs-Zukunft: 17 Entwürfe auf dem Prüfstand 600

I. "Schaulaufen" und "Konkurrenz" der jüngsten Verfassungsentwürfe – der eigene Ansatz 600

II. Gemeinsamkeiten der Entwürfe 601

III. Insbesondere: der Strukturplan des Giscard-Entwurfs (Konventspräsidium, Oktober 2002) 602

IV. Kurzanalyse der charakteristischen Unterschiede der jüngsten Verfassungsentwürfe 604

    1) Der Entwurf Badinter (September 2002) 604

    2) Der erste Entwurf von E. Brok (1./8. Oktober 2002) 606

    3) Das Verfassungsprojekt von D.L. Garrido et.al. (Sept./Okt. 2002) 607

    4) Der Verfassungsentwurf A. Dashwood (14. Oktober 2002) 609

    5) Der Verfassungsentwurf E.O. Paciotti (Fondatione Basso) (10. Oktober 2002) 610

    6) Der "grüne" Verfassungsentwurf von Seifert u.a. (September 2002) 612

    7) Verfassungsentwurf von F. Dehousse und W. Coussens (17. September 2002) 613

    8) Der Verfassungsentwurf von J. Leinen (23. Oktober 2002) 614

    9) Der Europäische Verfassungsvertrag der CDU/CSU vom 26. November 2001 und der EVP-Verfassungsentwurf vom Oktober 2002 615

    10) Der sog. Berliner Entwurf vom November 2002 616

        a) Die Offenlegung der Rezeptionsvorgänge und Inspirationsquellen 616

        b) Die Präambel 617

        c) Die Grundrechte 617

        d) Die Unionstreue 617

        e) Weitere Charakteristika 617

    11) Der EPP-Entwurf vom 10. November 2002 ("Frascati") 618

        a) Ein offener Diskurs 618

        b) Einige Charakteristika 619

    12) Das Manifest der Lambsdorff-Kommission (November 2002) 619

    13) Zwei "Privatentwürfe" von Staatsrechtslehrern: R. Scholz bzw. J. Schwarze/J.F. Flauss 621

        a) Der Verfassungsentwurf von R. Scholz, publiziert Anfang Dezember 2002 (in: Zeitschrift für Gesetzgebung, 17. Jahrgang, Sonderheft) 621

        b) Der sog. "Freiburger Entwurf" für einen europäischen Verfassungsvertrag vom 12. November 2002 (Federführung J. Schwarze, unter Beteiligung von J.F. Flauss u.a.) 623

    14) Inkurs: Der überarbeitete Verfassungsentwurf von E. Brok vom 5. Dezember 2002 626

15) Der sog. Prodi-Entwurf vom 4. Dezember 2002 628

Zweiter Teil: Hat Europa eine Verfassung? 632

    I. Die "alte" EWG bzw. EU/EG – Verfahren und juristische Qualifizierung 632

    II. Die "neue" EU/EG – Verfahren und juristische Qualifizierung, das Konventsmodell 633

    III. Konstitutionelle Gehalte auf EU-Ebene 634

        1) Die EU-Grundrechtecharta (2000) als werthafte Teilverfassung, ihre verfassungspolitische Prägekraft und Ausstrahlung 634

        2) "Der endgültige" EU-Verfassungsentwurf (2003) als vorläufig letzte Textstufe 637

        3) Eine Bilanz zum Konventsentwurf 640

        4) Gott in der – europäischen – Verfassung? Die theologische Dimension der Verfassunggebung 642

Dritter Teil: Ein eigener Ansatz: der Europäische Jurist in der heutigen Verfassungs-Werkstatt Europas – Neun Thesen zum "Geist der Verfassung Europas" 643

Nachtrag: Die Brüsseler EU-Verfassung vom Juni / Oktober 2004 auf dem Forum der Europäischen Verfassungslehre 647

Einleitung 647

Erster Teil: Die Positiva des Entwurfs vom Juni / Oktober 2004 650

    I. Die Präambel 650

    II. Der Grundwerte- bzw. Grundziele-Artikel 651

    III. Der Grundrechtsteil 651

    IV. Die schrittweise Aufwertung des Europäischen Parlaments 652

    V. Sonstige positiv zu bewertende Innovationen 653

Zweiter Teil: Kritik, Defizite, Korrekturvorschläge für spätere Verfassungsänderungen nach Maßgabe der – begrenzten – Konventsmethode (Textalternativen) 655

    Vorbemerkung 655

    I. Sieben Kritikpunkte 656

    II. "Europäische Identität" – eine Selbstvergewisserung als Ausblick 662

Vorbemerkung 662
1) Methodenfragen 662
2) Inhalte 663
3) Abgrenzungen 663
4) Konkrete Problemfelder 664

Ausblick 2006: Die juristischen und politischen Konsequenzen des doppelten "Nein" Frankreichs und der Niederlande (2005) 666

Vorbemerkung 666

1. Juristische Konsequenzen 667

   a) Weitergeltung von "Nizza" 667

   b) Vorwirkung? 668

   c) Nachholung der Abstimmungen? 668

2. Politische Konsequenzen 669

   a) Fortführung der Ratifizierungsverfahren in den anderen Ländern? 669

   b) Nachverhandlungen? 670

   c) Anlass zur Selbstkritik 670

   d) Gründe für das Scheitern der Reform 673

3. Schluss und Anfang 675

Abkürzungsverzeichnis 678
Sachregister 683

Vorwort
zur vierten, überarbeiteten Auflage

Die vierte Auflage ist – überarbeitet – auf den Stand von Januar 2006 gebracht. Für Hilfe beim Erstellen der Druckvorlage danke ich Herrn *J. Fuchs.*

Bayreuth/St. Gallen

im Januar 2006 *Peter Häberle*

Vorwort
zur dritten, aktualisierten und erweiterten Auflage

Nach kurzer Zeit war die 2. erweiterte Auflage vergriffen, vielleicht ein Beweis für ein Stück Konstitutionalisierung Europas aus Wissenschaft. Die neue Auflage bemüht sich um eine Aktualisierung von Text und Fußnoten auf dem Stand von Januar 2005. Ein Nachtrag kommentiert den EU-Entwurf vom Juni 2004. Die „offene Finalität Europas" belässt auch den Europawissenschaften Gestaltungsraum und Verantwortung.

Bayreuth/St. Gallen

im Januar 2005 *Peter Häberle*

Vorwort
zur zweiten, erweiterten Auflage

14 Monate nach ihrem Erscheinen war die erste Auflage vergriffen. Dafür dankt der Verfasser der wissenschaftlichen Öffentlichkeit und den Rezensenten. Da die Europäische Verfassungslehre um das Grundsätzliche, Typische, Strukturelle ihres Gegenstandes ringt, ist sie von den fließenden, mitunter stagnierenden Entwicklungen bzw. "Materialien" des konkreten Europäischen Verfassungsrechts und der nationalen europäischen Verfassungsstaaten kurzfristig relativ unabhängig. Darum genügt fürs Erste eine punktuelle Fortschreibung von Text und Fußnoten des Buches. Die Darstellung der mindestens 17 nicht in Kraft getretenen Verfassungsentwürfe der EU kann in einem *Anhang* erfolgen. Denn eine "ganze" Verfassung der EU ist auf der unseligen Regierungskonferenz in Brüssel (Dezember 2003) gescheitert, u.a. wegen des Bruchs des Stabilitätspaktes seitens Frankreichs und Deutschlands und wegen fehlendem Respekt vor den "Kleinen", die zum Glück zum kulturellen Erbe Europas gehören. So muss die europäische Verfassungs*lehre* auch inskünftig "Reservoir" für den weiteren konstitutionellen Ausbau Europas sein, so weit die Wissenschaft dazu der Politik gegenüber überhaupt in der Lage ist.

Manche der Abschnitte des Buches wurden 2002/2003 auf Gastvorträgen in Griechenland, Italien, Spanien, Kroatien und in Lateinamerika vorgestellt. Übersetzungen sind geplant.

Bayreuth/St. Gallen

im Januar 2004 *Peter Häberle*

Vorwort

Jedes Vorwort zu einem im Laufe vieler Jahre geschriebenen wissenschaftlichen Werk ist in Wahrheit entstehungsgeschichtlich eher ein "Nachwort": d.h. es wird realiter meist am Ende, als Abschluss, geschrieben. Sogar *W.A. Mozart* hat seine Ouvertüre zu "Don Giovanni" als letzten Teil komponiert (1787). Freilich darf allenfalls formal an dieses Meisterstück im vorliegenden Kontext erinnert werden, sofern zu Vorworten, auf eine Weise Verfassungspräambeln ähnlich, aus kulturwissenschaftlichen Gründen eine Analogie gezogen werden kann. Im Rückblick erst vermag ein Vorwort, wenn überhaupt, zu gedeihen, da erst am Schluss die großen Linien klarer werden (können).

Das hiermit der deutschen und vielleicht europäischen Öffentlichkeit vorgelegte Buch trägt den Titel "Europäische Verfassungslehre" – 1999 waren hierzu gleichnamige "Einzelstudien" publiziert worden. Der Titel bleibt ambitiös, und sein Versprechen kann vielleicht im Ganzen und Einzelnen gesehen, nicht voll eingelöst werden. Denn im Grunde handelt es sich lediglich um Versuche zu einer Annäherung in mehreren Schritten, so wie der Verf. 1994 seine "Europäische Rechtskultur" (Taschenbuch 1997) im Untertitel bezeichnet hat. Zum stufenhaften Entstehungsvorgang gehört zum einen die 1998 nach mehr als 15jähriger Vorarbeit publizierte "Verfassungslehre als Kulturwissenschaft", zum anderen die im Auftrag der Italienischen Enzyklopädie Treccani (Rom) geschriebene Monographie "Der Verfassungsstaat" (Rom 2001, bislang nicht auf Deutsch veröffentlicht, mexikanische Ausgabe: "El Estado constitucional", 2001). Der Verf. hofft mit seinem seit 1982 entfalteten kulturwissenschaftlichen Ansatz gerade dem Konstituierungsprozess Europas nahe zu kommen. Dies umso mehr, als die wissenschaftliche Begleitung der konstitutionellen Einigung Europas nicht in den Engführungen einer ("allgemeinen) Staatslehre", sondern in der Kategorie *Verfassungs*lehre erfolgversprechend ist. Langjährige Vorstudien etwa zum "Gemeineuropäischen Grundrechts- bzw. Verfassungsrecht" (1983/91), zur "Europäischen Öffentlichkeit" (1998) waren Etappen zu dieser "Versuchsreihe" – eine kleine wissenschaftliche Analogie zu den großen politischen Trial- and Error-Verfahren im Europäischen Einigungsprozess (zuletzt der "Post-Nizza-Prozess"!).

Das Buch will nicht in Anspruch nehmen, ein (großes) Lehrbuch zu sein, es ähnelt eher einer Monographie. Vor allem bleibt es auf die ganze Breite juristischer Literaturgattungen vom Aufsatz über den Handbuch- und Lexikonartikel sowie Kommentar bis zur Rechtsprechungsrezension angewiesen. Während die meisten heute entstehenden Arbeiten betont und gezielt dem positiven "Europäischen Verfassungsrecht" gelten, bemüht sich dieses Buch jedoch um die Etablierung einer "höheren" Ebene: eben der Verfassungslehre. Dadurch wird es auch möglich, von einer abstrakteren Sicht aus vergleichend und rechtspolitisch zu arbeiten. So vieles sich von der nationalstaatsbezogenen Verfassungslehre aus auf das konstitutionelle Europa übertragen lässt: Es geht auch darum, das in Themen und Artikelgruppen, Institutionen und Verfahren spezifisch Neue, Eigene, der Verfassung Europas herauszuarbeiten. Diese Arbeit kann letztlich nur generationenübergreifend und von vielen nationalen Wissenschaftlergemeinschaften in Europa gemeinsam geleistet werden. Der kulturelle Generationenvertrag, Teil des europäischen Gesellschaftsvertrages, ist selten so notwendig wie beim Aufbau und Ausbau des gemeinsamen "europäischen Hauses", das ein *Haus der Verfassung* ist.

Danken möchte ich an erster Stelle Herrn Dr. *Markus Kotzur*, LL.M., der über Jahre hinweg den Entstehungsvorgang dieses Buches hilfreich begleitet hat und dem ich vor allem in den völkerrechtlichen Passagen viele Anregungen verdanke; überdies nahm er zusammen mit den Sekretärinnen, Frau *H. Walther* und Frau *A. Popp*, die technischen Fragen der Fertigstellung des Manuskripts in die Hand. Für Anregungen danke ich bei dem wirtschaftsverfassungsrechtlichen Abschnitt Herrn Dr. *Lothar Michael*, beim religionsverfassungsrechtlichen Teil Herrn Assessor *Arne Kupke*.

Gewidmet ist dieser Band meinem Bayreuther Montagsseminar (1981 bis 2002) sowie den darin mitwirkenden ausländischen Gastwissenschaftlern aus der Schweiz, Italien, Spanien und Griechenland, aus Ungarn, Polen, Kroatien und der Ukraine sowie Japan und Korea, Südafrika und Peru.

Bayreuth/St. Gallen
Im Mai 2001   *Peter Häberle*

Einleitung:
Kulturwissenschaftliches Vorverständnis, text- und kontextwissenschaftliche Methodenwahl, entwicklungsgeschichtlicher Ansatz

A. *Das Textstufenparadigma, komparatistische und kulturwissenschaftliche Öffnung der Verfassungslehre – erarbeitet an der "Sache Europa"*

I. *Das Textstufenparadigma als Teil der Entwicklungsgeschichte des Verfassungsstaates – die komparatistische Öffnung der Verfassungslehre*

Die Europäische Verfassungslehre kann, will sie kein auf das europäische Primärrecht beschränktes selbstreferentielles System bleiben, nur aus einem *doppelten* Ansatz gelingen: als Rechtsvergleichung in der *Zeit*, der Rechtsgeschichte bzw. werdenden Verfassungsgeschichte; insofern ist es zutreffend, auch eine "Verfassungsgeschichte der Europäischen Union" zu beginnen[1]. Im *gleichen* Atemzug ist die Rechtsvergleichung im *Raum* zu unternehmen, so dass die "zwei Seiten" des *einen* Gegenstands erfasst werden. Diese Komparatistik hat in der Zivilrechtslehre seit langem vorbildlich Heimat, jüngst in Namen wie *H. Coing*, *K. Zweigert* und *H. Kötz* greifbar. Zu vergleichen ist auf mehreren Ebenen: auf der Ebene der Verfassungs*texte*, auf der der *Rechtsprechung* und auf der der *Wissenschaft*. Dabei gibt es "Überkreuzrezeptionen". Beispiele sind: Der Regionalismus der spanischen Verfassung (1978), z.T. auf Vorbildtexte Italiens von 1947 (und mittelbar auf die WRV) zurückzuführen, rezipiert in der weiteren Entwicklung Klassikertexte und Judikate des deutschen BVerfG zum Föderalismus. Z.B. wird "Bundestreue" zur "Regionalismustreue"[2]. Die Idee "Solidarität" ist vielseitig verwendbar, auch im Europarecht im engeren Sinne (Art. 5 bzw. Art. 10 EGV). Sichtbar wird so das *Textstufenparadigma*: Was im einen Land Ergebnis längerer (ungeschriebener) Verfassungsentwicklung ist, wird im anderen Rahmen nationaler Verfassunggebung auf den Begriff bzw. neue Texte gebracht. In Europa hat z.B. Art. F Abs. 2 EUV von 1992 hinsichtlich der Menschenrechte und Grundfreiheiten als "allgemeine Grundsätze des Gemeinschaftsrechts" formell das auf eine Textstufe gehoben, was nach und nach durch EuGH und EGMR-Prätorik bzw. die Wissenschaft erarbeitet worden war (jetzt Art. 6 Abs. 2 EUV von 1997). Darüber hinaus kann schon durch blo-

---

1   So *M. Zuleeg*, Ansätze zu einer Verfassungsgeschichte der Europäischen Union, ZNR 1997, S. 270 ff.; *U. Everling*, Unterwegs zur Europäischen Union, 2001; *ders.*, Von den europäischen Gemeinschaften zur Europäischen Union. Durch Konvergenz zu Kohärenz, liber amicorum T. Oppermann, 2001, S. 163 ff.
2   Nachweise zu all dem in *P. Häberle*, Theorieelemente eines allgemeinen juristischen Rezeptionsmodells, (1992), jetzt in: *ders.*, Europäische Rechtskultur, 1994, S. 175 ff. Speziell zum "Treue"-Prinzip: *M. Lück*, Die Gemeinschaftstreue als allgemeines Rechtsprinzip im Recht der europäischen Gemeinschaft, 1992; *A. Anzon*, La Bundestreue et il sistema federale tedesco, 1995; *A. Alen u.a.*, "Bundestreue" im belgischen Verfassungsrecht, JöR 42 (1994), S. 439 ff.; *H. Bauer*, Die Bundestreue, 1992; *P. Unruh*, Die Unionstreue, EuR 2002, S. 41 ff.

ßen europa-, ja weltweiten Verfassungstextvergleich eine Verfassungslehre konturiert werden, da und insofern neue Texte auch die Wissenschaft verarbeiten, dies aber so konzentriert, dass manche wissenschaftliche Literatur überflüssig wird (Stichwort: Verfassungstexte "als Literatur"), zumal unsere professorale wissenschaftliche Literatur oft kurzlebiger ist als die von ihr kommentierten Verfassungstexte[3]. Ein Teilaspekt dieses Ansatzes ist es, die Rechtsvergleichung als "fünfte" Auslegungsmethode zu inthronisieren[4] (was auch den Teilaspekt einer "*europarechtsfreundlichen bzw. -konformen Auslegung*" in sich trägt). Die beiden europäischen Verfassungsgerichte EuGH und EGMR sind ebenso auf diesem Weg wie vereinzelt nationale Verfassungsgerichte, etwa das BVerfG (E 74, 358 (370 f.); 111, 307 (317)), das freilich die Grundrechte noch deutlicher im Lichte der EMRK auslegen sollte, oder die Corte Costituzionale im Fall Berlusconi, z.b. bei ihrer Pluralismus-Rechtsprechung im Medienbereich. Gerade die Europäische Verfassungslehre kann auf sensible Textstufenanalysen nicht verzichten: weil sie ihren Gegenstand in *Teil*verfassungen, *Teil*öffentlichkeiten und in einer *Vielfalt* von nationalen Rechtskulturen findet und zum Teil auch mit schafft. Dass die herkömmliche Rechtskreislehre seit dem "annus mirabilis" 1989 der Revision bedarf, da europa-, ja weltweit ein "internationaler" Wirkungszusammenhang der Verfassungen erkennbar wird[5] und der Typus Verfassungsstaat ein universales Projekt geworden ist, sei nur angemerkt.

In Europa ist der Vergleich in dem Maße auf *zwei* Ebenen zu leisten, wie die Europäische Verfassungslehre zwei Ebenen zu unterscheiden hat, auch wenn sie real vielfältig verschränkt sind: zum einen die national-verfassungsstaatliche Ebene, die aus ihrem Schatzhaus ständig neue Elemente "nach oben" liefert (Grundrechte, Demokratiekonzepte, Regionalstrukturen, Rechtsstaatselemente, z.B. die Staatshaftung, oder Parteienstaatsmodelle, Staats- bzw. Verfassungsziele); zum anderen die überstaatliche, eben europäische Ebene, aus der die Europäische Verfassung und ihre Lehre buchstäblich "erwächst". Diese Ebene rezipiert nicht nur schöpferisch, sie gibt im gemeineuropäischen Verbund konstitutionelle Teilprinzipien auch an die Nationalstaaten weiter bzw. zurück: indem sie z.B. den Regionalismus in Großbritannien (Schottland, Wales, 1997: "devolution", später der halbautonome Status für Nordirland mit dem "Rat der Inseln", 1998) zwar nicht hervorbringt, aber doch anregt. Aus diesem "horizontalen" und "vertikalen" osmotischen Geben und Nehmen "gerinnt" die Europäische Verfassung, gewinnt der "europäische Verfassungsstaat" seine Konturen, kann die Europäische Verfassungslehre als Wissenschaft programmatisch Theoriemodelle entwickeln,

---

[3] Zu all dem *P. Häberle*, Verfassungslehre als Kulturwissenschaft, 2. Aufl. 1998, S. 342 ff. und passim; vgl. auch den Besprechungsaufsatz von *W. Brugger*, Kultur, Verfassung, Recht, Staat, AöR 126 (2001), S. 271 ff.

[4] Dazu mein Beitrag Grundrechtsgeltung und Grundrechtsinterpretation im Verfassungsstaat, JZ 1989, S. 913 ff.

[5] Dazu das Hagener Kolloquium von 1989: U. Battis/E.G. Mahrenholz/D. Tsatsos (Hrsg.), Das Grundgesetz im internationalen Wirkungszusammenhang der Verfassungen, 1990; später: U. Battis u.a. (Hrsg.), Das Grundgesetz im Prozess europäischer und globaler Verfassungsentwicklung, 2000. – Grundsätzlich hierzu: *H. Kötz*, Abschied von der Rechtskreislehre?, ZEuP 1998, S. 493 ff.

Ziele setzen, Alternativen benennen und – bescheiden – auch praktische Beiträge leisten[6].

Das skizzierte Europäische Verfassungsrecht speist sich *multi*national. Wohl fast jedes Land hat zu "seiner Stunde" einen Beitrag geleistet, der ins "Gemeineuropäische" verweist: Großbritannien verdanken wir den Parlamentarismus, der innerverfassungsstaatlich nachhaltig und jetzt auch, wenngleich zögernd, auf EU-Ebene fragmentarisch Epoche gemacht hat. Frankreich schenkte uns die "Ideen von 1789" und den Conseil d'Etat. Die Schweiz hat 1848 den Föderalismus geschaffen, der zuletzt in Belgien (1994) Erfolg hatte und im Regionalismus, ausgehend von Italien (1947), kräftig ausgebaut in Spanien (1978), auf der EU-Ebene fortschreitet ("Ausschuss der Regionen") und so manches Dokument des Europäischen Parlamentes (vgl. die Gemeinschaftscharta der Regionalisierung von 1988) befruchtet. Die skandinavischen Länder praktizieren "Toleranz als Verfassungsprinzip" und sind in manchem ein besonders waches "kollektives Gewissen Europas". Deutschlands "Grundrechtskultur" (ein vom Verfasser 1979[7] ebenso wie der Begriff "Verfassungskultur" im Jahre 1982 vorgeschlagenes Wort) ist wohl ein Respekt heischender Beitrag mit Ausstrahlung auf andere Länder, auch die beiden europäischen Verfassungsgerichte in Luxemburg und Straßburg, wobei sich das BVerfG jüngst von "Straßburg" aus in Sachen Art. 6 Abs. 1 EMRK belehren lassen musste[8]. Dabei wird das Projekt einer gemeineuropäischen Grundrechtstheorie dringlich, die in ihrem allgemeinen wie in den besonderen Teilen die Unterschiede der nationalstaatlichen Dogmatiken flexibel auffangen sollte. Auch sind viele Einzelfragen in "gemeineuropäischer Hermeneutik" zu lösen. Das heißt auch: Nach und nach verlieren die Einzelstaaten ihr herkömmliches Interpretationsmonopol. Die offene Gesellschaft der europäischen Verfassungsinterpreten ist *multi-national*! - so wie "Europa" dank des Europarates und der OSZE oft zum *mittelbaren Verfassunggeber* wird, insofern es (Beitritts-)Bedingungen stellt bzw. bestimmte Verfassungstexte verlangt.

II. Verfassungstheorien: Die kulturwissenschaftliche Grundierung und Sensibilisierung der Verfassungslehre

1. Klassische Verfassungstheorien – eine Übersicht

Verfassungstheorien befassen sich mit der Frage, mit welchem "*Vor-Verständnis*" wir an die Auslegung einer geschriebenen Verfassung herangehen sollen. In Deutschland leben wir bis heute vom Grundlagen-Streit der Weimarer "Riesen", auf deren "Schultern wir als Zwerge" stehen, indes mitunter nur deshalb ein Stück weitersehen.

---

6   *J. A. Frowein*, Die Verfassung der Europäischen Union aus Sicht der Mitgliedstaaten, EuR 1995, S. 315 ff.; *R. Arnold*, Begriff und Entwicklung des Europäischen Verfassungsrechts, in: FS H. Maurer, 2001, S. 855 ff.
7   Vgl. meine Kommentierte Verfassungsrechtsprechung, 1979, S. 88 ff.
8   EGMR, EuGRZ 1997, S. 405 ff. – "Primärliteratur" zur EMRK: *J.A. Frowein/W. Peukert*, Europäische Menschenrechtskonvention, 2. Aufl. 1996. – Zum neuen *ständigen* EGMR gleichnamig: *J. Meyer-Ladewig*, NJW 1998, S. 512 f.

Eine kurze Skizze der "Positionen und Begriffe" der Weimarer Klassiker sei ergänzt um die eigene Sicht.

Alle Auslegung wird von einem Vorverständnis gesteuert, dieses prägt auch die "Methodenwahl" (*J. Esser*)[9]. Das Vorverständnis muss *offengelegt*, möglichst rationalisiert werden. Der Wissenschaftler kann seine Theorien "rein", ohne Kompromisse vertreten, ein Verfassungsgericht als im Antagonismus bzw. Pluralismus der Ideen und Interessen vermittelnde Instanz sollte sich in kompromisshafter "pragmatischer Integration von Theorieelementen" üben. Dieses sei vorweg gesagt, um den hohen Stellenwert von (alternativen) Verfassungstheorien anzudeuten. In Deutschland ist er im europäischen Vergleich wohl besonders hoch, was nicht unbescheiden sein will.

Für die Praxis, auch des BVerfG, höchst einflussreich geworden sind Teile der Lehre von *R. Smend*. Seine Idee der "Bundestreue" (1916) hat sich ebenso durchgesetzt (vgl. nur BVerfGE 12, 205 (255); 81, 330 (337 f.); 92, 203 (230 f.); E 101, 158 (221 f., 223): "Solidargemeinschaft") wie der Gedanke der Grundrechte als einheitliches Wertesystem (1928). Ein Theorieangebot von *R. Smend* ist schon aus dem Jahre 1928 das Konzept der Verfassung als "Anregung und Schranke"[10]. Er hatte seinerzeit Schlagzeilen gemacht durch seine Integrationslehre. Der Staat *ist* nur in immer neuer Integration – der innerlich europäische Verfassungsstaat unserer Tage hat hier freilich neue Fragen zu stellen und neue Antworten zu suchen! – *C. Schmitt* hat in seiner Verfassungslehre von 1928 wichtige Erkenntnisse erarbeitet[11], vor allem in dogmatischer Hinsicht, etwa in Gestalt der Lehre von den Instituts- und institutionellen Garantien wie Eigentum, Erbrecht, Berufsbeamtentum und ihrem auch gegen den Gesetzgeber geschützten Wesensgehalt[12] (vgl. später Art. 19 Abs. 2 GG, auch Art. 79 Abs. 3 GG); er hat indes auch Positionen bezogen[13], die, ganz abgesehen von seiner zeitweiligen Verstrickung mit dem Nationalsozialismus, für eine "europäische Verfassungslehre" untauglich sind. So ist seine Lehre von der verfassunggebenden Gewalt, die "normativ aus dem Nichts" entscheidet (Dezisionismus) fragwürdig, sie wird schon durch einen Blick auf das pluralistische Zustandekommen von verfassungsstaatlichen Verfassungen wie in Griechenland (1975) oder Portugal (1976) widerlegt; vor allem auch durch die europarechtlichen "Vorgaben". Jeder nationale Verfassunggeber in Europa ist heute praktisch an die Vorgaben der EMRK gebunden, z.B. auch bald in Sachen Minderheitenschutz dank des Europarates. Mit *Schmitt* kann man weder die Schweiz erklären, noch Europa bauen.

Ein Wort zu *H. Heller*, dem Dritten im "Dreigestirn" der Weimarer Zeit[14]. Er hat nicht nur das Wort vom "sozialen Rechtsstaat" geprägt, sondern auch ein Wort *Goethes*

---

9 *J. Esser*, Vorverständnis und Methodenwahl, 1972; ders., Grundsatz und Norm, 1956.
10 *R. Smend*, Staatsrechtliche Abhandlungen, 3. Aufl. 1994, S. 187 ff., 195.
11 *C. Schmitt*, Verfassungslehre, 1928, S. 105 f., 177 f.
12 Dazu *P. Häberle*, Die Wesensgehaltgarantie des Art. 19 Abs. 2 GG, 1. Aufl. 1962, 3. Aufl. 1983.
13 Aus der (kritischen) Lit.: *W. v. Simson*, Carl Schmitt und der Staat unserer Tage, AöR 114 (1989), S. 185 ff.; *H. Hofmann*, Legitimität gegen Legalität, 1964 (4. Aufl. 2002); *M. Stolleis*, Geschichte des öffentlichen Rechts in Deutschland, Bd. 3, 1999, S. 171 ff., 316 ff. u.ö.
14 Aus der Lit.: *M. Friedrich*, Geschichte der dt Staatsrechtswissenschaft, 1997, S. 370 ff.; *M. Stolleis*, aaO., S. 183 ff. – Zu Smend: R. Lhotta (Hrsg.), Die Integration des mod. Staates, 2005.

schöpferisch im juristischen Kontext verwendet: Verfassung als "geprägte Form, die lebend sich entwickelt"[15]. Überdies korrigierte er manche Übertreibungen der Integrationslehre von R. Smend und bleibt wegweisend durch sein Verständnis der Staatslehre als Kulturwissenschaft[16]. – Ein weiteres Wort zu H. Kelsen, von H. Heller als "Testamentsvollstrecker des Positivismus" kritisiert ("Jeder Staat ein Rechtsstaat"). Er ist demgegenüber nur bei der Lehre vom "Stufenbau der Rechtsordnung" in der Variante des "Vorrangs der Verfassung" hilfreich; freilich verdanken wir ihm auch Wesentliches in Sachen Verfassungsgerichtsbarkeit[17].

Im Kontext der GG-Praxis, d.h. *nach* 1949 wurden weitere Verfassungstheorien entwickelt, die hier kurz erwähnt seien: Verfassung als "Norm und Aufgabe" (*U. Scheuner*), Verfassung als grundlegender "Strukturplan für die Rechtsgestalt eines Gemeinwesens" (*A. Hollerbach*), von der Schweiz aus zuvor Verfassung als "rechtliche Grundordnung des Staates" (*D. Schindler*, 1945) und später ein betont geschichtliches Verfassungsverständnis (*R. Bäumlin, 1961*). *H. Ehmke* verdanken wir das Verständnis der Verfassung als "Beschränkung und Rationalisierung der Macht und Garantie eines freien politischen Lebensprozesses" (1953)[18]. M.E. ist Verfassung *auch* Konstituierung staatlicher Macht, es muss aber auch *gesellschaftliche* Macht beschränkt werden. Vor allem ist Verfassung auch *öffentlicher Prozess* (1969)[19]. Zu votieren ist für ein "*gemischtes Verfassungsverständnis*", wobei je nach Etappe der Verfassungsentwicklung und je nach Nation der eine oder andere Aspekt im Vordergrund stehen mag. So musste in Spanien 1978 nach Franco das Gewicht auf das Element der "Beschränkung" gelegt werden, heute kann stärker das Element der "Anregung" in den Vordergrund rücken, auch das des öffentlichen *Prozesses*. Das Plan-Element tritt in Zeiten des Umbaus des Sozialstaates und der Privatisierung stärker zurück, wobei freilich anzumerken ist, dass der Neigung zur Verabsolutierung des "Marktes" heute mehr verfassungsrechtliche "Zügel" anzulegen sind[20].

---

15 *H. Heller*, Staatslehre, 6. Auflage 1983, S. 258.
16 Staatslehre, 1934, S. 32 ff.
17 *H. Kelsen*, Wesen und Entwicklung der Staatsgerichtsbarkeit, VVDStRL 5 (1929), S. 30 ff. Weitere klassische Lit. ist wieder abgedruckt in: P. Häberle (Hrsg.), Verfassungsgerichtsbarkeit, 1976; M. Stolleis u.a. (Hrsg.), H. Kelsen, Staatsrechtslehrer und Rechtstheoretiker im 20. Jahrhundert, 2005.
18 *H. Ehmke*, Grenzen der Verfassungsänderung, 1953, S. 103 ff. S. auch den Überblick bei *K. Hesse*, Grundzüge des Verfassungsrechts der Bundesrepublik Deutschland, 20. Aufl. 1995 (Neudruck 1999), S. 10 ff.
19 Vgl. *P. Häberle*, Verfassung als öffentlicher Prozess, 1978, 3. Aufl. 1998, bes. S. 121 ff., 265 ff.
20 Zu den Gefahren eines ungehemmten Marktes in Europa: *A. v. Bogdandy*, Beobachtungen zur Wissenschaft vom Europarecht, Der Staat 40 (2001), S. 1 ff. (13). Ein Ungleichgewicht der europäischen Verträge zugunsten ungezügelter Marktmacht und zu Lasten sozialverträglicher Marktregulierung beklagt *F. Scharpf*, Regieren in Europa, 1999, S. 52.

2. Der eigene Ansatz: das gemischte, kulturwissenschaftliche Verfassungsverständnis

Es zeigen sich *nationale Besonderheiten*: So begegnet uns in den *USA* fast eine Art "Verfassungsglaube", geschrieben in den Federalist Papers, wie überhaupt Parallelen zwischen den drei Buchreligionen mit Thora, Bibel und Koran einerseits und der Wertbzw. Hochschätzung der geschriebenen Verfassung weltweit andererseits kaum zufällig sein dürften. In *Frankreich* steht die Idee des Republikanischen im Vordergrund, auch ein kulturelles Verhältnis zur Verfassung; in *Deutschland* haben wir in *D. Sternbergers* Dictum vom "Verfassungspatriotismus" ein einleuchtendes Theorieangebot, wobei uns freilich das Wort von *J. Habermas* "DM-Nationalismus" schmerzhaft in den Ohren brannte. Insgesamt überwuchert derzeit ein unbegreiflicher "Ökonomismus" unsere Diskussion, als ob der "Wirtschaftsstandort Deutschland" alles wäre, als ob Europa nur aus dem "EURO" bestünde. M.E. sind Verfassungen besonders ein Stück *Kultur*[21]: Verfassung ist nicht nur juristischer Text oder normatives Regelwerk, sondern Ausdruck eines kulturellen Entwicklungszustandes, Mittel der kulturellen Selbstdarstellung des Volkes, Spiegel seines kulturellen Erbes und Fundament seiner Hoffnungen.

Dieses *kulturwissenschaftliche* Verfassungsverständnis kann Elemente der Arbeiten von *R. Smend* und *H. Heller, D. Schindler, R. Bäumlin* und *U. Scheuner*, auch *H. Ehmke* sowie *K. Hesse* beweglich einbauen, je nach Zeit und Raum, diesen beiden zusammengehörenden Dimensionen, in die eine europäische Verfassungslehre ausgreifen muss: als *horizontale Rechtsvergleichung* in der Zeit (Verfassungsgeschichte) und als *vertikale Rechtsvergleichung im Raum* (zeitgenössische Komparatistik). Bei all dem kann die "Philosophie des offenen Geistes" (*Popper*), sein "process of trial and error" (vgl. auch BVerfGE 5, 85 (135)) erkenntnisleitend sein[22].

III. Die Verarbeitung von Texten, Theorien und Judikatur aus ganz Europa – ein Ideal

Was bislang primär national-verfassungsstaatsbezogen entwickelt wurde, ist jetzt auf der europäischen Ebene zu leisten. Zu verarbeiten hat die europäische Verfassungslehre die Trias von juristischen Texten, Theorien und Judikatur aus *ganz* Europa. Dieses hohe Ideal ist naturgemäß im Folgenden allenfalls fragmentarisch zu erfüllen. Die schiere Stoffülle überwältigt jeden Autor. Immerhin sei je nach Problemkreis versucht, neben dem nationalen auch das gesamte europäische Verfassungsmaterial zu integrieren, meist im Beispielstil. So sind die neuen osteuropäischen Verfassungen ebenso in den Gesamtblick zu nehmen, wie Texte der Verfassungsgemeinschaft der EU bzw. Dokumente und Texte des Europarates und der OSZE. Die Judikatur der beiden europäischen Verfassungsgerichte EuGH und EGMR sei grundsätzlich ebenso einbezogen, gerade auch

---

21 Verfassungslehre als Kulturwissenschaft, 1982, S. 19, 2. Aufl. 1998, S. 28 ff., 405, 591 und passim.
22 S. noch Zweiter Teil E. I.

in ihrer relativen Dichte, wie wissenschaftliche Grundlagenwerke aus der Feder eines *G. de Vergottini* oder von *C. Grewe/H. Ruiz Fabri*[23].

Im Grunde müsste es zu einer konzertierten Aktion *aller* nationalen europäischen Wissenschaftlergemeinschaften kommen, um eine europäische Verfassungslehre zu schreiben. Gemeinsam hätte ihnen das Anliegen zu sein, darzutun, wie es zu einer Europäisierung fast aller Grundbegriffe der herkömmlichen nationalen Verfassungslehren kommt: von den sog. Staatselementen bis zur Verfassunggebung und Verfassungsgerichtsbarkeit, von Begriffen wie Repräsentation, Öffentlichkeit, Gemeinwohl, "Identität" bis zum Rechtsstaat, zur Gewaltenteilung und schließlich bis zur Demokratie. Gemeineuropäische Grundwerte, in den Grundrechten als "allgemeine Rechtsgrundsätze" greifbar, sind "Bindemittel" für das sich Stück für Stück konstituierende Europa. Das Selbstverständnis der hier unternommenen europäischen Verfassungslehre ist dabei das Wort von der "juristischen Text- und Kulturwissenschaft", das nach und nach an den Sachen selbst entfaltet und nicht vorweg zu abstrakt postuliert sei. Relevant wird indes schon hier der "Kontext". Er sei absichtsvoll mit Beispielen aus der *Schweiz* illustriert.

B. Die Kontextthese

I. Problemstellung

"Wenn zwei Grundgesetze dasselbe sagen, so ist es nicht dasselbe". Dieses geflügelte Wort von *R. Smend* (1951) deutet auf die Relevanz dessen, was "hinter", vor oder über den (geschriebenen) Verfassungstexten steht bzw. wirkt. Und so eindrucksvoll der Sieg "des Typus Verfassungsstaat" seit dem annus mirabilis 1989 ist: Die raum-zeitlichen nationalen *Varianten* drängen sich ebenso auf wie die lange – in Textstufen greifbare – Entwicklungsgeschichte des *Typus* mit frühen Klassikertexten seit der griechischen Antike. Wird diese Vielfalt nicht zuletzt aus bestimmten "Kontexten" gespeist? Lebt die Verfassung – auch hier den drei großen Buchreligionen ähnlich – vielleicht gerade aus der – sich wandelnden – Interpretation ihrer Kontexte, was sogar zu neuen Verfassungstexten führen kann? Gibt es auch "Prätexte"?, "Subtexte"?

Der Kontextbegriff selbst scheint derzeit in vielen Disziplinen "Karriere" zu machen. Bald ziert er als Untertitel ein ganzes Buch über die "Herausgeforderte Verfassung"[24], bald spricht ein führender Philosoph unserer Tage im Rahmen seiner Kommunikationstheorie von "Kontextualismus"[25]. In der deutschen Staatsrechtslehre wurde schon vor mehr als 25 Jahren die "Kontextthese" entwickelt[26]. Im Folgenden geht es darum, sie grundsätzlich und systematisch für das Ganze der verfassungsstaatlichen Verfassung der

---

23 *G. de Vergottini*, Diritto Costituzionale Comparato, 5. Aufl. 1999; *C. Grewe/H. Ruiz Fabri*, Droits constitutionnels européens, 1995. – S. zuletzt *B. Grossfeld*, Neue Rechtsvergleichung, FS Henrich, 2000, S. 211 ff.

24 B. Sitter-Liver (Hrsg.), Herausgeforderte Verfassung, Die Schweiz im globalen Kontext, 1999.

25 So *J. Habermas*, Wahrheit und Rechtfertigung, 1999, S. 249.

26 So *P. Häberle*, Kommentierte Verfassungsrechtsprechung, 1979, S. 44 ff., 50 f. und öfters. Dort auch Belege aus der angloamerikanischen Literatur.

heutigen Entwicklungsstufe und für den europäischen Konstitutionalisierungsprozess fruchtbar zu machen. Dass der Blick sich dabei zu anderen Wissenschaften weitet bzw. intensiviert, liegt auf der Hand. "Kontext" ist der zentrale *Brückenbegriff* des Denkens über "Verfassung" zu den anderen Kulturwissenschaften hin, insbesondere zu Philosophie und Ethik, Religion und Pädagogik, aber auch zu Politikwissenschaften, Ökonomie und Ökologie, so fragmentarisch der Brückenschlag bleibt. Kontext meint: "Verständnis durch Hinzudenken".

II. Allgemeine Überlegungen zum Typus "Verfassungsstaat",
seiner Kultur sowie zum Kontext-Begriff

1. Das kulturwissenschaftliche Verfassungsverständnis
– "Verfassung als Kultur" –, alte und neue Klassikertexte,
die spezifische Offenheit

Das Verständnis der "Verfassung als Kultur" ist ein Programm, das seit 1982 Stück für Stück entfaltet wurde[27]. Es nimmt den überkommenen "Funktionen der Verfassung"[28] (Machtbegrenzung, Organisation, Orientierung, Identifizierung etc.) nichts an Aussagekraft, will aber die Verfassung darüberhinaus in Horizonte stellen, die ihr zusätzlich Kraft, Tiefe und Legitimität vermitteln. Es geht dabei nicht nur um das geschriebene allgemeine und spezielle "Kulturverfassungsrecht" mit seinen Teilbereichen wie kulturelle Freiheiten, Kulturföderalismus, Religionsverfassungsrecht, Erziehungsziele, Feiertagsrecht. Vielmehr soll Verfassung allgemein "*als Kultur*" verstanden werden.

Dabei hilft die Interpretation von "*Klassikertexten*". Sie gelten als "Verfassungstexte im weiteren Sinne" und bauen ein Kraftfeld auf, das die positiven Verfassungstexte im engeren Sinne immer wieder anreichert, provoziert und "entwickelt". "Klassiker" ist hier ein *Wert*begriff und ein *Erfolgs*begriff[29]. Einzelne Normen etwa des deutschen GG, gewiss aber auch der Schweizer BV, osteuropäischer Verfassungen und sogar europäischer Vertragstexte lesen wir immer wieder neu "mit den Augen" eines *Montesquieu* bzw. seiner Klassikertexte zur Gewaltenteilung, die sich immer neue Felder erobert (z.B. in den gesellschaftlichen Bereich hinein: Ombudsmänner, oder im staatlichen Bereich: Rechnungshof). Das neue Umweltverfassungsrecht muss mit dem neuen Klassiker *H. Jonas* (Prinzip Verantwortung, 1979) gelesen werden, vor allem in seinen verantwortungsethischen Kontexten, auch im Blick auf spätere Generationen. Verfassung als Kultur zu verstehen, erlaubt Sensibilität für eine Fülle von Kontexten und eine spezifische Offenheit.

---

27 Dazu *P. Häberle*, Verfassungslehre als Kulturwissenschaft, 1. Aufl. 1982, 2. Aufl. 1998; *W. Brugger*, Kultur, Verfassung, Recht, Staat, AöR 126 (2001), S. 271 ff.
28 Aus der Lit.: *J.-F. Aubert*, La Constitution, son contenu et son usage, ZSR NF 110 II, 1991, S. 9 ff.; *W. Kägi*, Die Verfassung als rechtliche Grundordnung des Staates, 1945; *K. Hesse*, Grundzüge des Verfassungsrechts der Bundesrepublik Deutschland, 20. Aufl. 1995 (Neudruck 1999), S. 10 ff.
29 Dazu meine Schrift Klassikertexte im Verfassungsleben, 1981; fortgeführt in *ders.*, Verfassungslehre als Kulturwissenschaft, 2. Aufl. 1998, S. 481 (484).

Wie bereits einleitend unter Punkt II.2. ausgeführt: Verfassung ist nicht nur rechtliche Ordnung für Juristen und von diesen nach alten und neuen Kunstregeln zu interpretieren – sie wirkt wesentlich auch als Leitfaden für Nichtjuristen: für alle Bürger. Verfassung ist nicht nur juristischer Text oder normatives Regelwerk, sondern auch Ausdruck eines kulturellen Entwicklungszustandes, Mittel der kulturellen Selbstdarstellung des Volkes, Spiegel seines kulturellen Erbes und Fundament seiner Hoffnungen[30].

Es ist kein Zufall, dass gerade jüngere Verfassungsstaaten wie Entwicklungsländer besonders häufig "kulturelles Erbe-Klauseln" (vgl. auch Art. 6 Abs. 3 EUV: "Die Union achtet die nationale Identität ihrer Mitgliedstaaten") verwenden, weil sie sich ihrer gewachsenen kulturellen Kontexte versichern müssen[31]. Damit ist ein Ganzes in Bezug genommen – ein Kontext durch Text! Solche Klauseln dürfen aber nicht einseitig als Zementierung eines Status quo gelesen werden, die Zukunft bleibt dank der auch garantierten kulturellen Freiheiten offen: Die Trias Religion, Wissenschaft und Kunst sind die letzten und vorletzten Ressourcen des (europäischen) Verfassungsstaates, in *Goethes Dictum* tiefgründig verbunden: "Wer Wissenschaft und Kunst besitzt, hat Religion; wer diese beiden nicht besitzt, der habe Religion."

2. Der Kontext-Begriff: Text und Kontext

a) Elemente einer Bestandsaufnahme

Aus der *rechtswissenschaftlichen* Literatur ist u.a. die von *J. Leilich* aus dem Niederländischen übersetzte Monographie von *Mark van Hoecke*, "Norm, Kontext und Entscheidung. Die Interpretationsfreiheit des Richters", 1988 zu nennen. Sie entfaltet[32] den Kontextbegriff systematisch. Der Autor knüpft an sprachwissenschaftlichen Untersuchungen an und unterscheidet zwischen explizitem und implizitem Kontext[33], Sprachkontext und a-linguistischem Kontext[34], textuellem und a-textuellem Kontext[35], juristischem und nicht-juristischem Kontext[36] und untersucht die Struktur[37] und Funktion[38] des Kontextes. Den räumlichen (europäischen bzw. nationalen und internationalen) Kontext[39] behandelt andere[40] rechtswissenschaftliche Literatur. Auch der lokale[41] Kon-

---

30   Dazu *P. Häberle*, Verfassungslehre als Kulturwissenschaft, 1. Aufl. 1982, S. 19.
31   Nachweise hierzu in *P. Häberle*, Rechtsvergleichung im Kraftfeld des Verfassungsstaates, 1992, S. 836 ff.
32   *M. van Hoecke*, Norm, Kontext und Entscheidung, 1988.
33   *M. van Hoecke*, Norm, Kontext und Entscheidung, 1988, S. 38 f.
34   Ebenda, S. 39.
35   Ebenda, S. 39 f.
36   Ebenda, S. 40 f.
37   Ebenda, S. 41.
38   Ebenda, S. 41 f.
39   *M. Waldstein*, Das Asylgrundrecht im europäischen Kontext, 1993; J. Schwartländer/W. Brugger (Hrsg.), Neue Medien und Meinungsfreiheit im nationalen und internationalen Kontext, 1990; *N. Glatfeld*, Das Umweltaudit im Kontext der europäischen und nationalen Gesetzgebung, 1998.
40   Vgl. aber auch: *W. Hinrichs*, Heimatbindung, Heimatkunde, Ökologie im nationalen und europäischen Kontext, 1991.

text wird gesehen. Oberflächlicher, aber immerhin explizit äußert sich *H. Giersch*, Kontroverses im Kontext, Köln 1996, in seinem *wirtschaftspolitischen* Sammelband zum Kontextbegriff. Die Wirtschaftswissenschaften verwenden den Kontextbegriff gerne, ohne ihn selbst voll zu hinterfragen. Angeknüpft wird an den sachlichen[42] sowie den räumlichen[43] Kontext. Die *Soziologie,* aber auch die *Theologie* behandelt ebenfalls den kulturellen, kulturwissenschaftlichen und gesellschaftlichen Kontext.[44] Auch werden der räumliche und kulturelle[45] sowie der politische und kulturelle[46] Kontext im Zusammenhang gesehen. In der *Politikwissenschaft* wurde vereinzelt der Werkkontext herausgearbeitet.[47] Die *Literaturwissenschaft*[48] und *Philosophie*[49] hat das Werk und die Person einzelner Klassiker „im Kontext" gewürdigt. Zu nennen sind auch die hermeneutischen Überlegungen der *Sprachwissenschaften*[50] und die *Pädagogik*[51]. Als Titel und Programm steht „Kontext" für zahlreiche Periodika.[52] Das Wortspiel „Text und Kontext"[53] wurde bereits verschiedentlich als Titel verwendet. Weitere Aspekte kommen in verschiedenen Titeln zum Ausdruck: Moral[54], das Ich[55] und der Habitus[56], Einheit[57] und

---

41   *A. Engel*, Wahlen und Parteien im lokalen Kontext, 1993.
42   *M. Brockhaus*, Gesellschaftsorientierte Kooperation im ökologischen Kontext, 1996; *T. Mayer*, Medienrecht im Kontext standortrelevanter Faktoren, 1997; *G. Lübke*, Die Staatsverschuldung im Kontext alternativer Wirtschaftspolitik, 1989.
43   *G. Enderle*, Sicherung des Existenzminimums im nationalen und internationalen Kontext, 1987; *H. Zirfas de Morón*, Transnationale Besteuerung im Kontext der Globalisierung, 1996.
44   *W. Dreyer*, Soziologie im kulturwissenschaftlichen Kontext, 1989; H. Mandl (Hrsg.), Entwicklung und Denken im kulturellen Kontext, 1993; *B. P. Beltran*, Philippinische Theologie in ihrem kulturellen und gesellschaftlichen Kontext, 1988.
45   *F. Hainard/H.-P. Meier-Dallach/K. Weber*, Innovationen von Unternehmen und ihr räumlichkultureller Kontext, 1990; zum Raumbezug politischer Gemeinschaftsbildung *G. Winkler*, Raum und Recht, 1999, S. 29; Würzburger FS "Raum und Recht", 2002.
46   *T. Niehr*, Schlagwörter im politisch-kulturellen Kontext, 1993.
47   *M. Zängle*, Max Webers Staatstheorie im Kontext seines Werkes, 1988.
48   *W. Wittkowski*, Goethe im Kontext, 1984 (Zur Goethe-Rezeption vgl. auch *H. de Berg*, Kontext und Kontingenz, 1995); *G. Müller*, Jean Paul im Kontext, 1996; Marie-Louise Roth (Hrsg.), Literatur im Kontext, Robert Musil, 1999; *A.M. v. Erp Taalman Kip*, Intertextuality and Theocritus 13, in: I.J.F. de Jong/J.P. Sullivan (Hrsg.), Modern critical theory and classical literature, 1994, S. 153 ff.; *M. Hose*, Fragment und Kontext. Zwei Methoden der Interpretation in der Griechischen Literatur, in: FS f. K. Alt, 1998, S. 89 ff.; *T. Krischer*, Das Denkvermögen und die Hand im Kontext der griechischen Kulturgeschichte, ebenda, S. 113 ff.
49   *D. Henrich*, Hegel im Kontext, 1981; *G. Leaman*, Heidegger im Kontext, 1993.
50   *G. Horstkotte*, Wortbedeutung und Kontext, 1978; *M. Pinkal*, Kontext und Bedeutung, 1977; *G. Röhr*, Erschließen aus dem Kontext, 1993.
51   *F. Lehnau*, Normen im Kontext, 1984.
52   Folgende Periodika tragen den Titel „Kontext": des Lambertus-Verlags, zur Literatur hrsg. von U. Timm u.a., sowie zur Literatur- und Kulturgeschichte, Weimar; vgl. auch „Im Kontext" (Beiträge zur Religion, Philosophie und Kultur).
53   *R. Kreissl*, Text und Kontext, 1985; vgl. auch die Zeitschrift für germanistische Literaturforschung in Skandinavien „Text und Kontext" (seit 1973); s. auch *S. L. Gilman*, Wahnsinn, Text und Kontext, 1981 (zur Wechselbeziehung zwischen Literatur, Kunst und Psychiatrie); *P. Häberle*, Präambeln im Text und Kontext von Verfassungen, FS Broermann, 1982, S. 211 ff.
54   *M. Arnold*, Moral und Kontext, 1988.
55   *S. Benhabib*, Selbst im Kontext, 1995.

schließlich die Computertechnik[58]. Schon aus diesen "Stichproben" darf gefolgert werden, dass der Kontextbegriff ein viele Wissenschaften verbindendes, wenn auch bislang disparates Instrument des Verstehens ist. Freilich wird die Verfassungslehre ihren "eigenen" Kontextbegriff zu erarbeiten haben.

b) Ein eigener Ansatz: Das kontextualistische Verfassungsverständnis

(aa) Das kulturwissenschaftliche Verfassungsverständnis ermutigt, durchaus im Verein mit Elementen der Bestandsaufnahme, die Kontextthese von 1979[59] grundsätzlich zu entfalten. Die Sicht der Verfassung "*als Kultur*" gibt den Blick frei für das hinter, über, vor ("prä") und in den Texten Wirkende. Jeder konstitutionelle Text ist eingebettet in einen Kontext aus Kultur, die ihrerseits in ihren Bereichen und Schichten näher ausdifferenziert ist: "Hochkultur", "Volkskultur", "Alternativ"- und "Subkultur" – all dies im Rahmen eines "offenen Kulturkonzeptes"[60]. Kultur meint – im Gegensatz zur Natur – das vom *Menschen* Geschaffene. Sie hat ihre relativ verselbständigten Verfassungsfelder z.B. in den kulturellen Grundrechten, in kulturellen Staatszielen, dem Kulturföderalismus und im Religionsverfassungsrecht.

(bb) Der Verfassungsstaat als Typus durchlebte eine *Entwicklungsgeschichte* im großen so wie die nationalen Verfassungen Perioden und Phasen durchmachen. M.a.W.: Die Zeitdimension liefert Kontexte: von der "Vorgeschichte" einer Verfassung über ihre Gegenwart und Zukunftsentwicklungen. Die Hermeneutik erinnert an Begriffe wie "Vorverständnis", jetzt historisch verstanden, und ebenso "Nachverständnis" als Verstehen einer Norm im Laufe der Zeit[61]. Erfahrungen, auch "Wunden" eines Volkes, "Ergebnisse einer Geschichte", etwa 1776, 1789, 1848 und Hoffnungen bzw. Wünsche (bis 1990 die deutsche Wiedervereinigung nach der Präambel des GG von 1949) kommen so ins Blickfeld. Der von *G. Jellinek* 1906 gefundene "Verfassungswandel" erklärt sich primär aus dem *Kontext* – so vermittelt der dem Wortlaut nach gleichbleibende Text andere, neue Inhalte. Und alle Arten von richterlicher Fortbildung des Verfassungsrechts speisen sich ebenfalls aus "anderen" Kontexten – genauer aus dem Kon-Text der Norm! – man denke auch an die "broad interpretation" des US-Supreme Court.

(cc) Das "Verständnis" i.S. der *Hermeneutik*[62] wird zum Schlüssel für die Erfassung bzw. Wirkung der Kontexte. Hier können die Sprachwissenschaften Hilfestellung leisten[63].

---

56 *C. Bohn*, Habitus und Kontext, 1991 (Sozialtheorie).
57 J. Henkys (Hrsg.), Einheit und Kontext, 1996 (Theolog. FS).
58 H.-J. Ewers u.a. (Hrsg.), Der Kontext entscheidet, 1989.
59 Dazu *P. Häberle*, Kommentierte Verfassungsrechtsprechung, 1979, S. 44 ff. u.ö.
60 Dazu *P. Häberle*, Kulturpolitik in der Stadt – ein Verfassungsauftrag, 1979.
61 Dazu mein Beitrag Zeit und Verfassung (1974), zuletzt in Verfassung als öffentlicher Prozess, 3. Aufl., 1998, S. 59 ff.
62 Dazu *H.-G. Gadamer*, Wahrheit und Methode, 4. Aufl. 1975.
63 Hierzu *M. van Hoecke*, s.o., S. 38 ff.

(dd) Die *Verfassungstexte im weiteren Sinne*, d.h. vor allem die *Klassikertexte* von *Aristoteles* bis *John Rawls*, einschließlich großer Texte von *Friedrich Schiller* zur Menschenwürde oder von *Shakespeare* zur "Gnade", aber auch Gegenklassiker wie *Bertold Brecht* ("Alle Staatsgewalt geht vom Volk aus, aber wo geht sie hin?") bilden ein kulturelles Umfeld für das Verstehen eines (geschriebenen) Verfassungstextes; gerade in der werdenden Europäischen Verfassungsgemeinschaft.

(ee) *Beteiligt an der kreativen Erschließung der relevanten Kontexte* sind in einer Verfassung des Pluralismus potentiell alle Bürger und aktuell viele. Die offene Gesellschaft der Verfassungsinterpreten (1975), aber auch das Konzept des kulturellen Trägerpluralismus (1979) braucht ein kontextualistisches kulturelles Verfassungsverständnis im gekennzeichneten Sinne. Für Europa liefert der Historiker *H.A. Winkler* aus dem *Kontext* seiner Wissenschaft das Stichwort: "Europa wird pluralistisch sein oder es wird nicht sein."[64]

(ff) So wird der Kontext zu einem *Schlüsselbegriff*, der freilich nicht verabsolutiert werden darf. Das Leben und die Interpretation des Verfassungstextes aus dem Kontext, besser aus den Kontexten, ist nicht beliebig. Offenlegung der Wege zur Kontextfindung, Rationalität bleiben gefordert. Zwar ist der Wortlaut keine Grenze der Auslegung[65], doch bleibt der Text das Forum, von dem aus reflektiert und, steter Gerechtigkeitskontrolle unterworfen, nach den relevanten Kontexten gesucht wird.

(gg) Zwar ist der Kontext-Begriff das *Bindeglied zur interdisziplinären* Zusammenarbeit mit anderen Kulturwissenschaften; doch ist an der relativen Autonomie des spezifisch juristischen "Handwerkszeugs" und – in ihren Spitzen – der "Juristenkunst" (z.B. der Römer) festzuhalten. Dass andere Wissenschaften den Kontextbegriff verwenden, darf dabei ermutigen, auch wenn der Kontextbegriff des Juristen in seiner Hand "eigenwüchsig" bleibt.

(hh) "*Europa*" bzw. die *Welt* vermitteln der nationalen Verfassung von heute neue Kontextrelevanzen. "Völkerrechtsfreundlichkeit", "Menschenrechtsfreundlichkeit", "Europaoffenheit" ist kein bloßes Wort mehr, es ist – geschrieben oder nicht – Kontext, früh konzipiert z.B. das "Europäische Deutschland" (*Thomas Mann*).

---

64 Zitiert nach Nordbayerischer Kurier vom 27. Juli 2001, S. 4.
65 So aber eine vorherrschende Auffassung: z.B. *K. Hesse*, Grundzüge des Verfassungsrechts der Bundesrepublik Deutschland, 20. Aufl. 1995 (Neudruck 1999), S. 29 f.; *O. Depenheuer*, Der Wortlaut als Grenze, 1988.

3. Bezugsfelder für verfassungsstaatliche Kontexte

Im Folgenden seien die Bezugsfelder für das verfassungstheoretische Arbeiten mit der Kontext-These dargestellt. Dabei geht es auf einer eher abstrakten Ebene um den Verfassungsstaat als *Typus*, begriffen aus der Fülle des nationalen Beispielmaterials, das im Vergleich erschlossen werden soll. Die in Raum und Zeit vergleichende, als juristische "Text- und Kulturwissenschaft" arbeitende Verfassungslehre kann dank der Kontext-These den Anschluss an Methoden und Sachgegenstände anderer Kulturwissenschaften suchen und finden. Was praktisch schon seit langem immer wieder geschieht (wenn auch eher "selbstverständlich" und punktuell), sei im Folgenden rationalisiert bzw. offengelegt.

Dabei ist vorweg zu sagen, dass die Normenensembles der Verfassungen unterschiedlich "kontextoffen" sind. Es hängt von ihrer sprachlichen und inhaltlichen "Dichte" ab, ob sie besonders kontextsensibel sind oder eher "für sich" stehen. Die Präambeln, vor allem dort, wo sie "Bekenntnisse" formulieren, auch die sog. "Allgemeinen Bestimmungen" sind besonders auf Kontexte angewiesen; ebenso die betont generalklauselartigen Verfassungen bzw. offenen Normen wie Staatszielbestimmungen ("Kulturstaat", "Sozialstaat"). Zu vermuten ist, dass *neue* Verfassungsnormen primär aus Kontexten leben, aus denen sie im Positivierungsprozess entstanden sind (Beispiel: Umweltverfassungsrecht). Das juristisch "Autonome" lässt sich erst in einem längeren arbeitsintensiven Auslegungsprozess gewinnen. Freilich: So wichtig die Orientierungsfunktion von Text und Kontext solcher konstitutioneller Normen ist: Die vor allem für die Grundrechte charakteristische Begrenzungsfunktion gegenüber dem Staat verhindert, dass die kontextintensive Auslegung hier zu einer Relativierung der Freiheit des einzelnen führt. M.a.W.: Die Kontext-These muss die *verschiedenen Funktionen* einer Verfassung (Orientierung, Machtbegrenzung, Integration etc.) je nach der Eigenart der Texte berücksichtigen.

a) Religion und Philosophie, Ethik und Pädagogik

Die Texte der geschriebenen Verfassung, aber auch die Judikatur und Praxis zu einer ungeschriebenen wie in Großbritannien stehen historisch wie gegenwärtig, aktuell wie potentiell im Kontext zu *Religion und Philosophie* bzw. den sie erschließenden Wissenschaften. Das zeigt sich in Bezug auf den Entstehungs-, aber auch den weiteren Entwicklungsvorgang von Verfassungen. Die *Religion*, genauer: eine bestimmte Religion, das Christentum, hat einzelne Elemente des Verfassungsstaates bis heute geprägt, auch wenn der Prozess der Säkularisierung, der "Verweltlichung der Welt", fortschreitet und nicht zuletzt eine Folge des Verfassungsstaates selbst ist. Unmittelbar greifbar wird der religiöse Kontext des Verfassungsstaates dort, wo er Gottesbezüge "textet", etwa bei Eidesklauseln und an anderen Stellen[66]. Besonders auffällig ist die "invocatio dei", die sich vorweg nicht nur in der alten und neuen BV der Schweiz findet (1874 bzw. 2000),

---

66 Dazu die Nachweise in meinem Beitrag: "Gott" im Verfassungsstaat? (1987), jetzt in: Rechtsvergleichung im Kraftfeld des Verfassungsstaates, 1992, S. 213 ff.

sondern auch in anderen Verfassungen (z.B. Präambel Verf. Südafrika von 1996 ("May God protect our people")). In der Präambel der Verf. Polen (1997) wird auf Gott alternativ Bezug genommen; auf die "Dreifaltigkeit" beruft sich die Verf. Irland (1937). Heute mag sich die Frage stellen, ob neben dem christlichen Gott nicht auch andere monotheistische Gottesvorstellungen in solchen Verfassungen Platz haben müssen.

Im Ganzen ist es die gesamte Verfassungsmaterie *"Religionsverfassungsrecht"* als spezielles Kulturverfassungsrecht, deren Verständnis besonders auf religiöse Kontexte angewiesen ist: sei es, dass hermeneutisch die vergleichenden Religionswissenschaften gefordert sind, sei es, dass die Religionen selbst dank der Relevanz ihres "Selbstverständnisses" am Vorgang der Verfassungsinterpretation beteiligt sind[67]. Grundrechte wie die individuelle und kollektive Religionsfreiheit, verfassungsrechtliche Begriffe wie "weltanschaulich-konfessionelle Neutralität des Staates" (vgl. BVerfGE 19, 206 (216), 93, 1 (16); 102, 370 (387 f.); 108, 282), aber auch die Grenzen, die der Verfassungsstaat wegen seiner *Toleranz* zu dem fundamentalistischen Islam ziehen muss, lassen sich ohne Selbstvergewisserung über die Sache Religion nicht lösen[68]. M.a.W.: Zumal das Religionsverfassungsrecht erinnert daran, wie intensiv der Verfassungsstaat und die Europäische Verfassungsgemeinschaft sich der bzw. den Religionen in Geschichte und Gegenwart als Kon-Text stellen müssen. In Deutschland zeigte sich dies etwa in der Argumentation des BVerfG zum Christentum als "Kulturfaktor" (E 41, 29 (52)); virulent wurde das Problem auch in der umstrittenen Kruzifix-Entscheidung (E 93, 1).

Die *Philosophie* schafft und steuert noch mehr Kontexte für eine verfassungsstaatliche Verfassung. Das zeigt sich an der Fülle der Klassikertexte von Philosophen, die auf lange Sicht positiv Verfassungstexte hervorgebracht haben (etwa *Aristoteles* zur Gleichheit bzw. Gerechtigkeit) oder heute hervorbringen (so *Hans Jonas* in Bezug auf das "Prinzip Verantwortung": vgl. nur Art. 20 a GG, aber auch die vielen neuen Verantwortungstexte in jüngeren Schweizer Verfassungen, z.B. Präambel und Art. 6 nBV, Präambel KV Aargau von 1980). *John Locke, Montesquieu, Rousseau* und vor allem *Immanuel Kant* – dieser in Bezug auf die Menschenwürde[69], letztlich auf den Rechtsstaat – sind weitere Denker, die den Verfassungsstaat im Ganzen oder doch einzelne seiner Prinzipien beeinflusst, wenn nicht gar mit"gebaut" haben.

Gewiss, "Kant *im* Grundgesetz" – als Verfassungstext im weiteren Sinne verstanden – bedeutet nicht einfach eine unbesehene Rezeption seiner Ideen. Die Verfassungsrechtswissenschaft hat auch als besonders kontextsensible Wissenschaft "Autonomie", Selbststand gegenüber einer Grundlagenwissenschaft wie der Philosophie. Sie verarbeitet *Kant* nach *ihren* spezifischen Methoden und Prinzipien. Und es ist eine Pluralität von Philosophen bzw. anderen Denkern (auch Dichtern), die eine in offenen Verfahren zustande gekommene Verfassung prägen. Dennoch kann nicht bezweifelt wer-

---

67 Dazu pionierhaft BVerfGE 24, 285. Aus der Lit. zum "Selbstverständnis": *P. Häberle*, Grenzen aktiver Glaubensfreiheit, DÖV 1969, S. 385 ff.; *M. Morlok*, Selbstverständnis als Rechtskriterium, 1993. – S. jetzt BVerfGE 102, 370 (387): "Im Kontext des Grundgesetzes (...)".
68 Aus der Schweizer Lit.: *J.-F. Aubert*, L'Islam dans l'école public, FS Hangartner, 1998, S. 479 ff.
69 Dazu *P. Häberle*, Die Menschenwürde als Grundlage der staatlichen Gemeinschaft, in: HdBStR Bd. I, (1987), S. 815 ff. (Band II 3. Aufl. 2004, § 22).

den, dass der Verfassungsstaat ohne das philosophische Denken verarmt, ja ausblutet[70]. Die konkret Handelnden, die eine Verfassung entwerfen, und die Interpreten, etwa Verfassungsrichter, die sie auslegen, haben ihre allgemeinen und speziellen philosophisch aufgeklärten "Vorverständnisse", die sie in den konkreten Auslegungsvorgang einbringen. Der Pluralismus der Kon-Texte stellt dabei eigene Probleme – Konsequenz der "Verfassung des Pluralismus"![71]. Der zu Recht gerühmte "Schweizer Pragmatismus"[72], um ein Beispiel aus dem Herzen Europas anzuführen, schützt vielleicht vor zu kühnen philosophischen Höhenflügen. Speziell in Deutschland lassen sich im juristischen Schrifttum besonders viele philosophische Rezeptionen nachweisen: *Kant*-Rezeptionen[73], *Max-Weber*-Rezeptionen[74], *Gadamer*-Rezeptionen[75], *Habermas*-Rezeptionen[76], *Luhmann*-Anbindungen[77], *Jonas*-Übernahmen[78] und nicht zuletzt *Popper*-Rezeptionen[79]. Der philosophisch "tief" begründete Diskurs über die Verfassung ist vielleicht eine Eigenart Deutschlands und ein spezifischer Beitrag zum europäischen Verfassungshandeln.

Verfassungsethik und Pädagogik sind zwei weitere höchst vitale Sinnspender bzw. Kontext-Geber von Verfassungen. Im Einzelnen: "Ethik im Verfassungsrecht"[80] ist der Versuch, die ethischen Kontexte einer konkreten Verfassung namhaft zu machen. Das beginnt bei den Normen, die die Achtung der gleichen Rechte anderer festschreiben und letztlich auf den Kategorischen Imperativ von *I. Kant* zurückverweisen, wird besonders sinnfällig dort, wo ausdrücklich auf das "Sittengesetz" Bezug genommen wird (z.B. Art. 2 Abs. 1 GG) und die vielen Normen in neuen Schweizer Verfassungen, die schlicht auf "Treu und Glauben" verweisen (z.B. Art. 5 Abs. 3 nBV und Art. 8 Abs. 1 KV Appenzell

---

70 Aus der Lit. zum GG: W. *Brugger* (Hrsg.), Die Legitimation des Grundgesetzes aus der Sicht von Rechtsphilosophie und Gesellschaftslehre, 1997; dazu mein Besprechungsaufsatz in AöR 123 (1998), S. 476 ff.
71 So meine gleichnamige Schrift von 1980.
72 Dazu *D. Schindler*, Die Staatslehre in der Schweiz, JöR 25 (1976), S. 255 ff.
73 *F. Lhotta*, Immanuel Kant, Legitimität und Recht, 1998; *R. A. Lorz*, Modernes Grund- und Menschenrechtsverständnis und die Philosophie der Freiheit Kants, 1993; *E. Denninger*, Menschenrechte und Grundgesetz, 1994.
74 *J. Heidorn*, Legitimität und Regierbarkeit, Studien zu den Legitimationstheorien von M. Weber, N. Luhmann, J. Habermas, 1982.
75 Vgl. *H. Ehmke*, Prinzipien der Verfassungsinterpretation, VVDStRL 20 (1963), S. 53 (61); *F. Müller*, Normstruktur und Normativität, 1966, S. 47 f.
76 *R. Alexy*, Theorie der juristischen Argumentation, 1978, 2. Aufl. 1990, S. 134 ff.; *G. Frankenberg*, Die Verfassung der Republik, 1997.
77 *R. Damm*, Systemtheorie und Recht, 1976.
78 *P. Saladin*, Verantwortung als Staatsprinzip, 1984; *J. Schubert*, Das "Prinzip Verantwortung" als verfassungsstaatliches Rechtsprinzip, 1998; *B. Wiegand*, Das Prinzip Verantwortung und die Präambel des Grundgesetzes, in: JöR 43 (1995), S. 31 ff.
79 Dazu vor allem der Verf.: z.B. Die offene Gesellschaft der Verfassungsinterpreten (1975), jetzt in *ders.*, Verfassung als öffentlicher Prozess, 3. Aufl. 1998, S. 155 ff.; s. auch *ders.*, Grundrechte im Leistungsstaat, VVDStRL 30 (1972), S. 43 (73); *O. Freiburg*, Elemente einer Verfassungsgesetzgebungslehre, 1999, S. 179 ff.
80 Vgl. meinen gleichnamigen Beitrag in: Rechtstheorie 21 (1990), S. 269 ff., s. auch zum Stichwort "Moral und Kontext" die obige Bestandsaufnahme.

AR von 1995), führen zu den geschriebenen Erziehungszielkatalogen nach dem Muster von Art. 148 WRV (vgl. etwa Art. 131 Verf. Bayern von 1946)[81]. Auch und vor allem das neue, oft strenge Umweltverfassungsrecht lebt aus einem starken ethischen Impuls, nicht zuletzt mit Blick auf die "Nachwelt" – und auf der philosophischen Spur eines *H. Jonas*[82]. Vor allem die Präambeln, die sich von einer unseligen Vergangenheit absetzen wollen und so Geschichte verarbeiten (Präambel Verf. Bayern von 1946; Präambel Verf. Sachsen von 1992) leben aus bzw. verweisen auf einen Kontext der Ethik, der direkt oder indirekt auf die drei Weltreligionen zurückverweist. Die Gentechnik-Normen der nBV Schweiz (Art. 119, 120) sind besonders ethik- bzw. kontextbezogen und -bedürftig. Der Verfassungsstaat auf der heutigen Entwicklungsstufe bedarf eines ethischen Grundkonsenses, an dem er auch aktiv mitarbeiten kann: etwa über die Erziehungsziele und ihre Umsetzung im schulischen Alltag. In offenen Gesellschaften mit ihrem Pluralismus der Werthaltungen und Bekenntnisrichtungen ist es freilich schwerer, sich immer neu auf diesen "Grundkonsens" zu verständigen.

Der Schritt von der Ethik zur *Pädagogik* als Bezugsfeld oder "Ressource" für Kontexterarbeitung, die textbezogen bleibt, ist nicht groß, wenngleich Verfassungen den mündigen, d.h. volljährigen Bürger nicht mehr "erziehen" dürfen. Dennoch gibt es ein Stück legitimer "Verfassungspädagogik" i.S. des Vor-Augen-Führens der verfassungsstaatlichen Grundwerte für alle Bürger: ein bestimmtes Verständnis der nationalen Geschichte bzw. das Bekenntnis zu ihr (neben den erwähnten Präambeln) greifbar in den Pluralismus-Klauseln osteuropäischer Verfassungen, auch in dezidierten Flaggen-Artikeln, die wie Art. 22 GG zugleich die Verwerfung älterer Gegenbilder bedeuten (Schwarz-Weiß-Rot), die Festschreibung von Nationalhymnen, die Anordnung von Feiertagsöffentlichkeit (4. bzw. 14. Juli - USA bzw. Frankreich), kurz die Eröffnung "emotionaler Konsensquellen" eines Landes (*K. Eichenberger*) gehören hierher. Die Erziehung zu den Menschenrechten (vgl. Art. 72 Verf. Guatemala von 1985; Art. 22 Abs. 2 alte Verf. Peru von 1979[83]) ist das heute vornehmste Feld der Verfassungspädagogik. Auch hier zeigt sich, dass die Behauptungsformel, der Verfassungsstaat lebe von Voraussetzungen, die er selbst nicht garantieren könne (*E.-W. Böckenförde*), nicht zutrifft. In der Festlegung und Vermittlung, auch Durchsetzung seiner Grundwerte und besonders in Gestalt der Festlegung auf einen Kanon an teils alteuropäischen (Toleranz), teils neuen Erziehungszielen (z.B. zum Bewusstsein für den Schutz der Umwelt: Art. 26 Ziff. 5 Verf. Bremen, Art. 7 Verf. NRW), aber auch in der Normierung der Treu- und Glauben-Regel steckt ein Stück Erziehung, von den Resozialisierungsgedanken des Strafrechts ganz abgesehen.

---

81 Dazu aus der Lit: *P. Häberle*, Erziehungsziele und Orientierungswerte im Verfassungsstaat, 1981.
82 Das Prinzip Verantwortung, 1979; dazu *J. Schubert*, Das "Prinzip Verantwortung" als verfassungsstaatliches Rechtsprinzip, 1998.
83 Aus der Lit. etwa mein Beitrag: Erwartungen an die Pädagogik – Aus der Sicht des Verfassungsrechts, in: A. Gruschka (Hrsg.), Wozu Pädagogik?, 1996, S. 142 ff.

b) Politik und Psychologie

Die Kontext-These auf die Politik, ihre Praxis und ihre Wissenschaft zu beziehen, ist fast schon ein Gemeinplatz. Verfassungsrecht als "Politisches Recht" (*H. Triepel*) ist ohne den "Hintergrund" des Politischen nicht denkbar, so schwierig alle Definitionsversuche sind[84]. Freilich ist auch hier differenziert zu arbeiten: Mehrere konstitutionelle Normenensembles verstehen sich primär aus dem Politischen (etwa das Parteienrecht), andere sind Barrieren *gegen* das Politische (etwa der status negativus der Grundrechte). Die Spielregeln der Demokratie begrenzen und ermächtigen das politische Leben und sie schließen etwa "Freund-Feind"-Verständnisse i.S. von *C. Schmitt* aus. Die Verfassungsgerichtsbarkeit ist ein besonders sensibles Feld für das heikle Verhältnis von Verfassungsrecht und Politik. Parteipolitische Vorverständnisse fließen nur zu leicht in die Verfassungsinterpretation ein, so fest das Ideal und meist auch die Realität der "Überparteilichkeit" der Verfassungsgerichte steht. Vor allem der Vorgang der "Verfassung*gebung*" z.B. in Gestalt von Totalrevisionen, wie in der heutigen Schweiz, ist ein eminent politischer Prozess. Die *Auswahl* zwischen den verschiedenen Textalternativen ist politisch und sie kann Fernwirkungen bis in die spätere Auslegung zeitigen (nicht nur über die sog. "historische Auslegung").

Die *Psychologie* sei von ihren Gegenständen und Methoden als Wissenschaft her nur stichwortartig erwähnt. Begriffe wie "Politische Kultur", "kollektives Gedächtnis der Nation" sind Brückenschläge zur Psychologie. Es gibt Beispiele dafür, dass die Staatsrechtslehre z.b. in der Schweiz sich dessen besonders bewusst ist[85]. Da der Mensch, dank der Würde-Klauseln, im Zentrum des Verfassungsstaates steht, ist es nur konsequent, wenn die Psychologie[86], d.h. die Wissenschaft von seiner individuellen und sozialen "Seele", auch die Verfassungsrechtslehre beschäftigt. Das Erziehungsziel "Völkerversöhnung", "Völkerverständigung" (vgl. Art. 148 Verf. WRV von 1919; Art. 33 Verf. Rheinland-Pfalz) hat auch eine psychologische Dimension, ebenso wie der Umgang mit dem "Anderen"[87]. Auch hier gilt das Postulat der *bereichsspezifischen Differenzierung*: Es hängt ganz von der konkreten Verfassungsnorm ab, ob sie in einem solcherart psychologischen Kontext steht oder nicht.

c) Ökonomie und Ökologie

Ökonomie und Ökologie seien bewusst gemeinsam behandelt: weil die Relevanz ihrer Kontexte für die Verfassungstexte auch zu Antinomien und Spannungen führt.

Beginnen wir, schon aus Gründen der Entwicklungsgeschichte des Verfassungsstaates, mit der *Ökonomie*. Sie kann aus ihren Kontexten Fragen stellen, die auch für "Staat und Verfassung", genauer den "Verfassungsstaat" (denn es gibt in ihm nur so viel Staat, wie die Verfassung konstituiert: *R. Smend/A. Arndt*), relevant sind: Geschichtlich

---

84 Dazu etwa *K. Stern*, Staatsrecht der Bundesrepublik Deutschland, Bd. 1, 2. Aufl. 1984, S. 109.
85 Z.B. *H. Marti*, Urbild und Verfassung, 1958; s. auch *J. P. Müller*, Religionsfreiheit – ihre Bedeutung, ihre innere und äußere Gefährdung, JöR 45 (1997), S. 1 (2 ff.).
86 Vgl. *H. Heckhausen/F. E. Weinert*, Psychologie, Staatslexikon, Bd. 4, 7. Aufl. 1995, Sp. 615 ff.
87 Vgl. *J. Habermas*, Die Einbeziehung des Anderen, 1999.

etwa in Gestalt der Frage: "Setzt Demokratie Wohlstand voraus?"[88], in armen Entwicklungsländern besonders aktuell. Die Lehre von den "Property Rights"[89], noch grundsätzlicher aber die sog. ökonomische Theorie der Verfassung[90] geht auf die Verfassung mit spezifisch ökonomischen Fragen zu. Man mag darüber streiten; sicher aber zwingt das wichtige positivrechtliche Teilgebiet einer verfassungsstaatlichen Verfassung, das sog. "Wirtschaftsverfassungsrecht", zu einer "Nachfrage" im Blick auf ökonomische Kontexte[91]. Zwar dürfen gewiss nicht wirtschaftswissenschaftliche Paradigmen einfach ins Verfassungsrecht übernommen werden, doch sind Lehren wie die Economical Question-doctrine[92] ohne den ökonomischen Kontext nicht beantwortbar.

Funktion und Grenzen der wirtschaftlichen Freiheiten, besonders betont in der Schweiz (Art. 27, 94 nBV), Glanz und Elend der Märkte, derzeit vor allem unter der Fragestellung "Zähmung des Kapitalismus" (*Gräfin Dönhoff*), die Geltendmachung der "kulturellen Ausnahme" in Frankreich bzw. etwaiger Quotenregelungen in der EU zum Schutz der Kulturgüter gegen die Warenweltideologien – all das stellt die Verfassung in einen Kontext zur Ökonomie. Die Ökonomisierung fast aller Lebensbereiche im heutigen Zeitgeist, Aspekte der "Globalisierung"[93] bzw. die Notwendigkeit, dass sich ein Volk (auch Europa) nach wie vor dank seiner *kulturellen Identität* behaupten kann und muss, zwingt die Verfassungslehre dazu, ihre Texte im ökonomischen Kontext zu lesen, sie ggf. aber auch gegen diese als "*Gegen-Texte*" zu behaupten und zu verteidigen.

Diese Frage stellt sich besonders im Blick auf die *Ökologie*: Das expansive Wachstum des positiven "Umweltverfassungsrechts" in neueren Texten rückt die vergleichende Verfassungslehre fast dramatisch in Kontexte der Ökologie als Wissenschaft. In wenigen Jahren geschah hier vor allem in der Schweiz viel. Der dynamische Positivierungsprozess lässt sich auch hinsichtlich seiner "Quellen" namhaft machen: Es sind dramatische soziologische Notwendigkeiten und Entwicklungen, neue philosophische Klassikertexte (*H. Jonas*), Diskurse über das anthropozentrische oder physio-zentrische Welt- und Menschenbild (*K. M. Meyer-Abich*)[94] sowie Staatsrechtslehrer-Texte (vor allem von *P. Saladin*), schließlich private Verfassungsentwürfe (von *A. Kölz/J. Paul Müller*, 1984, 3. Aufl. 1995), die umweltwissenschaftliche Kontexte zum positiven Text in neuen Verfassungen gemacht haben. Nicht nur in der nBV der Schweiz, zuvor schon in neuen Kantonsverfassungen (ausgeprägt in Art. 31 und 32 KV Bern von 1993), aber

---

88 Dazu aus der Lit.: *O. Depenheuer*, Setzt Demokratie Wohlstand voraus?, in: Der Staat 33 (1994), S. 329 ff.
89 Aus der Lit. m.w.N.: *P. Häberle*, Vielfalt der Property Rights und der verfassungsrechtliche Eigentumsbegriff, AöR 109 (1984), S. 36 ff.
90 Dazu *R. Eschenburg*, Der ökonomische Ansatz zu einer Theorie der Verfassung, 1976.
91 Aus der Lit.: *K. A. Vallender*, Wirtschaftsfreiheit und begrenzte Staatsverantwortung, 3. Aufl. 1995; *P. Ulrich*, Integrative Wirtschaftsethik, 3. Aufl. 2001; U. Scheuner (Hrsg.), Die Einwirkung des Staates auf die Wirtschaft, 1971; *H. Ehmke*, Wirtschaft und Verfassung, 1961.
92 *H. Spanner*, Zur Verfassungskontrolle wirtschaftspolitischer Gesetze. Eine "Economical-Question-Doktrin" des BVerfG, in: DÖV 1972, S. 217 ff.
93 *R. Stober*, Globalisierung der Wirtschaft und Rechtsprinzipien des Weltwirtschaftsrechts, in: FS Grossfeld, 1999, S. 1173 ff.
94 Wege zum Frieden mit der Natur, 1984.

auch europa- und weltweit (vgl. nur Art. 5 Verf. Polen von 1997, Art. 20 a GG oder Art. 27 Verf. Benin von 1990) ist die Idee des Umweltschutzes auf die Tagesordnung gerückt. Die positiven Verfassungstexte wirken gewiss auf alle "Umweltethiken" und Ökologie-Diskussionen zurück, anders gesagt: Die positiven Verfassungstexte provozieren auch die ökologischen Kontexte.

Bei aller Kontextabhängigkeit auch dieser neuen Verfassungsmaterie gilt das Postulat des *bereichsspezifisch-differenzierten* Ansatzes. Die vielen Erscheinungsformen von Umweltverfassungsrecht (Bekenntnisnormen und Erkenntnisnormen in Präambeln, Staatsziele, Erziehungsziele, sogar Umweltgrundrechte) öffnen sich ganz unterschiedlich für ihre Kontexte[95].

III. Beispiele aus der Schweizer Bundesverfassung und Kantonsverfassungen (Auswahl)

1. Die neue Schweizer Bundesverfassung in ihren Kontexten

Gerade weil die Schweiz, wenngleich nicht EU-Mitglied, für alle Konstitutionalisierungsprozesse in Europa im weiteren Sinne eine entscheidende Rolle spielt, sei ihre Verfassung vorliegend als Beispiel herausgegriffen. Die erneuerte BV von 2000 scheint trotz oder gerade wegen ihres bescheidenen Anspruchs, bloße "Nachführung"[96] zu sein, auf die aktive, schöpferische Herstellung von Kontexten besonders angewiesen: Auch der Blick zurück, auf die "alte", teils erneuerte, teils fortgeschriebene "verbesserte" Verfassung schafft einen Kon-Text.

Präambel und "*Allgemeine Bestimmungen*" bedürfen wegen ihres Generalklauselcharakters der phantasievollen Kontextanalysen. Schon die "In-vocatio dei" vorweg stellt Kontextfragen: Ist es der "Gott" der christlich-abendländischen Überlieferung oder ein "offener Gottesbegriff": offen für andere Gottesbilder der monotheistischen Weltreligionen oder darüber hinaus?[97] Hier kann nur die Frage nach dem kulturellen Kon-Text weiterführen. Die Schweiz als Modell eines "multikulturellen Landes" mit Juden und Mohammedanern bezieht andere Gottesbilder gewiss ein. Der Begriff "Verantwortung" verweist auf "ethische Ressourcen". In der Präambel findet er sich sogar an zwei Stellen: "gegenüber der Schöpfung" und "gegenüber den künftigen Generationen". Die Verantwortungsethik eines *H. Jonas* ist hier der unverzichtbare "Kontext". "Gegenseitige Rücksichtnahme" bedarf ebenfalls der Anreicherung durch sozialethische Entwürfe und Kanones, und die "Achtung" der "Vielfalt" ist zuvörderst ein Kulturaspekt. Das "Wohl der Schwachen" ist ein so offener Begriff, dass nur im Zusammenwirken vieler Einzelwissenschaften bis hin zu Psychologie und ökonomischer Armutslehre der hier einzu-

---

95 Aus der unüberschaubaren Literatur: *M. Kloepfer*, Umweltrecht, 2. Aufl. 1998; 3. Aufl. 2004.
96 Aus der Lit.: *R.A. Rhinow*, Zur Aktualisierung der Bundesverfassung, oder: Nachführung ist mehr als Nachführung, in: B. Sitter-Liver (Hrsg.), Herausgeforderte Verfassung, 1999, S. 569 ff.; *B. Ehrenzeller*, Konzeption der Verfassungsreform, AJP 1995, S. 971 ff.; T. Fleiner u.a. (Hrsg.), BV-CF 2000, 2000; *P. Häberle*, Die "total" revidierte Bundesverfassung der Schweiz, 1999/2000, in: FS H. Maurer, 2001, S. 935 ff; *R. Rhinow*, Die Bundersverfassung 2000, 2000.
97 Dazu meine Verfassungslehre als Kulturwissenschaft, 2. Aufl. 1998, S. 951 ff.

setzende Sozialstaatsgedanke aus anderen Partien der nBV zu konkreten Inhalten gelangt (vgl. Art. 41, Art. 114 bis 117).

Damit ist aber auch ein Stichwort für das kontextualistische Verfassungsverständnis gefallen: Es geht auch darum, die Bezüge zu anderen getexteten Normenensembles in *derselben* Verfassung herzustellen. Was in der deutschen Literatur als Maxime der "Einheit der Verfassung" verstanden wird[98], heute freilich der Revision angesichts der Weltoffenheit auch der Schweiz (vgl. Präambel) bedarf, ist nichts anderes als die aktive Herstellung von Kontexten. Die in der Präambel steckenden Normativitätsreserven, ihre "Ausstrahlungswirkung" auf die späteren Artikel, etwa das Umweltverfassungsrecht (Art. 73 bis 80) oder der Sprachen-Artikel (70 i.V.m. 18), ist die Arbeit mit dem und am Kontext.

Von den "Allgemeinen Bestimmungen" seien hier nur Art. 5 und 6 herausgegriffen. Wenn "staatliche Organe und (!) Private" nach "Treu und Glauben" handeln (sollen), so sind damit bestimmte sozialethische Maximen zum Kontext gemacht. Überdies kommt der Zeitfaktor ins Spiel: Die ethischen Vorstellungen *wandeln* sich, und das lässt sich gerade am Art. 119 nBV illustrieren. Mit recht rigorosen Gebots- und Verbotsnormen (Abs. 2 lit. a bis c) kommt hier eine neuere Ethik im Gewand des positiven Verfassungsrechts des Weges. Ihre Rückbindung an die Menschenwürde (Abs. 2 S. 2 bzw. Art. 7) zeigt einmal mehr das Geflecht der Kontextbezüge *innerhalb* der Verfassung ("intrakonstitutioneller Kontext").

Das Postulat "*individuelle und gesellschaftliche Verantwortung*" gemäß Art. 6 ist vielleicht das Schulbeispiel für kontextbewusste Verfassungsauslegung. Die sehr allgemein gehaltenen Begriffe, die Nähe zur Sozialethik der Grundpflichten, zum Prinzip der Subsidiarität und Solidarität, insgesamt die hier in Bezug genommene Verantwortungsethik[99] – all das sucht nach "Maßgaben" bzw. Auslegungshilfen teils aus anderen Prinzipien der Verfassung selbst, teils aus in ihr kontexthaft mitgedachten anderen Bereichen bzw. Inhalten (s. auch die Bezüge zum Sozialverfassungsrecht in Art. 111 und 115, zum "Erziehungsziel" in Art. 41 Abs. 1 lit. g "sozial verantwortliche Personen" sowie zum "Umweltverfassungsrecht": Art. 73 bis 80).

Auffällig ist, dass eine "*Ewigkeitsklausel*" nach dem Muster von Art. 79 Abs. 3 GG (1949) oder Art. 288 Verf. Portugal (1976) fehlt. Gerade diese Beobachtung kann aber durch den kultur- bzw. kontextwissenschaftlichen Ansatz geklärt werden. Die Schweiz braucht dank ihrer im Ganzen glücklichen Verfassungsgeschichte keine positivierte Ewigkeitsklausel[100]. Ihr kultureller Kontext, d.h. Freiheit, Demokratie, Föderalismus und Gewaltenteilung sind so vital, dass auch in der erneuerten BV nichts festgeschrie-

---

98   Dazu *K. Hesse*, Grundzüge des Verfassungsrechts der Bundesrepublik Deutschlands, 20. Aufl. 1995, (Neudruck 1999), S. 27.

99   Dazu meine Kommentierung des Art. 6 nBV in: Ehrenzeller u.a. (Hrsg.), St. Galler Kommentar, 2002, S. 67 ff.

100 Aus der Lit.: *J.P. Müller*, Materiale Schranken der Verfassungsrevision, FS Haug, 1986, S. 195 ff.; *P. Häberle*, Verfassungsrechtliche Ewigkeitsklauseln als verfassungsstaatliche Identitätsgarantien, ebd. S. 81 ff.; *K.-E. Hain*, in: v. Mangoldt/Klein/Starck (Hrsg.), GG-Kommentar, 4. Aufl. 2000, Art. 79, Rn. 2 ff. - Zur neueren Schweizer Verfassungsgeschichte: *A. Kölz*, 2004.

ben werden muss. Die Widerstandsfähigkeit gegen alle Formen von totalitärer oder autoritärer Staatlichkeit ist im kollektiven Gedächtnis der "Willensnation Schweiz", auch der Umgang mit ethnischen und anderen Minderheiten, so sehr Teil der politischen Kultur, dass es eines positiven Verfassungstextes dazu nicht bedarf.

Anders stellt sich vor allem für eine Europäische Verfassungslehre die Frage im Blick auf das *Fehlen* eines *"Europa-Artikels"*[101]. Zwar ist text- und kontexthaft von "Solidarität und Offenheit gegenüber der Welt" schon in der Präambel die Rede, auch fallen im Abschnitt "Beziehungen zum Ausland" Stichworte wie die "Linderung von Not und Armut in der Welt", "Achtung der Menschenrechte", "Förderung der Demokratie" (Art. 54 Abs. 2), womit die Schweiz an ihre besten Traditionen seit der Gründung des Roten Kreuzes anknüpft. Dennoch fehlt ein manchen neueren Kantonsverfassungen (vgl. Art. 54 Abs. 1 Verf. Bern) analoges Bekenntnis zu Europa. Der gescheiterte Vorschlag des Schweizer Bundesrates in Sachen Europaoffenheit aus dem Jahre 2000 hätte die Grundlage einer hochkonzentrierten und innovativen Variante nationalen Europaverfassungsrechts bilden können:

"Art. 1: Die Schweiz beteiligt sich am europäischen Integrationsprozess und strebt zu diesem Zweck den Beitritt zur Europäischen Union an.

Art. 2: Der Bundesrat bereitet Beitrittsverhandlungen vor. Zu diesem Zweck prüft er die Auswirkungen eines EU-Beitritts, insbesondere auf die Bereiche Föderalismus, Volksrechte, Regierungsorganisation, Finanzordnung, Wirtschafts- und Geldpolitik, Landwirtschaft, Außen- und Sicherheitspolitik, und unterbreitet in der laufenden Legislaturperiode Vorschläge für die notwendigen Reformen.

Art. 3: Der Bundesrat entscheidet über die Reaktivierung des Beitrittsgesuchs im Lichte der Debatte über die vorgeschlagenen Reformen und erster Erfahrungen mit den sektoriellen Abkommen zwischen der Schweiz und der Europäischen Gemeinschaft.

Art. 4: Dieser Beschluss ist nicht allgemein verbindlich; er untersteht nicht dem Referendum."[102]

Gerade kulturwissenschaftlich fällt das Scheitern aller Bemühungen um eine Öffnung für den europäischen Einigungsprozess schmerzhaft ins Gewicht. Denn die Schweiz ist eine "Herzkammer Alteuropas" und Teil von dessen Rechtskultur; kraft positiven Rechts gehört sie auch zur EMRK als einem Stück Europarecht im weiteren Sinne. Der "nachführende" Verfassunggeber hat vielleicht taktisch im Blick auf die in-

---

101 Zum Problem: "Die schweizerische Verfassung im Kontext eines gemeinsamen europäischen Verfassungsrechts" gleichnamig *T. Fleiner*, in: B. Sitter-Liver (Hrsg.), Herausgeforderte Verfassung, 1999, S. 413 ff.; *R.J. Schweizer*, Auswirkungen einer Mitgliedschaft in der EU auf das schweizerische Verfassungsrecht, ebd. S. 447 ff.
102 Zit. nach NZZ v. 27./28. Mai 2000, S. 13.

nerschweizerische Kritik an der EU gedacht. Der kulturelle – europäische – Kontext wird ihm später vielleicht Texte "nachliefern" und korrigieren.

2. Ältere und neuere Kantonsverfassungen

Einige Beispiele aus Kantonsverfassungen seien im Folgenden nicht nur um ihrer selbst willen auf ihre aktuellen und potentiellen Kontexte hin befragt: sie seien auch wegen ihrer "*Kontextpotenz*" für die nBV und den europäischen Konstitutionalisierungsprozess behandelt. Angesichts des Nehmens und Gebens zwischen Bundesverfassung und Kantonsverfassungen[103] sind nicht selten die Texte der jeweils anderen Verfassung "mitzulesen". Gerade im Umweltverfassungsrecht hat sich die nBV durch Kantonsverfassungen (etwa Bern) anregen lassen. Die Kantonsverfassungen ihrerseits stehen in vielseitigen Rezeptionsprozessen untereinander (nachweisbar etwa im Verhältnis Appenzell AR 1995 und Bern 1993). Der Bund sollte nicht zögern, dort wo in Praxis und Judikatur, auch Wissenschaft ausformuliertes gelebtes Verfassungsmaterial bereits vorliegt, auf die "niederere" Ebene der KV zurückzusehen. Zumal die Kategorie des "gemeinschweizerischen Verfassungsrechts"[104] aus der Aktivierung von Kontextbezügen lebt.

Als Prototyp einer älteren, in manchem pionierhaften Kantonsverfassung sei die Verf. Aargau (1980), als neuere Bern (1993) und als eine auf dem Weg befindliche Schaffhausen (2000) stichwortartig skizziert.

Die *KV Aargau* (1980)[105] ist in ihrer reichhaltigen Präambel und in ihren "Allgemeinen Bestimmungen" höchst kontexthaltig. Schon hier findet sich die verantwortungsethische Klausel ("vor Gott, gegenüber Mensch, Gemeinschaft und Umwelt"), schon hier ist die Einheits- und Vielfaltsklausel verankert, freilich auf den Kanton bezogen. Die Klausel zur Förderung der "Wohlfahrt aller" ist ein allgemeines Staatsziel, das in den anderen Teilen der Verfassung näher konkretisiert wird, aber als solches durchaus normativ verbindlich ist. Ihre Bedeutung erschließt sich aus einer Pluralität von Kontexten (vgl. nur § 25: "Staatsziele"). Für das Postulat der Ausrichtung öffentlicher und privater Tätigkeit an "Treu und Glauben" (§ 2) gilt das oben Gesagte. Das Kulturverfassungsrecht im Kanton hat in § 36 ("Kulturpflege") einen besonderen Ort. Die Sorgfalt für die "Erhaltung der Kulturgüter", die "Pflege der Wissenschaften, der Künste und des Volkstums" ist ein Text, der eigentlich erst aus seinen Kontexten reale Gestalt gewinnt. Das Kulturverfassungsrecht insgesamt ist *Kontext-Recht* par excellence. Diese Orientierungs-Normen haben in den Grundsätzen für den Unterricht an öffentlichen Schulen (§ 35) ihr Pendant (Achtung des Elternrechts auf "Erziehung und Bildung" der

---

103 Dazu P. *Häberle*, Neuere Verfassungen und Verfassungsvorhaben in der Schweiz, JöR 34 (1985), S. 354 ff.
104 Dazu aus der Lit. mein Beitrag, aaO., JöR 34 (1985), S. 303 (340 ff.) sowie G. *Schmid*, Die Bedeutung gliedstaatlichen Verfassungsrechts in der Gegenwart, VVDStRL 46, 1988, S. 92 ff.
105 Abgedruckt in JöR 34 (1985), S. 437 ff. Aus der Lit.: K. *Eichenberger*, Kommentar der Verf. Aargau, 1986; K. *Nuspliger*, Wechselwirkungen zwischen neueren Kantonsverfassungen und der Bundesverfassung, in: U. Zimmerli (Hrsg.), Die neue Bundesverfassung, 1999, S. 63 ff.

Kinder, sowohl Achtung der "Persönlichkeit der Schüler", als auch Bindung durch die staatlichen Lehrziele).

Die *KV Bern* (1993)[106] hat Kontext-Recht sogleich in der bekenntnishaft formulierten Präambel geschaffen ("Gemeinwesen, in dem alle in Verantwortung gegenüber der Schöpfung zusammenleben") – der Begriff "Schöpfung" verweist auf religiöse Kontexte, bedarf es doch des Glaubens an einen "Schöpfer", und der Wille zum Schutz der Umwelt ist dann auch in späteren Partien dokumentiert (Art. 31 und 32). Erwähnt sei die verantwortungsethische Pflichtenklausel in Art. 8, die die "Mitverantwortung für künftige Generationen" einbezieht. Von ähnlichem "Geist" sind die Grundsätze des Bildungswesens (Art. 42) geprägt. Wenn Art. 29 (Sozialrechte) einen Anspruch auf "grundlegende medizinische Versorgung" gewährt, so ist damit der Stand der (Natur-)Wissenschaft in Bezug genommen. Ähnliches gilt für den umfangreichen Art. 41 zum Gesundheitswesen.

Eigens erwähnt sei der für die Schweiz kühne *Europa-Artikel* 54 Abs. 1: "Der Kanton beteiligt sich an der Zusammenarbeit der Regionen Europas". Denn dieses kantonale Europaverfassungsrecht[107] steht im Gegensatz zum *Europadefizit* der nBV. Den "europäischen Kontext" herzustellen, hat das "kleine Bern" gewagt. Ja, es denkt sogar an den globalen Kontext (Abs. 2 ebd.: Beitrag zum "wirtschaftlichen, sozialen und ökologischen Aufbau in benachteiligten Ländern", "humanitäre Hilfe für die notleidenden Menschen und Völker").

Aus den Totalrevisionsprozessen im *Kanton Schaffhausen* seien nur wenige Artikel-Vorschläge aus dem Verfassungsentwurf II von 2000 herausgegriffen. Art. 6 ("Verantwortung und Pflichten") leistet eine interessante Variante zu Art. 6 nBV, insofern sie das Verantwortungspostulat ausdrücklich in den Kontext der Pflichten stellt: "¹Jede Person trägt Verantwortung für sich selbst. ²Sie trägt Mitverantwortung für die Gemeinschaft und die Umwelt. ³Sie erfüllt die Pflichten, die ihr durch Verfassung und Gesetz übertragen sind." Freilich lässt sich auch argumentieren, erst Abs. 3 bringe die Steigerung zur Pflicht, das Vorherige sei "soft law", "potentieller Kontext" zu anderen hard-law-Texten im Entwurf. Art. 9 versucht sich an einer Definition der "Nachhaltigkeit", die offenkundig aus einem Vergleich aller heutigen Verfassungsmaterialien in der Schweiz entstanden ist: "Alles staatliche Handeln hat sich auf eine ökologische, wirtschaftliche und soziale Entwicklung auszurichten, welche die Bedürfnisse heutiger wie auch zukünftiger Generationen berücksichtigt" – eine wahre Vielfalt an Kontextaktivierung. Neben dem geglückten Kultur-Artikel (94) und der Norm zur "sinnvollen Freizeitgestaltung" (Art. 95) – quis judicabit? – sei das Bildungsziel in Art. 91 erwähnt (Ziel, "die Entwicklung zu selbstverantwortlicher Persönlichkeit, den Willen zur sozialen Gerechtigkeit und die Verantwortung für die Umwelt zu fördern"). Die in Kraft getretene Verfassung vom 17. Juni 2002 hat fast alle Texte rezipiert. – Ergiebig ist auch *KV Schaffhausen* (2002), Art.6, 9 und *KV Zürich* (2004), Art. 5, 6.

---

106 Abgedruckt in JöR 47 (1999), S. 212 ff.
107 Zum nationalen Europaverfassungsrecht mein Beitrag: Europaprogramme neuerer Verfassungen und Verfassungsentwürfe, FS Everling, 1995, S. 355 ff. sowie Erster Teil A. II.

IV. Ausblick

Die Kontextthese konnte theoretisch und an einigem Verfassungsmaterial erschlossen werden. Auch sie ist nur eine *Teil*wahrheit, wie alles wissenschaftliche Arbeiten. Sie führt nicht zu einer Relativierung der – oft genug fragmentarischen – positiven Verfassungstexte, vielmehr erschließen sich durch sie kontextliche Tiefendimensionen oder Höhenbezirke, die eine nur positivistisch arbeitende Verfassungsrechtswissenschaft nicht zu erkennen vermag. Es geht um beides: ein Ernstnehmen der in komplexen Positivierungsvorgängen zu solchen gewordenen Verfassungstexte im engeren Sinne und ein Aufschließen ihrer sie anreichernden, begleitenden, fortführenden und auf eine Weise sogar erfassenden Kon-Texte (etwa die Klassikertexte als Verfassungstexte i.w.S.). Es gibt ein spezifisches Kräftereservoir für die verfassungsstaatlichen Verfassungen aus ihren Kon-Texten! Gerade ein kulturwissenschaftliches Verfassungsverständnis baut Brücken zur Erschließung der Kontexte. Dabei ist immer bereichsspezifisch vorzugehen: Die sehr unterschiedlichen Normenensembles einer Verfassung, die verschiedenen "Arten" der Verfassungsrechtssätze mobilisieren unterschiedliche Kontext-Bezüge. Diese Sensibilität für Kontexte stellt aber auch neue und alte Verbindungen zu anderen Kulturwissenschaften her. So wie der "hermeneutische Zirkel" produktive Kraft entfaltet, kann die Kontexterschließung der lebenden Verfassung neue Inhalte gewinnen. Dabei sind die verschiedenen Funktionen der Verfassung – von der Machtbegrenzung und -konstituierung bis zur Schaffung von Identifikationschancen für den Bürger und Vermittlung von Grundwerten zur Orientierung, von der "Organisation" der Staatsorgane bis zum Verfassen der Gesellschaft – im Auge zu behalten. Die Kontext-These will all dies nicht beiseite schieben, sondern nur in zusätzliche Horizonte stellen. Auch der besonders in der Präambel sichtbare, teils *E*rkenntnis-, teils *B*ekenntnis-Charakter von Verfassungen verlangt eine Auseinandersetzung mit der Kontext-These. Das kantonale und eidgenössische Beispielsmaterial zeigt, wie wichtig sie gerade in den mannigfachen, schöpferischen Totalrevisionen ist.

Besondere Fruchtbarkeit kann – und muss – die Kontextthese im Europäischen (Text und Kontext) entfalten. Im Folgenden ist sie Stück für Stück mitgedacht (vgl. z.B. Zweiter Teil A.-D., insb. D. I. 4). Was bisher national-verfassungsstaatlich mit Hilfe eines Blicks auf andere Wissenschaften entwickelt worden ist, soll im Folgenden je nach Problemkreis "europäisch" fortgedacht werden.

C. Europa als Beispiel einer konstitutionell dichten regionalen Verantwortungs- und Solidargemeinschaft im Rahmen der globalen Verantwortungsgemeinschaft der Menschheit bzw. des Völkerrechts als Menschheitsrechts

I. Die regionale Einbindung

Die universale Verantwortungsgemeinschaft der Verfassungsstaaten mag oft von diesen zu viel verlangen oder nur sehr punktuell einlösbar sein. Die Frage ist, ob der Verfassungsstaat auf seiner heutigen Entwicklungsstufe konkreter in regionalen Solidaritätspflichten steht; dies nicht i.S. von Hegemonie im Blick auf einen Ausschnitt der Welt, eben eine Region, sondern i.S. gleichberechtigter Partnerschaft. Die auf Regionen bezogenen Identitätsklauseln und die grenzüberschreitenden Kompetenz-Artikel deuten von der Seite der Verfassungstexte darauf hin, auch die EMRK- und AMRK-Gemeinschaft in Europa bzw. Amerika, vielleicht schon die OSZE von 1995. Gerade der EMRK-Europarat hat seit 1989 viele konstitutionelle Elemente recht erfolgreich in den postsozialistischen Ländern Osteuropas zur Beitrittsbedingung erhoben (Menschenrechte, Minderheitenschutz etc.). Eine politisch gelebte Regionalpartnerschaft von Verfassungsstaaten zeichnet sich zudem im Blick auf die, wenn auch sehr fehlerhaft wahrgenommene Verantwortung der EU-Staaten für die Länder auf dem Balkan als Teil Europas ab. Das zeigt sich nicht nur im Versuch der Friedensstiftung, sondern auch in sehr konkreten "Verfassungsvorgaben", die als "Rahmenvereinbarung" für Bosnien-Herzegowina (1995) paktiert wurden[108]. Denn hier werden den Typus Verfassungsstaat kennzeichnende Elemente wie Grundrechte (Bewegungsfreiheit, Meinungs- und Pressefreiheit) bzw. international anerkannte Menschenrechte "vorgegeben", auch die Wahlen, die Anwendung des Mehrheitsprinzips und die Gründung eines "Verfassungsgerichts" sind vereinbart[109]. Die sich damit abzeichnende Aufgabe der "Konstitutionalisierung" einer Region könnte zu einem Wachstumsring der Kompetenzen und Aufgaben, auch der Legitimation des Verfassungsstaates von heute werden. Sie ist dem Verfassungsbürger vielleicht eher vermittelbar als eine allgemeine, universale Pflicht. Mag er mit der "weltbürgerlichen Absicht", dem "Weltbürgerrecht" *Kants* überfordert sein: mindestens eine Regionalbürgerschaft ist – weil überschaubar – ihm schon heute "zuzumuten".

II. Der "Schulterschluss" mit dem Völkerrecht als verfassungsstaatlichem "Innenrecht": "Menschheitsrecht"

Schon im einleitenden Teil dieser Europäischen Verfassungslehre sei gewagt, was es im abschließenden Ausblick zu wiederholen und bestätigen gilt: der Brückenschlag von der regionalen Verantwortungsgemeinschaft Europas hin zur universalen Weltgemeinschaft der Verfassungsstaaten und ihrer Bürger. Wenn sich der Verfassungsstaat in den Tendenzen seiner Textstufenentwicklung in vielerlei Gestalt intensiv und extensiv auf die "Welt" bzw. "Menschheit" einlässt, dann muss das auch Konsequenzen für das "Recht" dieser Welt haben: für das Völkerrecht. Jedenfalls in der Theorie wird dessen "Umbau" erforderlich. Das Völkerrecht sollte nach und nach die Elemente, die es selbst – oft in Analogie zum Verfassungsstaat – setzt, etwa die Menschenrechte, den Minderheitenschutz, den Umweltschutz kongenial auf seine Ebene "denken". Erst dann ließe

---

108 Zit. nach FAZ vom 28. Sept. 1995, S. 2.
109 Der Vertrag von Dayton (zit. nach FAZ vom 23. November 1995, S. 4) gibt die Bundesstaatsstruktur und bestimmte Kompetenzverteilungen zwischen der Zentrale und den zwei Teilen des Staatsgebildes vor, ebenso den Satz: "Die neue Verfassung soll ein Höchstmaß an Menschenrechten garantieren" sowie: "Die internationale Gemeinschaft organisiert ein humanitäres Hilfsprogramm, um den Wiederaufbau des Landes, die Rückkehr der Flüchtlinge und die Abhaltung freier Wahlen zu gewährleisten". – Aus der Lit.: W. Graf Vitzthum (Hrsg.), Europäischer Föderalismus, 2000.

sich von "Verfassung der Völkergemeinschaft" sprechen[110]. Erst dann wird mit der "offenen Staatlichkeit" (*K. Vogel*), dem "kooperativen Verfassungsstaat" ernst gemacht. Das Völkerrecht muss sich selbst von der in Verfassungsstaaten verfassten "Menschheit" her denken, auf die es ja in nicht wenigen Konventionen Bezug nimmt. Dieses "Programm" verlangt ein Umdenken in Sachen Souveränität[111]. Völkerrecht ist ein Stück *Menschheitsrecht*[112]. Dabei sind die Menschenrechte nicht nur als subjektive Rechte aller Menschen, sondern auch als solche der Menschheit zu begreifen. Die "überstaatliche Bedingtheit der Staaten" i.S. von *W. von Simson* hat gewiss die Souveränität relativiert. Doch sollte man sich vergegenwärtigen, dass es eine "verfassungsstaatliche Bedingheit" des "Überstaatlichen", d.h. des Völkerrechts gibt. Es lebt heute letztlich aus der *Verantwortungsgemeinschaft der Verfassungsstaaten*, die z.B. "Menschenrechtspolitik" für die Türkei (Kurden!) oder Russland (Tschetschenien) anmahnen. Es ist Zeit, einen spezifisch an den Verfassungsstaaten und Menschenrechten orientierten kulturwissenschaftlichen Theorierahmen für das allgemeine Völkerrecht und seine Teilgebiete zu entwerfen.

Die "Menschheit" ist in jüngerer Zeit zum Bezugssubjekt bzw. -objekt neuen Völkerrechts geworden, was mit der Menschheit als innerverfassungsstaatlicher "Figur" zusammengedacht werden sollte. Die Meeresbodenprinzipien-Deklaration der UN (1970) erklärte den Meeresboden und Meeresgrund zum "gemeinsamen Erbe der Mensch-

---

110 Vgl. *A. Verdross/B. Simma*, Universelles Völkerrecht, 3. Aufl. 1984, S. 59 ff.: "Die Verfassungsgrundsätze der Staatengemeinschaft". Ebd. S. 66 ff.: "Der Ausbau der völkerrechtlichen Verfassungsgrundsätze durch den Völkerbund". S. auch *J.A. Frowein*, Demokratie und Völkerrecht in Europa, FS K. Zemanek, 1994, S. 365 (369 ff.): "Die demokratische Konstitutionalisierung Europas".
111 Zur "Verabschiedung" der Souveränität: *M. Kriele*, Staatslehre, 1. Aufl. 1975, S. 111 ff.: "Im Verfassungsstaat gibt es keinen Souverän". S. auch *P. Häberle*, Zur gegenwärtigen Diskussion um das Problem der Souveränität, AöR 92 (1967), S. 259 (279 ff.); *P. Saladin*, Wozu noch Staaten?, 1995; *M.P. Wyss*, Kultur als eine Dimension der Völkerrechtsordnung, 1992. Zu den Grundlagen und zum Wandel des Souveränitätsbegriffs: *H. Kelsen*, Das Problem der Souveränität und die Theorie des Völkerrechts, 2. Aufl., 1928; *H. Heller*, Die Souveränität (1927), in: ders., Gesammelte Schriften, Bd. 2, 1971, S. 31 ff.; *H. Quaritsch*, Staat und Souveränität, Bd. 1, 1970, S. 243 ff.; *ders.*, Souveränität. Entstehung und Entwicklung des Begriffs in Frankreich und Deutschland vom 13. Jh. bis 1806, 1986; *L. Wildhaber*, Entstehung und Aktualität der Souveränität, in: FS K. Eichenberger, 1982, S. 131 ff., 133 ff.; *A. Verdross/B. Simma*, Universelles Völkerrecht, 3. Aufl. 1984, S. 25 ff.; *H. Steinberger*, Der Verfassungsstaat als Glied einer europäischen Gemeinschaft, VVDStRL 50 (1991), S. 9 ff., 17; *P. Saladin*, Wozu noch Staaten?, 1995, S. 28 ff.; *A. Randelzhofer*, Staatsgewalt und Souveränität, in: HdBStR, II 3. Aufl. 2004, § 17 Rn. 13 ff.; *J. P. Müller*, Wandel des Souveränitätsbegriffs im Lichte der Grundrechte, in: Symposion L. Wildhaber, 1997, S. 45 ff.; *M. Baldus*, Zur Relevanz des Souveränitätsproblems, in: Der Staat 36 (1997), S. 381 ff., 381–388.
112 S. noch *W. Grewe*, Epochen der Völkerrechtsgeschichte, 1984, S. 72: zur "spätantiken Menschheitsidee", S. 176: "Der Gedanke einer die ganze Menschheit umspannenden Völkerrechtsgemeinschaft beherrscht auch das Lehrgebäude des ... Francisco Suarez". *F. de Vitoria* vertrat eine universalistische Konzeption des Völkerrechts, da er die staatlich organisierten Völker (gentes) als Glieder einer einheitlichen Weltordnung (una res publica) betrachtete. Dazu *Verdross/Simma*, Universelles Völkerrecht, 3. Aufl. 1984, S. 11.

heit"[113]. Ähnliches wurde später für die Antarktis gefordert[114]. Der "Mondvertrag" (1979) erklärt den Mond und seine natürlichen Ressourcen zum "common heritage of mankind"[115]. Art. 22 Abs. 1 der Afrikanischen Menschenrechtserklärung (1982) spricht allen Völkern u.a. ein Recht auf "gleichmäßige Beteiligung an dem gemeinsamen Erbe der Menschheit" zu[116]. Jüngst macht die Idee des "common concern of mankind" "Weltkarriere"[117]. So dürfte das Common-heritage-Prinzip zu einem völkerrechtlichen "Schlüsselbegriff" werden[118] und in die Nähe der allgemeinen Rechtsgrundsätze rücken[119]. Der Bezug zum Gedanken der Menschheit als "zumindest vorletztem Geltungsgrund des Völkerrechts"[120] gewinnt an Boden.

All dies gehört zur Tendenz des Völkerrechts, "von einem bloßen Zwischenmächterecht zur Rechtsordnung der vielfach gegliederten Menschheit ausgestaltet zu werden"[121]. Hier bleibt die These der klassischen Schule von Salamanca wegleitend, wonach das "bonum commune humanitatis" das Ziel des Völkerrechts bilde (*F. de Vitoria*)[122]. Die wachsende Bedeutung der Menschenrechte im Völkerrecht, der Kulturgüterschutz sowie das Weltraum- und Umweltrecht sind Elemente, dieses zum "Menschheitsrecht" reifen zu lassen. Die "Rückwendung zum Naturrecht" (*U. Scheuner*) gehört in das Gesamtbild. Die erwähnten Klassikertexte aus "Weimar", "Königsberg" bzw. dem Deutschen Idealismus und seiner "Menschheitsbotschaft" (*F. Schillers/L. v. Beethovens* "Neunte") erleichtern diese Wege.

---

113 Dazu *A. Verdross/B. Simma*, Universelles Völkerrecht, 3. Aufl. 1984, S. 737; *W. Graf Vitzthum*, Der Rechtsstatus des Meeresbodens, 1972, S. 247 ff., 358. Zu dieser "grandiosen Wortprägung" des maltesischen Botschafters A. Pardo (1967): *T. Oppermann*, Vom Marktbürger zum EG-Bürger, Lüneburger Symposium für H.P. Ipsen, 1988, S. 87. Pardo umschreibt dieses neue Konzept als "a new legal principle" (zit. nach *K. Ipsen*, Völkerrecht, 3. Aufl. 1990, S. 704). S. auch *D. Rauschning*, Gemeinsames Erbe der Menschheit, HdUR, 1. Bd., 2. Aufl. 1994, Sp. 853 ff.
114 Dazu *Verdross/Simma*, aaO., S. 747.
115 Dazu *Verdross/Simma*, aaO., S 761.
116 Zur entsprechenden Tendenz der Unesco vgl. *E.H. Riedel*, Theorie der Menschenrechtsstandards, 1986, S. 213.– Vgl. Satzung der UNESCO (1945), Art. 1 Ziff. 2 lit. c: "Schutz des Erbes der Welt an Büchern, Kunstwerken und Denkmälern der Geschichte und Wissenschaft...".
117 In der Klimakonvention (1990), dazu *R. Schmidt*, Einführung in das Umweltrecht, 4. Aufl. 1995, S. 196. S. auch *J. Brunnée*, "Common Interest"-Echoes from an Empty Shell?, ZaöRV 49 (1989), S. 791 ff.; *A. Rest*, Ökologische Schäden im Völkerrecht, Natur und Recht, 1992, S. 155 (158 f.).
118 Vgl. *W.A. Kewenig*, Common heritage of mankind – politischer Slogan oder völkerrechtlicher Schlüsselbegriff?, FS Schlochauer, 1981, S. 385 ff.
119 Dazu *R. Wolfrum*, The Principle of the Common Heritage of Mankind, ZaöRV 43 (1983), S. 312 ff., bes. S. 333 ff. – *R.St.J. Macdonald*, The Common Heritage of Mankind, in: FS Bernhardt, 1995, S. 153 ff., prophezeit der "Common Heritage story" nach Mondvertrag und Seerechts-Konvention eine weitere Zukunft (S. 171).
120 *E.H. Riedel*, Theorie der Menschenrechtsstandards, 1986, S. 341.
121 *Verdross/Simma*, aaO., S. 916. Zuletzt *A. Bleckmann*, Allgemeine Staats- und Völkerrechtslehre: Vom Kompetenz- zum Kooperationsvölkerrecht, 1995.
122 Zit. nach *Verdross/Simma*, aaO., S. 915. Zu Elementen des "humanitären Völkerrechts" vgl. *K. Ipsen*, Völkerrecht, 3. Aufl. 1990, S. 60. Zum geplanten "Weltstrafgesetzbuch" der UN: *M. Reichart*, ZRP 1996, S. 134 ff. Bemerkenswert ist die neue Textstufe in Art. 28 Verf. Äthiopien (1994): "Crimes against Humanity", mit einem ausdrücklichen Verbot von Amnestien oder Begnadigungen.

Der Ertrag dieser letzten einstimmenden Reflexionen zum Völkerrecht mag schmal erscheinen. Vieles wurde ausgelassen, etwa die aktuelle Frage, wie viele Menschen der "Globus" noch tragen könne[123], was auch neue Fragen an die Mehrheit der pronatalistisch wirkenden Weltreligionen und Weltkulturen stellt. Die weltweiten Migrationsbewegungen müssten ebenfalls beim Namen genannt werden[124]. Viele Fragen bleiben offen, andere sind "vorläufig" gestellt – sie alle müssen aber als unverzichtbare Eckdaten im Koordinatensystem einer Europäischen Verfassungslehre von Anfang an ins Bewusstsein gerufen werden.

D. Regionale und universale Verantwortungsgemeinschaften: Europäische Verfassungslehre (nicht "Europäisches Verfassungsrecht"), auch nicht europäische Staatslehre, da Europa kein Superstaat, sondern das Europa der "kulturellen Vaterländer" ist, diese aber "europäische Verfassungsstaaten" sind

I. Problemstellung

Die Europäische Verfassungslehre steht noch vor der Aufgabe ihrer Begründung als Disziplin. Die nationale, oft allzu introvertierte Verfassungsrechtswissenschaft ist hier in einem bemerkenswerten Verzug, die zunftmäßigen Europarechtler und die Staats(rechts)lehrer sollten stärker aufeinander zugehen. Jede nationale Verfassungslehre sollte heute *von vornherein* europäisch arbeiten, indem sie z.B. das nationale Europaverfassungsrecht in den eigenen "Europa-Artikeln" mehr zur Kenntnis nimmt[125], indem sie offen Rechtsvergleichung als "fünfte" Auslegungsmethode betreibt, die nationalen Grundrechtskataloge *EMRK-konform* interpretiert, um eine Europäisierung der Rechtsquellen ringt und indem sie Rechtspolitik vergleichend europäisch anlegt.

Dabei sind Präzisierungen notwendig. Nicht nur die direkt verfassungsbezogenen Rechtswissenschaften leisten Beiträge in Sachen Europa. Auch das Privatrecht als "europäisches Privatrecht" (*P.-C. Müller-Graff*) oder das Sozialrecht als "europäisches So-

---

123   Vgl. *K. Natorp*, Die Erde als Brücke, FAZ vom 16. Jan. 1996, S. 10.
124   Erste Stichworte zum Thema "Weltbild", "Menschheit" in meinen Beiträgen "Das Menschenbild im Verfassungsstaat", 1988 (3. Aufl. 2004), S. 12 ff. sowie in dem Speyerer Vortrag vom Sept. 1995: "Aspekte einer kulturwissenschaftlich-rechtsvergleichenden Verfassungslehre in 'weltbürgerlicher Absicht' – ihre Mitverantwortung für Gesellschaften im Übergang", in: R. Pitschas (Hrsg.), Viertes Speyrer Forum, 1997, (auch in JöR 45 (1997), S. 555 ff.). – S. auch *W. Schreckenberger*, Der moderne Verfassungsstaat und die Idee der Weltgemeinschaft, Der Staat 34 (1995), S. 503 ff.
125   Dazu *P. Häberle*, Europaprogramme neuerer Verfassungen und Verfassungsentwürfe – der Ausbau von nationalem "Europaverfassungsrecht", FS Everling, 1995, S. 355 ff. Dazu noch Erster Teil A. II. In der *Schweiz* stand auf Bundesebene eine Initiative "Ja zu Europa" an, die folgende Texte vorschlägt (zit. nach NZZ vom 14./15. März 1998, S. 13): "Die Schweiz beteiligt sich am europäischen Integrationsprozess und strebt zu diesem Zweck den Beitritt zur Europäischen Union an. Bei den Beitrittsverhandlungen und der Anpassung des schweizerischen Rechts an das Recht der Europäischen Union achten alle Behörden darauf, dass insbesondere die demokratischen und föderalistischen Grundwerte sowie die sozialen und ökonomischen Errungenschaften durch geeignete Maßnahmen gesichert werden." Das Schweizer Volk votierte mit Nein.

zialrecht"[126] bzw. das "Europäische Verwaltungsrecht" (*J. Schwarze*) – umgekehrt kann man, ebenfalls in den Worten von *J. Schwarze,* auch vom (nationalen) Verwaltungsrecht "als konkretisiertem Europarecht" sprechen –, das "europäische Strafrecht"[127], vielleicht auch ein "europäisches Arbeitsrecht"[128] tun dies. Mitunter wirken sie sogar als "Vorreiter" bzw. Vorhut. Im Grunde müsste die ganze Breite der Rechtswissenschaften zu Wort kommen, vor allem der professionelle Rechtshistoriker i.s. der "europäischen Rechtsgeschichte" von *H. Hattenhauer* (4. Aufl. 2004). Weitergreifend wären sogar die Kunsthistoriker und die europäischen Musikforscher einzubeziehen – man denke an die Bedeutung des Bildes von *Delacroix* über die Freiheit für die französische Republik oder an die "geheime Nationalhymne" Italiens, den Gefangenenchor *Verdis* aus "Nabucco". Von einem weiten *kulturwissenschaftlichen Verfassungsbegriff* aus, der z.b. auch das kollektive bzw. historische Gedächtnis einschließt und den Begriff nationale Identität entschlüsselt, ist dies konsequent.

Andere der nationalen Verfassung zuzurechnende Themenfelder seien stichwortartig genannt: neben dem Ringen um „*Europäisches Privatrecht*" in der EU[129] die Bemühungen um ein europäisches *Modellstrafgesetzbuch* für die EU[130]. Denn sein etwaiger Erlass setzt den Konsens über gewisse Grundwerte voraus, die letztlich auf Konstitutionelles verweisen. So wie das Privatrecht ein Stück Verfassung der Freiheit ist, so schützte ein „europäisches Strafrecht" letztlich bestimmte Verfassungswerte. Gelänge hier eine Vereinheitlichung, so hätte man tendenziell indirekt ein weiteres Stück von Europa als „Verfassungsgemeinschaft" geschaffen. Die anstehende „Europäisierung" der Juristen-

---

126 Z.B.: B. Schulte/H.F. Zacher (Hrsg.), Wechselwirkungen zwischen dem Europäischen Sozialrecht und dem Sozialrecht der Bundesrepublik Deutschland, 1991.
127 Dazu etwa *U. Sieber*, Memorandum für ein Europäisches Modellstrafgesetzbuch, JZ 1997, S. 369 ff.; *G. Dannecker*, Das Europäische Strafrecht in der Rechtsprechung des Bundesgerichtshofs in Strafsachen, FS 50 Jahre BGH, 2000, S. 339 ff.
128 Dazu *W. Däubler*, Auf dem Weg zu einem europäischen Arbeitsrecht?, in: L. Krämer u.a. (Hrsg.), Recht und diffuse Interessen in den europäischen Rechtsordnungen, 1997, S. 441 ff.
129 Dazu *P.-C. Müller-Graff*, Europäisches Gemeinschaftsrecht und Privatrecht, NJW 1993, S. 13 ff.; D. Dörr/M. Dreher (Hrsg.), Europa als Rechtsgemeinschaft, 1997; *H.-W. Micklitz*, Perspektiven eines Europäischen Privatrechts, ZEuP 1998, S. 253 ff.; *E. Kramer*, Vielfalt und Einheit der Wertungen im Europäischen Privatrecht, FS A. Koller, 1993, S. 729 ff.; *S. Grundmann/K. Riesenhuber*, Die Auslegung des Europäischen Privat- und Schuldvertragsrechts, JuS 2001, S. 529 ff.; *P. Lagarde/V. von Hoffmann*, Die Europäisierung des internationalen Privatrechts, 1996; *P. Hommelhoff*, Zivilrecht unter dem Einfluss europäischer Rechtsangleichung, AcP 192 (1992), S. 71 ff.; *ders.*, "Europarechtliche Bezüge" im Zivilrecht, FS Helmrich, 1994, S. 329 ff.; *E.A. Kramer*, Die Europäisierung des Privatrechts, in: recht (Zeitschrift für juristische Ausbildung und Praxis), 2001, S. 102 ff.; *H. Schack*, Europäisches Urheberrecht im Werden, ZEuP 2000, S. 799 ff.; *U. Blaurock*, Europäisches Privatrecht, JZ 1994, S. 270 ff.; *R. Zimmermann*, Konturen eines Europäischen Vertragsrechts, JZ 1995, S. 477 ff.; *M. Timme*, Zu Chancen und Grenzen einer Europäischen Ordnung des Zivilrechts, ZRP 2000, S. 301 ff.; *S. Grundmann*, Europäisches Schuldvertragsrecht, NJW 2000, S. 14 ff.; *ders.*, Privatautonomie im Binnenmarkt, JZ 2000, S. 1133 ff.; *H. Weiss*, Europäisches Vertragsrecht in statu nascendi?, ZfRV 1995, S. 54 ff.; *A. Teichmann*, Die "Europäisierung des Zivilrechts" und ihre Auswirkung auf die Hermeneutik, Festgabe Zivilrechtslehrer 1934/35, 1999, S. 629 ff.; *R. Ranieri*, Europäisches Obligationenrecht, 1999.
130 Dazu *U. Sieber*, Memorandum für ein Europäisches Modellstrafgesetzbuch, JZ 1997, S. 369 ff.

ausbildung ist dabei ein Teilaspekt[131]. Aber auch sonst ist Ausschau zu halten, wo Bauteile für innerstaatliches Europaverfassungsrecht zu entdecken sind[132].

II. Methodenfragen

Der *kulturwissenschaftliche Ansatz*[133] sei im Methodenkontext noch einmal ins Gedächtnis gerufen: Verfassungen sind demnach nicht nur juristisches Regelwerk, sondern auch Ausdruck eines kulturellen Entwicklungszustandes, Mittel der kulturellen Selbstdarstellung des Volkes, Spiegel seines kulturellen Erbes und Fundament seiner Hoffnungen. *Lebende* Verfassungen als ein Werk aller Verfassungsinterpreten der offenen Gesellschaft sind der Form und der Sache nach weit mehr Ausdruck und Vermittlung von *Kultur*, Rahmen für kulturelle (Re-)Produktion und Rezeption und Speicher von überkommenen kulturellen "Informationen", Erfahrungen, Erlebnissen, Weisheiten[134]. Entsprechend tiefer liegt ihre – kulturelle – Geltungsweise. Dies ist am schönsten erfasst in dem von *H. Heller* aktivierten Bild *Goethes*, Verfassung sei "geprägte Form, die lebend sich entwickelt".

Gerade auf der europäischen Ebene kann und muss sich dieser Ansatz bewähren. So sind Richtbegriffe wie "nationale Identität" (Art. 6 Abs. 3 EUV) oder das "europäische Bewusstsein" (Art. 191 EGV) nur kulturwissenschaftlich zu erarbeiten. So kann die regionale Vielfalt (Art. 151 Abs. 1 EGV), das "gemeinkulturelle Erbe" (ebd.) nur kulturwissenschaftlich erschlossen werden. Auf diese Weise eröffnen sich auch Geltungsräume für die europäische Vielfalt, die bei allen gemeineuropäischen Gemeinsamkeiten gerade auch in rechtskultureller Hinsicht besteht. Die Beurteilungsspielräume, die etwa der EGMR in Straßburg den einzelnen Nationen bei der Begrenzung der EMRK-

---

131 Dazu etwa *D. Martiny*, Babylon in Brüssel?, ZEuP 1998, S. 227 (251). – Zur Sprachenfrage: *K.O. Nass*, Man spricht nicht Deutsch, FAZ vom 6. Jan. 2001, S. 15; *T. Bruha/H.-J. Seeler* (Hrsg.), Die Europäische Union und ihre Sprachen, 1998; *A. Ross*, Europas Einheit in Babylonischer Vielfalt, FAZ vom 14. März 2001, S. 11; *K. Loehr*, Mehrsprachigkeitsprobleme in der Europäischen Union, 1998; *I. Burr/G. Gréciano* (Hrsg.), Europa: Sprache und Recht, 2003. S. noch Anm. 136.

132 Vgl. etwa den frühen Entwurf einer europäischen Bundesverfassung von 1951 (zit. bei P.C. Mayer-Tasch, (Hrsg.), Die Verfassungen Europas, 2. Aufl. 1975, S. 832 ff.: "im Bewusstsein unserer Kulturgemeinschaft"). Ferner *M. Imboden*, Die Verfassung einer päischen Gemeinschaft, Festgabe zum Schweizerischen Juristentag, 1963, S. 127 ff.: "Die europäischen Völker, getragen vom Wunsche, sich Freiheit und Frieden zu sichern, im Bewusstsein ihres großen Erbes ..." – Art. X/6 eines Entwurfes der Europäischen Kommission bzgl. der politischen Union (Mai 1991): "Jeder Unionsbürger hat das Recht auf freie Entfaltung seiner Kultur. Er hat die Pflicht, die Entfaltung der Kultur des anderen zu achten". – Präambel Verfassungsentwurf der Europäischen Union (Februar 1993): "... dass die Union die Identität der Mitgliedstaaten ... auf der Grundlage der Grundsätze der Solidarität, des wirtschaftlichen und sozialen Fortschritts, der Subsidiarität und der aktiven Beteiligung der regionalen und lokalen Gebietskörperschaften achtet".

133 Dazu vom Verf.: Verfassungslehre als Kulturwissenschaft, 1. Aufl. 1982, 2. Aufl. 1998 (Teilübersetzung ins Spanische: Theoria constitucional come sciencia di cultura, 2000, ins Italienische, 2001).

134 Im nicht-juristischen, kulturanthropologischen bzw. ethnologisch gewendeten Sinne wird der Begriff "Verfassung" nicht zufällig benutzt bei *B. Malinowski*, Eine wissenschaftliche Theorie der Kultur (1941), 1975, S. 142.

Freiheiten überlässt[135], rechtfertigen sich ebenfalls aus der Differenziertheit der (Rechts-)Kultur. Alle juristischen Begriffe haben ihre vorab erläuternden spezifischen *kulturellen Kontexte*, aus denen sie leben und sich ggf. auch wandeln. Der Methode der Rechtsvergleichung als m.E. "fünfter" Auslegungsmethode nach den klassischen vier, 1840 von *F.C. von Savigny* kanonisierten, kommt bei all dem eine besondere Rolle zu. Sie eröffnet schöpferische Interpretationsprozesse, sei es des Richters oder des Verwaltungsbeamten. In der Hand des Europapolitikers, der neue Rechtsnormen schafft, dient die Rechtsvergleichung als Handhabe, gerade auch das Unterschiedliche zu erkennen, das z.b. einer vorschnellen Rechtsvereinheitlichung oder Rechtsangleichung entgegensteht.

Alle Mitglieder der "europäischen Republik", alle Repräsentanten der einzelnen nationalen Wissenschaftlergemeinschaften in Europa müssen in einer gemeinsamen, konzertierten Anstrengung diesen Baustein der "europäischen Hausordnung" zu erschließen suchen[136]. Auf lange Sicht kann eine Europäische Verfassungslehre[137] nicht von einer einzigen nationalen Sicht her geschrieben werden. So wie es um ein "europäisches Deutschland" i.S. von *Thomas Mann* geht, so sollen Begriffe und Prinzipien des konstitutionellen Europas als *Gemeinschaftsleistung* aller gedacht werden. Testfall war und ist die europäische Grundrechte-Charta[138]. Dabei kann es nicht um eine quantifizierende Summierung gehen, vielmehr sind die Beiträge aus den einzelnen nationalen Wissenschaftlergemeinschaften in "gemeineuropäischer Hermeneutik" wertend zu sichten – auch in ehrlicher Offenlegung etwaiger Dissense. So muss das Nachdenken über die "Verfassung Europas" um die *Unterschiede* wissen: etwa Frankreichs laizistisches Republikverständnis kennen, die deutsche Grundrechtsfixierung mitberücksichtigen und Spaniens kulturelle Vielfalt dank der Autonomen Gebietskörperschaften ins Auge fas-

---

135 *C. Calliess*, Zwischen staatlicher Souveränität und europäischer Effektivität: Zum Beurteilungsspielraum der Vertragsstaaten im Rahmen des Art. 10 EMRK, EuGRZ 1996, S. 293 ff.
136 Dabei spielt das Sprachenproblem freilich eine besondere Rolle. Aus der Lit.: T. Bruha/H.-J. Seeler (Hrsg.), Die Europäische Union und ihre Sprachen, 1998; *D. Martiny*, Babylon in Brüssel?, ZEuP 1998, S. 227 ff.; *P. Pescatore*, Recht in einem mehrsprachigen Raum, ZEuP 1998, S. 1 ff.; *W. Pfeil*, Der Aspekt der Mehrsprachigkeit in der Union und sein Einfluss auf die Rechtsfortbildung des Europäischen Gemeinschaftsrechts, ZfRV 1996, S. 11 ff.; *T. Oppermann*, Reform der EU-Sprachenregelung, NJW 2001, S. 2663 ff.
137 Im Sinne meines Bandes: "Europäische Verfassungslehre in Einzelstudien", 1999.
138 Dazu aus der Lit.: *A. Weber*, Die Europäische Grundrechtscharta – auf dem Weg zu einer europäischen Verfassung, NJW 2000, S. 437 ff.; *I. Pernice*, Eine Grundrechte-Charta für die Europäische Union, DVBl. 2000, S. 847 ff. Die ZRP widmet das Heft 9, 2000 (S. 361 ff.) zu einem großen Teil der EU-Grundrechte-Charta mit Beiträgen u.a. von *S. Baer, G. Häfner, C. Starre, K. Ritgen* und *N. Reich*. – Viel Vorarbeit für die EU-Grundrechte-Charta hat auch die "Erklärung der Grundrechte und Grundfreiheiten" seitens des Europäischen Parlaments (April 1989, zit. nach EuGRZ 1989, S. 203 ff.) geleistet. Aufmerksamkeit verdienen nicht nur Entschließungspassagen wie "sich auf der Grundlage der Grundrechte für die Demokratie einsetzen", "dass die Identität der Gemeinschaft in der Formulierung der den europäischen Bürgern gemeinsamen Werte zum Ausdruck kommen muss". Beachtlich sind auch die Aussagen zu Umwelt und Verbraucherschutz (Art. 24), der Demokratie-Artikel (Art. 17) und die Wesensgehaltsklausel (Art. 26). In der Präambel ist "von den gemeinsamen Verfassungstraditionen der Mitgliedstaaten", d.h. den Grundrechten die Rede, was eine frühe Textstufe zu Maastricht bzw. Amsterdam darstellt.

sen[139]. Auch das Verständnis des "Föderalismus" ist in den einzelnen Nationen sehr verschieden: man vergleiche den vitalen "Kulturföderalismus" Deutschlands, auch der Schweiz, mit dem teilweise eher technischen Föderalismus Österreichs oder dem "neuen" Föderalismus in Belgien und vielleicht in Italien. Dasselbe gilt in Sachen "Regionalismus", der in vielen Einzelstaaten zu einem werdenden Verfassungsprinzip heranreift (als "devolution" in Großbritannien bzw. Schottland, Nordirland und Wales, als Regionalismus in Frankreich)[140]. So kann es sein, dass ein spanischer Jurist über die Sache und den Begriff der "Repräsentation" anders denkt als ein italienischer. Gemeinsam sollte indes allen nationalen Juristen das Ziel des "*europäischen Juristen*" sein. Er ist ein Leitbild, das, sensibel für die Vielfalt der nationalen Rechtskulturen, das Gemeineuropäische in Geschichte und Gegenwart des Rechts im Auge hat.

Ein Schritt dieser Europäischen Verfassungslehre hat dem Streit um das Verhältnis von *Staat* und *Verfassung* zu gelten. Gemäß einer in Deutschland nach wie vor beliebten Tradition gibt es *zunächst* den Staat, dann danach sozusagen als (äußeres) "Kleid" die Verfassung. Das mag im geschichtlichen Werden des Konstitutionalismus bei uns so gewesen sein. Von der heutigen Idealität und Realität des Typus Verfassungsstaat aus betrachtet, ist dem aber nicht so. Es gibt hic et nunc, in den nationalen Verfassungsstaaten, nur so viel Staat, wie die *Verfassung* konstituiert (*R. Smend* bzw. *A. Arndt*). Um auf die europäische Ebene überzugehen: Auf ihr sind es erst recht Verfassungsprinzipien, die punktuell Staatlichkeitsaspekte *fundieren*: etwa die Unionsbürgerschaft (Art. 17 ff. EGV), die Subsidiarität (Art. 2 Abs. 2 EUV, Art. 5 EGV), das Europäische Parlament, der EuGH, der Rechnungshof, der Ausschuss der Regionen und Organe wie der Bürgerbeauftragte – auch der "Euro" -, die Währungshoheit ist ja ein klassisches Staatlichkeitselement *gewesen*. Gewiss, all dies macht noch keinen Staat, genauer Verfassungsstaat: Das Maastricht-Urteil des BVerfG (E 89, 155) hat in den Kategorien der Allgemeinen Staatslehre retrospektiv daran erinnert[141]; das unglückliche Wort vom

---

139 Zur Frage nach einer europäischen Verfassung sei im Folg. vor allem die Lit zitiert, die zugleich mehrere nationale Stimmen, meist in Sammelbänden, zu Wort kommen lässt: vgl. etwa J. Schwarze (Hrsg.), Die Entstehung einer europäischen Verfassungsordnung, 2000; J. Schwarze/P.-C. Müller-Graff (Hrsg.), Europäische Verfassungsentwicklung, EuR Beiheft 1, 2000, S. 5 ff.; als Stimme aus Brüssel: *J.-C. Piris*, Hat die Europäische Union eine Verfassung? Braucht sie eine?, EuR 2000, S. 311 ff. Zuletzt: *T. Stein*, Europas Verfassung, FS Krause, 2000, S. 233 ff.; *A. v. Bogdandy*, Zweierlei Verfassungsrecht. Europäisierung als Gefährdung des gesellschaftlichen Grundkonsenses?, Der Staat 39 (2000), S. 163 ff.; *ders.*, Konstitutionalisierung..., JZ 2005, S. 529 ff.; *J. Habermas*, Warum braucht Europa eine Verfassung?, in: Die Zeit vom 28. Juni 2001, S. 7.; *J.H.H. Weiler*, The constitution of Europe, 1999; *G. Hirsch*, EG. Kein Staat, aber eine Verfassung, NJW 2000, S. 46 f.; G. F. Schuppert u.a. (Hrsg.), Europawissenschaft, 2005 – Klassisch: *P. Pescatore*, Die Gemeinschaftsverträge als Verfassungsrecht, FS Kutscher, 1981, S. 319 ff.
140 Dazu *P. Häberle*, Der Regionalismus als werdendes Strukturprinzip des Verfassungsstaates und als europarechtspolitische Maxime, AöR 118 (1993), S. 1 ff.; *ders.*, Grundfragen einer Verfassungstheorie des Regionalismus in vergleichender Sicht (auf spanisch), in: Gedächtnisschrift für Ruiz Rico, 1997, S. 1161 ff. Dazu noch Dritter Teil G. II. Inkurs.
141 Aus der Lit.: *I. Pernice*, Carl Schmitt, Rudolf Smend und die europäische Integration, AöR 120 (1995), S. 100 ff.; *J. Schwarze*, Europapolitik unter deutschem Verfassungsrichtervorbehalt, NJ 1994, S. 1 ff.; *R. Steinberger*, Die Europäische Union im Lichte der Entscheidung des BVerfG vom 12. Okt. 1993, FS Bernhardt, 1995, S. 1313 ff. S. aber auch *H.H. Rupp*, Ausschaltung des

"Staatenverbund" brennt einer europäischen Verfassungslehre schmerzhaft in den Ohren[142]. Wohl aber konstituiert all dies zusammengenommen einen "Verfassungsverbund" (*I. Pernice*[143]), mehr noch: Vorformen einer Vollverfassung, die als unvollendetes Kaleidoskop bislang nur *Teil*verfassungen miteinander verknüpft. Jedenfalls sind die Staaten längst nicht mehr die viel zitierten "Herren der Verträge", ist Europa auf dem Weg vom "Contract to Status", wobei unterschiedlich dicht gewebte europaverfassungsstaatliche Zonen zu unterscheiden sind (besonders dicht EU bzw. EGV, weitmaschiger: Europarat bzw. OSZE, diese z.b. in Gestalt des Beauftragten für die Pressefreiheit und des "Hohen Kommissars für nationale Minderheiten").

In den herkömmlichen Wissenschaftsdisziplinen gedacht: So wie klassische und neuere sog. Allgemeine Staatslehren (auch die "Souveränität") zu verabschieden sind[144], sollten auf der Europa-Ebene solche erst gar nicht begonnen werden: Statt dessen ist eine *europäische* Verfassungslehre zu entwickeln, sind Begriffe wie "Verfassunggebung", "Öffentlichkeit", "Verfassungsgerichte", auch das "Volk"[145] in ihrem Kraftfeld zu entwerfen. Schon das positive Europaverfassungsrecht zwingt dazu: so wenn Art. 138 a EGV (jetzt Art. 191) von Herausbildung eines "europäischen Bewusstseins" spricht und vom Ausdruck des "politischen Willens der Bürger der Union"[146]. Längst sind die EU-Länder einander nicht mehr "Ausland". (Manchen deutschen Staatsrechtslehrern ist dies bislang entgangen.) Europapolitik ist nicht mehr "Außenpolitik". Wenn die Polis nach antiker Tradition die "zweite Natur" ist, bildet Europa dann für die Europäer nicht mindestens die "dritte"? – Natur und Kultur so im *Goethe*'schen Sinne zusammenführend?

III. Konsequenzen

Sehr grundsätzlich sind Begriffe der „Allgemeinen Staatslehre", etwa das viel berufene nationale „Staatsvolk", ebenfalls zu „europäisieren": Das (nationale) Staatsvolk wird ergänzt um die EU-Mitbürger (Art. 17 EGV), die das Kommunalwahlrecht haben

---

BVerfG durch den Amsterdamer Vertrag?, JZ 1998, S. 213 ff.; *P.M. Huber*, Maastricht – Ein Staatsstreich?, 1993. Siehe noch Erster Teil A. II. 2 a) .

142　S. auch die Kritik von *J.H.H. Weiler*, Der Staat "über alles", JöR 44 (1996), S. 91 ff.; Kritik auch bei *D.H. Scheuing*, Deutsches Verfassungsrecht und europäische Integration, in: EuR Beiheft 1997/1, S. 7 (38 ff.).

143　*I. Pernice*, Die Dritte Gewalt im europäischen Verfassungsverbund, EuR 1996, S. 27 ff.

144　Was kein generelles Votum gegen manche Neufassung ist, vor allem *P. Pernthaler*, Staatslehre und Verfassungslehre, 2. Aufl. 1996; *K. Weber/I. Rath-Kathrein* (Hrsg.), Neue Wege der Allgemeinen Staatslehre, 1996; *G. Haverkate*, Verfassungslehre, 1992. S. auch *P. Saladin*, Wozu noch Staaten?, 1995. Eine neue Sicht auch bei *J.P. Müller*, Wandel des Souveränitätsbegriffs im Lichte der Grundrechte, in: R. Rhinow u.a. (Hrsg.), Fragen des internationalen und nationalen Menschenrechtsschutzes, 1997, S. 45 ff.

145　Zum Problem: *W. v. Simson*, Was heißt in einer europäischen Verfassung "Das Volk"?, EuR 26 (1991), S. 3 ff.; *T. Schmitz*, Das europäische Volk und seine Rolle bei der Verfassunggebung in der Europäischen Union, Europarecht, 2003, S. 217 ff.

146　Vgl. dazu auch *D. Tsatsos*, Europäische politische Parteien?, EuGRZ 1994, S. 45 ff.; *ders.*, Parteienrecht im europäischen Wandel, EuGRZ 1992, S. 133 ff.

(Art. 19 EGV, Art. 28 Abs. 1 S. 3 GG)[147] und das Europäische Parlament wählen. Die nationale Staatsgewalt muss sich ihren Wirkungsraum mit europäischen Instanzen teilen („Schengen" und unmittelbare Geltung des Europarechts i.e.S.). Die nationalen politischen Parteien stehen unversehens im Verbund mit den Parteien auf europäischer Ebene (Art. 191 EGV). Wir sind auf dem Weg zu einem „europäischen Verfassungsvolk", repräsentiert vom Europäischen Parlament und aktiviert von den europäischen politischen Parteien und dem Petitionsrecht (Art. 21 EGV).

Europa als "werdende Verfassungsgemeinschaft" eigener Art[148] bildet eine Herausforderung nicht nur für die (Tages-)Politik. Verlangt ist auch, dass die Wissenschaft die überkommenen Begriffe der sog. Allgemeinen Staatslehre wie "Staat", "Gemeinwohl", "Souveränität", "Staatsvolk" (bzw. Staatsbürgerschaft), "Staatsgebiet" und "Staatsgrenze" sowie "Staatsverfassung" und "Öffentlichkeit" neu durchdenkt. Die sich intensivierende Europäisierung der nationalen Staats- und Rechtsordnungen, das Zusammenwachsen Europas in unterschiedlichen, aber hohen Geschwindigkeiten, das Entstehen von "Gemeineuropäischem Verfassungsrecht"[149] verlangt die Entfaltung einer *europäischen Verfassungslehre*, zu deren unverzichtbarem Baustein auch der alteuropäische Begriff der "Repräsentation" gehören dürfte. Alle großen Begriffe der klassischen Staatslehre von *G. Jellinek* bis *H. Heller* bedürfen einer Revision auf dem Forum des konstitutionellen Europas von heute. Dabei ist zwischen Europa im *engeren* Sinne der EU/EG und Europa im *weiteren* Sinne von Europarat und OSZE zu unterscheiden. Können wir für die EU/EG von einer Verfassung[150] (bzw. von einem bereits dicht gewebten Ensemble von *Teil*verfassungen) sprechen, sofern man bereit ist, die traditionelle Staatsfixiertheit des Verfassungsbegriffs aufzugeben, so sind für das Europa im *weiteren* Sinne von Europarat und OSZE erst sehr punktuelle Teilverfassungen greifbar, besonders deutlich in Gestalt der EMRK mit ihren 46 Mitgliedern bzw. mancher Vertragswerke der OSZE, z.B. ihres Pressebeauftragten. Die nationalen Verfassungen der Mitgliedsländer der EU relativieren sich besonders intensiv zu *Teil*verfassungen: viele Verfassungsthemen wandern nach Europa ab. Das Schengener Abkommen von

---

147 Aus der Lit.: *K. Barley*, Das Kommunalwahlrecht für Ausländer nach der Neuordnung des Art. 28 Abs. 1 S. 3 GG, 1999.

148 Dazu *P. Häberle*, Europa als werdende Verfassungsgemeinschaft, DVBl. 2000, S. 240 ff. Dazu Zweiter Teil B.

149 Dazu mein Beitrag: Gemeineuropäisches Verfassungsrecht, EuGRZ 1991, S. 261 ff. (in die spanische Sprache übersetzt u.a. in: Revista de Estudios Politicos 79 (1993), S. 7 ff.); s. auch P.-C. Müller-Graff/E. Riedel (Hrsg.), Gemeinsames Verfassungsrecht in der Europäischen Union, 1998.

150 Die deutsche Lit. zu diesem Thema ist unüberschaubar, vgl. nur: *D. Grimm*, Braucht Europa eine Verfassung?, 1995; *H.H. Rupp*, Europäische Verfassung und demokratische Legitimation, AöR 120 (1995), S. 269 ff.; J. Schwarze/R. Bieber (Hrsg.), Eine Verfassung für Europa – Von der Europäischen Gemeinschaft zur Europäischen Union, 1984; *R. Steinberg*, Grundgesetz und europäische Verfassung, ZRP 1999, S. 365 ff.; *W. Hertel*, Supranationalität als Verfassungsprinzip, 1999. – Zuletzt die Leipziger Staatsrechtslehrertagung "Europäisches und nationales Verfassungsrecht", VVDStRL 50 (2001), S. 1 ff., mit Referaten u.a. von *I. Pernice* und *P.M. Huber*. – Siehe noch Anhang, Nachtrag und Ausblick.

1993/95[151] vergegenwärtigt besonders deutlich, wie sich klassische Staatselemente wie "Staatsgebiet" und "Staatsgrenze" verflüchtigt haben: die Mitgliedsländer sind einander nicht mehr "Ausland", sondern buchstäblich "Freundesland". Im Entstehen ist auch ein spezifisch "europäisches Gemeinwohl". Nicht nur EuGH[152] und EGMR – die beiden "europäischen Verfassungsgerichte" – operieren bereits mit dem Topos "Gemeinwohl"; auch das innerverfassungsstaatliche Gemeinwohl reichert sich durch spezifisch europäische Aspekte an, so wie umgekehrt das europäische Gemeinwohl Elemente der nationalen Gemeinwohl-Begriffe in sich aufnimmt[153]. Auch für einen anderen traditionsreichen Begriff wie die "Öffentlichkeit" lassen sich substantielle Veränderungen nachweisen: neben und mitunter "in" den vielen nationalen Öffentlichkeiten Europas bildet sich eine europäische Öffentlichkeit heraus[154]. Sie ist in einzelnen Normenkomplexen des EU/EG-Vertrages angedeutet: etwa in den öffentlichen Sitzungen des Europäischen Parlaments und des EuGH oder in den veröffentlichten Berichten des Rechnungshofes. Sie kommt aber auch in der sog. "Skandalöffentlichkeit" zum Ausdruck: etwa im Streit um den Rinderwahnsinn BSE, im deutsch-spanischen Fall Bangemann, im Aufbau und dank des Drucks der öffentlichen Meinung später wieder erfolgten Abriss der Mauer gegen eine ethnische Minderheit im tschechischen Aussig und zuletzt in der "Causa Österreich"[155]. In eigentümlicher, fast *Hegel*scher Dialektik festigen sich ausgerechnet in solchen negativen Schlagzeilen die positiven "europäischen Werte". Europa als Rechts- und Wertegemeinschaft gewinnt Gestalt, es entsteht ein "europäisches Bewusstsein", dessen Schaffung schon positivrechtlich auch den politischen Parteien aufgetragen ist (vgl. Art. 191 EGV)[156]. All das lässt sich letztlich auf ein Schlagwort zurückführen: die Europäisierung.

Konsequenzen für konkrete Verfassungsprobleme ergeben sich z.B. für Einzelfragen des Art. 32 GG. Insbesondere muss dessen Abs. 1 wohl neu – d.h. "europäisiert" – gelesen werden. Wenn hier seit 1949 gesagt wird, "die Pflege der Beziehungen zu auswärti-

---

151 Vgl.: Die EU ist zu Verhandlungen mit der Schweiz über ihre Beteiligung an "Schengen" bereit (vgl. NZZ vom 21. Juni 2001, S. 26), 2005 ist die Schweiz beigetreten; *S. Magiera*, Die Beseitigung der Personenkontrollen an den Binnengrenzen der EU, FS Stern, 1997, S. 1317 ff.

152 Aus der Lit.: *G.C. Rodriguez Iglesias*, Der EuGH und die Gerichte der Mitgliedstaaten – Komponenten der richterlichen Gewalt in der EU, NJW 2000, S. 1889 ff.; *K.W. Weidmann*, Der Europäische Gerichtshof für Menschenrechte auf dem Weg zu einem europäischen Verfassungsgerichtshof, 1985.

153 Dazu mein Beitrag in FS Steinberger: Gibt es ein europäisches Gemeinwohl?, 2001, S. 1153 ff.

154 Dazu *P. Häberle*, Gibt es eine europäische Öffentlichkeit?, 2000. Dass eine Mehrheit "Europäischer Öffentlichkeit" auch Voraussetzung für jede Erweiterung der EU ist, sei bereits an dieser Stelle als Merkposten erwähnt.

155 Dazu aus der Lit.: *G. Winkler*, Europa quo vadis?, ZÖR 55 (2000), S. 231 ff. – Der Bericht der sog. drei Weisen ist publiziert in EuGRZ 2000, S. 404 ff. Ein Positives hat der Fall Österreich allerdings: Jetzt wurde ein "Frühwarnsystem" bei Verletzungen der EU-Verfassungsgrundsätze geschaffen. S. auch Anhang Erster Teil IV. Ziff. 13.

156 Aus der Lit.: *D. Tsatsos*, Europäische politische Parteien? – Erste Überlegungen zur Auslegung des Parteienartikels des Maastrichter Vertrages – Art. 138 a EGV, EuGRZ 1994, S. 45 ff.; *C. Lange/C. Schütz*, Grundstrukturen des Rechts der europäischen politischen Parteien i.S.d. Art. 138a EGV, EuGRZ 1996, S. 299 ff.

gen Staaten ist Sache des Bundes", so ist seit dem neuen Europa-Artikel 23 GG von 1992 zu fragen, ob die im Kontext Europas wirkenden Verfassungsstaaten wirklich noch "auswärtige Staaten" sind, m.a.W.: Die europäischen Verfassungsstaaten sind sich gegenseitig eigentlich nicht mehr "auswärtiges Ausland". Das Außen/Innen-Schema ist gerade in Europa grundsätzlich in Frage gestellt. Das bedeutet z.b., dass die wachsende Europapolitik der Bundesländer nicht einfach unter Art. 23 Abs. 1 GG fällt. Auch Art. 23 Abs. 2 ist neu, d.h. im Lichte der Europäisierung zu lesen. "Besondere Verhältnisse eines Landes" kann auch dessen europäische Regionalpartnerschaften einschließen[157]. Die umstrittene sog. "Nebenaußenpolitik" der deutschen Länder ist im europäischen "Staatenverbund" eine solche gar nicht mehr. Das Entstehen von nationalem Europaverfassungsrecht verlangt jedenfalls eine interpretatorische oder verfassungspolitische Revision von Bestimmungen wie Art. 32 GG. Die Europäisierung von bisher klassischem nationalem Verfassungsrecht kann ganze Dogmatikgebäude zum Einsturz bringen. Dazu das folgende Anwendungsbeispiel zur Veranschaulichung des Theoriemodells.

IV. Inkurs: Art. 29 GG in kulturwissenschaftlicher und "europäischer" Sicht

1. Problemstellung

Art. 29 GG ist im Ganzen wie im Einzelnen kulturwissenschaftlich zu erschließen. Zu den Begriffen des Abs. 1 S. 1 n. F. ("Leistungsfähigkeit", "Aufgaben" etc.) gehört von vornherein die Sache Kultur; die den Ländern "obliegenden Aufgaben" sind nicht zuletzt kulturstaatliche Aufgaben, ihre "Leistungsfähigkeit" ist kulturelle Leistungsfähigkeit!

Das kulturverfassungsrechtliche Defizit bzw. die Hilflosigkeit, mit der Art. 29 GG im Ganzen und in seinen Teilen meist kommentiert wird (vor und nach seinen Änderungen), ist symptomatisch[158]. Die Chance, speziell hier über den im engeren Sinne ju-

---

157 Zur grenzüberschreitenden bzw. grenzübergreifenden Kooperation aus der älteren Lit. *R. Grawert*, Rechtsfragen der grenzüberschreitenden Zusammenarbeit von Gemeinden, DVBl. 1971, S. 484 ff.; *V. v. Malchus*, Partnerschaft an europäischen Grenzen, 1975; *M. Bothe*, Rechtsprobleme grenzüberschreitender Planung, AöR 102 (1977), S. 68 ff. Aus der neueren und neuesten Literatur: *U. Beyerlin*, Grenzüberschreitende Zusammenarbeit benachbarter Gemeinden und auswärtige Gewalt, in: A. Dittmann/M. Kilian, Kompetenzprobleme der Auswärtigen Gewalt, 1982, S. 109 ff., 111 ff.; *W. Hoppe/M. Beckmann*, Juristische Aspekte einer interkommunalen Zusammenarbeit beiderseits der deutsch-niederländischen Grenze, DVBl. 1986, S. 1 ff.; *H. Ch. Heberlein*, Kommunale Außenpolitik als Rechtsproblem, 1989, S. 8 ff. (Bestandsaufnahme zu Städte- und sonstigen kommunalen Partnerschaften), S. 30 ff. (zu grenznachbarlicher kommunaler Zusammenarbeit); *K. Rennert*, Grenznachbarschaftliche Zusammenarbeit, FS E.-W. Böckenförde, 1995, S. 199 ff.; *J. Schwarze*, Die Übertragung von Hoheitsrechten auf grenznachbarschaftliche Einrichtungen i.S. d. Art. 24 I a GG, FS E. Benda zum 70. Geburtstag, 1995, S. 311 ff., 311–313; *J. Beck*, Netzwerke in der transnationalen Regionalpolitik, 1997; *M. Niedobitek*, Das Recht der grenzüberschreitenden Verträge, 2001, S. 419 ff. (zu Art. 24 Abs. 1 a GG). Für die Schweiz: *S. Breitenmoser*, Regionalismus – insbesondere grenzüberschreitende Zusammenarbeit, in: D. Thürer/J.-F. Aubert/J. P. Müller (Hrsg.), Verfassungsrecht der Schweiz, 2001, S. 507.
158 Zum folgenden schon meine Schrift Kulturverfassungsrecht im Bundesstaat, 1980, S. 62 ff. – Anfangs der 90er Jahre wendet sich *J. Isensee* etwas grundsätzlicher Art. 29 GG zu. Er sieht zu

ristischen Ansatz hinauszukommen, wird bisher zu wenig wahrgenommen. Die ganze Problematik wird im ERNST-GUTACHTEN (1955 bzw. 1973) nur begrenzt sichtbar[159], und die dürftige Rezeption Breite und Tiefe eines kulturwissenschaftlichen Ansatzes ist selbst im LUTHER- und im dieser Vorarbeiten in der juristischen Kommentarliteratur zeigt, wie wenig diese in der Lage ist, die "Sache Kultur" bundesstaatsspezifisch zu behandeln. Schon speziell der verfassungsrechtliche Begriff "kulturelle Zusammenhänge", erst recht Art. 18 WRV (Dienst an der "kulturellen Höchstleistung des Volkes"), aber auch Art. 29 GG insgesamt nötigen die Verfassungsrechtswissenschaft, sich der reichen Fülle, Komplexität, Offenheit bzw. Dynamik und darin auch den Schwierigkeiten des Kulturbegriffs – und des Art. 29 GG im Ganzen[160] – zu stellen und sich die Arbeitsmethoden der Kulturwissenschaften zu integrieren. Der funktionellrechtliche Aspekt spielt dabei eine nicht geringe Rolle[161].

recht in den Zielvorgaben des Art. 29 GG eine "Teleologie des Föderalismus", ein "Programm radizierter Legitimation aus der Vielfalt und Besonderheit der Länder" (Idee und Gestalt des Föderalismus im GG, in: HdBStR, Bd. IV, 1990, S. 517 (687)). *I. von Münch*, in: ders. (Hrsg.), GG-Kommentar, Bd. 2, 2. Aufl. 1983 (5. Aufl. 2001), Rn. 27 a greift den Ansatz des Verf. u.a. mit der Bemerkung auf, richtig sei, dass die Neugliederungsdiskussion in der Vergangenheit zu technokratisch ("Effizienz") geführt worden sei. Vgl. jetzt die Kommentierung von *P. Kunig*, in: I. v. Münch (Hrsg.), GG-Kommentar, Bd. 2, 3. Aufl. 1995 (5. Aufl. 2001), Rn. 20 ff. insbes. 24.

159 *H. Laufer*, Der Föderalismus in der Bundesrepublik Deutschland, 1974, S. 133, spricht in Bezug auf die ersten Richtbegriffe des Art. 29 Abs. 1 S. 1 GG ("landsmannschaftliche Verbundenheit" etc.) zu eng von "historisch-emotionaler Föderalismusauffassung" (ähnlich *R. Hrbek*, in: Laufer/Pilz (Hrsg.), Föderalismus, 1973, S. 222 (249)); er versucht nicht, den "kulturellen Zusammenhängen" eine zukunftsorientierte und auch rationale Dimension zu geben. – *H.-U. Evers*, in: Bonner Kommentar, Drittbearbeitung, 1980, Art. 29 GG, Rn. 44 erläutert die Richtbegriffe "landsmannschaftliche Verbundenheit", "geschichtliche und kulturelle Zusammenhänge" besser mit Worten wie: "es findet in der ethnischen Gliederung, im Menschentypus, im Dialekt, in Kulturwerken, in staatlichen Organisationen, im religiösen Gemeinschaftsleben, im Gefühl der Vertrautheit seinen Ausdruck; seinem Wesen nach ist es jedoch immateriell".

160 Die Umstellung, die der verfassungsändernde Gesetzgeber in Art. 29 Abs. 1 GG vorgenommen hat – in der alten Fassung (1949) und auch noch 1969 stand "kulturelle Zusammenhänge" in S. 1, die Aufgabenklausel in S. 2 (vgl. die Gegenüberstellung der Texte von 1949 und 1969 bei *Hrbek* aaO., S. 311, 312 bzw. die Neufassung seit 1976) – ist kein Argument gegen die hier vertretene "kulturverfassungsrechtliche" Bundesstaatskonzeption. Zwar gibt es differenziertere Nah- und Fernwirkungen von (entsprechend interpretierten) Verfassungsänderungen, doch ist hier die Aufgabenklausel (jetzt in S. 1) als eine immanente Bezugnahme auf die Kulturkompetenz und -potenz der Länder zu interpretieren, was immer die Motive für die Vertauschung der Sätze 1976 gewesen sein mögen: vermutlich die Euphorie zu eng verstandenen sozialstaatlichen Effizienzdenkens und eines Begriffs von Leistungsfähigkeit, der nur an "Verwaltungskraft" und "Wirtschaftlichkeit" dachte! *Hrbek* kommentiert (aaO., S. 254) wenigstens, der damalige Bundesinnenminister *Genscher* habe in dem Neugliederungsauftrag für die Bundesregierung Landsmannschaft, Geschichte und Kultur "nicht einmal erwähnt".

161 Die Literatur weist zu Recht darauf hin, dass Art. 29 Abs. 1 GG "weitgehende Beurteilungs"- bzw. Entscheidungsspielräume enthalte *(Maunz/Herzog,* in: Maunz/Dürig/Herzog/Scholz (Hrsg.), GG-Kommentar, Rn. 23 zu Art. 29; *von Münch*, GG-Kommentar, Bd. 2, 2. Aufl. 1983 (5. Aufl. 2001), Nr. 24 zu Art. 29; jetzt die Kommentierung von *P. Kunig*, in: I. v. Münch (Hrsg.), GG-Kommentar, Bd. 2, 3. Aufl. 1995 (5. Aufl. 2001), Rn. 20 ff. insbes. 24.). Es besteht ein Zusammenhang zwischen der Art der Begriffe und der Fassung der Norm einerseits sowie der *funktionellrechtlichen* Zuweisung an bestimmte Entscheidungsträger andererseits. Die Kommentatoren

2. Der primär kulturverfassungsrechtliche Ansatz

Wenn die Möglichkeit zu und Wirklichkeit von kultureller Individualität für jeden Gliedstaat wesentlich ist, so rückt der – rein textlich in Art. 29 Abs. 1 S. 1 a. F. bzw. S. 2 n. F. im Vergleich zu Art. 18 WRV zurücktretende (oder zurückgestufte) – Begriff der Kultur ("kulturelle Zusammenhänge")[162] in die *Mitte* des Art. 29 GG im Ganzen. Gewiss leben die Gliedstaaten nicht von "kultureller Vielfalt" allein: "Wirtschaftliche Zweckmäßigkeit", "Erfordernisse der Raumordnung und Landesplanung" besitzen ihre relative Bedeutung; sie machen als Teilfaktoren ihrerseits "einen Staat", aber sie "machen" ihn *nicht allein*! Die gewaltenteilende, bundesstaatsgliedernde kulturelle Vielfalt ist der zentrale Gesichtspunkt. "Kultur" ist also aus ihrer textlich bloß nebensätzlichen (und scheinbar nebensächlichen) Bedeutung ins Zentrum des Art. 29 GG zu rücken.

Anders formuliert: Art. 29 GG ist nicht nur in Satz 2, sondern schon in Satz 1 (n. F.) auch als ("verdeckte") Kulturstaatsklausel ("Aufgaben") zu lesen. Dabei kann der Rückblick auf Art. 18 WRV hilfreich sein: Es geht um den Dienst an einer "kulturellen Höchstleistung", jedenfalls um ein Optimum an Kultur. Art. 29 GG ist so gesehen ein Herzstück des deutschen Bundesstaates als Kulturstaat, so wenig praktisch politisch er bislang geworden ist und so paradox dieses daher zunächst erscheinen mag. Immerhin haben die 1945 z.T. recht willkürlich zugeschnittenen deutschen Länder unter dem Grundgesetz durchaus eigenes kulturpolitisches Gepräge entwickelt und auch insoweit "Selbststand" gewonnen. Die spezifische Verknüpfung von Kulturverfassung und Bundesstaatlichkeit besitzt in Art. 29 GG einen spektakulären Anwendungsbereich. Mit Grund wird im Blick auf diese Bestimmung von einem "labilen" Bundesstaat gespro-

---

arbeiten zu sehr nur aus der Perspektive des Richters, der *Kommentar* hat jedoch hier eine z.T. weitere Aufgabe: Er muss auch der politischen Praxis des Art. 29 GG, d.h. etwaigen Neugliederungsverfahren (als Teil öffentlicher Prozesse) Wege weisen: dem Bundesgesetzgeber ebenso wie dem Volk (Abs. 2 - 6 des Art. 29 GG) und den Ländern (Abs. 6 – 8). Auch wäre nach der positiven Funktion von Widersprüchen innerhalb des Zielbündels zu fragen.

162 Das Defizit der Literatur in Bezug auf den Kulturstaatsgehalt in Art. 29 GG Abs. 1 S. 1 (n. F.) (das ERNST-Gutachten (Nr. 93 - 100) erwähnt ihn nicht, wohl aber den "sozialen Rechtsstaat" (Nr. 99), von "Kultur" ist in diesem Zusammenhang nur negativ die Rede: "Milderung des kulturellen Leistungsgefälles" (Nr. 104)), die Ausrichtung an dem Wenigen, bereits Veröffentlichten, ist ein Zeichen der Ratlosigkeit, aber auch der Schwierigkeit beim Umgang mit dem Begriff "kulturelle Zusammenhänge". Charakteristisch ist der Rückgriff auf das LUTHER-Gutachten und die dortige Bezeichnung "Richtbegriffe" (LUTHER-Gutachten, aaO., S. 21), welcher Begriff weniger juristisch judizierbaren Gehalt als relative Unverbindlichkeit als Konnotation hat. Evident wird diese Struktur des Begriffs z.B. bei *von Münch*, der von einem "Mosaikbegriff" aus "vielen (!) schwammigen Einzelteilen" spricht (aaO., Rn. 26 zu Art. 29 GG); vgl. jetzt aber die Kommentierung von *P. Kunig*, in: I. v. Münch (Hrsg.), GG-Kommentar, Bd. 2, 3. Aufl. 1995 (5. Aufl. 2001), Rn. 20 ff. insbes. 24. Die "Sperrigkeit" des Begriffs für die übliche juristische Arbeit, die ihn dem subsumtionstheoretischen Zugriff weitgehend entzieht, wird auch von anderen Autoren betont (vgl. etwa *Maunz/Herzog*, aaO., Rn. 20 f. zu Art. 29 GG: "Unbestimmtheit", Unklarheit des Verhältnisses von "geschichtlichen", "kulturellen Zusammenhängen" und von "landsmannschaftlicher Verbundenheit", oder LUTHER-Gutachten, S. 21 ("fehlende juristische Konkretheit")). *Maunz/Herzog* (Rn. 21), betonen darüber hinaus auch Widersprüche, sei es in den einzelnen Richtbestimmungen, sei es zwischen den einzelnen Begriffen.

chen[163]. Dies ist nicht kritisch zu nehmen, im Gegenteil: Die relativ offene Struktur des Bundesstaates, seine Wandlungsfähigkeit ist in der Möglichkeit einer Neugliederung nach Art. 29 GG konsequent zu Ende gedacht – und angesichts der Offenheit der Kulturverfassung immer "neu zu denken"[164].

a) Die Vielschichtigkeit und Offenheit des Kulturbegriffs, die Relativierung der Staatsbezogenheit, die ganzheitliche und prozessuale Interpretation

Aus der bisher skizzierten Geschichtlichkeit und Offenheit der "Sache Kultur" sind im Kontext des Art. 29 GG konkrete Folgerungen zu ziehen. Zum einen bestehen komplexe Zusammenhänge und Wechselbeziehungen zwischen den verschiedenen Richtbegriffen des Art. 29 Abs. 1 S. 2 GG[165], zum anderen gewinnt der Passus aus Satz 2 a. F. bzw. S. 1 n. F. ("dass die Länder nach Größe und Leistungsfähigkeit die ihnen obliegenden Aufgaben wirksam erfüllen können") einen kulturverfassungsrechtlichen Hintergrund. Hier ist *ganzheitlich* zu arbeiten[166], nicht nur "innerhalb" des Art. 29 GG, sondern auch "extern": Aussagen des GG an anderer Stelle sind von vornherein in die

---

163 Vgl. die Nachweise bei *von Münch*, in: I. von Münch (Hrsg.), Grundgesetz-Kommentar, Bd. 2, 2. Aufl. 1983, Rn. 14 zu Art. 29; vgl. jetzt die Kommentierung von *P. Kunig*, in: I. v. Münch (Hrsg.), GG-Kommentar, Bd. 2, 3. Aufl. 1995 (5. Aufl. 2001), Rn. 20 ff. insbes. 24.

164 Darum verlangt das hier vertretene "kulturelle Bundesstaatskonzept" verfassungspolitisch in jedem Bundesstaat einen Neugliederungsartikel, der z.B. in Österreich fehlt. – Die Richtbegriffe sind im Grund Elemente einer föderalen *Gemeinwohlklausel*, wobei es sowohl um das Wohl der Glieder wie auch um "das Wohl des Ganzen" geht (vgl. aber BVerfGE 49, 10 (13): "ausschließlich im Interesse und zum Wohl des Ganzen"; s. auch E 13, 54 (74): "nur im Interesse des Ganzen").

165 Auch der Begriff "zusammenhängender, abgegrenzter Siedlungs- und Wirtschaftsraum" (Art. 29 Abs. 4 GG) ist ein Aspekt schon für Art. 29 Abs. 1 (!) GG. – Es gibt die "kulturellen Zusammenhänge" in Art. 29 Abs. 1 S. 2 n. F. GG und die den "Ländern obliegenden" – auch kulturellen – "Aufgaben" (S. 1, ebd.). In der bisherigen Diskussion ist der Aspekt der Kulturstaatlichkeit, den die Aufgabenklausel des Satzes 1 (früher Satz 2) auch hat, verdeckt geblieben – vielleicht gerade und sogar wegen des speziellen Tatbestandes "kulturelle Zusammenhänge" in S. 2 n. F. Heute sind beide "Kulturstaatsartikel" zu unterscheiden, aber nicht zu trennen: die weitere, um das "Kulturelle" als ungeschriebenes Tatbestandsmerkmal anzureichernde Aufgabennorm und der spezielle Aspekt der "kulturellen Zusammenhänge". Das bedeutet keine Trennung: Denn "kulturelle Zusammenhänge" gibt es gerade auch im schon bestehenden, durch "gute" kulturelle Leistungen legitimierten Gliedstaat als Kulturstaat. Paradebeispiel ist Bayern. Auf der anderen Seite hat die Kulturpolitik eines Landes wie Rheinland-Pfalz oder Hessen nach 1945 gerade neue "kulturelle Zusammenhänge" geschaffen bzw. revitalisiert.

166 In der Literatur viel betont ist speziell der inhaltliche Zusammenhang von "landsmannschaftlicher Verbundenheit", "geschichtlichen und kulturellen Zusammenhängen". Dies wird explizit gesagt ("erlauben und erfordern gemeinsame Behandlung": LUTHER-Gutachten, S. 30) und ist auch sichtbar in der gemeinsamen Behandlung unter einer einheitlichen Überschrift. Auch in der – wenn überhaupt – angestellten Erörterung eines Einzelbegriffs wird immer wieder auf den Zusammenhang mit den anderen Begriffen hingewiesen. Zum Teil geschieht dies aber auch offensichtlich aus der Not, zu einem Begriff nur wenig sagen zu können. Am materialreichsten sind die beiden großen Gutachten. Das LUTHER-Gutachten zeichnet in erster Linie die historische Herausbildung von landsmannschaftlichen Verbundenheiten und kulturellen Traditionen nach (allgemein und im Überblick aaO., S. 30 f., für das Bundesgebiet im Ganzen, für einzelne Kulturräume speziell, S. 49 ff.). Die ERNST-Kommission betont demgegenüber die Faktoren, welche die

Interpretation einzubeziehen, so vor allem die Kulturhoheit gemäß Art. 30 GG[167]. M.a.W.: Art. 29 GG ist auf den "Kultur-Begriff" zu bringen, der eine bundesstaatliche Verfassung trägt und prägt bzw. von ihm her auszulegen und zu praktizieren. Nicht zufällig steht der *Verfahrensaspekt* in Art. 29 GG im Vordergrund: Abs. 2 bis 6, auch Abs. 7 S. 3. Letztlich entscheidet das (kulturelle) Selbstverständnis des Volkes: in Abstimmungen und Wahlen.

Zu Konsequenzen im Verständnis des Art. 29 GG führen vor allem das "offene Kulturkonzept", die Schichtenstruktur der Kultur, ihr Gesellschaftsbezug, der (korporative) Trägerpluralismus, die Freiheit (des einzelnen) und die Vielfalt der Kultur sowie ihre Angewiesenheit, aber nicht "Abhängigkeit" vom Staat und auch von den Kommunen. Der Staat hat sich als "Kulturstaat" täglich neu zu bewähren (durch kulturelle Leistungsgesetze und sonstiges Kulturrecht ebenso wie durch Förderungsmaßnahmen). Er trägt reiche kulturelle Verantwortung für viele spezielle Kulturbereiche, aber er bleibt lediglich ein – oft genug irrendes - *Instrument*. Das individuelle kulturelle Schaffen des Menschen, und d.h. juristisch gesprochen die – sensiblen – subjektiven, staatsabwehrenden Freiheiten des Bürgers bleiben unbeschadet der notwendigen, sie fördernden kulturellen Verfassungsaufträge und Leistungsverpflichtungen des Staates der archimedische Punkt im freiheitlichen Kulturverfassungsrecht. Das führt zur These von der "Relativierung der Staatsbezogenheit"[168] der "Sache Kultur", wie sie das Verständnis des Art. 29 GG zu prägen hat. D.h.: Im Felde von Art. 29 GG ist kultur*verfassungs*rechtlich, nicht kultur-*staatlich* zu denken.

b) Insbesondere: Die "kulturellen Zusammenhänge" (Art. 29 Abs. 1 S. 2 GG)

Die Literatur verdient manche Kritik. Der Begriff "kulturelle Zusammenhänge" wird relativ wenig vertieft. Symptomatisch (wenn nicht fast schon erschöpfend) ist die Bemerkung im LUTHER-Gutachten[169], Kultur sei ein umstrittener Begriff, der nicht bestimmt werden könne und der deshalb als "konventionell geläufig hinzunehmen" sei. Weiter wird auf die kulturelle Ausstrahlungskraft von "fürstlichen Residenzen" (!), "Behördenzentren", Kirchensitzen, Schulen, Kunstpflege und so weiter hingewiesen[170].

Verbundenheit und die Zusammenhänge geschaffen haben und auch weiterhin schaffen (S. 86 - 89, bes. S. 88, knapp auf Einzelbereichsprobleme bezogen: S. 169 ff., 203 ff.).

167 D.h. in dem Begründungszusammenhang des BVerfGE 12, 205 (229): das den Ländern trotz Art. 91 a und b, 75 Ziff. 1 a GG kulturell Verbleibende, ihnen aus Gründen der "Rechts- oder Wirtschaftseinheit" bzw. "Einheitlichkeit der Lebensverhältnisse" (Art. 72 Abs. 2 Ziff. 3 GG) nicht oder nur begrenzt zu Nehmende. Daran ändert auch Art. 72 Abs. 2 und 3 n.F. GG nichts.

168 Zum "ethnischen Föderalismus" s. den gleichnamigen Beitrag von *Héraud*, in: Esterbauer/Héraud/Pernthaler (Hrsg.), Föderalismus, 1977, S. 73 ff., dort auch Hinweise auf kulturelle Fragen (S. 76, 79, 81).

169 AaO., S. 31. – Zum Begriff "Kultur" als "konventionell geläufig" (im Anschluss an das LUTHER-Gutachten) auch: *von Mangoldt-Klein*, Das Bonner Grundgesetz, K., Bd. II, 2. Aufl. 1966, Anm. III 5 b (S. 728).

170 Beachtung verdient die frühe Kritik *U. Scheuners*, Eine zweckrationale Gestaltung der föderativen Ordnung, (DÖV 1974, S. 16 (18)), die landsmannschaftliche Verbundenheit, die historischen und kulturellen Gegebenheiten würden stark in den Hintergrund gerückt. *Scheuner* beklagt (meines

Methodische Reflexion ist zu selten anzutreffen[171]. Die Kommentatoren sagen relativ wenig zum Begriff "kulturelle Zusammenhänge". Ihre Arbeit besteht zum guten Teil im Zitieren der Kommissionsberichte und der Kommentare von anderen[172]. Dies ist symptomatisch. Am konkretesten werden immerhin *Maunz/Dürig/Herzog/Scholz* in folgender Hinsicht: Sie betonen, dass es um "lebendige Zusammenhänge" der Kultur gehe[173]. Kultur bedeutet hier nach *Maunz/Herzog*: "Erziehung und Unterricht, religiöses Leben, Kunst und Wissenschaft ('Einzugsgebiete' von Hochschulen, Bischofssitze, Sammlungen und Museen, Bibliotheken usw.)", "dagegen nicht Volkstumsprägungen, Bräuche, Trachten usw., da sie weitgehend kein gemeinsames Bewusstsein in dem Grade erzeugen, der zu einer Staatsbildung veranlassen könnte". Dies verdient Kritik. Einmal ist ein solcher Kulturbegriff zu sehr allein dem herkömmlichen "gehobenen" Kulturbegriff i.S. der "Hochkultur" verpflichtet: Kultur als Inbegriff des "Wahren, Guten und Schönen"[174] - der sich implizit von den "Niederungen" der Zivilisation und den Erfordernissen des Alltagslebens abhebt. Diesem einseitigen Kulturbegriff kann verfassungsinterpretatorisch (schon nach den Erziehungszielen mancher Länder) nicht ge-

---

Erachtens allgemein zu Recht) die gegenwärtige Tendenz, historische und geistige Momente geringer zu bewerten. M.E. ist diese Kritik speziell des Berichtes der ERNST-Kommission aber nicht voll begründet, weil er auch auf die Bildungsfaktoren für jene Zusammengehörigkeitsgefühle eingeht (Tz. 85) und die im GG angesprochenen Zusammenhänge in dieser Form thematisiert; die aus diesen Faktoren wachsenden aktuell erscheinenden Zusammengehörigkeitsbande selbst treten im Bericht demgemäß freilich recht wenig in Erscheinung (immerhin Tz. 2: was "kulturräumlich prägend ist").

171 Am ehesten noch im LUTHER-Gutachten, S. 21, das wegen der (auf dem Wege juristischen Denkens kaum überwindbaren) Schwierigkeiten vorschlägt, statt "deduktiv" aus den Begriffen des Art. 29 Abs. 1 GG etwas ableiten zu wollen, "induktiv" vorzugehen, was hier heißen soll, sich den empirischen Sachverhalten zuzuwenden (genau gesehen geht es aber weniger um eine empirisch zu gewinnende "Umschreibung der Richtbegriffe" (so das Gutachten) als darum, dass die Begriffe auf Sachverhalte verweisen, welche in empirischer Analyse zu erheben sind). Das GG integriert sich "außerrechtliche" Größen, welche mit dem geeigneten (kulturwissenschaftlichen) Instrumentarium zu ermitteln sind. – Der Bericht der ERNST-Kommission ist gekennzeichnet durch Abstraktion. Weitergehende methodische Überlegungen stehen in dem Bericht nicht, sie scheinen aber angestellt worden zu sein. Leitlinie bei der Behandlung der Richtbegriffe des Art. 29 Abs. 1 GG war, auf die Faktoren abzustellen, welche die "landsmannschaftliche Verbundenheit" und die geschichtlichen und kulturellen Zusammenhänge schaffen. Damit ist ein zwar abstrakter, aber allgemein gültiger Bezugspunkt gewonnen. Als Hauptfaktoren, die geschichtliche, kulturelle und landsmannschaftliche Verbundenheit schaffen können, werden das "staatlich-territoriale Prinzip" und die "zentralörtliche Raumbildung" genannt (bes. S. 88, Tz. 203). Immerhin wird dem Namen nach auf die volkskundliche Kulturraumforschung hingewiesen (S. 86 f.).
172 So in starkem Maße bei *von Münch*, aaO. (jetzt die Kommentierung von *P. Kunig*, in: I. v. Münch (Hrsg.), GG-Kommentar, Bd. 2, 3. Aufl. 1995 (5. Aufl. 2001), Rn. 20 ff. insbes. 24); aber auch ein Großkommentar wie der von *Maunz/Dürig/Herzog/Scholz* scheut sich nicht, ganze Absätze aus dem LUTHER-Gutachten zu zitieren (Rn. 28, 30 f. zu Art. 29); ähnlich *von Mangoldt/Klein*, Das Bonner Grundgesetz, Kommentar, Bd. II, 2. Aufl. 1966, Art. 29, Anm. III 3 b bis 6 b.
173 AaO., Rn. 31. Das kann gelesen werden als Verweis auf einen empirischen Kulturbegriff, wie ihn etwa die Kulturanthropologie, die Ethnologie vertritt, ist bei *Maunz/Herzog*, aaO., aber stark herkömmlich-normativ gemeint, wie sogleich zu sehen ist.
174 Dazu meine kritischen Ergänzungen in: Kulturpolitik in der Stadt – ein Verfassungsauftrag, 1979, S. 31. Allgemein *ders.*, Verfassungslehre als Kulturwissenschaft, 1982, 2. Aufl. 1998.

folgt werden. Nicht einzusehen ist, warum eine Neugliederung nicht etwa *auch* eingebürgerte Volksfeste, Traditionen der Interheirat oder selbst, um ein "realistisches" Beispiel zu wählen, die Unterstützung für einen bestimmten großstädtischen Fußballverein im Umland berücksichtigen sollte.

Zu den "Hochschulen, Bischofssitzen, Bibliotheken, Museen" *können* nicht nur[175], es *sind* auch die Massenmedien, der Sport u.ä. hinzuzuzählen[176]. Richtig, allerdings abstrakt bleibend, fragt die ERNST-Kommission nach den Wirkfaktoren und den Kommunikations- und Verkehrszusammenhängen, welche kulturelle Zusammenhänge schaffen, erhalten und umschaffen. Wenn das LUTHER-Gutachten[177] vor allem auf "Ausstrahlungsgebiete beherrschende Punkte" abstellen will, so provoziert dies Kritik: Hier dürfte ein verdeckt zentralistisches Denken am Werke sein, das Kultur nur von "Herrschaft" und "Mittelpunkten" aus sehen kann. Mit *Maunz/Herzog*[178] lässt sich zwar sagen, kultureller Zusammenhang bedeute "Zusammengehörigkeit nach Kulturlandschaften, gemeinsamen Kulturdenkmälern, gemeinsamen Kulturmittelpunkten"; auch ist auf "lebendige" Zusammenhänge Gewicht zu legen (hervorzuheben sind freilich die Stadtkulturen!). Zustimmung verdient die Auffassung, Kultur bedeute hier Erziehung und Unterricht, religiöses Leben, Kunst und Wissenschaft ("Einzugsgebiete von Hochschulen, Bischofssitze, Sammlungen, Museen, Bibliotheken usw."). Heute wären aber auch Institutionen der Erwachsenen- und Volksbildung, der Wohlfahrtspflege und andere kulturelle Trägerorganisationen im Sinne des "korporativen Kulturverfassungsrechts" mancher deutscher Länder hinzuzufügen. Fragwürdig ist überdies, von diesem Kulturbegriff *"Volkstumsprägungen,* Bräuche, Trachten usw." auszuschließen, "da sie weitgehend kein gemeinsames Bewusstsein in dem Grad erzeugen, der zu einer Staatenbildung veranlassen könnte". Denn hier schlägt offensichtlich die herkömmliche Fixierung auf die "Hochkultur" durch. Indes sind auch (regionale) *Volkstumsprägungen* in einem komplexen und offenen Kulturverständnis, in einer sich entwickelnden "Kultur für alle" (*H. Hofmann*) und "Kultur von allen" kulturelle "Kristallisationen"! Mit Grund versucht etwa Hessen durch den "Hessentag" diese Dimension ebenfalls zu pflegen. "Dialekte, Volksdichtung", Bräuche können konstitutiv sein bzw. werden für "kulturelle Zusammenhänge"[179] i.S. des Art. 29 Abs. 1 S. 1 und S. 2 GG. "Leistungsfähigkeit"[180] i.S. von

---

175 Vgl. die berechtigte Kritik durch *von Münch,* aaO., Rn. 27 zu Art. 29 GG; vgl. jetzt die Kommentierung von *P. Kunig,* in: I. v. Münch (Hrsg.), GG-Kommentar, Bd. 2, 3. Aufl. 1995 (5. Aufl. 2001), Rn. 20 ff. insbes. 24.
176 Mein Beitrag: "Sport" als Thema neuerer verfassungsstaatlicher Verfassungen, FS Thieme, 1993, S. 25 ff; *M. Nolte,* Staatliche Verantwortung im Bereich Sport, 2004.
177 AaO., S. 31; s. auch *Maunz/Dürig/Herzog/Scholz,* aaO., Rn. 28.
178 In *Maunz/Dürig/Herzog/Scholz,* aaO., Rn. 31 zu Art. 29 GG.
179 Unergiebig, aber symptomatisch ist auch der Streit um die Frage des Verhältnisses von Art. 29 Abs. 1 S. 1 und 2 a. F. als Frage, welche Richtbegriffe "denen des anderen Satzes" vorgehen (vgl. etwa *von Mangoldt/Klein,* Komm., Bd. II, 2. Aufl. 1966, Art. 29, Anm. III 4 c (S. 725 f.)). Sieht man im neuen Satz 1 (von 1976) nicht zugleich eine kulturstaatliche Aufgabenklausel, so wird die gängige Lehre ihre Schwierigkeiten tradieren.
180 *Von Mangoldt/Klein,* aaO., Anm. III 6 a zu Art. 29 GG (S. 730) formulieren typisch: "Unter Leistungsfähigkeit ist in erster Linie das wirtschaftlich-finanzielle Leistungsvermögen zu verstehen". Im Schlusspassus wird hinzugefügt: Neben ihr sei "aber auch die verwaltungsmäßige

Satz 1 ebenda meint im Übrigen nicht nur wirtschaftliche, sondern auch kulturverfassungsrechtliche bzw. kulturrechtliche Leistungsfähigkeit! Im Ganzen zeigen sich Überschneidungen zu den Richtbegriffen "geschichtliche Zusammenhänge". Sie können zu "kultureller Zusammengehörigkeit" führen.

Diese Analyse mag ein konkretes Beispiel dafür liefern, mit welchen Methoden die verfassungstextliche Verwendung des Begriffs "Kultur" bzw. einzelner seiner Elemente wissenschaftlich zu erschließen ist. Nur ein komplexer, auch sozialwissenschaftlicher, Art. 29 GG im Ganzen umgreifender Ansatz hilft weiter. "Leistungsfähigkeit" und "Größe" (Art. 29 Abs. 1 S. 1 GG) meint auch *kulturelle* Leistungsfähigkeit und Größe der Länder. Ihre "Leistungsfähigkeit" in Sachen Kultur ist nach Art. 29 Abs. 1 alte und neue Fassung GG zunächst aus der *geschichtlichen* Perspektive zu erschließen. Es ist zu fragen, was die Länder als Staaten bisher geschichtlich in Bezug auf die "ihnen obliegenden – *kulturellen* – Aufgaben" geleistet haben. Davon hängt auch (wenngleich nicht allein) ab, was diese Leistungsfähigkeit in der *Zukunft* meinen kann. Die Kulturhoheit der Länder und das, was sie mit ihr bisher "ausgerichtet", "geleistet" haben[181], gewinnt hier eigenes Gewicht. Ganz oder zum Teil "erfüllte" Kulturhoheit wird zu einem Maßstab für die Zukunft, der *gelebte* Kulturstaat zu einem Beleg für seine Rechtfertigung als Gliedstaat im Bundesstaat.

Die kulturelle Wirklichkeit ist von der staatlichen *und* der Bürgerseite her im Kontext des Art. 29 Abs. 1 GG ins Auge zu fassen. Sie ist nur begrenzt eine Wirklichkeit von (juristischen) Texten. Die "kulturellen Zusammenhänge" (Art. 29 Abs. 1 S. 2 GG) – und darüber hinaus Art. 29 Abs. 1 GG im Ganzen – sind aus einer *doppelten* Perspektive zu bestimmen: von der kultur*staatlichen* Seite und von der kulturellen *Freiheit* und Leistung der Bürger (und Gruppen). Aus *beidem* entsteht und entwickelt sich das "kulturelle Gefüge" (das zugleich einen Teil des "sozialen Gefüges", vgl. Art. 29 Abs. 1 S. 1 a. F. GG, bildet). Kulturstaat ist nicht nur Kultur des Staates! Kulturstaat im hier verstandenen Sinne ist auch Kultur der Bürger (und Gruppen), dies sogar in besonderer Weise, und sie ist Kultur der – verfassten – Gesellschaft ("kultureller Trägerpluralismus"). Mag in der Retrospektive die bisherige Gliederung im Bundes- bzw. Reichsgebiet in Länder sehr stark von den traditionalen Leistungen und Inhalten des Kulturstaates geprägt sein – daher wohl auch die "spätabsolutistische" Fixierung der juristischen Literatur auf "Residenzen", "Bischofssitze", staatliche Sammlungen, Universitäten, also sog. "Kulturzentren": Für den 1976 *revidierten* Art. 29 GG mit seiner bloßen Verfassungs*kompetenz* statt Verfassungs*pflicht* zur Neugliederung ist auch das ins Auge zu fassen, was sich in Zukunft positiv oder negativ an "Kulturstaatlichkeit" (oder kulturellen "Notstandsgebieten") entwickelt. Und diese kulturelle Struktur ist nicht primär staatsbezogen, sondern bürger- und gesellschaftsbezogen. Sie lebt gleichermaßen von

---

und politische Leistungsfähigkeit zu beachten". Immerhin tauchen dann doch noch die "Betreuung des Schulwesens und des sonstigen kulturellen Bereiches" auf – wenn auch nicht so zentral, wie dies im GG als Verfassung mit Länder-Kulturhoheit geboten ist. Kulturstaatlich unergiebig sind *hier* selbst *Maunz/Herzog*, Rn. 33 und 35 zu Art. 29 GG.

181 Hrbek, aaO., S. 251, sieht "Leistungsfähigkeit" i.S. des Art. 29 Abs. 1 GG gerade nicht (auch) im kulturellen Kontext.

dem, was Bürger (und sonstige "Kulturträger") aus ihrer kulturellen Freiheit praktisch *machen* und was sie (gewiss z.T. mit Hilfe der Leistungen und Einrichtungen des Staates) aus dieser Freiheit machen *können* (z.b. dank regionaler Kunstsammlungen, Universitätsneugründungen in der Provinz[182] u.ä.) und was sie machen *wollen* (z.B. in Verfahren nach Art. 29 Abs. 2 - 7 GG).

c) Zur Neugliederungsdebatte in den ost- und westdeutschen Bundesländern

Ein Festhalten an Art. 29 Abs. 1 GG der jetzt geltenden Fassung ist aus einem weiteren Grund geboten. Es war dem bayerischen Finanzminister *G. von Waldenfels* vorbehalten, ausgerechnet in seiner Haushaltsrede vor dem bayerischen Landtag im Januar 1991 zu fordern[183], einige kleinere Bundesländer müssten aufgelöst und zu größeren Einheiten zusammengefasst werden; der "gesunde Föderalismus" sei in Gefahr, wenn der Bund durch die finanzielle Schwäche einiger Länder dazu ermuntert werde, sich in deren Angelegenheiten einzumischen; Beispiele für nicht lebensfähige politische Gebilde seien das Saarland, Bremen und Mecklenburg-Vorpommern. Und drei Jahre später machte der Baden-Württembergische Finanzminister *G. Mayer-Vorfelder* darauf (und auf sich) aufmerksam, dass er die Zahl der Länder auf zehn vermindert wissen wollte, um dadurch zehn Milliarden DM je Jahr zu sparen[184]. Dem ist entschieden zu widersprechen: Die beiden Hansestädte Hamburg und Bremen sind im deutschen Kulturföderalismus in ihrer Eigenheit ebenso unentbehrlich wie Rheinland-Pfalz und Hessen. Im Grund konstituieren die 11 alten Bundesländer gerade in ihrer Unterschiedlichkeit den in mehr als 55 Jahren gewachsenen kulturellen Pluralismus und die Gewaltenteilung im gelebten GG. In einer Zeit, in der Gesamteuropa um die kleineren Einheiten i.S. des "Europas der Regionen" ringt, sollte nicht auf größere Einheiten hin "konstruiert" werden. Hinzu kommt, dass das Zusammenwachsen mit der ostdeutschen "Bundesstaatshälfte" erschwert würde, wenn gerade jetzt geglückte Identifikationsprozesse im Westen durch eine Neugliederung hier gestört würden. Es gibt so etwas wie eine "*nor-*

---

182 Damit erhält die schöne Formulierung von *R. Herzog* einen neuen Sinn: Bund und Länder als "Provinzen des Ganzen" ("Zwischenbilanz im Streit um die bundesstaatliche Ordnung", JuS 1967, S. 193 (200)).

183 FAZ vom 31. Jan. 1991, S. 6. – *I. von Münch*, Staatsrecht, S. 202 (jetzt 6. Aufl. 2000, S. 206) nennt folgende 3 Neugliederungs-Lösungen: Vier-Länder-Lösung (statt fünf nur noch vier neue Bundesländer, Aufteilung von Sachsen-Anhalt auf Brandenburg, Sachsen und Thüringen), Drei-Länder-Lösung (Sachsen, Thüringen und vereintes Land Brandenburg-Mecklenburg-Vorpommern), Zwei-Länder-Lösung (zwei neue Bundesländer Mecklenburg-Brandenburg und Thüringen-Sachsen). Genannt sind auch Konzepte für eine Ost *und* West vereinende Neugliederung (aaO. S. 203 bzw. 6. Aufl. 2000, S. 206 f.), z.B. "Nord-Ost-Staat" (Hamburg, Mecklenburg-Vorpommern und Schleswig-Holstein).

184 FAZ vom 9. April 1994, S. 1. S. auch das Argument, der Föderalismus sei "in der Form, wie wir ihn praktizieren, schlicht zu teuer". Der von ihm vorgelegten Studie gemäß könnten das Saarland und Rheinland-Pfalz ebenso zusammengelegt werden wie Schleswig-Holstein, Hamburg und Mecklenburg-Vorpommern sowie Berlin mit Brandenburg, Niedersachsen mit Bremen und Sachsen-Anhalt mit Thüringen. Nach *Mayer-Vorfelder* sind die Stadtstaaten und Kleinländer auf Dauer nicht leistungsfähig und müssen mit Zuwendungen aus dem Finanzausgleich und des Bundes "über Wasser gehalten werden".

mative Kraft des Kulturellen" (nicht bloß des "Faktischen")! Die westdeutschen Länder haben im Bewusstsein der Deutschen Wurzeln geschlagen[185]. Man sollte sie nicht, auch nicht aus vermeintlichen Effizienz- und Finanzgründen[186], in Frage stellen.

Ein Wort zur Neugliederung in *Ostdeutschland*. Hier ist m.E. noch mehr Sensibilität und vor allem Zurückhaltung bei Forderungen aus dem Westen geboten. Es gleicht ja einer Art "Kulturwunder", dass im Gefolge der friedlichen Oktoberrevolution 1989 die 5 ostdeutschen Länder wieder entstanden sind. Mag die Zugehörigkeit einzelner (Grenz-)Gebietsteile umstritten sein, zu Tage liegt, wie intensiv sich die Ostdeutschen als Sachsen, Sachsen-Anhalter, Thüringer, Mecklenburg-Vorpommer und Brandenburger verstehen. Die wiedererstandenen Länder waren und sind es doch, die dem Bewusstsein, der Selbstachtung und dem Stolz der Ostdeutschen im Prozess des Zusammenbruchs des zentralistischen SED-Staates DDR Halt und Sinn, Würde und Freiheit vermittelt haben. Selbst und gerade die heute wirtschaftlich stärkere "ordnende" Hand der Westdeutschen darf nicht die fünf Länder reduzieren wollen, die kulturell sogar die 40 Jahre DDR-Zentralismus in der Tiefe des Bewusstseins der Menschen überdauert haben. Wenn Initiativen aus den ostdeutschen Ländern selbst kommen, mag eine andere Betrachtung naheliegen. Berlin und Brandenburg sollten nicht vereinigt werden.

Solange es den um materielle Richtbegriffe angereicherten Art. 29 GG gibt, bleibt die Gefahr geringer, dass eine Neugliederung allein aus wirtschaftlichen, finanziellen Gründen à la *v. Waldenfels* und *Mayer-Vorfelder* (2004 auch vom bayerischen Europaminister *T. Goppel* und vom BFM *H. Eichel*) gefordert wird. Sobald man Art. 29 GG technokratisch entleert, unterstützt dies pure Effizienz-Argumentationen und vordergründigen Ökonomismus. In Verfassungen, denen wie dem GG *in Verbindung* mit den Länderverfassungen die kulturelle Vielfalt und Einheit so wichtig ist wie in der seit 1946 bzw. 1949 gewachsenen und seit 1989 aus dem Osten angereicherten Bundesrepublik, spricht alles gegen den Vorschlag des Entwurfs des Kuratoriums von 1991 (vgl. unten). Verfassungen sind nicht nur juristisches Regelwerk, sie umschreiben auch den Kulturzustand einer Nation. Das deutsche Volk lebt aus der Kultur und in der Kultur seiner vielfältigen Gliederung in alte und neue Länder. Das sollte sich im Text einer

---

185   *I. von Münch*, Staatsrecht, Bd. 1, 5. Aufl. 1993, S. 204 (jetzt 6. Aufl. 2000, S. 208), nennt als "Widerstände" gegen die Neugliederung: das seit 1949 gewachsene historisch-politische Selbstbewusstsein der Länder, das Beharrungsvermögen von status-quo-Denken allgemein und die Sorge von Landespolitikern, ihre Ämter bzw. Mandate zu verlieren.

186   Gegen das Argument von der Erzwingung einer Neugliederung durch den Finanzausgleich: *P. Selmer*, Grundsätze der Finanzverfassung des vereinten Deutschland, VVDStRL 52 (1993), S. 10 (61) unter Hinweis auf meinen Beitrag, Aktuelle Probleme des deutschen Föderalismus (1991), aaO., S. 202. S. auch den Diskussionsbeitrag von *M. Kilian*, VVDStRL 52 (1993), S. 177: "Länderneugliederung und Finanzierung dürfen nichts miteinander zu tun haben". – Freilich weist BVerfGE 86, 148 (270) *nach* einer Betonung der Pflicht von Bund und Ländern, der "extremen Haushaltsnotlage" eines Landes abzuhelfen, auf die Möglichkeit der Neugliederung nach Art. 29 Abs. 1 GG hin, "um zu gewährleisten, dass die Länder nach Größe und Leistungsfähigkeit die ihnen obliegenden Aufgaben wirksam erfüllen können".

gesamtdeutschen Verfassung spiegeln, ggf. im Neugliederungsartikel 29 GG und in seinen inhaltsreichen Rechtsbegriffen und materiellen Richtbegriffen[187].

d) Die Idee des "fiduziarischen Föderalismus"

Ein weiteres Problem sei nicht verschwiegen. Bekanntlich deutet derzeit vieles darauf hin, dass der deutsche Föderalismus in Gefahr gerät, z.T. *"alimentierter Föderalismus"* zu sein, so groß sind die bis heute unvermeidbaren Finanzhilfen seitens des Bundes für die neuen Länder (z.b. "Gemeinschaftswerk Aufschwung Ost", "Föderatives Konsolidierungsprogramm" sowie "Solidarpakt" I und II). Der Einigungsvertrag von 1990 selbst schiebt den Bund z.b. auf kulturellem Feld weit in eigentlich den ostdeutschen Ländern obliegende Kompetenzen hinein (vgl. Art. 35 Abs. 4, 6, Art. 39 Abs. 3). Doch ist diese Kompetenzverlagerung als *"fiduziarischer"* Föderalismus nur für eine Übergangszeit hinnehmbar (und sogar aus Art. 28 Abs. 3 GG geboten!)[188], andernfalls könnte eine unter wirtschaftlichen Aspekten geforderte kulturelle Zerschlagung gewachsener Länderstrukturen in der politischen Diskussion neues Unheil anrichten. Die neuen Bundesländer müssen mittelfristig weitgehend aus eigener Kraft leben (mindestens so wie das Saarland!). Wenn sie es auf Dauer nicht können, dann mag aus *ihren* Reihen eine Initiative zu einer Neugliederung kommen. Aber auch dann würde Art. 29 Abs. 1 GG eine bundesverfassungsrechtliche Bremse gegenüber einseitig ökonomischen Argumenten bilden. Art. 29 des Entwurfs des Kuratoriums "für einen demokratisch verfassten Bund deutscher Länder" (1991) baut vom Bund her keine materiellen Hürden auf. Er befasst sich nur mit dem Prozessualen und dies zunächst allein als Sache der Länder (Abs. 1). Nur in Abs. 2 ist, wiederum ohne inhaltliche Vorgaben, der Bund eingeschaltet. Das macht seine Schwäche aus. Kurz: der geplante Art. 29 im Verfassungsentwurf eines "Bundes deutscher Länder" (Art. 19 a Abs. 1) ist ein "Irrläufer", ein "schwarzes Loch". Am besten belässt man es beim "alten" Art. 29 Abs. 1 GG. Er hat sich auf eine Weise bewährt, obwohl er bisher grundsätzlich "platonisch" blieb. Sein kulturverfassungsrechtlicher bzw. den Bundesstaat mittragender Gehalt ist aber für den deutschen Kulturföderalismus über 1991 hinaus als Textbeleg unentbehrlich.

e) Eine rechtsvergleichende Perspektive

Ein weiteres Argument für die Beibehaltung des Art. 29 GG lässt sich aus der *Rechtsvergleichung* gewinnen. Zwar ist *Bundesstaats*-Rechtsvergleichung, soweit ersichtlich, speziell hier wenig ergiebig[189]: Wohl kein Bundesstaat verfügt über eine Art.

---

187 Zu ihrer kulturwissenschaftlichen Ausdeutung im Einzelnen: *P. Häberle*, Kulturverfassungsrecht, aaO., S. 62 ff., in Kritik an der Lit.

188 Zum fiduziarischen Föderalismus die Präzisierungen in meinem Beitrag: Aktuelle Probleme des deutschen Föderalismus, in: Die Verwaltung 24 (1991), S. 169 (181 ff.) bzw. in: J. Kramer (Hrsg.), Föderalismus zwischen Integration und Sezession, 1993, S. 201 ff. (210 f.). S. auch *M. Nierhaus*, in: Germania restituta, aaO., S. 35 (43 f.). Zum Ganzen noch unter Dritter Teil G. II. Inkurs.

189 Verf. *Brasilien* (1988) bleibt in ihrem Neugliederungs-Artikel formal, vgl. Art. 18 § 3: "Einzelne Staaten können sich zusammenschließen, sich untergliedern, oder Teile zwecks Anschluss an

29 Abs. 1 GG gleichkommende inhaltsreiche Neugliederungsklausel. Art. 3 österreichisches B-VG verlangt für die Änderung einer Landesgrenze "nur" übereinstimmende Verfassungsgesetze des Bundes und des betreffenden Landes ("paktierte Verfassungsgesetzgebung")[190]. In Österreich gibt es heute keine Neugliederungsdiskussionen, da die Länder "durch Jahrhunderte gewachsene Identitätsgemeinschaften sind"[191]. Dasselbe gilt für die Schweiz, in der die so friedlich geglückte Schaffung des Kantons Jura (1978) eine Ausnahme bildet; der Versuch einer Wiedervereinigung der beiden Basel ist in den 60er Jahren gescheitert[192]. In der Schweizer Bundesverfassung findet sich keine generelle (Verfahrens-)Regelung für die Neugliederung[193].

Ein anderes Bild ergibt sich aus einem Blick auf Verfassungsstrukturen des *Regionalismus*. Gewiss, der Regionalismus ist im Verhältnis zum Föderalismus eine *selbständige* Ausformung des gegliederten Verfassungsstaates[194]. Indes finden sich vereinzelt

---

andere Staaten oder Bildung neuer Staaten oder Bundesterritorien ausgliedern. Erforderlich ist die Zustimmung der unmittelbar betroffenen Bevölkerung im Wege des Plebiszits und die des Nationalkongresses im Wege des Ergänzungsgesetzes" (zit. nach JöR 38 (1989), S. 462 ff.). – Negativ-prozedural bleibt Art. IV Sect. 3 Abs. 2 Verf. *U.S.A.*: "... auch darf kein Staat durch Vereinigung zweier oder mehrerer Staaten oder Teilen von Staaten gebildet werden ohne Einwilligung der gesetzgebenden Versammlungen oder betreffenden Staaten sowie des Kongresses". – Art. 66 Nr. 5 Verf. *Russland* (1993) lautet: "The status of a subject of the Russian Federation can be changed with a mutual consent of the Russian Federation and the subject of the Russian Federation according to a federal constitutional law". – Art. 13 Verf. *Argentinien* (1853/1957, zit. nach :L. Lopez Guerra/L. Aguiar, (Hrsg.), Las Constituciones de Iberoamerica, 1992, S. 17 ff.) verlangt für die Neugliederung von Provinzen die Zustimmung der Legislativen der betreffenden Provinzen und des Kongresses. – Ähnliches verlangt Art. 3 und 4 Verf. *Indien* (1949, zit. nach JöR 4 (1955), S. 183 ff.). – Das Konsensprinzip – ohne materielle Richtgriffe – findet sich auch in Art. 123 f. Verf. *Australien* von 1900 (zit. nach JöR 39 (1990), S. 669 ff.); s. auch Art. 45, 46 Verf. *Mexiko* von 1988 (zit. nach: A. P. Blaustein/G. H. Flanz (Hrsg.), Constitutions of the countries of the world, Bd. XI). – Den Weg der Verfassungsänderung bei jeder Art von Grenzänderung verlangt Art. 43 lit. a Verf. *Kanada* von 1981 (zit. nach JöR 32 (1983), S. 632 ff.). – Rechtstechnisch findet sich immer wieder die Figur der (meist staatsvertraglich möglichen) Sonderregelung für zwei unter "Neugliederungsverdacht" stehende Länder (vgl. Art. 118 GG ("Südweststaat"), Art. 5 2. Spiegelstrich Einigungsvertrag vom 1990 (Neugliederung für den Raum Berlin/Brandenburg oder die *spanische* (regionalstaatliche) Diskussion um eine Zusammenlegung von Navarra und Baskenland. Vgl. auch die "kleine" Neugliederungsklausel im Ländereinführungsgesetz der Noch-DDR von 1990 (zit. nach JöR 42 (1994), S. 306 ff.) in § 2 Abs. 2: "Änderungen von Grenzen der Länder der DDR, die im Ergebnis von Bürgerbefragungen in Gemeinden und Städten begehrt werden und von der Gemeindevertretung bzw. Stadtverordnetenversammlung beschlossen wurden, bedürfen eines Staatsvertrages zwischen den beteiligten Ländern".

190   Dazu *L.K. Adamovich/B.-C. Funk*, Österreichisches Verfassungsrecht, 2. Aufl. 1984, S. 141.
191   Vgl. *W. Mantl*, Diskussionsbeitrag, in: VVDStRL 52 (1993), S. 145.
192   Dazu *U. Häfelin/W. Haller*, Schweizerisches Bundesstaatsrecht, 5. Aufl. 2001, S. 285 ff.
193   Dazu *U. Häfelin/W. Haller*, aaO., S. 282; vgl. aber auch Art. 42 Bundesverfassungsentwurf 1977, zit. nach JöR 34 (1985), S. 536 ff.: "Änderungen im Bestand und im Gebiet der Kantone", der im Verfahrensrechtlichen bleibt. S. jetzt Art. 53 Abs. 2 BV (2000).
194   Dazu *P. Häberle*, Der Regionalismus als werdendes Strukturprinzip des Verfassungsstaates und als europarechtspolitische Maxime, AöR 118 (1993), S. 1 (22, 27), auch in *ders.*, Europäische Rechtskultur, 1994, S. 209 ff. – Wie nahe sich Neugliederungsprobleme im *Regional*staat einerseits, Bundesstaat andererseits sein können, beweist die Verf. *Belgiens*. Ihr bis 1994 geltender Art. 3 bis Abs. 3 sah für die Änderung der "Grenzen der vier Gebiete" qualifizierte Mehrheiten vor

Richtbegriffe, die an Leitgedanken des Art. 29 GG bzw. seine Problematik erinnern. Ein erster Platz gebührt hier Art. 143 Abs. 1 Verf. Spanien (1978)[195]:

"In Ausübung des in Artikel 2 der Verfassung anerkannten Rechts auf Autonomie können aneinandergrenzende Provinzen mit gemeinsamen historischen, kulturellen und wirtschaftlichen Eigenschaften, die Inselgebiete und die Provinzen, die historisch eine Regionaleinheit bilden, die Selbstregierung erlangen..."[196].

In dem Maße, wie sich heute die Verfassungsstaaten von Einheitsstaaten zu *Regional*staaten zu differenzieren beginnen, wird es verfassungspolitisch notwendig, regionale Neugliederungs-Artikel zu entwerfen[197]. Sie sollten sich sowohl auf die prozessuale Seite (Plebiszite, Zustimmung auf der Regional- und Gesamtstaatenebene), wie auch auf die inhaltlichen Aspekte erstrecken (Richtbegriffe analog Art. 29 Abs. 1 GG bzw. Art. 143 Abs. 1 Verf. Spanien). Das dürfte für die seit den März-Wahlen 1994 und seit 2001 verstärkte Regionalismus-Debatte in Italien relevant werden[198]. Auch um der dabei möglichen Vorbildwirkung des geltenden Art. 29 GG willen sollte dessen Abs. 1 nicht leichtfertig zur Disposition gestellt werden[199].

(ohne inhaltliche Richtbegriffe); der entsprechende neue Art. 4 Abs. 3 von 1994 spricht neu von "quatre régions *linguistiques*" und belässt es im Übrigen bei den strengen Verfahrenserfordernissen.

195 "Paten-Artikel" dürften – neben Art. 29 GG – Neugliederungs-Artikel in Regionalismusklauseln älterer Verfassungen sein, vgl. Art. 132 Verf. *Italien* (1947), der rein formal bleibt (in Abs. 1 findet sich immerhin die Bevölkerungszahl "1 Million Einwohner"), auch Art. 227 Verf. *Portugal* (1976), der Inhaltliches in Bezug auf die Inselgruppen Azoren und Madeira wagt ("geographische, wirtschaftliche, soziale und kulturelle Besonderheiten", "historisches Streben nach Selbständigkeit"). Ein "Tochter-Artikel" dürfte Art. 259 Abs. 1 alte Verf. *Peru* (1979) sein (zit. nach JöR 36 (1987), S. 641 ff.): "Die Regionen werden auf der Grundlage benachbarter, historisch, wirtschaftlich, verwaltungsmäßig und kulturell zusammengehöriger Gebiete errichtet. Sie bilden geo-ökonomische Einheiten".

196 Dazu aus der Lit.: *P. Cruz Villalón*, Die Neugliederung des Spanischen Staates durch die "Autonomen Gemeinschaften", JöR 34 (1985), S. 195 ff.

197 *Südafrika*, dessen beispielhafter Prozess der Verfassunggebung ("Runder Tisch" der "Codesa", Praxis der Verfassunggebung als Vertrag, große Rolle einer vorbildlichen Persönlichkeit, *N. Mandela* als "institution-personne", Hilfeleistung durch Verfassungsberater aus anderen Ländern (z.B. das Schweizer Föderalismus-Institut in Fribourg)) die "Weltstunde des Verfassungsstaates 1989" auch in Afrika vernehmbar macht, hat in seiner Übergangsverfassung von 1994 eine Konstruktion gewählt, die zwischen dem Regionalstaat und dem Bundesstaat zu changieren scheint. Jedenfalls hat sich die vertikale Gewaltenteilung in Gestalt von "Provinzen" als ideales Gehäuse für verschiedene Volksgruppen, Rassen, Sprachen und Religionen i.S. des kulturellen Pluralismus erwiesen. Art. XVIII Schedule 4 der Übergangsverfassung ("Constitutional Principles") verlangt für Grenzänderungen der Regionen besondere Mehrheiten und verfassungsändernde Gesetze. Aus der Lit.: *U. Karpen*, Südafrika als Bundesstaat – Einheit in der Vielfalt, FAZ vom 17. Mai 1994, S. 10.

198 Aus der Lit.: *L. Paladin*, Diritto regionale, 5. Aufl. 1992; *T. Martines*, Diritto Costituzionale, 6. Aufl. 1990, S. 757 ff.; A. D'Atena (Hrsg.), Federalismo e regionalismo in Europa, 1994.

199 Die Gemeinsame Verfassungskommission von Bundestag und Bundesrat (1993) ließ Art. 29 Abs. 1 bis 7 unverändert. Ein neuer Absatz 8 befasst sich mit der Möglichkeit der Neugliederung abwiechend von Abs. 2 bis 7 im Wege des Staatsvertrages, mit Anhörungsrechten der betroffenen Gemeinden und Kreise sowie mit der Bestätigung durch Volksentscheid.

3. Die Europäisierung des Art. 29 Abs. 1 GG

Zu neuen Dimensionen gelangen die Richtbegriffe in Art. 29 Abs. 1 GG in dem Maße, wie Europa zusammenwächst und das "Europa der Regionen" Wirklichkeit wird[200]. Man darf von einer in Gang kommenden *Europäisierung des Art. 29 Abs. 1 GG* bzw. seiner Richtbegriffe sprechen. Das Europa der Regionen überschreitet die nationalen Staatsgrenzen bzw. es relativiert sie. Die einzelnen Richtbegriffe müssen jetzt auch von der europäischen Ebene her "erfüllt" werden. So kann etwa das Saarland dank seiner Brückenfunktion nach Frankreich hin zusätzliches Gewicht erhalten; so kann die "Euregio Basilensis" das Land Baden-Württemberg auch zum Elsaß hin akzentuieren[201]; so vermag die spezifische Brückenfunktion Brandenburgs nach Polen hin diesem Land das Eigengewicht zu bestätigen. Diese hier nur andeutende (auch) europarechtliche Sicht des Art. 29 Abs. 1 GG wird durch zwei Entwicklungen unterstrichen: den neuen Art. 23 GG einerseits, das "Europaprogramm" der Bundesländer andererseits (vgl. z.B. Art. 1 Abs. 2 Verf. Niedersachsen von 1993: "Teil der europäischen Völkergemeinschaft"; Präambel Verf. Thüringen von 1993: "Trennendes in Europa" zu überwinden; Präambel Verf. Brandenburg von 1992: "Glied in einem sich einigenden Europa"). Das europäische Selbstverständnis[202] der alten und der neuen Bundesländer verbindet sich mit dem Fortgang der europäischen Einigung zu einem Ganzen, das die Fragen der Neugliederung in Deutschland, aber auch den Zuschnitt mancher (Grenz-)Regionen in den übrigen EU- und Europarats-Ländern in neue Horizonte stellt und neue Beurteilungen verlangt. Dem Zeitfaktor kommt dabei große Bedeutung zu.

Kulturell "mitzulesen" ist speziell bei Art. 29 Abs. 1 GG, dass die Länder die "ihnen obliegenden Aufgaben" im *europäischen* Rahmen und Raum wirksam erfüllen können. Die "landsmannschaftliche Verbundenheit" kann sich jetzt über die nationalen Grenzen hinweg bewegen, ebenso die "geschichtlichen und kulturellen Zusammenhänge". Schließlich sind die "wirtschaftliche Zweckmäßigkeit" sowie die Erfordernisse der "Raumordnung und der Landesplanung" jetzt ebenfalls im europäischen Rahmen zu beurteilen[203]. So groß der Beurteilungsspielraum der politischen Instanzen (gegenüber dem BVerfG) bleibt: Der Text von Art. 29 Abs. 1 GG steht jetzt im "Kontext" der inner-

---

200 Die Lit. hat schon früh darauf hingewiesen, z.B. *H.-U. Evers*, BK, Drittbearbeitung, Art. 29 GG, Rn. 47: Berücksichtigung der Bedürfnisse eines "integrierten Europas mit ihren Auswirkungen auf die Neugliederung". S. auch *I. von Münch*, Staatsrecht, Bd. 1, 5. Aufl. 1993, S. 203 (jetzt 6. Aufl. 2000). Aus der Kommentarlit. jetzt *I. Pernice*, in: H. Dreier (Hrsg.), Grundgesetz-Kommentar, Bd. II, 1998, Art. 29 Rn. 8, 30 f.

201 Zu "Europa am Oberrhein" vgl. die Schrift von *B. Speiser*, Der grenzüberschreitende Regionalismus am Beispiel der oberrheinischen Kooperation, Diss. St. Gallen, 1993. Allgem. noch Dritter Teil G. II. Inkurs.

202 Wegweisend heißt es in Art. 54 Abs. 1 Verf. Bern (1993): "Der Kanton beteiligt sich an der Zusammenarbeit der Regionen Europas".

203 Aspekte einer solchen grenzüberschreitenden Zusammenarbeit im europäischen Raum beleuchtet *G. Halmes*, Rechtsgrundlagen für den regionalen Integrationsprozess in Europa – Das neue „Karlsruher Übereinkommen" und die Weiterentwicklung des Rechts der grenzübergreifenden Zusammenarbeit, in: DÖV 1996, S. 933 ff.

staatlichen und europarechtlichen Europa-Artikel. Das ursprünglich nur nationale Neugliederungskonzept wird zum Teil des transnationalen Europa-Programms.

E. Die "europäische (Verfassungs-)Familie" im Spannungsfeld von "europäischer Identität" und nationalen Identitäten – "Europäisierung" und ihre Grenzen

I. Vorbemerkung

"Europäisierung" ist heute das Schlagwort, ja fast ein inflationärer Allerweltsbegriff, gelegentlich ein "Zauberwort". Es wird auf nahezu alle (nationalen) Rechtsgebiete und Lebensbereiche bezogen und hat eine Flut von Publikationen wohl aller Literaturgattungen hervorgebracht.[204] Beginnend mit dem Pionieraufsatz von *H. Coing* zur "Europäisierung"[205], weitergeführt zur These von "Gemeineuropäischem Verfassungsrecht" von 1991[206], das auf der Metapher "Gemeineuropäisches Grundrechte-Recht" von 1983 aufbaute[207], wird "Europäisierung" auf wohl alle Gebiete des nationalen Verfassungsrechts bezogen[208], sodann auf das Verwaltungsrecht, auch das Umweltrecht sowie das Sozialrecht[209], sogar das Strafrecht als eigentlich besonders "nationalstaatlichem

---

204 Aus dem Bereich der Politikwissenschaften seien genannt: *P. Bender*, Das Ende des ideologischen Zeitalters. Die Europäisierung Europas, 1971; *W. Eberwein/J. Tholen/J. Schuster*, Die Europäisierung der Arbeitsbeziehungen als politisch-sozialer Prozess, 2000; zur Einwirkung Europas auf die außereuropäische Welt, bewusst in kritische Frageform gesetzt, *G. Klingenstein* (Hrsg.), Europäisierung der Erde?, 1980. Zum Aspekt der Europäisierung der nationalen Rechts- und Verfassungsordnungen *K.F. Kreuzer* (Hrsg.), Die Europäisierung der mitgliedstaatlichen Rechtsordnungen in der Union, 1997; *H.-J. Ahrens/H.-W. Rengeling* (Hrsg.), Europäisierung des Rechts, 1996. Siehe noch *M. Knodt/B. Kohler-Koch* (Hrsg.), Deutschland zwischen Europäisierung und Selbstbehauptung, 2000.

205 *H. Coing*, Europäisierung der Rechtswissenschaft, NJW 1990, S. 937 ff.

206 *P. Häberle*, Gemeineuropäisches Verfassungsrecht, EuGRZ 1991, S. 261 ff.; s. auch *H. Kötz*, Gemeineuropäisches Zivilrecht, FS Zweigert, 1981, S. 481 ff., *E. Jayme/H.-P. Mansel* (Hrsg.), Auf dem Wege zu einem gemeineuropäischen Privatrecht, 1997; *P.C. Müller-Graff* (Hrsg.), Privatrecht und europäisches Gemeinschaftsrecht, 1991.

207 *P. Häberle*, Europa in kulturverfassungsrechtlicher Perspektive, JöR 32 (1983), S. 9 (25 f. mit Anm. 68).

208 *E. Klein*, Gedanken zur Europäisierung des deutschen Verfassungsrechts, in: FS K. Stern, 1997, S. 1301 ff.; *D.H. Scheuing*, Die Europäisierung des Grundgesetzes für die Bundesrepublik Deutschland, in: *H. Bauer* u.a. (Hrsg.), Ius Publicum im Umbruch, 2000, S. 47 ff.

209 Zu den wichtigsten neueren Monographien über die europäische Dimension des Verwaltungsrechts gehören: *M. Brenner*, Der Gestaltungsauftrag der Verwaltung in der europäischen Union, 1996, S. 9; *Th. v. Danwitz*, Verwaltungsrechtliches System und europäische Integration, 1996; *A. Hatje*, Die gemeinschaftsrechtliche Steuerung der Wirtschaftsverwaltung, 1998; *S. Kadelbach*, Allgemeines Verwaltungsrecht unter europäischen Einfluss, 1999. Aus der Lit. sodann *E. Schmidt-Assmann*, Zur Europäisierung des allgemeinen Verwaltungsrechts, FS P. Lerche, 1993, S. 514 ff.; *B. Bernighausen*, Die Europäisierung des Vertrauensschutzes, 1998; *D. Ehlers*, Die Europäisierung des Verwaltungsprozessrechts, 1999; *C.D. Classen*, Die Europäisierung der Verwaltungsgerichtsbarkeit, 1996. Aus der weiteren Lit.: *S. Cassese*, Der Einfluss des gemeinschaftsrechtlichen Verwaltungsrechts auf die nationalen Verwaltungsrechtssysteme, Der Staat 33 (1994), S. 25 ff.;

Recht"[210] und – naheliegend und schon mit vielen Einzelwerken besonders intensiv – auf das Privatrecht[211], ferner das Arbeitsrecht[212].

Im Folgenden kann es nicht darum gehen, die "Europäisierung" auf den Foren der Judikatur aller nationalen (Verfassungs-)Gerichte, der Rechtswissenschaft im Ganzen und in allen ihren Teildisziplinen nachzuzeichnen – ein Riesenunternehmen, das auch die Europäisierung darzustellen hätte, die in den *anderen* Nationen der europäischen Verfassungsfamilie mit deren Augen zu berücksichtigen wäre. Vielmehr kann es sich nur darum handeln, vom nationalen und europäischen Verfassungsrecht her (genauer von der etwas "höheren" Ebene der europäischen Verfassungslehre aus), der vielzitierten "Europäisierung", ihren Grenzen und einer etwaigen Gegenbewegung der "Renationalisierung" nachzugehen und sie genauer zu differenzieren.

II. Europäische Identität und nationale Identitäten – Die Stunde der vergleichenden Kulturwissenschaft – Methodenfragen

Wenn es einen Rechtsbereich gibt, dem nur im Weg des kulturwissenschaftlichen Ansatzes beizukommen ist, dann ist es der vorliegende. Das führt so weit, dass nicht nur von der Europa*rechts*wissenschaft (im Singular), sondern von Europawissenschaften (im Plural) gesprochen werden sollte. Denn Begriffe wie "Vielfalt der Kulturen, Religionen und Sprachen", wie "europäische Identität"[213], "kulturelles Erbe", "nationale Identität"[214], "europäisches Bewusstsein" u.ä. lassen sich nicht allein herkömmlich juristisch

---

J.A. Kämmerer, Europäisierung des öffentlichen Dienstrechts, EuR 2001, S. 27 ff.; *K. Harms*, Europarecht im deutschen Verwaltungsprozess, VBlBW 2001, S. 161 ff.

210 Aus der Lit.: *U. Sieber*, Memorandum für ein europäisches Strafgesetzbuch, JZ 1997, S. 55 ff.; *G. Dannecker*, Strafrecht in der europäischen Gemeinschaft, JZ 1996, S. 869 ff.; *H. Satzger*, Die Europäisierung des Strafrechts, 2001.

211 Vgl. etwa Gemeineuropäisches Deliktsrecht von *Ch. von Bar*, Bd. 1, 1996 und Bd. 2, 1999; s. auch die eigene Zeitschrift ZEuP zum europäischen Privatrecht; darüber hinaus Ch. Weber (Hrsg.), Europäisierung des Privatrechts, 1997; *M. Gebauer*, Grundfragen zur Europäisierung des Privatrechts, 1998; *S. Grundmann*, Europäisches Schuldvertragsrecht, 1999.

212 *R. Birk*, Die Europäisierung des Arbeitsrechts, in: K.F. Kreuzer (Hrsg.), Die Europäisierung der mitgliedstaatlichen Rechtsordnungen in der Europäischen Union, 1997, S. 55 ff.; vgl. auch *K.-D. Borchardt*, Der sozialrechtliche Gehalt der Unionsbürgerschaft, NJW 2000, S. 2057 ff.

213 Zum prozesshaft-genetischen Verständnis einer europäischen Identität vgl. *J.M. Broekman*, A Philosophy of European Union Law, 1999, S. 36: "Winds of change characterise Europe", vgl. auch ebd. S. 39, 51 und passim. Aus der neueren und neuesten Lit. siehe weiterhin: H. Haarmann (Hrsg.), Europäische Identität und Sprachenvielfalt , 1995; *D. Scholz*, Europa – vom Mythos zur Union. Gedanken über die europäische Identität und über die Aufgaben Europas nach Maastricht II, 1996; *M. Schauer*, Europäische Identität und demokratische Tradition, 1996; sprachwissenschaftlich *P.M. Lützeler*, Europäische Identität und Multikultur, 1997 (anhand ausgewählter Fallstudien zur deutschen Lit. seit der Romantik); politikwissenschaftlich *M. Wolkenhorst*, Europäischer Integrationsprozess und europäische Identität, 1999; *K. Stüwe*, Europas Einigung als Idee – William Penn und das Projekt der Europäischen Union, Der Staat 38 (1999), S. 359 ff.

214 Die Brücke zwischen "Nationale(r) und kulturelle(r) Identität" zu schlagen ist Anliegen der von B. Giesen herausgegebenen, gleichnamigen Aufsatzsammlung, 1999; vgl. darüber hinaus die empirischen Studien "Werte und nationale Identität im vereinten Deutschland", 1999, hrsg. von H. Meukmann; die Identitätsfrage im Spiegel der (schönen) Literatur z.B. bei *P. Sprengel*, Von

aufschließen. Erforderlich wird eine europäische Kulturgeschichte, etwa eine europäische Architektur-, Literatur-, Malerei- und Musikgeschichte: Man denke an ihre Relevanz für Staats- und Volksgruppensprachen einerseits (z.B. Art. 33 – 34 Verf. Slowakei) sowie für sog. Staatshymnen andererseits (vgl. Art. 28 Abs. 3 Polen oder Art. 2 Verf. Frankreich, auch Art. 14 Abs. 4 Verf. Albanien; Art. 20 Abs. 5 Verf. Ukraine, Art. 11 Abs. 2 Verf. Portugal) – ihre meist vorrangige, stets hochrangige Plazierung im nationalen Verfassungsrecht spricht für sich. Es ermutigt, dass es eine eindrucksvolle "Europäische Rechtsgeschichte"[215], es ernüchtert, dass es bislang keine "europäische Verfassungsgeschichte" gibt. Diese "Bringschuld" der Rechtshistoriker kann nur als solche festgestellt werden. Im Übrigen hätten Philosophie wie Politikwissenschaften sich an den Begriffen "abzuarbeiten", die nun einmal positivrechtliche Texte des europäischen Verfassungsrechts sind: "nationale Identität" (vgl. Art. 6 Abs. 3 EUV), europäische Identität (vgl. Art. 2 EUV), "kulturelles Erbe" (Art. 151 EGV, Krakauer Dokument von 1991, sowie Europäisches Kulturabkommen von 1954).

Diese Stichworte müssen hier genügen, um auf die Größe der von der nächsten Generation im künftigen Europa zu leistenden interdisziplinären Aufgaben hinzuweisen. Eine kulturwissenschaftlich vorgehende europäische Verfassungslehre ist auf solche Diskussionen angewiesen. Der Philosophie dürfte eine Leitaufgabe bei der Erschließung des ihr spezifisch verbundenen Identitätsbegriffes zukommen. Schon heute lässt sich aber sagen, dass das vergleichende Verfassungsrecht *einzelne* Identitätselemente etwa eines nationalen Verfassungsrechts sogleich benennen kann: Sprache(n), Hymnen, Feiertage, Flaggen, auch Hauptstädte (auch in neuen Verfassungen sind die "Hauptstadtartikel" meist hochrangig plaziert, vgl. etwa Art. 14 Abs. 6 Verf. Albanien, Art. 13 Abs. 1 Verf. Kroatien, Art. 6 Verf. Makedonien, Art. 7 Abs. 1 Verf. Montenegro, Art. 5 Abs. 3 Verf. Serbien, Art. 13 Verf. Tschechien)[216] und Mentalitäten sind allgemeiner Natur; individuelle Identitätselemente bilden z.B. in Spanien die verfassungsstaatliche Monarchie, in Deutschland der Föderalismus und die Eigenheiten des "Staatskirchenrechts", in Bosnien die Multiethnik[217], in der Schweiz die Referendumsdemokratie[218], schließlich seit der Französischen Deklaration der Menschen- und Bürgerrechte immer stärker zu gemeineuropäischem Erbe gereift und in der Charta von Nizza auf eine neue Textstufe

---

Luther zu Bismarck – Kulturkampf und nationale Identität bei Theodor Fontane, Conrad Ferdinand Meyer und Gerhart Hauptmann, 1999; sowie *A. Uhle*, Freiheitlicher Verfassungsstaat und kulturelle Identität, 2005; vgl. auch Fn. 223.

215 *H. Hattenhauer*, 4. Aufl. 2004. – Wegen ihrer Fixierung auf die "Geschichte der Staatsgewalt" (so gleichnamig *W. Reinhard*, 1999) kann diese "vergleichende Verfassungsgeschichte Europas" m.E. im Sinne des Textes nicht weiterhelfen. Siehe aber überzeugend *H. Fenske*, Der moderne Verfassungsstaat. Eine vergleichende Geschichte von der Entstehung bis zum 20. Jahrhundert, 2001.

216 Zur Hauptstadtfrage als Verfassungsproblem: *P. Häberle*, DÖV 1990, S. 989 ff.; *O. Pagenkopf*, Die Hauptstadt in der deutschen Rechtsgeschichte, 2004.

217 Dazu aus der Lit.: *W. Graf Vitzthum/M. Mack*, Multiethnischer Föderalismus in Bosnien-Herzegowina, in: W. Graf Vitzthum (Hrsg.), Europäischer Föderalismus, 2000, S. 81 ff.

218 Allg. zur Demokratie als identitätsbildendem Strukturverband der Europäischen Rechtskultur und speziell zum Demokratieverständnis in Deutschland, Frankreich und Großbritannien siehe *H. Schauer*, Europäische Identität und demokratische Tradition, 1996.

gebracht, die Grundrechte[219]. Vermutlich liegt in der Auflistung und Bündelung der vielen *einzelnen* Identitätselemente die Aufgabe und Chance.

III. Die Relevanz der Unterscheidung von Europarecht im engeren und weiteren Sinne

An anderer, späterer Stelle wird Europa bzw. seine "Familie" bilderphilosophisch und rechtskulturell, juristenrechtlich ("europäischer Jurist") und von der "europäischen Öffentlichkeit" her näher charakterisiert. Hier muss eine erste, in dieser Verfassungslehre durchgehaltene Unterscheidung (nicht Trennung) getroffen werden, ohne die die Begriffe "europäische" Identität und "nationale Identität" nicht zu erfassen sind. So sehr europäische Identität und "nationale Identitäten" prinzipiell konstitutionelle Verweis-Begriffe sind: das Material, aus dem sie Gestalt gewinnen, *unterscheidet* sich: das Europa(recht) im engeren Sinne der EU und im weiteren Sinne des Europarates und der OSZE. Die EU als schon besonders dichte "Verfassungsgemeinschaft eigener Art" verfügt bereits über Texte, die es prima facie leicht, danach aber doch schwer machen, europäische und nationale Identität – dank der Kontexte – inhaltlich zu fassen und zu begrenzen, aber auch aufeinander zu beziehen. Anders steht es im Europa im weiteren Sinne. Auch hier gibt es einschlägige Aussagen in Dokumenten und Texten von Europarat (vor allem das Kulturabkommen von 1954) und OSZE (von 1990/91), doch ist es hier noch schwerer zu bestimmen, was der nationale Verfassungsstaat noch "ist", wie weit (bis zu welchen Grenzen) er sich "europäisieren" kann und soll und was die Identität des ganzen Europa (vor allem die EMRK) schon heute ausmacht (im Sinne seines "kulturellen Erbes" gemäß dem Krakauer Dokument von 1991)[220].

Das derzeitige Ringen um Kriterien im etwaigen EU-Beitrittsprozess der Türkei ist symptomatisch: Hier will ein Land, dessen Zugehörigkeit zum Europa im weiteren Sinne gelegentlich bestritten wird (Prägung durch die islamische Kultur), dem Europa im engeren Sinne beitreten, obwohl es in Sachen Schutz kultureller Minderheiten (Kurdenproblem) und Rechtsstaatselementen signifikante Defizite aufweist. Immerhin ist die Türkei Mitglied der EMRK, bei allen "Vollzugsdefiziten"[221], sie "gewann" kürzlich im Streit um das Parteiverbot der Islamisten vor dem EGMR.

---

219 So hatte sich ein gemeinsames Europäisches Forum des Bundesministeriums der Justiz und der Vertretung der Europäischen Kommission in Deutschland am 27. April 1999 in Köln nicht zufällig das Thema gestellt: Eine europäische Charta der Grundrechte: Beitrag zur gemeinsamen Identität (unter diesem Titel von der Vertretung der Europäischen Kommission in der Bundesrepublik Deutschland 1999 herausgegeben).

220 Besondere Aufmerksamkeit – nicht zuletzt im Blick auf osteuropäische EU-Beitrittskandidaten – verdienen daher empirische Untersuchungen wie z.B. die Studie über "Nationale Identität" von *S. Wiberg* (1999), die 14jährige Jugendliche in Deutschland und Polen zum Thema befragt hat. In solchem Ansatz wird mit gutem Grund der Identitätsaspekt mit der Generationenfrage verknüpft.

221 Zum Problemfall Türkei: *T. Oppermann*, Europarecht, 2. Aufl. 1999, S. 819: "Assoziierung der Türkei"; *W. Graf Vitzthum*, Gehört Anatolien zu Europa?, FS A. von Bormann, 2001, S. 321 ff.

IV. Inhaltliche und prozessuale Balancen zwischen den Konnexbegriffen "Nation" und "Europa"

1. Das Europa im engeren Sinne

Im *Europa im engeren Sinne* stellen sich bei näherer Betrachtung die Nationen und die EU/EG als nur wechselseitig zu bestimmende Größen dar. Man darf von "*innerer Europäisierung*" sprechen. Thomas Manns Wort vom "europäischen Deutschland" ist so zu verstehen, ist ein Klassikertext, mit und in dessen Augen die EU-Texte auch dann zu lesen sind, wenn sie nur von "nationaler Identität"[222] sprechen. Umgekehrt denkt das Wort vom "kulturellen Erbe von europäischer Bedeutung" (Art. 151 Abs. 2 EGV), "europäisches Bewusstsein" (Art. 191 EGV), "geistig-religiöses und sittliches Erbe der Völker Europas" (Präambel EU-Grundrechte-Charta) immer das je Nationale (die Pluralität des Nationalen) mit. Das "kulturelle Erbe Europas" ist wohl auch in den EU/EG Texten das gemeineuropäische, also auch auf das Europa im weiteren Sinne zielende, denn Beitrittskandidaten aus ganz Europa sind ja willkommen – und "Europa" ist nicht als solches definiert.

Dennoch gibt es Inhalte und Verfahren, die die nationale Ebene von der EU-Ebene abgrenzen wollen und müssen[223]. Dem dienen an erster Stelle alle *Subsidiaritätsklauseln* als Grenzen der Vergemeinschaftung, seien sie vom nationalen Verfassungsrecht her gezogen (z.B. Art. 23 Abs. 1 S. 1 GG; Art. 7 Abs. 5 Verf. Portugal), seien sie im Europäischen Verfassungsrecht der EU selbst positioniert (Art. 5 EGV[224]). Aber auch dort, wo das "nationale Europaverfassungsrecht" wie in Präambel und Art. 23 GG von "Europa" u.ä. ("Vereintes Europa") oder von "europäischer Einigung" spricht (Art. 7 Abs. 5 Verf. Portugal, ähnlich Präambel Verf. Brandenburg, Art. 12 Verf. Sachsen), (dazu eigens unten Erster Teil I 2 b), will es zwar Öffnung, Integration, Ver-

---

222 Aus der Lit. zur "nationalen Identität": *K. Doehring*, Die nationale "Identität" der Mitgliedstaaten der EU, FS Everling, Bd. I, 1995, S. 263 ff.; *P. Lerche*, Europäische Staatlichkeit und die Identität des Grundgesetzes, in: FS K. Redeker, 1993, S. 131 ff.; *A. Bleckmann*, Die Wahrung der nationalen Identität im Unionsvertrag, JZ 1997, S. 265 ff.; *M. Hilf*, Europäische Union und nationale Identität der Mitgliedstaaten, GS E. Grabitz, 1995, S. 157 ff.; *U. R. Haltern*, Europäischer Kulturkampf. Zur Wahrung „nationaler Identität" im Unions-Vertrag, Der Staat 37 (1998), S. 591 ff.; *A. Puttler*, in: Ch. Calliess/M. Ruffert (Hrsg.), Kommentar zu EU-Vertrag und EG-Vertrag, 1999, Art. 6 EUV, Rn. 191 ff. – Allgemein: *E.V. Heyen*, Kultur und Identität in der europäischen Verwaltungsrechtsvergleichung, 2000.
223 Das gelegentlich unvermeidliche Denken in "Ebenen" sei in dieser Verfassungslehre unter einen Vorbehalt gestellt: es ist nicht hierarchisch i.S. eines "oben" und "unten" gemeint. Nicht einmal im "vollendeten Bundesstaat" sind die Länder "unten" und der Bund "oben". Daher ist Skepsis gegenüber dem Begriff "Mehrebenenkonstitutionalismus" (z.B. *I. Pernice*) geboten, zumal er den *Teil*charakter der Verfassung nicht widerspiegelt.
224 Die Lit. ist unüberschaubar: *W. Kahl*, Möglichkeiten und Grenzen des Subsidiaritätsprinzips nach Art. 3 b EG-Vertrag, AöR 118 (1993), S. 414 ff.; *P. Häberle*, Das Prinzip der Subsidiarität aus Sicht der vergleichenden Verfassungslehre, AöR 119 (1994), S. 169 ff.; *H. Lecheler*, Das Subsidiaritätsprinzip –Strukturprinzip einer europäischen Union, 1993; *T. Oppermann*, Europarecht, 2. Aufl. 1999, S. 195 ff.; *M. Hilf*, Europäische Union – Gefahr oder Chance für den Föderalismus ..., VVDStRL 53 (1994), S. 7 ff., 12 (mit ausführlichem Literaturnachweis in Fn. 25).

gemeinschaftung, aber keine Selbstaufhebung oder Auslöschung des Nationalen (bzw. Regionalen). In der EU/EG wird vor allem über Art. 6 und 7 EUV Europäische Homogenität bei aller nationalen Pluralität hergestellt. Die "Causa Österreich" hat indes schmerzlich gezeigt, dass die Einhaltung der Grenzen im Einzelfall prekär ist und sie seitens der EU 2000 verletzt wurde[225]. Wenn Art. 23 Abs. 1 S. 1 GG von einer EU spricht, "die demokratischen, rechtsstaatlichen, sozialen und föderativen Grundsätzen und dem Grundsatz der Subsidiarität verpflichtet ist", so will es hier die EU auf homogene Verfassungsdirektiven eigener Art festlegen (ganz i.s. der national-verfassungsstaatlichen Analogie). Dass das GG damit die EU nicht von den *deutschen* Maßstäben her präjudizieren kann, liegt auf der Hand. Erst eine Gesamtsicht aller Europaziele bzw. -Artikel aller EU-Mitgliedsländer vermag allgemein akzeptierte Strukturen festzulegen. Zugespitzt: das "nationale Europaverfassungsrecht" Deutschlands kann nicht beanspruchen, per se zum Europaverfassungsrecht der EU zu werden[226].

Die der EU gemeinsamen Prinzipien strahlen via "Kopenhagener Beitrittskriterien" (1993)[227] auch auf das Europa im weiteren Sinne aus. Hier zeigt sich, wie jeder Beitritt aus dem "ganzen Europa" (Art. 49 EUV spricht von "jedem europäischen Staat") in das kleinere Europa der EU ein Stück Konstitutionalisierung bzw. "Europäisierung" im EU-Sinne schafft. Die innereuropäische Gesetzgebung von Rat und Kommission, auch Europäischem Parlament sind auf der Alltagsebene die stärksten Europäisierungsvorgänge, ebenso die schöpferische Judikatur des EuGH und alle Verfahren der "Rechtsangleichung" (Art. 94 EGV).

In Deutschland kommt es derzeit zu mehreren spektakulären EU-Europäisierungen des "allerhöchsten" GG: beim neuen Verständnis des Art. 19 Abs. 3[228], bei der vom EuGH erzwungenen Öffnung der Bundeswehr für Frauen, die nachträglich vom verfassungsändernden Gesetzgeber auch formal akzeptiert wurde[229], und beim neuen Ver-

---

225 Aus der Lit. zur Causa Österreich: *P. Häberle*, VVDStRL 60 (2001), Aussprache, S. 404 f.; *G. Winkler*, Europa quo vadis?, ZÖR 55 (2000), S. 231 ff.; *F. Schorkopf*, Verletzt Österreich die Homogenität der Europäischen Union?, DVBl. 2000, S. 1036 ff.; *L. Adamovich*, Juristische Aspekte der "Sanktionen" der EU-14 und des "Weisenberichts", EuGRZ 2001, S. 89 ff. Der Bericht der sog. "Drei Weisen" ist abgedruckt in EuGRZ 2000, S. 404 ff.
226 Aus der Lit. zu Art. 23 GG: *I. Pernice*, in: H. Dreier (Hrsg.), Grundgesetz-Kommentar, Bd. 2 (1998), Art. 23; *U. di Fabio*, Der neue Art. 23 des Grundgesetzes, Der Staat 32 (1994), S. 191 ff.; *U. Everling*, Überlegungen zur Struktur der Europäischen Union und zum neuen Europa-Artikel des Grundgesetzes, DVBl. 1993, S. 936 ff.; *R. Breuer*, Die Sackgasse des neuen Europaartikels (Art. 23 GG), NVwZ 1994, S. 417 ff.
227 Dazu *T. Oppermann*, Europarecht, 2. Aufl. 1999, S. 799 ff.; *R. Streinz*, Europarecht, 6. Aufl., 2003, S. 40 ff., 262 f.
228 Dazu *M. Kotzur*, Der Begriff der inländischen juristischen Personen nach Art. 19 Abs. 3 GG im Kontext der EU, DÖV 2000, S. 192 ff.
229 Dazu aus der Lit.: *R. Streinz*, Frauen an die Front, DVBl. 2000, S. 185 ff.; *R. Scholz*, Frauen an die Waffe kraft Europarecht?, DÖV 2000, S. 417 ff.; *T. Sieberichs*, Nochmals: Waffeneinsatz von Frauen bei der Bundeswehr, NJW 2000, S. 2565 ff.; *B. Schmidt am Busch*, Die neuen Bestimmungen zur Gleichstellung von Frauen und Männern im EG-Vertrag, BayVBl. 2000, S. 737

ständnis des Neugliederungsartikels 29 GG[230] sowie bei der neuen ("europäischen") Ausdeutung des Art. 32 GG[231].

2. Das Europa im weiteren Sinne

Im Europa im weiteren Sinne haben viele neue Verfassungen in Osteuropa auf Europa zielende Öffnungs- bzw. Kooperationsklauseln (z.B. Art. 90 Verf. Polen[232]). Auch so aussagekräftige Normenensembles wie Bekenntnisse zur "europäischen Familie" seien erwähnt (z.B. Präambel Verf. Tschechien von 1992: "Familie der Demokratie in Europa und der Welt"). Zugleich halten osteuropäische Verfassungsstaaten dezidiert an der "nationalen Identität" und am "nationalen Erbe" fest (z.B. Art. 3 Abs. 1 Verf. Albanien; s. auch Art. 6 Abs. 2 Verf. Polen: "nationales Kulturerbe"; Präambel Verf. Slowakei: "kulturelles Erbe"; Präambel Verf. Litauen: "Geist"). Dennoch ist es schwierig, hier die Grenze zwischen nationaler Identität und Zugehörigkeit zur "europäischen Familie" (bzw. ihren Merkmalen) zu ziehen. Dass aber auch hier Vorgänge der "Europäisierung" intensiv und extensiv stattfinden, zeigt sich (abgesehen von vielen Europaratskonventionen) an EMRK und EGMR. Die Mitgliedsländer des Europarates haben ein wesentliches Stück ihrer klassischen nationalen Souveränität preisgegeben, indem sie die europäische Verfassungsgerichtsbarkeit des EGMR auf der Basis der "europäischen Grundrechte" der EMRK anerkennen[233]. Darüber hinaus sind einige Dokumente für weitere Europäisierungsvorgänge in gleichzeitiger Bewahrung der nationalen Identität aufschlussreich. So spricht die Charta von Paris für ein neues Europa (November 1990) von "unserer gemeinsamen Kultur", von "unserem kulturellen und geistigen Erbe in all seinem Reichtum". Und so macht das Krakauer Symposium

---

ff.; *C. Stahn*, Streitkräfte im Wandel – Zu den Auswirkungen der EuGH-Urteile Sirdar und Kreil auf das deutsche Recht, EuGRZ 2000, S. 121 ff.

230 Dazu *P. Häberle*, Ein Zwischenruf zur föderalen Neugliederungsdiskussion in Deutschland – Gegen die Entleerung von Art. 29 Abs. 1 GG, in: FS für Wolfgang Gitter, 1995, S. 315 ff. S. oben Einleitung D Inkurs.

231 *P. Häberle*, Die europäische Verfassungsstaatlichkeit (1995), in: *ders.*, Europäische Verfassungslehre in Einzelstudien, 1999, S. 64 ff., 78.

232 Aus der Lit.: *L.L. Garlitzki*, Der Verfassungsgerichtshof und die "europäische Klausel" in der polnischen Verf. von 1997, FS Oppermann, 2001, S. 285 ff.

233 Zu ihnen, zu den sog. Gemeinschaftsgrundrechten und zur Entwicklung im Post-Nizza-Prozess vgl. aus der Fülle der Lit. etwa *H.-W. Rengeling*, Der Grundrechtsschutz in der Europäischen Gemeinschaft und die Überprüfung der Gesetzgebung, DVBl. 1982, 140 ff.; *E. Chrolik-Lanfermann*, Grundrechtsschutz in der Europäischen Union, 1994; *A. Weber*, Die Europäische Grundrechtscharta auf dem Weg zu einer europäischen Verfassung, NJW 2000, S. 537 ff.; *I. Pernice*, Eine Grundrechte-Charta für die Europäische Union, DVBl. 2000, S. 847 ff.; *M. Hilf*, Die Charta der Grundrechte der Europäischen Union, Sonderbeilage zu NJW, EuZW, NVwZ und JuS (2000); *Ch. Grabenwarter*, Die Charta der Grundrechte für die Europäische Union, DVBl. 2000, S. 1 ff. mit zahlreichen weiteren Nachweisen; *G. Robbers*, Religionsrechtliche Gehalte der Europäischen Grundrechte-Charta, FS Maurer, 2001, S. 425 ff.; *R. Scholz*, Zur Europäischen Grundrechte-Charta, FS Maurer, 2001, S. 993 ff.; *U. Steiner*, Richterliche Grundrechtsverantwortung in Europa, FS Maurer, 2001, S. 1005 (1013 ff.); *J. Callewaert*, Die EMRK und die EU-Grundrechtecharta, EuGRZ 2003, S. 198 ff.

über das kulturelle Erbe der KSZE-Staaten (Juni 1991) "Kultur und Freiheit", "Kultur und kulturelles Erbe" sowie das "gemeinsame kulturelle Erbe" zu Schlüsselbegriffen, die den Nationalstaat relativieren, ihn qua "Teilnehmerstaat" aber als effektiven nationalen Akteur behalten und verpflichten. Pionier- bzw. Klassikertext für all das dürfte das Europäische Kulturabkommen von 1954 gewesen sein: mit Worten wie "gemeinsames kulturelles Erbe Europas" (Art. 1), "Ideale und Grundsätze, die ihr gemeinsames Erbe bilden" (Präambel), "gemeinsames europäisches kulturelles Erbe" (Art. 5).

Wie im Europa der EU ist auch im Europa im weiteren Sinne die *Differenz*, das Ungleiche, kurz die "nationale Identität" zu bewahren, so wandlungsoffen sie historisch ist. Bei aller Entwicklung gemeineuropäischer "Allgemeiner Rechtsgrundsätze", bei aller Praktizierung der Rechtsvergleichung als "fünfter" Auslegungsmethode: die Erkenntnis des Ungleichen, Abweichenden, Anderen, Eigenen, kurz der "nationalen Identität" bleibt – auch im europäischen Kontext – eine Aufgabe der europäischen Verfassungslehre[234]. Gewollt ist Pluralität *und* Homogenität, gemeineuropäisches *und* nationales Gleichgewicht als Konnexbegriffe. Die Schweiz ist als alteuropäisches Kulturland zwar nicht Mitglied der EU, die EMRK gilt bei ihr aber im Verfassungsrang, was zeigt, dass hier eine "innere Europäisierung" höchsten Ranges stattgefunden hat, die dieses Nicht-EU-Land besonders auszeichnet.

M.a.W.: Die EMRK und ihre Integrierung in die nationalen Verfassungsstaaten der "europäischen Familie" bzw. Menschenrechtsgemeinschaft sowie die Sanktionierung durch den EGMR ist das spektakulärste Beispiel für "innere Europäisierung". Dass die Schweiz im Übrigen fast eigensinnig auf ihrer nationalen Identität (z.B. Volksrechte) besteht und auch deshalb gerade bislang nicht der EU, ja nicht einmal dem EWR (wohl aber 2005 „Schengen") beigetreten ist, zeigt, wie facettenreich das Verhältnis zwischen europäischer Identität und je nationaler Identität ist.

Die "Europäisierung" ist je nach Land verschieden intensiv, sie erfasst oft die unterschiedlichsten Gebiete bzw. Rechtsbereiche, das zeigt sich z.B. daran, dass seit März 2001 auch skandinavische Nicht-EU-Länder wie Norwegen und Island das Schengen-Abkommen bei sich gelten lassen. Dies relativiert innereuropäische Staatsgrenzen bzw. das Staatsgebiet substantiell und bewirkt ein Stück neuer Europäisierung über das Gebiet der EU hinaus. Die Tatsache, dass umgekehrt einige EU-Länder wie Großbritannien und Dänemark den Euro bislang nicht einführen (Stichwort: Flexibilität)[235] zeigt, dass sie auf ihrer durch die Währungshoheit gestifteten nationalen Identität bestehen wollen, also sich gerade auf diesem Gebiet nicht "europäisieren" möchten. Wenn es gelingen sollte, im Rahmen des "Post-Nizza-Prozesses"[236] klarere Abgrenzungen zwi-

---

234 Zu einigen Beispielen oben II. Siehe noch Nachtrag.
235 Zum Problem der "Flexibilisierung" (Art. 43 bis 45 EUV): *T. Oppermann*, Europarecht, 2. Aufl. 1999, S. 203 f.; *B. Martenczuk*, Die differenzierte Integration und die föderale Struktur der Europäischen Union, EuR 2000, S. 351 ff.
236 Aus der Lit. zum Vertrag von Nizza siehe *A. Hatje*, Die institutionelle Reform der Europäischen Union – der Vertrag von Nizza auf dem Prüfstand, EuR 2001, S. 143 ff.; *R. Gnan*, Der Vertrag von Nizza, BayVBl. 2001, S. 449 ff.; *P. Schäfer*, Der Vertrag von Nizza – seine Folgen für die Zukunft

schen den Aufgaben der EG-Gemeinschaft, der nationalen und der regionalen Ebene zu finden (was z.T. auch Renationalisierungstendenzen haben mag), so ringt dieses Projekt um eine neue Balance zwischen Europa und seinen Nationen. Wenn und insoweit, wie zu zeigen sein wird, Osteuropa in seinen nationalen Verfassungen sich viele Textfiguren und Prinzipien aus Westeuropa "osmotisch" schöpferisch aneignt, so bedeutet auch dies ein Stück "Europäisierung" Europas. Kurz: Die Vielschichtigkeit des Begriffs "Europäisierung" und die Entwicklungsoffenheit seiner Inhalte und Verfahren muss Stück für Stück erarbeitet werden. Dazu dient der folgende Punkt V sowie der Erste Teil in seiner Trias von: "Kulturelles Europa-Bild", "Europäische Rechtskultur" und "Europäische Öffentlichkeit".

V. "Europäisierung" und ihre Grenzen

1. Allgemeine begriffliche Annäherung

a) Der Begriff der Europäisierung setzt den Begriff Europas voraus und ist – wie gezeigt - so vielgestaltig und in den Grenzen offen wie dieser. Vor allem die kulturelle Dimension ist von entscheidender Bedeutung: die Europäisierung ist ein kulturelles Phänomen, das ein Stück weit den beständigen Prozess der Identitätsfindung und Selbstvergewisserung Europas beschreiben kann. Im Stichwort von der „Europäisierung der Welt" deutet sich aber auch eine negative Komponente an: der Eurozentrismus und der damit verbundene „Missionseifer" gegenüber außereuropäischen Staaten. Die alte völkerrechtliche Differenzierung zwischen zivilisierten und nicht-zivilisierten Staaten verkörpert diese Schattenseite einer „globalen" Europäisierung[237].

b) "Europäisierung" meint einen dynamischen Begriff, der einen Prozess umschreibt: das ständige „Werden" einer europäischen Integrationsgemeinschaft. Wo von Europäisierung die Rede ist, heißt das auch: Europa *ist* nicht, es *wird*.

c) In diesem weiten Sinne verstanden ist Europäisierung nicht etwa ein reiner Rechtsbegriff, sondern ein zum Teil vor-, zum Teil außerrechtliches Phänomen, das ganz unterschiedliche Lebensbereiche durchzieht: die Politik, die Gesellschaft, die Wirtschaft, den Wissenschaftsprozess, die Kunst, die „Europäisierung der ehemals kommunistischen Staaten Osteuropas" im Sinne einer Werte- bzw. Rechtsrezeption, die Bildung eines europäischen Selbstbewusstseins gegenüber den USA oder dem asiatischen Kultur- und Wirtschaftsraum, um nur einige Beispiele zu benennen. "Europäische Identität" ist der kulturwissenschaftlich zu erschließende Leitbegriff.

---

der Europäischen Union, BayVBl. 2001, S. 460 ff.; *H.-G. Franzke*, Das weitere Schicksal des Vertrags von Nizza, ZRP 2001, S. 423 ff. S. noch Anhang.

237 Eine Bezugnahme auf den Topos "civilized nations" findet sich auch noch in neueren Völkerrechtsdokumenten, so z.B. in Art. 22 der Völkerbundsatzung oder in Art. 38 Abs. 1 lit. c IGH-Statut. Vgl. auch *S. Kadelbach*, Wandel und Kontinuitäten des Völkerrechts und seiner Theorie, in: ARSP Beiheft 71, 1997, S. 178 ff.

d) Der Begriff der Europäisierung muss vor allem im Kontext der Trias: Europäisierung – Internationalisierung – und Globalisierung[238] ausgedeutet werden. Er ist Korrelat wie Konkurrenz zu den beiden anderen Begriffen, es gibt teilweise Überschneidungen, teilweise ein eigenes, unverwechselbares Profil. Bezugsgröße sind die "gemeineuropäischen Grundwerte", z.T. schon teilkodifiziert.

2. Europäisierung als spezifisch juristischer Terminus

a) Als juristischer Fachbegriff ist die Europäisierung bezogen auf all die Phänomene rechtlichen Wandels, die mit dem Prozess der europäischen Integration ("Vergemeinschaftung") verbunden sind. Dabei ist zunächst eine *bereichsspezifische* Einteilung vorzunehmen: die Europäisierung erfasst unterschiedliche Rechtsgebiete mit unterschiedlicher Intensität und Geschwindigkeit: besonders stark das private Wirtschaftsrecht, das Konzern- und Kartellrecht, das IPR etc.; aber auch spezifisch „hoheitliche Materien" wie das Strafrecht und das gesamte öffentliche Recht[239], intensiv das Umweltrecht, langsamer das Privatrecht.[240] Von besonderem Stellenwert ist dabei in jedem Mitgliedstaat die Europäisierung der Verfassung als *der* Grundentscheidung für das Zusammenleben im politischen Gemeinwesen. Die Europäisierung der nationalen Verfassungsgerichte ist eine Konsequenz.

b) Eine Typisierung, die letztlich für alle Rechtsgebiete Gültigkeit beansprucht, muss auch nach den *Mitteln* der Europäisierung fragen. Dem dient das folgende Tableau:

---

238 K.-E. Schenk u.a. (Hrsg.), Globalisierung und Wirtschaft, Jahrbuch für Neue Politische Ökonomie, Bd. 19, 2000; R. Voigt (Hrsg.), Globalisierung des Rechts, 2000; *P. Pernthaler*, Die Globalisierung als eine Herausforderung an eine moderne Staatslehre, FS Koja, 1998, S. 69 ff.

239 Aus der Fülle der Lit. zur Europäisierung des Verwaltungsrechts: U. Everling, Auf dem Weg zu einem europäischen Verwaltungsrecht, NVwZ 1987, S. 1 ff.; *M. Zuleeg*, Deutsches und europäisches Verwaltungsrecht – wechselseitige Einwirkungen, VVDStRL 53 (1994), S. 154 ff., 155; *H. Siedentopf*, Die Internationalität der öffentlichen Verwaltung, in: K. König/H. Siedentopf (Hrsg.), Öffentliche Verwaltung in Deutschland, 1997, S. 711 ff., S. 713 ff.; *R. Wahl*, Die zweite Phase des öffentlichen Rechts in Deutschland, Der Staat 38 (1999), S. 495 f., 499; *D. Ehlers*, Steuerung kommunaler Aufgaben durch das Gemeinschaftsrecht, in: H.-U. Erichsen, Kommunale Verwaltung im Wandel, 1999, S. 21 ff., 33 ff.; *H. Bauer*, Zur Aufnahme einer Unionsbürgerklausel in das Grundgesetz, FS H. Maurer, 2001, S. 13 ff., 23.; *M. Schmidt-Preuß*, Das Allgemeine des Verwaltungsrechts, FS H. Maurer, 2001, S. 777 ff., 797 ff.; *M. Brenner/P. M. Huber*, Europarecht und Europäisierung in den Jahren 2000/2001, DVBl. 2001, S. 1013 ff., 1021 f.; *G. F. Schuppert*, Überlegungen zur demokratischen Legitimation des europäischen Regierungssystems, FS D. Rauschning, 2001, S. 201 ff., 221 ff.

240 Aus der vielfältigen Literatur zur Europäisierung des Privatrechts vgl. *R. Schulze*, Allgemeine Rechtsgrundsätze und europäisches Privatrecht, ZEuP 1993, S. 442 ff.; *M. Gebauer*, Grundfragen der Europäisierung des Privatrechts, 1998; *M. Franzen*, Privatrechtsangleichung durch die Europäische Gemeinschaft, 1999; *C. Schmid*, Anfänge einer transnationalen Privatrechtswissenschaft in Europa, ZfRV 1999, S. 213 ff.; *T. Kadner-Graziano*, Gemeineuropäisches Internationales Privatrecht, 2001; *B. Hess*, Die Konstitutionalisierung des europäischen Privatrechts und Prozessrechts, 2005, S. 540 ff.

- Vergemeinschaftung des jeweiligen Rechtsbereichs, Schaffung neuer Gemeinschaftskompetenzen
- Rechtsvereinheitlichung (vor allem als Auftrag an die Legislativkörperschaften)
- neue kollisionsrechtliche Lösungen im europäischen Privat- wie Verwaltungsrecht
- die strikte Beachtung des Grundsatzes vom Vorrang des Gemeinschaftsrechts
- die gemeinschaftskonforme Auslegung des nationalen Rechts, vor allem, aber nicht nur durch die Gerichte
- besonders intensiv: der begriffliche Wandel innerstaatlichen positiven Rechts auf allen Stufen der "Normenpyramide": Europa von vornherein mitgedacht ("innere Europäisierung")
- Europäisierung der Dogmatik, Entwicklung einer gemeineuropäischen Methodenlehre, Untersuchung der Kernelemente gemeineuropäischen Rechts, Pluralisierung der "Rechtsquellen", allgemeine Rechtsgrundsätze
- Im Rahmen der Methodenlehre besonders zu nennen: die Rechtsvergleichung als „fünfte" Auslegungsmethode.

c) Spezifisch für das Verfassungsrecht und die Verfassungslehre beachtliche Aspekte sind:
- eine Neubestimmung des Souveränitätsbegriffs[241], spezifisch der Souveränitätswandel[242] als Voraussetzung und Konsequenz der Europäisierung (die EU als "Inland")
- Staatsorganisationsrecht, vor allem die Integration eines Bundesstaates in die EU (neue Sicht der Art. 29 und 32 GG)
- Grundrechtsschutz im Rahmen mitgliedstaatlicher und europäischer Teilverfassungen

---

241 Aus der Grundlagenlit.: *H. Kelsen,* "Souveränität", in: Strupp (Hrsg.), Wörterbuch des Völkerrechts, Bd. II, 1925, S. 554 ff.; *H. Heller,* Die Souveränität (1927), in: *ders.,* Gesammelte Schriften, Bd. 2, 1971, S. 31 ff.; *H. Quaritsch,* Staat und Souveränität, Bd. I, 1970, S. 243 ff.; *L. Wildhaber,* Entstehung und Aktualität der Souveränität, in: FS K. Eichenberger, 1982, S. 131 ff., 133 ff.; *H. Steinberger,* Sovereignty, EPIL, Bd. 10, 1987, S. 397 ff.; *P. Saladin,* Wozu noch Staaten?, 1995, S. 28 ff.; *A. Randelzhofer,* Staatsgewalt und Souveränität, in: HdBStR, Bd. II, 3. Aufl. 2004, § 17, Rn. 13 ff.; *J.P. Müller,* Wandel des Souveränitätsbegriffs im Lichte der Grundrechte, in: Symposion L. Wildhaber, 1997, S. 45 ff.; *K. Hills,* Human Rights in the Emerging Global Order: A New Sovereignty?, 1998; *D. Blumenwitz,* Souveränität – Gewaltverbot – Menschenrechte, in: Politische Studien, Sonderheft 4/1999, S. 19 ff. Historisch-vergleichend angelegt ist die Darstellung bei *M. Baldus,* Zur Relevanz des Souveränitätsproblems, in: Der Staat 36 (1997), S. 381 ff., 381 – 388 unter Verweis auf Klassiker wie *H. Preuß, C. Schmitt, H. Heller, A. Haenel, L. Duguit, H.J. Laski* und *N. Politis.* Jetzt: „Wandel des Staatsbegriffs", Kolloquium Doehring, ZaöRV 2004, S. 515 ff.

242 *P. Häberle,* Zur gegenwärtigen Diskussion um das Problem der Souveränität, AöR 92 (1967), S. 259 ff.; aus verfassungs- wie völkerrechtlicher Perspektive *M. Kotzur,* Theorieelemente des internationalen Menschenrechtsschutzes, 2001, S. 314 ff.

- der "multilevel-constitutionalism", oder besser, um die Ebenen-Metapher zu vermeiden, das Denken in Teilverfassungen insgesamt
- neue Impulse für die klassische Lehre von der verfassunggebenden Gewalt (Ausbau des Konventsmodells)
- neue Impulse für die Demokratietheorie, die Frage nach einem europäischen Volk, die "Repräsentation"
- die Europäische Öffentlichkeit
- das europäische Gemeinwohl.

3. Grenzen der Europäisierung

So vielfältig die Chancen und Möglichkeiten der Europäisierung sind, so wichtig ist es auch, sich ihre Grenzen zu vergegenwärtigen. Sie liegen schon prima facie in der "nationalen Identität" der Mitgliedstaaten. Das Wort von Bundespräsident *J. Rau*, die Europäische Gemeinschaft sei eine "Föderation von Nationalstaaten" behält seine Gültigkeit. Die Europäisierung will nicht etwa die Verfassungsstaatlichkeit aufheben: der nationale Verfassungsstaat als Garant der Freiheit seiner Bürger, als Raum der Grundrechtsverwirklichung, als den Menschen dienender Leistungs-, Daseinsvorsorge-, Sicherheitsvorsorge- und Risikovorsorge-Staat bleibt unverzichtbar.[243] In wirtschaftlicher, kultureller und politischer Hinsicht lebt Europa von seiner Vielfalt, seinen "Ungleichzeitigkeiten" und Asymmetrien. Die Erarbeitung des "Ungleichen" (dank der Rechtsvergleichung) und ihrer Aufrechterhaltung, keine blinde Gleichmacherei, sind konstitutiv für das sich verfassende Europa. Um auf das obige Beispiel des Zivilrechts zurückzukommen: Statt vollständiger Vereinheitlichung könnte auch die Harmonisierung als "milderes Mittel" genügen. Ob es eines europäischen Zivilgesetzbuches schon wegen der einheitlichen Währung (EURO) in einem einheitlichen Markt bedarf, sei bewusst als Frage offen gelassen. Ein weiterer Aspekt darf nicht unerwähnt bleiben. Die nur in ihrem Ziel verbindlichen Richtlinien eröffnen der nationalenstaatlichen Richtlinienverarbeitung einen breiten Gestaltungsspielraum, gerade auch im Privatrecht.[244] Ein Letztes: Vor allem das Subsidiaritätsprinzip setzt der Europäisierung Schranken und verbürgt ein Mindestmaß an Kompetenzen für die jeweils kleinere, national, regional oder auch kommunal definierte Einheit. Trotz aller Europäisierung ist das Integrationsziel nicht die Staatlichkeit Europas, sondern die Gemeinschaft wechselseitig verflochtener Verfassungsräume.[245]

---

243 Die unverzichtbar (ver)bleibende Verfassungsstaatlichkeit der EU-Länder übersieht *P. Allot*, Integration von Verfassungen, nicht von Staaten, FAZ vom 9. Mai 2001, S. 13. - Aus der guten Lit.: *I. Appel*, Staatliche Zukunfts- und Entwicklungsvorsorge, 2005.
244 Das neue Niederländische Zivilgesetzbuch von 1992, der Abschluss der Arbeiten der Lando-Kommission und die Prinzipien von "Unidroit" beeinflussen z.B. die Europäisierung des Schuldrechts, markieren aber auch ihre immanenten Grenzen.
245 Siehe auch *J. Isensee*, Integrationsziel Europastaat?, FS Everling, Bd. I 1995, S. 567 ff. Vor allem das "Kommunale Kulturrecht" (*O. Scheytt*), 2005, sichert Subsidiarität von unten her.

Erster Teil:
Europa als Gegenstand (im Focus) der Verfassungslehre

A. Das – kulturelle – Europa-Bild

I. Klassikertexte

1. Sieben Ausgangsthesen in kulturwissenschaftlicher Sicht

Die sieben für eine europäische Verfassungslehre unverzichtbaren Ausgangsthesen lassen sich wie folgt formulieren:

a) Klassikertexte, wie die Schriften von *J. Locke* und *Montesquieu, Sieyès* und *I. Kant,* aber auch "Gegen"-Klassiker wie *T. Hobbes* und *J.-J. Rousseau* oder *K. Marx* werden nicht zufällig "faktisch" im Entstehungs- und späteren Interpretationsprozess verfassungsstaatlicher Verfassungen einflussreich, sie haben eine legitime – begrenzte – Geltungsweise normativer Art. Sie gelten im Kontext von Verfassungen kulturspezifisch und sind mit Hilfe kulturwissenschaftlicher Arbeitsmethoden zu erschließen[1].

b) Während die großen Namen und Texte allzu selbstverständlich, ja "naiv" immer wieder zitiert werden, wurde bislang, soweit ersichtlich, nicht die Frage gestellt, was eigentlich dazu legitimiert, sie im Verfassungsleben zu verwenden: vom politischen Prozess, z.B. einer Bundestagsdebatte über das "richtige" Verfassungs- oder Demokratieverständnis bis zum Richterspruch des BVerfG, EuGH oder EGMR von der Festrede des deutschen Bundespräsidenten oder EU-Kommissionspräsidenten bis zum Parteitagsbeschluss. Nur wenn man sich die Breite und Tiefe von Sache und Prozess "Verfassungsleben" i.S. der Breite des Pluralismus der Verfassungsinterpreten und der Tiefe einer Kultur vor Augen hält, wird man die Vielfalt der Erscheinungsformen juristischer Klassiker(texte) unterscheiden können. Zum Verfassungsleben gehören Personen und Institutionen – hinter denen natürlich immer Personen stehen.

c) Klassikertexte sind "Verfassungstexte" im weiteren Sinne, d.h.: im Zusammenhang mit dem – interpretationsbedürftigen – Verfassungstext wirken sie als "ge-

---

1 Speziell zum schon vor 1989 kulturwissenschaftlich erarbeiteten Deutschlandbegriff: *P. Häberle,* VVDStRL 38 (1980), S. 114-117 (Diskussion). Vgl. im Übrigen meine Schrift: Klassikertexte im Verfassungsleben, 1981, mit vielen Belegen.- Als Gegenklassikertext zu den "Wahrheitsproblemen im Verfassungsstaat" (1995) kann gelten: *T. Hobbes,* Leviathan, Ausgabe Reclam 1976, 2. Teil, 26. Kap. (S. 234 f.): "In einem Staate hängt die Auslegung der natürlichen Gesetze nicht von den Lehrern und Schriftstellern der Moralphilosophie, sondern von dem Staat selbst ab. Jene Lehren sind vielleicht wahr; aber nicht durch Wahrheit, sondern durch öffentliche Bestätigung wird etwas zum "Gesetz".- Auch andere Kulturwissenschaften arbeiten gerne mit dem Begriff der "Klassiker", z.B.: "Klassiker der Kunstgeschichte", Einführung von *A. Beyer,* Zehn Bände, 1996; "Klassiker des Kanonischen Rechts", hrsg. von P. Landau, 1997; H. Maier/H. Denzer (Hrsg.), Klassiker des politischen Denkens, 2 Bde., TB 2001.

schriebener Kontext"[2], so wie es weiterer Hilfsmittel, etwa Interpretationsmethoden, Vorverständnisse, Zusatztheorien, anderer Kontexte bedarf. Klassikertexte sind insbesondere Stifter von Paradigmen i.S. *T.S. Kuhns*[3]. Sie benennen Probleme, liefern Teilaspekte für Problemlösungen[4]. Eine inhaltliche Leitidee wie die Gewaltenteilung *Montesquieus* wirkt durch ihre Erweiterung und Erneuerung (z.B. durch *W. Kägi*[5]). Klassiker helfen den "Verfassungsinterpreten im weiteren Sinn", d.h. dem Bürger im Umgang mit der Verfassung. Jede verfassungsstaatliche Verfassung hat ihre unverzichtbaren Klassikertexte. Das Bild des Gesellschaftsvertrags bzw. "Runden Tisches" gehört dazu, wird gerade für den europäischen Integrationsprozess unabdingbar (die Konvente sind ein Anfang).

d) Angesichts der nicht seltenen Verabsolutierung von Teilwahrheiten in Klassikertexten und des Kompromisscharakters der verfassungsstaatlichen Verfassungen und angesichts ihres Wandels ist je neu nach "alternativen" Klassikerpositionen bzw. ihrer Neu-Interpretation zu fragen, ehe eine konkrete Problemlösung versucht wird; Klassiker haben ihre Gegenklassiker!

e) Mit dieser Maßgabe sind Klassikertexte eine Bereicherung des Verfassungslebens und ein "Wachstumsbegriff" (*H. Kuhn*[6]) für die europäische Verfassung im Werden; sie tragen und modifizieren einzelne positivrechtliche Institute und ihre höchst zeitgebundenen Dogmatiken. Klassikertexte im Verfassungsleben ermöglichen eine Rationalisierung des Verfassungslebens, sofern etwaige Gefahren benannt werden.

f) Klassikertexte sind eine besonders bürgernahe Weise und Gestalt, in welcher der Bürger *"seine"* Verfassung kennenlernen kann. Ein Satz von *Montesquieu* oder *J. Locke*, aber auch von *Friedrich Schiller* zur Gewaltenteilung bzw. Freiheit oder von *G.E. Lessing* zur Toleranz[7], vermittelt dem Bürger seine Verfassung

---

2 Zuletzt *U. Saint-Mont*, Kontexte als Modelle der Welt, 2000.

3 *T.S. Kuhn*, Die Struktur wissenschaftlicher Revolutionen, 3., mit der 2., rev. Aufl., identische Aufl., 1978.

4 Dies mag *J. Habermas* bei dem Dictum im Sinn gehabt haben, das Moderne behalte einen geheimen Bezug zum Klassischen: *ders.*, Die Moderne – ein unvollendetes Projekt, Die Zeit Nr. 39, 19. Sept. 1980, S. 47.- Das Bild vom "Runden Tisch" geht wohl auf die Pastoralinstruktion "Communio et Progressio" Papst Pauls VI. von 1971 zurück, die "Magna Charta" der kirchlichen Medienethik, Medienerziehung und Medienpolitik. In Polen hat es 1989 Weltgeschichte des Verfassungsstaates gemacht. Seitdem gab es immer wieder "Runde Tische", etwa in Albanien (FAZ vom 12. Aug. 1996, S. 4) sowie in der ukraine (2004). Umschrieben wird der Runde Tisch als Ort, wo die notwendige Kommunikation von den eingerichteten (demokratischen) Strukturen nicht mehr geleistet werden kann. Nach den "Informationen der Stiftung Mitarbeit" (1/95) gibt es in Deutschland-Ost 33 aktive Runde Tische, 8 in den alten Bundesländern. Das "Bündnis für Arbeit" (1999) ist ein neues Beispiel; zuletzt das "Bündnis für Familien" (2004).

5 *W. Kägi*, Von der klassischen Dreiteilung zur heutigen Gewaltenteilung (1961), später in: H. Rausch (Hrsg.), Zur heutigen Problematik der Gewaltenteilung, 1969, S. 286 ff.

6 Klassisch als historischer Begriff, in: W. Jaeger (Hrsg.), Das Problem des Klassischen und die Antike, 1931, S. 112.

7 Zum Toleranzproblem unter Hinweis auf *Lessing, Locke u.a.*: *F. Werner*, Recht und Toleranz, in: *ders.*, Recht und Gericht in unserer Zeit, 1971, S. 420 (422 f.); ebd., S. 430 auch der Hinweis, In-

besser und gründet sie tiefer als jedes noch so bedeutende Fachlehrbuch. Klassikertexte machen Verfassungen zum kulturellen Erbe und Auftrag für uns alle, zum "lebendigen Besitz". Sie sind Teil unseres Kulturbildes und gespeichert im "kollektiven Gedächtnis" unseres Volkes, genauso im "kollektiven Gedächtnisraum" Europa. In der offenen Gesellschaft der Verfassungsinterpreten bestimmen wir letztlich alle – auch in der Generationenfolge –, wer Klassiker ist und wird. Das Bezugssubjekt des Klassischen sind wir.

g) Klassikertexte, d.h. staats- und rechtspolitische sowie verfassungstheoretische Werke großer Dichter, sind eine Form der Vermittlung von Erfahrung[8], und anthropologisch begründet, sie sind aber auch in der Zeitdimension offen. Die Klassikerqualität ist nicht exklusiv-retrospektiv, sie hat auch Zukunft. Es gibt keine geschlossene Gesellschaft der Klassiker im Verfassungsstaat respektive in der europäischen Verfassungsgemeinschaft.

2. Erste Begriffsklärung

Angesichts so vieler Klassiker, so vieler Klassik, stellt sich die Frage, was wir denn eigentlich meinen, wenn wir von Klassikern oder Klassik reden. Die Antwort ist in zwei Stufen zu geben: Zuerst sollte versucht werden, anhand der zweifelsfreien Apostrophierung deskriptiv einige Merkmale des "Klassischen" zu erfassen; sodann sollte, mit diesen entwickelten Merkmalen, in Rechtstexten, d.h. Gesetzesberatungen, Gerichtsentscheidungen und wissenschaftlichen Veröffentlichungen nach Klassikern und Klassischem geforscht werden: Aus den Zusammenhängen, in denen Klassiker erscheinen, aus der Art der Verwendung müsste dann ersichtlich werden, welches Leben die Klassiker im Verfassungsleben führen und vor allem, woher sie die Legitimation zu ihrer "Lebensführung" nehmen, bzw. welche Lebensführung ihnen eigentlich zukäme.

Beim Gebrauch des Klassikerbegriffs ist zwischen zwei unterschiedlichen Verwendungsweisen zu differenzieren: "Klassiker" einmal als Wertbegriff, zum anderen als Erfolgsbegriff[9]. Die Klassikereigenschaft meint im ersten Fall, dass bestimmten inhaltlichen Anforderungen Genüge getan ist. "Klassisch" wird zum Synonym für bestimmte überragende Qualitäten (in Intuition und Realisation). Auf der anderen Seite wird "klassisch" als beschreibender Begriff verwendet, der benennt, dass bestimmte Autoren (oder Künstler) weitgehende Anerkennung gefunden haben und die Maßstäbe, die sie ihren Werken zugrunde gelegt haben, von einer Gemeinschaft für verbindlich erachtet wur-

---

halt und Fassung des Art. 2 GG seien aus solchem Geist (sc. der Toleranz) geboren. Er sei im Grunde eine klassische Wiedergabe der *Kant*'schen Lehre von der Politik.

8   Zum erfahrungswissenschaftlichen Ansatz vgl. meinen Freiburger Vortrag Verfassungsinterpretation als öffentlicher Prozess, in: Verfassung als öffentlicher Prozess, 1978 (3. Aufl. 1998), S. 125 f., 139.

9   S. auch *T.W. Adorno*, Zum Klassizismus von Goethes Iphigenie, in: *ders.*, Noten zur Literatur, Gesammelte Schriften Bd. 11, 1974, S. 495 ff., nach dem der Begriff des Klassischen "Authentizität des ästhetisch Verwirklichten" meint und insofern "mehr ausdrücken soll, als akkumulierten Erfolg". Adorno unterscheidet hier also einen inhaltlichen Begriff des Klassischen, klassisch als Ausdruck einer bestimmten Qualität, von einem formalen Begriff des *Erfolg-Habens*, S. 495.

den. Beide Aspekte hängen zusammen. Allgemeiner Erfolg ist mit begründet in der faktischen Gültigkeit bestimmter inhaltlicher Maßstäbe. Die Verwendung des Klassikerbegriffs lässt sich in vielen Fällen deswegen nicht eindeutig der wertenden oder der rein deskriptiven Verwendungsweise zuschlagen; der oszillierende Sprachgebrauch ist aber durch das Bewusstsein von den beiden extremen Punkten zu rationalisieren[10].

Insgesamt: der "Klassiker" oder das "Klassische" scheint gekennzeichnet durch etwas Exemplarisches, Herausragendes, Weiterwirkendes, in gewissem Sinne Zeitloses. M.a.W.: Der Klassikerbegriff verlangt einen Kanon gesicherter Traditionen, die zumeist in (diese oder jene) Gegenwart hineinreichen. Dieses "*Hineinreichen in die Gegenwart*" gibt uns auch die beiden nächsten Stichworte. Zum einen: Zwar reichen die Klassiker in die Gegenwart hinein, sie sind aber nicht Teil der Gegenwart wie noch lebende, noch schreibende Autoren: ihre Wirkung ist abgeschwächt, ihre Spuren sind zwar nicht gänzlich vermischt, aber von der Zeit in ihren klaren Konturen aufgelöst, sie stehen mehr für Problembenennungen als für Problemlösungen. Zum anderen: Schon These a) qualifizierte Vertreter ganz gegensätzlicher Positionen als "Klassiker"; das wurde mit dem Terminus "Gegenklassiker" fortgeführt. Es gibt Klassiker und Gegenklassiker, nicht nur zwischen den nach dem "annus mirabilis" 1989 zwar relativierten, aber noch nicht vollständig beseitigten weltanschaulichen Blöcken, sondern auch innerhalb der westlichen Demokratien, wie z.B. die Gegenüberstellung von Grundgesetz – geprägt vom (gewaltenteilenden) Demokratieverständnis von *Montesquieu* – und den west- und ostdeutschen Länderverfassungen, eher (auch) gestaltet von dem direktdemokratischen Demokratieverständnis *J.-J. Rousseaus*, zeigt. Dieser pluralen Geltung der Klassiker im vertikalen Schnitt durch das politische Gemeinwesen entsprechen auch Geltungsänderungen in der Zeitachse: Viele Klassiker erlebten Perioden des Vergessenwerdens und dann wieder der Renaissance, wie besonders das Wiederaufkommen marxistischen Gedankenguts Ende der 60er Jahre in der Bundesrepublik Deutschland zeigt, auch die Wiederbesinnung auf "Klassiker der Nationalökonomie" in den 80er Jahren, auf *I. Kant* in der politischen Philosophie in den 90er Jahren.

---

10   *K.H. Halbach*, Zu Begriff und Wesen der Klassik, in: FS Paul Kluckhohn und Hermann Schneider, 1948, S. 166 bis 194, kommt immer wieder zurück auf das Oszillieren des Begriffs zwischen Wertbegriff und historischem "Wesensbegriff"; der Klassikbegriff habe immer an beiden Eigenschaften teil, dabei (S. 169) sei von Anbeginn der Begriff des Werthaften mit angelegt gewesen. Er selbst vertritt eine vermittelnde, beide Momente aufnehmende Position (S. 172 f.). Beispielhaft das Zitat auf S. 178: Hier zeigt sich nun doch eine prä-stabilisierte Harmonie zwischen wertmäßiger Klassizität und griechischer "Klassik". *Halbachs* Erörterungen an verschiedenen Klassikern auf ganz verschiedenen Gebieten bieten Ansatzpunkte für eine kulturgeschichtliche und/oder wissenssoziologische Arbeit, s. insbesondere S. 184 ff. Klassische Epochen wachsen unter – im Einzelnen präzise herauszuarbeitenden – Bedingungen. *A. Silbermann* schreibt im Vorwort der von ihm herausgegebenen "Klassiker der Kunstsoziologie", 1979, S. 8 über "klassische Texte", dass es sich um historische Texte handele, welche eine relevante Basis für theoretische, praktische oder forschungstechnische Zwecke bieten, welche als faszinierend und auch als lohnend, für welche Zwecke des Forschers auch immer, anzusehen sind.- Klassiker sind in diesem Sprachgebrauch mithin Texte, respektive Autoren, die seit einiger Zeit als wichtig und nützlich sich erwiesen haben. S. auch *H. Sinzheimer*, Jüdische Klassiker der deutschen Rechtswissenschaft, 1953, S. 241: Klassiker als "kritische" Wissenschaftler ihrer Zeit, die aber ihrerseits "systemschöpferisch" gewesen seien.

3. Die Begründung eines materiellen Klassikerbegriffs: "Verfassung" vor dem Hintergrund von Klassikertexten

Ein *materieller Klassikerbegriff* verlangt einen Kanon gesicherter Traditionen, einen allgemeinen Konsens über den Vorbildcharakter (vielleicht auch im Persönlichen), das Exemplarische, Herausragende, Weiterwirkende, das in gewissem Sinne "Zeitlose". Für "Klassiker im Verfassungsleben" müsste ein spezifisch normativer Anspruch mit Bezug auf den Verfassungsstaat hinzukommen. Die Fragestellung verschärft sich angesichts der Bindung an "Gesetz und Recht" bzw. an die Verfassung "als oberstes Gesetz" (vgl. Art. 20 Abs. 3, 19 Abs. 2, 79 GG). Wo und wie, dank welcher Legitimation und in welchen Grenzen lässt diese positivrechtliche Bindung Raum für Klassikertexte? Können Klassikertexte im Verfassungsstaat "wie Rechtsquellen" wirken? Wie steht es mit ihrer demokratischen Legitimation? Was legitimiert uns, sie "zum GG" hinzuzunehmen? Etwa dessen Zugehörigkeit zum Typus "Verfassungsstaat"? Für wen sind Klassiker Klassiker?

Auf der Suche nach Klassikern im Verfassungsleben fallen uns wegen der nur bedingt "deutschen" Tradition des demokratischen Verfassungsstaates nur wenige deutsche Namen ein: im Blick auf das Grundgesetz etwa *H. Heller* ("Sozialer Rechtsstaat") und *R. Smend* ("Bundestreue")[11]. Anderes gilt im Blick auf *Montesquieu* und *Rousseau*, *Locke* und *Hobbes* im europäischen Raum. Der unvergessene Berliner Gerichtspräsident *Fritz Werner* sagte einmal mit Recht, der "Geist der Gesetze" sei keine verwaltungsrechtliche Lektüre, sondern ein "kulturhistorisches und politisches Werk und als solches in die Reihe der großen Schöpfungen der abendländischen Geistesgeschichte eingegangen"[12].

Blicken wir auf die USA, so erweisen sich dort Texte eines *Hamilton, Jay* und *Madison*[13] als wichtige Elemente des (rechts-)kulturellen Erbes, auch *Montesquieu*, in England *John Locke*. Damit ist ein weiteres Stichwort gefallen: Offenbar geht es bei juristischen Klassikertexten nicht (nur) um rechtliche Geltung: Die Geltungsweise reicht in

---

11 S. auch die Vorarbeit von *C. Schmitt* für Art. 79 Abs. 3 GG (Verfassungslehre, 1928, S. 103) oder für Art. 19 Abs. 1 Satz 1 GG (aaO., S. 138 f.); dazu: *H. Schneider*, Über Einzelfallgesetze, in: FS für C. Schmitt, 1959, S. 159 ff. (170) unter Hinweis auf *G. Dürig*, JZ 1954, S. 7 (Anm. 17: "ein später, aber klarer Sieg Carl Schmitts").

12 *F. Werner*, Zum 200jährigen Gedenken von Montesquieus "Geist der Gesetze" (1948), in: *ders.*, aaO., S.28 ff. (30).- S. aber auch die Meinung *Werners* (ebd. S.35), es sei verfehlt, "wollte man die Probleme des Verfassungs- und Verwaltungslebens unserer Tage mit einem 'Zurück zu Montesquieu' lösen".- Weitere Belege für *Werners* Ringen um Klassiker z.B. der Aufsatz "Georg Büchners Drama 'Dantons Tod' und das Problem der Revolution" (1952), aaO., S. 91 ff.

13 Im "Federalist", hrsg. von F. Ermacora, 1958; vgl. dazu *G. Dietze*, The Federalist, 5. Aufl., 1966; *G. Wills*, Einführung, The Federalist Papers, 1980; s. auch *P.E. Quint*, The Federalist Papers and the Constitution of the United States, in: Kentucky Law Journal Vol 77 (1988-89), S. 369 ff.; *U. Thiele*, Verfassunggebende Volkssouveränität und Verfassungsgerichtsbarkeit. Die Position der Federalists im Fadenkreuz der zeitgenössischen Kritik, Der Staat 39 (2000), S. 397 ff.

das Kulturelle hinein. *J. Locke* und *Montesquieu*[14] (oder auch *Burke, Mill* und *Tocqueville*) sind unzweifelhaft Elemente des Typus "Verfassungsstaat" als Teil des kulturellen Erbes Europas. Freilich, sie stehen nicht allein. Sie haben ihre "Antipoden", die nicht minder "Klassikeranspruch" erheben: so etwa *T. Hobbes* und *J.-J. Rousseau*. Damit verschärft sich das Problem erneut: Klassiker haben ihre "Gegenklassiker". Sie durchleben Perioden des Vergessen-Werdens oder Veraltens (i.S. überholter Positionen!), aber auch der Renaissance (ähnlich wie in der Kunst): Der Wiederaufstieg der marxistischen Staats- und Rechtstheorie in der Bundesrepublik Deutschland der 60er Jahre und weit darüber hinaus ist ein beredtes Beispiel[15]. Kurz: Im Umgang mit Klassikertexten ist offenbar Vorsicht am Platze[16]. Auch hier drohen Einseitigkeiten. Klassikertexte sind oft nur Hinweise auf Probleme, also Problem*benennung*, weniger schon Problem*lösung*. Sie variieren kulturspezifisch, sie haben ihre unterschiedliche Wirk- und Interpretationsgeschichte. Sie stehen nicht selten "gegeneinander": Man denke an das Demokratieverständnis des GG, das weniger *Rousseau* als vielmehr *Montesquieu* zugehört, während das plebiszitäre Moment in Länderverfassungen stärker ausgebaut ist[17], zumal in den fünf neuen Bundesländern (besonders aber in der Schweizer "*halbdirekten*-Demokratie").

Da in der Geschichte des Verfassungsstaates der neuzeitliche Staat zunächst einmal etabliert werden musste, kommen aber auch Denker wie *J. Bodin*[18] und *T. Hobbes* ins

---

14 Vgl. *M. Imboden*, Montesquieu und die Lehre von der Gewaltenteilung, 1959, S. 2: "Als einer der Letzten steht *Montesquieu* in der großen Reihe der dem klassischen Ursprung verpflichtet gebliebenen Staatsdenker".

15 Als anderes Beispiel sei *Alexis de Tocqueville* genannt. Die Theorien dieses schon zu Lebzeiten weltberühmten, 1841 im Alter von 36 Jahren in die Académie Française aufgenommenen Klassikers der Freiheit in Gleichheit fanden immer weniger Beachtung, ehe durch *George W. Pierson*, Tocqueville and Beaumont in America, New York 1938, eine bis heute andauernde weltweite Tocqueville-Renaissance eingeleitet wurde; vgl. zur Wirkungsgeschichte *J.P. Mayer*, Tocqueville heute, und *T. Eschenburg*, Tocquevilles Wirkung in Deutschland, in: *Alexis de Tocqueville*, Über die Demokratie in Amerika, Werke und Briefe, Band 1, Stuttgart 1959, S. XI ff. bzw. XVII ff.; *S. Landshut*, Einleitung, in: Alexis de Tocqueville, Auswahl aus Werken und Briefen, 2. Aufl. 1967, S. XIV f.

16 Vgl. *W. Muschg*, Die deutsche Klassik, tragisch gesehen (1952), in: H.O. Burger (Hrsg.), Begriffsbestimmung des Klassikers und der Klassik, 1972, S. 157 ff. (161): "Jede Klassik hat ihre Grenzen – sonst wäre sie keine".

17 Gegenklassiker sollten dabei nicht i.S. einer (antinomischen) Alternative verstanden werden: Kennzeichen klassischer Werke ist gerade ihre Unauslotbarkeit, ihre auch die Gegenposition reflektierende Tiefe, die oft gegenläufige, sich wandelnde Auslegung der Nachgeborenen erlaubt; Klassiker sind keine pietätvolle Harmonisierungsveranstaltung. So umstrittene Denker wie *Rousseau, Hobbes* oder *Hegel* haben ihre verschiedenen Linien, die im geistigen Epochenkampf gelegentlich nur verdeckt werden. Die Schwarz-Weiß-Zeichnung von *T. Hobbes* etwa bei *M. Kriele*, Einführung in die Staatslehre, 1975, S. 61 ff., 122 ff., 132 ff., scheint daher nicht immer "klassikergerecht" zu sein.

18 S. etwa *M. Imboden*, Johannes Bodinus und die Souveränitätslehre, 1963, S. 4 f.: Bodinus, der "neben dem Niederländer *Hugo Grotius* von allen klassisch gewordenen Staatsdenkern unseres Kulturkreises vielleicht am stärksten zur Erhellung der rechtlichen Struktur des Staates beitrug". Ganz i.S. der Kategorie von "Klassikern" ist der Band von M. Stolleis (Hrsg.) komponiert: Staatsdenker in der Frühen Neuzeit, 1995.

Blickfeld. Ihre "Staatlichkeit" ist ein Stück unverzichtbarer – auch wissenschaftlicher[19] – "Vorgeschichte" des demokratischen gewaltenteiligen Verfassungsstaates. Historisch wie sachlich können sie schon deshalb Klassikerrang beanspruchen, auch wenn sich "rechtsstaatlich" bis heute die vordringliche Aufgabe stellte, individuelle Freiheit zu sichern (*Locke, Montesquieu*) bzw. den möglichen Gefahren der Perversion demokratischer Selbstbestimmung zu wehren (*Burke*). *G.W.F. Hegel* und *K. Marx* schließlich erkannten in der Folge der industriellen Revolution die bürgerliche Gesellschaft als Fundament der Staatlichkeit wie der individuellen Existenz und bezogen sie dementsprechend in ihr politisches Denken ein: mit positiven und negativen Konsequenzen bis heute. Das Sozialstaatsprinzip ist weder ohne sie, noch ohne die katholische Sozialehre zu denken. Auch die großen Staatsrechtslehrer der Weimarer Zeit haben das Gespräch mit den Klassikern ihres Fachs immer wieder gesucht, um zu ihrer Sicht der Probleme zu kommen[20]. Durch die Art der Auswahl unter den Klassikern, die sie selbst treffen, bestimmen sie letztlich ihr eigenes Werk mit[21].

4. Europäische Klassikertexte

Der bisher entwickelte Ansatz ist auf Europa zu übertragen. Europa als werdende Verfassungsgemeinschaft eigener Art hat längst seine "Klassiker". Es lebt sie, es entwickelt sich dank ihnen. Schon die erwähnten großen Namen sind über den nationalen Verfassungsstaat hinaus Klassiker (etwa *Montesquieu* und *Kant*). Aber das sich vereinigende Europa hat auch zusätzlich "seine" Klassiker: etwa einen *Coudenhoven-Calergi* als Vater von Paneuropa, einen *W. Churchill* dank seiner Zürcher Rede (1946), einen *J. Monnet* und *W. Hallstein*[22]. Alles, was zu den Klassikern im Verfassungsleben, auch

---

19 "Wissenschaften brauchen, ebenso wie andere Berufsstände, ihre Helden und bewahren sehr wohl deren Namen. Glücklicherweise aber konnten die Wissenschaftler, anstatt diese Helden zu vergessen, ihre Arbeiten vergessen oder revidieren." *H. Kuhn*, aaO., S. 150; dieses Dictum gilt auch hier.

20 Vgl. z.B. *R. Smends* "Gespräch" mit Montesquieu in: Verfassung und Verfassungsrecht (1928), jetzt in: Staatsrechtliche Abhandlungen, 3. Aufl. 1994, S. 206 ff., 216; mit dem "Federalist", ebd. S. 195, 199. Daneben handelt es sich z.T. um Verdeutlichungstechniken, sozusagen um Personalmetaphern; direkt metaphorisch: *H. Quaritsch*, Das Schiff als Gleichnis, in: FS Stödter, 1979, S. 251 ff., insofern er das Schiff in der politischen Philosophie und Staatslehre vieler Jahrhunderte untersucht und damit ein klassisches Modell oder eine Metapher offenlegt.- Auch die Utopie ist seit ihrem Klassiker *Th. Morus* (1516) ein Begriff für ein bleibendes Grundraster und für eine Europäische Verfassungslehre unverzichtbar.

21 Charakteristisch etwa *C. Schmitts* Klassiker Sieyès: vgl. *C. Schmitt*, Verfassungslehre, 1928, z.B. S. 77 ff., 92, 203, 237, 243 und zu *Montesquieu*: ebd., S. 38, 76, 126, 140, 184 f., 203, 218, 229, 296, 315, 324, 376.- Zu *Sieyès* auch: *T. Hafen*, Staat, Gesellschaft und Bürger im Denken von E.J. Sieyès, 1994.

22 *J. Monnet*, Erinnerungen eines Europäers, 1978; *W. Hallstein*, Der unvollendete Bundesstaat – Europäische Erfahrungen und Erkenntnisse, 1969; ders., Die Europäische Gemeinschaft, 5. Aufl. 1979; ders. Europäische Reden, 1979 (hrsg. von T. Oppermann). – Zu W. Hallstein: *M. Kilian*, Der Visionär, liber amicorum T. Oppermann, 2001, S. 119 ff.; ders., JöR 53 (2005), S. 369 ff. S. auch die Worte von *R. Schuman* (1963): "Wir müssen das geeinte Europa nicht nur im Interesse der freien Völker errichten, sondern auch, um die Völker Osteuropas in diese Gemeinschaft aufnehmen zu können, wenn sie, von den Zwängen, unter denen sie leiden, befreit, um ihren Beitritt und unsere moralische Unterstützung nachsuchen werden. Wir schulden ihnen das Vorbild

zum Klassiker als Erfolgs- und Wertbegriff ausgeführt wurde, gilt auch für Europa im engeren Sinne der EU und im weiteren Sinne des Europarates. Die genannten sind gemeineuropäische Klassiker – jenseits der juristischen Vertragstechniken, auch „Ventotene". Nimmt man die Gründungsväter der römischen Verträge wie *Schuman*[23], *de Gasperi* und *Adenauer* hinzu, so ergibt sich eine historische Versammlung von Köpfen, die Europa auf den Weg gebracht haben und bis heute bringen. Ihre persönlichen Lebensleistungen und etwaigen Schriften sind europäische Verfassungstexte im weiteren Sinne.

II. Europabilder im "nationalen Europaverfassungsrecht"

1. Bilderphilosophie

Die – als juristische Text- und Kulturwissenschaft verstandene – Verfassungslehre kann sich auf eine "Bilderphilosophie" einlassen. Denn die Staatsrechtslehre arbeitet seit längerem (im Gefolge der Menschenbildjudikatur des BVerfG) mit der Kategorie des "Menschenbildes"[24] und sie ist ein Aspekt in einer Trias: zusammen mit dem "Staatsbild" und dem "Weltbild". Mensch, Verfassungsstaat und Welt bezeichnen Zusammengehörendes, auch und gerade für den Juristen. Er hat freilich allen Grund, bei diesem Thema sich weit zu den anderen Disziplinen hin zu öffnen. Denn sie konstituieren "die Welt" – jedenfalls in der (Re)konstruktion durch den Menschen – mit, man denke an *H. Küngs* völkerverbindendes "Weltethos", das Projekt und kulturelles Erbe zugleich sein will. Die Lehre vom Verfassungsstaat dürfte heute besonderen Grund haben, nach dessen Kompetenzen und Aufgaben im Blick auf die Welt zu fragen (nicht nur weil die meisten Staaten Verfassungsstaaten sind bzw. sein wollen). Denn er nimmt allenthalben Verpflichtungen wahr, die sich auf die Welt beziehen und er trägt das sich weiter entwickelnde Völkerrecht in besonderer Weise, universal im Rahmen der UN sowie via Entwicklungshilfe, z.B. für Afrika, regional auch in Gestalt von Ansprüchen und Interventionen, etwa der EU auf dem Balkan (zuletzt Mazedonien).

Es sind gewiss andere Wissenschaften und die Künste, die längst vor der Verfassungslehre die "Welt" oder menschlich genommen die "Menschheit" zu ihrem Gegenstand gewählt haben. So gibt es *J. G. Herders* großes Werk "Ideen zur Geschichte der Philosophie der Menscheit" (1785), *I. Kants* "weltbürgerliche Absicht" (1775/1795); so kennen wir *J. Burckhardts* "weltgeschichtliche Betrachtungen" aus dem Nachlass (1905)[25]. Zuvor sprach *G.W.F. Hegel* von "Weltgeist" und "Weltgericht" (1821). Die Geschichtswissenschaft hat sich immer wieder an eine "Weltgeschichte" gewagt. Ein *A.*

---

des einigen, brüderlichen Europa. Jeder Schritt, den wir auf diesem Wege zurücklegen, wird für sie eine neue Chance darstellen. Sie brauchen unsere Hilfe bei der ungeheuren Aufgabe der Umstellung, die sie zu bewerkstelligen haben. Unsere Pflicht ist es, bereit zu sein."

23 *H.A. Lücker/J. Seitlinger*, R. Schuman und die Einigung Europas, 2000.
24 Dazu meine Studie: Das Menschenbild in Verfassungsstaat, 1988 (ebd. S. 12 ff. erstmals zur Frage des "Weltbildes"), 2. Aufl. 2001, 3. Aufl. 2004.
25 Vgl. *J. Burckhardt*, Die Cultur der Renaissance in Italien, 1860, 4. Abschnitt: "Die Entdeckung der Welt und des Menschen".

Heuß wollte nur diejenigen Hochkulturen behandeln, die eine deutliche "Welthaftigkeit" besaßen, also über längere Zeit prägenden Einfluss auf die Welt ausübten. Solche "Welthaftigkeit" konnte man der chinesischen, der indischen, der arabisch-muslemischen und vor allem der europäischen Hochkultur zuschreiben. Sie ist es auch, die heute im Völker- und Verfassungsrecht, z.B. in Sachen Menschenrechte, Demokratie und soziale Marktwirtschaft unter wachsendem Widerstand der islamischen "Welt" die Menschheit prägt. So mag man mit *Hans Freyer* die Weltgeschichte des 20. Jahrhunderts als eine "Weltgeschichte Europas" schreiben[26], doch ist es kein Zynismus, wenn man feststellt, dass die ersten als solche bezeichneten "Weltkriege" von eben diesem Europa ausgingen. Gewiss wird man in den (bildenden) Künsten bei der Suche nach ihrem "Weltbild" z.b. im Mittelalter und nach 1492 besonders fündig. Und *J. W. v. Goethe* hat seinen Beitrag vorweg geleistet in dem Vers: "Gottes ist der Orient, Gottes ist der Okzident, Nord- und südliches Gelände ruht im Frieden seiner Hände".

Wie konstituiert sich aus der Perspektive der vergleichenden Verfassungslehre diese eine Welt? – die "Weltgesellschaft" (*N. Luhmann*)? Übernimmt sie sich angesichts der Vielfalt der Kulturen und des "Zusammenstoßes der Zivilisationen"? (*S.P. Huntington*) eben deshalb wegen ihres hoch entwickelten Verfassungsrechts der Toleranz und dank des Völkerrechts der Koexistenz und Kooperation mit Elementen des – ihres – Weltbildes zu beschäftigen? Hier gebührt dem Projekt von *J. Habermas* ein Platz[27]: "Allein eine demokratische Staatsbürgerschaft, die sich nicht partikularistisch abschließt, kann im Übrigen den Weg bereiten für einen Weltbürgerstatus, der heute schon in weltweiten Kommunikationen Gestalt annimmt". Und: "Der weltbürgerliche Zustand ist kein bloßes Phantom mehr, auch wenn wir noch weit von ihm entfernt sind. Staatsbürgerschaft und Weltbürgerschaft bilden ein Kontinuum, das sich immerhin schon in Umrissen abzeichnet".

In der deutschen Sprache kommt die "Welt" auch in jenem Begriff bzw. Wort zum Ausdruck, das sich als "Umweltrecht", einschließlich des "Umweltvölkerrechts" rasant entwickelt. Mag Streit um das anthropozentrische oder physiozentrische "Weltbild" herrschen: die Umwelt ist ein Stück "Welt" und sie macht in der Summe die Welt insgesamt aus. Gerade der Ordnungs-, Schutz- und Gestaltungsauftrag im Blick auf die Umwelt fordert es, die Frage nach dem "Weltbild" des Verfassungsstaates zu stellen.

Die letzte, *dritte* Bezugsgröße, in deren Kraftfeld das Menschenbild im Verfassungsstaat liegt, ist das *Volk*. So heißt es in Art. 20 Abs. 2 GG: "Alle Staatsgewalt geht vom Volke aus". Dieses Demokratie-Postulat – aus den Klassikertexten eines *J.-J. Rousseau* erwachsen – ist mitkonstituierend für den Verfassungsstaat. Das Bild des "souveränen Volkes" wird heute gewiss durch naturrechtliche Ideen und kulturelle Traditionen modifiziert und normativ eingebunden. Textbeleg bildet etwa Art. 79 Abs. 3 GG, die Ewigkeitsklausel des GG[28]. Dennoch bleibt eine – schwer aufhebbare – Spannung zum Men-

---

26   1954, 3. Aufl., 1969; *A. Heuß*, Zur Theorie der Weltgeschichte, 1968.
27   *J. Habermas*, Faktizität und Geltung, 1992, S. 659 f. Ebd. S. 138 ff.: "unterstellte Republik von Weltbürgern".
28   Dazu vergleichend mein Beitrag: Verfassungsrechtliche Ewigkeitsklauseln als verfassungsstaatliche Identitätsgarantien, in: FS Haug, 1986, S. 81 ff.

schenbild. Sie lässt sich dank der Einsicht verringern, dass die Staatsform der Demokratie heute *Konsequenz* der Menschenwürde ist. Aus Art. 1 Abs. 1 GG folgt ein "Maßgabegrundrecht auf Demokratie"[29]. Anders gesagt: Zum Menschenbild im *Verfassungsstaat* gehört, dass der Mensch als Staatsbürger wählen und abstimmen kann, also demokratische Mitwirkungsrechte hat. Umgekehrt ist das Volk von vornherein auf den Menschen als Inhaber von unveräußerlichen Grundrechten bezogen (vgl. Präambel Verf. Brandenburg von 1992: "Wir, die Bürgerinnen und Bürger ... ."). Nur mit dieser Maßgabe geht "alle Staatsgewalt vom Volke aus". Diese menschenrechtliche "Relativierung" bzw. Normativierung der Volkssouveränität impliziert einen grundsätzlichen Wandel im Bild unseres GG vom Menschen und in seinem Bild vom (deutschen) Volk.

Auf das Volk als Gemeinschaft verweisen aber auch Erziehungsziele wie Art. 26 Ziff. 1 Verf. *Bremen* von 1947: "Gemeinschaftsgesinnung", Art. 131 Abs. 2 Verf. *Bayern* von 1946: "Verantwortungsfreudigkeit". Hier wird der junge Mensch erzieherisch in Pflicht genommen. Im Übrigen wird die Metapher "Bild" auf weitere juristische Gegenstände angewandt. So ist etwa vom "Staatsbild" die Rede[30], es gewinnt Züge aus der Sozialstaatsklausel und vom "Kulturstaat" her[31], oder man ringt um das "Bild" von Ehe und Familie gemäß Art. 6 GG[32]. Zu vermuten ist, dass wir als Juristen mit (Leit-)"Bildern" operieren (dürfen), um die Fülle des Rechtsstoffs zu ordnen, mit "Metaphern" übergeordnete "Grundsätze" zu erarbeiten, die heuristischen Zwecken dienen, zugleich auch "Vorverständnisse" offenlegen und rationalisieren; systemtheoretisch gesprochen: es geht um Reduzierung von Komplexität, um Orientierung. Diese "Bilder" steuern das juristische Denken und Handeln als "Vorurteil" oder "Vor-Verständnis" (*J.*

---

29 Dazu mein Aufsatz: Die Menschenwürde als Grundlage der staatlichen Gemeinschaft, in: Isensee / Kirchhof (Hrsg.), Handbuch des Staatsrechts, Bd. I, 1987 (2. Aufl. 1995; 3. Aufl. 2004, Bd. II § 22), S. 815 (848); zu den Anforderungen des demokratischen Prinzips mit Blick auf die europäische Integration *A. v. Bogdandy/M. Nettesheim*, in: E Grabitz/M. Hilf (Hrsg.), Kommentar zur EU, Bd. 1 (2000), Art. 1 EGV, Rn. 46. – Den wohl eindrucksvollsten neueren *philosophischen* Entwurf zur Menschenbild-Frage liefert *A. Baruzzi*, Europäisches "Menschenbild" und das Grundgesetz für die Bundesrepublik Deutschland, 1979. Hier ist (historisch) der Gottesbezug menschlicher Würde und Freiheit (bei *Pico della Mirandola*) aufgedeckt (S. 11), hier werden die heutigen Demokratie- und Wissenschaftstheorien in ihrem Bezug auf die Frage des Menschenbildes offengelegt (S. 95 ff.) und hier wird die vom GG dekretierte "Unantastbarkeit" der Menschenwürde als Hinweis auf die Unmachbarkeit eines Menschenbildes gedeutet (S. 100 ff.); vgl. den treffenden Satz (S. 109): "Der Mensch sieht sich als das undefinierbare, freie, offene Wesen."

30 Z.B. *B. Beutler*, Das Staatsbild in den Länderverfassungen nach 1945, 1973; *M. Imboden*, Staatsbild und Verwaltungsrechtsprechung, 1963. – Siehe auch *H.-J. Vogel*, Elisabeth Seibert und das Richterbild unserer Zeit, FS H. Simon, 1987, S. 71 ff. – In Problemnähe zum "Staatsbild" wohl *C. Möllers*, Staat als Argument, 2000.

31 Dazu *U. Steiner / D. Grimm*, Kulturauftrag im staatlichen Gemeinwesen, VVDStRL 42 (1984), S. 7 ff.; *P. Häberle*, in: ders. (Hrsg.), Kulturstaatlichkeit und Kulturverfassungsrecht, 1982, S. 1 ff.; *W. Maihofer*, in: Handbuch des Verfassungsrechts, 2. Aufl. 1994, § 25 (S. 1201 ff.).

32 Vgl. *P. Häberle*, Verfassungsschutz der Familie, Familienpolitik im Verfassungsstaat, 1984; *A. v. Campenhausen / H. Steiger*, Verfassungsgarantie und sozialer Wandel – Das Beispiel von Ehe und Familie, VVDStRL 45 (1987), S. 7 ff. Aus der Kommentarlit.: *R. Gröschner*, in: H. Dreier (Hrsg.), Grundgesetz-Kommentar, Bd. 1, 2. Aufl. 2004, Art. 6. Siehe auch BVerfG JZ 1988, S. 347 (348): "Das Leitbild der Einheit von Ehe und Familie ..."; E 80, 81 (92): "Bild von der Familie".

Esser), ex post als "Nachverständnis"[33]. Im juristischen Gebrauch sind alle Bilder dieser Art immer der Versuch, eine *Ganzheit* zu benennen, die hinter den "positiven", oft diffusen und fragmentarischen Regelungen, Begriffen, Grundsätzen etc. vielfach unbewusst steht[34]. "Bilder" haben eine finalistische Auslegungsaufgabe, wie sie dem Juristen in der "teleologischen" Methode[35] wohl vertraut ist. Sie wollen die Auslegung auf sich hin "leiten", und sie besitzen eine *konsens*stiftende Funktion. Sie dienen der Integrierung des Neuen in die alten Bilder, eine dem Juristen geläufige Aufgabe; sie ist lösbar dank der Offenheit vieler Bildelemente. Gefahren liegen in einer möglichen "Ideologieanfälligkeit".

Freilich: besonders der Jurist dürfte den Wandel der für ihn relevanten "Bild-Elemente" meist erst *a posteriori* erkennen. Gerade in der Rechtsordnung schichten sich vermutlich am ehesten *verschiedene* Bilder (Fragmente) aus *verschiedenen* Epochen übereinander und ineinander – wegen der spezifischen Statik und Dynamik der Entwicklungsprozesse des Rechts (Stichwort "Ungleichzeitigkeit", Pluralität der im Recht ausgeformten Welt-, Menschen- und sonstigen Bilder)[36]. Auch das Europa-Bild macht hier keine Ausnahme.

---

33   Dazu mein Beitrag, Zeit und Verfassung (1974), in: *ders.*, Verfassung als öffentlicher Prozess, 1978, S. 59 (78 ff.), jetzt 3. Aufl. 1998.

34   Nach *F. H. Tenbruck,* Die unbewältigten Sozialwissenschaften, 1985, S. 55 hebt ein *Weltbild* "aus der Wirklichkeit diejenigen Tatsachen und Ordnungen heraus", "die dem Menschen wichtig oder wissenswert sind, ihm also etwas bedeuten". Für *R. Zippelius,* Die Bedeutung kulturspezifischer Leitideen für die Staats- und Rechtsgestaltung, 1987, S. 8 meinen "Weltanschauung" und "Weltbild" – Vorstellungen, mit denen versucht wird, das denkende Subjekt, die erfahrbare Welt und ihren – die Erfahrung transzendierenden – letzten Grund in einen Gedankenzusammenhang zu bringen und als ein sinnvolles Ganzes darzustellen". – In der *Brockhaus* Enzyklopädie, 17. Aufl., 20. Band, 1974, S. 180 f. findet sich ein eigener Artikel *"Weltbild"* mit der Eingangsumschreibung: "Die in geistiger Distanz zur Vielfalt der unreflektierten Realität entworfene Vorstellung vom Ganzen der erfahrbaren Wirklichkeit, die in sich mehr als nur die Summe von Einzelerfahrungen begreift und indem alle Lebensbereiche prägenden geschichtlichen Kultur bilden kann. Oft ist das W. Ausdruck der Religion, insofern diese die gegenwärtige Welt nach einem transzendenten Sinngrund befragt, auch der Weltanschauung. W. ändert sich im Verlauf der Geschichte mit ihren geistesgeschichtlichen Voraussetzungen ...".

35   Dazu etwa *K. Larenz,* Methodenlehre der Rechtswissenschaft, Studienausgabe, 6. Aufl. 1991, S. 130 ff.; *H.-M. Pawlowski,* Methodenlehre für Juristen, 3. Aufl. 1999, S. 176.

36   So war die Weimarer Verfassung von 1919 dem BGB von 1900 etwa in Sachen "Sozialbindung des Eigentums" voraus (vgl. Art. 153 Abs. 3 WRV, auch Art. 14 Abs. 2 GG einerseits, § 903 BGB andererseits); dasselbe gilt für die Gleichstellung der unehelichen Kinder (Art. 121 WRV bzw. 6 Abs. 5 GG). Umgekehrt können sich auch einmal gewandelte Menschenbildelemente im einfachen Recht früher durchsetzen als im Verfassungsrecht (z.B. im Umweltrecht). – Die jetzt eingeführte sog. eingetragene Lebenspartnerschaft wird zum Testfall des "Bildes" der Ehe nach Art. 6 Abs. 1 GG (aus der Lit.: *G. Krings,* Die "eingetragene Lebenspartnerschaft" für gleichgeschlechtliche Paare, ZRP 2000, S. 409 ff.). Jetzt BVerfGE 105, 313. – E 110, 304 (323): „Berufsbild".

2. Nationales Europaverfassungsrecht

a) Einführende Aspekte: Europa "im" Verfassungsstaat

Die "Europäisierung" der einzelnen Rechtsgebiete ist fast schon "Gemeinplatz", und die großen Verfassungsgerichte der europäischen Nationalstaaten von Italien bis Spanien, von Frankreich bis Großbritannien[37] und Deutschland beschäftigten sich mit dem Europathema in Gestalt von "Maastricht"[38]. Schon das allgemeine Schrifttum zum Thema Europa ist fast unüberschaubar[39], und in der Jurisprudenz ist als eigene Disziplin das Europarecht mit Pionierleistungen ebenso vertreten wie in hochkarätigen Detail-

---

37 Mit "Maastricht" waren etwa befasst: Conseil Constitutionnel, EuGRZ 1993, S. 187, 193, 196, das spanische Verfassungsgericht, EuGRZ 1993, S. 285 und der Londoner High Court, EuZW 1993, S. 525. Aus der Lit.: *Ch. Walter*, Die drei Entscheidungen des französischen Verfassungsrates zum Vertrag von Maastricht über die Europäische Union, EuGRZ 1993, S. 183 ff.; *A. López Castillo/ J. Polakiewicz*, Verfassung und Gemeinschaftsrecht in Spanien/ Zur Maastricht-Entscheidung des Spanischen Verfassungsgerichts, EuGRZ 1993, S. 277 ff.; *R. Hofmann*, Der Vertrag von Maastricht vor den Verfassungsgerichten Frankreichs und Spaniens, FS Mahrenholz, 1994, S. 943 ff.

38 Aus der deutschen Lit. zu "Maastricht": *I. Pernice*, Maastricht, Staat und Demokratie, Die Verwaltung 26 (1993), S. 449 ff.; *P. Lerche*, Die Europäische Staatlichkeit und die Identität des GG, in: FS Redeker, 1993, S. 131 ff.; *H.H. Rupp*, Maastricht – Eine neue Verfassung?, ZRP 1993, S. 211 ff.; *P.M. Huber*, Maastricht – Ein Staatsstreich?, 1993; *H.-J. Blanke*, Der Unionsvertrag von Maastricht – Ein Schritt auf dem Weg zu einem europäischen Bundesstaat, DÖV 1993, S. 412 ff.- Zum Maastricht-Urteil des BVerfG (E 89, 155): *C. Tomuschat*, Die Europäische Union unter der Aufsicht des BVerfG, EuGRZ 1993, S. 489 ff.; *V. Götz* Das Maastricht-Urteil des BVerfG, JZ 1993, S. 1081 ff.; *C.O. Lenz*, Der Vertrag von Maastricht nach dem Urteil des BVerfG, NJW 1993, S. 3038 f.; *I. Pernice*, Karlsruhe locuta – Maastricht in Kraft, EuZW 1993, S. 649; *A. Weber*, Die Wirtschafts- und Währungsunion nach dem Maastricht-Urteil des BVerfG, JZ 1994, S. 53 ff.; *M. Schröder*, Das BVerfG als Hüter des Staates im Prozess der europäischen Integration, DVBl. 1994, S. 316 ff.; *H.P. Ipsen*, Zehn Glossen zum Maastricht-Urteil, EuR 29 (1994), S. 1 ff.; *J. Schwarze*, Europapolitik unter deutschem Verfassungsrichtervorbehalt, NJ 1994, S. 1 ff.; *R. Streinz*, Das Maastricht-Urteil des BVerfG, EuZW 1994, S. 329 ff.; *H.-D. Horn*, "Grundrechtsschutz in Deutschland" – Die Hoheitsgewalt der Europäischen Gemeinschaften und die Grundrechte des Grundgesetzes nach dem Maastricht-Urteil des Bundesverfassungsgerichtes, DVBl. 1995, S. 89 ff.; *H. Steinberger*, in: Hommelhoff/Kirchhof, Der Staatenverbund der Europäischen Union, 1994, S. 25 ff.; *C. Walter*, Grundrechtsschutz.., AöR 129 (2004), S. 40 ff.

39 Allgemeine Lit. zu Europa etwa B. Beutler (Hrsg.), Réflexions sur l'Europe, 1993; J. Isensee (Hrsg.), Europa als politische Idee und als rechtliche Form, 1993; *B.A. Ackermann*, Ein neuer Anfang für Europa, 1993; R. Wildenmann (Hrsg.), Staatswerdung Europas?, 1991; R. Schulze (Hrsg.), Europäische Rechts- und Verfassungsgeschichte, 1991; R. Lassahn/B. Offenbach (Hrsg.), Bildung in Europa, 1994; M. Brunner (Hrsg.), Kartenhaus Europa?, 1994; *E.L. Jones*, Das Wunder Europa, 1991; *H. Hattenhauer*, Europäische Rechtsgeschichte, 1992 (4. Aufl. 2004); *J. Delors*, Das neue Europa, 1993; Europa, Analysen und Visionen der Romantiker, hrsg. und eingeleitet von *P.M. Lützeler*, 1982; *G.F. Schuppert*, Zur Staatswerdung Europas, in: Staatswissenschaften und Staatspraxis 1994, S. 35 ff.; *M. Zuleeg*, Die Verfassung der Europäischen Gemeinschaft in der Rechtsprechung des EuGH, BB 1994, S. 581 ff.; *A. Baruzzi*, Europas Autonomie, 1999; *R. Arnold*, Begriff und Entwicklung des Europäischem Verfassungsrechts, FS Maurer, 2001, S. 855 ff.; *C. Dorau*, Die Verfassungsfrage der Europäischen Union, 2001. – Siehe noch Anhang, Nachtrag und Ausblick.

forschungen[40]. Die deutsche Staatsrechtslehrervereinigung hat sich des Themas immer wieder angenommen[41].

Angesichts der Inflation der Literatur über "Europa" mag es sinnvoll sein, sich auf jene Art *Texte* zu besinnen, die ihren Gegenstand in hochkonzentrierter, formal "ansprechender" und inhaltlich aussagekräftiger Weise redigieren müssen: die *Verfassungstexte*. Es ist zu vermuten, dass die (auch) programmatischen Funktionen vieler Verfassungstexte in Sachen Europa Texte hervorgebracht haben und künftig schaffen, die – in vergleichender Typologie untersucht – mehr als nur "Materialien" für das Bild und Selbstverständnis von Europa liefern. Verfassungen von heute sind "ihre Zeit in Gedanken gefasst", um das bekannte Wort von *Hegel* zu variieren. Sie bringen das einem politischen Gemeinwesen "Wichtige" auf prägnante Worte und Begriffe, und so wie sich die Textstufenanalyse bei Themen wie Präambeln, Grundrechten, Ewigkeitsklauseln, Feiertagsgarantien als fruchtbar erwiesen hat[42], so könnten aus einem in Raum und Zeit ansetzenden Vergleich verfassungsrechtlicher Europa-Texte Erkenntnisse für die "Sache Europa" zu gewinnen sein. Die Gemeinsamkeiten und Verschiedenheiten des – sich wandelnden – "Europa-Bildes" sich anhand der nationalen Verfassungstexte zu vergegenwärtigen, dürfte aber auch im Blick auf die "werdende Verfassung Europa" ertragreich sein. "Verfassungspolitik für Europa" bietet ja zwei Aspekte: den nationalstaatlichen und den "europäischen". Und ein künftiger Verfassunggeber Europas tut gut daran, sich zu fragen, was die nationalen (in Bundesstaaten auch gliedstaatlichen) Verfassunggeber und Verfassungsänderer über Europa denken und wie sie für Europa gehandelt wissen wollen. In welchen Formen stellt sich also bislang Europa "*im*" Verfassungsstaat, "Europa *im* Verfassungsrecht" dar?

b) Elemente einer typologischen Bestandsaufnahme: die Sache Europa in Verfassungen und Verfassungsentwürfen europäischer Staaten

Die folgende Bestandsaufnahme sucht nach typischen "Fundstellen" und Erscheinungsformen der Europa-Idee. Dabei werden die – überraschend aussagekräftigen –

---

40 Vgl. aus der allgemeinen Literatur nur etwa *H.P. Ipsen*, Europäisches Gemeinschaftsrecht, 1972; J. Schwarze (Hrsg.), Europäisches Verwaltungsrecht, 1988 (2. Aufl. 2005); *W. von Simson/J. Schwarze*, Europäische Integration und GG, 1992; *T. Oppermann*, Europarecht, 1991 (2. Aufl. 1999); *A. Bleckmann*, Europarecht, 5. Aufl. 1990; P. Hommelhoff/P. Kirchhof (Hrsg.), Der Staatenverbund der Europäischen Union, 1994; J. Schwarze (Hrsg.), Die Entstehung einer europäischen Verfassungsordnung, 2000; A. v. Bogdandy (Hrsg.), Europäisches Verfassungsrecht, 2003.

41 Zuletzt *H. Steinberger/E. Klein/D. Thürer*, Der Verfassungsstaat als Glied einer europäischen Gemeinschaft, VVDStRL 50 (1991), S. 9 ff.; *M. Hilf/T. Stein/M. Schweitzer/M. Zuleeg/H.-W. Rengeling*, in: VVDStRL 53 (1994), S. 7 ff.; *I. Pernice/P.M. Huber/G. Lübbe-Wolf/Ch. Grabenwarter*, Europäisches und nationales Verfassungsrecht, VVDStRL 60 (2001), S. 1 ff.

42 Dazu mit Nachweisen meine Schriften: Rechtsvergleichung im Kraftfeld des Verfassungsstaates, 1992, S. 3 ff., 176 ff., 360 ff., 597 ff. u.ö.; Feiertagsgarantien als kulturelle Identitätselemente des Verfassungsstaates, 1987. – Beachtenswert sind die Europäischen Tage des kulturellen Erbes (Europarat). Vor allem die Feier des "Europatages" am 9. Mai (Erklärung zum Schuman-Plan) kann zu einem europäischen "Gemeinschaftsgefühl" einen unverzichtbaren Beitrag leisten.

gliedstaatlichen Verfassungen vor allem im Osten Deutschlands einbezogen, die Nationen Osteuropas ebenso. Ausgewertet seien auch bloße Verfassungs*entwürfe* bzw. Vorstufen später erlassener bzw. modifizierter Verfassungen. Entwürfe liefern mehr als nur "Materialien". Wegen ihres hohen Verdichtungsgrades und ihrer möglichen Wirkung im pluralistischen Prozess der Verfassunggebung gebührt ihnen nicht nur das Interesse des Verfassungshistorikers. Jede Verfassungslehre, die in Zeit und Raum vergleichend arbeitet, sollte das spezifische Interesse der Wissenschaft an Verfassungsentwürfen immer wieder unter Beweis stellen[43].

Aufgelistet werden im Folgenden nur die Texte mit *ausdrücklichen* Europa-Bezügen. Die Verfassungsartikel, die in der Sache einen (oft schon gelebten) Europa-Bezug in sich bergen, etwa die Normen zur Übertragung nationaler Hoheitsrechte auf zwischenstaatliche Organisationen nach dem Modell von Art. 11 S. 2 und 3 Verf. Italien[44], seien aber im Blick behalten.

aa) Eine Typologie von Europa-Klauseln

(1) Europabezüge in Präambeln und Grundlagen-Artikeln – Europa als Staatsziel

Schon das GG von 1949 wagte in seiner Präambel die große Formel: "gleichberechtigtes Glied in einem vereinten Europa". Eine Europa-Klausel von inhaltlicher Kraft findet sich später in Art. 7 Abs. 5 Verf. Portugal von 1976/1989:

"Portugal setzt sich für eine Verstärkung der europäischen Identität und ein verstärktes gemeinsames Vorgehen der europäischen Staaten zugunsten des Friedens, des wirtschaftlichen Fortschritts und der Gerechtigkeit zwischen den Völkern ein".

Diese hohe, auf Grundwerte bezogene europäische "Identitäts- und Aktionsklausel" zeigt, wie tief der Europagedanke bei der Neubegründung des Verfassungsstaates Portugal nach den Jahren der Diktatur wurzelt und sich heute fortentwickelt. Später (1992) ist Art. 23 Abs. 1 bis 7 n.F. GG[45] ergangen. Er enthält in Abs. 1 S. 1 eine europäische Integrationsöffnungsklausel bzw. Entwicklungsklausel ("vereintes Europa")

---

43 Dazu im Einzelnen meine Darlegungen in: Neuere Verfassungen und Verfassungsvorhaben in der Schweiz..., JöR 34 (1985), S. 303 (331 f.) und die Besprechung des Verfassungsentwurfs von Kölz/Müller, AöR 117 (1992), S. 319 ff.

44 Vgl. Art. 28 Abs. 3 Verf. Griechenland, Art. 49bis Verf. Luxemburg. Aus der Lit.: *W. Skouris*, Die rechtliche Bewältigung von EG-Beitritt und EG-Mitgliedschaft, FS Schambeck, 1994, S. 1027 ff. (zu Griechenland); *J. Iliopoulos-Strangas*, FS Selmer, 2004, S. 123 ff.

45 Zum neuen Art. 23 GG: *U. di Fabio*, Der neue Artikel 23 des Grundgesetzes, Der Staat 32 (1993), S. 191 ff.; *U. Everling*, Überlegungen zur Struktur der Europäischen Union und zum neuen Europa-Artikel des GG, DVBl. 1993, S. 936 ff.; *C.D. Classen*, Maastricht und die Verfassung – Kritische Überlegungen zum neuen "Europa"-Artikel 23 GG, ZRP 1993, S. 57 ff.; *K.-P. Sommermann*, Staatsziel "Europäische Union", DÖV 1994, S. 596 ff.; *P. Badura*, Das Staatsziel Europäische Integration im GG, FS Schambeck, aaO., S. 887 ff.; *P. Lerche*, ebda., S. 753 ff. Aus der Kommentarliteratur: *R. Streinz*, in: M. Sachs (Hrsg.), Grundgesetz, 3. Aufl. 2003, Art. 23. – Eine Erläuterung aller GG-Änderungen in Sachen Europa findet sich im Bericht der Gemeinsamen Verfassungskommission Bundesrat Drs 800/93 vom 5. Nov. 1993, S. 1 (19 ff.).

mit juristischen Elementen des anzustrebenden Europa-Gebildes ("demokratische, rechtsstaatliche, soziale und föderative Grundsätze", "Subsidiarität" und mit "vergleichbarem Grundrechtsschutz"), die zugleich mit Prinzipien der prozessualen (Verweis auf Art. 79 Abs. 2 GG) und inhaltlichen Struktur- bzw. Identitätssicherung (Verweis auf Art. 79 Abs. 3 GG) gekoppelt wird. Hinzu kommen gestaffelte Mitwirkungsrechte von Bundestag und Ländern bzw. Bundesrat (Abs. 2 bis 7).

Erinnert sei an den klassischen Passus aus Art. 24 Abs. 2 GG: "friedliche und dauerhafte Ordnung in Europa" sowie an die neuen Europabezüge in Art. 16 n.F., 16 a Abs. 2 und 5, 28 Abs. 1 S. 3, 45, 50, 52 Abs. 3 a GG und Art. 88 S. 2 GG.

Der Verfassungsentwurf des Kuratoriums für einen demokratisch verfassten Bund Deutscher Länder (Mai 1991) sagt in seinem neuen Art. 19 a Abs. 2, einem Staatszweck-Artikel:

> "Der Bund hat zum Zweck, die Wohlfahrt seiner Glieder zu fördern, die Freiheiten und Rechte aller Bürgerinnen und Bürger zu wahren, an der Errichtung eines demokratischen europäischen Bundesstaates mitzuwirken und sich aktiv für ein friedliches Zusammenleben der Völker einzusetzen."

(2) Europabezüge in Regionalismus-Klauseln

Sie seien ein Merkposten i.S. des "Europas der Regionen". Beispiele liefern die gliedstaatlichen Verfassungen, vor allem Ostdeutschlands (s. unten: Ziff. 5), der Sache nach der neue Art. 24 Abs. 1 a GG ("grenznachbarschaftliche Einrichtungen")[46].

(3) Europa als Erziehungsziel

Es ist, soweit ersichtlich, noch nicht direkt als solches formuliert, kommt aber mittelbar zur Wirkung dort, wo Europa ein "Staatsziel" ist (wie in ostdeutschen Verfassungen) oder wo das Erziehungsziel "Teilnahme am kulturellen Leben fremder Völker" (Art. 26 Ziff. 4 Verf. Bremen von 1947) auftritt.

(4) Die Rezeption europäischer Grundrechte, z.B. der EMRK

Sie findet sich z.B. in der Kantonsverfassung Jura (1977) und in ostdeutschen Texten (vgl. unten: Ziff. 5). Vorläufiges Stichwort ist das "Europa der Bürger" sowie "gemeineuropäisches Grundrechte-Recht".

(5) Europa-Bezüge in gliedstaatlichen Verfassungen

Spezielle Betrachtung verdient das "Europaprogramm" in gliedstaatlichen Verfassungen. Es mag überraschen, dass sie direkt auf Europa "durchgreifen", wo sie doch im Bundesstaatsrahmen stehen. Bei näherem Zusehen wollen sie diesen durch ihre Europabezüge wohl auch ein Stück weit(er) relativieren. Die folgende Bestandsaufnahme

---

46 Dazu z.B. *S. Grotefels*, Die Novellierung des Art. 24 GG, DVBl. 1994, S. 785 ff.; *M. Niedobitek*, Das Recht der grenzüberschreitenden Verträge, 2001, S. 419 ff. mit zahlreichen w.N. aus der neueren und neuesten Lit. Aus der Kommentarlit.: *I. Pernice*, in: H. Dreier (Hrsg.), Grundgesetz-Kommentar, Bd. 2, 1998, Art. 24, Rd.Nr. 39 ff.

könnte typologisch gearbeitet sein wie die bisherige Übersicht, sie sei jedoch als Kontrast historisch und national strukturiert. Auf diese Weise lässt sich stärker der geschichtliche Wachstumsprozess der Europa-Idee und die wechselseitige Beeinflussung der Texte nachvollziehen. Da Deutschland und jüngst Belgien Bundesstaaten in der EU sind, da Österreich den Europabeitritt erst durch eine Volksabstimmung beschlossen und 1995 realisiert hat, die Schweiz mit ihrem gänzlichen Beitritt indes zögert, kommen nur diese Verfassungsstaaten mit ihren Ländern in Frage.

(a) Die deutschen Bundesländerverfassungen

Die frühen westdeutschen Länderverfassungen nach 1945 sind kaum ergiebig. Man kann "Europa" hier allenfalls durch Interpretation fruchtbar machen, etwa über die Formel "Deutschland als lebendiges Glied der Völkergemeinschaft" (Präambel Verf. Rheinland-Pfalz von 1947) oder Erziehung "im Geiste der Völkerversöhnung" (Art. 33 ebd. (ähnlich Art. 30 Verf. Saarland von 1947)). In den 90er Jahren erfasst der Europagedanke indes auch die westdeutschen Länderverfassunggeber. So heißt es im Grundlagen-Artikel 1 Abs. 2 Verf. Niedersachsen (1993):

> "Das Land Niedersachsen ist ... Teil der europäischen Völkergemeinschaft".

Das Saarland hat zuvor (1992) eine punktuelle Verfassungsrevision gewagt, die einen kräftigen Textschub in Sachen Europaverfassungsrecht, vor allem beim konstitutionellen Regionalismus-Recht, bewirkt hat.

Art. 60 Abs. 2:

> "Das Saarland fördert die europäische Einigung und tritt für die Beteiligung eigenständiger Regionen an der Willensbildung der Europäischen Gemeinschaften und des vereinten Europa ein. Es arbeitet mit anderen europäischen Regionen zusammen und fördert grenzüberschreitende Beziehungen zwischen benachbarten Gebietskörperschaften und Einrichtungen".

Das "Europa der Regionen" hat damit verfassungstextlichen Ausdruck gefunden. Es blieb der *ost*deutschen Verfassungsbewegung, zunächst ihren *Entwürfen*, vorbehalten, hier Pionierdienste zu leisten[47]. Das beginnt mit der Präambel des Verfassungsentwurfs des zentralen Ostberliner "Runden Tisches" (1990):

> "... gewillt, als friedliche, gleichberechtigte Partner in der Gemeinschaft der Völker zu leben, am Einigungsprozess Europas beteiligt, in dessen Verlauf auch das deutsche Volk seine staatliche Einheit schaffen wird ...".

Art. 41 und 44 Abs. 2 sprechen von einer "gesamteuropäischen Friedensordnung". Die Präambel eines Entwurfs einer Verfassung für das Land Brandenburg (Frühjahr 1990) sagt:

---

47 Allgemein dazu meine Kommentierung und Dokumentation in: JöR 39 (1990), S. 319 ff.; 40 (1991/1992), S. 291 ff.; 41 (1993), S. 69 ff.; 42 (1994), S. 149 ff.; 43 (1995), S. 419 ff.

"... verpflichtet, ein für immer friedliches, dem europäischen und völkerverbindenden Gedanken dienendes, einiges Deutschland zu schaffen".

Im Gohrischen Entwurf für eine Verfassung des Landes Sachsen (1990) lautet Art. 12:

> "Das Land strebt grenzüberschreitende regionale Zusammenarbeit im Sinne der europäischen Einigung an".

Dies ist ein frühes Beispiel eines europäischen Regionalismus-Artikels. Ein Verfassungsentwurf für das Land Thüringen formuliert ebenfalls schon in seiner Präambel von 1990 das Ziel, "dass das Land Thüringen als Bestandteil eines deutschen Bundesstaates in ein geeintes Europa hineinwächst".

Konkreter europafreundlich wird ein zweiter Entwurf für Brandenburg (Herbst 1990). In der Präambel ist vom Willen die Rede, "die kulturelle, wirtschaftliche und politische Einheit Europas zu verwirklichen..." Wenn ein Verfassungsentwurf von 1991 in der Präambel von "einem sich einigenden Europa" spricht, so ist dies in den Kanon der Erziehungsziele hinüberzunehmen, insofern dort von "Friedfertigkeit im Zusammenleben der Kulturen und Völker" die Rede ist (Art. 30). Diese "Fernwirkung" des Staatszieles Europa auf die Erziehungsziele sei festgehalten.

Art. 12 des Gohrischen Entwurfs Sachsen (2. Fassung 1990) schlägt eine leichte Variante der Förderung regionaler Zusammenarbeit vor:

> "Das Land strebt grenzüberschreitende regionale Zusammenarbeit, insbesondere im Sinne des Zusammenwachsens Europas, an."

Der FDP-Entwurf Thüringen (1991) behält die Thüringer Konstante der Europa-Offenheit bei, wenn es schon in der Präambel heißt:

> "In der Überzeugung, dass Deutschland nur als demokratisches Gemeinwesen eine Gegenwart und Zukunft in einem geeinten Europa haben kann".

Auch der CDU-Entwurf Thüringen (1991) verschreibt sich in seiner Präambel einem "sich vereinigenden Europa".

Neuland betritt ein Verfassungsentwurf Brandenburgs (1991). Er bekennt sich im Grundsätze-Artikel 2 zu den Menschenrechten und Grundfreiheiten der EMRK und der ESC (Abs. 3) und er normiert ebd. (Abs. 6):

> "Das Land wirkt darauf hin, bei Regelungen des Bundes und der Europäischen Gemeinschaften, die Brandenburg berühren, beteiligt zu werden".

Damit ist ein Gedanke von Art. 23 n.F. GG vorweggenommen! Ein späterer interfraktioneller Entwurf (Dezember 1991) wiederholt zwar die Formel vom sich einigenden Europa (Präambel), auch die Bezugnahme auf EMRK und ESC (Art. 2 Abs. 3), die EG-Partizipationsklausel ist aber entfallen. Man sieht, wie experimentierend werkstatthaft sich die Verfassunggeber des Europa-Themas annehmen und wie vorsichtig sie sind, nicht zu konkret zu werden.

In Sachsen-Anhalts konstitutioneller Vorgeschichte berufen sich zwei Entwürfe aus dem Jahre 1991 schon in der Präambel auf die "europäische Völkergemeinschaft"[48]. Auffällig ist aber die neue Formel eines Verfassungsentwurfs der Fraktion NF/GR/DJ vom August 1991[49]:

> "auf dem mit partnerschaftlicher Stetigkeit verfolgten Wege zu einem geeinten Europa".

In Thüringen denkt sich ein Entwurf, ebenfalls der Linken (1991), in Sachen Europa sprachlich und inhaltlich neue Wendungen aus. In der Präambel heißt es:

> "Möge diese demokratische Verfassung dazu beitragen, dass das Land Thüringen als gleichberechtigtes Glied eines Bundes deutscher Länder in ein politisch, sozial, kulturell und wirtschaftlich geeintes, zur Welt geöffnetes Europa hineinwächst."

Und Art. 5 Abs. 2 wagt sogar einen Auftrag zur EG-bezogenen Menschenrechtspolitik ("Das Land Thüringen wirkt in der föderativen Republik und in der europäischen Gemeinschaft für eine fortschreitende allgemeine Anerkennung dieses Grundsatzes" (sc. "Die Menschenrechte sind unteilbar")).

Die *in Kraft getretenen* Verfassungen Ostdeutschlands "korrigieren" solche Kühnheiten, aber sie bleiben doch einem gewissen Standard des Europaprogramms treu. Die Verf. Brandenburg (1992) spricht in ihrer Präambel von Brandenburg als "lebendiges Glied der Bundesrepublik Deutschland in einem sich einigenden Europa" (Art. 2 Abs. 1 konkretisiert die Zusammenarbeit "insbesondere auf den polnischen Nachbarn" hin). Die Verf. Sachsen (1992) zieht in ihrem Regionalismus-Artikel 12 eine Art Summe i.S. eines allgemeinen Europa-Artikels:

> "Das Land strebt grenzüberschreitende regionale Zusammenarbeit an, die auf den Ausbau nachbarschaftlicher Beziehungen, auf das Zusammenwachsen Europas und auf eine friedliche Entwicklung in der Welt gerichtet ist".

Demgegenüber lässt die Verfassung von Sachsen-Anhalt (1992) den Europa-Gedanken z.T. wieder fallen. In der Präambel ist von der "Gemeinschaft aller Völker" die Rede. Doch definiert es sich in Art. 1 Abs. 1 als Land der Bundesrepublik und "Teil der europäischen Völkergemeinschaft". Thüringen hingegen bleibt sich treu. In seiner Verfassung von 1993 bekennt es sich in der Präambel zu dem Ziel: "Trennendes in Europa und der Welt zu überwinden".

Ein Wort zu der "Nachzügler"-Verfassung Mecklenburg-Vorpommerns. Im Zwischenbericht seiner Verfassungskommission (1992) heißt es in der Präambel zum eigenen Selbstverständnis: "ein lebendiges und gleichberechtigtes Glied der Bundesrepublik Deutschland in der europäischen Völkergemeinschaft" – diese gleichzeitige Verortung

---

48 Vgl. JöR 41 (1993), S. 219 (220) bzw. S. 245.
49 Zit nach JöR 41 (1993), S. 272 f.- Zum folgenden schon mein Beitrag Europaprogramme neuerer Verfassungen und Verfassungsentwürfe — der Ausbau von nationalem "Europaverfassungsrecht", FS Everling, 1995, S. 355 (360 f.) Von "kleiner Art. 23 GG" in den Landesverfassungen spricht *E. Röper*, Landesparlamente und europäische Union, JöR 49 (2001), S. 251 (266).

im Bundesstaat und in Europa ist bemerkenswert! Die 1994 durch Volksabstimmung endgültig angenommene Verfassung bestätigt diese allgemeine Formel und sagt unter dem Stichwort "Europäische Integration, grenzüberschreitende Zusammenarbeit" in Art. 11 überdies speziell:

"Das Land Mecklenburg-Vorpommern wirkt im Rahmen seiner Zuständigkeit an dem Ziel mit, die europäische Integration zu verwirklichen und die grenzüberschreitende Zusammenarbeit, insbesondere im Ostseeraum, zu fördern".

Der neue Art. 3 a Verf. Bayern (1998) lautet:

"Bayern bekennt sich zu einem geeinten Europa, das demokratischen, rechtsstaatichen, sozialen und föderativen Grundsätzen sowie dem Grundsatz der Subsidiarität verpflichtet ist, die Eigenständigkeit der Regionen wahrt und deren Mitwirkung an europäischen Entscheidungen sichert. Bayern arbeitet mit anderen europäischen Regionen zusammen."

Diese Klausel beweist einmal mehr den "Textverarbeitungsprozess" mit rezipierenden und innovativen Elementen.

(b) Die Schweizer Kantonsverfassungen

Die Schweizer Kantonsverfassungen zeichnen sich in den Totalrevisionsbewegungen seit den 60er Jahren durch viele Neuerungen aus[50]. Zunächst hatten sie sich nur wenig in Sachen Europa engagiert. Beachtlich bleibt aber die Verfassung des neuen Kantons Jura (1977). Ihre Präambel verweist auf die Erklärung der Menschenrechte von 1789, von 1948 und auf die EMRK von 1950. Eine Kooperationsklausel bezieht sich auf die "Nachbarn" (Art. 4 Abs. 2) und die ganze Welt: "Elle (der Kanton Jura) est ouverte au monde et coopère avec les peuples soucieux de solidarité".

Besonders ergiebig ist die jüngste Kantonsverfassung Bern (1993). Unter der Überschrift "Internationale Zusammenarbeit und Hilfe" steht in Art. 54 Abs. 1:

"Der Kanton beteiligt sich an der Zusammenarbeit der Regionen Europas".

Dieser auf die Regionen bezogene Kooperations-Artikel kann gar nicht überschätzt werden. Denn er bekennt sich im Grunde zur Idee des "Europas der Regionen", die so viel Literatur und Textmaterial hervorgebracht hat[51]; die jüngeren Verfassungsentwürfe sprechen eher konventionell von Zusammenarbeit "mit dem benachbarten Ausland" (Art. 1 Abs. 2 Entwurf Appenzell A.Rh., Mai 1993 und KV April 1995). Die *Europäisierung der Bundesländer* in Europa hat sich mit und in Bern einen Klassikertext geschaffen. Die Bundesländer in Europa beginnen "europaunmittelbar" zu werden. In dem Maße, wie sich Europa regionalisiert (oder eines Tages vielleicht föderalisiert), werden derartige Europatexte in gliedstaatlichen Verfassungen wohl häufiger – und konsequent.

---

50   Vgl. meinen Bericht: Neuere Verfassungen und Verfassungsvorhaben in der Schweiz ..., JöR 34 (1985), S. 303 ff. Vergleiche die Fortführung in JöR 47 (1999), S. 149 ff.

51   Aus der Lit.: *F. Esterbauer*, Regionalismus, 1978; J. Bauer (Hrsg.), Europa der Regionen, 1992; mein Beitrag: Der Regionalismus als werdendes Strukturprinzip des Verfassungsstaates und als europarechtspolitische Maxime, AöR 118 (1993), S. 1 ff. S. noch unten Anm. 61.

Umgekehrt verleiht das Europaprogramm der Gliedstaaten dem künftigen Gesamteuropa Schubkraft[52].

(6) Europa-Bezüge in osteuropäischen Verfassungen

Unter den osteuropäischen Verfassungstexten ragt Moldawien (März 1993) heraus. In seiner Präambel heißt es u.a.:

"Being aware of ... the creation of states with the Rule of Law in Europe and in the world ..., in conformity to the ... Helsinki final Act...".

Die zum Teil noch "in der Luft hängende" Verfassung der Föderation Bosnien und Herzegowina vom März 1994[53] inkorporiert u.a. die EMRK sowie die Charta des Europarates in Sachen Minderheiten und die Europäische Charta für Regional- und Minderheitssprachen von 1992. Sie "internalisiert" so das Europaprogramm der europäischen Gremien in innerstaatliches Verfassungsrecht, wohl auch, um damit ein Stück der eigenen Identität zu finden. Mag dies zu weit gehen und den künftigen Verfassungstext überlasten: tendenziell ist diese Inkorporation von Europarecht (i.w.S.) ein beachtlicher Weg. Die etablierten Verfassungsstaaten in Europa sollten freilich nur *Grundsätze* von Europaverfassungsrecht aufnehmen, keine (technischen) Details.

Im Ganzen überrascht die eher schmale Ausbeute, läge es doch nahe, dass die osteuropäischen Verfassunggeber ihre "Rückkehr nach Europa" textlich programmatisch beglaubigen. Freilich suchen sie ihre Identität wohl zuvörderst im (wiederentdeckten) *nationalen* Erbe. Auf einer späteren Wachstumsstufe mag das mögliche – und notwendige – "Europaverfassungsrecht" stärker in ihr Blickfeld rücken.

Die Verfassung der Tschechischen Republik (1992) integriert wenigstens ein Stück Europa schon in ihrer Präambel in den Worten:

"... entschlossen, ... die Tschechische Republik ... zu schützen und zu entfalten ... als freien und demokratischen Staat, der auf der Achtung der Menschenrechte und den Prinzipien der Bürgergesellschaft gegründet ist, als Bestandteil der Familie der Demokratien in Europa und der Welt..."[54].

---

52 Die Länder machen sich auch deshalb ein "Bild" von Europa, weil sie von ihm gewinnen *und* verlieren können. Dazu etwa *M. Schröder*, Bundesstaatliche Erosionen im Prozess der europäischen Einigung, JöR 35 (1986), S. 83 ff.; S. Magiera/D. Merten (Hrsg.), Bundesländer und Europäische Gemeinschaften, 1988; *M. Schweitzer*, Beteiligung der Bundesländer..., ZG 1992, S. 128 ff.; allgemeiner: *H.-J. Blanke*, Föderalismus und Integrationsgewalt, 1991; *W. Rudolf*, Das akzeptierte Grundgesetz, Europa und die Länder, FS Dürig, 1990, S. 145 ff.; D. Merten (Hrsg.), Föderalismus und Europäische Gemeinschaften, 1990. Für Österreich: *T. Öhlinger*, Ein Bundesstaat auf dem Weg in die Europäische Gemeinschaft, FS H. Helmrich, 1994, S. 379 ff.; *H. Schäffer*, Die Länder-Mitwirkung in Angelegenheiten der Europäischen Integration, FS Schambeck, 1994, S. 1003 ff.; *R. Morawitz/W. Kaiser*, Die Zusammenarbeit von Bund und Ländern bei der Europäischen Union, 1994. Zu Entwicklungen in Österreich: JöR 54 (2006), i.E. (mit Verfassungstexten).

53 Texte zit. nach H. Roggemann (Hrsg.), Die Verfassungen Mittel- und Osteuropas, 1999 bzw. Graf Vitzthum (Hrsg.), Europäischer Föderalismus, 2000, S. 133.

54 Aus der Lit. zur tschechischen Verfassung: *K. Vodička*, Unaufhebbare Grundprinzipien der tschechischen Verfassungsordnung, OER 1996, S. 225 ff.; *H. Slapnicka*, Die Verfassungsordnung der Tschechischen Republik, 1994, S. 28 ff.

Im Übrigen ist das Fehlen spezifischer Europa-Artikel in den meisten neuen Verfassungen Osteuropas noch heute auffällig (vgl. aber in nuce: Polen, Art. 90)[55].

(7) Sonstige Erscheinungsformen von Europa-Bezügen

Nachzutragen sind sehr heterogene Artikel, so Art. 168 Verf. Belgien (1994):

"Dès l'ouverture des négociations en vue de toute révision des traités instituants les Communautés européennes et des traités et actes qui les ont on modifiés ou complétés, les Chambres en sont informées. Elles ont connaissance du projet de traités avant sa signature";

sodann Art. 29 Abs. 4 Ziff. 3 Verf. Irland (1937/1999)), der eine Bezugnahme auf die Römischen Verträge, die EEA, Maastricht und Amsterdam etc. vornimmt, sowie das österreichische B-VG[56]; es befasst sich an mehreren Stellen mit Europa bzw. der EU. Eher technische, auf die EU und EG bezogene Europa-Artikel haben die Verfassungen Frankreichs (Art. 88-1 bis 88-4), Finnland (Grundgesetz von 1999/2000: § 93 und §§ 96,97), Österreich (Art. 23 a bis f sowie Art. 73), Schweden (Verf. von 1975/95: Kap. 10 § 5) aufgenommen. Spezifischen "Europaidealismus" bringen vor allem die erwähnten deutschen Verfassungen und die Verfassung von Portugal von 1976/97 (vgl. Art. 7 Abs. 5 und 6) auf, Stichwort: "europäische Identität". Dieser reiche Begriff lebt auch in anderen Europa-Texten und in der Wissenschaft weiter[57].

Inkurs: "Quellen" der europabezogenen Verfassungstexte (in Deutschland)

Eher als Merkposten und nur in Stichworten seien Aspekte der "Vorgeschichte" der konstitutionellen Europaprogramme behandelt. Die Literatur über die Geschichte der europäischen Idee[58] ist Legion und hier nicht "nachzuschreiben". Wohl aber sollen einige prägnante Texte zitiert werden, die formal und inhaltlich den geschriebenen "Europa-Artikeln" in Verfassungen der europäischen Länder vorausgegangen sind oder doch in Wahlverwandtschaft zu diesen stehen. Erwähnt seien Beispiele aus (deutschen) Parteiprogrammen (a), aus Europa-Abkommen (b) sowie aus der (deutschen) Fachliteratur (c).

---

55 Dazu aus der Lit.: *L.L. Garlitzki*, Der Verfassungsgerichtshof und die "europäische Klausel" in der polnischen Verfassung von 1997, liber amicorum Oppermann, 2001, S. 285 ff.; 2001 schlägt der slowakische Staatspräsident *R. Schuster* vor, die Westorientierung in der Verfassung der Slowakei festzuschreiben (FAZ vom 25. Mai 2001, S. 7).

56 Texte zit. nach Beck-Texte, Die Verfassungen der EU-Mitgliedstaaten, 5. Aufl. 2000, bzw. nach H.R. Klecatsky/S. Morscher (Hrsg.), B-VG, 9. Aufl. 1999.

57 Dazu Einleitung E. II. – "europäische Identität". S. noch Nachtrag.

58 Dazu *T. Oppermann*, Europarecht, 2. Aufl. 1999, S. 1 ff.; *O. Kimminich*, Europa als geistesgeschichtliche Erfahrung, in: Essener Gespräche, Bd. 27 (1993), S. 6 ff.; *B. Beutler/R. Bieber/J. Pipkorn/J. Streil*, Die europäische Union, 5. Aufl. 2001, S. 30 ff.

(a) Deutsche Parteiprogramme

Parteiprogramme wirken als unentbehrliche "Materialien" und "Stichwortgeber" für Verfassungsfragen. Das hat sich schon mehrfach belegen lassen[59]. Da die Parteien (in Deutschland) der Europaidee kräftig vorausschritten und bis heute sich ihr nachhaltig verschreiben, hier einige Beispiele[60]: Die *CDU* forderte in ihrem "Hamburger Manifest" (1957) die "wirtschaftliche und politische Einigung der Völker Europas in Freiheit und Selbstbestimmung". Ihr Berliner Programm (2. Fassung 1972) enthält einen eigenen Abschnitt "Europapolitik" (Ziff. 11 bis 15) mit Sätzen wie:

> "Unser Ziel ist die baldige Errichtung eines europäischen Bundesstaates mit einer freiheitlichen demokratischen Verfassung; er allein sichert die historisch gewachsene Identität der europäischen Nationen und gewährleistet gleichzeitig die politische Handlungseinheit Europas. Dieses Ziel kann nur in Etappen erreicht werden. Zwischenlösungen müssen darauf ausgerichtet sein. Grundlage und Kern dieser Entscheidung sind die Europäischen Gemeinschaften."

Die "Mannheimer Erklärung" der CDU (1975) bestimmt in ihrem Abschnitt "Europapolitik" u. a.:

> "Unser Beitrag zur Einigung Europas liegt im materiellen wie im geistig-ideellen Bereich... Ebenso wie für unsere eigene freiheitliche Ordnung ist auch für eine freiheitliche Ordnung des vereinten Europa die Mitwirkung der gesellschaftlichen Gruppen unerlässlich."

Im "Grundsatzprogramm" der CDU (1978) heißt es vertiefend (in Ziff. 135):

> "Europa ist mehr als ein geographischer Begriff. Die Grundwerte der Freiheit, Gerechtigkeit und Solidarität sind auf dem geistigen und politischen Boden Europas gewachsen. Die Gemeinsamkeiten der Überlieferung und der Zukunft sind größer als das, was die europäischen Völker heute noch voneinander trennt. – Es gilt, die europäische Kultur in der Vielfalt seiner Völker überzeugend zu verwirklichen..."

Sehr früh tritt die CSU in Sachen Europa hervor. In ihrem "Grundsatzprogramm 1946" heißt es (unter VI.):

> "Im Rahmen der Völkerfamilie ist Europa eine übernationale Lebensgemeinschaft.
>
> wir treten ein für die Schaffung einer europäischen Konföderation zur gemeinsamen Wahrung und Weiterführung der christlich-abendländischen Kultur!
>
> Wir erstreben die wirksame Befriedung Europas als Beitrag zum dauerhaften Frieden in der Welt.

---

59 Vgl. vom Verf.: für Gemeinwohlklauseln: Rechtstheorie 14 (1973), S. 257 ff.; für das Subsidiaritätsprinzip: AöR 119 (1994), S. 169 (192 ff.).

60 Zit. nach R. Kunz/H. Maier/T. Stammen (Hrsg.), Programme der Politischen Parteien in der Bundesrepublik Deutschland, Bd. I u II, 3. Aufl. 1979, Erg. Bd. 1983.

Kein Land Europas kann für sich allein bestehen.

Wir treten ein für die Schaffung einer europäischen Wirtschafts- und Währungsunion!"

Im Grundsatzprogramm der CSU von 1968 finden sich Sätze wie "Die Vereinigten Staaten Europas müssen geschaffen werden. Ein in föderalistischer Ordnung vereintes Europa, auf Freiheit, Recht und Selbständigkeit gegründet, steht auch osteuropäischen Ländern offen." Das Grundsatzprogramm der CSU von 1976 stellt eine weitere Etappe dar in den Worten: "Ein politisch geeintes, freies Europa muss die Idee des freiheitlichen, demokratischen und sozialen Verfassungsstaates auf einer neuen Ebene realisieren." Die CSU fordert daher den "Ausbau der Europäischen Gemeinschaft zu einem europäischen Bundesstaat. Auf dem Weg dorthin verlangt die Christlich-Soziale Union die Bildung eines europäischen Entscheidungszentrums, aus dem eine europäische Regierung entstehen soll; ... die Bildung einer Staatenkammer, in der die Nationen und Regionen Europas an der Gestaltung des Einigungswerkes mitwirken; den Ausbau des Europäischen Gerichtshofes zu einem Obersten Bundes- und Verfassungsgericht."

Schließlich wird verlangt: "Ein vereintes Europa muss eine europäische Verfassung erhalten, in der die freiheitlichen Grundrechte seiner Bürger festgesetzt sind". – Im Wahlprogramm der *CDU/CSU* von 1983 heißt es (unter 4.): "Der Bürger muss die Europäische Gemeinschaft in voller Freizügigkeit erleben können."

Die *SPD* setzt ebenfalls früh Europa-Akzente, freilich zunächst in anderer Einfärbung. In ihren "politischen Leitsätzen" vom Mai 1946 heißt es u. a.:

"Nicht Teile von Deutschland dürfen internationalisiert werden, sondern ganz Europa muss internationalisiert werden. – Die deutsche Sozialdemokratie erstrebt die Vereinigten Staaten von Europa, eine demokratische und sozialistische Föderation europäischer Staaten."

Im Aktionsprogramm der SPD von 1954 findet sich unter dem Stichwort "Europapolitik" der Satz: "Ziel ihrer Europapolitik ist die Hebung des Lebensstandards der europäischen Völker". Im "Ökonomisch-politischen Orientierungsrahmen" von 1975 heißt es (unter 2.1.4.):

"Die Notwendigkeit europäischer Lösungen besteht auch hinsichtlich der gerechten Gestaltung der inneren Gesellschaftsordnung im Sinne des demokratischen Sozialismus".

Im Wahlprogramm der SPD von 1980 findet sich zur Europäischen Einigung der Satz (unter II 6):

"Europa – das sind nicht nur die Staaten der Gemeinschaft, das sind auch die 21 Staaten, die sich im Europarat zusammengeschlossen und ein besonders wirksames System zum Schutz der Menschenrechte entwickelt haben. Wir wollen, dass auch die Europäische Gemeinschaft diesem System beitritt".

Die *FDP* formuliert in ihren "Programmatischen Richtlinien" von 1946:

"Die Vereinigten Staaten von Europa sollen für die Vereinigten Staaten der Erde die festeste Stütze sein".

In ihrem Wahlprogramm vom Oktober 1980 stehen in der Schlusspassage zur Kulturpolitik die Sätze:

"Liberale Kulturpolitik darf sich nicht nationalstaatlich isolieren. Sie fordert eine europäische Kulturpolitik, die unter Wahrung der regionalen und historischen Besonderheiten europäische Zukunft formuliert".

(b) Europa- Abkommen

Eine zweite denkbare "Quelle" bilden die europarechtlichen Texte des Europarates und der EG- bzw. EU-Institutionen. Hierher gehörte eine Auswahl mit Zitaten vor allem aus der EMRK und dem Europäischen Kulturabkommen, auch den EG-Texten bis hin zu "Maastricht" und "Amsterdam", auch "Nizza" und „Brüssel". Je älter diese Texte bzw. je jünger die nationalen bzw. gliedstaatlichen Verfassungstexte sind, desto eher ist zu vermuten, dass diese durch jene beeinflusst worden sind. Jedenfalls bildet das geltende Europarecht im (EU-bezogenen) engeren und weiteren (Europarat-bezogenen) Sinne eine Art Textreservoir für die innerstaatlichen Verfassunggeber. Dabei mag es dann zu einem "schubweisen Stoffwechsel" zwischen den Textebenen kommen, so wie sich nachweisen lässt, dass in Sachen Regionalismus beide Ebenen immer stärker zusammenwachsen[61]. Als Merkposten diene hier nur eine kleine Auswahl: aus dem EGKS-Vertrag von 1951 (Präambel) der Hinweis auf den Beitrag, den ein "organisiertes und lebendiges Europa für die Zivilisation leisten kann", aus dem EWG-Vertrag von 1957 (Präambel): "die Hoffnung, durch diesen Zusammenschluss ihrer Wirtschaftskräfte Frieden und Freiheit zu wahren und zu festigen", aus der Kopenhagener Erklärung zur "europäischen Identität" von 1973 dieser Begriff (vgl. Art. 7 Abs. 5 Verf. Portugal von 1989, später entfallen), aus dem "Tindemans-Bericht" von 1974 das "Europa der Bürger" bzw. die "europäische Solidarität", aus der EEA von 1986 die "Überzeugung, dass der Europagedanke, die Ergebnisse in den Bereichen der wirtschaftlichen Integration und der politischen Zusammenarbeit wie auch die Notwendigkeit neuer Entwicklungen dem Wunsch der demokratischen Völker Europas entsprechen", aus der EU-Grundrechte-Charta (2000) der Präambelpassus: "Die Völker Europas sind entschlossen, auf der Grundlage gemeinsamer Werte eine friedliche Zukunft zu teilen, indem sie sich zu einer immer engeren Union verbinden...".

(c) Große wissenschaftliche Literatur zum Europarecht

Sie kann zu einer weiteren "Quelle" *inner*verfassungsrechtlichen Europaverfassungsrechts werden. Hierher gehört (aus Deutschland) etwa das Lebenswerk von *W. Hallstein* ("Der unvollendete Bundesstaat", 1969, Die Europäische Gemeinschaft, 5. Aufl. 1979, Europäische Reden, 1979) sowie von *H. Coing* (zuletzt: Von Bologna bis Brüssel – Europäische Gemeinsamkeiten in Vergangenheit, Gegenwart und Zukunft, 1989); hierzu

---

61 Dazu mein Beitrag: Der Regionalismus als werdendes Strukturprinzip des Verfassungsstaates und als europarechtspolitische Maxime, AöR 118 (1993), S. 1 ff., jetzt auch in: *ders.*, Europäische Rechtskultur, 1994, S. 209 ff. Zum "Europa der Regionen" gleichnamig: *H.-W. Rengeling*, FS Thieme, 1993, S. 445 ff.; *T. Stein*, Europäische Union..., VVDStRL 53 (1994), S. 26 (41 ff.). S. noch Dritter Teil G. II. Inkurs.

gehört auch ebenso bahnbrechende Europarechtsliteratur, etwa das Werk von *H. P. Ipsen* (Europäisches Gemeinschaftsrecht, 1972; s. auch ders., Europäisches Gemeinschaftsrecht in Einzelstudien, 1984), das Konzentrat des Pionierwerkes von *J. Schwarze* zum Europäischen Verwaltungsrecht (1982/88/2005) sowie die Pionierschrift von *P.-C. Müller-Graff* (Privatrecht und Europäisches Gemeinschaftsrecht, 1987, 2. Aufl. 1989)[62].

bb) Zwischenergebnis:

Das *Zwischenergebnis* lautet: Die Verfassungen und Verfassungsentwürfe europäischer Staaten haben ihr Europa-Programm nach und nach intensiviert und angereichert. Allgemeine Europa-Artikel (z.B. Art. 23 Abs. 1 n. F. GG) finden sich neben europäischen Identitäts- und Aktionsklauseln (Art. 7 Abs. 5 Verf. Portugal); spezielle Aspekte der Europa-Idee (z.b. in Sachen Regionalismus) stehen neben Informations- oder Partizipationsrechten der innerstaatlichen Organe in Sachen Europaverträge (Art. 168 Verf. Belgien von 1994, Art. 23 Abs. 2 – 7 n.F. GG). In der Textstufenentwicklung dringt die Europaidee in manchen nationalen Verfassungen, in Bundesstaaten aber auch in die gliedstaatlichen Verfassungen vor. Letzteres verdient bundesstaatstheoretisch besondere Aufmerksamkeit. Die Dynamik und die Erscheinungsvielfalt von allgemeinen und speziellen Europa-Artikeln, sei es programmatisch bekenntnishaft, sei es rechtstechnisch-juristisch, gewinnen eine besondere Qualität. Manche Nationen scheinen ein Stück ihrer eigenen Identität auch von Europa her gewinnen zu wollen. Und dies dürfte das alte Westeuropa in seiner Identität verändern. Die "Positivität" der Europatexte, ihre juristische Geltungskraft ist sehr differenziert. Sie reicht von den Wirkungen, die eine Präambel mit Europabezügen entfalten kann bzw. Staatszieleklauseln, bis zur strengen Geltung der (zu vielen!) Prinzipien in Art. 23 n.F. GG. Die Ergiebigkeit einiger neuer Schweizer kantonaler Verfassungstexte fällt um so mehr auf, als sich die Schweiz auf Bundesebene überraschend schwer tut, ihren Platz in Europa zu definieren[63].

Im Ganzen kann sich die nationale "konstitutionelle Programmatik" in Sachen Europa "sehen" lassen, so ausbaufähig und ausbauwürdig sie bleibt. Die einzelnen Länder haben ihre Verfassungen nicht mit bloßer Europa-Rhetorik "überschwemmt", sondern wohldosiert höchst differenzierte Elemente ihres Europa-Bildes verankert. In Zeiten

---

62 Seine Wirkungsgeschichte ist ablesbar in *ders.*, Europäisches Gemeinschaftsrecht und Privatrecht, NJW 1993, S. 13 ff.; ders. (Hrsg.), Gemeinsames Privatrecht in der Europäischen Gemeinschaft, 1993.

63 Vgl. zur "Werkstatt Schweiz" meinen gleichnamigen Beitrag in: JöR 40 (1991/1992), S. 167 ff. Die *Wissenschaft* in der Schweiz steht dem Europagedanken denkbar aufgeschlossen gegenüber, z.B. *D. Thürer*, Der Verfassungsstaat als Glied einer europäischen Gemeinschaft, VVDStRL 50 (1991), S. 97 ff.; *R. J. Schweizer*, Die Schweizerischen Gerichte und das europäische Recht, ZSR 112, 1993, II, S. 577 ff.; *D. Schindler*, Europäische Union..., VVDStRL 53 (1994), S. 70 ff.; – Aus politikwissenschaftlicher Sicht: *R. Langejürgen*, Die Eidgenossenschaft zwischen Rütli und EWR, 1993; s. auch die europafreundlichen Beiträge in: W.R. Schluep et al. (Hrsg.), Recht, Staat und Politik am Ende des zweiten Jahrtausends, FS A. Koller, 1993, S. 581 ff.- Viele Beiträge enthält jetzt der Band B. Sitter-Liver (Hrsg.), Herausgeforderte Verfassung, 1999 (S. 413 ff.: "Blick auf Europa"), insbesondere von *T. Fleiner, A. Epiney* und *R.J. Schweizer*, auch der Band "Die Schweiz für Europa?", hrsg. von M. Meyer und G. Kohler, 1998.

gewisser Europa-Müdigkeit oder -Skepsis sollte dies wissenschaftlich und politisch zur Kenntnis genommen werden. Europa ist auch "im" Verfassungsstaat, textlich beglaubigt, unterwegs: es wird zum – neuen – Verfassungsthema.

c) Theoretische und praktische Folgerungen (eine Skizze)

aa) Normative Inhalte der Europa-Texte

Die innerstaatlichen verfassungsrechtlichen Europatexte zeichnen sich schon durch eine beachtliche Formen- und Themenvielfalt aus. Mögen manche Verfassunggeber bislang auf genuine Europa-bezogene Aussagen verzichtet haben (z.b. die Niederlande, – Griechenland und Italien ringen derzeit um Europa-Artikel)[64]: In dem Maße, wie Europa Gestalt gewinnt und der Europäisierungsprozess fortschreitet, werden Rückwirkungen auf die nationalen Verfassungen nicht ausbleiben. Ein kräftiger Textschub könnte von der Europa-Offenheit und -Freundlichkeit künftiger osteuropäischer Verfassungspolitik ausgehen; Europa, ja die Welt stehen seit dem "annus mirabilis" 1989 in einem intensivierten Produktions- und Rezeptionszusammenhang. Eine theoretische Auswertung der allgemeinen und speziellen Europa-Artikel führt auf folgende Problemkreise bzw. Regelungsformen:

(1) Europa als Programm bzw. Staatsziel – bis hin zum Erziehungsziel (allgemeine Europa-Offenheit)

(2) Europa der Regionen, einschließlich des grenzüberschreitenden Regionalismus, der damit verknüpften Relativierung des Nationalstaates[65] i.S. europäischer Nachbarschaft, z.B. mit Polen

(3) Aggressive und defensive inhaltliche Zielvorgaben für die werdende Verfassung Europas, verbunden mit einer Absicherung des Eigenen; hier ist Deutschland am weitesten, vielleicht zu weit vorgedrungen (Art. 23 Abs. 1 n. F. GG)

(4) Europa der Bürger, d.h. Europa dank der Rezeption gemeinsamer Grundrechte, z.B. des EMRK-Katalogs, sowie dank europäischer "Staatsbürgerschafts-Klauseln", einschließlich des Kommunalwahlrechts für EU-Ausländer (vgl. Art. 11 Abs. 3 Verf. Spanien, Art. 28 Abs. 1 S. 3 n. F. GG)

(5) Hineinwachsen Osteuropas nach Europa im engeren und im weiteren Sinne (Wandel des Europabegriffs)

(6) Europäischer Verbund mit Auswirkungen auf etwaige föderale (und regionale) Neugliederungsvorhaben i.S. von Art. 29 GG (Art. 132 Verf. Italien[66])

---

64 Zu Italien vgl. in diesem Kontext bereits *M. P. Chiti*, Der Vertrag über die Europäische Union und sein Einfluss auf die italienische Verfassung, Der Staat 33 (1994), S. 1 ff.

65 In der „Gründerzeit" der Europäischen Gemeinschaften sprach *W. Thieme*, Das Grundgesetz und die öffentliche Gewalt internationaler Staatengemeinschaften, VVDStRL 18 (1960), S. 50 ff., 55, von einer „partielle(n) Einschmelzung der Souveränität der Mitgliedstaaten durch die Errichtung der Gemeinschaft."

(7) "Werkstatt Bundesstaat": Wechselwirkungen zwischen Bund und Ländern in Sachen Europa- bzw. Verfassungspolitik (wechselseitige Struktursicherungen)

(8) Allgemeine Ermächtigungen zur Übertragung von Hoheitsrechten – sie sollten ausdrücklich im Blick auf *Europa* bzw. Grenzregionen spezifiziert werden (vgl. Art. 24 Abs. 1 a und 2 GG)[67].

Es fällt auf, dass sich keiner der nationalen Europa-Artikel zur territorialen Reichweite "Europas" äußert. Der Europa-Begriff bleibt insofern offen, und das ist gut so. Die geographischen Grenzen Europas waren und sind etwa im Blick auf Russland oder die Türkei, auch Israel, offen und flexibel. Die innerstaatlichen Verfassunggeber sollten sich hier nicht festlegen[68]. Entscheidender sind die Inhalte, die normativen Prinzipien, nach denen dieses Europa gestaltet werden soll. Sie "suchen" sich dann ihre territorialen Gebiete und Grenzen, – wie man an der "Rückkehr" etwa der Baltenländer oder Polens nach Europa sieht.

An *inhaltlichen Elementen* des sich einigenden bzw. "verfassenden" Europas lassen sich folgende Prinzipien aus dem Verfassungsmaterial der innerstaatlichen Europa-Artikel erkennen:

- nationale bzw. europäische Identität i.V.m. "Europa-Offenheit"

- Gerechtigkeit

- Grundrechte

- sozialer Rechtsstaat

- Subsidiarität[69]

- Zusammenarbeit auf Teilfeldern[70]

---

66 Zur "Europäisierung" von Art. 29 Abs. 1 GG mein Beitrag: Ein Zwischenruf zur Neugliederungsdiskussion in Deutschland – Gegen die Entleerung von Art. 29 Abs. 1 GG, FS Gitter, 1995, S. 315 ff., sowie oben Inkurs.
67 *M. Schröder*, Grundsatzfragen des Art. 24 Abs. 1 a GG, Thüring. VBl. 1998, S. 97 ff.
68 Zum Problem: *P. Häberle*, Europäische Rechtskultur, 1994, S. 9 (13 ff.) – Der – offene – Europabegriff etwa des GG ist aus seinen vielen Schichtungen und Wandlungen seit 1949 zu erschließen. Beginnend mit der Präambel von 1949 und Art. 24 Abs. 2 ist territorial-geographisch nach Europa zu fragen (auch schon nach Osteuropa?); darüberhinaus ist geistig, kulturell, wirtschaftlich sowie juristisch und seit 1989 neu politisch nach seinen Elementen und Dimensionen zu suchen. Die seit 1992 neu (gegenüber der Präambel und Art. 24 Abs. 2 GG) nachgewiesenen sieben (!) *speziellen* Europa-Artikel (vgl. auch im Text) machen die Aufgabe der letztlich *kulturwissenschaftlich* zu betreibenden Verfassungsinterpretation schwer. Sie beziehen sich jetzt auch auf Osteuropa, wenngleich der Vereinigungsprozess hier noch Zeit braucht.
69 Dazu mein Beitrag: Das Prinzip der Subsidiarität aus der Sicht der vergleichenden Verfassungslehre, AöR 119 (1994), S. 169 ff.; *B. Gutknecht*, Das Subsidiaritätsprinzip als Grundsatz des Europarechts, FS Schambeck 1994, S. 921 ff.; *H.-J. Blanke*, in: Ch. Calliess/M. Ruffert (Hrsg.), Kommentar zu EU-Vertrag und EG-Vertrag, 1999, Art. 2 EUV, Rn. 18 (2. Aufl. 2002) mit ausführlichen w.N. S. noch *R. Scholz*, in: Maunz/Dürig/Herzog/Scholz, Art. 23, Rn. 66 als Beispiel aus der deutschen Kommentarlit.

- Regionalismus bzw. Föderalismus
- Grenzüberschreitungen auf verschiedenen Ebenen (föderal, regional, kommunal)
- Informations- bzw. Partizipationsrechte in Bundes- oder Regionalstaaten.

Diese Regelungsformen und Inhalte finden sich in keiner nationalen (oder gliedstaatlichen) Verfassung alle *zugleich*, kumulativ, vielmehr jeweils nur in einzelnen Ausprägungen. Die Wissenschaft darf sie aber "zusammenlesen", spiegeln sich in ihnen doch Bausteine für dieses verfassungsrechtliche Europa. Oft ist von "europäischer Einigung", vom "Zusammenwachsen Europas", von "europäischer Völkergemeinschaft" die Rede; doch kein Verfassungsstaat legt sich auf die *Intensität* dieser Integration, die "Finalität" oder eine konkrete Gestalt fest. Das ist auch gut so. Die nationalen Verfassunggeber übernähmen sich, wenn sie ein komplettes und starres Europa-Programm festschrieben.

bb) Prinzipien der Verfassungsinterpretation für Europa-Artikel ("nationales Europaverfassungsrecht")

Quantität und Qualität der – "wachsenden" – Europa-Artikel in verfassungsstaatlichen Verfassungen legen es nahe, nach spezifischen Interpretationsmaximen zu fragen. Das – innerstaatliche – "Europaverfassungsrecht" hat seine "besonderen" Sachbereiche, seine propria, ähnlich wie etwa das "Kulturverfassungsrecht" oder das "Religionsverfassungsrecht". Dazu gehört, dass es über den nationalstaatlich introvertierten Verfassungsstaat hinausweist und eben dadurch die Familie der "europäischen Verfassungsstaaten" konstituiert: zum Typus des "gemeineuropäischen Verfassungsstaates".

(1) Das nationale Europaverfassungsrecht im Rahmen der "Einheit der Verfassung"

Die "Einheit der Verfassung" bildet ein schon klassisches Prinzip der Verfassungsinterpretation[71]. Speziell im konstitutionellen Europarecht der verschiedenen Nationen Europas wirkt es sich in zweifacher Hinsicht aus: Die einzelnen Verfassungsnormen mit Europabezug sind untereinander "zusammen zu lesen"; im GG wird dies für das Europaelement in der Präambel, auch Art. 24 bis 26, jener als "Integrationshebel" (*H. P. Ipsen*) verstanden, seit langem praktiziert[72]. Die einzelnen Europa-Artikel sind aber

---

70   Z.B. P.-C. Müller-Graff (Hrsg.), Europäische Zusammenarbeit in den Berichen Justiz und Inneres, 1996. S. noch Nachtrag.
71   Dazu *K. Hesse*, Grundzüge des Verfassungsrechtes der Bundesrepublik Deutschland, 20. Aufl. 1995, S. 27 f. (Neudruck 1999).
72   Aus der Lit. etwa *H. P. Ipsen*, Die Bundesrepublik Deutschland in den Europäischen Gemeinschaften, HdBStR Bd VII, 1992, S. 767 (770); *C. Tomuschat*, Die staatsrechtliche Entscheidung für die internationale Offenheit, ebd. S. 483 (484 f.); *W. von Simson/J. Schwarze*, Europäische Integration und GG, HdbVerfR 2. Aufl. 1994, S. 53 (68 ff.) – Auch das BVerfG sieht die Präambel und "Art. 24 bis 26 GG" zusammen; vgl. E 63, 343 (370); 75, 1 (17). Seine früh begründete Formel von der "*Völker*rechtsfreundlichkeit" des GG (E 6, 309 (362 f.); 31, 56 (75); 41, 88 (120); 111,

auch in "praktische Konkordanz" (*K. Hesse*) mit dem Ganzen der Verfassung zu bringen. So wirken sich etwaige Aussagen über grenzüberschreitende regionale Zusammenarbeit auch im Kommunalverfassungsrecht aus. So wächst das "Staatsziel Europa" auch in den Kanon der Erziehungsziele in den Schulen hinüber. Und so dürfte es weitere Felder geben, auf denen der Grundsatz *europafreundlicher Auslegung* innerstaatlichen Verfassungsrechts praktische Auswirkungen hat (etwa bei Art. 29 GG – Neugliederung des Bundesgebiets). Einheit der Verfassung und Europaoffenheit dieser Verfassung gehören zusammen[73]. Diese neue Europa-Artikel des GG verstärken den bislang schon geltenden Verfassungsgrundsatz der "Bereitschaft zur europäischen Integration"[74]. "Europa(rechts)freundlichkeit" wird ein Auslegungsprinzip.

(2) Europa-Artikel als "offene Verweisungen"

Wie gezeigt, verweisen die verschiedenen Beispiele für Europa-Artikel bald auf das Ganze des europäischen Einigungsprozesses (wie die Präambel des GG: "gleichberechtigtes Glied in einem vereinten Europa"), teils auf einzelne Elemente dieses Europas wie etwa grenzüberschreitende bzw. benachbarte Regionen. Angesichts der Dynamik und des Fortgangs des europäischen Einigungsprozesses wird den innerstaatlichen Verfassungsrechtsbegriffen dadurch eine spezifische Offenheit vermittelt. Z.B. bestimmt der einzelne Verfassungsstaat nicht mehr allein, was "grenzüberschreitende Zusammenarbeit" ist. Europa als Erziehungsziel beruht nicht mehr nur auf dem Europa-Verständnis des jeweiligen Nationalstaates. M.a.W.: Die Europa-Artikel der einzelstaatlichen Verfassungen zeichnen sich durch flexible Inhalte aus, der nationale Verfassungsstaat hat diesbezüglich sein Interpretationsmonopol verloren. Gewiss, Deutschland darf und soll "sein" Europa-Bild als "eines" z.B. in den staatlichen Schulen vermitteln, von vornherein aber eben nur mit "einer Stimme" und unter Hinweis auf konkurrierende Europa-Verständnisse, die zu integrieren sind.

(3) Die Europa-Artikel im Kontext "gemeineuropäischer Hermeneutik"

Die einzelnen Europa-Artikel bilden die Basis für eine Auslegung in "gemeineuropäischer Hermeneutik"[75]. Als Artikel spezifisch "verfassungstranszendenter" Art können sie gar nicht mehr "aus sich" verfassungsimmanent interpretiert werden. Die "Europa-Offenheit" verlangt, dass potentiell alle Interpreten in Europa dieses Europa mitbestim-

---

307 (312 ff.)) wäre nicht zuletzt wegen der neuen Europa-Artikel durch das Prinzip der "*Europa(rechts)freundlichkeit*" fortzuschreiben.

73 Die vielzitierte "Identität" des nationalen Verfassungsstaates (z.B. *P. Lerche*, Europäische Staatlichkeit und die Identität des GG, FS K. Redeker, 1993, S. 131 ff.; *P. Kirchhof*, Der deutsche Staat im Prozess der europäischen Integration, HdBStR Bd. VII 1992, S. 855 (882 ff.)) ist von vornherein im Kontext der "europäischen Identität" zu lesen! Dazu Einleitung E. II.

74 *M. Zuleeg*, AK-GG, 2. Aufl., 1989, Art. 24 Abs. 1 Rz. 23. S. auch *T. Oppermann*, Europäische Integration und das deutsche GG, in: T. Berberich u. a. (Hrsg.), Neue Entwicklungen im öffentlichen Recht, 1979, S. 85 (93): "Diese grundlegende Bekundung der Präambel (sc. für die europäische Integration) ist für die Einzelauslegung der weiteren europabezogenen Verfassungsbestimmungen von Bedeutung. Sie "setzt gewissermaßen den Ton für jene Interpretationen." Wieder einmal zeigt sich die "Potenz" von Präambeln, auch in der Zeitachse (1949 bis 1992!).

75 Dazu schon mein Diskussionsbeitrag in: VVDStRL 53 (1994), S. 115 f.

men können und sollen. "Europa" gehört weder allgemein noch in der Erscheinungsform der nationalen Europaverfassungsrechte nur einer einzigen Nation bzw. einem einzigen Verfassungsstaat. Europa ist als Ganzes eine – werdende – offene Gesellschaft der Europa-Verfassunggeber und -interpreten: im Horizont der einen europäischen Rechtskultur[76]. So kann es sein, dass plötzlich der Auslegungsbeitrag eines "fremden" nationalen Verfassungsgerichts wie der Corte Costituzionale in Rom ein Element des Auslegungshorizontes wird, den das deutsche BVerfG für einen Europa-Artikel des deutschen Verfassungsrechtes braucht. Gerade hier wirkt sich das Wort von der "Europäisierung der nationalen Staatsrechtslehren und Verfassungsgerichte" aus[77]. Die innereuropäische Rechtsvergleichung wird zum selbstverständlichen Vehikel dieser Vorgänge.

cc) Der Ausbau von nationalem "Europaverfassungsrecht"

Wie gezeigt, entwickelt sich in manchen Ländern Europas innerstaatlich eine neue Textstufe: Einzelne Europa-Artikel beginnen so heranzuwachsen und sich auszudifferenzieren, dass die Umrisse eines spezifischen Europaverfassungsrechts sichtbar werden. Angesichts der Aufgaben, die heute auf der überstaatlichen, europäischen Ebene anstehen, sind die Ansätze zu einem innerstaatlichen Europaverfassungsrecht indes noch nicht ausreichend. Ihre Fortentwicklung dürfte um so wichtiger sein, als sich der europäische Gedanke seit "Nizza" in einer Krise befindet. M.E. ist das Europa der Zukunft stärker wieder von "innen" und "unten" her auszubauen, d.h. Europa muss für den Bürger von seiner *nationalen* Verfassung aus stärker erlebbar werden, nur so wird das viel zitierte "Europa der Bürger", das "Europa der Regionen und Kommunen" entstehen. M.a.W.: Das Europaverfassungsrecht ist auf der *inner*staatlichen Ebene auszubauen in Gestalt all der Erscheinungsformen, die sich vereinzelt da und dort schon finden. Europa muss in einem doppelten Sinne zum *Verfassungs*thema werden: innerverfassungsstaatlich, auch innerbundesstaatlich (wie tendenziell in einzelnen ostdeutschen Verfassungen) und überstaatlich i.S. einer "werdenden" Verfassung der Europäischen Union. Nur dieses *zweigleisige* Vorgehen kann Europa voranbringen. Wenn, z.T. zu Recht, das

---

76 Zum Problemfeld *"Europa und Kultur"* mein Beitrag: Europa in kulturverfassungsrechtlicher Perspektive, JöR 32 (1983), S. 9 ff., mit Stichworten wie "kulturelle Öffentlichkeit Europas", "Gemeineuropäisches Grundrechts-Recht", "Vielfalt und Einheit, Offenheit und Identität Europas als Kultur", "Dezentralisierte Organisationsstrukturen".- Zur späteren, spezielleren Diskussion: *H.P. Ipsen*, Der "Kulturbereich" im Zugriff der Europäischen Gemeinschaft, Ged.-Schrift für Geck, 1989, S. 339 ff.; *W. Weidenfeld u. a.*, Europäische Kultur: das Zukunftsgut des Kontinents, 1990; *G. Ress*, Kultur und Europäisches Binnenmarkt, 1991; *ders.*, Die neue Kulturkompetenz der EG, DÖV 1992, S. 944 ff.; *K. Bohr/H. Albert*, Die Europäische Union – das Ende der eigenständigen Kulturpolitik der deutschen Bundesländer?, ZRP 1993, S. 61 ff.; *S. Schmahl*, Die Kulturkompetenz der Europäischen Gemeinschaft, 1996; *H.-J. Blanke*, in: Ch. Calliess/M. Ruffert (Hrsg.), Kommentar zu EU-Vertrag und EG-Vertrag, 1999, Art. 151 EGV, Rn. 2. Allgemein noch Dritter Teil J: "Europäisches Kulturverfassungsrecht".

77 Dazu mein Beitrag Gemeineuropäisches Verfassungsrecht, EuGRZ 1991, S. 261 ff., jetzt auch in: Europäische Rechtskultur, 1994, S. 33 ff. Dazu Erster Teil II 2.

Fehlen einer "europäischen Öffentlichkeit" beobachtet wird[78], so wachsen hier den nationalen Verfassunggebern besondere Aufgaben zu: Sie müssen Europa national in ihren eigenen Regelungsbereichen thematisieren und "erfinderisch" werden, etwa durch Ausdifferenzierung des Staatszieles Europa, durch Normierung des Erziehungszieles "Europa", durch Bezugnahmen auf europäische Grundrechte (sei es der geschriebenen der EMRK[79]), sei es der ungeschriebenen des EuGH als allgemeine Rechtsgrundsätze[80]), durch Verweis auf den europäischen Verbund, in dem Regionen und Kommunen stehen oder durch Klauseln zur europäischen Kulturförderung. Gefordert ist eine "Politik für Europaverfassungsrecht". Vor allem die Präambeln und Grundlagen-Artikel sind der Rahmen, in den Europaprogramme wirksam plaziert werden können – und sollen. Parallelen zwischen innerstaatlichen Europa-Artikeln und werdendem übernationalem Europarecht sind nicht etwa zu meiden, sondern sogar i.S. einer Gleichgestimmtheit beider Ebenen zu suchen.

Als "*Textreservoir*" bieten sich viele Normgruppen an:

- Textelemente der Satzung des Europarates von 1948 ("Fortentwicklung der Menschenrechte und Grundfreiheiten")
- Präambelelemente aus der EMRK von 1950 ("gemeinsames Erbe an geistigen Gütern") und der ESC von 1961 ("wirtschaftlicher und sozialer Fortschritt")
- Textelemente aus dem Europäischen Kulturabkommen von 1954 (Förderung der "gemeinsamen Kultur", Schutz des "gemeinsamen kulturellen Erbes", der "europäischen Kultur")
- Textelemente aus der KSZE-Schlussakte von 1975 (Korb 3): Förderung des Interesses für das Kulturgut der anderen Teilnehmerstaaten, "eingedenk der Vorzüge und der Werte jeder Kultur"

---

78 D. Grimm, Der Mangel an europäischer Demokratie, Der Spiegel Nr. 43 vom 19. Oktober 1992, S. 57 f.
79 Die EMRK müsste zum *inneren* Thema des gemeineuropäischen Verfassungsstaates werden. Damit würde zugleich unterstützt, was das BVerfG mit der EMRK als Auslegungshilfe für die Grundrechte (z.B. E 74, 358 (370)) leistet; dazu *J. A. Frowein*, Das BVerfG und die Europäische Menschenrechtskonvention, FS W. Zeidler, Bd. 2 (1987), S. 1763 ff.; *P. Häberle*, Die Wesensgehaltgarantie des Art. 19 Abs. 2 GG, 3. Aufl. 1983, S. 410. Allgemeiner: J. Iliopoulos-Strangas (Hrsg.), Grundrechtsschutz im europäischen Raum, Der Beitritt der Europäischen Gemeinschaften zur EMRK, 1993; *P. Kirchhof*, Verfassungsrechtlicher Schutz und internationaler Schutz der Menschenrechte: Konkurrenz oder Ergänzung?, EuGRZ 1994, S. 16 ff. – Zum Verhältnis EuGH/EMRK: *R. Streinz*, Bundesverfassungsgerichtlicher Grundrechtsschutz und Europäisches Gemeinschaftsrecht, 1989, S. 400 ff.; *ders.*, Europarecht, 6. Aufl. 2003, S. 138 ff.
80 Zum "europäischen Grundrechtsschutz" gleichnamig: *J. Schwarze*, Zeitschrift für Verwaltung, 1993, S. 1 ff.; *I. Pernice*, Gemeinschaftsverfassung und Grundrechtsschutz, NJW 1990, S. 2409 ff.; s. auch *J. Schwarze*, Der Beitrag des Europarates zur Entwicklung von Rechtsschutz und Verfahrensgarantien im Verwaltungsrecht, EuGRZ 1993, S. 377 ff. Allgemein zum Europarat: U. Holtz (Hrsg.), 50 Jahre Europarat, 2000; sowie *R. Streinz*, Einführung: 50 Jahre Europarat, in: ders. (Hrsg.), 50 Jahre Europarat. Der Beitrag des Europarats zum Regionalismus, 2000, S. 17 ff.

- Präambelzitate aus dem Entwurf eines Vertrages zur Gründung der Europäischen Union (EP) von 1984: "Bestreben, das Werk der demokratischen Einigung Europas ... fortzusetzen"
- Präambelelemente aus der Erklärung der Grundrechte und Grundfreiheiten des EP (1989), wie: "dass Europa die Existenz einer Gemeinschaft des Rechts bekräftigt"
- Textelemente zum Fundament des "neuen Europa" i.S. der KSZE-Charta von Paris (1990): Schutz "ethnischer, kultureller, sprachlicher und religiöser Identität" nationaler Minderheiten (Volksgruppenschutz) sowie "Schutz der Umwelt" in gemeinsamer Verantwortung aller unserer Nationen in Europa
- Regionalismus-Texte (z.B. aus der "Gemeinschaftscharta der Regionalisierung" (1988), wie Art. 1)
- Textelemente aus dem Krakauer Symposium über das kulturelle Erbe der KSZE-Teilnehmerstaaten von 1991: Regionalaspekte der Kultur als "Faktor der Völkerverständigung"
- Präambelelemente von "Maastricht" (1992) und Amsterdam (1997): "bürgernahes" Europa, Thessaloniki (2004): „kulturelles Erbe"
- ebensolche "zum Schutz der Umwelt auf internationaler Ebene" (Entwurf eines Verfassungsberichts zur Europäischen Union (September 1993, Berichterstatter *F. Herman*)
- Präambelelemente aus der EU-Grundrechte-Charta (2000): "Verantwortlichkeiten und Pflichten gegenüber den Mitmenschen"
- schließlich aus der Europäischen Charta der kommunalen Selbstverwaltung (1985) der Satz, "dass das Bestehen kommunaler Gebietskörperschaften mit echten Zuständigkeiten eine zugleich wirkungsvolle und bürgernahe Verwaltung ermöglicht" und die "Stärkung der kommunalen Selbstverwaltung in den verschiedenen europäischen Staaten einen wichtigen Beitrag zum Aufbau eines Europa darstellt, das sich auf die Grundsätze der Demokratie und der Dezentralisierung der Macht gründet"[81] – das könnte die wechselseitige Aufgeschlossenheit von Gemeinden und EU fördern.

Den hier vorgeschlagenen "Stoffwechsel" zwischen europäisch überstaatlichem und innerstaatlichem "Europaverfassungsrecht" nimmt im Grund für einen Einzelbereich der Entwurf eines Artikels für die Europäische Verfassung von *J. Hofmann* vorweg[82]:

"(1) Den kommunalen und regionalen Gebietskörperschaften der Unionsstaaten wird das Recht auf Selbstverwaltung und Finanzautonomie im Rahmen der Gesetze und nach Maßgabe des Prinzips der Subsidiarität gewährleistet.

---

81 Zit. nach *F.-L. Knemeyer*, Die Europäische Charta der kommunalen Selbstverwaltung, 1989, S. 273.
82 Zit. nach *Knemeyer*, aaO, S. 283.

(2) Den Gebietskörperschaften steht bei allen sie betreffenden Entscheidungen der Union und der Unionsstaaten ein Informations- und Beratungsrecht zu. Dieses wird durch von den Gebietskörperschaften zu bildende Ausschüsse wahrgenommen.

(3) ..."

Aber auch sonst ist Ausschau zu halten, wo Bauteile für innerstaatliches Europaverfassungsrecht zu entdecken sind[83]. Zur vielberufenen "europäischen Architektur" gehören heute auch innerstaatliche – differenzierte – Europa-Artikel[84]. Sie indizieren die viel berufene "Europäisierung" des (Verfassungs-)Rechts[85]. Die nationalen Europa-Artikel könnten zugleich der verbreiteten Beobachtung Rechnung tragen, Europa stehe heute unter "Begründungszwang". Europa gewönne von den Nationen her eine alt-neue Begründungsebene. Hinzukommen muss freilich die entsprechende *Praxis*. Hier ist Belgien vorbildlich, insofern es einen nationalen Parlaments-Ausschuss gibt, der sich je zur Hälfte aus nationalen und Europaabgeordneten zusammensetzt.

d) Ausblick: Verfassungspolitik in Sachen Europa

Die typisierten Verfassungstexte mit Europa-Bezügen stehen nicht für sich. Sie sind im gemeineuropäischen *Kontext* zu lesen bzw. auf *Gesamt*europa hin zu deuten. Nimmt man sie alle in der Vielfalt ihrer Formen und Inhalte zusammen, so zeigt sich, dass die Europa-Idee "unterwegs" ist und wie sehr sie den "gemeineuropäischen Verfassungsstaat" als solchen auch ausweislich seiner Verfassungstexte "schmückt". Die Europäisierung des Verfassungsstaates, die Europa-Offenheit der Nationalstaaten einschließlich ihrer etwaigen föderalen Gliedstaaten ist auch textlich schon weiter fortgeschritten als

---

83 Vgl. etwa den frühen Entwurf einer europäischen Bundesverfassung von 1951 (zit. bei P.C. Mayer-Tasch, (Hrsg.), Die Verfassungen Europas, 2. Aufl. 1975, S. 832 ff.: "im Bewusstsein unserer Kulturgemeinschaft"). Ferner *M. Imboden*, Die Verfassung einer europäischen Gemeinschaft, Festgabe zum Schweizerischen Juristentag, 1963, S. 127 ff.: "Die europäischen Völker, getragen vom Wunsche, sich Freiheit und Frieden zu sichern, im Bewusstsein ihres großen Erbes ..." – Art. X/6 eines Entwurfes der Europäischen Kommission bzgl. der politischen Union (Mai 1991): "Jeder Unionsbürger hat das Recht auf freie Entfaltung seiner Kultur. Er hat die Pflicht, die Entfaltung der Kultur des anderen zu achten". – Präambel Verfassungsentwurf der Europäischen Union (Februar 1993): "... dass die Union die Identität der Mitgliedstaaten ... auf der Grundlage der Grundsätze der Solidarität, des wirtschaftlichen und sozialen Fortschritts, der Subsidiarität und der aktiven Beteiligung der regionalen und lokalen Gebietskörperschaften achtet".

84 Solche Europa-Artikel werden der Einsicht der Europäischen Strukturkommission bzw. ihrem Reformprogramm gerecht (zit. nach FAZ vom 14. Juli 1994, S. 8): "Wesentliche politische Erfahrungen werden nach wie vor in nationalstaatlichen, nationalgeschichtlichen wie auch regionalen und lokalen Bedeutungskontexten interpretiert. Deshalb wird auch künftig ein erheblicher Teil der Legitimationslast von den Mitgliedstaaten getragen werden müssen."

85 Zur "Europäisierung des Rechts": *E. Schmidt-Assmann*, Zur Europäisierung des allgemeinen Verwaltungsrechts, FS Lerche, 1993, S. 514 ff.; s. auch *ders.*, Deutsches und Europäisches Verwaltungsrecht, DVBl. 1993, S. 924 ff.; *E. Klein*, Der Einfluss des Europäischen Gemeinschaftsrechts auf das Verwaltungsrecht der Mitgliedstaaten, Der Staat 33 (1994), S. 39 ff.; *H. Bauer*, Europäisierung des Verfassungsrechts, JBl. 2000, S. 750 ff.; *M. Brenner/P. Huber*, Europarecht und Europäisierung im Jahre 1997, DVBl. 1999, S. 764 ff.; *J. Schwarze*, Die europäische Dimension des Verfassungsrechts, FS Everling, 1995, S. 1355 ff. S. noch oben Einleitung E.

die oft noch introvertiert nationalstaatlich arbeitende Dogmatik und z.T. auch die Verfassungsrechtsprechung wahrhaben will[86].

Jede "gute Verfassungspolitik" hat heute mit zu bedenken, an welchen systematischen Stellen einer Verfassung sie das Thema Europa wie fixiert: als Staatsziel[87] (mit Folgerungen z.B. für die Umweltpolitik), als Erziehungsziel, im Blick auf die Grundrechte, als Präambelelement oder auf sonstige Weise. Das "Europa der Bürger" und das "Europa der Regionen" hat Gewinn davon, wenn Europa von unten her, d. h. von innen her, von den nationalen und gliedstaatlichen Verfassungstexten aus wächst und parallel dazu von der überstaatlichen Ebene her. So mag man verfassungspolitisch z.B. an Europa-Texte im Kontext der kommunalen Selbstverwaltung denken – "Echo" auf die Europäische Charta der kommunalen Selbstverwaltung[88]; m.a.W.: "Verfassungpolitik für Europa" ist von der innerstaatlichen und der überstaatlichen Ebene her zu leisten. Gewiss, innerstaatlich muss der Verfassunggeber recht allgemein bleiben, er darf sein Europaprogramm nicht zu konkret formulieren, um die Gestaltungsfreiräume nicht nationalstaatlich einzuschnüren. Das Europabekenntnis aber sollte an den je notwendigen Stellen systematisch Stück für Stück und glaubhaft *konstitutionell* ausgesprochen werden. Differenzierte Europa-Artikel sollten zu einem normalen Themenbereich demokratischer Verfassunggeber in Europa werden. Zu wichtig ist das Europa-Thema heute. Anders gesagt: Der "gemeineuropäische Verfassungsstaat" wird zu einem solchen dank geschriebener (oder ungeschriebener) "verinnerlichter" Europa-Artikel. "Europa" wird zu seinem selbstverständlichen Thema – wie dies etwa Menschenwürde und Menschenrechte, Demokratie, sozialer Rechtsstaat und Gewaltenteilung in Jahrhunderten geworden sind[89].

Das Plädoyer für ein Mehr an allgemeinen und besonderen Europa-Artikeln in *nationalen* Verfassungen i.S. von "Europa im Verfassungsstaat" will die künftige Europapolitik nicht einengen, sondern bürgernäher, regional und national, mehr von unten her legitimieren und die Akzeptanz Europas erhöhen. Gerade weil derzeit eine Phase der "Renationalisierung" droht und die "Europäisierung" der Nationen ins Stocken geraten ist, kann so der Sache Europa mit neuer Kraft gedient werden. Ideal wären aufeinander

---

86   Vgl. die Kritik von *J. Schwarze*, aaO., NJ 1994, S. 1 (3) an BVerfGE 89, 155: "Introvertierte Verfassungsinterpretation".

87   Von der Schaffung von Europa-Artikeln sollte man sich auch nicht deshalb abhalten lassen, weil Art. 23 Abs. 3 – 7 n.F. GG *konkret* Kritik verdient: Er ist "Verwaltungsrecht im Verfassungsrecht", sein eigenes schlechtes Ausführungsgesetz und verstößt gegen Grundsätze guter Verfassungspolitik. Zur Kritik insofern etwa: *C. Starck*, VVDStRL 53 (1994), S. 127 f. und der Verf., ebd. S. 147 (Diskussion); *U. Everling*, Überlegungen zur Struktur der Europäischen Union..., aaO., DVBl. 1993, S. 936 (945 f.); *J. Schwarze*, Das Staatsrecht in Europa, JZ 1993, S. 585 (595); *R. Breuer*, Die Sackgasse des neuen Europaartikels (Art. 23 GG), NVwZ 1994, S. 417 ff. Aus der Kommentarliteratur: *I. Pernice*, in: H. Dreier (Hrsg.), Grundgesetz-Kommentar, Bd. II, 1998, Art. 23.

88   Dazu *F.-L. Knemeyer*, aaO., 1989 und meine Besprechung in AöR 116 (1991), S. 324 f.; ders. (Hrsg.), Europa der Regionen und Europa der Kommunen, 1994; s. aber auch *H. Heberlein*, Maastricht – ein Erfolg für die kommunale Selbstverwaltung?, DVBl. 1994, S. 1213 ff.

89   Vgl. auch *J. Schwarze*, Das Staatsrecht in Europa, JZ 1993, S. 585 (594): "Öffnung des Staatsrechts auf Europa hin".

abgestimmte Europa-Artikel der Verfassungsstaaten, die zum Europa im engeren (EG) Sinne, aber auch zum Europa im w. S. (d. h. zum Europarat) gehören. Dabei können die nationalstaatlichen Programme durchaus differieren: so bleibt Raum für fruchtbare Konkurrenz in Sachen Verfassungspolitik für Europa. Entscheidend ist nur, dass die Verfassungsstaaten mehr Europaverfassungsrecht im gekennzeichneten Sinn wagen und damit das "Europa der Bürger" (durch EMRK-Verweise) oder das "Europa der Regionen" (europäische Regionalismus-Artikel) und das "Europa der Kommunen" ("Europa der Gemeinden" i.S. von *A. Gasser*) voranbringen. Für den Grundrechtsbereich könnte durchaus auf die EG-Grundrechte als "allgemeine Rechtsgrundsätze" i.S. des EuGH Bezug genommen werden (vgl. Art. 6 Abs. 2 EU-Vertrag), auch wären Rezeptionen von "ordre public-Grundsätzen" denkbar, die der EGMR zu entwickeln begonnen hat. Europa könnte so "von unten her" neue Impulse erfahren und dem Bürger im Spiegel seiner eigenen Verfassung verständlich, zugänglich und erfahrbar gemacht werden.

Ein eigenes Thema ist die Frage, ob die *grundlegenden* Elemente der schon gewordenen oder doch werdenden "Verfassung Europas"[90] ausdrücklich in die nationalen Verfassungen übernommen werden sollen, insbesondere "Maastricht", "Amsterdam"[91] und "Nizza". Eine solche inhaltliche (textlich verbesserte) "Wiederholung" ist m.E. dringend geboten, solange es keine "Verfassungsurkunde" der Europäischen Union gibt; und dies um so mehr als die bisherigen Teilverfassungen in vielem redaktionell missglückt und denkbar bürgerfern gehalten sind (Nizza!).

Die Europäische Rechtskultur im Ganzen und Einzelnen zu schildern (und weiterzuentwickeln), ist eine "ewige" Aufgabe und sie ist schwer genug[92]. M.E. gehört aber schon jetzt der *inner*verfassungsstaatliche Europa-Artikel, in welcher allgemeinen und speziellen Form auch immer, dazu. Er wird zunehmend zu einem Element der Identität des Einzelstaates selbst *und* ein Stück der "europäischen Identität" i.S. von Art. 7 Abs. 5 Verf. Portugal. Der "europäische Jurist" jedenfalls[93] – sollte um die Vielfalt und Intensi-

---

[90] Dazu: *H. P. Ipsen*, Europäische Verfassung – Nationale Verfassung, in: Bitburger Gespräche, Jahrbuch 1987, S. 37 ff.; *ders.*, Über Verfassungs-Homogenität in der Europäischen Gemeinschaft, FS G. Dürig, 1990, S. 159 ff.; J. Schwarze/R. Bieber (Hrsg.), Eine Verfassung für Europa, 1984; *J. A. Frowein*, Die Herausbildung europäischer Verfassungsprinzipien, FS W. Maihofer, 1988, S. 149 ff.; *H. Steinberger*, Der Verfassungsstaat als Glied einer europäischen Gemeinschaft, VVDStRL 50 (1991), S. 9 (18 ff.); *M. Hilf*, Europäische Union..., VVDStRL 53 (1994), S. 7 (20 ff.). S. noch die Beiträge von *I. Pernice, P.M. Huber, G. Lübbe-Wolf* und *Ch. Grabenwarter* zum Thema "Europäisches und nationales Verfassungsrecht, in: VVDStRL 60 (2001).

[91] Zu den Auswirkungen des Amsterdamer Vertrages auf den europäischen Konstitutionalisierungsprozess allgemein W. Kluth (Hrsg.), Die Europäische Union nach dem Amsterdamer Vertrag, 2000.

[92] Einige Versuche in meinem Band: Europäische Rechtskultur, 1994. Der Verf. hat in einer Denkschrift zur "Europafähigkeit" Polens praktische Vorschläge unterbreitet (Die Verwaltung 28 (1995), S. 249 ff.).

[93] *H. Coing*, Europäisierung der Rechtswissenschaft, NJW 1990, S. 937 ff.; *C.-D. Ehlermann*, Die Europäische Gemeinschaft, das Recht und die Juristen, NJW 1992, S. 1856 ff.; *B. Großfeld*, Europäisches Recht und Rechtsstudium, JuS 1993, S. 710 ff.; *P. Häberle*, Juristische Ausbildungszeitschriften in Europa, ZEuP 2000, S. 263 ff.; *R. Böttcher*, Der europäische Jurist, JöR 49 (2001), S. 1 ff.

tät der hier präsentierten Europa-Artikel sowohl politisch als auch wissenschaftlich-interpretatorisch ringen. Die Zukunft der verfassungsstaatlichen Europaprogramme hat erst begonnen. Das "europäische Haus" lebt auch von diesen Bauelementen.

3. Europa als geographischer und/oder kultureller und rechtskultureller – "ideeller" – Begriff (Inhaltliche Kennzeichnungen)

Von welchem Europabegriff haben wir auszugehen? Gibt es eine Art "Grundbuch" für seine Grenzen und Grenzänderungen? Ist das kulturelle bzw. rechtskulturelle Europa identisch mit dem geographischen? Gehört etwa die Türkei wegen ihres Laizismus und ihres stark von Europa beeinflussten Rechtssystems einschließlich ihrer Verfassungen dazu oder wegen der wieder vordringenden islamischen Religion (und z.T. auch Kultur) gerade nicht? Bleibt Israel wegen der europäischen Rechtskultur Teil Europas, obwohl es geographisch kaum mit Europa als "Kontinent" verbunden ist? Oder anders gefragt: Brauchen wir einen eigenen, sozusagen "juristischen" Europabegriff?

Als Juristen haben wir zunächst von den Texten auszugehen. In der Präambel der EMRK (1950) ist von "europäischen Staaten" die Rede, die "vom gleichen Geist beseelt sind", in der ESC (1961) wird als Ziel des Europarates genannt, "eine engere Verbindung zwischen seinen Mitgliedern herzustellen, um die Ideale und Grundsätze, die ihr gemeinsames Erbe sind, zu wahren" – die Türkei ist Mitglied des Europarates (!)–, das GG spricht in seiner Präambel vom deutschen Volk als "gleichberechtigtem Glied in einem vereinigten Europa", in Art. 24 Abs. 2 GG von "friedlicher und dauerhafter Ordnung in Europa", und dieses Europabekenntnis ist jüngst in der Verfassung Brandenburgs (1992) fast wörtlich wiederholt (Präambel). Seit einigen Jahren wird Europa verstärkt Gegenstand von Rechts-Texten. So heißt es in dem Dokument der Münchner Konferenz "Europa der Regionen" vom Oktober 1989: "Europas Reichtum ist die Vielfalt seiner Völker und Volksgruppen, seiner Kulturen und Sprachen, Nationen, Geschichte und Traditionen, Länder, Regionen und autonomen Gemeinschaften, ... Subsidiarität und Föderalismus müssen die Architekturprinzipien Europas sein"[94]. In der Verfassung Sachsen (1992), und in der des Saarlands (Revision, 1992) wird die grenzüberscheitende regionale Zusammenarbeit in Europa auf Texte gebracht (vgl. Art. 12 bzw. Art. 60) – die "Euregio Basilensis" und "Egrensis" sind bekannt –, und der sonst so glanzvoll verunglückte Art. 23 GG sagt in seinem Absatz 1: "Zur Verwirklichung eines Vereinten Europa wirkt die Bundesrepublik Deutschland bei der Entwicklung der Europäischen Union mit..."[95]. Er bekräftigt die "Europa-Offenheit" des GG.

In Osteuropa findet "Europa" vereinzelt Eingang in die neuen Verfassungen. So spricht etwa die Verf. der Tschechischen Republik (1992) in ihrer Präambel von sich als

---

94 Einzelheiten in: *P. Häberle*, Aktuelle Probleme des deutschen Föderalismus, in: Die Verwaltung 24 (1991), S. 169 (170 f.).
95 Zum neuen "Europa-Artikel 23 GG" etwa: *C.D. Classen*, Maastricht und die Verfassung, ZRP 1993, S. 57 ff. – Zur Auslegung des Art. 23 Abs. 1 S. 1 GG: *U. Kischel*, Der unabdingbare grundrechtliche Mindeststandard in der Europäischen Union, Der Staat 39 (2000), S. 523 ff.; *M. Zuleeg*, Die föderativen Grundsätze der EU, NJW 2000, S. 2846 ff.

"freiheitlicher und demokratischer Staat, gegründet auf der Achtung vor den Menschenrechten und den Grundsätzen der bürgerlichen Gesellschaft, als Teil der Familie der Demokratien Europas und der Welt, ... entschlossen, sich nach allen bewährten Prinzipien des Rechtsstaates zu richten". Auffallend ist, wie sehr Europa im Kontext von Rechtsprinzipien beschworen wird, aber selbst nicht definiert, d.h. vorausgesetzt ist. Aus diesem Dilemma befreit uns auch nicht der juristische Begriff "Europarecht". Im "engeren Sinne" gilt er der EG, d.h. dem Europarecht der 25 Mitgliedstaaten. Der Geltungsbereich dieses engeren Europarechts ist (wie die Erweiterung um Österreich und Finnland zeigt), also geographisch "flexibel". Das Europarecht im "weiteren Sinne" meint den Europarat, vor allem die EMRK-Gemeinschaft, die heute z.b. um Bulgarien und Macedonien, Bosnien und Serbien ergänzt ist. Wir lernen aus all dem, dass Europa ein – in kleinräumigen, kommunikativen Gebieten – offener Begriff ist, in seinen Grenzen, vor allem nach Osten dynamisch. Er hat gewisse räumlich-geographische Elemente, aber vor allem kulturelle und als Teil von ihnen rechtskulturelle. Osteuropa[96] war bis zum "annus mirabilis" (1989) gewiss Teil von Europa im geographischen Sinne, rechtskulturell aber durch den eisernen Vorhang und die DDR-Mauer geteilt, der Osten dem Rechtssystem des Marxismus-Leninismus unterworfen, der das Gegenmodell europäisch/atlantischer Rechtskultur bildete (man denke an die Ersetzung des "bürgerlichen Rechts" durch das "sozialistische", die Gewaltenkonzentration, die "sozialistische Gesetzlichkeit", die "parteiliche Rechtsprechung", kurz alle Elemente eines "Unrechtssystems"). Heute kehren die dortigen Länder, etwa die Baltenrepubliken, im Südosten Slowenien buchstäblich "nach Europa" zurück, und mit diesem Bild ist die Rückkehr in die europäische Rechtskultur gemeint – manche kulturellen Ausformungen und Verbindungen hatten sich ja selbst unter dem totalitären System erhalten. Hier zeichnet sich ebenfalls die *Offenheit des Europabegriffs* ab: So leidet etwa die EG als solche an einem Europa*defizit*, solange ihr die Völker Osteuropas – bis hin zu Russland? – (*De Gaulle*: "Vom Atlantik bis zum Ural"), wie die Ukraine und Rumänien nur in "Europa", d.h. "Assoziationsverträgen" verbunden sind. Vielleicht ist nach den einzelnen Lebensbereichen zu unterscheiden: Europa als *Wirtschafts*raum[97] (der EWR scheint sich freilich aufzulösen, bevor er gegründet wurde, die EFTA zerfällt), Europa als *Kultur*raum und Europa als *Rechtskultur* und Ziel der *Politik*. Diese Kreise koinzidieren nur zum Teil. Europa ist ein komplexer Begriff, der nach seinen vielen *Schichtungen* aus Geographie und Raum, Völkern, Kulturgeschichte, Wirtschafts-, politischer und Rechtsgeschichte auszudifferenzieren ist, also nur interdisziplinär – kulturwissenschaftlich – erfasst werden kann. Das "Europa-Bild" wandelt sich in der Zeit (z.B. von Mythos und Logos), das "Europa-Bewusstsein" ebenso. Vieles bleibt unklar, doch hat uns das Ringen um den Europabegriff unversehens den Rechtsordnungen näher gebracht. Europa lebt offenbar wesentlich aus seiner spezifischen Art von Recht bzw. Rechtskultur.

---

[96] S. auch *H. Homann/C. Albrecht*, Die Wiederentdeckung Osteuropas, Herders Perspektiven und die Gegenwart, ZfP 1993, S. 79 ff.

[97] Auch die heutige "EG" war ursprünglich (1957) eine E*W*G.

a) Das Europaverständnis und Europabild, Europa als Kultur

„Europa", oft primär juristisch-technisch, oft nur historisch definiert, muss auf der Spur des hier entwickelten Ansatzes kulturell[98], weit, offen und nicht primär ökonomisch verstanden werden. Das „europäische Haus" ist eine gute Metapher, wenn man sich die Fülle des griechischen „oikos" vergegenwärtigt[99]. Das „Markt-Europa" bezeichnet nur einen Teilaspekt.

Der Mensch ist das Maß aller Dinge, nicht die Wirtschaft und der Markt. So wichtig sie sind, sie bleiben ein *Mittel* zum Zweck des kulturell vielfältigen Europa als Haus mit vielen Zimmern und „Erkern", z.B. mit Blick nach Iberoamerika oder die USA und Kanada. Das europäische kulturelle Erbe *und* die nationale Identität der Einzelstaaten sind gemeint.[100] Dabei gehört Osteuropa zu Europa, Russland ohne seine asiatischen Teile; wohl auch die Türkei, weil wir heute nicht mehr vom „christlichen Europa" ausgehen dürfen, sondern um einen „verfassungsstaatlichen Euro-Islam" ringen müssen, der sich seinerseits tolerant geriert. Europa ist kein Staat, aber es konstituiert sich „wachsend" aus *Teil*verfassungen. Sie sind teils geschrieben (z.B. in Gestalt der EMRK von 1950 oder des Europäischen Kulturabkommens von 1954), teils ungeschrieben (etwa aus der Judikatur der beiden europäischen Verfassungsgerichte). Wir müssen uns in Europa von der Idee der „Vollverfassung", die auf einen nationalen Staat bezogen ist, entschlossen verabschieden. Es gibt nur so viel Europa, wie diese *Teilverfassungen* gemeinsam und punktuell für sich allein konstituieren. Alle etatistischen Relikte sind in Frage zu stellen. Der Erweiterungsvorgang nach Osten entspricht einer flexiblen Sicht. Das Bild von „konföderalen Strukturen" (*K. Hänsch*) kann weiterhelfen, vielleicht auch das Wort vom „neuen Mittelalter", das supranationale und regionale Ebenen und Schichtungen bündelt (*Wallace*). Das Ganze ist ein Prozess i.S. der „Echternacher Springprozession", kein explosionsartiger Vorgang aus einer Stunde Null – wie herkömmliche nationalstaatliche, dezisionistische Lehren uns weismachen wollen.

b) Insbesondere: Europa als Kultur

Vor allem aber ist Europa *Kultur*, das vom Menschen hier seit Jahrhunderten oft in „Renaissancen" Geschaffene, und dies oft als „Mischkultur" auch schon in den einzelnen Nationen. Man denke an Palermos „Capella Palatina" oder die türkischen Elemente in der Musik des göttlichen *Mozart*. Vielleicht darf man sogar von „europäischem Kulturpatriotismus" sprechen.

---

98 Zum folgenden *P. Häberle*, Europäische Rechtskultur, 1994 (TB 1997), S. 13 ff. S. auch *P. Thiergen*, „Homo sum" – „Europaeus sum" – „Slavus sum", Zeitschrift für Slavische Philologie, 1998, S. 50 ff.
99 Dazu *M. Stolleis*, Europa – seine historischen Wurzeln und seine künftige Verfassung, 1997, S. 28.
100 Jeder Staat kann sein Selbstbildnis, seine nationale Identität an ganz unterschiedlichen kulturellen Erfahrungen festmachen. Die Unterscheidung zwischen "Nah-" und "Fernerinnerung" (*K.-H. Bohrer*) ist ein gelungener Versuch in Sachen nationale Identität in Deutschland. Sodann ein gemeinsamer Blick auf die Schweiz und Nordeuropa: Das Selbstbildnis der drei Nicht-EU-Länder Schweiz, Norwegen und Island lebt von einem eher defensiven Nationalgefühl.

Europa ist ein von der Geographie als *Kulturwissenschaft* aus zu konzipierender Erdteil, eher ein geistiges dynamisches Reich, jedenfalls kein statischer "Standort". Europa als kultureller Begriff (*O. Kokoschka*), als "großer kosmopolitischer, geistiger Raum" (*M. Gräfin Dönhoff*) ist Ergebnis von Kultur- bzw. Verfassungsgeschichte; es ist intellektuelle und emotionale "Heimat", gewiss mit vielen Verbindungen nach Übersee: etwa dank Großbritannien auch nach Nordamerika, aber doch eigenständig. Als Rechts- bzw. Grundrechts- und Wertegemeinschaft umrissen, wurzelt Europa in seinem gemeinsamen "kulturellen Erbe" (Art. 151 EGV), haben die Nationen "kulturelles Erbe von europäischer Bedeutung", ist Europa durch "nationale und regionale Vielfalt" und Gemeinsamkeit gekennzeichnet. "Gemeineuropäische Hermeneutik" kann hierauf aufbauen. Ein Grenzfall ist die Türkei[101]. Zu bedenken bleibt, dass Europa historisch im Ganzen wie in seinen Nationen eine "*Mischkultur*" ist: mit Elementen z.B. der altägyptischen oder arabischen Welt, die oft genug in "Renaissancen" aufgefrischt wurden. Der viel zitierte Klassikertext von *A. Renan* kann jedenfalls nicht das letzte Wort sein (Europa wurde "geboren aus dem griechischen Wunder", wurde "groß mit der griechisch-lateinischen Kultur", erlebte eine "Renaissance" und "ist christlich"). Dass die Schweiz als alteuropäisches Kernland zu diesem Europa gehört – EWR-Ablehnung bzw. EU-Beitrittsdebatte hin oder her –, braucht nicht betont zu werden; eher ist zu fragen, ob sich Europa nicht in mancher Hinsicht "helvetisiert" oder doch "helvetisieren" sollte (z.B. in Sachen halbdirekte Demokratie, Sprachenfreiheit, Föderalismus bzw. als dessen "kleiner Bruder": Regionalismus). *T. Mann* nennt die Schweiz „das kleine Europa".

Im Kontext der Kultur ist auch der Ort von Europa als "Erziehungsziel". Der "Euregio-Lehrer" der Oberrheinkonferenz (1998) markiert einen Anfang[102]. Dieser vorsichtige europäische Kulturoptimismus steht gegen alle Positionen der Euroskeptiker, der Markteuropäer und Staatlichkeitsdenker. Kongenial ist ihm der gedämpfte wissenschaftliche bzw. Menschenbild-Optimismus, der auch auf die schrittweise mögliche Erfüllung verfassungsstaatlicher Reformbedürfnisse setzt.

Der Ertrag dieses Abschnitts sei nochmals wie in einem Brennspiegel zusammengefasst. In Europa geht es weniger um eine "postnationale Konstellation" (*J. Haber-*

---

101 Doch dürfen die christ-demokratischen Parteiführer im Streit um Ankaras EU-Beitritt Europa nicht zum "Christen-Club" machen. Dazu FAZ vom 16. Dez. 1997, S. 16: "Die Türkei sieht 150 Jahre der Verwestlichung missachtet"; Die Zeit vom 2. Jan. 1998: "Müssen wir ewig draußen bleiben?". Die FAZ erinnert zu Recht daran, dass die Türkei vielen deutschen Wissenschaftlern während der NS-Diktatur Zuflucht bot (FAZ vom 5. Januar 1998, S. 10). – Zu den "rechtlichen Grundfragen der EU-Erweiterung" gleichnamig: T. Bruha/O. Vogt, VRÜ 1997, S. 477 ff. S. auch R. Hrbek (Hrsg.), Die Reform der Europäischen Union, 1997, und darin den Beitrag von *M. Zuleeg*, S. 23 ff.; W. Hallstein-Institut für Europäisches Verfassungsrecht (Hrsg.), Verfassungsrechtliche Reformen zur Erweiterung der Europäischen Union, 2000; *S. Paraskewopoulos*, Die Osterweiterung der Europäischen Union, 2000; *H.-H. Herrnfeld*, Rechtsreform und Rechtsangleichung in den Beitrittstaaten Mittel- und Osteuropas, EuR 2000, S. 454 ff.; *C. Dorau*, Die Öffnung der Europäischen Union für europäische Staaten, "Europäisch" als Bedingung für einen EU-Beitritt nach Art. 49 EUV, EuR 1999, S. 736 ff. S. noch Anhang und Nachtrag.

102 Vgl. NZZ vom 11. Juni 1998, S. 15: Der "Euregio-Lehrer" kommt.

mas)[103], denn um einen präföderalen Prozess, der vielleicht zu neuen juristischen Figuren führt, die wir heute noch nicht konstruieren können. Es bedarf den "Federalist Papers" in den werdenen USA kongeniale "European Papers", die einerseits von der Einsicht geleitet sind, dass die europäische Kultur das "Ferment" einer jeden Nationalkultur waren (*F. Stern*), andererseits gemeineuropäische Rechtskultur mit der nationalen flexibel verbinden. Homogenisierung und Differenzierungen müssen in ein subtiles Balance-Verhältnis kommen. Voraussetzung dafür ist ein "Kulturgespräch über Europa".

B. Europäische Rechtskultur – "Gemeineuropäisches Verfassungsrecht" – der "Europäische Jurist"

I. Die Europäische Rechtskultur – sechs Elemente

1. Die Geschichtlichkeit

Die europäische Rechtskultur ist in mehr als 2500 Jahren zu einer solchen *geworden*[104]. Die einzelnen Phasen und ihre Hervorbringungen überlagern sich wie Schichten und sind alle in ganz Europa mehr oder weniger präsent. Die philosophische Grundlegung im alten Griechenland wurde schon erwähnt, der bis heute wohl nicht wieder erreichte spezifische Juristenverstand der Römer ebenso. Hinzunehmen sind die Beiträge des Juden- und Christentums, unmittelbar sichtbar in Gestalt der zehn Gebote von *Moses*, die sich nicht nur im Strafrecht der europäischen Völker, bei allen nationalen Varianten und trotz fortschreitender Säkularisierung widerspiegeln. Antike, Mittelalter und Neuzeit haben ihre bleibenden, oft auch sich verändernden Beiträge zur europäischen Rechtskultur geleistet: Wachstumsringen ähnlich. Erinnert sei für das Privatrecht – neben der Rechtsgeschäftslehre bzw. Privatautonomie – an römische Glanzleistungen wie die "ungerechtfertigte Bereicherung" (vgl. §§ 812 ff. BGB), für das Strafrecht an die allmähliche Abkehr vom alttestamentarischen Talionsprinzip (nicht nur Vergeltung, sondern auch Erziehung und Besserung als Strafzweck), vor allem an die Durchsetzung des Schuldprinzips im Sinne "persönlicher Vorwerfbarkeit", heute unstreitig an die Stelle der Gottesurteile des germanischen Strafrechts getreten! Die Kontroverse zwischen "romanistischem" und "germanistischem" Eigentumsverständnis hat ganze Generationen beschäftigt. Die (nationale) Rechtsgeschichte, heute immer stärker in den europäischen Rahmen gestellt, bleibt unentbehrlich für alles juristische Arbeiten. Die großen Leistungen des kanonischen Rechts und die Ausstrahlung auf das weltliche (z.B. in Sachen Mehrheitsprinzip) sei wenigstens erwähnt[105]. Ob Ostrom bzw. später "Byzanz" klassische Elemente der europäischen Rechtskultur geschaffen haben, bleibe offen. Jedenfalls ist *Justinian* I. das "Corpus Juris Civilis" zu verdanken.

---

103   Vgl. auch die problematische Formel vom "postnationalen Verfassungsbegriff" bei *I. Pernice*, Europäisches und nationales Verfassungsrecht, VVDStRL 60 (2001), S. 148 ff., 155.
104   Anschaulich: *T. Rathnow*: "Gedächtnisraum Europa" (FAZ vom 5. April 1993, S. 33).
105   Zur Ausstrahlung des kanonischen Rechts: *F. Wieacker*, Privatrechtsgeschichte der Neuzeit, 2. Aufl., aaO., S. 71 ff.

2. Die Wissenschaftlichkeit – juristische Dogmatik

Die Wissenschaftlichkeit – die juristische Dogmatik – bildet ein zweites Kennzeichen der europäischen Rechtskultur unserer Entwicklungsstufe. War sie in den großen Perioden Roms pragmatisch, aber in z.T. genialen Leistungen gewachsen, so wird vor allem im Zuge der Rezeption des römischen Rechts die Verwissenschaftlichung beschrieben[106]. In der Moderne hat sich die Verwissenschaftlichung weiter verfeinert. Von *I. Kant* bis *Max Weber* ist diese durchlaufende Entwicklung befördert bzw. beobachtet worden. Recht wird im Vorgang der Setzung wie der Interpretation mit Rationalität in Zusammenhang gebracht. Jüngste Beiträge sind unter dem Stichwort eines *J. Esser* "Vorverständnis und Methodenwahl" (1972), (auch im Anschluss an *H.-G. Gadamers* "Wahrheit und Methode" (1960, 4. Aufl., 1975)) geleistet worden. Die Rechtspolitik ist als Gesetzgebungslehre[107] Teil der Wissenschaft geworden, und Legionen von Literatur beschäftigen sich mit Fragen der "richtigen" Methoden der Auslegung z.B. in der Verfassungsinterpretation[108]. Weitere Stichworte liefert die Diskussion über Grundwerte[109] – damals u.a. von *H. Kohl* geführt! Im Übrigen bildet es einen Ausdruck dieser Wissenschaftlichkeit des Rechts in Europa, dass es viele Teildisipinen gibt. Die Spezialisierung ist freilich weit fortgeschritten, und mitunter ist das "geistige" Band der *einen* Rechtswissenschaft kaum mehr präsent. Die Rechtsphilosophie (als Frage nach dem "richtigen Recht") und heute m.E. die Verfassungslehre (als Lehre vom Typus Verfassungsstaat) sind diese "Rahmenwissenschaft".

Doch stehen wir hier in Deutschland erst am Anfang. Auf den "Schultern der Riesen" der Weimarer Klassiker im doppelten Sinne des Wortes (s.c. das Dreigestirn von *R. Smend, H. Heller, C. Schmitt*[110]) sehen wir nicht zuletzt dank der großen Leistungen des BVerfG weiter als diese, aber wir bleiben doch "Zwerge", auch wenn der bundesdeutschen Staatsrechtslehre Hand in Hand mit "Karlsruhe" (d.h. dem BVerfG) manche neuen juristischen Erfindungen geglückt sind, die auch in anderen Ländern Europas rezipiert werden (z.B. das Übermaßverbot bzw. der Grundsatz der Verhältnismäßigkeit, überhaupt die Verfeinerungen der Grundrechtsdogmatik[111]). Nur erwähnt sei die Auffä-

---

106 Dazu *F. Wieacker*, Privatrechtsgeschichte, 1967, S. 131.
107 *P. Noll*, Gesetzgebungslehre, 1973; *G. Müller*, Elemente einer Rechtsetzungslehre, 1999. Zur Gesetzgebung aus politikwissenschaftlicher Sicht: *K. v. Beyme*, Der Gesetzgeber. Der Bundestag als Entscheidungszentrum, 1997; *J. Isensee*, Volksgesetzgebung – Vitalisierung oder Störung der parlamentarischen Demokratie?, DVBl. 2001, S. 1161 ff. Zum Stichwort Rechtspolitik: *E. von Hippel*, Rechtspolitik, 1992; *W. Schmitt Glaeser*, Rechtspolitik unter dem Grundgesetz, AöR 107 (1982), S. 337 ff; *C. Engel*, Rationale Rechtspolitik…, JZ 2005, S. 581 ff.
108 Dazu etwa *P. Schneider/H. Ehmke*, Prinzipien der Verfassungsinterpretation, VVDStRL 20 (1963), S. 1 ff.; *K. Hesse*, Grundzüge des Verfassungsrechts der Bundesrepublik Deutschland, 20. Aufl. 1995 (Neudruck 1999), S. 20 ff.; *R. Dreier/F. Schwegmann* (Hrsg.), Probleme der Verfassungsinterpretation, 1976; *C. Starck*, Verfassungsauslegung, HStR VIII, 1992, § 164.
109 Dazu G. Gorschenek, (Hrsg.), Grundwerte in Staat und Gesellschaft, 1977, 3. Aufl. 1978.
110 *R. Smend*, Verfassung und Verfassungsrecht, 1928; *H. Heller*, Staatslehre, 1934; *C. Schmitt*, Verfassungslehre, 1928.
111 Dazu z.B. *P. Lerche*, Übermaß und Verfassungsrecht, 1961; ferner *P. Häberle*, Die Wesensgehaltgarantie des Art. 19 Abs. 2 GG, 1962, auch in italienischer Übersetzung (1993); spanische: 1997.

cherung in viele juristische Teildisziplinen: vom klassischen Privatrecht mit vielen Nebengebieten über das Arbeits- und Wirtschaftsrecht, das Strafrecht, das Verwaltungs- und Verfassungs-, Völker- und Europarecht. Die Rechtsvergleichung, vom Privatrecht in großen Namen von *E. Rabel* über *M. Rheinstein* bis *K. Zweigert* pionierhaft begründet, erlebt derzeit auch im öffentlichen Recht großen Aufschwung[112]. Sie bildet übrigens in der *Raum*dimension das, was die Rechts*geschichte* in der *Zeit* bedeutet. Beides zusammen kann erst den kulturellen Mikro- und Makrokosmos des Rechts erfassen. Einem einzelnen Gelehrten freilich ist die Integration beider Dimensionen leider nicht mehr möglich. Eine Frucht der vergleichenden Rechtswissenschaft bildet die Lehre von den "*Rechtskreisen*"[113]. Unterschieden wird etwa zwischen dem "romanischen" (z.B. Italien, Frankreich), dem "germanischen" (Deutschland) oder "nordischen" (Skandinavien), dem "angelsächsischen" etc. Rechtskreis. Diese Rechtskreiselehre ist wiederum ein Werk der Wissenschaft und im Grunde "eurozentrisch". Heute und spätestens seit dem Jahre 1989 und seiner Weltstunde des Verfassungsstaates, muss sie neu konzipiert werden. Denn die Rezeption von Verfassungsrecht (z.B. vom deutschen GG hin zur Verfassung Griechenlands (1975), Portugals (1976) oder Spaniens (1978)), ist beachtlich und "mischt" die Rechtskreise auf neue Weise. Von Italiens Verfassung von 1947 – sie war von der deutschen Weimars (1919) beeinflusst –, gingen manche Rechtsideen ihrerseits in die beiden iberischen Länder (z.B. der Regionalismus), die neuen Schweizer Kantonsverfassungen (seit den 60er Jahren) sind von der deutschen Rechtsprechung und Dogmatik nicht wenig beeinflusst[114], und die deutsche Staatsrechtslehre ist unter dem GG auch intensiven Einflüssen aus den USA ausgesetzt.

3. Die Unabhängigkeit der Rechtsprechung

Die Unabhängigkeit der Rechtsprechung in Bindung an Gesetz und Recht (vgl. Art. 20 Abs. 3 GG) – eng mit der juristischen Dogmatik als einer Form der wissenschaftlichen Wahrheitssuche verknüpft – ist (samt der Verfassungsgarantie rechtlichen Gehörs und des Rechtsschutzes) ein drittes großes Merkmal europäischer Rechtskultur und Ausdruck durchgängiger Rechtsstaatlichkeit und der Gewaltenteilung. Die Verselbständigung der sog. "3. Gewalt" gegenüber dem Staat – auch und gerade im Verfassungsstaat, d.h. ihre bzw. des Rechts Verlässlichkeit, die schrittweise Herauslösung aus den

---

112 Früh dazu etwa *R. Bernhardt*, Eigenheiten und Ziele der Rechtsvergleichung im öffentlichen Recht, in: ZaöRV 24 (1964), S. 430 ff.; *J.M. Mössner*, Rechtsvergleichung und Verfassungsrechtsprechung, in: AöR 99 (1974), S. 193 ff.; in jüngster Zeit *K.-P. Sommermann*, Die Bedeutung der Rechtsvergleichung für die Fortentwicklung des Staats- und Verwaltungsrechts in Europa, DÖV 1999, S. 1017 ff.; *ders.*, Funktionen und Methoden..., HGR I 2004, § 16.

113 Vgl. *K. Zweigert/H. Kötz*, Einführung in die Rechtsvergleichung auf dem Gebiete des Privatrechts, Bd. I, 1971, S. 67 ff. (2. Aufl., 1984, S. 72 ff., zuletzt 3. Aufl., 1996); *M. Rheinstein*, Einführung in die Rechtsvergleichung, 2. Aufl. 1987, S. 15, 77 ff.; *L.-J. Constantinesco*, Rechtsvergleichung, Bd. III, 1983, S. 73 ff.

114 Dazu *P. Häberle*, Neuere Verfassungen und Verfassungsvorhaben in der Schweiz, JöR 34 (1985), S. 303 ff.; *ders.*, Verfassung als öffentlicher Prozess, 1978, S. 182 (3. Aufl. 1998); *ders.*, Rechtsvergleichung im Kraftfeld des Verfassungsstaates, 1992, S. 1 ff.; *ders.*, Theorieelemente eines allgemeinen juristischen Rezeptionsmodells, JZ 1992, S. 1033 ff.

Weisungsabhängigkeiten im absoluten bzw. konstitutionellen Staat; die Verwaltungsgerichtsbarkeit beginnt in Deutschland in Baden (1863) – die Gefährdungen selbst unter einem *Friedrich dem Großen* ("Fall Müller Arnold"), der Verlust im NS-Staat und dann wieder in der DDR – all dies zeigt, wie mühsam und letztlich doch erfolgreich Rechtsprechung durch sachlich und persönlich unabhängige Richter war und ist und welche kulturelle und politische Leistung sich dahinter verbirgt. Die Frage, ob es sich um "case law" oder um "statute law" handelt, ist eher sekundär, beides nähert sich heute stark an. Entscheidend bleibt, ob die Richter unabhängig sind. Erinnert sei indes an die menschlichen Grenzen dieser Unabhängigkeit: auch die Richter sind dem "Zeitgeist" ausgesetzt[115]: im "Kaukasischen Kreidekreis" von *B. Brecht* sind von einem Dichter die Grenzen des menschlichen Richtens auf einen Klassikertext gebracht worden. Der Richterkönig *Salomon* bleibt ein weiterer gültiger Ausdruck des Problems des Richteramtes[116]. Beschämt müssen wir indes beobachten, wie unverfroren die politischen Parteien heute die BVerfG-Richterstühle reklamieren – zum Glück sind ihre "Kandidaten", einmal gewählt, immer unabhängig geworden bzw. geblieben!

4. Die weltanschaulich-konfessionale Neutralität des Staates – Religionsfreiheit

Zu den Fundamenten der europäischen Rechtskultur gehört die Garantie der Religionsfreiheit bzw. die sog. weltanschaulich-konfessionelle Neutralität des Staates (BVerfGE 27, 195 (201), zuletzt E 102, 370 (387 f.) und E 105, 279 (294)). Sie erweist sich für unser Verständnis von "gerechtem Recht" als zentral. Die Religionsfreiheit (nach *G. Jellinek* die Urfreiheit), die damit verknüpfte staatliche "Toleranz in Religionssachen", das Prinzip der "Nichtidentifikation" (*Herb. Krüger*) ist Gerechtigkeits*bedingung*. Erst dadurch konnte der "Verfassungsstaat" zu einem solchen werden. Alle kulturelle Differenz, aller Pluralismus, alle kulturelle Freiheit hängen letztlich von diesem Ergebnis des Prozesses der *Säkularisierung* ab – wir können leicht die "Gegenprobe" an Beispielen des islamischen Fundamentalismus oder der ideologisch gebundenen sog. "Rechtsprechung" in totalitären Staaten aller Art machen. Europa jedenfalls hat seine Rechtskultur und Kultur überhaupt via Neutralität des Staates ins Offene wachsen lassen können. (Staatskirchenrechtliche Sonderformen wie die "hinkende Trennung" zwischen Staat und Kirche nach dem GG sind damit vereinbar.)

5. Europäische Rechtskultur als Vielfalt und Einheit

Der Begriff "Europäische Rechtskultur" suggeriert den Aspekt der Einheit. Näher betrachtet, gehört ihm aber die *Vielfalt* von vornherein hinzu, so wie wir die europäische *kulturelle* Identität, ja selbst das "europäische Bürgerbewusstsein" dialektisch ebenfalls

---

115 Dazu *K. Zweigert*, Zur inneren Unabhängigkeit des Richters, in: FS F. von Hippel, 1967, S. 711 ff. Allgemein *T. Würtenberger*, Zeitgeist und Recht, 2. Aufl. 1991.
116 Allgemein dazu *R. Smend*, Festvortrag 10 Jahre BVerfG, in: Das Bundesverfassungsgericht, 1963, S. 23 ff.

aus Einheit *und* Vielfalt definieren. Sogar "Maastricht" sagt in Art. 128 Abs. 1 (jetzt Amsterdam, Art. 151 Art. 1 EGV):

"Die Gemeinschaft leistet einen Beitrag zur Entfaltung der Kulturen der Mitgliedstaaten unter Wahrung ihrer nationalen und regionalen Vielfalt sowie gleichzeitiger Hervorhebung des gemeinsamen kulturellen Erbes".

Das "gemeinsame kulturelle Erbe" umschließt auch das rechtskulturelle Erbe, die "nationale Vielfalt", gewiss auch das je nationale Recht der europäischen Staaten. Obwohl hier formal nur die heute 25 EG-Länder gemeint sind, können beide Begriffe für alle Verfassungsstaaten Europas in Anspruch genommen werden. Dazu einige Stichworte: Für die europäische Rechtskultur ist bei allen gemeinsamen Wurzeln in Antike und Mittelalter die Entstehung des *Nationalstaates* und die damit verbundene eigene – durch das Gewaltmonopol garantierte – Rechtsordnung kennzeichnend. Unabhängig von den "Rechtsfamilien" und "Rechtskreisen" unterscheiden sich die einzelnen Staaten in Europa durch ihr spezifisch nationales Recht. Das gilt für die Kodifikationsidee der Naturrechtszeit, etwa das PrALR (1794) und den weit nach Deutschland ausstrahlenden Code Napoléon, es gilt für das BGB von 1900 und das ihm in Prägnanz, Sprachform und Volksnähe sogar überlegene Schweizer ZGB von *Eugen Huber* (1911). Das Ziel aller klassischen Nationalstaaten im 19. Jahrhundert war das eigene Recht, Ausdruck der eifersüchtig gehüteten Souveränität. Bei aller Abhängigkeit der Menschenrechtskataloge von Frankreich 1789 bis Belgien 1831: die deutsche Paulskirche 1849 – zuvor der süddeutsche Konstitutionalismus – hatte ihre spezifischen Einfärbungen. Das überkommene "ius commune" war durch das nationale Recht zurückgedrängt worden[117]. Und heute gehören die Verfassungsstaaten Europas zwar alle dem *Typus* "Verfassungsstaat" an, sie variieren dessen Elemente indes vielfältig: z.B. in Sachen Föderalismus bzw. Regionalismus[118], Verfassungsgerichtsbarkeit, Grundrechtsverständnis oder politischer Kultur. In Frankreich sagt ein *De Gaulle* angesichts der drohenden Verhaftung von *J.-P. Sartre*: "Einen *Voltaire* verhaftet man nicht"! Welchem deutschen Politiker könnte man einen solchen Satz zuschreiben? Auch der Rechtsprechungs- und Wissenschaftsstil – typisches Kennzeichen einer Rechtskultur –, ist eminent national geprägt. Erwähnt seien etwa die Knappheit der Urteile der französischen Gerichte und die habilitationsgleichen Leistungen des BVerfG[119]. Italien kennt im Gegensatz zum BVerfG in seiner Corte Costituzionale noch keine richterlichen Sondervoten – Spanien sieht sie bereits in seiner neuen Verfassung von 1978 (Art. 164 Abs. 1) vor. Die deutsche Rechtswissenschaft wird oft wegen ihrer "Fußnotenseeligkeit" bespöttelt[120], gewiss auch wegen ihrer Gedankentiefe geschätzt; wir bewundern umgekehrt die vom common

---

117 Dazu *H. Coing*, Europäische Grundlagen des modernen Privatrechts, 1986; *ders.*, Gesammelte Aufsätze 1947 – 1975, Bd. 2, 1982; *H. Coing*, Die ursprüngliche Einheit der europäischen Rechtswissenschaft, 1968.

118 Vgl. meinen Beitrag: Der Regionalismus als werdendes Strukturprinzip des Verfassungsstaates..., in: AöR 118 (1993), S. 1 ff.

119 Dazu mehr in *P. Häberle*, Kommentierte Verfassungsrechtsprechung, 1979, S. 55 ff.

120 Dazu Analysen bei *P. Häberle/A. Blankenagel*, Fußnoten als Instrument der Rechts-Wissenschaft, in: Rechtstheorie 19 (1988), S. 116 ff.

sense geprägte, allgemein verständliche juristische Literatur (und Judikatur) Großbritanniens (auch der USA). Kurz die *Pluralität* der nationalen Rechte ist ein Teil der *Identität* der europäischen Rechtskultur. Im unterschiedlichen Gesetzgebungsstil, in der jeweiligen Verwaltungskultur[121] könnten ähnliche Differenzierungen der Nationen Europas beobachtet werden. Sie bilden zugleich ein Stück seines Reichtums, gerade auch in der Konkurrenz, z.B. beim Ringen um den Einfluss auf die Verfassunggeber in Osteuropa heute[122], vor allem aber auf der EG-Ebene und im Rahmen des EGMR in Straßburg. Damit rücken Elemente des *gemeinsamen* "rechtskulturellen Erbes" ins Blickfeld: das *Europarecht* im engeren (EG-bezogenen) und im weiteren, den Europarat, die EMRK und die KSZE einschließenden Sinne (Charta von Kopenhagen und Paris (1991/92)).

Hatte selbst der Nationalstaat nicht alle gemeinrechtlichen Wurzeln der Rechtsordnungen der europäischen Völker kappen können: erst in neuerer Zeit blüht das Gemeinsame in Europas Rechtskultur kräftig auf. Die EMRK von 1950, das europäische Kulturabkommen (1954) und die vielen späteren Konventionen des Europarates sind der eine Vorgang – besonders die Judikatur des EGMR in Straßburg, sein Begriff des "ordre public européen", ziehen die Linien des gemeinsamen Rechts kräftig aus –, und das "Zusammenraufen" bzw. "Konzert" der einzelnen nationalen Richter im Plenum des EGMR illustrieren und personifizieren die *Vielfalt* und Einheit. Die nationalen Rechtskulturen in Europa besitzen ein gemeinsames Interpretations-Forum wie nie zuvor. Der andere Vereinheitlichungs- und Europäisierungsvorgang manifestiert sich in der EG. Die oft genannten Demokratiedefizite und die Bürgerferne "Brüssels" sind gewiss zu beklagen, und der Perfektionismus und die Reglementierungswut der dortigen Bürokratie bilden ein Skandalon, wobei zu hoffen ist, dass der Grundsatz der Subsidiarität (vgl. Präambel und Art. B Vertrag Maastricht bzw. Art. 5 EGV) ein Hebel zur Bewahrung der Vielfalt der europäischen Rechtskulturen wird. Dennoch ist auf der Haben-Seite die Tätigkeit des EuGH in Luxemburg zu verbuchen: als "Integrationsmotor" hat er prätorisch viel Rechtseinheit in Europa geschaffen. Erwähnt sei nur seine im schöpferischen Rechtsvergleich gewonnene Lehre von den Grundrechten als "allgemeinen Rechtsgrundsätzen"[123]. Das ist ein Stück materialer Allgemeinheit Europas als *einer* Rechtskultur. Dieses oft still, aber sehr effektiv wachsende europäische "Grundrechts-Recht", das fast an den klassischen Prätor in Rom erinnert, bildet ein Basiselement der europäischen Rechtskultur unserer Tage. Und es besteht unabhängig vom Pro und Contra in Sachen "Maastricht". Die kleinen Völker wie Dänemark oder die Schweiz in Sachen EWR-Ablehnung (1992) und Irland in Sachen "Nizza" (2001) erinnern uns aber auch

---

121 Zu diesem Begriff etwa *W. Thieme*, Über Verwaltungskultur, in: Die Verwaltung 20 (1987), S. 277 ff.; *P. Häberle*, Verfassungslehre als Kulturwissenschaft, 1982, S. 20, Anm. 25; 2. Aufl. 1998, S. 90; siehe auch den von W. Kluth hrsg. Sammelband "Verwaltungskultur", 2001.

122 Dazu meine Bestandsaufnahme in: Verfassungsentwicklungen in Osteuropa, AöR 117 (1992), S. 169 ff.

123 Dazu etwa *A. Bleckmann*, Europarecht (4. Aufl., 1985, S. 104 ff.), 5. Aufl. 1990, S. 138 ff.; *I. Pernice*, Grundrechtsgehalte im Europäischen Gemeinschaftsrecht, 1979, S. 27, 42 ff.; s. auch *M. Hilf*, Die Notwendigkeit eines Grundrechtskataloges, in: W. Weidenfeld (Hrsg.), Der Schutz der Grundrechte in der Europäischen Gemeinschaft, 1992. Zum Ganzen noch Dritter Teil D.

daran, dass Europa aus der *Vielfalt* seiner Völker lebt und das "Europa der Bürger" den Balance-Akt zwischen Vielfalt und Einheit der europäischen Rechtskultur suchen muss. Die "Europäisierung der nationalen Staatsrechtslehren" und Verfassungsgerichte[124], seit kurzem fast ein Schlagwort und von der Europäisierung der anderen Disziplinen wie des Sozialrechts oder des Strafrechts[125] begleitet, hat jetzt seine Dynamik und Dramatik gewonnen, die an ältere Perioden der europäischen Rechtsgeschichte denken lässt. Das "Erasmus-" und "Tempus-Programm" beglaubigt all dies von der Universitätsseite her. Der "*europäische Jurist*" beginnt im Studium und endet – vielleicht – als Professor!

6. Partikularität und Universalität der europäischen Rechtskultur

Dieser letzte Aspekt meint folgendes: Geographisch ist Europa ein Teil der Welt – neben Amerika, Afrika, Asien und Australien. Seine bisher skizzierte *eine,* aber doch *viel*fältige Rechtskultur steht der anderer Erdteile unterscheidbar gegenüber (trotz der Commonwealth-Länder). Ohne sich dem Vorwurf der "Eurozentrik" auszusetzen, darf aber auch von – sehr "europäischer" – "Universalität" gesprochen werden: Nicht wenige Elemente der europäischen Rechtskultur beanspruchen bzw. haben eine "universale" Dimension: so die Menschenrechte seit 1789, von der UNO bekräftigt und z.B. in einigen Staaten Afrikas wiederholt (z.B. Art. 25 AfrMRK (1982)), so die Gerechtigkeitslehren, so das Demokratieprinzip (vgl. Art. 21 Ziff. 1 und 3 AllgErklMR (1948)), jetzt vielleicht sogar die "Marktwirtschaft" (so der ehemalige ungarische Außenminister *G. Horn*)[126]. Obwohl heute die Produktions- und Rezeptionsgemeinschaft in Sachen Verfassungsstaat universal ist: zu den USA besteht ein besonderer bzw. vom *Recht* vermittelter Kulturzusammenhang. *T. Jefferson* hat sich bei seiner amerikanischen Unabhängigkeitserklärung 1776 von Denkern wie *J. Locke* und *Montesquieu* inspirieren lassen, die Virginia bill of rights 1776 inspirierte ihrerseits die französische Erklärung von 1789, die englische Comon law-Tradition prägte die späteren USA. Darum darf man heute insofern von einer atlantisch-europäischen Gemengelage in Sachen Rechtskultur sprechen. Die Verwandtschaft zwischen der Europäischen und der Amerikanischen Menschenrechtskonvention (1950 bzw. 1969) liegt auf der Hand. Doch dieses "special relationship" sollte selbstbescheiden festgestellt werden. Bei aller Ausstrahlung der europäischen Rechtsideen nach Übersee, auch Asien, beharren die Völker in Afrika zu Recht auf ihrer eigenen Identität, auch in Lateinamerika[127]. Die vermeintliche oder wirkliche "Universalität" mancher europäischer Rechtsprinzipien darf nicht zum Instrument der Einebnung der Kulturen anderer Völker werden. Schon bei Auslegungsformen der beiden Menschenrechtspakte der UN (1966) zeigen sich große Schwierigkeiten, etwa im Verständnis von Menschenwürde und Gleichheitssatz, von "Familie" und "Bildung". Von "Weltkultur" und "Weltrecht" sind wir – abgesehen von einigen

---

124 Dazu mein Votum in: VVDStRL 50 (1991), S. 156 ff.
125 Dazu *U. Sieber*, Europäische Einigung und europäisches Strafrecht, in: ZStrW 1991, S. 957 ff.
126 Dazu meine Überlegungen in: Die Entwicklungsstufe des heutigen Verfassungsstaates, in: Rechtstheorie 22 (1991), S. 431 ff.
127 Vgl. Präambel, Art. 58 Verf. Guatemala von 1985 (zit. nach JöR 36 (1987), S. 555 ff.).

Prinzipien der in der UNO verkörperten Völkerrechtsgemeinschaft – weit entfernt, was nicht ausschließt, im Sinne *I. Kants* in "weltbürgerlicher Absicht" zu denken und zu handeln. Selbst wenn es Übereinstimmungen und Analogien zwischen den nationalen und regionalen Rechtsgemeinschaften gibt, sind sie auch in je *nationaler* bzw. *eigener* kultureller Verantwortung gewachsen. Zur "Europäisierung der Erde" hat die europäische Rechtskultur neben Technik und Naturwissenschaften gewiss einen großen folgenreichen Beitrag geleistet, und noch heute dauern Rezeptionsprozesse etwa zwischen Spanien und den neuen lateinamerikanischen Verfassungen, wie Kolumbien (1991), an. Doch tun wir gut daran, gerade als Juristen selbstkritisch zu sein – oder doch zu werden[128]. Vor allem der islamische Fundamentalismus (eines *Chomeini*) erinnert uns z.T. schmerzlich an die Grenzen der europäischen Rechtskultur in ihren universalen Intentionen. Der etwaige EU-Beitritt der Türkei wird zum Testfall.

II. Gemeineuropäisches Verfassungsrecht

1. Einleitende Aspekte

Dieser Abschnitt unternimmt eine Dreiteilung: Theorieelemente des "*Gemeineuropäischen*", Theorieelemente des Gemeineuropäischen *Verfassungsrechts*[129] als "Verfassungsrecht" sowie Stichworte zu *praktischen Beispielsfeldern* einschließlich Defiziten und Reformzielen. Freilich: nach der Euphorie der "Weltstunde des Verfassungsstaates 1989" sind manche Zweifel und Skepsis stärker geworden. Die Bürgerkriege auf dem Balkan und im Kaukasus stellen uns erneut vor die klassische Alternative bzw. Frage: *T. Hobbes* oder *J. Locke*? Ausgerechnet seit dem "annus mirabilis" 1989 hat sich die Reform*bedürftigkeit* vieler europäischer Verfassungsstaaten intensiviert (etwa in Italien), während ihre Reform*fähigkeit* (Stichwort: Parteienstaatlichkeit, Korruption, Umweltschutz, effektiver Minderheitenschutz) nachlässt. Die Transformation osteuropäischer Staaten in freiheitliche Demokratien fällt schwerer als anfangs geglaubt[130], und die ebenfalls seit 1989 zunächst sich beschleunigende "Europäisierung Europas" und aller

---

128 Die heutige Ausstrahlung des europäischen Verfassungsstaates in die Verfassunggebung in Osteuropa sei hier nicht erwähnt, weil es sich ja um das *eine* Europa handelt.

129 Soweit ersichtlich, 1983 erstmals vorgeschlagen vom *Verf.*: Europa in kulturverfassungsrechtlicher Perspektive: JöR 32 (1983), S. 9 (16 f.): "Gemeineuropäisches Grundrechte-Recht"; ebd. S. 25: "gemeineuropäisches Kulturverfassungsrecht", "gemeines Recht auf Europaebene" u.ä.; *ders.* Gemeineuropäisches Verfassungsrecht, EuGRZ 1991, S. 261 ff., dort weitere Nachweise. Vgl. schon *H. Steinberger*, Der Verfassungsstaat als Glied einer europäischen Gemeinschaft, VVDStRL 50 (1991), S. 9 (11): Die Prinzipien des Verfassungsstaates sind auf dem Wege, "zum gesamteuropäischen Gemeingut zu werden". S. auch *D. Thürer*, ebd. S. 97 (101): Der europäische Verfassungsstaat als "Teil eines umfassenden, kooperative und integrative Züge tragenden gesamteuropäischen Institutionen- und Ordnungsgefüges"; *ders.*, ebd. S. 106: "europäische Rechts- und Verfassungsgemeinschaft". Teilaspekte auch bei *M. Ende*, Die Bedeutung des Art. 6 Abs. 1 EMRK für den gemeineuropäischen Grundrechtsschutz, KritV 1996, S. 371 ff.; *W. Kluth*, Die demokratische Legitimation der Europäischen Union. Eine Analyse der These vom Demokratiedefizit aus gemeineuropäischer Verfassungsperspektive, 1995.

130 Zu Perspektiven einer kulturwissenschaftlichen Transformationsforschung: *P. Häberle*, Europäische Rechtskultur, 1994, S. 149 ff. (1997 als Suhrkamp-Taschenbuch erschienen).

seiner Rechtsfelder ist bedroht von Vorgängen einer beunruhigenden "Renationalisierung" (die freilich auch zeigen kann, wie weit die Europäisierung bereits fortgeschritten ist). Umso wichtiger wird das Engagement der europäischen "scientific community" in Sachen europäischer Verfassungsstaat. Wissenschaftlicher Optimismus ist gefragt, gerade vom *"Rechtskulturstandort Schweiz"* aus. Das Thema kann mithelfen, die Schweiz als alteuropäisches Kernland aus seiner momentanen (europapolitischen) "Isolierung" herauszuführen[131], zumal es so viele Modellelemente eines gemeineuropäischen Verfassungsrechts "für sich" und "in sich" seit langem praktisch lebt: etwa Sprachenfreiheit[132], Demokratie, Föderalismus[133] und kommunale Selbstverwaltung, die Verbindung von Vielfalt und (subsidiärer) Einheit – und die EMRK ist buchstäblich zu einer höchst vitalen europäischen *Teil*verfassung im Herzen der Schweiz geworden! Das Kleine, die Identitätsgewinnung vor Ort – in der Zeit des Wertewandels unverzichtbar – ist, grundrechtlich und demokratisch abgesichert, das Gegengewicht zur Globalisierung der Märkte und allseitiger Kommunikation in der "Weltgesellschaft" ebenso wie in Europa. M.a.W.: Die – multikulturelle – Schweiz bleibt Vorbild – gerade beim Ringen um "Gemeineuropäisches Verfassungsrecht". Die viel berufene "Verschweizerung Europas" ("Großschweiz Europa") ist ins Positive zu wenden. In einer auch äußerlich geglückten "Europäisierung der Schweiz" fände sie ihr Gegenstück.

Das Entwicklungsprojekt "Gemeineuropäisches Verfassungsrecht" lässt sich in der Weise und Verantwortung der *Wissenschaften*, und zwar im Sinne einer als Kulturwissenschaft betriebenen vergleichenden Verfassungslehre in "weltbürgerlicher Absicht" – oder bescheidener: in europäischer Absicht, aber in "weltbürgerlicher Mitmenschlichkeit" – voranbringen. Die Faszination, die von *geschriebenen* Verfassungen ausgeht – wohl eine kulturelle Analogie zu den drei monotheistischen Buchreligionen! –, müsste sich auch auf das schon begonnene Projekt "Gemeineuropäisches Verfassungsrecht" übertragen lassen. Dass man hierbei als Deutscher in Vorverständnis und Methodenwahl in seiner nationalen Rechtskultur befangen bleibt, liegt auf der Hand. Solange man

---

131 Aus der Lit.: *A. Riklin*, Eine isolierte Schweiz hat keine Zukunft, in: Tagesanzeiger vom 6. Dezember 1994; Schweiz und Europa, hrsg. vom Europa-Institut Zürich, 1993 (darin *D. Thürer*, Europäisches und weltweites Verfassungsdenken – Krise und Relevanz des institutionellen Europas?, S. 145 ff.); *D. Thürer*, Die Schweizer Verfassungsordnung vor der Herausforderung durch die europäische Integration, ZSR 1992 II, S. 73 ff.; *ders.*, Das Schweizerische Nein zum Europäischen Wirtschaftsraum: Versuch einer konstruktiven Interpretation, Zentrum für Europäisches Wirtschaftsrecht, Bd. Nr. 26, 1993; G. Bächler (Hrsg.), Beitreten oder Trittbrettfahren?, 1994. S. auch *E.-U. Petersmann*, Die Verfassungsentscheidung für eine völkerrechtskonforme Rechtsordnung als Strukturprinzip der Schweizer Bundesverfassung, AöR 115 (1990), S. 537 ff.; FS Hangartner, 1998, mit Beiträgen u.a. von *G. Biaggini, D. Schindler, G. Schmid.*

132 Das Verfassungsgericht in Madrid hat im katalonischen Sprachenstreit die Gleichberechtigung der kastilischen und der katalanischen Sprache im Schulsystem abgesegnet (dazu NZZ vom 28. Dezember 1994, S. 3).

133 Föderale Strukturen für die Europäische Union werden intensiv diskutiert, so z.B. *P.M. Huber*, Europäisches und nationales Verfassungsrecht, VVDStRL 60 (2001), S. 194 ff., 240: supranationaler Föderalismus bzw. die Idee eines Staatenverbundes als „flexibler Ordnungsrahmen für die immer engere Union der Völker Europas"; vorher bereits *A. v. Bogdandy*, Supranationaler Föderalismus als Wirklichkeit und Idee einer neuen Herrschaftsform, 1999.

das "europäische Deutschland" i.S. von *Thomas Mann* vor Augen hat, mag sich dann doch der Horizont zum "Gemeineuropäischen" weiten.

2. *Theorieelemente des Gemeineuropäischen Verfassungsrechts in seiner "gemeineuropäischen" Dimension*

In *fünf* Schritten sei das spezifisch "Gemeineuropäische" erschlossen: der offene Europabegriff, gedeutet aus den kulturwissenschaftlich begriffenen Kategorien Zeit und Raum (a), das Gemeinrecht als rechtswissenschaftliche Kategorie und seine Prinzipienstruktur (b), allgemeine Inhalte: vom Reservoir Europas juristischer Klassikertexte und EU-Recht über nationales Europaverfassungsrecht bis zu "allgemeinen Rechtsgrundsätzen" als Vehikel sowie parallelen Verfassungsfortbildungen (c), die Entwicklungswege und Verfahren der Rechtsgewinnung auf gemeineuropäischer Ebene (d) und die Akteure oder Subjekte der Gemeineuropäischen Entwicklung (e).

a) Der offene, kulturbezogene Europabegriff

Vergegenwärtigen wir uns in einem ersten Schritt auch in diesem Kontext den bereits umschriebenen Europabegriff: "Europa" ist in den Kategorien von Raum und Zeit kulturwissenschaftlich zu erfassen. D.h.: Europas Kennzeichen ist die Vielfalt und Einheit seiner Kultur, und als Teil von ihr seine *Rechts*kultur. *Zeitlich* kommen die frühen Kulturleistungen der griechischen und römischen Antike ins Bild ("Europa" beginnt auch sprachlich in Griechenland!), und das meint – neben den Canones der Philosophie, Literatur und bildenden Kunst auch die Klassikertexte eines *Aristoteles* (z.B. zum Gleichheitssatz und zur Gerechtigkeit) sowie der römischen Juristen – die historische Dimension über Renaissance und Humanismus bzw. die Rezeptionen des römischen Rechts, sodann die *Locke, Montesquieu, Kant* u.a. zu verdankenden Strukturelemente des Verfassungsstaates, so sehr dieser sich zunächst national und noch nicht "europaoffen" konstituiert hat. Obwohl Europa Nationalgeschichte war bzw. wurde, das Übergreifende des Heiligen Römischen Reichs (deutscher Nation) blieb jedenfalls nach außen (in Abgrenzung etwa gegenüber dem Islam und der Türkei) immer ein Element seines Ganzen. Modern gesprochen: "Gemeineuropäisches" war immer eine bald stärkere, bald schwächere Dimension, die nur 1789 verblasste, aber im deutschen Idealismus eines *I. Kant* (Traktat zum ewigen Frieden, Weltbürgertum) oder bei *Goethe* (in der Form des "west-östlichen Diwan" bzw. "Gottes ist der Orient, Gottes ist der Okzident...") lebendig blieb[134].

Die Ausbildung Europas als Kultur und *Rechts*kultur auf der Zeitachse – also geschichtlich – ist sodann in der Kategorie des *Raumes* nachzuvollziehen: Das "europäische Haus" hat offene Grenzen, es lässt sich nicht in der Weise eines "Grundbuches" vermessen und festlegen. Die räumlichen Grenzen sind flexibel, im Streit um das "Europa vom Atlantik bis zum Ural" (*de Gaulle*) ebenso ersichtlich wie bei der Frage, ob

---

134 Aus der Lit.: J.A. Schlumberger/P. Segl (Hrsg.), Europa- aber was ist es?, 1994; *H. Maier*, Art. Europa II, Staatslexikon 6. Bd., Görres-Gesellschaft (Hrsg.), 7. Aufl. 1992, S. 104 f.; H. Joas u.a. (Hrsg.), Die kulturellen Werte Europas, 2005; *R. Kagan*, Paradise and Power. America and Europe in the New World Order, 2003; ferner unten Anm. 135.

Israel oder die Türkei zu Europa gehören, oder die asiatischen Teile der russischen Föderation – trotz ihrer Mitgliedschaft in der OSZE[135]? Wie aktuell diese Fragen sind, sehen wir am heutigen Streit um Art und Weise des Beitritts der Türkei zur EU, Mitglied des Europarates ist sie; gehört sie aber zum "Kerneuropa"? Dürfen, sollen wir mit der Metapher von "Kern" und "Schalen" arbeiten? Etwa weil die Türkei zum islamischen Kulturkreis und nicht zum "christlichen Europa" gehört? (Sein Recht ist jedoch von Europa beeinflusst.) Das europäische Kulturerbe hat sich jedenfalls auch räumlich "objektiviert", und vermutlich ist letztlich um eine an den Kommunen und Kleinstaaten schon praktizierte Verfassungstheorie des – kulturellen – Raumes, jetzt des europäischen Raumes zu ringen[136]. Die Idee des engeren und *weiteren* Raumes "Europa" spiegelt sich im schon gewordenen bzw. noch werdenden "Gemeineuropäischen Verfassungsrecht" bereits wider: die Unterscheidung von Europarecht im engeren (d.h. EU-bezogenen) und weiteren (d.h. Europarat-, auch OSZE-bezogenen) Sinne ist bekannt. Gibt es also doch mehrere Zonen unterschiedlich "dichten" Europäischen Verfassungsrechts? Bestehen innere Balanceprobleme, etwa der Art, dass der für 2007 erhofften "Osterweiterung" der EU die von Frankreich betriebene Süderweiterung (Malta, Zypern) parallel laufen musste? Sicher ist, dass eine kulturwissenschaftlich arbeitende Verfassungstheorie des Raumes erforderlich ist, ohne dass damit eine Neuauflage des unseligen "Großraumdenkens" gemeint ist: *M. Heidegger* hat ja zum Glück nur ein Buch "Sein und Zeit", nicht auch "Raum und Zeit" geschrieben! Europas Kultur und Rechtskultur ist eine vielfältig *gegliederte*, aber doch räumlich ausgreifende. Diese Balancen im Raum brauchen wir in Problembereichen wie dem "Europa der Regionen", bei der "Subsidiarität" und der "kulturellen Identität" der Mitgliedstaaten.

*b) "Gemeinrecht" als rechtswissenschaftliche Kategorie,
die Prinzipienstruktur*

"Gemeinrecht"[137] ist eine in den Rechtswissenschaften vielfach bewährte Kategorie. Erinnert sei an das alte "ius commune" vom 13. bis zum Ende des 18. Jahrhunderts, das charakteristischerweise von der *Zivil*rechtswissenschaft eines *H. Kötz* (1981) und von *H. Coing* wiederentdeckt wurde, im "gemeindeutschen Staatsrecht", auch Verwaltungs-

---

135   Eindrucksvoll *L. Kopelew*, Freie Dichter und Denker, Geographisch und geistesgeschichtlich gehört Russland zu Europa, FAZ vom 24. Dezember 1994, S. 6.- Gerade für die Türkei bleibt es bei der bloßen *Frage*. Ob sie zu Europa gehört, kann wissenschaftlich hier und heute nicht entschieden werden. Zwar bildet *ein* Element ihrer Europazugehörigkeit gewiss *auch* ihr eigenes Selbstverständnis, doch muss die Frage der Europazugehörigkeit eines Landes auch nach anderen Elementen wie den kulturellen, rechtskulturellen, politischen, historischen, wirtschaftlichen und geographischen vom übrigen Europa her beantwortet werden. Dieses *Ensemble* von Kriterien für die Europazugehörigkeit ist denkbar komplex.
136   Dazu *P. Häberle*, Kulturpolitik in der Stadt, 1979, S. 38 ff.; *ders.*, Der Kleinstaat als Variante des Verfassungsstaates (1993), in: *ders.*, Rechtsvergleichung im Kraftfeld des Verfassungsstaates, 1992, S. 739 ff.; allgemein *ders.*, Verfassungslehre als Kulturwissenschaft, 1982 (2. Aufl. 1998).
137   Mein Beitrag: Gemeineuropäisches Verfassungsrecht, EuGRZ 1991, S. 261 (268 ff.), jetzt auch in Europäische Rechtskultur, 1994, S. 33 ff.; (auch ins Spanische übersetzt, in: Revista de Estudios Politicos Num. 79 (1993), S. 7 ff.). Ein Echo in Italien: *F. Cocozza*, Diritto comune delle libertà in Europa, 1994, bes. S. 16 ff.

recht weitere Beispielsfälle kennt und von *J. Esser* schon 1956 zum "Gemeinrechtsdenken" verallgemeinert wurde, das Absolutismus, Aufklärung und Nationalstaat in unseliger Allianz zerstört hatten. In den Bundesstaaten ist es als "gemeindeutsches" oder "gemeineidgenössisches" Verfassungsrecht (GV) bekannt[138]. Und das darf uns ermutigen, von "Gemeineuropäischem Verfassungsrecht" zu sprechen, denn: obschon wir uns mit dem reservierten und distanzierten, retrospektiven (auch die Probleme verdeckenden) Begriff vom "Staatenverbund" in Europa (BVerfGE 89, 155 "Maastricht")[139] nicht begnügen wollen, ist dieses Europa *noch* nicht zum Bundesstaat verfasst, in dem Gemeinrecht eine selbstverständliche Dimension bildet. Kurz: Die Kategorie "Gemeinrecht" ist in hohem Maße geeignet, um von den Textgebern, der Wissenschaft und der Praxis vorangetriebene, auf Gemeinsames zielende Rechtsentwicklungen zu benennen und zu befördern, die grenzüberschreitend wirken, auf Grundsätzliches zielen, was letztlich auf einem gemeinsamen Wurzelboden der Rechtskultur und Kultur wächst. Die heuristische Funktion des Gemeinrechtsdenkens in der Zeitachse darf im Blick auf das sich entwickelnde Europa unserer Tage spezifisch für das Verfassungsrecht nutzbar gemacht werden (sinnvoll auch als "Vorgabe" für "Amsterdam", seit 2000/4/5 ebenso für den sogenannten Nizza- und Post-Nizza-Prozess).

Damit ist bereits der zweite Schritt vorgezeichnet: die Prinzipen-Struktur des gemeineuropäischen Verfassungsrechts. In *J. Essers* "Grundsatz und Norm" (1956) exemplarisch vorgedacht, brauchen wir Verfassungsjuristen es nur noch "abzurufen". Gemeint ist das wirklich Grundlegende, das zugleich Offene und Flexible. Es soll und will nicht starr unitarisieren, es soll "hinter" und subsidiär neben dem positiven Recht "undogmatisch" greifbar werden, sei es geschrieben oder ungeschrieben; es soll arbeitsteilig den Durchgriff zum Rechtsethischen erleichtern und den Durchblick auf das Rechtskulturelle eröffnen, aber auch ein Stück geschmeidige Integration leisten. Die Verabschiedung des fragwürdigen Bildes "Rechtsquelle" ist eine Konsequenz, suggeriert diese doch die Meinung, fertig vorhanden sei das, was sich erst in komplexen Textschaffungs- und Interpretationsvorgängen vieler Beteiligter ("Akteure") *entwickelt* – ein vor-

---

138 Dazu *P. Häberle*, Neuere Verfassungen und Verfassungsvorhaben in der Schweiz..., JöR 34 (1985), S. 303 (340 ff.); aus der späteren Diskussion die Staatsrechtslehrertagung in Passau: VVDStRL 46 (1988), vgl. S. 148 (156, 171, 174) etc.

139 Aus der Vielzahl der *deutschen* Beiträge zu "Maastricht" nur: *J. Schwarze*, Das Staatsrecht in Europa, JZ 1993, S. 585 ff.; *ders.*, Europapolitik unter deutschem Verfassungsrichtervorbehalt, NJ 1994, S. 1 ff.; *I. Pernice*, Maastricht, Staat und Demokratie, in: Die Verwaltung 26 (1993), S. 449 ff.; *J. Kokott*, Deutschland im Rahmen der Europäischen Union – zum Vertrag von Maastricht, AöR 119 (1994), S. 207 ff.; *A. Weber*, Zur künftigen Verfassung der Europäischen Gemeinschaft, JZ 1993, S. 325 ff.; *P.M. Huber*, Maastricht – ein Staatsstreich?, 1993; *H.P. Ipsen*, Zehn Glossen zum Maastricht-Urteil, EuR 1994, S. 1 ff.; *J.A. Frowein*, Das Maastricht-Urteil und die Grenzen der Verfassungsgerichtsbarkeit, ZaöRV 54 (1994), S. 1 ff.; *C. Tomuschat*, Die Europäische Union unter der Aufsicht des Bundesverfassungsgerichts, EuGRZ 1993, S. 489 ff.; aus der Sicht der zwölf Mitgliedsländer: J.-C. Masclet/D. Maus (Hrsg.), Les Constitutions nationales à l'épreuve de l'Europe, 1993; W. Weidenfeld (Hrsg.), Maastricht in der Analyse, 1994; *D. König*, Das Urteil des BVerfG zum Vertrag von Maastricht – ein Stolperstein auf dem Weg in die europäische Integration?, ZaöRV 55 (1995), S. 17 ff.; *U. Everling*, BVerfG und Gerichtshof der Europäischen Gemeinschaften nach dem Maastricht-Urteil, GS für Grabitz, 1995, S. 57 ff.

gegebenes einziges "Subjekt" volkssouveräner Verfassunggebung existiert auch innerstaatlich nicht mehr. GV ist eher Ausdruck von *Wachstums*prozessen als von Setzungsvorgängen, so wichtige Impulse von Positivierungen ausgehen können. Ihm eignet eine spezifisch dynamisch-prozesshafte Natur bzw. Kultur. Kurz: "Gemeineuropäisches Verfassungsrecht" gleicht keiner fest geprägten Münze, sondern eher dem Bild von der "geprägten Form, die lebend sich entwickelt", i.S. von *J.W. Goethe* und *H. Heller*.

c) Inhalte (allgemein, schichtenspezifisch)

Die bisher eher hohe Abstraktionsebene im Ringen um Gemeineuropäisches Verfassungsrecht (GV) sei im nächsten Schritt ins Konkretere gewendet: aufzulisten sind die Erscheinungsformen des GV, freilich auch dies zunächst allgemein.

Der Blick gilt zunächst Europas Klassikertexten als "Vorform" von und Reservoir für die Ausbildung von gemeineuropäischem Verfassungsrecht. Der zu Anfang des Ersten Teils (A.I.) erläuterte "Klassikerbegriff" sei dabei gedanklich stets mitgeführt. Eine erste, vielleicht sogar höchste und tiefste Schicht von GV ist aus Europas Klassikertexten freizulegen. Gemeint sind "Klassiker" nicht nur der Rechts- und Staatsphilosophie, sondern auch der "schönen" Literatur, ja der Kunst ganz allgemein – es gibt ein "gemeinsames Haus" der europäischen Musik und Literatur. So hat etwa die Streichung der Widmung von *Beethovens* "Eroica" an Napoleon, als dieser sich 1804 zum Kaiser krönte, mehr für den "Transport" der Ideen von 1789 beigetragen als so manches juristisches Traktat von uns. So transportierten manche Texte von *F. Schiller* zur Menschenwürde und Freiheit oder die beunruhigende Frage von *B. Brecht* ("Alle Staatsgewalt geht vom Volk aus, aber wo geht sie hin?") mehr Elemente des Verfassungsstaates als so mancher "positive" Text. Klassikertexte erweisen sich als unverzichtbare kulturelle Basis für das unabgeschlossene Projekt des gemeineuropäischen Verfassungsstaates und sie können neben den positiven (nationalen) Verfassungstexten als "engere" durchaus als Verfassungstexte im weiteren Sinne bezeichnet werden[140]. *Montesquieu* oder *Rousseau* "im GG" springen unmittelbar ins Auge, wer dieses GG oder andere Verfassungen in Europa nur genau lesen kann – die "Federalist Papers" (1787) leisten Vergleichbares für die USA, sie sind ebenfalls "Geburtsurkunde". Kurz: Immer wieder sich als schöpferisch bewährende Grundlagen für das GV liefern die Klassikertexte als (Rechts)Kultur, auch wenn sie oft national, historisch verschieden "gelesen" werden. Klassikertexte bilden höchst kreative Erneuerungsfaktoren jeder gemeineuropäischen Rechtsbildung und sie wirken als "Katalysatoren", teils allein, teils gemeinsam mit den folgenden Ausprägungen: EU- bzw. EG-Texte, Europarat- bzw. OSZE-Texte (und ihre Umsetzung in die Praxis) sind ihrerseits eine "Vorform" von GV.

Ein Stück "positiver" und zugleich konkreter wirken die geschriebenen EU-, EG-, Europarat- bzw. OSZE-Texte und ihre Umsetzung in die und in der Praxis. Mag manches nur die Kraft von "soft law" haben, etwa die KSZE-Erklärungen von Kopenhagen und Paris (1990), sie sind teils Vorformen von GV, teils schon dessen greifbare Er-

---

140 Zum ganzen: *P. Häberle*, Klassikertexte im Verfassungsleben, 1981; sowie die späteren Ausarbeitungen z.B. in: Europäische Rechtskultur, 1994, S. 9, 33, 71 f. u.ö.

scheinungsformen. Die Prinzipien der EU, das geltende Gemeinschaftsverfassungsrecht der EG, vor allem aber die vom EuGH prätorisch rechtsvergleichend gewonnenen Grundrechte als "allgemeine Rechtsgrundsätze" sowie die Rechte der EMRK sind nicht nur Schmuckstücke im "Schatzhaus" des GV –, sie bilden Kernelemente der werdenden Verfassung Europas. Bemerkenswert ist ihre unterschiedliche Geltungskraft und Positivität, auch ihre unterschiedliche Herkunft. Gleichwohl formen sie ein Ensemble gemeineuropäischer Rechtskultur, das gesamthaft genommen dieses Europa in der Tiefe gründet und viel integrierende Kraft entfaltet. Die vielen Texte müssen nur "zusammen gelesen" werden, um ihren Reichtum erkennen zu lassen. An Stichworten seien Textelemente wie "Herrschaft des Gesetzes", "Wahrung des Rechts", "Menschenrechte", "demokratische Grundsätze", "europäisches kulturelles Erbe" zitiert. Die im Stabilitätspakt der 52 OSZE-Mitglieder im März 1995 bekräftigte "gute Nachbarschaft" ist ebenfalls ein Mosaikstein im Verfassungsbild Europas.

aa) Insbesondere: "Allgemeine Rechtsgrundsätze"

Eine dritte Weise der Ausbildung von GV sind die "Allgemeinen Rechtsgrundsätze". Sie wirken als spezifische Bindemittel für Vereinheitlichungsvorgänge in Rechtskulturen und begegnen in den unterschiedlichsten Zusammenhängen. Erinnert sei aus dem positiven Recht an § 7 Österreichisches ABGB (1811), an Art. 38 Abs. 1 lit. c IGH-Statut (1945), an Art. 7 Schweizer Seeschiffahrtsgesetz, aber auch an Art. 215 Abs. 2 EGV und Art. 123 Abs. 2 GG. Die eigentliche "Karriere" der allgemeinen Rechtsgrundsätze auf der europäischen Ebene ist der Prätorik des EuGH zu verdanken[141], der sie so ausgebaut hat, dass sie längst eine gemeineuropäische Kategorie bilden und sich wie selbstverständlich in Art. F Abs. 2 von Maastricht bzw. Art. 6 Abs. 2 EUV wiederfinden (EMRK-Grundrechte, "wie sie sich aus den gemeinsamen Verfassungsüberlieferungen der Mitgliedstaaten als allgemeine Grundsätze des Gemeinschaftsrechts ergeben"). Die allgemeinen Rechtsgrundsätze sind, näher besehen, teils geschrieben, teils ungeschrieben. Schon heute sind sie immanenter Bestandteil der sich entwickelnden "Verfassung Europas" und ein sensibler Verweis auf dessen – freilich noch zu entfaltende – *materiale Allgemeinheit*. Was rechtlich oft noch zu wenig verdichtet ist, wird über das Vehikel allgemeiner Rechtsgrundsätze zum Rechtsprinzip – und dies vor allem in der Methode "wertender" Rechtsvergleichung. Der Sache nach beggnen sie auch unter dem Begriff der "Standards". Für das GV jedenfalls ist die – bewährte – Kategorie der Allgemeinen Rechtsgrundsätze unverzichtbar: sie sind letztlich rechtskultureller Art, in ihrer Prinzipienstruktur anpassungsfähig und sie schaffen den integrierenden Brückenschlag zwischen allen (oder doch vielen) nationalen Rechtsordnungen. Sie wirken als geschmeidiges "Medium" für die Integrierung in zukunftsorientierte übergreifende Zusammenhänge. Sie zeigen, dass es keinen numerus clausus für Rechtsquellen gibt.

---

141 Aus der Lit.: *T. Oppermann*, Europarecht, 2. Aufl. 1999, S. 185 ff.; *R. Streinz*, Europarecht, 6. Aufl. 2003, S. 137 ff.; *C. Koenig / A. Haratsch*, Europarecht, 4. Aufl. 2003, S. 90 ff. Siehe noch 3. Teil D.

bb) *Insbesondere: Nationales "Europaverfassungsrecht"*

Eine neue Vorform und z.T. schon direkte Erscheinungsform von GV bildet sich in der bereits umschriebenen Gestalt des "nationalen Europaverfassungsrechts" – einer neuen wissenschaftlichen Kategorie – heraus. Gemeint sind jene nationalen Verfassungstexte, die als allgemeine oder spezielle "Europa-Artikel" figurieren und die "Europaoffenheit" des Nationalstaates dokumentieren. Die vergleichende Textstufenanalyse vermag hier eine reichhaltige – ausbaufähige – Palette zu entdecken[142], auf das oben unter Punkt II. 2. entwickelte Tableau sei verwiesen, die Europabezüge in Präambeln und Grundlagen-Artikeln, etwa in dem um Perfektion ringenden, aber verunglückten Art. 23 GG[143] und in Art. 7 Abs. 5 Verf. Portugal ("europäische Identität"), oder in Art. 1 Abs. 2 Verf. Niedersachsen ("Teil der europäischen Völkergemeinschaft") seien nochmals hervorgehoben. Einige Gliedstaaten Österreichs kennen ebenfalls Europa-Artikel.

Die Vielfalt allgemeiner und spezieller Europa-Artikel hat ihren guten Sinn: vom Nationalen her, von "unten" und "innen" aus, vom Europa der *Bürger* her suchen sie Europa zu verfassen und seine Akzeptanz zu befördern. Sie bilden – "zusammengelesen" – eine Textbasis, in der im Kontext gemeineuropäischer Hermeneutik von nationalem (Europa)Verfassungsrecht aus Gemeineuropäisches Verfassungsrecht möglich wird. Das nationale Europa-Verfassungsrecht liefert Bausteine dazu. Es "verankert" buchstäblich Europa in den einzelnen Verfassungsstaaten. Die Europäisierung des nationalen Verfassungsrechts führt in das GV hinüber. Klugerweise bleibt der Europa-Begriff und die Rechtskonstruktion von "Europa" offen. Diese "innere" Europäisierung des Verfassungsstaates kann aber gar nicht überschätzt werden. Sie schafft auch den Boden für die Entwicklung "allgemeiner Rechtsgrundsätze" auf dem Weg zum GV. Durch die natio-

---

142 Dazu mein Beitrag: Europaprogramme neuerer Verfassungen und Verfassungsentwürfe – der Ausbau von nationalem "Europaverfassungsrecht", FS Everling, 1995, S. 355 ff. In *Griechenland* wird um einen neuen Art. 28 Abs. 2 der Verfassung bzw. Europa-Artikel gerungen, in dem sich der heutige Diskussionsstand spiegelt und der mir dank *D. Tsatsos* zugänglich wurde: "Griechenland ist Mitglied der Europäischen Union und wirkt am Integrationsprozess auf der Grundlage der Anerkennung der nationalen Identität aller Mitgliedstaaten mit, deren Regierungssystem Demokratie und Rechtsstaat gewährleistet". Von diesem *"nationalen* Europaverfassungsrecht" ist das werdende *"konstitutionelle Europarecht"* zu unterscheiden, d.h. die Teilordnungen bzw. Verfassungen, die das Europa im engeren und weiten Sinne segmenthaft und vielfältig überziehen bzw. prägen, teils geschrieben, teils ungeschrieben.- Auch *Bayern* hat 1997 via Verfassungsänderung einen eigenen Europa-Artikel (Art. 3a) geschaffen. Zum Ganzen: Erster Teil A. II. 2.

143 Lob verdient hier nur die Normierung des Staatsziels Europa als solche!- Aus der deutschen Lit.: *P. Badura*, Das Staatsziel "europäische Integration" im Grundgesetz, FS Schambeck, 1994, S. 887 ff.; *C.D. Classen*, Maastricht und die Verfassung: kritische Bemerkungen zum neuen "Europa-Artikel" 23 GG, ZRP 1993, S. 57 ff.; *P. Lerche*, Zur Position der deutschen Länder nach dem neuen Europa-Artikel des Grundgesetzes, FS Schambeck, 1994, S. 753 ff.; *R. Breuer*, Die Sackgasse des neuen Europaartikels (Art. 23 GG), NVwZ 1994, S. 417 ff.; *U. Everling*, Überlegungen zur Struktur der Europäischen Union und zum neuen Europaartikel des Grundgesetzes, DVBl. 1993, S. 936 ff.; *K. Schmalenbach*, Der neue Europaartikel 23 des Grundgesetzes im Lichte der Arbeit der Gemeinsamen Verfassungskommission, 1996.

nalen Europa-Artikel werden die einzelnen Verfassungsstaaten in Europa *konstitutionell* miteinander verknüpft, wird zugleich das "konstitutionelle Europarecht" verstärkt.

cc) Insbesondere: Parallele Reformvorhaben der nationalen Verfassungsstaaten

Die Entwicklung von Gemeineuropäischem Verfassungsrecht kann sich in Vorstufen auch dadurch und darin ausdrücken, dass die zum gemeineuropäischen Verfassungsstaat gehörenden oder hinzuwachsenden Länder sich in parallelen Reformvorhaben auf den Weg machen. So unterschiedlich die Reformbedürftigkeit und -fähigkeit der einzelnen Länder heute ist, so verschiedenartig die Entwicklungswege ihrer Verfassungen sind (formale Verfassungsänderung, bloße Minderheit in Verfassungsgerichten) – nicht selten zeichnen sich im Rahmen der allgemeinen Textstufenentwicklung parallele Entwicklungen wie in innerbundesstaatlichen Wellenbewegungen ab (z.B. wie in der Schweiz[144]). Hier einige Stichworte dieser fünften Schicht möglicher "Vorboten" von GV: Neben der ständigen Verfeinerung der *Grundrechte* und ihres Schutzes[145] (z.B. durch den Ombudsmann, vgl. Art. 195 EG-Vertrag[146]) – er wanderte von Skandinavien über die beiden iberischen Länder bis zu den Reformstaaten in Osteuropa –, neben dem grundrechtlichen Datenschutz und dem Schutz der privaten, kulturellen Identität des einzelnen, ist der *Minderheitenschutz* ein solches in die Sphäre des GV hineingewachsenes Thema. Die einzelnen nationalen Verfassungsstaaten bilden in seiner mühsamen Ausformung einen langen Geleitzug, mit Ungarn (1989) an der Spitze (Minderheiten als "staatsbildende Faktoren"), mit innovativen Beiträgen der ostdeutschen Länderverfassungen zugunsten der Sorben (Art. 25 Verf. Brandenburg von 1992), aber auch Schleswig-Holsteins (Art. 5 von 1990), mit dem unbegreiflichen Rückschritt in Form des Scheiterns einer vom Verf. schon 1991 in Rom vorgeschlagenen Minderheitenklausel im GG[147] (Art. 20 b der Gemeinsamen Verfassungskommission von 1993). Der Internationale Pakt über bürgerliche und politische Rechte von 1966 (Art. 27) markiert eine "Spitze", die im gemeineuropäischen Verbund noch allzu langsam nachvollzogen wird. Anstöße vermittelt die geplante europäische Volksgruppencharta. Der Europarat übte heilsamen Druck z.B. auf Lettland aus (Verhältnis zur russischen Minderheit), ebenso auf die Slowakei (ungarische Minderheit), und "Grundrechtspolitik" auf diesem Felde gehört m.E. zu den vornehmsten Aufgaben der Entwicklung von GV. (Auch der neue zwischen Ungarn und Kroatien geschlossene Vertrag über den Schutz von Minderheiten, wonach die Nachbarländer der jeweiligen nationalen Minderheit das Recht auf kul-

---

144 Dazu meine Nachweise in meinem Beitrag: Neuere Verfassungen und Verfassungsvorhaben in der Schweiz..., JöR 34 (1985), S. 303 (354 ff.).

145 *E. Denninger,* Menschenrechte und Staatsaufgaben – ein „europäisches" Thema, JZ 1996, S. 585 ff.

146 Dazu aus der Lit.: F. Matscher (Hrsg.), Ombudsmann in Europa, 1994; s. auch den Statutentwurf für EG-Bürgerbeauftragte seitens des Europäischen Parlaments, EuGRZ 1993, S. 51 ff.; *A. Filos,* Die Errichtung der Institution des Ombudsmans in Griechenland, EuGRZ 1997, S. 602 ff.

147 *P. Häberle,* Aktuelle Probleme des deutschen Föderalismus, in: Die Verwaltung 24 (1991), S. 169 (206). Vgl. auch *U. Berlit,* Die Reform des Grundgesetzes nach der staatlichen Einigung Deutschlands, JöR 44 (1996), S. 17 (69 ff.).

turelle Autonomie gemäß der Europaratsempfehlung 1201 zusichern, gehört hierher.) Das *Pluralismus*-Prinzip, vor allem im *Medien*verfassungsrecht (vgl. Art. 20 Verf. Spanien, Art. 39 Verf. Portugal), in Italien derzeit erst durch die Corte (1994) und den Gesetzgeber mühsam genug erarbeitet und in Osteuropa oft ausdrücklich verankert[148], bildet m.E. ebenfalls ein werdendes Prinzip des GV. Der weite Weg der Konstitutionalisierung der *politischen* Parteien, begonnen in Art. 49, 98 Verf. Italien (1947), fortgeführt in Art. 21 GG, übernommen in Art. 4 Verf. Frankreich von 1958, ist jetzt zum geschriebenen Text von Art. 191 EG-Vertrag gereift, so dass er auf dem besten Weg ist, Gemeineuropäisches Verfassungsrecht zu werden. Dieser Artikel ist übrigens einer der wenigen sprachlich und inhaltlich geglückten Normen von "Maastricht" und er fängt sogar ein Stück der den politischen Parteien zuwachsenden Aufgaben in der Dynamik des Prozesses der europäischen Integration ein ("Faktor der Integration in der Union"), sie "tragen dazu bei, ein europäisches Bewusstsein herauszubilden". Das *Kommunalwahlrecht* für Unionsbürger (Art. 19 EGV), jetzt in Gestalt von nationalem Europaverfassungsrecht auch in den EU-Ländern nachlesbar (z.B. Art. 28 Abs. 1 S. 3 GG), ist ein weiterer Schritt, in dem sich gemeineuropäische Verfassungsentwicklungen geltend machen, zu welcher Bewegung auch eine Tendenz zur *doppelten* Staatsangehörigkeit hinzukommen mag. (Während die Schweiz hier vorne liegt, bleibt Deutschland eher am Ende des "Geleitzugs". Spanien hat hier im Blick auf iberoamerikanische Länder in seinem Art. 11 Abs. 3 von 1978 Pionierleistungen vollbracht.)

Ähnliche Textstufenentwicklungen, die in einzelnen nationalen Verfassungsstaaten ihren Ausgang nahmen und der Positivierung auf EU-Ebene "Textschübe" gaben, so dass GV entsteht, beobachten wir beim Thema *Umweltschutz*. Früh von Art. 24 Verf. Griechenland 1975 auf Verfassungshöhe gebracht, hat dieses Thema in ganz Europa, besonders auch in gliedstaatlichen Verfassungen der Schweiz und Deutschlands Karriere gemacht, auch in Österreich (Art. 1 § 1 B-VG 1984: "umfassender Umweltschutz") und sogar in der eher zurückhaltenden Verfassung der Niederlande von 1983 (Art. 21) Eingang gefunden (zuletzt Art. 20 a GG). Art. 152 EGV und sein Schutzgut der "menschlichen Gesundheit" ist hier nur eine Etappe auf dem Weg zu GV, das dann in die Länder ausstrahlt und zurückwirkt, die sich ungeschrieben um den Umweltschutz, etwa in der Rechtsprechung mühen müssen. Via "allgemeiner Rechtsgrundsatz" mag er auch bei ihnen Geltung erlangen. Mosaiksteine des *sozialen Rechtsstaates* (Stichwort: "Europäische Sozialcharta", "Sozialunion"), aber auch die *(soziale) Marktwirtschaft* (vgl. Art. 105 EGV: "offene Marktwirtschaft"), in manchen Ländern schon positives Verfassungsrecht (vgl. Art. 38 Verf. Spanien, Präambel Verf. Ungarn 1949 (1989)), sind ebenfalls auf dem Weg zum GV. Parallele nationale Reformvorhaben, die sich künftig zu Gemeineuropäischem verdichten könnten, sind schließlich Fragen der Parteienfinanzierung, der Entflechtung von Staat und Parteien, im Parlamentsrecht die Stärkung von Opposition und Minderheiten, der weitere (vor allem in Osteuropa favorisier-

---

148   Dazu die Nachweise in: *P. Häberle*, Europäische Rechtskultur, 1994, S. 101 (125 f.). S. auch *M. Schellenberg*, Pluralismus: Zu einem medienrechtlichen Leitmotiv in Deutschland, Frankreich und Italien, AöR 119 (1994), S. 427 ff.

te) Ausbau der Verfassungsgerichtsbarkeit und die Bewältigung der Technologie-Probleme (z.B. durch Ethikkommissionen, Gentechnik-Gesetze etc.).

d) Entwicklungswege, Verfahren der Rechtsgewinnung

Die Entwicklungswege und Verfahren zur Bildung von GV sind teils formeller, teils informeller Art[149]. Auf die Ausarbeitung von 1991 sei verwiesen[150]. Typologisch lassen sich zwei Wege erkennen, der *rechtspolitische* und der *interpretatorische*, wobei an die fließenden Übergänge zwischen beiden erinnert sei. Zu unterscheiden sind die beiden Ebenen, die nationale und die europäische, wobei es zu vielen "Osmosen" und "Gemengelagen" bei den Grundrechten kommt: Was sich im nationalen Verfassungsrecht vereinzelt vorbildet, kann Wirkungen im europäischen Rahmen zeitigen, umgekehrt können gemeineuropäische Verfassungsprinzipien in die nationale Ebene ausstrahlen (europäische Produktions- und Rezeptionsvorgänge). Die EMRK-Prinzipien im Verständnis von Kommission und EGMR sind über ihre formale Geltung hinaus längst zu "Kernteilen" aller Verfassungsstaaten in Ost- und Westeuropa geworden, mancherorts sogar tragender Bestandteil der formellen und materiellen Verfassung (vgl. Art. 3, 112 Verf. Tschechien von 1992), in Deutschland erst noch interpretatorischer Topos in der Hand des BVerfG, in der Schweiz und vor allem in Österreich längst auf der Ebene des materiellen Verfassungsrechts. Die nationalen und übernationalen Textgeber, hier etwa EU, Europarat und OSZE, müssen den Rechtsbestand vergleichend sichten und sie können dann rechtspolitisch Fortbildungen leisten: zum "ius commune europaeum". Dass es oft "von unten her", vom europäischen Zivil- und Verwaltungsrecht[151] her getragen, ja beflügelt wird, sei als Merkposten festgehalten. Europäische Verfassungspolitik im Blick auf "Amsterdam" und "Post-Nizza" dürfte sich aus gemeinrechtlichen Quellen speisen, wenn inskünftig für das EP, für die nationalen Landesparlamente und für den Ausschuss der Regionen ein Gesetzesinitiativrecht in Konkurrenz zur Kommission gefordert wird, wenn man mit *R. Bieber* nach dem "richtigen" Verfassunggeber fragt[152] oder wenn im Lichte der Subsidiarität um die angemessene Verteilung der Aufgaben und Kompetenzen in der Union auf die verschiedenen Entscheidungsebenen gerungen wird. Durchweg wirken nationale Modellelemente auf und in Europa und von hier zurück.

Der interpretatorische Weg der Rechtsfindung, prätorisch und wissenschaftlich gebahnt, ist das andere Entwicklungsverfahren von GV. Der europäische Richter im EuGH bzw. EGMR hat durch die "allgemeinen Rechtsgrundsätze" bzw. den "ordre pub-

---

149 Vgl. national: *H. Schulze-Fielitz*, Der informale Verfassungsstaat, 1984.
150 Mein Beitrag: Gemeineuropäisches Verfassungsrecht, EuGRZ 1991, S. 261 (270 ff.).
151 Dazu *E. Schmidt-Aßmann*, Deutsches und Europäisches Verwaltungsrecht, DVBl. 1993, S. 924 ff.; *F. Schoch*, Die Europäisierung des Allgemeinen Verwaltungsrechts, JZ 1995, S. 109 ff.; pionierhaft: *J. Schwarze*, Europäisches Verwaltungsrecht, 2 Bde 1988 (2. Aufl. 2005); ders. (Hrsg.), Europäisches Verwaltungsrecht im Werden, 1982; später *H.-W. Rengeling*, Deutsches und europäisches Verwaltungsrecht – wechselseitige Einwirkungen, VVDStRL 53 (1994), S. 202 ff.; *C.D. Classen*, Die Europäisierung der Verwaltungsgerichtsbarkeit, 1996; *M. Schmidt-Preuß*, Das Allgemeine des Verwaltungsrechts, FS H. Maurer, 2001, S. 777 ff., 797 ff.
152 *R. Bieber*, Europa braucht den großen Schiffsputz, FAZ vom 3. Dezember 1994, S. 8.

lic européen" längst "Kernelemente" des GV geschaffen. Auf nationaler Ebene geschieht Ähnliches überall dort, wo die Richter rechtsvergleichend arbeiten (zuletzt etwa die Corte in Rom: Dez. 1994 in ihrem Medienurteil). Besonders aber ist hier die "scientific community", der "runde Tisch" der Staatsrechtslehrer in Europa gefordert. Arbeitsteilig in der ganzen Breite der Palette der Literaturgattungen vom Lehrbuch bis zur Monographie[153] haben sie Vorarbeit und Zuarbeit zu leisten. Voraussetzung ist die Inthronisierung der Rechtsvergleichung als *fünfter* Auslegungsmethode, *nach* den vier von *F.C. v. Savigny* 1840 kanonisierten[154]; Voraussetzung ist eine "Gemeineuropäische Methodenlehre", im Zivilrecht längst Postulat (*H. Coing, H. Kötz*) und z.T. schon Wirklichkeit; Voraussetzung ist auch europäische Bildung und in diesem Rahmen eine Europäisierung der *Juristenausbildung*. Die Rechtsvergleichung ist dabei als *Kultur*vergleichung zu betreiben, d.h. sie muss die kulturellen *Kontexte* und *Grundlagen* der zu interpretierenden Texte zugleich erarbeiten.

e) Akteure, die personale Seite

Schon prima facie legt der Begriff "Gemeineuropäisches Verfassungsrecht" nahe, das Bild von der "offenen Gesellschaft" der Verfassunggeber bzw. -interpreten zu übernehmen, jetzt auf der europäischen Ebene. 1975 bzw. 1978 für den nationalen verfassungsstaatlichen Bereich ausgearbeitet[155], ist die *personale* Seite damit ein Thema der Erkenntnis des Prozesses der Verfassungsinterpretation geworden, sind die "Akteure" bewusst geworden[156]. Das "Tableau" der an Verfassungsinterpretation Beteiligten bedarf aber für unseren Zusammenhang einer Modifizierung. Da es noch kein "europäisches Volk" als "Verfassunggeber" gibt[157], da auf der EU-Ebene (zu Recht) allenthalben das Demokratiedefizit beklagt wird, da die "europäische Öffentlichkeit" bislang eher *kulturell* als "politisch" konstituiert ist, ist der Kreis der offenen Gesellschaft z.T. noch geschlossen, kommt es zu Partizipationsdefiziten, die durch andere Kräfte als sonst im "vollendeten" Verfassungsstaat kompensiert werden müssen. Es ist die dritte Gewalt auf europäischer wie nationaler Ebene, die als "stille Gewalt" am gemeineuropäischen Verfassungsrecht intensiv arbeitet (insoweit "Europa der Richter"), und es ist die Wissenschaftlergemeinschaft, die hier "Vorratspolitik" in Sachen GV vollbringen muss.

---

153 Vgl. früh *G. de Vergottini*, Diritto Costituzionale Comparato, 1981 (4. Aufl. 1993, 5. Aufl. 1999); zuletzt *C. Grewe/H. Ruiz Fabri*, Droits constitutionnels européens, 1995.

154 Dazu mein Vorschlag aus dem Jahre 1989: Grundrechtsgeltung und Grundrechtsinterpretation im Verfassungsstaat, JZ 1989, S. 913 ff.

155 *P. Häberle*, Die offene Gesellschaft der Verfassungsinterpreten, JZ 1975, S. 297 ff.; *ders.* Verfassungsinterpretation und Verfassunggebung, ZSR 1978, S. 1 ff., auch in: *ders.*, Verfassung als öffentlicher Prozess, 1978 (3. Aufl. 1998), S. 155 ff. bzw. S. 182 ff.

156 Dazu *B.-O. Bryde*, Verfassungsentwicklung: Stabilität und Dynamik im Verfassungsrecht der Bundesrepublik Deutschland, 1981.

157 Zum Problem vgl. *R. Bieber*, Europa braucht den großen Schiffsputz, Eine Unionsversammlung wäre der richtige Verfassunggeber, FAZ vom 3. Dezember 1994, S. 8. S. auch *ders.*, Steigerungsform der Europäischen Union: Eine Europäische Verfassung, in: J. Ipsen u.a. (Hrsg.), Verfassungsrecht im Wandel, 1995, S. 291 ff.; jetzt *A. Augustin*, Das Volk der europäischen Union, 2000.

M.a.W.: vieles am GV ist zu solchem via Richter- und Juristenrecht geworden, die Wachstumsprozesse sind oft erst im Rückblick spektakulär. So muss so manches "soft law" von KSZE-Erklärungen erst nach und nach GV werden; so ist der von nationalen und europäischen Verfassungsrichtern vollbrachte Ausbau der geschriebenen und ungeschriebenen Grundrechte sowie des "Rechtsstaates" ein langfristiger, aber tiefreichender Vorgang. Was ein nationaler Verfassunggeber relativ rasch auf Texte und Begriffe bringt, muss auf der Europaebene "reifen", kurz: der Entwicklungsvorgang, der Zeitfaktor sind hier charakteristisch. Die Vorgänge "schubweisen Stoffwechsels" zwischen Kasuistik, Dogmatik und Prinzipien (*J. Esser*) stehen im Vordergrund. Gerade dieser *länger*fristige "Positivierungs"-Vorgang zeigt, dass es sich um rechts*kulturelle* Vorgänge handelt. Das Europa der Rechtskultur und auch des GV ist kein dezisionistischer Akt, sondern ein komplexer, arbeitsteiliger, vielseitige Teilordnungen schaffender Vorgang, dessen Beteiligtenkreis sich europäisch öffnet: in Raum und Zeit. Vielleicht ist dieses stille "Wachsen" gemeineuropäischen Verfassungsrechts – man hört fast den lauten *Savigny/Thibaut*-Streit (1815)! – erfolgversprechender als ein formalisierter Akt europäischer Verfassunggebung[158].

So wie es eine "Stunde" nationaler Verfassunggebung gibt, sie wurde z.B. in Spanien 1978 entschlossen genutzt und gelang auch in Südafrika (dank *N. Mandela*) 1996/97, so musste (mit Außenminister *J. Fischer* und vielen anderen Stimmen aus Wissenschaft und Politik) gefragt werden, ob und wann es zu einer "Stunde" für Verfassunggebung in Europa kommt. Mir scheint, dass derzeit nur die *schrittweise* Inkraftsetzung von Teilverfassungen "angesagt" ist, wie sie z.B. in der EMRK geglückt ist und im schrittweisen Ausbau der EU gelingen kann. Hierzu gehörten auch die zwischen EG und den drei Baltenrepubliken seinerzeit abgeschlossenen "Europa-Verträge", denn sie sind in einem tieferen Sinne werdende *Verfassungs*-Verträge geworden. Die EU-Grundrechtecharta sollte vorrangig ratifiziert werden.

Damit rücken die europäischen *Nationen* als solche ins Blickfeld. *J.G. Herders* "Stimmen der Völker" vergleichbar, leisten sie bisher und inskünftig ihren spezifischen, gerade ihnen möglichen Beitrag zur gemeineuropäischen Verfassungsrechtskultur, der dann von den anderen Nationen nach und nach rezipiert und schöpferisch fortentwickelt wird und schließlich ein Mosaikstein im Ganzen wird. Erinnert sei an die Bundesstaatlichkeit der Schweiz seit 1848 mit Vorbildwirkung für Deutschland und Österreich, auch an ihre (bislang unerreichte) "halbdirekte Demokratie"; erinnert sei an den vom Deutschland Weimars (1919) textlich beeinflussten Regionalismus Italiens von 1947, der in manchem Papier blieb, aber kräftig nach Spanien ausstrahlte und gemeinsam mit Rechtsfiguren des deutschen Föderalismus seit 1978 dort effektiven Regionalismus geschaffen hat, der fast schon eine "Vorstufe" zum Föderalismus darstellt. Erinnert sei an die verfeinerte deutsche Grundrechtsdogmatik, ein Werk von Wissenschaft und BVerfG, das allenthalben in Europa ausstrahlt, und erinnert sei an den europaweiten Erfolg des skandinavischen Ombudsmanns oder an die Verfassungsgerichtsbarkeit, die in Osteuropa derzeit so viel Nachahmung findet. Dieses "gemeineuropäische Hauskon-

---

158 Dazu meine Fragen in VVDStRL 53 (1994), S. 114 f. (Diskussion).

zert" mag Dissonanzen kennen, viele "unvollendete" Sätze und Stücke haben, aber Konsonanzen sind ebenfalls unüberhörbar. So mag eines Tages im Rückblick ein "*gemeineuropäisches Verfassungsbuch*" geschrieben werden, oder gar geschrieben worden sein, auch wenn die Beteiligten sich dessen gar nicht immer bewusst sind bzw. waren. Die "Federalist Papers" des sich vereinigenden Europas haben zwar keinen *J. Madison*, aber der Sache nach nicht wenige höchst wirksame "europäische Juristen"[159] und europäische Richter. Die "Akteure" in EU, im Europaparlament und Europarat sowie in „Konventen" leisten nur Teilbeiträge zur gesamten Hand mit ihnen.

3. Theorieelemente des Gemeineuropäischen Verfassungsrechts als "Verfassungsrecht"

Nun gilt es zu begründen, warum und inwiefern das Gemeineuropäische Verfassungsrecht "*Verfassungs*recht" darstellt.

a) Das Verfassungsverständnis (das "gemischte" und kulturelle)

Der im Einleitungsteil dieser Verfassungslehre skizzierte, vor allem in Deutschland geführte (Schulen-)Streit um das "richtige" Verfassungsverständnis soll gewiss nicht den anderen Europäischen Wissenschaftlergemeinschaften aufgedrängt werden – umso weniger als hier in Raum und Zeit national-kulturspezifische Unterschiede bestehen: Der für Deutschland so typische "Verfassungspatriotismus" (*D. Sternberger*), die geschriebene Verfassung als der nationale Identifikationsrahmen, ja "Kulturbuch", besitzt wohl nirgends ein Gegenstück. Frankreich findet seine Identität in der "Nation" und "Republik", die Schweiz im ständig erneuerten Rütli-Schwur; bzw. im Föderalismus und in der "Konkordanzdemokratie", Spanien im Königtum *und* in seinen Autonomen Gebietskörperschaften etc. Dennoch hat die deutsche Polemik um das Verfassungsverständnis Erkenntnisse vermittelt, die man vorsichtig auf Europa hin modifizieren darf. Dabei hilft die maßvolle Schweizer Diskussion[160], programmatisch i.S. eines "gemisch-

---

[159] Beispielhafte Leistungen aus der *Wissenschaft* etwa: aus *Frankreich*: *C. Grewe/H. Ruiz Fabri*, Droits constitutionnels europeens, 1995.- Aus *Deutschland*: *E. Schmidt-Aßmann*, Zur Europäisierung des allgemeinen Verwaltungsrechts, FS Lerche, 1993, S. 513 ff.; *E. Klein*, Der Einfluss des Europäischen Gemeinschaftsrechts auf das Verwaltungsrecht der Mitgliedstaaten, Der Staat 33 (1994), S. 37 ff.; *J. Schwarze*, Der Beitrag des Europarates zur Entwicklung von Rechtsschutz und Verfahrensgarantien im Verwaltungsrecht, EuGRZ 1993, S. 377 ff.- Beispielhaft aus dem *Zivilrecht* etwa *H.J. Sonnenberger*, Auf dem Weg zu einer europäischen Rechtsquellenordnung – das französische Verständnis rechtsvergleichend skizziert, FS Lerche, 1993, S. 545 ff.; *E.A. Kramer*, Vielfalt und Einheit der Wertungen im Europäischen Privatrecht, FS A. Koller, 1993, S. 729 ff.; *P. Hommelhoff*, "Europarechtliche Bezüge" im Zivilrecht, FS Helmrich, 1994, S. 329 ff. Pionierhaft *P.C. Müller-Graff*, Privatrecht und Europäisches Gemeinschaftsrecht, 1987, 2. Aufl. 1989.

[160] *J.-F. Aubert/K. Eichenberger*, La constitution- son contenu, son usage, 1991, S. 9 ff., 143 ff.; *P. Häberle*, Die Funktionenvielfalt von Verfassungstexten im Spiegel des "gemischten" Verfassungsverständnisses, FS Schindler 1989, S. 701 ff.; vgl. die Einteilungen bei *K. Eichenberger*, Sinn und Bedeutung einer Verfassung, 1991, S. 178 ff.: Ordnungs-, Machtkontroll-, Organisations-, Integrations- und Orientierungsfunktion der Verfassung. Freilich: Selbst bei den nationalen

ten Verfassungsverständnisses" zusammenzufügen, was oft polemisch gegeneinander ausgespielt wird: in Gestalt eines Sowohl-Als-auch von materialen *und* prozessualen Momenten: Verfassung ist Rahmenordnung von Grundwerten, aber sie ist auch "öffentlicher Prozess", Verfassung ist Schranke, Begrenzung von Macht, aber auch deren Konstituierung, sie ist Anregung *und* Schranke (*R. Smend*). Sie hat Symbolfunktion *und* ist rationale Rechtsordnung; ihre einzelnen Felder sprechen als "irrationale Konsensquellen" teils mehr die "emotio" des Bürgers an (Präambeln, Erziehungsziele, Feiertagsgarantien und Gottesbezüge), teils richten sie sich präzise an die ratio, auch des Juristen. Sie ist "Verfassung des Pluralismus" – treffend wirkt der Satz von *J.-F. Aubert*: "Le pluralisme vivifie la constitution" und "La constitution fortifie le pluralisme"[161]. Vor allem aber ist sie *Kultur*.

Mit "bloß" *juristischen* Umschreibungen, Texten, Einrichtungen und Verfahren ist es aber nicht getan. *Verfassung* ist nicht nur rechtliche Ordnung für Juristen und von diesen nach alten und neuen Kunstregeln zu interpretieren – sie wirkt wesentlich auch als Leitfaden für Nichtjuristen: für den Bürger. Verfassung ist nicht nur juristischer Text oder normatives "Regelwerk", sondern auch Ausdruck eines kulturellen Entwicklungszustandes, Mittel der kulturellen Selbstdarstellung des Volkes, Spiegel seines kulturellen Erbes und Fundament seiner Hoffnungen. *Lebende* Verfassungen als ein Werk aller Verfassungsinterpreten der offenen Gesellschaft sind der Form und der Sache nach weit mehr Ausdruck und Vermittlung von *Kultur*, Rahmen für kulturelle (Re)-Produktion und Rezeption und Speicher von überkommenen kulturellen "Informationen", Erfahrungen, Erlebnissen, Weisheiten. Entsprechend tiefer liegt ihre – kulturelle – Geltungsweise.

Diese kulturelle Sicht macht uns klar, dass Europa mehr ist bzw. sein muss, als das "Europa der Produzenten und Konsumenten" eines funktionierenden "Binnenmarktes". Der Markt ist *nicht* das Maß aller Dinge und kein Selbstzweck. Gelegentlich wird er ja – ähnlich der volonté générale – zum nicht irren könnenden übermenschlichen Wesen hypostasiert, in Wahrheit bedarf es der (gerechten) "visible hand des Rechts" (*E.-J. Mestmäcker*) und eben auch des GV, greifbar im Menschenwürdeschutz, in sozialen Mindeststandards, in ökologischen Rahmenbedingungen, Wettbewerbsordnungen, Treu und Glaubens-Regeln etc. Märkte können ebenso versagen wie die sie beeinflussenden Menschen und wie die Staaten: ihre viel zitierte "Blindheit" ist ebenso unerträglich wie ihre "Diktatur"[162]. Das Europa der vielen Rechtskulturen darf nicht vom Ökonomischen her instrumentalisiert werden.

Verfassungen muss man sich vor übertriebenem Optimismus hüten: sie sind weder eine "politische", noch eine juristische "Lebensversicherung", so wichtig "Garantien" bleiben.

161 *J.-F. Aubert/K. Eichenberger*, La constitution- son contenu, son usage, 1991, S. 58 f.
162 Vorarbeiten zu dieser Sicht in meinem Beitrag: Soziale Marktwirtschaft als "Dritter Weg", ZRP 1993, S. 383 ff. Bei den sozialen Grundrechten ist zu differenzieren: Es entspricht der heutigen Entwicklungsstufe des Verfasssungsstaates, "soziale Mindestrechte" als einklagbare auszugestalten (vgl. BVerwGE 1, 159 ff. (161)), während andere soziale Rechte nur die Kraft von Aufträgen an den Gesetzgeber oder den Rang von Interpretationstopoi bei richterlichen Abwägungen besitzen. Das Schweizer Bundesgericht hat jüngst das Existenzminimum als einklagbares Grundrecht anerkannt, vgl. jetzt Art. 12 BV 2000). S. im Übrigen die Nachweise in *P. Häberle*, Die Kunst der

Mir scheint, dass dieser kulturwissenschaftliche Ansatz der letztlich auch das GV tragende ist. Was in ihm schon ausgebildet ist, verdient der Sache nach den hohen Begriff "Verfassung". Das Wort vom "gemeinsamen kulturellen Erbe" in Art. 151 Abs. 1 EGV ist auch als "rechtskulturelles Erbe" zu lesen.

Bei diesem kulturwissenschaftlichen Ansatz geht es nicht um barocke kulturelle Auf- und Überladung des "positiven" Rechts, sondern um Freilegung seines kulturellen Wurzelgrundes. Vor allem ist der Mensch erst dank kultureller Sozialisationsprozesse "mit Würde begabt", so notwendig, aber fiktiv es ist, dass die Menschenrechtserklärungen ihm von Geburt an Würde zusprechen. Von diesem kulturanthropologischen Verständnis aus ist aber auch das verfassungsstaatliche Gemeinwesen allein aus der "vertikalen" Sicht des Kulturellen zu erklären. So hat etwa die polnische Nation nicht dank des jeweils geltenden Rechts alle Teilungen und Vergewaltigungen überstanden, sondern dank kultureller Komponenten wie der Maiverfassung von 1791, dank der katholischen Kirche und dank *F. Chopins*! Nicht nur der einzelne, auch der Verfassungsstaat selbst lernt den "aufrechten Gang" dank der *Kultur*.

Schließlich verlangt schon das positive, übernationale Europaverfassungsrecht ("konstitutionelles Europarecht") allenthalben die Erschließung kultureller Dimensionen (vgl. etwa Präambel von Maastricht ("Achtung ihrer Geschichte, ihrer Kultur und ihrer Traditionen", Art. 6 EUV: Achtung der "nationalen Identität ihrer Mitgliedstaaten", Art. 151 EGV: Entfaltung der "Kulturen und Mitgliedstaaten", "gemeinsames kulturelles Erbe", "Kultur und Geschichte der europäischen Völker"). Nur kulturwissenschaftlich lassen sich auch die Grundlagen des Identitätsbewusstseins der Nationen bzw. Mitgliedstaaten erarbeiten.

b) Das Verhältnis von Staat und Verfassung, das "vierte" Staatselement als "erstes": die Kultur

Wie aber verhält es sich mit der Staatlichkeit? Europa ist (noch?) kein Staat[163], laut BVerfG ist die EU ein sog. "Staatenverbund". Der Staatsbezug der Verfassung ist eine gängige Lehre. Kann, soll von ihm abgegangen werden? M.E.: ja. Dies ist umso mehr

---

kantonalen Verfassunggebung – das Beispiel einer Totalrevision in St. Gallen (1996), in: Schweiz. Zentralblatt 1997, S. 97 (112 f.). Zuletzt mein Beitrag: Die "total" revidierte Bundesverfassung der Schweiz von 1999/2000, FS Maurer, 2000, S. 935 ff.

163 Aus der Lit. (pionierhaft): J. *Schwarze*/ R. *Bieber* (Hrsg.), Eine Verfassung für Europa, 1984 (und darin: *H.P. Ipsen*, Die Verfassungsrolle des EuGH für die Integration, S. 29 ff.); *W. Weidenfeld* (Hrsg.), Wie Europa verfasst sein soll, 1990; *G.F. Schuppert*, Zur Staatswerdung Europas, in: Staatswissenschaften und Staatspraxis, 1994, S. 35 ff.; *W. Skouris*, Verfassungsprinzipien im Verhältnis der Europäischen Gemeinschaft zu den Mitgliedstaaten, in: Kontinuität und Diskontinuität in der deutschen Verfassungsgeschichte, M. Kloepfer u.a. (Hrsg.), 1994, S. 101 ff.; T. von Danwitz u.a. (Hrsg.), Auf dem Wege zu einer europäischen Staatlichkeit, 1993; *M. Zuleeg*, Die Europäische Gemeinschaft als Rechtsgemeinschaft, NJW 1994, S. 545 ff.; *P. Hommelhoff/P. Kirchhof*, Der Staatenverbund der Europäischen Union, 1994; *D. Grimm*, Braucht Europa eine Verfassung?, JZ 1995, S. 581 ff.; *T. Schilling*, Die Verfassung Europas, in: Staatswissenschaften und Staatspraxis 1996, S. 387 ff.; *H.H. Rupp*, Europäische "Verfassung" und demokratische Legitimation, AöR 120 (1995), S. 269 ff. Siehe noch Anhang und Nachtrag.

möglich, als die klassische Staatselementenlehre von *G. Jellinek* umgebaut werden kann. Ist sie schon um die *Kultur* als "viertes" Element zu erweitern[164], so wird sie m.E. auf der Ebene des Gemeineuropäischen Verfassungsrechts sozusagen zum "ersten" Element: als weitentwickelte "Rechtskultur". Die übrigen "Staatselemente" sind teils vorhanden, teils rudimentär präsent, jedenfalls schließen sie nicht aus, von "Gemeineuropäischem Verfassungsrecht" zu sprechen, man wagt ja auch den Begriff "Verfassung der Völkerrechtsgemeinschaft". Das GV ist als Kategorie, funktionell und inhaltlich die wohl "durchschlagendste" Infragestellung der herkömmlichen Staatlichkeitsdoktrinen wie "Souveränität", "Staatselemente", "Staatsangehörigkeit", "Impermeabilität" etc. (Warum sollte man als Bürger einem Staat "angehören"?) Als Ausdruck der vielfältigen Integrationsoffenheit des Verfassungsstaates der heutigen Entwicklungsstufe wird sie *das* Signum eines grundlegend gewandelten Staatsverständnisses.

Beginnen wir beim "*Volk*", so ist die Argumentation kompliziert. Es gibt viele Völker in Europa, aber kaum ein "*europäisches* Volk"[165]. Immerhin gibt es die von der Unionsbürgerschaft (Art. 8 EGV) umschlossenen Bürger. Das "Europa der *Bürger*" kann (vorerst) auf seine Volksqualität verzichten, umso mehr als selbst neuere Verfassungen Ostdeutschland vom Mythos der Volkssouveränität abrücken und die Bürger als Menschen zum Zurechnungspunkt wählen (vgl. Präambel Brandenburg von 1992: "Wir, die Bürgerinnen und Bürger..."), speziell Deutschland leidet bis heute an einem "antipluralistischen", "vordemokratischen" Volks-Verständnis (*B.-O. Bryde*) – darum bestehen auch Bedenken gegen Art. 116 GG, der die Staatsbürgerschaft an eine vorstaatliche Volkszugehörigkeit bindet, jedenfalls sollte er um Elemente des ius soli ergänzt werden. Versteht man die Menschenwürde als kulturanthropologische Prämisse einer Rechtsgemeinschaft und die Demokratie als "organisatorische Konsequenz"[166], so fällt die neue Sicht nicht schwer – zumal dann, wenn man "hinter" der Volkssouveränität die freie Selbstbestimmung des einzelnen Menschen und das darin wurzelnde Konsensprinzip sieht[167]. Das Staatselement "*Gebiet*" ist im europäischen Raum als Größe mit offenen

---

164 Dazu wohl erstmals *G. Dürig*, Der deutsche Staat im Jahre 1945 und seither, VVDStRL 13 (1955), S. 27 (37 ff., 57); *P. Häberle*, Die europäische Verfassungsstaatlichkeit, KritV 1995, S. 298 ff.- So ist etwa die *Sprache* das eigentliche, unveräußerliche Vaterland (*Thomas Mann*), womit sich z.B. der Friedenspreisträger des Deutschen Buchhandels 1994 *J. Semprún* auseinandersetzte (vgl. dessen Rede: Ihr Grab ist in den Wolken, da liegt man nicht eng, FAZ vom 10. Oktober 1994, S. 12). Treffende Kritik an der traditionellen Staatselementen-Lehre jetzt bei *P. Saladin*, Wozu noch Staaten?, 1995, S. 16 ff. Im demokratischen Verfassungsstaat tritt m.E. an die Stelle der "Staats-Nation" der *Bürger* als archimedischer Bezugspunkt: Schutz und Entfaltung *seiner* Menschenwürde ist das Ziel. Das ius soli ist dem wohl angemessener als das ius sanguinis.

165 Aus der Lit.: Ein frühes Votum für einen "europäischen Bürgerstatus" bei *E. Grabitz*, Europäisches Bürgerrecht zwischen Marktbürgerschaft und Staatsbürgerschaft, 1970; sodann *H.H. Klein*, Europa – Verschiedenes gemeinsam erlebt, Es gibt kein europäisches Volk, sondern nur die Völker Europas, FAZ vom 17. Oktober 1994, S. 12; die wohl neueste Monographie stammt von *A. Augustin*, Das Volk der Europäischen Union, 2000.

166 So mein Vorschlag in: Die Menschenwürde als Grundlage der staatlichen Gemeinschaft, HdbStR Bd. I (1987), S. 815 (847 f.). – Band II 3. Aufl. 2004, § 22, S. 350 ff.

167 Dazu *H. Steinberger*, Der Verfassungsstaat als Glied einer europäischen Gemeinschaft, VVDStRL 50 (1991), S. 9 (23); *ders.*, ebd. S. 162 (Diskussion).

Grenzen präsent, und das Element der "*Gewalt*" ist in der EU, wenn auch nicht mit virtueller (im Verfassungsstaat ohnedies nicht mehr gültiger) "Allzuständigkeit", sondern sektoral "fragmentarisch" gegenwärtig und erlebbar (nicht zuletzt über die beiden Europäischen Gerichtshöfe, aber auch in vielen Rechtsetzungsakten unterschiedlichster Ranghöhe). Speziell die EMRK ist eine geschriebene "Teilverfassung" Europas, die "allgemeinen Rechtsgrundsätze" des EuGH kommen verstärkend hinzu. Kurz: das anspruchsvolle Begriffselement im GV "Verfassungsrecht" darf beibehalten werden und mit ihm viele schon angedeutete Inhalte und Funktionen verfassungsstaatlicher Verfassungen.

c) *Typische Inhalte des Gemeineuropäischen Verfassungsrechts*

Was die "wesentlichen Elemente" einer (entwicklungsoffenen) Verfassung sind, lässt sich nicht abstrakt definieren, es wandelt sich in Raum und Zeit (allenfalls in Art. 16 Erklärung der Menschen- und Bürgerrechte von 1789 werden ewige "konstitutionelle Wahrheiten" sichtbar: Erklärung der Rechte, Gewaltenteilung). Neue Inhalte wachsen hinzu, heute weltweit etwa das Umweltverfassungsrecht und in Europa das "nationale Europaverfassungsrecht", andere Inhalte treten in den Hintergrund oder sterben ab, etwa die klassischen Elemente der Staatssouveränität. Auch entwickeln sich Unterschiede von Land zu Land. In den USA bleiben die wohlfahrtsstaatlichen Inhalte unterbelichtet, während der Sozialstaat in Europa nach dem 2. Weltkrieg kräftig an Terrain gewonnen hat. Ganz unterschiedlich behandelt ist derzeit noch die Frage, ob die "soziale Marktwirtschaft" den Rang eines Prinzips auf Verfassungsstufe besitzt oder gewinnen soll – ein im Polen von heute umstrittenes Problem. Die Schweiz braucht keine Ewigkeitsklauseln nach Art von Art. 79 Abs. 3 GG! – aber sie gewinnt ein unverzichtbares Verfassungselement aus der Referendumsdemokratie. Für unseren heutigen Kontext genügen Stichworte, die belegen, dass das GV seinem sprachlich-begrifflichen Anspruch genügt: Materielle Grundrechte in ihrem klassischen Kanon wie in der aktuellen "Fortschreibung", effektiver Rechtsschutz, insgesamt die "Rechtsstaatlichkeit" (als Teil von ihr der allgemeine Rechtsgrundsatz des Übermaßverbots (vgl. jetzt Art. 5 Abs. 3 EGV)) sind ein besonders gefestigter Bestandteil des GV – so groß die nationalen Spielräume bleiben. Die klassische, d.h. auf die Organe bezogene Gewaltenteilung ist in der EU z.T. noch defizitär, in Gestalt mangelhafter Kompetenzen der "ersten" Gewalt, der demokratischen Legislative schmerzhaft, aber dies wird durch die Kraft der dritten Gewalt z.T. kompensiert: in einer gerade dem Wachstumsprozess gemeineuropäischer Rechtskultur dienlichen Weise. Die Staatsziele sind nicht "umfassend", sondern sektoral definiert: vom Grundrechtsschutz über Soziales bis hin zur Umwelt (vgl. Art. 174 ff. EGV); doch sind sie ausreichend umschrieben und praktisch schon genügend wahrgenommen. Für die von modernen Verfassungen ebenfalls mit erfassten Felder des gesellschaftlichen Bereichs mag – neben den Parteien (Art. 191 EGV) – *D. Tsatsos* gemeineuropäisch-parteienrechtliche Arbeiten sind eine Richtschnur[168] – die "offene" bzw. "soziale"

---

168   Vgl. *D. Tsatsos*, Zu einer gemeinsamen europäischen Parteienrechtskultur?, DÖV 1988, S. 1 ff.; D. Tsatsos/D. Schefold/H.-P. Schneider (Hrsg.), Parteienrecht im europäischen Vergleich, 1990.- Art. 138 a (jetzt Art. 191) EGV ist Ausdruck der Entwicklung "europäischer Parteienfamilien" (*R.*

Marktwirtschaft stehen. Kurz: Man darf von substantiellen Inhalten sprechen, die es erlauben, das hohe anspruchsvolle Wort "Verfassung" zu gebrauchen. Freilich sollte man sich aber vor einer schroffen Alternative "geschrieben" oder "ungeschrieben" hüten. Eine lebende, im Schöpfungsakt geschriebene Verfassung konstituiert sich immer auch aus ungeschriebenen Prinzipien. Im Verlauf ihres Wachstumsprozesses legen Praxis und Judikatur die Texte schöpferisch weitend aus. Gerade im Europa von heute kommen zu diesem Ensemble ständig europäische *Teil*verfassungstexte hinzu, das gilt auch und gerade für England.

d) Spezielle Funktionen des Gemeineuropäischen Verfassungsrechts

Spezielle Konturen gewinnt das GV bei der Frage nach seinen Funktionen. Hier hat es eigene Züge, die ihm gerade im Unterschied zu nationalstaatlichen Verfassungen sein Gepräge geben.

aa) Die (integrierende) Reservefunktion – die Subsidiarität

Die (integrierende) Reservefunktion ist ein erstes Stichwort. Das GV hat nur subsidiären Anspruch, in dieser Begrenzung aber wirkt es integrierend. Man mag dies aus der Positivierung der Subsidiarität herauslesen (vgl. Art. 5 EU-Vertrag)[169] oder als Ausdruck des Respekts vor der "nationalen Identität" (Art. 6 Abs. 1 EU-Vertrag) bzw. der "nationalen und regionalen Vielfalt" bzw. "Kulturen der Mitgliedstaaten" (vgl. Art. 151 EGV) nehmen. Entscheidend bleibt, dass das GV keinen gegenüber dem geltenden nationalen Verfassungsrecht vorrangigen Anspruch erhebt. Es dient der – übrigens durchaus schöpferischen – "Lückenfüllung", sofern man den Begriff "Lücke" überhaupt tradiert; es ist "Reserve" für die Auslegung von staatlichen Verfassungsprinzipien als solchen; es ist "Erkenntnisquelle", "Hilfsmittel" für die Rechtspolitik *wie* für den Richter und Wissenschaftler: national wie gemeineuropäisch. Man kann dabei von den Vorgängen um innerbundesstaatlich wirkendes "gemeindeutsches" oder "gemeinösterreichisches" Verfassungsrecht lernen[170].

Freilich vermag die dualistische trennungsrechtliche Rechtskreiselehre Völker- bzw. Europarecht einerseits, Landes- bzw. Staatsrecht andererseits, die inhaltlichen Wechselwirkungen nicht zu erklären. Das Operieren mit der punktualistischen "Geltungsanordnung" im Stile von *H. Kelsen* übersieht aber vor allem, dass der (selbe) *Mensch* letzter Zurechnungspunkt allen Rechts ist, auch des Völkerrechts: vor allem im europäischen Verfassungsraum: "idem civis *et* europaeus".

Bieber); D. Tsatsos, Europäische Politische Parteien, EuGRZ 1994, S. 45 ff. S. auch den sog. "Tsatsos-deVigo-Bericht" über die konstitutionelle Stellung der Europäischen Politischen Parteien des EP: EuGRZ 1997, S. 78 ff.

169 Aus der Lit.: *H. Lecheler*, Das Subsidiaritätsprinzip, 1993; *D. Merten* (Hrsg.), Die Subsidiarität Europas, 1993; *P. Häberle*, Das Prinzip der Subsidiarität aus der Sicht der vergleichenden Verfassungslehre, AöR 119 (1994), S. 169 ff.; *R. von Borries*, Das Subsidiaritätsprinzip im Recht der EU, EuR 1994, S. 263 ff.; zuletzt: K.W. Nörr/T. Oppermann (Hrsg.), Das Subsidiaritätsprinzip in der interdisziplinären Diskussion, 1997. S. noch Anm. 174.

170 Dazu für Österreich *B.-C. Funk*, VVDStRL 46 (1988), S. 174 (Diskussion).

bb) Die Einbindung des Nationalstaates

Die "Normativierung" und "Normalisierung", die konstitutionelle Einbindung aller Nationalstaaten ist eine zweite Funktion des GV. Sie geschieht nach innen hin (z.B. durch das Postulat des – 1789 noch fehlenden – Minderheitenschutzes, der Relativierung der Staatsangehörigkeit durch die Ermöglichung der doppelten), und sie geschieht durch die praktische Ausfüllung der "Europaoffenheit" durch Übertragung rechtsetzender, exekutiver und rechtsprechender Funktionen auf die europäischen Instanzen (allgemeine und spezielle Europa-Artikel), die das "konstitutionelle Europarecht" mit abstützen.

cc) Die Erleichterung der europäischen Fortbildung der nationalen Verfassungen

Sie ist eine weitere Funktion des GV. Es wird nicht mehr in geschlossenen Räumen des Nationalen gedacht, sondern in offenen Horizonten. Europas "Werkstatt" in Sachen Verfassungspolitik und Verfassungsinterpretation wird über den "Hebel" des GV und seiner durch ihn eröffneten allseitigen Produktions- und Rezeptionsprozesse intensiviert. Vor allem werden sich die nationalen Verfassungsstaaten bewusst, dass das "Projekt Verfassungsstaat" immer unterwegs ist und ein dauerndes Reformprojekt bleibt: dass sie im europäischen Kulturraum, ja darüber hinaus ständig zum Vergleich gezwungen sind.

dd) Gegensteuerung zur Idee eines "Kerneuropa"

Diese Funktion ist besonders aktuell. Sollte politisch das Bild vom "Kerneuropa", der "variablen Geometrie" oder den mehreren "Geschwindigkeiten" an Terrain gewinnen, könnte manches via GV langfristig ausgeglichen werden. Die Gefahr der europäischen "Kernspaltung" ist zu groß. Das GV kann integrieren, was sich auseinander zu entwickeln droht. Politische Kraftakte in der einen oder anderen Richtung können abgemildert werden. An den "Rändern", etwa zur Türkei, auch Russland hin, mag es – konzentrischen Kreisen gleich – Zonen schöpferischer Präsenz von GV geben, doch sind Ausgrenzungen vermieden und es ist potentiell präsent.

ee) Die wissenschaftliche Strukturierung der europäischen "Rechts-Kreise"

Die Kategorie des GV ermöglicht eine spezifisch *wissenschaftliche* Aufbereitung und Durchdringung des europäischen Rechts – vielleicht der klassischen Rezeption des römischen Rechts vergleichbar[171]. Die "Verwissenschaftlichung" des europäischen Rechts hat viele Vorteile für die Erkenntnis und Anwendung, aber auch für die pädagogische Vermittlung. Als "werdendes Verfassungsrecht" hat sie die Schritte vom bloßen Vertragsrecht zum Verfassungsrecht hinter sich und sie kann "Vorgaben" auf unterschied-

---

171 Dazu *F. Wieacker*, Privatrechtsgeschichte der Neuzeit, 2. Aufl. 1967, S. 131.

lich abstraktem Niveau für alle Fortschreibungen des Rechts der EU (etwa in "Maastricht" II bzw. "Amsterdam", "Nizza")[172] leisten. Diese wissenschaftliche "Begleitung" ist für das Ensemble von geschriebenem und ungeschriebenem, oft wild wucherndem und auf vielerlei Ebenen entstehendem Europarecht i.e.S. und i.w.S. unverzichtbar.

ff) Vielfalt und Einheit – das multikulturelle Europa

Bei aller (nicht zuletzt "juristenrechtlichen") Entdeckerfreude über das "Gemeineuropäische Verfassungsrecht" sei auch an *Grenzen* erinnert: Die nationale Verfassungshoheit und einzelstaatliche Individualität ist in einem aus seiner *kulturellen Vielfalt lebendem Europa* Bedingung des "Gemeinen", insoweit auch Grenze. Gemeineuropäisches Verfassungsrecht darf kein Instrument der uniformen Einebnung und mechanischen Gleichschaltung von nationalem Verfassungsrecht im Namen eines imaginären Einheitseuropas sein. Stärke und Kraft des GV sind auf den Reichtum, ja "Eigensinn", auch auf "Ungleichzeitigkeiten" der nationalen "Eigenverfassungsrechte" angewiesen. Was bundesstaatlich für das Verhältnis von gemeindeutschem oder gemeinschweizerischem Verfassungsrecht zum Verfassungsrecht der Länder bzw. Kantone gilt, gilt erst recht im Verhältnis von gemeineuropäischem und nationalem Verfassungsrecht[173]. Das heißt: Mit dem Grundsatz der *Subsidiarität*[174] ist gerade hier ernst zu machen. Das Sowohl-Als-auch von je nationaler und gesamteuropäischer Identität, von nationaler und europäischer Kultur (d.h. auch *Rechts*kultur) muss sich hier praktisch auswirken. M.a.W.: Das GV muss genügend Spielräume lassen, es darf nicht zu "engmaschig" gestrickt sein. Vielfalt und Einheit, Pluralität und Homogenität sollten – der Bundesstaatlichkeit *ähnlich* – auch im "Europäischen Haus" erfahrbar sein. Dabei bringen im "Europa der Regionen" eben die Regionen, vor allem dann, wenn sie die nationalen Grenzen "nachbarschaftlich"[175] überschreiten, eine zusätzliche Differenziertheit ins Spiel.

---

172 Aus der Lit. zu "1996" bzw. "1997": European Constitutional Group, Für Europa eine Verfassung der Freiheit, Die Europäische Union wird nur dann ein stabiles Gebilde sein, wenn sie dem Wettbewerb und der Subsidiarität verpflichtet bleibt, den Zentralismus in Schranken hält und Minderheitenschutz gewährt, FAZ vom 28. August 1993, S. 11; W. Weidenfeld (Hrsg.), Europa 96, Reformprogramm für die Europäische Union, 1994. Bemerkenswert auch *J.H.H. Weiler/J.-F. Aubert/R. Bieber/F. Emmert*, Democracy and Federalism in European Integration, 1995.
173 Dazu schon mein Beitrag in: EuGRZ 1991, S. 261 (271) m.w.N.
174 Aus der unüberschaubaren Lit.: A. Riklin/G. Batliner (Hrsg.), Subsidiarität, 1994; *P. Häberle*, Das Prinzip der Subsidiarität aus der Sicht der vergleichenden Verfassungslehre, AöR 119 (1994), S. 169 ff.; *W. Kahl*, Möglichkeiten und Grenzen des Subsidiaritätsprinzips nach Art. 3 b EG-Vertrag, AöR 118 (1993), S. 414 ff.; *B. Gutknecht*, Das Subsidiaritätsprinzip als Grundsatz des Europarechts, FS Schambeck, 1994, S. 921 ff.; D. Merten (Hrsg.), Die Subsidiarität Europas, 1993; *H.D. Jarass*, EG-Kompetenzen und das Prinzip der Subsidiarität nach der Schaffung der EU, EuGRZ 1994, S. 209 ff.; s. auch die Entschließung des Europäischen Parlaments zur Anpassung der Rechtsvorschriften an das Subsidiaritätsprinzip vom 20. April 1994, EuGRZ 1994, S. 468 ff. – Die Wahrung der "nationalen Identität" im Unions-Vertrag dient ebenfalls der Vielfalt; dazu gleichnamig: *A. Bleckmann*, JZ 1997, S. 265 ff. S. auch *M. Hilf*, Europäische Union und nationale Identität der Mitgliedstaaten, GS Grabitz, 1995, S. 157 ff.
175 Dazu *U. Beyerlin*, Zur Übertragung von Hoheitsrechten im Kontext dezentraler grenzüberschreitender Zusammenarbeit, Ein Beitrag zu Art. 24 Abs. 1 a GG, ZaöRV 54 (1994), S. 587 ff.; für den

Die neuen EU- und EG-Texte ermutigen durchaus zu dieser "*Rechtskultur des Multikulturellen*"[176], die die nationalen Rechtsordnungen koexistieren und konkurrieren lässt, aber auch Konvergenzen und Konkordanzen bzw. "einheitliche", eben "gemeine" Rechtsbildungen ermöglicht. Erinnert sei an Präambelpassagen von Maastricht ("Grundsätze der Freiheit, der Demokratie und der Achtung der Menschenrechte und Grundfreiheiten und der Rechtsstaatlichkeit" bzw. "Solidarität zwischen ihren Völkern unter Achtung ihrer Geschichte, ihrer Kultur und ihrer Traditionen"), an Art. 6 Abs. 3 EUV (Achtung der "nationalen Identität", was m.E. immer auch die Rechtsordnungen als Element dieser Identität einschließt). Erinnert sei an Art. 151 EGV[177]: Gerade er darf "im Geist" der Strukturen, Funktionen und Grenzen des Gemeineuropäischen Verfassungsrechts "gelesen" werden: so wenn vom "Beitrag zur Entfaltung der Kulturen in den Mitgliedstaaten unter Wahrung ihrer nationalen und regionalen Vielfalt sowie gleichzeitiger Hervorhebung des gemeinsamen kulturellen Erbes" die Rede ist. Ein wesentliches Stück des gemeinsamen kulturellen Erbes ist das GV! Nationale Vielfalt meint auch Vielfalt und Gleichwertigkeit der nationalen *Rechts*kulturen[178]! Wenn (in Absatz 2) als Gemeinschaftsziel die "Verbesserung der Kenntnis und Verbreitung der Kultur und Geschichte der europäischen Völker" normiert ist, dann darf dies auch "pädagogisch" gelesen bzw. auf das Recht bezogen werden: *Alle* Rechtskulturen der europäischen Völker sollen von Europarechts wegen gelehrt und gelernt werden. Die nationalen Rechtsordnungen sind als Elemente des europäischen Kulturerbes im "europäischen Bewusstsein" zu verlebendigen. Dies ist Teil der von *Simone Veil* gestellten

---

deutsch-niederländischen Grenzraum bereits *W. Hoppe/M. Beckmann*, Juristische Aspekte einer interkommunalen Zusammenarbeit beiderseits der deutsch-niederländischen Grenze, DVBl. 1986, S. 1 ff.; *I. Pernice*, in: H. Dreier (Hrsg.), Grundgesetz-Kommentar, Bd. II (1998), Art. 24.

176 Schon das Europäische Kulturabkommen von 1954 gibt Hilfestellung: vgl. aus der Präambel die Texte: "Ideale und Grundsätze, die ihr gemeinsames Erbe bilden"; "gemeinsam handeln, um die europäische Kultur zu wahren und ihre Entwicklung zu fördern", ferner Art. 1: "gemeinsames kulturelles Erbe Europas", Art. 5 ebd.: "gemeinsames europäisches kulturelles Erbe".

177 Dazu *G. Ress*, Kultur und Europäischer Binnenmarkt, 1991; *ders.*, Die neuen Kulturkompetenzen der EG, DÖV 1992, S. 948 ff.; *A. Deringer* Kulturhoheit der Länder und Europäische Union, Randbemerkungen zu Art. 128 ..., FS Kreile, 1994, S. 135 ff.; *P. Häberle*, Europa in kulturverfassungsrechtlicher Perspektive, JöR 32 (1983), S. 9 ff.; *K. Weber*, Die Bildung im Europäischen Gemeinschaftsrecht und die Kulturhoheit der deutschen Bundesländer, 1994; *H.-J. Blanke*, Europa auf dem Weg zu einer Bildungs- und Kulturgemeinschaft, 1994; *R. Wägenbaur*, Auf dem Wege zur Bildungs- und Kulturgemeinschaft, Ged.-Schrift für E. Grabitz, 1995, S. 851 ff.- Treffend lautet der Auftrag der deutsch-französischen Fernsehanstalt Arte: Die Präambel des Gründungsvertrags spricht von einem gemeinsamen Fernsehprogramm für die Bürger Europas, "welches der Darstellung des kulturellen Erbes und des künstlerischen Lebens in den Staaten, Regionen und der Völker Europas und der Welt dienen soll" (zit. nach FAZ vom 30. März 1995). Zu "Arte" als "Experiment in Europäischer Kultur" gleichnamig: *T. Oppermann*, Ged.-Schrift für E. Grabitz, 1995, S. 483 ff.- S. allgemein jetzt A. Dittmann u.a. (Hrsg.), Der Rundfunkbegriff im Wandel der Medien, 1997.

178 Problemparallelen mag man in der berühmten Formel von *J. Heckel* finden, wonach "das für alle geltende Gesetz" (Art. 137 Abs. 3 WRV) jedes für die "Gesamtnation als politische, Kultur- und Rechtsgemeinschaft unentbehrliche Gesetz" sei (VerwArch 37 (1932), S. 282 ff.). Umgekehrt wäre ein gemeineuropäischer Gesetzesbegriff aus der Gesamtschau der nationalen Rechtskulturen zu erarbeiten.

Aufgabe, "ein Bewusstsein der gemeinsamen europäischen Kultur" zu entwickeln[179]. Europa konstituiert sich aus einem dialektischen Wechselspiel von Einheit und Vielfalt in (rechts)kultureller Polyphonie. Die kulturelle Vielfalt ist ihre "dauerhafteste Ressource" (*H. Maier*). Nur so kann das Ziel der "immer engeren Union der Völker Europas" (Art. 1 Abs. 2 EUV) erfüllt, aber auch *begrenzt* werden.

Nach diesen eher abstrakten Überlegungen zuletzt Konkreteres:

4. Praktische Beispielsfelder für Gemeineuropäisches Verfassungsrecht – Defizite und Reformziele

Man wird sagen dürfen, dass es sich um einen *offenen Bestand von Prinzipien* handelt, der sich meist still wandelt und im Sinne eines "numerus apertus" entwickelt. Vielleicht kann es im Entstehungsvorgang auch zunächst regional begrenztes ("partikulares") GV geben, das sich erst allmählich "verallgemeinert" (z.B. kann der romanische Sprach- und Rechtskreis in Gestalt des "Regionalismus-Rechts" Prinzipien ausbilden, die im übrigen Europa, im Osten, erst nach und nach rezipiert werden). M.E. darf auch die Idee eines wertend gewonnenen gemeineuropäischen "Mindeststandards" gewagt werden, so dass Defizite und daraus folgende Reformziele als solche benannt werden können. Jedenfalls sollte das GV nicht nur vom status quo aus definiert werden, sondern auch Entwicklungspotentiale benennen. Dabei sind immer zwei Perspektiven zu wählen: Wo entwickelt sich aus den nationalen Verfassungsrechten GV und wo kristallisiert sich aus dem Europarecht als "werdendem Verfassungsrecht" Gemeineuropäisches Verfassungsrecht. Beide Ebenen spielen zusammen. Es kommt zu Konvergenzen und Osmosen, bei den Grundrechten sogar zu einer besonders dichten "Gemengelage".

a) Grundrechte, Rechtsstaatlichkeit, Rechtsschutz

Grundrechte, Rechtsstaatlichkeit und Rechtsschutz bilden die Prinzipien des GV, die ebenso intensiv wie extensiv bislang am weitesten ausgebaut sind. Auf dem Gebiet der klassischen Grundrechte liegt ein gesicherter Bestand an allgemeinen Grundsätzen und speziellen Ausformungen vieler Ebenen und "Quellen" vor, die es erlauben, Europa primär als "Grundrechts- und Rechtsstaatsgemeinschaft" zu kennzeichnen. Den Grundpfeiler errichtete schon 1950 die EMRK, die Europa bis heute von der Grundrechtsseite her praktisch "verfasst". Das beginnt in Worten wie "gemeinsame Auffassung und Achtung der Menschenrechte", "gemeinsames Erbe an geistigen Gütern, politischen Überlieferungen, Achtung der Freiheit und Vorherrschaft des Gesetzes" (Präambel), setzt sich in der EuGH-Judikatur zu Grundrechten als "allgemeinen Rechtsgrundsätzen" fort und endet vorläufig in der Anrufung der "Rechtsstaatlichkeit" im EU-Vertrag (Präambel) sowie in dessen Bezugnahme auf EMRK und die "gemeinsamen Verfassungsüberlieferungen der Gliedstaaten... als allgemeinen Grundsätzen des Gemeinschaftsrechts" (Art. 6 Abs. 2). Auch die in Art. 40 EGV genannten grundrechtspolitischen Ziele insbe-

---

179 Zit. nach FAZ vom 8. März 1995, S. 39.

sondere der Freizügigkeit[180] zeigen Bestand, aber auch die weitere Entwicklungsfähigkeit von "europäischen Grundrechten"[181] (s. auch Art. 13 EGV). Der "Grundsatz der offenen Marktwirtschaft" (Art. 98 EGV) gehört ebenfalls in das Prinzipien-Ensemble von ("werdendem") GV. Darum kann die Frage: "Gibt es eine europäische Rechtsprechungs-Kultur?", mit *R. Badinter* bejaht werden[182]. Mit der strengen Gewaltenteilung, dem grundsätzlich öffentlichen und kontradiktorischen Verfahrensprinzip und der Gleichheit aller Bürger vor dem Gesetz zeichnet das Rechtswesen in Europa sich durch gemeinsame Wertvorstellungen, gemeinsame Verfahrensrichtlinien und gemeinsame ethische Grundsätze aus, bei allen Unterschieden in der Praxis von Land zu Land[183] – auch in Osteuropa ist das Rechtsstaatsprinzip seit 1989 zu einem lebenden Verfassungsprinzip geworden[184], nicht zuletzt dank der von Frau *Letowska* als erster Ombudsfrau in Polen früh erbrachten Pionierleistungen. Der dort so herausgestellte "Vorrang der Verfassung" hat ebenfalls gemeineuropäische Kraft; gleiches gilt seit dem Francovich-Urteil des EuGH[185] für die Staatshaftung.

Freilich öffnen sich Felder, in denen die nationalen Verfassungsrechte noch an allgemeinen Prinzipien besser Maß nehmen sollten, so bei den *Medien*. Der aus vielen nationalen Verfassungen zu gewinnende Grundsatz des *pluralistischen* Medienverfassungsrechts (vgl. Art. 38 Abs. 6, Art. 39 Verf. Portugal, Art. 20 Abs. 3 Verf. Spanien, Art. 111 a Verf. Bayern, Art. 46 Verf. Bern) gehört zu den gemeinverfassungsrechtlich inspirierenden Prinzipien, die inskünftig kräftig auszubauen sind. Der rechtspolitische und interpretatorische Reformbedarf ist hier besonders groß. Gleiches gilt für den Minderheitenschutz (Stichwort: korporative Volksgruppenrechte), während im Bereich des Rechtsschutzes i.e.S. (d.h. durch unabhängige Gerichte) und zunehmend auch des Rechtsschutzes i.w.S. (z.B. Ombudsmann: vgl. Art. 195 EG-Vertrag) sich das GV schon fast "perfekt" entwickelt. Das Grundrechte-Recht in Europa ist gemeineuropäisches Verfassungsrecht par excellence und in einem tiefen Sinne europäisches Bürgerrecht! Das "Filigran" des hier schon gewordenen GV konnte in der EU-Grundrechtecharta z.T. eingefangen werden. Es sei nicht als deutscher Eigensinn bespöttelt, wenn auch an das

---

180 Erstmals zum Begriff "Grundrechtspolitik" mein Regensburger Staatsrechtslehrerreferat: Grundrechte im Leistungsstaat, VVDStRL 30 (1972), S. 43 (103 ff.).
181 Dabei wirken die *nationalen* Grundrechtstraditionen beim *Verständnis* der Texte höchst komplex zusammen, d.h. die nationalen Grundrechts*dogmatiken* sind in "gemeineuropäischer Hermeneutik" zusammenzuführen. Dabei kann es auch zu "Ungleichzeitigkeiten" kommen. So ist denkbar, dass etwa die französische Grundrechtsdogmatik einer älteren Interpretationsstufe verhaftet bleibt als z.B. die deutsche oder die schweizerische. Auch in der Verfassungstheorie wird es Unterschiede geben, die auf einer mittleren Ebene auszugleichen sind. So wäre denkbar, dass ein neu konstituierter Verfassungsstaat wie Spanien 1978 zuerst eher klassischen Paradigmen folgt und z.B. Ideen wie die "offene Verfassung" hier erst in einer späteren Phase angemessen erscheinen.
182 Zit. nach *J. Hanimann*, Rechtsprechung im Plural, FAZ vom 28. November 1992, S. 27.
183 S. auch *C. Starck*, Gerechtigkeit mal zwölf, FAZ vom 2. Oktober 1991, S. N 3.
184 S. auch meinen Beitrag: Verfassungsentwicklungen in Osteuropa..., AöR 117 (1992), S. 169 ff.
185 Dazu *K. Hailbronner*, JZ 1992, S. 284 ff.; *M. Zuleeg*, JZ 1994, S. 1 ff.; *R. Streinz*, Europarecht, 6. Aufl. 2003, S. 173 ff.

Thema "Staatskirchenrecht" (besser "Religionsverfassungsrecht") und die Aufgabe der es vergleichend erschließenden Wissenschaft in Europa erinnert wird[186].

b) Europäische Verfassungsgerichtsbarkeit

Im engen Zusammenhang mit der europäischen Grundrechts- und Rechtsstaatsgemeinschaft steht die konstitutionelle Grundrechts- bzw. Verfassungsgerichtsbarkeit. Schon national reift sie immer mehr zu einem essentiellen Element der heutigen Entwicklungsstufe des Verfassungsstaates[187]. Nimmt man die "sektorale" Grundrechts- bzw. Verfassungsgerichtsbarkeit von EGMR und EuGH hinzu[188], so darf (unbeschadet der Fülle nationaler Varianten auch in Osteuropa, z.b. in Sachen Zugang) die These gewagt werden, dass die Institution der Verfassungsgerichtsbarkeit heute schon gemeineuropäischen Rang besitzt. Europas Verfassungsrechtskultur lebt nicht zuletzt dank dieses "Mediums" bzw. Gestaltungsfaktors. Die europäisch offene Gesellschaft der Verfassunggeber und -interpreten konstituiert sich ebenso aus dem dialektischen Wechselgespräch der nationalen und europäischen Verfassungsgerichte wie aus der europäischen Wissenschaftlergemeinschaft. Die regelmäßigen Treffen der Verfassungsrichter in Europa verleihen dem beredten Ausdruck[189]. Auch die "FIDE" sei erwähnt.

Als Spezialproblem des Verfassungsprozessrechts[190], das freilich aus der europäischen Perspektive zu einem Grundsatzproblem wird, sei nur die Frage des *Sondervotums* und der hier bestehende Reformbedarf behandelt. Während es in Deutschland durch das einfache Gesetz (1970) möglich wurde (§ 30 Abs. 2 BVerfGG), hat sich die Textstufenentwicklung in Spanien (1978) zu einem ausdrücklichen Verfassungsartikel

---

186 Dazu *A. Hollerbach*, Europa und das Staatskirchenrecht, ZevKR 35 (1990), S. 250 ff.; *G. Robbers*, Die Fortentwicklung des Europarechts und seine Auswirkungen auf die Beziehungen zwischen Staat und Kirche in der Bundesrepublik Deutschland, in: Essener Gespräche zum Thema Staat und Kirche, Bd. 27 (1993), S. 81 ff.; *R. Streinz*, Auswirkungen des Europarechts auf das deutsche Staatskirchenrecht, in: Essener Gespräche zum Thema Staat und Kirche Bd. 31 (1997), S. 53 ff. S. noch Dritter Teil K.

187 Aus der Lit.: *C. Starck/A. Weber* (Hrsg.), Verfassungsgerichtsbarkeit in Westeuropa?, 2 Bände 1986 – Für *Italien*: J. *Luther*, Die italienische Verfassungsgerichtsbarkeit, 1990; *M. Dietrich*, Die italienische Verfassungsgerichtsbarkeit, 1995; *G. Zagrebelsky*, La giustizia costituzionale, 2. Aufl. 1988. – Für *Spanien*: *M. Garcia Pelayo*, in: *A. Lopez-Pina* (Hrsg.), Handbuch des spanischen Verfassungsrechts 1993, S. 475 ff.- Für *Deutschland* und *Österreich*: P. Häberle (Hrsg.), Verfassungsgerichtsbarkeit, 1976.- Für die *Schweiz*: J.P. *Müller*, Die Verfassungsgerichtsbarkeit im Gefüge der Staatsfunktionen, VVDStRL 39 (1981), S. 52 ff.

188 Vgl. J. Schwarze (Hrsg.), Der Europäische Gerichtshof als Verfassungsgericht und als Rechtsschutzinstanz, 1983; *E.G. Mahrenholz*, Europäische Verfassungsgerichte, JöR 49 (2000), S. 15 ff. Zum Ganzen unter Dritter Teil H. II.

189 S. etwa die IX. Konferenz der Europäischen Verfassungsgerichte, 1993 (Thema: Verfassungsgerichtlicher und internationaler Schutz der Menschenrechte – Konkurrenz oder Ergänzung, dazu EuGRZ 1994, Heft 1/2).

190 Fast sensationell erscheint das Urteil des türkischen Verfassungsgerichts vom 21. Oktober 1993, das über die Lückenfüllungskompetenz des Verfassungsgerichts und das Instrument des "allgemeinen Rechtsgrundsatzes" die einstweilige Anordnung im türkischen Verfassungsprozessrecht kreiert hat (dazu *Z. Gören*, Die einstweilige Anordnung in der Rechtsprechung des türkischen Verfassungsgerichts, EuGRZ 1994, S. 597 ff.).

gesteigert (Art. 164 Abs. 1 S. 1). Italien ringt derzeit um das Sondervotum. Dort wird diskutiert, ob es via Geschäftsordnung der Corte oder gesetzlich eingerichtet werden soll.

Die Möglichkeit des Sondervotums, im EGMR bekanntlich oft praktiziert, ist m.E. aus einem spezifisch gemeineuropäischen Grund auszubauen. Es eröffnet eine zusätzliche europäische – wissenschaftlich-prätorische – Gesprächsebene, der Sondervotant wird verstärkt die Rechtsvergleichung (als "fünfte" Interpretationsmethode) einsetzen, da er unter besonderem Legitimationsdruck steht[191], experimentelle Verfassungsinterpretation leisten und neue Wege wagen; es kommt bei der Bildung von GV zu zusätzlichen "Ventilen". Kurz: Das verfassungsrichterliche Sondervotum ist m.E. ein Beispiel und Vehikel für das Zusammenwachsen Europas im Zeichen gemeineuropäischer Rechtskultur.

c) Demokratie-Probleme

Streifen wir kurz die Demokratie als Prinzip des GV, zumal hier die Defizite vom GV her wohl nur "angeregt", nicht aber selbst durchgesetzt werden können. Auf einer sehr hohen abstrakten Ebene ist die Demokratie gewiss schon ein "Prinzip" des GV. Bereits die EMRK spricht in der Präambel von "wahrhaft demokratisches politisches Regime" und ihre europäischen Menschenrechte stellt sie unter den Vorbehalt der in "einer demokratischen Gesellschaft" notwendigen Gemeinwohlaspekte (z.B. Art. 8 Abs. 2, 9 Abs. 2, 10 Abs. 2). Zuletzt wirkt das Demokratieprinzip im EU-Vertrag allgemein (Präambel), fortschreitend, aber auch spezieller: etwa in Art. 6 Abs. 1 und Art. 21 bzw. 154 EG-Vertrag ("Petitionsrecht"), Art. 191 (Politische Parteien und ihr Beitrag, "den politischen Willen der Bürger" zum Ausdruck zu bringen), Art. 195 ("Bürgerbeauftragter"). Im Übrigen besteht das viel beklagte Demokratiedefizit, obwohl die Kompetenzen des Europäischen Parlaments ausgebaut worden sind (z.B. Art. 192 und 193). Schon die Satzung des Europarates (1949) hat zwischen dem "gemeinsamen Erbe ihrer Völker" und der persönlichen Freiheit sowie der Herrschaft des Rechts und der "wahren Demokratie" einen Zusammenhang hergestellt (Präambel) und als "Ideal" postuliert. Die Textstufenentwicklung seitdem, z.B. bis zur Charta von Paris der KSZE (1990) zur Demokratie als Staatsform, war weit, aber sie wurde geleistet. Vermutlich steht hier ein langatmiger Wachstumsprozess bevor, der aber besonders viele Variationsspielräume offen lassen muss (z.B. im Wahlrecht oder bei der Frage: nur repräsentative oder auch plebiszitäre Demokratieelemente) – die Einführung des kommunalen Wahlrechts der EG-Bürger (Art. 19 Abs. 1 EGV) mit all seinen Umsetzungen ins nationale Verfassungsrecht (z.B. Art. 28 Abs. 1 S. 3 GG) ist schon ein Durchbruch! Und die regelmäßige Konferenz der Europaausschüsse der nationalen Parlamente und des Europaparlaments ("Cosac") lassen hoffen. Das absolute Demokratie-Minimum ist in allen Ländern Europas selbst wohl erreicht, vor allem wird allerorts das Moment Demokratie als "Herrschaft auf Zeit" eingelöst. Auf der transnationalen Ebene, etwa der EU, zeigen sich indes Demokratie- bzw. Parlamentarismus-Defizite – die sich auch als Öffentlich-

---

191 Vgl. *P. Häberle*, Kommentierte Verfassungsrechtsprechung, 1979, S. 24 ff.

keitsdefizite darstellen. Während in Europa die *kulturelle* Öffentlichkeit in Teilbereichen durchaus lebt (in Wissenschaft und Kunst sowie auf Feldern des GV!), tut sich Europa in Sachen *politische Öffentlichkeit* schwer[192]. Alle Überlegungen zu "Grundkonsens und Verfassung"[193] werden jedenfalls auch auf der europäischen Ebene relevant. Vor allem sollte mit der Figur des *"europäischen Gesellschaftsvertrags"* gearbeitet werden, mindestens als "Probierstein der Vernunft" i.S. *Kants*. Europa muss als Vertrag der Bürger gelebt und erlebt, nicht als Konstruktion der Funktionäre und Experten mehr oder weniger hingenommen werden. Darum ein EU-Referendum!

d) Strukturen vertikaler Gewaltenteilung: Föderalismus und (werdender) Regionalismus sowie die Kommunen

Ist die "horizontale" Gewaltenteilung dank der Klassikertexte von *J. Locke* und *Montesquieu* bis hin zu den "Federalist Papers" der USA und Art. 16 Erklärung der Menschen- und Bürgerrechte von 1789 eines der zentralen Prinzipien der nationalen Verfassungsstaaten, während es auf der EU- und EG-Ebene noch viel "Entwicklungsbedarf" gibt[194], so verdient die *"vertikale"* Gewaltenteilung als deren Fortentwicklung eine gesonderte Betrachtung sub specie "Gemeineuropäisches Verfassungsrecht". Im Dienste der Verhinderung von Machtmissbrauch stehend, bildet sie im Kern schon jetzt ein Prinzip des GV, sei es in der Ausformung als Föderalismus, als Regionalismus oder als kommunale Selbstverwaltung. Die einzelnen Verfassungsstaaten in Europa sind bereits entweder Bundesstaaten wie die Schweiz, Österreich, Deutschland und Belgien (seit 1993) oder sie sind in unterschiedlicher Intensität in Regionen gegliedert (im Bild einer Skala vom noch recht zentralistischen Frankreich über Italien bis zu Spanien, einer "Vorform" des Föderalismus). Bewertet man den Regionalismus als "kleinen", aber eigenwüchsigen "Bruder" des Föderalismus, so darf er durchaus als "werdendes Strukturprinzip und europarechtspolitische Maxime" zugleich eingeordnet werden[195]. M.a.W.: Der "Europa-Bürger" ist durch das Europa der Regionen bzw. Gliedstaaten abgesichert, und eben dies bildet ein Stück Gemeineuropäischen Verfassungsrechts. Viele kleine Mosaiksteine belegen dies: neben den grenzüberschreitenden Regionen,

---

192 Die Entstehung einer europäischen Öffentlichkeit könnte gerade mit Hilfe einer Verstärkung des Europäischen Parlaments vorangetrieben werden (vgl. *R. Bieber*, Nicht Stütze, sondern Wegbereiter, FAZ vom 8. Juni 1994, S. 12). S. demgegenüber *Peter Graf Kielmansegg*, Wie tragfähig sind Europas Fundamente? Legitimität bleibt für die europäische Union auf absehbare Zeit ein knappes Gut, FAZ vom 17. Februar 1995, S. 13: "Das Parlament kann nicht repräsentieren, was es nicht gibt: das Volk der Europäer. Was es nicht abbilden will, ist nicht abbildbar, weil es nicht existiert: eine europäische politische Öffentlichkeit...". Zum Ganzen noch unten C.

193 Eindringlich zuletzt *J.P. Müller*, Demokratische Gerechtigkeit, 1993, S. 20 ff.

194 Vgl. aus der Lit.: *W. Bernhardt*, Verfassungsprinzipien – Verfassungsgerichtsfunktionen – Verfassungsprozessrecht im EWG-Vertrag, 1987, bes. S. 95 ff.

195 Vgl. meinen gleichnamigen Beitrag in: AöR 118 (1993), S. 1 ff.; s. auch F. Ossenbühl (Hrsg.), Föderalismus und Regionalismus in Europa, 1990; *H.-J. Blanke*, Föderalismus und Integrationsgewalt, 1991; *M. Morass*, Regionale Interessen auf dem Weg in die Europäische Union, 1994; *A. Weber*, Die Bedeutung der Regionen für die Verfassungsstruktur der Europäischen Union, in: J. Ipsen u.a. (Hrsg.), Verfassungsrecht im Wandel, 1995, S. 681 ff.

z.B. der "Arge Alp", der "Regio Basiliensis", der "Euregio Egrensis"[196], die zunehmende Zahl von nationalen Verfassungs-Artikeln, die sich für den europäischen Regionalismus aussprechen[197] (z.B. Art. 60 Abs. 2 Verf. Saarland, Art. 54 Abs. 1 Verf. Bern), mag der "Ausschuss der Regionen" (Art. 263 EGV) noch schwach sein sowie die vielfältigen Strukturen und Aktivitäten auf der gesamteuropäischen Ebene (von der Gemeinschafts-Charta der Regionalisierung des EP von 1988 bis zu den Versammlungen der Regionen Europas). Zum GV gehört auch der allgemeine Rechtsgedanke, der sich fortschreitend in der "Bundestreue", "Gemeinschaftstreue", "Regionen-" und "Unionstreue" manifestiert[198].

Ähnlich, aber schon effektiver fortgeschritten ist die *kommunale Selbstverwaltung* ein Schlussstein im Gewölbe der vertikalen Gewaltenteilung als GV. Um hier mit der transnationalen Ebene zu beginnen: Bekannt sind die Pionierleistungen der Charta der kommunalen Selbstverwaltung (1985)[199]; vorausgegangen war der Klassikertext von *A. Gasser* ("Gemeindefreiheit als Rettung Europas", 1947). Zuletzt wuchs das kommunale Wahlrecht für EU-Bürger hinzu. Innerverfassungsstaatliche Stichworte lauten: "droit municipal" in Frankreich und Belgien im 18. Jahrhundert, des Freiherrn vom Steins Preußische Städtereform von 1808, gipfelnd im großen Klassikertext der Paulskirchenverfassung – obgleich Entwurf! – (Art. XI § 184: "Jede Gemeinde hat als Grundrechte ihrer Verfassung...")[200]. Wohl alle Verfassungsstaaten (West)Europas haben eine ausgebaute kommunale Selbstverwaltung, Osteuropa ringt darum. So vollendet sich die europäische Bürgerfreiheit als Freiheit "vor Ort", im "Kleinen". Das "Europa der Bürger", das Postulat der "Bürgernähe" (vgl. Art. 1 Abs. 2 EUV) sind insoweit gemeineuropäisches Verfassungsrecht.

---

196 Dazu etwa *B. Speiser*, Der grenzüberschreitende Regionalismus am Beispiel der oberrheinischen Kooperation, 1993; *B. Seelbinder*, Probleme und Perspektiven der grenzüberschreitenden Zusammenarbeit am Beispiel der EUREGIO EGRENSIS, in: R. Streinz (Hrsg.), 50 Jahre Europarat: Der Beitrag des Europarates zum Regionalismus, 2001, S. 39 ff.

197 Zum Ganzen mein Beitrag: Europaprogramme neuerer Verfassungen und Verfassungsentwürfe – der Ausbau von nationalem "Europaverfassungsrecht", FS Everling, 1995, S. 355 ff. sowie der von *R. Streinz* hrsg. Bayreuther Sammelband "50 Jahre Europarat: Der Beitrag des Europarates zum Regionalismus", 2001; *G. Winkler*, Der Europarat…, 2005.

198 Teilaspekte aus belgischer Sicht bei *A. Alen/P. Peeters/W. Pas*, "Bundestreue" im belgischen Verfassungsrecht, JöR 42 (1994), S. 439 ff.

199 Dazu aus der Lit.: F.-L. Knemeyer (Hrsg.), Die europäische Charta der kommunalen Selbstverwaltung, 1989; *ders.* (Hrsg.), Europa der Regionen und Europa der Kommunen, 1994; *M. Zuleeg*, Die Stellung der Länder im europäischen Integrationsprozess, DVBl. 1992, S. 1329 ff.; *H.-E. Folz*, Kommunale Selbstverwaltung und Europäische Einigung, FS Hahn, 1997, S. 611 ff.; *K. Stern*, Europäische Union und kommunale Selbstverwaltung, FS Friauf, 1996, S. 75 ff. – Gerade die kommunale Selbstverwaltung ist Ausdruck des europäischen Demokratieprinzips.

200 Aus der Lit.: *D. Thürer*, Bund und Gemeinden, 1986; *R. Hendler*, Selbstverwaltung als Ordnungsprinzip, 1984; *J. Oebbecke*, Selbstverwaltung …, VVDStRL 62 (2003), S. 366 ff.

e) Verfahren für nationale Verfassungsreformen und dauernde "Europaoffenheit" bzw. "-fähigkeit" aller Verfassungsstaaten

Als letztes praktisches Beispielsfeld für Bestand und Entwicklung von GV seien die Verfahren der Verfassungsreform behandelt. Hier gibt es auf der nationalen Ebene eine Skala von der stärksten Fortschreibung der verfassungsstaatlichen Verfassung via Total- und Partialrevision über den Verfassungswandel durch Interpretation bis hin zum verfassungsrichterlichen Sondervotum als "feiner" Interpretationsalternative – all dies sind Stufen der differenzierten Verarbeitung des *Zeitfaktors*. Die nationalen Verfassungsordnungen bieten hier viele Unterschiede im Prozessualen, aber auch in der Frage etwaiger materieller Grenzen (Stichwort: Ewigkeitsklauseln[201]). Entscheidend ist nur, *dass* es bestimmte Verfahren gibt zur Fortschreibung der Verfassung "im Laufe der Zeit" – gemäß dem Verständnis von Verfassung als öffentlichem Prozess. "Verfassungsreform" ist insofern ein dem Typus Verfassungsstaat *immanentes* Prinzip. Jede Verfassungskultur muss dem Zeitfaktor Einlass bieten[202]. Einzuhalten sind auch die an die Verfassunggebung zu stellenden Mindestbedingungen, z.B. die Billigung der Verfassung durch das Volk i.S. des berühmten Klassikertextes aus dem Frankreich von 1792: "Qu'il ne peut y avoir de Constitution que celle qui est acceptée par le peuple". *J.A. Frowein* hat an ihn im Kontext der deutschen Einigung, freilich auch er ohne Erfolg, erinnert[203]. Das Vorhandensein eines Kanons von Verfahren der Verfassungsreform gehört m.E. zu dem Ensemble von Prinzipien des GV. Und doch besteht hier ein *Defizit*: Die europäischen Verfassungsprinzipien auf EU-, EG- und Europaratsebene entbehren noch der direkten demokratischen Legitimation. Das kann uns jedoch nicht davon abhalten, sie in die "Werkstatt" des GV zu integrieren. Zunächst reicht die indirekte Legitimation aus. Art. N bzw. 48 Abs. 2 des EU-Vertrages gibt dem Europäischen Parlament bei Änderungen des Unionsvertrages immerhin ein Anhörungsrecht. Auf längere Sicht ist aber eine Weiterentwicklung des Revisionsverfahrens der EU "im Geiste" der – öffentlichen – verfassungsstaatlichen Verfahren unverzichtbar.

Wie aber steht es um die "*Europafähigkeit*" bzw. "*-offenheit*" selbst? Sie bildet heute m.E. ein konstituierendes Element aller Verfassungsstaaten in Europa: sei es ausdrücklich geschrieben (etwa in Form von Art. 23 GG oder Art. 7 Abs. 5 Verf. Portugal), sei es ungeschrieben – wie derzeit noch in der Schweiz auf der Bundesebene, wo indes der praktische Verfassungsrang der EMRK einen wesentlichen Aspekt der Europaoffenheit geschaffen hat. Die Reformstaaten *Ost*europas wären gut beraten, ihre Europaoffenheit ausdrücklich in ihren Verfassungstexten zu dokumentieren, da hier die europäische Rechtskultur noch "nachwachsen" muss[204]. Auch ohne geschriebenes nationales Euro-

---

201 Dazu mein Beitrag: Verfassungsrechtliche Ewigkeitsklauseln als verfassungsstaatliche Identitätsgarantien (1986), jetzt in: Rechtsvergleichung im Kraftfeld des Verfassungsstaates, 1992, S. 597 ff. – Aus der Schweizer Lit.: *J.P. Müller*, Materiale Schranken der Verfassungsrevision?, FS Haug, 1986, S. 195 ff.
202 Zum verfassungstheoretischen Hintergrund mein Beitrag: Zeit und Verfassungskultur, in: Rechtsvergleichung, aaO., S. 627 ff.
203 Deutschlands Verfassungslage, VVDStRL 49 (1990), S. 197 (Diskussion).
204 Zu Polen meine Denkschrift, abgedruckt in: Die Verwaltung 28 (1995), S. 249 ff.

paverfassungsrecht sind alle Verfassungsstaaten in Europa "Objekt" und "Subjekt" der heutigen inneren und äußeren Europäisierungsvorgänge. "Europa" ist dem Verfassungsstaat buchstäblich immanent (geworden). Mag es hier auch immer wieder Renationalisierungstendenzen geben: in der Essenz kann kein nationaler Verfassunggeber heute die europäische Dimension einer Nation mehr negieren. Insofern lässt sich mit *I. Pernice*[205] sagen, die Mitgliedstaaten der EU seien als Teil eines "Verfassungsverbunds" nicht mehr die "Herren" ihrer eigenen Verfassungen. Die nationale Identität ist heute *auch* europäisch definiert. M.a.W.: Europa gehört zu den "Realien" aller nationalen Verfassunggebung in diesem Europa – und zugleich zu ihren "Idealen". Die "überstaatliche Bedingtheit" des modernen Verfassungsstaates (*W. von Simson*)[206], in Gestalt von Öffnungsklauseln nach Art von Art. 24 GG textstufenhaft greifbar, ist in Europa als spezifisch *europäisch* bedingte zu lesen.

5. Ausblick

a) Das offene Europa

Die wissenschaftliche Erarbeitung von Gemeineuropäischem Verfassungsrecht, im Falle des Gelingens auch ein Stück "Juristenrecht" – und in der Juristenausbildung praktisch zu beginnen, ist kein Versuch der Abschottung des nur in seiner Offenheit lebenden Europas von der übrigen Welt und sie meint keinen neuen "Eurozentrismus". Im Gegenteil. Das Gemeineuropäische Verfassungsrecht baut Brücken zu anderen Regionen (zumal wenn Osteuropa integriert ist): etwa dank Spanien zu Südamerika und den sich dort entwickelnden Verfassungsstaaten und es kann aus der Familie der europäischen Verfassungsstaatlichkeit Modellelemente schaffen: etwa für ein "gemein (oder pan-) *amerikanisches* Verfassungsrecht, die AMRK ist ein Anfang, auch der neue Wirtschaftsraum USA, Kanada und Mexiko (NAFTA); vielleicht wachsen eines Tages auch Elemente eines "gemein*asiatischen* Verfassungsrechts heran, etwa in Südostasien (ebenso dringlich wäre der Brückenschlag zur islamischen Rechtswelt)[207]. Nur ein in "weltbürgerlicher" Absicht entworfenes Gemeineuropäisches Verfassungsrecht fügt sich als regionales Projekt dem Menschheitsaspekt der Charta der UN, ihrer allgemeinen Menschenrechtserklärung von 1945 bzw. 1948 und den Menschenrechtspakten von 1966 ein. Die Friedensaufgabe, im Europa der OSZE von heute dringender denn je, kann auch durch das Gemeineuropäische Verfassungsrecht (z.B. in Sachen "Amsterdam" und "Post-Nizza") ein Stück weiter in der als offen zu denkenden Zukunft erfüllt werden. Das Ziel, so zu einem gemeineuropäischen Wertgewinn beizutragen, bedeutet keine Überschätzung der eben doch begrenzten Möglichkeiten des Verfassungsjuristen,

---

205 *I. Pernice*, Der europäische Verfassungsverbund auf dem Weg der Konsolidierung, JöR 48 (2000), S. 205 ff.; krit. *M. Jestaedt*, Der Europ. Verfassungsverbund..., GS Blomeyer, 2004, S. 637 ff.
206 Allgemein dazu *W. von Simson/J. Schwarze*, Europäische Integration und Grundgesetz, 1992; *P. Häberle/J. Schwarze/W. Graf Vitzthum*, Die überstaatliche Bedingtheit des Staates, EuR Beiheft 1, 1993.
207 Dazu m.w.N. mein Beitrag: Der Fundamentalismus als Herausforderung des Verfassungsstaates: rechts- bzw. kulturwissenschaftlich betrachtet, liber amicorum Josef Esser, 1995, S. 49 ff. bes. S. 68 ff. – Ermutigend *J. Hanimann*, Der Islam ist vielstimmig, FAZ vom 16. Juni 2001, S. 44.

aber es lebt wie all unsere Tätigkeit sowohl vom "Prinzip Hoffnung" (*E. Bloch*) als auch vom "Prinzip Verantwortung" (*H. Jonas*). Die gemeineuropäische Bürgergesellschaft ist ein Ideal, an dem wir uns zu bewähren haben: Warum sollte gemeineuropäisch-kulturell nicht gelingen, was in vielen Jahrhunderten in großen Stunden von 1689, 1776, 1787, 1789, 1848 und 1945 folgende je national geglückt ist: die (Weiter)Entwicklung des *Typus* "Verfassungsstaat"[208]?

Im Blick auf den "homo europaeus" hat der polnische Schriftsteller *Andrzej Szczypiorski* am Tag der deutschen Einheit am 3. Oktober 1994 in Bremen gesagt[209]: "Welche Erleichterung, Europa wird sein!... Es gibt kein Europa ohne die Gotik von Krakau und Prag, ohne Dresdner Zwinger, ohne die Brücken von Budapest und ohne Leipzig, das früher Hauptstadt des europäischen Buches war." Daran und an solche Persönlichkeiten, die wie ein *Romain Rolland* oder *Albert Schweitzer* das "Gewissen Europas" sind und europäische Geisteshaltung praktizieren, müssen wir uns gerade heute erinnern, um ein "Europa der Bürger" zu konstituieren.

Einem Europäer der ersten Stunde, *Jean Monnet*, wird die gegen Ende seines Lebens gewonnene Einsicht zugeschrieben, er würde, hätte er sein Werk noch einmal zu tun, mit der *Kultur* beginnen. Nehmen wir dies als Aufruf, einen *kulturellen* und das heißt auch rechtskulturellen Begriff von Europa zu erarbeiten – das GV könnte ein Vehikel dafür sein, die in früheren Jahrhunderten geführte Europadebatte von *Novalis* (1799) bis *J. von Görres* (1821), *von Mazzini* (1829), *R. Borchardt* (1917) bis *E. R. Curtius* (1947) kraftvoll zu erneuern[210]. Das *ideelle* Europa, seine vertikale Dimension ist letztlich auch die inspirierende "Quelle" für alles gemeineuropäische Verfassungsrecht[211].

b) Die innere Offenheit Europas: Abschied vom klassischen Rechtsquellenkanon, der Aufstieg der "Allgemeinen Rechtsgrundsätze"

Die Kategorie der "Allgemeinen Rechtsgrundsätze" ist nicht nur Ausdruck und Spiegelbild der "Europäisierung" des Rechts, sie ist auch Vehikel dieser "Europäisierung"

---

208 Alle nationale Rechtsgeschichtsschreibung muss sich dabei "europäisieren". Aus der Lit. etwa: *R. Schulze* (Hrsg.), Europäische Rechts- und Verfassungsgeschichte, 1991; *H. Hattenhauer*, Europäische Rechtsgeschichte, 1992 (4. Aufl. 2004); *ders.*, Die Herrschaft des Rechts – Grundlagen des europäischen Rechtsbegriffs, Veröff. Joachim Jungius-Ges. Wiss., Hamburg 77 (1994), S. 27 ff.- Wichtig wird aber, auch Gemeinsamkeiten und Unterschiede zwischen der europäischen und amerikanischen Rechtskultur zu erarbeiten, dazu etwa R. Zimmermann (Hrsg.), Amerikanische Rechtskultur und europäisches Privatrecht, 1995.
209 Zit. nach FAZ vom 4. Oktober 1994, S. 6.
210 Vgl. P.M. Lützeler (Hrsg.), Europa, Analysen der Romantiker, 1. Aufl. 1982; *ders.* (Hrsg.), Hoffnung Europa, Deutsche Essays von Novalis bis Enzensberger, 1994; *R. Borchardt*, Gedanken über den europäischen Begriff, 1917; *E.R. Curtius*, Europäische Literatur und lateinisches Mittelalter (1947), 11. Aufl. 1993. Weitere Lit. bei *M. Fuhrmann*, Alexander von Roes: ein Wegbereiter des Europagedankens?, 1994; Akademie der Wissenschaften und der Literatur Mainz (Hrsg.), Europa – Idee, Geschichte, Realität, 1997; W. Behringer (Hrsg.), Europa..., 1999.
211 Es bedarf immer wieder der "Vergegenwärtigung" Europas, etwa in Gestalt wechselnder "Kulturhauptstädte" (wie 1998: Weimar) oder gemeineuropäischer Feste (noch 1832 nahmen in Hambach neben den deutschen auch polnische und französische Studenten teil!).

selbst (dazu Einleitung V 4). Die Grundsätze treiben das Zusammenwachsen Europas voran und stellen sich als Verweis auf dessen materielle Allgemeinheit und Öffentlichkeit dar – im Unterschied zu den "besonderen" Rechtskulturen der Mitgliedstaaten der EU bzw. dessen des Europarates und der OSZE.

Ursprünglich vor allem in allgemeinem Verwaltungsrecht behandelt[212] (Stichwort: Legalität, Rechtsgleichheit, Verhältnismäßigkeit, Treu und Glauben), werden sie heute auch im nationalen und europäischen Umweltrecht erkennbar (etwa als Prinzip der Nachhaltigkeit, als Verursacherprinzip)[213]. Gleichzeitig gewinnen sie den Rang einer Kategorie des (Europäischen) Verfassungsrechts. Art. 6 Abs. 2 EUV hat sie qua "allgemeine Grundsätze des Gemeinschaftsrechts" nach prätorischer Vorarbeit im Wege der wertenden Rechtsvergleichung seitens des EuGH zu einem zentralen Topos gemacht[214]. An Art. 38 lit. c IGH-Statut und Art. 288 Abs. 2 EGV sei als mögliche Inspirationsquelle und Referenzfeld erinnert. Verfassungstheoretisch ist der Gerechtigkeitsbezug allgemeiner Rechtsgrundsätze ebenso zu erarbeiten wie ihr die Offenheit der geschichtlichen Entwicklung beglaubigende prozesshafte Bedeutung. Ihr letztlich kulturwissenschaftlich zu erschließender Sinn macht sie schon prima facie zu einem Eckstein der nationalverfassungsstaatlichen und europäischen Rechtskultur. Ihre Entwicklung obliegt nicht nur den (Verfassungs-)Gerichten, sie ist Sache aller der an der Rechtsfortbildung Beteiligten – vom Verfassunggeber bzw. (europäischen) Vertragspartner über den Gesetzgeber bis zur Verwaltung und allen Gerichten. Dass die "Menschenrechte und Grundfreiheiten" in ganz Europa solche allgemeine Rechtsgrundsätze sind, kann angesichts der mittlerweile auch in Osteuropa heranwachsenden Standards gemeineuropäischen Grundrechte-Rechts nicht zweifelhaft sein (dazu Dritter Teil D.).

---

212 *H. Maurer*, Allgemeines Verwaltungsrecht, 11. Aufl. 1997, S. 36, 68 ff., 751 f.
213 Dazu *M. Kloepfer*, Umweltrecht, 2. Aufl. 1998, S. 163 ff.; *W. Hoppe/M. Beckmann/P. Kauch*, Umweltrecht, 2. Aufl. 2000, S. 21 f. bzw. 27, 44 ff.
214 Aus der europarechtlichen Lit. zu den Allgemeinen Rechtsgrundsätzen: *S. Jacoby*, Allgemeine Rechtsgrundsätze, 1997; *H. Lecheler*, Der Europäische Gerichtshof und die allgemeinen Rechtsgrundsätze, 1971; *R. Schulze*, Allgemeine Rechtsgrundsätze und europäisches Privatrecht, ZEuP 1993, S. 442 ff.; *T. Oppermann*, Europarecht, 2. Aufl. 1999, S. 185 ff.; *R. Streinz*, Europarecht, 5. Aufl. 2001, S. 70, 133 ff.; *K.M. Messen*, Zur Theorie allgemeiner Rechtsgrundsätze des internationalen Rechts: Der Nachweis allgemeiner Rechtsgrundsätze des Europäischen Gemeinschaftsrechts, JIR 17 (1995), S. 283 ff.; *D. Ewert*, Die Funktion der allgemeinen Rechtsgrundsätze im Schadenersatzrecht der europäischen Wirtschaftsgemeinschaft, 1991; *A. Heldrich*, Die allgemeinen Rechtsgrundsätze der außervertraglichen Schadenshaftung im Bereich der europäischen Wirtschaftsgemeinschaft, 1961; *T. Schilling*, Bestand und allgemeine Lehren der bürgerschützenden allgemeinen Rechtsgrundsätze des Gemeinschaftsrechts, EuGRZ 2000, S. 3 ff. – Aus der allgemeinen Lit.: *R. Laun*, Allgemeine Rechtsgrundsätze, in: FS Radbruch, 1948, S. 117 ff.; *A. Verdross*, Die allgemeinen Rechtsgrundsätze als Völkerrechtsquelle, FS H. Kelsen, 1931, S. 354 ff.; *T. Mayer-Mali*, Die natürlichen Rechtsgrundsätze als Teil des geltenden österreichischen Rechts. GS R. Marcic, 1983, S. 853 ff.; *J.-P. Chaudet*, Les principes généraux de la procédure administrative contentieuse, 1967; *H. Krech*, Die Theorie der allgemeinen Rechtsgrundsätze im französischen öffentlichen Recht, 1973; *W. Lorenz*, Rechtsvergleichung als Methode zur Konkretisierung der allgemeinen Grundsätze des Rechts, JZ 1962, S. 269 ff.

III. Der "europäische Jurist"

1. Vorbemerkung

Über den "europäischen Juristen" zu schreiben, heißt, ein Feiertagsthema und zugleich ein Alltagsthema zu behandeln. Der Blick muss sich nach ganz Europa hin weiten. In Spanien[215] z.B. laufen große Linien der europäischen Rechtskultur zusammen: greifbar in *F. Suarez* als Gründer der Schule von Salamanca, greifbar in Cádiz mit seiner ersten Verfassung Spaniens (1812), greifbar in den möglichen und z.T. schon wirklichen Brückenschlägen nach Nordafrika, greifbar in Gestalt des sog. "Barcelona-Prozesses", der das Mittelmeer[216] wieder zu einem gemeinsamen Kulturraum machen will, welche Einheit seit dem 7. Jahrhundert wohl erst durch den Islam in Frage gestellt worden war, und zu dem Brücken zu bauen nirgends so gelingen kann wie von Spanien aus. So ist es wohl kein Zufall, dass im Oktober 2000 elf Staatsoberhäupter in Toledo *Karl V.* ehrten, darunter auch Botschafter mancher iberoamerikanischer Staaten, und dass vom Reich *Karls V.* als einer Art Vorstufe der fünf Jahrhunderte später verwirklichten Europäischen Union gesprochen wurde[217]. Wir sind auf dem Weg zur *res publica Europea.*[218]

Die Feiertagsdimension des Themas "Der europäische Jurist" wird jedoch erst dann glaubwürdig, wenn *jeder* Jurist im Alltag national und europäisch arbeitet, d.h.: z.B. als nationaler Richter im Rahmen des Europarates sich auch als EMRK-Richter versteht bzw. im Rahmen der EU auch als "EU-Gemeinschaftsrichter" entscheidet: und zwar in allen Instanzen und auf allen Ebenen der nationalen Rechtsordnungen. Entsprechendes gilt für die Aufgaben des Rechtsanwaltes, des Rechtsberaters und vor allem der Professoren und Studenten an juristischen Fakultäten. (Ob der „Bologna-Prozess" eher fragwürdig ist, kann erst die Zukunft zeigen).

---

215 Der "europäische Jurist" war auch Gegenstand einer Tagung in Bayreuth (1999). Das Thema war vom Verf. dem Präsidenten des Deutschen Juristentages *R. Böttcher* anvertraut worden (vgl. JöR 49 (2001), S. 1 ff.).

216 Dazu *S. Behrendt/C.-P. Hanelt*, Aktuelle Probleme verstellen den Blick auf die Mittelmeerregion, aber die euro-mediterrane Partnerschaft braucht dringend eine neue Dynamik, in: Frankfurter Rundschau vom 14. April 1999, S. 21; *P. Schlosser*, Das Maghreb und Europa, Perspektiven des "Barcelona-Prozesses", in: Aus Politik und Zeitgeschichte, B 17/99 vom 23. April 1999, S. 3 ff.; *C. Masala*, Die Euro-Mediterrane Partnerschaft, 2000.

217 Vgl. FAZ vom 6. Oktober 2000, S. 8.

218 Aus der italienischen Lit. zum Thema etwa: *F. Chabod*, Storia dell' idea d'Europa, 1961 (3. Aufl. 1999); *L. Ferrajoli*, La cultura giuridica nell' Italia del Novecento, 1996. Aus der deutschen Lit.: R. Schulze (Hrsg.), Europäische Rechts- und Verfassungsgeschichte, 1991; R. Lhotta (Hrsg.), Deutsche und europäische Verfassungsgeschichte, Symposion f. H. Boldt, 1996; *H. Hattenhauer*, Europäische Rechtsgeschichte, 4. Aufl. 2004.

2. Das "Europäische" am europäischen Juristen

a) Das Europaverständnis – historisch und aktuell, Europa im engeren und weiteren Sinne, der kulturwissenschaftlich-komparatistische Ansatz

Von welchem Europabegriff haben wir auszugehen? Gibt es eine Art "Grundbuch" für seine Grenzen und Grenzänderungen? Ist das kulturelle bzw. rechtskulturelle Europa identisch mit dem geographischen? Gehört etwa die Türkei wegen ihres Laizismus und ihres stark von Europa beeinflussten Rechtssystems einschließlich ihrer Verfassungen dazu oder wegen der wieder vordringenden islamischen Religion (und z.T. auch Kultur) gerade nicht? Bleibt Israel wegen der europäischen Rechtskultur Teil Europas, obwohl es geographisch kaum mit Europa als "Kontinent" verbunden ist? Oder anders gefragt: Brauchen wir einen eigenen, sozusagen "juristischen" Europabegriff? All diese Fragen sind von einer Europäischen Verfassungslehre immer wieder zu stellen, gerade auch im Hinblick auf das Anforderungsprofil an einen europäischen Juristen.

Als Juristen haben wir zunächst von den Texten auszugehen. In der Präambel der EMRK (1950) ist von "europäischen Staaten" die Rede, die "vom gleichen Geist beseelt sind", in der ESC (1961) wird als Ziel des Europarates genannt, "eine engere Verbindung zwischen seinen Mitgliedern herzustellen, um die Ideale und Grundsätze, die ihr gemeinsames Erbe sind, zu wahren" – die Türkei ist Mitglied des Europarates (!)–, das GG spricht in seiner Präambel vom deutschen Volk als "gleichberechtigtem Glied in einem vereinigten Europa", in Art. 24 Abs. 2 GG von "friedlicher und dauerhafter Ordnung in Europa", und dieses Europabekenntnis ist in der Verfassung Brandenburgs (1992) fast wörtlich wiederholt (Präambel). Seit einigen Jahren wird Europa verstärkt Gegenstand von Rechts-Texten. So heißt es in dem Dokument der Münchner Konferenz "Europa der Regionen" vom Oktober 1989: "Europas Reichtum ist die Vielfalt seiner Völker und Volksgruppen, seiner Kulturen und Sprachen, Nationen, Geschichte und Traditionen, Länder, Regionen und autonomen Gemeinschaften, ... Subsidiarität und Föderalismus müssen die Architekturprinzipien Europas sein"[219]. Die "Euregio Basilensis" und "Egrensis", auch die Europaregion Tirol sind bekannt[220]; ebenso die Qualifizierung des Schutzes der Regional- oder Minderheitensprachen als Beitrag zum Aufbau eines Europa der kulturellen Vielfalt (Europäische Charta der Regional- oder Minderheitensprachen von 1998).

Auffallend ist, wie sehr Europa im Kontext von Rechtsprinzipien beschworen wird, aber selbst nicht definiert, d.h. vorausgesetzt ist. Aus diesem Dilemma befreit uns auch nicht der juristische Begriff "Europarecht". Im "engeren Sinne" galt er der EU, d.h. dem Europarecht der 15 Mitgliedstaaten, die sich freilich schrittweise erweitert haben (etwa durch Spanien und Portugal) und die sich künftig erweitern wollen (etwa um Estland,

---

219 Einzelheiten in: *P. Häberle*, Aktuelle Probleme des deutschen Föderalismus, in: Die Verwaltung 24 (1991), S. 169 (170 f.).

220 Dazu *B. Speiser*, Der grenzüberschreitende Regionalismus am Beispiel der oberrheinischen Kooperation, 1993; P. Pernthaler/S. Ortino (Hrsg.), Europaregion Tirol, 1997; allg. *G. Halmes*, Rechtsgrundlagen für den regionalen Integrationsprozess in Europa, DÖV 1996, S. 933 ff.

Ungarn, Polen und Malta). Der Geltungsbereich dieses engeren Europarechts ist also geographisch "flexibel". Das Europarecht im "weiteren Sinne" meint den Europarat, vor allem die EMRK-Gemeinschaft, die heute z.B. um Georgien ergänzt ist. Wir lernen aus all dem, dass Europa ein – in kleinräumigen, kommunikativen Gebieten – *offener Begriff* ist, in seinen Grenzen, vor allem nach Osten dynamisch. Er hat gewisse räumlich-geographische Elemente, aber vor allem kulturelle und als Teil von ihnen rechtskulturelle. Osteuropa[221] war bis zum "annus mirabilis" (1989) gewiss Teil von Europa im geographischen Sinne, rechtskulturell aber durch den "Eisernen Vorhang" und die DDR-Mauer geteilt, der Osten dem Rechtssystem des Marxismus-Leninismus unterworfen, der das Gegenmodell europäisch/atlantischer Rechtskultur bildete. Heute kehren die dortigen Länder, etwa die Baltenrepubliken, im Südosten Slowenien und Serbien buchstäblich "nach Europa" zurück, und mit diesem Bild ist die Rückkehr in die europäische Rechtskultur gemeint – manche kulturellen Ausformungen und Verbindungen hatten sich ja selbst unter dem totalitären System erhalten. Hier zeichnet sich die *Offenheit des Europabegriffs* ab: So litt etwa die EU als solche an einem Europa*defizit*, solange ihr die Völker Osteuropas – bis hin zu Russland? – (*De Gaulle*: "Vom Atlantik bis zum Ural"), wie Polen und die alte CSFR nur in "Europa"–, d.h. "Assoziationsverträgen" verbunden waren[222]. Vielleicht ist nach den einzelnen Lebensbereichen zu unterscheiden: Europa als *Wirtschafts*raum[223] (der EWR scheint sich freilich aufzulösen, bevor er gegründet wurde, die EFTA zerfällt), Europa als *Kultur*raum und Europa als *Rechtskultur* und Ziel der *Politik*. Diese Kreise koinzidieren nur zum Teil. Europa ist ein komplexer Begriff, der nach seinen vielen *Schichtungen* aus Geographie und Raum, Völkern, Kulturgeschichte, Wirtschafts-, politischer und Rechtsgeschichte auszudifferenzieren ist, also nur interdisziplinär – kulturwissenschaftlich – erfasst werden kann. Das "Europa-Bild" wandelt sich in der Zeit (z.B. vom Mythos zum Logos), das "Europa-Bewusstsein" ebenso. Vieles bleibt unklar, doch hat uns das Ringen um den Europabegriff unversehens den Rechtsordnungen näher gebracht. Europa lebt offenbar wesentlich aus seiner spezifischen Art von Recht bzw. Rechtskultur. Davon zeugen auch Aussagen in Rechtstexten. Diese seien im folgenden Kontext bewusst wiederholt.

b) Aussagen in Rechtstexten – übernational/gemeineuropäisch und das "nationale Europaverfassungsrecht", das Textstufenparadigma

aa) Die übernational – gemeineuropäische Ebene

Auf übernationaler/gemeineuropäischer und nationaler Ebene finden sich schon in den hochrangigen Rechtstexten relevante Aussagen zur Sache Europa. Sie sind um so ergiebiger, wenn sie i.S. des Textstufenparadigmas, d.h. in ihrer Entwicklung in der

---

221 S. auch *H. Homann/C. Albrecht*, Die Wiederentdeckung Osteuropas, Herders Perspektiven und die Gegenwart, ZfP 1993, S. 79 ff; *E. v. Trützschler*, Mittelosteuropa, 2005.

222 Dazu *H.-H. Herrnfeld*, Rechtsreform und Rechtsangleichung in den Beitrittsstaaten Mittel- und Osteuropas, EuR 2000, S. 454 ff.; *C. Dorau*, Die Öffnung der Europäischen Union für europäische Staaten, EuR 1999, S. 736 ff.

223 Auch die heutige "EG" bzw. "EU" war ursprünglich (1957) eine E*W*G.

Zeitachse dargestellt werden: das in den Verfassungswirklichkeiten werdende Europa reichert sich schrittweise um neue Europa-Aspekte an, sei es, dass diese der Wirklichkeit vorausgreifend als Entwürfe für die Zukunft gewagt werden, sei es, dass in ihnen auf Texte und Begriffe gebracht wird, was z.b. die beiden Verfassungsgerichte EuGH und EGMR nach und nach prätorisch geschaffen haben. Schönstes Beispiel ist Art. 6 Abs. 2 EUV, wonach die Union die Grundrechte achtet, wie sie sich (neben der EMRK) aus den "gemeinsamen Verfassungsüberlieferungen der Mitgliedstaaten als allgemeine Grundsätze des Gemeinschaftsrechts ergeben" – das ist eine Textrezeption der EuGH-Judikatur[224].

Eine kleine Auswahl muss im Übrigen genügen. Auch wird sich zeigen, dass die Politik und Wissenschaft sich oft dieses Textreservoirs bedienen, ohne immer die Quellen anzugeben. Früh heißt es in der *Satzung des Europarates* (1949) in der Präambel: "in unerschütterlicher Verbundenheit mit den geistigen und sittlichen Werten, die das gemeinsame Erbe ihrer Völker sind und der persönlichen Freiheit, der politischen Freiheit und der Herrschaft des Rechts zugrundeliegen, auf denen jede wahre Demokratie beruht"; gesprochen wird von diesem "Ideal" und von den europäischen Ländern, die von demselben "Geist" beseelt sind. Eine ideale "Geist"-Klausel, die jede Instrumentalisierung Europas i.S. des heutigen Ökonomismus und Materialismus verbietet. Auch in Art. 1 ebd. ist fast platonisch von der Förderung der "Ideale und Grundsätze" die Rede, "die ihr gemeinsames Erbe bilden". Konkretisierungen finden sich später auf Teilgebieten, ohne dass Europa als Idee vom Recht her abschließend erfasst werden könnte. So spricht die EMRK (1950) für das *Europa im weiteren Sinne* von europäischen Staaten, die "vom gleichen Geist beseelt sind und ein gemeinsames Erbe an geistigen Gütern, politischen Überlieferungen, Achtung der Freiheit und Vorherrschaft des Gesetzes besitzen." Die ESC (1961) postuliert vorweg die Förderung des wirtschaftlichen und sozialen Fortschritts "insbesondere durch die Erhaltung und (!) Weiterentwicklung der Menschenrechte und Grundfreiheiten". Das Europa im engeren Sinne der späteren EG bzw. EU wendet sich zwar konkret dem Feld der Wirtschaft zu, doch bleibt die ideell kulturelle Komponente schon im Präambelpassus des EGKS-Vertrags (1951) lebendig: "in der Überzeugung, dass der Beitrag, den ein organisiertes und lebendiges Europa für die Zivilisation leisten kann, zur Aufrechterhaltung friedlicher Beziehungen unerlässlich ist". Im EWG-Vertrag (1957) ist vorweg vom "immer engeren Zusammenschluss der europäischen Völker" die Rede – findet sich also die bis heute offene Finalität bzw. Teleologie der EG. Überdies wird vom Zusammenschluss der Wirtschaftskräfte die Wahrung von "Frieden und Freiheit" erwartet.

Neue Text- bzw. Zielelemente bringen später "Maastricht" und "Amsterdam" (1992/97), was nur in Stichworten in Erinnerung gerufen sei: in der Präambel des

---

224 Dazu etwa *T. Schilling*, Bestand und allgemeine Lehren der bürgerschützenden allgemeinen Rechtsgrundsätze des Gemeinschaftsrechts, EuGRZ 2000, S. 3 ff.; *W. Pauly*, Strukturfragen des unionsrechtlichen Grundrechtsschutzes, EuR 1998, S. 242 ff. – Ein spezielles Beispiel für vom EuGH prätorisch geschaffenes "europäisches Grundrechts-Recht" ist der Anspruch auf Rechtsschutz innerhalb angemessener Frist als neues Prozessgrundrecht, dazu gleichnamig: *V. Schlette*, EuGRZ 1999, S. 369 ff.

EUV[225] der Passus: "Identität und Unabhängigkeit Europas zu stärken", Aufbau eines "Raums der Freiheit, der Sicherheit und des Rechts", "Union der Völker Europas, in der die Entscheidungen entsprechend dem Subsidiaritätsprinzip möglichst bürgernah getroffen werden". Nach Art. 6 Abs. 1 EUV beruht die Union auf den "Grundsätzen der Freiheit, der Demokratie, der Achtung der Menschenrechte und Grundfreiheiten sowie der Rechtsstaatlichkeit". Abs. 3 sagt aber auch: "Die Union achtet die nationale Identität der Mitgliedstaaten", womit eine Grenze der Vergemeinschaftung gezogen wird, die schwer definierbar ist. Einen weiteren Konkretisierungsschritt leistet die Präambel EGV etwa in dem Passus: "entschlossen, durch umfassenden Zugang der Bildung und durch ständige Weiterbildung auf einen möglichst hohen Wissensstand ihrer Völker hinzuwirken". Neue Politiken wie Umweltschutz, Gleichstellung von Männern und Frauen etc. (vgl. Art. 2 EGV) kommen hinzu; vor allem aber die Kultur (Art. 151), mit Sätzen wie Beitrag zur "Entfaltung der Kulturen der Mitgliedstaaten unter Wahrung ihrer nationalen und regionalen Vielfalt" sowie "gleichzeitiger Hervorhebung des gemeinsamen kulturellen Erbes" (Abs. 2 ebd.), s. a. Abs. 3: "Wahrung und Förderung der Vielfalt ihrer Kulturen" als Querschnittsaufgabe. Begriffe wie "europäisches Bewusstsein" (Art. 191 EGV), Wahrung des Rechts (Art. 220) deuten ebenso auf Rechtskulturelles wie die Aufgabe der Angleichung der Rechtsvorschriften (Art. 94 ff.), seien sie auch auf das "Funktionieren des gemeinsamen Marktes" bezogen. Nicht vergessen sei die Grundrechte-Charta.

Lassen wir den Blick von der EU/EG zu *Europa im weiteren Sinne* wandern, so zeigt sich, dass ihre neueren konstitutionellen Rechtsaspekte in eine Ambiance eingebettet sind, der nur der kulturwissenschaftlich sensible und komparatistisch offene europäische Jurist gerecht werden kann.

So heißt es eingangs des *Dokuments des Kopenhagener Treffens der Konferenz über die menschliche Dimension* der KSZE (1990)[226]: Die Teilnehmerstaaten "begrüßen daher das Bekenntnis ... zu den Idealen der Demokratie und des politischen Pluralismus sowie ihre gemeinsame Entschlossenheit, demokratische Gesellschaftssysteme auf der Grundlage von freien Wahlen und Rechtsstaatlichkeit mit zu errichten" – womit Elemente gemeineuropäischen Verfassungsrechts genannt sind. Gleiches gilt für den Passus "Gerechtigkeit, die auf der Anerkennung und der vollen Achtung der Persönlichkeit des Menschen als dem höchsten Gut beruht" (Nr. I Ziff. 2). Das Bekenntnis zu der "dem Menschen innewohnenden Würde" als Gerechtigkeitsaspekt samt daraus folgenden Rechten (Ziff. 5 ebd.), von freien Wahlen bis zur Garantie der Unabhängigkeit der Richter und der Anwaltschaft (!) zeigt Rechtsstandards, die allen europäischen Juristen gemein sind. Das Postulat, die Einschränkungen von Jedermann-Grundrechten, wie des Rechts auf Kommunikation, der Religionsfreiheit, des Rechts auf Ausreise etc. müssten "internationalen Standards" entsprechen, verweist sogar auf die

---

225 Aus der Kommentarlit. jetzt J. Schwarze (Hrsg.), EU-Kommentar, 2000. – Das deutsche Standardwerk zur EMRK ist *J.A. Frowein/W. Peukert*, EMRK-Kommentar, 2. Aufl. 1996. Aus der Schweizer Lit.: *J.P. Müller*, Grundrechte in der Schweiz, 3. Aufl. 1999; *M.E. Villiger*, Die Europäische Menschenrechtskonvention und die schweizerische Rechtsordnung, EuGRZ 1991, S. 81 ff. S. auch *C. Grabenwarter*, Europäische Menschenrechtskonvention, 2003.

226 Zit. nach EuGRZ 1990, S. 239 ff.

Universalität des Völkerrechts[227]. – Auch die *Charta von Paris für ein neues Europa* (1990)[228] schafft neue Mosaiksteine im Gesamtbild eines ganz Europa gemeinsamen ius publicum. Die Rede ist von Demokratie, Wohlstand durch wirtschaftliche Freiheit und soziale Gerechtigkeit und gleiche Sicherheit für alle. Weitere Rechtsprinzipien sind eine Charakterisierung der Demokratie als "Verantwortlichkeit gegenüber der Wählerschaft, Bindung der staatlichen Gewalt an das Recht sowie eine unparteiische Rechtspflege". Eigens genannt sei der große, jetzt vielleicht in Bosnien und Mazedonien eingelöste Satz: "Wir bekräftigen, dass die ethnische, kulturelle, sprachliche und religiöse Identität nationaler Minderheiten Schutz genießen muss". Buchstäblich als europäisches "Bindemittel" dürfen Worte wie "gemeinsames Bekenntnis zu demokratischen Werten" bzw. unerschütterliches Festhalten an gemeinsamen Werten und an unserem gemeinsamen Erbe" gelten.

Das *Krakauer Dokument über das kulturelle Erbe der KSZE-Teilnehmerstaaten* (1991)[229] – die OSZE hat derzeit 55 Mitglieder – ist schließlich ein Ensemble von rechts- bzw. kulturwissenschaftlich zu erschließenden Prinzipien. Durch Geschichte geprägte "Wertvorstellungen, Toleranz und Offenheit für einen Dialog mit anderen Kulturen", dass "das kulturelle Leben und das Wohlergehen ihrer Völker eng miteinander verknüpft sind", "Regionalaspekte der Kultur" "als Faktor der Völkerverständigung". Der Abschnitt "Kultur und kulturelles Erbe" liefert Stichworte, wie sie keine Verfassungslehre als Kulturwissenschaft besser formulieren kann: "kulturelles Erbe als Teil ... des kollektiven Gedächtnisses und ihrer gemeinsamen Geschichte..., den es zukünftigen Generationen weiterzugeben gilt" oder "Bewusstsein der Öffentlichkeit für den Wert des kulturellen Erbes".

bb) Das nationale Europaverfassungsrecht – eine kurze Vergegenwärtigung

Ein letzter Blick auf die Text-Materialien, die dem europäischen Juristen anvertraut sind, müsste dem schon mehrfach angesprochenen sog. *nationalen Europaverfassungsrecht* gelten, d.h. den Artikeln, die sich in den nationalen Verfassungen innerstaatlich mit der Sache Europa befassen. Dazu sei auf die obigen Ausführungen verwiesen. Hier nur noch einige knappe Schlagworte zur neuerlichen Vergegenwärtigung. Die Stichworte lauten: Europabezüge finden sich in Präambeltexten und Grundlagenartikeln (z.B. Art. 7 Abs. 5 Verf. Portugal von 1976/89), ebenso in Regionalismus-Klauseln oder Erziehungszielen. Die Rezeption europäischer Grundrechte gehört in Theorie wie interpretatorischer Alltagspraxis zu den vornehmsten Aufgaben des Europäischen Juristen. Dass er im Grundrechte- wie sonstigen Kontext großes Anschauungsmaterial aus den Europa-Bezügen gliedstaatlicher Verfassungen gewinnen kann, beweist einmal mehr das kreative Potential des Föderalismus. Dank mancher Wechselwirkungen wird dieser zum europäischen Ideengeber par exzellence. Im Hinblick auf die EU-Osterweiterung seien

---

227 Dazu L. *Kühnhardt*, Die Universalität der Menschenrechte, 1987.
228 Zit. nach EuGRZ 1990, S. 517 ff.
229 Zit. nach EuGRZ 1991, S. 250 ff.

abschließend die Europa-Bezüge osteuropäischer Verfassungen noch einmal exemplarisch hervorgehoben:

Unter den osteuropäischen Verfassungstexten ragt Moldawien (März 1993) heraus. In seiner Präambel heißt es u.a.:

"Being aware of ... the creation of states with the Rule of Law in Europe and in the world ..., in conformity to the ... Helsinki final Act...".

Die Verfassung der Föderation Bosnien und Herzegowina vom März 1994 inkorporiert neben der EMRK (Art. VI, Ziff. 3 b) in ihrem "Anhang" u.a. die ESC und die Europäische Charta für Regional- und Minderheitssprachen von 1992[230]. Sie "internalisiert" so das Europaprogramm der europäischen Gremien in innerstaatliches Verfassungsrecht, wohl auch, um damit ein Stück der eigenen Identität zu finden.

Der Übergangs- und Schlussartikel 112 der Verfassung der Tschechischen Republik (1992) (s. auch Art. 3!) definiert als "Verfassungsordnung" diese Verfassung *und* "die Konvention zum Schutz der Menschenrechte und Grundfreiheiten"[231]. Diese Rezeption der EMRK auf *Verfassungs*stufe verdient Respekt, ist doch der "Verfassungsrang" der EMRK in den einzelnen Ländern (West-)Europas nach wie vor umstritten[232].

cc) *Der europäische Jurist – ein Interpret von nationalem Europaverfassungsrecht*

Quantität und Qualität der – "wachsenden" – Europa-Artikel in verfassungsstaatlichen Verfassungen haben es in dieser Verfassungslehre nahe gelegt, nach spezifischen Interpretationsmaximen zu fragen. Das – innerstaatliche – "Europaverfassungsrecht" hat seine "besonderen" Sachbereiche, seine propria. Dazu gehört, dass es über den nationalstaatlich introvertierten Verfassungsstaat hinausweist und eben dadurch die Familie der "europäischen Verfassungsstaaten" konstituiert: zum Typus des "gemeineuropäischen Verfassungsstaates". In dieser Interpretation muss sich der Europäische Jurist beweisen, sei es, dass er nationales Europaverfassungsrecht im Rahmen der Einheit der Verfassung interpretiert oder Europa-Artikel als offene Verweisungen hin zum Überstaatlichen (z.B. "grenzüberschreitende Zusammenarbeit") versteht. Die geforderte gemeineuropäische Hermeneutik bedarf zu ihrer Verwirklichung Interpreten, die mit mehr als nur einer europäischen Rechtsordnung vertraut sind und um ein kulturwissenschaftliches, originär europäisches "Vorverständnis" ringen.

---

230 Dazu W. Graf Vitzthum (Hrsg.), Europäischer Föderalismus, 2000, S. 122 ff.
231 Zit. nach JöR 44 (1996), S. 458 ff. Später geschah ein Verweis auf die eigene Charta der Grundrechte und Grundfreiheiten, vgl. H. Roggemann (Hrsg.), Die Verfassungen Mittel- und Osteuropas, 1999, S. 962 ff.
232 Dazu *A. Bleckmann*, Verfassungsrang der Europäischen Menschenrechtskonvention?, EuGRZ 1994, S. 149 ff.

*dd) Der Ausbau von nationalem "Europaverfassungsrecht":
eine Aufgabe für den Europäischen Juristen*

Der Ausbau von nationalem "Europaverfassungsrecht" ist in Gang und verpflichtet den europäischen Juristen. Wie gezeigt, entwickelt sich in manchen Ländern Europas innerstaatlich eine neue Textstufe: Einzelne Europa-Artikel beginnen so heranzuwachsen und sich auszudifferenzieren, dass die Umrisse eines spezifischen Europaverfassungsrechts sichtbar werden. Angesichts der Aufgaben, die heute auf der überstaatlichen, europäischen Ebene anstehen, sind die Ansätze zu einem innerstaatlichen Europaverfassungsrecht indes noch nicht ausreichend. Ihre Fortentwicklung dürfte um so wichtiger sein, als sich der europäische Gedanke seit "Maastricht" und "Amsterdam" in einer Krise befindet. Welche Korrekturen der "Post-Nizza-Prozess" leisten kann, bleibt abzuwarten. Anleitend wirkt die Forderung: Europa muss für den Bürger von seiner *nationalen* Verfassung aus stärker erlebbar werden, nur so wird das viel zitierte "Europa der Bürger" entstehen. M.a.W.: Das Europaverfassungsrecht ist auf der *inner*staatlichen Ebene auszubauen in Gestalt all der Erscheinungsformen, die sich vereinzelt da und dort schon finden. Europa muss in einem doppelten Sinne zum *Verfassungs*thema werden: innerverfassungsstaatlich und überstaatlich i.S. einer "werdenden" Verfassung der Europäischen Union.

*ee) Verfassungspolitik in Sachen Europa – der Europäische Jurist
als europäischer Verfassungspolitiker*

Verfassungspolitik in Sachen Europa steht auf der Tagesordnung des Europäischen Juristen. Die typisierten Verfassungstexte mit Europa-Bezügen stehen nicht für sich. Sie sind im gemeineuropäischen *Kon*text zu lesen bzw. auf *Gesamt*europa hin zu deuten. Nimmt man sie alle in der Vielfalt ihrer Formen und Inhalte zusammen, so zeigt sich, dass die Europa-Idee "unterwegs" ist und wie sehr sie den "gemeineuropäischen Verfassungsstaat" als solchen auch ausweislich seiner Verfassungstexte "schmückt". Die Europäisierung des Verfassungsstaates, die Europa-Offenheit der Nationalstaaten einschließlich ihrer etwaigen föderalen Gliedstaaten ist auch textlich schon weiter fortgeschritten als die oft noch introvertiert nationalstaatlich arbeitende Dogmatik und z.T. auch die Verfassungsrechtsprechung wahrhaben will[233].

Jede "gute Verfassungspolitik" hat heute mit zu bedenken, an welchen systematischen Stellen einer Verfassung sie das Thema Europa wie fixiert: als Staatsziel[234] (mit

---

233   Vgl. die Kritik von *J. Schwarze*, Europapolitik unter deutschem Verfassungsrichtervorbehalt, NJ 1994, S. 1 (3) an BVerfGE 89, 155: "Introvertierte Verfassungsinterpretation".

234   Von der Schaffung von Europa-Artikeln sollte man sich auch nicht deshalb abhalten lassen, weil Art. 23 Abs. 3 – 7 n.F. GG *konkret* Kritik verdient: Er ist "Verwaltungsrecht im Verfassungsrecht", sein eigenes schlechtes Ausführungsgesetz und verstößt gegen Grundsätze guter Verfassungspolitik. Zur Kritik insofern etwa: *C. Starck*, VVDStRL 53 (1994), S. 127 f. und der Verf., ebd. S. 147 (Diskussion); *U. Everling*, Überlegungen zur Struktur der Europäischen Union..., DVBl. 1993, S. 936 (945 f.); *J. Schwarze*, Das Staatsrecht in Europa, JZ 1993, S. 585 (595); *R. Breuer*, Die Sackgasse des neuen Europaartikels (Art. 23 GG), NVwZ 1994, S. 417 ff. Aus der

Folgerungen z.B. für die Umweltpolitik), als Erziehungsziel, im Blick auf die Grundrechte, als Präambelelement oder auf sonstige Weise. Das Plädoyer für ein Mehr an allgemeinen und besonderen Europa-Artikeln in *nationalen* Verfassungen i.S. von "Europa im Verfassungsstaat" will die künftige Europapolitik nicht einengen, sondern bürgernäher, regional und national, mehr von unten her legitimieren und die Akzeptanz Europas erhöhen. Gerade weil derzeit eine Phase der "Renationalisierung" drohen könnte und die "Europäisierung" der Nationen ins Stocken geraten ist, kann so der Sache Europa mit neuer Kraft gedient werden. Hier findet der Europäische Jurist ein wichtiges Betätigungsfeld. Er kann Nationalismen zurückdrängen und in seinem jeweiligen Nationalstaat zum Mittler der "Europäischen Identität" werden. Dazu gehört auch, dass er den Bürgern Ängste vor Europa nimmt und für die "innere Europäisierung" des nationalen Verfassungsrechts wirbt. Das kann ihm am besten in der kleinen, überschaubaren Einheit vor Ort gelingen: in Gemeinden und Regionen. Diese Impulse "von unten" wirken um so kräftiger, wenn sie in der europäischen Öffentlichkeit einen geeigneten Resonanzboden finden.

c) Die europäische Öffentlichkeit als "Resonanzboden"
für den europäischen Juristen

Ein dritter Aspekt für Wirken und Werke des europäischen Juristen ist das Werden und z.T. schon Vorhandensein einer europäischen Öffentlichkeit[235]. Sie lässt sich vor allem aus der Kunst und Kultur darstellen, sie stellt sich mehr als nur punktuell auch schon aus dem europäischen (Verfassungs-)Recht her: Die Öffentlichkeit des Europäischen Parlamentes, der Beratenden Versammlung des Europarates, des Wirkens der beiden europäischen Verfassungsgerichte EuGH und EGMR, der Berichte des Bürgerbeauftragten und des Rechnungshofes – all dies setzt europäische Öffentlichkeit teils voraus, teils schafft es sie. Vor allem die Wissenschaft hat in Europa eine Öffentlichkeitsfunktion, und hier steht wohl die Rechtswissenschaft an erster Stelle: Tagungen, das institutionalisierte Treffen der europäischen Verfassungsrichter, europäische Juristenvereinigungen aller Art (bilateral oder europaweit, 2005 in Genf), vom Europarecht bis zum "Religionsverfassungsrecht", bilden ein Stück europäischer Öffentlichkeit.

Gewiss, in eigentümlicher, fast hegelscher Dialektik, ist es vor allem die "*Skandalöffentlichkeit*", die die Einheit und Vielfalt Europas erkennbar werden lässt: Denken wir an den Sturz der Santer-Kommission oder den Fall Bangemann, an Aufbau und Abriss der Mauer im tschechischen Aussig oder den BSE-Skandal. Vielleicht findet ja auch noch die Arbeit an der europäischen Grundrechte-Charta die unverzichtbare europäische Öffentlichkeit[236]. Die europäische Rechtswissenschaft wird zu einer solchen aber erst

---

Kommentarlit.: *I. Pernice*, in: H. Dreier (Hrsg.), Grundgesetz-Kommentar, Bd. 2, 1998, Art. 23; *R. Streinz*, in: Sachs, Grundgesetz, 3. Aufl. 2003, Art. 23.

235 Vgl. meine Berliner Schrift: Gibt es eine europäische Öffentlichkeit?, 2000.
236 Aus der schon jetzt unüberschaubaren Lit.: *A. Weber*, Die Europäische Grundrechte-Charta auf dem Weg zu einer europäischen Verfassung, NJW 2000, S. 537 ff.; *I. Pernice*, Eine Grundrechte-Charta für die Europäische Union, DVBl. 2000, S. 847 ff.; *P. Häberle*, Europa als werdende Verfassungsgemeinschaft, DVBl. 2000, S. 840 ff., insbes. 846. Die ZRP hat dem Thema in Heft 9,

durch die europäische Öffentlichkeit, das europaweite Wirken einzelner Juristen, die öffentliche Diskussion über einzelne Entscheidungen des EuGH (z.B. den Fall Kreil: "Frauen in die Bundeswehr"[237], das Marschall-Urteil)[238]. Für den EGMR sei die Entscheidung im Fall "Matthews" angeführt, die weite Beachtung gefunden hat[239]. Öffentliches Echo einschließlich der wissenschaftlichen Kritik, der Austausch der Erasmus-Studenten, notfalls auch europäische Fußballmeisterschaften helfen der unverzichtbaren europäischen Öffentlichkeit, eine solche zu werden: sensibel für das Gemeinsame und Unterschiedliche, für Stärken und Schwächen der einzelnen Länder und verantwortungsvoll bis zum Balkan hinunter: Bosnien, Montenegro, ja sogar Serbien.

3. Konturen der europäischen Rechtskultur[240]

Auch wenn der Leser eine "repetitio" fürchten mag, im Abschnitt über den Europäischen Juristen darf eine knappe Skizze dessen, was seinen (Rechts-)Kulturraum ausmacht, nicht fehlen.

a) Sechs Merkmale

Die sechs prägenden Merkmale der europäischen Rechtskultur wurden bereits ausführlich dargestellt. Sie seien für den vorliegenden Kontext noch einmal schlagwortartig zusammengefasst. Zunächst die Geschichtlichkeit. Die europäische Rechtskultur ist in mehr als 2000 Jahren zu einer solchen *geworden*[241], sodann die Wissenschaftlichkeit und die juristische Dogmatik, sie bilden ein weiteres Kennzeichen der europäischen Rechtskultur unserer Entwicklungsstufe. Die Unabhängigkeit der Rechtsprechung in Bindung an Gesetz und Recht samt rechtlichem Gehör (vgl. Art. 20 Abs. 3 bzw. Art. 103 Abs. 1 GG) – eng mit der juristischen Dogmatik als einer Form der wissenschaftli

---

September 2000, einen Schwerpunkt eingeräumt – mit Beiträgen u.a. von *S. Baer, K. Rütgen* und *N. Reich.* S. noch unten Anm. 263.

237 Fall Tanja Kreil (11. Januar 2000, Rs. C–85/98); dazu *R. Streinz,* Frauen an die Front, DVBl. 2000, S. 185 ff.; *R. Scholz,* Frauen an die Waffe kraft Europarecht?, DÖV 2000, S. 417 ff.; *T. Sieberichs,* Nochmals: Waffeneinsatz von Frauen bei der Bundeswehr, NJW 2000, S. 2565 f.

238 Rechtssache C-409/95, EuGRZ 1997, S. 563 ff.; dazu *U. Compensis,* Marschall – (k)eine Überraschung unserer Zeit?, BB 1998, S. 2470 ff.; *M. Sachs,* Anmerkung zur Marschall-Rechtsprechung, in: DVBl. 1998, S. 184 f.

239 EuGRZ 1999, S. 200 ff.; dazu *C.O. Lenz,* Anmerkung zur EGMR-Entscheidung vom 18.02.1999 (Wahlrecht zum Europäischen Parlament auch in Gibraltar), in: EuZW 1999, S. 311 ff.; *S. Winkler,* EGMR-Urteil vom 18.02.1999: Wahlrecht zum Europäischen Parlament, Gibraltar, EuGRZ 1999, S. 200 ff.

240 Eine Gesamtschau der europ. Rechtskultur steht noch aus. Sie könnte Maß nehmen an einem Werk wie *E.R. Curtius,* Europäische Literatur und lateinisches Mittelalter, 1947 (11. Aufl. 1993). – *F. Wieacker,* Privatrechtsgeschichte der Neuzeit, 2. Aufl., 1967, S. 26 ff. benennt die Reste des westeuropäischen Imperiums, die lateinische Kirche und die spätantike Schule als Elemente der "europäischen Rechtskultur".- Aus der Lit. zuletzt: Wirkungen europäischer Rechtskultur, FS K. Kroeschel, 1997. Symptomatisch ist auch der Beginn einer historischen Buchreihe "Europa bauen", z.B. *L. Benevolo,* Die Stadt in der europäischen Geschichte, 1993; *M. Mollat du Jourdin,* Europa und das Meer, 1993; *P. Häberle,* Die europ. Stadt – das Beispiel Bayreuth, BayVBl 2005, S. 161 ff.

241 Anschaulich: *T. Rathnow:* "Gedächtnisraum Europa" (FAZ vom 5. April 1993, S. 33).

chen Wahrheitssuche verknüpft – sei als ein drittes großes Merkmal europäischer Rechtskultur und Ausdruck durchgängiger Rechtsstaatlichkeit und der Gewaltenteilung erwähnt.

Zu den Fundamenten der europäischen Rechtskultur gehört darüber hinaus die Garantie der Religionsfreiheit bzw. die sog. weltanschaulich-konfessionelle Neutralität des Staates (BVerfGE 27, 195 (201)). Sie erweist sich für unser Verständnis von "gerechtem Recht" als zentral. Die Religionsfreiheit (nach *G. Jellinek* die Urfreiheit), die damit verknüpfte staatliche "Toleranz in Religionssachen", das Prinzip der "Nichtidentifikation" (*Herb. Krüger*) ist Gerechtigkeitsbedingung. Erst dadurch konnte der "Verfassungsstaat" zu einem solchen werden.

Ein Vorletztes: Der Begriff "Europäische Rechtskultur" suggeriert den Aspekt der Einheit. Näher betrachtet, gehört ihm aber die Vielfalt von vornherein hinzu, so wie wir die europäische kulturelle Identität dialektisch ebenfalls aus Einheit und Vielfalt definieren. "Amsterdam" sagt in Art. 151 Abs. 1:

> "Die Gemeinschaft leistet einen Beitrag zur Entfaltung der Kulturen der Mitgliedstaaten unter Wahrung ihrer nationalen und regionalen Vielfalt sowie gleichzeitiger Hervorhebung des gemeinsamen kulturellen Erbes".

Das "gemeinsame kulturelle Erbe" umschließt auch das rechtskulturelle Erbe, die "nationale Vielfalt", gewiss auch das je nationale Recht der europäischen Staaten. Die "Europäisierung der nationalen Staatsrechtslehren" und Verfassungsgerichte[242] hat jetzt eine Dynamik und Dramatik gewonnen, die an ältere Perioden der europäischen Rechtsgeschichte denken lässt. Das "Erasmus-" und "Tempus-Programm" beglaubigt all dies von der Universitätsseite her. Das Sprachen-Problem sei nur als Merkposten erwähnt[243].

Von der Europäisierung sei der Bogen schließlich zur Universalität und Partikularität der europäischen Rechtskultur geschlagen. Dieser letzte Aspekt meint folgendes: Geographisch ist Europa ein Teil der Welt – neben Amerika, Afrika, Asien und Australien. Seine bisher skizzierte eine, aber doch vielfältige Rechtskultur steht der anderer Erdteile unterscheidbar gegenüber (trotz der Commonwealth-Länder). Ohne sich dem Vorwurf der "Eurozentrik" auszusetzen, darf aber auch von – sehr "europäischer" – "Universalität" gesprochen werden: Nicht wenige Elemente der europäischen Rechtskultur beanspruchen bzw. haben eine "universale" Dimension: so die Menschenrechte seit 1789, von der UNO bekräftigt und z.B. in einigen Staaten Afrikas wiederholt (z.B. Art. 25 AfrMRK (1982)), so die Gerechtigkeitslehren, so das Demokratieprinzip (vgl. Art. 21 Ziff. 1 und 3 AllgErklMR (1948)), heute vielleicht sogar die "Marktwirtschaft" (so der ehemalige ungarische Außenminister *G. Horn*)[244].

---

242 Dazu mein Votum in: VVDStRL 50 (1991), S. 156 ff.
243 Dazu T. Bruha/H.-J. Seeler (Hrsg.), Die Europäische Union und ihre Sprachen, 1998; *D. Martiny*, Babylon in Brüssel?, ZEuP 1998, S. 227 ff.; W.C. Lohse (Hrsg.), Die dt. Sprache in der EU, 2004.
244 Dazu meine Überlegungen in: Die Entwicklungsstufe des heutigen Verfassungsstaates, in: Rechtstheorie 22 (1991), S. 431 ff.

Zusammenfassend: Europa als Wertegemeinschaft[245] ist wesentlich durch Europa als Rechts- und Kulturgemeinschaft – als Rechtskulturgemeinschaft – mit geprägt. Es hat auf einzelnen Feldern durch das Ringen um Freiheit, Gerechtigkeit und Gemeinwohl Paradigmen geschaffen, die vielleicht sogar zum "kulturellen Erbe der Menschheit" als "kulturelles Gen" gehören, jedenfalls den Glanzleistungen Europas in der Kunst (Literatur, Musik, Architektur, Malerei) bescheiden an die Seite gestellt werden dürfen. Als Vergleichsgröße haben immer wieder fundamentalistische sowie totalitäre Rechtssysteme und – noch – z.T. die Entwicklungsländer bzw. noch Osteuropa gedient. Europa muss sich aber heute einem interkulturellen Vergleich stellen. Wir sollten lernen, Europa auch "von außen" zu sehen – auch zu kritisieren. Das gilt etwa im Verhältnis zu Lateinamerika, Afrika und den islamischen Ländern, auch vielen Entwicklungsländern. Die große Vergangenheit und Zukunft des "Europarechts" im engeren und weiteren Sinne darf beim Namen genannt werden. Aber die Europäisierungsvorgänge sollten taktvoll und sensibel auf Europa beschränkt bleiben und allenfalls als "Angebot" unterbreitet werden, nicht als verdeckte Form neuer Kolonialisierung. Die Transferprozesse zu den Entwicklungsländern hin, aber auch im Blick auf Osteuropa schließen die Rechtsprinzipien ein. Aber gerade weil das Recht ein Teil der Kultur ist, sollte dies im Respekt vor und in Toleranz zu den fremden Kulturen geschehen. Jedenfalls ist diesen zu wünschen, dass sie die Kraft, Phantasie und den Willen haben, das fremde europäische Recht zum Eigenen einzuschmelzen. Und: Europa selbst muss sich für rechtskulturelle Einflüsse aus anderen Ländern offenhalten und lernfähig bleiben: Auch diese Toleranz und Offenheit gehören zur Kultur des Menschen in dieser einen Welt.

*b) Grenzen als Brücken, die Mittlerrolle Spaniens
nach Lateinamerika und Afrika hin*

Bisher wurde die europäische Rechtskultur von ihren sechs Merkmalen her positiv umschrieben. Jetzt gilt es, vom Negativen hier die Grenzen zu kennzeichnen. Hier spielen räumlich-territoriale, aber auch historisch-kulturelle Aspekte eine Rolle. Bei allen Grenzziehungen ist freilich zu beachten, dass "Grenze" bzw. "Nachbarschaft" immer einen dialektisch miteinander verbundenen Doppelcharakter haben: Grenze scheidet, sie eröffnet aber auch die Möglichkeit zum schöpferischen Brückenbau im Bewusstsein der eigenen Identität (exemplarisch etwa in den Euro-Regionen wie Euregio Basilensis bzw. –Egrensis)[246]. So kann zwar Lateinamerika nicht einfach dank Spanien zur europäischen

---

245 Aus der Lit.: *O. Kimminich*, Europa als (geistes)geschichtliche Erscheinung und politische Aufgabe, in: Essener Gespräche zum Thema Staat und Kirche 27 (1993), S. 6 ff.; *A. Baruzzi*, Europas Autonomie, 1999; s. aber auch *E. Schwarz*, Europa, das gibt es nicht, "Die Zeit" Nr. 20 vom 14. März 1993, S. 54. Zuletzt *Joseph Kardinal Ratzinger*, Europas Kultur und ihre Krise, Die Zeit Nr. 50 vom 7. Dez. 2000, S. 61 ff. sowie *J.Le Goff*, Die Grenzen Europas, ebd. S. 64.
246 Zum Begriff der Grenze vgl. *W. Graf Vitzthum*, Staatsgebiet, HStR, Bd. II, 3. Aufl. 2004, § 18; *B. Wehner*, Nationalstaat, Sozialstaat, Effizienzstaat: Neue Staatsgrenzen für neue Staatstypen, 1992; aus der Raumperspektive der Geowissenschaften M. Gramm/J. Maier/I. Becker (Hrsg.), Staatsgrenzen und ihr Einfluss auf Raumstrukturen und Verhaltensmuster. Grenzen in Europa. Eine programmatische Gleichsetzung von Nachbarschaft und Partnerschaft findet sich bei *D. Bingen*, Deutsche und Polen auf dem Weg zu einer partnerschaftlichen Nachbarschaft, 1999. Zum Gedanken

Rechtskultur gerechnet werden: der andere Kontinent, die Kolonialgeschichte, die landsmannschaftlichen Verschiedenheiten. Dennoch schlägt Spanien nicht nur dank seiner Sprache eine einzigartige Brücke in viele lateinamerikanische Länder. In Sachen Verfassungsstaat finden viele Rezeptionsprozesse statt, und nicht wenige Jura-Studenten lernen im spanischen "Mutterland". Die Verf. Spaniens schafft schon positivrechtlich besondere Verbindungen nach Lateinamerika (vgl. Art. 11 Abs. 3), parallel Portugal für seine Übersee (vgl. Art. 7 Abs. 4 Verf. Portugal), und die Mittlerfunktion zwischen sich und lateinamerikanischen Ländern kann Spanien mit Stolz wahrnehmen – sie dient dabei mittelbar sogar der europäischen Rechtskultur, wobei jedes Denken in "Einbahnstraßen", weil zu eurozentrisch, abzulehnen ist. Es gibt durchaus genuine eigenwüchsige Verfassungsnormen etwa in Verf. Guatemala von 1985 (Präambel Art. 1. Abs. 57 bis 65 und Art. 72 (Menschenrechte als Erziehungsziele) oder (alte) Verf. Peru von 1979 (z.B. in der Präambel, "offene Gesellschaft", "Wirtschaft im Dienste jedes Menschen", nicht umgekehrt).

Sogar nach *Afrika* hin mögen sich rechtskulturelle Grenzen, vor allem in der Zukunft, als "Brücken" erweisen – sofern sich ein "verfassungsstaatlicher Islam"[247] entwickelt. Eine empirische Bestandsaufnahme Spanien/Lateinamerika wäre ein eigenes wissenschaftliches Programm: von Austausch von Rechtstexten, von Rechtsprechung und Literatur über eher personelle Verpflichtungen dank wechselseitiger Studienaufenthalte, Austauschprogramme etc. Der Verf. hat es immer bewundert, dass und wie spanische Rechtsgelehrte in der Franco-Zeit in Südamerika Zuflucht fanden (z.B. *G. Peces-Barba*), um dann später wieder nach hier zurückzukehren (Im "Gepäck" hatten sie gewiss auch manche Rechtserfahrungen aus Übersee!).

c) Gefährdungen der europäischen Rechtskultur

Gefährdungen seien nicht verschwiegen. Auch sollten wir der Faszinationskraft der Europaidee nicht kritiklos erliegen. Folgende Gefährdungen seien beim Namen genannt: Zum ersten die unselige, fast alle Lebensbereiche erfassende *Ökonomisierung* des Denkens und Handelns unserer Zeit. Ausgerechnet seit 1989 erleben wir einen Kapitalismus neuer Art, der als "entfesselter" kaum zu zähmen ist und eine neue Art von Materialismus fast weltweit zur Herrschaft zu bringen scheint. Der Markt wird zum Maß aller Dinge, er ist aber nicht das Maß des Menschen! Von wissenschaftlicher Seite her kann dem nur durch die Besinnung auf das Kulturelle begegnet werden: "Verfassung als Kultur"[248] bildet ein Stichwort. Erforderlich wird die Erinnerung an die anthropologisch

---

    der Nachbarschaft *R. Vierhaus*, Die Deutschen und ihre Nachbarn, Marburger Universitätsreden, Bd. 5, 1983, S.3 ff., 3 f.; siehe auch die verschiedenen Nachbarschaftsbegriffe bei *B. Hamm*, Betrifft: Nachbarschaft, 1973, S. 13; *D.-E. Khan*, Die deutschen Staatsgrenzen..., 2004.

247 Zu dieser Hoffnung: *P. Häberle*, Europäische Verfassungslehre in Einzelstudien, 1999, S. 212 ff., 224; u.a. die Kategorie des Nachbarn greift *B. Münzel*, Feinde, Nachbarn, Bündnispartner, 1994, auf, um christlich-muslimische Begegnungen im islamischen Spanien zu analysieren.

248 Dazu *P. Häberle*, Verfassungslehre als Kulturwissenschaft (1982), 2. Aufl. 1998 (Spanische Teilübersetzung durch E. Mikunda, 2000); zuletzt *ders.*, Verfassung als Kultur, JöR 49 (2001), S. 126 ff.

begründete "Bodenständigkeit" des Menschen, die "Heimat vor Ort"; andernfalls fällt der Mensch buchstäblich ins Bodenlose. Diese Einsicht kann auch der Globalisierung entgegenwirken, die sich als globaler Markt, in Form des "Fusionswahns" großer Industrien namhaft machen lässt.

Sodann sei als Gefahr für die europäische Rechtskultur die *Sprachenfrage* genannt. Die Schweiz hat mit ihrer erfolgreichen Sprachenfreiheit ein Modell geschaffen, das auch für Europa im engeren Sinne der EU fruchtbar sein kann (vgl. jetzt Art. 18, 70 nBV Schweiz von 2000). Im Spanien der Autonomen Gebietskörperschaften spielt die Sprachgesetzgebung eine wichtige Rolle[249]. Im Europa im engeren Sinne sei schließlich "Brüssel" als Gefahr für die europäische Rechtskultur – als Vielfalt – genannt. Unsinnige Vereinheitlichungsbestrebungen von Brüssel aus, die Verletzung des Subsidiaritätsprinzips[250] etc. müssen als Stichworte genügen. Kultur und damit auch Rechtskultur meint immer auch Respekt vor dem – oft in langen Zeiträumen – Gewachsenen, Gewordenen. Unitarische Einebnungen gefährden das Europa der Vielfalt. Gerade das "andere" kann Bereicherung sein, als Ansporn dienen, zu besseren Lösungen zu kommen. Die europäischen Rechtskultur – als Vielfalt und Einheit zugleich verstanden – muss auch zur Erkenntnis solcher Gefahren beitragen.

4. Aktuelle Herausforderungen für den "europäischen Juristen"

Im Folgenden seien stichwortartig fünf Problembereiche behandelt, in denen der "europäische Jurist" heute besonders gefordert ist: sei er Wissenschaftler, Richter (z.B. in dem neuen Verfassungsgericht Bosniens[251]) oder Parlamentarier, teils in Europa im engeren Sinne der EU, teils im weiteren Sinne des Europarates und der OSZE. Die These ist, dass der Jurist auf all diesen Feldern als nur nationaler Jurist scheitern müsste.

a) Die Kontroverse um das Ob und Wie europäischer Verfassunggebung

Bekanntlich ist umstritten, ob und wie eine Verfassung Europas auszuarbeiten wäre, ob Europa überhaupt "verfassungsfähig" und -bedürftig ist[252]. Bejaht man bereits heute

---

249 Dazu *Th. Gergen*, Sprachgesetzgebung in Katalonien, 2000.
250 Dazu aus der Lit.: *H. Lecheler*, Das Subsidiaritätsprinzip: Strukturprinzip der Europäischen Union, 1993; D. Merten (Hrsg.), Die Subsidiarität Europas, 1993; *C. Calliess*, Das gemeinschaftsrechtliche Subsidiaritätsprinzip (Art. 3 b EGV) als "Grundsatz der größtmöglichen Berücksichtigung der Regionen", AöR 121 (1996), S. 509 ff.; *B. Gutknecht*, Das Subsidiaritätsprinzip als Grundsatz des Europarechts, FS Schambeck, 1994, S. 921 ff.; *M. Kennter*, Das Subsidiaritätsprotokoll des Amsterdamer Vertrags, NJW 1994, S. 2871; *R. Streinz*, Europarecht, 6. Aufl. 2003, S. 64 f.; A. Riklin/G. Batliner (Hrsg.), Subsidiarität, 1994; *P. Häberle*, Das Prinzip der Subsidiarität aus der Sicht der vergleichenden Verfassungslehre, AöR 119 (1994), S. 169 ff. Aus der Kommentarlit.: *I. Pernice*, in: H. Dreier (Hrsg.), Grundgesetz-Kommentar, Bd. 2 1998, Art. 23 Rz 72 ff.
251 Dazu *W. Graf Vitzthum/M. Mack*, Multiethnischer Föderalismus in Bosnien-Herzegowina, in: ders. (Hrsg.), Europäischer Föderalismus, 2000, S. 81 ff.
252 Aus der Lit.: *D. Tsatsos*, Die Europäische Unionsgrundordnung, EuGRZ 1995, S. 287 ff.; ders., Die europäische Unionsgrundordnung im Schatten der Effektivitätsdiskussion, EuGRZ 2000, S. 517 ff.; *W. Hertel*, Supranationalität als Verfassungsprinzip, 1999; *I. Pernice*, Der Europäische Verfassungsverbund auf dem Weg der Konsolidierung, JöR 48 (2000), S. 205 ff.; *M. Stolleis*, Eu-

das Vorhandensein eines Ensembles von *Teil*verfassungen unterschiedlicher Materien und Dichtegrade von der EU/EG bis zur EMRK und OSZE (die von den beiden europäischen Verfassungsgerichten EuGH und EGMR prätorisch mitgeschaffen worden sind), so spricht vieles dafür, i.S. des vorsichtigen Experimentierens bzw. der Stückwerktechnik gemäß dem Kritischen Rationalismus von *Popper* fortzufahren (d.h., es bedarf keiner "konstitutionellen Neugründung" Europas i.S. von *J. Fischer*). Für die EU heißt dies: Ihr "Verfassungsvertrag" (*Schäuble/Lamers*) ist weiterzuentwickeln, z.B. durch die Grundrechte-Charta, aber auch durch Revisionsschritte wie jüngst in Nizza, wobei das Kunststück der Verbindung von Erweiterung der EU um neue Mitglieder *und* Vertiefung[253] (z.B. begrenzte Einführung von Mehrheitsentscheidungen im Rat, Flexibilität[254] bzw. "Avantgarde" und "Kerneuropa" als "magische Formel", Rotation der Zahl der Kommissionsmitglieder unter den "Großen" (höchstens 20?), vielleicht sogar ein Zweikammersystem i.S. *J. Fischers*) zu vollbringen ist. Bundespräsident *J. Rau* forderte kürzlich zu Recht[255], es müsse das Ziel des föderalen Systems sein, Macht zu verteilen, anstatt sie zu konzentrieren. Je mehr Themen und Materien die EU "fortschreibt", desto dringlicher wird jedoch die Frage, ob dann nicht eines Tages eine "ganze" Verfassung ergehen muss (zumal sich die nationalen Verfassungen zu *Teil*verfassungen relativieren)[256] und in welchen demokratischen Verfahren (z.B. offenen Konventen) dies zu geschehen hätte. Befreit man das Verfassungsdenken von der herkömmlichen Fixiertheit auf den Staat, so bleibt doch das vom klassischen Typus Verfassungsstaat entwickelte *Verfahren* der Verfassunggebung, an der das Volk, genauer die Völker via Wahlen zu einer verfassunggebenden Versammlung oder einem billigenden Volksentscheid eingeschaltet wird (Musterland ist die Schweiz auf Bundes- bzw. Kantonsebene[257]). Zu verabschieden sind jedenfalls alle Arten "Herrenideologien": nicht die Staaten, sondern die europäischen Völker und Bürger sind die letzten und ersten Zurechnungsgrößen einer

---

ropa – seine historischen Wurzeln und seine künftige Verfassung, 1997; *P. Häberle*, Europa als werdende Verfassungsgemeinschaft, DVBl. 2000, S. 840 ff.; J. Schwarze (Hrsg.), Die Entstehung einer europäischen Verfassungsordnung, 2000; *S. Oeter*, Europäische Integration als Konstitutionalisierungsprozess, ZaöRV 59 (1999), S. 901 ff.; M. Kloepfer/I. Pernice (Hrsg.), Entwicklungsperspektiven der europäischen Verfassung im Lichte des Vertrags von Amsterdam, 1999; *R. Steinberg*, Grundgesetz und europäische Verfassung, ZRP 1999, S. 365 ff.

253 Dazu zuletzt: W. Hallstein-Institut für Europäisches Verfassungsrecht (Hrsg.), Verfassungsrechtliche Reformen zur Erweiterung der Europäischen Union, 2000; *I. Pernice*, Die Notwendigkeiten institutioneller Reformen, in: Internationale Politik, August 2000, S. 11 ff.; R. Hrbek (Hrsg.), Die Reform der Europäischen Union, 1997.

254 Aus der Lit.: *B. Martenczuk*, Die differenzierte Integration und die föderale Struktur der Europäischen Union, EuR 2000, S. 351 ff. S. noch Nachtrag.

255 FAZ vom 21. Okt. 2000, S. 13.

256 Dazu *P. Häberle*, Europäische Verfassungslehre in Einzelstudien, 1999, S. 7, 56, 86 f. und öfter; *ders.;* Das Grundgesetz als Teilverfassung im Kontext der EU/EG, FS Schiedermair, 2001, S. 81 ff.

257 Aus der bereits unüberschaubaren Lit. zur neuen Bundesverfassung der Schweiz jetzt: *R. Rhinow*, Die Bundesverfassung 2000, 2000; *J.P. Müller*, Grundrechte in der Schweiz, 3. Aufl. 1999. Die neuen Texte in Bund und Kantonen sind dokumentiert in JöR 47 (1999), S. 171 ff. (ebd. auch mein Beitrag zur Kunst der kantonalen Verfassunggebung am Beispiel von St. Gallen, S. 149 ff.) sowie in JöR 48 (2000), S. 281 ff.

Verfassung Europas, die den Bürgern Mitwirkungs- und Teilhaberechte garantiert. Warum sollte man nicht die Völker Europas als ein multinationales, multiethnisches, auch multikulturelles "Volk"[258] ansehen, so wie es nicht nur Vorformen, sondern bereits Formen und Foren europäischer Öffentlichkeit gibt (Art. 189 Abs. 1 EGV spricht von "Vertretern der Völker", Art. 191 EGV vom "politischen Willen der Bürger der Union", die Präambel der Grundrechte-Charta von "Völkern Europas"). Die Unionsbürgerschaft (Art. 17 EGV)[259], das europäische Wahlrecht (Art. 189, 190 EGV), das Kommunalwahlrecht für EU-Ausländer (Art. 19 EGV), die in Wahrheit längst "Inländer" im "Freundesland" Europa sind – all dies sind Wegmarken im Blick auf den europäischen "contrat social". Die Alternative Vertragsrevision oder europäische Verfassunggebung[260] könnte sich relativieren. Im Europa im engeren und weiteren Sinne sind übrigens EU bzw. Europarat längst "mittelbarer Verfassunggeber": Sie geben den Beitrittskandidaten normative Direktiven vor: etwa in Sachen Menschenrechte, Demokratie, Rechtsstaat, Minderheitenschutz, soziale Marktwirtschaft, auch den sog. "aquis communautaire". Im Übrigen kommen auch die EMRK und OSZE konstitutionellen Teilstrukturen gleich. Bei all diesen Fragen bedarf es des "europäischen Juristen": der in mehr als nur einem nationalen Rechtsstoff bzw. einer Sprache geschult ist, aber auch die gemeineuropäischen Verfassungsprinzipien überblickt, europaweit rechtsvergleichend arbeitet, sei es, dass er die schöpferische Rechtsvergleichung als Wegweiser für die Rechtspolitik nutzt, sei es, dass er als nationaler Richter oder Wissenschaftler Rechtsvergleichung als m.E. "fünfte" Auslegungsmethode praktiziert (1989) – zusammen mit den klassischen vier von *F.C. v. Savigny* (1840)[261]. Rechtsvergleichung ist die europäische Zukunftswissenschaft. Vor allem muss sich jede nationale Wissenschaftlergemeinschaft hüten, Europa primär oder gar allein von ihren eigenen Paradigmen her schreiben zu wollen![262]

---

258 Aus der Lit.: *A. Augustin*, Das Volk in der Europäischen Union, 2000.
259 Dazu *A. López Pina*, Die Bürgerschaft als Voraussetzung einer Europäischen Republik, in: U. Battis u.a. (Hrsg.), Das Grundgesetz im Prozess europäischer und globaler Verfassungsentwicklung, 2000, S. 75 ff.; *K.-D. Borchardt*, Der sozialrechtliche Gehalt der Unionsbürgerschaft, NJW 2000, S. 2057 ff.; *M. Nettesheim*, Die politische Gemeinschaft der Unionsbürger, Liber Amicorum für P. Häberle, 2004, S. 193 ff.
260 *I. Pernice*, Vertragsrevision oder europäische Verfassunggebung?, FAZ vom 7. Juli 1999, S. 7. Zum Stichwort der europäischen Verfassunggebung vgl. den bemerkenswerten Beitrag von der Präsidentin des Bundesverfassungsgerichts *J. Limbach*, FAZ vom 29. Aug. 2001, S. 2: "Die Bürger sollten über eine europäische Verfassung entscheiden".
261 Aus der Lit. zu Savigny: *R. Zimmermann*, Savignys Vermächtnis, Rechtsgeschichte, Rechtsvergleichung und die Begründung einer Europäischen Rechtswissenschaft, 1998.
262 Es ist daher sinnvoll, auf einer Art *ersten* Stufe die "Europäische Verfassungsentwicklung" z.B. aus deutscher und französischer Sicht darzustellen: so in EuR Beiheft 1/2000, S. 7 ff. bzw. 31 ff. durch *J. Schwarze* und *J.F. Flauss*. Später sollte dann ein übergreifender Konsens gefunden werden. Dazu Anhang Erster Teil IV. Ziff. 13.

b) Die Grundrechte-Charta der EU

Ohne auf Einzelheiten einzugehen[263]: die in Nizza verabschiedete Grundrechte-Charta bildet – neben einem etwaigen Kompetenzverteilungskatalog – eine neue Teilverfassung der EU, lässt den bereits hohen Stand der Europäisierung des Rechts transparent werden, ist Ergebnis wertender Rechtsvergleichung auf der Basis von kulturellen Kompromissen und darin ein Stück gemeineuropäischer Identität, auch wenn man über Einzelheiten des von R. *Herzog* präsidierten sog. "Konvents" streiten mag (eingesetzt auf dem Gipfel von Tampere)[264]. Sie wird gewiss sehr rasch normative Kraft entfalten, in der Hand des EuGH *ein Stück* lebender, europäischer Verfassung werden und zu einer Grund*werte*-Charta (mit Kompetenzproblemen) reifen. Mag sich die breite europäische Öffentlichkeit auch noch nicht intensiv genug mit diesem Dokument befasst haben, mag der Diskurs über Europa gerade hier nur in Ansätzen geglückt sein: die bürgerintegrierende, symbolische, ja sogar pädagogische Funktion der Charta ist ebenso wichtig wie die machtbegrenzende Dimension ihrer Abwehrrechte (z.B. Art. 2, 3, 8, 9 bis 13) und die impulsgebende mancher Artikel (z.B. Kap. IV: "Solidarität", bes. Art. 32, 33, 34 bis 38); bemerkenswert Art. 25: Recht älterer Menschen sowie Art. 41: Recht auf eine gute Verwaltung und Art. 3 Abs. 2: Verbot des reproduktiven Klonens von Menschen. Auch hier war und ist der "europäische Jurist" gefordert: bei Auslegung und Anwendung. Notwendig wird eine gemeineuropäische Methodenlehre, auch darf kein nationaler Mitgliedstaat nur "seine" Grundrechtstheorie(n) umzusetzen und durchzusetzen suchen. Der Streit um die Präambel der Grundrechte-Charta (statt des Hinweises auf das "religiöse Erbe", jetzt das "geistig-religiöse und sittliche Erbe"[265]) verrät viel in Sachen Konsens und Dissens über die Identität Europas, das eben nicht in Bruttosozialprodukte und Außenhandelsbilanzen aufgeht.

Speziell in der EU suchen die Kirchen und anderen Religionsgemeinschaften[266] erst noch ihren rechtlichen und kulturellen Platz (Stichwort: "europäisches Religionsverfassungsrecht"). Fraglich ist auch, ob im Kontext der Religionsfreiheit (Art. 10) nicht die korporative Dimension mit Blick auf wenn nicht "Kirchen", so doch alle Religionsgemeinschaften stärker hätte betont werden sollen (das Textstück "gemeinsam mit anderen" in Abs. 1 S. 2 ist zu wenig). Hier dürfte das laizistische Frankreich gezögert haben; indes ist daran zu erinnern, dass es zu "Amsterdam" einen auf die Kirchen bezogenen

---

263 Aus der vielfältigen Lit.: *S. Baer*, Grundrechte-Charta ante portas, ZRP 2000, S. 361 ff.; *A. Weber*, Die Europäische Grundrechte-Charta – auf dem Weg zu einer europäischen Verfassung, NJW 2000, S. 537 ff.; *N. Reich*, Zur Notwendigkeit einer Europäischen Grundrechtsbeschwerde, ZRP 2000, S. 375 ff.; *H.-W. Rengeling*, Eine Charta der Grundrechte, FAZ vom 21. Juli 1999, S. 13. *R. Scholz*, Nationale und europ. Grundrechte…, FS Heldrich, 2005, S. 1311 ff. Vgl. oben Anm. 236.

264 Dazu Arbeitsstruktur des Gremiums zur Ausarbeitung der EU-Charta (Tampere 1999), EuGRZ 1999, S. 615; auch die Schlussfolgerungen des Vorsitzes Europäischer Rat (Tampere), 15./16.10.1999, NJW 2000, S. 1925.

265 Zu diesem Streit: *J. Hénard*, Ehre sei Gott … in der EU. Deutschland besteht darauf, in: Die Zeit vom 2. Nov. 2000, S. 9. – Der französische Text lautet: "patrimoine spirituel et moral."

266 Zur "Religions- und Weltanschauungsfreiheit als Gemeinschaftsgrundrecht" gleichnamig: *W. Bausback*, EuR 2000, S. 261 ff. – Art. 22 Grundrechte-Charta dürfte sich als Schutzraum für das deutsche "Staatskirchenrecht" erweisen.

Zusatz gab[267]. Ein gewisser Fortschritt gegenüber Art. 10 EMRK ist insofern erreicht, als Art. 11 Abs. 2 der Charta sagt: "Die Freiheit der Medien und ihre Pluralität werden geachtet"[268]. Indes sollte für den öffentlich-rechtlichen Rundfunk ein Bezug zur kulturellen und sprachlichen Vielfalt in Europa, ja zum "europäischen Bewusstsein" (vgl. Art. 191 EGV) und zur europäischen Integration hergestellt werden, kurz: gerade hier sollte ein Bogen zum Präambelpassus "Achtung der Vielfalt der Kulturen und Traditionen der Völker Europas" geschlagen werden. Der vom deutschen BVerfG erarbeitete Auftrag der Grundversorgung auch in kultureller Hinsicht (BVerfGE 73, 118 (158); 90, 60 (90)) wäre hier aufzugreifen.

Vielleicht lässt sich auch bemängeln, dass der Entwurf der Grundrechte-Charta zu wenig das Thema "Kultur" aufgreift[269], nicht genug an Teilaspekte des "Bürgerrechts auf Kultur" denkt (s. aber Art. 14 Abs. 1: Recht auf Bildung, Art. 13: Freiheit von Kunst und Wissenschaft, Art. 22: Vielfalt der Kulturen, Religionen und Sprachen). Auch andere Fragen müssen hier offen bleiben, etwa die zu bejahende, ob ein europaweites Referendum oder doch die Zustimmung aller 25 nationalen Parlamente gewagt werden sollten, ob jede Grundrechte-Charta nicht ein Stück weit auch eine Grundwerte-Charta ist, weil nach älterer Sicht Grundrechte auch Werte darstellen bzw. weil nach einer neueren "mehrdimensionalen" *in* den Grundrechten auch Verfassungsziele bzw. –aufgaben stecken. Sicher ist jedenfalls, dass die Erklärung der Europäischen Grundrechte mit den Worten von *Felipe González* "der Schlüssel in der Definition einer europäischen Staatsbürgerschaft" ist[270]. Im Übrigen müssen wir Europäer lernen, dass der Islam, vielleicht auf dem Weg zu einem verfassungsstaatlichen Euroislam[271], ggf. Straßburg zu einer "Stadt der Minarette" machen kann[272] – so wie in Granada eine große Moschee gebaut wird, die es in Rom schon gibt – Granada kann dies freilich wegen seiner spezifischen Vergangenheit leichter fallen als Rom!

c) Bewahrung und Bewährung nationaler Identitäten

Ein drittes Testfeld für den "europäischen Juristen" ist die Erarbeitung der "nationalen Identität" der Mitgliedsstaaten (Art. 6 Abs. 3 EUV)[273] bzw. der Bedeutung des Sub-

---

267 Dazu *P. Häberle*, Europäische Verfassungslehre in Einzelstudien, 1999, S. 219 ff., 231 f.
268 Aus der Lit.: *M. Stock*, Medienfreiheit in der EU-Grundrechte-Charta: Art. 10 EMRK ergänzen und modernisieren, 2000; *ders.*, Eine Grundrechte-Charta für die Europäische Union: wie sollte die Medienfreiheit darin ausgestaltet werden?, ZUM 2000, S. 533 ff.; s. auch *J. Schwarze*, Medienfreiheit und Medienvielfalt im Europäischen Gemeinschaftsrecht, ZUM 2000, S. 779 ff.
269 Dazu die Kritik von *Hilmar Hoffmann*, Zu kurz, der Wurf, Keine europäische Charta ohne Kultur, FAZ vom 2. Nov. 2000, S. 54.
270 *F. Gonzáles*, Europa am Scheideweg, FAZ vom 17. Oktober 2000, S. 1 f.
271 Dazu *P. Häberle*, Europäische Verfassungslehre in Einzelstudien, 1999, S. 134 f., 264.
272 Dazu *M. Wiegel*, Straßburg – Stadt der Minarette?, FAZ vom 4. Jan. 2000, S. 5.
273 Aus der Lit.: *A. Bleckmann*, Die Wahrung der "nationalen Identität" im Unionsvertrag, JZ 1997, S. 265 ff.; *P. Lerche*, Achtung der nationalen Identität (Art. F Abs. 1 EUV), FS H. Schippel, 1996, S. 921 ff.; *A. Puttler*, in: C. Callies/M. Ruffert (Hrsg.), Kommentar zur EU, 1999, Art. 6 (2. Aufl. 2002); *M. Hilf*, Europäische Union und nationale Identität der Mitgliedstaaten, GS für E. Grabitz, 1995, S. 157 ff.; *B. Beutler*, in: von der Groeben/Schwarze (Hrsg.), EU-Kommentar, 2003, Art. 6.

sidiaritätsprinzips[274] (Art. 5 EGV) sowie der Wahrung der "nationalen und regionalen Vielfalt" (Art. 151 Abs. 2 EGV). Das meint auch die Bewahrung der nationalen Rechtskulturen – bei aller europäischen Rechtskultur. Es meint Grenzen für die Rechtsvereinheitlichung[275]. Diese letztlich nur kulturwissenschaftlich erschliessbaren Richtbegriffe, die auch eine Umschreibung des bereits greifbaren europäischen Gemeinwohls verlangen (vgl. nur die Ziele und Politiken der EU: Art. 2, 6 Abs. 2 EUV, auch Art. 2, 3 und 6 EGV)[276], brauchen den "europäischen Juristen" im gekennzeichneten Sinne. In gemeineuropäischer Hermeneutik, aber auch in Respekt vor dem je national Gewachsenen (z.B. die Bedeutungsfülle des Begriffs laizistische "Republik" in Frankreich, die Rolle der Regionen Spaniens, des Parlaments und des Common Law in England) muss die offene Gesellschaft der Verfassungsinterpreten in Europa um diese Prinzipien ringen. Das oft zitierte "europäische Haus" behält viele nationale Wohnungen, der Begriff "postnational" oder "transnational" wird dem nicht gerecht. Aber es sind die verfassten Völker bzw. ihre Bürger, von denen das sich einende, aber vielgliedrig bleibende Europa zu denken ist. Der Präambelentwurf der Grundrechte-Charta sagt unter Ziff. 3: "Die Union trägt zur Entwicklung dieser gemeinsamen Werte unter Achtung der Vielfalt der Kulturen und Traditionen der Völker Europas wie der nationalen Identität der Mitgliedsstaaten ... auf nationaler, regionaler und lokaler Ebene bei ...". Auch darin kommt zum Ausdruck, dass die EU kein bloßes (ökonomisches) Zweckbündnis von Nationalstaaten ist, sondern eine Grundrechts-, Rechts- und Wertegemeinschaft[277].

d) Die "Causa Österreich"

Das Europa der EU hat, und hier wird "vermintes Gelände" betreten, m.E. in der Causa Österreich europäisches Verfassungsrecht verletzt. Der sog. "bilaterale", aber in Wahrheit kollektive Boykott der 14 umging den positivrechtlichen Sanktionsmechanismus der Art. 6 und 7 EUV. Es gab kein rechtsstaatliches faires Verfahren vorheriger Anhörung Österreichs; verletzt wurde der präföderale Gedanke der Rücksichtnahme,

---

274 Dazu aus der Lit.: *M. Zuleeg*, Das Subsidiaritätsprinzip im Europarecht, in: Mélanges en hommage à F. Schockweiler, 1999, S. 635 ff.; *W. Kahl*, Möglichkeiten und Grenzen des Subsidiaritätsprinzips nach Art. 3 b EG-Vertrag, AöR 118 (1993), S. 414 ff.; *H. Lecheler*, Das Subsidiaritätsprinzip, 1993; *P. Häberle*, Das Prinzip der Subsidiarität aus der Sicht der vergleichenden Verfassungslehre, AöR 119 (1994), S. 169 ff. – Vgl. auch den katalanischen Präsidenten *J. Pujol*, FAZ vom 29. April 1999, S. 14, der den Regionalismus in Gefahr sieht: "Ich habe folgende Idee von Europa: Die Staaten wird es zwar immer geben, doch sie werden zunehmend Kompetenzen nach oben an Brüssel sowie nach unten an die Regionen abgeben". – Bemerkenswert ist der Abschluss einer Partnerschaft zwischen Hessen und einer polnischen Wojewodschaft (FAZ vom 7. Dez. 2000, S. 6), weil hier eine Regionalpartnerschaft auf der unteren Ebene den geplanten und dann geglückten Beitritt Polens zur EU (2004) pionierhaft z.T. vorweg nimmt.
275 Dazu aus Anlass des EuGH-Urteils zum Verbot der Tabakwerbung: *H.-P. Schneider*, Grenzen der Rechtsangleichung, FAZ vom 16. Okt. 2000, S. 12.
276 Dazu *P. Häberle*, Gibt es ein europäisches Gemeinwohl?, FS Steinberger, 2001, S. 1153 ff.
277 Zum "Beitrag des Rechts zur Entwicklung eines europäischen Wertsystems": *R. Bieber*, Solidarität und Loyalität durch Recht, 1997.

der als "Bundestreue" in Föderal- wie Regionalstaaten europaweit anerkannt ist[278]. Mehr als entlarvend ist die öffentliche Entgegennahme des Berichts der "Drei Weisen" durch den damaligen französischen EU-Ratsvorsitzenden *J. Chirac* im Herbst 2000. Einen Vorteil hatte freilich dieses vertragsverletzende "Verfahren": Erkennbar wurde eine europäische Skandalöffentlichkeit, das Bewusstsein für die in Art. 6 EUV normierten "europäischen Grundwerte" sensibilisierte sich, wobei freilich anzumerken bleibt, dass auch die auf demokratischen Wahlen beruhende Regierungsbildung als Selbstbestimmung eines Volkes ein "Grundrecht der Demokratie" (vgl. Art. 6 Abs. 1 EUV) ist[279]. In eigenartiger, fast *Hegel*scher Dialektik hat die "Causa Österreich" ein Stück "europäisches Bewusstsein" herausgebildet, wie es Art. 191 EGV den politischen Parteien aufträgt.

e) Der europäische Jurist: Ausbildung und Bildung

Ein letztes Wort gelte dem europäischen Juristen als Ausbildungs- und Bildungsproblem. Hier sind zunächst die nationalen Universitäten bzw. Wissenschaftlergemeinschaften gefordert. In überschaubaren Seminaren und Doktorandenkursen müssen sie gezielte Nachwuchspflege betreiben. Der amerikanische Komponist *L. Bernstein* sprach in Bezug auf die Ausbildung von Dirigenten sogar einmal von "Stammbäumen" – er benannte etwa *Kusevickiy* als seinen Lehrer. Man darf dies auf die nationale bzw. wiederentstehende Europäische Rechtswissenschaft übertragen. Es gibt einen "kulturellen Generationenvertrag" zwischen Lehrenden und Lernenden, Meistern und Schülern – in der Kunst wie in der Wissenschaft. Mögen "Schulen", besonders in der Staatsrechtswissenschaft nur erträglich sein, wenn sie mit glaubwürdiger, persönlicher Toleranz vor allem in der Lehre verknüpft sind: unverzichtbar bleibt das wissenschaftliche Vorbild. Erasmus- und ähnliche Programme bieten hier große Chancen (vielleicht sogar private Law Schools wie die neue Bucerius Law School in Hamburg oder ein Verbund europäischer Spitzenuniversitäten, Stichwort: "Campus Europa"[280]), aber auch bilaterale Part-

---

278 Aus der Lit.: *A. Alen/P. Peeters/W. Pas*, "Bundestreue" im belgischen Verfassungsrecht, JöR 42 (1994), S. 439 ff.; *A. Anzon*, La Bundestreue e il sistema federale tedesco: un modello per la riforme del Regionlismo in Italia?, 1995; *M. Lück*, Die Gemeinschaftstreue als allgemeines Rechtsprinzip im Recht der Europäischen Gemeinschaft, 1991; *J. Woelk*, Konfliktregelung und Kooperation im italienischen und deutschen Verfassungsrecht, 1999.

279 Aus der Lit.: *G. Winkler*, Europa quo vadis?, ZÖR 55 (2000), S. 231 ff.; *F. Schorkopf*, Verletzt Österreich die Homogenität in der EU?, DVBl. 2000, S. 1036 ff. sowie der Diskussionsbeitrag des Verf. auf der Leipziger Staatsrechtslehrertagung (2000), VVDStRL 60 (2001), S. 404 f. Der Bericht der "Drei Weisen" ist abgedruckt in EuGRZ 2000, S. 404 ff.

280 Dazu *M. Spiewak*, Campus Europa, Der Währungsunion folgt die Wissensgemeinschaft: Ein Verbund europäischer Spitzenuniversitäten soll den amerikanischen Eliteuniversitäten Paroli bieten, Die Zeit vom 29. Juni 2000, S. 31. Vgl. auch *H. Küster*, Ortskenntnis, Die europäische Elite braucht ein Navigationssystem, FAZ vom 26. April 2000, S. 53, mit der Forderung, die Europawissenschaften müssten sich auch mit *Platon* und *Vergil*, *Shakespeare*, *Molière*, *Goethe* und *Tolstoj* befassen, da Europas Stärke seine geographische und kulturelle Vielfalt sei. Zu diesem kulturwissenschaftlichen Ansatz: *P. Häberle*, Europäische Rechtskultur, 1994, S. 324 und passim.

nerschaften[281], wie es z.B. im Dreiecksprojekt Saarbrücken/Lille/Warwick für ein europäisches Jurastudium besteht. Der 2001 in Nürnberg (2005 in Genf) durchgeführte "Europäische Juristentag" ist ein Hoffnungszeichen. Und wie gerne wünschten wir Spanien, dass es heute das Problem des Terrors der Eta lösen kann, so wie ihm vor mehr als 25 Jahren die Phase der "transicion" so vorbildlich geglückt ist – hier sind wir freilich an einer Grenze dessen, was die Rechtswissenschaft, auch als europäische, leisten kann. Die Auszeichnung des spanischen Jakobswegs als "erster Kulturstrasse Europas" deutet auf ein kulturelles Verständnis dieses Europa und in ihm Spaniens. Im Grunde ist den "europäischen Juristen"[282] eine Karriere im Geist des Schengener Abkommens zu wünschen, wie sie manche Künstler schon im 16. Jahrhundert hatten, etwa ein *Johann Liss* (mit den Stationen Oldenburg/Antwerpen/Paris/Venedig/Rom/Verona)[283] oder *G.W. Leibniz* mit seinen "Brieffreundschaften für Europa"[284].

J. Ortega y Gasset schrieb schon 1929: "Machten wir heute eine Bilanz unseres geistigen Besitzes ..., so würde sich herausstellen, dass das meiste davon nicht unserem jeweiligen Vaterland, sondern dem gemeinsamen europäischen Fundus entstammt. In uns allen überwiegt der Europäer bei weitem den Deutschen, Spanier, Franzosen." Macht man sich dies bewusst, so wird Europa eine "Seele" gegeben, wie dies *J. Delors* verlangt hat.

C. Europäische Öffentlichkeit

I. Problemstellung

Gibt es eine europäische Öffentlichkeit?, eine Frage, der die anderen bekannten und ebenso umstrittenen parallel geschaltet sind: "Gibt es schon eine europäische Verfassung?"[285] – m.E. gibt es ein Ensemble von *Teil*verfassungen im materiellen Sinne (in

---

281 Vgl. die Fragestellung von O. Beaud/E.V. Heyen (Hrsg.), Eine deutsch-französische Rechtswissenschaft?, 1999. Bemerkenswert auch A. Mazzacane/R. Schulze (Hrsg.), Die deutsche und die italienische Rechtskultur im "Zeitalter der Vergleichung", 1995.
282 Zu Juristischen Ausbildungszeitschriften in Europa gleichnamig mein Beitrag in: ZEuP 2000, S. 263 ff.
283 Dazu *R. Klessmann*, Johann Liss, 1999.
284 Vgl. *G.W. Leibniz*, Sämtliche Schriften und Briefe, Bd. 15, 1998.
285 Vgl. *D. Grimm*, Braucht Europa eine Verfassung?, 1995, bes. S. 44: "Der europäischen Politikebene fehlt die Öffentlichkeitsentsprechung". S. aber auch *G.C. Rodriguez Iglesias*, Zur "Verfassung" der Europäischen Gemeinschaft, EuGRZ 1996, S. 125 ff.; *ders.*, Gedanken zum Entstehen einer Europäischen Rechtsordnung, NJW 1999, S. 1 ff.; *A. von Bogdandy/M. Nettesheim*, Die Europäische Union: Ein einheitlicher Verband mit eigener Rechtsordnung, EuR 1996, S. 3 ff.; *I. Pernice*, Die Dritte Gewalt im europäischen Verfassungsverbund, EuR 1996, S. 27 ff.; *T. Schilling*, Die Verfassung Europas, in: Staatswissenschaften und Staatspraxis 1996, S. 387 ff.; *P.M. Huber*, Differenzierte Integration und Flexibilität als neues Ordnungsmuster der Europäischen Union?, EuR 1996, S. 347 ff.; R. Hrbek (Hrsg.), Die Reform der Europäischen Union, 1997; S. Magiera/H. Siedentopf (Hrsg.), Die Zukunft der Europäischen Union, 1997; *H. Heberlein*, Regierungskonferenz 1996: Eine Neue Verfassung für die Europäische Union? (Tagungsbericht), BayVBl. 1997, S. 78 ff.; *K. Hasselbach*, Maastricht II: Ergebnisse der Regierungskonferenz zur Reform der EU,

EMRK-Prinzipien und EuGH-Prätorik greifbar[286]) – oder die andere Frage: "Gibt es bereits europäische Staatlichkeit?" – vom deutschen BVerfG im Maastrichturteil (E 89, 155) durch die Formel vom "Staatenverbund" eher verdeckt als erhellt. M.E. gibt es schon heute Strukturelemente "europäischer Verfassungsstaatlichkeit"[287]: Sie werden in der Unionsbürgerschaft (Art. 17 EGV), im europäischen Kommunalwahlrecht (Art. 19) sowie im Petitionsrecht (Art. 21) ebenso wirklich wie im europäischen Ombudsmann (Art. 195) – der seinerseits kürzlich "Transparenz" forderte[288] –, im schrittweise erstarkenden Europäischen Parlament ebenso wie in der in die Einzelstaaten der EU "durchschlagenden" Judikatur der beiden europäischen "Verfassungsgerichte", des EuGH in Luxemburg und des EGMR (für die EMRK) in Straßburg[289]. Schließlich sind die Mitgliedsländer der EU einander nicht mehr "Ausland". Sie bilden schon ein Stück *Inland* und sind in einem tiefen Sinne "Freundesland" – nicht nur "Schengen" macht dies für den Europabürger erlebbar. Mit Recht wird getadelt, dass Deutschland im Gegensatz zu anderen EU-Ländern Europa noch nicht als "Dritte Dimension der Innenpolitik" begriffen habe[290].

II. Öffentlichkeit – verfassungsstaatliche Öffentlichkeit

1. Der Begriff der Öffentlichkeit

Öffentlichkeit ist der erste Begriff dieses Themas, der einer "Einkreisung" bedarf. Wissenschaftlich haben ihn die beiden Staatsrechtslehrer R. *Smend* (1955) und K. *Hesse* (1958) sowie J. *Habermas* (1967) Schritt für Schritt erschlossen[291]. Der Verf. hat 1969

BayVBl. 1997, S. 454 ff.; P. *Häberle*, Europäische Verfassungslehre in Einzelstudien, 1999; W. *Hertel*, Supranationalität als Verfassungsprinzip, 1999; R. *Steinberg*, GG und Europäische Verfassung, ZRP 1999, S. 365 ff. S. noch unten Anm. 338.

[286] Dazu mein Beitrag "Gemeineuropäisches Verfassungsrecht", in: R. Bieber/P. Widmer, (éd.), Der europäische Verfassungsraum, 1995, S. 361 ff. S. noch oben Erster Teil B. II.

[287] Dazu mein Beitrag: Die europäische Verfassungsstaatlichkeit, KritV 1995, S. 298 ff. S. auch *M. Stolleis*, Das "europäische Haus" und seine Verfassung, KritV 1995, S. 275 ff. – Überhaupt wird es erforderlich, sich die *älteren* Europakonzeptionen zu vergegenwärtigen; dazu etwa K. *Stüwe*, Europas Einigung als Idee – William Penn und das Projekt der Europäischen Union, in: Der Staat 38 (1999), S. 359 ff.

[288] Darum war es zutiefst fragwürdig, dass der Europäische Ministerrat den "Tag der offenen Tür" der Institutionen der EU im Mai 1999 absagte (dazu FAZ vom 8. Mai 1999, S. 7). Die "gläserne" EU-Kommission, d.h. die Offenlegung der Vermögensverhältnisse und bisherigen Tätigkeiten der 20 designierten EU-Kommissare (Nordbayerischer Kurier vom 28./29. August 1999) war demgegenüber erfreulich.

[289] G.C. *Rodriguez Iglesias*, Der Gerichtshof der Europäischen Gemeinschaften als Verfassungsgericht, EuR 1992, S. 225 ff.; K.W. *Weidmann*, Der Europäische Gerichtshof für Menschenrechte auf dem Weg zu einem europäischen Verfassungsgerichtshof, 1985. Siehe noch unten Dritter Teil H. II.

[290] Dazu C. *Wernicke*, So wird Europa gemacht, in: Die Zeit vom 5. August 1999, S. 37.

[291] R. *Smend*, Das Problem des Öffentlichen und der Öffentlichkeit, in: Ged.-Schrift für W. Jellinek, 1955, S. 13 ff.; K. *Hesse*, Die verfassungsrechtliche Stellung der politischen Parteien im modernen Staat, VVDStRL 17 (1959), S. 11 (42 ff.).

den – alteuropäischen – Zusammenhang von "Öffentlichkeit und Verfassung" gewagt[292] und dies später zur These von der "Verfassung als öffentlicher Prozess" (1978) erweitert. In Orientierung am positiven Verfassungsrecht sei zwischen *Parlaments-, Regierungs-* und *Verwaltungs*öffentlichkeit sowie *Gerichts*öffentlichkeit mit jeweiligen Ausnahmetatbeständen des Nichtöffentlichen unterschieden. Die gemäß der klassischen Gewaltenteilungslehre drei staatlichen Funktionen haben im Verfassungsstaat eine spezifische, freilich unterschiedliche Beziehung zum Öffentlichen. Dieser Verfassungsstaat – "res publica/res populi" im *Ciceronischen* Sinne – soll sich grundsätzlich öffentlich legitimieren, d.h. verantworten. Klassikertexte von *G. Heinemann* (Öffentlichkeit als "Sauerstoff der Demokratie") bis *M. Walser* (die öffentliche Meinung sei "Quellgebiet unserer Demokratie"[293]) begleiten dieses Postulat, wobei wir an den "anderen Schwaben" *Hegel* erinnern sollten, der sagte, in der öffentlichen Meinung sei "alles Wahre und Falsche zugleich". Dieses Öffentlichkeitsdenken setzt sich vom absolutistischen Arcanstaat ebenso ab wie von totalitären Staaten von rechts und links, die die Öffentlichkeit "verstaatlichen" bzw. manipulieren und gerade nicht *pluralistisch* verfassen. Für den deutschen Verfassungsstaat sei an Art. 42 Abs. 1 GG erinnert ("Der Bundestag verhandelt öffentlich"), auch an die Paulskirchenverfassung von 1849 (§ 178 Abs. 1: "Das Gerichtsverfahren soll öffentlich und mündlich sein"). Die Verfassung Spanien (1978) verdichtet textstufenhaft dogmatische Erkenntnisse in dem Grundsatz von der "Publizität der Normen" (Art. 9 Abs. 3), und das immer häufiger zu findende Umweltinformationsrecht (z.B. Art. 39 Abs. 7 Verf. Brandenburg von 1992) treibt ein Stück Öffentlichkeit in den Verwaltungsbereich vor, ebenso wie der "Ombudsmann" vieler europäischer Verfassungsstaaten Öffentlichkeit herstellt – von Skandinavien bis nach Südosteuropa, von Portugal bis Polen.

2. Verfassungstheoretische Strukturierung des Öffentlichkeitsbegriffs

Nach dieser Sichtung öffentlichkeitsbezogener Tatbestände, die um die gemeinwohlbezogenen ergänzt werden müssten[294], bedarf es der *verfassungstheoretischen Strukturierung*. Im Verfassungsstaat – und von ihm ist hier zunächst auszugehen, erst später lässt sich der "Verbund" in Europa im Blick auf die europäische Öffentlichkeit darstellen –, im Verfassungsstaat gibt es eine *"republikanische Bereichstrias"*. Danach ist zwischen dem im engeren Sinne staatlichen Bereich der verfassten Staatsorgane, also den drei Gewalten, zwischen dem gesellschaftlich-öffentlichen Bereich und dem privaten zu unterscheiden – bei allen Wechselwirkungen. Der gesellschaftlich-öffentliche Bereich

---

292 Öffentlichkeit und Verfassung, ZfP 1969, S. 273 ff., wieder abgedruckt in: Verfassung als öffentlicher Prozess, 3. Aufl. 1998, S. 225 ff. Aus der verfassungsrechtlichen Öffentlichkeitsliteratur: *W. Martens*, Öffentlichkeit als Rechtsbegriff, 1969; *A. Rinken*, Das Öffentliche als verfassungstheoretisches Problem, 1971; *M. Kloepfer*, Öffentliche Meinung, Massenmedien, HdBStR Bd. II, 1987, S. 171 ff; *C. Franzius / U. K. Preuß* (Hrsg.), Europäische Öffentlichkeit, 2004; *C. v. Coelln*, Zur Medienöffentlichkeit der Dritten Gewalt, 2005.

293 So im Fernsehen aus Anlass seines 70. Geburtstags, ARD-Sendung vom 23. März 1997, 23 Uhr.

294 Dazu *P. Häberle*, Öffentliches Interesse als juristisches Problem, 1970, passim, bes. S. 32 ff.; zuletzt *ders.*, Europäische Rechtskultur, 1994 (Suhrkamp-Taschenbuch, 1997), S. 323 ff

wirkt "zwischen" Staat und Privat und präsentiert sich z.B. als Parteienöffentlichkeit (angedeutet in Art. 21 Abs. 1 S. 4 GG: öffentliche Rechenschaftslegungspflicht der Parteien, in der CDU-Parteispendenaffäre von 1999 wohl schmerzlich verletzt), Verbands- und Kirchenöffentlichkeit und nicht zuletzt als Medienöffentlichkeit. Zum Teil sind diese Felder grundrechtlich abgesichert. Die französische Lehre kennt den schönen Begriff der "libertés publiques", auch Spaniens Verfassung spricht von "öffentlichen Freiheiten" (Titel I, Kap. 2, Abschnitt 1). Wenn Art. 19 Verf. Italien jedem garantiert, die Glaubensfreiheit "privat oder öffentlich auszuüben", oder Art. 23 Abs. 1 Verf. Spanien bestimmt: "Die Bürger haben das Recht, an den öffentlichen Angelegenheiten direkt oder durch Vertreter, die in periodischen allgemeinen Wahlen frei gewählt werden, teilzunehmen" ("status activus publicus"), so zeigt sich hier die ganze Dynamik des Öffentlichen von der Freiheit des Bürgers her – sein schöpferisches Tun und Handeln trägt letztlich den Verfassungsstaat. Ermutigend wirken die Konsequenzen, die der EGMR im Fall D. Matthews aus Art. 3 des 1. Zusatzprotokolls zur EMRK gezogen hat[295]. Das setzt aber auch die Garantie des dritten Bereichs voraus: des *Privaten* bzw. der *privaten Freiheit*. In vielen Grundrechten und in unterschiedlichen Textvarianten garantiert, sind die privaten Schutzzonen ein Stück negativer Freiheit gegen den Staat: vom "Ohne-Mich Standpunkt" bis zur (gewaltfreien) Kritik und Opposition. Gleichwohl wird Privatheit *nicht nur* um ihrer selbst willen gesichert. Sie ist mittelbarer Schutz *pluralistischer Öffentlichkeit* – diese ist besonders dringlich im Medienbereich und wird durch die Pluralismus-Judikatur des BVerfG zu Fernsehen und Rundfunk (BVerfGE 12, 205, zuletzt E 74, 297; 90, 60; 91, 125) mit den Stichworten "Binnenpluralismus" und "Außenpluralismus" unterstützt. Von den "Bastionen" privater Freiheit aus können die Bürger z.B. via öffentliche Versammlungs- und Demonstrationsfreiheit umso produktivere Beiträge zum öffentlichen Diskurs im politischen Gemeinwesen leisten und ihre Gerechtigkeits- und Gemeinwohlvorstellungen artikulieren.

3. Öffentlichkeit als "Bereichs"- und als "Wert"-Begriff

Damit wird der Weg frei zu folgender Erkenntnis: Öffentlich ist zum einen ein *Bereichs-Begriff*. Er deutet auf gesellschaftliche Felder der Wirtschaft, Wissenschaft, Kunst und auch Politik, die die ganze res publica in unterschiedliche Arbeits- und Funktionsgebiete aufgliedern. Beteiligte sind Parteien, Verbände, Gewerkschaften und Unternehmen, Kirchen, Medien, und sie agieren, grundrechtlich gesichert, im Interessenwettstreit. Auch der "Markt"[296] ist ein solches gesellschaftlich-öffentliches Teilfeld – freilich nicht das Maß aller Dinge und schon gar nicht das Maß des Menschen! Im Verfassungsstaat steht das Öffentliche im Spannungsbogen der erwähnten "republikani-

---

295 Urteil vom 18. Februar 1999, EuGRZ 1999, S. 200 ff.; hierzu vgl. *G. Ress*, Das Europäische Parlament als Gesetzgeber. Der Blickpunkt der Europäischen Menschenrechtskonvention, ZEuS 1999, S. 219 ff.
296 Zum Versuch einer Verfassungtheorie des Marktes mein Beitrag: Soziale Marktwirtschaft als "Dritter Weg", ZRP 1993, S. 383 ff. Aus der italienischen Lit.: *L. Cassetti*, La cultura del mercato fra interpretazioni delle Costituzione e principi Comunitario, 1997.

schen Bereichstrias" zwischen Staat und Privat, aber es ist mehr als bloßes "Zwischenglied".

Zum anderen ist Öffentlichkeit ein *Wert-Begriff*: In ihm liegen Inhalte, die in der Gedankenkette "res publica", "Republik", "res" bzw. "salus publica", "öffentliche Freiheit" auf den Begriff gebracht sind. Öffentliche Freiheitsausübung dient auch der Suche nach der salus publica, im Verfassungsstaat geschieht dies in pluralistischen Verfahren; "Republik" meint mehr als bloß "Nichtmonarchie" (*G. Jellinek*): Sie nimmt Bezug auf die Sinnfülle der Gemeinwohlverpflichtung allen staatlichen Handelns dank öffentlicher Freiheiten. Wenn man die öffentliche Meinung gerne als "vierte Gewalt" apostrophiert, dann kommt darin richtig ihr hoher Rang zum Ausdruck. Doch ist sie keine "Gewalt", sie bedarf vielmehr der vom Verfassungsstaat geschaffenen und in Geltung gehaltenen, durch sein Gewaltmonopol gesicherten Rahmenbedingungen, die Voraussetzung für pluralistische Demokratie sind. So ist das Öffentliche in der Tiefe mit den Grundwerten des Verfassungsstaates wie Menschenwürde als kulturanthropologischer Prämisse und Demokratie als organisatorischer Konsequenz verbunden, auch mit der ewigen Suche nach Wahrheit i.S. der Klassikertexte von *G.E. Lessing* bis *W. von Humboldt* – die "Wahrheitskommissionen" in San Salvador und im Südafrika *N. Mandelas*, zuletzt in Guatemala, stellen eine ermutigende Innovation dar[297]. Das Öffentliche ist Voraussetzung für die schwierige Annäherung an die Gerechtigkeit (etwa in den due process-Garantien) und die vorläufige Erarbeitung des Gemeinwohls (beispielhaft etwa die Vernehmlassungsverfahren der Schweiz). Nicht vergessen sei die Dimension des Verfassungsstaates als "Kulturstaat". In Deutschland seit *Fichte* ein Begriff – die Grundlegung verdanken wir *Ciceros* "Kultur"[298] –, in Bundesstaaten wie der Schweiz und Deutschland als "Kulturföderalismus" höchst lebendig, auf der Europaebene in der allgemeinen Kulturklausel des Art. 151 EGV und in speziellen der Art. 149 und 150 ebd. "im Werden", sind die vielfältigen Kulturaufgaben des Verfassungsstaates und die sie bedingenden kulturellen Freiheiten der Bürger als Inhalte des Öffentlichen einschlägig.

4. Defizite und Gefahren des Öffentlichkeitsdenkens

Das lenkt aber auch den Blick auf *Defizite und Gefahren*. Es gibt z.B. "Scheinöffentlichkeit", die mit dem werthaften Öffentlichen, jenem Stück unverzichtbarem Idealismus und "Öffentlichkeitsoptimismus" des Verfassungsstaates nichts zu tun hat, gleichwohl aber garantiert ist und der man heute nur zu oft begegnet: man denke an die Scheinöffentlichkeit von gewissen Talk-Shows, in denen die bloße Summierung von Privat-Intimem als Quantität nicht zur Qualität des verfassungsstaatlich Öffentlichen umschlagen will. Man denke an Öffentlichkeitsdefizite, die durch Konzentrationsvorgänge des privaten Fernsehens drohen. Man denke insgesamt an alle "Marktvorgänge",

---

[297] Dazu *P. Häberle*, Wahrheitsprobleme im Verfassungsstaat, 1995, S. 20 f.; *F. Venter*, Die verfassungsmäßige Überprüfung der Rechtsgrundlagen von Südafrikas "Truth and Reconciliation Commission", ZaöRV 57 (1997), S. 147 ff.

[298] Vgl. *J. Niedermann*, Kultur, Werden und Wandlungen des Begriffs und seiner Ersatzbegriffe von Cicero bis Herder, 1941; *A. Pizzorusso*, Il patrimonio costituzionale ..., 2002.

die zu reinen Machtprozessen degenerieren und das Inhaltlich-Öffentliche durch einen neuen Ökonomismus, ja postmarxistischen Materialismus ausgerechnet nach dem "annus mirabilis" 1989 gefährden. Hier ist der Verfassungsstaat gefordert, z.B. in Sachen Medienerziehung, Quotenregelungen, pluralistische Strukturierung der Massenmedien und deren Begrenzung im Interesse gemeineuropäischer Kulturwerte wie Jugendschutz, Gewaltverbot etc.

*III. Europäische Öffentlichkeit – Entwicklungschancen,
Wachstumsbedingungen, Defizite,
Gefährdungen und Grenzen*

*1. Die Rolle der Öffentlichkeit in der europäischen
Verfassungsgemeinschaft*

Wie erkennbar, wurden die bisherigen Überlegungen auf dem Forum des demokratischen Verfassungsstaates als Typus entfaltet. Die Öffentlichkeit ist eines seiner Strukturelemente, sie ist mehr als bloßes "Medium" oder "Resonanzboden". Verfassung und Öffentlichkeit gehören – historisch und vergleichend belegbar – im Innersten zusammen, was freilich immer wieder gefährdet ist, bis heute. Von diesem relativ gesicherten Forum der verfassungsstaatlichen Öffentlichkeit aus wird es im nächsten Teil dringlich, nach der "*europäischen*" Öffentlichkeit zu fragen. Welches sind ihre Entwicklungschancen und -bedingungen, wo gibt es Gefährdungen (etwa vom "Markt" her), wo sehen wir Defizite und Grenzen (etwa angesichts der Weltöffentlichkeit bzw. der globalen Informationsgesellschaft)? In manchem können wir von der verfassungsstaatlichen Öffentlichkeit lernen, zumal Europa im engeren und weiteren Sinne ein unterschiedlich intensiver "Verbund" von *Verfassungs*staaten ist: eine "Verfassungsgemeinschaft" sui generis, die sich in "Verfassungsverträgen" weiterentwickelt und vom herkömmlichen, vor allem deutschen Staatlichkeitsdenken lösen sollte. Die nationalen Verfassungen, auch das GG, schrumpfen zu Teilverfassungen[299].

2. Texte zur europäischen Öffentlichkeit

Beginnen wir mit einer *europäischen Bereichs-Analyse*, genauer mit einer sauberen Textexegese: Im EG-Vertrag nach Maastricht bzw. Amsterdam setzen folgende Artikel europäische Öffentlichkeit voraus bzw. schaffen sie mit: Art. 191 ("Politische Parteien auf europäischer Ebene sind wichtig als Faktor der Integration in der Union. Sie tragen dazu bei, ein europäisches Bewusstsein herauszubilden und den politischen Willen der Bürger der Union zum Ausdruck zu bringen")[300]. Art. 199 und 200 (Öffentlichkeit des

---

299 Dies ist eine These meines Beitrags: Das Grundgesetz als Teilverfassung im Kontext von EU/EGV, FS Schiedermair, 2001, S. 81 ff. S. auch den Band: Europäische Verfassungslehre in Einzelstudien, 1999, bes. S. 108.
300 Dazu *D. Tsatsos*, Europäische politische Parteien?, Erste Überlegungen zur Auslegung des Parteienartikels des Maastrichter Vertrages – Art. 138 a EGV, EuGRZ 1994, S. 45 ff.; *Tsatsos-de Vigo-*

europäischen Parlaments), Art. 122 Abs. 2 (Öffentliche Stellung der Schlussanträge des Generalanwalts), Art. 248 Abs. 4 (Veröffentlichung des Jahresberichts des Rechnungshofes)[301]. Öffentlichkeitsbezogen ist auch die Tätigkeit des Bürgerbeauftragten (Art. 195) und die des EuGH. Die Öffentlichkeit mitgedacht wird in Art. 1 Abs. 2 EUV I ("Union der Völker Europas ..., in der die Entscheidungen möglichst bürgernah getroffen werden")[302] und Art. 6 EUV[303] ("nationale Identität ihrer Mitgliedstaaten, sowie Menschenrechte und Grundfreiheiten als "gemeinsame Verfassungsüberlieferungen der Mitgliedsstaaten als allgemeine Grundsätze des Gemeinschaftsrechts"), denn "europäisches Bewusstsein", Bürgernähe, Demokratie, Grund- und Menschenrechte sind ohne die skizzierte verfassungsstaatliche Öffentlichkeit nicht zu denken.

Das Zwischenergebnis lautet: Dem normativen Anspruch der Maastricht- und Amsterdam-Texte nach wird Öffentlichkeit in Europa teils ausdrücklich, teils immanent garantiert bzw. vorausgesetzt. Auch die EMRK als Kernstück des Europaverfassungsrechts im weiteren Sinne ist ergiebig (vgl. die Präambel: mit den Bezugnahmen auf die Demokratie, das "gemeinsame Erbe an politischen Überlieferungen", aber auch Art. 6 Abs. 1: Anspruch auf öffentliches Gehör vor Gericht, öffentliche Verkündigung des Urteils, Art. 9: öffentliche Religionsausübung[304]). Im Europäischen Kulturabkommen von 1954[305], das viel Kulturverfassungsrecht im Europa von heute vorweggenommen hat[306], wird im Grunde eine europäische Öffentlichkeit vorausgesetzt, insofern von "eu-

---

Bericht über die konstitutionelle Stellung der Europäischen Politischen Parteien, EuGRZ 1997, S. 78 ff.; *B. Fayot*, Europäische Parteien ..., FS Tsatsos, 2003, S. 112 ff.

301 S. jüngst den öffentlichen Streit um den Bericht des Europäischen Rechnungshofes und das Interview mit dessen deutschem Mitglied *B. Friedmann*: "Mehr als 5 Prozent der Ausgaben sind nicht in Ordnung" (FAZ vom 12. Nov. 1999, S. 13).

302 Aus der Lit. etwa: *H.-J. Blanke/M. Kuschnick*, Bürgernähe und Effizienz als Regulatoren des Widerstreits zwischen Erweiterung und Vertiefung der Europäischen Union, DÖV 1997, S. 45 ff.; *U. Becker*, EU-Erweiterung und differenzierte Integration, 1999; D. Tsatsos (Hrsg.), Verstärkte Zusammenarbeit, 1999. – *J. Ch. Wichard*, in: Ch. Calliess/M. Ruffert (Hrsg.), Kommentar zu EU-Vertrag und EG-Vertrag, 1999, Art. 205 EGV, Rn. 10: Tagungen des Rates sind nicht öffentlich (vgl. auch Art. 4 Abs. 1 GO Rat), ihre Inhalte sind grundsätzlich geheim zu halten (Art. 5 Abs. 1 GO Rat); *ders.*, in: ebd., Art. 207 EGV, Rn. 11: Zugang der Öffentlichkeit zu den Ratsdokumenten; *B. Wegener*, in: ebd., Art. 255 EGV, Rn. 1 ff.: allgemein zum Öffentlichkeitsprinzip.

303 Art. 6 EUV ist eine – kulturwissenschaftlich zu begreifende – relativierte Neufassung der alten "Souveränität".

304 Zu Art. 6 EMRK: *J.A. Frowein/W. Peukert*, Europäische Menschenrechtskonvention, 2. Aufl. 1996, S. 244 ff.; *M. Ende*, Die Bedeutung des Art. 6 Abs. 1 EMRK für den gemeineuropäischen Grundrechtsschutz, KritV 1996, S. 371 ff. Allgemein: F.K. Kreuzer u.a. (Hrsg.), Europäischer Grundrechtsschutz, 1998; *K. Grupp/U. Stelkens*, Zur Berücksichtigung ..., DVBl 2005, S. 133 ff.

305 Zit. nach F. Berber (Hrsg.), Völkerrecht, Dokumentensammlung Bd. I 1967, S. 1330 ff.

306 Dazu mein Beitrag: Europa in kulturverfassungsrechtlicher Perspektive, JöR 32 (1983), S. 9 ff. Aus der verfassungsrechtlichen Grundsatzliteratur: die Beiträge in P. Häberle (Hrsg.), Kulturstaatlichkeit und Kulturverfassungsrecht, 1982; *W. Maihofer*, Kulturelle Aufgaben des modernen Staates, HdBVerfR 2. Aufl. 1994, S. 1201 ff.; *U. Steiner/D. Grimm*, Kulturauftrag im staatlichen Gemeinwesen, VVDStRL 42 (1984), S. 7 ff. bzw. 46 ff.; *M.-E. Geis*, Kulturstaat und kulturelle Freiheit. Eine Untersuchung des Kulturstaatskonzepts von E.R. Huber, 1990; *P. Häberle*, Kulturverfassungsrecht im Bundesstaat, 1980; *ders.*, Kulturhoheit im Bundesstaat – Entwicklungen und Perspektiven, in: 50 Jahre Herrenchiemseer Verfassungskonvent, 1999, S. 55 ff. – Aus der im engeren

ropäischer Kultur", ihrer Wahrung und Entwicklung die Rede ist (Präambel), und geschaffen, insofern die Bewegungsfreiheit und der Austausch von Personen und Kulturgütern (Art. 4) sowie die Erleichterung des Zugangs zum gemeinsamen kulturellen Erbe gefordert werden.

Bei all dem formen die bekannten Elemente der "europäischen Rechtskultur" die europäische Öffentlichkeit mit: dazu gehören die Geschichtlichkeit des von Rom herkommenden Rechts, die Wissenschaftlichkeit des Rechts (die Kunst der juristischen Dogmatik), die Unabhängigkeit der Rechtsprechung samt dem rechtlichen Gehör, insgesamt die Gewaltenteilung (bei allen nationalen Varianten), und die weltanschaulich-konfessionelle Neutralität mit der Religionsfreiheit als Menschenrecht[307], auf EU-Ebene durch den Fall "Prais" des EuGH (1977) gesichert.

3. Die europäischen Öffentlichkeit im Spiegel der Wirklichkeit

Die Gretchenfrage lautet indes: Entspricht diese in den Texten gedachte europäische Öffentlichkeit einer *Wirklichkeit*, der Wirklichkeit in Europa? Oder bleibt sie rudimentär, höchst punktuell, "launisch" oder schattenhaft – so wie man bestreitet, dass es ein europäisches Volk oder einen europäischen Staat und eine europäische Demokratie gibt (*D. Grimm*)[308]? M.E. ist auch in Gesamteuropa zum einen *bereichsspezifisch* und zum anderen *wertorientiert* vorzugehen. Die europäische Öffentlichkeit hat dabei teils schärfere, teils schwächere Konturen und Inhalte, und auch die Beteiligten sind vom Europäischen Parlament über die Parteien bis hin zu Wirtschaftsverbänden, den Kirchen und den in Wissenschaften und Künsten Schaffenden bzw. Nachschaffenden sowie den Medien höchst unterschiedlich in Sachen europäische Öffentlichkeit tätig. Im Zentrum aber steht die These, dass Europa nur vordergründig von der Wirtschaft "her kommt" und sich heute via "*Euro*" zu einer "immer engeren Union der Völker" entwickelt. Was Europa geworden ist und noch werden kann, ist primär seine *Kultur*, sein "kulturelles Erbe" und seine kulturelle Zukunft, die sich aus der regionalen, kommunalen und nationalen Vielfalt speist. Und diese Kultur ist es, die auch aus der dauerhaften Öffentlichkeit – immer neu – entsteht. Die Wirtschaft, übrigens nur instrumental zu deuten, mag europäische Öffentlichkeit *mit*bewirken, etwa in Gestalt des Austausches von Informationen, Waren und Dienstleistungen, die Märkte mögen auch Kulturwerke hin und her bewe-

---

Sinne europarechtlichen Literatur: *G. Ress*, Die neue Kulturkompetenz der EG, DÖV 1992, S. 944 ff.; *I. Hochbaum*, Der Begriff der Kultur im Maastrichter und Amsterdamer Vertrag, BayVBl. 1997, S. 641 ff.; *S. Schmahl*, Die Kulturkompetenz der Europäischen Gemeinschaft, 1996; *G. Ress/J. Ukrow*, Kommentar zur Europäischen Union, hrsg. von E. Grabitz/M. Hilf, 1998, Art. 128 EGV; *T. v. Danwitz*, Die Kultur in der Verfassungsordnung der EU, NJW 2005, S. 529 ff

307 Dazu näher *P. Häberle*, Europäische Rechtskultur, 1994 (TB 1997), S. 21 ff.

308 Bemerkenswert früh: *A. von Brünneck*, Die öffentliche Meinung in der EG als Verfassungsproblem, EuR 1989, S. 249 ff. S. auch *G. Schink*, Auf dem Weg in eine europäische Gesellschaft?, in: A. von Bogdandy (Hrsg.), Die europäische Option, 1993, S. 269 ff. – Zum Demokratie-Problem: *W. Kluth*, Die demokratische Legitimation der Europäischen Union, 1995; *S. Oeter*, Souveränität und Demokratie als Problem in der Verfassungsordnung der EU, ZaöRV 55 (1995), S. 659 ff.; *J. Drexl* u.a. (Hrsg.), Europäische Demokratie, 1999; *F. Brosius-Gersdorf*, Die doppelte Legitimation der Europäischen Union, EuR 1999, S. 133 ff.

gen, aber all das ist letztlich ephemer, hat keinen dauerhaften Bestand, weil Wirtschaftsgüter eben "verbraucht" werden, Kultur aber – als "zweite Schöpfung" nach der Natur als ersten – verinnerlicht wird und den Menschen erst human macht (i.S. von *A. Gehlens*: "Zurück zur Kultur"). An die Vielfalt der Sprachen, auch ihre "Barrieren", sei erinnert[309]. Der von Bundeskanzler *G. Schröder* wenn nicht sogar vom Zaun gebrochene, so doch nicht verhinderte "Sprachenstreit" mit den Finnen (Sommer 1999) erinnert schmerzlich an ein Grundsatzproblem. Soll die EU wirklich nur eine einheitliche Amtssprache haben? Nein. Die Vielfalt von Sprachen, auch Amtssprachen, ist schon ein Element der in der "Verfassungsgemeinschaft im Werden" geschützten nationalen und europäischen Identität.

Auch die Europa*politik* hat Zuträgerfunktion. Sie kann unentbehrliche Rahmenbedingungen für die europäische Öffentlichkeit schaffen und sie hat hier viel geleistet. Aber selbst im Europäischen Verfassungsstaat, der eine Hervorbringung der Kultur par excellence ist, bleibt das Politische wenig dauerhaft – sofern es sich nicht zu allgemeinen Rechtsgrundsätzen als "kulturellen Kristallisationen", Elementen der Rechtskultur, verdichtet. So ist denn eine Hauptthese dieser Zeilen, dass es wesentlich eine *kulturelle* Öffentlichkeit in Europa geben muss und geben *kann* – in wesentlichen Teilbereichen auch schon *gibt*. Ermutigen darf das Wort von *J. Monnet*: Wenn er heute noch einmal mit der europäischen Einigung zu beginnen hätte, würde er von der Kultur aus anfangen.

Aus Art. 151 EGV lässt sich ein eigenständiger Kulturauftrag entwickeln[310]. Er wäre abzusichern durch die Idee der Menschenwürde, die trotz der unverzichtbaren Fiktion von der mit der Geburt vorhandenen "natürlichen" Freiheit darum weiß, dass alle Freiheit in einem tieferen Sinne *kulturelle* Freiheit ist, die ergänzend zu den Prozessen kultureller Sozialisation der rechtlichen Ausgestaltung bedarf, was z.B. im Medienbereich auf der Europaebene zu Rahmenregelungen im Interesse pluralistischer Öffentlichkeit zur Folge hat; dies um so mehr, als der Medienmarktmacht durch gewaltenteilende pluralistische Strukturen zu begegnen ist. Der bundesverfassungsrichterliche Gedanke der "Grundversorgung" ist für das Feld der Kultur ganz allgemein zu übertragen: Sie begründet Verantwortung des Verfassungsstaates. Einzubeziehen ist insbesondere die *Er-*

---

309 Aus der Lit.: *D. Martiny*, Babylon in Brüssel?, ZEuP 1998, S. 227 ff.; *T. Bruha/H.-J. Seeler* (Hrsg.), Die Europäische Union und ihre Sprachen, 1999; *G. Rautz*, Die Sprachenrechte der Minderheiten, 1999. – So fragwürdig das Votum des französischen Conseil Constitutionnel vom Juni 1999 ist, die Europäische Charta zum Schutz von Minderheiten- und Nationalsprachen sei nicht verfassungskonform (vgl. FAZ vom 29. Juni 1999, S. 16), so vorbildlich ist die Entscheidung der Corte Costituzionale in Rom zugunsten der ladinischen Sprachminderheit in Südtirol (EuGRZ 1999, S. 376 f.). – *R. Ahrens* (Hrsg.), Europäische Sprachenpolitik, 2003.

310 Dabei gibt die *Kulturverträglichkeitsklausel* des Art. 151 Abs. 4 EGV noch viele Rätsel auf, wobei es nicht bei einer internen Selbstprüfung der Kommission bleiben darf, sondern auch das Europäische Parlament sowie die nationalen und regionalen Parlamente und Regionen angesprochen sind. Aus der Lit.: *B. Wemmer*, Die neuen Kulturklauseln des EG-Vertrages, 1996; *U. Everling*, Buchpreisbindung im deutschsprachigen Raum und europäischen Gemeinschaftsrecht, in: Die Buchpreisbindung, 1997, S. 1 (24 ff.); *U. Everling*, Zu den Querschnittsklauseln im EG-Vertrag, Mélanges en hommage à F. Schockweiler, 2000, S. 131 ff.

ziehung und Bildung der Jugend nach Art. 149 und 150 EGV als spezieller Kulturauftrag der EU, ebenso die versteckte Kulturklausel in Art. 87 Abs. 3 lit. d (Beihilfen zur Förderung der Kultur und Erhaltung des kulturellen Erbes) sowie Art. 3 Abs. 1 lit. q EGV (Beitrag zur Entfaltung des Kulturlebens in den Mitgliedstaaten). Beides schafft *"europäisches Bewusstsein"*. Dabei mag man die Kultur nach Hochkultur, Volkskultur und Alternativkulturen unterscheiden und z.b. im Blick auf staatliche Feiertage auch von "verordneter Kultur" sprechen (*T. Fleiner*); möglich sind weitere Differenzierungen nach Universal- und Nationalkultur und nach den europäischen Kulturen. Einschlägig bleibt bei alldem das "offene" bzw. pluralistische Kulturkonzept, 1979 entwickelt[311].

4. Öffentlichkeit aus Kultur – komplementär aus Wirtschaft und Politik

Die These, die europäische Öffentlichkeit konstituiere sich aus Kultur und nur *komplementär* aus Wirtschaft und Politik, im Übrigen aber aus dem (Verfassungs-)Recht und seinen allgemeinen "gemeineuropäischen" Prinzipien[312], sei zunächst aus der Tiefe der *Geschichte* belegt. Vereinfacht lässt sich sagen, Europa habe sich aus seiner Kulturgeschichte seit der griechischen und römischen Antike geformt und das römische Recht habe in vielen Rezeptionswellen Fundamente dessen geschaffen, was Europa heute "im Innersten zusammenhält". Das kann hier nicht vertieft werden. Dass es aber eine Geschichte der Europäischen "Öffentlichkeit" aus der Kultur gibt, sei in Stichworten angedeutet. Einschlägig werden die Beispiele europäischer Gelehrter wie *Thomas von Aquin* und *Nikolaus von Cues*, später ein *Leibniz* (der in Russland um 1700 eine Akademie anregte und übrigens die Mathematik als europäische Wissenschaft mitbegründete, wie zuvor die Griechen und später ein *C.F. Gauß*) – sie haben europäische Öffentlichkeit mitgeschaffen, und für die drei Reformatoren *Luther, Zwingli* und *Calvin* lässt sich Gleiches sagen. Europäische Klassiker der Staats- und Rechtstheorie[313] sind zu solchen gerade auch durch die europäische Öffentlichkeit geworden bzw. sie haben diese mitbewirkt: *T. Hobbes, J. Locke, Montesquieu, J.-J. Rousseau*. In der (Rechts-) Wissen-

---

311 Vgl. *P. Häberle*, Kulturpolitik in der Stadt – ein Verfassungsauftrag, 1979. Aus der nichtjuristischen Lit. zuletzt *O. Schwenke/A.J. Wiesand/H. Hoffmann u.a.*, in: Beilage zur Wochenzeitung das Parlament B 41/96 vom 4. Okt. 1996 zu Themen wie "Kulturpolitik im Spektrum der Gesellschaftspolitik", "Kulturpolitik unter Reformdruck", "Kulturdialog für das 21. Jahrhundert".

312 Dazu meine Beiträge Stichwort: Europäische Rechtskultur, Gemeineuropäisches Verfassungsrecht (1991), aaO. passim; s. auch den Generalbericht des Verf. in Bieber/Widmer (Hrsg.), aaO., S. 361 ff. Zuletzt: *M. Heintzen*, Gemeineuropäisches Verfassungsrecht in der Europäischen Union, EuR 1997, S. 1 ff.; *A. Weber*, Ansätze zu einem gemeineuropäischen Asylrecht, EuGRZ 1999, S. 301 ff.; J. Schwarze (Hrsg.), Verfassungsrecht und Verfassungsgerichtsbarkeit im Zeichen Europas, 1998; s. auch *R. Bieber*, Solidarität durch Recht, Der Beitrag des Rechts zur Entwicklung eines europäischen Wertesystems, 1997. – Ermutigend sind bilaterale Brückenschläge zwischen zwei nationalen Wissenschaftlergemeinschaften, vgl. etwa O. Beaud/E.V. Heyen (Hrsg.), Eine deutsch-französische Rechtswissenschaft?, 1999.

313 Zum Klassiker-Begriff methodisch und inhaltlich meine Studie: Klassikertexte im Verfassungsleben, 1981; ausgebaut in: Verfassungslehre als Kulturwissenschaft, 2. Aufl. 1998, S. 481 ff. Dazu schon oben A. I.

schaft gibt es als Teilfeld bis heute europäische Öffentlichkeit, wenn man als Beispiele Juristen der Weimarer Zeit wie *H. Heller, R. Smend, H. Kelsen,* auch *C. Schmitt,* aus Italien *C. Mortati,* aus dem Spanien von heute *R. Llorente* und *P. de Vega,* aus Griechenland *D. Tsatsos* hinzufügen darf. "Europäische Rechtswissenschaft" ist eine Erscheinungsform und heute immer wichtiger werdende Gestalt europäischer Öffentlichkeit. Im Klammerzusatz sei daran erinnert, dass dem mittelalterlichen Studenten der Doktortitel das "ius ubique docendi" gab: in ganz Europa.

Das rechtliche Zusammenwachsen Ost- und Westeuropas seit dem Fall der Berliner Mauer (1989) und der Zusammenbruch der marxistisch-leninistischen Systeme dürfte auch dadurch erleichtert worden sein bzw. werden, dass auf vielen Feldern der Kunst Europa eine Einheit geblieben war. (Es ist freilich schwer zu begreifen, dass in Brandenburg das m.E. grundgesetzwidrige Fach "LER" eingeführt wurde und im Jahre 2000/01 in Berlin der Koalitionsvertrag zwischen CDU und SPD den Religionsunterricht nicht als Wahlpflichtfach festschreiben will – wo ist der doch auch religiöse Aufbruch der Friedensgebete von 1989 heute geblieben?). Klassische Werke der Musik, Literatur, Malerei und bildenden Kunst, die "europäisches Erbe" sind, galten und gelten auch in Osteuropa. Das dürfte die rein rechtlichen Transformationsprozesse beschleunigen bzw. in der Tiefe mittragen[314]. Auch das wachsende Bewusstsein dafür, dass die Länder um das Mittelmeer eine multikulturelle Vielfalt auf dem Wurzelboden einer gemeinsamen alten Kulturgeschichte sind, kann rechtlich-politische Einigungsvorgänge wie die geplante neue Süderweiterung der EU um Zypern oder Malta mittragen und die erhoffte Mittelmeerpartnerschaft mit nordafrikanischen Ländern ("Barcelona-Prozess") befördern.

Wagen wir uns damit als anderem Kulturbereich direkt zur Kunst vor.

5. Europäische Öffentlichkeit aus der Kunst

Die *Kunst* ist der vielleicht "verlässlichste" Teil, in dem sich europäische Öffentlichkeit manifestiert. Das lässt sich nicht nur an den "Goldenen Zeitaltern" belegen, in denen fast jede europäische Nation ihr Bestes gab und die "Stimmen der Völker" zu einem "europäischen Hauskonzert" wurden – auch kargere Zeiten haben europäische Klassiker hervorgebracht. So wurde *Jurek Becker* (in der FAZ vom 15. März 1997, S. 1) als europäischer "Klassiker" bezeichnet, und der Nobelpreisträger *G. Grass* ist ein solcher in auch Polen integrierender Weise seit der "Blechtrommel". Die Antike, d.h. Athen und Rom seien vorweg erwähnt. Das "Goldene Zeitalter" Spaniens, das Europa mitgeformt hat, war im 16. Jahrhundert; es folgten die Niederlande (präzise 1600 bis 1680)[315], dann Frankreichs "Großes Zeitalter" (*Corneille, Racine, Molière,* die Erfindung des Balletts

---

314 Dazu mein Beitrag: Perspektiven einer kulturwissenschaftlichen Transformationsforschung – Übergangs-, Transfer- und Rezeptionsprobleme auf dem Weg des (post)kommunistischen Osteuropa zum gemeineuropäischen Verfassungsstaat, FS Mahrenholz, 1994, S. 133 ff.

315 Dazu der Band: Amsterdam 1585 – 1672, Morgenröte des bürgerlichen Kapitalismus, 1993, hrsg. von B. Wilczek. Man denke auch an das "europäische 17. Jahrhundert" (von *Rembrandt* über *Velasquez, Bernini, Borromini* und *Pietro da Cortona*).

am Hofe Ludwigs XIV.) bis in Deutschland die Weimarer Klassik *Goethes* und *Schillers* und der Deutsche Idealismus zum europäischen Ereignis wurden – ein *J.J. Winckelmann* war einmal Leiter der Kulturaltertümer Roms (das Goldene Zeitalter der dänischen Malerei dauerte von 1818 – 1848); Hand in Hand all dies mit der (europäischen) Musik von *J.S. Bach* und *W.A. Mozart* bis zur europäischen völkerverbindenden Wirksamkeit von *F. Liszt* und *F. Chopin*. Die kultivierten Brieffreundschaften im Europa des 19. Jahrhundert gehören ebenso hierher wie die Gesellschaft des Adels oder *Peter Paul Rubens* im Kreise seiner Mantuaner Humanistenfreunde[316]. Italiens Leistungen für die europäische Öffentlichkeit als Kultur lassen sich gar nicht aufzählen: von der Welt *Assisis* (*Franz* von Assisi und seinem *Giotto*) bis zur Renaissance in Florenz, zum Barock in Rom und der Entwicklung der Oper in Neapel (*C. Monteverdi*). Freilich lässt sich sagen, dass alle Völker in Europa als "europäisches Deutschland" (*T. Mann*), als "europäisches Polen", als "europäisches Italien" ein Stück Öffentlichkeit über ihre jeweils großen Beiträge zur Kunst geschaffen haben. Jedenfalls sind die "Großen" bzw. "Goldenen Zeitalter" gewiss sowohl "kulturelles Erbe von europäischer Bedeutung" (Art. 151 Abs. 2 EGV)[317] als auch ein Stück nationale Identität (Art. 6 Abs. 3 EUV). Und eben darin manifestiert sich europäische Öffentlichkeit. Europa lässt sich nicht auf den wirtschaftlichen Markt reduzieren! Es gibt einen gesicherten Kunst- und Wissenschaftsdialog in Europa.

Die Skeptiker werden fragen: und heute? Eine werthaft auf die gemeinsame Kultur bezogene *öffentliche Meinung* offenbarte sich, als vor einigen Jahren Anschläge auf die Uffizien in Florenz und San Georgio in Velabro in Rom stattfanden. Auch gibt es einen (privaten) Buchpreis zur "Europäischen Verständigung". Von staatlicher Seite aus kennen wir Aktivitäten aus Brüssel in Sachen "Kultur", bekanntlich etwa im Bereich von Film und Fernsehen. *Melina Mercouris* Idee von der wechselnden "Kulturhauptstadt Europas" (im Jahre 1999: Weimar), ebenso die sog. "Europeade" (z.B. im Juli 1999 in Bayreuth) ist ein entsprechender Beitrag, auch das "Europäische Jugendorchester". Solche Vergegenwärtigung der kulturellen Vielfalt und Einheit Europas ist ein Stück europäischer Öffentlichkeit. Das gilt auch für die Verleihung von europäischen Preisen, so, jüngst in Gestalt der Verleihung des "Europapreises für Regional- und Kommunalpolitik" an den Vater der Europäischen Charta der kommunalen Selbstverwaltung *J. Hofmann* (erster Preisträger war im Juli 1998 der katalanische Präsident *Pujol*) – Stichwort "Preisöffentlichkeit", klassisch schon der Karlspreis zu Aachen, auch der Europa-Filmpreis, oder es gilt für die Aktivitäten des 1994 gegründeten "Delphischen Rates". Auch die Erhebung dreier heiliger Frauen zu "Mitpatroninnen Europas" durch *Papst Johannes Paul II.* (etwa *Katharina von Siena* und *Edith Stein*) im Oktober 1999 gehört

---

316 Treffend *E. Straub*, Das Museum Europa, Beilage, Bilder und Zeiten der FAZ vom 28. Dez. 1996.
317 Bemerkenswert *Hans Mayer*, Kulturschöpfung, Kulturzerstörung, FAZ-Beilage Bilder und Zeiten vom 8. März 1997, der "unseren Begriff des kulturellen Erbes" für eine geschichtliche Spätgeburt hält und ihn als "Erfindung der bürgerlichen Aufklärung aus der Spätzeit des 18. Jahrhunderts" definiert. Vgl. *R. Kämmerlings*, Die Geburt des Kulturerbes aus dem Geist der Zerstörung. Während die Axt des Vandalismus wütet, wird in der Französischen Revolution der moderne Denkmalschutz erfunden (FAZ vom 5. April 2001, S. 58). Aus der juristischen Literatur: *A. Bleckmann*, Die Wahrung der "nationalen Identität" im Unionsvertrag, JZ 1997, S. 65 ff.

hierher. (Freilich: Es gibt auch "Gegenöffentlichkeiten": im Weltmaßstab waren sie kürzlich greifbar, z.B. bei der Verleihung des sog. "Alternativen Nobelpreises" und bei den Gegendemonstrationen gegen die WTO in Seattle oder bei den Krawallen in Genua, 2001, z.T. bei „Live 8" im Juli 2005 für Afrika).

Von privater Seite aus kommt es immer wieder zu großen Ausstellungen, die *Europa öffentlich* machen: im März 1997 etwa die Exposition "Grand Tour" in Rom, die zeigt, wie seit dem 18. Jahrhundert jedes Land seine Reisenden bzw. "gebildeten Stände" nach Italien schickte: selbst England, klassisch Deutschland, nicht erst seit *Goethes* Italienischer Reise (1787/88). Aber auch die Gelehrten und Humanisten (wie *Erasmus*), auch Künstler reisten; selbst *A. Dürer* reiste nach Venedig, später nach Antwerpen. Viele holländische und französische Meister fuhren nach Rom. Ein Dichter wie *Shakespeare* verlegte die Handlungen vieler Stücke, wenn nicht nach Athen oder Rom, so nach Italien, Sizilien, Frankreich, Spanien und Dänemark. Das *"auditoire universel"* war dieses Europa. Die Erfindung des Buchdrucks beförderte die europäische Öffentlichkeit. In der Musik ist auffallend, wie viele Komponisten sich mit Spanien befassten: von *Mozart* (Don Giovanni und Figaros Hochzeit) sowie *Beethoven* (Fidelio) über *Glinka* (Sommernacht in Madrid), *Rossini* (Barbier von Sevilla), *Verdi* (Don Carlos und Die Macht des Schicksals), *Bizet* (Carmen), *Wagner* (Parsifal), *Wolf* (Spanisches Liederbuch), *Rimsky-Korsakov* (Capriccio espagnol), *Debussy* (Iberia) und *Ravel* (Rhapsodie espagniole, Bolero u.a.). So gibt es ein "auditoire européen" in der Kunst und Kultur. Jüngst trug die zeitlich begrenzte "Versetzung" von Neapels Museum "Capodimonte" nach Bonn (Winter 1996/97) bilateral zur kulturellen Öffentlichkeit Europas bei[318]; 1999 dokumentiert eine Ausstellung in Venedigs Palazzo Grassi, wie intensiv sich die Künstler der Renaissance über alle Grenzen hinweg austauschten. Gleiches gilt für den Barock[319]. Schon hier sei angemerkt, dass Europa, dank spezifischer Öffentlichkeiten "von unten nach oben" wachsen muss und kann: dank Europas als Erziehungsziel in den Schulen und dank Europas in den Wissenschaften, insbesondere Universitäten. Welche Europa- bzw. Verfassungstheorie wir uns letzten Endes leisten können, hängt von den Schulen und Hochschulen ab.

Der *Sender "Arte"* hat das Verdienst, *das* Forum der medialen Kulturöffentlichkeit Europas zu sein[320] (die keineswegs bilateral französisch/deutsch bleibt und hoffentlich

---

318 In der *Musik* ist an zeitgenössische Komponisten wie *L. Nono* oder *H.W. Henze* zu denken.

319 *M. Warnke,* Begegnung zweier Welten, in: Die Zeit vom 23. Sept. 1999, S. 45, sowie *A. Lepik* zum "Triumph des Barock im Jagdschloß Stupinigio bei Turin" (NZZ vom 10./11. Juli 1999, S. 65).

320 Aus der Lit.: *D. Schmid*, Der Europäische Fernsehkulturkanal ARTE, 1998. Allgemein: A. Dittmann u.a. (Hrsg.), Der Rundfunkbegriff im Wandel der Medien, 1997. – Wenn "Arte" im November 2000 an den friedlichen Übergang vom Franco-Regime zur Demokratie in Spanien erinnert, so schafft eine solche Sendung zum 25. Jahrestag ebenfalls ein Stück kultureller und zugleich demokratischer Öffentlichkeit Europas, darüber hinaus als Modell friedlicher "transicion" für Lateinamerika. Eine Stichprobe aus der Woche vom 2. bis 8. Juni 2001 kann die europäische Öffentlichkeit aus Kunst und Kultur z.B. belegen an den Sendungen: "Baukunst", "Kathedralen", "Der Glöckner von Notre Dame", "Budapest", Diabelli-Variatinen von Beethoven, "Die Mauer". Themen der Woche vom 31. März bis 6. April 2001 waren u.a. "Vasco da Gama", "Eine Kindheit auf dem Montmartre", "Das Quartett", "Die tschechische Einsamkeit", "Jacob der Lügner",

bald auch formal Italien einschließt), man vergegenwärtige sich nur einmal die Themen der Woche vom 24. bis 30. März 1997 (was freilich sozialwissenschaftlich aufzuarbeiten wäre): Wir finden Stichworte wie ein Film mit *Mastroianni*, der den italienischen Film als Teil Europas verkörpert, einen polnischen Film über die "Handschrift von Saragossa", den Themenabend "Politik und Kunst" u.a. zu *Beuys* und *K. Staeck*, einen Musikfilm über die Johannespassion, eine mehrteilige Reihe über Jesus, eine Oper von *F. Cavalli*, einen Beitrag über *Leonardo da Vinci*, eine Sendung über den Glauben und das Wort und die Frage: Ist die neue Weltordnung eine Wirtschaftsordnung?, schließlich "Peter und der Wolf". Auch die Woche vom 8. November bis 14. November 1997 ist für eine kultursoziologische Analyse ergiebig: In den Sendungen finden wir die Themen "Maria Stuart", das "Mittelmeer" (in einer gelungenen Darstellung der einheitlichen Kultur um dieses Meer aus Multikulturen), das Wissenschaftsmagazin "Archimedes", ein Portrait des deutsch-russischen Musikers *A. Schnittke* sowie eine Probe von *J.S. Bachs* "Kunst der Fuge". In der Woche vom 30. Oktober bis 5. November 1999 finden wir die klassische Filmkomödie "Drôle de drame", einen Bericht über die Biennale, den Themenabend über *Prokofjew* und einen Natur- und Kulturfilm über die Wolga. Unschlüssig ist sich der Verf. in der Einordnung des "Grand Prix Eurovision de la Chanson". Ist die Tatsache, dass der "gemeine Bürger Europas" Preisrichter sein darf, ein Beitrag zur "Demokratisierung Europas", was auf Kosten des kulturellen Niveaus gehen kann[321]? Und: Ist nicht sogar in den europäischen Fußballmeisterschaften ein Stück Europa als Kultur- im weiteren Sinne – zu sehen, dem sogar kräftige nationale Identitäten beigemischt sind? Der Sieg Kroatiens über Deutschland (1998) wurde zwar nur vom Verf. aus Gründen der Verfassungslehre begrüßt (Stichwort: Selbstfindung eines sich in Europa einordnenden, gequälten Volkes), indes von allen anderen Deutschen beklagt.

Die Feuilletons der großen Tageszeitungen Europas berichten weit intensiver über dessen kulturelle Ereignisse (auch den Sport) als ihre politischen Seiten über das, was z.B. in der Parlamentsöffentlichkeit in Straßburg geschieht. Die Medien versäumen oft, spezifisch europäische Themen gebührend zu transportieren, so wie die politischen Parteien zu wenig für solche Themen werben.

6. Verfassungsstaatliche Öffentlichkeit in Europa

Zur kulturellen Öffentlichkeit Europas als "bester" Öffentlichkeit gehört die *Rechtsordnung des europäischen Verfassungsstaates* in all seinen nationalen Varianten. Längst hat sich eine "europäische Rechtswissenschaft" (wieder) etabliert, die im Wort "von Bologna bis Brüssel" (*H. Coing*) nur unzureichend zum Ausdruck kommt. Hier sind auch die europäischen Juristenvereinigungen und Programme wie "Erasmus", "Tempus" und "Sokrates" zu nennen. Die *Rechts- bzw. Juristenöffentlichkeit* Europas

---

"Citoyen Rousseau", Der Wolfsjunge (*Truffaut*), "Die schwierige Arbeit der Wahrheitskommissionen", "Genosse Huna in Bukarest". Die Woche vom 5. bis 13. April 2001 u.a.: "Te Deum von A. Pärt", "Lola Montéz", "Europas wilder Osten", "Wunder von Bilbao", "Peggy Guggenheim", "J. Dupuis, belgischer Architekt", "Vom Opferkultus zum Abendmahl".
321 Dazu *M. Allmaier*, Weil wir Menschen sind, FAZ vom 31. Mai 1999, S. 50.

wird durch den EGMR in Straßburg, durch den EuGH in Luxemburg, aber auch durch nationale, mindestens verdeckt rechtsvergleichend arbeitende (Verfassungs-)Gerichte vorangetrieben, deren Repräsentanten sich untereinander auch persönlich zunehmend austauschen. So gibt es ein regelmäßiges Treffen der europäischen Verfassungsrichter und jüngst auch einen Zusammenschluss europäischer Verwaltungsrichter. Ein Europäischer Juristentag war eine Steigerung (für 2001 in Nürnberg, für 2005 in Genf durchgeführt). Besonders die europäischen Universitäten sind Stätten für europäische Öffentlichkeit, hier spielt sich europäisches Geistesleben ab, gibt es europäische Geistesfreiheit. Von hier aus kann sich die Rechtsvergleichung als "fünfte" Auslegungsmethode etablieren[322] – bis hin zur Schaffung einer gemeineuropäischen Methodenlehre, die auch eine reformierte Juristenausbildung zu erreichen hätte. Kürzlich forderte *P. Bourdieu* – mit Blick auf *J. Habermas* –, die "europäische Öffentlichkeit" durch und durch für den progressiven Diskurs zu öffnen[323].

7. Europäische Öffentlichkeit im Spannungsfeld von Wirtschaft und Politik

Wie steht es aber um die europäische Öffentlichkeit in den zur Kultur komplementären Feldern der *Wirtschaft und Politik*? Hier finden sich m.E. die größten Gefahren, aber auch viele Defizite: Gefahren, weil der derzeit praktizierte Vorrang des bloß Ökonomischen das Europa der Kultur gefährdet und die Globalisierung den kulturellen Wurzelboden dieses Europas hinwegspülen könnte: zu einem oberflächlichen Einerlei. Darum verdient das "Europa der Regionen"[324], jede einzelne "Europaregion" (z.B. Tirol oder die neue Partnerschaft Rheinland-Pfalz/Burgund) als Rückgriff auf das vor Ort, in der "Heimat" Erlebbare Unterstützung (vgl. auch Art. 263 bis 265 EGV: Ausschuss der Regionen). *Edgar Reitz'* großer Film war denn auch ein neueres *europäisches* Ereignis, und er selbst hat vor kurzem provoziert durch die These[325] von der Abschaffung der staatlichen Filmförderung: "Der Staat kann nicht mehr definieren, was Kulturförderung ist[326]. Er stiftet selbst keine Identität mehr, ist also nicht mehr Bestandteil von Kultur... Filmförderung ist keine kulturpolitische Angelegenheit mehr, sondern reine Standortpolitik". Derselbe *Reitz* sagte aber auch, das europäische Kino habe es schon einmal gege-

---

322 Dazu *P. Häberle*, Grundrechtsgeltung und Grundrechtsinterpretation, JZ 1989, S. 913 ff.
323 *P. Bourdieu,* Vive le Streit! J. Habermas zum Geburtstag, SZ vom 18. Juni 1999, S. 17.
324 Aus der jüngeren Lit. nur J. Bauer (Hrsg.), Europa der Regionen, 2. Aufl. 1992; *P. Häberle,* Der Regionalismus als werdendes Strukturprinzip des Verfassungsstaates und als europarechtspolitische Maxime, AöR 118 (1993), S. 1 ff.; F.-L. Knemeyer (Hrsg.), Europa der Regionen – Europa der Kommunen, 1994; *R. Theissen,* Der Ausschuss der Regionen (Art. 198 a – c EG-Vertrag), 1996; P. Pernthaler/S. Ortino (a cura di), Euregio Tirol, 1997.
325 *E. Reitz*, Der Mythos für alle, Ein Zeit-Gespräch, in: Die Zeit Nr. 12 vom 14. März 1997, S. 65.
326 Aus der juristischen Literatur aber: *B. Geißler*, Staatliche Kunstförderung nach Grundgesetz und Recht der EG, 1995; *G. Ress*, Die Zulässigkeit von Kulturbeihilfen in der EU, in: GS für Grabitz, 1995, S. 595 ff.; *H.-J. Blanke*, Europa auf dem Weg zu einer Bildungs- und Kulturgemeinschaft, 1994; *D. Staudenmayer*, Europäische Bildungspolitik – vor und nach Maastricht, BayVBl. 1995, S. 321 ff.; *M. Niedobitek*, Die kulturelle Dimension im Vertrag über die Europäische Union, EuR 1995, S. 349 ff.

ben: "*Fellini, de Sica* oder *Truffaut* waren große Europäer, weil sie ganz italienische oder französische Geschichten erzählt haben, aber mit einem europäischen Gestus. Sie waren Kinder des europäischen Geisteslebens und tragen die Kulturgeschichte Europas im Herzen". In der Wirtschaft bedroht freilich die reine Lehre des Wettbewerbs die Sache Kultur, und dem europäischen Recht fallen hier Aufgaben der Grenzziehung zu, m.E. dem europäischen Verfassungsstaat auch unverzichtbare Kulturbewahrungs- und -förderungsaufgaben – national wie im gemeineuropäischen Verbund. Das "Europäische Theater" sei wenigstens als Merkposten erwähnt.

Dabei bedarf vor allem das Verhältnis Kultur/Wirtschaft einer Klärung[327]. So gibt es zwar einen "Kunstmarkt", doch ist nicht alle Kultur "marktfähig". So gibt es zunehmend "Kultursponsoring", es bleiben aber auch die unverzichtbar vom Verfassungsstaat zu erbringenden bzw. zu vermittelnden Kulturleistungen: als "Grundversorgung". Zu Recht meinte *J. Delors,* einen Binnenmarkt könne man nicht lieben. Zu Recht postuliert jetzt die "Erklärung von Paris" der Sozialistischen Internationale vom November 1999: "Wir verwechseln nicht Markt und Demokratie". Es gebe Güter, die außerhalb der Regeln der Marktwirtschaft zu schützen seien: Erziehung, Gesundheit, Kultur und Umwelt[328].

Eine letzte Frage gelte der *Politik*: Schafft sie europäische Öffentlichkeit oder setzt sie diese schon voraus? M.E. ist entgegen der Logik (begrenzt) beides der Fall. Die Politik sollte – wie es die Präambel des Europäischen Kulturabkommens (1954) für die europäische Kultur fordert – die europäische Öffentlichkeit "bewahren" (was diese voraussetzt) und "ihre Entwicklung fördern" (bzw. einen Eigenbeitrag schaffen). Die Diskussion um den "Euro" fand – spät genug – auf allen öffentlichen Foren und Medien statt[329], während etwa der Maastricht-Vertrag (1991/92) in Deutschland viel zu spät seine unverzichtbare Öffentlichkeit gefunden hatte – im Gegensatz etwa zu Dänemark und Frankreich und der dortigen Referenden blieb das deutsche Volk ausgesperrt. Sein "DM-Nationalismus" (das schmerzliche, aber z.T. wahre Wort von *J. Habermas*) meldete sich dann um so drängender zu Wort, wo wir doch geglaubt hatten, mit dem "Verfassungspatriotismus" (*D. Sternberger*) eine geglückte Umschreibung unseres kulturellen Bezugs zum GG gefunden zu haben. Frankreichs Intellektuelle wendeten sich vehement gegen das "System Tietmeyer", im Streit um die Europäische Zentralbank, auch Italien war z.T. kritisch[330]. Es gibt aber auch einzelne Beispiele dafür, dass sich die poli-

---

327 Dazu *P. Rieder*, Wettbewerb und Kultur, 1998.
328 Zit. nach FAZ vom 10. November 1999, S. 8.
329 Vgl. nur *J. Fischer*, Warum ich für den Euro bin, in: Die Zeit Nr. 13 vom 21. März 1997, S. 7. S. auch *D. Balkhausen*, D-Mark kontra Eurogeld, 1996; *T. Sarrazin*, Der Euro – Chance oder Abenteuer?, 1997; *M. Jungblut*, Wenn der Euro rollt..., 1996.
330 Dazu *N. Piper*, Maastricht light, in: Die Zeit Nr. 11 vom 7. März 1997, S. 34, mit der Karikatur eines Boxkampfes zwischen *H. Kohl* und *R. Prodi*; *J. Schmierer*, Ach, dieses Schweigen, Die französische Linke streitet leidenschaftlich über Souveränität und Euro, die deutsche nicht, Warum?, in: Die Zeit Nr. 12 vom 14. März 1997, S. 6; *F. Gsteiger*, Wird der Euro zum Götzen?..., in: Die Zeit Nr. 11 vom 7. März 1997, S. 8.; *J.-P. Chevènement*, Die "Idee Bundesbank" gefährdet das Vorhaben eines republikanischen Europa, FAZ vom 17. Januar 1997, S. 39. Treffend der österreichische Bundeskanzler *V. Klima*, "Europa ist mehr als der Euro", in: Die Zeit Nr. 11 vom 7. März 1997, S. 6. S. aber auch *C. Koch*, Die Methode Monnet und die Idee Tietmeyer, FAZ vom 11.

tische Öffentlichkeit Europas durch Konzentrierung auf verfassungsstaatliche Elemente auszeichnet: greifbar im unionsinternen Streit um das "soziale Europa" (z.B. mit einer "Sozialcharta")[331], bisher um eine "europäische Grundrechte-, heute um eine Grundwerte-Charta" oder gar um eine "ganze Verfassung", um eine "Umweltunion" ("nachhaltige Entwicklung"), um das Subsidiaritätsprinzip, um eine flexible Integration bzw. das Mehrheitsprinzip, auch die Kirchen haben sich einen konstitutionellen Platz (im Vertrag von Amsterdam in einem eigenen religionsverfassungsrechtlichen Zusatzartikel gesichert[332]), greifbar ferner in der Diskussion um Volksgruppen- und Regionalsprachenschutz auf der Basis von Empfehlungen des Europarates[333]. In der Kontroverse um den Beitritt Russlands zum Europarat war es die defiziente Menschenrechtswirklichkeit dort, die die europäische Öffentlichkeit spaltete. Auf dem Balkan freilich mussten die Amerikaner im Dayton-Abkommen präkonstitutionelle Elemente wie Föderalisierung, Grundrechte, Minderheitenschutz, Verfassungsgerichtsbarkeit durchsetzen: Europas "Verfassungsöffentlichkeit" versagte. An Ostern 1997 zeigte die "europäische Demonstration" gegen den Front National in Straßburg Aspekte einer europäischen öffentlichen Meinung – nicht nur alle Medien berichteten darüber, die Teilnehmer an der Demonstration rekrutierten sich auch aus anderen Ländern Europas.

Einzelne politische Themen haben die europäische Öffentlichkeit auch früher immer wieder beunruhigt: neben dem Freiheitskampf Griechenlands und Polens im 19. Jahrhundert etwa der türkische Völkermord an den Armeniern im Ersten Weltkrieg, den das Europäische Parlament 1987 als unbezweifelbares historisches Faktum bekräftigte. Insofern gibt es eine Art "negativer Öffentlichkeit" in Europa. Als "Skandalöffentlichkeit" – neben der BSE-Affäre und dem Mauerbau in Aussig (Tschechien), jetzt dank der Mobilisierung der öffentlichen Meinung in Europa wieder abgetragen – ist der unselige "Fall Bangemann" einzuordnen, wohl auch der Sturz der Santer-Kommission (1999). Hier wurden plötzlich die Umrisse einer europäischen Öffentlichkeit aus Politik erkennbar, ebenso wie bei der fünften Direktwahl des Europaparlamentes im selben Jahr, wenngleich uns die geringe Wahlbeteiligung (43 Prozent) sowie die primäre Orientie-

---

Febr. 1997, S. 32. Aus der wissenschaftlichen Lit. zuletzt: R. Caesar (Hrsg.), Zur Reform der Finanzverfassung der EU, 1997; *G. Eckstein/F.U. Pappi*, Die öffentliche Meinung zur europäischen Währungsunion bis 1998 ..., ZfP 1999, S. 298 ff.

331 Dazu *J.C.K. Ringler*, Die Europäische Sozialunion, 1997.
332 Zum Problem: *A. Hollerbach*, Europa und das Staatskirchenrecht, ZevKR 35 (1990), S. 263 ff.; G. Robbers (Hrsg.), Staat und Kirche in der Europäischen Union, 1995; *F.M. Broglio/C. Mirabelli/F. Onida*, Religioni e Sistemi Giuridici, 1997; *P. Häberle*, Europäische Verfassungslehre in Einzelstudien, aaO., S. 219 ff.; *M. Heinig*, Zwischen Tradition und Transformation, Das deutsche Staatskirchenrecht auf der Schwelle zum Europäischen Religionsverfassungsrecht, Zeitschr. f. Evang. Ethik, 1999, S. 294 ff.
333 Aus der Lit.: D. Blumenwitz/G. Gornig (Hrsg.), Der Schutz von Minderheiten- und Volksgruppenrechten durch die Europäische Union, 1996; *H. Klebes*, Der Entwurf eines Minderheitenprotokolls zur EMRK, EuGRZ 1993, S. 148 ff.; *H. Schulze-Fielitz*, Verfassungsrecht und neue Minderheiten, in: T. Fleiner-Gerster (Hrsg.), Die multikulturelle und multiethnische Gesellschaft, 1995, S. 133 ff.; *G. Brunner*, Nationalitätenprobleme und Minderheitenkonflikte in Osteuropa, 1996; *E. Palici di Suni Prat*, Intorno alle minoranze, 1999.

rung der Wahl-Bürger der EU am nationalen Umfeld beunruhigen muss[334]. Immerhin ist die neue Kommission wie nie zuvor von den Abgeordneten öffentlich befragt worden – die Presse sprach von "Brüsseler Reifeprüfung" und sie hat großen Anteil daran genommen: ein neues Stück politischer Öffentlichkeit. Erschreckt hat uns freilich die These, der Krieg um den Kosovo könnte ein "europäischer Einigungskrieg" gewesen sein[335].

IV. Zusammenfassung und Ausblick

Wie gezeigt, bleibt im Konstitutionalisierungsvorgang Europas (der freilich in den einzelnen Ländern je nach Verfassungsverständnis verschieden begriffen wird) theoretisch Öffentlichkeit unverzichtbar, derzeit ist sie aber nur in *Teil*bereichen vital: Die kulturelle Öffentlichkeit Europas ist ebenso vielgestaltig lebendig wie in der Tiefe verwurzelt. Sie wirkt als das wahre "Quellgebiet" Europas bzw. als sein Wurzelboden. Man denke an die Bereichsfelder wie Religion, Wissenschaft und Kunst, aber auch Sport, wenn man diesen zur Kultur im weiteren Sinne rechnet; Fußballmeisterschaften flankieren – horribile dictu – das Europa der Kultur bzw. dessen Öffentlichkeit, mit freilich starken Rückfällen ins Nationale. Zum Teil schon kräftig ausgeformt ist die "*Verfassungsöffentlichkeit* Europas", greifbar in einzelnen Institutionen und Verfahren des Europarechts im engeren und weiteren Sinne, auch im Verbands- und Parteileben gegenwärtig. Das Europa als – verfassungsfähige – *Rechtsgemeinschaft* ist so öffentlich wie Rechtsetzung, Rechtsfindung und -fortentwicklung öffentlich sind, die bekannten Demokratiedefizite freilich bleiben[336]. Der Lebensbereich *Wirtschaft* ist ambivalent: Einerseits ermöglicht er dank der Marktfreiheiten viel erlebbare Öffentlichkeit. Europas Einigung wurde stark vom Ökonomischen her befördert; andererseits ist Europa eine durch das Ökonomische und die globale Weltwirtschaft bedrohte *Kulturgemeinschaft*. Materialistisches und ökonomisches Effizienzdenken verfehlt und gefährdet das Inhaltliche am

---

334 Vgl. nur SZ vom 10. Juni 1999, S. 3: "Europa-Wahlkampf: Fünf Jahre Arbeit, und dann interessiert das keinen". – Die deutschen Tageszeitungen berichteten indes eingehend im Vorfeld der Wahlen: z.B. FR vom 5. Juni 1999: "Europa-Kandidaten"; FAZ vom 9. Juni 1999, S. 9: "Vor der Europawahl". Die Zeit vom 10. Juni 1999, S. 8: "Von drei Parlamentariern, die auszogen, für Europa zu werben". S. im Übrigen KAS-Auslandsinformationen 07/99: Die Wahlen zum Europäischen Parlament. Das "Europabarometer" der Europäischen Kommission (zit. nach FAZ vom 15. Juni 2001, S. 3) ergab, dass in vier Mitgliedstaaten eine deutliche Mehrheit gegen die Ost-Erweiterung ist (Deutschland, Frankreich, Großbritannien und Österreich). Beachte auch die regelmäßige ZDF-Sendung "Heute in Europa", die Ausdruck und Vehikel europäischer Öffentlichkeit ist.

335 Beunruhigend die Zeit-Umfrage in der EU: "Der Krieg formt Europas Identität", Die Zeit vom 2. Juni 1999, S. 10.

336 Zur EU als Grundrechtsgemeinschaft zuletzt: *G. Hirsch*, Die Europäische Union als Grundrechtsgemeinschaft, Mélanges en hommage à F. Schockweiler, 1999, S. 177 ff.; *P. Selmer*, Die Gewährleistung des unabdingbaren Grundrechtsstandards durch den EuGH, 1998; *W. Pauly*, Strukturfragen des unionsrechtlichen Grundrechtsschutzes, EuR 1998, S. 242 ff.; *P. Funk-Rüffert*, Kooperation von Europäischem Gerichtshof und BVerfG im Bereich des Grundrechtsschutzes, 1999; *W. Hoffmann-Riem*, Kohärenz der Anwendung europäischer und nationaler Grundrechte, EuGRZ 2002, S. 473 ff; *H.W. Rengeling/ P. Szczekalla*, Grundrechte in der EU, 2004.

Öffentlichkeitsbegriff: seinen Bezug auf das "gemeinsame Erbe an geistigen Gütern", sein Bekenntnis, dass die europäischen Staaten vom "gleichen Geiste beseelt sind" (so die Präambel der EMRK von 1950!), seinen Entschluss, die "Solidarität" zwischen den Völkern "unter Achtung ihrer Geschichte, ihrer Kultur und ihrer Traditionen zu stärken" (so Präambel Maastricht-Vertrag von 1992). Europa lebt aus bestimmten inhaltlichen und prozessualen Grundwerten, die immer wieder – öffentlich – wiederholt, bestätigt und fortentwickelt werden müssen. (Vieles spricht für eine formal fortgeschriebene, "nachgeführte" Grundrechte-Charta!) So beobachten wir das allgemein öffentlich werdende Ringen um eine "Verfassung für Europa"[337], wobei die spezifischen Funktionen der Verfassung (Machtbegrenzung, Konstituierung von Macht, Gewaltenteilung, öffentliche Legitimationswirkung, Grundrechtssicherung, erzieherische Funktion, Identifizierungschancen), zu bedenken wäre; wir sehen die Bemühungen um einen "Verfassungsvertrag"[338], die Diskussion um den Bericht der "drei Weisen" (*R. von Weizsäcker, J.-L. Dehaene, D. Simon*[339]), um einen "Europäischen Raum der Sicherheit und des Rechts"[340]. Auch die europaweite öffentliche Diskussion um Entscheidungen des EGMR und EuGH hat sich intensiviert, sogar schon im Vorfeld eines Urteils (z.B. im Fall Kreil[341]). Die Immunität für Europol-Bedienstete wirkt als "Stachel", jedenfalls für die Juristenöffentlichkeit[342]. Die prätorische Entwicklung immer neuer Gemeinschaftsgrundrechte wird meist positiv glossiert[343]. Schließlich mag man das von der EU-Kommission alle sechs Monate vorgelegte "Eurobarometer" hierher rechnen. Es indiziert sozusagen "Europa in der Öffentlichkeit" und schafft zugleich ein Stück europäischer Öffentlichkeit!

Dazu gehört auch die Aufgabe, eine *innerlich* von vornherein "europäische" Rechtsphilosophie bzw. Gesellschaftstheorie zu entwerfen[344]. So wäre *I. Kants* "weltbürgerli-

---

337 Vgl. Bundesaußenminister *J. Fischer* in seiner Rede vor dem Parlament in Straßburg (zit. nach Die Zeit vom 21. Jan. 1999, S. 3: "Erst mit der Öffnung nach Osten löst die EU ihren Anspruch ein, als Kulturraum und Wertegemeinschaft für ganz Europa zu sprechen").

338 Vgl. *I. Pernice*, Vertragsrevision oder europäische Verfassunggebung?, FAZ vom 7. Juli 1999, S. 7; *K.-D. Frankenberger*, Und jetzt eine Verfassung?, FAZ vom 4. März 1999, S. 1; *C. Landfried*, Die Zeit ist reif, Nur ein europäischer Verfassungsstaat kann das Legitimationsdefizit in der EU beheben, FAZ vom 9. Sept. 1999, S. 10: "Eine europäische Öffentlichkeit fehlt nicht wirklich"); Bundespräsident *J. Rau*, Die Quelle der Legitimation deutlich machen, Eine föderale Verfassung für Europa, FAZ vom 4. Nov. 1999, S. 16. S. auch *U. di Fabio*, Für eine Grundrechtsdebatte ist es Zeit, FAZ vom 17. Nov. 1999, S. 11. Siehe noch Anhang und Nachtrag.

339 Zit. nach FAZ vom 20. Okt. 1999, S. 9; s. auch *S. Wernicke*, Europäische Verfassung durch Diskurs? Zum ersten Berliner Symposium Europäisches Verfassungsrecht, NJW 1999, S. 1529 f.; *M.D. Cole*, Eine Europäische Grundrechte-Charta? (Bericht), NJW 1999, S. 2798.

340 Dazu FAZ vom 18. Okt. 1999, S. 2.

341 Dazu etwa FAZ vom 5. Nov. 1999, S. 4; Leserbrief *N. Reich* in FAZ vom 10. Nov. 1999, S. 14.

342 Dazu *S. Hölscheidt/Th. Schotten*, Immunität für Europol-Bedienstete – Normalfall oder Sündenfall?, NJW 1999, S. 2851 ff.

343 Zuletzt etwa *V. Schlette*, Der Anspruch auf Rechtsschutz innerhalb angemessener Frist, EuGRZ 1999, S. 369 ff.

344 Ein innerverfassungsstaatlicher Ansatz speziell für das GG in dem Sammelband von W. Brugger (Hrsg.), Legitimation des Grundgesetzes aus der Sicht von Rechtsphilosophie und Gesellschaftstheorie, 1996.

che Absicht" zur "europabürgerlichen" zu entwickeln; so müsste die Lehre vom Gesellschaftsvertrag auf die Europaebene weitergedacht werden (i.S. des Stichworts von *E.-J. Mestmäcker*: "europäischer Contrat Social"); so wäre das "Volk" wie schon viele seiner Grundrechte auch "europäisch" zu konstituieren und parallel zu den beiden europäischen Verfassungsgerichten in Straßburg und Luxemburg eine "europäische Verfassungsrechtswissenschaft" zu beginnen[345]. Die wissenschaftliche und prätorische Weiterentwicklung sog. "allgemeiner Rechtsgrundsätze" schafft ein Stück *materieller Allgemeinheit* in Europa, die der Sache nach *europäische Öffentlichkeit* ist[346].

Der kulturelle Sozialisierungsprozess des "*homo europaeus*" gelingt nur in den erwähnten *vielen* Öffentlichkeiten. Die Frage, "Gibt es eine Europäische Öffentlichkeit?"[347] ist also *differenziert* zu beantworten, wobei an die oft fehlende Transparenz der Entscheidungen "aus Brüssel" kritisch zu denken ist[348]. *Wie* diese bereichsspezifisch agierenden vielen Öffentlichkeiten (Öffentlichkeit im Plural) letztlich mit der einen Öffentlichkeit (im Singular) verknüpft sind, lässt sich verfassungs- bzw. europatheoretisch noch nicht sagen. Dass bei all dem der Europabegriff territorial-räumlich offen ist, sei abschließend erwähnt. Konkret: Die Schweiz[349] bleibt eine Herzkammer Europas, auch wenn sie sich rechtstechnisch der EU vorerst verschließt und sich gegenwärtig zu isolieren droht – der kühne Vorschlag von Bundespräsident *A. Koller* (1997) in Bezug auf eine Solidaritätsstiftung wegen des Nazigoldes der Holocaustopfer ermutigt; Polen gehört mit Warschau und Krakau und ihren *Stadtöffentlichkeiten* (auch "Städtebildern", wie das wiederaufgebaute Danzig) nicht minder zu Europa wie Budapest und Prag, Laibach und Zagreb. Dasselbe gilt für die drei Baltenrepubliken und ihre "Kulturlandschaften". M.E. gehört auch die Türkei, solange sie dem verfassungsstaatlichen "Laizismus"

---

345 In ihr figuriert der Beginn einer "Verfassungsgeschichte der EU" nur als Teilaspekt, dazu *M. Zuleeg*, Ansätze zu einer Verfassungsgeschichte der EU, ZNR 1997, S. 270 ff. Im "europäischen Haus" wären dann auch die einzelnen nationalen Wissenschaftlergemeinschaften und ihr "*Zusammenspiel*" auf Prozesse der kulturellen Produktion und Rezeption mit darzustellen. Aus der jüngsten *italienischen* Literatur sind einschlägig z.B. *G. Zagrebelsky* (a cura di), Il federalismo e la democrazia europea, 1994; *A. Pace*, La Causa della Rigidità Costituzionale, 2. Aufl. 1996 (dazu die Besprechung von *P.M. Huber*, AöR 122 (1997), S. 478 ff. ; P. Ridola (a cura di), La Costituzione europea tra cultura e mercato, 1997. – Im Blick auf *Weimar*: *F. Lanchester*, Momenti e Figure nel Diritto Costituzionale in Italia e in Germania, 1994. – Aus der *spanischen* Lit.: z.B. *M.L. Balaguer Callejón*, Interpretación de la Constitución y ordenamiento juridico, 1997; A.-E. Pérez Luno (Coordinator), Derechos Humanos y Constitucionalismo ante el Tercíer Milenio, 1996.

346 Beispiele: Die "europäische Bundestreue", "Gemeinschaftstreue" bzw. (in Bezug auf Regionalstaaten) "Regionaltreue". Aus der Lit.: *M. Lück*, Die Gemeinschaftstreue als allgemeines Rechtsprinzip im Recht der Europäischen Gemeinschaft, 1992; *A. Alen u.a.*, "Bundestreue" im belgischen Verfassungsrecht, JöR 42 (1994), S. 439 ff.; *A. Anzon*, La Bundestreue e il Sistema Féderale Tedesco, 1995.

347 Vom Verf. erstmals gestellt in dem gleichnamigen Beitrag in ThürVBl. 1998, S. 121 ff.

348 Aus der Lit.: *W. Kahl*, Das Transparenzdefizit im Rechtsetzungsprozess der EU, ZG 1996, S. 224 ff.; *C. Sobota*, Transparenz in den Rechtsetzungsverfahren der EU, 2001.

349 Aus der Lit. hier nur: B. Sitter-Liver (Hrsg.), Herausgeforderte Verfassung, Die Schweiz im globalen Kontext, 1999; *P. Häberle*, "Werkstatt Schweiz": Verfassungspolitik im Blick auf das künftige Gesamteuropa, JöR 40 (1991/92), S. 167 ff.; *J.P. Müller*, Grundrechte in der Schweiz, Im Rahmen der Bundesverfassung von 1999, der UNO-Pakte und der EMRK, 3. Aufl. 1999.

treu bleibt, der Sache nach zu Europa. Alle gegenteiligen Aussagen von christdemokratischen Parteichefs im Frühjahr 1997 ändern daran nichts[350] (Die Aufnahme in den Europarat, den man zu Recht als "das demokratische Gewissen Europas" bezeichnet hat[351], etwa Kroatiens, 1996, Georgiens, 1999, ist nur ein Indiz). Zweifelhaft bleibt (daher) Russland angesichts seiner asiatischen Teile und seiner Defizite in Sachen Verfassungsstaat[352], zuletzt wieder im zweiten Tschetschenien-Krieg in unseren Tagen schmerzlich erkennbar. Russland fehlten im Grunde die europäische Aufklärung und Schichten der europäischen Rezeptionen.

All dies ist kein Plädoyer für das Missverständnis der europäischen Öffentlichkeit als defensiver "Festung" gegen andere Kontinente: Die Brückenfunktion der beiden iberischen Länder nach Lateinamerika hin ist bekannt und fördert das *offene* Europa. Dennoch muss "Europa" bei aller Offenheit territorial-räumlich *und* inhaltlich werthaft verortet bleiben bzw. bestimmt werden. Das gilt auch im Verhältnis zu den USA, so viel die konstitutionelle Öffentlichkeit Europas ihnen verdankt: von der Virginia Bill of Rights (1776) und der Entwicklung von Verfassungsgerichten (samt Sondervoten) über die Federalist Papers (1787) bis zu Einzelheiten des Parlamentsrechts. Im Übrigen leben diese Zeilen von dem Glauben, dass die Kunst und Religion allen anderen Schöpfungen *voraus*geht, ihnen den "Stoff" geben[353] und dem Menschen seinen "aufrechten Gang" ermöglichen. Um mit *Goethe* zu sprechen: "Wer Wissenschaft und Kunst besitzt, hat auch Religion; wer diese beiden nicht besitzt, der habe Religion." Das gilt besonders heute für Europa und seine kulturelle Öffentlichkeit. Europa als Kulturgemeinschaft lebt und "wird". Nur sie kann an der "Teleologie" bzw. "Finalität" Europas in einem geschichtlich offenen Prozess weiterarbeiten.

Wir bedürfen heute nach mehr als 200 Jahren seit Beginn des Entstehungsprozesses von Hegels Schrift über die Reichsverfassung (1799) eines zum Teil "umgekehrten Hegel" zur Verfassung Europas. Nicht: "Deutschland ist kein Staat mehr", sondern:

---

350 Vgl. zu Recht *T. Sommer*, Europa ist kein Christen-Club, in: Die Zeit Nr. 12 vom 14. März 1997, S. 1; *H. Bagei*, Eine endlose enttäuschte Liebe, FAZ vom 25. März 1997, S. 14. – Zur Türkei: *C. Rumpf*, Das türkische Verfassungssystem, 1996. Die Türkei kann freilich "nach Europa" nur dank längerer Übergangsvorschriften seitens der EU intensiver hineinwachsen, sie kann vom "Beitrittskandidaten" zum 28. Mitglied nur werden, wenn alle fundamentalistischen Strömungen zurückgedrängt bleiben und Minderheitenschutz (z.B. dank Regionalstrukturen für die Kurden), Menschenrechte und Demokratie glaubwürdig gelebt werden.

351 So *Leni Fischer*, Das demokratische Gewissen, Der Beitrag des Europarates zur Schaffung einer dauerhaften Friedensordnung für den Kontinent, FAZ vom 5. Mai 1999, S. 11.

352 S. aber Präsident *B. Jelzins* Forderung nach Beitritt Russlands zur EU und seinem Wunsch, Russland wolle endlich als "vollwertiger europäischer Staat" anerkannt werden (zit. nach FAZ vom 24. März 1997, S. 2).

353 Zu diesem Ansatz mein Beitrag: Die Freiheit der Kunst im Verfassungsstaat, AöR 110 (1985), S. 577 (590 ff.); *ders.*, Die Freiheit der Kunst in kulturwissenschaftlicher und rechtsvergleichender Sicht, in: Kunst und Recht im In- und Ausland, 1994, S. 37 ff. Aus der Zeitungsliteratur bemerkenswert: *J. Rüttgers*, Kunststück Zukunft. Anders als *H.M. Enzensberger* meint, ist Kultur für die Politik keineswegs "Schaumgebäck". Immer wieder bahnten Künstler neuen Ideen den Weg, in: Die Zeit Nr. 12 vom 14. März 1997, S. 62.

"Deutschland hat nur noch 1 plus 16 Teilverfassungen, aber zugleich wächst Europa zu einem Ensemble von Teilverfassungen heran"[354].

D. Rationale und emotionale Konsensquellen in Europa: national/europäisch

I. National

Nach der Darstellung der Öffentlichkeit, in bzw. aus der Europa seine konstitutionellen Konturen gewinnt, gelten der Abschluss des ersten Teils einer weiteren "konstitutionellen Tiefenschicht": den rationalen wie den emotionalen Konsensquellen als unabdingbaren Voraussetzungen jedes Verfassungsprozesses. Diese seien zunächst für den nationalen, dann für den europäischen Verfassungsraum entwickelt. Erfüllen die Verfassungstexte je unterschiedliche Funktionen im Dienste am Menschen, so liegt es nahe, dass sie in einer Verfassung der Freiheit und des Pluralismus diesen Menschen zwar nicht "total" erfassen dürfen, indes in seinen für das politische Gemeinwesen wichtigen Aspekten "ansprechen" wollen, so kontrastreich diese sein mögen[355]. Dieses Eingehen auf den Menschen geschieht, verfassungstextlich nachweisbar, vor allem auf zwei Feldern: auf dem der *ratio* und dem *der emotio*.

Dass der Verfassungsstaat auf den Menschen als "Vernunftwesen" setzt, ist ein Gemeinplatz und in vielen seiner älteren und neueren Texte erkennbar: im Prinzip der Gewaltenteilung[356], im Verweis auf die gleichen Grundrechte anderer ("Goldene Regel" bzw. *I. Kants* "Kategorischer Imperativ"), schon in der "Konstruktion" von "Verfassung" überhaupt, in der Organisation ihrer Verfahren, der "Fiktion" des Gesellschaftsvertrages (von *I. Kant* bis *J. Rawls*) und in der Schaffung und Garantie von Verfassungsrecht sowie Rechtsstaatlichkeit (vgl. Präambel Verf. Portugal: "Vorrang der Rechtsstaatlichkeit", Präambel Verf. Spanien: "Rechtsstaat zu festigen", Art. 2 Verf. Polen: "demokratischer Rechtsstaat, der die Grundsätze gesellschaftlicher Gerechtigkeit verwirklicht").

Die Seite der "emotio" ist verfassungstheoretisch bisher vernachlässigt worden, jedenfalls wurde sie nicht präzise den klassischen und neueren Verfassungstexten "entlang" vergleichend erarbeitet. An die auch emotionale Struktur des Menschen "rührt" z.B. die Gruppe von Verfassungsnormen, die sich als Bekenntnis-, Symbol- und Grundwerte-Klauseln klassifizieren lassen[357]. Ihre spezifische Funktion ist es, die "con-

---

354 G.W.F. *Hegel*, Schriften und Entwürfe, 1799 – 1898, Gesammelte Werke, hrsg. von M. Baum und K.R. Meist, Bd. 5, 1998; hierzu: *H. Maier*, Zu Hegels Schrift über die Reichsverfassung (1963), in: Politische Wissenschaft in Deutschland, 1969, S. 52 ff.

355 Einzelheiten in meiner Studie: Das Menschenbild im Verfassungsstaat, 1988 (3. Aufl. 2004).

356 Vgl. Art. 16 französische Menschenrechtserklärung von 1789: "Eine jede Gesellschaft, in der weder die Gewährleistung der Rechte zugesichert noch die Trennung der Gewalten festgelegt ist, hat keine Verfassung".- Dieser Mindestinhalt des Typus "verfassungsstaatliche Verfassung" ist eine ungeschriebene "kulturelles Erbe-Klausel".

357 Textbeispiele: Art. 1 Abs. 2 GG (1949): "Das Deutsche Volk bekennt sich darum zu unverletzlichen und unveräußerlichen Menschenrechten als Grundlage jeder menschlichen Gemeinschaft";

ditio humana" vom Emotionalen her zu erfassen und damit die res publica von dieser Seite aus ein Stück weit zu verfassen. Ob in Präambeln (Verf. Frankreich von 1958: "gemeinsames Ideal von Freiheit, Gleichheit, Brüderlichkeit") oder Erziehungszielen ("Aufgeschlossensein für alles Wahre, Gute und Schöne": Art. 131 Abs. 2 Verf. Bayern), ob in Feiertagsgarantien ("seelische Erhebung": Art. 139 WRV/140 GG) oder in Sprachen-, Flaggen- oder sonstigen Symbol-Artikeln: die Verfassunggeber gestalten ihre Texte sprachlich und inhaltlich im Blick auf diese Funktion: den Menschen auch vom Irrationalen, die Vernunft "übersteigenden" Emotionalen her für das Wichtige (der Verfassung) anzusprechen, sie "einzustimmen", ja zu "gewinnen" (z.B. Präambel Verf. Brandenburg von 1992).

Selbst in den "Im-Geiste"-Artikeln[358] und "kulturelles-Erbe"-Klauseln[359], überhaupt in den kulturverfassungsrechtlichen Texten schimmert diese Funktion durch. Die hier gemeinte Emotio steht nicht nur in einem – oft fruchtbaren – Spannungsverhältnis zur Rationalität des Verfassungsstaates. Sie kann diesen auf eine Weise sogar tiefer gründen: im *Bürger als Menschen*. Darum die an "Glaubens-Artikel" gemahnenden Texte mancher Verfassungen und Menschenrechtserklärungen (vor allem in den Präambeln)[360]. Der demokratische Verfassungsstaat lebt auch aus dem Konsens im Irrationalen, nicht nur aus dem Diskurs, Dissens und Konsens im Rationalen.

II. Europäisch

Das für den nationalen Raum Gesagte gilt auch für den europäischen Verfassungsraum. Wesentlichste rationale Konsensquelle dürfte hier das von der EMRK ausgehende Bewusstsein einer "Grundrechtsgemeinschaft" sein. Weit über Art. 191 EUV hinaus wird bzw. gibt es schon ein solches "europäisches Bewusstsein". Der homo europaeus

---

Präambel Verfassung Frankreich (1946): "Es (sc. das französische Volk) verkündet überdies als für unsere Zeit besonders notwendig die nachstehenden politischen, wirtschaftlichen und sozialen Grundsätze"; Art. 11 Verfassung Portugal (1976/82), zit. nach JöR 32 (1983), S. 446 ff.: "1. Die Flagge des Landes ist diejenige der durch die Revolution vom 5. 10. 1910 errichteten Republik".; Art. 1 Verfassung Japan (1946), zit. nach *R. Neumann*, Änderung und Wandlung der japanischen Verfassung, 1982: "Der Tenno ist das Symbol Japans und der Einheit des japanischen Volkes".; Art. 1 Abs. 1 Verfassung Spanien: "Freiheit, Gerechtigkeit, Gleichheit und Pluralismus als den obersten Werten seiner Rechtsordnung"; weitere Beispiele in meinem Beitrag in: FS für Ulrich Häfelin, 1989, S. 225 ff. Aus der Lit. zur Staatssymbolik: *J. Hartmann*, Staatszeremonie, 3. Aufl. 2000, bes. S. 21 ff.

358 Präambel Verfassung Hamburg (1952): "... Sie (sc. die Freie und Hansestadt Hamburg) will im Geiste des Friedens ... "; ebenda: "in diesem Geiste gibt sich ... Hamburg ... diese Verfassung."; weitere Textbeispiele in meinem genannten Beitrag in: FS für Ulrich Häfelin, 1989, S. 225 ff.

359 Art. 9 Abs. 2 Verfassung Italien (1947): (Die Republik) "schützt die Landschaft und das historische und künstlerische Erbe der Nation."; ferner Art. 60 bis 62 Verfassung Guatemala (1985), zit. nach JöR 36 (1987), S. 555 ff.- Art. 34 Abs. 2 Verf. Brandenburg: "Das kulturelle Leben in seiner Vielfalt und die Vermittlung des kulturellen Erbes werden öffentlich gefördert".- Art. 34 Abs. 2 S. 2 Verf. Georgien (1995): "The cultural heritage is protected by Law". Ähnl. Art. 6 Verf. Äquatorial- Guinea (1991). – Jetzt *K. Odendahl*, Kulturgüterschutz, 2005.

360 Dazu mein Beitrag: Präambeln im Text und Kontext von Verfassungen, in: FS für Johannes Broermann, 1982, S. 211 ff. S. noch Sechster Teil VIII Ziff. 8.

beginnt den "europäischen Rechtsstaat", die europäische Umweltgemeinschaft, andere europäische Grundwerte zu verinnerlichen.

Indes sollten die *emotionalen* Konsensquellen nicht unterschätzt werden. Die Europaflagge, die europäische Kulturhauptstadt (eine Idee von *Melina Mercoury*), andere Vorgänge, die das Emotionale des homo europaeus ansprechen, decken diese Seite des Menschen ab. *Beethovens bzw. Schillers* "Ode an die Freude" (1972) gehören ebenso hierher wie andere kulturelle Ausprägungen Europas. Der Kultursender "Arte" bedient beides: die ratio und die emotio der Europabürger[361].

---

361 Dazu schon oben V., insb. Anm. 320 (zuletzt: Woche vom 4. bis 10 Juni 2005: H. Dutilleux, Paris, Landliebe, Hyppokrates, Die Eiche, Sartre). Aus der Lit. zu den "Europasymbolen" *T. Oppermann*, Europarecht, 2. Aufl. 1999, S. 33. S. noch Nachtrag.

Zweiter Teil:
Verfassunggebung in Europa heute sowie in naher Zukunft

A. *Verfassungsverständnisse – klassische und neuere (national/europäisch)*
   – das "gemischte Verfassungsverständnis"

   I. *Klassische und neuere nationalstaatsbezogene*
      – das "gemischte Verfassungsverständnis"

"Verfassung" bezieht sich herkömmlich auf den *Staat*, wobei vorweg daran zu erinnern ist, dass es i.S. von *R. Smend* und *A. Arndt* nur so viel "Staat" gibt, wie die Verfassung konstituiert. In sehr deutscher Weise wird demgegenüber mitunter dem Staat "präkonstitutionelle Bedeutung" beigelegt[1], was von einer von der Menschenwürde als kulturanthropologischer Prämisse des Verfassungsstaates ausgehenden Sicht fragwürdig erscheint. Abgesehen davon ist der Staatsbezug des Verfassungsbegriffs zu relativieren, wenn nicht zu eliminieren. Dazu ermutigt, dass ein Klassiker wie *A. Verdross* früh (1926) das Wort von der "Verfassung der Völkerrechtsgemeinschaft" gewagt hat und sich auch sonst Stimmen finden, die mit oder ohne Anführungszeichen von "Verfassung" der EU sprechen[2].

Im Folgenden wird ein "*gemischtes*", viele Funktionen zusammenbindendes Verfassungsverständnis entwickelt, das letztlich in ein gerade auch für Europa einschlägiges *kulturwissenschaftliches Verfassungsverständnis* einmündet. Im Einzelnen:

Der (nationalen) Verfassung geht es um "Beschränkung und Rationalisierung der Macht und Gewährleistung eines freien politischen Lebens"[3]. Ehe an die Beschränkungsfunktion gedacht wird, ist indes die Konstituierung und Legitimierung von Macht in den Blick zu nehmen: Das politische Gemeinwesen muss organisiert werden; die von ihm zu erfüllenden Funktionen sind auf bestimmte Kompetenzträger zu verteilen. Damit kommen zwei weitere Umschreibungsversuche ins Blickfeld, die ergänzend aussagekräftig sind: Verfassung ist "Anregung und Schranke" (*R. Smend*) und sie ist "Norm und Aufgabe" (*U. Scheuner*), auch "Wertordnung". Eine Spektralanalyse all dessen, was eine verfassungsstaatliche Verfassung leisten muss und in ihrer langen Entwicklungsphase erarbeitet hat, gelangt zu einem weiteren Aspekt: Verfassung ist auch "öffentlicher Prozess". Diese vom Verfasser im Gespräch mit *J. Habermas* 1969 entwickelte

---

1   Z.B. *J. Isensee*, Staat und Verfassung, HdBStR Bd. I, 2. Aufl. 1995, S. 591 ff., bes. S. 608 ff.; anders der Verf., ebd. S. 815 (843 ff.) zur Menschenwürde (Bd II, 3. Aufl. 2004, § 22).

2   Vgl. *J.A. Frowein*, Die Verfassung der Europäischen Union aus der Sicht der Mitgliedstaaten, EuR 1995, S. 315 ff.; *T. Schilling*, Die Verfassung Europas, StWStP 1996, S. 387 ff.; *A. Weber*, Zur künftigen Verfassung der Europäischen Gemeinschaft, JZ 1993, S. 325 ff.; *G.C. R. Iglesias*, Zur "Verfassung" der Europäischen Gemeinschaft, EuGRZ 1996, S. 125 ff.; *ders.*, Gedanken zum Entstehen einer europäischen Rechtsordnung, NJW 1999, S. 1 ff.; *C. Landfried*, Die Zeit ist reif, Nur ein europäischer Verfassungsstaat kann das Legitimationsdefizit in der EU beheben, FAZ vom 9. Sept. 1999, S. 10. – Bemerkenswert im Blick auf die UN: *B. Fassbender*, The United nations Charter as Constitution of the International Community, Columbia Journal of Transnational Law, Vol. 36 (1998), S. 529 ff.

3   *H. Ehmke*, Grenzen der Verfassungsänderung, 1953, S. 101 ff.

Sicht[4] verweist auf die öffentlichen Kontroll- und Integrations-, auch Legitimationsvorgänge, die Verfassungen "anregen", in Gang halten, aber auch voraussetzen. Hinzu kommen quasi-kontraktuelle Momente: "Verfassung" als immer neues Sich-Vertragen und Sich-Ertragen aller Bürger. Fügten sich die bislang aufgelisteten Verfassungsverständnisse bzw. -funktionen zu einem "*gemischten Verständnis*"[5] und, wie später zu zeigen sein wird, auch zu einem für Europa brauchbaren Ganzen, so führen bereits die Erkenntnisse der z.B. in Präambeln, Sprachklauseln und Erziehungszielen gespeicherten Kulturgehalte und der in Symbolen wie Hymnen, Flaggen und Wappen, auch Feiertagen erlebbaren irrationalen Schichten eines Verfassungswerkes zu einem *kulturwissenschaftlichen* Verfassungsverständnis. Danach ist Verfassung, wie in dieser Europäischen Verfassungslehre kontextspezifisch bereits ausgeführt, nicht nur juristischer Text oder normatives "Regelwerk", sondern auch Ausdruck eines kulturellen Entwicklungszustandes, Mittel der kulturellen Selbstdarstellung des Volkes, Spiegel seines kulturellen Erbes und Fundament seiner Hoffnungen. Lebende Verfassungen als ein Werk aller Verfassungsinterpreten der offenen Gesellschaft sind der Form und der Sache nach weit mehr Ausdruck und Vermittlung von Kultur, Rahmen für kulturelle (Re-)Produktion und Rezeption und Speicher von überkommenen kulturellen "Informationen", Erfahrungen, Erlebnissen, ja "Weisheiten".

Die Fruchtbarkeit dieses kulturwissenschaftlichen Ansatzes für die "Verfassungsgemeinschaft Europa" liegt auf der Hand. Ihre sie zusammenhaltende Rechtskultur bzw. die Elemente des "Gemeineuropäischen Verfassungsrechts", die Bezugnahmen auf das kulturelle Erbe, die (kulturelle) Identität und Vielfalt in vielen geschriebenen Rechtstexten, das reiche Kulturverfassungsrecht in den Dokumenten von "Maastricht" und "Amsterdam" – all dies belegt, dass der Schlüssel zum Europa von heute seine *Kultur* ist.

Dank dieses Ansatzes lassen sich die Begriffe "nationale" bzw. "europäische Identität" ermitteln: jene figuriert in Art. F Abs. 1 bzw. 6 Abs. 3 EUV[6]. Von "europäischer Identität" spricht z.B. Art. 7 Abs. 5 Verf. Portugal (1976/92) – ein prägnantes Beispiel für "nationales Europaverfassungsrecht". Mögen auch rechtstechnische und ökonomische Elemente (z.B. der EURO!) den Begriff "Identität" mit prägen: In der Tiefe handelt es sich um einen kulturwissenschaftlichen Begriff (vgl. auch Art. 191 EGV: "europäi-

---

4   *P. Häberle*, Öffentlichkeit und Verfassung (1969), später in: *ders.*, Verfassung als öffentlicher Prozess, 1. Aufl. 1978 (3. Aufl. 1998), S. 225 ff.
5   Dazu meine Verfassungslehre als Kulturwissenschaft, 2. Aufl. 1998, S. 342 ff.
6   Aus der Lit.: *M. Hilf*, Europäische Union und nationale Identität der Mitgliedstaaten, Ged.-Schrift für Grabitz, 1995, S. 157 ff.; *A. Bleckmann*, Die Wahrung der "nationalen Identität" im Unions-Vertrag, JZ 1997, S. 265 ff.; *F.R. Pfetsch*, Die Problematik der europäischen Identität, Aus Politik und Zeitgeschichte, B 25-26/98 vom 12. Juni 1998, S. 3 ff.; *H. Schauer*, Nationale und europäische Identität, Die unterschiedlichen Auffassungen in Deutschland, Frankreich und Großbritannien, in: Aus Politik und Zeitgeschichte, B 10/97 vom 28. Febr. 1997, S. 3 ff.; *U.R. Haltern*, Europäischer Kulturkampf, Der Staat 37 (1998), S. 591 (617 ff.); s. auch *I. Pernice*, in: H. Dreier (Hrsg.), Grundgesetz-Kommentar, Bd. 2, 1998, Art. 23 Rn. 25: nationale Identität geprägt durch "politische, soziale und geistige Kultur". S. auch *H. Lübbe*, "Europa wird schweizähnlicher", für den die kulturelle und religiöse Herkunftsidentität zu den Voraussetzungen der europäischen Einheit gehört, nicht aber deren Veranlassung ist (zit. nach FAZ vom 28. Januar 1999, S. 50). – Zur "europäischen Identität" siehe oben Einleitung E. II.

sches Bewusstsein"). Darum sind in beiden Fällen in *gemeineuropäischer Hermeneutik* bei Anerkennung der je nationalen Vielfalt kulturelle Wesensgehaltklauseln wie Art. 149 und 151 EGV (Amsterdam) und nationale Ewigkeitsgarantien (wie Art. 79 Abs. 3 GG, Art. 288 Verf. Portugal) mit heranzuziehen. Weder kann die nationale Identität als Element der Vielfalt Europas nur "für sich" interpretiert werden, noch lässt sich das "gemeinsame kulturelle Erbe" ohne die Vielfalt der nationalen und regionalen Kulturen (auch Sprachen) ausdeuten. An diesem Interpretationsvorgang wechselseitig sich bestimmender Größen sind im Europa als Prozess, im "Europa der Bürger" nicht nur die staatlichen und überstaatlichen Instanzen, sondern letztlich auch alle Bürger und Gruppen beteiligt. Die *offene Gesellschaft der Verfassungsinterpreten wird europäisch*! Sie prägt die "europäische Öffentlichkeit" mit. Der Bürger, der zum EuGH zieht oder eine Menschenrechtsbeschwerde am EGMR erhebt[7], leistet auf dem europäischen Forum ein Stück Verfassungsinterpretation in Sachen europäische Grundrechte. Dabei sei nicht verkannt, dass kleinere Länder wie Luxemburg die europäische Identität seit langem stärker verinnerlicht haben als größere wie Frankreich. Uns Deutschen ist das "europäische Deutschland" i.S. von *Thomas Mann* der Klassikertext i.S. deutscher bzw. europäischer Identität. Das Bündel all dieser Fragen geht weit über die Jurisprudenz[8] als europäischer und nicht mehr nur "nationaler" Wissenschaft hinaus: hin zur – pluralistischen – Kulturwissenschaft.

Diese Sicht hat Folgerungen für das *Staatsverständnis*. Nach klassischer Lehre bildet sich der Staat aus drei Elementen: Staatsgewalt, Staatsgebiet und Staatsvolk (*G. Jellinek*). Das von *G. Dürig* als viertes Element (1954) vorgeschlagene, die *Kultur*, fehlt[9]. Wenn nicht das erste, so ist die Kultur doch mindestens das *"vierte"* Staatselement. Sie entfaltet die Bindekräfte eines politischen Gemeinwesens, sie gibt ihm eigene Konturen im Vergleich zu anderen Nationen, sie "erfüllt" grundrechtliche Freiheit ("Freiheit aus Kultur"). Im Verfassungsstaat ist die formale Staatselementenlehre ins Inhaltliche umzudenken. Dabei helfen die Differenzierungen zwischen "Hochkultur", "Volkskultur" sowie "Alternativ"- bzw. "Subkultur" weiter, die zugleich das dem Verfassungsstaat eigene, offene, pluralistische Kulturkonzept zum Ausdruck bringen. So wichtig der staatliche Schutz für die Grundrechte, die Staatsaufgaben und den Gemeinwohlauftrag und die ihnen dienenden Staatsorgane bleibt: sie wirken auf der Grundlage der Verfassung als Kultur. Neuere, sich nach und nach einbürgernde Begriffe wie "Verfassungskultur", "Grundrechtskultur", sogar "Verwaltungskultur" bringen das zum Ausdruck[10].

---

7   Z.B. gegen das BVerfG: EuGRZ 1997, S. 405 bzw. NJW 1997, S. 2809. – Zu den älteren Fällen *Wemhoff* und *König: J.A. Frowein*, Übernationale Menschenrechtsgewährleistungen, HdBStR Bd. VII, 1992, S. 731 (755).

8   Vgl. *S. Sahm*, Medizinische Ethik im vereinten Europa, FAZ vom 20. Januar 1999, S. N 3.

9   *G. Dürig*, Der deutsche Staat im Jahre 1945 und seither, VVDStRL 13 (1955), S. 27 (37 ff.). – Zu G. Jellinek jetzt umfassend: *J. Kersten*, Georg Jellinek und die klassische Staatslehre, 2000.

10 Schritt für Schritt entfaltet in meinen Arbeiten: Kommentierte Verfassungsrechtsprechung, 1979, S. 88 ff.; Verfassungslehre als Kulturwissenschaft, 1. Aufl. 1982, S. 20 Anm. 25 ("Verwaltungskultur"), 2. Aufl. 1998, S. 90.

Bei diesem Ansatz wird es möglich, die in Deutschland so gern hypostasierte Staatlichkeit zu relativieren[11]. Wenn schon im Verfassungsstaat der heutigen Entwicklungsstufe die Verfassung im Zentrum steht und die von ihr konstituierte Staatlichkeit allein dienende, instrumentale Funktion besitzt (vgl. Art. 1 VE Herrenchiemsee von 1948: "Der Staat ist um des Menschen willen da", nicht umgekehrt), dann darf bei der Frage nach dem Ob und Wie einer Verfassung Europas erst recht die hier fehlende klassische "Staatlichkeit" nicht zum Grund für die Verneinung der *Verfassungs*qualität als solcher gemacht werden. Das gilt um so mehr, als konstituierte *Vor*formen von typischen Staats-Charakteristika, nämlich Unionsbürgerschaft, Gebietshoheit, Gewaltenteilung, Währungshoheit, Gemeinschaftsaufgaben sowie unabhängige Institutionen wie das Parlament, ein Verfassungsgericht und ein Rechnungshof schon eingerichtet sind[12].

Im Übrigen werden manche klassische Staatlichkeits-Artikel des GG *neu* zu "lesen" sein: So ist in die Richtbegriffe der Neugliederung des Bundesgebietes nach Art. 29 Abs. 1 die europäische Dimension zu integrieren[13]; so ist Art. 32 GG ("auswärtige Staaten") neu zu durchdenken – die EU-Mitglieder sind solche im herkömmlichen Sinne nicht mehr[14]; so ist sogar der Amtseid von Bundespräsident und Bundeskanzler (Art. 56 GG) *europäisch* zu verstehen: es geht nicht mehr nur um das "Wohl des deutschen Volkes", sondern auch um das "europäische Wohl", und ungeschriebener Pflichtenmaßstab bildet zusammen mit dem (geschriebenen) "Grundgesetz und den Gesetzen des Bundes" das Europarecht im engeren und weiteren Sinne.

Sehr grundsätzlich sind Begriffe der "Allgemeinen Staatslehre", etwa das viel berufene nationale "Staatsvolk", ebenfalls zu "europäisieren": Das (nationale) Staatsvolk wird ergänzt um die EU-Mitbürger (Art. 17 EGV), die das Kommunalwahlrecht haben

---

11 Dazu *J.H.H. Weiler*, Der Staat "über alles", Demos, Telos und die Maastricht-Entscheidung des BVerfG, JöR 44 (1996), S. 91 ff. Zur Kritik an BVerfGE 89, 155 auch etwa *J. Schwarze*, Europapolitik unter deutschem Verfassungsrichtervorbehalt, NJ 1994, S. 1 ff.; *J.A. Frowein*, Das Maastricht-Urteil und die Grenzen der Verfassungsgerichtsbarkeit, ZaöRV 54 (1994), S. 1 ff.; *I. Pernice*, Deutschland in der Europäischen Union, HdBStR Bd. VIII, 1995, S. 225 (262 ff., 273).

12 Zur Relativierung der klassischen Lehre von den Staatselementen siehe auch *D. Thürer*, Der Verfassungsstaat als Glied einer europäischen Gemeinschaft, VVDStRL 50 (1991), S. 97 ff., 122 ("Tendenzen zur Erosion aller Elemente des klassischen Staatsbegriffs"); *ders.*, Recht der internationalen Gemeinschaft und Wandel der Staatlichkeit, in: ders./J.-F. Aubert/J. P. Müller (Hrsg.), Verfassungsrecht der Schweiz, 2001, S. 37 ff., 55 f. Die Formulierung von der "Erosion" – wenngleich zurückhaltender – aufgreifend *T. Stein*, Europäische Union: Gefahr oder Chance für den Föderalismus in Deutschland, Österreich und der Schweiz?, VVDStRL 53 (1994), S. 26 ff., 30; später ebenso *A. v. Bogdandy*, Beobachtungen zur Wissenschaft vom Europarecht, Der Staat 40 (2001), S. 1 ff., 10 ("Erosion von Staatlichkeit").

13 Dazu meine Beiträge: Ein Zwischenruf zur föderalen Neugliederungsdiskussion in Deutschland – gegen die Entleerung von Art. 29 Abs. 1 GG, FS Gitter, 1995, S. 315 ff. sowie Die europäische Verfassungsstaatlichkeit, KritV 1995, S. 298 ff. – S. noch oben Einleitung D. Inkurs.

14 Auch im Völkerrecht entwickelt sich immer mehr die Vorstellung, dass angesichts der Globalisierung die Grenzen klassischer Staatlichkeit überschritten werden, vgl. die glückliche Wortschöpfung vom Völkerrecht als "Weltinnenrecht" bei *J. Delbrück*, Wirksameres Völkerrecht oder neues "Weltinnenrecht", in: Die Konstitution des Friedens als Rechtsordnung (hrsg. von U. Dicke u.a.), 1996, S. 318 ff.

(Art. 19 EGV, Art. 28 Abs. 1 S. 3 GG)[15] und das Europäische Parlament wählen. Die nationale Staatsgewalt muss sich ihren Wirkungsraum mit europäischen Instanzen teilen ("Schengen" und unmittelbare Geltung des Europarechts i.e.S.). Die nationalen politischen Parteien stehen unversehens im Verbund mit den Parteien auf europäischer Ebene (Art. 191 EGV). Wir sind auf dem Weg zu einem "*europäischen Verfassungsvolk*", repräsentiert vom Europäischen Parlament und aktiviert von den europäischen politischen Parteien und dem Petitionsrecht (Art. 21 EGV).

Umgekehrt rücken europäische Organe in die Nähe von (Vor-)Formen herkömmlich staatlicher Begriffe: So nennt sich das Europäische Parlament zu Recht "Parlament": Es ist aus allgemeinen Wahlen in den europäischen Völkern hervorgegangen, setzt sich aus freien Abgeordneten zusammen und bildet ein Korrelat der nationalen Parlamente, insofern es zunehmend Kreations-, Gesetzgebungs- und Kontrollrechte gewinnt. Auch der Untersuchungs-Ausschuss (Art. 193 EGV) oder der Rechnungshof (Art. 246-248 EGV) wurden "nach dem Bild" der alten und neuen nationalen Verfassungsstaaten entwickelt.

Schließlich und eigentlich zuerst ist die Lehre von der verfassunggebenden Gewalt des Volkes[16] und der Verfassungsänderung[17] zu "europäisieren". Zum einen von der Subjekt-Seite her: Der erwähnte Begriff von Europa als *mittelbarem Verfassunggeber* bringt zum Ausdruck, dass kein Land mehr in Europa beim Vorgang der Verfassunggebung (oder Verfassungsänderung) national "für sich" steht; es empfängt Vorgaben oder gar "Auflagen" von den in Europa vergemeinschafteten anderen Ländern bzw. den europäischen Organen[18]. Zum anderen von den Themen her: Maastricht (1992) und Amsterdam (1997) zeitigen viele Auswirkungen auf die Inhalte der unumgehbaren Verfassungsrevisionen: Weit über die sogenannten "Europa-Artikel" (z.B. Art. 23 GG, Art. 60 Abs. 2 Verf. Saarland, Art. 3 a Verf. Bayern, Art. 23 a bis f Verf. Österreich) hinaus determiniert Europa die nationale Verfassunggebung bzw. -revision. Auch darum ist Europa eine "Verfassungsgemeinschaft": als "*work in progress*". Längst wäre es an der Zeit, von einem "europäischen Gesellschaftsvertrag" zu sprechen, wie dies nach dem Vorbild wissenschaftlicher Stimmen[19] jetzt auch der deutsche Außenminister *J. Fi-*

---

15 Aus der Lit.: *K. Barley*, Das Kommunalwahlrecht für Ausländer nach der Neuordnung des Art. 28 Abs. 1 S. 3 GG, 1999.

16 Dazu meine Verfassungslehre als Kulturwissenschaft, 2. Aufl. 1998, S. 238 ff.; *H.-P. Schneider*, Die verfassunggebende Gewalt, HdBStR Bd. VII, 1992, S. 3 ff.; *G. Schmid*, Verfassunggebung in einer zusammenwachsenden Welt, FS Hangartner, 1998, S. 1043 ff. – Zu "Stufen und Verfahren integrierender Verfassunggebung" in der EU: *I. Pernice*, Deutschland in der EU, HdBStR Band VIII, 1995, S. 225 (275 ff.). – Zum Ganzen noch Zweiter Teil D.

17 Aus der Lit.: *H. Dreier*, in: ders. (Hrsg.), Grundgesetz-Kommentar, Bd. 2, 1998, Art. 79 Abs. 1, Rn. 10 ff.; *P. Badura*, Staatsrecht, 3. Aufl. 2003, S. 571 ff.

18 Jüngst hat die Parlamentarische Versammlung des Europarates in Straßburg beschlossen, *Georgien* in den Europarat aufzunehmen (FAZ vom 28. Januar 1999, S. 9): Georgien sei mittlerweile eine pluralistische Demokratie mit Menschenrechten geworden. Die Versammlung stellte aber *Bedingungen*: u.a. soll Georgien einen "Rechtsrahmen" für ein Statut der Autonomie-Gebiete wie Abchasien, Ossetien etc. schaffen. Hier wird also ein regionalistisches Autonomiestatut (zum Zweck des Minderheitenschutzes) und damit ein Stück moderner Verfassungsstaatlichkeit von Europa her durchgesetzt.

19 Dazu m.w.N. *I. Pernice*, aaO., Rn. 55.

scher[20] wagt. Dieses Paradigma hat den Vorteil, den Vertragsgedanken nicht mehr den Staaten als solchen zuzurechnen, die im EU-Europa ohnehin nicht mehr "Herren der Verträge" sind[21]. Überdies erlaubt es, das schon im klassischen Staats- bzw. Verfassungsverständnis angelegte Moment des "immer neuen Sich-Vertragens und Sich-Ertragens aller" i.S. einer "Zivilgesellschaft" auf Europa anzuwenden.

Dass bei all dem das als "Verfassungsgemeinschaft" konzipierte Europa aus der Balance von Elementen der "Verfassungshomogenität" und "Verfassungspluralität" lebt – gemäß seiner Kultur als Vielfalt und Einheit –, sei angemerkt[22].

Im Übrigen darf mit den Worten des deutschen GG (Art. 23 Abs. 1) gesprochen werden, insofern es ein Europa-Bild entwirft, das mit mehreren *Analogien* arbeitet: Entwicklung der EU, "die demokratischen, rechtsstaatlichen, sozialen und föderativen Grundsätzen und dem Grundsatz der Subsidiarität verpflichtet ist und einen dem GG im wesentlichen vergleichbaren Grundrechtsschutz gewährleistet"[23]. Damit sind konstitutionelle Elemente der EU entworfen. Ihre Verfassungsgemeinschaft muss in den Grundprinzipien der Verfassungsüberlieferung des GG gegenüber analogiefähig sein. Mag darin ein gewisser "Grundgesetzfundamentalismus", auch eine Art "Grundgesetzintrovertiertheit" zum Ausdruck kommen – (Deutschland kann indes seine Verfassung nicht zum Maßstab der EU machen!): Für die europäische Verfassungslehre ist festzuhalten, dass hier tendenziell richtige Umrisse eines "Bildes" der EU als *Verfassungs*gemeinschaft skizziert sind.

Das Wort von der "postnationalen Konstellation" (*J. Habermas*) oder vom Projekt einer "transnationalen Verfassung"[24] sollte m.E. *nicht* favorisiert werden. Die nationale, in den Verfassungsstaaten bewährte gemeinschaftsbildende Vielfalt Europas ist Teil seines kulturellen Erbes und seiner kulturellen Zukunft. So wie die drei kulturellen Grundfreiheiten, die des Glaubens, der Wissenschaft und der Kunst, letztlich die Innovationspotentiale des Verfassungsstaates bilden, so ist die Nation bei aller kultureller Offenheit gegenüber dem "Anderen" ein Pfeiler und Garant der Verfassungsgemeinschaft Europa. Besonders die Menschenrechte und die in ihnen greifbare "Menschheit"

---

20 Zit. nach FAZ vom 22. Januar 1999, S. 7. *Fischer* forderte in seiner Straßburger Rede im Januar 1999 eine "Verfassung für Europa" (Teildruck in: Die Zeit vom 21. Januar 1999, S. 3).

21 Dazu *U. Everling*, Sind die Mitgliedstaaten der Europäischen Gemeinschaft noch Herren der Verträge?, FS Mosler, 1983, S. 173 ff.; *I. Pernice*, in: H. Dreier (Hrsg.), Grundgesetz-Kommentar, Bd. 2, 1998, Art. 23, Rn. 21. – Im demokratischen Europa kann es keine "Herren" geben: Weder sind die Staaten "Herren der Verträge", noch ihrer Verfassungen. Die auf der Würde des Menschen aufbauende "Bürgergemeinschaft Europas" macht die Herrenideologie gegenstandslos (s. aber z.B. *J.C. Wichard*, Wer ist Herr im europäischen Haus?, EuR 1999, S. 170 ff.).

22 Vgl. früh: *H.P. Ipsen*, Über Verfassungshomogenität in den Europäischen Gemeinschaften, FS Dürig, 1990, S. 159 ff. Verwiesen sei auch auf die "präföderale", Art. 28 Abs. 3 GG analoge, Homogenitätsklausel des Art. F a Abs. 1 bzw. 7 Abs. 1 EUV. Zur "Causa Österreich" siehe Erster Teil B. III. 4. d).

23 *I. Pernice*, aaO., Rn. 75 spricht treffend von "funktionaler Äquivalenz", *R. Streinz*, in: Sachs (Hrsg.), Grundgesetz, 3. Aufl. 2003, Art. 23 Rn. 22 von "strukturangepaßter Grundsatzkongruenz".

24 Vgl. das Heft Die Union 4/98, Vierteljahreszeitschrift für Integrationsfragen (Wien). Dort hat der *Verf.* (S. 125 ff.) bereits seine Bedenken angemeldet. Vgl. aber auch *U. Beck*, Was ist Globalisierung?, 1997, der dem Konzept des Nationalstaates die Idee des "Transnationalstaates" gegenüberstellt (S. 183 ff.).

sind ohne den Verfassungsstaat als "Garanten" nicht denkbar. Das zeigt sich etwa in der Etablierung eines Internationalen Strafgerichtshofs der UN (1998)[25] – Stichwort "verfassungsstaatliche Bedingtheit des Überstaatlichen".

Im Übrigen: Schon die klassischen Römischen Verträge von 1957 wurden vom EuGH als "Verfassung" der Europäischen Gemeinschaften qualifiziert, ohne dass ein "Staat" vorlag oder auch nur am Horizont erkennbar war (s. auch BVerfGE 22, 293 (296): "gewissermaßen die Verfassung dieser Gemeinschaft")[26].

II. Insbesondere: Verfassung als Kultur

1. "Verfassung"

a) Stichworte zur Entwicklungsgeschichte des Verfassungsstaates

Der Verfassungsstaat ist als *Typus* das – immer wieder offene – Ergebnis einer jahrhundertelangen Entwicklungsgeschichte in Zeit und Raum.

Um mit dem Heute zu beginnen: Verfassungsstaat meint das politische Gemeinwesen, das in der *Menschenwürde* i.S. *I. Kants* seine kulturanthropologische Prämisse hat und in der pluralistischen Demokratie eine organisatorische Konsequenz besitzt. Aus der Menschenwürde folgen einzelne Freiheits- und Gleichheitsrechte (auch das Wahlrecht); das Prinzip des "sozialen Rechtsstaates" dirigiert die einzelnen Staatsziele bzw. Staatszwecke, die man ein wenig altmodisch auch mit "Gemeinwohl" (salus publica) umschreiben mag. Konstituierend für den Typus Verfassungsstaat sind sodann die Gewaltenteilung, verstanden im engeren staatlichen Sinne eines *Montesquieu* (beruhend auf der schmerzlichen Erkenntnis, dass der Mensch dazu neigt, die Macht zu missbrauchen), aber auch in einem weiteren gesellschaftlichen Sinne (Balancen etwa zwischen den Tarifpartnern, oder, der Idee nach, zwischen dem öffentlichrechtlichen und privaten Fernsehen). Die Art und Zahl der staatlichen Gewalten ist, je nach Raum und Zeit, offen, bedarf sogar der "Fortschreibung": etwa um den effektiven Aufbau genuiner Verfassungsgerichtsbarkeit, um unabhängige Rechnungshöfe, um Ombudsmänner und -frauen nach skandinavischem Vorbild. Ein Stück Gewaltenteilung verdanken wir auch dem weltweit so erfolgreichen Föderalismus, verstanden als "vertikale" Gewaltenteilung, und seinem "kleinen Bruder", dem Regionalismus, der europaweit Zukunft hat: Denken wir nur an das effektive System Autonomer Gebietskörperschaften in Spanien, an den neuen Regionalismus in Großbritannien (Schottland, Wales und "Rat der Inseln" unter Beteiligung Nordirlands und Irlands). Das "Europa der Regionen"[27] ist mit seinem

---

25 Dazu das Statut, abgedruckt in EuGRZ 1998, S. 618 ff. Aus der Lit.: *K. Ambos*, Der neue Internationale Strafgerichtshof ..., NJW 1998, S. 3743 ff; *G. Werle,* Völkerstrafrecht, 2003.
26 Siehe dazu auch *S. Oeter,* Europäische Integration als Konstitutionalisierungsprozess, ZaöRV 59 (1999), S. 901 ff.; *J.-C. Piris,* Hat die Europäische Union eine Verfassung? Braucht sie eine?, Europarecht 35 (2000), S. 311 ff.
27 Pionierhaft F. Esterbauer (Hrsg.), Regionalismus, 1978; später J. Bauer (Hrsg.), Europa der Regionen, 2. Aufl. 1992; F.L. Knemeyer (Hrsg.), Europa der Regionen – Europa der Kommunen, 1994.
– Aus der deutschsprachigen bzw. italienischen Literatur zuletzt: P. Pernthaler/S. Ortino (a cura di), Euregio Tirolo, 1997.

freilich noch schwachen "Ausschuss der Regionen" (Art. 263-265 EGV) ein weiteres Beispiel. Italien müsste vielleicht noch stärker um einen "nuovo regionalismo" oder einen effektiven Regionalismus ringen, vital gesteuert und in der kulturellen Tiefe getragen von seinen einzigartigen Kulturlandschaften und Städtebildern!

Die *Demokratie* ist das organisatorische Grundprinzip des Verfassungsstaates der heutigen Entwicklungsstufe. Es hat mehrere Varianten: etwa der repräsentativen bzw. mittelbaren Demokratie einerseits, der direkten oder unmittelbaren Demokratie andererseits. Je nach der politischen Kultur eines Volkes mag es "Mischungen" geben: So scheint mir die Schweizer sog. "halbdirekte" oder Referendumsdemokratie auf Bundes- wie kantonaler Ebene als vorbildlich, zumal sie die Macht der politischen Parteien begrenzt, auch wenn sie ihrerseits mit einigen Schwächen verbunden ist (etwa: relativ geringe Wahlbeteiligung etc.). Demokratie ist heute wohl die am wenigsten schlechte Staatsform, um an ein Bonmot von *Churchill* anzuknüpfen. Sie ist nur als "Herrschaft auf Zeit" erträglich (System der regelmäßigen Wahlen auf Zeit). Diese Kontrollmechanismen durch *auf Zeit* anvertraute Herrschaft ("trust" i.S. der englischen Tradition) sind unverzichtbar. Aber selbst sie genügen nicht, wie man in Deutschland im Parteispendenskandal der CDU bzw. des "ewigen Bundeskanzlers" *H. Kohl* schmerzlich erfahren hat. 16 Jahre Herrschaft derselben Partei und ihres Führers sind zu lange. Es bedarf neuer Kontrollmechanismen, etwa der Begrenzung der Wiederwahl wie beim deutschen Bundespräsidenten oder US-amerikanischen Präsidenten.

Was aber sind die Gründe für die These, die Demokratie, verstanden als "Bürgerdemokratie", als pluralistische, gewaltenteilige, rechtsstaatliche Demokratie (mit eingebauten Schutzmechanismen für die Opposition, für Minderheiten, für Privatheit) sei die am wenigsten schlechte Staatsform? M.E.: Zum einen, weil sie die Konstitution der Freiheit und Gleichheit der Menschen ist; zum anderen, weil sie am ehesten den gesellschaftlichen Wandel verarbeiten kann: mittels grober und feiner Instrumente und Verfahren, um den Zeitfaktor einzubauen: von der Totalrevision einer Verfassung (wie soeben in der Schweiz), über Verfassungsänderungen (über 50 seit 1949 im deutschen Grundgesetz) bis zur Gesetzesnovelle und etwaigen Experimentiergesetzen, wie derzeit im deutschen Hochschul- und Kommunalrecht sowie bis hin zu so fein gestimmten Instrumenten wie dem verfassungsrichterlichen Sondervotum als Mittel der Einleitung von Verfassungswandel, klassisch in den USA entwickelt, heute aber auch in Deutschland, Spanien, Slowenien, Kroatien und am EGMR in Straßburg verankert, aber noch nicht an der Corte in Rom. Alle totalitären Regime schaffen es gerade nicht, die Zeit zu verarbeiten, ganz abgesehen von ihrer Negation von Freiheit und Gleichheit der Bürger.

Nach dieser fragmentarischen Kennzeichnung einiger Verfassungsthemen jetzt vergleichend ein Blick in Zeit und Raum: Der Typus Verfassungsstaat der heutigen Entwicklungsstufe ist in Jahrhunderten entstanden. Viele Zeiten und Völker, Persönlichkeiten und Erfahrungen haben Beiträge geleistet. *Aristoteles* verdanken wir z.B. die Einsicht in den Zusammenhang von Gleichheit und Gerechtigkeit, jüngst haben Südafrika und El Salvador, auch Guatemala etwas ganz Neues entwickelt, die sog. "Wahrheitskommissionen", um neben der Bestrafung oder Amnestie einen neuen verfassungsstaatlichen Weg zu finden, um Unrechtsregime der Vergangenheit in eine bessere Zukunft zu führen[28], sodann sei an *J. Locke, Montesquieu, I. Kant* oder (aus unserer Zeit) *J. Rawls* und sein Konstrukt des "veil of ignorance" (1971) oder an *H. Jonas'* "Prinzip Verantwortung" erinnert (1979), das wir im Umweltverfassungsrecht brauchen (vgl. jetzt Art. 20 a GG)[29]. Sie alle sind weitere Beispiele dafür, dass einzelne Denker zum Werden und der Entwicklung des Verfassungsstaates konstitutive Beiträge geleistet haben. Man darf sie "Klassiker im Verfassungsleben" nennen[30]. "Klassiker" ist in dieser Sicht dabei ein *Wert*begriff *und* ein *Erfolgs*begriff: *Montesquieu* "im" Grundgesetz bezeichnet einen Grundwert seines Denkens in unserer geschriebenen Verfassung: vom Verfassunggeber rezipiert, von unserer offenen Gesellschaft gelebt. "Erfolgsbegriffe" sind solche Klassikertexte aber, insoweit und insofern sie eben fast täglich anerkannt, gelebt, respektiert, (in Schulen und Universitäten) reflektiert und auch fortgeschrieben und weiterentwickelt werden. So ist etwa die Schrift von *Montesquieu* zur Gewaltenteilung (1748) ein Text i.S. eines Verfassungstextes im *weiteren* Sinne, der in der Gegenwart und Zukunft des Verfassungsstaates ständig neue Fragen zu drohenden Machtkonstellationen stellt und Antworten gibt – fast einem Bibeltext gleich oder einem großen Dichterwort ähnlich. Texte des GG stehen in seinem Kontext. Heute, seit 1989, haben wir eine weltweite Verantwortungsgemeinschaft in Sachen Verfassungsstaat. Texte, Theorien, Judikatur und Praxis werden ausgetauscht, kritisiert, fortentwickelt: wir können von einer "Produktions- und Rezeptionsgemeinschaft" in Sachen Verfassungsstaat sprechen. So hat sich etwa Südafrika auch am deutschen Föderalismusmodell orientiert, die osteuropäischen Reformstaaten rezipieren französische, italienische oder deutsche Modelle. Historisch darf man sagen, dass wohl alle europäischen Staaten schöpferische Beiträge zum Typus Verfassungsstaat geleistet haben: Großbritannien die parlamentarische Demokratie, Frankreich die Menschenrechte (zusammen mit den USA: Virginia Bill of Rights von 1776), Italien den Regionalismus (1947), die Schweiz den Föderalismus (1848), Deutschland heute seine hochkultivierte Grundrechtspraxis und Aspekte der weitreichenden Verfassungsgerichtsbarkeit.

b) Verfassungsverständnisse in deutscher Sicht

Im Folgenden sollen (nur) deutsche Stimmen zu Wort kommen: zur Frage nämlich, wie verfassungsstaatliche Verfassungen zu verstehen sind. "Vorverständnis und Methodenwahl" zu diesen Themen sind bei den einzelnen Richtungen und Schulen in Deutschland, besonders in Weimar, sehr vielgestaltig. Es gibt zahlreiche Theorien über das "richtige" Verständnis von geschriebenen Verfassungen, über ihre Funktionen und ihre Eigenart im Vergleich zu anderen Rechtsgebieten, etwa dem klassischen Zivilrecht oder auch dem Völkerrecht. Im Folgenden ist nur ein kursorischer Überblick möglich, überdies bleibt er auf Deutschland beschränkt. Das Bild wäre erst dann vollständig,

---

28 Dazu *P. Häberle*, Wahrheitsprobleme im Verfassungsstaat, 1995 (italienische Übersetzung mit einem Vorwort von *G. Zagrebelsky*: diritto e verità, 2000).
29 Aus der Lit.: *J. Schubert*, Das "Prinzip Verantwortung" als verfassungsstaatliches Rechtsprinzip, 1998. – Allg. *P. Saladin*, Verantwortung als Staatsprinzip, 1984; *W. Wieland*, Verantwortung – Prinzip der Ethik, 1999, S. 25 ff.
30 Dazu meine Berliner Schrift: Klassikertexte im Verfassungsleben, 1981, fortgeschrieben in Verfassungslehre als Kulturwissenschaft, 2. Aufl. 1998, S. 481 ff.

wenn auch die spezifischen Leistungen z.B. der italienischen Staatsrechtslehre einbezogen würden, etwa *C. Mortatis* Doktrin von der materiellen Verfassung (1946)[31] oder *G. Zagrebelskys* Schrift über das "diritto mite" (1. Aufl. 1992) sowie *A. Paces* "La Causa della Rigidità Costituzionale" (2. Aufl. 1996)[32] oder *P. Ridolas* Arbeiten über den Pluralismus[33] und *A. D'Atenas* Veröffentlichungen über den Regionalismus bzw. das Subsidiaritätsprinzip[34]. Auch die US-amerikanischen Verfassungsdiskussionen müssten – ebenso wie solche in Frankreich[35] – einbezogen werden, ebenso die lebhaften Diskussionen in der Schweiz[36] oder in Portugal (*G. Canotilho*)[37]. Spaniens Verfassungslehre beginnt kräftig zu "blühen"[38]. Deutschland zeichnet sich durch ein besonders intensives Ringen darüber aus, was "Verfassung" sei, und die folgenden Stichworte können vielleicht eine erste Orientierung vermitteln. Lag für *F. v. Lassalle* (1862) das Wesen der Verfassung in den "tatsächlichen Machtverhältnissen", so schreibt *G. Jellinek* in seiner großen Allgemeinen Staatslehre (1900), die Verfassung sei nur ein "Gesetz mit erhöhter formeller Geltungskraft". Schon hier sehen wir, wie die einzelnen Versuche, der Sache Verfassung näher zu kommen, oft nur *Teil*wahrheiten formulieren: Verfassung ist sicher *auch* ein Gesetz mit erhöhter formeller Geltungskraft, insofern sie nur mit qualifizierter Mehrheit in besonderen Verfahren der Verfassungsänderung abgeändert werden kann (z.B. Art. 79 Abs. 1 und Abs. 2 GG, Art. 138 Verf. Italien)[39], aber diese bloß formale Betrachtung reicht nicht aus: vom Gegenstand und ihren Funktionen her ist "Verfassung" weit mehr[40].

"Auf den Schultern von Riesen" – dieses Wort gilt m.E. besonders für das Verhältnis der deutschen Staatsrechtslehre im Grundgesetz von 1949 bis heute zu "Weimar". So wie die berühmten 20er Jahre in Berlin eine bis heute viel bewunderte "Blüte" in Kunst und Wissenschaft hervorgebracht haben, so haben die Weimarer Staatsrechtslehrer in ihren Kontroversen Fragen gestellt und Antworten gegeben, die bis heute "klassisch" sind und denen gegenüber wir Nachgeborenen allenfalls "Zwerge auf den Schultern" von Riesen sind, was nicht ausschließt, dass wir, weil wir auf den Schultern stehen, gelegentlich sogar weiter sehen als diese Riesen!

---

31 Dazu F. Lanchester (a cura di), Costantino Mortati, Costituzionalista Calabrese, 1989.
32 Jetzt *ders.*, Starre und flexible Verfassungen, JöR 49 (2001), S. 89 ff.
33 *P. Ridola*, Democrazia pluralistica e libertà associative, 1987.
34 *A.D.'Atena*, L'Italia verso il "federalismo"...,2004.
35 Dazu *C. Grewe/H. Ruiz Fabri*, Droits constitutionnels européens, 1995.
36 Dazu aus der Lit.: *K. Eichenberger/J.-F. Aubert*, La Constitution, son contenue, son usage, 1991; B. Sitter-Liver (Hrsg.), Herausgeforderte Verfassung, 1999; *P. Saladin*, Die Kunst der Verfassungserneuerung, 1998.
37 Vgl. *J.J. Gomes Canotilho*, Direito Constitucional, 5. Aufl. 1991 (Neuauflage 1997).
38 Vgl. nur F. Balaguer-Callejón/G. Cámara u.a. (Hrsg.), Derecho Constitucional, 2 Bände, 1999; *P. Cruz Villalón*, La curiosidad del jurista persa, y otros estudios sobre la Constitucion, 1999. – Aus der iberoamerikanischen Verfassungswelt eindrucksvoll: G. Belaunde/F. Segado (Coord.), La Jurisdiccion Constitucional en Iberoamerica, 1997; *C. Landa Arroyo*, Tribunal Constitucional y Estado Democratico, 1999 (2.Aufl. 2003).
39 Zum ganzen: *P. Häberle*, Verfassungslehre als Kulturwissenschaft, 2. Aufl. 1998, S. 267 ff.
40 Zum Verfassungsbegriff *P. Häberle*, Verfassungslehre als Kulturwissenschaft, 2. Aufl. 1998, S. 342 ff. und passim; von einem präkonstitutionellen Staatsbegriff ausgehend demgegenüber *J. Isensee*, Staat und Verfassung, in: HdBStR Bd. V, 2. Aufl. 1995, S. 591 ff.

Unter diesem Vorbehalt jetzt einige Positionen im "Weimarer Richtungsstreit", der gerade in Italien so genau verfolgt worden ist (z.B. durch *F. Lanchester*)[41]. Einflussreich wurde das Werk "Verfassung und Verfassungsrecht" von *R. Smend* (1928); es ist als "Integrationslehre" auch in Italien bekannt und hier sogar übersetzt. *Smend* begreift den Staat als Prozess immer neuer Integration, wobei etwa Fahnen, Flaggen, Hymnen eine Rolle spielen. Diese Sicht ist im Rückblick auch als Versuch zu sehen, der unglücklichen Polarisierung der politischen Kräfte in Weimar entgegenzuwirken. Ganz anders *C. Schmitt*. Seine Verfassungslehre (1928) bleibt zwar ein großer Wurf, doch hat *Schmitt* in anderen Schriften Stichworte gegeben, die dem Verfassungsstaat gerade nicht dienlich sind. Genannt sei die dezisionistische Lehre, wonach politische Entscheidungen "normativ aus dem Nichts" kommen – dies lässt sich schon am rechtsvergleichenden Material widerlegen: man vergegenwärtige sich den Pluralismus der Ideen und Interessen, die etwa zur vorbildlichen Verfassung Spaniens von 1978 geführt haben. Zum anderen muss an das unselige Wort erinnert werden, wonach sich das Politische durch ein "Freund/Feind"-Denken definiere. In der Verfassung des Pluralismus, in der offenen Gesellschaft, gibt es m.E. grundsätzlich "Konkurrenten", "Gegner", aber nicht prinzipielle "Feinde". Die – im Blick auf Europa heute freilich neu zu fassende – damals national ausgerichtete Integrationslehre erinnert an die unverzichtbaren Gemeinschaftsbildungen, an die Friedensfunktion der Verfassung, an den (modern gesprochen) "Grundkonsens", der alle Bürger einschließt und z.B. erst das Funktionieren des Mehrheitsprinzips mit abgestuftem Minderheitenschutz ermöglicht. *H. Heller* erinnert (1934) an den Aspekt des "bewussten, planmäßig organisierten Zusammenwirkens", doch denkt er in seiner, bis heute Epoche machenden, "Staatslehre" gezielt an den Staat, nicht aber – wie heute geboten – an die Verfassung. Es gibt aber im Verfassungsstaat nur so viel Staat, wie die *Verfassung* konstituiert (*R. Smend/A. Arndt*).

Im Blick auf das deutsche Grundgesetz entwickelte sich ein weiteres "Verfassungsgespräch" mit z.T. prominenter Besetzung. So hatte vorweg der Schweizer *W. Kägi* 1945 das Stichwort von der Verfassung "als rechtlicher Grundordnung des Staates" gegeben. Damit hatte er eine Richtung angedeutet, die später kräftig ausgezogen wurde: Zitiert sei *H. Ehmke* (Verfassung als "Beschränkung und Rationalisierung der Macht und Gewährleistung eines freien politischen Lebensprozesses")[42] und *K. Hesse* ("Verfassung als rechtliche Grundordnung des Gemeinwesens"[43]). M.E. ist ein *gemischtes Verfassungsverständnis* erforderlich, in das die verschiedenen Funktionen differenziert eingebracht werden. Verfassung ist z.B. bei den Staatszielen und der Gewaltenteilung "Anregung und Schranke" (*R. Smend)*, sie ist auch "Norm und Aufgabe" (*U. Scheuner*), z.B. beim Rechtsstaatsprinzip und der Fixierung anderer Grundwerte. Sie hat ganz bestimmte Funktionen: Sie beschränkt und kontrolliert nicht nur Macht (etwa

---

41 *F. Lanchester*, Momenti e Figure nel Diritto Costituzionale in Italia e in Germania, 1997. – Aus der deutschen Literatur: *M. Friedrich*, Geschichte der deutschen Staatsrechtswissenschaft, 1997, S. 320 ff.; *M. Stolleis*, Geschichte des öffentlichen Rechts in Deutschland, Dritter Band 1914 - 1945, 1999, bes. S. 153 ff.; *P. Unruh*, Weimarer Staatsrechtslehre und Grundgesetz, 2004.
42 *H. Ehmke*, Grenzen der Verfassungsänderung, 1953.
43 *K. Hesse*, Grundzüge des Verfassungsrechts der Bundesrepublik Deutschland, 20. Aufl. 1995 (Neudruck 1999), S. 10.

durch die dritte Gewalt), sie fundiert und legitimiert sie auch (durch Wahlen). Sie konstituiert Verfahren zur Konfliktaustragung (etwa im Parlament), sie organisiert Kompetenzen und Institutionen zur Festlegung und Konkretisierung von bestimmten Aufgaben (entlang den drei Staatsfunktionen). Sie etabliert den (welt)offenen Staat als "kooperativen Verfassungsstaat" (Art. 24 GG) sowie die "verfasste Gesellschaft" z.B. bei der "Drittwirkung der Grundrechte", beim Sozialstaat, und sie schafft Identifizierungsmöglichkeiten für Bürger und Gruppen bei der Verpflichtung auf Gesetz und Recht bzw. bei der Nationalhymne und den Staatsfarben (emotionale bzw. rationale Konsensquellen). Im Kulturverfassungsrecht (z.B. über die Erziehungsziele in den Schulen) gibt sie auch Werte vor, die die offene Gesellschaft kulturell grundieren (etwa Toleranz, Achtung der Würde der Mitmenschen, Wahrheitsliebe, demokratische Gesinnung, Umweltbewusstsein). In der Zeitachse gesehen ist Verfassung (auch) öffentlicher Prozess, so wie wir im Heute eine "republikanische Bereichstrias" unterscheiden dürfen: den Bereich des Staatlich-Organisatorischen (der Staatsorgane, z.B. öffentliche Hearings), des Gesellschaftlich-Öffentlichen (etwa der Gewerkschaften, Kirchen, Medien) und den des Höchstpersönlich-Privaten (z.B. Gewissensfreiheit). Öffentlichkeit ist ein "Quellgebiet der Demokratie" (*Martin Walser*), auch wenn wir seit *Hegel* wissen, dass in der öffentlichen Meinung "alles Wahre und Falsche" zugleich ist. Vor allem aber ist Verfassung Kultur – dazu sogleich.

c) Verfassungsperspektiven in Europa – Elemente der europäischen Rechtskultur

Eine fast dramatische Aktualität haben die genannten verfassungstheoretischen Kontroversen heute im Rahmen der europäischen Einigung gewonnen. Die Grundsatzfrage lautet: Hat Europa eine Verfassung bzw. braucht Europa eine Verfassung?[44] Zunächst

---

44 Seit 2000 haben europäische Politiker die Debatte um das Ob und Wie einer "Verfassung für Europa" vorangetrieben: als Initialzündung wirkte die Berliner Humboldt-Rede von *J. Fischer* vom 2. Mai 2000 (Stichwort: "Europäische Föderation", deren Grundlage ein Verfassungsvertrag sein soll, ein "Gravitationszentrum" als "Nukleus" einer Verfassung der Föderation); freilich war u.a. das *Schäuble-Lamers*-Papier (1996) vorausgegangen (dazu *dies.*, FAZ vom 7. Dez. 1999, S. 7). Weitere Stimmen: *J. Delors* und *V. Havel*: "Gebt Europa eine Verfassung", in: Die Zeit vom 1. Febr. 2001, S. 3; Bundespräsident *J. Raus* Forderung nach einer europäischen Verfassung mit Zweikammer-Parlament (Stichwort: "Föderation der Nationalstaaten", FAZ vom 5. April 2001, S. 8). *Raus* Plädoyer für eine Europäische Verfassung unterstützt der italienische Staatspräsident *C. Ciampi* (FAZ vom 9. April 2001, S. 2). Der französiche Premier befürwortet in seiner Europarede ebenfalls eine "Föderation von Nationalstaaten" (FAZ vom 29. Mai 2001, S. 6). Anders aber *H. Schmidt*, Lasst den Worten endlich Taten folgen, Europa braucht keine Verfassungsdebatte, in: Die Zeit Nr. 24 vom 7. Juni 2001, S. 3. Einen neuen Impuls gibt dem gegenüber der von Bundeskanzler *G. Schröder* unterstützte SPD-Leitantragsentwurf "Verantwortung für Europa" (FAZ vom 2. Mai 2001, S. 3) mit Stichworten wie "Transparenz der Entscheidungswege auf europäischer Ebene", Ausbau des Rates zu einer "europäischen Staatenkammer", die Kommission soll zu einer Exekutive ausgebaut werden). Aus *Osteuropa* bemerkenswert: Der polnische Präsident *A. Kwasniewski* ("Wenn wir von einem europäischen 'demos' sprechen, verfolgen wir dabei keine identitätskulturellen Motive", FAZ vom 2. Dez. 2000, S. 12); zuletzt die Karlspreis-Rede von *G. Konrád*, Vereinigung heißt nicht Verschmelzung (FAZ-Beilage Bilder und Zeiten vom 26. Mai 2001, S. I (mit dem neuen Begriff der "mehrschichtigen Nation", der "mehrgeschossigen" Nation)). S. noch Anhang.

eine Unterscheidung vorweg: Zu differenzieren ist zwischen dem Europarecht im *engeren* Sinne der EU und dem Europarecht im *weiteren* Sinne des Europarats mit seinen derzeit 46 Mitgliedern und der OSZE mit ihren derzeit 55 Mitgliedern. Schon hier zeigt sich, dass wir zum einen nach dem "Europabild" räumlich fragen müssen: Gehören zu Europa auch die Türkei oder der asiatische Teil Russlands? Zum anderen ist das räumlich mit flexiblen, offenen Grenzen gedachte Europa inhaltlich, kulturell, rechtskulturell "erfüllt" zu denken. Es sind bestimmte Rechtsprinzipien, Grundwerte und Kulturgehalte, die Europa buchstäblich "gemacht" haben bzw. auch heute und in Zukunft "machen".

Vorweg zur Verfassungsfrage[45]: M.E. hat das Europa i.e.S. der EU bzw. der Römischen Verträge (1957) sowie der Verträge von Maastricht (1992) und Amsterdam (1997), jetzt des Vertrages von Nizza (2000) durchaus schon ein *Ensemble von Teilverfassungen*, zwar noch keine "Vollverfassung" i.s. des klassischen Verfassungsstaates, weil Europa kein "Staat" ist. Indes ist der Verfassungsbegriff aus seinem traditionellen Staatsbezug zu lösen. Die deutsche Diskussion behilft sich mit dem Begriff von der EU als "Staatenverbund" (BVerfGE 89, S. 155). Mein Vorschlag richtet sich auf Wort und Bild von der "*werdenden Verfassungsgemeinschaft eigener Art*", womit der glückliche Begriff von *W. Hallstein* von der europäischen "Gemeinschaft" gerettet bleibt. Inhaltlich und funktionell ist aber bei einer Gesamtbetrachtung schon so viel an konstitutionellen Elementen und Strukturen herangewachsen, dass für die EU bzw. die 25 Mitgliedsländer von einer Verfassungsgemeinschaft "sui generis" gesprochen werden darf. Wir haben die Unionsbürgerschaft[46], die die nationale Staatszugehörigkeit überformt. Das Abkommen von Schengen (1993/95) relativiert das "Staatsgebiet" ebenso wie die "Staatsgewalt" — die 25 EU-Staaten sind einander nicht mehr "Ausland", sie sind buchstäblich "Freundesland", Inland; und viele Themen und Funktionen klassischer, nationaler Verfassungen sind ganz oder teilweise auf die "Verfassungsgemeinschaft EU" übergegangen: Erinnert sei an die Grundrechte, die als allgemeine Grundsätze des Gemeinschaftsrechts gelten, neben den Marktfreiheiten etwa auch die Religionsfreiheit und der Gleichheitssatz, erinnert sei an das Rechtsstaatsprinzip, das durch den EuGH in Luxemburg kräftig ausgebaut wurde (Grundsatz der Verhältnismäßigkeit, Schutzpflichtdimension bei Grundrechten, Staatshaftung etc.), erinnert sei an die demokratischen Strukturen, auch wenn die "europäische Öffentlichkeit" erst langsam von der Öffentlichkeit aus

---

45 *D. Grimm*, Braucht Europa eine Verfassung?, 1994; *D. Tsatsos*, Die Europäische Unionsgrundordnung, EuGRZ 1995, S. 287 ff.; *ders.*, Die Europäische Unionsgrundordnung im Schatten der Effektivitätsdiskussion, EuGRZ 2000, S. 517 ff.; *C. Koenig*, Ist die Europäische Union verfassungsfähig?, DÖV 1998, S. 268 ff.; *P. Häberle*, Europäische Verfassungslehre in Einzelstudien, 1999. Grundsätzlich: *G.C. Iglesias*, Zur "Verfassung" der europäischen Gemeinschaft, EuGRZ 1996, S. 125 ff.; *ders.*, Gedanken zum Entstehen einer europäischen Rechtsordnung, NJW 1999, S. 1 ff.; *W. Hertel*, Supranationalität als Verfassungsprinzip, 1999; *I. Pernice*, Der europäische Verfassungsverbund auf dem Weg der Konsolidierung, JöR 48 (2000), S. 205 ff

46 Aus der Lit. zur Unionsbürgerschaft: *A. Augustin*, Das Volk der Europäischen Union, 2000, S. 38 ff.; *H. Bauer*, Zur Aufnahme einer Unionsbürgerklausel in das Grundgesetz, FS H. Maurer, 2001, S. 13 ff.; aus spezifisch sozialrechtlicher Sicht *K.-D. Borchardt*, Der sozialrechtliche Gehalt der Unionsbürgerschaft, NJW 2000, S. 2057 ff.; zu Unionsbürgerrechten in der EU-Grundrechtecharta von Nizza siehe *Ch. Grabenwarter*, Die Charta der Grundrechte für die Europäische Union, DVBl. 2001, S. 1 ff., 6 ff. S. noch Anhang.

Kunst und Kultur zur europäischen Öffentlichkeit aus *Politik* wird (Sturz der Santer-Kommission 1999, Skandalöffentlichkeit im BSE-Fall und im Fall Bangemann) und immer wieder Öffentlichkeitsdefizite zu beobachten sind (z.b. zu wenig spezifisch europäische Themen bei den Wahlen des Europäischen Parlamentes 1999, zu geringe Wahlbeteiligung und mangelnde Beachtung des kritischen Berichts des Europäischen Rechnungshofes, 1999, bisweilen vielleicht sogar ein zu schwach ausgeprägtes europäisches Öffentlichkeitsbewusstsein in den Medien[47]). Auch weiter ausbaubedürftige Elemente der Gewaltenteilung wird man im Ensemble der europäischen Teilverfassungen entdecken, ebenso präföderale bzw. regionalistische. Nimmt man die EMRK[48] für die EU hinzu, da sie praktisch große Ausstrahlungswirkung entfaltet und berücksichtigt man auch die Ansätze zu einer Sozial- und Umweltunion, so ist das "konstitutionelle Gewebe" in der EU unmittelbar greifbar. Dabei wären die oben genannten einzelnen Funktionen einer "Verfassung" auf die verschiedenen Normenensembles der EU zu beziehen: etwa die Grundordnungsfunktion (vgl. die Präambel von Maastricht), die Funktion der Machtbegrenzung (z.B. die Kontrolle durch Parlament und EuGH), die Legitimationsfunktion (Wahlen durch die Europabürger) und die konsensbezogene, auch programmatische Integrationsfunktion. Gerade hier ist aber auch ein Neuansatz nötig: *R. Smends* Integrationslehre (1928), die klassisch auf den Nationalstaat fixiert war, kann nicht einfach auf "Europa" bezogen werden. Und die nationalen staatlichen Verfassungen können "Integration" nicht mehr so leisten wie bisher: bilden sie doch auf eine Weise nur noch *Teil*verfassungen, ihre Themen und Funktionen sind im europäischen Kontext "geschrumpft". Das "europäische Deutschland" i.S. von *Thomas Mann* gewinnt ein Stück seiner Legitimation (auch seiner 16 Länder) gerade auch aus und über die EU. Das gilt analog für die anderen derzeit 14 bzw. 24 EU-Länder. Wie die EU ihr unverzichtbares Integrationsprogramm konstitutionell leisten soll, wenn ihr später einmal 28 nationale (Teil-)Verfassungen angehören, ist offen. Das Ensemble von 28 nationalen und vielen übernationalen Teilverfassungen könnte zu locker werden. "Flexibilität" und "Kerneuropa" sind die einschlägigen problematischen Stichworte.

Vieles spricht dafür, dass im Sinne der Schweizer "Nachführungs"diskussion in Sachen Bundesverfassung[49] der "neue" Grundrechtekatalog von Nizza (2000) (nur) das auf Texte und Begriffe bringt, was sich im Laufe der letzten Jahrzehnte in der Praxis, vor allem des EuGH, entwickelt hat[50]. Das dient der Transparenz der Verfassungswirklichkeit, hat eine bürgerintegrierende Funktion und könnte Europa erlebbar machen: wie derzeit vor allem "Schengen", d.h. die unkontrollierte Reise von Hamburg bis Palermo oder von Venedig nach Lissabon. Eine etwaige Grundwerte-Charta könnte die Werte

---

47 Die "Financial Times Europe" gilt der "Zeit" als einzige Tageszeitung, die eine "europäische Öffentlichkeit herstellt", so *C. Grefe*, Mächtig, trocken, rosa, in: die Zeit vom 12. Juli 2001, S. 32. Allgemein dazu *P. Häberle*, Gibt es eine europäische Öffentlichkeit?, Berlin, 2000. S. noch Erster Teil C.
48 Dazu aus der deutschen Lit.: *J. Frowein/W. Peukert*, EMRK-Kommentar, 2. Aufl. 1996.
49 Dazu *R.J. Schweizer*, Die erneuerte schweizerische Bundesverfassung, JöR 48 (2000), S. 263 ff.
50 Zum Verhältnis von EMRK und EU-Grundrechte-Charta *Ch. Grabenwarter*, Die Charta der Grundrechte für die Europäische Union, DVBl. 2001, S. 1 ff.; *ders.*, Europäisches und nationales Verfassungsrecht, VVDStRL 60 (2001), S. 290 ff., 295 ff., 338 ff. S. noch Anhang.

festschreiben oder auch "fortschreiben", die das Europa der EU "im Innersten zusammenhalten": das Bekenntnis zu Menschenrechten und Demokratie, Rechtsstaat und sozialer Marktwirtschaft, inskünftig auch Umweltschutz.

Im Übrigen sei daran erinnert, dass das Europa im engeren und zum Teil auch im weiteren Sinne unabhängig von verfassungstextlichen Normierungen längst mindestens *sechs Elemente europäischer Rechtskultur* lebt, die seine Identität mitbegründen: Das Wissen um die *Geschichtlichkeit* seines in mehr als 2500 Jahren gewordenen Rechts mit der philosophischen Grundlegung im alten Griechenland, mit dem bis heute nicht erreichten spezifischen Juristenverstand der Römer (vor allem im Privatrecht); hinzuzudenken sind die Beiträge des Juden- und Christentums. Erinnert sei an *Cicero* bzw. seine Schrift "De oratore" zum fünffachen Nutzen der Historie: "Historia vero testis temporum, lux veritatis, vita memoriae, magistra vitae, nuntia vetustatis."[51]

Angesichts des Entstehens von "Gemeineuropäischem Verfassungsrecht"[52] und der Tätigkeit der Europäischen Verfassungsgerichte in Luxemburg und Straßburg stehen wir vor der Aufgabe, Methoden und Prinzipien der Verfassungsinterpretation spezifisch zu "europäisieren", etwa die Grundrechte in "gemeineuropäischer Hermeneutik" zu erarbeiten und spezifisch Europäisches wie den "effet utile" oder die "gemeinschaftsrechtskonforme Auslegung" etc., in die bislang an der Staatsverfassung orientierten Verfassungsinterpretationsvorgänge einzubringen[53] (Europäisierung der Methoden der Verfassungsinterpretation).

Die innerstaatliche Europafreundlichkeit (vgl. BVerfGE 73, 339 ff.) muss entschlossen in den europäischen Prinzipien- und Methodenlehren integriert werden, auch das, was in Gestalt von sog. "nationalem Europaverfassungsrecht" heranwächst: etwa der Europa-Artikel 23 n.F. GG, um den Italien noch ringt und Griechenland sich bemüht und der in Art. 7 Abs. 5 Verf. Portugal in den Worten zum Ausdruck kommt:

> "Portugal setzt sich für eine Verstärkung der europäischen Identität und ein verstärktes gemeinsames Vorgehen der europäischen Staaten zugunsten der Demokratie und des Friedens, des wirtschaftlichen Fortschritts und der Gerechtigkeit zwischen den Völkern ein."

2. Kultur

Nach der Annäherung an die "Verfassung" – national wie europäisch – steht jetzt die vorläufig noch gesonderte Erarbeitung der "Kultur" an.

---

51 Zu den weiteren 5 Elementen: Erster Teil B. I.
52 *P. Häberle*, Gemeineuropäisches Verfassungsrecht, EuGRZ 1991, S. 261 ff. Dazu Erster Teil B. II.
53 Zu Methoden und Prinzipien der Verfassungsinterpretation mein gleichnamiger Beitrag in REDP 2000, Bd. 12 S. 867 ff.; schon klassisch: *K. Hesse*, Grundzüge, aaO., S. 20 ff.; *H. Ehmke*, Prinzipien der Verfassungsinterpretation, VVDStRL 20 (1963), S. 61 ff.; siehe zuletzt noch *Ch. Starck*, Praxis der Verfassungsauslegung, 1994; zum "effet utile" *R. Streinz*, Europarecht, 6. Aufl. 2003, S. 164.

a) Stichworte zur Sache "Kultur"

Stichworte zur "Sache Kultur" müssen in Europa mit *Cicero*[54] beginnen. Im Folgenden können nicht alle begriffsgeschichtlichen Wirkungen dieses großen Anfangs verfolgt werden, dies wäre ein eigenes Thema. Doch seien Werke wie die des Schweizers *J. Burckhardt* "Kultur der Renaissance" (1919) ebenso in Erinnerung gerufen wie die Kultursoziologie eines *A. Gehlen*. Es gibt viele Klassikertexte zum Kulturbegriff, wohl in allen geisteswissenschaftlichen Disziplinen. Und erinnert sei auch an den offenen Streit, ob etwa die Mathematik Natur- oder Kulturwissenschaft sei. In Deutschland verläuft eine Linie des Denkens über Kultur zu *Max Weber*. Speziell in der deutschen Staatsrechtslehre wird man in der Weimarer Klassik mit ihren "Riesen", hier *R. Smend* und *H. Heller* (1934), fündig. Stichworte von jenem: "Grundrechte als Kultursystem" (1928). *H. Heller* verdanken wir die These von der Staatslehre als Kulturwissenschaft[55]. Erst Ende der 70er Jahre und verstärkt in den 80er Jahren wurde an diese Vorarbeiten angeknüpft[56]. Heute ist der Kulturbegriff fast abundant: er wird für nahezu alles verwendet ("Esskultur", "Kultur der Wirtschaft", Boxsport als "Kultur", sogar – negativ "Kultur des Todes" i.S. von *Papst Johannes Paul II.*). Kultur gerät zum Mode- und Allerweltsbegriff und droht wissenschaftlich unergiebig zu werden. Dem kann nur eine gerade dem Juristen mögliche Strukturierung und Präzisierung abhelfen.

b) Erste Unterscheidungen

Eine erste grobe Annäherung kann von den Gegenbegriffen her gelingen. Kultur steht gegen "*Natur*". Diese ist "Schöpfung" bzw. Ergebnis der Evolution. Kultur ist das vom Menschen Geschaffene, sit venia verbo: eine "zweite Schöpfung". Dabei gibt es freilich Grenzprobleme: So steht der Jurist des Kulturgüterschutzes etwa vor der Frage, ob religiös "besetzt" gedachte Naturstücke wie Bäume deshalb Kultur sind, weil bestimmte sog. Naturvölker ihre religiösen Vorstellungen damit verbinden ("Baumgeister")? M.E. ist die Frage zu bejahen, so wie wir ja auch von "Naturdenkmälern" sprechen (vgl. Art. 40 Abs. 4 S. 3 Verf. Brandenburg von 1992). Am grundsätzlichen Unterschied von Natur und Kultur sollte man indes festhalten, auch wenn wir *Goethes* wunderbares Dictum vor Augen haben: "Natur und Kunst, sie scheinen sich zu fliehen und haben sich, eh man es denkt, gefunden...".

Der Typus Verfassungsstaat bzw. die an und in ihm arbeitende Wissenschaft kann auf dem Hintergrund des sog. "offenen Kulturkonzepts" einige Handreichungen liefern, teils sogar dank positiver Verfassungstexte in Europa. So bietet sich die Unterscheidung

---

54   Aus der Lit.: *J. Niedermann*, Kultur. Werden und Wandlungen des Begriffs und seiner Ersatzbegriffe von Cicero bis Herder, 1941.
55   *H. Heller*, Staatslehre, 1934, S. 32 ff. Aus der Sekundärliteratur: *A. Dehnhardt*, Dimensionen staatlichen Handelns, 1996. Aus anderen Disziplinen s. etwa das Projekt "Kulturthema Toleranz". Zur Grundlegung einer interdisziplinären und interkulturellen Toleranzforschung, hrsg. von A. Wierlacher, 1996.
56   *P. Häberle*, Kulturpolitik in der Stadt – ein Verfassungsauftrag, 1979; *ders.*, Kulturverfassungsrecht im Bundesstaat, 1980; *ders.*, Verfassungslehre als Kulturwissenschaft, 1. Aufl. 1982 (2. Aufl. 1998); *U. Steiner/D. Grimm*, Kulturauftrag im staatlichen Gemeinwesen, VVDStRL 42 (1984), S. 7 ff. bzw. 46 ff.

in "*Hochkultur*" i.S. des "Wahren, Guten und Schönen" der antiken Tradition, des italienischen Humanismus und des deutschen Idealismus an, es findet sich z.B. in manchen Erziehungszielen deutscher Länderverfassungen (vgl. Art. 131 Abs. 2 Verf. Bayern von 1946). Die "*Volkskultur*", in den Entwicklungsländern als "Eingeborenen-Kultur" bewahrt (vgl. Art. 66 Verf. Guatemala von 1985), ist eine zweite Kategorie. Der Verfassungsstaat achtet sie nicht gering und er tut gut daran: Demokratie lebt auch aus dieser Art von Kultur, man denke an den Föderalismus bzw. Regionalismus, der das Kleine, die Heimat vor Ort schützt. *Alternativ-* bzw. *Subkulturen* sind eine dritte Kategorie. Sie können sogar ein Nährboden für Hochkultur sein: Die Beatles sind heute klassisch geworden. "Gegenkulturen" etwa der frühen Arbeiterbewegung, der heutigen Arbeitslosen wären zu nennen. Die Öffnung des Begriffs "Kunst" im Rahmen der Freiheit der Kunst (Stichwort offener Kunstbegriff)[57] zeigt, dass gerade auch Alternativkultur ihre Chance haben muss – bis zur Grenze der Pornographie. In einer "Verfassung des Pluralismus" ist das offene, pluralistische Kulturkonzept nur konsequent. Der Jurist hat sich oft genug mit Definitionen "blamiert", nicht nur im Strafrecht, wenn er voreilig neuen Werken das Prädikat "Kunst" oder "Kultur" absprach.

c) Kultur in der Verfassung: "Kulturverfassungsrecht"[58]

Es gibt noch eine spezielle, besonders dichte Verknüpfung von Verfassungsrecht und Kultur: im sog. Kulturverfassungsrecht. Hier begegnet auf innerstaatlicher, regionaler und Weltebene eine Fülle von Beispielsmaterial, man denke etwa an den internationalen Kulturgüterschutz, wie die Abkommen der Unesco[59], auf Europaebene an das Europäische Kulturabkommen von 1954. Hier sei nur in Stichworten lediglich das nationale Verfassungsrecht skizziert. Unterscheiden lassen sich: Allgemeine Kulturstaatsklauseln wie in Bayern Art. 3 Abs. 1: "Bayern ist ein Rechts-, Kultur- und Sozialstaat"; erwähnt sei auch VE *Kölz/Müller* (1984) mit dem schönen Satz in Art. 40 Abs. 1: "Die Kultur trägt dazu bei, dem Menschen seine Beziehung zu Mitmensch, Umwelt und Geschichte bewusst zu machen"[60]; spezieller der Kulturföderalismus in der Schweiz und in Deutschland sowie Erwachsenenbildung (Art. 35 Verf. Bremen von 1947). Auf dem Feld der Grundrechte dürfen Religions-, Kunst- und Wissenschaftsfreiheit als kulturelle Freiheiten gelten, in dem *Goethe*-Wort tiefgründig verknüpft: "Wer Wissenschaft und Kunst besitzt, hat Religion; wer diese beiden nicht besitzt, habe Religion". Die Trias von Religion, Wissenschaft und Kunst fundiert die offene Gesellschaft, lässt Ressourcen für die Entwicklung des Verfassungsstaates immer neu entstehen und macht die These von Verfassung als Kultur von der Seite des Menschen und Bürgers her einsichtig. Weitere erprobte Felder von Kulturverfassungsrecht sind der Föderalismus, besonders lebendig in der Schweiz und in Deutschland ("Kulturföderalismus") sowie der Re-

---

57 Vgl. aus der Lit. m.w.N. *I. Pernice*, in: H. Dreier (Hrsg.), Grundgesetz-Kommentar, Bd. 1, 1996, Art. 5 III (Kunst), Rn. 16 ff. (2. Aufl. 2004).
58 Dazu mein Dritter Teil J.
59 Aus der Lit.: *P. Häberle*, Verfassungslehre als Kulturwissenschaft, 2. Aufl. 1998, S. 1106 ff.
60 Zit. nach JöR 47 (1999), S. 333 ff. (Dokumentation der Schweizer Verfassungen und Verfassungsentwürfe). S. schon die ältere Dokumentation in: JöR 34 (1985), S. 424 ff.

gionalismus als "kleiner Bruder" des Föderalismus ("Kulturregionalismus") – im System der Autonomen Gebietskörperschaften Spaniens ist er lebendiger, deutlich schwächer leider derzeit noch in Italien. Die Corte in Rom hat jedoch 1998 in einem großen Urteil zum Schutz der ladinischen Sprachminderheit auch ein Votum zugunsten der Vielfalt der Kultur in Italien abgegeben. Während es beim Föderalismus bzw. Regionalismus um das staatliche "Gehäuse" für die Vielfalt der Kultur eines Volkes geht, schützt der nationale Kulturgüterschutz die Hervorbringung der Kultur selbst (vgl. den klassischen Denkmalschutz z.b. in Art. 62 Verf. Hessen von 1946). Manche neuen Verfassungen leisten schöpferische Textbeiträge, geglückt etwa Verf. Guatemala in Gestalt des Rechts auf "kulturelle Identität" (Art. 58) oder Art. 6 Abs. 1 Verf. Polen von 1997: "Die Republik Polen schafft die Voraussetzungen für die Verbreitung und den gleichen Zugang zu der Kultur, die die Quelle der Identität des polnischen Volkes, seines Bestandes und seiner Entwicklung ist". In Deutschland stellt sich zusammen mit dem Gottesbezug in der Präambel das sog. "Staatskirchenrecht" als spezielles Kulturverfassungsrecht dar (Art. 140 GG). M.E. ist der Begriff indes höchst fragwürdig: In Art. 137 Abs. 1 WRV i.V. mit Art. 140 GG heißt es: "Es gibt keine Staatskirche". M.E. gibt es darum auch kein "Staatskirchenrecht". Wohl aber haben Italien wie Deutschland ein differenziertes Religionsverfassungsrecht, das auf Europaebene jetzt besonders gefordert ist (Stichwort: Islam).

3. Verfassung als Kultur

a) Ausgangsthesen

Nach dem Bisherigen erweist sich die These von der "Verfassung als Kultur" konsequent. Nicht nach Verfassung *und* Kultur wird gefragt, vielmehr nach Verfassung *als* Kultur. Mit "bloß" juristischen Umschreibungen, Texten, Einrichtungen und Verfahren ist es nicht getan. Verfassung ist nicht nur rechtliche Ordnung für Juristen und von diesen nach alten und neuen Kunstregeln zu interpretieren – sie wirkt wesentlich auch als Leitfaden für Nichtjuristen: für den Bürger. Verfassung ist nicht nur juristischer Text oder normatives Regel-Werk, sondern auch Ausdruck eines kulturellen Entwicklungszustandes, Mittel der kulturellen Selbstdarstellung eines Volkes, Spiegel seines kulturellen Erbes und Fundament neuer Hoffnungen. Lebende Verfassungen sind ein Werk aller Verfassungsinterpreten der offenen Gesellschaft, sind der Form und der Sache nach weit mehr Ausdruck und Vermittlung von Kultur, Rahmen für kulturelle (Re-)Produktion und Rezeption und Speicher von überkommenen "kulturellen" Informationen, Erfahrungen, Erlebnissen, ja auch Weisheiten. Entsprechend tiefer liegt ihre – kulturelle – Geltungsweise. Sie ist am schönsten erfasst in dem von *H. Heller* aktivierten Bild *Goethes*, Verfassung sei "geprägte Form, die lebend sich entwickelt."

Die entwicklungsgeschichtlichen Etappen des "Typus Verfassungsstaat", das immer neue Facetten ins Spiel bringende Leben ihrer als Verfassungstexte im weiteren Sinne verstandenen Klassikertexte von *Aristoteles* bis *H. Jonas*, die oft wörtlich zu Verfassungstexten im engeren Sinne "geronnen" sind (etwa *Montesquieus* Gewaltenteilung), aber auch ihre "Gegenklassiker" provozieren, etwa *B. Brechts* Frage: "Alle Staatsgewalt geht vom Volke aus, aber wo geht sie hin?", das Ringen um ein relativ "richtiges" Verfassungsverständnis, schließlich die Freilegung von allgemeinem und speziellem Kulturverfassungsrecht, all diese Elemente zeigen in Verbindung mit der zugleich komparatistischen und kulturwissenschaftlichen Öffnung der Verfassungslehre: Verfassung *ist* Kultur, mit vielen Schichten und Differenzierungen. In sie gehen kulturelle Erfahrungen der Völker ein, von ihrem Boden aus werden kulturelle Hoffnungen bis hin zu konkreten Utopien wie im Fall der deutschen Wiedervereinigung genährt. Das einzelne Verfassungsprinzip lebt aus den Tiefenschichten des kulturellen Kontextes, etwa das (unterschiedliche) Verständnis des Regionalismus, der jetzt in Großbritannien seinen Durchbruch erlebt (Schottland, Wales, Nordirland) oder des Föderalismus (als "Kulturföderalismus" wie in Deutschland). Auch und gerade das sich konstitutionell in Form bringende Europa grundiert sich letztlich aus den 6 genannten – gewachsenen – Elementen seiner Rechtskultur. Europas Identität erschließt sich aus dem kulturwissenschaftlichen Ansatz; die in den Verträgen von Maastricht (1992) und Amsterdam (1997) geschützte nationale Identität[61] der Mitgliedstaaten ist Ausdruck von Europas Pluralität, die ihrerseits letztlich und erstlich eine kulturelle ist. Als äußeres Zeichen für die wachsende Verbreitung des kulturwissenschaftlichen Ansatzes in der "scientific community" mag gelten, dass im Sommer 1999 in Granada, danach in Jena, wissenschaftliche Tagungen zum Thema "Verfassung *und*" bzw. "*als* Kultur" stattfanden[62].

b) Der Erkenntnisgewinn

Der Erkenntnisgewinn des Paradigmas "Verfassung als Kultur" sei stichwortartig angedeutet: Die Verfassungsrechtslehre wird in den Kreis der anderen Kulturwissenschaften, etwa der Literatur- und Musikwissenschaften (zurück-)geführt. Wie diese arbeitet sie einerseits an und mit Texten (Verfassungslehre als "juristische Text- und Kulturwissenschaft"), es besteht durchaus eine Nähe zwischen geschriebenen Verfassungen und den drei Weltreligionen als "Buchreligionen". So kommt sogar die Theologie ins Blickfeld, soweit sie hermeneutisch arbeitet (seit *Schleiermacher*); doch ist der Text oft nur ein Hinweis auf den kulturellen *Kon*text. Wie nahe sich Verfassungstext und Literatur bzw. Musik sind, lässt sich am besten an den Präambeln studieren. Sie sollen die Bürger in feiertäglicher Hochsprache auf das nachstehende Werk buchstäblich "einstimmen": Prologen, Ouvertüren oder Präludien vergleichbar. In der Schweiz bediente man sich 1977 der Hilfe eines Dichters (*A. Muschg*), der "Runde Tisch" in Ostberlin 1989 rief die Literatin *Christa Wolf* herbei, in Venezuelas neuer Verfassungspräambel wurde 1999 ein spanischer Großschriftsteller um einen Präambeltext gebeten. Auf die in vielen Verfassungen definierte "Nationalhymne" sei verwiesen (etwa in Art. 28 Abs. 3 Verf. Polen von 1997). Nationalhymnen gehören zur Kategorie der "emotionalen Kon-

---

61 Zur nationalen Identität gehört z.B. der jeweilige "Literaturkanon", der z.B. in Deutschland derzeit wieder diskutiert wird.
62 Vgl. den Tagungsbericht (über Granada) von *M. Kotzur*, DVBl. 1999, S. 1260 ff.

sensquellen" eines politischen Gemeinwesens[63]. Sind sie kontrovers, so zeigt sich von der negativen Seite her, wie tief bzw. hoch ihr Stellenwert anthropologisch ist. An *Verdis* "Nabucco" (Gefangenenchor) als "geheimer Nationalhymne" Italiens und seine bewährte Kraft gegen den Sezessionismus von *U. Bossis* "Padanien" (Vorfall in Mailand) braucht nicht erinnert zu werden (1995).

Das Verständnis von Verfassung als Kultur kann auch den Wandel der Bedeutung von Verfassungsnorm ohne *Text*änderung besser erklären. *R. Smends* Klassikertext aus den 50er Jahren lautet: "Wenn zwei Grundgesetze dasselbe sagen, meinen sie nicht dasselbe" – das gilt auch heute, trotz der weltweiten Produktions- und Rezeptionsprozesse, in denen sich der Typus Verfassungsstaat "in" seiner nationalen Beispielsvielfalt entwickelt. Überdies werden Begriffe wie "Grundrechtskultur", "Verfassungskultur", in Deutschland 1979 bzw. 1982 vorgeschlagen[64], erst im Gesamtrahmen dieses skizzierten kulturwissenschaftlichen Verfassungsverständnisses möglich.

Zwei weitere Erkenntnisgewinne seien zuletzt angemerkt:

Der *Verfassungsbegriff* wird in Deutschland klassisch auf den Staat bezogen, der seit *G. Jellinek* in Gestalt von dessen Dreielementenlehre ("Volk, Gebiet, Gewalt")[65] die Kultur vergessen hatte. Heute muss, soweit man am Verfassungsstaat arbeitet, die Kultur, wenn nicht als "erstes", so als viertes Staatselement inkorporiert werden[66]. Im Übrigen aber ist der Verfassungsbegriff von seiner Fixierung auf den Staat zu befreien. Die Völkerrechtswissenschaft bzw. *A. Verdross* haben das schon 1926 getan ("Die Verfassung der Völkergemeinschaft"), und heute kann im Blick auf die Verfassungsperspektiven der EU/EG gerade nicht mehr mit dem Staatsbezug gearbeitet werden[67].

Der andere Erkenntnisgewinn dürfte in der Tatsache liegen, dass Verfassungslehre als Kulturwissenschaft besser als die Sozialwissenschaften die "vertikale", "ideelle", wenn man will "platonische" Dimension zum Ausdruck bringt. Die Menschenwürde ist die kulturanthropologische Prämisse – sie verschafft dem Bürger den "aufrechten Gang", in zahlreichen kulturellen Sozialisationsprozessen erarbeitet, daher spricht *Hegel* anschaulich von Erziehung als "zweiter Geburt" des Menschen, verlangt *A. Gehlen* ein "Zurück zur Kultur", ist Kultur die "zweite Schöpfung" –, die Demokratie ist die organisatorische Konsequenz der Menschenwürde, die wir i.S. *I. Kants* verstehen. Der normative Anspruchscharakter, den die Verfassungsprinzipien haben, ihre *auch* bestehende Grenzziehungsfunktion gegenüber (macht-)politischem Geschehen und wirtschaftlicher Übermacht, ihre "dirigierende Kraft", etwa in Staatszielen greifbar, ihre oft unter-

---

[63] "Emotionale Konsensquellen" sind auch die Voraussetzung für die auf europäischer Ebene so oft geforderte Bürgernähe der Gemeinschaft. Zu diesem Stichwort *Ch. Calliess*, in: Ch. Calliess/M. Ruffert (Hrsg.), Kommentar zu EU-Vertrag und EG-Vertrag, 2. Aufl. 2002, Art. 1 EUV Rn. 27 ff.

[64] *P. Häberle*, Kommentierte Verfassungsrechtsprechung, 1979, S. 88 f., 90; *ders.*, Verfassungslehre als Kulturwissenschaft, 1. Aufl. 1982, S. 20 ff.; 2. Aufl. 1998, S. 90 ff.

[65] Zum Verfassungsbegriff: *K. Stern*, Das Staatsrecht der Bundesrepublik Deutschland, Bd. I, 2. Aufl. 1984, S. 19 ff.; *P. Unruh*, Der Verfassungsbegriff des GG, 2002.

[66] Ein früher, nicht weiter verfolgter Vorschlag von *G. Dürig*, Der deutsche Staat im Jahre 1945 und seither, VVDStRL 13 (1955), S. 27 (37 ff.). Dazu noch *P. Häberle*, Verfassungslehre als Kulturwissenschaft, 2. Aufl. 1998, S. 622 f.

[67] Dazu meine Europäische Verfassungslehre in Einzelstudien, 1999, passim, bes. S. 15 ff. m.w.N.

belichtet bleibenden Gerechtigkeitspostulate – all dies kann nur die das Normative ernst nehmende Kulturwissenschaft erfassen. Rechtswissenschaft ist eben gerade nicht "Sozialwissenschaft", wie die 68er Revolution propagandierte. Verfassung ist nicht identisch mit den "tatsächlichen Machtverhältnissen" (so aber *F. von Lassalle*, 1862). Die Steuerungskraft und der Steuerungswillen, die "normative Kraft der Verfassung" (*K. Hesse*) wirkt über Kultur: Leitbilder, Erziehungsziele, aber auch Rechtsschutz für den Bürger dank der Grundrechte und dank unabhängiger Gerichtsbarkeit.

c) Vorbehalte und Grenzen

Damit kommen aber auch einige Vorbehalte und manche Grenzen dieses Ansatzes ins Blickfeld. Zu "erinnern" ist an die spezifische Normativität der verfassungsstaatlichen Verfassung. Sie unterscheidet sich von der "Geltung" von Thora, Bibeltexten und Koranversen, zumal es ja die offene Gesellschaft (*K. Popper*), die "Verfassung des Pluralismus" ist, die den Verfassungsstaat ausweist. Zu erinnern ist auch an das spezifische "Handwerkszeug" des Juristen, an seine nicht nur formalen Kunstregeln, mit denen er arbeitet, etwa eine Verfassung oder eine andere Norm auslegt: mit den seit *F.C. von Savigny* (1840) kanonisierten (schon im klassischen Rom z.B. bei *Celsus* im Ansatz praktizierten) *vier* Auslegungsmethoden (Wortlaut, Geschichte, Systematik, Telos), heute ergänzt um die rechtsvergleichende Methode als "*fünfte*"[68]. So offen das Zusammenspiel der vier bzw. fünf Auslegungsmethoden im Einzelfall ist, so intensiv der Durchgriff auf Gerechtigkeitspostulate den Pluralismus der Auslegungsmethoden ergebnisorientiert steuern muss: diese Kunstregeln sind unverzichtbar. Der Jurist, auch und gerade der "europäische Jurist", gewinnt dadurch "Selbststand" gegenüber anderen Wissenschaften, auch im Rahmen der Kulturwissenschaften. Die relative Autonomie des juristischen Umgangs mit Rechtstexten und kulturellen Kontexten bleibt bestehen – bei allen hermeneutischen Analogien oder werkinterpretatorischen Betrachtungen (etwa dem Verständnis eines Bildes von *Rembrandt*), bei allen rezeptionstheoretischen Gemeinsamkeiten (etwa im Sinne der Konstanzer Schule von *H.R. Jaus* in Sachen Literatur). Auch der Jurist hat seine Vorverständnisse und Paradigmen (etwa den "Runden Tisch" als neuen Gesellschaftsvertrag), kennt ihren Wechsel und Wandel (in der Zeitprojektion etwa den "Generationenvertrag"), mitunter den "Sturz" von Paradigmen (z.B. die Abschaffung der Todesstrafe als "wiederherstellende" Vergeltung im Strafrecht); aber seine Paradigmen wirken im Medium "seiner" Wissenschaft, auch wenn sie Kulturwissenschaft ist.

---

68 P. *Häberle*, Grundrechtsgeltung und Grundrechtsinterpretation im Verfassungsstaat, JZ 1989, S. 913 ff.; siehe auch *J.A. Frowein*, Kritische Bemerkungen zur Lage des deutschen Staatsrechts aus rechtsvergleichender Sicht, DÖV 1998, S. 806 ff. Zu methodischen Konsequenzen des Rechtsvergleichs allgemein: *E. Kramer*, Juristische Methodenlehre, 1998, S. 190 ff.; für die europäische Dimension vgl. *H. Coing*, Europäisierung der Rechtswissenschaft, NJW 1990, S. 937 ff.

III. Die Übertragung auf Europa: Lösungsvorschläge (Europäische Unionsgrundordnung, Staatenverbund, Verfassungsverbund), Darstellung und Kritik

Die deutsche Staatsrechtslehre hat – auch europaweit – die Bemühungen um eine Qualifizierung der EU/EG enorm bereichert. Stichworte sind "Europäische Unionsgrundordnung" (*D. Tsatsos*)[69], "Verfassungsverbund" (*I. Pernice*)[70]. M.E. hilft die "Verbundstheorie" indes nicht viel weiter – sie assoziiert den "Staatenverbund" des BVerfG (E 89, 155). Auch die anglizistische Wortprägung von "multilevel constitutionalism" (*I. Pernice*)[71] ist anregend, indes sind ihr Vorbehalte gegen das Ebenen-Denken entgegen zu stellen. M.E. kann der Begriff der kulturwissenschaftlich grundierten "Verfassungsgemeinschaft" bzw. das Bild von "Ensembles geschriebener und ungeschriebener Teilverfassungen" fürs Erste weiterhelfen. Die Idee des *multi-level-constitutionalism* bedient sich eines Sprachbildes: eines Mehrebenensystems teils sich überlagernder, teils miteinander verzahnter Stufen von verfassenden Ordnungsstrukturen. Doch gerade in dieser Metaphorik, mag sie auch die Öffnung des nationalen hin zum europäischen Verfassungsraum verdeutlichen, liegt eine große Gefahr. Sie impliziert ein hierarchisches Verhältnis, eine gewisse Über- und Unterordnung, und geht insoweit fehl. Wenn schon im Bundesstaat nicht der Bund als "oben" und die Länder "unten" eingeordnet werden können, sondern Gesamtstaat und Gliedstaaten einander auf gleicher Augenhöhe begegnen, so muss das erst recht für die präföderale EU gelten. Alles Denken in Hierarchien ist hier bei der Verfassungsfrage von vornherein zu vermeiden. Das sucht die Terminologie von gleichrangigen "Teilverfassungen" zu leisten. Damit sei gar nicht geleugnet, dass die aus dem Bundesstaat bekannten Grundsätze "Bundesrecht bricht Landesrecht" oder die Bundestreue auf der EU-Ebene ein Analogon finden mögen, letztere in Gestalt der "Gemeinschaftstreue". Doch dienen diese Prinzipien der Konfliktvermeidung, zum Teil der wechselseitigen Rücksichtnahme gleichberechtigter Partner, und nicht als Vorwand für ein Denken in – in übertragenem Sinne – "schiefen" Ebenen.

---

69   *D. Tsatsos*, Die Europäische Unionsgrundordnung, EuGRZ 1995, S. 287 ff.; *ders.*, Die Europäische Unionsgrundordnung im Schatten der Effektivitätsdiskussion, EuGRZ 2000, S. 517 ff.

70   Zuletzt etwa *ders.*, Der europäische Verfassungsverbund auf dem Wege der Konsolidierung, JöR 48 (2000), S. 205 ff.; *ders.*, Nationales und Europäisches Verfassungsrecht, VVDStRL 50 (2001), S. 148 ff., 163 ff.

71   Dazu auch *F.C. Mayer*, Kompetenzüberschreitung und Letztentscheidung. Das Maastrichturteil des BVerfG und die Letztentscheidung über ultra vires-Akte in Mehrebenensystemen, 2000. Die „rechtliche Struktur der Welt als ein Mehr-Ebenen-System" qualifiziert *R. Wahl*, Der Einzelne in der Welt jenseits des Staates, Der Staat 40 (2001), S. 45 ff., 45. Ebd., S. 46, Fn. 6 mit zahlreichen Nachweisen zur Entwicklungsgeschichte des zunächst in der politikwissenschaftlichen Diskussion (*B. Kohler-Koch, M. Jachtenfuchs*) geprägten, später von der Europarechtswissenschaft (*F.C. Mayer, M. Morlok, I. Pernice*) übernommenen Begriffs „Mehr-Ebenen"- bzw. „Multilevel"-System. – Aus parallelem Grund hat der Verf. auch Zweifel an dem Wort vom "supranationalen Föderalismus" u.ä. (z.B. *A. von Bogdandy*).

B. Das konstitutionelle Europa von heute: eine werdende "Verfassungs-
gemeinschaft" eigener Art mit Gemeinschaftsvölkern,
das konstitutionelle Mosaik

Vorbemerkung

Die anspruchsvolle Aufgabe, die "Verfassung Europas" einzuordnen, ist unter einem wichtigen Vorbehalt zu sehen: Von einem deutschen Autor kann sie nur aus der Perspektive des *deutschen* Betrachters erfüllt werden, der sich mit dem Konstitutionalisierungsvorgang Europas und seiner etwaigen "Staatswerdung" intensiv beschäftigt hat. Die jeweilige "nationale Brille" von Staatsrechtslehrern bzw. Europarechtlern aus den 25 Mitgliedsländern der EU bleibt für jeden ihrer Repräsentanten unvermeidlich, was Licht und Schatten wirft. Wichtig ist indes, dass die Einführung in die konstitutionellen Grundsatzfragen Europas aus der Perspektive eines "europäischen Deutschland" im Sinne von *Thomas Mann* erfolgt. Jeder Unionsstaat muss sich die ihn ergreifende "innere Europäisierung" seines nationalen Verfassungsrechts vor Augen halten, wenn von der "Verfassung Europas" die Rede ist[72]. Zugleich sollte jede nationale Wissenschaftlergemeinschaft ihre spezifischen Stärken in das "europäische Hauskonzert" einbringen: Italien und Spanien etwa ihren Regionalismus, Deutschland seine ausgefeilte Grundrechtsdogmatik, Frankreich sein Menschenrechtspathos und Großbritannien seine parlamentarische Praxis. Die skandinavischen Länder zeichnen sich u.a. durch ihre Erfindung des Ombudsmannes aus, die Beneluxstaaten können auf die integrierende Kraft ihrer traditionsreichen Monarchien als emotionale Konsensquellen verweisen.

Die Verfassungswerte des sich einigenden Europa lassen sich besonders gut durch Italien und Griechenland bzw. ihre schöpferische Vermittlung der Antike grundieren. Die Vielfalt und Einheit der europäischen Kultur einschließlich der Rechtskultur und einschließlich der Prägekraft, die sich seit 1100 mit Bologna verbindet, ist es, die die offene Gesellschaft der Verfassungsinterpreten im Europa von heute so grundiert, dass sie ihre Identität behaupten kann – auch gegenüber der "Globalisierung", Ökonomisierung und Nivellierung unserer Tage. M.a.W.: Eine europäische Verfassungslehre "als Kulturwissenschaft" kann ihre Inspirationen vor allem aus Italien holen: seien es dessen Wissenschaften und Künste, seien es dessen Städtebilder und Kulturlandschaften. Das gemeineuropäische Verfassungsrecht ist – wie das "gemeineuropäische Privatrecht" – vor allem eine Frucht Italiens, und es ist kein Zufall, dass die Gründungsverträge der EWG 1957 in Rom unterzeichnet worden sind.

Der hier vorgelegte Beitrag bedürfte also der Ergänzung durch 14 bzw. 24 weitere nationale Beiträge zum gleichen – europäischen – Thema aus anderen Federn. Er bleibt insofern fragmentarisch. Er ringt aber dank des auf Europa bezogenen kulturwissenschaftlichen Ansatzes um eine das Nationale ergänzende, vielleicht vertiefende, aber zugleich dieses bewahrende Sicht (Stichwort: komparatistische und kulturwissenschaftliche Öffnung).

---

72 Allgemein zur Anwendung des Europarechts im innerstaatlichen Bereich *T. Öhlinger*, Gemeinschaftsrecht und staatliches Recht, 2001.

I. Die geltende Verfassung Europas – ein Ensemble von geschriebenen und ungeschriebenen Teilverfassungen

1. Die Frage

Was die Charakteristika Europas als "werdender Verfassungsgemeinschaft" ausmacht, wurde soeben erörtert. Die Frage nach den verfassenden Elementen sei im Folgenden noch einmal zugespitzt mit Blick auf die unterschiedlichen konstitutionellen Dichtegrade in Europa im engeren und weiteren Sinne, mit Blick auf die "Bindemittel", die Europa in seinem Innersten zusammenhalten. Die Unterscheidung zwischen Europa(recht) im engeren Sinne und Europa(recht) im weiteren Sinne ist bekannt. Jenes wird durch die EU/EG-Verträge konstituiert, dieses durch den Europarat (derzeit 46 Mitglieder), vor allem die EMRK und die OSZE (jetzt 55 Mitglieder). Das Europa im weiteren Sinne hat flexible Grenzen und offene Horizonte. Grenzfall ist Russland angesichts seiner asiatischen Teile; für die EU bleibt die Türkei ein Problemfall. Der Dichtegrad der verfassenden Strukturen ist unterschiedlich: besonders eng innerhalb der EU, weitmaschiger in der OSZE; auf dem Balkan wachsen europaverfassungsrechtliche Strukturen in Bosnien heran (Föderalismus bzw. Regionalismus, Minderheitenschutz, Grundrechte, Demokratie und Verfassungsgerichtsbarkeit)[73]; im Kosovo und in Mazedonien muss mit solchen begonnen werden.

Das sich in der EU zusammenfindende Europa juristisch zu qualifizieren, ist besonders schwierig. Die Formel des deutschen BVerfG vom "Staatenverbund" (E 89, 155) hat für Schlagzeilen gesorgt und ist, wie bereits dargestellt, viel kritisiert worden. Die EU ist nicht mehr nur "Staatenbund" und noch nicht ein Bundesstaat, sie ist ein konstitutionelles Gebilde eigener Art. Diskussionswürdige Einordnungen sind der Begriff "Unionsgrundordnung" (*D. Tsatsos*) oder "Verfassungsverbund" (*I. Pernice*). Der EuGH spricht in einem Gutachten von 1991 vom EWG-Vertrag als "grundlegender Verfassungsurkunde einer Rechtsgemeinschaft" (s. auch BVerfGE 22, 293 (296): "gewissermaßen die Verfassung dieser Gemeinschaft")[74]. M.E. lässt sich von einer "Verfassungsgemeinschaft" sui generis sprechen. Die einzelnen Verträge sind Teilverfassungen bzw. sektorenhafte Verfassungsverträge. Sie decken typische Verfassungsthemen und -funktionen ab und nehmen den 15 bzw. 25 nationalen Verfassungen klassische Felder weg, so dass diese in manchem ihrerseits nur noch als Teilverfassung im Kontext der EU/EG wirken (z.B. entfernt "Schengen" die "Staatsgrenze" aus der traditionellen Staatselementelehre; die beteiligten Nationen sind jetzt Inland: "Freundesland"). Die 1983/91 vorgeschlagene Figur des "Gemeineuropäischen Verfassungsrechts" mit allen seinen Rechtsgrundsätzen, z.T. prätorisch in der Judikatur des EuGH entwickelt, textlich in der EMRK formuliert, ist "constitutional european law in public action", ein konstitutionelles "Bindemittel", das europaweit wirkt und im Wege wertender Rechtsvergleichung gewonnen wird.

---

73 *K. Lamers/P. Hintze/K.-J. Hedrich*, Ordnung und Einverständnis. Der Balkan braucht eine selbsttragende politische Ordnung: die Südost-Europäische Union, FAZ vom 18. Juli 2001, S. 8.
74 *Ch. Calliess*, in: Ch. Calliess/M. Ruffert (Hrsg.), Kommentar zu EU-Vertrag und EG-Vertrag, 1999, Art. 1 EUV, Rn. 17 ff. (2. Aufl. 2002).

2. Eine Antwort

Eine genauere Analyse der Texte und Prinzipien, die Europa schon "im Innersten zusammenhalten", ergibt Folgendes:

Klassisch ist die *Machtbeschränkungsfunktion* allen Verfassungsdenkens. Sie kann sich u.a. auf Art. 7 EUV (Verletzung fundamentaler Grundsätze durch einen Mitgliedstaat) berufen, eine Art präföderaler Homogenitäts- und Gewährleistungsklausel; alle, als Abwehrrechte i.s. des status negativus wirkenden Grundrechte in der EU/EG kommen hinzu, z.B. Art. 43: Niederlassungsfreiheit, erweitert verstanden im Lichte des Centros-Urteils des EuGH; sodann die Begrenzung im Zeit-Raum, d.h. die Parlaments- und sonstigen Wahlen als ein Stück demokratischer "Herrschaft auf Zeit". Das Subsidiaritätsprinzip (Art. 5 EGV), überhaupt alle "Zuständigkeitsverteilungsregelungen", aber auch der EuGH[75], der Rechnungshof und der Bürgerbeauftragte dienen der Machtbegrenzung in typisch konstitutioneller Weise. Nicht vergessen sei, dass Verfassungen ihrem Telos nach *Macht konstituieren und legitimieren* wollen: indem sie vom Volk bzw. den Völkern und ihren Bürgern hergeleitete Macht definieren und *auf Zeit* anvertrauen ("trust"). Die Organe der Gemeinschaft, vom Parlament (dazu jetzt innovativ die Matthews-Entscheidung des EGMR[76]) bis zur Europäischen Investitionsbank, sind unter diesem Aspekt zu sehen – auch ihre einzeln ausgewiesenen "Politiken" (Art. 23 bis 181 EGV, Art. 2 EUV). Die die Bürger und Völker "ansprechende" *Integrationsfunktion* ist – bei allem Pluralismus – eine weitere klassische Verfassungsfunktion. Sie kommt vor allem in den Präambeln zum Ausdruck (vgl. Präambel EUV-Maastricht: Bekenntnis zu Freiheit, Demokratie, Menschenrechten und Rechtsstaatlichkeit, Wunsch zur Stärkung der Solidarität zwischen ihren Völkern "unter Achtung ihrer Geschichte, ihrer Kultur und ihren Traditionen"), ist aber auch in bzw. hinter Verfassungzielen freizulegen (Schutz des "kulturellen Erbes von europäischer Bedeutung", Art. 151 Abs. 2 EGV) und sie verbirgt sich hinter Grundrechten wie dem unionsbürgerlichen Wahlrecht (Art. 19 EGV) und dem Petitionsrecht (Art. 194 EGV). Diese Funktion führt zu den *Identifikationschancen* hinüber, die ein Verfassungstext seinen Adressaten geben will: das sich einigende Europa (vgl. Art. 1 EUV: Aufgabe, die "Beziehungen zwischen den Völkern solidarisch zu gestalten"), Bekräftigung dessen, was den Mitgliedstaaten und Völkern gemeinsam ist (Art. 2, Art. 6 EUV (Menschenrechte, Demokratie, Rechtsstaatlichkeit), Art. 3 ("gemeinschaftlicher Besitzstand"), Art. 11 ("gemeinsame Werte")) und was sie sondert ("nationale Identität", Art. 6 Abs. 3 EUV). Diese *Bekräftigung von Grundwerten* (vgl. auch Art. 151 Abs. 1 EGV: "gemeinsames kulturelles Erbe") ist, wie viele neuere Verfassungen der Reformstaaten in Osteuropa zeigen, eine typische Verfassungsfunktion, die bis in emotionale (symbolische), auch erzieherische Bezirke und anthropologische Tiefenschichten reicht. All diese Funktionen bilden ein beziehungsreiches Ganzes, das in den verschiedenen Artikelgruppen, unterschiedlich dosiert, wirkt und die EU/EG schon heute zu einer eindrucksvollen "Verfassungsgemeinschaft" reifen bzw.

---

75 Allgemein siehe auch *E. Drews*, Entstehen und Entwicklung des Rechtsschutzes vor den Gerichten der Europäischen Gemeinschaften, 2000.
76 EuGRZ 1999, S. 200 ff.

eine geschriebene Teilverfassung erkennen lässt[77]. Und all diese Funktionen sollen letztlich das Vertrauen der Bürger in dieses Europa stärken. – Wir bedürfen heute nach ca. 207 Jahren seit Beginn des Entstehungsprozesses von Hegels Schrift über die Reichsverfassung (1799) eines zum Teil "umgekehrten Hegel" zur Verfassung Europas. Nicht: "Deutschland ist kein Staat mehr", sondern: "Deutschland hat nur noch 1 plus 16 Teilverfassungen, aber zugleich wächst Europa zu einem Ensemble von Teilverfassungen heran".

3. Das Europa der (Rechts-)Kultur

Vor allem ist der Konstitutionalisierungsvorgang Europas aus seiner Vielfalt und Einheit als *Kultur* zu begreifen[78]. Nicht nur die EU/EG-Texte enthalten Kulturverfassungsrecht, auch im Europa im weiteren Sinne ist die Kultur ein bindendes und verbindendes Thema. Das zeigt ein Blick auf das Europäische Kulturabkommen von 1954 (Art. 1-5) sowie OSZE-Texte (Helsinki von 1975: "Korb 3") und vor allem auf die EMRK von 1950. Schon in ihrer Präambel ist im Blick auf "europäische Staaten" vom "gleichen Geiste" die Rede, auch vom "gemeinsamen Erbe an geistigen Gütern, politischen Überlieferungen, Achtung der Freiheit und Vorherrschaft des Gesetzes". Solche Geist- und kulturelles Erbe-Klauseln sind kulturwissenschaftlich zu erschließen. Die einzelnen Menschenrechte sind schon "prima facie" kulturelle Freiheiten, etwa die Gedanken-, Gewissens- und Religionsfreiheit (Art. 9). Auch das 1. Zusatzprotokoll von 1952 bereichert die kulturelle Freiheit durch das "Recht auf Bildung" (Art. 2). Greift man unter die "Textdecke" solcher Klauseln tiefer, so wird das Europa der Kultur und Rechtskultur erkennbar. Manche juristische Dogmatik, manches Filigran wissenschaftlicher Differenzierungskunst gründet sich letztlich auf die Einheit und Vielfalt der europäischen Kultur. Darum ist es auch die europäische Verfassungslehre als Kulturwissenschaft, die darstellen kann, was Europa ausmacht[79], in der Tiefe verfasst und wie es Identität begründet. Die Wirtschaft ist als Wohlstandsvehikel gewiss unersetzbar, aber sie ist wie der "Markt" nur *instrumental* zu verstehen: im Dienst und Kontext der europäischen Kultur in ihrer Vielfalt und Einheit. Das Europa-Bild lässt sich eben nicht auf "offene Marktwirtschaft mit freiem Wettbewerb" reduzieren. Bei jeder Konkretisierung der Beitrittskriterien für andere Länder muss sich die (rechts)kulturelle Identität dieses Europa bewähren können. Die EU-Grundrechtecharta ist fast idealer Ausdruck des Europas der Rechtskultur. Sie sollte 2006 vorweg in Geltung gesetzt werden.

---

77 Zum Stichwort "Internationales Verfassungsrecht" vgl. allgemein den gleichnamigen Beitrag von *R. Uerpmann*, JZ 2001, S. 565 ff. sowie von *U. Haltern*, AöR 128 (2003), S. 512 ff.
78 Siehe auch *J. Basedow*, Rechtskultur – Zwischen nationalem Mythos und europäischem Ideal, ZEuP 1996, S. 379 ff.; C. Varga (Hrsg.), Comparative Legal Cultures, 1992.
79 Siehe dazu auch *V. Götz*, Ein Raum der Freiheit, der Sicherheit und des Rechts, FS D. Rauschning, 2001, S. 185 ff.

II. Elemente der Europäischen Rechtskultur – aus der Tiefe der Geschichte und der Weite und Dichte des – offenen – europäischen Raumes

Den "Gedächtnisraum Europa" im Blick auf seine Rechtskultur zu skizzieren, ist fast unseriös. Doch lassen sich einige Stichworte nennen, die letztlich auf die heute geltenden konstitutionellen Texte von der EMRK über die Römischen Verträge bis zu "Maastricht" (1992) und "Amsterdam" (1997) führen, zuletzt "Nizza" (2000)[80] und "Post-Nizza". Sie wurden bereits im Ersten Teil entwickelt, seien an dieser Stelle nur in Erinnerung gerufen: die Geschichtlichkeit, die Unabhängigkeit der Rechtsprechung bzw. der Rechtsstaat, die Religionsfreiheit bzw. die weltanschaulich-konfessionelle Neutralität des Staates, schließlich die Europäische Rechtskultur als Vielfalt und Einheit, und die Partikularität und Universalität der europäischen Rechtskultur: Europa ist ein Teil der einen Welt. Mit offenen Grenzen, aber in seiner kulturellen Identität[81] abgrenzbar: *eine*, aber *in sich* vielfältige Rechtskultur. Das islamische Recht, die Entwicklungsländer, die asiatischen Staaten, all dies sind andere Rechtswelten. Mag man über "gemeinislamisches Verfassungsrecht" sprechen oder von Japan aus nach Möglichkeiten "allgemeiner Rechtsgrundsätze" für vergleichbare asiatische Rechtskulturen fragen: die Differenz zu Europa bleibt. Global gesehen, lebt Europa kulturell und damit auch rechtskulturell etwas Partikulares. Doch lebt es auch in und aus universalen Inhalten und Dimensionen: die Menschenrechte seit 1789, in UN-Dokumenten bekräftigt und auch in Afrika wiederholt, das Leitbild der pluralistischen Demokratie und vor allem der Rechtsstaat, z.T. auch die soziale Marktwirtschaft, lassen an eine Verfassungslehre im Sinne von *I. Kants* "weltbürgerlicher Absicht" denken. Es gibt die "Welt des Verfassungsstaates"[82]. Zu den USA besteht ein besonders vom Recht vermittelter Kulturzusammenhang und immer weiter erneuerter Rezeptions- und Produktionsprozess (Virginia Bill of Rights von 1776, die Common Law tradition[83], die Rechtsphilosophie der Federalist Papers von 1787 etc.). Auch nach Lateinamerika bestehen dank Spanien vielfältige wechselseitige Einflüsse. Europa darf sich nicht als "Festung" verstehen, es muss offen bleiben und sich seiner eigenen Rechtskultur sicher wissen. Es kann auf seine Beiträge zu einer Rechtskultur im Weltmaßstab verweisen, dies aber nur als "Angebot". Die Balance zwischen solcher Partikularität und Universalität ist immer neu zu finden. Die "europäischen Juristen" haben ihren bescheidenen Anteil dabei zu leisten: u.a. via "europäischer Öffentlichkeit".

---

80 Dazu K. H. Fischer (Hrsg.), Der Vertrag von Nizza – Text und Kommentar, 2001. Zu Nizza: *E. Brok*, Der Vertrag von Nizza: Wird die EU handlungsunfähig?, FAZ vom 13. Januar 2001, S. 11. S. auch: Europäisches Parlament, Entschließung zum Ergebnis der Tagung des Europäischen Rates in Nizza: EuGRZ 2001, S. 671 ff. S. noch Anhang.
81 *K.M. Meessen*, Politische Identität in Europa, EuR 34 (1999), S. 701 ff.
82 Dazu der gleichnamige, von M. Morlok hrsg. Tagungsband, 2001, mit einleitenden Bemerkungen von *K. Hesse*, S. 11 ff.
83 Siehe aber auch die römisch-rechtliche Tradition, dazu *R. Zimmermann*, Roman law, contemporary law, European law, 2001.

III. Europäische Öffentlichkeit – primär aus Kultur, komplementär zunehmend auch aus der Politik

Thematisiert bzw. kontextualisiert sei im vorliegenden Zusammenhang auch das im Ersten Teil in abstracto entwickelte Konzept einer europäischen Öffentlichkeit.

1. Öffentlichkeit – verfassungsstaatliche Öffentlichkeit

Auf dem Hintergrund der theoretischen Erarbeitung des Begriffs "Öffentlichkeit" (*R. Smend, K. Hesse, J. Habermas*) und im Kontext meiner These von der "Verfassung als öffentlicher Prozess" (1969) ist in Orientierung am positiven Verfassungsrecht des deutschen GG zwischen *Parlaments-, Regierungs-, Verwaltungs-* sowie *Gerichts*öffentlichkeit zu unterscheiden. Thesen wie "Öffentlichkeit als Sauerstoff der Demokratie" (*G. Heinemann*) oder öffentliche Meinung als "Quellgebiet unserer Demokratie" (*M. Walser*) führen zur Einsicht in die pluralistische Struktur der Öffentlichkeit des Verfassungsstaates, was dem pluralistischen Gemeinwohlkonzept entspricht.

Den Verfassungsstaat charakterisiert die *"republikanische Bereichstrias"* der Felder "staatlich", "gesellschaftlich-öffentlich" und "privat" bzw. private Freiheit, unbeschadet vieler Überschneidungen und der Garantie "öffentlicher Freiheiten" (z.B. Verf. Spanien). "Öffentlich" ist zum einen *Bereichs-Begriff* (das Feld der Parteien, Gewerkschaften, Verbände, Kirchen, Medien etc.), zum anderen ein *Wert-Begriff:* Dies klingt in der Reihung der Grundwerte "res publica/salus publica/res populi/öffentliche Freiheit" an, die letztlich auf *Cicero*, die Weimarer Klassik, den deutschen Idealismus und den "Vormärz" (vor 1848) verweisen. Dabei kommen die kulturellen Dimensionen des Verfassungsstaates und die kulturellen Freiheiten seiner Bürger ins Blickfeld[84].

Defizite und Gefahren liegen auf der Hand: Die Scheinöffentlichkeit von gewissen "Talkshows" einerseits, der neue Ökonomismus, ja postmarxistische Materialismus mit seiner Verabsolutierung des "Marktes" fordern vom öffentlichkeits-idealistischen bzw. -optimistischen Verfassungsstaat die Setzung von *Rahmenbedingungen* (z.B. in Sachen Medienerziehung, pluralistische Strukturierung der Massenmedien) und Begrenzungen im Interesse *gemeineuropäischer Kulturwerte* (wie Jugendschutz, Gewaltverbot, ggf. auch Quotenregelungen).

2. Europäische Öffentlichkeit – Entwicklungschancen, Wachstumsbedingungen, Defizite und Grenzen

Vom relativ gesicherten Boden verfassungsstaatlicher Öffentlichkeit der einzelnen Nationen aus wird es möglich, die Frage nach der *"europäischen* Öffentlichkeit" nochmals zu vergegenwärtigen. Sie wird von der Weltöffentlichkeit bzw. der globalen Informationsgesellschaft einerseits, und den USA bzw. ihren Märkten andererseits herausge-

---

[84] Zugleich auch all die – im öffentlichen Bewusstsein gespeicherten – Elemente, die Europa in seinem Innersten zusammenhalten, dazu *W. Weidenfels/J. Janning*, Jenseits der alten Grenzen, Vor der Erweiterung der EU werden Antworten auf Grundfragen des europäischen Zusammenhalts unerlässlich, FAZ vom 20. Januar 2001, S. 8.

fordert. Eine präzise *europäische Bereichsanalyse* zeigt, dass folgende Artikel des EG-Vertrages teils europäische Öffentlichkeit voraussetzen, teils mitschaffen: Art. 191, 193, 194, 199 Abs. 2, 222 Abs. 2 EGV; Artikel des EU-Vertrages wie Art. 1 (Bürgernähe) und 6 (demokratische Grundsätze, Menschenrechte) denken der Sache nach Öffentlichkeit mit. Auch eine Auswertung des Europarechts im weiteren Sinne (EMRK, Europäisches Kulturabkommen) ist ergiebig. Entspricht dieser in den Texten angelegten europäischen Öffentlichkeit aber auch die *Wirklichkeit*? Vieles mag noch defizitär sein, vor allem im Bereich der Politik: das Europäische Parlament rückt erst langsam in das Bewusstsein der demokratischen Öffentlichkeit vor (erneut sei auf den Fall Matthews, EuGRZ 1999, S. 200 ff. verwiesen). "Europa" kommt nur vordergründig von der Wirtschaft her: Was Europa geworden ist und noch werden kann, ist primär seine *Kultur*, sein "kulturelles Erbe" und seine kulturelle Zukunft, die sich aus der regionalen, kommunalen und nationalen Vielfalt speisen[85]. In Europa gibt es schon eine *kulturelle* Öffentlichkeit, und dieses Europa muss sich aus ihr weiter konstituieren und entfalten.

Zur kulturellen Öffentlichkeit Europas als "bester" Öffentlichkeit gehören auch die *Rechtsordnungen* des europäischen Verfassungsstaates in all seinen nationalen Varianten[86]. Längst hat sich eine "europäische Rechtswissenschaft" (wieder) etabliert, was in dem Wort "Von Bologna bis Brüssel" (*H. Coing*) ebenso zum Ausdruck kommt, wie in der *Juristenöffentlichkeit* europäischer Richtertreffen, in der wachsenden Praxis der Rechtsvergleichung und in Studenten-Programmen wie "Erasmus", "Tempus" oder "Sokrates". Ein Europäischer Juristentag, eine Europäische Staatsrechtslehrertagung wären bzw. sind konsequent, ebenso eine "europäische Juristenfakultät" (das Dreiecksprojekt zwischen Saarbrücken, Lille und Warwick gibt ein Vorbild, auch Frankfurt/O. im Blick auf Polen, 2005 bekräftigt).

Der heute favorisierte Vorrang des bloß "Ökonomischen" gefährdet dieses Europa der Kultur(geschichte). Das "Europa der Regionen", rechtlich gegenwärtig im Ausschuss der Regionen (Art. 263 bis 265 EGV) bzw. in jeder einzelnen "Europaregion" von Tirol bis zur Euroregion Egrensis oder Basilensis sowie in Partnerschaften z.B. zwischen Burgund und Rheinland-Pfalz, machen vom *Kleinen* her, von der "Heimat" aus, Europa erlebbar und sichern es gegen das globale Einerlei[87]. Hierher gehört auch das glückliche Wort von *R. Prodi* bzw. *J. Delors*: Europa brauche wieder eine "Seele".

Die *Politik* schafft nur begrenzt eine europäische Öffentlichkeit. Immerhin setzt sie – mitunter spät – Themen auf die Tagesordnung, die sich zu *rechtlichen* Elementen europäischer Verfassungsstaatlichkeit entwickeln können: Minderheiten- und Volksgrup-

---

[85] Brüssel hat kürzlich den nordspanischen Jakobsweg als "Erste Kulturstrasse Europas" ausgezeichnet, was ein kulturelles Verständnis dieses Europas, jenseits von politischer Strategie und Marktwirtschaft bedeutet.

[86] Und umgekehrt prägt das Europäische Recht kraft und dank seiner spezifischen Öffentlichkeit die nationalen Rechtsordnungen, siehe *M. Nettesheim*, Auslegung und Fortbildung des nationalen Rechts im Lichte des Gemeinschaftsrechts, AöR 119 (1994), S. 261 ff.

[87] Siehe jetzt auch *W. Berg*, Bayern im Europa der Regionen, BayVBl. 2001, S. 257 ff.

penschutz, "Umweltunion"[88] und "Sozialcharta". Auf dem Balkan versagte freilich Europas "Verfassungsöffentlichkeit". (Hier bedurfte es der USA.) Die "Skandalöffentlichkeit" (Fall Bangemann, Sturz der Santer-Kommission, BSE-Streit) schuf jüngst eine stärkere europäische Öffentlichkeit aus Politik, die letzte Direktwahl zum Europäischen Parlament (2004) eine schwächere (geringe Wahlbeteiligung). Die sich heute intensivierende Verfassungsdiskussion[89] braucht noch mehr europäische Resonanz, auch von den politischen Parteien selbst her (vgl. deren Auftrag aus Art. 191 EGV), sie sollten allgemein mehr europäische Themen propagieren. Komplementär dazu muss "nationales Europaverfassungsrecht" entstehen (wie in Art. 23 Abs. 1 n.F. GG oder Art. 168 Verf. Belgien und Art. 3 a Verf. Bayern, Art. 7 Abs. 5 Verf. Portugal; in Italien ist ein "Europa-Artikel" ein Desiderat, auch in Spanien).

Im Konstitutionalisierungsvorgang Europas bleibt Öffentlichkeit unverzichtbar. Sie ist derzeit nur in Teilbereichen verwirklicht. Die *kulturelle* Öffentlichkeit Europas aber ist ebenso vielgestaltig wie lebendig und in der Tiefe verwurzelt[90]. Zum Teil schon kräftig ausgeformt, wird die Verfassungsöffentlichkeit Europas greifbar in einzelnen Institutionen und Verfahren des Europa*rechts* im engeren und weiteren Sinne. Das Europa als *Rechtsgemeinschaft* ist so öffentlich wie Rechtsetzung, Rechtsfindung und -fortentwicklung öffentlich sind. Europa als *Kulturgemeinschaft* bestimmt letztlich auch über die räumlichen Grenzen des – offenen – Europabegriffs (Problemfall Türkei).

IV. Zukunftsperspektiven der Europäischen Verfassung

1. Die Vorfrage

*Vor*frage aller anderen Fragen nach dem weiteren Konstitutionalisierungsvorgang Europas, vor allem der EU, ist die Frage nach der letzten "Finalität" oder "Teleologie" der europäischen Einigung. Sie ist offen und wird auch nicht durch die Formel von Art. 1 Abs. 2 EUV definiert, wonach dieser Vertrag eine "neue Stufe bei der Verwirklichung einer immer engeren Union der Völker Europas" darstellt (vgl. schon Präambel Maastricht-Vertrag von 1992: "... entschlossen, den ... Prozess der europäischen Integration auf eine neue Stufe zu heben"). Dieses Stufendenken deutet auf einen dynamischen Prozess, doch er nennt zu recht keine Endstufe, kein Endziel oder eine letzte Etappe. Die Verfassungsgeschichte Europas bleibt offen, die Völker und Bürger sollen sie als offene

---

88 Nicht zu vergessen ist die Rückwirkung einer europäischen Umweltöffentlichkeit auf das nationale Recht, dazu *R. Steinberg*, Probleme der Europäisierung des deutschen Umweltrechts, AöR 120 (1995), S. 549 ff.
89 *G. C. Rodriguez Iglesias*, Zur „Verfassung" der Europäischen Gemeinschaft, EuGRZ 1996, S. 125 ff.; siehe auch den Band: P. Häberle/M. Morlok/W. Skouris (Hrsg.), Staat und Verfassung in Europa, 2000; W. Loth/W. Wessels (Hrsg.), Theorien europäischer Integration, 2001. – Wenn nach *T. Paine* eine Verfassung für die Freiheit das ist, was Grammatik für die Sprache ist, dann muss sich Europa auf dem Weg zur geschriebenen Verfassung halten. Gerade für Europa reicht das Konzept von der Verfassung als bloßes "Organisationsstatut" nicht aus, so wichtig präzise Kompetenzsetzungen zwischen der Union und ihren Gliedern sind.
90 Zu Europa als "multikultureller Gesellschaft": *I. Richter*, Verfassungsfragen multikultureller Gesellschaften, FS Mahrenholz, 1994, S. 637 ff.

erfahren können. Gerade einer Kultur kann man keine letzten Ziele vorgeben. Das lehrt die Geschichte Europas als offener Prozess. In ihm bleiben die Völker und Bürger Europas handelnde Subjekte, zumal das Prinzip der Subsidiarität als "Bremse" gegen "oben" wirken kann und soll (Art. 5 EGV).

2. Eine "Vollverfassung"?

Das Gesagte hat Konsequenzen für die Zukunftsperspektiven der Europäischen Verfassung. Der Erlass einer "Vollverfassung" wäre die weitestgehende Lösung[91]. Dabei könnte man entweder die genannten Teilverfassungen EUV und EGV zusammenfassen, ergänzt um eine "fortgeschriebene" EMRK[92], die zu integrieren wäre, oder aber man sucht in einem "großen Wurf" ein Gesamtwerk "aus einem Guß" zu schaffen. Es ist jedoch sehr die Frage, ob die "Stunde" für eine solche ganze Verfassung für das Europa der EU bzw. EG gekommen ist – zu vielgestaltig ist das Interessenspektrum der 15 bzw. 25 EU-Staaten; überdies müsste vorgreifend schon die (bald gesamteuropahafte) Erweiterung um neue Länder wie Serbien, Rumänien, Mazedonien und später Bulgarien bis zur Türkei etc. mit bedacht werden[93]. Eine neue Verfassung uno

---

91 *J.H.H. Weiler*, The Constitution of Europe, 1999; *ders.*, Ein christliches Europa, 2004.

92 Aspekte einer solchen Fortschreibung wären z.B. die Wissenschafts- oder die Medienfreiheit. Aus der Lit.: *U. Fink*, Gewährt das Recht der Europäischen Gemeinschaften den wissenschaftlichen Hochschulen grundrechtliche Freiheit?, EuGRZ 2001, S. 193 ff.; *M. Stock*, EU-Medienfreiheit – Kommunikationsgrundrecht oder Unternehmerfreiheit? K & R 2001, S. 289 ff.; *ders.*, Medienfreiheit in Europa – "dienende" und/oder "verdienende" Freiheit?, FS H. Schatz, 2001, S. 160 ff.

93 Zur Verfassungsentwicklung in der osteuropäischen Staatenwelt allg.: *O. Vordran*, Die Entstehung der ukrainischen Verfassung, 2000; *F. Evers*, Verfassungsentwicklung und Rechtssicherheit in der Ukraine, in: Recht in Ost und West, 1998, S. 41 ff.; *D. Frenzke*, Die Entwicklung des ukrainischen Verfassungsrechts von 1978 bis 1995, OER 1995, S. 338 ff.; J. Marko/B. Tomislav (Hrsg.), Slowenien – Kroatien – Serbien, Die neuen Verfassungen, 1991; *K. Vodička*, Unaufhebbare Grundprinzipien der tschechischen Verfassungsordnung, OER 1996, S. 225 ff.; *H. Slapnicka*, Die Verfassungsordnung der Tschechischen Republik, 1994, S. 28 ff.; *G. Freytag*, Die Verfassung der Republik Polen vom 2. April 1997 im Spiegel der gesamteuropäischen Verfassungsstandards, in: Recht in Ost und West, 1998, S. 1 ff.; *T. Diemer-Benedict*, Die neue Verfassung der Republik Polen, OER 1997, S. 223 ff.; *A. Kaufmann*, Die Verfassung von Rumänien und das Gleichgewicht der Staatsgewalten, in: Recht in Ost und West, 1997, S. 113 ff.; *E Konstantinow*, Die neue bulgarische Verfassung von 1991, in: Recht in Ost und West, 1993, S. 35 ff.; *K. Schrameyer*, Die neue bulgarische Verfassung, OER 1992, S. 159 ff.; *C. Baumgartner*, Die Verfassung der Slowakei vom 1.9.1992, in: Recht in Ost und West, 1992, S. 375 ff.; *H. Slapnicka*, Die Verfassung der Slowakischen Republik, in: Osteuroparecht 1993, S. 157 ff.; *A. Petsche*, Die EU-Reife der ungarischen Verfassung, OER 1996, S. 124 ff.; allgemein: *H. Roggemann*, Verfassungsentwicklung und Verfassungsrecht in Osteuropa, in: Recht in Ost und West, 1996, S. 177 ff.; *A. Stolz/B. Wieser* (Hrsg.), Verfassungsvergleichung in Mitteleuropa, 2000. – In diesem Kontext muss sich aber auch ein spezifischer Blick nach Russland richten: J. Traut (Hrsg.), Föderalismus und Verfassungsgerichtsbarkeit in Russland, 1997; *A. Alekseev/A. Sobcak*, Die Verfassung Russlands: Konzeption und Perspektiven, OER 1994, S. 374 ff.; *M. Peter*, Russlands Platz in Europa, 2001, besonders zu den Perspektiven einer Zusammenarbeit mit der EU (S. 146 ff.); *T. Schweisfurth*, Der Start der Verfassungsgerichtsbarkeit in Russland, EuGRZ 1992, S. 281 ff.; *T. Schweisfurth*, Die Verfassung Russlands vom 12. Dezember 1993, EuGRZ 1994, S. 473 ff.; *A. Nußberger*, Die Grundrechte in der Rechtsprechung des russischen Verfassungsgerichts, EuGRZ 1998, S. 105 ff.; *M. Niedobitek*, Die Europäische Union und Russland – zum Stand der Beziehungen, EuR 1997, S. 107 ff. – In diesem Kontext ist auch das Thema einer Billigung der Osterweiterung durch den "demokratischen Souverän" zu bedenken: Bemerkenswert der

actu wäre eine Kraftanstrengung, die heute selbst national nur selten gelingt. Die langjährige Vorgeschichte der Schweizer Totalrevision der BV von 1977 bis 1999 zeigte es, und die neue Bundesverfassung von 1999/2000 ist überdies "nur" eine "nachgeführte", eigentlich keine Neuschöpfung. Erst recht dürfte die "Stunde" für eine ganze, neue Verfassung der großen EU/EG nicht gekommen sein; vielleicht wird sie auch niemals schlagen.

Abgesehen davon bleibt die Frage, auf welchen Wegen, in welchen Verfahren eine europäische Vollverfassung beginnend mit einer Präambel und zwei oder drei Hauptteilen zu den Grundrechten, den Grundwerten und organisatorischen-kompetenziellen Themen und endend mit Schluss- und (vor allem neue Mitgliedstaaten betreffend) Übergangsvorschriften zu schaffen wäre: kraft des pouvoir constituant von mindestens 25 Völkern Europas, die "ein" (multiethnisches) Volk würden?, einen europäischen "contrat social" schlössen – präföderal? (Stichwort: Vertragsrevisionen oder europäische Verfassunggebung neuer Art?). Jedenfalls sind alle "Herrenideologien" fragwürdig: Weder sind die Völker im Kontext der EU "Herren" der nationalen Verfassungen, noch die Staaten "Herren der Verträge". Der Verlust der staatlichen Währungshoheit (Euro!) ist die vielleicht spektakulärste Relativierung der "Souveränität".

3. Schrittweises Vorgehen

Realistischer ist wohl ein anderer Weg: Im Sinne von *K. Poppers* "Stückwerktechnik" wird das erwähnte schon gebildete Ensemble von geschriebenen und ungeschriebenen Teilverfassungen ergänzt um neue Teile: eine Grundrechte-Charta und eine Grundwerte-Charta. Dabei müssen neben dem Europäischen Parlament[94] auch die nationalen und regionalen Parlamente und Pluralgruppen sowie die Bürgerbewegungen einbezogen werden. Mit Recht ermöglichte schon der Gipfel von Tampere (1999) für die Grundrechte-Charta, "sonstige Gremien, gesellschaftliche Gruppen oder Sachverständige anzuhören" (Papier zur Arbeitsstruktur A. VI.).

Es ging in Nizza kaum darum, einen ganz "neuen" Grundrechtskatalog zu schaffen. Vielmehr sollte nur "à jour" gebracht werden, was ohnehin schon teils geschrieben, teils ungeschrieben gilt. Es ging um Bereinigung, Systematisierung, Präzisierung des Vorhandenen, um Transparenz der Verfassungs- bzw. Grundrechts*wirklichkeit*. Das, was der EuGH im Verbund mit anderen Verfassungsgerichten in Sachen Grundrechte entwickelt hat, sollte im Interesse der Rechtssicherheit auf Texte und Begriffe gebracht werden – die bürgernah und völkernah sind. Für eine solche Grundrechte-Charta spricht das Bedürfnis, dass dem Bürger die EU in "seinen ureigenen Dingen" via Grundrechtskatalog näher gebracht wird[95]. Allzusehr ist die EU in der öffentlichen Meinung

---

Tabubruch, den der EU-Kommissar G. *Verheugen* 2000 begangen hat als er eine etwaige Volksabstimmung über die Osterweiterung der EU anregte – die Iren haben im Juni 2001 eine vorläufige "verdeckte" Antwort gegeben. So erzwingt das damalige Nein der Iren vielleicht eine stärkere Demokratisierung der EU (wie 2005 das doppelte „Nein" Frankreichs und der Niederlande).

94 *C. Neuhold*, Das Europäische Parlament im Rechtsetzungsprozess der Europäischen Union, 2001.
95 Zur EU-Grundrechtcharta aus italienischer Sicht: *A. Manzella* et. al., Riscrivere i diritti in Europa, 2001. S noch Anhang.

mit dem "Moloch Brüssel" verknüpft. Der Bürger könnte Europa besser "erfahren", wenn er seine Rechte in einem verständlichen "Buch" nachzulesen vermag. Punktuell könnte es sich auch um eine "Fortschreibung" des bisherigen Bestands an Grundrechts-Recht handeln. Der einfache Beitritt der EU zur EMRK wäre zu wenig, er ließe den Vorgang allzu rechtstechnisch erscheinen. Die europäische Menschenrechtsgemeinschaft würde zu wenig im öffentlichen Bewusstsein der Bürger dokumentiert[96]. Eben dies könnte bzw. kann eine Grundrechte-Charta als neue Teilverfassung leisten. Es wäre ein Vorteil, wenn das primär an wirtschaftlichen Freiheiten orientierte Textbild der EG bzw. EU um die allgemeinen Menschenrechte auch textlich "ansprechend" durch eine Charta korrigiert würde. Im Ganzen hat sich jeder Textgeber die innerstaatlich bekannte "Multifunktionalität" der Grundrechte zu vergegenwärtigen, etwa ihre personale und objektivrechtliche, ihre soziale und demokratische Dimension, und differenzierend vorzugehen. Zugleich wird neben der "Verfassungsfähigkeit" (*J. Schwarze*) auch die "Verfassungsbedürftigkeit" der Union unter Beweis gestellt. Ein eigener, neuer Gerichtshof wäre unsinnig, wohl aber sollte das EG-Parlament (und in Deutschland Bundestag und Bundesrat) an der Wahl der EuGH-Richter (und Generalanwälte) beteiligt werden.

Während die *Grundrechte-Charta* von 2000 einer "Nachführung" i.S. der Schweizer Demokratie ähnelt, ergänzt um einige punktuelle Fortschreibungen etwa zugunsten von gewissen sozialen Grundrechten, wäre bei einer hinzugefügten *Grundwerte-Charta* mehr zu leisten: In einer Gesamtschau müssten die schon geltenden Grundwerte im EU/EG-Vertrag konzentriert werden, etwa um "große" Texte zum "europäischen kulturellen Erbe" und zum Schutz der nationalen Identitäten. Dabei könnten Grundwerte mancher neuer Verfassungen Vorbild sein (z.B. Kap. 1 §§ 1 bis 9 Verf. Schweden, Art. 1 bis 10 Verf. Portugal). Die Grundrechte sollten durchaus auch als Grundwerte figurieren, etwa durch generelle Bezugnahme vorweg auf Freiheit und Menschenwürde, auch Demokratie und Rechtsstaat (vgl. § 1 Verf. Finnland).

Ein *organisatorischer Verfassungsteil* wird in jedem Falle schwierig, da er grundsätzlich und im Detail die Kompetenzabgrenzungen zwischen EU/EG und den Nationen bzw. ihren Ländern bzw. Regionen vorzunehmen hätte (ein bloßes "Organisationsstatut" allein wäre zu wenig). Im Ganzen könnte es sich um einen mittelfristigen Verfassunggebungsprozess handeln, der in Etappen vorgeht, um die europäische Öffentlichkeit und die europäischen Bürger und Völker nicht zu überfordern. Die größte bürgeransprechende Wirkung hätte wohl die vorweggenommene Schaffung einer positivrechtlichen europäischen Bürgercharta. (So wie "Schengen" Europa erlebbar macht und als befristete Ausnahme im Integrationsprozess ebenso pionierhaft wirken kann wie die "verstärkte Zusammenarbeit" nach Art. 11 EGV.)

4. Erweiterung und Vertiefung

Die Gretchenfrage freilich bleibt: Wie kann die Erweiterung der EU (etwa auf 28 Mitglieder) und etwa ihre *gleichzeitige* "Vertiefung" konstitutionell gelingen, mit Hilfe

---

96 Dazu auch *Ch. Walter*, Die Europäische Menschenrechtskonvention als Konstitutionalisierungsprozess, ZaöRV 59 (1999), S. 961 ff.

des "festen, magnetischen Kerns" i.S. von *Schäuble/Lamers* oder der "offenen Avantgarde" i.S. von *J. Delors* bzw. der "mehrfachen Geschwindigkeiten" (etwa zur Größe der Europäischen Kommission, zur Gewichtung der Stimmen im Europäischen Rat[97], zur Ausweitung von Abstimmungen mit qualifizierter Mehrheit?)[98]. Im Übrigen sollte gerade jetzt im Geiste der Subsidiarität (vgl. Art. 5 EGV) *vor* jeder weiteren Aufgabenübertragung überdacht werden, ob diese wirklich erforderlich ist oder die Kompetenz besser bei den Mitgliedstaaten und Regionen bleiben sollte. Die von der deutschen CDU/CSU favorisierte "Charta der Grundwerte und Zuständigkeiten" könnte zu einem Baustein des präföderalen Europa werden. "Klarheit, Einfachheit und Transparenz" i.S. des Berichts der "Drei Weisen" (*R. von Weizsäcker/J.-L. Dehaene/D. Simon*) vom Oktober 1999 sollte Leitziel aller konstitutionellen Reformen sein.[99] Das von ihnen vorgeschlagene "Splitting der Verträge" aber ist abzulehnen (*I. Pernice*).

V. Der "europäische Jurist": Leitbilder, Ausbildungs- und Bildungsforen

1. Das Leitbild

Noch ein knappes Wort zum "europäischen Juristen" auch in diesem Kontext – als Konsequenz der Überlegungen zur Europäischen Rechtskultur, zur Europäischen Öffentlichkeit und als Garant der Zukunftsperspektiven der "Europäischen Verfassung". Europa kann sich zu einer "dichter" werdenden Verfassungsgemeinschaft nur dann weiterentwickeln, wenn es neben den europäisch denkenden und handelnden Politikern – und den Europa-Bürgern – zudem den europäischen Juristen hat. In der europäischen Rechtsgeschichte gab es ihn bereits im Mittelalter, ausgehend von Bologna. Welches Leitbild zeichnet ihn aus? Zunächst hat er das Dictum *Goethes* umzusetzen: Wer keine fremden Sprachen kennt, kennt nicht die eigene. Der europäische Jurist muss vergleichen können (also auch das Ungleiche erkennen), über die eigene hinaus zusätzlich mindestens eine andere nationale Rechtsordnung in Europa in den Grundzügen kennen, sprachlich wie wissenschaftlich. Er sollte die erwähnten Prinzipien des "gemeineuropäischen Verfassungsrechts" bzw. die "allgemeinen Grundsätze des Gemeinschaftsrechts" über die EMRK-Freiheiten hinaus beherrschen. Die wichtigsten Merkmale des Typus Verfassungsstaat sollten ihm ebenso vertraut sein, wie die Anfangsgründe einer gemeineuropäischen Methodenlehre und die Grundlinien der europäischen Kulturgeschichte.

---

[97] Trotz der Neugewichtung der Stimmen im Rat besteht kein Grund für die kleinen EU-Staaten, sich vor einem "europäischen Direktorat" der Großen (*Ferrero-Waldner*, FAZ vom 19. Mai 2001, S. 7) zu fürchten. S. noch Nachtrag.

[98] In diesem Kontext stellt sich die allgemeine Frage nach der Legitimation eines europäischen Regierungssystems. Dazu *M. Höreth*, Die Europäische Union im Legitimationstrilemma, 1999, S. 74 ff.; sowie *G.F. Schuppert*, Überlegungen zur demokratischen Legitimation des europäischen Regierungssystems, FS Rauschning, 2001, S. 201 ff.

[99] Zum Gedanken der Transparenz sei auch auf die Organisation "Transparency International" verwiesen. Sie hätte eine wichtige Funktion etwa bei einer denkbaren EU-Parteifinanzierung.

2. Reformen

Die herkömmliche nationale Juristenbildung und -ausbildung genügt nicht mehr: neue Foren müssen geschaffen bzw. ausgebaut werden: etwa ein Mehr an Europäischen Graduiertenkollegs (wie derzeit z.B. in Hamburg), weitere Europäische Rechtsakademien (wie heute etwa in Bozen und Trier), "europäische Juristenfakultäten", neue juristische Ausbildungszeitschriften, die die europäische Dimension stärker pflegen (wie in Italien: "Studium iuris"), weitere Forschungsstellen für Europäisches Verfassungsrecht (wie z.B. in Berlin, Frankfurt/M. und Bayreuth), schließlich die Gründung eines Europäischen Juristentages (wie 2001 in Nürnberg, 2005 in Genf durchgeführt) und einer Europäischen Staatsrechtslehrertagung (über die verdienstvolle F.I.D.E.[100] und das "consorcio europeo di ricerca sui rapporti tra Stati e confessioni religiose" hinaus, 2002 erfolgt). Gerade der europäische Jurist sollte sich bewusst bleiben, dass er letztlich den "Völkern Europas" und den Europabürgern in Theorie und Praxis zu *dienen* hat.

C. Konsequenzen: Relativierung der nationalen Verfassungen zu Teilverfassungen

Vorbemerkung

Es mag ketzerisch erscheinen, kurz nach den vielen positiven Würdigungen von "50 Jahren Grundgesetz", dieses zur bloßen *Teil*verfassung herabzustufen. Und doch ist es Zeit, aus der oft erwähnten "Europäisierung" des nationalen Rechts gerade diese verfassungstheoretische Konsequenz zu ziehen: Stellenwert und Rang der nationalen Verfassungen haben sich nicht erst seit der Proklamation der EU-Grundrechte-Charta (2000) deutlich relativiert. Konkret: Im Kontext der präföderalen EU bzw. EG sind die Verfassungen der 15 bzw. 25 Mitgliedsländer in Anspruch und Wirklichkeit qualitativ und quantitativ "geschrumpft" – schon prima facie für jeden greifbar z.B. im Wegfall der Grenzkontrollen gemäß dem Schengener Abkommen (1990/1995); der Nationalstaat ist hier speziell in Gestalt seiner klassischen Elemente "Staatsgewalt" und "Staatsgebiet" (Staatsgrenze) buchstäblich "nicht mehr zu sehen": das europäische EU-Ausland ist zu einem Stück "Inland" geworden. M.a.W.: Die Nationen sind heute nicht mehr "Herr" ihrer eigenen Verfassungen. Die verfassunggebende Gewalt des Volkes ist eine andere, bescheidenere geworden.

"*Teil*verfassung" ist zu definieren aus einem Vergleich mit der Vollverfassung, als welche in Bundesstaaten auch die gliedstaatlichen Verfassungen gelten (vgl. BVerfGE 36, 342: Verfassungsautonomie der Länder). So intensiv der Wandel der Themen und Funktionen der Vollverfassungen im Laufe der Zeit war und ist, lange konnte man auch von den 15 bzw. 25 Mitgliedstaaten sagen, sie hätten "Vollverfassungen", d.h. normierten alle wesentlichen, wichtigen Elemente des Verfassungsstaates der heutigen Ent-

---

[100] Beachte die F.I.D.E., d.h. den Dachverband der nationalen Gesellschaften für Europarecht, dazu etwa der Tagungsbericht von *R. von Borries/F.C. Mayer/S. Wernicke*, DVBl. 2000, S. 1509 ff. (Helsinki Konferenz 2000).

wicklungsstufe allein: Menschenwürde und Grundrechte, die politischen Volksrechte als Ausdruck der Demokratie mit ihren beiden Varianten der unmittelbaren und mittelbaren Demokratie[101], Staatsaufgaben, dirigiert vom sozialen Rechtsstaat, Kulturstaat, neuerdings auch vom "Umweltstaat", sie organisierten mindestens drei auf ihr Staatsgebiet bezogene Gewalten arbeitsteilig[102], strukturierten das Ganze als Einheitsstaat oder (zunehmend) als Regional- oder Bundesstaat. Weitere Themen kommen hinzu, etwa die sozialen und kulturellen Grundrechte, die Ausdifferenzierung der Erziehungsziele, der Minderheitenschutz, die Ombudsmänner (z.B. Kinderschutzbeauftragte, Bürgerbeauftragte), der Ausbau der Verfassungsgerichtsbarkeit und die Formulierung von Europa-Artikeln (z.B. Art. 23 Abs. 1 n.F. GG, dazu das Stichwort im Ersten Teil: "Nationales Europaverfassungsrecht").

Gewiss, schon bisher gab es Beispiele dafür, dass ein politisches Gemeinwesen sich betont bescheiden verstand und nicht sogleich eine "Vollverfassung" schuf. Man denke an die "Kleine Verfassung" Polens (1992)[103] oder an manche Übergangsverfassungen werdender ostdeutscher Länder im Vorfeld der Wiedervereinigung: z.B. "Vorläufiges Statut für das Land Mecklenburg-Vorpommern" (1990)[104]. Auch Südafrika hatte sich zunächst mit einer Vorläufigen bzw. Übergangsverfassung begnügt (1993)[105]. Zudem gab es Verfassungen wie die *Bismarcks* (1871), die der Sache nach als bloße "Organisationsstatute" nicht alle wesentlichen Themen abdeckten (z.B. die Grundrechte ausklammerten). Dennoch konnte bislang den Themen, den Funktionen und Organisationsstrukturen nach von einer auf den Typus Verfassungsstaat bezogenen Voll-Verfassung als Normalfall gesprochen werden. These dieser Problemskizze ist, dass eine nationale "ganze" Verfassung wie das GG im Kontext Europas mit ihrem Art. 24 GG (vgl. auch Art. 93 Verf. Spanien) längst auf dem Wege ist, wesentliche konstitutionelle Felder "abzugeben", wenn man will zu "verlieren": an die "werdende" Verfassung Europas, mit der sie in einer spannungsreichen *osmotischen Verfassungsgemeinschaft* steht. Von ihr erhält sie vielleicht auch manche Themen und Funktionen gewandelt zurück; indes bleibt sie, verglichen mit der Zeit der klassischen Nationalstaaten in Europa, reduziert, relativiert, überlagert – auch wenn sich dies nicht durchweg an den Texten ablesen lässt, sondern erst in einer Gesamtbilanz der Rechts*wirklichkeit* greifbar wird. Schon das Entstehen von "Gemeineuropäischem Verfassungsrecht"[106] oder auch "Europäischem Verfassungsrecht" hätte hellhörig machen müssen. Was sich in Europa konstituiert, geht

---

101 Aus Schweizer Sicht: A. Epiney/K. Siegwart (Hrsg.), Direkte Demokratie und Europäische Union, 1999; *P.M. Huber*, Demokratie ohne Volk oder Demokratie der Völker?, in: J. Drexl u.a. (Hrsg.), Europäische Demokratie, 1999, S. 29 ff.; *W. Kluth*, Die demokratische Legitimation der Europäischen Union, 1995.
102 J. Isensee (Hrsg.), Gewaltenteilung heute, 2000.
103 Zit. nach JöR 43 (1995), S. 247 ff.
104 Zit. nach JöR 40 (1991/92), S. 396 ff.
105 Dazu *J. Lücke*, Die Entstehung der neuen südafrikanischen Verfassung und deren "Bill of Rights", JöR 47 (1999), S. 467 ff.; *T.M. Grupp*, Südafrikas neue Verfassung, 1999; *E.D. Schmid*, Die Grundrechtsjudikatur des Verfassungsgerichts der Republik Südafrika, 2000.
106 *P. Häberle*, Gemeineuropäisches Verfassungsrecht, EuGRZ 1991, S. 261 ff.; *M. Heinzen*, Gemeineuropäisches Verfassungsrecht in der EU, EuR 1997, S. 1 ff.; P.-C. Müller-Graff/E. Riedel (Hrsg.), Gemeinsames Verfassungsrecht in der Europäischen Union, 1998. S. schon Erster Teil B. II.

nicht ohne Verluste oder Metamorphosen des "zurück"-bleibenden nationalen Verfassungsrechts ab. Was oft eher formal etatistisch als "Souveränitätsverlust" umschrieben wird, ist materiell, vom Verfassungsgedanken her etwas Anderes, Neues. Wenn vom Zivilrecht aus eine "europäische Rechtsquellenordnung" ins Auge gefasst wird[107], so zeigt sich einmal mehr, wie die nationalen Rechtsräume relativiert werden. Vor allem das Entstehen einer "europäischen Rechtswissenschaft" im Ganzen reduziert das nationalstaatliche Zaun-Denken.

Im Ganzen: Statt wie bisher nur oder doch primär danach zu fragen, ob und wie "Europa" eine "Verfassung" habe, wird es Zeit im Perspektivenwechsel *auch* zu fragen, was dieser Entwicklungsvorgang für die *nationalen* Verfassungen hier bedeutet[108].

I. Der "stille" Weg von der Vollverfassung zur überlagerten Teilverfassung
  – eine Bestandsaufnahme der Geländeverluste

1. Elemente einer Bestandsaufnahme

Eine Bestandsaufnahme hätte im Einzelnen nachzuweisen, wie intensiv und extensiv die ursprünglich national geprägte Verfassungswirklichkeit eines Staates "europäisiert" wird und von "Brüssel", "Straßburg" oder "Luxemburg" her überlagert ist. Hier sind indes nur Stichworte möglich. Dabei sei vorläufig noch mit der klassischen Drei-Elementenlehre *G. Jellineks* gearbeitet, die ihrerseits längst durch die Verfassung, das Recht bzw. die Kultur als "viertes" oder gar "erstes" Staatselement fortzuschreiben ist[109]. Die Frage, welche Politikfelder nach und nach inwieweit "nach Brüssel" abwandern, welche Staatsfunktionen von übernationalen europäischen Instanzen wie dem EuGH übernommen werden und welche staatlichen Organisationsstrukturen und Rechtsfiguren "in Europa" Konkurrenz finden bzw. hier überlagert werden (etwa die Unionsbürgerschaft, der Bürgerbeauftragte, die Gerichtsbarkeit, der europäische Rechnungshof), lässt sich hier nur ausschnitthaft beantworten, um wenigstens die Tendenzen sichtbar zu machen. Dabei richtet sich der Blick primär auf das Europarecht im engeren Sinne der EU/EG, doch soll auch das Europarecht im weiteren Sinne des Europarates, wo möglich, ins Bild kommen[110]. Der Europäisierungsprozess durchlief und durchläuft noch bestimmte Phasen, die unser Thema Stück für Stück aktueller machen. Die Ent-

---

107 H.J. Sonnenberger, Auf dem Weg zu einer europäischen Rechtsquellenordnung..., FS Lerche, 1993, S. 545 ff.; s. auch D. Martiny/N. Witzleb (Hrsg.), Auf dem Weg zu einem Europäischen Zivilgesetzbuch, 1999; *S. Schmid,* Legitimitätsbedingungen eines Europäischen Zivilgesetzbuches, JZ 2001, S. 674 ff.; P.-C. Müller-Graff (Hrsg.), Gemeinsames Privatrecht in der Europäischen Union, 1993; s. auch *D. Triantafyllou,* Europäische Privatrechtsgestaltung im Bereich der Beihilfenaufsicht, DÖV 1999, S. 51 ff.; *C.-W. Canaris,* Verfassungs- und europarechtliche Aspekte der Vertragsfreiheit in der Privatrechtsgesellschaft, FS Lerche, 1993, S. 873 ff.; *C. Tomuschat/H. Kötz/B. von Maydell,* Europäische Integration und nationale Rechtskulturen, 1995.
108 Eine gute Dokumentation zum Thema "Europäische Integration und nationales Verfassungsrecht" liefert der gleichnamige Band, den U. Battis/D. Tsatsos/D. Stefanou 1995 herausgegeben haben.
109 Dazu *P. Häberle,* Europäische Verfassungsstaatlichkeit, KritV 1995, S. 298 ff. sowie Einleitung D.
110 Allgemein zur "Rolle des Rechts im Rahmen der Europäischen Integration" gleichnamig *T.M.J. Möllers,* 1999.

wicklung beginnt mit dem Europarat (1949) bzw. mit der die Mitgliedsländer tiefgreifend prägenden EMRK von 1950, sie setzt sich fort in dem mit den Römischen Verträgen 1957 beginnenden Vergemeinschaftungsprozess der 6, dann 15 EG-Länder, sie tritt in eine neue Phase mit "Maastricht" (1992) und "Amsterdam" (1999)[111], zuletzt "Nizza" (2001), und sie könnte einen Höhepunkt erfahren, wenn es ergänzend zur europäischen Grundrechte-Charta, zu einer Grundwerte-Charta oder gar zu einer europäischen Voll-Verfassung kommen sollte – europäische *Teil*verfassungen liegen längst vor[112]! Seit der Gipfelkonferenz von Nizza kann daran erst recht kein Zweifel bestehen, auch wenn die EU-Grundrechte-Charta zunächst als "soft law" nur in einer feierlichen Proklamation gründet. Ihre die europäische Rechtsprechung und Rechtswissenschaft inspirierende, ja normative Kraft ist heute schon spürbar.

Nach dieser historischen Periodisierung wird ein Blick auf die die nationale Verfassung relativierenden bzw. überlagernden Inhalte, Funktionen und Organisationsstrukturen notwendig.

2. Themen der Europäisierung bzw. Vergemeinschaftung

An den *Themen* Grundrechte, Staatsziele bzw. "Politiken" einerseits, den staatlichen Organisationsstrukturen i.S. der Gewaltenteilung andererseits, sei im Folgenden angedeutet, wie intensiv und extensiv die Europäisierung bzw. Vergemeinschaftung so fortschreitet, dass die nationale Verfassung des Verfassungsstaates "Wesentliches" verliert oder allenfalls im Verbund mit Europa gewandelt zurückerhält. Dabei beweist die Tatsache, dass heute wohl alle nationalen Rechtsgebiete europäisiert werden[113] – vom Privatrecht über das Gesellschaftsrecht, das Strafrecht ("europäisches Strafrecht"), das Arbeits- und Sozialrecht, das Verwaltungsrecht auch in seinen Teilgebieten wie Umweltrecht oder Medienrecht –, gleich vorweg, dass die sie strukturierenden Rechtsprinzipien sich von ihrem "Herrn", der Nation, im Zeichen Europas "emanzipieren" (Die Nationen sind nicht mehr die vielzitierten "Herren der Verträge"!). Da aber die Basisnormen der Teilrechtsgebiete letztlich in der nationalen Verfassung ihren "Grund" haben (etwa Eigentum und Vertragsfreiheit[114], Grundwerte des Strafrechts wie der Satz: in dubio pro reo, Prinzipien des allgemeinen Verwaltungsrechts wie Vertrauensschutz), umgreifen diese Wandlungen letztlich auch die nationale Verfassung, d.h.: der nationale Gesetzgeber muss sich "Vorgaben" von Europa her unterwerfen. Er verliert seine klassische Gesetzgebungshoheit.

---

111 Dazu *M. Hilf/E. Pache*, Der Vertrag von Amsterdam, NJW 1998, S. 705 ff.; *H. Lecheler*, Die Fortentwicklung des Rechts der EU durch den Amsterdam-Vertrag, JuS 1998, S. 392 ff.
112 Aus der unüberschaubaren Lit.: *G.C. Rodriguez Iglesias*, Gedanken zum Entstehen einer europäischen Rechtsordnung, NJW 1999, S. 1 ff.; *T. Schilling*, Die Verfassung Europas, StWissStP 1996, S. 387 ff.; *D. Grimm*, Braucht Europa eine Verfassung?, JZ 1995, S. 581 ff.; *I. Pernice*, Der europäische Verfassungsverbund auf dem Wege der Konsolidierung, JöR 48 (2000), S. 205 ff. S. noch im Einzelnen weiter unten, besonders im Anhang.
113 Vgl. F.K. Kreuzer u.a. (Hrsg.), Die Europäisierung der mitgliedstaatlichen Rechtsordnungen, 1997.
114 Aus dem grundgesetzlichen Kontext: *M. Bäuerle*, Vertragsfreiheit und Grundgesetz, 2001.

Beginnen wir mit den *Grundrechten*. Die nationalen Grundrechtskataloge werden in Texten, Theorien und Judikatur zunehmend von den beiden europäischen Verfassungsgerichten in Luxemburg und Straßburg her mitbestimmt (Art. 6 Abs. 1 und 2 EUV Amsterdam beglaubigt dies für die EU auch formal)[115]. Gewiss, die nationale Rechtsprechung etwa aus Karlsruhe und die wissenschaftliche Literatur Deutschlands strahlt auch über die "Staatsgrenzen" hinweg auf die europäischen Instanzen aus (das sollten alle Befürworter des deutschen Maastricht-Urteils des BVerfG (E 89, 155) bedenken), so wie etwa der französische Conseil d'Etat seinerseits das europäische Verwaltungsrecht beeinflusst. Dennoch sehen sich die nationalen Gerichte zunehmend veranlasst, sich die Entscheidungen etwa des EGMR "rechtsvergleichend" anzueignen: das Tribunal Constitucional in Madrid arbeitet hier wegweisend.

Selbst das deutsche BVerfG berücksichtigt die EMRK als Interpretationshilfe (z.B. E 74, 358 (376); vgl. auch E 74, 102 (122); 75, 1 (23); 82, 106 (114); 83, 119 (128); 111, 307 (317)), während Österreich, auch die Schweiz bereits den Texten der EMRK Verfassungsrang beilegen. Damit sind aber die nationalen Grundrechtskataloge von Europa her angereichert, z.T. auch relativiert oder gar überlagert. Im Europa im engeren Sinne der EU wirkt die Judikatur des EuGH weit über die klassischen Marktfreiheiten hinaus auf andere Grundrechtsthemen ein, etwa die Religionsfreiheit oder den Gleichheitssatz[116]. Das Verbot einer "Diskriminierung aus Gründen der Staatsangehörigkeit" (Art. 12 Abs. 1 EGV) ist nicht nur eine Anwendung des Gleichheitsgrundrechts, sondern auch eine Relativierung des klassischen Staatselements Staatsangehörigkeit. Ein Einzelgrundrecht wie die Petitionsfreiheit wird spezifisch "europäisiert" (Art. 21 EGV). Für die Marktfreiheiten (Art. 39 ff. EGV) gilt dasselbe besonders weitreichend und tiefdringend.

Thematisch sind die *Staatsziele*[117], wenn auch in unterschiedlicher Intensität, ihrerseits von "Europa" her mit determiniert. So lässt sich der "soziale Rechtsstaat" nicht mehr nur national "lesen" (vgl. auch Art. 6 Abs. 1 EUV: "Rechtsstaatlichkeit", Präambel EMRK: "Vorherrschaft des Gesetzes"), nicht wenige "Politiken" der EU haben einen "europäischen Sozialstaat" im Sinne, so rudimentär die europäische Sozialunion (vgl.

---

115 Aus der Lit.: *N. Reich*, Bürgerrechte in der Europäischen Union, 1999; *M. Zuleeg*, Die Grundfreiheiten des gemeinsamen Marktes im Wandel, FS Everling, 1995, S. 1717 ff.; *W. Pauly*, Strukturfragen des unionsrechtlichen Grundrechtsschutzes, EuR 1998, S. 242 ff.; *P. Selmer*, Die Gewährleistung des unabdingbaren Grundrechtsstandards durch den EuGH, 1998; *V. Schlette*, Der Anspruch auf Rechtsschutz innerhalb angemessener Frist – Ein neues Prozessgrundrecht auf EG-Ebene, EuGRZ 1999, S. 369 ff. Zum Ganzen Dritter Teil D.
116 Dazu der Fall Prais, vgl. *I. Pernice*, Religionsrechtliche Aspekte im europäischen Gemeinschaftsrecht, JZ 1977, S. 777 ff. Aus der Lit.: *R. Uerpmann*, Die europäische Menschenrechtskonvention und die deutsche Rechtsprechung, 1993; *J.A. Frowein/W. Peukert*, EMRK-Kommentar, 2. Aufl. 1996. – Speziell zum Gleichheitssatz: *A. Sattler*, Allgemeiner Gleichheitssatz und spezielle Gleichheitssätze in der Rechtsprechung des Europäischen Gerichtshofes, FS Rauschning, 2001, S. 251 ff.
117 Aus der Lit.: *K.-P. Sommermann*, Staatsziele und Staatszielbestimmungen, 1997. Dazu Dritter Teil E.

Art. 136 bis 150 EGV) trotz Sozialcharta[118] ist. Damit wandert ein Teil der ursprünglich nur nationalen Sozialstaatlichkeit in die Kompetenz der EU-Instanzen. Dies gilt verstärkt für den Umweltschutz[119]. Art. 20 a GG ist fast "zu spät" gekommen. Er wird weitgehend durch europäische Vorgaben in Sachen Umweltschutz determiniert, d.h. durch Art. 174 bis 176 EGV[120].

Die Kultur ist ebenfalls zur Teilkompetenz der EU geworden. Das zeigt sich im Kultur-Artikel von Amsterdam (Art. 151), in den Stichworten von dessen Abs. 1: "Beitrag zur Entfaltung der Kulturen der Mitgliedstaaten", "gleichzeitige Hervorhebung des gemeinsamen Erbes" sowie in den ergänzenden Tätigkeiten nach Abs. 2 ebd. Das Kulturthema muss sich aber auch den Europäisierungen auf dem Felde des Religionsverfassungsrechts (herkömmlich: "Staatskirchenrecht") stellen[121].

Das große "Verlust-Thema" des nationalen Verfassungsrechts und der sie umsetzenden "Politiken" ist aber die Wirtschaft. Ihre Vergemeinschaftung war ja eine "raison d'être" der Römischen Verträge von 1957 (Art. 1 und 2 EWGV), und das Riesengebiet des europäischen Wirtschaftsverfassungsrechts (vgl. vor allem Art. 98 bis 173 EGV) ist gerade heute angesichts der Globalisierung ein wesentlicher Grund für die fortschreitende Einigung Europas[122]. Nicht zuletzt der "Euro" zeigt, dass ein Element der klassischen Staatlichkeit, die Währungshoheit (vgl. Art. 88 GG), zu großen Teilen irreversibel an eine überstaatliche Instanz wie die EZB übergegangen ist: Die nationale Verfassung hat ein klassisches Thema an Europa "verloren". Der Nationalstaat ist auch hier konstitutionell nicht mehr "Herr" im eigenen Land. Der Kontext Europa hat den Text der nationalen Verfassung z.T. entleert. Die GASP (Art. 11 ff. EUV) liefert ein weiteres Stichwort; sie hatte sich zuletzt im Kosovo-Krieg zu bewähren, der eine Art "europäischer Einigungskrieg" war. Für die politische Diskussion in Deutschland gibt seit Mai 2001 Bundeskanzler *Schröder* wichtige Stichworte: Budgethoheit für das Europäische Parlament, die Kommission als EU-Exekutive sowie der Ministerrat als "Staatskammer".

3. Staatsorgane und Staatsfunktionen im Zeichen Europas

Staatsorgane und ihnen zugeteilte *Staatsfunktionen* bilden ein weiteres Feld, auf dem die nationalen Strukturen und Prinzipien im Zeichen Europas teils überlagert und rela-

---

118 Dazu *R. Streinz*, Europarecht, 6. Aufl. 2003, Rn. 358 a, 906; *J.C.K. Ringler*, Die Europäische Sozialunion, 1997; *R. Pitschas*, Die soziale Dimension der Europäischen Gemeinschaft, DÖV 1992, S. 272 f.; *H.F. Zacher*, Wird es einen europäischen Sozialstaat geben?, EuR 2002, Heft 2.
119 Aus der Lit.: *W. Kahl*, Umweltprinzip und Gemeinschaftsrecht, 1993. Dazu Dritter Teil L.
120 Vgl. *H. Schulze-Fielitz*, in: H. Dreier (Hrsg.), Grundgesetz-Kommentar, Bd. II, 1998, Art. 20 a Rdn. 15; *M. Kloepfer*, Umweltrecht, 2. Aufl. 1998, S. 543 ff.
121 Dazu der Pionieraufsatz von *A. Hollerbach*, Europa und das Staatskirchenrecht, ZevKR 35 (1990), S. 250 ff.; zuletzt *P. Häberle*, Europäische Verfassungslehre in Einzelstudien, 1999. S. noch Dritter Teil K.
122 Nach Einschätzung von *J. Delors* beruhten schon 1988 fast 80 % aller Regelungen im Bereich des Wirtschaftsrechts und nahezu 50 % aller deutschen Gesetze auf Vorgaben des Europäischen Gemeinschaftsrechts (zit. nach *F. Brosius-Gersdorf*, Die doppelte Legitimationsbasis der EU, EuR 1999, S. 133 (Anm. 1)). S. noch *P. Badura*, Wirtschaftsverfassung..., 2. Aufl. 2005.

tiviert, teils ganz beseitigt werden. M.a.W.: ein Stück Staatsgewalt, die erste, wandert ab. Formell ermächtigt hierzu Art. 24 GG und seine Parallelnormen in den meisten anderen Mitgliedstaaten der EU (vgl. auch Art. 11 Verf. Italien)[123].

Beginnen wir mit der vom Parlament zu erfüllenden *Gesetzgebungsaufgabe*[124]. Immer mehr Gesetzgebungsaufgaben werden von der EU-Kommission als Gesetzgeber und wachsend vom Europäischen Parlament wahrgenommen. Nach Schätzungen handelt es sich um bald mehr als die Hälfte. Die nationalen Parlamente verlieren herkömmliche Kompetenzen und geben sie "nach außen" oder "oben" ab, führten solche verräumlichenden Begriffe bzw. Bilder gerade in Europa nicht von vornherein in die Irre. Erwähnt sei auch Art. 94 EGV (Angleichung der Rechtsvorschriften).

Auf dem Felde der *Verwaltung* bleibt den nationalen Instanzen quantitativ noch sehr viel, doch wird Europa mittelbar zur prägenden Instanz, weil sich das je nationale Verwaltungsrecht der 25 Mitgliedstaaten der EU europäisiert[125]. Darüber hinaus reichen die Bestimmungen über die polizeiliche und justitielle Zusammenarbeit in Strafsachen (Art. 29 bis 42 EUV) materiell in Verwaltungsfunktionen: Es kommt zu spezifischen Kooperationsformen[126], insbesondere über das Instrument der Richtlinien.

Ein Blick auf die dritte Gewalt, die *Rechtsprechung*: Sie kam hier schon via Grundrechte und allgemeine Rechtsgrundsätze des Verwaltungsrechts ins Bild, sei aber eigens beim Namen genannt: Die europäische Gerichtsbarkeit (EuGH in Luxemburg und das "Gericht erster Instanz" (Art. 225 EGV)) ergänzt nicht nur die nationale Gerichtsbarkeit, sie durchdringt sie vielfältig, auch und gerade die Verfassungsgerichtsbarkeit[127]. Die alleinige Gerichtshoheit war aber ein klassisches Merkmal des überkommenen Natio-

---

123 Aus der Lit. zu Art. 24 GG: *I. Pernice*, in: H. Dreier (Hrsg.), Grundgesetz-Kommentar, Bd. 2, 1998, Art. 24 (Rd. 21), der treffend von einem "gestuften Verbund komplementärer Verfassungen" spricht. Zu Art. 24 Abs. 1 a GG: *J. Schwarze*, Die Übertragung von Hoheitsrechten auf grenznachbarschaftliche Einrichtungen i.S.d. Art. 24 I a GG, FS Benda, 1995, S. 311 ff. S. schon oben Erster Teil A. II. 2.
124 *C. Neuhold*, Das Europäische Parlament im Rechtsetzungsprozess der Europäischen Union, 2001.
125 Dazu aus der Lit.: *E. Schmidt-Aßmann*, Zur Europäisierung des allgemeinen Verwaltungsrechts, FS Lerche, 1993, S. 513 ff.; *S. Kadelbach*, Allgemeines Verwaltungsrecht unter europäischem Einfluss, 1999; *F. Schoch*, Europäisierung der Verwaltungsrechtsordnung, VBlBW 1999, S. 241 ff.; *ders.*, Die Europäisierung des Allgemeinen Verwaltungsrechts und der Verwaltungsrechtswissenschaft, in: Die Wissenschaft vom Verwaltungsrecht, Beiheft 2, Die Verwaltung, 1999, S. 135 ff. Zur Interdependenz von deutschem und europäischem Verwaltungsrecht darüberhinaus *E. Schmidt-Aßmann*, Deutsches und Europäisches Verwaltungsrecht, DVBl. 1993, S. 924 ff.; *ders.*, Das allgemeine Verwaltungsrecht als Ordnungsidee, 1998, S. 34, S. 307 ff.; siehe auch das plastische Sprachbild bei *M. Zuleeg*, Deutsches und europäisches Verwaltungsrecht – wechselseitige Einwirkungen, in VVDStRL 53 (1994), S. 154 ff., 155: „Das europäische Gemeinschaftsrecht umspült wie ein weites Meer das in vielen Stürmen bewährte Schiff mit dem Namen ‚Deutsches Verwaltungsrecht'"; *M. Brenner*, Der Gestaltungsauftrag der Verwaltung in der europäischen Union, 1996, S. 1 ff., 87 ff., 123; *S. Kadelbach*, Allgemeines Verwaltungsrecht unter europäischem Einfluss, 1999, S. 2 ff; E. Schmidt-Aßmann u.a. (Hrsg.), Der europäische Verwaltungsverbund, 2005.
126 Charakteristisch auch *W. Hoffmann-Riem*, Telekommunikationsrecht als europäisiertes Verwaltungsrecht, in: E. Schmidt-Aßmann/W. Hoffmann-Riem (Hrsg.), Strukturen des Europäischen Verwaltungsrechts, 1999, S. 191 ff.
127 Dazu J. Schwarze (Hrsg.), Verfassungsrecht und Verfassungsgerichtsbarkeit im Zeichen Europas, 1998.

nalstaates, dem auch hier sein Monopol abhanden kommt. Bemerkenswert ist die Formel des BVerfGE 94, 49 (73), ein aus Art. 1 und 16 a GG abgeleitetes Schutzbegehren könne "nicht mehr ausschließlich national interpretiert werden". Es zeigen sich die Horizonte einer "gemeineuropäischen Hermeneutik".

Die Kompetenz der *Verfassunggebung* bleibt, wenn auch reduziert, bei den Nationalstaaten. Sie haben "Verfassungsautonomie". In dem Maße, wie sich das werdende Europa teils geschrieben, teils ungeschrieben ein Ensemble von Teilverfassungen zulegt bzw. eines Tages eine eigene "ganze" Verfassung zuschreibt, wird die Kompetenz der Verfassunggeber der Einzelstaaten schmäler, mindestens "präföderal". In Europa im weiteren Sinne des Europarates fällt schon jetzt auf, dass Europa längst zum Teil "mittelbarer Verfassunggeber" ist. So stark wirken die Vorgaben, die etwa in Sachen Minderheitenschutz für Minderheiten- und Regionalsprachen (z.b. in Lettland), in Sachen Demokratie und Menschenrechte (z.B. für Kroatien) gemacht werden. Formal behalten die Nationalstaaten ihre verfassunggebende Gewalt, inhaltlich sind sie jedoch nicht mehr "frei" bzw. "souverän". In dem Maße, wie sich im EU-Europa das Ensemble der bisher gewachsenen Teilverfassungen mit klassischen und neueren Themen der nationalstaatlichen Verfassung "auffüllt", nehmen – kommunizierenden Röhren gleich – die Kompetenzen der 25 nationalen Verfassunggeber ab. Wieder einmal zeigt sich, wie fragwürdig alle Theorien vom "normativ aus dem Nichts" entscheidenden Verfassunggeber sind. Alle dezisionistischen Ideologien des "soziologischen Positivismus" eines *C. Schmitt* und seiner Nachfolger sind spätestens im konstitutionellen Europa widerlegt.

4. Die Relativierung der Staatselemente

Zuletzt ein Blick auf die noch im Raster der alten Allgemeinen Staatslehre zu behandelnden *Staatselemente* Staatsvolk und Staatsgebiet. Europa hat gewiss noch kein einheitliches Staatsvolk, doch lebt es aus einer pluralen Vielfalt von "Völkern" (vgl. Art. 1 EUV: "immer engeren Union der Völker Europas", Art. 189 EGV: "Vertreter der Völker"). Es hat auch ein eigenes juristisches Band des einzelnen zur EU geschaffen: die Unionsbürgerschaft (Art. 17, 22 EGV)[128]. Sie knüpft zwar an die "Staatsangehörigkeit" an, deutet aber in nuce auf etwas Eigenes. Das europäische Bürgerrecht ist eine Vorstufe zum europäischen Verfassungsvolk. Ein klassisches Thema der Nationalstaaten mutiert zu einem europäischen Begriff (das Diskriminierungsverbot des Art. 12 EGV tut ein Übriges, für die Kommunen schafft Art. 18 EGV ein Volk, vgl. auch Art. 28 Abs. 1 S. 3 GG). Wenn die EU sich im Übrigen als auf der Demokratie beruhend definiert (Art. 6 Abs. 1 EUV), so wird hier nach dem Vorbild der nationalen Verfassungen ein altes Thema zum neuen im europäischen Kontext. Das schrittweise künftig zu beseitigende viel zitierte Demokratiedefizit[129] der EU wird umso dringender, je mehr sich die EU "konstitutionalisiert". Die Europawahlen 1999/2004 und die Entstehung einer euro-

---

128 Dazu unten Dritter Teil D. Inkurs II.
129 Aus der Lit.: J. Drexl u.a. (Hrsg.), Europäische Demokratie, 1999.

päischen Öffentlichkeit nicht nur aus Kunst und Kultur, sondern auch aus Politik[130] (z.B. die "Skandalöffentlichkeit" im Fall *Bangemann*) ermutigen.

5. Insbesondere: Die Relativierung des Staatsgebietes

Das Staatsgebiet ist wohl dasjenige Staatselement, das sich besonders stark relativiert hat. Das Stichwort lautet "Schengen" (1995).[131] Die Mitgliedsländer haben ihre klassische Gebietshoheit verloren. Sie bringen dies heute nur noch nicht in ihren Verfassungen textlich zum Ausdruck. Klauseln zum Staatsgebiet (z.B. Art. 5 Verf. Portugal, Art. 2 Verf. Irland, Art. 2, 3 und 4 Verf. Österreich) bleiben formal bestehen, werden aber z.T. inhaltslos. Auf der "anderen" Seite fällt auf, dass die EU/EG zwar noch keine entsprechenden Unionsgebietsklauseln hat, indes darum ringt. So ist m.E. das Wort "Unversehrtheit der Union" (Art. 11 EUV Abs. 1, 1. Spiegelstrich) zu verstehen; es spielt auf einen territorialen Aspekt an. Dieser findet sich auch im Wort "Aussengrenzen" (ebd. 2. Spiegelstrich sowie Art. 2 Abs. 1, 2. Spiegelstrich).

Im Übrigen ist Weniges an der europäischen Einigung so integrierend und gemeinschaftsbildend erlebbar wie das freie Passieren der bisherigen Binnen- bzw. Staatsgrenzen von Sizilien bis Hamburg, von Andalusien bis Bayern: So wird "Euro(pa)land" als einziges "Freundesland" erfahrbar. (Sein Recht ist nicht mehr "fremd".) Das Begriffspaar Inland/Ausland verliert in großen Bereichen seine herkömmlich nationale Aussagekraft. Die Vergemeinschaftung der Einwanderungs- und Asylpolitik (Art. 61 ff. EGV)[132] bildet ein weiteres Beispiel für ein klassisches Politikfeld, das "nach Europa" wandert. Die Schweiz hat als Nicht-EU-Land 2005 „Schengen" übernommen.

6. Die Bereicherung der nationalen Verfassung durch die europäische Dimension

Was steht dieser *Verlustliste* an Themen bzw. Strukturen, Funktionen und Organisationen von der nationalen Verfassung zur europäischen Teilverfassung gegenüber? Nimmt jene von dieser bestimmte Felder?

Vom Prozess der Europäisierung her kommen als "neue" Themen etwa die Europa-Artikel und ihre oft sehr konkreten Vorgaben für den weiteren Einigungsprozess (vgl. Art. 23 Abs. 1 n.F. GG, auch Art. 3 a Verf. Bayern). Europäische Anreicherungen stellen auch die Verfassungsnormen zur grenzüberschreitenden Zusammenarbeit dar (z.B. Art. 60 Abs. 2 Verf. Saarland; Art. 24 Abs. 1 a GG; Art. 11 Verf. Mecklenburg-Vorpommern ("Ostseeraum")). "Europa" wird zum innerverfassungsstaatlichen Thema. Dies ist ein *Gewinnvorgang*. Doch vermag er den beschriebenen Verlust an Themen

---

130 Dazu mein Jenenser Vortrag: Gibt es eine europäische Öffentlichkeit?, ThürVBl. 1998, S. 121 ff. sowie Erster Teil C.
131 "Schengen" (d.h. Abbau der Binnengrenzen, verstärkte Kontrolle der EU-Außengrenzen, gemeinsame Visumspolitik, grenzüberschreitende Polizei- und Justizzusammenarbeit) und "Dublin" (Europa als einheitlicher Asylraum).
132 Aus der Lit.: *A. Weber*, Ansätze zu einem gemeineuropäischen Asylrecht, EuGRZ 1999, S. 301 ff.; vgl. auch BVerfGE 94, 49 (88 f.).

nicht zu kompensieren, er öffnet ja gerade den Weg zu neuen Vergemeinschaftungsthemen und -formen und zu einer Relativierung der nationalen Verfassung. Gewinn ist schließlich die Verschränkung von nationaler und europäischer Öffentlichkeit im ganzen "Europa".

II. Verfassungstheoretische Folgerungen auf dem Hintergrund einer europäischen Verfassungslehre

Auf der Folie der Bestandsaufnahme seien im Folgenden verfassungs- bzw. europatheoretische Konsequenzen gezogen. Der Entwurf einer europäischen Verfassungslehre kann ohne die Relativierung der nationalstaatlichen Verfassungen zu *Teil*verfassungen nicht gedeihen. Beides gehört zusammen, das nationale und das europäische Verfassungsbild. Ohne das sich verfassende Europa kann nicht mehr über die nationale Verfassung diskutiert und geschrieben werden. Umgekehrt ist Europa der Form bzw. der Sache nach ein integrierender Bestandteil der nationalen Verfassungen geworden; das zeigt sich nicht nur an den ausdrücklichen Europa-Artikeln[133] ("nationales Europaverfassungsrecht"). Im Einzelnen:

1. Es bedarf eines Umbaus der, wenn nicht *Abschieds von der Allgemeinen Staatslehre*. Mit ihren Kategorien lässt sich der europäische Verfassungsprozess nicht einfangen. Für Begriffe wie "nationale Identität" (vgl. Art. 6 Abs. 3 EUV) oder "europäische Identität" (Art. 6 Abs. 5 Verf. Portugal), "gemeinsame Werte" (Art. 11 EUV) hat sie nicht die angemessenen – kulturwissenschaftlichen – Methoden. Selbst die insofern ergiebigste Staats- bzw. Verfassungslehre, die von *H. Heller* (1934), ist noch auf den Staat und seine Nation konzentriert, nicht rechtsvergleichend in Raum und Zeit gearbeitet. Erst recht gilt dies für die anderen Weimarer Klassiker. Die europäische Verfassungslehre strukturiert die nach wie vor bestehende, wenn auch begrenzte "Verfassungsautonomie" der Mitgliedsländer der EU *und* zugleich die "Europäische Verfassung" der EU, und sie vermag auch die weniger dicht konstitutionellen Strukturen des Europarechts im weiteren Sinne des Europarates bzw. der OSZE einzufangen. Aspekte des "alten" Verfassungsdenkens lassen sich für das neue fruchtbar machen (etwa Verfassung als "Anregung und Schranke", als "Norm und Aufgabe", als "öffentlicher Prozess")[134].

2. Die EU- bzw. EG-Verfassungstexte reichern aber die *europäische Verfassungslehre* mit Prinzipien und Begriffen an, die die Allgemeine Staatslehre in Verbindung mit den Texten der nationalstaatlichen Verfassungen oft ausgeblendet oder einfach "vergessen" hat. Gemeint sind Begriffe wie die "nationale

---

133 Dazu *P. Häberle*, Europaprogramme neuerer Verfassungen und Verfassungsentwürfe, der Ausbau von nationalem "Europaverfassungsrecht", FS Everling, 1995, S. 335 ff. Allgemein Erster Teil B II. 2.

134 Dazu meine Europäische Verfassungslehre in Einzelstudien, 1999, sowie Einleitung E. I.

Identität"[135] (Art. 6 Abs. 3 EUV), "nationale und regionale Vielfalt" (Art. 151 Abs. 1 EGV, Kap. IV EU-Grundrechte-Charta), "Geschichte der europäischen Völker" (Abs. 2 ebd.), "europäisches Bewusstsein"[136] (Art. 191 EGV). Sie normieren damit Aspekte des "vierten" bzw. "ersten" Staatselements "Kultur". Entwicklungsländerverfassungen kennen ähnliche Klauseln (vgl. Art. 22 alte Verf. Peru 1979; Art. 58 bis 62 Verf. Guatemala von 1985; Art. 10 Verf. Benin von 1990)[137]. Die europarechtlichen Texte sollten der nationalstaatlichen Staats- bzw. Verfassungslehre Anlass sein, ihre Kapitel "umzuschreiben" und neu zu durchdenken. Das wäre dann ein spezifischer Beitrag des werdenden konstitutionellen Europa zum Verfassungsstaat der heutigen Entwicklungsstufe in dieser Region.

3. Auf dieses Doppelfeld von nationaler, aber schon in sich "europäisierter" Verfassung und überstaatlicher, aber von den Nationen als solchen mitgetragener Europäischer Verfassung hin ist die *verfassunggebende Gewalt des Volkes bzw. (gleichzeitig) der europäischen Völker* zu denken. Sie ist eine andere als die klassische Verfassunggebung. Sie ist begrenzter, nicht mehr i.S. herkömmlicher Doktrin souverän, sondern von vornherein auf ein Ensemble von Teilverfassungen bezogen. Europäische Verfassunggebung, die ihrerseits begrenzt ist, dirigiert die nationale Verfassunggebung mit, umgekehrt nimmt sie Impulse aus dem Erfahrungsreichtum und Schatzhaus der "alten" nationalen Verfassungen allenthalben auf. Das zeigt sich auch formal, z.B. in der Verwendung von Präambeln, Grundrechtskatalogen, dem Gewaltenteilungsschema bis hin zu Ausführungsvorschriften. So wie der Staat das "Monopol legitimer physischer Gewalt" verloren hat und die herkömmlichen Staatselemente in die Kultur als Grundlagen eingebunden sind, so haben alle staatlichen Funktionen Kompetenzverluste erlitten: von der Gesetzgebung über die Exekutive bis zur Rechtsprechung. Gewinner ist die europäische Verfassung: wie gezeigt, den Inhalten, Funktionen und Organisationsstrukturen nach.

4. Die *Relativierung des nationalen Verfassungsdenkens* ist aufs Ganze gesehen eine Bereicherung. Sie bringt einerseits neue oder doch gewandelte Themen hervor, etwa die "Solidarität" (vgl. Art. 1 Abs. 3 EUV, Art. 2 EGV), die erst noch zu ergründen ist, andererseits arbeitet sie oft in Analogie zu den alten Verfassungen (vgl. Art. 6 und 7 EUV, letzterer ist eine Art europäischer Homogenitätsklausel).

5. Die auch textlich beglaubigte Öffnung für den Kulturaspekt, die in mannigfachen Formen geschieht (z.B. Art. 191, 163, 150, 151 EGV), etabliert unverzichtbar den *kulturwissenschaftlichen Ansatz*. Die europäische Verfassungslehre

---

135 Aus der Lit.: *K. Doehring*, Die nationale "Identität" der Mitgliedstaaten der EU, FS Everling, 1995, S. 263 ff.; *P. Lerche*, Europäische Staatlichkeit und die Identität des GG, FS Redeker, 1993, S. 131 ff. S. noch Nachtrag.
136 Dazu *D. Tsatsos*, Europäische politische Parteien?, EuGRZ 1994, S. 45 ff.
137 Zit. nach JöR 36 (1987), S. 641 ff. bzw. S. 555 ff. sowie H. Baumann/M. Ebert (Hrsg.), Die Verfassungen der frankophonen und lusophonen Staaten des subsaharischen Afrikas, 1997, S. 111 ff.

in Gestalt eines Hauses mit "doppeltem Flügel" ist im Ganzen und Einzelnen aus der bislang rechtsvergleichend entfalteten Verfassungslehre als Kulturwissenschaft[138] zu entwickeln. Die europäische Öffentlichkeit aus Kunst und Kultur, zunehmend auch aus der Politik, bildet ihr Medium.

6. Die – begrenzte – Verfassungsautonomie der 15 bzw. 25 Mitgliedsländer wird zu einer solchen durch die gezeigten Geländeverluste. Sie erzielt aber auch *Geländegewinne*: Durch die Mitwirkung auf höherer Ebene bringt sich das Nationale im übernationalen Zusammenhang ein, man denke an die gemeinsamen Politiken, aber auch an die Ensembles der allgemeinen Rechtsgrundsätze (vgl. Art. 6 Abs. 2 EUV, bes. die Menschenrechte), die sich aus dem Nationalen anreichern. Das gemeineuropäische Verfassungsrecht zumal ist ein Bereich, in dem dann Teile des Nationalen spezifisch "aufgehoben" bleiben.

III. Ausblick

Die Frage nach der "Zukunft der Verfassung" (*D. Grimm*) ist in Europa spezifisch zu beantworten. Erosionsvorgängen stehen Metamorphosen in Sachen "Verfassungsgemeinschaft Europa" gegenüber. Elemente ihrer nationalen Herkunft bleiben erhalten. Aber die Zukunft liegt gerade darin, dass neben den vielen nationalen Verfassungen eine darüber hinausgreifende europäische Verfassung gewachsen ist. "Nach der Souveränität" (*K. Hesse*) gewinnt der Verfassungsgedanke in Europa neue Kraft. Die Wissenschaft kann als europäische Verfassungslehre einen bescheidenen Beitrag zu diesen komplexen Vorgängen leisten, wenn auch, wie meist, erst im Nachhinein.

D. Eine – welche – "Verfassung für Europa" inskünftig – Wege, Verfahren und Inhalte

Wurde im letzten Abschnitt über die möglichen und für Europa zu wählenden bzw. spezifischen relevanten Verfassungskonzeptionen nachgedacht und der Theorierahmen für das konstitutionelle Europa von heute reflektiert (Stichwort: "Verfassungsgemeinschaft", "Ensemble von Teilverfassungen"), so wird es nun Zeit, konkreter über den *Fortgang* der Verfassungsentwicklung Europas in der Zukunft zu sprechen. "Verfassungsentwicklung" umfasst dabei beides: den Vorgang der Verfassung*gebung* sowie die Verfassungs*interpretation*. Beides ist zu unterscheiden, nicht zu trennen. Der EuGH hat immer wieder ein Stück materieller Verfassunggebung bzw. Verfassungsänderung geleistet, ohne weiteres erkennbar an der Umsetzung seiner Judikatur zu "Frauen in der Bundeswehr" in Form einer innerdeutschen GG-Änderung (2001)[139]. Umgekehrt kann formale Verfassunggebung inhaltlich auch "nur" Verfassungsinterpretation sein: "Nachführung" im Schweizer Sinne, nicht substantielle Neuschöpfung. Dennoch sei im Fol-

---

138   P. *Häberle*, Verfassungslehre als Kulturwissenschaft, 2. Aufl. 1998.
139   Dazu *R. Streinz*, Frauen an die Front, DVBl. 2000, S. 185 ff.; *R. Scholz*, Frauen an die Waffe kraft Europarechts?, DÖV 2000, S. 417 ff.

genden unterschieden: Begonnen sei mit der Verfassunggebung im national/verfassungsstaatlichen Sinne, ihre Wege und Verfahren seien sodann auf das Europa der EU übertragen und an Hand zweier Beispiele, dem "Konventsmodell" der EU-Grundrechte-Charta und einer etwaigen Grundwerte-Charta illustriert (IV.). Erst dann ist der Weg frei, die Wege, Verfahren und Methoden, auch Inhalte ("Prinzipien") der europäischen Verfassungsinterpretation zu skizzieren (V.) mit den Stichworten "Die offene Gesellschaft der europäischen Verfassungsinterpreten" bzw. das Desiderat einer europäischen Methodenlehre samt der Entwicklung zur Europäisierung der Rechtsquellen.

I. Der klassische – pluralistische – Prozess der Verfassunggebung im nationalen Raum

1. Die Fragestellung

Der demokratische Verfassungsstaat von heute versteht sich und lebt von der verfassunggebenden Gewalt des Volkes her. Sie ist teils in den Verfassungstexten ausdrücklich als solche ausgewiesen – sie wurde in der Verfassungsgeschichte des Typus "Verfassungsstaat" bald *revolutionär*, bald *evolutionär* (vor allem gegen die verfassunggebende Gewalt der Monarchen) durchgesetzt –, teils wurde sie "ungeschrieben" von Wissenschaft und Praxis entwickelt, auf Begriffe gebracht, verfeinert und ganz oder teilweise in Verfassungstexte umgesetzt. Wie kaum sonst ergibt sich das für den Typus Verfassungsstaat "in Sachen Verfassunggebung" Charakteristische aus einem Ensemble und "Kräfteparallelogramm" von politischen Ideen, wissenschaftlichen Doktrinen, geschriebenen Verfassungstexten und ungeschriebener Praxis. So groß die Unterschiede von Land zu Land je nach der nationalen Verfassungsgeschichte auch in der Gegenwart sind: Heute hat sich ein Konzentrat von "Lehren" und von Praxis zur verfassunggebenden Gewalt des Volkes entwickelt, das bei allen "Variationen" einen Grundtypus erkennen lässt. Er ist vorrangig aus den sich in der Geschichte wandelnden und von Nation zu Nation je nach Kulturzustand verschiedenen Verfassungstexten zu erarbeiten – doch bedarf es dabei der Berücksichtigung der (Verfassungs-)Geschichte der "politischen Lehrmeinungen" (ohne dass diese alle im Einzelnen dargestellt werden könnten); denn sie haben zu bestimmten Verfassungstexten geführt und diese fortentwickelt, wie umgekehrt diese Verfassungstexte als "Material" und Herausforderung für die weitere Theoriebildung gewirkt haben bzw. wirken sollten. Speziell im Deutschland des 19. Jahrhunderts kam es überdies zu Formen des "Paktierens" zwischen die die Verfassunggebung beeinflussenden "Subjekten" (Monarch und Stände bzw. Volk), an die die – heute wieder aktuellen – Gedanken von der "Verfassung als Vertrag" erinnern[140].

---

140 Dazu *P. Saladin*, Verfassungsreform und Verfassungsverständnis, AöR 104 (1979), S. 345 ff.; *P. Häberle*, Kommentierte Verfassungsrechtsprechung, 1979, S. 438 ff.

2. Der Problemkatalog: fünf Fragenkreise als Kontinuum im Wandel der Verfassungstexte

Im Einzelnen ergeben sich die folgenden fünf, anhand der im historischen und aktuellen Vergleich erarbeiteten Verfassungstexte typologisch aufgeschlüsselten Problemkreise, die einerseits das im Verfassungsstaat Typische in Sachen "verfassunggebende Gewalt des Volkes", andererseits aber auch die große Bandbreite denkbarer verfassungspolitischer Problemlösungen erkennen lassen:

a) An welchen "Stellen" bzw. in welchen Abschnitten behandeln die einzelnen Verfassungswerke textlich-systematisch das Problem der verfassunggebenden Gewalt des Volkes? "Schon" in der Präambel (vgl. das GG), in Grundsatz- oder erst bzw. auch in Schlussbestimmungen (so in Art. 146 GG und Art. 115 Verf. Brandenburg) oder überhaupt nicht (wird sie also "systemimmanent" vorausgesetzt und "praktiziert" – in Orientierung an der seit 1789 entwickelten Lehre (*Sieyès*), die in immer neuen Textvarianten um einen Grundtypus kreist)?

b) Wer ist in welchen Verfahren als "Subjekt" in die Prozesse der Verfassunggebung eingeschaltet? In diesem Pluralismus wirken heute Parteien, Verbände, Kirchen, einzelne Persönlichkeiten (wie *N. Mandela* in Südafrika), die Wissenschaft (im Spanien und Portugal der 70er Jahre, in der Türkei der 80er Jahre [auch] das Militär) mit[141]. In Brandenburg (1992) haben sich die "Bürgerinnen und Bürger des Landes", also nicht das Volk "diese Verfassung" gegeben (Präambel), s. auch Präambel Verf. Mecklenburg-Vorpommern (1993).

Verfassungsgeschichtlich kämpften – im Spiegel der Verfassungs-Texte ablesbar – in Deutschland Fürst und Stände bzw. Volksvertretungen darum, "Subjekt" der Verfassunggebung zu sein. Oktroyierte Verfassungen (wie die preußische von 1848) waren Ausdruck der verfassunggebenden Gewalt des Monarchen, paktierte (wie die revidierte preußische von 1850) bildeten einen Vertrag bzw. Kompromiss zwischen Fürst und Ständen bzw. dem sie repräsentierenden Volk. Erst spät, d.h. seit 1918 rückte in Deutschland das Volk in die alleinige "Subjektstellung" in Sachen verfassunggebende Gewalt ein[142].

c) Wird die verfassunggebende Gewalt des Volkes schon textlich auf bestimmte Verfahren festgelegt oder nicht? Gibt es ausdrücklich-textlich bestimmte Verfahrensvarianten? Zum Beispiel: Wahlen zur verfassunggebenden Versammlung mit anschließendem Plebiszit bzw. ohne ein solches. Oder sind diese vom Typus Verfassungsstaat immanent gefordert? Denkbar ist auch das Fehlen jeder direkt demokratischen ex ante Legitimation des Verfassunggebers (so für das GG von 1949). Die Schweiz ist in der "Prozessualisierung" der Verfassunggebung inso-

---

141 Zur Rolle der Streitkräfte vgl. Präambel Verf. Portugal (1976/82) und Präambel Verf. Türkei (1982); diese nahmen sie 1997 erneut wahr, erst 2004 wird sie reduziert.

142 *K. Stern*, Das Staatsrecht der Bundesrepublik Deutschland, Bd. I, 2. Aufl. 1984, S. 147, trifft die Feststellung, die Lehre vom pouvoir constituant sei der wichtigste Anwendungsfall der Idee der Volkssouveränität, sie sei im demokratischen Verfassungsstaat selbstverständlich, "aber der Weg dorthin war ein dornenreicher".

fern besonders weit vorgestoßen, als sie einen festen Kanon von geschriebenen Verfahrensregeln zur "Totalrevision" entwickelt hat, die heute zur "Substanz" dieses Verfassungsstaates gehören dürften: auf Bundesebene ebenso wie kantonal (zuletzt etwa Art. 129 Verf. Bern von 1993 und Art. 83 bis 90 Verfassungsentwurf Tessin von 1995, Art. 101 KV Neuenburg von 2001, Art.132 – 134 KV Zürich von 2004).

d) Ist die verfassunggebende Gewalt des Volkes textlich in einen "Kontext" bestimmter – normativierender – Inhalte (wie Menschenwürde, Gerechtigkeit, historische Vorgänge) eingebettet (z.B. meist in Präambeln oder durch "Bekenntnisartikel"), die damit die Konturen des Typus Verfassungsstaat umreißen, oder erscheint sie als ungebundene, freie, "normativ aus dem Nichts" entscheidende "Gewalt"?

e) Damit zusammenhängend: Gibt es geschriebene oder ungeschriebene ("selbstgegebene" oder kulturell aufgegebene) Grenzen der verfassunggebenden Gewalt des Volkes: abgelesen aus den Verfassungstexten (besonders in Präambeln), Verfassungsgerichtsentscheidungen (BVerfGE 1, 14 (61 f.): 1. Neugliederungsurteil!) bzw. entwickelt von der Wissenschaft, die sich ihrerseits an den Texten bzw. einem Konzentrat des Typus Verfassungsstaat in Sachen Verfassunggebung orientiert?

3. Antworten

Eine im Lichte der Textstufenentwicklung arbeitende und aus Geschichte und Gegenwart Regelungsalternativen "anbietende" Theorie kann das Problem der verfassunggebenden Gewalt des Volkes wirklichkeitsnäher lösen als so manche Ideologie. Der Typus demokratischer Verfassungsstaat vermag so ein Stück weit über die je konkrete Verfassung eines individuellen Volkes hinauszudenken und Handlungsalternativen bereitzuhalten, die offene Fortentwicklungen der je konkreten Verfassung erlauben. Dass es dabei letztlich auch zu einer Entwicklung des Typus "Verfassungsstaat" selbst kommen kann, ist nicht auszuschließen – man denke nur an die Grundwertekataloge, in die sich der Verfassungsstaat bzw. der Verfassunggeber seit 1945 zunehmend einbindet: sie sind eine neue Textstufe und ein Gewinn für den Verfassungsstaat, ebenso wie die schweizerischen Verfahrensinstrumente unter dem Stichwort "Totalrevision" und die österreichische "Gesamtrevision" bzw. das "Modell Spanien". Sobald eine konkrete verfassungsstaatliche Verfassung Wirklichkeit geworden ist und sich damit auf den "Gleisen" des Typus "Verfassungsstaat" (weiter)entwickelt, kann es nur noch evolutionäre Verfassunggebung geben – eben weil die kulturwissenschaftlich arbeitende Verfassungslehre Inhalte und Verfahren auch jenseits der positiven Texte bereit hält, die den Weg zu einer neuen konkreten *Beispielverfassung* erlauben. Sobald es zu (Kultur-)Revolutionen kommt, die ein Schritt weg vom und gegen den Verfassungsstaat sind (im Zeichen totalitären Staatsdenkens von links oder rechts), versagt die Verfassungslehre. Der "große Sprung" zurück (besser: vorwärts) zum Typus "Verfassungsstaat" kann dann nur durch die oben entwickelte Argumentation geleistet werden: ausnahmsweise Verzicht auf vorgängige Wahlen zu einer Nationalversammlung, aber Unverzichtbarkeit eines späteren Plebiszits oder Wahlen: weil der neue Zustand "näher" am Typus Verfassungsstaat ist als der frühere (Beispiele: Deutschlands GG von 1949 und die Türkische Verfassung von 1982)[143].

Die These von der alleinigen "Subjektstellung" des Volkes in den materiell vorgeprägten und normativ vorstrukturierten Verfahren seiner verfassunggebenden Gewalt wird durch die Ersetzung der traditionellen "Willenseinheit des Volkes" durch den heutigen Pluralismus des Volkes[144] nicht widerlegt. Der im Verfassungsstaat typische Anspruch des Volkes, alleiniges Subjekt bzw. "Träger" der verfassunggebenden Gewalt zu sein, macht die Einsicht nicht unrichtig, dass das Volk eine pluralistische Größe ist. Im modernen Verfassungsstaat arbeitet eine Vielheit pluralistischer "Faktoren" bzw. "Beteiligter" an dem Grund-Konsens, auf dem letztlich die Verfassung "gebaut" wird. Man mag von einem *Pluralismus "der" Verfassunggeber* sprechen, von einem Kompromiss und Vertrag(en) aller mit allen: in diesen Vorgängen und Beteiligten "ist" bzw. wirkt heute "das Volk". Die Renaissance des Gedankens der paktierten Verfassung trifft also den Pluralismus der Inhalte und der an Verfassunggebung Beteiligten besser als die *Ideologie* vom (unbeschränkten) *Willen "des" Verfassunggebers*, der "sich" die Verfassung "gibt". Sie ist jedenfalls kein "Rückschritt" in die Zeit des deutschen Dualismus Fürst/Stände und kein "stände-staatlicher" Irrweg, so sehr viele Verfassungstexte noch von der Ideologie "*des*" Verfassunggebers geprägt sein mögen.

Als Konsequenz des bisher Gesagten ergeben sich aber auch Antworten auf die Frage in Punkt e) des obigen Problemkatalogs nach etwaigen geschriebenen und ungeschriebenen, vom Typus Verfassungsstaat bzw. kulturell vorgegebenen Grenzen der verfassunggebenden Gewalt des Volkes. Sie folgen daraus, dass sich "Verfassunggebung" auf die Konstituierung eines konkreten Beispiels für den abstrakteren Typus "Verfassungsstaat" beziehen muss: andernfalls wären Wort und Begriff "Verfassunggebung" irreführend und nichtssagend, ein bloßer Formalakt. Aus bis heute überzeugenden Gründen formuliert und normiert Art. 16 der französischen Menschen- und Bürgerrechte-Erklärung von 1789 (die in die Verfassung von 1791 integriert wurde und über die Präambel der Verfassung von 1958 auch heute noch in Frankreich gilt): "Eine jede Gesellschaft, in der weder die Gewährleistung der Rechte zugesichert noch die Trennung der Gewalten festgelegt ist, hat keine Verfassung". Dies ist ein geltender Verfassungsrechtssatz im heutigen Frankreich und kulturgeschichtlich gesehen zugleich ein kultureller "Klassikertext" des Typus Verfassungsstaat. Völker, deren verfassunggebende Gewalt eine verfassungsstaatliche Verfassung einrichten konnte, haben sich damit – immanent – mindestens für diesen typusmitbestimmenden Basissatz von 1789 entschieden.

---

143   In Anlehnung an BVerfGE 4, 157 (169 f.): "näher beim Grundgesetz".
144   Dazu *K. Hesse*, Grundzüge des Verfassungsrechts der Bundesrepublik Deutschland, 20. Aufl. 1995 (Neudruck 1999), S. 5 ff., 62.

4. Die zwei Ebenen: Verfassunggebung im Typus Verfassungsstaat – Verfassunggebung eines konkreten Volkes im Kontext seiner kulturellen Individualität und Identität

Stets ist auf zwei – voneinander zu unterscheidenden (in der geschichtlichen Entwicklung sich aber wechselseitig beeinflussenden) – Ebenen zu arbeiten: auf der abstrakteren des Typus Verfassungsstaat und auf der konkreteren eines konkret verfassten und sich individuell verfassenden Volkes. So ist das Bundesstaatsprinzip (noch?) nicht immanenter Bestandteil jedes typusgerechten Vorgangs der "Verfassunggebung des Volkes": Es gibt große bzw. traditionsreiche Verfassungsstaaten wie England oder Frankreich, die keine Bundesstaaten sind, allenfalls "Vorformen" entwickeln (Regionen!). Wohl aber finden sich individuelle Verfassungsstaaten wie die USA oder die Schweiz, in denen das Bundesstaatsprinzip ein Strukturelement jeder Art von Verfassunggebung bzw. Totalrevision des Volkes bildet, seitdem dieses Volk konstituiert ist: Was juristisch (wie in der Schweiz) als "Grenze" der Totalrevision bzw. Verfassunggebung erscheint, ist in der Sache freilich mehr: lebendiger, ohne Kulturrevolution und Kulturverlust nicht hinterschreitbarer Ausdruck der konkreten "Verfassung als Kulturzustand". Und die Nation bzw. das Volk befindet sich in diesem sich weiterentwickelnden Kulturzustand nicht im Natur- bzw. Ausnahmezustand i.S. der Lehren von *Sieyès* bis *C. Schmitt*[145]. Entsprechendes gilt für die Alternative "parlamentarische Monarchie" (Spanien) oder "Republik" (Frankreich, das deutsche GG) insofern, als beide Verfassungsstaaten ihrer heutigen kulturellen bzw. verfassungsstaatlichen Entwicklungsstufe gemäß nur konstitutionelle Monarchien bzw. Republiken sein können.

5. Die Normativierung und Konstitutionalisierung der verfassunggebenden Gewalt des Volkes

Theorie und Praxis der hier verfochtenen Normativierung und Konstitutionalisierung der verfassunggebenden Gewalt des Volkes[146] auf der Folie der sie kontextartig "umgebenden" Bekenntnisartikel in Sachen Grundwerte bzw. ihrer "Klassikertexte" von 1789 bzw. von 1776/1787 und der Schweizer Texte zu den prozessualen Maximen der "Totalrevision" können auch nicht mit dem Argument widerlegt werden, es handele sich dabei nur um eine "Selbstverpflichtung" (auf dem Hintergrund "grundsätzlich unbeschränkter Gewalt") des jeweiligen konkreten Verfassunggebers, nicht um die Normalität und Normativität eines typusimmanenten Verfassungsprinzips des Verfassungsstaates. Nur formal und äußerlich betrachtet verpflichtet "sich" der Verfassunggeber bzw. das (pluralistische) Volk "selbst": in der Sache und kulturgeschichtlich gesehen votiert es für In-

---

145 Vgl. *C. Schmitt*, Verfassungslehre, 1928, S. 79: "Die verfassunggebende Gewalt ist immer Naturzustand, wenn sie in dieser unveräußerlichen Eigenschaft auftritt".

146 *M. Kriele*, Einführung in die Staatslehre, 1975, liefert einen eindrucksvollen Entwurf des demokratischen Verfassungsstaates. Doch eliminiert er letztlich Volkssouveränität und verfassunggebende Gewalt des Volkes in den Sätzen (S. 226): "Die Volkssouveränität tritt nur am Anfang oder am Ende des Verfassungsstaates auf, bei seiner Konstituierung und bei seiner Abschaffung", "Die demokratische Souveränität ruht, solange der Verfassungsstaat besteht".

halte und Verfahren, die weit "objektiver" gegeben und aufgegeben sind als ein ungeschichtlicher Dezisionismus wahrnehmen will[147]. Die Eingebundenheit in einen bestimmten Entwicklungszustand einer Kultur schafft "Realien" und "Ideelles", dem die Theorie der bloß subjektiven "Selbstbindung" und voluntaristischen "Selbstbeschränkung" nicht gerecht werden kann. Die intensive "Verinnerlichung" bestimmter Grundwerte wie "Menschenrechte", "Friede" etc., die sich an textlichen Präambelelementen wie "Absicht", "Bewusstsein", "von dem Willen beseelt" zeigt, schlägt ins Objektive, in kulturelle Determinanten um.

6. Verfassungspolitische Erwägungen

Die bisherigen theoretischen Überlegungen und in sie integrierten vergleichenden Analysen der Verfassungstexte sowie der Praxis der verfassunggebenden Gewalt des Volkes blieben halbherzig, wenn sie nicht in verfassungspolitische Konsequenzen mündeten. Denn Verfassungslehre schließt die Dimension der Verfassungspolitik in einem "letzten Schritt" nicht aus, sondern ein. Die Wissenschaft kann und soll künftigen Verfassunggebern praktische Handreichungen bieten bei der Ausgestaltung ihrer Texte, wo möglich auch im Sinne von Alternativen, wie sie in den Totalrevisionsvorhaben der Schweiz als "Varianten" üblich geworden sind[148].

Auf diesem Hintergrund sei Folgendes empfohlen:

a) Die nationalen (bundesstaatlichen, auch gliedstaatlichen bzw. kantonalen) Verfassunggeber sollten sowohl in den Präambeln ihrer Verfassungen als auch in den Schlussartikeln auf die verfassunggebende Kompetenz des Volkes als solche eingehen[149]: Sie "umrahmen" so gleichsam ihr Verfassungstextwerk. Dabei ist der jeweils historisch-kulturelle Vorgang der Verfassunggebung i.S. des Postulats der Verfassungstextwahrheit und -klarheit so zu beschreiben wie er sich tatsächlich ereignet hat – dies selbst dann, wenn sich – nach dem Ideal des Verfassungsstaates – eigentlich "inkompetente Instanzen" wie "Streitkräfte" und "Besatzungsmächte" in den Vorgang der Verfassunggebung gedrängt und ein Stück der allein beim Volk liegenden Kompetenz angeeignet haben (wie in Portugal 1976 oder in der Türkei 1982 bzw. in Westdeutschland nach 1945).

b) Die verfassunggebende Gewalt des Volkes sollte dem Typus "Verfassungsstaat" konform von zwei Seiten verfassungstextlich angereichert werden: von der in-

---

147 S. auch K. Stern, Staatsrecht, aaO., S. 149: "Ein Grundbestand dieser Vorstellungen (sc. der europäisch-atlantischen Verfassunggebung) besitzt rational und historisch begründbare Objektivität: Menschenrechte, freiheitliche demokratische Grundordnung, Gewaltenteilung, Rechtsstaatlichkeit".

148 Vgl. die "Varianten" im Totalrevisionsentwurf für eine Bundesverfassung (1977) und für eine Kantonsverfassung wie Solothurn (1985) und Glarus (1977), abgedruckt in JöR 34 (1985), S. 536 ff. bzw. 497 ff. und 480 ff.

149 So heißt es in der Präambel der Verf. Frankreich von 1946: "...le peuple français proclame à nouveau ... Il réaffirme solennellement les droits et les libertés", am Schluss in Art. 106: "La présente Constitution, délibérée et adoptée par l'Assemblée nationale constituante, approuvée par le peuple français... (zit. nach J. Godechot (Hrsg.), Les Constitutions de la France depuis 1789, 1979, S. 389, 410).

haltlichen Grundwerteseite aus (einerseits Beispiele liefern die Verfassungen deutscher Länder nach 1945, aber auch die Verfassungen von Portugal und Spanien von 1976 bzw. 1978), d.h. über "Bekenntnis-" bzw. "Bewusstseins-Artikel" bzw. -Elemente in Präambeln, von der prozessualen Seite andererseits (Beispiele geben die Schweizer, österreichischen und spanischen "Totalrevisions-" bzw. "Gesamtrevisions"-Regelungen).

c) Empfehlenswert sind eigene Abschnitte über die Totalrevision bzw. Gesamtrevision der Verfassung (möglichst im prozessualen "Dreitakt": Einleitung durch das Volk, Abstimmung in den Parlamenten und Verabschiedung durch das Volk; das Volk muss mindestens in Form von Wahlen oder durch ein Plebiszit "danach" das letzte Wort haben). Sie können redaktionell gemeinsam mit der Totalrevision bzw. Verfassungs-Änderung unter dem "Dach" eines und desselben Verfassungsabschnitts plaziert sein (Beispiele gibt es in der Schweiz auf Bundes- und Kantonsebene). Damit ist "Totalrevision" auch textlich als möglicher und durchaus normaler Vorgang (der Verfassunggebung) neben der bloßen Teilrevision bzw. "Verfassungsänderung" ausgewiesen. Auch auf diese Weise kommt zum Ausdruck, dass die verfassunggebende Gewalt des Volkes im Typus Verfassungsstaat der heutigen Entwicklungsstufe tendenziell normalisiert, normativiert und konstitutionalisiert worden ist[150].

d) Der Begriff "Verfassunggebung" bzw. verfassunggebende Gewalt bzw. Kompetenz des Volkes braucht weder in den Verfassungstexten noch in der Theorie gestrichen bzw. verabschiedet zu werden – zu suggestiv ist die Wirkung der ihn kulturell bis heute tragenden Klassikertexte seit 1776/1778 bzw. 1789/1791/1792. Doch müsste sich die Erkenntnis durchsetzen, dass "Verfassunggebung des Volkes" und "Totalrevision" bzw. "Gesamtrevision" durch das Volk im Typus "Verfassungsstaat" miteinander identisch sind. Verfassungen, die in Präambeln und/oder Schlussartikeln von "Verfassunggebung" sprechen, sollten terminologisch konsequent bleiben und auch in einem etwaigen Abschnitt über die "Gesamtrevision" diese dem Wortlaut nach als "Verfassunggebung" ausweisen. Zur Verdeutlichung der im Verfassungsstaat typischen Annäherung zwischen Verfassungsänderung (Teilrevision) und Verfassunggebung (Totalrevision) empfiehlt es sich, beide Arten von "Verfassungsreform" auch systematisch gemeinsam unter einem "Dach" bzw. Abschnitt zu vereinigen.

e) Verfassunggebung ist ein pluralistischer Vorgang, in dem es um die Normierung des "politisch Wichtigen" geht. Gerade im Feld der Verfassunggebung schließlich reicht der herkömmlich juristische Ansatz nicht aus. Denn hier liegt ja noch kein "geltender" positiver Text vor. Allein der tiefere und breite kulturwissenschaftliche Ansatz kann bestimmte Bewegungen, ihre "Promotoren" und Akteure thematisieren und auf den Begriff bringen. Die neueren Prozesse der Verfas-

---

150 Vgl. auch Art. 196 Verf. Costa Rica von 1949 (zit. nach JöR 35 [1986], S. 481 [508]): "Eine allgemeine Änderung dieser Verfassung kann nur durch eine zu diesem Zweck einberufene verfassunggebende Versammlung durchgeführt werden." – S. jetzt Art. 115 Verfassung Brandenburg (1992) – zur "verfassunggebenden Versammlung" –, mit genauen Verfahrensvorschriften!

sunggebung in Portugal (1976), Griechenland (1975) und Spanien (1978), auch in Kanada (1981), sowie die Schweizer Diskussion um die "Totalrevision" der Bundesverfassung (Entwurf 1977, 1995/2000 "nachgeführt") lassen sich nicht allein wirtschaftlich und politisch, d.h. ohne Beachtung der kulturellen Hintergründe beschreiben und erklären.

Vor der textlichen Ausgestaltung liegen in Fülle unterschiedliche Bau-Elemente für die neue Verfassung "auf dem Platz". Sachlich ringen Klassikertexte, Partei- und Verbandsprogramme, Erkenntnisse der Wissenschaft, Bruchstücke alter Verfassungstexte, aber auch Lebensleistungen einzelner Persönlichkeiten (z.B. *N. Mandela*) miteinander. Politische Hoffnungen und Erfahrungen gehen ebenso in die Prozesse der Verfassunggebung ein wie Elemente auswärtiger Verfassungsstaaten als Beispiel des Typus Verfassungsstaat. So wirken sich die deutschen Leitbilder von Bundesstaatlichkeit und Verfassungsgerichtsbarkeit, auch das Verhältnis von Staat und Kirche und der Grundrechtskatalog heute zunehmend in manchen neuen Verfassungen Europas aus. Kulturelle Rezeptionsprozesse etwa der Wesensgehaltgarantie des Art. 19 Abs. 2 GG lassen sich nicht nur im Blick auf die Schweizer Totalrevision, sondern auch und sogar bis in das südliche Afrika (früher bis nach Bophuthatswana, jetzt Südafrika) verfolgen. Bis all dies zu einem positiven Verfassungstext "gerinnt", gibt es viel Kampf, viel Parteinahme und Interessenwahrung. Österreichkonvent und deutsche Föderalismusreform sind 2004 gescheitert.

Es lohnt insbesondere ein Blick auf die Normierung des "politisch Wichtigen":

Erste Funktion von Verfassunggebern ist es, das ihnen in der Zeitdimension, d.h. aus Vergangenheit, Gegenwart und Zukunft "politisch Wichtige" formalisiert in die Verfassungstexte umzusetzen (Grundordnungscharakter der Verfassung). Das in historischer Erfahrung Bewährte ist mit dem "Geist der Zeit", insbesondere mit der Wirklichkeit, so zu verbinden, dass auch Hoffnungen für die Zukunft, Möglichkeiten, sie zu gestalten, und Maßstäbe (Ziele) hierfür verfassungstextlich zum Ausdruck kommen. Spezifikum ist dabei das Moment der Dauer, und es legitimiert, einen Rechtsgedanken, eine Institution oder ein Verfahren auf Verfassungsstufe zu normieren. Mit anderen Worten: Dem Verfassunggeber muss ein Thema als dauerhaft genug erscheinen, um es zum Gegenstand einer textlichen Regelung in der neuen Verfassung zu machen. Nicht alles in der jeweiligen gesellschaftlichen und staatlichen Entwicklung ist es wert, das Prädikat einer Verfassungs-Entwicklung zu erhalten. Diese Verbindung von Tradition und Offenheit für die Zukunft, von Stabilität und Dynamik, Abbildung des Vorhandenen mit entwurfhafter Steuerung des Zukünftigen, von Rezeption und Produktion sollte glücken.

Was der Verfassunggeber für "politisch wichtig" hält und in sein Textwerk aufnimmt, variiert in Raum und Zeit, von Land zu Land. Doch stellt sich die Frage, welche Kriterien ihm die beratende Staatsrechtslehre zur Verfügung stellt, um das politisch Wichtige thematisch zu beschreiben und rechtstechnisch optimal umzusetzen. Solche Kriterien sind aus einem empirischen Überblick über die wichtigsten verfassungsstaatlichen Verfassungen der heutigen Zeit zu gewinnen (realtypischer Ist-Bestand), ergänzt um die "idealen" Anforderungen, die bisher de facto noch nicht zum typischen Inhalt gehören, aber verdienten, von möglichst vielen Verfassungen berücksichtigt zu werden (idealtypische Sollforderung). Orientierungspunkt ist dabei die "gute" verfassungsstaatliche Verfassung. Verfassungspolitik und Staatsrechtslehre haben hier einander zuzuarbeiten, so unvermeidlich dezisionistische Elemente in der Entscheidung über das "politisch Wichtige" sind.

II. Künftige Wege und Verfahren europäischer Verfassunggebung: Stückwerktechnik

Blickt man auf die Verfassungsentwicklung der EU von heute aus zurück, so ist ihr Stückwerkcharakter offenkundig: völkerrechtliche Verträge (1957), die heute eine Verfassungsgemeinschaft entstehen ließen, die durch formelles sog. Sekundärrecht konkretisiert und fortentwickelt wurden; darüber hinaus vor allem die vitale Praxis der Verfassungsorgane der EU, die teils als "Aktionsprogramme" (z.B. im Umwelt- und Bildungsbereich), teils gesetzgeberisch, teils durch punktuelle Vorgänge materieller Verfassunggebung aus Luxemburg seitens des EuGH gekennzeichnet ist. Auch Österreich hat seine EU-Europäisierung im Moment des Beitritts zur EU als *Verfassungs*vorgang qualifiziert (Stichwort: die "zweite" Verfassung[151], "Gesamtänderung der BV")[152]. Maastricht/Amsterdam sind zum einen Fortschreibung i.S. der Textstufenentwicklung, sie brachten auf Punkt, Text und Begriff, was sich z.T. diffus entwickelt hat; andererseits sind sie Entwurf für die Zukunft (etwa in Sachen Betonung der Subsidiarität, "Raum des Rechts und der Sicherheit" etc.). Sie sind teils Rezeption der Judikatur des EuGH und des Verweises auf die EMRK und ESC, also formale Konstitutionalisierung, teils Innovation etwa durch die kleine präföderale Homogenitätsklausel in Art. 6 und 7 EUV[153]. Rechtsphilosophisch kann diese Entwicklung mit Hilfe des Bildes von der "Stückwerktechnik" von *Popper* gekennzeichnet werden. Die Frage für das konstitutionelle Europa ist, wie weiter zu verfahren ist. Diese, in einer Fülle von Literatur in Sammelwerken und Tagungsbänden (aus?)diskutierte Frage[154] kann hier nicht im Einzelnen ausgebreitet werden. Im Theorierahmen dieser europäischen Verfassungslehre müssen Stichworte genügen:

1. Das Theoriemuster der klassischen nationalverfassungsbezogenen Verfassunggebung ist durchaus auch im EU-Europa dienlich.
2. Diese "Europäisierung" eines klassischen Verfassungsstaatsbegriffs ist derzeit bzw. im Folgenden auf das Europa im engeren Sinne der EU zu beschränken, obwohl heute diese Verfassungsgestaltung, etwa die Inkraftsetzung der EMRK,

---

151 P. *Pernthaler*, Die neue Doppelverfassung Österreichs, FS Winkler, 1997, S. 773 ff.
152 Dazu aus der Lit.: *I. Pernice*, Die Verfassungsfrage aus rechtswissenschaftlicher Sicht, in: T. Bruha u.a. (Hrsg.), Welche Verfassung für Europa?, 2001, S. 19 (31); *P. Pernthaler*, Der Verfassungskern – Gesamtänderung und Durchbrechung der Verfassung im Lichte der Rechtsprechung und europäischer Verfassungskultur, 1998; *T. Öhlinger*, Die Transformation der Verfassung, Die staatliche Verfassung und die Europäische Integration, JBl. 2002, S. 2 ff.
153 Dazu aus der Lit.: *F. Schorkopf*, Homogenität in der Europäischen Union – Ausgestaltung und Gewährleistung durch Art. 6 Abs. 1 und Art. 7 EUV, 2000.
154 Zuletzt etwa T. Bruha u.a. (Hrsg.), Welche Verfassung für Europa?, 2001. S. auch *N. Basedahl*, Einflussnahme bei begrenzter Partizipation. Die Beteiligung des Europäischen Parlaments an der Regierungskonferenz 1996/97, 2000. S. noch Nachtrag.

auch im weiteren Europa zu beobachten ist. Was hier völkerrechtlich durch Ratifikationsprozesse beginnt (z.B. in der Schweiz), ist der Sache nach ein Stück europäische Verfassunggebung; nicht nur für die Schweiz, auch für Osteuropa ist die Durchsetzung der EMRK seitens des EGMR ein Stück mittelbarer Verfassunggebung.

3. Zu unterscheiden ist zwischen den inhaltlichen Themen einer im EU-Europa sich vollziehenden Verfassunggebung als Stückwerktechnik, und dem personalen Beteiligtenkreis, entsprechend dem Konzept von der "offenen Gesellschaft der Verfassungsinterpreten" (bzw. Verfassunggeber).

4. Das EU-Europa, hier als Verfassungsgemeinschaft definiert und im Ganzen inhaltlich nach wie vor nur *Teil*verfassung, im Ensemble aller 15 bzw. 25 nationalen Teilverfassungen der Mitgliedsländer verstanden, sollte in absehbarer Zeit nicht zu einer dem klassischen Nationalstaat vergleichbaren Vollverfassung entwickelt werden. Die sog. Bundesstaatslösung ist in der europäischen Öffentlichkeit wohl noch nicht das adäquate Modell für die künftige Gestalt des EU-Europas. Eine "ganze" Verfassung ist nicht anzustreben, sie widerspräche dem heutigen Vielfaltskonzept der europäischen Völker. Einstweilen muss es beim Stückwerk bleiben.

5. Teilreformen bei schrittweiser Öffnung des Beteiligtenkreises ("Trägerpluralismus") sind m.E. die zukunftsangemessenen Wege. M.a.W.: das bei der EU-Grundrechte-Charta erprobte "Konventmodell" muss stärker demokratisiert bzw. geöffnet werden (stärkere Einbeziehung von Vertretern der nationalen Parlamente, des EU-Ausschusses der Regionen).[155] Vor allem die europäische Bürgergesellschaft, die europäische Öffentlichkeit müssen formell und informell intensiver mit den künftigen Teilverfassungen befasst werden, damit sie sich wahrhaft "verfasst" fühlen können. Es könnte indes der Tag kommen, an dem das Konventmodell – pluralisiert und demokratisiert – umschlägt zur klassischen Verfassunggebung im EU-Europa: die Summe der EU-Völker würde zum Verfassunggeber. Die vom intensivierten Konventmodell ausgelöste Einigungsdynamik könnte das Ende der Regierungskonferenzen, das Ende auch der *Vertrags*reformen bringen und den Beginn klassischer Verfassunggebung auf EU-Ebene bedeuten. Das schließt allerdings nicht aus, die europäische Verfassung *theoretisch* auch dann als Vertrag zu verstehen, wie dies in dieser europäischen Verfassungslehre theoretisch allgemein unternommen wurde ("Verfassung als Vertrag"). Nur wären eben die Regierungen nicht mehr als solche federführend beteiligt.

---

155 Vgl. auch FAZ vom 1. Juni 2001, S. 4: "Europäisches Parlament fordert Zusagen für Verfassungs-Konvent". Zu verlangen ist in diesem Zusammenhang, dass die nationalen Parlamente, das Europaparlament, ja sogar Nichtregierungsorganisationen am EU-Verfassungsprozess beteiligt werden. Die Ablehnung des Nizza-Vertrages durch die Iren (Juni 2001) sollte nachdenklich stimmen. Siehe in diesem Kontext auch den Beitrag von *G. Gloser/M. Roth*, Verfassungsrecht ist Parlamentsrecht. Eine starke europäische Gemeinschaft braucht starke Volksvertretungen, FAZ vom 27. Aug. 2001, S. 8. S. noch Anhang.

6. Zuvor eine Vergegenwärtigung des bei der EU-Grundrechte-Charta praktizierten Konventsmodells als Hintergrund für den Vorschlag seiner Öffnung. Der bei der EU-Grundrechte-Charta arbeitende Konvent war wie folgt zusammengesetzt[156]: von seinen 62 Mitgliedern kommen – unterschiedliche "Legitimationsstränge" darstellend und verschiedene Repräsentationsebenen bündelnd:

15 persönliche Beauftragte der Staats- und Regierungschefs der Mitgliedsstaaten

16 Mitglieder des Europäischen Parlaments

30 Mitglieder der nationalen Parlamente sowie

1 Mitglied der Kommission (ein Beobachter des EuGH).

Zu wenig repräsentiert sind offenkundig die nationalen Parlamente, zu großes Gewicht haben die Beauftragten der Staats- und Regierungschefs. Im Übrigen wäre für den Post-Nizza-Prozess zu erwägen, auch Repräsentanten der EU-Beitrittskandidaten der ersten Erweiterungsrunde möglichst früh einzubeziehen. (Das geschah im EU-Konvent.)

III. Zwei aktuelle Beispiele: Europäische Grundrechte-Charta und Europäische Grundwerte-Charta

1. Die EU-Grundrechte-Charta

Die *EU-Grundrechte-Charta* (2000) wird inhaltlich in vielen einschlägigen Abschnitten dieser europäischen Verfassungslehre je nach der Systematik analysiert und positiv kommentiert: z.B. im Kontext des gemeineuropäischen Grundrechte-Rechts ebenso wie bei den sozial- und kulturverfassungsrechtlichen Fragen. An dieser Stelle sei nur gesagt, dass sie der Sache nach oft, der Form nach punktuell zugleich der Beginn einer "Grundwerte-Charta" ist (vgl. Stichwort: "Solidarität", "Vielfalt der Kulturen"). In dem Maße, wie Grund*rechte* per se Grund*werte* ausweislich ihrer objektivrechtlichen und Schutzpflichten-Dimensionen sind[157], hat die europäische Verfassungsentwicklung in Sachen Grundwerte schon begonnen.

2. Eine europäische Grundwerte-Charta

Eine *europäische Grundwerte-Charta*, etwa von deutschen Parteipolitikern immer wieder angemahnt, sei im Folgenden in ihren Möglichkeiten und Grenzen etwas näher beleuchtet. Vor allem sollte sie auf west- und osteuropäische Verfassungsmaterialien aufbauen. Es sind besonders die nationalen Verfassungspräambeln, die hier als "Steinbruch" in Frage kommen. Im Übrigen sollten innovative Begriffe wie "Humanismus" (Bulgarien) rezipiert werden. All dies darf nicht zu "dicht" geschehen, die Charta muss

---

156 Aus der Lit.: *M. Hilf*, Die Charta der Grundrechte der EU, Beilage zur NJW 2000, S. 5 ff.
157 Zu den Grundrechten (auch) als "Elementen objektiver Ordnung": *K. Hesse*, Grundzüge, 20. Aufl. 1995 (Neudruck 1999), S. 137 ff.; zu den vom BVerfG entwickelten "Schutzpflichten" *ders.*, ebd., S. 166 f., sowie *L. Jaeckel*, Schutzpflichten im deutschen und europäischen Recht, 2001; *P. Szczekalla*, Die sog. grundrechtlichen Schutzpflichten im deutschen und europäischen Recht, 2002. S. noch Nachtrag.

präambelähnlich, "suggestiv", bürgerverständlich sein, zugleich aber auch den politisch Verantwortlichen in den Mitgliedsländern der EU, den jungen Beitrittskandidaten und den alten EU-Ländern noch genügend Spielraum lassen.

Im Einzelnen:

Begonnen sei mit Themen aus Osteuropa, die sich als "Materialien" für eine Grundwerte-Charta eignen, sodann seien einige Beispiele aus den "alten" westeuropäischen Ländern ausgewählt, schließlich sollen die EU- oder Europarats- bzw. OSZE-Texte auf grundwertehaltige Aussagen hin "abgeklopft" werden. Dieses Vorgehen von Ost nach West, für diese europäische Verfassungslehre in vielen Problemfeldern charakteristisch, sei auch hier fast "demonstrativ" befolgt: als kleiner Beitrag zu einem sich auf das *ganze* "europäische Haus" beziehenden Europaverständnis. So seien "nahe" EU-Beitrittskandidaten vorweg befragt: In die erste Runde gehört Polen. Seine Verfassung von 1997 bietet die beste Alternativ-Klausel in Sachen Gottesbezug an ("wie auch diejenigen, die diesen Glauben nicht teilen"). Das müsste auch dem laizistischen Frankreich vermittelbar sein, das sich mit dem religiösen Bezug in der Präambel der EU-Grundrechte-Charta (2000) so schwer tat. Weitere grundwerteartige polnische Stichworte sind: "Achtung der angeborenen Würde des Menschen", "Achtung von Freiheit und Gerechtigkeit", "Recht auf Freiheit und Pflicht zur Solidarität mit anderen", "in allgemein-menschlichen Werten wurzelnde Kultur"[158]. Bei der Suche nach einem gemeinsamen Grundwerte-Standard in Ost- und Westeuropa könnte sodann Präambel Tschechien (1992) hilfreich sein, etwa in den Worten von der "Bürgergesellschaft" und den "bewährten Prinzipien des Rechtsstaates". Um eines der beitrittswilligen Baltenländer zu Wort kommen zu lassen: Präambel Verf. Estland (1992) gelingt die schöne Formulierung vom "gemeinsamen Nutzen künftiger Generationen"; Präambel Verf. Litauen (1992) die idealistische Wendung von der "offenen, gerechten, harmonischen, bürgerlichen Gesellschaft"; Bulgarien, erst in einer zweiten Runde als EU-Beitrittskandidat vorgesehen, sollte aber schon heute mit seiner Verfassungspräambel von 1991 gehört werden: "allgemein menschliche Werte: Freiheit, Frieden, Humanismus, Gleichheit, Gerechtigkeit und Toleranz".

Die Suche nach westeuropäischem Verfassungsmaterial mag zuerst an Italien (1947) denken: ein wenig ironisch im Blick auf Art. 1 ("auf die Arbeit gegründete Republik"), eine Klausel, die Respekt verdient, wenn man sich die aus Fiat-Kreisen Turins in den 90er Jahren allen Ernstes vorgeschlagene Neufassung vergegenwärtigt: "auf den *Markt* gegründete Republik"! Verf. Spanien (1978) macht es der auf vergleichender Basis arbeitenden Suche nach Grundwerten leicht, denn ihr Art. 1 Abs. 1 sagt ausdrücklich: "Spanien konstituiert sich als demokratischer und sozialer Rechtsstaat und bekennt sich zu Freiheit, Gerechtigkeit, Gleichheit und politischem Pluralismus als den obersten Werten seiner Rechtsordnung"[159]. Die *Europäisierung* dieses (nationalen) Grundwerte-Artikels fällt leicht. Nur der punktuelle Bezug auf das Staatliche ("Rechtsstaat") müsste

---

158 Zu diesem Stichwort siehe auch *D. Martiny*, Rechtskultur – Berührungspunkte zwischen Rechtssoziologie und Rechtsvergleichung, FS Blankenburg, 1998, S. 421 ff.
159 Siehe auch *M.-A. Ochoa-Brun*, Spanien und Europa: Kulturgeschichtliche Betrachtungen, FS Schambeck, 1994, S. 959 ff.; *F. Balaguer*, Der Beitrag Spaniens..., JöR 52 (2004), S. 11 ff.

umgangen werden. Schließlich könnte Präambel GG eine Fundgrube sein: vor allem im Blick auf die geglückte Klausel von 1949: "als Glied in einem vereinten Europa dem Frieden der Welt zu dienen". Das Ziel der "europäischen Einigung", also von manchen im "nationalen Europa-Verfassungsrecht" gespeicherten Klauseln müsste eine Grundwerte-Klausel vorrangig zieren. Als Beitrag aus der Schweiz böte sich der unvergleichliche Passus der nBV (2000) an: "dass die Stärke des Volkes sich misst am Wohl der Schwachen" (*A. Muschg*).

Der Suchvorgang in den nationalen Verfassungen sei hier abgebrochen. Wichtig ist der Hinweis, dass es sich um *gemein*europäische Grundwerte handeln sollte, alle "Stimmen der europäischen Völker" müssten auf ihre Weise zu Gehör bzw. zu Wort kommen: auch wenn es sich um ein Stück künftigen *EU*-Verfassungsrechts handelt.

Zuletzt ein Blick auf die Werkstatt des geltenden EU-Teilverfassungsrechts. Maastricht/Amsterdam formulieren Grundwerte: so, wenn Präambel EUV neben den Bekenntnissen zur EMRK und ESC die "Identität und Unabhängigkeit Europas" beschwört und "Subsidiarität" und Bürgernähe gefordert werden. Das "gemeinsame kulturelle Erbe" (Art. 151 EGV), die "Achtung der nationalen Identität", die "Entfaltung der Kulturen der Mitgliedstaaten" (Art. 151 EGV) wären ebenso wichtig wie das Wort von der "offenen Marktwirtschaft" (Art. 98 EGV). Aber auch die EU-Grundrechte-Charta selbst ist als "versteckte" Grundwerte-Charta in nuce ergiebig. Textpassagen der Präambel wie "gemeinsame Werte", "geistig-religiöses und sittliches Erbe", "Werte der Würde des Menschen, der Freiheit, der Gleichheit und Solidarität" sind ebenso Grundwerte wie "Achtung der Vielfalt der Kulturen und Traditionen der Völker Europas" sowie der "nationalen Identität der Mitgliedstaaten". Gleiches gilt für die Betonung von "Pflichten ... gegenüber den Mitmenschen ... und den künftigen Generationen". Die Ausdifferenzierung der "Solidarität" im Kap. IV lässt viele Einzelelemente der europäischen Grundwerte erkennen.

Ein letzter Blick auf Dokumente des Europas im weiteren Sinne: Hier liefern die bereits analysierten Präambeln manche Stichworte (vgl. oben B. I.), z.B. "Kultur und Freiheit" sowie "Kultur und kulturelles Erbe", aber auch der neue Stabilitätspakt für Europa der damals 52 OSZE-Staaten vom 20. März 1995 als Beitrag zur Europäisierung des Balkans gäbe eine Hilfestellung[160]. Die Rede ist (1995) von "Zone gutnachbarlicher Beziehungen", "sozialer Gerechtigkeit", vom Aufbau eines "geeinten und solidarischen, für Dialog und Zusammenarbeit offenen Europas", von "Identität der Nationen und gemeinsamen freiheitlich-demokratischen Werten". Die Rede ist von "regionalen runden Tischen sowie der Förderung von grenzüberschreitender Zusammenarbeit". Der Stabilitätspakt für den Balkan (Juni 1999), etwa in Sachen "nationaler Minderheiten", "civil society", "multi ethnical diversity", ist ebenfalls ergiebig[161].

---

160 Zit. nach Fastenrath (Hrsg.), KSZE/OSZE-Dokumente, seit 1992.
161 Weitere einschlägige OSZE-Stichworte finden sich in der "Europäischen Sicherheitscharta" vom November 1999 (zur "menschlichen Dimension", zum "Hohen Kommissar für nationale Minderheiten", zur "Rechtsstaatlichkeit"); nicht minder ergiebig ist das ältere "Budapester Dokument" von 1994 (auch zum "kulturellen Erbe"), das Dokument des KSZE-Rates des Stockholmer Treffens (1992: Die KSZE als "Wertegemeinschaft"). Auch die Parlamentarische Versammlung

Als *Verfahren* für eine europäische Grundwerte-Charta käme das intensivierte und extensivierte Konventsmodell der EU-Grundrechte-Charta in Frage. Für eine klassische Verfassunggebung analog dem Typus Verfassungsstaat ist es wohl zu früh. I.S. der Stückwerktechnik *Poppers* sollten im Wege kleiner Reformschritte Europas Teilverfassungen nach und nach auf den Weg gebracht werden – bis die "Stunde" für eine europäische Teilverfassung in einem einzigen Text reif ist. Wichtiger als die formalen Wege der Verfassunggebung ist das Engagement der "Europäischen Öffentlichkeit", aller ihrer Foren und Medien: Wenn schon nicht die EU-Grundrechte-Charta, müsste jedenfalls die Grundwerte-Charta in einem "Bürger-Gespräch" entwickelt werden: notfalls auch via Internet! – und im Blick auf das "Europa der kulturellen Vaterländer" (*M. Frisch*).

E. *Europäische Verfassungsinterpretation – die offene Gesellschaft der europäischen Verfassungsinterpreten und das Desiderat einer europäischen Methodenlehre*

Vorbemerkung

Verfassungsinterpretation ist herkömmlich auf einen konkreten nationalen Verfassungsstaat bezogen. Dank der beiden europäischen Verfassungsgerichte EGMR und EuGH ist es aber auch hier zu einer sich intensivierenden Europäisierung gekommen[162], evident in Gestalt der Grundrechte als allgemeiner Rechtsgrundsätze oder in der immer weitergreifenden Europäisierung nationaler Begriffe und Prinzipien, etwa des Übermaßverbots[163]. Europäisiert werden aber nicht nur die Methoden der Verfassungsinterpretation, sondern auch deren Voraussetzung, das Vorverständnis. Die Formel "understanding preceeds interpretation", von *J. Esser* in seiner Schrift über Vorverständnis und Methodenwahl in der Rechtsfindung (1970) klassisch entwickelt, von *J.M. Broek-*

---

der KSZE sei als Institution erwähnt: Alle Dokumente zit. nach U. Fastenrath (Hrsg.), aaO. – Zum "Stabilitätspakt für Südosteuropa" aus der Lit. gleichnamig: *M.J. Calic*, in: Aus Politik und Zeitgeschichte B 13-14/ 2001, S. 9 ff.

162   In seiner "Philosophy of European Union Law" untersucht *J.M. Broekman* unter dem Stichwort "Choice of Legal Basis" (S. 18 ff.) die Rolle der beiden Gerichte bei der Herausbildung gemeineuropäischer Interpretationsansätze. Sein Rückgriff auf *J. Essers* klassische Schrift zu "Vorverständnis und Methodenwahl", 1970, ist dabei kein Zufall: das Vorverständnis der europäischen Verfassungsgerichte speist sich aus gemeineuropäischen Rechtstraditionen und ist bereits europäisiert.

163   Aus der Lit. hier nur *A. Emmerich-Fritsche*, Der Grundsatz der Verhältnismäßigkeit als Direktive und Schranke der EG-Rechtsetzung, 2000; *W. Penski/B.R. Elsner*, Eigentumsgewährleistung und Berufsfreiheit als Gemeinschaftsgrundrechte in der Rechtsprechung des EuGH, DÖV 2001, S. 265 (272 ff.); ebd. S. 274 auch zum Wesensgehaltschutz. Allgemein: *J. Anweiler*, Die Auslegungsmethoden des Gerichtshofs der Europäischen Gemeinschaften, 1997; *J. Ukrow*, Richterliche Rechtsfortbildung durch den EuGH, 1995; *C. Buck*, Über die Auslegungsmethoden des Gerichtshofs der Europäischen Gemeinschaft, 1998; *K.-D. Borchardt*, Richterrecht durch den Gerichtshof der Europäischen Gemeinschaften, GS Grabitz, 1995, S. 29 ff.; *W. Dänzer-Vanotti*, Europäische Gerichtshof zwischen Rechtsprechung und Rechtssetzung, FS Everling, 1995, S. 205 ff. Klassisch: *R. Lecourt*, L'Europe des Juges, 1976. Zum EuGH: *P. Pernthaler*, Die Herrschaft der Richter im Recht ohne Staat, Ursprung und Legitimation der rechtsgestaltenden Funktionen des EuGH, Juristische Blätter 2000, S. 691 ff.

man in seiner "Philosophy of European Union Law"[164] rezipiert, hat eine immanente europäische Dimension. Denn all die kulturellen und politischen Traditionen und Erfahrungen, letztlich der gesamte Sozialisierungsprozess, der die europäischen Verfassungsinterpreten prägt, ist seinerseits "gemeineuropäisches kulturelles Erbe". Die Frage ist daher auch, ob und wie der am Typus des nationalen Verfassungsstaates erarbeitete Theorierahmen der "offenen Gesellschaft der Verfassungsinterpreten" sich auch auf das Europa im engeren und sogar weiteren Sinne übertragen lässt. Zunächst eine konkretisierte Vergegenwärtigung der offenen Gesellschaft der Verfassungsinterpreten im nationalen Raum.

I. Methoden und Prinzipien der Verfassungsinterpretation – national

1. Einleitende Aspekte

Das Folgende will keine systematische Behandlung des riesigen Themas sein, das in Deutschland in einer Fülle von Literatur, etwa Handbuch-Artikeln[165], Lehrbüchern[166], Monographien[167], Staatsrechtslehrerreferaten[168] oder Aufsätzen[169] tagaus tagein behandelt und vom deutschen BVerfG oft pionierhaft am einzelnen Fall praktiziert wird[170]. Es geht vielmehr darum, in der Art eines Problemkataloges Fragen zu formulieren, die sich aus deutscher, aber auch rechtsvergleichender Sicht stellen, wenn eine nationale und – werdende – europäische Verfassung ausgelegt werden. Auch die Gliederungsstichworte sind durchaus "topisch" gemeint. So gibt es keine zwingende Rangfolge der einzelnen Teile dieses Abschnitts. Denkbar wäre z.B., vorweg die vier bzw. fünf Auslegungsmethoden zu behandeln und erst dann ihren "Gegenstand", die Verfassung, zu erörtern. Im Grunde gehören das hier entwickelte Verständnis und die Auslegungsmethoden bzw. -prinzipien von vornherein zusammen – sich wechselseitig bestimmend. Der "Verfassung des Pluralismus" entspricht eine "offene" Verfassungsinterpretation, die offene Gesellschaft der Verfassungsinterpreten ist Konsequenz der "Bürgerdemokratie".

---

164 1999, S. 72.
165 Z.B. *Ch. Starck*, Verfassungsauslegung, in: HdBStR, Bd. VII, 1992, § 164, S. 189 ff.
166 Schon klassisch *K. Hesse*, Grundzüge des Verfassungsrechts der Bundesrepublik Deutschland, 20. Aufl. 1995 (Neudruck 1999), S. 20 ff. (Rn. 49 ff.); vgl. auch *P. Badura*, Staatsrecht, 2. Aufl. 1996, Rn. 14-15, S. 15 ff. (3. Aufl. 2003); *E. Stein*, Staatsrecht, 16. Aufl. 1998, S. 35 ff.
167 Z.B. *O. Depenheuer*, Der Wortlaut als Grenze. Thesen zu einem Topos der Verfassungsinterpretation, 1988; *E. Forsthoff*, Zur Problematik der Verfassungsauslegung, 1961; *B.-O. Bryde*, Verfassungsentwicklung, 1982; *G. Schuppert*, Funktionell-rechtliche Grenzen der Verfassungsinterpretation, 1980; *W. Brugger*, Rundfunkfreiheit und Verfassungsinterpretation, 1991.
168 *P. Schneider* und *H. Ehmke*, Prinzipien der Verfassungsinterpretation, VVDStRL 20 (1963), S. 1 ff. bzw. 53 ff.; *F. Ossenbühl*, Grundsätze der Grundrechtsinterpretation, HGR I § 15 (2004).
169 Z.B. *E.-W. Böckenförde*, Die Methoden der Verfassungsinterpretation, NJW 1976, S. 2089 ff.; *U. Häfelin*, Die verfassungskonforme Auslegung und ihre Grenzen, FS H. Huber, 1981, S. 241 ff.; *H.-J. Koch*, Die Begründung von Grundrechtsinterpretationen, EuGRZ 1986, S. 345 ff.; *W. Brugger*, Konkretisierung des Rechts und Auslegung der Gesetze, AöR 119 (1994), S. 1 ff.
170 Dazu *P. Häberle*, Kommentierte Verfassungsrechtsprechung, 1979; *H. Schulze-Fielitz*, Das Bundesverfassungsgericht in der Krise des Zeitgeistes, AöR 122 (1997), S. 1 ff.; *H. Dreier* (Hrsg.), Grundgesetz-Kommentar, Bd. 1 (1996), Bd. 2 (1998), Bd. 3 (2000) – Band 1, 2. Aufl. (2004).

2. Der Verfassungsbezug der Methoden und Prinzipien, insbesondere das "gemischte", kulturwissenschaftliche Verfassungsverständnis

a) Verfassungstheorien

Verfassungstheorien befassen sich mit der Frage, mit welchem "Vor-Verständnis" wir an die Auslegung einer geschriebenen Verfassung herangehen sollen. In Deutschland leben wir bis heute vom Grundlagen-Streit der Weimarer "Riesen", auf deren "Schultern wir als Zwerge" stehen, indes mitunter nur deshalb ein Stück weitersehen. Eine kurze Skizze der "Positionen und Begriffe" der Weimarer Klassiker sei ergänzt um die eigene Sicht.

Alle Auslegung wird von einem Vorverständnis gesteuert, dieses prägt auch die "Methodenwahl" (*J. Esser*)[171]. Das Vorverständnis muss *offengelegt*, möglichst rationalisiert werden. Der Wissenschaftler kann seine Theorien "rein", ohne Kompromisse vertreten, ein Verfassungsgericht als im Antagonismus bzw. Pluralismus der Ideen und Interessen vermittelnde Instanz sollte sich in kompromisshafter "pragmatischer Integration von Theorieelementen" üben. Dieses sei vorweg gesagt, um den hohen Stellenwert von (alternativen) Verfassungstheorien anzudeuten. In Deutschland ist er im europäischen Vergleich wohl besonders hoch, was nicht unbescheiden sein will.

Für die Praxis, auch des BVerfG, höchst einflussreich geworden sind Teile der Lehre von *R. Smend*. Seine Idee der "Bundestreue" (1916) hat sich ebenso durchgesetzt (vgl. nur BVerfGE 12, 205 (255); 81, 330 (337 f.); 92, 203 (230 f.)) wie der Gedanke der Grundrechte als einheitliches Wertesystem (1928). Ein Theorieangebot von *R. Smend* ist schon aus dem Jahre 1928 das Konzept der Verfassung als "Anregung und Schranke"[172]. Er hatte seinerzeit Schlagzeilen gemacht durch seine Integrationslehre. Der Staat *ist* nur in immer neuer Integration – der innerlich europäische Verfassungsstaat unserer Tage hat hier freilich neue Fragen zu stellen und neue Antworten zu suchen! – *C. Schmitt* hat in seiner Verfassungslehre von 1928 wichtige Erkenntnisse erarbeitet[173], vor allem in dogmatischer Hinsicht, etwa in Gestalt der Lehre von den Instituts- und institutionellen Garantien wie Eigentum, Erbrecht, Berufsbeamtentum und ihrem auch gegen den Gesetzgeber geschützten Wesensgehalt[174] (vgl. später Art. 19 Abs. 2 GG, auch Art. 79 Abs. 3 GG); er hat indes auch Positionen bezogen[175], die, ganz abgesehen von seiner zeitweiligen Verstrickung mit dem Nationalsozialismus, für eine "europäische Verfassungslehre" untauglich sind. So ist seine Lehre von der verfassunggebenden Gewalt, die "normativ aus dem Nichts" entscheidet (Dezisionismus) fragwürdig, sie wird schon durch einen Blick auf das pluralistische Zustandekommen von verfassungsstaatlichen Verfassungen wie in Griechenland (1975) oder Portugal (1976) widerlegt; vor allem auch durch die europarechtlichen "Vorgaben". Jeder nationale Verfassunggeber in Eu-

---

171 *J. Esser*, Vorverständnis und Methodenwahl, 1972; *ders.*, Grundsatz und Norm, 1956.
172 *R. Smend*, Staatsrechtliche Abhandlungen, 3. Aufl. 1994, S. 187 ff., 195.
173 *C. Schmitt*, Verfassungslehre, 1928, S. 105 f., 177 f.
174 Dazu *P. Häberle*, Die Wesensgehaltgarantie des Art. 19 Abs. 2 GG, 1. Aufl. 1962, 3. Aufl. 1983.
175 Aus der (kritischen) Lit.: *W. v. Simson*, Carl Schmitt und der Staat unserer Tage, AöR 114 (1989), S. 185 ff.; *H. Hofmann*, Legitimität gegen Legalität, 1964 (4. Aufl. 2003).

ropa ist heute praktisch an die Vorgaben der EMRK gebunden, z.B. auch bald in Sachen Minderheitenschutz dank des Europarates.

Ein Wort zu *H. Heller*, dem Dritten im "Dreigestirn" der Weimarer Zeit[176]. Er hat nicht nur das Wort vom "sozialen Rechtsstaat" geprägt, sondern auch ein Wort *Goethes* schöpferisch im juristischen Kontext verwendet: Verfassung als "geprägte Form, die lebend sich entwickelt"[177]. Überdies korrigierte er manche Übertreibungen der Integrationslehre von *R. Smend* und bleibt wegweisend durch sein Verständnis der Staatslehre als Kulturwissenschaft[178]. – Ein weiteres Wort zu *H. Kelsen*, von *H. Heller* als "Testamentsvollstrecker des Positivismus" kritisiert ("Jeder Staat ein Rechtsstaat"). Er ist demgegenüber nur bei der Lehre vom "Stufenbau der Rechtsordnung"[179] in der Variante des "Vorrangs der Verfassung" hilfreich; freilich verdanken wir ihm Wesentliches in Sachen Verfassungsgerichtsbarkeit[180].

Im Kontext der GG-Praxis, d.h. *nach* 1949 wurden weitere Verfassungstheorien entwickelt, die hier erwähnt seien: Verfassung als "Norm und Aufgabe" (*U. Scheuner*), Verfassung als grundlegender "Strukturplan für die Rechtsgestalt eines Gemeinwesens" (*A. Hollerbach*, 1968), von der Schweiz aus Verfassung als "rechtliche Grundordnung des Staates" (*D. Schindler*, 1945) und ein betont geschichtliches Verfassungsverständnis (*R. Bäumlin*, 1961). *H. Ehmke* verdanken wir das Verständnis der Verfassung als "Beschränkung und Rationalisierung der Macht und Gestaltung eines freien politischen Lebensprozesses" (1953)[181]. M.E. ist Verfassung *auch* Konstituierung staatlicher Macht, muss auch *gesellschaftliche* Macht beschränkt werden. Vor allem ist Verfassung auch *öffentlicher Prozess* (1969)[182]. Zu votieren ist für ein "*gemischtes Verfassungsverständnis*", wobei je nach Etappe der Verfassungsentwicklung und je nach Nation der eine oder andere Aspekt im Vordergrund stehen mag. So musste in Spanien 1978 nach Franco das Gewicht auf das Element der "Beschränkung" gelegt werden, heute kann stärker das Element der "Anregung" in den Vordergrund rücken, auch das des öffentlichen *Prozesses*. Das Plan-Element tritt in Zeiten des Umbaus des Sozialstaates und der Privatisierung stärker zurück, wobei freilich anzumerken ist, dass der Neigung zur Verabsolutierung des "Marktes" heute mehr verfassungsrechtliche "Zügel" anzulegen sind.

---

176   Aus der Lit.: *M. Friedrich*, Geschichte der deutschen Staatsrechtswissenschaft, 1997, S. 370 ff.; *W. Pauly*, Grundrechtslaboratorium Weimar, 2004.
177   *H. Heller*, Staatslehre, 6. Auflage 1983, S. 258.
178   Staatslehre, 1934, S. 32 ff.
179   Vgl. in diesem Kontext *S. Griller*, Der Stufenbau der österreichischen Rechtsordnung nach dem EU-Beitritt, Journal für Rechtspolitik, 2000, S. 273 ff.
180   *H. Kelsen*, Wesen und Entwicklung der Staatsgerichtsbarkeit, VVDStRL 5 (1929), S. 30 ff. Weitere klassische Lit. ist wieder abgedruckt in: P. Häberle (Hrsg.), Verfassungsgerichtsbarkeit, 1976.
181   *H. Ehmke*, Grenzen der Verfassungsänderung, 1953, S. 103 ff. – Zu *Bäumlin* und *Hollerbach*: *Hesse*, aaO., S. 4 f.
182   Vgl. *P. Häberle*, Verfassung als öffentlicher Prozess, 1978, 3. Aufl. 1998, bes. S. 121 ff., 265 ff.

b) Der eigene Ansatz

Es zeigen sich *nationale Besonderheiten*: So begegnet uns in den *USA* fast eine Art "Verfassungsglaube", geschrieben in den Federalist Papers, wie überhaupt Parallelen zwischen den drei Buchreligionen mit Thora, Bibel und Koran einerseits und der Wert- bzw. Hochschätzung der geschriebenen Verfassung weltweit andererseits kaum zufällig sein dürften. In *Frankreich* steht die Idee des Republikanischen im Vordergrund, auch ein kulturelles Verhältnis zur Verfassung; in *Deutschland* haben wir in D. Sternbergers Dictum vom "Verfassungspatriotismus" ein einleuchtendes Theorieangebot, wobei uns freilich das Wort von *J. Habermas* "DM-Nationalismus" schmerzhaft in den Ohren brannte. Insgesamt überwuchert derzeit ein unbegreiflicher "Ökonomismus" unsere Diskussion, als ob der "Wirtschaftsstandort Deutschland" alles wäre, als ob Europa nur aus dem "EURO" bestünde. M.E. sind Verfassungen besonders ein Stück *Kultur*[183]: Verfassung ist nicht nur juristischer Text oder normatives Regelwerk, sondern Ausdruck eines kulturellen Entwicklungszustandes, Mittel der kulturellen Selbstdarstellung des Volkes, Spiegel seines kulturellen Erbes und Fundament seiner Hoffnungen.

Dieses *kulturwissenschaftliche* Verfassungsverständnis kann Elemente der Arbeiten von *R. Smend* und *H. Heller*, *D. Schindler*, *R. Bäumlin* und *U. Scheuner*, auch *H. Ehmke* sowie *K. Hesse* beweglich einbauen, je nach Zeit und Raum, diesen beiden zusammengehörenden Dimensionen, in die eine europäische Verfassungslehre ausgreifen muss: als *horizontale Rechtsvergleichung in der Zeit* (Verfassungsgeschichte) und als *vertikale Rechtsvergleichung im Raum* (zeitgenössische Komparatistik). Bei all dem kann die "Philosophie des offenen Geistes" (*Popper*), sein "process of trial and error" (vgl. auch BVerfGE 5, 85 (135)) erkenntnisleitend sein.

3. Die klassischen vier Auslegungsmethoden und die neue "fünfte" (rechtsvergleichende) – der Pluralismus der Auslegungsmethoden, die Offenheit ihres Zusammenspiels

Seit *F.C. von Savignys* (1840), freilich ohne das "Genie" der römischen Juristen nicht zu denkendem Kanon der Auslegungsmethoden haben die Juristen ein vermeintlich "sicheres Handwerkszeug". Nach Savigny gehen sie vom *Wortlaut* aus (grammatische Auslegung), kehren zur *Geschichte* zurück (historische Auslegung, mit Varianten der subjektiv historischen und objektiv historischen Interpretation) und erforschen den *systematischen* Stellenwert der Norm im Ganzen (fragen neuerdings nach dem "Kontext"). Später wurde der Kanon um die Frage nach dem *Telos*, dem Sinn und Zweck der Norm ergänzt[184]. Offen blieb und bleibt bis heute die "Organisation" des Zusammenspiels der

---

183 Verfassungslehre als Kulturwissenschaft, 1982, S. 19, 2. Aufl. 1998, S. 28 ff., 405, 591 und passim.

184 Die Literatur zur Methodenlehre ist unüberschaubar: vgl. nur *H.-M. Pawlowski*, Methodenlehre für Juristen, 3. Aufl. 1999; *E. Kramer*, Juristische Methodenlehre, 1998 (2. Aufl. 2005); *K. Larenz/C.-W. Canaris*, Methodenlehre der Rechtswissenschaft, 3. Aufl. 1995; *F. Müller*, Juristische Methodik, 7. Aufl. 1997 (8. Aufl. 2002); *F. Bydlinski*, Juristische Methodenlehre und Rechtsbegriff, 2. Aufl. 1991.

vier "Auslegungselemente" oder -methoden[185]. Der Kanon der Auslegungsmethoden ist ein "flexibles Argumentationsgerüst"[186], das sich meist als Prinzipienstruktur[187], seltener als Regelsystem[188] beschreiben lässt. Wann prävaliert die historische Auslegung, etwa bei jungen Gesetzen bzw. Verfassungen? Wie weit trägt der Wortlaut der Norm, ist er eine "Grenze" der Auslegung? M.E. nein[189]. Ist letztlich die Frage nach Sinn und Zweck das entscheidende Auslegungsinstrument? Aus der Not der Ungewissheit des Zusammenspiels der vier Auslegungsmethoden darf man eine Tugend machen: Im Einzelfall kann der Richter von seinem "Judiz" her, genauer vom durch Erfahrung geschulten Gerechtigkeitsmaßstab aus begründen, wie und warum die eine über die andere Auslegungsmethode siegt bzw. mehrere ein Ergebnis "tragen". Der Pluralismus und die Offenheit der vier Auslegungsmethoden wird so zur Garantie der Gerechtigkeitsgewinnung *in der Zeit*, unter Berücksichtigung von Wandel und Entwicklung.

Freilich zeigt sich schon im Zivilrecht und im Strafrecht, dass die Anwendung der vier klassischen Auslegungsmethoden von den *Propria*, den jeweiligen Sach- und Rechtsbereichen und ihren speziellen Gerechtigkeitsprinzipien abhängt. So prägt der Satz "nulla poena sine lege" als Ausdruck des heute gemeineuropäischen Verfassungsrechts das Strafrecht inhaltlich: keine Analogie zum Nachteil des Beschuldigten, während sich etwa das Privatrecht durch die Technik der Analogiebildung bereichert und fortentwickelt. Schon hier zeigt sich der *Zusammenhang* zwischen Gegenstand und Auslegungsmethoden im Recht, ein Konnex, der vor allem für das Verfassungsrecht charakteristisch ist.

Ehe dem genauer nachgegangen wird, sei die These von der Rechtsvergleichung als "fünfter" Auslegungsmethode[190] entwickelt, wobei man, dem kulturwissenschaftlichen Ansatz meines Entwurfs gemäß, anmerken darf, dass auch andere Wissenschaften und Künste auffallend ähnlich wie der Jurist arbeiten: bei der Theologie und ihrem Umgang mit Texten ist dies bekannt; es ist kein Zufall, dass wir *Schleiermacher* die "Hermeneutik" verdanken, d.h. die Lehre vom Verständnis eines gesprochenen oder geschriebenen Textes. Aber auch die Musik (Stichwort: historische Aufführungspraxis auf historischen Instrumenten) oder die Kunstwissenschaft (Interpretation von Bildern eines

---

185 Bereits *Savigny* (System des heutigen römischen Rechts, 1840, Band I, S. 212) fasste seine Methoden im Gegensatz zu *Thibaut* (Theorie der logischen Auslegung des Römischen Rechts, 2. Aufl. 1806) nicht in ein festes Rangverhältnis. Zu den verfassungsrechtlichen Implikationen des Rangfolgenstreits vgl. *G. Hassold*, Strukturen der Gesetzesauslegung, in: FS Larenz II, 1983, S. 211 (217, 238); *A. Gern*, Die Rangfolge der Auslegungsmethoden von Rechtsnormen, Verwaltungs-Archiv 80 (1989), S. 415 (431); aus rechtsvergleichender Sicht: *F.-R. Graben*, Über die Normen der Gesetzes- und Vertragsinterpretation, 1993, S. 162 ff.; zum Ganzen jüngst: *C.-W. Canaris*, Das Rangverhältnis der "klassischen" Auslegungskriterien, demonstriert an Standardproblemen aus dem Zivilrecht, in: FS D. Medicus, 1999, S. 25 ff.
186 *W. Brugger*, Konkretisierung des Rechts und Auslegung der Gesetze, AöR 119 (1994), S. 1 (31).
187 *L. Michael*, Der allgemeine Gleichheitssatz als Methodennorm komparativer Systeme – Methodenrechtliche Analyse und Fortentwicklung der Theorie der "beweglichen Systeme" (Wilburg), 1997, S. 205-209 m.w.N.; zustimmend *C.-W. Canaris*, Das Rangverhältnis der "klassischen" Auslegungskriterien, FS D. Medicus, 1999, S. 25 (59).
188 Beispiele für Regel- und Prinzipienstrukturen belegt jetzt *C.-W. Canaris*, aaO., S. 25 ff.
189 Anders *K. Hesse*, Grundzüge, 20. Aufl. 1995 (Neudruck 1999), S. 29 ff.
190 *P. Häberle*, Verfassungslehre als Kulturwissenschaft, 2. Aufl. 1998, S. 164 ff., 463 f. und passim.

Rembrandt oder *Rubens*) arbeitet am Text und Kontext, mit Aspekten des Geschichtlichen oder Werkimmanenten bis hin zur Einbeziehung der Wirkungsgeschichte eines Kunstwerkes. Einmal mehr zeigt sich, dass der Umgang von uns Juristen mit Texten nur ein Anwendungsfall des Umgangs mit (anderen) Hervorbringungen des Geistes bzw. des Menschen ist: also des Verständnisses von "Kultur".

4. Insbesondere: Kulturelle Verfassungsvergleichung – Verfassungsvergleichung als "fünfte" Auslegungsmethode

Verfassungsvergleichung erweist sich als für kulturwissenschaftliches Denken besonders geeignet: auf der Ebene der europäischen Rechtsvergleichung, sowie auf der Ebene "innerer" Verfassungsvergleichung in Bundesstaaten wie Deutschland, Österreich und der Schweiz zwischen den Verfassungen der Gliedstaaten untereinander und zwischen ihnen und dem Bundesverfassungsrecht (dem die Gliedverfassungen als "andere" Ebene von vornherein zuzurechnen sind). Gleiches gilt für die "Regionalstaaten" wie Spanien mit seinen Autonomen Gebietskörperschaften. Funktionell kann Verfassungsvergleichung dabei auf allen drei Ebenen der Verfassungsentwicklung (Verfassungsinterpretation, Verfassungsänderung, Verfassunggebung) und in deren Rahmen fruchtbar gemacht werden.

Vorgänge, Inhalte und Verfahren kultureller Produktion und Rezeption lassen sich innerhalb der Bundesstaaten (respektive der Regionen) belegen, aber auch zwischen den Bundesstaaten untereinander, oder zwischen dem Föderalismus und seinem "kleineren Bruder", dem Regionalismus: So hat die deutsche Bundesstaatswissenschaft gerade auf einem kulturverfassungsrechtlichen Gebiet (Stichwort: "Kulturförderungsgesetze" Österreichs) rechtspolitische Impulse aus Österreich aufgegriffen, die Schweiz lehnt sich in ihren Arbeiten zur Totalrevision der Bundesverfassung auch an Werke der deutschen Staatsrechtslehre an (1977 und 1995, jetzt 2000).

Auch das Gegenteil, das Verweigern von Rezeptionen, die Differenz lässt sich oft kulturell erklären, weil die *Unterschiede* zwischen den Rechtssystemen und ihrer kulturellen Ambiance zu verschieden sind und "Importe" nur bedingt empfohlen werden können[191] (Vergleichen des Ungleichen).

Nicht nur im Felde der Verfassungs- und Rechtspolitik, auch bei der "bloßen" Interpretation von geltendem (Verfassungs-)Recht erweist sich kulturwissenschaftliche Rechtsvergleichung als hilfreich. Nur sie vermag etwa zu erklären, warum gleichlautende Texte im Laufe der Zeit oder von Anfang an einer unterschiedlichen Interpre-

---

191 Der rechtspolitische Vorschlag etwa, das richterliche Beratungsgeheimnis für Revisionsgerichte und das BVerfG nach Schweizer Vorbildern durch öffentliche Beratungen der Richter aufzugeben (so *J. Scherer*, Gerichtsöffentlichkeit als Medienöffentlichkeit, 1979, S. 155 ff.), findet seine Grenzen an der bundesdeutschen politischen bzw. Verfassungskultur: Sind bei uns nicht in mehrfacher Weise die Bürgeröffentlichkeit, die Medienöffentlichkeit und auch die Justiz selber erst noch auf jene Bahnen gewachsener kultureller Verfassungstraditionen zu bringen, die Bedingung für das Funktionieren öffentlicher Urteilsberatungen in der Schweiz sind? Zur Grundrechtsvergleichung als Kulturvergleichung: *P. Häberle*, Die Wesensgehaltgarantie des Art. 19 Abs. 2 GG, 3. Aufl. 1983, S. 407 ff.

tation zugänglich und bedürftig sind. Der Gleichheitssatz etwa wird in der Rechtskultur einer Schweiz immer auch andere Ergebnisse zeitigen als in der Bundesrepublik Deutschland[192]. Ebenso können gleiche Institutionen in unterschiedlichen Nationen ganz unterschiedliche Aufgaben haben[193].

So kann das kulturwissenschaftliche Denken in der (Verfassungs-)Rechtsvergleichung teils Unterschiede erklären und rechtfertigen[194], teils zu Gemeinsamkeiten führen. Zugleich erweisen sich so die konkreten Verfassungen (z.B. Spaniens, der Schweiz, Österreichs oder der Bundesrepublik Deutschland) als kulturbedingte Variationen des Grundtypus demokratischer Verfassungsstaat westlicher Prägung.

Es ist durchaus kein Privileg gerade der Verfassungslehre, für den kulturwissenschaftlichen Ansatz besonders geeignet zu sein. Die Zivilrechtslehre kann nicht minder fruchtbar kulturwissenschaftliche Fragen aufgreifen und sie hat dabei, vor allem im Felde der Rechtsvergleichung, Tradition[195]. Auch im Strafrecht lassen sich kulturelle Hintergründe erarbeiten[196]. Indes scheint die Verfassungslehre in besonderem Maße fähig

---

192 Zu dieser "kulturspezifischen Varianz" vgl. meine Diskussionsbemerkungen in C. Link (Hrsg.), Der Gleichheitssatz im modernen Verfassungsstaat, 1982, S. 83 ff., 104 f.

193 Grundlegend *A. Gehlen*, Urmensch und Spätkultur, 1956, S. 96.

194 Ist z.B. im Mitbestimmungsurteil des BVerfG (E 50, 290 ff.) nicht ein prinzipiell kooperatives Verhältnis von Arbeitnehmern (bzw. Betriebsrat und/oder Gewerkschaften) und Arbeitgebern eine vorrechtliche Grundbedingung, die ihrerseits Ausdruck einer spezifisch deutschen politischen (Arbeiter-)Kultur und -tradition ist?

195 Die Rechtsvergleichung als Wissenschaft hat den kulturwissenschaftlich zu erschließenden Hintergrund des Rechts seit langem im Auge, ohne dass sie ihn jedoch genügend tief ausgeleuchtet und strukturiert hätte. Fast ein Klassikerzitat ist schon das Wort von *J. Kohler*, das Recht sei eine Kulturerscheinung, vgl. etwa *Ernst Rabel*, Aufgabe und Notwendigkeit der Rechtsvergleichung (1924), jetzt in: *ders.*, Gesammelte Aufsätze, Bd. III (1967), S. 4. Zum "Recht als Ganzem", als Kulturerscheinung: *H. Coing*, Aufgaben der Rechtsvergleichung in unserer Zeit, JuS 1981, S. 601 (603). – Auch der Stil-Begriff der Rechtsvergleichung (z.B. *M. Rheinstein*, Gesammelte Schriften, Bd. 1 (1979), S. 74; *K. Zweigert/H. Kötz*, Einführung in die Rechtsvergleichung, Bd. I (1971), S. 73 (jetzt 3. Aufl. 1996, S. 62 ff.)) deutet auf kulturwissenschaftliches Denken. Vgl. jetzt *B. Grossfeld*, Kernfragen der Rechtsvergleichung, 1996, S. 10 f.: "Kultur und Ordnung".

196 Die Strafrechtswissenschaft betont seit langem die Einbettung ihres Gegenstandes in die Kultur. Seit Beginn des 20. Jahrhunderts (*Graf Dohna*, Die Rechtswidrigkeit als allgemein gültiges Merkmal im Tatbestand strafbarer Handlungen, 1905) bezieht sich die Lehre von der materiellen Rechtswidrigkeit im Gegensatz zur rein positivistisch-formellen Sicht auf "den ganzen Kulturzusammenhang" des Rechts, "den gesamten Zusammenhang der Kultur, aus der das Recht erwächst und auf die es regelnd sich bezieht", als "Grundlage" der Gesetze (*E. Mezger*, Strafrecht, 3. unveränd. Aufl. 1949, S. 203 f.). Anstoß war u.a. *M.E. Mayers* Werk Rechtsnormen und Kulturnormen, 1903. Die Beachtung des Spezifischen der jeweiligen Kultur wird ebenso gefordert in der Strafrechtsvergleichung bzw. der vergleichenden Kriminologie: *E. Mezger/A. Schönke/H.-H. Jescheck*, Das ausländische Strafrecht der Gegenwart, 1955, S. 7; *G. Kaiser*, in: *ders./T. Vogler*, Strafrecht, Strafrechtsvergleich, 1975, S. 79 ff., 87 ff., 88: "interkultureller Vergleich"; *ders.*, in: *H.-H. Jescheck*, Deutsche strafrechtliche Landesreferate zum X. Internationalen Kongreß für Rechtsvergleichung, 1978, S. 129 ff., 135 f.: "Rechtsnormen in einem gegebenen kulturellen Zusammenhang", "Besonderheiten ... und kulturelle Gemeinsamkeiten" ist von der "Verteidigung gemeinsamer Kulturinteressen im Wege des Strafrechts" die Rede. Siehe noch *H.-H. Jescheck*, Lehrbuch des Strafrechts, Allgemeiner Teil, 4. Aufl. 1988, S. 152; jetzt auch *H.-H. Jescheck/Th. Weigend*, ebenso, 5. Aufl. 1996, S. 170.

und bedürftig, um die Dimension der Kulturwissenschaften bereichert zu werden, zielt sie doch auf das übergreifende Ganze einer Rechtsordnung[197].

Als "Argument" zur "Eingemeindung" der Rechtsvergleichung in den Auslegungskanon des Typus Verfassungsstaat, zumal seiner Grundrechte, sind Hinweise auf das Schrifttum dienlich. Bekanntlich besitzt die Privatrechtswissenschaft in Sachen Rechtsvergleichung einen großen, nicht nur zeitlichen Vorsprung: in den Handwerks- wie in den Kunstregeln[198]. Zur Vergegenwärtigung dieses "Vorsprungs" hier einige Stichworte, die zugleich helfen können, die Rechtsvergleichung entschlossen in den Interpretationskanon des Verfassungsstaates aufzunehmen: als längst fälliger Schritt von *F.C. v. Savigny* her zu dem in seine nationalen, regionalen und universalen Grund- und Menschenrechtstexte eingebetteten (und diese zugleich hervorbringenden) Typus Verfassungsstaat. (An-)Leitender Klassikertext sei, sozusagen vor die "Klammer" aller engeren fachspezifischen Überlegungen gezogen, die schöne Wendung von *G. Radbruch*[199], Rechtsvergleichung sei "Zu-Ende-Denken eines weltüberall Gedachten", dem *K. Zweigert*[200] als Herausgeber einen Hinweis auf seinen heute wohl ebenfalls klassischen Aufsatz "Rechtsvergleichung als universale Interpretationsmethode" hinzufügte. Der Verfassungsstaat ist auf dem Weg, als Typus bzw. in seinen Elementen "weltüberall gedacht" zu sein bzw. zu werden, vor allem im Grundrechtsbereich. Was liegt also näher, als bei der Auslegung der textlich ohnedies nie "vollständigen" (meist fragmentarischen) Grundrechtsgarantien auf die Entwicklung der Grundrechtsideen in anderen Beispielsländern des Verfassungsstaates zu schauen – seien diese nun schon zu Texten geronnen oder noch in Gestalt von Verfassungsjudikatur oder bloßer "Grundrechtspolitik" präsent? Der (z.B. gemeineuropäische) Grundrechtsvergleich ist für den Verfassungsinterpreten so ein "Transportmittel" seiner eigenen Auslegung, wobei das Vergleichen seinerseits andere Auslegungsmittel wie die historische, Wortlaut- und systematische Interpretation, selbst die teleologische, je nach Problemlage mit integrieren kann.

Ein Blick auf die *Schweizer* Privatrechts- bzw. Methodenlehre ist förderlich. Sie nimmt Art. 1 Abs. 2 ZGB zu Hilfe:

---

197 Der Verf. hat erstmals 1989 vorgeschlagen, die Rechtsvergleichung als "fünfte" Auslegungsmethode nach den klassischen vier von F. C. von Savigny (1840) zu inthronisieren (Grundrechtsgeltung und Grundrechtsinterpretation im Verfassungsstaat, JZ 1989, S. 913 ff.); dazu auch *H.-M. Pawlowski*, Methodenlehre für Juristen, 3. Aufl. 1999, S. 122 (jetzt LES Liechtenstein vom 7. VI. 2000, 2/03 S. 71 (76)).

198 Dazu *M. Morlok*, Rechtsvergleichung auf dem Gebiet der politischen Parteien, in: D.Th. Tsatsos u.a. (Hrsg.), Parteienrecht im europäischen Vergleich, 1990, S. 695 (707 ff. m.w.N.). – S. im Übrigen *H. Roggemann*, Von der innerdeutschen Rechtsvergleichung zur innerdeutschen Rechtsangleichung, JZ 1990, S. 363 ff., der u.a. die Idee des Verf. von der Rechtsvergleichung als "fünfter Auslegungsmethode" aufgreift (ebd. S. 367).

199 Einführung in die Rechtswissenschaft, 13. Aufl. 1980, S. 284.

200 Rechtsvergleichung als universale Interpretationsmethode, RabelsZ 15 (1949/50), S. 5 ff. Die vorbildhaften Werke europäischer Verfassungsvergleichung kommen aus Italien bzw. Frankreich: *G. de Vergottini*, Diritto Costituzionale Comparato, 5. Aufl. 1999, und *C. Grewe/H. Ruiz Fabri*, Droits constitutionnels européens, 1995, sowie Spanien: *M. Garcia-Pelayo*, Derecho constitucional comparado, 7. Aufl. 1961 (1984).

"Kann dem Gesetz keine Vorschrift entnommen werden, so soll der Richter nach Gewohnheitsrecht, und, wo auch ein solches fehlt, nach der Regel entscheiden, die er als Gesetzgeber aufstellen würde. Er folgt dabei bewährter Lehre und Überlieferung".

Dieser Text "inspirierte" einen *A. Meier-Hayoz* zu der schon klassischen Folgerung[201] bzw. dem als Zwischenstation auf dem hier verfolgten Weg einzuordnenden Satz: "Da der Bundesgesetzgeber die komparative Methode anwendet, muss auch der Richter, welcher bei der Lückenfüllung ja nach Art. 1 Abs. 2 ZGB wie der Gesetzgeber voranzugehen hat, bei der Gesetzesergänzung die Rechtsvergleichung pflegen".

Als ähnlichen zu Rechtsvergleichung "anregenden" positivrechtlichen Privatrechtstext darf man, *E.A. Kramer* folgend[202], § 7 des österreichischen ABGB werten, der als letztes Mittel zur Lückenfüllung die "natürlichen Rechtsgrundsätze" nennt. Mag das "gemeindeutschsprachige" Privatrecht sich an positiven Texten gleichsam als "Trägerrakete" zum Wagnis des rechtsvergleichenden Flugs orientieren müssen und zurecht zur Vorsicht mahnen[203]: Das Verfassungsrecht kann, wie schon 1985 vorgeschlagen, seinerseits den Gedanken von Art. 1 ZGB für sich aufgreifen[204]. Es darf, anknüpfend an die neueren Verfassungs- und EG- und EU-Texte, die europäische Gerichtspraxis zu "allgemeinen Rechtsgrundsätzen" und methodologischen Äußerungen im Schrifttum, die Grundrechtsgehalte vergleichend erarbeiten und sie als zwar "ausländische", aber dem Typus Verfassungsstaat immanente "Rechtsgedanken" bewerten[205]. Die Rechtsvergleichung wird so in Sachen Grundrechte zu einer "normalen", "natürlichen" Auslegungsmethode; ihre "Universalität" entspricht der Universalität des Verfassungsstaates. Positivrechtlicher Abstützungen nach Art von Art. 10 Abs. 2 Verf. Spanien, 16 Abs. 2 Verf. Portugal, 215 Abs. 2 EGV bzw. Art. 1 Abs. 2 ZGB, § 7 ABGB bedarf es nicht mehr, so hilfreich sie als Wegweiser bleiben. Zu erinnern ist auch an Art. 139 der Verfassung von Äquatorial Guinea[206].

Eine "Relativierung", genauer Präzisierung, ist freilich notwendig: Im Rahmen der als juristische Text- und Kulturwissenschaft betriebenen Verfassungslehre sind bei allem Vergleichen die *kulturellen Kontexte* immer mitzubedenken. Die kulturell fassbare Individualität des einzelnen Verfassungsstaates darf nicht über das "Medium" bzw. Vehikel der Verfassungs- bzw. Grundrechtsvergleichung interpretatorisch eingeebnet werden. Vielfalt drohte sonst zur Uniformität zu verarmen. Äußere Textähnlichkeiten dürfen nicht über Unterschiede, die sich aus dem kulturellen Kontext der Beispielsverfassungen ergeben, hinwegtäuschen. Auch müssen die via Rechtsvergleichung rezipierten

---

201 *A. Meier-Hayoz*, in: Berner Kommentar zum schweizerischen Zivilrecht, Art. 1 Rn. 368. S. auch *B. Grossfeld*, Macht und Ohnmacht der Rechtsvergleichung, 1984, S. 34.
202 *E.A. Kramer*, Topik und Rechtsvergleichung, RabelsZ 33 (1969), S. 1 (7).
203 Vgl. etwa *B. Grossfeld*, aaO., S. 35 f.
204 *P. Häberle*, Neuere Verfassungen und Verfassungsvorhaben in der Schweiz, JöR 34 (1985), S. 303 (350 f.).
205 In Anlehnung an die Wendung von *Kramer*, aaO., S. 7: "rechtsvergleichend gewonnener Topoikatalog ausländischer Rechtsgedanken".
206 Vgl. hierzu *P. Häberle*, Rechtsquellenprobleme im Spiegel neuerer Verfassungen – ein Textstufenvergleich, ARSP-Beiheft 62 (1995), S. 127 (132 f.).

(Grundrechts-)Gehalte in den "eigenen" Kontext des aufnehmenden Verfassungsstaates umgedacht werden. Dies ist ein aktiver (Rezeptions-)Vorgang – so wie der herkömmliche Interpretationsprozess höchst produktiv ist[207]. Insgesamt ist die Erkenntnis *Goethes* wegleitend: Wer keine fremden Sprachen kennt, kenne nicht die eigene. Hier und heute: Wer keine fremden Verfassungen bzw. Rechtsordnungen kennt, kennt auch nicht seine eigene!

Zuletzt eine Präzisierung: Wenn hier von der Rechtsvergleichung als "fünfter" Auslegungsmethode gesprochen wird, so nur aus Gründen der damit möglichen Bezugnahme auf die vier klassischen Methoden. Damit ist nicht etwa eine Rangfolge angedeutet. Es gibt sie ja schon unter den klassischen Methoden nicht. Im Einzelfall kann es durchaus sein, dass die Rechtsvergleichung etwa in Verbindung mit der teleologischen Auslegung ganz im Vordergrund steht. Auch ist denkbar, dass die Rechtsvergleichung *ein* Aspekt bei *allen* anderen Auslegungsmethoden ist: Z.B. könnte die Entstehungsgeschichte in einem rechtskulturell benachbarten Land (vor allem in Europa oder im lateinamerikanischen Rechtskreis) ein zulässiges Argument sein. M.a.W.: Rechtsvergleichende Arbeit kann – muss – auf der Ebene des textlichen Wortlautes, der Geschichte, der Systematik oder des Telos geleistet werden. Insofern hat die rechtsvergleichende Dimension "Annexcharakter". Um der (auch pädagogischen) Durchschlagskraft willen sei aber an der Numerierung als "fünfter" Methode festgehalten.

5. Inhaltliche Direktiven für das Zusammenspiel der vier bzw. fünf Auslegungsmethoden und ihre Unverzichtbarkeit für die Verfassungsinterpretation

a) Gerechtigkeit und Gemeinwohl

Die vier klassischen Auslegungsmethoden sind zwar über Jahrhunderte in anderen Rechtsgebieten als denen des heutigen Verfassungsrechts entwickelt worden, sie leisten aber seit der Entwicklung des Verfassungsstaates insbesondere mit ausgebauter Verfassungsgerichtsbarkeit auch hier ihren Dienst. Vor allem das Privatrecht erweist sich einmal mehr als "ältere" und in manchem "weisere" Schwester des Öffentlichen Rechts. Freilich hat die Weimarer Zeit und hier vor allem *R. Smend* erarbeitet, dass "Verfassung" nicht einfach bzw. technisch wie ein Gesetz auszulegen ist. M.a.W.: Die andere Sache, der besondere, wenn man will "große" Gegenstand "verfassungsstaatliche Verfassung" fordert hier eine angemessene "besondere" Anwendung der Auslegungsmethoden. Der ganze Anspruch einer verfassungsstaatlichen Verfassung bzw. die vielerlei Arten ihres Verständnisses wirken sich auch auf die Methodenwahl aus. Gerade weil nicht feststeht, *welche* der vier bzw. fünf Auslegungsmethoden *wie* zusammen-

---

[207] Die Gefahren und Schwierigkeiten aus der "Kanonisierung" der Vergleichung als "fünfter" Auslegungsmethode seien nicht verkannt: Das Vergleichen darf nicht zu Beliebigkeiten des Interpreten führen, er muss die kulturelle Nähe beachten, auch die systematischen Zusammenhänge, in denen die Texte stehen. Dennoch sollte das Tor zur Welt der Rechtsvergleichung in der beschriebenen Weise geöffnet werden. Disziplinierende "Anwendungsregeln" werden sich im Laufe der Zeit im typischen Verfahren ebenso herausbilden können wie sonst.

spielen, bedarf es hinreichender Direktiven, auf die vor allem der Verfassungsrichter, ihm vorarbeitend aber auch die Wissenschaft, zurückgreifen können. Solche konstitutionellen Direktiven sind zum Teil älter als der Verfassungsstaat, von ihm bzw. in ihm heute aber mitgedacht, etwa die (soziale) Gerechtigkeit, wie sie sich schon in vielen Verfassungstexten ausdrücklich findet[208]. Ebenso das Gemeinwohl[209] bzw. die Lehre von den Staatszwecken und Staatszielen[210].

Diese Begriffe sind vor allem auf dem Forum der Rechtsphilosophie erarbeitet worden und insofern wird ein intensiveres Gespräch zwischen ihr und der Verfassungslehre erforderlich. So wie der erfahrene Zivilrechtler sein durch Auslegung gewonnenes Ergebnis an der Gerechtigkeitsidee kontrolliert, so arbeitet auch der Verfassungsrichter ausdrücklich oder der Sache nach bei seiner Auslegung mit der Vergegenwärtigung von Gerechtigkeitsprinzipien. Nachweisbar fließen Gemeinwohlaspekte in die richterliche Praxis ein ("Gemeinwohljudikatur").

Sind Gerechtigkeit und Gemeinwohl allgemeine Leitbegriffe, die potentiell stets und aktuell oft die Verfassungsauslegung mitsteuern, so gibt es Felder der geschriebenen Verfassung, die erst mit Hilfe allgemeiner oder besonderer Theorien, zum Teil auch sog. Klassikertexte "verstanden" werden können. Zwei *Beispiele* seien herausgegriffen: die Grundrechte und der Föderalismus.

b) Grundrechtsideen und Föderalismuskonzepte als Beispielsfelder

Die Grundrechtsdogmatik und -judikatur wird heute über Deutschland hinaus von der Statuslehre eines *G. Jellinek* geprägt. Mit seinem "status negativus", "passivus", "positivus", "activus" hat er Klassikertexte geschaffen, die Fundamente aller neueren Grundrechtstheorien sind bzw. bleiben dürften. Viele Auslegungsfragen in Sachen Grundrechte werden durch diese Schlüsselbegriffe angeleitet, wobei es nicht nur um formale Einteilungen geht. Unter dem GG wird seit Jahrzehnten über *G. Jellinek* hinaus überaus lebhaft um die "richtige", "beste", bescheidener gesagt "relativ richtige" Grundrechtstheorie gestritten. Sie soll die einzelnen Fragen der Grundrechtsinterpretation mit steuern[211].

---

208 Dazu die Nachweise in *P. Häberle,* Verfassungslehre als Kulturwissenschaft, 2. Aufl. 1998, S. 1044 ff.

209 Dazu *P. Häberle,* Öffentliches Interesse als juristisches Problem, 1970; jetzt *R. Uerpmann,* Das öffentliche Interesse, 1999.

210 Dazu *U. Scheuner,* Staatszielbestimmungen, in: *ders.,* Staatstheorie und Staatsrecht, 1978, S. 223 ff.; *W. Hebeisen,* Staatszwecke, Staatsziele, Staatsaufgaben, 1996; *K.-P. Sommermann,* Staatsziele und Staatszielbestimmungen, 1997; ders. (Hrsg.), Gremienwesen ..., 2001; *P. Häberle,* Verfassungsstaatliche Staatsaufgabenlehre, AöR 111 (1986), S. 595 ff.; *J. Isensee,* Gemeinwohl und Staatsaufgaben im Verfassungsstaat, HdBStR, Bd. III, 1988, § 57, S. 3 ff.

211 Die Lit. ist unüberschaubar, grundlegend bleibt *K. Hesse,* Grundzüge, 1. Aufl. 1966, 20. Aufl. 1995. S. auch *K. Stern,* Staatsrecht, Band III/2, 1994; *P. Häberle,* Die Wesensgehaltgarantie des Art. 19 Abs. 2 GG, 1. Aufl. 1962, 3. Aufl.1983; als "Einteilung" i.S. des "Kästchendenkens" wirksam: *E.-W. Böckenförde,* Grundrechtstheorie und Grundrechtsinterpretation, NJW 1974, S. 1529 ff.; (als Studienbuch) gute Sekundärliteratur: *B. Pieroth/B. Schlink,* Grundrechte, 18. Aufl. 2002; Handbuch-Lit.: *P. Lerche,* Grundrechtlicher Schutzbereich, Grundrechtsprägung..., HdBStR, Bd.

So wurde 1971 ein "status activus processualis" vorgeschlagen bzw. eine leistungsstaatliche Grundrechtstheorie entwickelt[212]; so hat das BVerfG die Schutzpflichttheorie entwickelt (seit BVerfGE 39, 1; zuletzt E 102, 370 (393)); so wird jüngst eine "gemeineuropäische Grundrechtstheorie" gefordert. Diese Theorien wollen auf das Zusammenspiel der Auslegungsmethoden als Forum oder Horizont inhaltlich Einfluss nehmen und sie sind letztlich unentbehrlich. Ein Verfassungsgericht tut freilich gut daran, nicht stets "einer" Theorie als der "allein richtigen" zu folgen, sondern um eine pragmatische Integration von Theorieelementen zu ringen: das entspricht dem Geist der "Verfassung des Pluralismus". Das auf Ausgleich und Kompromiss gerichtete Verfassungsverständnis legt der Verfassungsrechtsvergleichung solches nahe.

Ein anderes Beispiel sei der *Föderalismus*. Auch hier wird seit langem um die "richtige" Theorie gestritten, die dann Einzelfragen der Auslegung "meistern" soll. Die in Raum und Zeit vergleichend betrachtete Entwicklung vieler Bundesstaaten kann mehrere Modelle benennen: den klassischen "separative federalism", den "kooperativen Föderalismus" wie er in Deutschland in Art. 91 a und b GG Gestalt geworden ist, den "unitarischen Bundesstaat" (*K. Hesse*), im Kontext der deutschen Einigung den "fiduziarischen Föderalismus" (intensivierte Solidaritätspflichten von Bund und westdeutschen Ländern *auf Zeit* gegenüber den neuen Bundesländern). Jüngst wird vor allem von der Politik her stärker wieder der marktähnliche Wettbewerbsföderalismus propagiert[213]. Vor allem bei offenen Auslegungsfragen bedarf es des Rückgriffs auf Aspekte der einen oder anderen Föderalismustheorie, die in Deutschland bekanntlich *R. Smend* schon 1916, heute europaweit wirksam, mit seinem Begriff der "Bundestreue" befruchtet hat.

M.E. ist keine Theorie absolut richtig. Heute liegt ein "gemischtes Bundesstaatsverständnis" nahe, jedenfalls für Deutschland. Die Akzente wechseln im Laufe der Zeit: bald ist das Kompetitive, bald das Solidarische stärker zu betonen.

6. Prinzipien der Verfassungsinterpretation und ihrer Grenzen

Als letzter Problembereich im "al fresco" gemalten Bild einer verfassungsstaatlichen Verfassung und ihrer interpretatorischen Ausgestaltung seien die "Prinzipien der Verfassungsinterpretation" angedeutet. Sie unterscheiden sich von den "Methoden" als interpretatorischen Zugangs*wegen* zu den Inhalten der Verfassung dadurch, dass sie selbst *Inhalte* darstellen, wenn auch mitunter mit formellen Seiten. Ihr Zusammenhang mit den "Methoden" bleibt, gleichwohl sind sie von diesen zu unterscheiden. Im Ganzen

---

V, 1992, § 121, S. 739 ff.; *J. Isensee*, Das Grundrecht als Abwehrrecht ..., ebd. § 111, S. 143 ff.; *F. Ossenbühl*, Grundsätze...., HGR I 2004, § 15.

212 *P. Häberle*, Grundrechte im Leistungsstaat, VVDStRL 30 (1972), S. 43 (86 ff.).

213 Aus der allgemeinen Lit. *K. Hesse*, Grundzüge des Verfassungsrechts der Bundesrepublik Deutschland, 20. Aufl. 1995 (Neudruck 1999), S. 96 ff.; *J. Isensee*, Der Föderalismus und der Verfassungsstaat der Gegenwart, AöR 115 (1990), S. 248 ff.; *P. Häberle*, Aktuelle Probleme des deutschen Föderalismus, Die Verwaltung 24 (1991), S. 169 ff.; *S. Korioth*, Der Finanzausgleich zwischen Bund und Ländern, 1997; *H.P. Bull*, Finanzausgleich im "Wettbewerbsstaat", DÖV 1999, S. 269 ff. S. noch Dritter Teil G II Inkurs.

zeigt sich indes schon hier, wie stark Inhalte, Methoden und Prinzipien beim "Geschäft" der Verfassungsauslegung zusammenspielen.

a) "Prinzipien der Verfassungsinterpretation"

Diese sind, erstmals in Deutschland auf einer Staatsrechtslehrertagung 1961 entwickelt[214], fast zu einem Kanon geworden[215]:

- Das Prinzip der *Einheit der Verfassung*; gemeint ist eine ganzheitliche Sicht der einzelnen Verfassungsprinzipien (aus der Judikatur des BVerfG, z.B. E 1, 14 (32); 49, 24 (56)): so ist das GG z.B. Rechtsstaat *und* Sozialstaat, so sind Grundrechts- und Kompetenznormen zusammen zu sehen.

- Das Prinzip *"praktischer Konkordanz"* (*K. Hesse*) oder des nach beiden Seiten "schonendsten Ausgleichs" (*P. Lerche*); das GG muss im Konfliktfall z.B. zwischen Grundrechten und der Funktionsfähigkeit von Sonderstatusverhältnissen (wie der Bundeswehr, der Strafhaft oder dem Berufsbeamtentum) *beiden* Verfassungswerten optimale Geltung verschaffen, *beiden* Gütern müssen Grenzen gezogen werden.

- Das Prinzip der *verfassungskonformen Auslegung*; danach ist ein Gesetz nicht für nichtig zu erklären, wenn es im Einklang mit dem GG ausgelegt werden kann (BVerfGE 2, 266 (282), ständige Rechtsprechung, zuletzt E 90, 263 (274 f.) sowie E 93, 37 (81); 110, 226 (267))[216].

- Meines Erachtens ist jetzt auch der Gedanke der *Europa- bzw. Völkerrechtsfreundlichkeit* als Prinzip der Verfassungsinterpretation zu "kanonisieren"; hierher gehört das Postulat der *menschenrechtsfreundlichen* Auslegung des GG[217].

- Schließlich ist aus meiner Sicht die *Verfassungsvergleichung*, insonderheit auf dem Felde der Grundrechte, ein Prinzip der Verfassungsinterpretation bzw. die *"fünfte"* Auslegungsmethode, wie schon erwähnt; zwei Verfassungen in Südafrika kommen dem schon sehr nahe[218]. Als spezieller Anwendungsfall ist das Prinzip "gemeineuropäischer" oder vielleicht auch "gemeiniberoamerikanischer" Hermeneutik" zu nennen.

---

214 Referate von *P. Schneider* und *H. Ehmke*, VVDStRL 20 (1963), S. 1 ff. bzw. 53 ff.
215 Dazu *K. Hesse*, Grundzüge des Verfassungsrechts der Bundesrepublik Deutschland, 20. Aufl. 1995 (Neudruck 1999), S. 19 ff.; R. Dreier/F. Schwegmann (Hrsg.), Probleme der Verfassungsinterpretation, 1976.
216 Hierzu und zu den Unterschieden der "verfassungsorientierten" Auslegung vgl. *H. Dreier*, in: ders., GG-Kommentar, Band I, 1996, zu Art. 1 III Rz. 61 m.w.N. (2. Aufl. 2004, Rz. 82 ff.).
217 Dazu aus der Lit.: *K.-P. Sommermann*, Völkerrechtlich garantierte Menschenrechte als Maßstab der Verfassungskonkretisierung, AöR 114 (1989), S. 391 ff.
218 Nachweise im Einzelnen in meinem Buch: Verfassungslehre als Kulturwissenschaft, 2. Auflage 1998, S. 1052 f. Zum "Gemeinamerikanischen Verfassungsrecht" mein Beitrag JöR 52 (2004), S. 581 ff.

b) Prinzipien zu den Grenzen der Verfassungsinterpretation

Sie seien zuletzt behandelt. Benannt sind sie zum einen als Maßstab "funktioneller Richtigkeit"[219]. Es geht besonders um die Grenzen im Verhältnis zum Gesetzgeber sowie im Verhältnis zu den übrigen Gerichtsbarkeiten, das BVerfG spricht leider von sog. "Fachgerichten" (z.B. E 94, 1; 104, 65 (73)), was die anderen Gerichte m.E. ungebührlich abwertet, auch sie sind in einem tiefen Sinne Verfassungsgerichte, weil an die Verfassung gebunden und sogar an ihrer interpretatorischen Weiterentwicklung beteiligt.

Zum anderen gibt es Grenzen der Verfassungsgerichtsbarkeit in Gestalt der sog. *gesetzeskonformen* Auslegung der Verfassung[220]. Wenn das BVerfG ein Gesetz am Maßstab der Verfassung überprüft, dann legt es auch das Gesetz aus. Es kommt zu einer *Wechselwirkung* zwischen Verfassungs- und Gesetzesinterpretation. Sie misst sich an der Einheit der Verfassung. Im Übrigen ist daran zu erinnern, dass der einfache Gesetzgeber viel zur Konkretisierung der Verfassung "von unten her" leistet, ohne dass dieses hierarchische Bild wörtlich genommen werden darf. Alle Verfassungsorgane und Rechtsprechungskörper leisten *Teil*beiträge zur Verfassungskonkretisierung, vor allem in der Zeitachse als *Verfassungsentwicklung* zu sehen[221]. So wirkt z.B. das sich wandelnde Privatrecht mittelfristig auf das Bild zurück, das sich die Verfassung vom "Privatrecht" macht – unbeschadet allen "Vorrangs der Verfassung". Hier hat das Stichwort von den "Propria", den spezifischen Strukturen der Teilrechtsgebiete wie des Privatrechts seinen Platz.

Insbesondere zu bedenken sind der Vorrang der Verfassung und die Grenzen des Verfassungsrechts dank der eigenständigen Strukturen der anderen Rechtsgebiete. Der "Vorrang der Verfassung"[222], die Lehre von der Verfassung als höchster Rechtsordnung (vgl. Art. 8 Abs. 2 Verf. Ukraine: "The Constitution has the highest legal force"), abgesehen vielleicht von Vorgaben des Naturrechts (in Deutschland aktuell unmittelbar nach 1945), könnten dazu verleiten, die spezifischen Grenzen des Verfassungsrechts zu vergessen. Sie ergeben sich zunächst einmal *inner*verfassungsstaatlich aus der Koexistenz mit anderen Rechtsgebieten wie dem Zivil- und Strafrecht. Gerade der Verfassungsrichter sollte daran immer wieder denken. In Deutschland wird das Problem sichtbar in der Frage der Grenzen zwischen BVerfG und den sog. "Fachgerichten". Das BVerfG soll darum Entscheidungen nur nach der Seite der Verletzung "spezifischen Verfassungsrechts" hin überprüfen (vgl. BVerfGE 45, 63 (74); 79, 365 (367)). Auch wird gerne von "funktionellrechtlichen Grenzen der Verfassungsinterpretation" gesprochen[223].

Das *Zivilrecht* und das *Strafrecht* haben eigenwüchsige Strukturen und Konturen. Sie sind zwar verfassungsgebunden, in den Grenzen des GG aber autonom. Diese Propria

---

219 Dazu *K. Hesse*, aaO., S. 28.
220 Dazu *K. Hesse*, aaO., S. 30 ff.
221 Vgl. *B.-O. Bryde*, Verfassungsentwicklung, 1982.
222 Aus der Lit.: *R. Wahl*, Der Vorrang der Verfassung, Der Staat 20 (1981), S. 485 ff.; *M. Ruffert*, Vorrang der Verfassung und Eigenständigkeit des Privatrechts, 2001.
223 Aus der Lit.: *K. Hesse*, aaO., S. 28, 31, 242; *F. Schuppert*, Funktionell-rechtliche Grenzen der Verfassungsinterpretation, 1980.

haben sich im Privatrecht seit den großen Leistungen der römischen Rechtskultur entwickelt. Das Verfassungsrecht sollte sie nicht von oben oder außen her einebnen wollen. Die Juristenkunst des Privatrechts ist alt, das Verfassungsrecht relativ jung und neu. Rechtswahrheiten und Rechtsweisheiten, wie sie in der Lehre von der "condictio" und z.B. ihrem Satz "in pari turpitudine melior est causa possidentis" (§ 817 BGB) zum Ausdruck kommen, bestehen fort, nicht im Sinne von "Verfassungsrecht vergeht, Zivilrecht besteht", um ein von O. Mayer für das Verwaltungsrecht geprägtes Wort abzuwandeln. Wohl aber hat der Verfassungsjurist allen Grund, die "feinen Gewebe" zivilrechtlicher Juristenkunst zu respektieren. Gewiss, die Privatautonomie[224] ist auch ein Prinzip des Verfassungsrechts, ihre kunstvolle Balance der verschiedenen Interessen aber ist tunlichst zu bewahren – dies freilich in Grenzen. So ist etwa dem BVerfG-Judikat in Sachen Bürgschaft beizupflichten (E 89, 214). Auch greift die "Drittwirkung der Grundrechte" notwendig in Privatrechtsstrukturen ein (seit BVerfGE 7, 198 (208 f.) – Lüth-Urteil; zuletzt E 62, 230 (244 f.); E 89, 1 und E 95, 28).

Ein Wort zum *Strafrecht*. Es ist besonders stark vom Rechtsstaatsprinzip der Verfassung her "dirigiert". Das deutsche BVerfG hat auch hier viel geleistet, etwa in Sachen Schuld[225] (vgl. BVerfGE 20, 323; 91, 1 (31 f.); 95, 96 (140)) und "faires Verfahren" (E 46, 202; 52, 131; 89, 120 (129)). Wo der GG-Text explizit keine Aussagen trifft, etwa zugunsten der Unschuldsvermutung, kann mit Hilfe der EMRK (Art. 6 Abs. 2) gearbeitet werden (vgl. BVerfGE 74, 358 (370); 82, 106 (114)) oder aber man beruft sich gleich auf das Rechtsstaatsprinzip (BVerfGE, ebd. S. 114 f.). Im Übrigen aber bleibt das einfache Strafrecht der Anwendung durch die ordentlichen Strafgerichte überlassen.

II. Die verfassungsbezogene Grundthese: die offene Gesellschaft der Verfassungsinterpreten

1. Die bisherige Fragestellung der Theorie der Verfassungsinterpretation

Die Theorie der Verfassungsinterpretation stellt sich bisher im Wesentlichen zwei Fragen:
- die Frage nach den Aufgaben und Zielen der Verfassungsinterpretation
- die Frage nach den Methoden (Verfahren) der Verfassungsinterpretation (Auslegungsregeln).

Vernachlässigt ist das Problem, in welchem systematischen Zusammenhang dazu die (neue) dritte Frage nach den Beteiligten der Verfassungsinterpretation steht, eine Frage, zu der die Praxis provoziert: Eine Bestandsaufnahme ergibt nämlich einen sehr weiten, pluralistischen, oft diffusen Beteiligungskreis; dies ist Grund genug für die Theorie, die

---

224 Dazu *K. Hesse*, Verfassungsrecht und Privatrecht, 1988; *P. Lerche*, Grundrechtseinwirkungen im Privatrecht, Einheit der Rechtsordnung und materielle Verfassung, FS Odersky, 1996, S. 215 ff. Allgemein: *C.-W. Canaris*, Grundrechte und Privatrecht, 1999.
225 Dazu: *H.A. Wolff*, Der Grundsatz "nulla poena sine culpa" als Verfassungsrechtssatz, AöR 124 (1999), S. 55 ff.; zuletzt BVerfGE 109, 133 (171 ff.); 110, 1 (13 f.).

Beteiligtenfrage explizit und zentral zu thematisieren, insbesondere in wissenschafts- und demokratietheoretischer Hinsicht. Die Theorie der Verfassungsinterpretation war zu sehr auf die "geschlossene Gesellschaft" juristischer Verfassungsinterpreten fixiert, und sie verengte ihren Blickwinkel noch dadurch, dass sie primär auf die verfassungsrichterliche Interpretation und das formalisierte Verfahren schaute.

Wenn eine Theorie der Verfassungsinterpretation das Thema "Verfassung und Verfassungswirklichkeit" ernst nehmen will – man denke hier an die Forderung nach Einbeziehung der Sozialwissenschaften, an die schon bekannten funktionellrechtlichen Theorien[226] sowie an die neueren Methoden der öffentlichkeits- und gemeinwohlbezogenen Auslegung –, dann muss entschiedener als bisher gefragt werden, wer "Verfassungswirklichkeit" gestaltet.

2. Neue Fragestellung und These

In diesem Sinne stellt sich jetzt die Beteiligtenfrage, d.h. die Frage nach den an der Verfassungsinterpretation Beteiligten unter dem Stichwort: von der geschlossenen Gesellschaft der Verfassungsinterpreten zur Verfassungsinterpretation *durch* und *für* die offene Gesellschaft!

These ist: In die Prozesse der Verfassungsinterpretation sind potentiell alle Staatsorgane, alle öffentlichen Potenzen, alle Bürger und Gruppen eingeschaltet. Es gibt keinen numerus clausus der Verfassungsinterpreten! Verfassungsinterpretation ist bewusstseinsmäßig, weniger realiter, bislang viel zu sehr Sache einer "geschlossenen Gesellschaft": der "zunftmäßigen" juristischen Verfassungsinterpreten und der am Verfassungsprozess formell Beteiligten. Sie ist in Wirklichkeit weit mehr Sache einer offenen Gesellschaft, d.h. aller – insoweit materiell beteiligten – öffentlichen Potenzen, weil Verfassungsinterpretation diese offene Gesellschaft immer von neuem mitkonstituiert und von ihr konstituiert wird. Ihre Kriterien sind so offen, wie die Gesellschaft pluralistisch ist.

3. Erläuterung der These, Interpretationsbegriff

Einer Erläuterung bedarf der hier zugrundegelegte Interpretationsbegriff, der sich auf die Formel bringen lässt: Wer die Norm "lebt", interpretiert sie auch (mit). Jede Aktualisierung der Verfassung (durch jeden) ist mindestens ein Stück antizipierter Verfassungsinterpretation. Herkömmlicherweise wird mit "Interpretation" nur eine Tätigkeit bezeichnet, die bewusst und intentional auf das Verstehen und Auslegen einer Norm (eines Textes) gerichtet ist. Die Verwendung eines so umgrenzten Interpretationsbegriffs ist auch sinnvoll: Die Frage nach der Methode zum Beispiel lässt sich nur dort stellen, wo bewusst interpretiert wird. Für eine realistische Untersuchung des Zustandekommens von Verfassungsinterpretation kann aber ein weiterer Begriff von Interpretation erforderlich sein: Bürger und Gruppen, Staatsorgane und Öffentlichkeit sind "interpretatorische Produktivkräfte" – Verfassungsinterpreten im weiteren Sinne. Zumin-

---

226 Dazu *H. Ehmke*, VVDStRL 20 (1963), S. 53 (73 f.); *K. Hesse*, Grundzüge, aaO., S. 31 ff.

dest als "Vorinterpreten" sind sie tätig; die Verantwortung verbleibt bei der "letztlich" interpretierenden Verfassungsgerichtsbarkeit (vorbehaltlich der normierenden Kraft von Minderheitsvoten). Wenn man will, handelt es sich um eine Demokratisierung der Verfassungsinterpretation, wie überhaupt die Interpretationstheorie demokratietheoretisch abgesichert werden muss und umgekehrt. Es gibt keine Interpretation der Verfassung ohne die erwähnten Aktivbürger und öffentlichen Potenzen.

Jeder, der in und mit dem von der Norm geregelten Sachverhalt lebt, ist indirekt und ggf. auch direkt Norminterpret. Der Adressat der Normen ist am Interpretationsvorgang stärker beteiligt als gemeinhin angenommen wird. Da nicht nur die juristischen Verfassungsinterpreten die Normen leben, sind sie auch nicht die alleinigen, ja nicht einmal die Primärinterpreten.

4. Die offene Gesellschaft der Verfassungsinterpreten

Diese Relevanz des Selbstverständnisses und des entsprechenden Wirkens von Einzelnen und Gruppen, aber auch von Staatsorganen ist eine herausragende und fruchtbare Form der Verbindung von Verfassungsinterpretation im weiteren und engeren Sinne. Das Selbstverständnis wird zu einem "grundrechtlichen Sachelement"[227]. Auch die realiter mitinterpretierende Rolle der Sachverständigen in Gesetzgebungs- und Gerichtsverfahren gehört hierher. Dieses Zusammenspiel von Interpreten im weiteren und engeren Sinne findet nicht nur dort statt, wo es schon institutionalisiert ist wie bei den Arbeitsrichtern von Arbeitgeber- und Arbeitnehmerseite in den staatlichen Arbeitsgerichten. "Sachkundige" und "Interessenten" aus der pluralistischen Gesellschaft werden zu Interpreten staatlichen Rechts. Dieses erweist sich nicht nur im Entstehungsvorgang, sondern auch in der weiteren Entwicklung als pluralistisch: Wissenschafts-, Demokratie- und (Verfassungs-)Interpretationstheorie führen hier zu einer spezifischen Vermittlung von Staat und Gesellschaft!

a) Systematisches Tableau

Der Versuch einer systematisierenden Zusammenstellung der an Verfassungsinterpretation Beteiligten ergibt das folgende, vorläufige Tableau:

aa) Die staatlichen Funktionen:

(1) in letztverbindlicher Entscheidung: das Bundesverfassungsgericht (freilich durch das eigene Minderheitsvotum "relativiert" und eben dadurch "offen")

(2) vom GG zu verbindlicher, aber überprüfbarer Entscheidung aufgerufen: die Rechtsprechung, die Legislative, (je nach Sachbereich in unterschiedlichem Maße:) die Exekutive, besonders bei der (Vor-)Formulierung öffentlicher Interessen.

---

227 Zum Begriff Selbstverständnis bzw. "Eigenverständnis" s. BVerfGE 83, 341 (356).

bb) Die – nicht notwendigerweise staatlichen – Verfahrensbeteiligten an den Entscheidungen zu aa) (1) und (2), d.h.:

    (1) Antragsteller und Antragsgegner, Beschwerdeführer (z.B. Verfassungsbeschwerde), Kläger und Beklagter, die ihr Vorbringen begründen und das Gericht zur Stellungnahme (zum "Rechtsgespräch") zwingen

    (2) sonstige Verfahrensbeteiligte, Äußerungs- und Beitrittsberechtigte nach dem BVerfGG (z.B. §§ 77, 85 Abs. 2, 94 Abs. 1 bis 4 bzw. 65, 82 Abs. 2, 83 Abs. 2, 88, 94 Abs. 5), vom BVerfG "Zugezogene" (z.B. § 82 Abs. 4 BVerfGG)

    (3) Gutachter (z.B. in Enquete-Kommissionen, § 73 a GeschOBT)

    (4) Sachverständige und Interessenvertreter in Hearings (§ 73 Abs. 3 GeschOBT, § 40 Abs. 3 GeschOBR), Sachverständige im Gericht, Verbände (Anlage 1 a GeschOBT: Registrierung von Verbänden und deren Vertretern), politische Parteien (Fraktionen) – sie wirken speziell auch über den "langen Arm" der Richterwahl ein

    (5) Lobbyisten, "Deputationen" (§ 10 GeschOBReg.)

    (6) Beteiligte in partizipatorisch ausgestalteten Verwaltungsverfahren.

cc) Die demokratische – pluralistische – Öffentlichkeit, der politische Prozess als "großer Anreger": Medien (Presse, Rundfunk, Fernsehen) – die nicht im engeren Sinne verfahrensbeteiligt sind, professioneller Journalismus einerseits, Lesererwartungen, Leserbriefe andererseits, Bürgerinitiativen, Verbände, politische Parteien außerhalb ihrer organisatorischen Beteiligung (vgl. bb) (4)), Kirchen, Theater, Verlage, Volkshochschulen, Pädagogen, Elternvereine.

dd) (in noch zu klärender Weise zwischen aa), bb), cc) einzuordnen) die Verfassungsrechtslehre; sie hat eine Sonderstellung, weil sie die Beteiligung der anderen Kräfte thematisiert, selbst aber auch auf verschiedenen Ebenen beteiligt ist.

b) Erläuterung des systematischen Tableaus

Aus dieser Übersicht wird deutlich: Verfassungsinterpretation ist weder theoretisch noch praktisch ein "exklusiver" staatlicher Vorgang. Zugang zu ihm haben potentiell alle Kräfte des politischen Gemeinwesens. Der Bürger, der eine Verfassungsbeschwerde erhebt, ist ebenso Verfassungsinterpret wie die politische Partei, die Organklage einreicht[228] oder gegen die ein Parteiverbotsverfahren eingeleitet wird. Bislang herrscht eine zu starke Verengung des Prozesses der Verfassungsinterpretation auf die Staatsorgane oder unmittelbar Verfahrensbeteiligten vor, eine Fixierung auf das "*Amt*" der Verfassungsinterpretation, auf das funktionellrechtliche Zusammenspiel der staatlichen Funktionen, so wichtig dieses ist. Verfassungsinterpretation ist aber ein "Geschäft", das potentiell jeden und alle angeht. Die genannten Gruppen, Einzelnen usw. können als "mittelbare" oder langfristig wirkende Verfassungsinterpreten bezeichnet werden. Ges-

---

228   Im Sinne von BVerfGE 4, 27 (30); 20, 56 (113 f.); 73, 40 (65 ff.), ständige Rspr.

taltung der Wirklichkeit der Verfassung wird auch zu einem Stück Interpretation der "zugehörigen" Verfassungsnormen.

Der vielberufene "politische Prozess", der meist sub specie Freiheit für ihn gegenüber der Verfassungsinterpretation zitiert wird, ist de constitutione lata und de facto viel stärker ein Stück Verfassungsinterpretation, als gemeinhin angenommen wird ("Politik als Verfassungsinterpretation"). Er ist von der Verfassung nicht ausgegrenzt, sondern einer ihrer wesentlichsten Lebens- und Funktionsbereiche, ein Herzstück im wahren Sinne des Wortes: einer Pumpe vergleichbar. Hier kommt es zu Bewegungen, zu Innovationen, zu Änderungen, aber auch zu "Bekräftigungen", die mehr als nur "objektives Material" für (spätere) Verfassungsinterpretation bilden; sie sind ein Stück Interpretation der Verfassung, weil in ihrem Rahmen öffentliche Wirklichkeit geschaffen und oft unmerklich verändert wird. Die Gestaltungsfreiheit, die der Gesetzgeber "als" Verfassungsinterpret hat, unterscheidet sich zwar qualitativ von dem Spielraum, den der Verfassungsrichter bei der Interpretation hat, weil der Spielraum jeweils auf technisch ganz verschiedene Weise begrenzt wird. Das bedeutet aber nicht, dass auch quantitativ ein erheblicher Unterschied bestehen muss.

Der politische Prozess ist kein verfassungsfreier Raum; er formuliert Gesichtspunkte vor, er setzt Entwicklungen in Gang, die auch dort verfassungsrelevant sind, wo der verfassungsrichterliche Interpret später sagt, es sei Sache des Gesetzgebers, im Rahmen der verfassungskonformen Alternativen so oder anders zu entscheiden[229].

c) Bewertung der Bestandsaufnahme

aa) Mögliche Einwände, Kritik

Ein Einwand könnte lauten: Verfassungsinterpretation wird in eine Vielzahl von verschiedenen Interpretationen und Interpreten "aufgelöst", je nachdem, welche Funktion agiert. Gerade eine Verfassungstheorie, die die Herstellung politischer Einheit als Aufgabe sieht und den Grundsatz der Einheit der Verfassung betont, muss sich dieser Kritik stellen, allerdings nicht dort, wo sie "nur" eine realistische Bestandsaufnahme versucht. Auf die Einwände ist im Rahmen einer differenzierten Bewertung einzugehen, die zunächst nach der Legitimation der verschiedenen Verfassungsinterpreten zu fragen hat.

Die Legitimationsfrage stellt sich für alle nicht "formell", "offiziell", "kompetenzmäßig" zu Verfassungsinterpreten "bestellten" Kräfte. Formelle Kompetenz durch die Verfassung haben ja nur die Organe (Ämter), die an die Verfassung "gebunden" sind und die in einem vorgeschriebenen Verfahren "vollziehen" sollen – Legitimation durch (Verfassungs-)Verfahren[230] –, d.h. die Staatsorgane (Art. 20 Abs. 2, 3 GG – Bindung an verfassungsmäßige Ordnung, an Gesetz und Recht). Aber auch die Abgeordneten (Art.

---

229 Zur Argumentationsfigur der "Alternative" im Interpretationsvorgang: *J. Esser*, Vorverständnis, aaO., S. 65 f., 132, 151 (unter Hinweis auf *Popper*); allgemeiner BVerfGE 24, 300 (348): Zur Funktion der politischen Parteien gehört, dass sie "politische Alternativen für alle einer staatlichen Gestaltung zugänglichen Lebensbereiche anbieten"; s. auch den Sonderfall zur "Alternative": richterliche Interpretation/Gesetzesentwurf (Pflicht zum Abwarten?), BVerfGE 34, 269 (291 f.).

230 Sowohl der Legitimations- als auch der Verfahrensbegriff müssen in einem materialeren Sinne als bei *N. Luhmann*, Legitimation durch Verfahren, 1969, verstanden werden.

38 Abs. 1 GG) sind an die Verfassung gebunden, soweit sie nicht Verfassungsänderungen anstreben. Gebunden an die Verfassung sind auch politische Parteien, Gruppen, Bürger, wenn auch in unterschiedlichem Maße und unterschiedlich "direkt", meist nur auf dem Umweg über die – sanktionierende – Staatsgewalt. Hier scheint einem geringeren Maß an Bindung zunächst auch ein geringeres Maß an Legitimation zu entsprechen.

bb) Legitimation aus Gesichtspunkten der Rechts-, Norm- und Interpretationstheorie

Das Korrespondenzverhältnis von Bindung (an die Verfassung) und Legitimation (zur Verfassungsinterpretation) verliert aber an Aussagekraft, je mehr man neuere Erkenntnisse der Interpretationstheorie berücksichtigt: Interpretation ist ein offener Prozess, keine passive Unterwerfung, kein Befehlsempfang[231]. Sie kennt alternative Möglichkeiten. Bindung wird zur Freiheit in dem Maße, wie das neuere Interpretationsverständnis die Subsumtionsideologie widerlegt hat.

Die hier vorgenommene Erweiterung des Kreises der Interpreten ist nur die Konsequenz der allseits befürworteten Einbeziehung der Wirklichkeit in den Interpretationsvorgang. Denn die Interpreten im weiteren Sinne konstituieren ein Stück dieser pluralistischen Wirklichkeit. Sobald man erkennt, dass die Norm nicht das simpel, fertig Vorgegebene ist, stellt sich die Frage nach den an ihrer "Entwicklung" funktional und personal Beteiligten, den Aktivkräften des "law in public action" (Personalisierung und Pluralisierung der Verfassungsinterpretation!).

Die richterliche Bindung nur an das Gesetz und die persönliche und sachliche Unabhängigkeit der Richter können nicht darüber hinwegtäuschen, dass der Richter in der Öffentlichkeit und Wirklichkeit der Verfassung interpretiert. Es wäre falsch, die Beeinflussungen, Erwartungen, sozialen "Zwänge", denen Richter ausgesetzt sind, nur unter dem Aspekt der Gefährdung ihrer Unabhängigkeit zu sehen. Diese Beeinflussungen enthalten auch ein Stück Legitimation und verhindern eine Beliebigkeit richterlicher Auslegung. Die Garantie der richterlichen Unabhängigkeit ist nur erträglich, weil andere Staatsfunktionen und die pluralistische Öffentlichkeit Material "zum" Gesetz liefern.

cc) Legitimation aus verfassungstheoretischen Überlegungen

Die grundsätzliche verfassungstheoretische Legitimation der mehr oder weniger starken Beteiligung aller pluralistischen Kräfte am "Geschäft" der Verfassungsinterpretation liegt in der Tatsache, dass diese Kräfte ein Stück Öffentlichkeit und Wirklichkeit der Verfassung selbst sind – nicht als "hingenommene Tatsache", als factum brutum, sondern im Rahmen der Verfassung: Die mindestens mittelbare Einbeziehung der res publica in die Verfassungsinterpretation insgesamt ist Ausdruck und Konsequenz des hier vertretenen weiten, offenen, in das Spannungsfeld des Möglichen, Wirklichen und

---

231 Dazu vor allem die von *J. Esser* angeführte Interpretationsdiskussion, Vorverständnis und Methodenwahl, 1970, zuvor schon Grundsatz und Norm, 1956; *H. Ehmke,* Prinzipien der Verfassungsinterpretation, VVDStRL 20 (1963), S. 53 ff.

Notwendigen gestellten Verfassungsverständnisses. Eine Verfassung, die nicht nur den Staat im engeren Sinne, sondern auch die Öffentlichkeit strukturiert und die Gesellschaft verfasst, die die Bereiche des Privaten unmittelbar einbezieht, kann dies nicht nur passiv tun, die gesellschaftlichen und privaten Kräfte als *Objekte* behandeln. Sie muss diese auch aktiv einbeziehen: als *Subjekte*.

Von der verfassten Wirklichkeit und Öffentlichkeit aus gedacht, in der das "Volk" vielfältig, im Ausgangspunkt diffus, im Endpunkt aber "konzertiert" wirkt, haben alle tatsächlich relevanten Kräfte theoretische Relevanz für Verfassungsinterpretation. Praxis wird hier zur Legitimierung der Theorie, nicht nur umgekehrt. Da diese Kräfte ein Stück konstitutioneller Wirklichkeit und Öffentlichkeit begründen, haben sie auch teil an der Interpretation der Wirklichkeit und Öffentlichkeit der Verfassung! Selbst dann, wenn sie ausgeschlossen werden: wie die vom BVerfG zu verbietenden und dann etwa verbotenen politischen Parteien.

Gerade diese zwingen zur Reflexion über den Verfassungsinhalt und beeinflussen durch ihre Existenz die Entwicklung des Selbstverständnisses des freiheitlich-demokratischen Gemeinwesens. Verfassungsinterpretation auf die "zunftmäßigen", funktionellrechtlich ausgewiesenen staatlichen Interpreten zu beschränken, hieße Verarmung oder Selbsttäuschung. Zumal ein stärker experimentelles Verständnis der Verfassungsrechtswissenschaft als Norm- und Wirklichkeitswissenschaft kann auf die Phantasie und Schöpferkraft der "nicht-zünftigen" Interpreten im Prozess der Verfassungsinterpretation nicht verzichten.

Verfassung ist in diesem Sinne Spiegel der Öffentlichkeit und Wirklichkeit. Sie ist aber nicht nur Spiegel, sie ist auch Lichtquelle, wenn dieser etwas bildhafte Vergleich erlaubt ist. Sie hat Steuerungsfunktion.

Eine spezielle Frage betrifft die Legitimation der Verfassungsrechtswissenschaft. Sie hat eine Katalysatorfunktion und wirkt, weil sie – öffentlich – Verfassungsinterpretation methodisch reflektiert und zugleich die Ausbildung der "amtsmäßigen" Interpreten gestaltet, in alle Bereiche der Interpretation in besonderem Maße hinein. Wie lässt sich eine etwaige besondere Legitimation begründen? Auf dem Weg über Art. 5 Abs. 3 GG selbst. Verfassung als Gegenstand ist (auch) Sache der Wissenschaft. Der Bereich Wissenschaft muss über Art. 5 Abs. 3 GG als eigenständiger, integrierender Bestandteil des politischen Gemeinwesens angesehen werden.

dd) Insbesondere: Demokratietheoretische Überlegungen als Legitimation

Im demokratischen Verfassungsstaat ist die Legitimationsfrage noch einmal speziell unter demokratischen (demokratietheoretischen) Gesichtspunkten zu stellen. Eine im herkömmlichen Sinne verstandene demokratische Legitimation zu Verfassungsinterpretation hat die Verfassungsrechtswissenschaft, haben die ihr "zuliefernden" sog. Wirklichkeitswissenschaften, haben Bürger und Gruppen nicht. Aber Demokratie entfaltet sich eben nicht nur über den formalisierten, kanalisierten, im engeren Sinne verfassten Delegations- und Verantwortungszusammenhang vom Volk zu den Staatsorganen (Legitimation durch Wahlen) hin bis zum letztlich "kompetenten" Verfassungsinterpreten, dem BVerfG. Sie entfaltet sich in einem offenen Gemeinwesen auch in den "feineren" mediatisierten Formen des pluralistischen öffentlichen Prozesses täglicher Politik und Praxis, insbesondere in der Grundrechtsverwirklichung, oft angesprochen in der "demokratischen Seite" der Grundrechte: durch die Kontroversen über die Alternativen, die Möglichkeiten und Notwendigkeiten der Wirklichkeit und auch das wissenschaftliche "Konzert" über Verfassungsfragen, in dem es kaum "Pausen" und "Fermaten" und keine Dirigenten gibt und geben darf.

"Volk" ist eben nicht nur einheitliche, (nur) am Wahltag "emanierende" Größe, die als solche demokratische Legitimation vermittelt. Volk ist als pluralistische Größe für die Interpretationen im Verfassungsprozess nicht minder präsent und legitimierend: "als" politische Partei, als wissenschaftliche Meinung, als Interessengruppe, als Bürger; dessen sachliche Kompetenz zu Verfassungsinterpretation ist ein staatsbürgerliches Recht i.S. des Art. 33 Abs. 1 GG! So gesehen sind die Grundrechte ein Stück demokratischer Legitimationsbasis für die nicht nur in ihren Ergebnissen, sondern auch in ihrem Beteiligtenkreis offene Verfassungsinterpretation[232]. In der freiheitlichen Demokratie ist der Bürger Verfassungsinterpret! Um so wichtiger werden die Vorkehrungen zur Garantie realer Freiheit: leistungsstaatliche Grundrechtspolitik, Freiheit der Meinungsbildung, Konstitutionalisierung der Gesellschaft z.B. durch gewaltenteilende Strukturierung des öffentlichen, insbesondere wirtschaftlichen Bereichs.

Das ist keine "Entthronung" des Volkes – es ist dies allenfalls von einem Rousseauschen Volkssouveränitätsverständnis aus, in dem das Volk absolut und gottgleich gesetzt wird. Volk als *verfasste Größe* wirkt "allseitig", universal, auf vielen Ebenen, aus vielen Anlässen und in vielen Formen, nicht zuletzt über tägliche Grundrechtsverwirklichung. Man vergesse nicht: Volk ist vor allem ein Zusammenschluss von Bürgern. Demokratie ist "Herrschaft der Bürger", nicht des Volkes im Rousseauschen Sinne. Es gibt kein Zurück zu J.-J. Rousseau. Die *Bürgerdemokratie* ist realistischer als die Volks-Demokratie.

III. Die Übertragung auf Europa: die offene Gesellschaft der Verfassungsinterpreten in Europa

Das Bild von der "offenen Gesellschaft der Verfassungsinterpreten" (1975) lebt vor allem von der provokativen Frage nach den an Verfassungsinterpretation realiter *Beteiligten* und idealiter *zu Beteiligenden*. Die herkömmlichen, freilich in ihrem Zusammenspiel offenen Methoden, bisher vier, durch die Integrierung der Rechtsvergleichung als "fünfter" Methode um das entscheidende komparatistische Moment erweitert, bleiben unangefochten. Man darf im Europa des EuGH[233] und des EGMR auf die Verstärkung des dynamischen, evolutiven, rechtsvergleichenden Auslegungselements hinweisen und

---

232 Zur offenen Verfassungsinterpretation: *P. Häberle,* Zeit und Verfassung, ZfP 21 (1974), S. 111 (121 ff.); *W. Höfling,* Offene Grundrechtsinterpretation, 1987.

233 Aus der europarechtlichen Lit. zur Auslegung des Gemeinschaftsrechts: *T. Oppermann,* Europarecht, 2. Aufl. 1999, S. 253 ff. m.w.N.

als ihr schönstes Ergebnis die Schaffung der "allgemeinen Rechtsgrundsätze" hervorheben.

Schließlich sei das *materielle* Prinzip europäischer Verfassungsinterpretation, die *Europaoffenheit* (auch Menschenrechtsfreundlichkeit) erwähnt. Es gesellt sich zu den übrigen Prinzipien der Verfassungsinterpretation i.S. des klassischen Kanons[234]. Es bedarf jedoch der Zügelung (Balance) durch das Subsidiaritätsprinzip und die Achtung der nationalen Identität[235]. Auch sei daran erinnert, dass die nationalen Verfassungsgerichte, die in der Anwendung von EMRK und dem europäischen Verfassungsrecht der EU/EG immer auch "europäische Verfassungsgerichte" sind (denn sie sind an dieses Recht gebunden), ihrerseits viel Rechtsvergleichung betreiben, auch wenn sie dies oft nur in der geheimen Beratung tun und nicht im Kontext ihrer publizierten Entscheidungen erkennen lassen. Im Übrigen sei im Folgenden das nationalstaatsbezogen gedachte *Tableau* der an Verfassungsinterpretation Beteiligten aus dem Jahre 1975 jetzt auf Europa übertragen. Es geht hier wieder um die *Europäisierung* eines ursprünglich nur national entworfenen Prinzips oder Paradigmas.

Die an europäischer Verfassungsinterpretation Beteiligten sind:

1. Eher formal:

- die beiden europäischen Verfassungsgerichte, die nationalen Verfassungsgerichte der EU-Mitgliedsländer mit den sich öffnenden und wegen der Beitrittsbedingungen europäisierenden weiteren europäischen Staaten, sowie die nationalen (Verfassungs-)Gerichte der 46 Europarats- bzw. EMRK-Mitgliedsländer, sodann alle Gerichte dieses engeren bzw. weiteren europäischen Raumes; wo wie in Straßburg am EGMR Sondervoten möglich sind, seien diese als potentielle Motoren der Verfassungsinterpretation einbezogen
- die europäischen Gesetzgeber in Straßburg bzw. Brüssel (Das spezifische Zusammenwirken von Rat, Kommission und Europäischem Parlament mag dabei dem Prozess "legislativer Verfassungsinterpretation" eine kommunikative Dynamik verleihen, die so im innerstaatlichen Bereich nicht greifbar ist. Wenn im Kontext der EU eher von einem "institutionellen Gleichgewicht" denn einem strikten System der Gewaltenteilung gesprochen werden kann, so bleibt das auch auf den Prozess der Verfassungsinterpretation und auf die Vielfalt der an ihr Beteiligten nicht ohne Auswirkung.)
- die europäischen und nationalen Exekutiven, einschließlich des Ausschusses der Regionen (Art. 263 bis 265 EGV)
- der Bürgerbeauftragte nach Art. 195 EGV.

---

234 Dazu *H. Ehmke*, Prinzipien der Verfassungsinterpretation, VVDStRL 20 (1963), S. 53 ff. und *K. Hesse*, Grundzüge, aaO., S. 20 ff.
235 Dazu oben Einleitung E. II.

2. Eher materiell:

- die Bürger, Verbände und Gruppen (auch die Non-Governmental Organizations) und mittelbar die "europäische Öffentlichkeit": die Bürger insofern sie z.B. Menschenrechtsbeschwerde beim EGMR einlegen (Art. 34 EMRK) oder zum EuGH ziehen, die Gruppen analog, überdies durch ihre "Vorinterpretation", die sie dank ihres Einflusses in der europäischen Öffentlichkeit ausüben; das gilt auch für die politischen Parteien (vgl. Art. 191 EGV: "europäisches Bewusstsein", ein Begriff, den auch die europäische Methodenlehre erfassen muss); – sodann die "europäische Öffentlichkeit" in allen ihren oft diffusen Formen, Medien und Pluralgruppen bis hin zu den Kirchen und Weltanschauungsgemeinschaften.

Dieses Tableau sei hier nur stichwortartig umrissen. Der nächste Schritt gilt der "Europäisierung der Rechtsquellen" bzw. dem Desiderat einer europäischen Methodenlehre.

IV. Europäisierung der Rechtsquellen und das Desiderat einer europäischen Methodenlehre

1. Die Europäisierung der Rechtsquellen

Zu den Themen, die Gegenstand zunehmender "Europäisierung" sind, gehören, wie gezeigt, die Grundrechte, das Rechtsstaatsprinzip, das Umweltverfassungsrecht etc. Bislang zu wenig bewusst ist die latente und offene "Europäisierung der Rechtsquellen" – welcher Vorgang mit dem Heranwachsen einer europäischen Methodenlehre parallel geht. Die "Rechtsquellen", ein Begriff, der an anderer Stelle in Frage gestellt wird[236], sei hier als nach wie vor gängiger Begriff verwendet (auch wenn das Bild "Quelle" fehl geht), bilden das klassische Souveränitätspotential des nationalen Verfassungsstaates. Im Europa von heute gibt es jedoch viele Vorgänge, die das "etatistische Rechtsquellenmonopol" in Frage stellen. Neben dem Völkerrecht und seinen den staatlichen "Souveränitätspanzer" durchbrechenden Grundsätzen, sind es im EU-Europa vor allem die das nationale Recht überlagernden "Allgemeinen Rechtsgrundsätze", besonders die vom EuGH entwickelten Grundrechte. Im EU-Teilverfassungsrecht positiviert, strahlen sie in ihrer normativen Kraft gewiss auch darüber hinaus aus. Sie stellen ein Stück *materialer Allgemeinheit* (und Öffentlichkeit) Europas dar und sind zusammen mit dem gemeineuropäischen Verfassungsrecht ein Normenensemble, das es rechtfertigt, von "Europäisierung der Rechtsquellen" zu sprechen. Nimmt man das "europäische Verwaltungsrecht" (*J. Schwarze*) und seine Wirkungskraft in den EU-Mitgliedsstaaten hinzu, so zeigt sich, wie das nationale Rechtsquellenmonopol aufgebrochen ist. Vor allem die

---

236 P. Häberle, Pluralismus der Rechtsquellen in Europa – nach Maastricht, JöR 47 (1995), S. 79 ff. – Aus der übrigen Lit.: *R. Stettner*, Europäisches Gemeinschaftsrecht als Quelle der Rechtsfindung deutscher Gerichte 1974 - 1984, AöR 111 (1986), S. 395 ff.; *A. Bleckmann*, Verfassungsrang der Europäischen Menschenrechtskonvention?, EuGRZ 1994, S. 149 ff.

EMRK, die in Österreich und der Schweiz mit *Verfassungsrang* gilt, ist ein Beispiel für "innere Europäisierung" der Rechtsquellen (auch ihre "Pluralisierung").

Das richterliche Innovationspotential der "Allgemeinen Rechtsgrundsätze"[237] in Europa ist ebenso groß wie die in manchen europäischen Verfassungsstaaten "verinnerlichten" intensivierten Menschenrechte (Stichwort: Menschenrechtsfreundlichkeit des nationalen Verfassungsrechts: z.B. Art. 10 Abs. 2 Verf. Spanien). Die sich an internationale Standards anlehnende Interpretation der nationalen Grundrechte kommt auch Europa als offener Grundrechtsgemeinschaft zugute.

Der Modell-Artikel § 10 Verf. Estland sowie Art. 39 Verf. Georgien lassen sich auf die europäische, sicher aber auf die EU-Ebene übertragen. Aus der Menschenwürde fließen inskünftig weitere Grundrechte im europäischen Verfassungsraum. Die hier vorgeschlagene *Europäisierung der nationalen Grundrechtsentwicklungsklauseln* könnte in der Zukunft zum Vehikel vieler neuer Grundrechtsthemen und -dimensionen werden.

Wenn manche osteuropäische Verfassungen einen eigenen Abschnitt zu den (nationalen) Rechtsquellen vorsehen (so Art. 87 bis 94 Verf. Polen), so ist dies eher kritisch zu beurteilen. Es könnte den Eindruck eines "numerus clausus" der Rechtsquellen erwecken. In Europa aber deutet alles auf einen *numerus apertus* der Rechtsquellen – ungeschriebene wie geschriebene. Theoretisch bedeutet dies eine Relativierung von Staatsgebiet und Staatshoheit (vgl. oben Erster Teil).

2. Das Desiderat einer europäischen Methodenlehre

Das Desiderat einer *europäischen Methodenlehre* ist die "andere Seite" des beschriebenen Europäisierungsvorgangs; auch die Methodenlehre ist ein Beispielsfall für Europäisierungsvorgänge. Doch sind erst die Anfänge zu erkennen. Während im Privatrecht früh und nie ganz vergessen gemeineuropäisch gearbeitet wurde, bot sich im öffentlichen Recht (wegen der Nationalstaatsideologie) lange ein anderes Bild. Zwar gelten die vier klassischen Auslegungsmethoden Savignys bzw. des Römischen Rechts[238] auch für die Auslegung des europäischen Verfassungs- und Verwaltungsrechts. Doch führt erst die Kanonisierung der rechtsvergleichenden Methode als "fünfter" konsequent zu einer europäischen Methodenlehre. Die hermeneutischen Probleme von "Vorverständnis und Methodenwahl", "Grundsatz und Norm" (*J. Esser*) wären für das Europa im engeren Sinne der EU und im weiteren Sinne des Europarates erst noch zu entfalten! – ein großes Arbeitsfeld. Doch sei hier wenigstens festgehalten, dass die unterschiedliche Praxis in der Gewichtung der vier bzw. fünf Auslegungsmethoden in den einzelnen europäischen Staaten bzw. ihren Richter- und Wissenschaftlergemeinschaften ihrerseits

---

237 Dazu *T. Oppermann*, Europarecht, 2. Aufl. 1999, S. 185 ff.; *Jacoby*, Allgemeine Rechtsgrundsätze, 1997. Zu Art. 288 Abs. 2 EGV aus der Kommentarlit.: *Werner Berg*, in: J. Schwarze (Hrsg.), EU-Kommentar, 2000, Art. 288 EGV, Rdn. 31. Allgemein: Zu den "Allgemeinen Rechtsgrundsätzen des Gemeinschaftsrechts": *M. Herdegen*, Europarecht, 3. Aufl. 2001, S. 132 ff. Zur Bedeutung der EMRK für die allgemeinen Rechtsgrundsätze des Gemeinschaftsrechts *ders.*, ebd. S. 31 ff.; *H. Schneider*, Zum Funktionswandel der Grundfreiheiten des EGV und zu seinen Auswirkungen auf das nationale Recht, NJW 1996, S. 512 ff. – S. noch C. III. und D. V.
238 Aus der Lit.: *H.-M. Pawlowski*, Methodenlehre für Juristen, 3. Aufl. 1999.

verglichen werden müsste, um gemeinsame Standards zu entwickeln. Auch hier hätte die "Europaoffenheit" als Prinzip der Verfassungsinterpretation ihr Gewicht, auch hier müssen nationale Eigenheiten wie die große Gewichtung von Wortlaut und Geschichte in der Schweiz wegen ihrer Referendumsdemokratie berücksichtigt werden. Sie dürfen nicht "von Europa her" eingeebnet werden. Die Gewaltenteilung, als funktionell-rechtliche Arbeitsteilung zwischen Verfassung(sgesetz)geber und Richter, wird nicht überall gleich zu verstehen sein. Das unterschiedliche nationale Vorverständnis, Teil der "nationalen Identität", muss bei aller "europäischen Identität" seinen Platz behalten[239]. Die Kriterien für die Erkenntnis des *Un*gleichen in Europa sollten bei allen gemeineuropäischen Standards rational überprüfbar werden bzw. bleiben. Ansätze zu einer europäischen Methodenlehre zeigen sich in der Rechtsprechung der europäischen Verfassungsgerichte zu den Grundrechten. So hat der EuGH, angehalten durch die "Solange-I"-Entscheidung des BVerfG[240], den Grundrechtsschutz auf europäischer Ebene verbessert und hat dabei auf die allgemeinen Rechtsgrundsätze zurückgegriffen. Es wäre denkbar, dass die europarechtliche Argumentationsfigur des „effet utile"[241] der Methodenlehre ihrerseits Impulse gibt und Element einer europäischen Methodenlehre wird, das seinerseits auf die nationalen Methodenlehren und die Grundsätze der teleologischen Auslegung zurückstrahlt. Insbesondere könnte der „effet utile" im Rahmen der nationalen Europa-Artikel (z.B. Art. 23 GG) zum verfassungsrechtlichen Argumentationstopos werden.[242] Auch die Chancen und Grenzen des Richterrechts[243] wären ein eigenes Thema für gemeineuropäische Standards. Diese Stichwörter müssen genügen, doch ein Horizont ist wohl erkennbar. Eine eigene Frage wäre, inwiefern das "europäische Gemeinwohl", die "europäische Öffentlichkeit" (dazu Dritter Teil E. bzw. Erster Teil C.), auch das Auslegungsergebnis "beeindrucken" dürfen (Auslegung vom Ergebnis her). Jedenfalls können sie das offene Zusammenwirken der Auslegungsmethode mitsteuern, nicht zuletzt über das "Vorverständnis".

---

239 Dazu *F.C. v. Savigny*, System des heutigen römischen Rechts, 1840, Band I, S. 212.
240 BVerfGE 37, 271.
241 EuGH, Slg. 1970, 825 (838 f.) – Grad/Finanzamt Traunstein.
242 *L. Michael,* Die Wiedervereinigung und die europäische Integration als Argumentationstopoi in der Rechtsprechung des Bundesverfassungsgerichts, AöR 124 (1999), S. 583 (618). Allgemein *K. J. Grigoleit*, BVerfG und deutsche Frage, 2004.
243 Hierzu *F. Bydlinski*, Hauptpositionen des Richterrechts, JZ 1985, S. 149 ff.

Dritter Teil:
Wesentliche Verfassungsthemen und Textformen des sich konstituierenden Europa

Vorbemerkung

Im Folgenden lassen sich nur Schwerpunkte bilden. Die "werdende Verfassungsgemeinschaft Europa" sei nach ihren wesentlichen Themen und Textformen (Artikelgruppen) strukturiert behandelt. Dabei ist der Typus "Verfassungsstaat" mehr als nur Lehr- und Lernmaterial. Europa nimmt an vielen seiner nach und nach so gewordenen Ausprägungen "Maß": von den Präambeln bis zu den Schlussbestimmungen, von der Menschenwürdegarantie bis zur Einrichtung von Verfassungsgerichten, von der horizontalen Gewaltenteilung bis zur vertikalen (Regionalismus bzw. Föderalismus). Insofern kann von einer *verfassungsstaatlichen Analogie* gesprochen werden, obgleich es keinen europäischen Staat etwa auf EU-Ebene gibt, wohl aber viele nationale europäische (Teil-)Verfassungen. Der Konstitutionalisierungsprozess Europas orientiert sich allenthalben an Bauelementen, an Erfahrungen und Hoffnungen, Inhalten und Verfahren der Entwicklungsgeschichte des Verfassungsstaates. Doch geht er darin nicht auf. Europa ist nicht nur eine quantitative Summe von 15/25 (EU) bzw. 55 (OSZE) nationalen Verfassungsstaaten. Es schafft einen "konstitutionellen Mehrwert", bringt eigenständig Neues hervor, trotz aller Gemengelagen nationaler und europäischer *Teil*verfassungen und wechselseitiger Rezeptionen und Produktionen. Freilich ist hier nur eine Auswahl möglich. Wichtige Themen und Artikelgruppen, die es im nationalen Verfassungsstaat wie im europäischen Verfassungsrecht gibt, könnten nicht einmal berührt werden, etwa die Übergangs- und Schlussbestimmungen als eigenständige Kategorie[1]. Auch geht es eher um die größeren Linien als um eine dogmatische Durchdringung der letzten Details; sie muss von Monographien, Kommentaren und Lehrbüchern sowie Sammel- und Tagungsbänden[2] zum Europäischen Verfassungsrecht geleistet werden. Wohl aber sei, dem höheren Abstraktionsgrad der Verfassungslehre gemäß, soweit wie möglich immer auch die verfassungs*politische* Dimension einbezogen: sie ist umso wichtiger, als Europa nach wie vor "unterwegs" ist[3] – mehr vielleicht, als jede nationalstaatliche Verfassung für sich genommen, obgleich auch ihr Reformbedarf groß ist (vgl. unten: Ausblick und Schluss).

---

1   Dazu *P. Häberle,* Verfassungslehre als Kulturwissenschaft, 2. Aufl. 1998, S. 1048 ff.
2   Beispiele und Vorbilder J. Schwarze (Hrsg.), Verfassungsrecht und Verfassungsgerichtsbarkeit im Zeichen Europas, 1998; früh ders./R. Bieber (Hrsg.), Eine Verfassung für Europa, 1984; M. Kloepfer/I. Pernice (Hrsg.), Entwicklungsperspektiven der europäischen Verfassung im Lichte des Vertrages von Amsterdam, 1999; J. Schwarze (Hrsg.), EU-Kommentar, 2000; ein wichtiger multinational arbeitender Sammelband ist auch F. Ronge (Hrsg.), In welcher Verfassung ist Europa – Welche Verfassung für Europa?, 2001; siehe schließlich J. Schwarze (Hrsg.), Die Entstehung einer europäischen Verfassungsordnung, 2000, sowie oben Zweiter Teil, Anm. 314.
3   Das Stichwort lautete: "dynamische Integration", siehe z.B. *M. Bugenberg*, Dynamische Integration, Art. 308 und die Forderung nach dem Kompetenzkatalog, EuR 2000, S. 879 ff.

A. Präambeln

I. National/verfassungsstaatlich

1. Die Präambel als Grundlegung und Bekenntnis

Für den Inhalt von Präambeln sind charakteristisch die Formulierung von Werthaltungen, ("hohen") Idealen[4], Überzeugungen, der Motivationslage, kurz des Selbstverständnisses der Verfassunggeber. Dieses Bekenntnishafte, der "Glaube" (so ausdrücklich z.b. die Europäische Menschenrechtskonvention), tritt neben, gelegentlich an die Stelle von "Erkenntnissen". Mitunter finden sich euphorische, fast hymnische Züge, die den Charakter einer Einstimmung vermitteln und überhaupt "Glanz" ausstrahlen. Wo auf diese Weise "letzte" und "erste" Dinge verhandelt werden, stellt sich naturgemäß sehr rasch ein Hauch von Pathos ein.

Die hohe Wertintensität von Präambeln zeigt sich auch darin, dass sie gerne auf (ontologische) Vorgegebenheiten wie Gott oder Christus verweisen (z.b. Australien 1900, Indonesien 1945, Argentinien 1853) bzw. sie anrufen (z.b. Irland). Die – fast heilige – Selbstverpflichtung ihm gegenüber, gelegentliche Beschwörungen bzw. Anrufungen[5] sind wiederkehrende formale und inhaltliche Elemente und Momente. Präambeln erweisen sich also in Teilen als "Glaubenssätze" eines politischen Gemeinwesens, und zwar nicht nur bei Bezugnahmen auf Gott und die Verantwortung vor ihm und den Menschen, sondern auch bei anderen Bekenntnisklauseln, die ausdrücklich ihren "tiefen Glauben an diese Grundfreiheiten" bekräftigen (so Präambel Europäische Menschenrechtskonvention von 1950), bekenntnisnahe Willensbekundungen objektivieren[6] oder subjektive Wünsche und Hoffnungen (z.B. Verfassung Berlin 1950: "In dem Wunsche, die Hauptstadt eines neuen geeinten Deutschlands zu bleiben" – heute Realität) bzw. Überzeugungen und Willensbekundungen normativieren.

Das Bekenntnishafte, mitunter Fiktive führt in die Tiefenschichten eines verfassten und auch nach der Verfassunggebung immer neu sich verfassenden Volkes. *Rudolf Smend* hat sie in seiner Lehre von der Integration auf seine Weise behandelt[7]. Der demokratische Verfassungsstaat kann auf diese mehr gefühlsmäßigen Bindungen seiner

---

4 Verf. Japan 1947, Verf. Frankreich 1958. – Ausführlich zum Präambelthema: *P. Häberle*, Präambeln im Text und Kontext von Verfassungen, FS Broermann, 1982, S. 311 ff.; *ders.*, Verfassungslehre als Kulturwissenschaft, 2. Aufl. 1998, S. 920 ff.; europarechtlich weitergeführt ist der Ansatz bei *A.-Ch. Kulow*, Inhalte und Funktionen der Präambel des EG-Vertrages, 1997; für das Völkerrecht vgl. *M. Kotzur*, Theorieelemente des internationalen Menschenrechtsschutzes. Das Beispiel der Präambel des IPbürgR, 2001, S. 59 ff.

5 Selten ist die Bezugnahme auf das Richteramt Gottes wie in Präambel Verf. Württemberg-Hohenzollern 1947, zit. nach B. Dennewitz (Hrsg.), Die Verfassungen der modernen Staaten, Bd. II, 1948. Zum Ganzen *P. Häberle*, Verfassungslehre als Kulturwissenschaft, 2. Aufl. 1998, S. 920 ff.

6 Wie Vorspruch Verf. Rheinland-Pfalz von 1947: "Von dem Willen beseelt, die Freiheit und Würde des Menschen zu sichern" etc.; s. auch Präambel EMRK von 1950: "... als Regierungen europäischer Staaten, die vom gleichen Geiste beseelt sind".

7 *R. Smend*, Verfassung und Verfassungsrecht (1928), jetzt in: *ders.*, Staatsrechtliche Abhandlungen, 3. Aufl., 1994, S. 119 (bes. 160 ff., 215 ff., zur Präambel etwa S. 216 f.).

Bürger an ihn, auf die Schaffung von Identifikationsmöglichkeiten für den Bürger und auf seine eigene Bindung an und Verantwortung vor höheren Instanzen und Zusammenhängen nicht verzichten.

Präambeln verweisen jedenfalls auf vorpositive Basis- und/oder Glaubenswahrheiten eines politischen Gemeinwesens; in manchem umschreiben sie ein Stück der "religion civile". Vermutlich enthalten auch Verfassungen ohne ausdrückliche Präambeln solche "Glaubenswahrheiten", die ihren Rechtssätzen vorausgehen, denn jede positive Rechtsordnung reicht in solche tieferen Schichten. Präambeln suchen diese zu rationalisieren und zur Sprache zu bringen – teils in säkularisierter Form, teils in "noch-theologischer" Gestalt. Dieses Grundlegende im Selbstverständnis (in der Identität) eines politischen Gemeinwesens, das Konzentrat, ist das alle Bürger Verpflichtende – fast wie ein "Glaubensbekenntnis", das in den Präambeln sozusagen "vor die Klammer gezogen" und oft vertragsähnlich (im Sinne der Verfassung als Vertrag) formuliert ist.

2. Die Brückenfunktion in der Zeit

Regelmäßige Bauelemente von Präambeln sind Ausformungen der Zeitdimension: einmal in der Abkehr von einer bestimmten Vergangenheit oder in der Wiederanknüpfung oder "Erinnerung" (z.B. Präambel Verfassung Irland) an bestimmte Überlieferungen und Perioden (Geschichtsbezug z.B. Türkei: "im Laufe ihrer Geschichte"; Bayern: "mehr als tausendjährige Geschichte"; Verfassung Bremen 1947: "jahrhundertealte Freie Hansestadt Bremen"); sie wollen die Vergangenheit negativ (polemisch) oder positiv beschwören[8] bzw. verarbeiten. Präambeln können sich ferner auf die Gegenwart beziehen, gelegentlich in Wunschorientierung, z.B. Berlin: "In dem Wunsch, die Hauptstadt eines neuen geeinten Deutschlands zu bleiben" – heute Realität. Sie können schließlich Gegenwart und Zukunft als solche in den Blick nehmen[9] oder gerade die Zukunft "gewinnen" wollen[10].

Soweit Präambeln "Geschichte" erzählen und Bekenntnisse zu ihr ablegen, möchten sie dem menschlichen Bedürfnis nach historischer Vergegenwärtigung und Identität Rechnung tragen, nicht im Sinne wissenschaftlicher Aufbereitung für ein Fachpublikum als vielmehr im Sinne einer Geschichte, "die sich dem Laien verpflichtet fühlt". Hier kann es zwischen *Be*kenntnissen und *Er*kenntnissen in Präambeln zu Konflikten kom-

---

8   Vgl. Bayern: "Trümmerfeld", bzw. Verf. Baden von 1947: "Treuhänder der alten badischen Überlieferung"; s. auch Präambel EMRK 1950: "gemeinsames Erbe an geistigen Gütern und Überlieferungen. Achtung der Freiheit und Vorherrschaft des Gesetzes".- S. auch Sachsen (1992): "gestützt auf Traditionen der sächsischen Verfassungsgeschichte... eingedenk eigener Schuld an seiner Vergangenheit".

9   So Nordrhein-Westfalen: "... die Not der Gegenwart in gemeinsamer Arbeit zu überwinden". Zuletzt Thüringen (1993): "Trennendes in Europa und der Welt zu überwinden"; Mecklenburg-Vorpommern (1993): "den wirtschaftlichen Fortschritt aller zu fördern".

10 Z.B. Rheinland-Pfalz, 1947: "ein neues demokratisches Deutschland als lebendiges Glied der Völkergemeinschaft zu formen".

men: So hält etwa die Präambel des Grundgesetzes einer historisch-kritischen Überprüfung in manchen Partien nicht stand[11].

Soweit Präambeln sich der Zukunft zuwenden – so wie etwa die künftigen Generationen in der bayerischen Verfassung (1946) im Gesichts- und Verantwortungskreis des Verfassunggebers stehen – oder Wünsche und Hoffnungen ausdrücken, enthalten sie einen *konkret-utopischen* Überschuß: Insofern steckt in der Präambel ein (Zukunfts-)Entwurf. Er trägt ein Stück jener fruchtbaren Spannung zwischen Wunsch und Wirklichkeit in die Verfassung (und Politik), wie sie auch in anderen Partien eines Verfassungstextes, z.B. bei Verfassungsaufträgen, nachweisbar ist. Oft muss ein Volk Geduld haben im Blick auf die Wünsche und Hoffnungen der Präambel. Ein geglücktes Beispiel liefert die Präambel des GG von 1949 in Sachen Wiedervereinigung (1990); es ist zugleich Beleg für die Erfolgsgeschichte des deutschen Grundgesetzes.

3. Insbesondere Gottesbezüge in Präambeltexten

Soweit textlich vorhanden, repräsentieren Verfassungspräambeln (oder sonstige Verfassungsklauseln) mit Gottesbezügen keineswegs eine "überwundene", anachronistische, "atypische" Entwicklungsstufe, sondern eine mögliche kulturelle Variante des Verfassungsstaates. Sie sind Ausdruck von "Religionsverfassungsrecht" und damit eines Bildes vom Menschen, das diesen – und auch das Volk (!) – historisch wie aktuell in höheren Verantwortungszusammenhängen sieht: Staat und Recht werden als begrenzte, ethisch fundierte Ordnungen bekräftigt, was ohnedies für den Typus Verfassungsstaat charakteristisch ist. So gesehen besteht ein innerer Zusammenhang zwischen den gottesbezüglichen (oder/und schöpfungsbezüglichen) Verantwortungsklauseln und der Menschenwürde, aber auch dem verfassungsstaatlichen Toleranzprinzip, wie überhaupt die Gottestexte in die als Einheit verstandene Verfassung zu integrieren sind[12]. Die epochale Entwicklung zum säkularisierten Verfassungsstaat wird damit nicht rückgängig gemacht, denn das Verfassungsrecht des Verfassungsstaates zwingt niemanden zum "Gottesdienst" via Gottes-Texte. Doch ist der Mensch als *homo religiosus* kulturell ernst genommen bis hin zur Garantie seiner Freiheit, sich a-religiös oder gar anti-religiös zu verhalten[13]. Es ist dieser kulturelle Hintergrund, der Gottestexte im Verfassungsstaat historisch und aktuell rechtfertigt, freilich auch begrenzt.

---

11   Dazu D. *Murswiek*, Die verfassunggebende Gewalt nach dem Grundgesetz für die Bundesrepublik Deutschland, 1978, S. 80 ff.
12   Dazu allgemein (d.h. ohne Zitierung der Gottestexte): *K. Hesse*, Grundzüge des Verfassungsrechts der Bundesrepublik Deutschland, 20. Aufl. 1995 (Neudruck 1999), S. 27.
13   Die Frage, ob Europa eine religiöse oder "nur" ethische Identität hat, sei dabei ausdrücklich mitbedacht.

II. Europarechtliche Präambeln als hohe Schicht der "constitutio Europae"

1. Problem

Schon im national-verfassungsstaatlichen Bereich wurde erst relativ spät der Versuch einer auf breiter Rechtsvergleichung beruhenden eigenständigen Präambeltheorie unternommen[14]. Stichworte sind bürgerintegrierende Feiertagssprache bzw. Hochsprache, Verarbeitung von Geschichte (bis hin zur "schriftlichen Lüge", z.B. im GG: "Das deutsche Volk hat ...") Hoffnungen auf die Zukunft (bis hin zu "konkreten Utopien" wie bis 1989/90 die deutsche Wiedervereinigung) und Grundlegung für die nachfolgenden Verfassungsbestimmungen i.S. eines Konzentrats der Verfassung (Umschreibung des "Geistes" der Verfassung). Die kulturwissenschaftliche Einordnung von nationalen Verfassungspräambeln rückt diese in die Nähe von musikalischen Ouvertüren und Präludien oder Prologen zu Werken der Dichtkunst. Bemerkenswert bleibt die zunehmende Entfaltung der bindenden, d.h. normativen Kraft von Präambeln, die einige neuere Verfassungen sogar ausdrücklich anordnen, indem sie sie zum Bestandteil der Verfassungen erklären (z.B. Präambel letzter Absatz Verf. Tschad von 1996). Offen ist aber auch eine so wichtige Frage, wie die, wer für Präambeländerungen zuständig ist: nur der verfassung*gebende* oder auch der verfassungs*ändernde* Gesetzgeber?

Im Folgenden geht es darum, in behutsamer Analogie zum national-verfassungsstaatlichen Präambelrecht das bereits vorliegende europäische Präambelrecht "de constitutione lata" aufzubereiten. Dabei können die auf der nationalen Verfassungsebene bewährten sinnvollen Kategorien zur Aufschlüsselung des umfangreichen Materials von der EMRK über die Römischen Verträge, die OSZE bis zu "Maastricht", "Amsterdam" und "Nizza" verwendet werden. Zugleich sei aber auch gefragt, ob sich nicht bereits die Umrisse einer spezifisch europarechtlichen Präambeltheorie erarbeiten lassen[15]. Mit Absicht wird das Präambelmaterial im Europarecht i.e.S. der EWG bzw. später EG und EU einerseits, im Europarecht i.w.S. (Europarat, OSZE) andererseits gemeinsam dargestellt, sind sie doch in Inhalten und Formen besonders konkordant, ja *osmotisch*.

---

14   Vgl. die Bayreuther Antrittsvorlesung von 1981: *P. Häberle,* Präambeln im Text und Kontext von Verfassungen, FS Broermann, weiter ausgebaut in *ders.,* Verfassungslehre, 2. Aufl. 1998, S. 920 ff. Vgl. auch die Bayreuther Dissertation von *A.-C. Kulow,* Inhalt und Funktion der Präambel des EG-Vertrages, 1997, und von *M. Kotzur,* Theorieelemente des internationalen Menschenrechtsschutzes, 2001, S. 39 ff.; *M. Hilf/E. Pache,* Präambel, in: Kommentar zur Europäischen Union, 1999; *M. Zuleeg,* Präambel, in: Groeben/Thiesing/Ehlermann, Kommentar zur EU-EG-Vertrag, 5. Aufl. 1997. – Die *Einheitliche Europäische Akte* vom 28. Febr. 1986 (BGBl. 1986 Teil II, S. 1104) erweist sich in mannigfacher Hinsicht gerade auch im Rückblick als Reservoir für Textstufen: vgl. nur die Präambel ("Freiheit, Gleichheit, Gerechtigkeit", "Europagedanke", "Grundsätze der Demokratie und die Wahrung des Rechts"); vgl. auch die neuen Artikel zu Forschung und technologischer Entwicklung sowie Umwelt (Art. 24 und 25).

15   Von der Teleologie des europäischen Einigungsprozesses her sind "Präambeltheorie" und "Integrationstheorie" dabei stets zusammenzudenken. Einen Überblick über den Theoriebestand in Sachen Integration geben W. Loth/W. Wessels (Hrsg.), Theorien europäischer Integration, 2001. Verwiesen sei auch auf ein Wort von *F. Gonzáles,* die "Kraft des Wir". Präambeltexte können ihr sinnfälligen Ausdruck verleihen.

2. Bestandsaufnahme (Auswahl)

Vergegenwärtigt man sich das europäische Präambelrecht von den frühen Anfängen der europäischen Einigung bis zum Post-Nizza-Prozess bzw. zur EU-Grundrechte-Charta, so kann eine wissenschaftliche Aufbereitung unter folgenden vier Kriterien gelingen: die Frage nach dem Sprachcharakter (a), die Verarbeitung der Zeit – Geschichte, Zukunft (b), die inhaltliche Grundlegung i.s. von konstitutionellen Leitbegriffen (c), die kulturwissenschaftlich erschließbare Grundierung der Präambeln durch Begriffe wie "kulturelles Erbe", "Geist" etc. (d). Die textlichen "Kostproben" bleiben naturgemäß fragmentarisch, zu groß ist das Beispielsmaterial; nur das Typische kann erarbeitet werden.

a) Die bürgernahe Feiertagssprache

Im nationalverfassungsstaatlichen Bereich zeichnen sich Präambeln sprachlich durch ihre hohe, festliche, gehobene Sprache aus. Unterscheidet man sprachtheoretisch zwischen Hochsprache, Alltagssprache und (juristischer) Fachsprache, so zeigt sich schon prima facie, wie bewusst hoch- bzw. feiertagssprachlich das europäische Präambelrecht gearbeitet ist[16]. Manches mag an die Diplomatensprache erinnern: in der Essenz aber haben sich alle nach und nach am europäischen Einigungsprozess beteiligten (immer zahlreicher werdenden) Nationen bzw. Regierungen um einen besonderen Sprachcharakter bemüht. Hier einiges *Beispielmaterial*: Die EMRK (1950) lässt den hohen Sprachgestus in all ihren Präambelteilen erkennen. Man vergegenwärtige sich nur den Passus "unter erneuter Bekräftigung ihres tiefen Glaubens an diese Grundfreiheiten ...". Die Satzung des Europarates (1949) hatte im Vorspruch den Grundton angeschlagen in den Worten: " ... unerschütterliche Verbundenheit mit den geistigen und sittlichen Werten, die das gemeinsame Erbe ihrer Völker sind".

Bleibt man auf der Spur von Präambeldokumenten des Europas i.w.S. des Europarates, so fällt der Vorspruch des Europäischen Kulturabkommens (1954) ins Auge. Gleich eingangs werden die "Ideale und Grundsätze" beschworen, die ihr (sc. der Mitglieder des Europarates) "gemeinsames Erbe" bilden[17]. Der hohe Sprachduktus der EMRK kehrt auch in der Präambel des ESC (1961) wieder (z.B. "Ideale und Grundsätze, die ihr gemeinsames Erbe sind", "Weiterentwicklung der Menschenrechte"). Mehr als ein Merkposten muss die KSZE-Schlussakte von Helsinki (1975) sein: Sie versucht sich an einem Brückenschlag zwischen Ost und West, lang vor dem Fall von Eisernem Vorhang und Mauer und arbeitet in allen "drei Körben" mit präambelähnlichen Vorsprüchen, deren Einzelanalyse lohnt, auch wenn der gesamte Text der nachfolgenden Artikel recht allgemein programmatisch und seinerseits präambelähnlich gehalten ist. Im Vorspruch zu "Korb 1" heißt es u.a. "Eingedenk ihrer gemeinsamen Geschichte und der Erkennt-

---

16   P. *Häberle*, Präambeln im Text und Kontext von Verfassungen, FS J. Broermann, S. 211 ff.; für das Völkerrecht früh P. *You*, Le préambule des traitées internationaux, 1941, S. 11: "degré de solennité".

17   Zu denken ist auch an das Wort von Bundespräsident *J. Rau*: die EU bzw. Europa als "säkulare Wertegemeinschaft".

nis, dass die vorhandenen, gemeinsamen Elemente ihrer Traditionen und Werte bei der Entwicklung ihrer Beziehungen dienlich sein können", – also auch hier der Zeitfaktor als Zukunftsziel! Am Ende ist gar von "Förderung der Grundrechte" die Rede. Aus dem Vorspruch zu "Korb 3" seien die feierlichen Worte zitiert: "Bewusstsein, ... dass eine Steigerung des Austausches auf dem Gebiet der Kultur und Bildung ... Kontakte zwischen den Menschen ... beitragen....".

Im Folgenden sei der Blick auf Präambelelemente des *Europas im engeren Sinne* gerichtet. Der EGKS-Vertrag (1951) befleißigt sich des in der Präambelkunst bekannten feierlichen Tonfalls, z.B. in dem Eingangspassus: "In der Überzeugung, dass der Beitrag, den ein organisiertes und lebendiges Europa für die Zivilisation leisten kann". Im EWG-Vertrag (1957) ist der "feste Wille bekräftigt, die Grundlagen für einen immer engeren Zusammenschluss der europäischen Völker zu schaffen". Der getragene Ton ist auch in dem folgenden Passus beinhaltet: "Entschlossen, durch gemeinsames Handeln den wirtschaftlichen und sozialen Fortschritt ihrer Länder zu sichern, indem sie Europa trennende Schranken beseitigen" – damit klingt ein ganzheitliches Europabild[18] an, das sich von vornherein nicht auf die EWG-Mitgliedsländer beschränkt. Die Präambeln der EU bzw. EG-Verträge von Maastricht (1992) bzw. Amsterdam (1997) ziehen die feiertagssprachlichen Charaktere weiter aus, wobei die Bekenntnisformeln wie "eingedenk", "in dem Wunsch", "in dem festen Willen" wiederkehren und der hohe Sprachduktus im Einzelnen und ganzen erhalten bleibt (vgl. nur: "in dem Wunsch, die Solidarität zwischen ihren Völkern unter Achtung ihrer Geschichte, ihrer Kultur und Tradition zu stärken").

Der feierliche Sprachgestus kennzeichnet auch die Präambel der EU-Grundrechte-Charta (2000), und zwar durchgängig: vom Eingangspassus: "Die Völker Europas sind entschlossen, auf der Grundlage gemeinsamer Werte eine friedliche Zukunft zu teilen" bis zur Schlusspassage: "Die Ausübung dieser Rechte ist mit Verantwortlichkeiten und mit Pflichten ... verbunden"[19].

b) Die Zeitachse (Verarbeitung von Geschichte und Entwurf von Zukunft)

Die Zeitdimension ist in älteren und neueren innerstaatlichen Verfassungspräambeln mit Händen greifbar[20]. So sagt die Verf. Bayern (1946) "Angesichts des Trümmerfeldes, zu dem eine Staats- und Gesellschaftsordnung ohne Gott ..."; so heißt es in der Präambel der Verf. Sachsen (1992): "leidvolle Erfahrungen in der sozialistischen und kommunistischen Gewaltherrschaft". Auch im europäischen Präambelrecht lässt sich die "Zeit" als

---

18 Zum Stichwort Europabild siehe auch R. Hierzinger/J. Pollak (Hrsg.), Europäische Leitbilder, 2001.
19 Allg. zum Thema Menschenrechtsschutz, Grundrechte und Grundpflichten in Europa siehe auch *H. C. Krüger/J. Polakiewicz*, Vorschläge für ein kohärentes System des Menschenrechtsschutzes in Europa. Europäische Menschenrechtskonvention und EU-Grundrechte-Charta, EuGRZ 2001, S. 92 ff.
20 Zahlreiche Nachweise in meiner Verfassungslehre als Kulturwissenschaft , 2. Aufl. 1998, S. 929; siehe auch den Ausspruch des Historikers *G.A. Craig*, Das Gedächtnis der Welt am Leben erhalten. Der Historiker und sein Publikum: Plädoyer für eine Geschichte, die sich dem Laien verpflichtet fühlt, in: Die Zeit vom 13. November 1981, S. 36.

"Blick zurück und voraus" erkennen. Die EMRK malt zwar nicht wie die bayerische und sächsische Verfassung vorweg distanzierend ein Bild vom vergangenen Unrechtssystem, doch klingt "der Blick zurück" an etwa in der Passage "wahrhaft demokratisches politisches System". Der Zukunftshorizont wird sich in dem Wort von der "Entwicklung der Menschenrechte und Grundfreiheiten", auch dort, wo von "ersten Schritten auf dem Wege zu einer kollektiven Garantie gewisser ... Rechte" gesprochen wird. Schon im Vorspruch der Satzung des Europarates (1949) war von "fortschreitender Verwirklichung dieses Ideals" die Rede. Nach dem Vorspruch des Europäischen Kulturabkommens (1954) ist vom Ziel die Rede, "die europäische Kultur zu wahren und ihre Entwicklung zu fördern". Die Präambel des EGKS (1951) leistet greifbar ein Stück Vergangenheitsbewältigung *und* Zukunftsorientierung in einem: "Errichtung einer wirtschaftlichen Gemeinschaft ... unter Völkern, die lange Zeit durch blutige Auseinandersetzungen entzweit waren, und die institutionellen Grundlagen zu schaffen, die einem nunmehr allen gemeinsamen Schicksal die Richtung weisen können"[21]. Im EWG-Vertrag von 1957 ist die Zukunft in den Blick genommen, insofern von "wirtschaftlichen und sozialen Fortschritt ihrer Länder" die Rede ist und ein Appell an" die anderen Völker Europas formuliert wird, die sich zu den gleichen hohen Zielen bekennen, sich diesen Bestrebungen anzuschließen".

Eine neue Dynamik und deutlichere Hervorhebung des Prozesscharakters und damit der Zukunftsorientierung der EU/EG wird in der Präambel von "Maastricht" bzw. "Amsterdam" erkennbar: "entschlossen, den mit der Gründung der Europäischen Gemeinschaften eingeleiteten Prozess der europäischen Integration auf eine neue Stufe zu heben" (Präambel EUV) bzw. "in dem festen Willen, die Grundlagen für einen immer engeren Zusammenschluss der europäischen Völker zu schaffen" (Präambel EGV). Der "Blick zurück" findet sich in dem Passus (Präambel EUV): "eingedenk der historischen Bedeutung der Überwindung der Teilung des europäischen Kontinents", wobei im Grunde wiederum das *ganze* Europa angesprochen ist! Die EU-Grundrechte-Charta (2000) ist ebenfalls im Blick auf Vergangenheit bzw. Gegenwart und Zukunft gearbeitet: so wird ausdrücklich die "friedliche Zukunft" beschworen. Zugleich ist vom "geistig-religiösen und sittlichen Erbe" die Rede. Immer wieder wird die Spannung zwischen diesen zeitlichen Polen offenkundig, so in den Worten: "Erhaltung und Entwicklung dieser gemeinsamen Werte unter Achtung der Vielfalt der Kulturen und Traditionen", "Weiterentwicklung der Gesellschaft, des sozialen Fortschritts "gemeinsame Verfassungstraditionen", "Pflichten ... gegenüber den künftigen Generationen".

c) Die inhaltliche Grundlegung in Gestalt konstitutioneller Leitbegriffe

Die nationalverfassungsstaatlichen Präambeln pflegen in großer Tradition konzentriert das an Inhalten festzulegen, was die nachfolgenden Verfassungs-Artikel im Einzelnen ausführen (selbst wenn sich nicht "Allgemeine Bestimmungen" anschließen). Sie

---

21   Im Kontext der Vergangenheitsbewältigung ist aber auch zu bedenken: Präambeltexte widerspiegeln nicht immer die historische Wahrheit. Im Gegenteil: Bisweilen sind sie auch Ausdruck der (kollektiven) "*Lebenslügen*" einer Nation (z.B. bis 1989 in Sachen deutscher Wiedervereinigung).

formulieren sozusagen eine "Essenz" der Verfassung vor, sie stimmen auf das Nachstehende ein. Das lässt sich an vielen älteren und neueren Verfassungspräambeln belegen[22]. Auch das europäische Präambelrecht folgt diesem "Muster", freilich mit der einen oder anderen Besonderheit. Die EMRK leistet auch hier europarechtlich und europatheoretisch Pionierhaftes, sie war und ist eine Teilverfassung des Europas i.w.S. So ist vom "tiefen Glauben an diese Grundfreiheiten" die Rede, auch von "Gerechtigkeit", von "wahrhaft demokratischem politischen Regime", ebenso von "Achtung der Freiheit und Vorherrschaft des Gesetzes". Was an Einzelrechten später näher ausformuliert ist, hat in diesen Worten einen "Ursprung". Auch das "Erbe an geistigen Gütern" ist in den einzelnen späteren Artikeln, selbst in den Einschränkungsmöglichkeiten wie "Schutz der Moral, der Rechte und Freiheiten anderer" (vgl. Art. 8 Abs. 2, 10, Abs. 2, 11 Abs. 2) greifbar. Voraus gegangen war der Vorspruch zur Satzung des Europarates (1949) in Prinzipien wie "persönliche und politische Freiheit", "Herrschaft des Rechts", "wahre Demokratie". Im Vorspruch des Europäischen Kulturabkommens (1954) wird die "gemeinsame europäische Kultur" beschworen, die dann in den einzelnen Artikeln im Blick auf das "Studium der Sprachen, der Geschichte und der Zivilisation" ausdifferenziert ist. (An das schon erwähnte besondere Präambelrecht im KSZE-Vertrag von Helsinki (1975) mit dem Begriff "Förderung der Grundrechte" sei erinnert.)

Ergiebig wird ein Blick auf Präambeln des Europarechts *i.e.S.* der EWG bzw. EG.[23] Der Gründungsvertrag (1957) normiert die Entschlossenheit, durch diesen Zusammenschluss ihrer Wirtschaftskraft Frieden und Freiheit zu wahren und zu festigen" – die einzelnen wirtschaftlichen Freiheiten werden dann später ausgeformt. "Maastricht" und "Amsterdam" lassen fast alle Prinzipien schon in ihrer Präambel anklingen, die später das Netzwerk der sehr dicht gestrickten Artikelgruppen prägen: so das Bekenntnis zu den "Grundsätzen der Freiheit, der Demokratie und der Achtung der Menschenrechte und Grundfreiheiten und der Rechtsstaatlichkeit" (Präambel EUV) – ein klarer Verweis auf die EMRK-Traditionen, sodann die Betonung der "Solidarität zwischen ihren Völkern, zur Achtung ihrer Geschichte, ihrer Kultur und ihrer Traditionen" (Präambel EUV), aber auch Umweltschutz, Bürgernähe, Subsidiarität, Raum der Freiheit, der Sicherheit und des Rechts – Themen die in den anschließenden Artikeln konkretisiert sind. Die Präambel des EGV nennt u.a. den "sozialen Fortschritt" und die Wahrung von "Frieden und Freiheit".

Die EU-Grundrechte-Charta nimmt sich in der Form wie auch thematisch als "Quintessenz" der Entwicklungsstufen des europäischen Präambelrechts aus[24]: Fast alle euro-

---

22 Dazu meine Verfassungslehre als Kulturwissenschaft, aaO., S. 920 ff.
23 Dazu *A.-Ch. Kulow*, Inhalte und Funktionen der Präambel des EG-Vertrages, 1997.
24 Die Präambeltexte sind in diesem Sinne zugleich *Kon*texte und *Prae*texte einer späteren europäischen Verfassung. Parallel dazu gilt: Die wissenschaftliche und politische Diskussion, aber auch die Judikate der Gerichte liefern oft Textvorbilder, die später einmal zu Verfassungstexten werden können. Auch die von Bundeskanzler *G. Schröder* in der derzeitigen EU-Reformdiskussion vorgegebenen Stichworte (Budgethoheit für das Europäische Parlament, Kommission als EU-Exekutive, EU-Ministerrat als Staatenkammer) könnten einmal in eine spätere geschriebene Gemeinschaftsverfassung oder Teil-Verfassung der Gemeinschaften Eingang finden. Sie sind heute Prae-, vielleicht auch schon Kontexte einer europäischen Verfassungsgemeinschaft "im Werden".

päischen Grundwerte und Interessen sind auf den Punkt bzw. Begriff gebracht, teils allgemein, etwa als gemeinsame Werte, gemeinsame Verfassungstraditionen, teils spezieller: Werte der Würde des Menschen, der Freiheit, der Gleichheit und der Solidarität, als Grundsätze der Demokratie und des Rechtsstaates. Dabei kommt auch Neues in den Blick: "nachhaltige Entwicklung", vor allem die Betonung der "Verantwortlichkeiten und Pflichten sowohl gegenüber den Mitmenschen als auch gegenüber der menschlichen Gemeinschaft und den künftigen Generationen" (Die "Generationengerechtigkeit" ist ein Stichwort auch in Europa!). Bald ist auf das Europa der Union Bezug genommen, bald das Europa des Europarates (Verweis auf EMRK und ESC) "angedacht". Zuvor hat das Präambelrecht des Dokuments des Kopenhagener Treffens der Konferenz über die menschenrechtliche Dimension der KSZE (1990)[25] geglückte Stichworte geliefert: erkennen an, dass pluralistische Demokratie und Rechtsstaatlichkeit wesentlich sind für die "Gewährleistung der Achtung aller Menschenrechte und Grundfreiheiten ..."; Bekenntnis zu den "Idealen der Demokratie und des politischen Pluralismus".

d) Die kulturwissenschaftliche Grundierung

Schon an den nationalen Beispielen lässt sich nachweisen, dass und wie Präambeln Begriffe verwenden, die letztlich einer kulturwissenschaftlichen Erarbeitung bedürfen: so wenn von Grundwerten, von Identität, von geistigem und kulturellem Erbe oder "Geist" die Rede ist. Europa, das weniger eine ökonomische denn eine geistige Größe ist und hieraus seine Identität gewinnen sollte, muss sich aus und in der Kultur verfassen. Gerade weil das juristische positivrechtliche Regelwerk oft nur recht technisch sein kann, müssen die europäischen Präambelbegriffe auf die kulturellen Gründe und Hintergründe Bezug nehmen: Dementsprechend bedarf es kulturwissenschaftlicher Arbeitsmethoden, um die Inhalte dieser Begriffe zu erschließen.

Die Präambel der EMRK ist hier besonders ergiebig, was nicht überrascht, denn 1950 konnte noch nicht an jenes dichte rechtliche Regelwerk angeknüpft werden, wie es heute besteht: die Rede ist von "Regierungen europäischer Staaten, die vom gleichen Geist beseelt" (!) sind und ein "gemeinsames Erbe an geistigen Gütern, politischen Überlieferungen" haben und eine "gemeinsamen Auffassung der Menschenrechte" besitzen. Solche Geist- und kulturelles Erbe-Klauseln, gemeineuropäisch gedacht, sind eine Stufe tiefer oder höher als alle positivrechtlichen Begriffe angesiedelt. Das *J. Delors* zugeschriebene Wort, Europa müsse wieder eine "Seele" haben, findet hier einen frühen positivrechtlichen Ausdruck. Vorausgegangen war der Vorspruch zu der Satzung des Europarates (1949) mit der Betonung der "Verbundenheit mit den geistigen und sittlichen Werten, die das gemeinsame Erbe ihrer Völker sind". Auch ist die Rede von "fortschreitender Verwirklichung dieses Ideals". Im Vorspruch des Europäischen Kulturabkommens (1954), des "Grundgesetzes des Europas der Kultur" finden sich wie an einer Perlenkette die Prinzipien aufgereiht, die sich der kulturwissenschaftlich fassbaren Begründung Europas darstellen: "Ideale und Grundsätze, die ihr gemeinsames Erbe bilden", "Wahrung und Förderung der gemeinsamen europäischen Kultur". Die Präambel

---

25 Zit. nach EuGRZ 1990, S. 239 ff.

der ESC (1961) wiederholt die Ideal-, Grundsätze- bzw. Erbes-Klausel, fügt aber als Ziel die Förderung des wirtschaftlichen und sozialen Fortschritts hinzu, überhaupt die "sozialen Rechte" und das Leitziel der Förderung des "sozialen Wohls". Die Präambeln der Verträge von Maastricht und Amsterdam (1992/97) schließlich reichen, sogleich erkennbar, in kulturelle Tiefenschichten, insofern von "Identität und Unabhängigkeit Europas" die Rede ist (Präambel EUV) und von der Entschlossenheit, "durch umfassenden Zugang zur Bildung und durch ständige Weiterbildung auf einen möglichst hohen Wissensstand ihrer Völker hinzuwirken"[26].

Die EU-Grundrechte-Charta (2000) hat sich schon nach den bisherigen hier verwendeten Präambelkriterien (Feiertagssprache, Zeitschiene, inhaltliche Grundierung) als besonders geglückt, konzentriert und reichhaltig erwiesen. Sie führt, wie gezeigt, das Europa i.e.S. und i.w.S. formal und inhaltlich zusammen bzw. bereitet das weitere Zusammenwachsen intensiv vor. Überdenkt man ihre Textensembles, zeigt sich auch hier eine Reihe von europäischen Verfassungsprinzipien, deren Sinnfülle mit den Arbeitsmethoden der Kulturwissenschaften zu erschließen ist: Schon auf den ersten Blick gilt dies für Begriffe wie "geistig-religiöses und sittliches Erbe", "gemeinsame Werte unter Achtung der Vielfalt der Kulturen und Traditionen der Völker Europas" (nicht etwa der EU!), sowie der "nationalen Identität" der Mitgliedstaaten[27], schließlich "gemeinsame Verfassungstraditionen". Auch der (selbst gegenüber der EMRK) so neue Begriff der "Verantwortlichkeiten und Pflichten sowohl gegenüber den Mitmenschen als auch gegenüber der menschlichen Gemeinschaft und den künftigen Generationen" ist aus kulturellen Kontexten zu erarbeiten.

Gerade von diesem Gipfeldokument von Nizza aus sei ein Blick zurück auf die Zeit der Ost/West-Spaltung in Europa geworfen: auf die KSZE-Schlussakte von Helsinki (1975). Wie gezeigt, finden sich im dortigen Präambelrecht *in nuce* Formulierungen, die textliche Bausteine für späteres gemeineuropäisches Präambelrecht geworden sind: so in den Worten "gemeinsame Geschichte und in der Erkenntnis, dass die vorhandenen gemeinsamen Elemente ihrer Tradition und Werte bei der Entwicklung ihrer Beziehungen dienlich sein können" sowie in dem Passus "Förderung der Grundrechte" sowie in der Passage "Steigerung des Austausches auf dem Gebiet der Kultur und Bildung".

An solches Präambeldenken konnte dann auch das Dokument des Krakauer Symposions über das kulturelle Erbe der KSZE-Teilnehmerstaaten (1991)[28] anknüpfen. Im Vorspruch heißt es u.a.:

---

26 Dieser Wissensstand ist letztlich auch Voraussetzung einer von den Bürgern ausgehenden Diskussion um die Verfassung Europas. Durch Wissen wird ein Wettbewerb der Ideen möglich. Gerade dieser "Ideenwettbewerb" um eine europäische Verfassung schafft ein Stück europäischer Öffentlichkeit und umgekehrt. Diese europäische Öffentlichkeit wird derzeit zum Forum der Verfassungsdebatte. Die Idee von Europa als Vielfalt und Einheit führt zu einem "Wir-Bewusstsein", an dessen Schaffung auch die Medien teilhaben. Das Bewusstsein dafür, dass Europapolitik europäische *Innen*politik ist, kommt hinzu. Siehe noch Nachtrag und Anhang.

27 Das Opernwerk von G. Verdi ist ein Teil der kulturellen bzw. nationalen Identität Italiens, was nicht nur im Verdi-Jahr 2001 bewusst wurde.

28 Zit. nach EuGRZ 1991, S. 250 ff.

"Die Teilnehmerstaaten ... unterstreichen den Beitrag, den die Kultur zur Überwindung der Trennungen in der Vergangenheit und zur verstärkten Zusammenarbeit ... geleistet hat; sie bringen ihre tief empfundene Überzeugung zum Ausdruck, dass sie gemeinsame, durch die Geschichte geprägte Wertvorstellungen teilen, die u.a. auf der Achtung der Person sowie der Anerkennung der Bedeutung geistiger und kultureller Werte, der Verpflichtung zur Rechtsstaatlichkeit, Toleranz und Offenheit für einen Dialog mit anderen Kulturen beruhen".

Zu diesen Wertvorstellungen gehört sicher trotz der Säkularisation das christliche Element[29]. Auch andere Begriffe verweisen auf den kulturwissenschaftlichen Ansatz: "Bewahrung und Schutz ihres kulturellen Erbes", "kultureller Dialog untereinander", "kulturelle Vielfalt", "Regionalaspekte der Kultur".

3. Umrisse einer europaverfassungsrechtlichen Präambeltheorie

Das bereits heute riesige Präambelmaterial, das hier bewusst sowohl hinsichtlich des Europarechts im engeren als auch im weiteren Sinne aufbereitet worden ist, lässt erkennen, dass die am nationalen Verfassungsrecht entwickelten Kategorien sich auch auf die europäische Ebene übertragen lassen (vor allem die Sprache, die Zeitdimension und die geistige Fundierung). Gleichwohl ist Spezifisches, zum Teil Neues erkennbar, das es verdient, in einer "europäischen Verfassungslehre" als solches kenntlich gemacht zu werden. Dazu einige Stichworte.

a)   Beobachten lassen sich eindrucksvolle Wachstums- und Verdichtungsprozesse, viele Rezeptionen aus nationalen Verfassungen oder älteren europäischen Vertragswerken. Konstante Formeln, die immer wiederkehren (z.B. Erbes-Klauseln), aber auch innovative Prinzipien, die weit in die Zukunft greifen wollen (z.B. "Solidarität").

b)   Europa wächst gerade im Medium der dargestellten Präambeln intensiv zusammen. Das Europa im engeren und im weiteren Sinne begegnet sich spezifisch auf der Ebene des Präambelrechts. Die dortigen Formeln, Bekenntnis-, Erkenntnisklauseln und Geist-Klauseln etc. sind auf Grund ihrer Allgemeinheit auch besonders geeignet, die Integration, mitunter formelhaft dort zu propagieren, wo das positive Europaverfassungsrecht[30] noch "nachhinkt" bzw. langsamer ist.

c)   Die normative Kraft dieses europäischen Präambelrechts mag zwar geringer sein als die (mittlerweile sich durchsetzende) Bindungswirkung des national verfassungsstaatlichen Präambelrechts, z.B. des GG von 1949 oder der Verfassung Frankreichs von 1958. Darum auch ihre Kulturhaltigkeit. Dennoch liegt im europäischen Präambelrecht ein Reservoir an Topoi vor, die einerseits die nationalen und die beiden europäischen Verfassungsgerichte EuGH und EGMR "anre-

---

29   S. auch *Hans Maier*, Europa ohne Christentum – was wäre anders?, FAZ vom 17. Mai 2001.
30   Pionierhaft wirkte – erst recht im Rückblick – der von J. Schwarze und R. Bieber herausgegebene Band "Eine Verfassung für Europa", 1986. Der Titel ist jüngst wiederholt worden – mit einem Ausrufezeichen (*J. Schwarze*, Eine Verfassung für Europa!, Deutsches Allgemeines Sonntagsblatt vom 24. Nov. 1999, S. 12).

gen" können, andererseits appelativ die europäische Verfassungspolitik zu inspirieren vermögen (konstitutionelle Europaprogrammatik).

d) Die umsichtige Fortschreibung des Präambelrechts auf der europäischen Ebene, zuletzt etwa in der EU-Grundrechte-Charta unternommen[31], gehört zum besonderen Verantwortungsbereich aller am europäischen Einigungswerk Beteiligten: vom berufsmäßigen Europapolitiker über den Europarichter bis zum Europabürger, der sich auf Präambeltexte beruft[32]. Es ist typisch, dass gerade um Passagen der EU-Grundrechte-Charta 2000 besonders hart gerungen wurde (in Sachen "religiöses Erbe"). Diese Charta stellt m.E. derzeit die höchste Verdichtungsstufe allen gemeineuropäischen Präambelrechts dar.

e) So offenkundig sich gerade bei den Präambeln zeigen ließ, dass sie zu den klassischen Begriffen der national konzipierten Verfassungslehre gehören, die dem Prozess der "Europäisierung" unterliegen: Es bleibt die Aufgabe, die besonderen Chancen des europäischen Präambelrechts als eigener Kategorie zu erkennen und zu nutzen. Dazu gehört die Einsicht, dass die Präambeln im europäischen Verfassungsrecht eine spezifische Aufgabe haben: sie sind eine *hochrangige Teilverfassung*, bilden die Rahmenordnung für *alle* Völker Europas, strahlen in die nationalen Verfassungen ebenso aus wie in das nachgeordnete "positive" Europarecht. Wenn es einen "europäischen Verfassungspatriotismus" gibt, so kommt er besonders in den dargestellten Präambeln zum Ausdruck. In einem tiefen Sinne sind sie *das* "europäische Kulturverfassungsrecht" "par excellence".

f) Den Verfassungspolitikern Europas ist der sorgsame Umgang mit den Formen und Inhalten dieser Präambeln bzw. ihrer Teile besonders ans Herz zu legen. Der Europa-Bürger kann und muss gerade via Präambeln "angesprochen" werden. Ihm dürfte auch die spezifisch im Präambelrecht zum Ausdruck kommende europäische Kontinuität und Identität verständlich sein. Gerade weil die Präambeln so wichtig und "einsichtig" sind, gerade deshalb dürfen sie weder zu barocküberladen noch zu dürftig-karg sein. Im Übrigen fällt auf, dass der Begriff "Europa", "Völker Europas"[33] nirgends definiert ist, er wird nur von den inneren Grundwerten her umschrieben, von den Bekenntnissen, Rechtsprinzipien, ja Glaubenssätzen her, von ihrer Geschichte und Zukunft aus.

g) Geht man in Zukunft den bisherigen Weg der stückweisen Fortschreibung des europäischen Präambelrechts, als schrittweiser Summierung weiter, so stellt sich eines Tages die Frage, ob Präambelbeschreibung bzw. -ergänzung nicht doch Sache der bzw. des Verfassunggebers in Europa ist bzw. sein muss.

---

31 Dazu unten K. II. 3. a.
32 Stichwort ist auch die Transparenz der Präambeltexte, die manches "Transparenzdefizit" zu relativieren vermag. Zum Thema noch den Beitrag von *W. Schroeder*, Demokratie, Transparenz und die Regierungskonferenz – Überlegungen zur Legitimität der Europäischen Union, KritV 1998, S. 423 ff.
33 Dabei hat das klassische "We the People" der US-Bundesverfassung sogar Einzug in die Präambel der UN-Charta gehalten!

4. Verfassungspolitische Perspektiven

Sie erwachsen im Grund schon aus der angedeuteten Materialverarbeitung. Alle künftigen Teilverfassungen Europas, etwa ein "Postnizza"-Dokument[34], eine Grundwerte-Charta, sollten sich des Instruments der Präambel überlegt bedienen. Dabei darf auch das Beispielsmaterial neuer Verfassungen, etwa Polens (1997) und der Schweiz (2000), ausgewertet werden. Ihnen sind z.T. Innovationen geglückt, die selbst dann europaweit Vorbild sein können, wenn und solange diese Länder noch nicht Mitglied der EU sind. Der Schweizer nBV ist etwa eine neuartige Gemeinwohlklausel geglückt ("dass sich die Stärke des Volkes misst am Wohl der Schwachen"), Polen (1997) sucht schon in der Präambel religiös gebundenen wie anderen Mitbürgern eine Heimat zu sein (prägnant auch Präambel Verf. Albanien von 1998: "Glauben an Gott und/oder andere universelle Werte"). Das ganze Europa, das Gemeineuropäische hat im Präambelrecht seine vornehmste Ausprägung. Das Geben und Nehmen zwischen den Themen der nationalen Verfassungsstaaten und den Teilverfassungen Europas wird immer wieder greifbar (vgl. jetzt die Osmosen in Sachen "nachhaltige Entwicklung").

B. Menschenwürde als "kulturanthropologische Prämisse" auch Europas

I. Die Menschenwürde im Verfassungsstaat

1. Die Menschenwürde und das Person-Sein des Menschen

Trotz der großen Rechtsprechungstradition des Bundesverfassungsgerichts[35] ist keine für ausreichend gehaltene, "handliche" Formulierung für das, was Menschenwürde sein soll, erkennbar. "Zwischen den Zeilen" der verschiedenen Menschenwürdeklauseln der Verfassungen lässt sich spüren, dass die Klauseln jeweils auf eine kulturspezifische Vorstellung von Menschenwürde bezogen sind. Dies wirft die Frage nach der Kulturabhängigkeit (vor allem auch Religionsabhängigkeit) von Menschenwürdevorstellungen auf[36]. Verstößt z.B. die Stellung der Frau im Islam gegen einen in der ganzen Welt ("universal") geltenden, nicht aufgebbaren Inhalt von Menschenwürde? Oder gilt etwa der

---

34   Die Frage zur Vorbereitung der Reform des Vertrages von Nizza lautete: "Konvent, Forum oder Versammlung" (vgl. FAZ vom 11. Juli 2001, S. 2). Allgemein zum Vertrag von Nizza siehe noch *M. Borchmann*, Der Vertrag von Nizza, EuZW 2001, S. 170 ff. sowie Anhang.
35   Nachweise in *P. Häberle*, Die Menschenwürde als Grundlage der staatlichen Gemeinschaft, HdBStR Bd. I (1987), 2. Aufl. 1995, S. 815 (820 ff.), 3. Aufl. 2004, II, § 22; ebenso bei *H. Dreier*, in: ders. (Hrsg.), Grundgesetz-Kommentar, Bd. 1, 1996, Art. 1 Abs. 1 bei Rn. 81 bis 86 (2. Aufl. 2004 ab Rn. 39 ff.). Zuletzt BVerfGE 89, 28 (35); 93, 266 zum Schutz der persönlichen Ehre. S. auch E 94, 12 (34); 95, 96 (130); 97, 391 (399 f.); 102, 347 (367); 370 (389), 109, 279 (310 ff.). – Aus der Schweiz: *P. Mastronardi*, Menschenwürde als materielle "Grundnorm", in: D. Thürer/J.-F. Aubert/J.P. Müller (Hrsg.), Verfassungsrecht der Schweiz, 2001, § 14.
36   Vgl. BVerfGE 12, 1 (4): "heutige Kulturvölker", "Boden gewisser übereinstimmender sittlicher Grundanschauungen im Laufe der geschichtlichen Entwicklung"; vgl. auch BVerfGE 24, 236 (246).

berühmte Satz: "The mores can make anything right" (*William G. Sumner*). Gibt es einen kulturkreisunabhängigen "*Kern*" der Menschenwürde?

Diese Frage kann nur grundrechtsspezifisch beantwortet werden[37]. Auszugehen ist von der These, dass die Gesamtheit der personal bezogenen Rechtsverbürgungen einerseits und Pflichten andererseits es dem Menschen ermöglichen soll, Person[38] zu werden, zu sein und zu bleiben. In dieser rechtlichen lebensbereichsspezifischen Absicherung des *Person-Seins*, der Identität, nimmt die Menschenwürde ihren zentralen Platz ein: Wie der Mensch zur Person wird, gibt auch Hinweise auf das, was "Menschenwürde" ist. Zwei Fragen sind zu unterscheiden: wie sich menschliche Identität in einer Gesellschaft bildet, und inwieweit man von einem *interkulturell* gültigen (und damit "universalen") Identitätskonzept ausgehen kann.

2. Verfassungstheoretische Konsequenzen des Menschenwürdedenkens

Betrachtet man die psychologischen und sozialwissenschaftlichen Identitätskonzepte, so zeigt sich eine sachliche (nicht: terminologische) Gemeinsamkeit: Identitätswerdung scheint sich zu vollziehen in einer in einen bestimmten "Rahmen" eingebetteten Freiheit: Dieser Rahmen ist zum Teil auch der rechtliche "Überbau" der Gesellschaft. In ihm vermittelt der Grundsatz der Menschenwürde dem Individuum bestimmte normative "Personenvorstellungen", die durch die Kultur geprägt werden, in der sie entstanden sind[39].

a) Der Mensch als Subjekt

Menschenwürde ist dennoch nicht nur kulturspezifisch inhaltlich analysierbar. Schon beim Blick auf *interkulturell* gültige Identitätskonzepte zeigt sich, dass bestimmte grundlegende Komponenten menschlicher Persönlichkeit in allen Kulturen berücksichtigt werden müssen: Sie sind damit auch Inhalt eines nicht kulturspezifisch reduzierbaren Menschenwürdekonzeptes.

Jenseits dessen ist der Orientierungsrahmen, vor dessen Hintergrund sich in freier, aber orientierter Entfaltung der Mensch zur Person findet, durchaus nicht statisch. Gesicherte, d.h. sozial akzeptierte Entfaltungs- und Kommunikationsmöglichkeiten – z.B. in der Form von gefestigten Rollen, im Beruf etwa "Berufsbilder" – werden ein Teil des (nicht nur rechtlichen) Orientierungsrahmens; die Kulturspezifik von Menschenwürdevorstellungen wird damit zu einer Kulturspezifik in der Zeit, der Orientierungsrahmen durch die wachsende Zahl seiner Orientierungsmöglichkeiten immer flexibler und diffe-

---

37 S. bereits BVerfGE 12, 45 (50 f.); später E 54, 341 (357).
38 So schon *J. M. Wintrich*, Zur Problematik der Grundrechte, 1957, bes. S. 6: Würde kommt dem Menschen zu, weil er "wesensmäßig" Person "ist".
39 S. schon *R. Zippelius*, Bonner Kommentar (Zweitbearbeitung), Art. 4 GG (1966), Rn. 4: "Der zweite Hauptbegriff der in unserer Kulturgemeinschaft (!) lebendigen Vorstellungen über die Menschenwürde ist die sittliche Autonomie."

renzierter⁴⁰. Eine Rückkehr zu überkommen-starren Vorstellungen wird schwer, ja unmöglich gemacht.

Mit anderen Worten: Die *Dürigsche Objekt*formel wird zur *Subjekt*formel; der Verfassungsstaat verwirklicht Menschenwürde, indem er die Bürger zum Subjekt ihres Handelns macht⁴¹. Menschenwürde ist in diesem Sinne die gewachsene und wachsende Biographie des Verhältnisses Staat-Bürger⁴² (und, mit dem Schwinden der Trennung von Staat und Gesellschaft, des Verhältnisses Staat/Gesellschaft-Bürger). Hier liegt die (partielle) Berechtigung, wenn z.T. die Menschenwürde als gelungene Selbstdarstellung individuell konstituierter Persönlichkeit und damit als eigene Leistung des einzelnen Menschen hervorgehoben wird⁴³, die z.B. als Recht auf "informationelle Selbstbestimmung" praktisch sinnfällig ist⁴⁴. Das Konzept der Identitäts(-wahrnehmung und -findung) wird hier wegen der Offenheit jenes Orientierungsrahmens für Menschenwürde in einem weiten Sinne verstanden, der die sozialen und rechtlichen Möglichkeitsbedingungen einbezieht⁴⁵.

b) Menschenwürde im Du-Bezug und im Generationenverbund

Die sozialwissenschaftlichen Identitätskonzepte belegen zudem die weitere juristische Erkenntnis: In der Menschenwürde ist der Du-Bezug von vornherein mitgedacht. Die Anerkennung der "gleichen Menschenwürde des Anderen"⁴⁶ bildet die dogmatische Brücke zur Du-bezüglichen Einbettung der Menschenwürde "des Einen", wie dies die Menschenbildjudikatur des Bundesverfassungsgerichts⁴⁷ oder der Katalog der Grundrechte besonders in Art. 6 und 140, 9 und 21 oder 28 Abs. 2 GG konkretisieren⁴⁸. Der Bezug zum "Anderen", "Nächsten", dem "Du" und "Bruder" (im Sinne der Brüderlichkeit von 1789), heute auch der "Schwester", ist integraler Bestandteil des Grundrechtssatzes von der Menschenwürde.

---

40 Daher ist es auch funktional "richtig", ein allgemeines "Auffang-Grundrecht" wie Art. 2 Abs. 1 GG zu normieren, der in Verbindung mit Art. 1 Abs. 1 GG in die Zukunft wirken kann.
41 Deutlich BVerfGE 38, 105 (114 f.); 9, 89 (95); E 87, 209 (228); s. auch E 89, 28 (insbes. 35); 109, 279 (311 ff.). Grundlegend *G. Dürig*, Der Grundrechtssatz von der Menschenwürde (1956), später in: *G. Dürig*, Gesammelte Schriften, 1984, S. 127 ff. Das gilt für das gesamte Leben, von der Geburt bis zum Tod: siehe z.B. *F. Hufen*, In dubio pro dignitate. Selbstbestimmung und Grundrechtsschutz am Ende des Lebens, NJW 2001, S. 849 ff.
42 Auch Art. 79 Abs. 3 GG betrifft nicht so sehr abstrakte philosophisch-ethische Würdekonzepte als vielmehr eben die gewachsene Biographie des Verhältnisses Staat/(Gesellschaft)-Bürger.
43 *N. Luhmann*, Grundrechte als Institution, 1965, 2. Aufl. 1974, S. 68 ff.; *A. Podlech*, GG-AK, 2. Aufl., Bd. 1, 1989, Art. 1 Abs. 1, Rn. 11.
44 Vgl. BVerfGE 65, 1 (41 ff.); *P. Badura*, Staatsrecht, 3. Aufl. 2003, S. 106, 121 ff.
45 Begrifflich enger *A. Podlech*, Alternativ-K. GG, Art. 1 Abs. 1 (1989), Rn. 34 ff.
46 Vgl. zu den Gleichheitsrechten: HdBStR Bd. V (1992), S. 837 ff. (insbes. *P. Kirchhof*); *K. Hesse*, Der Gleichheitssatz in der neuen Rechtsprechung des Bundesverfassungsgerichts, FS Lerche, 1993, S. 121 ff.
47 Dazu *P. Häberle*, Das Menschenbild im Verfassungsstaat, 1988, S. 44 ff. (2. Aufl. 2001; 3. Aufl. 2004). Aus der weiteren Lit.: *J.M. Bergmann*, Das Menschenbild der Europäischen Menschenrechtskonvention, 1995.
48 Zum "status corporativus": *P. Häberle*, Die Wesensgehaltgarantie des Art. 19 Abs. 2 GG, 3. Aufl. 1983, S. 376 ff. Ein anderer Aspekt bei *H.-G. Dederer*, Korporative Staatsgewalt, 2004.

Kurz: Der Mensch ist Mitmensch und zugleich Glied der "Generationenkette". Der Generationenvertrag ist eine immer wieder zu erbringende kulturelle Leistung!

c) Menschenwürde im kulturellen Wandel

Der Verfassungssatz der Menschenwürde bringt ein Mindestmaß an Entwicklungsfähigkeit und damit auch Wandelbarkeit der scheinbar "absoluten" Menschenwürde mit sich. So rücken Gefahren im Umweltbereich erst jüngst ins allgemeine Bewusstsein, wird manche gesellschaftliche Randgruppe (z.B. die der Transsexuellen) erst in neuerer Zeit wahrgenommen: Die Menschenwürdeklauseln stehen im Kontext der Verfassungskultur. Dieser weist über das Juristische der Verfassung hinaus: auf das Kulturelle, d.h. auf Klassikertexte ebenso wie auf konkrete Utopien (z.B. der Umweltschützer), auf Erfahrungen eines Volkes (z.B. mit Tyrannen) ebenso wie auf Hoffnungen (bis 1990 die Einheit Deutschlands, heute die Europas).

3. Insbesondere: Der Zusammenhang von Menschenwürde und Demokratie

a) Das "klassische" Trennungsdenken und seine Kritik

Der Zusammenhang von Menschenwürde und Demokratie sei an dieser Stelle mit deutlichem Akzent auf dem Menschenwürdedenken bereits entwickelt. Grundlage des Verfassungsstaates ist eine doppelte: Volkssouveränität und Menschenwürde. Geistesgeschichtlich wurden Volkssouveränität und Menschenwürde bislang meist getrennt gedacht und "organisiert". Volkssouveränität war das politisch-polemische Gegenstück gegen die monarchische Fürstensouveränität[49]. Ihr klassisches Verständnis in der Tradition von *J.-J. Rousseaus* "Alle Staatsgewalt geht vom Volk aus" prägt die geschriebenen Verfassungstexte und die Wissenschaftstradition bis heute. Seine Durchschlagskraft ist so stark, dass Korrekturen eher peripher, grundsätzliche Infragestellungen kaum und substantielle Verfassungstextvarianten selten wahrgenommen werden. Noch in *Dolf Sternbergers* Satz: "Nicht alle Staatsgewalt geht vom Volke aus" liegt eine ungewollte Verbeugung vor der – bekämpften – "Position" *J.-J. Rousseaus*. Im Postulat der gewaltenteilenden oder rechtsstaatlichen Demokratie[50] liegt ebenso eine Korrektur "absoluter" Volkssouveränitätslehren wie im Hinweis auf das pluralistische Aufgespaltensein des Volkswillens[51]. Dennoch bleibt es Aufgabe, Volkssouveränität von ihrem historisch-polemischen Ursprung abzulösen und mit Menschenwürde im Zusammenhang zu sehen.

b) Wandlungen der Verfassungstexte

Ein Vergleich der Texte verfassungsstaatlicher Verfassungen zeigt in älteren Verfassungen das Volk als primäres Element der Drei-Elemente-Lehre allgemeiner Staats-

---

49   Zur Souveränität vgl. grdl. *P. Dagtoglou*, Art. Souveränität, in: EvStL, 1966, Sp. 2321 ff. (jetzt 3. Aufl. 1987, Sp. 3155 ff.).
50   *R. Bäumlin*, Die rechtsstaatliche Demokratie, 1954.
51   Vgl. *K. Hesse*, Grundzüge des Verfassungsrechts der Bundesrepublik Deutschland, 20. Aufl. 1995 (Neudruck 1999), S. 5 ff., 63 f.

lehren, gelegentlich wird der Bürger zum "Objekt" der Staatsgewalt degradiert, textlich zum einen in der Tradition der Volkssouveränitätsdoktrin, d.h. als Passus "Alle Staatsgewalt geht vom Volk aus"; zum anderen fällt die nationalstaatliche Kodifikationsgestalt auf: Das Volk wird als (gegen ethnische Minderheiten) einheitliches, "nationales" postuliert: im Sinn von "deutschem Volk" u. ä.

Fast unbemerkt gehen einige neuere Verfassungstexte einen anderen Weg[52]. Entweder modifizieren sie die Volkssouveränitätsklausel[53] oder sie bauen ihren Grundrechtsteil so deutlich von der Menschenwürdegarantie her auf, dass dieses auf das Verständnis der überlieferten Volkssouveränitätsklausel nicht ohne Auswirkung bleiben kann – so in Art. 1 GG, der den Art. 20 Abs. 2 "korrigiert". Wenn nach dem Verfassungs-Entwurf von Herrenchiemsee von 1948 (Art. 1 Abs. 1) "der Staat um des Menschen willen da" ist (und nicht umgekehrt), dann mag alle Staatsgewalt vom Volk "ausgehen", aber dieser Satz hat seinerseits schon seine "primäre Prämisse" in der Menschenwürde! Sie ist der "archimedische Bezugspunkt" aller – auch im Verfassungsstaat notwendigen – Herrschaftsableitungen und -zusammenhänge bzw. "Legitimationsketten". "Herrschaft des Volkes" (durch das Volk und für das Volk) wird erst in einem zweiten Denkschritt gedacht. Der Menschenwürdeschutz (auch in seiner Ausstrahlung auf Einzelgrundrechte!) ist als Rechtsgrundsatz "Staat" und "Volk" vorgegeben und auch allen Herrschaftsableitungen und Legitimationszusammenhängen vom Volk zu den Staatsorganen (vgl. dazu BVerfGE 93, 37 (67 f.)).

Eine Parallelität von Menschenwürde und Volkssouveränität wird schon deutlich in Art. 1 und 2 Verf. Griechenland (1975). Art. 1 Abs. 2 lautet: "Grundlage der Staatsform ist die Volkssouveränität", Abs. 3: "Alle Gewalt geht vom Volk aus, besteht für das Volk..." etc. Wenn dann Art. 2 Abs. 1 die "Grundverpflichtung" des Staates zu Achtung und Schutz der Menschenwürde normiert, so sind Volkssouveränität und Menschenwürdekonzept von vornherein verklammert. Noch besser formuliert aber Art. 1 Verf. Portugal (1976/1997) diesen Zusammenhang[54].

Das "Verfassungsrecht" in Europa bzw. Verfassungsrecht von Europa ist auf seinen *zwei*, sich eng verknüpfenden Ebenen zu sehen: Die einzelnen *nationalen* Verfassungsstaaten, ihre Gemeinsamkeiten und Unterschiede sind die eine Ebene, auf der sich Verfassungsprinzipien ausmachen lassen: Sie verfassen Europa sozusagen von "unten her", wenn dieses räumliche Bild nicht schon deshalb falsch wäre, weil alle Hierarchie-Konzepte falsch sind und der *Bürger* bzw. die Menschenwürde innerverfassungs-

---

52 Punktuell wird der Zusammenhang von Volk und Menschenrechten angedeutet z.B. in § 130 Paulskirchenverfassung (1849); s. auch Art. 1 S. 2 B-Verf. Österreich (1920): "Ihr Recht geht vom Volk aus". Die Überschrift des Grundrechtsabschnitts der Verf. Japan (1946) formuliert: "Die Rechte und Pflichten des Volkes" (zit. nach *R. Neumann*, Änderung und Wandlung der japanischen Verfassung, 1982, S. 187).
53 Vgl. Art. 1 Abs. 2 Burgenland (1981): "Burgenland gründet auf der Freiheit und Würde des Menschen." – D. Kreijen (Hrsg.), State, Sovereignity, and International Governance, 2002.
54 "Portugal ist eine souveräne Republik, die sich auf die Grundsätze der Menschenwürde und des Volkswillens gründet und deren Ziel die Errichtung einer freien, gerechten und solidarischen Gesellschaft ist."

staatlich wie europäisch die kulturanthropologische *Prämisse* ist. Von ihr geht alles Konstitutionelle aus; auf sie geht auch die Demokratie zurück.

II. Die Auslegung im Kontext der europäischen Verfassungslehre: der "homo europaeus"

1. Die Idee des "homo europaeus"

Der kulturelle Sozialisierungsprozess des "homo europaeus"[55] gelingt nur in den erwähnten *vielen* Öffentlichkeiten. Die Frage, "Gibt es eine europäische Öffentlichkeit?"[56] ist also *differenziert* zu beantworten, wobei an die oft fehlende Transparenz der Entscheidungen "aus Brüssel" kritisch zu denken ist[57]. Es geht um das "gemeinsame Erbe an geistigen Gütern, politischen Überlieferungen, Achtung der Freiheit und Vorherrschaft des Gesetzes" (vgl. Präambel EMRK von 1950); es geht um "Abkommen und gemeinschaftliches Vorgehen auf wirtschaftlichem, sozialem, kulturellem und wissenschaftlichem Gebiet" (vgl. Art. 1 der Satzung des Europarates von 1949), es geht – z.B. über das deutsch-polnische Verhältnis hinaus – um die jeweils nationalen Beiträge "zum gemeinsamen kulturellen Erbe Europa" und die "gegenseitige Bereicherung der Kulturen" der europäischen Völker, sowie die Bedeutung des Kulturaustausches für das gegenseitige Verständnis und für die Aussöhnung der Völker (vgl. Präambel des deutsch-polnischen Nachbarschaftsvertrages von 1991); es geht um die Solidarität zwischen den (europäischen) Völkern "unter Achtung ihrer Geschichte, ihrer Struktur und ihrer Tradition" (vgl. Präambel des Maastrichter Vertrags von 1992). M.a.W. die wirtschaftliche Integration ist *instrumental* zu begreifen, sie steht im Dienste des "homo europaeus". Im Blick auf ihn hat der polnische Schriftsteller *Andrzej Szczypiorski* am Tag der deutschen Einheit am 3. Oktober 1994 in Bremen gesagt: "Welche Erleichterung, Europa wird sein! ... Es gibt kein Europa ohne die Gotik von Krakau und Prag, ohne den Dresdner Zwinger, ohne die Brücken von Budapest und ohne Leipzig, das früher die Hauptstadt des europäischen Buches war."[58]

2. Die europäische Dimension der Menschenwürde im Spiegel von Texten und Judikatur

Auch im Kontext Europas bleibt die Menschenwürde als verbindender und verbindlicher Text dieselbe. Gewiss, die einzelnen nationalen Wissenschaftlergemeinschaften und Gerichte werden mit unterschiedlichem Fallmaterial variantenreich arbeiten (müssen). Doch geben die neueren Verfassungstexte in den nationalen Verfassungen West-

---

55 Siehe dazu auch *M. Brenner*, Rahmenbedingungen des Menschenbildes im Gemeinschaftsrecht, FS Leisner 1999, S. 19 ff.
56 Vom Verf. erstmals gestellt in dem gleichnamigen Beitrag in ThürVBl. 1998, S. 121 ff. S. noch Erster Teil C.
57 Aus der Lit.: *W. Kahl*, Das Transparenzdefizit im Rechtsetzungsprozess der EU, ZG 1996, S. 224 ff. Transparenz muss dafür sorgen, auch beim Bürger eine größere Akzeptanz für die europäische Einigung zu finden. S.noch Anhang und Nachtrag.
58 Zit. nach FAZ vom 4. Okt. 1994, S. 6.

und Osteuropas und die Texte und Dokumente des Europaverfassungsrechts im engeren und weiteren Sinne allen Anlass, um diesen europäischen Grundwert gemeineuropäisch zu ringen. Hier einige Beispiele, zunächst aus westeuropäischen Verfassungen:

Menschenwürdeklauseln finden sich hochrangig plaziert vor allem in der jüngeren Wachstumsstufe verfassungsstaatlicher Verfassungen[59]. Die Verfassung des neuen verfassungsstaatlichen Portugal (1976/92 respektive /97) stellt sie in Art. 1 ganz nach vorn:

> "Portugal ist eine souveräne Republik, die sich auf die Achtung der Menschenwürde und des Volkswillens gründet ...".

Im Grundrechtskatalog taucht die Menschenwürde der Sache nach überdies beim Gleichheitsprinzip auf (Art. 13 Abs. 1: "Alle Bürger haben dieselbe gesellschaftliche Achtung und sind vor dem Gesetz gleich") und prägt bis in neue Einzelfreiheiten hinein den grundrechtlichen Schutzbereich (vgl. Art. 26 Abs. 2; Art. 66 Abs. 1).

Einer Menschenwürdenorm praktisch inhaltsgleich ist es, wenn Art. 27 Abs. 2 Verf. Italien (1947/93) bestimmt:

> "Die Strafen dürfen nicht in einer gegen die Menschlichkeit verstoßenden Behandlung bestehen und müssen die Umerziehung des Verurteilten anstreben."

Das zeigt schon ein Vergleich mit Art. 14 Abs. 4 Verf. Türkei (1961/73):

> "Auf eine mit der Menschenwürde unvereinbare Strafe darf nicht erkannt werden"; ähnlich Art. 17 Abs. 3 Verf. Türkei (1982).

Die Verfassung Griechenlands (1975/86) enthält eine dem Grundgesetz ähnliche Menschenwürdegarantie gleich eingangs in Art. 2 Abs. 1:

> "Grundverpflichtung des Staates ist es, die Würde des Menschen zu achten und zu schützen."

Die neue Verfassung Spaniens (1978/92) normiert die "Menschenwürde" in der Präambel sowie im Eingangsartikel zum 1. Titel "Die Grundrechte und Grundpflichten". In der Präambel heißt es:

> "Die spanische Nation ... verkündet in Ausübung ihrer Souveränität ihren Willen: ... den Fortschritt von Wirtschaft und Kultur zu fördern, um würdige Lebensverhältnisse für alle zu sichern ...".

Art. 10 Abs. 1 lautet:

> "Die Würde des Menschen, die unverletzlichen Menschenrechte, die freie Entfaltung der Persönlichkeit, die Achtung des Gesetzes und der Rechte

---

59 S. aber schon Präambel Verf. Irland (1937): "... auf dass die Würde und Freiheit des Individuums gewährleistet... werde", zit. nach P. Cornelius Mayer-Tasch (Hrsg.), Die Verfassungen Europas, 2. Aufl., 1975; Kap. 1 § 2 Abs. 1 Verf. Schweden (1974/76), zit. nach JöR 26 (1977). – Die neueren Verfassungen von Portugal, Türkei und Griechenland sind zit. nach ihrem Abdruck in JöR 32 (1983), die Spaniens nach JöR 29 (1980). – Die osteuropäischen Verfassungen sind zit. nach der fünfteiligen Dokumentation von JöR 43 (1995) bis JöR 46 (1998), S. 123 ff. Vgl. im übrigen Herbert Baumann/Matthias Ebert (Hrsg.), Die Verfassungen der frankophonen und lusophonen Staaten des subsaharischen Afrikas, 1997.

anderer sind die Grundlagen der politischen Ordnung und des sozialen Friedens."

Damit zeigt sich einmal mehr der Zusammenhang zwischen Präambeln und Grundrechten, aber auch die objektive Dimension der Menschenwürde und ihre "Grundlagenfunktion" für das politische Gemeinwesen wie für die Menschen- und Einzelgrundrechte[60].

In der Schweiz schließlich figuriert die Menschenwürde in den jüngeren Verfassungen und Verfassungsvorhaben sowohl auf kantonaler als auch auf Bundesebene[61].

Die neuesten Textverarbeitungen des Prinzips "Menschenwürde" in der "*Werkstatt Schweiz*" sind besonders ergiebig. Sie bestätigen das Textstufenparadigma, insofern in die Texte oft der neueste Stand in Literatur und Judikatur des Typus Verfassungsstaat eingeht. Während die klassische Menschenwürdeklausel schon textlich gemeinschweizerisches Verfassungsrecht geworden ist (vgl. z.B. Art. 9 Verf. Bern von 1993 und Art. 4 Verf. Appenzell A. Rh. von 1995), wagt die nBV Schweiz von 2000 neben dem bekannten Menschenwürde-Schutz (Art. 7) *neue* Texte und Kontexte. Art. 12 setzt neue Rechtsprechung und Literatur in den Satz um: "Wer in Not gerät und nicht in der Lage ist, für sich zu sorgen, hat Anspruch auf Hilfe und Betreuung und auf die Mittel, die für ein menschenwürdiges Dasein unerlässlich sind". Art. 119 zur Fortpflanzungsmedizin und Gentechnologie im Humanbereich verlangt vom Bund Vorschriften über den Umgang mit menschlichem Keim- und Erbgut: "Er (sc. der Bund) sorgt dabei für den Schutz der Menschenwürde...". Wenn Art. 120 nBV (Gentechnologie im Außerhumanbereich) vom Bund verlangt, dass er dabei "der Würde der Kreatur" Rechnung trage, so ist dies eine Provokation für die deutsche Menschenwürde-Literatur, die dem *Menschen* die "Würde" vorbehält.

---

60   Die Verfassungen der neuen Bundesländer haben einen fruchtbaren Textschub in neue Problembereiche der Menschenwürde geleistet. So schafft Art. 7 Abs. 2 Verf. Brandenburg von 1992 den kommunikationsethischen Satz: "Jeder schuldet jedem die Anerkennung seiner Würde" – eine Art "Drittwirkung", die im Kontext des Menschenwürdeschutzes als "Grundlage jeder solidarischen Gemeinschaft" steht (Abs. 1 S. 2 ebd.). Literatur und Rechtsprechung sind verarbeitet in dem Recht auf Achtung der "Würde im Sterben" (Art. 8 Abs. 1 S. 1 ebd.); vgl. auch Art. 1 Abs. 1 S. 2 Verf. Thüringen von 1993. Soziale bzw. kulturelle Grundrechte, Staatsziele bzw. Staatsaufgaben und die Menschenwürde verbindet Art. 7 Abs. 1 Verf. Sachsen von 1992 in einer ausgereiften Textstufe: "Das Land erkennt das Recht eines jeden Menschen auf ein menschenwürdiges Dasein, insbesondere auf Arbeit, auf angemessenen Wohnraum, auf angemessenen Lebensunterhalt, auf soziale Sicherung und Bildung als Staatsziel an". Art. 14 Abs. 2 ebd. normiert den Satz: "Die Unantastbarkeit der Würde des Menschen ist Quelle aller Grundrechte", worin wiederum Literatur zu einem Verfassungstext geronnen ist. Art. 7 Abs. 2 Verf. Mecklenburg-Vorpommern von 1993 erschließt sich die neue Textstufe: "Forschung unterliegt gesetzlichen Beschränkungen, wenn sie die Menschenwürde zu verletzen ... droht". – Siehe noch Art.7 Abs. 2, 4 Verf. Vorarlberg (1999).

61   Texte zit. nach JöR 34 (1985). Z.B. § 5 Basel-Landschaft (1984), Abs. 1: "Die Würde des Menschen ist unantastbar." Abs. 2: "Sie zu achten ist Verpflichtung aller, sie zu schützen ist vornehmste Aufgabe staatlicher Gewalt." S. auch Art. 7 KV Jura (1977), § 9 Aargau (1980), Art. 10 Uri (1985) und Art. 6 Verfassung Solothurn (1986). Ferner Art. 3 Verfassungsentwurf Glarus (1977): "Persönlichkeit, Würde und Freiheit des Menschen sind unantastbar." – Art. 8 Bundesverfassungsentwurf (1977): "Die Würde des Menschen ist unantastbar." – Verfassungsentwurf Kölz/Müller (1984, 3. Aufl. 1995) Art. 4 Abs. 1: "Die Würde jedes Menschen ist zu achten und zu schützen." – Weitere Texte in JöR 47 (1999), S. 171 ff., sowie JöR 48 (2000), S. 281 ff.

Unter den neuen Verfassungen der *osteuropäischen Reformstaaten* verdient die von Polen (1997) besondere Aufmerksamkeit. Sie geht textlich und kontextlich neue Wege. In der Präambel wird eine Variante der klassischen Gemeinwohlklausel mit der Menschenwürde verknüpft: "Alle, die diese Verfassung zum Wohl der Dritten Republik anwenden werden, fordern wir auf, dabei die dem Menschen angeborene Würde, sein Recht auf Freiheit und seine Pflicht zur Solidarität mit anderen Menschen zu beachten ...". In Art. 30 findet sich die Metapher von der Menschenwürde als "Quelle der Freiheiten und der Rechte des Menschen und des Staatsbürgers". Eher bekannte Wege gehen die übrigen Verfassungen in Osteuropa (vgl. etwa Art. 21 Verf. Russland von 1993 mit z.T. neuen Beispielen; ähnlich schon Art. 21 Verf. Litauen von 1992). Manche neue Verfassungen fügen der Menschenwürdeklausel an anderer Stelle den Schutz der "physischen Integrität" hinzu (vgl. Art. 1 Abs. 3 bzw. Art. 22 Verf. Rumänien von 1991). Verf. Estland (1993) plaziert die Menschenwürde innovativ in der Grundrechtsentwicklungsklausel des Art. 10 (" ... other rights ..., which ... are compatible with human dignity ...").

Zum Europa im *engeren Sinne* der EU: Hier hat der EuGH unter den "Gemeinschaftsgrundrechten"[62] die Menschenwürde geschützt[63]. Die in Art. 6 Abs. 1 rezipierten "Menschenrechte" umfassen auch die Menschenwürde. Sollte daran ein Zweifel bestanden haben, so beseitigt ihn die ausdrückliche Garantie der "Würde des Menschen" in Art. 1 EU-Grundrechte-Charta (2000), dem als "Erläuterung" beigefügt ist, dass keines der Grundrechte der Charta dazu verwendet werden darf, "die Würde eines anderen Menschen zu verletzen, und dass die Würde des Menschen zum Wesensgehalt der in dieser Charta festgelegten Rechte gehört. Sie darf daher auch bei Einschränkungen eines Rechtes nicht angetastet werden". Diese deutlich vom Geist eines *G. Dürig* inspirierte Erläuterung[64] macht die Menschenwürdegarantie zu einem gegen Staat wie privat gerichteten Basistext des Verfassungsrechts der EU.

Zuletzt ein Blick auf Texte und Dokumente des Europarechts im *weiteren Sinne*. Auch eine bloße Auswahl ist ergiebig. So erklärt Ziff. 5 des Dokuments des Kopenhagener Treffens der Konferenz über die menschliche Dimension der KSZE (1990)[65], dass bestimmte Rechte "wesentlich für den umfassenden Ausdruck der dem Menschen innewohnenden Würde" sind (es folgen u.a. das Recht auf freie Wahlen, auf Gleichheit etc.). In der Charta von Paris für ein neues Europa (1990)[66] heißt es: "Wir wollen eine die Würde des Menschen achtende und schützende Wirtschaftstätigkeit fördern". Wenn Art. 3 EMRK die Menschenwürde nur vom Verletzungsvorgang her umschreibt (Verbot der Folter oder der unmenschlichen Strafe), so kommt darin zwar die "Offenheit ihrer Er-

---

62 *T. Kingreen*, Die Gemeinschaftsgrundrechte, JuS 2000, S. 857 ff.; *H.-W. Rengeling/ P. Szczekalla*, Grundrechte in der EU, 2004.
63 Aus der Lit.: *R. Streinz*, Europarecht, 6. Aufl. 2003, S. 147.
64 Dazu *G. Dürig*, Der Grundsatz der Menschenwürde (1956), jetzt in *ders.*, Gesammelte Schriften, 1952-1983, 1984, S. 127 ff.
65 Zit. nach EuGRZ 1990, S. 239 ff.
66 Zit. nach EuGRZ 1990, S. 517 ff.

scheinungsform" zum Ausdruck[67], doch muss auch an einer positiven Umschreibung dieses gemeineuropäischen Grundrechts gearbeitet werden (etwa i.S. von "Recht auf Rechte" (*C. Enders*))[68]. Die Menschenwürde ist das Signum des "homo europaeus" und kulturanthropologische Basis allen Rechts in Gesamteuropa.

C. Demokratie als organisatorische Konsequenz der Menschenwürde (national und europäisch)

I. Vorbemerkung:

Die Demokratie gehört zum Kernbestand jeder modernen Verfassungslehre – sei diese nun auf gemeineuropäisch/atlantischem Hintergrund, sei sie, wie ebenfalls schon denkbar, auf der lateinamerikanischen Folie entwickelt[69]. Gedanklich ein Stück alteuropäischer Philosophie, hat sie eine lange Entwicklungsgeschichte hinter sich, die im Wechselspiel von Klassikertexten und neuen politischen Herausforderungen, die sich oft in neuen Verfassungstexten auskristallisieren, greifbar wird. Der nationale Typus Verfassungsstaat von heute definiert sich wesentlich von der "pluralistischen Demokratie" her (dazu etwa die neuen Verfassungstexte in Osteuropa und Afrika, z.B. Art. 8 Verf. Mazedonien (1991): "politischer Pluralismus und freie, unmittelbare und demokratische Wahlen"; Präambel Verf. Benin (1990): "Rechtsstaat der pluralistischen Demokratie"; Art. 1 Abs. 1 Verf. Spanien: "politischer Pluralismus"). Die Frage ist, ob und wie das Prinzip "Demokratie" auch den europäischen Verfassungsraum prägt[70]. Während für die EU immer wieder von einem "Demokratiedefizit" gesprochen wird (von "Rechtsstaatdefizit" ist zu Recht seltener die Rede!), wird zu fragen sein, wie es um die Demokratie in Europa i.w.S. steht[71]. Gibt es auch hier Texte und Defizite oder ist das Ideal der Demokratie im ganzen Europa nur differenziert zu formulieren? Sicher ist jedenfalls, dass auch im Folgenden der Versuch einer europäischen Verfassungslehre immer von vornherein auch das Europa i.w.S. von Europarat und OSZE in den Blick zu nehmen hat. Das "Europäische Verfassungsrecht" lässt sich ebenso wenig wie das gemeineuropäische Verfassungsrecht auf die EU verkürzen – auch wenn die "Zunft" der Europarechtler (in Deutschland m.E.) viel zu wenig das *ganze* Europa auch beim Verständnis der Verfassungsprinzipien der EU in den Blick nimmt.

Im Folgenden sei im ersten Schritt das nationalverfassungsstaatliche Demokratieprinzip behandelt. Sodann folge der Versuch einer Annäherung an das Demo-

---

67 Dazu *J.P. Müller*, Grundrechte in der Schweiz, 3. Aufl. 1999, S. 5; zur Spruchpraxis des EGMR zu Art. 3: Frowein/Peukert, EMRK-Kommission, 2. Aufl. 1996, Art. 3 Rn. 3 ff.
68 Aus der Lit.: *P. Häberle*, in: HdBStR, aaO., 3. Aufl. 2004; *ders.*, FS Ress, 2005, S. 1163 ff.; *C. Enders*, Die Menschenwürde in der Verfassungsordnung, 1997, S. 504 ff.
69 Auch Afrika wäre in den Blick zu nehmen; dazu aus der Lit.: *V. Piergigli/I. Taddia,* a cura di, International Conference of African Constitutions, 2000.
70 Zur „Nichtübertragbarkeit" rein innerstaatlicher Demokratievorstellungen auf die europäische Verfassungsgemeinschaft *G. Lübbe-Wolff*, Europäisches und nationales Verfassungsrecht, VVDStRL 60 (2001), S. 246 ff., 248.
71 *L. Siedentop*, Democracy in Europe, 2000.

kratieprinzip im EU-Raum, schließlich sei Demokratie als gemeineuropäisches Ideal im ganzen Europa skizziert. Der konstitutionelle EU- und gesamteuropäische Raum beginne mit einer Textstufenanalyse, die sich auch hier im Prozess des Nehmens und Gebens zwischen Judikatur, Literatur und Rechtstexten als ergiebig erweist. Zuletzt werden einige Probleme skizziert: etwa die Frage nach dem "Volk" oder den "Völkern" Europas im engeren und weiteren Sinne (Stichwort für die EU: Volk im Singular oder Plural?)[72].

II. Die national-verfassungsstaatliche Ebene

1. Demokratie als Inbegriff einer guten Staatsordnung – Demokratievarianten

Im Verfassungsstaat ist die gewaltenteilige Demokratie das organisatorische Grundprinzip. Es folgt auf der heutigen Entwicklungsstufe des Verfassungsstaates direkt aus der Menschenwürdegarantie. Sie ist seine kulturanthropologische *Prämisse*. Die Demokratie ist die organisatorische *Konsequenz*[73]. Diese *innere* Verbindung von Demokratie und Menschenwürde bzw. den aus ihr fließenden Menschenrechten ist nicht selbstverständlich. In Deutschland wird gerne zwischen der "unpolitischen" Menschenwürdegarantie und der politischen Demokratie unterschieden. In Wahrheit wird der Mensch *als Bürger* im Kern getroffen, wenn er keine Möglichkeit hat, seine Wahl- und Abstimmungsrechte praktisch auszuüben oder Meinungs- und Demonstrationsfreiheit auch zu politischen Zwecken effektiv zu nutzen ("Bürgerdemokratie").

"Demokratie" gilt heute fast weltweit als Inbegriff einer "guten" Staatsordnung. Dabei wird gerne vergessen, dass es näherer Kennzeichnung bedarf: "gewaltenteilende", "wertgebundene", "freiheitliche", "pluralistische" Demokratie[74]. Damit ist eine Absage erteilt an alle Formen "totalitärer" Demokratie, etwa der sog. "Volksdemokratie" sozialistischer Regime wie im Osten Deutschlands bis 1989. Zugleich kommt darin zum Ausdruck, dass es viele Demokratievarianten der einzelnen Nationen gibt, die vor dem Forum des Verfassungsstaates als *Typus* gleichermaßen Bestand haben. Auch wandelt sich das Demokratieverständnis im Laufe der (Verfassungs-)Geschichte bzw. in Raum und Zeit. Die verfassungsstaatliche Demokratie ist ständig reformbedürftig: z.B. durch Verbesserung des Minderheitenschutzes, durch Stärkung der Oppositionsrechte in der parlamentarischen Demokratie, durch Verhinderung des Umschlagens übergroßer wirtschaftlicher Macht in politische Macht, oder durch Begrenzung der staatlichen Parteienfinanzierung sowie den Ausbau der Kontrollkompetenzen der Verfassungsgerichtsbarkeit.

Solche Demokratievarianten spiegeln sich in der Unterscheidung zwischen Präsidial- und parlamentarischer Demokratie (wie in den USA und Frankreich einerseits bzw. Großbritannien und Deutschland andererseits) oder in der Differenz zwischen reprä-

---

72 A. *Augustin*, Das Volk der europäischen Union, 2000.
73 Dazu auch meine Verfassungslehre als Kulturwissenschaft, 2. Aufl. 1998, S. 623 f. m.w.N.
74 K. *Hesse*, Grundzüge des Verfassungsrechts der Bundesrepublik Deutschland, 20. Aufl. 1995 (Neudruck 1999), S. 58 ff.

sentativer (indirekter) und unmittelbarer Demokratie (Volksbegehren, Volksentscheid, Volksinitiative) bzw. ihren Mischformen. So hat das deutsche Grundgesetz von 1949 in bewusster Abkehr von Formen unmittelbarer ("plebiszitärer") Demokratie der WRV sich grundsätzlich für die repräsentative Demokratie entschieden. Nicht einmal an der Verabschiedung des GG war das deutsche Volk via Volksentscheid beteiligt, auch nicht im Rahmen der Wiedervereinigung im Jahre 1990. Diese "Aussperrung des Volkes" steht in merkwürdigem Kontrast zu den Elementen unmittelbarer Demokratie in vielen deutschen Landesverfassungen nach 1945 (etwa Verf. Hessen von 1946: Art. 124); sie ist auch schwer begreiflich angesichts des siegreichen Mottos der friedlichen Oktober-Revolution von 1989 in der untergehenden "DDR": "*Wir* sind das Volk"[75]. Konsequenterweise haben denn auch alle Verfassungen der neuen Bundesländer Elemente unmittelbarer Demokratie eingebaut (z.B. Art. 76 bis 78 Verf. Brandenburg von 1992, Art. 71 bis 73 Verf. Sachsen von 1992). Die Schweiz kann sich auf kantonaler und Bundesebene rühmen eine "halbdirekte" Demokratie zu praktizieren, die zugleich manche negative Erscheinungsformen der "Parteiendemokratie" in Zaum hält. Auch andere Verfassungsstaaten wie die USA kennen (z.B. in Kalifornien) geglückte *Mischformen* beider schon klassischer Demokratievarianten.

Klassikertexte zur Demokratie gibt es viele: "Durchschlagend" ist der Satz von *J.-J. Rousseau* geworden: "Alle Staatsgewalt geht vom Volk aus" - er findet sich in vielen älteren und neueren Verfassungen (z.B. Art. 20 Abs. 2 GG von 1949; Kap. 1 § 1 Abs. 1 Verf. Schweden von 1975; Art. 3 Abs. 1 Verf. Frankreich von 1958; Art. 1 bis 3 Verf. Portugal von 1976; Art. 6 Abs. 1 Verf. Ruanda von 1991/96). Ironisch fragt der Dichter *B. Brecht* weiter: "aber wo geht sie hin?", was einer Aufforderung vor allem an die Juristen gleichkommt, immer wieder nach den Gefahrenzonen demokratisch begründeter Macht zu fragen. Auch kann die These von *D. Sternberger*: "Nicht alle Staatsgewalt geht vom Volk aus" an die Grenzen der Demokratie erinnern. Das verfassungsstaatliche Menschenbild legt uns den Satz nahe: Der Mensch lebt nicht von Demokratie allein. Schließlich ist immer wieder ein Stück des Denkens von *Montesquieu*, d.h. sein skeptisches, aber wohl "realistisches" Menschenbild, das ihn zur Gewaltenteilung führte, in die jeweilige positivrechtliche Ausgestaltung der "Demokratie" in einem konkreten Verfassungsstaat einzuspeisen. M.a.W.: Die "reine" Volkssouveränität ist im Verfassungsstaat von heute von der *rechtlich gebundenen* Kompetenz des Volkes abgelöst worden.

2. Texte, Judikatur, Theorien zum Thema Demokratie

Im Folgenden sei zunächst die Vielzahl möglicher konkretisierender Aussagen in Verfassungstexten zur Demokratie an Beispielen illustriert, sodann seien Elemente der freiheitlichen, oft auch "bürgerlich" genannten Demokratie dargestellt, wie sie von der Wissenschaft und Rechtsprechung vieler Nationen entwickelt worden sind. Viele von

---

75 Das Wort von der mittelbaren Demokratie als eigentlicher entpuppt sich gerade vor diesem Hintergrund zu stark dem deutschen "Jargon der Eigentlichkeit" (*T.W. Adorno*) verhaftet. So aber *E.-W. Böckenförde*, Mittelbare/repräsentative Demokratie als eigentliche Form der Demokratie, FS K. Eichenberger, 1982, S. 301 ff.

ihnen klingen an, wenn heute fast weltweit die Idee des "idealen Staates" unter den Stichworten "Menschenrechte und Demokratie" beschworen wird.

Folgende ältere und neuere *Verfassungen*, aber auch Menschenrechtstexte (z.B. der EMRK) ringen schon textlich um Demokratie bzw. lassen sich als "Demokratieartikel" bezeichnen:

- Staatsform-Klauseln (z.B. Art. 1 B-Verf. Österreich von 1920; Art. 2 Verf. Angola von 1992; Art. 2 Abs. 2, Art. 2 Abs. 5 Verf. Salzburg von 1999)
- im Kontext der Grundrechte (z.B. Art. 21 Verf. Brandenburg von 1992; Art. 6 Verf. Republik Sao Tomé)
- Parteienartikel (z.B. Art. 21 GG, Art. 4 Verf. Frankreich)
- Erziehungsziele (z.B. Art. 131 Abs. 3 Verf. Bayern von 1946)
- Oppositions-Artikel[76], Selbstauflösungsrecht des Parlaments
- andere Formen (z.B. Kap.1 § 2 Abs. 3 Verf. Schweden von 1975; Art. 14 Verf. Äquatorial Guinea von 1991).

Dem deutschen Autor seien auch einige prägnante Umschreibungen aus der Judikatur des BVerfG erlaubt. Im Parteiverbotsverfahren gegen die SRP arbeitete das BVerfG (E 2, 1) die Grundsätze des Mehrheitsprinzips, der Volkssouveränität und des Mehrparteien- und Oppositionsprinzips als Elemente der freiheitlich demokratischen Grundordnung i.S.d. Parteien-Art. 21 Abs. 2 GG und damit als "oberste Grundwerte des freiheitlichen demokratischen Verfassungsstaates" (E 2, 1 (12)) heraus. Zu ihrer Verwirklichung bedarf es auch demokratischer Grundsätze für die innere Ordnung der Parteien (ebd. S. 14). Im KPD-Urteil erklärt das BVerfG einen Grundkonsens aller politischen Parteien über diese Grundsätze zu einer Voraussetzung des grundgesetzlichen "Typus der Demokratie" (E 5, 85 (141)).

Hinsichtlich der Ausgestaltung des Wahlverfahrens (Art. 38 Abs. 3 GG) gesteht das BVerfG dem Gesetzgeber einen weiten, im Einzelnen aber umstrittenen Gestaltungsspielraum zu (BVerfGE 95, 335 (349 einerseits, 367 ff. andererseits)). Das Wahlrecht, etwa die 5%-Klausel unterliegt keinen starren Maßstäben, sondern ist stets auf die kon-

---

76 Vgl. Art. 23 a Abs. 1 Verf. Hamburg (1952 bzw. 1972): "Die Opposition ist ein wesentlicher Bestandteil der politischen Demokratie". Vorarbeit für den "Oppositions-Artikel" in Verf. Hamburg (Art. 23 a) haben (auch hier) viele geleistet, vor allem Verfassungsrechtsprechung (vgl. BVerfGE 2, 1 (13): "Recht auf verfassungsmäßige Bildung und Ausübung einer Opposition"; E 5, 85 (199): "Kritik der oppositionellen Minderheit") und Staatsrechtslehre (aus der Lit.: *H.-P. Schneider*, Die parlamentarische Opposition im Verfassungsrecht der Bundesrepublik Deutschland, Bd. 1, 1974; *S. Haberland*, Die verfassungsrechtliche Stellung der Opposition nach dem Grundgesetz, 1995). Die wohl früheste Konstitutionalisierung der Opposition auf Textebene findet sich (für die Parteien) in Verf. Baden von 1947: Art. 120 Abs. 3 S. 1: "Stehen sie (sc. die politischen Parteien) in Opposition zur Regierung, so obliegt es ihnen, die Tätigkeit der Regierung und der an der Regierung beteiligten Parteien zu verfolgen und nötigenfalls Kritik zu üben". Im Verfassungsstaat als Typus bzw. in der Bundesrepublik Deutschland ist die Opposition gewiss Teil des materiellen Verfassungsrechts, unabhängig von der formellen Verfassungsurkunde. Doch ist sie dies wohl erst dank eines Zusammenwirkens vieler geworden: von einer "vorpreschenden" gliedstaatlichen Verfassung (Baden) über Rechtsprechung und Lehre bis zum "nachziehenden" gliedstaatlichen verfassungsändernden Gesetzgeber (Hamburg: Art. 23 a). Vgl. zuletzt Art. 26 Verf. Mecklenburg-Vorpommern (1993); Art. 16 a Verf. Bayern (1998).

kreten politischen Verhältnisse anzupassen (BVerfGE 6, 84 (89 ff.) einerseits und E 82, 322 (337 ff.) andererseits). BVerfGE 111, 382 dient dem Schutz kleinerer Parteien.

Mit der Verfassungsrechtsdogmatik lassen sich zu den "Grundzügen" der demokratischen Ordnung des Verfassungsstaates folgende Elemente rechnen[77]:

a) Das Pluralismuskonzept

Pluralismus meint Vielfalt von Interessen und Ideen. Sie ist im Verfassungsstaat eine "Gegebenheit", d.h. er findet sie vor, seine Verfassungsgeschichte hat sie mit hervorgebracht, aber sie stellt ihm auch *Aufgaben*, z.B. zum Erfolg von "Pluralismusgesetzen" (wie Pressefusions- und Kartellgesetzen) oder in Sorge für pluralistische Strukturen in den Massenmedien wie Rundfunk und Fernsehen ("Binnen-" bzw. "Außenpluralismus", vgl. BVerfGE 57, 295 (325 f.)). Die Philosophie des Pluralismus ist das Konzept der "offenen Gesellschaft" (die Philosophie des "offenen Geistes"), im Gegensatz zur geschlossenen, das Sir *Popper* in Kritik an *Hegel, Marx* und *Platon* entworfen hat[78]. Kongenial nehmen auch einige neue Verfassungen diesen Gedanken auf (z.B. Präambel Peru, alte Verf. von 1979), und derselbe Gedanke findet sich nach 1989 in Gestalt von Antistaatsideologieklauseln in osteuropäischen Verfassungen wie der Ukraine (Art. 15 Abs. 1 und 2) oder Russland (Art. 13). Eine Ausdrucksform von Pluralismus ist auch die *Toleranz* als *Verfassungsprinzip* und das Erziehungsziel der Toleranz (z.B. Art. 131 Verf. Bayern). Gewiss, es gibt Grenzen für den verfassungsstaatlichen Pluralismus (sie liegen in seinen unverzichtbaren Grundwerten), im Grundsatz aber bildet er das Lebenselexier für ihn. Aus dem Kräfteparallelogramm vieler Ideen und Interessen entwickelt der Verfassungsstaat seine eigenen Kräfte. Konsequenz ist eine *"pluralistische Gemeinwohltheorie"*, so wie die Anerkennung der Interessengruppen und Verbände, Religionen, Kirchen und politischen Parteien. Die Pluralismusidee erinnert daran, dass der Verfassungsstaat kein "über" den Bürgern schwebender "Herrschaftsverband" ist, sondern sich aus seinen Bürgern und Gruppen immer wieder neu konstituiert und in ihrem Dienst steht. Die geschriebene und ungeschriebene Verfassung ist dabei "Rahmenordnung" mit, wie gezeigt, "anregenden" und begrenzenden Aspekten. Vielfalt von Ideen und Interessen statt "verordneter" Einheit macht den Verfassungsstaat, wie sich 1989 wieder einmal gezeigt hat, allen Formen totalitärer Herrschaft gegenüber überlegen. Pluralismus ist Ausdruck und Bedingung individueller wie kollektiver Freiheit des Bürgers bzw. Menschen.

b) Das Mehrheitsprinzip

Das *Mehrheitsprinzip* steht in einem Spannungsverhältnis zum *Schutz von Minderheiten*. Manche Verfassungen sehen ausdrücklich das Mehrheitsprinzip vor (z.B. Art. 121 GG), sie regeln zugleich vielfältige Formen des Minderheitenschutzes (z.B. in Gestalt von Antragsrechten der parlamentarischen Opposition zur Einsetzung eines Unter-

---

77 Zum folgenden für das deutsche GG: *K. Hesse*, Grundzüge, aaO., S. 63 ff.; s. auch *P. Badura*, Staatsrecht, 3. Aufl. 2003, S. 270 ff. Zuletzt BVerfGE 102, 370 (392, 397 f.).
78 *K.R. Popper*, Die offene Gesellschaft und ihre Feinde, 7. Aufl. 1992.

suchungsausschusses (Art. 44 GG) oder beim Zugang zum BVerfG (Art. 93 Abs. 1 Ziff. 2 GG)). Die scharfe Waffe des Mehrheitsprinzips ist überhaupt nur deshalb "erträglich", weil es (gestaffelten) Minderheitenschutz gibt (vor allem über den "Vorrang der Verfassung" bzw. den Schutz der Grundrechte). Die innere Rechtfertigung der Demokratie als "Herrschaft der Mehrheit"[79] ist schwer: sie ist zu leisten dank der Idee der Freiheit und Gleichheit und der Notwendigkeit, zu einer funktionsfähigen Entscheidung zu kommen. Das Mehrheitsprinzip hat auch immer wieder seine "(Gegen-)Klassiker" gefunden, z.B. im Satz von *F. Schiller*: "...nicht Stimmenmehrheit ist des Rechtes Probe...", *Demetrius*). Im Verfassungsstaat von heute fällt die kluge Abstufung der Mehrheiten auf: z.B. 2/3 Mehrheit oder noch größere Mehrheit für Verfassungsänderungen, 1/4 Mehrheit für Untersuchungsausschüsse etc. So sehr die Kunst des alltäglichen politischen Prozesses darin liegt, in der Öffentlichkeit des Parlaments Mehrheiten zu finden und zu gestalten, so klar ist immer wieder an *verfassungsstaatliche Grenzen* des Mehrheitsprinzips zu erinnern. Sie finden sich z.B. in Gestalt von "Ewigkeitsklauseln" als verfassungsstaatliche Identitätsgarantien[80]. Im Übrigen muss die *Möglichkeit* unterschiedlicher und sich verändernder Mehrheitsverhältnisse bestehen, so dass die bei einer Entscheidung Unterliegenden die *reale gleiche Chance* haben, in einem späteren Fall die Mehrheit zu gewinnen[81]. Das Wechselspiel von Mehrheit und Minderheit setzt einen *Grundkonsens* voraus, der es auch dem ad hoc unterliegenden Teil ermöglicht, das Mehrheitsvotum anzuerkennen. Die Möglichkeit des Sondervotums in manchen Verfassungsgerichten (USA, Deutschland, Spanien) ist die subtilste Form des Minderheitenschutzes, hinter der zugleich ein Stück "Öffentlichkeit der Verfassung" sichtbar wird: Das Sondervotum von heute kann zum Mehrheitsvotum von morgen werden (so in den Fällen von BVerfGE 32, 129 (141 ff.) – "Österreicherfälle" – bzw. E 53, 257 (289 ff.) – "Versorgungsausgleich bei 'Altehen'").

c) Grenzen der Demokratie

Im Verfassungsstaat ist immer wieder an die *Grenzen der Demokratie* zu erinnern. Bei aller Unverzichtbarkeit der Bereitschaft des Bürgers, sich "aktivbürgerlich" zu betätigen: Legitim ist auch der Standpunkt des unpolitischen Bürgers i.S. des "Ohne mich", des Bürgers, der z.B. nicht zur Wahl geht (darum ist die Wahlpflicht mancher Länder wie Belgien fragwürdig). Verfassungsrechtlich wird "unpolitisches Verhalten" mehrfach abgesichert: durch den grundrechtlichen status negativus der Bürger und Gruppen, durch den Privatheitsschutz, der das demokratische Prinzip Öffentlichkeit dialektisch begrenzt, und durch die simple Einsicht in die Natur des Menschen, der eben nicht von Demokratie allein lebt und auch "in Ruhe gelassen" werden will. Demokratie ist auch im Verfassungsstaat nicht die alleinige Lebensform des Menschen.

---

79 Dazu *U. Scheuner*, Das Mehrheitsprinzip in der Demokratie, 1973; *P. Häberle*, Das Mehrheitsprinzip als Strukturelement der freiheitlich-demokratischen Grundordnung, in: *ders.*, Verfassung als öffentlicher Prozess, 3. Aufl. 1998, S. 565 ff.; *P. Badura*, Staatsrecht, 3. Aufl. 2003, S. 273 f.
80 Dazu *P. Häberle*, Verfassungslehre als Kulturwissenschaft, 2. Aufl. 1998, S. 267 ff.; *K.-E. Hain*, in: v. Mangold/Klein/Starck, Bd. 3, 4. Aufl. 2001, Art. 79.
81 So *K. Hesse*, Grundzüge, aaO., S. 64.

An *Negativbeispielen* lässt sich die Notwendigkeit von Grenzen der Demokratie illustrieren: Das Schlagwort der 68er Bewegung von der "Demokratisierung" aller Lebensbereiche, auch der Wirtschaft, hat zu totalitären Erscheinungsformen geführt; z.B. wurde in Deutschland in Forschung und Lehre eine "Mitbestimmung" des nichtwissenschaftlichen Personals propagiert (dagegen aber die Grenzziehung des BVerfG in E 35, 79). Auch die unverzichtbare Autonomie der Kunst (bis hin zur "Anarchie" vieler Künstler) geht verloren, wenn ihre Lebensbereiche "demokratisiert" bzw. "veröffentlicht" werden. Die demokratische Stimmabgabe ist in totalitären Staaten praktisch nicht mehr geheim. 99-prozentige Wahlbeteiligung bzw. Abstimmungen wecken Zweifel an der Freiheitlichkeit eines politischen Regimes. Im Übrigen ziehen einige Verfassungsstaaten auch positivrechtlich Grenzen der Demokratie, insofern sie etwa das Verbot verfassungswidriger politischer Parteien institutionalisieren (Art. 21 Abs. 2 GG) und mit dem Begriff der "wertgebundenen", "abwehrbereiten" Demokratie an vorstaatliche, auch das politisch agierende Volk bindende Grundwerte (wie die Menschenrechte) erinnern.

3. Demokratietheoretische Überlegungen als Legitimation

Im demokratischen Verfassungsstaat ist die Legitimationsfrage noch einmal speziell unter demokratischen (demokratietheoretischen) Gesichtspunkten zu stellen[82]. Eine im herkömmlichen Sinne verstandene demokratische Legitimation zu Verfassungsinterpretation hat die Verfassungsrechtswissenschaft, haben die ihr "zuliefernden" sog. Wirklichkeitswissenschaften, haben Bürger und Gruppen nicht. Aber Demokratie entfaltet sich eben nicht nur über den formalisierten, kanalisierten, im engeren Sinne verfassten Delegations- und Verantwortungszusammenhang vom Volk zu den Staatsorganen hin (Legitimation durch Wahlen)[83] bis zum letztlich "kompetenten" Verfassungsinterpreten, dem BVerfG. Sie entfaltet sich in einem offenen Gemeinwesen auch in den "feineren" mediatisierten Formen des pluralistischen öffentlichen Prozesses täglicher Politik und Praxis, insbesondere in der Grundrechtsverwirklichung, oft angesprochen in der "demokratischen Seite" der Grundrechte: durch die Kontroversen über die Alternativen, die Möglichkeiten und Notwendigkeiten der Wirklichkeit und auch das wissenschaftliche "Konzert" über Verfassungsfragen, in dem es kaum "Pausen" und "Fermaten" und keine Dirigenten gibt und geben darf.

"Volk" ist eben nicht nur einheitliche, (nur) am Wahltag "emanierende" Größe, die als solche demokratische Legitimation vermittelt[84]. Volk ist als pluralistische Größe für die Interpretationen im Verfassungsprozess nicht minder präsent und legitimierend:

---

82   Nichts anderes gilt für Europa, vgl. *G.F. Schuppert*, Überlegungen zur demokratischen Legitimation des europäischen Regierungssystems, FS Rauschning, 2001, S. 201 ff.
83   Vgl. auch BVerfGE 33, 125 (158) (Facharztentscheidung), zuletzt E 93, 37 (67 f.). Siehe darüber hinaus auch E 102, 370 (397) und E 107, 59.
84   Zum Zusammenhang zwischen Demokratie und richterlicher Unabhängigkeit vgl. insbesondere *K. Eichenberger*, Die richterliche Unabhängigkeit als staatsrechtliches Problem, 1960, S. 103 ff.

"als" politische Partei[85], als wissenschaftliche Meinung, als Interessengruppe, als Bürger; dessen sachliche Kompetenz zu Verfassungsinterpretation ist ein staatsbürgerliches Recht i.S. des Art. 33 Abs. 1 GG! So gesehen sind die Grundrechte ein Stück demokratischer Legitimationsbasis für die nicht nur in ihren Ergebnissen, sondern auch in ihrem Beteiligtenkreis offene Verfassungsinterpretation. In der freiheitlichen Demokratie ist der Bürger Verfassungsinterpret! Um so wichtiger werden die Vorkehrungen zur Garantie realer Freiheit: leistungsstaatliche Grundrechtspolitik[86], Freiheit der Meinungsbildung, Konstitutionalisierung der Gesellschaft z.B. durch gewaltenteilende Strukturierung des öffentlichen, insbesondere wirtschaftlichen Bereichs.

Das ist keine "Entthronung" des Volkes – es ist dies allenfalls von einem *Rousseauschen* Volkssouveränitätsverständnis aus, in dem das Volk absolut und gottgleich gesetzt wird. Volk als *verfasste Größe* wirkt "allseitig", universal, auf vielen Ebenen, aus vielen Anlässen und in vielen Formen, nicht zuletzt über tägliche Grundrechtsverwirklichung. Man vergesse nicht: Volk ist vor allem ein Zusammenschluss von Bürgern. Demokratie ist "Herrschaft der Bürger", nicht des Volkes im *Rousseauschen* Sinne. Es gibt kein Zurück zu *J.-J. Rousseau*. Die *Bürgerdemokratie* ist realistischer als die Volks-Demokratie.

Bürgerdemokratie liegt nahe von einem Denken, das die Demokratie von den Grundrechten her sieht, nicht von Vorstellungen, in denen das Volk als Souverän eigentlich nur den Platz des Monarchen eingenommen hat. Diese Sicht ist eine Konsequenz der Relativierung des – allzu leicht missverstandenen – Volksbegriffs vom Bürger her! Grundrechtliche Freiheit (Pluralismus), nicht "das Volk" wird zum Bezugspunkt für demokratische Verfassung. Diese capitis diminutio des *kryptomonarchischen Volksbegriffsdenkens* steht im Zeichen der Bürgerfreiheit und des Pluralismus.

Es gibt viele Formen von in diesem Sinne weit verstandener demokratischer Legitimation, macht man sich nur von dem linearen und "eruptiven" Denkstil traditioneller Demokratievorstellungen frei. Es kommt zu einem Stück Bürgerdemokratie durch die interpretatorische Entwicklung der Verfassungsnorm hindurch[87]. Möglichkeit und Wirklichkeit freier Diskussion von einzelnen und Gruppen "über" und "unter" den Verfassungsrechtsnormen und ihr pluralistisches Wirken "in" ihnen vermittelt sich dem

---

85 Insofern besteht eine Übereinstimmung mit *G. Leibholz*' Parteienstaatslehre (Strukturprobleme der modernen Demokratie, 3. Aufl. 1967, bes. S. 78 ff.): Das Volk wird nur in bestimmten Organisationsformen artikulations- und handlungsfähig. Das berechtigt aber nicht zur Identifikation von Volk und (Volks-)Parteien; das pluralistische Gemeinwesen ist viel stärker ausdifferenziert. – Zu *G. Leibholz* zuletzt: *P. Unruh*, Erinnerungen an G. Leibholz (1901 – 1982), AöR 126 (2001), S. 60 ff., insbes. S. 74 ff.

86 Dazu mein Koreferat Grundrechte im Leistungsstaat, VVDStRL 30 (1972), S. 43 ff. (69 ff.).

87 *Poppers* Demokratiekonzeption und ihr sie rechtfertigender Zusammenhang(!) mit seiner Wissenschafts- und Erkenntnistheorie kann hier nicht im Einzelnen nachgezeichnet werden (Belegstellen zur Demokratie in: Die offene Gesellschaft und ihre Feinde, Bd. I (1957), bes. S. 25, 156 ff., 170 ff.; Bd. II (1958), S. 157, 159 ff., 186 f., 197 ff., 293 f.). Genügen muss der Hinweis, dass *Poppers* Wissenschaftskonzept demokratietheoretisch ergiebig ist, das im Text vertretene pluralistische und gewaltenteilige, konstitutionelle, bürgerfreiheitliche Demokratiekonzept sich auf *Popper* auch insofern berufen kann, als er seine Demokratietheorie ohne, ja gegen "klassische" Volkssouveränitätsdogmen entfaltet.

Interpretationsvorgang vielfältig. (Dass dieser freie Prozess realiter auch von innen her immer wieder bedroht ist und dass selbst unsere freiheitlich-demokratische Grundordnung in Wirklichkeit gegenüber dem Idealtypus Defizite aufweist, sei ausdrücklich vermerkt.) Demokratietheorie und Interpretationstheorie werden zur Konsequenz von Wissenschaftstheorie. Die Gesellschaft ist in dem Maße frei und offen, wie sich der Kreis der Verfassungsinterpreten im weiteren Sinne öffnet.

"Nicht alle Staatsgewalt geht vom Volk aus" – sagte schon *D. Sternberger*, und *B. Brecht* variierte die bekannte klassische Formel: "aber wo geht sie hin?" Wir sollten heute dieses Fragespiel abbrechen und den Satz wagen, dass die im Verfassungsstaat verfasste Staatsgewalt auf die Bürger zurückkehrt, von ihnen ausgeht. "Träger" der verfassunggebenden Gewalt ist nicht "das Volk" in einem fiktiven oder realen Naturzustand; sie ist nicht unverfasst, entscheidet nicht "normativ aus dem Nichts" i.S. des soziologischen Positivismus eines *C. Schmitt*[88]. Subjekte sind die kulturell einander verbundenen Bürger, die Bürgergemeinschaft. Die menschen- bzw. bürgerrechtliche Verortung der sog. verfassunggebenden Gewalt baut auch die Brücke zum Demokratieprinzip. Demokratie ist die organisatorische *Konsequenz* der Menschenwürde, nicht mehr, aber auch nicht weniger. Dabei bilden die unmittelbare und mittelbare Demokratie gleichberechtigte Varianten, die am besten als "Mischform" zu kombinieren sind. Das Wort von der "mittelbaren Demokratie" als "eigentlicher"[89] entpuppt sich als sehr deutscher "Jargon der Eigentlichkeit" (*Adorno*). Von diesem Demokratieverständnis aus sind dann auch Fragen zum Demokratiedefizit in der EU zu stellen, ist nach europäischer Öffentlichkeit zu fragen, ist das europäische Parteienrecht (vgl. Art. 191 EGV)[90] zu bauen. Die Menschenwürde wird dabei mit der handlichen Objektformel eines *G. Dürig* bzw. des BVerfG konzipiert und ins Kulturelle intensiviert[91]. Die Menschenbild-Problematik, "gedämpft optimistisch" gewagt, mit jenem Schuss von Skeptizismus versehen, der sich bei *Montesquieu* findet ("Der Mensch neigt von Natur aus dazu, Macht zu missbrauchen")[92], sei erwähnt: Alle Formen der Gewaltenteilung im engeren (staatlichen) und weiteren (gesellschaftlichen Sinne) haben hier ihre Wurzel. Das Motto "Zurück zur Natur" (*Rousseau*) ist durch *A. Gehlens* "Zurück zur Kultur" zu ersetzen. Erziehung als Bildung ist die andere Seite aller grundrechtlichen Freiheit, auch und gerade in der "Verfassung des Pluralismus".

Hier und jetzt sei die Aussage gewagt, dass der weitgehende Schutz ethnischer, kultureller, religiöser etc. Minderheiten m.E. zur heutigen "Wachstumsstufe" des Typus

---

88 Dazu *P. Häberle*, Die verfassunggebende Gewalt des Volkes im Verfassungsstaat, eine vergleichende Textstufenanalyse (1987); auch in: Rechtsvergleichung, aaO., S. 135 ff.

89 *E.-W. Böckenförde*, Mittelbare/repräsentative Demokratie als eigentliche Form der Demokratie, FS Eichenberger, 1982, S. 301 ff.

90 Aus der Lit.: D. Tsatsos/D. Schefold/H.-P. Schneider (Hrsg.), Parteienrecht im europäischen Vergleich, 1990. Siehe noch Anmerkung 96.

91 Dazu mein Beitrag: Die Menschenwürde als Grundlage der staatlichen Gemeinschaft, in: HdbStR Bd. I, 1987, S. 815 (839 ff.), Band II 3. Aufl. 2004, § 22; aus der weiteren Lit. *H. Hofmann*, Die versprochene Menschenwürde, AöR 118 (1993), S. 353 ff.

92 Dazu meine Studie: Das Menschenbild im Verfassungsstaat, 1988 (3. Aufl. 2004); siehe auch *M. Brenner*, Rahmenbedingungen des Menschenbildes im Gemeinschaftsrecht, FS Leisner 1999, S. 19 ff.

Verfassungsstaat gehört und sich auch in gereifter Textstufenentwicklung niederschlagen müsste. Der Europarat wacht für die osteuropäischen Reformländer zu recht darüber, wie intensiv ihr Minderheitenschutz ist, aktuell etwa in Lettland (im Verhältnis zu den Russen). Rumänien leistet sich hier in seiner neuen Verfassung enorme Defizite[93]. Minderheitenschutz ist ein "werdendes" Strukturelement der Verfassungsstaatlichkeit, zumal in Europa. Die Verfassungslehre muss alles tun, um ihn zu fördern. Die schönste Textstufe hat *Ungarn* (1949/89) geschaffen mit dem Wort von den Minderheiten als "staatsbildenden Faktoren". Wie barbarisch nimmt sich dagegen die Wirklichkeit in Ex-Jugoslawien aus, wo in manchen Staaten die "ethnische Säuberung" "staatsbildende" Kraft zu entfalten scheint. Hier ist die Metapher von der "Räuberbande" grausame Wirklichkeit, wie überhaupt Ex-Jugoslawien zum Studierfeld für Menschenbild, Staatsverständnis, Regression der Kultur etc. geworden ist. Verfassungstheoretisch stellt sich der Minderheitenschutz als *eine* Form innerer Differenzierung des Verfassungsstaates dar, als Relativierung und normative "Zähmung" des Nationalen. Von "Verfassung des Pluralismus" kann auf der heutigen Entwicklungsstufe des Verfassungsstaates nur gesprochen werden, wenn ausreichender Schutz für Minderheiten besteht. Das beginnt bei Erziehungszielen wie "Toleranz", Respekt vor der "Würde des anderen", und endet bei "Ombudsmännern" für Minderheiten bzw. formalisierten korporativen Minderheitenschutz-Klauseln[94]. Stichwort wird die "offene Republik" (so das Diktum von *D. Oberndörfer*).

III. Der konstitutionelle EU-Raum

1. Das Demokratieprinzip im Spiegel einer Textstufenanalyse

Direkte oder indirekte Aussagen zum Demokratieprinzip der EU/EG finden sich in ihrer Verfassungsgeschichte schon früh. Ein Blick in die Römischen Verträge ergibt: Hatte der alte EWG-Vertrag von 1957 noch nicht ausdrücklich das Demokratieprinzip verankert, wohl aber in Gestalt der "Versammlung" (Art. 137), bestehend aus "Vertretern der Völker der in der Gemeinschaft zusammengeschlossenen Staaten" und seit 1979 in Form der Direktwahl der Europaabgeordneten klassisches demokratisches Element eingebaut bzw. organisiert, so brachten erst "Maastricht" bzw. "Amsterdam" einen mächtigen *Demokratisierungsschub* in vielen Textformen.[95] Das beginnt in der Präambel EU-Vertrag in Gestalt der bekannten Bekenntnis- bzw. Wunschformeln ("In Bestätigung des Bekenntnisses zu den Grundsätzen der Freiheit, der Demokratie ... . In dem Wunsch, Demokratie und Effizienz in der Arbeit der Organe weiter zu stärken ..." . Weiter die Forderung, dass "Entscheidungen entsprechend dem Subsidiaritätsprinzip

---

[93] Dazu meine Einführung und Dokumentation von Verfassungsentwürfen und Verfassungen ehemals sozialistischer Staaten in (Süd-)Osteuropa und Asien, in: JöR 43 (1995), S. 355 ff. bzw. 419 ff.

[94] Aus der Lit. das Symposion in Disentis: Die multikulturelle und multiethnische Gesellschaft, hrsg. vom Fribourger Föderalismus-Institut (T. Fleiner), 1995; *C. Langenfeld*, Integration und kulturelle Identität zugewanderter Minderheiten, 2001.

[95] In diesem Kontext siehe noch allgemein *D. Murswiek*, Maastricht und der Pouvoir Constituant, Der Staat Bd. 32 (1993), S. 161 ff.

möglichst bürgernah getroffen werden"). Es setzt sich in den Grundlagenartikeln 6 Abs. 1 ("Grundsätze der Freiheit, der Demokratie", sanktioniert in Art. 7), Art. 11 Abs. 1 ("Entwicklung und Stärkung von Demokratie und Freiheit") fort, und es zeigt sich auch in gestuften Partizipationsformen zugunsten des Europäischen Parlamentes (Art. 21, 39, 45 EUV).

Im EGV wird das Demokratieprinzip nicht als solches als "große" Formel vorweg postuliert, sondern in vielen einzelnen Verfahren und Institutionen konkretisiert. An erster Stelle sei das Wahlrecht jeden Unionsbürgers erwähnt (Art. 19), flankiert vom demokratischen Grundrecht des Petitionsrechtes (Art. 21, vgl. auch Art. 194), sodann das Verfassungsorgan des Europäischen Parlamentes, das das klassische Parlament der Nationalstaaten zum bislang unerreichten Vorbild hat und wohl auf dem Wege ist, sich ihm immer mehr anzunähern. Das zeigt sich am Mehrheitsprinzip (Art. 198) ebenso wie am Untersuchungsrecht (Art. 193) sowie am Öffentlichkeitsprinzip (Art. 200). Eigens erwähnt sei das parlamentarische Hilfsorgan Bürgerbeauftragter (Art. 195).

Fügen sich diese Mosaiksteine klassischer Umsetzung des Demokratieprinzips in einer Verfassung durchaus schon zu einem Ganzen zusammen (s. auch das Mehrheitsprinzip in Art. 196 Abs. 2, 198 Abs. 1, 199 Abs. 1 EGV, die bemerkenswerte Begründungs- und Veröffentlichungspflicht in Art. 253 bzw. 254 EGV, die Einschaltung des Parlamentes in das Haushaltsrecht (Art. 272)), so verdient die Konstitutionalisierung der politischen Parteien auf der europäischen Ebene ein eigenes Wort. Art. 191 EGV[96] leistet eine vorbildliche Umsetzung älterer und neuerer nationalstaatsbezogener Parteien-Artikel (z.B. Art. 21 GG, Art. 4 Verf. Frankreich von 1958)[97] auf den EU-Verfassungsraum. Art. 191 ist ein in einem Text geronnenes Stück europäischer Verfassungslehre im EU/EG-Recht par excellence. Textstücke wie "Faktor der Integration in der Union", Beitrag, "ein europäisches Bewusstsein herauszubilden und den politischen Willen der Bürger der Union zum Ausdruck zu bringen" deuten Themen an, die die Verfassung der EU/EG ausmachen: etwa Grundwerte, europäische Öffentlichkeit, Bürgerdemokratie. Wenn Art. 255 EGV sogar ein weitreichendes Unions-Bürgerrecht auf Zugang zu Dokumenten schafft, so setzt sich damit das europäische Verfassungsrecht an die Spitze einer auch in Nationalstaaten sichtbaren Entwicklung (vgl. nur Art. 6 Verf. Mecklenburg-Vorpommern von 1993). Solche Bürgerrechte sind eine Vorstufe der in Zukunft zu erwartenden noch stärkeren Demokratisierung.

---

96 Aus der Lit. der schon klassische *Tsatsos/de Vigo*-Bericht, EuGRZ 1998, S. 72 ff.; s. auch *D. Tsatsos*, Europäische politische Parteien? – Erste Überlegungen zur Auslegung des Parteienartikels des Maastricht-Vertrages – Art. 138 a EGV, EuGRZ 1994, S. 45 ff.; *D. Th. Tsatsos*, Parteienrecht im Wandel, EuGRZ 1992, S. 133 ff.; D. Tsatsos/G. Deinzer (Hrsg.), Europäische politische Parteien, 1998; *V. Neßler*, Deutsche und europäische Parteien, EuGRZ 1998, S. 191 ff. – Eine transnationale politische Partei, wie sie aus dem Zusammenschluss der deutschen Grünen und der französischen "Verts" entstehen könnte (FAZ vom 30. Juni 2001, S. 12), würde Europa von den Parteien her neu gestalten.

97 Vgl. im übrigen Art. 11 Abs. 1 Verf. Bulgarien (1991): "Das politische Leben in der Republik Bulgarien gründet sich auf dem Prinzip des politischen Pluralismus". – Art. 3 Verf. Kroatien (1990): "demokratisches Mehrparteiensystem". – Art. 5 Verf. Tschechien (1992): "Das politische System ist auf der freien und freiwilligen Gründung und dem freien Wettbewerb der politischen Parteien ... aufgebaut."

Die EU-Grundrechte-Charta von 2000[98] führt die Textstufenentwicklung in Sachen Demokratie fort, teils rezeptiv, teils produktiv. Schon in der Präambel ist von den "Völkern Europas" die Rede, ebenso von den "Grundsätzen der Demokratie und des Rechtsstaates". In Art. 12 Abs. 2 ist ein Teil des Textensembles von Art. 191 EGV übernommen ("Politische Parteien tragen auf der Ebene der Union dazu bei, den politischen Willen der Unionsbürgerinnen und Unionsbürger zum Ausdruck zu bringen"). Direkter als solche erkennbaren "Demokratie-Normen" enthält Kapitel V "Bürgerrechte": die Garantie des aktiven und passiven Wahlrechts zum Europäischen Parlament (Art. 39), des Kommunalwahlrechts für EU-Bürger (Art. 40) ganz im Sinn des Bildes, die Kommunen dienten "dem Aufbau der Demokratie" von unten nach oben (vgl. Art. 11 Abs. 4 Verf. Bayern), aber auch des Petitionsrechtes (Art. 44) sowie der Einrichtung des Bürgerbeauftragten (Art. 43)[99]. Ein demokratieförderliches Element steckt, ganz abgesehen von für jede Demokratie unentbehrlichen Grundrechten wie der Meinungs- und Versammlungsfreiheit (Art. 11, 12), in Art. 20 (Gleichheit). Wenn Art. 21 Abs. 1 das Diskriminierungsverbot auch auf "nationale Minderheiten" bezieht, so verbirgt sich darin ein Demokratieelement (i.S. Ungarns: Minderheiten als "staatsbildende Faktoren") – im Europa i.w.S. und in vielen nationalen Verfassungen ist es noch klarer ausgeformt.

2. Grundsatzprobleme in Sachen Europäische Demokratie (Auswahl)

Nur zwei Fragen seien hier herausgegriffen: Wer ist in der EU das Volk? (*W. von Simson*). Worin besteht das viel zitierte "Demokratiedefizit" und wie könnte es schrittweise behoben werden?

a) Der Volksbegriff, die "Völker Europas"

Eine Kernfrage jeder hier auf die EU bezogenen europäischen Verfassungslehre ist es, den Begriff "Volk"[100], "Völker Europas" u.ä. zu definieren. Schon die Texte geben Hinweise: die Rede ist von der "Solidarität zwischen ihren Völkern unter Achtung ihrer Geschichte" (Präambel EUV), vom "wirtschaftlichen und sozialen Fortschritt ihrer Völker" (ebd.), Art. 1 Abs. 2 spricht von einer "immer engeren Union der Völker Europas". Diese Völker-Klausel (s. auch Art. 1 Abs. 3 EUV) legt es nahe, von einem naturalistischen Volksbegriff abzugehen und von vornherein ein *kulturelles*, d.h. im Europa der EU durch kulturelle Vielfalt gekennzeichnetes Verständnis vom Volk zu suchen (Argument aus Art. 191 EGV: "europäisches Bewusstsein"). Die Völker Europas bzw. der

---

98 Aus der Lit. zuletzt: *A. v. Bogdandy*, Grundrechtsgemeinschaft als Integrationsziel?, JZ 2001, S. 157 ff.; *W. Hummer*, Grundrechte in der Europäischen Union – Vom Richterrecht über eine Grundrechtscharta zur europäischen Verfassung, in: W. Karl/U. Brandl (Hrsg.), Völker- und Europarecht, 2001, S. 63 ff. S. noch Anhang.
99 Dazu die Entschließung des Europäischen Parlamentes vom 17. Nov. 1993: Demokratie, Transparenz und Subsidiarität/Statut des Bürgerbeauftragten, EuGRZ 1993, S. 602 ff.; *J.M. Meese*, Das Petitionsrecht beim Europäischen Parlament und das Beschwerderecht beim Bürgerbeauftragten der Europäischen Union, 2000.
100 Aus der Lit.: *A. Augustin*, Das Volk der Europäischen Union, Zu Inhalt und Kritik eines normativen Begriffs, 2000; P. M. Huber u.a. (Hrsg.), Demokratie in Europa, 2005; *A. Tiedke*, Demokratie in der Europäischen Union, 2005.

EU sind aber nur die eine Seite des *Legitimationszusammenhangs*, in dem jedes Verfassungsorgan stehen muss. Der primäre ergibt sich aus dem Denken vom *Bürger* her. So wie innerstaatlich ist erst recht im EU-Europa der Bürger, seine Menschenwürde und Freiheit der Ausgangspunkt – als kulturanthropologische Prämisse. An vielen Stellen denken schon die Verfassungstexte von EU/EG vom Bürger her, auf den Bürger hin: Europa ist insoweit auf dem Weg zu einer *"Bürgerdemokratie"*, fern vom alten volksdemokratischen Denken mancher Staatslehren. Auch hier helfen die Texte weiter, die europäische Verfassungslehre muss sie nur im richtigen Kontext begreifen. Schon die Präambel EUV bekennt sich zu den Menschenrechten und Grundfreiheiten (vgl. auch Art. 6 Abs. 1 und 2), möchte Entwicklungen "möglichst bürgernah" getroffen wissen, Art. 2 EUV formuliert das Ziel der Schaffung einer Unionsbürgerschaft. Nicht minder ergiebig ist der EGV, etwa in Gestalt des Subsidiaritätsprinzips (Art. 5), besonders aber in Form der Schaffung der Unionsbürgerschaft (Art. 17), deren "Fortentwicklung" sogar institutionalisiert ist (Art. 22). Das Wahlrecht (Art. 19), aber auch ein Ensemble anderer demokratischer Grundrechte (Art. 21, 194, 195) EGV lassen eine Tendenz erkennen, den *Bürger* im Kontext der nationalen Identitäten (vgl. Art. 6 Abs. 3 EUV) ins Zentrum zu rücken. Nimmt man die vielen geschriebenen Grundrechte hinzu (etwa Art. 12: Diskriminierungsverbot), ebenso die wirtschaftlichen Freiheiten (z.B. in Art. 23, 39, 43, 49, 56 EGV), auch die ungeschriebenen, vom EuGH über die allgemeinen Rechtsgrundsätze entwickelten[101], etwa Gleichberechtigung, Religionsfreiheit, künftig die EU-Grundrechte-Charta, so ergibt sich, dass das Wort von der "Bürgerdemokratie", jedenfalls in Europa im engeren Sinne der EU, seine Berechtigung hat. Teils ungeschrieben, teils geschrieben, ist die Menschenwürde der *Basissatz* und *Grundwert* der europäischen Verfassungslehre, auch ihrer in vielem noch ausbaufähigen und -bedürftigen Demokratie. Das nationalstaatlich 1987 entwickelte "Maßgabegrundrecht auf Demokratie" gilt auch im EU-Europa.

b) Demokratiedefizite, verfassungspolitische Überlegungen

In Bezug auf EU/EG ist das Demokratiedefizit schon ein geflügeltes Wort[102]. Freilich stellt sich hier die Vorfrage, von welchem Demokratieverständnis man idealtypisch ausgeht, um zu einem "Defizit-Urteil" zu kommen. Es kann nur im Wege umfassender Rechtsvergleichung gewonnen werden. Bei aller Vielfalt der nationalen Demokratie-Modelle (vgl. die grundsätzlich nur repräsentative Demokratie des deutschen GG und demgegenüber die fast ideale "Referendumsdemokratie" in der Schweiz), kann doch gesagt werden, dass das Hauptdefizit in den fehlenden Kompetenzen des Europäischen

---

101 Dazu aus der Lit.: *T. Oppermann*, Europarecht, 2. Aufl. 1999, S. 185 ff.
102 Zuletzt etwa *A. Bleckmann*, Das europäische Demokratieprinzip, JZ 2001, S. 53 (57); *D. Tsatsos*, Die Europäische Unionsgrundordnung im Schatten der Effektivitätsdiskussion, JöR 49 (2001), S. 63 (69 ff.). Symptomatisch *K. Adam*, Volksvertreter ohne Volk, Warum es so schwer ist, an die Parlamentarisierung der Europäischen Gemeinschaften zu glauben, FAZ Bilder und Zeiten vom 12. Juni 1999; J. Drexl u.a. (Hrsg.), Europäische Demokratie, 1999; *D. Thürer*, Demokratie in Europa. Staatsrechtliche und europarechtliche Aspekte, FS Everling, 1995, S. 1561 ff.; *M. Kaufmann*, Europäische Integration und Demokratieprinzip, 1997; *D. Kugelmann*, Die streitbare Demokratie nach der EMRK, EuGRZ 2003, S. 533 ff.

Parlaments und im bisherigen Ausschluss der Bürger von der schrittweisen Verfassunggebung liegen. Auch mag man mittelfristig Elemente der direkten Demokratie anmahnen, sei es als bloße "Ergänzung" der repräsentativen, sei es als gleichberechtigtes Pendant zu dieser. Je intensiver eine europäischen Öffentlichkeit heranwächst (dazu Erster Teil C), desto mehr könnte auf Teilgebieten die eine oder andere Variante der unmittelbaren Demokratie gewagt werden (vom konsultativen Referendum und der Volksinitiative bis zum Bürgerbegehren und -entscheid). "Bürgernähe" sollte jedenfalls auch hier ernst genommen werden[103]. Warum soll der EU-Bürger in seinem status politicus auf den einmaligen Wahlakt zum EP beschränkt bleiben, warum sollte ihm auf Dauer eine Abstimmungsmöglichkeit vorenthalten bleiben? "Wir sind das Volk" (gleich: "We the people") besitzt auch eine europäische Dimension. Die Europa- bzw. Verfassungspolitik in der EU hat hier noch viel Arbeit vor sich, auch in der kritischen Würdigung des Konventsmodell à la Grundrechte-Charta. Es kann allenfalls Vorstufe für ein dem EU-Europa angemessenes Verfahren der Verfassungsreform sein. Jedenfalls bei wesentlichen Verfassungsreformen der Zukunft sollten die Bürger Europas unmittelbar beteiligt sein, der Europa-Gouvernementalismus à la Nizza sollte zum Auslaufmodell werden. Die Staats- und Regierungschefs der 15 Länder sollten zum letzten Mal sich in Nizza als "Herren der Verträge" geriert haben. Die verfassunggebende Funktion sollte in Zukunft nicht nur "bürgernah" sein, sondern von den Bürgern selbst wahrgenommen werden: als Subjekte des sich verfassenden Europa.

Freilich: eine *europäische Bürgerdemokratie* ist erst in Anfängen zu erkennen. Desillusionierend wirken die letzten Europa-Wahlen 1999 und 2004. Es waren im Grunde verdeckte *nationale* Wahlen mit *nationalen* Themen und *nationalen* Adressaten.

IV. Demokratie als Ideal im Europa(recht) i.w.S.

1. Textstufenentwicklungen

Schon früheste Texte des Europarates sind ergiebig, etwa die Satzung und besonders die EMRK, nicht nur in ihren Schrankenvorbehalten. Im Einzelnen: Die große legitimatorische Kraft, die das Demokratieprinzip nach 1945 in Westeuropa gerade nach dem Sieg über die NS-Diktatur gewann, kommt nicht ohne Pathos schon im Vorspruch der Satzung des Europarates (1949) zum Ausdruck: "in unerschütterlicher Verbundenheit mit den geistigen und sittlichen Werten, die das gemeinsame Erbe ihrer Völker sind und der persönlichen Freiheit, der politischen Freiheit und der Herrschaft des Rechtes zu Grunde liegen, auf denen jede wahrhafte Demokratie beruht".

Wohl keine europäische Verfassungslehre könnte die rechtsstaatliche Demokratie bündiger und zugleich facettenreicher zusammenfassen! Dieses Gründungsdokument für das sich Schritt für Schritt auch räumlich ausdehnende und rechtlich durch Konven-

---

103 Siehe auch *Th. Würtenberger*, Auf dem Weg zu lokaler und regionaler Autonomie in Europa, FS H. Maurer, 2001, S. 1053 ff., 1056. Zum Stichwort "Weltbürgerrecht" allg. siehe auch *E.-U. Petersmann*, Europäisches und weltweites Integrations-, Verfassungs- und Weltbürgerrecht, Liber amicorum T. Oppermann, 2001, S. 367 ff.; zum Stichwort "Bürgernähe" in Art. 1 EUV vgl. *R. Geiger*, EUV/EGV-Kommentar, 3. Aufl. 2000, Art. 1 EUV, Rn. 13 ff.

tionen und Judikatur des EGMR verfeinernde Europa im weiteren Sinne hat den Rang eines Klassikertextes: juristisch, kulturell, politisch, wissenschaftlich. Dass demgegenüber die Kompetenzen der "Beratenden Versammlung" des Europarates[104] eher schwach ausgebildet sind (Kap. V), auch wenn hier Vorformen des Typus "Parlament" erkennbar bleiben (vgl. die Wahlen nach Art. 25, die Mehrheitsregeln nach Art. 29 und 30) oder die Öffentlichkeit der Sitzungen (Art. 35), wiegt demgegenüber gering. Entscheidend ist, dass das Postulat der "*wahren Demokratie*" nach vielen Seiten hin textlich fixiert ist.

In der EMRK (1950) ist die Präambel in gleichem Geist formuliert ("wahrhaft demokratisches politisches System"). Konkretisiert wird sie in den folgenden Artikeln von zwei Seiten her. Einerseits werden Grundrechte, die von schlechthin konstituierender Bedeutung für jede Demokratie sind, garantiert (z.B. die Meinungs- und Versammlungsfreiheit nach Art. 10 und 11), andererseits ist die "demokratische Gesellschaft" der Maßstab für die zulässigen Einschränkungen der Freiheiten (z.B. Art. 8 Abs. 2, 9 Abs. 2, 10 Abs. 2 EMRK). Die Rechtsprechung und Literatur haben diesen Maßstab seit Jahrzehnten konkretisiert[105]. Anders formuliert: Die Demokratie steht nicht nur auf der Seite der grundrechtlichen Freiheiten, sie legitimiert auch deren Einschränkbarkeit. Das spezifisch *demokratische* Verständnis von Grundrechten (Stichwort: Grundrechte als "funktionelle Grundlage der Demokratie"[106]) gewichtet alle Abwägungsvorgänge im Schutzbereich *und* in den Schrankenvorbehalten mit.

Ein weiteres Demokratiedokument findet sich in Art. 3 des 1. Zusatzprotokolles zur EMRK (1952): "Verpflichtung, in angemessenen Zeitabständen freie und geheime Wahlen unter Bedingungen abzuhalten, welche die freie Äußerung der Meinung des Volkes bei der Wahl der gesetzgebenden Körperschaften gewährleisten". Im Folgenden sei nur noch eine Auswahl von Rechtstexten stichwortartig präsentiert, die im Ganzen und Einzelnen zeigen, wie intensiv die Spezialisierung und Konkretisierung des Demokratieprinzips im Europäischen Raum textstufenhaft verlaufen ist.

Hatte noch die KSZE-Schlussakte von Helsinki (1975) bemerkenswerterweise das Demokratieprinzip gerade nicht direkt genannt (verständlich angesichts der "Einbindung" des totalitären Ostblocks), so werden die Dokumente nach 1989 schlagartig ähnlich ergiebig wie die Texte nach 1945. Vor allem formen sie die meisten der Einzelelemente aus, die das Demokratieprinzip charakterisieren. Sie machen es zu einem *konstitutionellen Prinzip Europas*, zu einem Basiswert seiner Architektur[107]. In dem Dokument des Kopenhagener Treffens der Konferenz über die menschliche Dimension der KSZE (Juni 1990)[108] heißt es in der Präambel, es werde anerkannt, "dass pluralistische Demokratie und Rechtsstaatlichkeit wesentlich sind für die Gewährleistung der Men-

---

104 Aus der Lit.: *R. Streinz*, Einführung: 50 Jahre Europarat, in ders. (Hrsg.), 50 Jahre Europarat, 2000, S. 17 (24).
105 Dazu *J. Frowein/W. Peukert*, Europäische Menschenrechtskonvention, 2. Aufl. 1996, passim, z.B. Art. 10 Rn. 25.
106 *P. Häberle*, Wesensgehaltgarantie, 1. Aufl. 1962, S. 17 ff., 3. Aufl. 1983, S. 17 ff., 336 ff.
107 Vgl. aus der Lit.: *G. Lübbe-Wolff*, Europäisches und nationales Verfassungsrecht, VVDStRL 60 (2001), S. 246 ff.; *M. Jachtenfuchs*, Die Zukunft der Demokratie in der Europäischen Union, in: M. Kassel/G. Schmid (Hrsg.), Eine lernende Demokratie, WZB-Jahrbuch, 1999, S. 263 ff.
108 Zit. nach EuGRZ 1990 S. 239 ff.

schenrechte". Die Rede ist von Bekenntnis zu den "Idealen der Demokratie und des politischen Pluralismus, von "freien Wahlen". In den folgenden Artikeln wird bekräftigt, dass die Demokratie ein wesentlicher Bestandteil des Rechtsstaates ist (Nr. I 3), wird erklärt, "dass der durch regelmäßige und unverfälschte Wahlen frei und gerecht zum Ausdruck gebrachte Wille des Volkes die Grundlage für die Autorität und Rechtmäßigkeit jeder Regierung" bildet (Nr. 6). In der "Charta von Paris für ein neues Europa" vom November 1990[109] wird fast "fundamentalistisch" verkündet: "Wir verpflichten uns, die Demokratie als die einzige Regierungsform unserer Nationen aufzubauen". Es folgen Hinweise auf Menschenrechte und Grundfreiheiten sowie der lehrbuchartige Satz: "Die Demokratie, ihrem Wesen nach repräsentativ und pluralistisch, erfordert Verantwortlichkeit gegenüber der Wählerschaft, Bindung der staatlichen Gewalt an das Recht sowie eine unparteiische Rechtspflege"[110]. Die absolute Festlegung auf die repräsentative Demokratie erscheint freilich problematisch. Sie kehrt in europäischen Rechtsstaaten nirgends wieder und wird schon durch einen Vergleich der nationalen Demokratievarianten europäischer Staaten, die auch Elemente der direkten Demokratie kennen (vor allem in der Schweiz und Bayern), widerlegt. Eine Reihe weiterer "Gebote", die sich auch auf den Schutz nationaler Minderheiten beziehen, sollen laut Charta von Paris "Fundament" sein, auf dem wir "das neue Europa aufbauen wollen". Auch in den nachstehenden Texten ist immer wieder von der "Entwicklung" der Demokratie u.ä. die Rede ("Zur Wahrung und Förderung von Demokratie, Frieden und Einheit in Europa bekennen wir uns feierlich ... zu den zehn Prinzipien-Punkten der Schlussakte von Helsinki"). Auch wird vom "gemeinsamen Bekenntnis zu demokratischen Werten" gesprochen.

Nimmt man die Abkommen des Europarates zum Schutz von Minderheitssprachen 1995[111] hinzu, auch andere Konventionen, etwa die Charta der Kommunalen Selbstverwaltung (1985)[112], so zeigt sich, wie intensiv das "große" Europa auf vielen Feldern um das Demokratieprinzip ringt und es mit Entschiedenheit gemeineuropäisch durchzusetzen gewillt ist[113].

---

109 Zit. nach EuGRZ 1990, S. 517 ff.
110 Zum Pluralismus in Europa siehe *H.-A. Winkler*, "Europa wird pluralistisch sein oder es wird nicht sein", Nordbayerischer Kurier vom 27. Juli 2001, S. 4.
111 Zit. nach *Streinz*, aaO., S. 134 ff. – Vgl. den Präambel-Passus im Rahmenabkommen: In der Erwägung, dass eine pluralistische und wahrhafte demokratische Gesellschaft nicht nur die ethnische, kulturelle, sprachliche und religiöse Identität ... einer nationalen Minderheit achten, ... sollte ...". In der europäischen Charta der Regional- und Minderheitensprachen (1992), zit. nach *Streinz*, aaO. S. 148 ff., sagt die Präambel u.a.: "wichtiger Beitrag zum Aufbau eines Europas ..., das auf den Grundsätzen der Demokratie und der kulturellen Vielfalt ... beruht."
112 Abgedruckt bei *R. Streinz*, aaO., S. 107 ff. Vgl. Präambel: "... Schutz der kommunalen Selbstverwaltung als wichtiger Beitrag zum Aufbau eines Europa, das sich auf die Grundsätze der Demokratie und der Dezentralisierung der Macht gründet" ... sowie "Kommunale Gebietskörperschaften als eine der wesentlichen Grundlagen jeder demokratischen Staatsform", "demokratische Leitsätze, die allen Mitgliedern des Europarates gemeinsam sind". – Aus der Lit.: F.-L. Knemeyer (Hrsg.), Die europäische Charta der kommunalen Selbstverwaltung, 1989.
113 S. auch die Beitrittsbedingungen des Europarates von 1993 (zit. nach *Streinz*, aaO., S. 21), die die "Übereinstimmung mit den grundlegenden Prinzipien der Demokratie, des Rechtsstaates und der Achtung der Menschenrechte verlangen". – Es hat mehr als symbolische Bedeutung, dass sich im

2. Verfassungspolitische Fragen

Derzeit dürfte es im Europarat und OSZE-Raum weniger auf weitere "Textstufen" ankommen als vielmehr auf *reale* Durchsetzung des Demokratieprinzips (und des Rechtsstaates) im ganzen und einzelnen. Dabei wird viel von einem effektiven Kontrollsystem abhängen. Eine *gemeineuropäische Realität* von Demokratie ist in nicht weniger Hinsicht erst in der Zukunft zu erwarten. Das ist nicht den "schönen Texten" anzulasten. Einmal in der Welt, können sie mittelfristig dann doch normative Kraft in ganz Europa entfalten, man denke nur an Serbien und seine Oktoberrevolution 2000 sowie an die Ukraine 2004. Die europäische Verfassungslehre muss bereit sein, Demokratiedefizite beim Namen zu nennen und auch für ganz Osteuropa alle einzelnen Demokratieelemente bereit zu halten, sozusagen zur Auswahl und "auf Vorrat". Dies ist nicht nur Sache der sich erweiternden EU, sondern auch und gerade der Wissenschaft, die sich für das ganze Europa mit verantwortlich fühlt. "Demokratische Homogenität", ungeachtet aller nationalen Pluralität, bleibt ein Stichwort.

Inkurs: Die Repräsentation auf EU- Ebene

1. "Repräsentation"

a) Einleitende Aspekte

Das Thema "Repräsentation" hat Bibliotheken von Primär- und Sekundärliteratur hervorgebracht. Sie können hier nicht einmal bruchstückhaft aufbereitet werden. Indes seien einige Klassikertexte dargestellt, gegebenenfalls auch im Lichte der Sekundärliteratur[114]. Dies ist insoweit wichtiger, weil sich zeigen wird, dass diese Klassiker auch so manchen positivrechtlichen Verfassungstext geprägt haben, so wie sich für manche Normen der deutschen Verfassung sagen lässt, sie seien "*Rousseau* im GG" (vgl. Art. 20 Abs. 2 S. 1) oder "*Montesquieu* im GG" (vgl. Art. 1 Abs. 3). Klassikertexte werden hier als Wert- und Erfolgsbegriff verstanden: *Wert*begriffe sind sie, insofern sie ein politisches Gemeinwesen inhaltlich prägen, den Verfassungsstaat der offenen Gesellschaft[115]; *Erfolgs*begriffe, insofern sie sich in einer res publica tatsächlich durchgesetzt haben, sei es schon positivrechtlich, sei es in der politischen Philosophie, in der Judikatur oder in der juristischen Dogmatik. "Klassiker" in einem für die Verfassungslehre als Kulturwissenschaft relevanten Sinne können auch Dichter und Philosophen sein. Für jene denke man an die uns Juristen provozierende Frage von *B. Brecht*: "Alle Staatsgewalt geht vom Volk aus, aber wo geht sie hin?". Beispiel für einen von der positiven Rechtsordnung rezipierten und z.T. eben dadurch zum Klassiker "gemachten" Text ist

---

Juni 2001 die Mitglieder der Europaausschüsse des Deutschen Bundestages und des polnischen Sejm trafen (FAZ vom 2. Juni 2001, S. 12).

114 Herausragend *H. Hofmann*, Repräsentation, Studien zur Wort- und Begriffsgeschichte von der Antike bis ins 19. Jahrhundert, 1974 (4. Aufl. 2003).

115 Zu diesem Ansatz *P. Häberle*, Klassikertexte im Verfassungsleben, 1981; fortgeführt in: *ders.*, Verfassungslehre als Kulturwissenschaft, 2. Aufl. 1998, S. 481 ff.

H. Jonas philosophisches "Prinzip Verantwortung" (im Umweltschutz, vgl. Art. 20 a GG, seit 1994).

b) Klassikertexte in Sachen Repräsentation: Verfassungstexte im weiteren und engeren Sinne

Im Folgenden sei eine Auswahl präsentiert, sei es von (wissenschaftlichen) Autoren, sei es von Verfassungstexten. Das Raum und Zeit übergreifende *Wechselgespräch* zwischen ihnen in Westeuropa und Angloamerika soll durch prägnante Direktzitate verdeutlicht werden – gemäß der These, Texte großer Autoren wirkten oft als Verfassungstexte im weiteren Sinne. Die Originalität und Rezeptionskraft sei dabei ein Auswahlkriterium[116].

Ein frühes Klassikerzitat findet sich im Lehrbuch von *E. de Vattel* (1758): "Der repräsentative Charakter des Souveräns beruht darauf, dass er seine Nation repräsentiert; dadurch vereinigt der Monarch in seiner Person die ganze Majestät, die der Nation als einer einheitlichen Körperschaft zukommt"[117]. *W. Blackstone* formulierte (1765)[118]: "And every member, though chosen by one particular district, when elected and returned, serves for the whole realm. For the end of his coming thither is not particular, but general". Damit war der "Konnex Repräsentation und freies Mandat" (*K. Stern*) hergestellt und der Weg zur Nationalversammlung der französischen Revolution als "Repräsentation der ganzen Nation" (*Abbé Sieyès*) eröffnet. Der Abgeordnete, Repräsentant des ganzen Volkes, hatte ein freies Mandat, in Abkehr vom gebundenen Mandat der alten Ständeversammlung.

Diese Klassikertexte von einzelnen Denkern gerannen zu positiven Texten geschriebener Verfassungen. So lautet Titel III Art. 2 französische Revolutionsverfassung von 1791: "La Constitution française est représentative: Les représentants sont le Corps législatif et le roi"[119]. Art. 21 der Verf. von 1793 lautet: "La population est la seule base de la représentation nationale". Zuvor hatten die Federalist Papers der werdenden USA (1787) die republikanische Staatsform als "representative democracy" begriffen[120]. 1861 erschien in Großbritannien *J.S. Mills* "Considerations on Representative Government". Schließlich und erstlich sei an den frühen Satz der amerikanischen Kolonien erinnert (1776): "No taxation without representation".

Ein Blick auf die Weimarer Klassiker (und ihre "Nachfolger"):

C. Schmitt formuliert[121]: "Repräsentieren heißt, ein unsichtbares Sein durch ein öffentlich anwesendes Sein sichtbar machen und vergegenwärtigen". Mit Recht hat *Herb. Krüger* dieses Verständnis als "ontologisch" charakterisiert[122], im Gegensatz zu Auffassungen, die in der Repräsentation nicht mehr als einen "technischen Kunstgriff" vor

---

116 So der Verf. in Verfassungslehre, aaO., 2. Aufl. 1998, S. 484 f.
117 *E. de Vattel*, Droits des Gens, Bd. 1, 1758, S. 42.
118 Commentaries on the laws of England, zit. nach *K. Stern*, Das Staatsrecht der Bundesrepublik Deutschland, Bd. I, 2. Aufl. 1984, S. 963.
119 Zit. nach J. Godechot (Hrsg.), Les constitutions de la France depuis 1789, 1979.
120 Dazu m.w.N. *H. Dreier*, in *ders.* (Hrsg.), Grundgesetz-Kommentar, Bd. 2, 1998, Art. 20 Rn. 10.
121 Verfassungslehre, 1928, S. 209.
122 *Herb. Krüger*, Allgemeine Staatslehre, 1964, S. 235.

allem in der Demokratie sehen. Hier steht *H. Kelsen* als Klassikertext zur Verfügung[123]. Sein Ansatz ist umso wichtiger, als *Schmitt* das Normative und Normale überspringt durch den Satz: "Repräsentation ist kein normativer Vorgang, kein Verfahren und keine Prozedur, sondern etwas *Existentielles*". Solche Texte sind typisch für ein zuspitzendes Aut-Aut-Denken, das durch brillante Polemik und Rhetorik dem demokratischen Verfassungsstaat nicht wirklich zu dienen vermag, zumal *Schmitt* die Repräsentation geradezu als das Nichtdemokratische an der Demokratie definiert, die er durch Identität von Regierenden und Regierten bestimmt sieht[124]. *H. Kelsen* betont demgegenüber den Kompromisscharakter der Demokratie. Im historischen Rückblick spricht er der parlamentarischen Repräsentation das Verdienst des politischen Ausgleichs und der Mäßigung der Demokratie zu. Das Parlament sei nicht nur ein Produkt notwendiger Arbeitsteilung, sondern schaffe die für die soziale Integration notwendige Möglichkeit, die bestehenden Differenzen "nicht auf blutig revolutionären Wegen zu überwinden, sondern friedlich und allmählich auszugleichen"[125].

Nach *G. Leibholz*[126] ist Repräsentation einer "spezifisch-ideellen Wertsphäre verhaftet", so dass nur "transzendente Ordnungsmächte und Ideen, Gemeinschaften wie z.B. die Kirche, das Volk, die Nation, der Staat, die durch bestimmte ideelle Werte zusammengehalten werden", nicht aber wirtschaftliche oder soziale Interessen repräsentiert werden können. *Herb. Krüger* schließlich[127] konzipiert die Repräsentation als "Weg zur Richtigkeit von Sein und Handeln des Staates" durch "Selbstvergütung" der politischen Gruppen, deren Repräsentation das "bessere Ich" des Staatsvolkes verkörpern. Zuletzt deutet *U. Scheuner*[128] die Repräsentation durch Stichworte wie "Das repräsentative Prinzip kann nur dort gedeihen, wo der Grundsatz der Mäßigung der politischen Macht gilt" oder "Die Repräsentation ist eine Ordnung der Delegation vom Volk her, nicht der unmittelbaren Entscheidung durch das Volk; Repräsentation ist Vergegenwärtigung einer Person, Gruppe oder Idee durch eine Person (Personeinheit) durch ein Symbol".

Schon hier sei angemerkt, dass im nationalen Verfassungsstaat ebenso wie auf europäischer Ebene von allen im Repräsentationsbegriff angesiedelten Staatlichkeitsideologien Abschied zu nehmen ist. Es bleibt zwar eine ideelle Ebene bzw. "vertikale" Dimension, die in Stichworten wie Grundkonsens, Gewaltenteilung, Darstellung, Vergegenwärtigung von Einheit in der Vielfalt reicht, doch muss auch vom US-amerikanischen Pragmatismus gelernt werden: Es ist die Vielfalt der Interessen-

---

123　*H. Kelsen*, Vom Wesen und Wert der Demokratie, 2. Aufl., 1929, S. 27 ff.
124　*C. Schmitt*, Verfassungslehre, aaO., S. 204 f., 218, 315.
125　*H. Kelsen*, Allgemeine Staatslehre, 1925, S. 361. Zu dieser pragmatischen Sicht *H. Hofmann/H. Dreier*, Repräsentation, Mehrheitsprinzip und Minderheitenschutz, in: H.-P. Schneider/W. Zeh (Hrsg.), Parlamentsrecht und Parlamentspraxis, 1989, S. 165 (170 f.); *H.-P. Schneider*, Das Parlamentsrecht im Spannungsfeld von Mehrheitsentscheidungen und Minderheitenschutz, in: P. Badura/H. Dreier (Hrsg.), FS 50 Jahre BVerfG, 2001, S. 627 ff.
126　Das Wesen der Repräsentation und der Gestaltwandel der Demokratie im 20. Jahrhundert (1929), 3. Aufl. 1966.
127　Allgemeine Staatslehre, 1964, S. 234 ff.
128　Das repräsentative Prinzip in der modernen Demokratie, in: FS H. Huber, 1961, S. 222 ff.

wahrnehmung, ja der Pluralismus eines Gemeinwesens insgesamt einzubauen, vor allem die *Normalität* normativ vorgeschriebener offener (öffentlicher) Prozesse, in denen es um das Gemeinwohl geht[129].

c) Die positivrechtliche Rolle des Begriffs "Repräsentation" im deutschen Grundgesetz

aa) Im Folgenden wären Ausschnitte dessen zu präsentieren, was in der *Vielzahl* der *deutschen Literaturgattungen* vom grundlegenden Aufsatz in Zeitschriften und Festschriften über das Lehrbuch bis zur Kommentarliteratur und in der Judikatur des BVerfG zu Wort und Sache der "Repräsentation" im GG erarbeitet worden ist. Indes kann nur ein Blick auf die Lehrbuch- und Kommentarliteratur sowie die Judikatur des BVerfG geworfen werden. Vermerkt sei indes, dass parallele Arbeiten von den anderen nationalen Wissenschaftlergemeinschaften der an der EU beteiligten Länder geleistet werden müssten, damit keine *verdeckte* "*Germanisierung*" des Problems der Repräsentation in der EU erfolgt. Vielleicht kann die nächste Forschergeneration diese Herkules-Arbeit für Europa im ganzen leisten. Dabei werden die erwähnten Klassiker als Teil des gemeineuropäischen Erbes erkenntnisleitend bleiben.

Als "Repräsentant" der *Lehrbuchliteratur* sei das Werk von *K. Stern* befragt[130]. Es arbeitet mit der Repräsentation zentral: etwa im Blick auf den Bundestag ("Vergegenwärtigung, Präsent-Sein des zwar existenten, aber nicht gegenwärtigen und zum Handeln formierten Volkes", "Anerkennung des Volkes als überindividuell-ideelle Einheit und Verpflichtung der Repräsentanten, das ganze Volk und nicht Sonderinteressen zu repräsentieren"). Nicht nur der Bundestag, auch der Bundespräsident[131] werden so zum "Repräsentativorgan". Andere Autoren qualifizieren die repräsentative Demokratie nicht als "technische Notlösung" anstelle der unmittelbaren Demokratie. Für sie ist vielmehr Repräsentation "die organisatorische Verwirklichung der Volkssouveränität in einem verfassungsrechtlich geordneten Staat"[132]. Auch wird von einem "Konnex Repräsentation und freies Mandat" (der Abgeordneten) gesprochen[133]. In der *Kommentarliteratur* finden sich ähnliche Formeln[134]. Es fällt auf, dass die erklärte Über-

---

129 In diesem Kontext siehe auch K.-P. Sommermann (Hrsg.), Gremienwesen und staatliche Gemeinwohlverantwortung, 2001.
130 *K. Stern*, Das Staatsrecht der Bundesrepublik Deutschland II, 1980, S. 37 ff.
131 AaO., S. 218.
132 So *P. Badura*, Staatsrecht, 2. Aufl. 1996, S. 234, 386 (3. Aufl. 2003).
133 So *K. Stern*, Staatsrecht Bd. I, 2. Aufl. 1984, S. 963.
134 Vgl. *S. Magiera*, in: Sachs, Grundgesetz, 3. Aufl. 2003, Art. 38 Rdn. 6 f.: Repräsentation bedeutet, "dass der Bundestag das Volk vergegenwärtigt". Repräsentation als "Gegenbegriff zur Identität"; Repräsentation unter dem GG als "Ausdruck des Prinzips der mittelbaren ('repräsentativen') Demokratie". Ebd. Rdn. 26: Die Legitimation des Bundestages zur Repräsentation des Volkes folgt aus seiner Wahl durch das Volk, die eine umfassende Berücksichtigung aller im Volk vorhandenen Interessen sichern soll.- *M. Morlok*, in: H. Dreier (Hrsg.), Grundgesetz-Kommentar, Bd. II 1998, Art. 38 Rdn. 31: Repräsentation des Volkes beinhaltet zum einen das Handeln für das

Setzung der klassischen Repräsentationselemente der politischen Philosophie bzw. Allgemeinen Staatslehre in das konkrete Grundgesetz kaum geleistet wird. Auch wird bislang nicht "europaoffen" im Blick auf das im Kontext der EU/EG *relativierte* Grundgesetz gearbeitet: etwa in der Hinsicht, dass heute die nationalen Parlamente wegen der EU-Verfassungsorgane und der Pluralität der EU-Völker nicht mehr national für sich repräsentativ sind, sondern nur noch *teil*repräsentativ arbeiten können. Im EU-Europa konkurrieren jetzt viele Völker und Parteien im verfassungsstaatlich-relevanten Sinne. Dennoch kann resümiert werden, dass die (deutsche) Literatur ohne Aspekte des Repräsentationsgedankens am GG wohl nicht kommentierend arbeiten könnte, auch nicht das BVerfG.

bb) Diese knappe Auslese muss genügen. Doch sei zuletzt die *Judikatur des BVerfG* zum Thema "Repräsentation" dargestellt. Dies ist umso wichtiger, als das BVerfG gewiss kein "reines" Repräsentationskonzept praktizieren kann, indes andererseits gemäß seiner Aufgabe "pragmatischer Integration von Theorieelementen" viele (mitunter gegensätzliche) Aspekte des jahrhundertealten Diskurses über Repräsentation miteinander verbinden kann. Da das GG im wesentlichen so gilt, "wie das BVerfG es auslegt", muss seine Judikatur als auf eine Weise für "Deutschland repräsentativ" befragt werden. Überdies ist im Auge zu behalten, ob das nicht nur im europäischen Ausland viel bewunderte deutsche BVerfG in Sachen Repräsentation Stichworte liefert, die auch auf die EU-Ebene transportiert werden können.

Im Einzelnen:
In zwei jüngeren Entscheidungen verdichtet das BVerfG seine älteren Aussagen, so dass mit ihnen begonnen sei. So heißt es in E 80, 188 (217) aus dem Jahre 1989: "Der deutsche Bundestag ist unmittelbares Repräsentationsorgan des Volkes. Er besteht aus den als Vertretern des ganzen Volkes gewählten Abgeordneten. Der durch Art. 38 Abs. 1 GG gewährleistete repräsentative verfassungsrechtliche Status der Abgeordneten (vgl. BVerfGE 4, 144 (149)) ist Grundlage für die repräsentative Stellung des Bundestages, der als "besonderes Organ (Art. 20 Abs. 2 GG) die vom Volk ausgehende Staatsgewalt ausübt" (vgl. BVerfGE 44, 308 (316); 56, 396 (405)). In einer Entscheidung aus dem Jahre 1997 heißt es (E 96, 264 (278)): "Der durch Art. 38 Abs. 1 S. 2 GG gewährleistete repräsentative Status der Abgeordneten des Deutschen Bundestages umfasst das Recht auf gleiche Teilhabe am Prozess der parlamentarischen Willensbildung" (vgl. BVerfGE 84, 304 (321 f.)). In anderen Judikaten ist davon die Rede (E 84, 304 (321)), dass die "Repräsentation des Volkes vom Parlament als Ganzem, d.h. in der Gesamtheit seiner Mitglieder als Repräsentanten, bewirkt wird". Schon sehr früh sagt das BVerfG (E 1, 209 (241)): "Das Parlament repräsentiert das Staatsvolk als politische Einheit". Später führt das BVerfG aus (E 6, 84 (92)), die Wahl habe aber "nicht nur das Ziel, den politischen Willen der Wähler

---

Volk und zum anderen die Verantwortlichkeit gegenüber dem Volk (wobei das Prinzip der parlamentarischen Öffentlichkeit hinzugenommen wird (ebd. Rdn. 32)).

als einzelner zur Geltung zu bringen, also eine Volksrepräsentation zu schaffen, die ein Spiegelbild der im Volk vorhandenen politischen Meinungen darstellt". Auch ist gelegentlich vom "parlamentarischen Repräsentationssystem" die Rede (E 12, 139 (142)). Gesprochen wird vom Verfassungsgrundsatz der "repräsentativen Demokratie" (E 44, 309 (315); s. auch E 62, 41 (43); 80, 188 (21)). Sogar im Blick auf die Wissenschaftsfreiheit der Hochschullehrer (Art. 5 Abs. 3 S. 1 GG) wird vom "Repräsentationsprinzip der Gruppenuniversität" gesprochen. In einer anderen Entscheidung ist vom Bundestag als der "nationalen Repräsentativkörperschaft" die Rede (E 89, 155 (183)). Und in E 44, 308 (316) heißt es: "Wird das Volk bei parlamentarischen Entscheidungen nur durch das Parlament als Ganzes, d.h. durch die Gesamtheit seiner Mitglieder, angemessen repräsentiert..." (gleichlautend E 56, 396 (405)).

Es fällt auf, dass diese Judikatur einschließlich ihrer Zitatketten die Stichworte interpretatorisch bzw. richterrechtlich verarbeitet, die sich aus den schon erwähnten Klassikertexten ergeben.

2. Ein eigener Ansatz zur "Europäisierung" der Repräsentationsidee

Der eigene Ansatz sei in einem *Doppelschritt* unternommen. Zunächst wird das Text- und Rechtsprechungsmaterial gesichtet, das auf EU-Ebene die Fruchtbarkeit des Repräsentationsgedankens belegen könnte. Solches Anknüpfen an geschriebene oder "ungeschriebene" (richterrechtliche) Texte ist in einer sich als Text- und Kulturwissenschaft verstehenden Jurisprudenz unverzichtbar. Oft lässt sich schon aus den Texten ein theoretischer Ur- oder Hintergrund freilegen. Sodann werden die Theorieelemente der spezifisch europäisch gefassten Idee von "Repräsentation" entworfen. Beides gehört zusammen, lässt sich aber nur getrennt denken und darstellen.

a) Anhaltspunkte für "Repräsentation" auf EU-Ebene

Die folgende Auswahl bleibt fragmentarisch. Sie kann aber vielleicht doch schon erkennen lassen, wie fruchtbar es ist, mit Hilfe des Schlüsselbegriffs der "Repräsentation" auch im Europarecht im engeren Sinne zu arbeiten und dessen "Materialien" in seinem Licht zu sehen. Dabei sei mit dem eher theoretischen Gemeinwohl- und Öffentlichkeitsbegriff begonnen, um dann über die Zwischenglieder der "realistischen" politischen Parteien und gesellschaftlichen Verbände zum Institutionell-Organisatorischen zu gelangen: zu den europäischen Verfassungsorganen wie dem Europäischen Parlament, dem Rechnungshof, dem Bürgerbeauftragten und dem EuGH.

aa) Das Gemeinwohl ("öffentliches Interesse")
– Konnexbegriff zur Repräsentation

Als Vorbereitung auf das neue Stichwort von der "Europäisierung des Gemeinwohls"[135] sei eine kurze tour d'horizon des textlichen und kontextlichen Vorkommens

---

135 Dazu siehe unten Dritter Teil, E. I.

(Kontextualisierung meint "Verständnis durch Hinzudenken") des hier behandelten Topos im positiven Recht der sich verfassenden EU unternommen. Die alte Gemeinwohltypologie aus dem Jahre 1970 diene hier ebenfalls als Problemraster und "Schlüsselbund"[136].

(1) Beginnen wir mit dem geschriebenen Verfassungsrecht der EU. Dabei wird sich zeigen, dass es – wie immer theoretisch konzipiert – ohne den alteuropäischen Topos "Gemeinwohl" oder seine Korrelat- bzw. Ersatzbegriffe wie Aufgaben, Ziele, Kompetenzen, nicht auskommt. Vielleicht ist das Gemeinwohl sogar ein verbindender *Brückenbegriff* zwischen den einzelnen Nationalwohlaspekten und dem "gemeinen Wohl Europas" – im Element des "Allgemeinen" mag ein Stück der materialen Allgemeinheit Europas als Wertegemeinschaft anklingen[137].

Gemeinwohl bzw. öffentliche Interessen als rechtliches Element zum Zwecke *positiver Aufgaben-Umschreibung bzw. Kompetenzbestimmung* ist eine aus dem nationalstaatlichen Stoff herauspräparierte Rechtsfigur[138]. Ihrer bedienen sich auch die EU/EG-Texte: der Sache nach in den großen Unions-Zielen in Art. 2 EUV, auch Art. 4 Abs. 1 ebd. ("allgemeine politische Zielvorstellungen") sowie Art. 6 Abs. 4 ("Politiken"), Art. 11 Abs. 1 ("gemeinsame Werte", "grundlegende Interessen") und schließlich Art. 43 Abs. 1 lit. a ("Interessen (sc. der Union) zu schützen"). Der reiche Aufgabenkatalog in Art. 2 EGV umschreibt Teilaspekte eines genuin EU-europäischen Gemeinwohls (z.B. Entwicklung des Wirtschaftslebens, Umweltschutz etc.) – das Wort "in der ganzen Gemeinschaft" lässt das Gemeinwohl auch sprachlich als solches erkennbar werden. Die "Erfordernisse des Umweltschutzes" (Art. 6 EGV), aber auch die Formel von "allgemeinem wirtschaftlichen Interesse innerhalb der gemeinsamen Werte der Union" (Art. 16) sind nichts anderes als spezielle – europäische – Gemeinwohltatbestände. Die "gemeinsame Verkehrspolitik" (Art. 70) gehört ebenfalls hierher. Europäischem Gemeinwohldenken am nächsten kommt aber Art. 87 Abs. 2 lit. b EGV, wonach Beihilfen zur Förderung wichtiger Vorhaben von "gemeinsamem europäischem Interesse" bzw. (lit. d) Beihilfen zur Förderung der Kultur und der Erhaltung des kulturellen Erbes (ausnahmsweise) zulässig sind, "soweit sie die Handels- und Wettbewerbsbedingungen in der Gemeinschaft nicht in einem Maß beeinträchtigen, das dem gemeinsamen Interesse zuwiderläuft". Das europäische Gemeinwohl i.S. der EU ist in diesem Tatbestand besonders eindeutig fixiert, überdies in der Form eines Ausnahme-Gemeinwohltatbestands präsent. Auch das Förderungsziel in Art. 158 Abs. 1 ("harmonische Entwicklung der Gemeinschaft als Ganzes") verweist auf einen Teilaspekt des auf die EU bezogenen europäischen Gemeinwohls. Gleiches gilt für das in Art. 131 EGV normierte "gemeinsame Interesse zur harmonischen Entwicklung des Welthandels" und das Gemeinwohlgut "Funktio-

---

136 P. *Häberle*, Öffentliches Interesse als juristisches Problem, 1970.
137 Europa als Wertegemeinschaft ist z.B. herausgefordert durch die Legalisierung der aktiven Sterbehilfe in den Niederlanden (2001). In diesem Kontext siehe auch das Stichwort von Bundespräsident *J. Rau*: die EU als "säkulare Wertegemeinschaft".
138 Dazu P. *Häberle*, Öffentliches Interesse, aaO., S. 39 ff. u.ö.

nieren des Gemeinsamen Marktes" (Art. 88 Abs. 1 EGV) sowie die Förderung des "technischen und wirtschaftlichen Fortschritts" (Art. 81 Abs. 3 EGV).

Das Gemeinwohl als *kompetenzbegründender Titel in Eil- und Notfällen*, ebenfalls aus dem innerstaatlichen Recht bekannt[139], findet sich auch im europäischen Verfassungsrecht. Art. 14 Abs. 6 EUV ermöglicht den Mitgliedstaaten "bei zwingender Notwendigkeit aufgrund der Entwicklung der Lage" und "unter Berücksichtigung der allgemeinen Ziele der gemeinsamen Aktion die erforderlichen Sofortmaßnahmen" zu ergreifen. Der Ausnahmetatbestand des Art. 30 EGV lässt das *nationale* Gemeinwohl aufgrund der "öffentlichen Sittlichkeit", des "nationalen Kulturgutes" etc. durchschlagen – wir sehen hier den Versuch der Lösung eines Konflikts zwischen den Grundsatzinteressen der EG und Teilaspekten des nationalen Gemeinwohls. Ähnlich denkt Art. 46 Abs. 1 EGV ("Zulässigkeit von Sonderregelungen für Ausländer aus Gründen der öffentlichen Ordnung"). "Notwendigkeitsdenken" i.S. der Trias von Möglichkeits-, Wirklichkeits- und Notwendigkeitsdenken[140] kommt auch in Art. 22 Abs. 2 EUV, Art. 59, Art. 120 Abs. 1 EGV ("unbedingt erforderlich"), Art. 121 Abs. 2 ebd., zum Ausdruck (s. auch Art. 153 Abs. 2 EGV: "Erfordernisse des Verbraucherschutzes"), Art. 6 EGV ("Erfordernisse des Umweltschutzes") sowie Art. 308 (erforderliches Tätigwerden der Gemeinschaft, "um im Rahmen des gemeinsamen Marktes eines ihrer Ziele zu verwirklichen").

Der Vorgang der intensiven *Anreicherung*, ja Überfrachtung von Tatbeständen mit Gemeinwohlzielen ist ebenfalls nachweisbar. Dies zeigt sich in der Buntheit des Zielekatalogs in Art. 2 EUV, ebenso in Art. 150 EGV (berufliche Bildung) sowie in Art. 152 EGV (Gesundheitswesen).

Die Verquickung mit *privaten Interessen* ist ein gängiges Stilmittel innerstaatlichen Gemeinwohlrechts[141]. Es dokumentiert sich auf EG-Ebene analog etwa in Art. 153 Abs. 1 – "Verbraucherschutz" –, insofern es hier heißt: "Zur Förderung der Interessen der Verbraucher und zur Gewährleistung eines hohen Verbraucherschutzniveaus leistet die Gemeinschaft einen Beitrag zum Schutz der Gesundheit, der Sicherheit ... der Verbraucher". Die "Interessen der Angehörigen" der Mitgliedstaaten stehen auch hinter der Unionsbürgerschaft (Art. 2 EUV).

Anklänge an den klassischen *prozessualen Gemeinwohltatbestand*[142] finden sich etwa in Art. 297 EGV (die Mitgliedstaaten "setzen sich miteinander ins Benehmen" bei Beeinträchtigungen des Marktes durch "innerstaatliche Störungen der öffentlichen Ordnung"). Auch die präföderale Homogenitätsklausel der Art. 6 und 7 EUV sowie Art. 309 EGV kommt dem Gedanken nahe, das europäische Gemeinwohl von der Verfahrensseite her, recht kompliziert, zu sichern.

Den *Konfliktfall* zwischen nationalen Egoismen und dem auf die EU/EG bezogenen Gemeinwohl löst zugunsten von diesen und rechtstechnisch neu Art. 11 Abs. 2 S. 2

---

139 Dazu *P. Häberle*, Öffentliches Interesse, aaO., S. 126 ff.
140 Dazu *P. Häberle*, Verfassungslehre als Kulturwissenschaft, aaO., S. 546 ff., 573 ff.
141 Vgl. meine Nachweise in: Öffentliches Interesse, aaO., S. 60 ff.
142 Vgl. Öffentliches Interesse, aaO., S. 87 ff.

EUV ("Sie (sc. die Mitgliedstaaten) enthalten sich jeder Handlung, die den Interessen der Union zuwiderläuft" – s. auch den Topos "Interesse der Gemeinschaft" in Art. 86 Abs. 2 EGV); andererseits schreibt Art. 33 EUV ein Reservat für einen Teilaspekt des nationalen Gemeinwohls vor bzw. fest ("Zuständigkeit der Mitgliedstaaten für die Aufrechterhaltung der öffentlichen Ordnung und den Schutz der inneren Sicherheit", vgl. auch den nationalen Gemeinwohlvorbehalt in Art. 40 Abs. 2 S. 2 EUV: "wichtige Gründe der nationalen Politik" sowie Art. 11 Abs. 2 S. 2 EGV: "wichtige Gründe der nationalen Politik" oder Art. 64 Abs. 1 EGV: "Aufrechterhaltung der öffentlichen Ordnung", dies unter dem Titel "Zuständigkeiten der Mitgliedstaaten", worin sich einmal mehr der Zusammenhang von Kompetenz und Gemeinwohl zeigt). Die Wirkung des (nationalen) Gemeinwohls als Titel zur *Grundrechtsbeschränkung*[143] findet sich z.B. im Kontext der Marktfreiheit "Freizügigkeit" (Art. 39 Abs. 3 EGV: Vorbehalt der "aus Gründen der öffentlichen Ordnung" gerechtfertigten Beschränkungen; s. auch Art. 46 Abs. 1 EGV in Bezug auf das Niederlassungsrecht sowie strukturanalog in Art. 58 Abs. 1 lit. b EGV für den freien Kapital- und Zahlungsverkehr).

Die seinerzeit nationalstaatsbezogene Entdeckung, dass auch sog. *fiskalische* Interessen öffentliche sein können[144], bestätigt Art. 280 EGV (Bekämpfung von Delikten gegen die "finanziellen Interessen der Gemeinschaft").

Dem ist auch die auffallende *Gemeinwohlverpflichtung* der Mitglieder des Europäischen Rechnungshofes nahe: Art. 247 Abs. 4 EGV sagt von ihnen, sie übten ihre Tätigkeit "in voller Unabhängigkeit zum allgemeinen Wohl der Gemeinschaft" aus. Offenbar geht es um einen "Mehrwert" im Verhältnis zur bloßen Rechtmäßigkeitskontrolle. Im Übrigen finden wir Gemeinwohlklauseln i.V. mit Unabhängigkeitsgarantien für die Mitglieder der Kommission (Art. 213 Abs. 2 EGV), des Ausschusses der Regionen (Art. 263 Abs. 4 ebd.) und des Wirtschafts- und Sozialausschusses (Art. 258 Abs. 3 ebd.).

(2) Jetzt ein Blick auf die *Judikatur des EuGH*. Hier finden sich durchaus so viele Verwendungsweisen des Gemeinwohls und seiner Parallelbegriffe, dass von EU-bezogener "Gemeinwohljudikatur" gesprochen werden darf. Schon in einem Leitsatz (Nr. 6) ist im Bananen-Urteil vom 5. Okt. 1994[145] zentral davon die Rede, dass die VO "dem Gemeinwohl dienenden Zwecken entspricht" (im Blick auf die freie Berufsausübung). Das Gemeinwohl erscheint unabhängig von Texten als *prätorischer* Topos (wohl in Anlehnung an die Judikatur des BVerfG seit E 7, 377). Im Champagner-Urteil vom 13. Dez. 1994[146] werden die Beschränkungen von Eigentums- und Berufsausübungsfreiheit von "tatsächlich dem Gemeinwohl dienenden Zielen der Gemeinschaft" her legitimiert. Ähnlich wird in späteren Entscheidungen argumen-

---

143 In diesem Kontext siehe auch *H.-J. Cremer*, Europäische Hoheitsgewalt und deutsche Grundrechte, Der Staat 34 (1995), S. 268 ff.
144 Dazu *P. Häberle*, "Fiskalische" Interessen als öffentliche Interessen i.S. des § 80 Abs. 2 Nr. 4 VwGO?, DVBl. 1967, S. 220 ff.; *ders.*, Öffentliches Interesse, aaO., S. 512 ff.
145 Zit. nach NJW 1995, S. 945 ff.
146 Zit. nach EuZW 1995, S. 109 ff.

tiert[147]. Es geht also um den Typus Gemeinwohl als Rechtfertigung für die Beschränkung von (europäischen) Grundfreiheiten[148]. Weitere Problembereiche sind die Abwägung von Individualinteressen und Gemeinschaftsinteressen beim vorläufigen Rechtsschutz[149], bei der Rücknahme gemeinschaftswidriger Subventionsbescheide[150]. Dabei wird öfters von Zielen, die "im allgemeinen Interesse liegen", oder von "Erwägungen des Gemeinwohls" gesprochen[151], und zwar im Kontext der Mitgliedstaaten und ihrer Interessen. Die Abwägung zwischen Gemeinschaftsinteressen und jenen führt notwendig zu einem "europäischen Interesse"[152]. M.E. erlaubt, ja fordert es das Konzept vom "Europäischen Verfassungsrecht" der EU[153], je nach der funktionellrechtlichen Arbeitsteilung zwischen Rat, Parlament, Kommission und EuGH als Ergebnis allseitiger Abwägungsprozesse ein "europäisches" Gemeinwohl im Kraftfeld europäischer Öffentlichkeit zu postulieren. Der kompetentielle, spezifisch verfassungsrechtliche Ansatz aus dem Jahre 1970 kann auf das Europa der verfassten EU schon heute übertragen werden. Die Gemeinwohljudikatur des EuGH ermutigt dazu, so punktuell sie arbeiten muss.

(3) *Zwischenbilanz*: Fast alle der aus dem nationalen (deutschen) Recht bekannten Gemeinwohlfiguren kehren im Europäischen Verfassungsrecht der EU/EG wieder. Der alteuropäische Gemeinwohlgedanke erweist sich einmal mehr als unverzichtbar, um Problemfelder des positiven Rechts zu bezeichnen und zu lösen. Es zeigte sich, dass es ein eigenständiges europäisches Gemeinwohl gibt, das da und dort greifbar mit dem ebenfalls anerkannten nationalen Wohl der 25 Mitgliedstaaten in Konflikt gerät und letztlich "konkordant" zu lösen ist. Es sind vor allem viele einzelne – pluralistische – Gemeinwohlaspekte, die im europäischen Verfassungsrecht segmentartig umschrieben werden. Diese textliche und rechtsprechungsbezogene "Miniaturanalyse" darf weder über- noch unterschätzt werden. Das gemeinwohltypologisch aufgeschlüsselte Material ist später mit den größeren Linien einer spezifisch europäisch ansetzenden Gemeinwohltheorie zusammenzuführen[154]. Dabei wird auch zu klären sein, ob und wie sich das nationalstaatliche Gemeinwohl "europäisiert" und ob sich das europäische Gemeinwohl mit den 25 einzelstaatlichen Gemeinwohlaspekten

---

147 Vgl. EuZW 1996, S. 595 (597), sowie EuZW 1997, S. 693 (695); vgl. auch EuGRZ 1995, S. 247 (249).
148 Dazu auch *R. Uerpmann*, aaO., S. 251 ff.
149 Dazu die Nachweise bei *R. Uerpmann*, aaO., S. 245 ff.
150 Dazu *R. Uerpmann*, aaO., S. 248 ff.
151 Dazu *R. Uerpmann*, aaO., S. 251.
152 So *R. Uerpmann*, aaO., S. 263, der freilich trotz seines ebenfalls kompetenzrechtlichen Ansatzes sich noch schwer tut, verfassungs- bzw. europarechtstheoretisch ein "europäisches Gemeinwohl" anzuerkennen (vgl. ebd. S. 266 f.). Ein Teilaspekt bei *M. Pechstein*, Die Mitgliedstaaten der EG als "Sachverwalter des gemeinsamen Interesses" – Gesetzgebungsnotstand im EG-Recht, 1987. Von der ökonomischen Seite her liefert *J. Adolf*, Kohäsionspolitik und Gemeinwohlorientierung der Europäischen Gemeinschaft, 1999, einige Stichworte.
153 Dazu mein Beitrag in: Europa als werdende Verfassungsgemeinschaft, DVBl. 2000, S. 840 ff.
154 Die Methodik muss auch hier wieder eine rechtsvergleichende sein, siehe z.B. *B. Großfeld*, Kernfragen der Rechtsvergleichung, 1996. Allgemein zur Rechtsvergleichung im Staats- und Verwaltungsrecht s. noch *K.-P. Sommermann*, Die Bedeutung der Rechtsvergleichung für die Fortentwicklung des Verwaltungsrechts in Europa, Speyrer Vorträge, Heft 52, 1999.

verbindet, wobei es kaum auf bloße quantitative Summierungsaspekte ankommen dürfte. Z.B. kann es notwendig werden, das "europäische Gemeinwohl" als Grundrechtsbeschänkung nicht nur in EU-Grundrechtsbereichen, sondern auch im *nationalen* Freiheits-Bereich wirken zu lassen (Ausstrahlungswirkung).

bb) Öffentlichkeit – "europäische Öffentlichkeit" als Element der Repräsentationsidee

"Repräsentation" ist ohne das in dieser Verfassungslehre bereits explizierte "Prinzip Öffentlichkeit" nicht zu denken. Das ist national seit langem durchbuchstabiert worden: durch viele Klassikertexte. Öffentlichkeit ermöglicht erst "Verantwortung" und "Vergegenwärtigung" i.S. der Repräsentation. Die Frage ist nur, ob sich dieser Ansatz auch auf die europäische Ebene übertragen lässt. Ehe dieser europaverfassungstheoretischen Frage nachgegangen wird, zuvor eine Analyse der Öffentlichkeit voraussetzenden oder eine solche schaffenden Tatbestände im EU-Recht.

(1) Im EG-Vertrag nach Maastricht bzw. Amsterdam setzen folgende Artikel europäische Öffentlichkeit voraus bzw. schaffen sie mit: Art. 191 ("Politische Parteien auf europäischer Ebene sind wichtig als Faktor der Integration in der Union. Sie tragen dazu bei, ein europäisches Bewusstsein herauszubilden und den politischen Willen der Bürger der Union zum Ausdruck zu bringen")[155], Art. 199 und 200 (Öffentlichkeit des europäischen Parlaments), Art. 122 Abs. 2 (Öffentliche Stellung der Schlussanträge des Generalanwalts), Art. 248 Abs. 4 (Veröffentlichung des Jahresberichts des Rechnungshofes)[156]. Öffentlichkeitsbezogen ist auch die Tätigkeit des Bürgerbeauftragten (Art. 195) und die des EuGH. Die Öffentlichkeit mitgedacht wird in Art. 1 EUV ("Union der Völker Europas ..., in der die Entscheidungen möglichst bürgernah getroffen werden")[157] und Art. 6 EUV[158] ("nationale Identität ihrer Mitgliedstaaten, deren Regierungssysteme auf demokratischen Grundsätzen beruhen" sowie Menschenrechte und Grundfreiheiten als "gemeinsame Verfassungsüberlieferungen der Mitgliedsstaaten als allgemeine Grundsätze des Gemeinschaftsrechts"), denn "europäisches Bewusstsein", Bürgernähe, Demokratie, Grund- und Menschenrechte sind ohne die skizzierte verfassungsstaatliche Öffentlichkeit nicht zu denken.

---

155 Dazu *D. Tsatsos*, Europäische politische Parteien?, Erste Überlegungen zur Auslegung des Parteienartikels des Maastrichter Vertrages – Art. 138 a EGV, EuGRZ 1994, S. 45 ff.; *Tsatsos/de Vigo*-Bericht über die konstitutionelle Stellung der Europäischen Politischen Parteien, EuGRZ 1997, S. 78 ff.

156 Siehe den öffentlichen Streit um den Bericht des Europäischen Rechnungshofes und das Interview mit dessen deutschem Mitglied *B. Friedmann*: "Mehr als 5 Prozent der Ausgaben sind nicht in Ordnung" (FAZ vom 12. Nov. 1999, S. 13).

157 Aus der Lit. etwa: *H.-J. Blanke/M. Kuschnick*, Bürgernähe und Effizienz als Regulatoren des Widerstreits zwischen Erweiterung und Vertiefung der Europäischen Union, DÖV 1997, S. 45 ff.; *U. Becker*, EU-Erweiterung und differenzierte Integration, 1999; D. Tsatsos (Hrsg.), Verstärkte Zusammenarbeit, 1999.

158 Art. 6 EUV ist eine – kulturwissenschaftlich zu begreifende – relativierte Neufassung der alten "Souveränität".

(2) Das Zwischenergebnis lautet: Dem normativen Anspruch der Maastricht- und Amsterdam-Texte nach wird Öffentlichkeit in Europa teils ausdrücklich, teils immanent garantiert bzw. vorausgesetzt. Auch die EMRK als Kernstück des Europarechts im weiteren Sinne ist ergiebig (vgl. die Präambel: mit den Bezugnahmen auf die Demokratie, das "gemeinsame Erbe an politischen Überlieferungen", aber auch Art. 6 Abs. 1: Anspruch auf öffentliches Gehör vor Gericht, öffentliche Verkündigung des Urteils und Art. 9: öffentliche Religionsausübung[159]). Im Europäischen Kulturabkommen von 1954[160], das viel Kulturverfassungsrecht im Europa von heute vorweggenommen hat[161], wird im Grunde eine europäische Öffentlichkeit vorausgesetzt, insofern von "europäischer Kultur", ihrer Wahrung und Entwicklung die Rede ist (Präambel), und geschaffen, insofern die Bewegungsfreiheit und der Austausch von Personen und Kulturgütern (Art. 4) sowie die Erleichterung des Zugangs zum gemeinsamen kulturellen Erbe gefordert wird.

Bei all dem formen die Elemente der "europäischen Rechtskultur" die europäische Öffentlichkeit mit: dazu gehören die Geschichtlichkeit des von Rom herkommenden Rechts, die Wissenschaftlichkeit des Rechts (die Kunst der juristischen Dogmatik), die Unabhängigkeit der Rechtsprechung samt dem rechtlichen Gehör, insgesamt die Gewaltenteilung (bei allen nationalen Varianten), und die weltanschaulich-konfessionelle Neutralität mit der Religionsfreiheit als Menschenrecht[162], auf EU-Ebene durch den Fall "Prais" des EuGH (1977) gesichert.

---

159 Zu Art. 6 EMRK: *J.A. Frowein/W. Peukert*, Europäische Menschenrechtskonvention, 2. Aufl. 1996, S. 244 ff.; *M. Ende*, Die Bedeutung des Art. 6 Abs. 1 EMRK für den gemeineuropäischen Grundrechtsschutz, KritV 1996, S. 371 ff.; *J. Callewaert*, Die Europäische Menschenrechtskonvention und die Verfahrensgarantien. Probleme der Anwendung des Art. 6 EMRK, EuGRZ 1996, S. 366 ff. Allgemein: F.K. Kreuzer u.a. (Hrsg.), Europäischer Grundrechtsschutz, 1998; *S. Storr*, Zur Bonität des Grundrechtsschutzes in der Europäischen Union, Der Staat 36 (1997), S. 547 ff.

160 Zit. nach F. Berber (Hrsg.), Völkerrecht, Dokumentensammlung Bd. I 1967, S. 1330 ff.

161 Dazu mein Beitrag: Europa in kulturverfassungsrechtlicher Perspektive, JöR 32 (1983), S. 9 ff. Aus der verfassungsrechtlichen Grundsatzliteratur: die Beiträge in P. Häberle (Hrsg.), Kulturstaatlichkeit und Kulturverfassungsrecht, 1982; *W. Maihofer*, Kulturelle Aufgaben des modernen Staates, HdBVerfR, 2. Aufl. 1994, S. 1201 ff.; *U. Steiner/D. Grimm*, Kulturauftrag im staatlichen Gemeinwesen, VVDStRL 42 (1984), S. 7 ff. bzw. 46 ff.; *M.-E. Geis*, Kulturstaat und kulturelle Freiheit. Eine Untersuchung des Kulturstaatskonzepts von E. R. Huber, 1990; *P. Häberle*, Kulturverfassungsrecht im Bundesstaat, 1980; *ders.*, Kulturhoheit im Bundesstaat – Entwicklungen und Perspektiven, in: 50 Jahre Herrenchiemseer Verfassungskonvent, 1999, S. 55 ff.; *M. Naucke,* Der Kulturbegriff in der Rechtsprechung des BVerfG, 2000. – Aus der im engeren Sinne europarechtlichen Literatur: *G. Ress*, Die neue Kulturkompetenz der EG, DÖV 1992, S. 944 ff.; *F. Fechner*, Die Vorhaben der EG zum Kulturgüterschutz, DÖV 1992, S. 609 ff.; *J. Schwarze*, Der Schutz nationalen Kulturguts im europäischen Binnenmarkt, JZ 1994, S. 111 ff.; *W. Eberl*, Probleme und Auswirkungen der EG-Vorschriften zum Kulturgüterschutz, NVwZ 1994, S. 729 ff.; *I. Hochbaum*, Der Begriff der Kultur im Maastrichter und Amsterdamer Vertrag, BayVBl. 1997, S. 641 ff.; *S. Schmahl*, Die Kulturkompetenz der Europäischen Gemeinschaft, 1996; *G. Ress/J. Ukrow*, Kommentar zur Europäischen Union, hrsg. von E. Grabitz/M. Hilf, 1998, Art. 128 EGV.

162 Dazu näher *P. Häberle*, Europäische Rechtskultur, 1994 (TB 1997), S. 21 ff.

cc) Politische Parteien auf EU-Ebene: im Koordinatensystem der (Teil-)Repräsentation

Wohl alle neueren Repräsentationsideen standen und stehen vor der Frage, wie sie die politischen Parteien einordnen und grundsätzlich positiv bewerten. In Deutschland unterscheiden sich die verschiedenen Theorieansätze gerade dadurch, dass sie das Parteiwesen unterschiedlich qualifizieren: man denke etwa an die Parteienstaatslehre von *G. Leibholz* (Stichwort: Parteien als Verstärker und "Sprachrohr" des Volkswillens, vermeintliche Erledigung des Problems der demokratischen Repräsentation durch diese besondere parteienstaatliche Form unmittelbarer Demokratie)[163], aber auch an das Parteienverständnis von *K. Hesse*, der ihnen den Status der Freiheit, Gleichheit und Öffentlichkeit zugeschrieben hat[164]. Mit Recht hat man gesagt[165], das Gelingen der demokratischen Repräsentationsprozesse hänge heute in hohem Maße davon ab, dass die politischen Parteien ihrer "besonderen" Repräsentationsfunktion gerecht würden. Das war *national* konzipiert. Wie steht es aber darum im Europa der EU? Der Parteien-Artikel von Maastricht bzw. Amsterdam (Art. 136 a bzw. 191 EGV) hat bemerkenswerte Stichworte zu einem guten konstitutionellen Text verdichtet, der für eine europäische Repräsentationsphilosophie zur Fundgrube wird. Er lautet: "Politische Parteien auf europäischer Ebene sind wichtig als Faktor der Integration in der Union. Sie tragen dazu bei, ein europäisches Bewusstsein herauszubilden und den politischen Willen der Bürger der Union zum Ausdruck zu bringen"[166]. Die Konstitutionalisierung politischer Parteien auf EU-Ebene ist gewiss eines der wichtigsten Instrumente, um "Repräsentation" eben hier wirklich werden zu lassen. Art. 191 EGV spricht die ideelle Ebene (Faktor der Integration, europäisches Bewusstsein) ebenso an wie die faktische (politischer Wille der Bürger der Union). Auch auf der EU-Ebene bzw. im Rahmen des EU-Parlaments und darüber hinaus sollen die Parteien politische Partizipation vermitteln, Interessen "sichten", bündeln und gewichten und europaweit allgemeine Belange erkennen und (alternativ) durchsetzen.[167]

Bekannt sind freilich gerade hier so manche Defizite, die den Verfassungsauftrag des Art. 191 EU mindestens zum Teil "unerfüllt" lassen. So wird mit Recht kritisiert, dass die Parteien auch im Europa-Wahlkampf (zuletzt 2004) primär nationale, nicht spezifische europäische Themen behandeln, dass sie den Wahlbürger also nicht als Europa-Bürger, sondern national ansprechen; so tragen sie wohl (noch) wenig dazu bei, das

---

163 Dazu aus der Lit.: *H.-R. Lipphardt*, Die Gleichheit der politischen Parteien vor der öffentlichen Gewalt, 1975, S. 530 ff.

164 *K. Hesse*, Die verfassungsrechtliche Stellung der politischen Parteien im modernen Staat, VVDStRL 17 (1959), S. 11 ff.

165 *H. Hofmann/H. Dreier*, Repräsentation, Mehrheitsprinzip und Minderheitenschutz, in: H.-P. Schneider/W. Zeh (Hrsg.), Parlamentsrecht und Parlamentspraxis in der Bundesrepublik Deutschland, 1989, S. 165 (174 f.).

166 Dazu aus der Lit.: *D. Tsatsos*, Europäische politische Parteien? Erste Überlegungen zur Auslegung des Parteienartikels des Maastrichter Vertrags-Art. 138 a EGV, EuGRZ 1994, S. 45 ff.; s. auch den berühmten *Tsatsos-de Vigo*-Parteien-Bericht des Europäischen Parlaments, in: EuGRZ 1997, S. 78 ff.

167 Die Ablehnung der Finanzierung europäischer Parteien aus dem EU-Haushalt, die der deutsche Bundesrat formuliert hat (FAZ vom 13. Juni 2001, S. 6), ist kaum verständlich.

geforderte "europäische Bewusstsein" herauszubilden. Immerhin bringt Art. 191 EGV deutlich genug zum Ausdruck, dass die politischen Parteien bei all dem kein Monopol haben, sondern nur beteiligt sind. Sie schaffen ein Stück jener europäischen Öffentlichkeit *aus Politik*, die derzeit nur zum Teil greifbar ist, da Europa besonders aus Kunst und Kultur sowie aus der gemeinsamen Rechtskultur (im Gegensatz zur islamischen Rechtskultur von Granada/Cordoba bis Samarkand wie im Mittelalter) lebt. Öffentlichkeit, Verantwortung, Gemeinwohlvorformulierung, "Wertevergegenwärtigung" – all das sind Stichworte aus dem Wortschatz des Repräsentationsdenkens, in dessen Dienst sich heute die politischen Parteien stellen müssen. Ihre herausgehobene Stellung im EGV entspricht den nationalen Parteienartikeln, wie sie, mühsam genug, in vielen neueren Verfassungen integriert sind, wenn auch selten so werthaft angereichert wie in Art. 191 EGV (vgl. Art. 21 GG sowie eher formal Art. 4 Verf. Frankreich von 1958, Art. 23 a Verf. Finnland von 1919/1995[168]). Nimmt man das freie Mandat der Europa-Abgeordneten hinzu, so entsteht ein Gesamtbild repräsentativer Ansprüche, auf das sich die europäische Wirklichkeit in vielem freilich erst noch hinbewegen muss. Ein schwacher Trost bleibt es, dass auch in den nationalen Verfassungsstaaten die Wirklichkeit oft hinter den idealen Ansprüchen der Repräsentationsidee zurückbleibt. Die Pluralität der europäischen Völker und ihrer Bürger verlangt sogar besonders viel von der Integrationsleistung der politischen Parteien von Sizilien bis Nordirland, von Madeira bis Helsinki. Anders gesagt: Art. 191 EGV verlangt noch viel begriffliche "Anstrengungen" in Sachen Europäisierung der Repräsentationsidee und dementsprechender Formung der europäischen Wirklichkeit. Die reife Textstufe in Art. 6 S. 1 Verf. Spanien ("Ausdruck des politischen Pluralismus") kann dabei helfen.

Auch die neuen *osteuropäischen* Verfassungen liefern Textelemente i.S. der Repräsentationstheorie, was einmal mehr den nahezu weltweiten *Produktions-* und *Rezeptions*prozess von Texten[169], Judikatur und Wissenschaft belegt. So schickt Verf. Bulgarien (1991) in seinem Parteien-Artikel (11) den Satz vorweg: "Das politische Leben in der Republik Bulgarien gründet sich auf dem Prinzip des politischen Pluralismus". Ähn-

---

168 Unter den derzeitigen Mitgliedsländer der EU reichert vor allem Verf. *Portugal* (1976/97) ihre Parteienartikel um *materielle* Aspekte an, die z.T. schon textlich an die Repräsentationsidee erinnern. Art. 10 Abs. 2 bestimmt: "Die politischen Parteien konkurrieren unter Achtung der Grundsätze der nationalen Unabhängigkeit, der staatlichen Einheit und der politischen Demokratie um die Organisation und um den Ausdruck des Volkswillens". Die nationalstaatliche Fixierung muss freilich für Europa weggedacht werden. Art. 40 Abs. 1 und 2 verwendet für Parteien, aber auch Gewerkschaften und "repräsentative Wirtschaftsverbände" den Maßstab ihrer "repräsentativen Stärke" (in Bezug auf Sendeeinheiten in Rundfunk und Fernsehen). Art. 51 Abs. 1 macht die "demokratische Weise" verbindlich, Abs. 3 ebd. verbietet den Hinweis auf religions- oder kirchennahe Begriffe. Art. 117 Abs. 1 Verf. Portugal verwendet sogar Begriff und Sache der Repräsentation ("... sind gemäß ihrer der Wahl entsprechenden Repräsentativität an den aus allgemeiner und direkter Wahl hervorgegangenen Organen beteiligt"). Abs. 3 ebd. räumt der parlamentarischen Opposition Informationsrechte in "wesentlichen Angelegenheiten von öffentlichem Interesse" ein..- Besonders geglückt ist Art. 6 Verf. *Spanien* (1978/92): "Die politischen Parteien sind Ausdruck des politischen Pluralismus; sie wirken bei der Bildung und Äußerung des Volkswillens mit und sind das Hauptinstrument der politischen Beteiligung". Das Wort vom "politischen Pluralismus" ist die beste Textstufe, die sich auf das Europa der EU übertragen lässt.

169 Texte zit. nach H. Roggemann (Hrsg.), Die Verfassungen Mittel- und Osteuropas, 1999.

lich geht Verf. Rumänien (1991) vor ("Der Pluralismus ist eine Bedingung und eine Gewähr der verfassungsmäßigen Demokratie"). Diese Verfassungstexte sind auch deshalb einzubeziehen, da diese Länder ja zu Europa(recht) im weiteren Sinne gehören und manche von ihnen wenigstens langfristig Beitrittskandidaten zur EU sein wollen. Häufig kommt ein Textelement vor, das einer realistischen Sicht von "Repräsentation" heute nicht gerecht wird: gesprochen wird von den Parteien im Dienst des Ausdrucks des Volkswillens, als ob der Volkswillen "fertig" vorhanden wäre! Indes hat schon *E. Kaufmann* 1931[170] von der wesensmäßigen Unformiertheit und Formungsbedürftigkeit des pluralistisch aufgespaltenen Volkswillens gesprochen, womit die Pluralismusidee die klassische Volkssouveränitätsidee korrigiert. Dem tragen manche neuere Textstufen zum Teil Rechnung. So spricht Art 8 Abs. 2 Verf. Rumänien vom Beitrag der politischen Parteien "zur Herausbildung (!) und zum Ausdruck des politischen Willens der Bürger", § 3 Abs. 2 Verf. Ungarn (1949/1997) spricht von Mitwirkung "bei der Bildung und Kundmachung des Volkswillens", Art. 36 Verf. Ukraine (1996) von der Förderung der "Herausbildung und Bekundung des politischen Willens der Bürger". Das "demokratische Mehrparteiensystem" (Art. 3 Verf. Kroatien von 1990), der "freie Wettbewerb der politischen Parteien" (Art. 5 Verf. Tschechien von 1992) sind weitere werdende Verfassungstexte, die Stichworte der modernen Repräsentationsidee aufgreifen.

dd) "Europäische Verfassungsorgane" im Kraftfeld von Repräsentation und Teilrepräsentation

Im Folgenden seien Europäische Verfassungsorgane der EU daraufhin untersucht, ob und wie sie der Repräsentationsidee im ganzen Raum geben oder einzelne ihrer Elemente buchstäblich "darstellen" (z.B. via "Öffentlichkeit" bzw. Gemeinwohlverpflichtung). Das kann freilich nur stichwortartig geschehen. Begonnen sei mit dem *Europäischen Parlament* als dem Forum der unmittelbar von den europäischen Völkern her legitimierten parlamentarischen Repräsentation. Art. 189 bis 193 EGV sind tendenziell vom Leitbild des klassischen (nationalen) Parlaments her gedacht: so wenn Art. 189 Abs. 1 EGV von "Vertretern der Völker" spricht, wenn Art. 192, wie rudimentär auch immer, Partizipationsrechte garantiert, Art. 193 den Untersuchungsausschuss vorsieht, Art. 194 den EU-Bürgern ein Petitionsrecht, Art. 195 den Bürgerbeauftragten installiert. Die "ideellen Werte" der auf eine *Ganzheit* gerichteten Europäischen Gemeinschaft, die "repräsentativ" sein will, finden sich am besten in Art. 191 EGV versammelt (politische Parteien als "Faktor der Integration", als Beteiligte am Prinzip der Herausbildung eines "europäischen Bewusstseins" sowie als "Ausdruck" des "politischen Willens der Bürger der Union"). Art. 191 EUV ist der vielleicht sichtbarste Ort institutionalisierten Repräsentationsdenkens in der EU. Aber auch Normen wie Art. 214 ("Zustimmung" in Bezug auf die Kommissionsmitglieder), Art. 272 EGV (Feststellung des Haushaltsplans), Art. 276 ("Entlastung der Kommission") gehören in diesen Kontext. Im Übrigen haben die Europaabgeordneten ein "repräsentatives Mandat" – parallel den Abgeordneten der nationalen Parlamente. Sie "vertreten" nicht ihren Wahlkreis bzw. ihre Nation, sondern,

---

170 *E. Kaufmann*, Zur Problematik des Volkswillens, 1931, S. 9 f.

einmal gewählt, alle Völker der EU-Mitgliedsländer. So zeichnet sich das Bild einer "repräsentativen Demokratie" in Europa ab, so relativ schwach die Stellung des Europäischen Parlaments nach wie vor sein mag (Stichwort: Demokratiedefizit der EU[171]).

Zuletzt ein Blick auf andere EU-Verfassungsorgane: In Bezug auf die *Kommission* ist es zwar nicht das Prinzip Öffentlichkeit, das die Brücke zur "Repräsentation" herstellt (vgl. immerhin Art. 212 EGV: Veröffentlichung des Gesamtberichts), wohl aber die Verpflichtung auf das "allgemeine Wohl der Gemeinschaft" (Art. 213 Abs. 2 EGV), gekoppelt mit der Garantie der Unabhängigkeit – die Figur des "repräsentativen Amtes" liegt nahe. Der *Rechnungshof* ist ähnlich gestaltet (vgl. Art. 247 Abs. 4 EGV: "volle Unabhängigkeit zum allgemeinen Wohl der Gemeinschaft", sowie Art. 248 Abs. 4 ebd.: Veröffentlichung des Gesamtberichts). Auch der *Ausschuss der Regionen* wiederholt diese Unabhängigkeitsgarantie bzw. Gemeinwohlklausel (Art. 263 Abs. 4 EGV), die dem repräsentativen Mandat der EU-Parlamentarier entspricht. Auch hier stellt das EU-Verfassungsrecht einzelne seiner Institutionen in die alteuropäische Repräsentationsidee. Es ist vor allem die Gemeinwohlverpflichtung, die ein Stück Vielfalt im Interesse europäischer Einheit vermittelt.

Ähnlich ist der (beratende) Wirtschafts- und Sozialausschuss konzipiert. Auch hier ist der Status des Mitglieds der der "Unabhängigkeit zum allgemeinen Wohl der Gemeinschaft" (Art. 258 Abs. 3 EGV). Doch sind die "Vertreter der verschiedenen Gruppen des wirtschaftlichen und sozialen Lebens" (Art. 257 Abs. 2 ebd.) nicht den Abgeordneten vergleichbar an "ideelle Werte", an "europäisches Bewusstsein" u.ä. zurückgekoppelt (vgl. immerhin das Wort "Allgemeinheit", ebd. am Ende, das vielleicht eine "Erinnerung" an eine materiale Öffentlichkeit bzw. Allgemeinheit Europas darstellt wie der Passus von den "allen Mitgliedstaaten gemeinsamen Grundsätzen" in Art. 190 Abs. 4 EGV). Sie sind allenfalls teil-repräsentativ wie die einzelnen politischen Parteien je für sich genommen. Das Verbändewesen in Europa[172] mag hier ein begrenztes Forum begrenzter Kompetenzen und fragmentierter Interessen haben, das den faktischen "organisierten Interessen" näher steht als gemeineuropäischen Werten, so sehr diese ihrerseits ständiger Aktualisierung bedürfen. Immerhin sei auch der beratende Wirtschafts- und Sozialausschuss als Ferment bei der langwierigen Suche nach Aspekten des europäischen Gemeinwohls ernst genommen.

b) Theorieelemente des "europäisierten" Repräsentationsbegriffs

Schon die Analyse der positivrechtlichen Texte ließ sich nicht ohne "Vorverständnisse" i.S. *H.G. Gadamers* bzw. *J. Essers* betreiben. Im Folgenden seien sie jedoch im Zusammenhang skizziert.

---

171 Zum "vorhandenen und behaupteten Demokratiedefizit": *D. Tsatsos*, Die europäische Unionsgrundordnung im Schatten der Effektivitätsdiskussion, EuGRZ 2000, S. 517 ff., 519 ff.; *G. Lübbe-Wolff*, Europäisches und nationales Verfassungsrecht, VVDStRL 60 (2001), S. 246 ff. m. zahlreichen w.N. aus der neueren und neuesten Lit.

172 K.M. Meessen (Hrsg.), Verbände und europäische Integration, 1980 (z.B. der Beitrag von *Th. Würtenberger*, Die Verbändeproblematik aus europarechtlicher und integrationstheoretischer Sicht, S. 29 ff.).

Die Repräsentationsidee lässt sich im europäischen Kontext m.E. nur in einer Synthese der sog. "idealistischen" und "realistischen" Konzepte[173] fruchtbar machen. Europa, das sich in seinem – offenen – Eignungsprozess von einer bestimmten Idee, von hohen Idealen schon ausweislich seiner konstitutionellen Texte leiten lässt und sich immer "unterwegs" weiß, dabei aber einen relativ ideellen "Untergrund" braucht und auch schon lebt – Freiheit und Demokratie, Rechtsstaat, vgl. Art. 6 Abs. 1 EUV, sowie gemeineuropäisches Erbe ("gemeinsame Verfassungsüberlieferungen" nach Art. 6 Abs. 2 EUV), Identität und Unabhängigkeit (vgl. Präambel EUV), Behauptung ihrer Identität (vgl. Art. 2 EUV), "geistig-religiöses und sittliches Erbe" gemäß Präambel Grundrechte-Charta von 2000, "gemeinsames kulturelles Erbe" i.S. von Art. 151 Abs. 2 EGV[174] – dieses Europa bedarf der Repräsentation als Weg zur Werteverwirklichung i.S. von *G. Leibholz*, in einem gewissen Grade sogar der Selbstvergütung i.S. von *Herb. Krüger*. Mag der Weimarer "Repräsentations-Idealismus" von "Einheitssehnsüchten" motiviert sein (so *Hofmann/Dreier*), ein Stück dieses Ansatzes ist gerade für das sich einen wollende Europa von heute unentbehrlich. Gewiss, die Einheitsidee, die vom Nationalstaat Deutschlands der 20er Jahre nicht einfach auf Europa transponiert werden kann, da dieses Europa "weltoffen" (Art. 300, 310 EGV) ist, "europaoffen" (vgl. Art. 49 EUV!) und zugleich durch die Vielfalt der Kulturen bzw. Völker (vgl. Art. 6 Abs. 3 EUV: Achtung der nationalen Identität der Mitgliedstaaten, sowie Art. 151 Abs. 1 EGV: nationale und regionale Vielfalt Europas) begründet wird, diese Einheitsidee ist für Europa neu zu denken und "relativ" zu sehen. Gleichwohl bedarf dieses Europa der EU eines "Utopiequantums", eines ideellen "Überschusses", dessen Horizonte nur das ideologische Wertekonzept der (End-)Weimarer Zeit vermitteln kann, freilich ohne dessen Schwächen und antiparlamentarische Stoßrichtung zu übernehmen. Nimmt man die übrigen in der Textstufenanalyse freigelegten Kontexte von ideell gedachtem "europäischem Gemeinwohl", einer primär von der Kultur her konzipierten "europäischen Öffentlichkeit" hinzu, auch den von den Parteien geforderten Beitrag zur Ausbildung eines "europäischen Bewusstseins" (vgl. Art. 191 EGV samt dem Textelement "Faktor der Integration in der Union"), so erscheint die Verwendung der "vertikalen" Dimension des Repräsentationsbegriffs im Europa von heute sogar unverzichtbar. Europäische Einheitsbildung kann, ja muss sich der Ideenwerkstatt der Begriffsgeschichte des Wortes "Repräsentation" bedienen und es erstaunt, dass dieses in der wissenschaftlichen Literatur, soweit ersichtlich, bislang nicht geschehen ist. Europa "*wird*", über die EU hinaus, durch Prozesse der Werteverwirklichung – Werte von der Kultur bis zum Umweltschutz, von der Menschenrechtsverwirklichung[175] bis zur Bildung.

Diese ideelle, wenn man will "vertikale" Dimension ist indes nur die eine Seite von "Repräsentation" im europäischen Kontext. Die andere ist ebenfalls fruchtbar zu ma-

---

173 Zu ihnen: H. Hofmann/H. Dreier, Repräsentation, Mehrheitsprinzip und Minderheitenschutz in: H.-P. Schneider/W. Zeh (Hrsg.), Parlamentsrecht und Parlamentspraxis in der Bundesrepublik Deutschland, 1989, S. 165 (167 ff.).
174 Dazu auch H.G. Fischer, in: C.O. Lenz (Hrsg.), EG-Vertrag, 2. Aufl. 1999, Art. 151, Rn. 6.
175 Die Rechtsprechung des EGMR tut dazu das ihrige, exemplarisch herausgegriffen sei für die neueste Judikatur U. Blanke/N. Boldt, Die Rechtsprechung des Europäischen Gerichtshofes für Menschenrechte im Jahre 2000, German Yearbook of International Law Bd. 43, 2000, S. 430 ff.

chen: das Verständnis von Repräsentation als "Herrschaftstechnik, Arbeitsteilung oder Interessenvermittlung"[176]. Es bedarf im Europa der EU auch und gerade einer "realistischen Bodenhaftung". Sie wird schon nahegelegt durch die Fundierung der EU von der "nationalen Identität" der Mitgliedstaaten her, vor allem aber ermutigt das "Verfassungslabor" der werdenden USA dazu, auch diese *realistische* Sicht zu integrieren. Denn in den Federalist Papers (1787/88) wurde erstmals das Konzept repräsentativdemokratischer Herrschaft in einem großen Flächenstaat entwickelt. Die "representative democracy" (*Hamilton*) qualifiziert die unterschiedlichen Meinungen nicht als "Störfaktor des Repräsentationsvorgangs", sondern als dessen Grundlage. "Kommunikative Erweiterung", Abschleifung der Besonderheiten der einzelnen Standpunkte sind weitere Stichworte aus der Sekundärliteratur[177]. Nimmt man *H. Kelsens* positive Deutung der parlamentarischen Repräsentation unter dem Aspekt des Kompromisscharakters der Demokratie, des politischen Ausgleichs und der Mäßigung hinzu, so zeigt sich, wie eine Verfassungstheorie der ebenfalls großflächigen EU von heute sich dieser Theorieelemente bedienen kann. Die Pluralität der Einzelwillen bildet sich nicht nur aus den partikularen Interessen der einzelnen Europabürger, sie formt sich auch aus der von der EU/EG ernst genommenen und geachteten "nationalen Identität" der Mitgliedstaaten (vgl. nur Art. 6 Abs. 3 EUV). Interessenwahrnehmung seitens der Bürger bzw. der repräsentierenden nationalen Parlamente bzw. seitens der EU-Verfassungsorgane wie des Europäischen Parlaments gehören zusammen: In europäischer Öffentlichkeit filtern sich Aspekte des europäischen Gemeinwohls heraus, und der jetzt europäisch verstandene Begriff der "Repräsentation" gewinnt im hier entworfenen ideell-realistischen Ansatz Konturen. Repräsentation behält einen auch nationalstaatlichen Aspekt, aber sie erweitert und vertieft sich (und zwar nicht nur räumlich-quantitativ) im Blick auf das Europa im engeren Sinne von EU/EG. *Beides* ist zu denken: der gemeineuropäische Wertekanon und die Arbeitsteilung und Interessenvermittlung in den Verfassungsorganen der EU. Die Einheitsbildung ist hier immer eine relative. Der "positive Wille der Bürger der Union" (vgl. Art. 191 EGV), der Völker Europas (vgl. Präambel EUV und EGV) *und* die national bleibenden Mitgliedsländer der EU bleiben Bezugspunkte europäischen Repräsentationsdenkens. Dieses kann auf die vermittelnde Tätigkeit der europäischen Öffentlichkeit ebensowenig verzichten wie auf die Metapher *E. Fraenkels* vom "Kräfteparallelogramm", aus dem sich ex post das – jetzt europäische – Gemeinwohl bildet. Das Feld der "Vorformung des politischen Willens" i.S. *U. Scheuners* (vgl. auch BVerfGE 8, 104 (113, 115), E 20, 56 (98)) ist jetzt EU-weit zu konzipieren: in Gestalt des Prozesses der öffentlichen Meinungsbildung, vor allem dank des status politicus aller Bürger bei ihren demokratischen Mitwirkungs- und Kommunikationsrechten[178] (bis hin zum Petitionsrecht nach Art. 294 EGV), bei der Interessenverfolgung durch – europäische – Verbände und dank der europäisch agierenden politischen Parteien[179].

---

176 Dazu *H. Hofmann/H. Dreier*, aaO., S. 169 ff.
177 Dazu *H. Hofmann/H. Dreier*, aaO., S. 170.
178 Zum Stichwort Kommunikationsrechte siehe *P. Peukert*, Die Kommunikationsrechte im Lichte der Rechtsprechung der Organe der EMRK, FS Mahrenholz, 1994, S. 637 ff.
179 Vgl. zur *nationalen* Unterscheidung dieser Felder: *Hofmann/Dreier*, aaO., S. 174.

3. Ausblick

Abschließend sei angemerkt, dass der Repräsentationsgedanke mindestens längerfristig auch im Europa im *weiteren* Sinne eine Chance hat. Bekanntlich ist dieses größere Europa in seinen normativen Strukturen weit weniger "dicht" gewebt als die EU. Der Europarat bzw. die OSZE bilden trotz ihrer z.T. erstaunlichen Basistexte, vor allem etwa der EMRK, noch keine "Gemeinschaft", keine "Einheit", die es erlaubte, die Repräsentationsidee in ihrer gemischten, d.h. ideell/realistischen Gestalt, auch hier anzuwenden. Dennoch sind auch im Europarecht im weiteren Sinne Vorformen oder Teilfelder erkennbar, die sich der Repräsentationsidee bzw. ihren Theorieelementen öffnen könnten. Die Parlamentarische Versammlung des Europarates ist wegen der schwachen Verbindlichkeit ihrer Tätigkeit nur begrenzt "repräsentativ" – immerhin werden aber neue Beitrittskandidaten aufgenommen, jüngst etwa Georgien, werden fast wie in einem informellen mittelbaren Akt der Verfassunggebung normative Vorgaben als Hürden für den Beitritt aufgestellt (z.B. Minderheitenschutz, Abschaffung der Todesstrafe); indes ist der EGMR in Straßburg einer "repräsentativen" Sicht wohl durchaus zugänglich. Einheits- und Vielfaltsrepräsentation i.S. von *D. Grimm* ist erkennbar – alle 46 Mitglieder sind durch je *einen* Richter vertreten, das richterliche Sondervotum hebt das Besondere auf dem Forum des Allgemeinen auf, der EGMR arbeitet mit dem Gemeinwohlbegriff[180], er lässt bei der Anwendung der EMRK-Prinzipien den einzelnen Nationen Wertungsspielräume. Die Pluralität des europäischen Grundkonsenses und das Europa der lockeren Staatenvielfalt, der Aspekt bloßer Teilrepräsentation steht im Vordergrund. Dennoch: In dem Maße, wie sich teilkonstitutionelle Strukturen auch im Europa i.w.S. herausbilden, vor allem über die EMRK, die in Ländern wie der Schweiz und Österreich innerstaatlich sogar auf *Verfassungs*stufe gilt, in dem Maße wird das Erkenntnispotential, das im Begriff der Repräsentation dank einer Geschichte von vielen Jahrhunderten "gestaut" ist[181], auch im "großen Europa" fruchtbar.

Die nächste Generation sollte es nutzen. Die nationalen und gemeineuropäischen Gelehrtengemeinschaften sind gefordert. "Repräsentation" würde dann vom *alteuropäischen* über den nationalen Begriffshorizont zum *gemeineuropäischen* Prinzip guten Zusammenlebens auf einem Kontinent, der sich ideell-kulturell als Zukunftsentwurf versteht und zugleich die kulturanthropologischen Realien des "vor Ort", in einer überschaubaren "Heimat" verankerten Menschen ernst nimmt.

---

180 Dazu mein Beitrag in Colloquium Rinken, 2002, S. 157 (168 f.).
181 Dazu *H. Hofmann*, Repräsentation, 1. Aufl. 1974, 4. Aufl. 2003.

D. Das "Europa der Bürger": Gemeineuropäisches Grundrechte-Recht

Vorbemerkung:
Ein Forschungsprogramm in Europa (Möglichkeiten und Grenzen)

Zu den zentralen Themen einer europäischen Verfassungslehre gehören die Grundrechte. Schlagwortartig im Begriff "Europa der Bürger" präsent, sind die Grundrechte als Ausdruck der Menschenwürde und der sich aus dieser ergebenden Demokratie wesentliche Strukturprinzipien des sich verfassenden Europa. Gängig ist die Konzeption von Europa als "Grundrechtsgemeinschaft", hier meist auf die EU bezogen[182]. Aber auch das Europa im weiteren Sinne von Europarat und OSZE kann dank der EMRK und mancher Texte und Verfahren des OSZE als Grundrechtsgemeinschaft gelten[183]. So wie weltweit die "Menschenrechte", freilich oft allzu undifferenziert, das "Zeichen" sind, unter dem sich (Verfassungs)Staaten sammeln und legitimieren (dank der beiden Menschenrechtspakte der UN von 1966 auch positivrechtlich abgesichert), so sucht Europa als regionale Verantwortungsgemeinschaft sich selbst vor allem im Bild und Menschenbild der Grundrechte. "Grundrechtspolitik", eine 1971 entfaltete Kategorie[184], wird zum – europäischen – "Gemeinplatz", die europäische Öffentlichkeit lebt aus und mit ihr, und wenn es ein Vehikel gibt, das Europa in aller seiner Vielfalt zusammenbindet, dann sind es die Grundrechte[185].

Bei allem Respekt vor der Afrikanischen Banjul Charta (1981) und der Amerikanischen Menschenrechtserklärung (1969): im Folgenden kann nicht einmal angedeutet werden, ob und wie es universale Grundrechtsprinzipien auch in Afrika und Amerika gibt und wie sie mit gemeineuropäischen Grundrechterecht übereinstimmen[186]. Der folgende Versuch ist in mehrfacher Hinsicht weit bescheidener und recht begrenzt. Er ringt nur um eine Europa (freilich im Ganzen) betreffende *Problemauswahl* in Sachen

---

182 Vgl. *G. Hirsch*, Die Europäische Union als Grundrechtsgemeinschaft, FS Mélanges Schockweiler, 1999, S. 177 ff. S. auch *A. von Bogdandy*, Grundrechtsgemeinschaft als Integrationsziel?, JZ 2001, S. 157 ff. – Die legislative bzw. interpretative Herbeiführung der Europarechtskonformität der nationalen (z.B. innerdeutschen) Grundrechte wird immer mehr zur Aufgabe. Paradigmatisch *J. Lücke*, Zur Europarechtskonformität der Deutschen-Grundrechte, EuR 2001, S. 112 ff.; *M. Zuleeg*, Zum Verhältnis nationaler und europäischer Grundrechte, EuGRZ 2000, S. 511 ff.; *G. Minichmayr*, Der Beitritt der Europäischen Gemeinschaft zur Konvention zum Schutze der Menschenrechte und Grundfreiheiten, 1999; s. auch *R. Streinz*, Konvergenz der Grundfreiheiten, FS Rudolf, 2001, S. 199 ff.; *Kühling*, Die Kommunikationsfreiheit als europäisches Gemeinschaftsgrundrecht, 1999; *D. Schindler,* Die Kollision von Grundfreiheiten und Gemeinschaftsgrundrechten, 2001; ferner *C. O. Lenz*, Der europäische Grundrechtsstandard in der Rechtsprechung des Europäischen Gerichtshofes, EuGRZ 1993, S. 585 ff.; *H. C. Krüger/J. Polakiewicz*, Vorschläge für ein kohärentes System des Menschenrechtsschutzes in Europa, EuGRZ 2000, S. 92 ff.
183 Speziell zum Europarat: *K.-P. Sommermann*, Der Schutz der Menschenrechte im Rahmen des Europarates, 1990.
184 *P. Häberle*, Grundrechte im Leistungsstaat, VVDStRL 30 (1972), S. 43 (75).
185 Vor allem für die EMRK gilt: „Straßburg" schafft Stück für Stück eine gemeinsame Verfassung Europas, zuletzt etwa in Gestalt der Ablehnung der Individualbeschwerde des ehemaligen türkischen Ministerpräsidenten Erbakan (Verbot seiner islamischen Wohlfahrtspartei, Entscheidung vom Juli 2001), in diesem Fall über die Grundrechtsordnung hinaus.
186 Den Begriff "gemeineuropäisches Grundrechte-Recht" hat der Verf. erstmals 1983 vorgeschlagen: Europa in kulturverfassungsrechtlicher Perspektive, JöR 32 (1983), S. 9 (16 f., 26).

Grundrechte. Dabei darf es inspirierend wirken, dass Europas Konstitutionalisierungsprozess schon prima facie in Sachen Grundrechte am weitesten fortgeschritten erscheint – ausweislich von Verfassungstexten, wissenschaftlichen Grundrechtstheorien und tiefer wie breiter Grundrechtsjudikatur der vielen nationalen und der beiden europäischen Verfassungsgerichte EGMR und EuGH. Damit sind bereits die Materialien genannt, aus denen die Horizonte einer allgemeinen Grundrechtslehre für Europa zu erarbeiten wären: Im Gegensatz zu anderen Themen dieser europäischen Verfassungslehre (z.B. bei der Demokratie und der Gewaltenteilung) geht der folgende Versuch nicht in einem Zweischritt vor: erst die engere nationale Ebene, dann die weitere europäische behandelnd. Vielmehr sei es gewagt, beide Ebenen oder Felder *von vornherein* zusammenzusehen. Angesichts der bereits erreichten hohen Dichte der europäischen Grundrechtsgarantien ist dies möglich, was nicht ausschließt, dass auch hier das *Verfahren der Analogiebildung* praktiziert wird: vom Nationalen zum Europäischen. Freilich ist beim Grundrechtsthema, wie kaum sonst, auch das umgekehrte Analogieverfahren geboten: Rezeptionsprozesse verlaufen gerade hier besonders intensiv von der europäischen Ebene zu den nationalen Grundrechtsgemeinschaften hin. Die Produktions- und Rezeptionsgemeinschaft, die Lehr- und Lerngemeinschaft in Sachen Grundrechte ist in Europa sozusagen "zweiseitig", Osmoseprozesse gehen hin und her: von Europa zum nationalen Verfassungsstaat und umgekehrt. Das wird sich in der Materialverarbeitung im Einzelnen zeigen lassen.

Der folgende Theorieversuch wäre erst dann "komplett", wenn er gleichmäßig aus *allen* europäischen Nationen bzw. ihren Grundrechtsgemeinschaften gearbeitet wäre. Eine derartige Beherrschung des riesigen Stoffes ist aber einem einzelnen Wissenschaftler nicht (mehr) möglich. Selbstbescheiden sei von Deutschland und z.T. der Schweiz und ihrer weit gediehenen Grundrechtswissenschaft aus gedacht. Nur punktuell kann es gelingen, in das allgemeine Theorieraster von vornherein auch die anderen Nationen und überdies die gesamte europäische Ebene einzubeziehen. Tendenziell wären alle "Grundrechtswerkstätten" in Europa auszuwerten, und dies hätte gleichartig im Lichte der schon genannten Trias der Verfassungs*texte*, der Grundrechts*theorien* und der Grundrechts*judikatur* zu geschehen. Osteuropas Verfassungstexte seien aber *gleichzeitig* mit den westeuropäischen ausgewertet, zumal sich auch hier das Textstufenparadigma als hilfreich erweist. Ein Erkenntnisinstrument ist dabei das Konzept der Rechtsvergleichung bzw. Grundrechtsvergleichung als "fünfte" Auslegungsmethode, das so manchen schöpferischen Prozess in Sachen Grundrechte voranbringt – vorbildlich praktiziert durch die "wertende", "evolutive" Grundrechtsvergleichung des EuGH[187]. Überdies sei mit der folgenden Auswahl von 10 Problemkreisen *typologisch* gearbeitet, jeweils seien möglichst charakteristische Prototypen aus dem konstitutionellen Textarse-

---

187 Dazu *A. Bleckmann*, Die wertende Rechtsvergleichung bei der Entwicklung europäischer Grundrechte, FS Börner, 1992, S. 29 ff. – S. auch *R. Streinz*, Konvergenz der Grundfreiheiten, FS Rudolf, 2001, S. 199 ff.; *M. Nettesheim*, Grundrechtliche Prüfdichte durch den EuGH, EuZW 1995, S. 106 ff.; *H. Schneider*, Zum Funktionswandel der Grundfreiheiten des EGV und zu seinen Auswirkungen auf das nationale Recht, NJW 1996, S. 512 ff.; zur "europafreundlichen Verfassungsauslegung": *D. Tsatsos*, Integrationsförderung und Identitätswahrung, FS Kriele, 1997, S. 1263 (1272 ff.).

nal der sie begleitenden, mitunter auch hervorbringenden Wissenschaft (mit alten und neuen Klassikertexten seit G. Jellinek) und der oft prätorischen Rechtsprechung ausgewählt – all dies im Bewusstsein, dass selbst und gerade auch bei den Grundrechten zum gleichen Problemkreis viele nationale Varianten möglich und wirklich sind. Das vielzitierte "Europa der Vielfalt" gibt es auch in Sachen Grundrechte, trotz aller gemeineuropäischen Grundrechtsgehalte. Die Erkenntnis der stupenden nationalen Beispielsvielfalt von 55 Ländern (der Zahl der OSZE-Mitglieder) oder doch 46 Nationen (der heutigen Zahl der Europaratsmitglieder) sollte bewusst machen, wie rudimentär jede Bestandsaufnahme und Theorie der "europäischen Grundrechte" bleibt.

Ermutigend wirkt z.T. die *EU-Grundrechte-Charta von Nizza* (2000)[188]. Denn hier wurde in kreativer Rechtsvergleichung ein Teil des europäischen Grundrechtsbestandes gesichtet und – mühsam genug – auf einen gemeinsamen Nenner gebracht. So ist charakteristisch, dass bei den einzelnen Artikeln "beruhigend" oft auf schon vorhandene Regelungen etwa der EMRK verwiesen oder auf die Judikatur der beiden europäischen Verfassungsgerichte Bezug genommen wurde[189]. Mag die Leistung von Altbundespräsident *R. Herzog* als Vorsitzender des "*Konvents*" auch darin bestanden haben, einen guten Kompromiss eher pragmatisch durchgesetzt zu haben, sein erfolgreicher Weg darf als eine Form grundrechtlicher Mindestbestandssicherung in Europa (nicht nur in der EU) angesehen werden. Eine gemeineuropäische Grundrechtswissenschaft, die an "Vorgaben der Politik" nicht gebunden ist, vermag hingegen noch freier vorzugehen. Eine Etappe in diesem künftig von vielen Grundrechtswissenschaftlern zu leistenden Weg kann vielleicht die folgende problemorientierte Behandlung sein. Sie versteht sich wegen ihres das *gesamte* Europa umgreifenden Ansatzes nicht lediglich als "europarechtlich", was in Deutschland leider noch meist allein auf die EU/EG bezogen gedacht wird. Aus der Perspektive einer "europäischen" Verfassungslehre greift dies zu kurz.

I. Statuslehren auf der Spur der Klassikertexte von G. Jellinek

Eine erste Strukturierung des vielseitigen Grundrechtsmaterials in Europa ist nach wie vor der Statuslehre von *G. Jellinek* zu verdanken (1905). Mag sie auch in manchem zu revidieren sein, z.B. indem die Menschenwürde und der "status activus politicus" (vgl. Art. 21 Abs. 1 Verf. Brandenburg: "Recht auf politische Mitgestaltung"; Art. 28 Abs. 1 Verf. Georgien von 1995: Teilnahme jeden Bürgers an Volksbefragungen) zum *Ausgangspunkt* gewählt wird und nicht der "status passivus"[190], ist sie auch fortzuentwickeln, etwa i.S. des "status activus processualis"[191] bzw. des Ombudsmanns (z.B. Art. 208 bis 211 Verf. Polen): *G. Jellinek* bleibt ein lebendiger Klassikertext für die Judikatur und Literatur in ganz Europa. Freilich sind die verschiedenen Status flexibel mitein-

---

188 Vgl. auch *H. C. Krüger/J. Polakiewicz*, Vorschläge für ein kohärentes System des Menschenrechtsschutzes in Europa. EMRK und EU-Grundrechte-Charta, EuGRZ 2001, S. 92 ff.; *D. H. Scheuing*, Zur Grundrechtsbindung der EU-Mitgliedstaaten, EuR 2005 S. 162 ff.
189 Vgl. den Abdruck einer früheren Textstufe in JöR 49 (2001), S. 31 ff. Der endgültige Text jetzt in T. Bruha u.a. (Hrsg.), Welche Verfassung für Europa?, 2001, S. 315 ff.
190 Dazu schon meine Wesensgehaltgarantie, 1962 (3. Aufl. 1983, S. 18).
191 Dazu *P. Häberle*, Grundrechte im Leistungsstaat, VVDStRL 30 (1972), S. 43 (86 ff., 121 ff.).

ander und nicht statisch nebeneinander zu sehen. Der "status negativus" der Meinungsfreiheit (z.B. Art. 24 Verf. Georgien) ist auch um der öffentlichen Meinungsbildung in der Demokratie und ihrer "Ergebnisse" willen garantiert. Der "status positivus" des Anspruchs auf das wirtschaftliche Existenzminimum bzw. Sozialfürsorge (vgl. jetzt Art. 12 nBV Schweiz, Art. 28 Abs. 2 Verf. Estland) ist auch um der Demokratie willen entwickelt worden (früh BVerwGE 1, 159 (161 ff.)).

Ein Vergleich der Grundrechte auf der europäischen Ebene und auf der der nationalen Verfassungsstaaten zeigt, wie hilfreich die *Jelleneksche* Statuslehre bis heute bleibt[192]. So ist Art. 5 EMRK (Recht auf Freiheit und Sicherheit) klassisches Abwehrrecht. Gleiches gilt für Art. 8 EMRK (Privat- und Familienleben, Wohnung und Briefverkehr). Aber Art. 6 EMRK (Anspruch auf Gehör in angemessener Frist vor einem Gericht), vom EGMR sogar gegen das BVerfG durchgesetzt (!), verbindet leistungsrechtliche Statuselemente mit abwehrrechtlichen. Die Garantien der EU-Grundrechte-Charta lassen sich ebenfalls mit der Statuslehre erarbeiten. Ein Beispielsfall für den status negativus ist Art. 3 (Recht auf Unversehrtheit), aber schon Art. 1 (Menschenwürdeschutz) verweist auf die aus der objektivrechtlichen Seite der Grundrechte sich ergebenden Schutzpflichten-Kategorie, die über *Jellinek* hinausführt und vom BVerfG entwickelt worden ist (zuerst E 39, 1 (42 ff.), zuletzt E 88, 203 (251 ff.); 102, 347 (393); 109, 190 (247))[193]. Am Beispiel *Jellinek* zeigt sich aber auch, dass sich Rezeptionsprozesse nicht nur auf Texte und Judikatur beziehen, sondern auch auf wissenschaftliche Paradigmen (hier die Statuslehre).

II. Weitere "Einteilungen" auf dem nationalverfassungsstaatlichen und gemeineuropäischen Prüfstand

So wichtig die fortentwickelte Statuslehre bleibt, den in Deutschland so beliebten "Einteilungen" der Grundrechte[194] ist eine Absage zu erteilen. Denn sie zerstören Zusammenhänge, die in einem multidimensionalen Grundrechtsverständnis konstitutiv sind. Was spätscholastische Einteilungsideologie und Begriffsspielerei i.S. des "Kästchendenkens" auseinanderlegt, kann weder dem Verfassunggeber noch den Verfassungsgerichten ein Hilfe sein. Alle Einteilungen sind "relativ". Sie widersprechen dem Telos aller Grundrechte, einzelne und Gruppen flexibel im Blick auf alte und neue Gefahren zu schützen. Die Unterscheidung zwischen bürgerlichen und politischen Rechten sowie sozialen, wirtschaftlichen und kulturellen Rechten macht demgegenüber relativ Sinn und sie lässt sich auch am neuen Grundrechtsmaterial in Europa allenthalben belegen (z.B. Verf. Polen: Art. 38 ff. bzw. 64 ff.; Verf. Portugal: Art. 24 ff. bzw. 63 ff., 73 ff.)[195]. Aber die Gegenüberstellung von "demokratischen", "sozialstaatlichen",

---

192 S. auch *K. Hesse*, Grundzüge, aaO., S. 127 ff: "Die Grundrechte als statuslegitimierte Rechte."
193 Aus der Lit.: *K. Hesse*, aaO., S. 155 ff.; *W. Berka*, Die Grundrechte, 1999, S. 105 ff. (aus der Judikatur des EGMR). Für die Schweiz: *J.P. Müller*, aaO., S. 18 f., 93 f., 220 f.
194 Aus der Lit. in guter Übersicht: *K. Stern*, Das Staatsrecht der Bundesrepublik Deutschland, Bd. III/1 (1988), S. 388 ff.
195 Aus der Lit. speziell zu den kulturellen Grundrechten: *G. Britz*, Kulturelle Rechte und Verfassung, 2000.

"liberalen" Grundrechtstheorien[196] gefährdet den Mikrokosmos der Grundrechtsdimensionen. M.a.W., auch das soziale Grundrecht auf das Existenzminimum hat eine eminent demokratische Seite (nicht zufällig wurde sie gerade in der demokratischen Schweiz textlich festgeschrieben, vgl. Art. 12 nBV). Aus *allen* Grundrechten können differenzierte *Schutzpflichten* entspringen, was die liberale mit der sozialen Grundrechtssicherung verbindet. Der "Doppelcharakter" der Grundrechte (subjektivindividuell und objektivrechtlich[197]) ist Stärkung, nicht Schwächung des "status negativus". Die vom BVerfG geschaffene Schutzpflichtendimension, in vielen neuen Verfassungstexten nachweisbar (z.B. § 22 Grundgesetz Finnland von 2000), folgt aus der objektivrechtlichen Sicht und wird auch vom EuGH anerkannt[198]. Grundrechtsschutz durch "Organisation und Verfahren", mittlerweile auch vom BVerfG sanktioniert (z.B. E 53, 30 (65 bzw. 72 ff.)), ist eine neue Dimension, die das materielle Grundrecht vom Prozessualen her stärkt und allenthalben in "neuen" Grundrechtsrechten erkennbar wird. Der anregenden Theorie von *R. Alexy*, Grundrechte als "Prinzipien" zu deuten[199], ist entgegenzuhalten, dass damit die soziale Vielgestaltigkeit, das individuelle Profil und die Mehrdimensionalität der Grundrechte verloren geht. Sie verblassen zu abwägungsfähigen und -bedürftigen Prinzipien. Das sind sie auch, aber nicht allein. Sie schützen individuelle und soziale Lebenssachverhalte, mehrschichtige Kommunikationsvorgänge, erfüllen eine eminent "soziale Funktion". Am Beispiel der Schutzpflichtenjudikatur des BVerfG und ihrer Ausstrahlung nach Europa, zeigt sich, wie Richterrecht von anderen Gerichten (hier dem EGMR)[200] rezipiert wird und die gemeineuropäische Erfolgskarriere beginnen kann.

---

196 So aber bei *E.-W. Böckenförde*, Grundrechtstheorien und Grundrechtsinterpretation, NJW 1974, S. 1529 ff. – Zur "Theorie der Grundrechtsdogmatik" jetzt *J. F. Lindner*, 2005. Hilfreich ist jetzt auch das neue HGR, Bd. I 2004.
197 1962 entwickelt: *P. Häberle*, Wesensgehaltgarantie, S. 70 ff.
198 Dazu unten Anm. 200.
199 *R. Alexy*, Theorie der Grundrechte, 1985, 3. Aufl. 1996.
200 Aus der Lit.: *T. Oppermann*, Europarecht, 2. Aufl. 1999, S. 54. S. auch *A. Bleckmann*, Die Entwicklung staatlicher Schutzpflichten aus der EMRK, FS Bernhardt, 1995, S. 309 ff.; *C.D. Classen*, Die Ableitung von Schutzpflichten des Gesetzgebers aus Freiheitsrechten, JöR 36 (1987), S. 29 ff.; *J. Dietlein*, Die Lehre von den grundrechtlichen Schutzpflichten, 1992; *L. Jaeckel*, Schutzpflichten im deutschen und europäischen Recht, 2001. Allgemein: *C.D. Classen*, Auf dem Weg zu einer einheitlichen Dogmatik der EG-Grundfreiheiten?, EWS 1995, S. 97 ff.; *U. Kischel*, Zur Dogmatik des Gleichheitssatzes in der Europäischen Union, EuGRZ 1997, S. 1 ff.; *E. Pache*, Der Grundsatz des fairen gerichtlichen Verfahrens auf europäischer Ebene, EuGRZ 2000, S. 601 ff.; *V. Schlette*, Der Anspruch auf Rechtsschutz innerhalb angemessener Frist – Ein neues Prozessgrundrecht auf EG-Ebene, EuGRZ 1999, S. 369 ff.; *F. Schoch*, Europäisierung des Staatshaftungsrechts, FS Maurer, 2001, S. 759 ff.; *H.D. Jarass*, Grundstrukturen der Niederlassungsfreiheit in der Europäischen Gemeinschaft, FS Lerche, 1993, S. 443 ff.; *T. Kingreen*, Die Struktur der Grundfreiheiten des Europäischen Gemeinschaftsrechts, 1999; *J. Kokott*, Der Grundrechtsschutz im europäischen Gemeinschaftsrecht, AöR 121 (1996), S. 599 ff.; *S. Storr*, Zur Bonität des Grundrechtsschutzes in der Europäischen Union, Der Staat 36 (1997), S. 547 ff.; *M. Zuleeg*, Zum Verhältnis nationaler und europäischer Grundrechte. Funktionen einer EU-Charta der Grundrechte, EuGRZ 2000, S. 511 ff.; *J. Kühling*, Grundrechte, in: A. von Bogdandy (Hrsg.), Europäisches Verfassungsrecht, 2003, S. 583 ff.; *T. Kingreen*, Grundfreiheiten, ebd. S. 631 ff.

III. Drittwirkung von Grundrechten: Textmodelle in der "Werkstatt Schweiz"

Auf diesem Feld sind über Deutschland hinaus *G. Dürig* (1956) Pionierleistungen gelungen[201]. Von der deutschen Dogmatik immer wieder kritisiert, kann das Problem der "mittelbaren", über Generalklauseln laufende Geltung von Grundrechten auch für Private als solche nicht in Frage gestellt werden[202]. Es dürfte sogar gemeineuropäischen Rang haben, auch wenn "verspätete" Verfassungsstaaten in Osteuropa wohl erst im Laufe der Zeit dank ihrer Verfassungsgerichtsbarkeit hier schöpferisch tätig werden können. Eine Reihe von Schweizer Verfassungen sucht sich dem Problem schon textlich zu stellen. Sie haben Modellcharakter. § 7 Abs. 2 Verf. Aargau (1980) bestimmt früh: "Soweit sie (sc. die Grundrechte) ihrem Wesen nach dazu geeignet sind, verpflichten sie Privatpersonen untereinander" (ebenso Art. 20 Abs. 3 C.V. Solothurn (1986)). Dies steigert § 14 Abs. 1 Verf. Basel-Landschaft (1984) zu dem Satz: "Die Grundrechte müssen in der ganzen Rechtsordnung zur Geltung kommen" (ähnlich Art. 22 Abs. 1 KV Appenzell A.Rh. von 1995, wortgleich Art. 27 Abs. 1 KV Bern (1993)). Art. 35 Abs. 1 nBV (2000) wiederholt den großen Anspruch: "Die Grundrechte müssen in der ganzen Rechtsordnung zur Geltung kommen"; ebs. Art. 21 KV Schaffhausen. Die Drittwirkung ist hier aber zudem speziell geregelt (Abs. 3 ebd.: "Die Behörden sorgen dafür, dass die Grundrechte, soweit sie sich dazu eignen, auch unter Privaten wirksam werden.") Der Text der KV Thurgau (1987) spricht sogar selbst von "Drittwirkung": "Die Grundrechte gelten sinngemäß auch unter Privaten". Sind textlich und rechtsprechungsrechtlich bislang auch nur einige nationale Verfassungsstaaten in Sachen Drittwirkung "auf dem Stand": um ein gemeineuropäisches *Problem* dürfte es sich schon heute handeln. Wissenschaft und Judikatur in den nationalen Einzelstaaten müssen "nachziehen"; sie können sich dabei der deutschen Judikatur[203] und der Schweizer Texte parallel bedienen.

IV. Grundrechtsverwirklichungsgarantien

Zu den Grundrechtsfragen, die eine europäische Verfassungslehre stellen muss, gehören die sog. Grundrechtsverwirklichungsgarantien[204]. Sie könnten auf dem Weg sein, ein Prinzip gemeineuropäischen Grundrechte-Rechts zu werden. Nimmt man das Anliegen der leistungsstaatlichen Grundrechtstheorie hinzu, wonach Grundrechte optimal verwirklicht werden sollen[205], und sieht man auch manche soziale Grundrechte wie das

---

201 Dazu *G. Dürig*, Grundrechte- und Zivilrechtsprechung, FS Nawiasky, 1956, S. 157 ff. und BVerfGE 7, 198, ständig. – S. auch *E. Steindorff*, Drittwirkung der Grundfreiheiten im europäischen Gemeinschaftsrecht, FS Lerche, 1993, S. 575 ff.; *L.O. Michaelis*, Unmittelbare Drittwirkung der Grundfreiheiten – Zum Fall Angonese, NJW 2001, S. 1841 f.

202 Beste Darstellung nach wie vor bei *K. Hesse*, aaO., S. 156 f. Für Österreich: *W. Berka*, Lehrbuch Grundrechte, 2000, S. 45 ff.

203 Aus der deutschen Kommentarliteratur etwa *H. Dreier*, in: ders. (Hrsg.), Grundgesetz-Kommentar, Bd. I, 1996, Vorb. Rn. 57 ff. (2. Aufl. Band I 2004 Vorb. Rn. 96 ff.).

204 Aus der Lit.: *P. Häberle*, Verfassungslehre als Kulturwissenschaft, 2. Aufl. 1998, S. 392 f., 400, 735; *R. Wiederkehr*, Die Kerngehaltsgarantie am Beispiel kantonaler Grundrechte, 2000, S. 200 ff.

205 Dazu mein Regensburger Staatsrechtslehrerkoreferat: Grundrechte im Leistungsstaat, VVDStRL 30 (1972), S. 43 ff.

Recht auf Bildung (z.B. Art. 29 Verf. Brandenburg, Art. 52 Verf. Albanien), auf das soziale Existenzminimum (z.B. Art. 12 nBV Schweiz), zugleich ein Beleg der Karriere vom ungeschriebenen zum geschriebenen Grundrecht, in diesem Kontext, so spricht vieles für die Bejahung der Eingangsfrage. Bereits eine vergleichende Analyse der einschlägigen Verfassungstexte in Europa (hier sind freilich nur die nationalen unmittelbar ergiebig), offenbart eine erstaunliche Textstufenentwicklung. Genügen können ältere und neuere Beispiele aus dem "alten" Westeuropa und dem neuen Osteuropa. Erste Textspuren finden sich in Art. 3 S. 2 Verf. Italien (1997): "Es ist Aufgabe der Republik, die Hindernisse wirtschaftlicher und gesellschaftlicher Art zu beseitigen, die die Freiheit und Gleichheit der Bürger tatsächlich einschränken ...", sodann verfeinert in Art. 9 Abs. 2 Verf. Spanien (1978). In der Schweiz ist eine neue Textstufe entstanden, insofern hier die Grundrechte in der "ganzen Rechtsordnung zur Geltung kommen sollen" (Art. 35 Abs. 1 nBV Schweiz, zuvor § 14 Abs. 1 KV Basel-Landschaft; Art. 27 Abs. 1 KV Bern; ähnlich Art. 22 Abs. 1 KV Appenzell A.Rh., Art. 20 Abs. 1 KV Schaffhausen von 2000). In Osteuropa fällt die Textfassung von Art. 14 Verf. Montenegro auf: "Freiheiten und Rechte werden auf der Grundlage der Verfassung verwirklicht". Das Ziel solcher Texte ist, dass Grundrechte, sozial gesehen, nicht leer laufen sollen, dass sie tatsächlich in Anspruch genommen werden sollen: im Zeichen der Verfassung des Pluralismus.

V. Grundrechtsentwicklungsgarantien: das Vorbild Estland

Verfassungsvergleichend betrachtet, gehen sie wohl auf die USA zurück (Amendment von 1791 Nr. 9[206]). Sie finden sich später auch in Lateinamerika (vgl. Art. 4 alte Verf. Peru von 1979; Art. 44 Verf. Guatemala von (1985))[207] – auch eine europäische Verfassungslehre darf sich Rat in Übersee holen, ohne die Klassikertexte der USA könnte sie nicht geschrieben werden – und in Europa besonders prägnant in § 10 Verf. Estland (1992)[208]:

> "Die im vorliegenden Hauptstück aufgezählten Rechte, Freiheiten und Pflichten schließen keine anderen Rechte, Freiheiten und Pflichten aus, welche sich aus dem Sinn der Verfassung ergeben oder damit im Einklang stehen, und dem Grundsatz der Menschenwürde sowie dem sozialen und demokratischen Rechtsstaates entsprechen".

Diese Klausel, die alle drei Staatsgewalten zu Adressaten hat, könnte für die Zukunft Vorbild im gesamteuropäischen Raum sein und zwar erklärtermaßen auch textlich. Denn damit wird der offene Entwicklungscharakter verfassungsstaatlicher Grundrechts-

---

206   Abgedruckt in: *W. Brugger*, Einführung in das öffentliche Recht der USA, 2. Aufl. 2001, S. 273.
207   Art. 4 (alte) Verf. Peru lautet: "Die Aufzählung der in diesem Kapitel anerkannten Rechte schließt nicht andere ..., die vergleichbarer Natur sind oder aus der Würde des Menschen, dem Prinzip der Volkssouveränität, dem sozialen und demokratischen Rechtsstaat und der republikanischen Regierungsform folgen, aus." Zit. nach JöR 36 (1987), S. 641 ff. bzw. ebd. S. 555 ff.
208   Zur Vorgeschichte *P. Häberle*, Verfassungsentwürfe und Verfassungen ehemals sozialistischer Staaten, JöR 43 (1995), S. 105 (117 ff.).

garantien auf einen exemplarischen Text gebracht[209]. Viele Grundrechte, die in der Schweiz etwa als "ungeschrieben" vom Bundesgericht nach und nach auf den Weg gebracht worden sind (z.B. die Wissenschaftsfreiheit), erfahren so eine innere Rechtfertigung. Vor allem die Rückbindung an Menschenwürde und sozialen und demokratischen Rechtsstaat ist inspirierend. Manche richterlichen Grundrechtserweiterungen oder -intensivierungen, die das BVerfG vorgenommen hat (z.B. in Sachen Grundrecht auf "informationelle Selbstbestimmung": E 65, 1 (43 f.) oder Demonstration: E 69, 315 (345, 347 ff.)), finden so ihren theoretischen Rahmen. Im Verfassungsstaat gibt es keinen numerus clausus in Sachen Grundrechte! Mindestens diese Aussage könnte auch im gesamteuropäischen Raum an Bedeutung gewinnen. EuGH und EGMR belegen dies auf Schritt und Tritt in Gestalt ihrer schöpferischen Grundrechtsentfaltung, z.B. in Form der Grundrechte als "Allgemeine Rechtsgrundsätze" (dazu unten XI.) § 10 Verf. Estland positiviert nur, was Verfassungsgerichte und Grundrechtswissenschaft ohnedies in Europa immer wieder leisten. Die Bezugnahme auf den "Sinn der Verfassung" ist ein Meisterstück der nationalen Verfassunggebung – und dies in Osteuropa! Ein dortiger Reformtext könnte mittelfristig zum Vorreiter einer gemeineuropäischen Entwicklung werden, was dann ein ermutigendes Beispiel für einen Rezeptionsprozess von Ost nach West darstellte. Da der Schutz der Menschenwürde auch in osteuropäischen Verfassungen durchgängig normiert ist (z.B. Präambel Verf. Albanien, Präambel Verf. Bulgarien, Präambel Republik Moldau, Präambel Tschechische Republik), könnte gerade sie zum Reservoir neuer Grundrechte werden. Wegweisend sollte auch Art. 39 Verf. Georgien sein (1995):

> "Die Verfassung von Georgien verweigert nicht die allgemein anerkannten Rechte, Freiheiten und Garantien der Menschen und Bürger, die hier nicht aufgeführt wurden, aber selbstverständlich aus den Prinzipien der Verfassung ableitbar sind."

Damit ist nationalstaatlich sanktioniert, was etwa der EuGH mit seiner offenen Grundrechtsinterpretation leistet[210].

VI. Minderheitenschutz – gemeineuropäische Defizite

Der Minderheitenschutz ist gewiss ein gemeineuropäisches Grundrechts*problem*, doch ist ein gemeineuropäischer Grundrechts*standard* bis heute noch nicht gefunden, obwohl ein großes Bedürfnis hierfür bestünde.[211] (Auch dort, wo Texte vorhanden sind,

---

209 Bemerkenswert auch Art. 22 Abs. 1 Verf. Ukraine: "Die in der vorliegenden Verfassung verankerten Rechte und Freiheiten des Menschen und des Bürgers sind damit nicht erschöpft". – S. auch Art. 55 Abs. 1 Verf. Russische Föderation: "Die Aufzählung der Grundrechte ... darf nicht ausgelegt werden als Ablehnung oder Schmälerung anderer allgemein anerkannter Rechte und Freiheiten des Menschen und Bürgers" – eine besondere Form der Öffnung einer nationalstaatlichen Verfassung für den regionalen und internationalen Menschenrechtsschutz!
210 Dazu die Aufzählung bei *Oppermann*, aaO., S. 190 f.
211 Verwiesen sei in diesem Kontext auf den jüngst erschienenen Sammelband G. Manssen/B. Banaszak (Hrsg.), Minderheitenschutz in Mittel- und Osteuropa, 2001; speziell mit dem polnischen Recht befasst sich der Beitrag von *B. Banaszak*, Minderheitenschutz im polnischen Recht, ebd., S. 209 ff.

zeigen sich viele Vollzugsdefizite.) Die Schwierigkeiten offenbarten sich spektakulär an der Europäischen Charta der Regional- und Minderheitensprachen (1992) des Europarates[212], vor allem wegen Frankreich. Sie zeigen sich aber auch bei einem Vergleich der vielen unterschiedlichen nationalen Minderheitenschutzgarantien im "europäischen Haus". Um mit dem nahezu "idealen" Beispiel zu beginnen: Ungarn wagte schon 1989 die eindrucksvolle Formel von den Minderheiten als "staatsbildende Faktoren" (§ 68 Abs. 1); demgegenüber ist eine Minderheitenschutzklausel im GG vor wenigen Jahren gescheitert![213] Die EU-Grundrechte-Charta begibt sich indes auf dieses Terrain in Art. 21 und 22.

Im Folgenden seien einige Textbelege aus geltenden nationalen Verfassungen vorgeführt, wobei an die in der Schweiz geleistete Arbeit in Sachen "Sprachenfreiheit" positiv erinnert sei (vgl. jetzt Art. 18, 70 nBV 2000[214]). Je glaubwürdiger es zu einem "Europa der Regionen"[215] von Kalabrien und Sizilien bis Schottland kommt, desto dringlicher wird es für alle nationalen Verfassungen, sich des Minderheitenschutzes anzunehmen. Die ostdeutschen Bundesländer haben hier z.T. vorbildlich Neuland betreten (Art. 5 Verf. Sachsen besonders für die Sorben; Art. 25 Verf. Brandenburg für die Sorben); Art. 37 Abs. 1 Verf. Sachsen-Anhalt (1992) lautet:

"Die kulturelle Eigenständigkeit und die politische Mitwirkung ethnischer Minderheiten stehen unter dem Schutz des Landes und der Kommunen". (Ähnlich schon Art. 5 Abs. 2 Verf. Schleswig-Holstein von 1990.)

In Osteuropa[216] ergibt sich folgendes Bild: Verf. Makedonien denkt an die "Nationalitäten" schon in der Präambel (s. auch Art. 48 ebd.); Albanien (1998) behandelt den

---

212 Abgedruckt bei R. Streinz (Hrsg.), 50 Jahre Europarat, 2000, S. 148 ff.
213 Vgl. aber meine frühe Forderung in: Die Kontroverse um die Reform des deutschen Grundgesetzes, ZfP 1992, S. 233 (235).
214 Vorbildlich ist auch Art. 4 Abs. 1 Verf. Bern (1993): "Den Bedürfnissen von sprachlichen, kulturellen und regionalen Minderheiten ist Rechnung zu tragen". – Aus der Schweizer Lit.: *J.P. Müller*, aaO., S. 140 ff.
215 U. Bullmann (Hrsg.), Die Politik der dritten Ebene. Regionen im Europa der Union, 1994; *F. Esterbauer/P. Pernthaler*, Europäischer Regionalismus am Wendepunkt. 1991; G. Bossong (Hrsg.), Westeuropäische Regionen und ihre Identität: Beiträge aus interdisziplinärer Sicht, 1994; *M. Schulz*, Regionalismus und die Gestaltung Europas: Die konstitutionelle Bedeutung der Region im europäischen Drama zwischen Integration und Desintegration, 1993.
216 Aus der Lit.: *G. Brunner*, Nationalitätenprobleme und Minderheitenkonflikte in Osteuropa, 1996; *J. Marko*, Autonomie und Integration – Rechtsinstitute des Nationalitätenrechts im funktionalen Vergleich, 1995; zur "Politik des Minderheitenschutzes": *W. Kälin*, Grundrechte im Kulturkonflikt, 2000, S. 58 ff.; ebd. S. 83 ff., auch zum "Multikulturalismus"; *S. Breitenmoser/D. Richter*, Die Verwirklichung der KSZE-Grundsätze zum Schutze nationaler Minderheiten durch Organleihe bei der EMRK, EuGRZ 1991, S. 141 ff.; *E. Kussbach*, Das ungarische Minderheitengesetz 1993, FS Schambeck 1994, S. 729 ff. – Vorbildlich ist das neue Kulturabkommen zwischen Österreich und Slowenien, das den nationalen Minderheiten in beiden Ländern Raum lässt (zit. nach FAZ vom 2. Mai 2001, S. 9); s. noch *W. Rudolf*, Über Minderheitenschutz in Europa, FS Leisner, 1999, S. 185 ff.; *ders.*, Der Entwurf eines Minderheitenprotokolls zur EMRK, EuGRZ 1993, S. 148 ff.; *H. Klebes*, Rahmenübereinkommen des Europarats zum Schutz nationaler Minderheiten, EuGRZ 1995, S. 262 ff.; *M. Weckerling*, Der Durchführungsmechanismus des Rahmenübereinkommens des Europarates zum Schutz nationaler Minderheiten, EuGRZ 1997, S.

Minderheitenschutz bereits im Rahmen der "Grundlegenden Prinzipien". Art. 3 spricht vom "Einvernehmen der Albaner mit den Minderheiten als Grundlage dieses Staates" (vgl. auch die Identitätsschutzklausel in Art. 20 Abs. 2). Art. 54 Abs. 1 Verf. Bulgarien bettet (andere) ethnische Zugehörigkeiten in die "Freiheit der Kultur" ein (ähnlich Art. 38 Verf. Georgien). Art. 15 Verf. Kroatien gewährt "den Angehörigen aller nationalen Minderheiten" Gleichberechtigung. Art. 67 bis 76 Verf. Montenegro (1992) enthält den ausführlichsten Minderheitenrechts-Katalog. Er könnte als Modell über Osteuropa hinaus Vorbild sein, so prägnant sind Schutz der Identität, Sprache und Schrift, Schulbildung, Symbole, Unterrichtsprogramme, die Vertretung im Staat, die Kontakte über die nationalen Staatsgrenzen hinaus geregelt. Auch ist ein "Rat zum Schutz der Rechte" beim Präsidenten der Republik etabliert. Allenfalls Verf. Slowenien (1991) kann sich mit dieser vorbildlichen Textstufe vergleichen (Art. 5, 61, 62, 64 und 65), auch Art. 34 Verf. Slowakei sowie Art. 24 und 25 Tschechische Grundrechte-Charta. Diese Pionierartikel sollten in ihren Einzelheiten in den Theorierahmen der Minderheiten als "staatstragende Faktoren" gestellt werden: Osteuropa wäre auf dem Weg, eine neue Stufe von Verfassungstexten in ganz Europa einzuleiten (vordringlich in Mazedonien im Blick auf das Albanische als zweite Amtssprache).

Das Europäische Rahmenübereinkommen zum Schutz nationaler Minderheiten (1985)[217] vermittelt seitens des Europarates komplementär treffliche Vorgaben (vgl. nur Art. 1: Schutz nationaler Minderheiten als "Bestandteil des internationalen Schutzes der Menschenrechte"; Art. 2: "Geist der Verständigung und Toleranz", Art. 5: wesentliche Bestandteile ihrer Identität: Religion, Sprache, Traditionen, kulturelles Erbe). Auch die erwähnte Charta der Regional- und Minderheitensprachen liefert gemeineuropäisch qualifizierte Stichworte in allen einschlägigen Problemkreisen (z.B. Art. 7: Anerkennung der Regional- oder Minderheitensprache als "Ausdruck des kulturellen Reichtums"; s. auch die Vorkehrungen zum "grenzüberschreitenden Austausch" in Art. 14 sowie die Berichtspflichten nach Art. 15). Mit einigem Optimismus, den das "Projekt Europa" stets verlangt, könnte man für die Zukunft ein *gemeineuropäisches Minderheitenrecht* mit individuellen und kollektiven Garantiegehalten erhoffen.

VII. Schrankenregelungen – gemeineuropäische Gemeinsamkeiten

Alle Grundrechte sind in unterschiedlicher Intensität ausgestaltungsbedürftig und alle sind, differenziert nach ihrem tatbestandlichen Profil, begrenzungsbedürftig: schon im Blick auf die gleichen Grundrechte anderer, aber auch aus (anderen) Gemeinwohlgründen, die z.T. als "ordre public" jedenfalls aus dem ganzen Kontext der Verfassung, legitimiert sind. Das *Problem* "Begrenzung von Grundrechten" ist gemeineuropäischer Natur; die Frage ist aber, ob sich schon heute gemeineuropäische *Standards* erkennen lassen. Hier gibt die EMRK für das Europa i.w.S. Direktiven, wie die Wendung in Art. 8

---

605 ff. – Vgl. freilich auch das sog. Statusgesetz, mit dem Ungarn magyarische Minderheiten im Ausland unterstützen will und das z.B. vom Rumänien kritisiert wird (NZZ vom 23./24. Juni 2001, S. 5).

217 Zit. nach *R. Streinz*, aaO., S. 134 ff.

Abs. 2 die sich auf die "demokratische Gesellschaft" bezieht und Schutzgüter wie "nationale Sicherheit", "öffentliche Ruhe und Ordnung", "Schutz der Gesundheit und der Moral" betreffen. Adjektive wie "notwendig" (ebd.) oder "unentbehrlich" (Art. 9 Abs. 2) verweisen auf das Prinzip der Verhältnismäßigkeit, und ihm kann gewiss schon heute gemeineuropäische Qualität zuerkannt werden[218] (auch als direktes oder indirektes Element des Wesensgehaltschutzes, dazu unten Ziff. 9). Gemeineuropäisch sind auch die Grenzen gedacht, die die EU-Grundrechte-Charta für das Europa der EU, letztlich aber auch darüber hinausweisend gezogen hat. Denn in der Präambel ist von "Verantwortlichkeiten und Pflichten sowohl gegenüber den Mitmenschen als auch gegenüber der menschlichen Gemeinschaft und den künftigen Generationen" die Rede. Diese – immanente – Grundrechtsgrenze, sozusagen vor die Klammer gezogen, macht die Vielzahl der sonst üblichen speziellen Gesetzesvorbehalte überflüssig (bei dem Eigentumsrecht nach Art. 17 Abs. 1 ist in S. 3 ein Gemeinwohlvorbehalt für die Nutzung vorgesehen). Erst Art. 52 Abs. 1 zieht dann konkrete allgemeine Schranken (Gesetzmäßigkeit, Wesensgehaltschutz, Verhältnismäßigkeit und "wenn sie notwendig sind und den in der Union anerkannten dem Gemeinwohl dienenden Zielsetzungen oder den Erfordernissen des Schutzes der Rechte und Freiheiten anderer tatsächlich entsprechen.") Vieles spricht dafür, dass damit eine "gemeineuropäische Schranke" geglückt ist, die von allen nationalen Verfassungsstaaten im europäischen Raum anerkannt werden könnte. M.a.W.: Die EU-Grundrechte-Charta ist nicht nur in den einzelnen Grundrechtsabständen, sondern auch in Sachen Grundrechtsgrenzen ein gemeineuropäischer Textschub bzw. eine der EMRK kongeniale Regelung gelungen, die als *Teil*verfassung im ganzen "europäischen Haus" gewertet werden darf[219].

Nach dieser übergreifend ganzheitlichen Sicht zuletzt ein Blick auf einige Prototypen von Schrankenregelungen in einzelnen nationalen Verfassungsstaaten, wobei sich die zwei Modelle der Spezialregelung bzw. der Generalklausel abzeichnen. Um dem hier vertretenen *entwicklungsgeschichtlichen* Verständnis von Verfassungen und Grundrechten zu folgen, seien manche Beispiele aus den geltenden Verfassungen möglichst in historischer Reihenfolge zitiert. Verf. Italien (1947) arbeitet mit speziellen Schranken. Das deutsche GG (1949) hat sich ebenfalls für differenzierte spezielle Gesetzesvorbehalte entschieden. Verf. Griechenland (1975) arbeitet mit speziellen Gesetzesvorbehalten, je nach Einzelgrundrecht. Auch die Verf. der Niederlande (1983) wendet die Technik *spezieller* Schranken an (ebenso Finnland, Grundgesetz 2000). Zuvor folgten Portugal und Spanien ebenfalls dem Modell spezieller Grundrechtsschranken. (Art. 53 Verf. Spanien zieht die "Schrankenschranke" des Wesensgehaltsschutzes.)

Die "Werkstatt Schweiz" bietet ein vielseitiges Bild. Die wohl beste Problemverarbeitung leistet zuletzt Art. 23 Abs. 2 KV Appenzell A.Rh. (1995), insofern sie als all-

---

218 Aus der Lit. zum Grundsatz der Verhältnismäßigkeit in der Rechtsprechung des EuGH: *J. Iliopoulos-Strangas*, Die allgemeinen Rechtsgrundsätze in der Praxis der Straßburger Organe am Beispiel des Verhältnismäßigkeitsprinzips, RabelsZ 63 (1999), S. 414 ff.; *R. Streinz*, Europarecht, 6. Aufl. 2003, S. 301 bzw. des EGMR: *Frowein/Peukert*, aaO., Vorb. zu Art. 8-11 EMRK, Rn. 14 bis 17.

219 *J.A. Frowein*, Entschädigung von Verletzungen von Grundrechten, FS Partsch, 1989, S. 317 ff. (im Blick auf die EMRK).

gemeine Schranke die Trias gesetzlicher Grundlagen der Einschränkung, überwiegendes öffentliches Interesse und Verhältnismäßigkeit verlangt. Überdies ist (in Abs. 4) eine Kerngehaltsgarantie normiert. Vorarbeit hat § 15 KV Basel-Landschaft (1984) geleistet. Das Schema dieser Trias plus Kerngehaltsgarantie findet sich bei manchen Variationen immer wieder (so in Art. 28 KV Bern und zuletzt in Art. 36 nBV). Es dürfte sich um gemeinschweizerisches[220] Schrankenrecht handeln, das dank der europäischen Grundrechtswissenschaft und -textpraxis auf ganz Europa übergreifen sollte.

Die Reformstaaten Osteuropas wählen folgende Problemlösungen: Manche entscheiden sich für das Modell der *allgemeinen* Schrankenregelung mit den Stichworten Gesetzesgrundlage, "öffentliches Interesse", Rechte anderer und Verhältnismäßigkeit (so Art. 17 Abs. 1 Verf. Albanien, auch § 11 Verf. Estland mit der Bezugnahme auf das "in einer demokratischen Gesellschaft" Notwendige – eine Ausstrahlung der EMRK-Technik – sowie Art. 116 Verf. Lettland, ebenfalls deutlich unter dem Eindruck der EMRK-Schrankentechnik). Andere wählen die Technik der *Spezial*schranken in Gesetzesvorbehalten (z.B. Art. 22 und 24 Verf. Georgien und Art. 29 Abs. 2, 31, 35 der Verf. Ukraine). Einige Verfassungen kombinieren beide Techniken (z.B. Art. 16 bzw. 32, 34 Verf. Kroatien; Art. 15 bzw. 36 und 37 Slowenien; Art. 31 Abs. 3 bzw. 48 Abs. 2 Verf. Polen). Verf. Slowakische Republik zeichnet sich durch die Nennung schrankenloser Grundrechte und absoluter Verbotstatbestände aus (Art. 54 Abs. 4, z.B. Recht auf Leben, Verbot der Folter).

Dieser Textvergleich bedürfte der Ergänzung um eine Bestandsaufnahme dessen, was Judikatur und Literatur in all diesen Ländern *praktisch* mit diesen Normen machen. Eine solche Darstellung ist aber nur noch von internationalen Großprojekten zu leisten, nicht im Rahmen einer europäischen Verfassungslehre als kleinem Buch eines einzelnen. Soweit es sich um sehr neue Verfassungstexte vor allem in Osteuropa handelt, stehen die Texte aber noch für sich, ohne den Kontext, der erst in den nächsten Jahren allmählich heranwachsender Literatur und Judikatur. Der Textvergleich ist hier bis auf weiteres besonders aussagekräftig.

VIII. Wesensgehaltsgarantien und ihr Kontext: das Übermaßverbot

Wesensgehaltsklauseln sind, geschrieben oder richterlich "ungeschrieben" entwickelt, auf dem Weg, zu einem typischen Element des "gemeineuropäischen Grundrechte-Rechts" zu werden. Ihre Karriere beginnt in Deutschland mit Art. 19 Abs. 2 GG (1949) und sie hat jüngst in der EU-Grundrechte-Charta (2000) erneut Gestalt angenommen (Art. 52 Abs. 1: "... und den wesentlichen Gehalt dieser Rechte und Freiheiten achten. Unter Wahrung des Grundsatzes der Verhältnismäßigkeit..."). Zwischen diesen Texten spannt sich eine fast beispiellose Erfolgsgeschichte, die hier nur in Stichworten wiedergegeben sei. So arbeitet Art. 53 Abs. 1 S. 2 Verf. Spanien (1978) mit dem Wesensgehaltsschutz. So erklärt § 15 Abs. 1 S. 2 KV Basel-Landschaft (1984) den "Kern"

---

220 Zum "gemeinschweizerischen Verfassungsrecht" vgl. meine Versuche in JöR 34 (1985), S. 303 (340 ff.).

der Grundrechte für unantastbar, was in der Schweiz[221] viel Gefolgschaft findet (vgl. Art. 14 Abs. 4 KV Uri von 1984; § 21 Abs. 1 S. 2 KV Solothurn von 1986; Art. 28 Abs. 4 KV Bern von 1993; zuletzt Art. 36 Abs. 4 nBV von 2000). Auch in Osteuropa finden sich Rezeptionsprozesse in Bezug auf die "deutsche" Wesensgehaltgarantie, wörtlich in § 8 Abs. 2 Verf. Ungarn, in Polens Art. 31 Abs. 3 S. 2 (1997): "Solche Beschränkungen dürfen das Wesen der Freiheit und der Rechte nicht verletzen" (ebenso Art. 17 Abs. 2 Verf. Albanien von 1998, zuvor ähnlich § 11 S. 2 Verf. Estland von 1992; Art. 49 Abs. 2 Verf. Rumänien von 1991; Art. 13 Abs. 4 Verf. Slowakische Republik von 1992: "muss auf ihr Wesen und ihren Sinn geachtet werden"). Ungeschrieben gilt die Wesensgehaltsklausel in Österreich[222], dank der Rechtsprechung des EuGH auch in der EU[223].

Zwei Hauptprobleme stellen sich: zum einen die Frage, ob die "absolute" oder die "relative" Wesensgehaltgarantie die richtige sei bzw. eine vermittelnde Lösung anzustreben ist[224], so dass auch das Übermaßverbot zum Tragen kommt; zum anderen haben sich manche textliche Wesensgehaltsklauseln durch die Beispieltechnik verfeinert. Manche Verfassunggeber stellen Kerngehaltsschutz und das Prinzip der Verhältnismäßigkeit nebeneinander (so vor allem in der Schweiz: Art. 36 Abs. 4 und 3 nBV), manche differenzieren den Kerngehalt durch die Nennung von Beispielen (vgl. Art. 28 Abs. 4 S. 2 KV Bern). Beides ist eine geglückte Textstufenentwicklung, die den Theorienstreit pragmatisch entschärft. Da auch der EGMR mit der Wesensgehaltsidee arbeitet[225], dürfen die Wesensgehaltsklauseln bzw. die sich hinter ihnen verbergenden Probleme, das Übermaßverbot eingeschlossen, mindestens als "werdende" gemeineuropäische materielle Schutzgarantie in Sachen Grundrechte angesehen werden. Dass sie von nicht wenigen nationalen Verfassunggebern in Europa seit Jahrzehnten immer wieder "getextet" werden, begleitend von nationalen und europäischen Verfassungsgerichten, illustriert, wie intensiv viele am grundrechtlichen Wesensgehaltsschutz beteiligt sind: Ausdruck der offenen Gesellschaft der Verfassunggeber und Verfassungsinterpreten im gesamten europäischen Verfassungsraum.

---

221 Aus der Lit. umfassend: *R. Wiederkehr*, aaO., passim, bes. S. 242 ff.
222 Nachweise *P. Häberle*, Wesensgehaltgarantie, S. 264 ff., sowie *W. Berka*, Lehrbuch Grundrechte, 2000, S. 59; S. 59 ff. ebenda auch zum Prinzip Verhältnismäßigkeit. S. auch *M. Stelzer*, Das Wesensgehaltsargument und der Grundsatz der Verhältnismäßigkeit, 1991. Allgemein zum österreichischen Verfassungsrecht noch: *P. Pernthaler*, Die neue Doppelverfassung Österreichs, FS Winkler, 1997, S. 773 ff.; besonders die Beiträge in FS Pernthaler, 2005.
223 Aus der Lit.: *P. Häberle*, ebd. S. 266 ff., sowie *R. Streinz*, Europarecht, 5. Aufl. 2001, S. 131 ff. – Allgemein s. auch *U. Everling*, Der Beitrag des EuGH zur europäischen Grundrechtsgemeinschaft in: Stern (Hrsg.), 40 Jahre GG, 1990, S. 167 ff.; *J. Kokott*, Der Grundrechtsschutz im Gemeinschaftsrecht, AöR 121 (1996), S. 599 ff.; *P. Selmer*, Die Gewährleistung der unabdingbaren Grundrechtsstandards durch den EuGH, 1998; *H.-W. Rengeling*, Grundrechtsschutz in der Europäischen Gemeinschaft, 1993.
224 So *P. Häberle*, aaO., S. 58 ff., 326 ff.; s. auch *K. Hesse*, Grundzüge, 20. Aufl. 1995 (Neudruck 1999), S. 149 f. Aus der Kommentarlit.: *H. Dreier*, in: ders. (Hrsg.), Grundgesetz-Kommentar, Bd. 1, 1996, Art. 19 Abs. 2 Rn. 11 bis 15 (2. Aufl. 2004 Rn. 14-18). Jetzt BVerfGE 109, 279 (310 f.).
225 Dazu *K.W. Weidmann*, Der Europäische Gerichtshof für Menschenrechte auf dem Weg zu einem europäischen Verfassungsgerichtshof, 1985, S. 98; *J.P. Müller*, Grundrechte in der Schweiz, 3. Aufl. 1999, z.B. S. 29 f., 64 ff., 87 ff. (jeweils für Einzelgrundrechte).

IX. Grundpflichten: gemeineuropäische Defizite?

Trotz des Missbrauchs der "Grundpflichten" in totalitären Staaten ist diese "asymmetrische Konnexgarantie" zu den Grundrechten im Normenbestand innerhalb des "europäischen Hauses" nie ganz verloren gegangen. So schwer sich die deutsche Dogmatik trotz klassischer philosophischer "Vorgaben" mit dieser Kategorie tut[226]: nationale Verfassungstexte und etwas schwächer Texte auf der europäischen Ebene kümmern sich um den Gedanken der Grundpflichten immer wieder, freilich in großer Variationsbreite und in unterschiedlichen Redaktionstechniken.

In Deutschland sind es vor allem die westdeutschen Bundesländer, die in ihren Verfassungen nach 1945 "Grundpflichten" wagen, allen voran Bayern (1946): Art. 117, 122, 127, während das GG sich eines Pflichtenkanons enthält. Die EMRK spricht z.B. in Art. 10 Abs. 2 von "Pflichten und Verantwortung". In den beiden iberischen Ländern ergibt sich folgendes Bild: Portugal benennt den 1. Teil seiner Verfassung "Grundrechte und Grundpflichten", wobei es jedoch nur wenige Grundpflichten gibt (z.B. Art. 64 Abs. 1 in Sachen Gesundheitsschutz). Verf. Spanien geht redaktionell ähnlich vor, nennt aber mehr einzelne Pflichten (etwa die Verteidigungs- und Steuerpflicht nach Art. 30 und 31; s. auch die Umwelterhaltungspflicht in Art. 45 Abs. 2).

Auch der Schweiz ist der Pflichtgedanke ausweislich neuerer Texte nicht fremd. § 20 KV Basel-Landschaft (1984) verweist auf die "persönlichen" Pflichten zur Erfüllung der Rechtsordnung. Art. 21 KV Glarus (1988) zählt zu den "Bürgerpflichten" auch die Beteiligung an der Landesgemeinde. Art. 26 Abs. 1 Appenzell A.Rh. (1995) normiert sehr allgemein: "Jede Person trägt Verantwortung für sich selbst sowie Mitverantwortung für die Gemeinschaft und die Erhaltung unserer Lebensgrundlagen für künftige Generationen". (Ähnlich schon Art. 8 KV Bern (1993)). Art. 6 nBV Schweiz verlangt "individuelle und gesellschaftliche Verantwortung", was dann in Art. 59 zur Militär- bzw. Ersatzdienstpflicht konkretisiert wird.

Für Osteuropa seien Beispiele aus neueren nationalen Verfassungen erwähnt: etwa der ausführliche Pflichtenkatalog in Art. 82 bis 86 Verf. Polen (wie "Treue zur Republik", "Sorge um das gemeinsame Gut", Pflicht das Recht der Republik Polen einzuhalten, Steuer-, Verteidigungspflicht und Umweltpflicht), die Einhaltung der Verfassung und der Gesetze (z.B. Art. 58 Bulgarien, Art. 44 Georgien), Steuerpflicht (z.B. Art. 67 Verf. Ukraine, § 70 I. Ungarn), Umweltschutz (z.B. Art. 69 Abs. 3 Verf. Kroatien, Art. 43 Abs. 2 Verf. Makedonien) und Landesverteidigung (z.B. Art. 166 Albanien; Art. 52 Verf. Rumänien). Dies sind die osteuropäischen Hauptthemen in Sachen (Grund)Pflichten.

Zuletzt klingt ihr Gedanke in der EU-Grundrechte-Charta (2000) an (Präambel und Kap. IV) – korrekterweise müsste stets die zeitliche Reihenfolge gewählt werden: denn alle Textgeber haben wechselseitig über Zeiten und Räume hinweg (freilich nicht immer erklärtermaßen) all ihre Texte im Auge.

---

226 Vgl. die Referate von *V. Götz* und *H. Hofmann*, Grundpflichten als verfassungsrechtliche Dimension, VVDStRL 41 (1983), S. 7 ff.; *O. Luchterhandt*, Grundpflichten als Verfassungsproblem in Deutschland, 1988; *T.I. Schmidt*, Grundpflichten, 1999.

X. Rechtsschutzfragen

Der (grundrechtliche) Rechtsschutz gehört zu den Essentalia des gemeineuropäischen Grundrechte-Rechts. Dabei sei zwischen Rechtsschutz im *engeren* Sinne von Gerichtsschutz einerseits, dem Rechtsschutz im *weiteren* Sinne[227] anderer Schutzmechanismen (z.B. Ombudsmänner, Bürgerbeauftragte) andererseits unterschieden. Nur stichwortartig seien Beispiele bzw. Normenensembles genannt – auch hier im Ineinander von nationalen und europäischen Rechtsschutzgarantien (etwa der EMRK und der EU[228]). Schon vorweg lässt sich sagen, dass in Sachen Rechtsschutz die europäische Grundrechtsgemeinschaft als Teil der Verfassungsgemeinschaft besonders dicht gewebt bzw. effektiv ist[229]. Europa erfährt sich vor allem vom Grundrechtsschutz her, wobei die nationalen Verfassungsstaaten wie die europäischen Verfassungsgerichte bzw. sonstigen Instanzen ständig voneinander lernen[230]. Gerade in Osteuropa besteht seit 1989 ein besonders lebhafter Wunsch nach optimalem Rechtsschutz; aber auch die klassischen westeuropäischen Verfassungsstaaten verfeinern ihre Rechtsschutzinstrumente ständig, prima facie ablesbar an neuen Texten.

Begonnen sei mit dem Verweis auf den einfachen Rechtsschutz i.S. des Art. 19 Abs. 4 GG[231], auch dem spezifisch verfassungsgerichtlichen Rechtsschutz (via Verfassungsbeschwerde, wie sie in Deutschland und Spanien auch nach der "neuen" EMRK als Teilverfassung gilt). Die ungarische Popularklage (Art. 32 A Abs. 3 Verf. Ungarn) ans Verfassungsgericht ist analog der bayerischen (Art. 98) eine Ausnahme, wie überhaupt derzeit nur der einfache Rechtsschutz, nicht aber der individuelle Zugang zum Verfassungsgericht[232] Elemente gemeineuropäischen Grundrechte-Rechts enthält.

Art. 26 Abs. 1 Bern (1993) garantiert jeder Person ein "unantastbares Recht auf unabhängige, unparteiische und vom Gesetz vorgegebene Richterinnen und Richter". Die folgenden Absätze gewähren das Anhörungs-, Akteneinsichtsrecht, auch das Recht auf begründeten Entscheid und auf unentgeltlichen Rechtsschutz für Minderbemittelte. Schon § 22 n Abs. 2 KV Aargau gelingt das Postulat: "Unbeholfene dürfen in den Verfahren nicht benachteiligt werden".

---

227 Zu dieser Unterscheidung: *P. Häberle*, VVDStRL 30 (1972) S. 43 (121 ff.).
228 Zu den "Europäischen Rechtsschutzgarantien" gleichnamig *E. Schmidt-Assmann*, FS Bernhardt, 1995, S. 1283 ff.; *O. Dörr*, Der Europäisierte Rechtsschutzauftrag deutscher Gerichte, 2003.
229 In diesem Kontext vgl. auch zum allgemeinen Problem des Rechtsschutzes vor Gemeinschaftsgerichten *E. Drews*, Entstehen und Entwicklung des Rechtsschutzes vor den Gerichten der Europäischen Gemeinschaften, 2000.
230 Es ist kein Zufall, wenn die Präsidentin des BVerfG, *J. Limbach,* in ihrer Monographie über "Das Bundesverfassungsgericht", 2001, dem Grundrechtsschutz in Europa einen eigenen Abschnitt widmet (S. 73 ff.).
231 Aus der deutschen Literatur: *H. Schulze-Fielitz*, in: H. Dreier (Hrsg.), Grundgesetz-Kommentar, Bd. 1, 1996, Art. 19 IV (2. Aufl. 2004); *L. Allkemper*, Der Rechtsschutz des einzelnen nach dem EG-Vertrag, 1995; *T. von Danwitz*, Die Garantie effektiven Rechtsschutzes im Recht der Europäischen Gemeinschaft, NJW 1993, S. 1108 ff. – Siehe auch BVerfGE 110, 77 (85).
232 Allg. siehe noch J. Schwarze (Hrsg.), Verfassungsrecht und Verfassungsgerichtsbarkeit im Zeichen Europas, 1998, sowie K.F. Kreuzer u.a. (Hrsg.), Europäischer Grundrechtsschutz, 1998; schließlich *M. Ruffert*, Die Mitgliedstaaten der Europäischen Gemeinschaft als Verpflichtete der Gemeinschaftsgrundrechte, EuGRZ 1995, S. 518.

In einer Reihe neuerer Verfassungen hat sich ein ganzes Bündel von Konnexinstituten zur Sicherung eines "effektiven Rechtsschutzes" (BVerfG und EuGH) herausgebildet. Das geschah gewiss unter dem Eindruck jüngster Entwicklungen in der westeuropäischen Judikatur. So normiert die nBV Schweiz (2000) im Rahmen detaillierter Allgemeiner Verfahrensgarantien, die von der EMRK als "law in action" mitgeprägt sind, in Art. 29 Abs. 3 für jede Person, die nicht über die erforderlichen Mittel verfügt, einen "Anspruch auf unentgeltliche Rechtspflege, wenn ihr Rechtsbegehren nicht aussichtslos erscheint" – Parallelen finden sich in manchen Kantonsverfassungen, z.B. Art. 70 Abs. 2 Verf. Appenzell A.Rh. (1993). Auch gibt Art. 32 Abs. 3 nBV jeder verurteilten Person das Recht, das Urteil von einem höheren Gericht überprüfen zu lassen. Ähnlich arbeitet § 21 Grundgesetz Finnland (2000), insofern auch von "anderen Garantien für ein rechtmäßiges Verfahren und gute Verwaltung" gesprochen wird. Ein Konnexinstitut zur Vorbereitung bzw. Effektivierung des Rechtsschutzes ist auch Art. 32 Verf. Belgien (1994/99): "Jeder hat das Recht, jegliches Verwaltungsdokument einzusehen".

Ein Blick auf Osteuropa: Im Kontext ausführlicher habeas corpus-Garantien (Art. 27 bis 34 Verf. von 1998) steuert Albanien die Klausel bei (Art. 28 Abs. 1): jeder, dem die Freiheit entzogen werde, habe das "Recht, unverzüglich in einer Sprache, die er versteht, über die Gründe ... unterrichtet zu werden" (ähnlich im ganzen und einzelnen schon § 20 bis 24 Verf. Estland, wobei auch § 25 bemerkenswert ist: verfassungsrechtliches Recht jeder Person "auf Ersetzung des von ihm von beliebiger Seite zugefügten rechtswidrigen moralischen und materiellen Schadens"). Art. 42 Abs. 7 Verf. Georgien postuliert: "Gesetzeswidrig erlangte Rechtstitel besitzen keine Rechtskraft." Auch hier wird ein im Westen entwickelter Grundsatz in Osteuropa auf Verfassungshöhe gehoben. Ähnliches gilt für Art. 31 Abs. 3 Verf. Litauen (1992): "Es ist verboten, jemanden zu Zeugenaussagen gegen sich, seine Familienmitglieder oder seine nahen Verwandten zu zwingen". Eine besondere Textstufe schafft Art. 23 Abs. 2 Verf. Republik Moldau (1994): Garantie des Rechts eines jeden Menschen, "seine Rechte und Pflichten zu kennen."

Manche osteuropäischen Verfassungen behandeln die Rolle des rechtlichen Beistands bzw. der (freien) Rechtsanwaltschaft (z.B. Art. 134 Verf. Bulgarien, Art. 137 Verf. Slowenien). Verf. Republik Montenegro (1992) gelingt hier die wohl reifste Textstufe in den Worten (Art. 18 Abs. 1 und 2): "Jeder hat das Recht auf rechtlichen Beistand. Den rechtlichen Beistand leisten die Rechtsanwaltschaft als ein selbständiger und unabhängiger Dienst ...". Verf. Polen kodifiziert westeuropäisches Gemeinrecht in den Worten von Art. 41 Abs. 4: "Jeder, dem die Freiheit entzogen wurde, muss in einer humanitären Weise behandelt werden". Eine präzise Fortentwicklung der Staatshaftung gelingt Art. 48 Verf. Rumänien (1991) bis hin zu Konsequenzen für die Nichtbescheidung eines Antrages(!). Art. 46 Abs. 3 Verf. Russische Föderation (1993) baut in vorbildlicher Weise schon die Öffnung im Blick auf den EGMR oder eine ähnliche supranationale Instanz ein: "Jeder ist berechtigt, ... zwischenstaatliche Organe zum Schutz der Rechte und Freiheiten des Menschen anzurufen"[233].

Wie wichtig den osteuropäischen Reformstaaten der Rechtsschutz ist[234], dokumentiert auf eigene Weise Verf. Slowakische Republik (1992), ähnlich Art. 36 bis 40 Tschechische Charta der Grundrechte (1992). Sie widmet dem "Recht auf gerichtlichen und anderen Rechtsschutz" einen eigenen Abschnitt (Art. 46 bis 50) mit vielen Elementen des gemeineuropäischen Rechtsschutzes (vom Schadensersatzanspruch bis zum Recht auf einen Dolmetscher, vom Recht auf Rechtsbeistand bis zum Aussageverweigerungsrecht). Schon heute lässt sich sagen, dass Osteuropa reiches textliches Verfassungsmaterial beiträgt zum "Recht auf Grundrechtsschutz" (vgl. Art. 23 Verf. Slowenien), flankiert von einem reichen Bündel von Konnexrechten, was insgesamt das gemeineuropäische Grundrechterecht von der Verfahrensseite her absichert[235].

Zuletzt folge ein Blick auf den Rechtsschutz im *weiteren* Sinne, der eine neue Entwicklungsstufe des Verfassungsstaates charakterisiert und viele Textvarianten im heutigen Europa hervorbringt. In Osteuropa finden sich die "Volksanwälte" (z.B. Art. 159 Verf. Slowenien, Art. 43 Verf. Georgien, in Art. 61 bis 63 Verf. Albanien, Art. 55 bis 57 Verf. Rumänien), Beauftragte für Bürgerrechte (Art. 208 bis 210 Verf. Polen). In Westeuropa werden Regelungen in Portugal (Art. 23 Verf. von 1976), Spanien (Art. 54 Verf. 1978) sowie Schweden (Kap. 12, § 6) und Finnland (§ 38, 109 bis 113 Grundgesetz von 2000), auch Österreich (Volksanwälte: Art. 148 a bis j B-VerfG) einschlägig. In den Verfassungen der neuen deutschen Bundesländer sind ebenfalls manche Textformen nachweisbar: Datenschutzbeauftragte (z.B. jetzt auch in Bayern: Art. 33 a Verf.); auf Art. 45 b GG (Wehrbeauftragter) sei verwiesen. Ein letzter Blick gelte der europäischen Ebene der EU. Hier wurde der "Bürgerbeauftragte" geschaffen (Art. 195 EGV)[236], die EU-Grundrechte-Charta (Art. 43) zog nach.

Im ganzen sind auch bei diesem Textensemble die Beispiele auf der nationalen Ebene in vielen europäischen Ländern und auf der supranationalen "europarechtlichen" Ebene zusammen zu sehen. Auch hier herrscht ein lebhafter Austausch[237]. Der Rechtsschutz im engeren und weiteren Sinne steht dabei nicht in Konkurrenz, sondern in einem Ergänzungsverhältnis zueinander. Dabei ist an die "Ungleichzeitigkeit" zu erinnern. Es sollte jedem europäischen Verfassungsstaat zugestanden bleiben, allein auf den *Gerichts*schutz zu setzen, also den gemeineuropäischen Trend gerade nicht mit zu machen: das kann zu seiner "nationalen Identität" gehören. Die Schweiz etwa hält sich aus

---

233 Siehe in diesem Kontext auch *A. Nußberger*, Die Grundrechte in der Rechtsprechung des russischen Verfassungsgerichts, EuGRZ 1998, S. 105 ff.
234 Zur Verfassungsgerichtsbarkeit vergleichend mein Beitrag in: Festgabe für das BVerfG 2001, I, S. 311 ff. – Grundlagenliteratur: *G. Brunner*, Grundrechtsschutz durch Verfassungsgerichtsbarkeit in Osteuropa, FS Stern, 1997, S. 1041 ff.; J.A. Frowein/T. Marauhn (Hrsg.), Grundfragen der Verfassungsgerichtsbarkeit in Mittel- und Osteuropa, 1998. S. noch unten H.
235 Vgl. auch *F. Matscher*, Der verfahrensrechtliche ordre public im Spannungsfeld von EMRK und Gemeinschaftsrecht, IPRax 2001, S. 428 ff.
236 Aus der Lit.: *R. Strempel*, Ombudsmann für Europa, DÖV 1996, S. 241 ff.
237 In diesem Zusammenhang vgl. auch noch *R. Bernhardt*, Die Europäische Menschenrechtskonvention und die deutsche Rechtsordnung, EuGRZ 1996, S. 339 ff.

einleuchtenden Gründen fast ausschließlich an den bewährten Rechtsschutz im engeren Sinne[238], zumal er auf eine Weise durch die Referendumsdemokratie zusätzlich abgesichert erscheint. Osteuropa und die neuen ostdeutschen Bundesländer suchen darüber hinaus auch neue, ergänzende Institutionen, verständlich angesichts des Traumas des Totalitarismus.

XI. Ausblick

Der hier skizzierte "Allgemeine" Teil eines Problemkataloges für gemeineuropäische Grundrechtslehren ist mehr als fragmentarisch. So fehlt neben der immer häufiger werdenden internationalen Menschenrechtskonformität[239] (z.B. Art. 10 Abs. 2 Verf. Spanien, Art. 16 Abs. 2 Verf. Portugal, Art. 20 Verf. Rumänien) ein Hinweis auf Nachfolgenormen zu Art. 19 Abs. 3 GG (vgl. z.B. Art. 45 Verf. Georgien) bzw. seiner Problematik[240] oder die Frage der Grundrechtsgeltung in Sonderstatusverhältnissen[241]. Vor allem aber wäre im Folgenden eine Gesamtübersicht der *speziellen* Grundrechtsgarantie im gesamteuropäischen Vergleich notwendig. Dabei könnte sich zeigen, ob und wie neue Themen bzw. spezielle Grundrechte hinzugekommen sind: ganz im Zeichen der 1971 geforderten "grundrechtssichernden Geltungsfortbildung" – Beispiele sind Datenschutz (z.B. Art. 35 Albanien), Freiheit der Kultur (z.B. Art. 54 Bulgarien), Schutzgrundrechte der Alten und Kinder (vgl. Art. 25 und 24 EU-Grundrechte-Charta, aber auch Art. 38 Verf. Sachsen-Anhalt von 1992, Art. 72 Verf. Polen), Schutzgrundrechte zugunsten Behinderter (Art. 26 EU-Grundrechte-Charta, Art. 7 Verf. Sachsen, Art. 46 Verf. Rumänien), "das Recht, seine Rechte zu kennen" (Art. 90 Verf. Lettland; Art. 23 Abs. 2 Verf. Moldau), Rechte auf eine "gute Verwaltung" (Art. 41 EU-Grundrechte-Charta und Recht auf Zugang zu Dokumenten (Art. 42 ebd.), Auskunftsrecht auf Umweltdaten (Art. 39 Abs. 7 S. 3 Verf. Brandenburg). Im Umweltschutz (dazu unten L.) sind ebenfalls markante Fortbildungen zu erkennen. Immerhin dürfte sich gezeigt haben, dass "Grundrechtspolitik" und -dogmatik, auch -judikatur in ganz Europa bereits heute auf einer stattlichen Reihe von gemeineuropäischen Standards aufbauen kann (Verhältnismäßigkeit, Wesensgehaltschutz, Schrankenvorbehalte zugunsten bestimmter Gemeinwohlgüter, Rechtsschutz i.e.S. und z.T. i.w.S.). Die nationale Beispielsvielfalt bleibt groß und sie sollte auch von einer europäischen Verfassungslehre nicht eingeebnet werden – Rechtsvergleichung hat auch das *Un*gleiche, etwa als Bestandteil der nationalen Identität (vgl. Art. 6 Abs. 3 EUV), zu Tage zu fördern und insoweit Selbstbe-

---

238 Aus der dortigen Lit.: *W. Kälin*, Das Verfahren der staatsrechtlichen Beschwerde, 2. Aufl. 1994; *A. Kley-Struller*, Der richterliche Rechtsschutz gegen die öffentliche Verwaltung, 1995.
239 Aus der Lit.: *K.-P. Sommermann*, Völkerrechtlich garantierte Menschenrechte als Maßstab der Verfassungsauslegung, AöR 114 (1989) S. 391 ff.
240 Aus der deutschen Lit.: *M. Kotzur*, Der Begriff der inländischen juristischen Personen nach Art. 19 Abs. 3 GG im Kontext der EU, DÖV 2001, S. 192 ff.
241 Vorbildlich geriet § 8 Abs. 2 KV Aargau: "Für Personen, die in einem besonderen Abhängigkeitsverhältnis zum Staat stehen, dürfen die Grundrechte zusätzlich nur soweit eingeschränkt werden, als es das besondere öffentliche Interesse erfordert, das diesem Verhältnis zu Grunde liegt" (ebenso § 15 Abs. 3 KV Basel-Landschaft). Aus der Lit.: *K. Hesse*, aaO., S. 144 ff.; *W. Berka*, Die Grundrechte, 1999, S. 180 ff.

grenzung zu üben. Auch auf diesem Problemfeld ist der vorliegende Abschnitt nur ein Anfang europaweiter Grundrechts- bzw. Verfassungswissenschaft. Rechtsvergleichung hat aber in Sachen "Grundrechtspolitik" einen (begrenzten) Gestaltungsauftrag, den sie sich nur klar machen sollte. Ermutigend wirkt dabei die vom EuGH und der Literatur vorangetriebene Lehre von den Allgemeinen Rechtsgrundsätzen, gerade insoweit sie die Grundrechte betreffen (vgl. jetzt Art. 6 Abs. 2 EUV)[242], denn hier wurde eine "Erfindung" des EuGH auf eine konstitutionelle Textstufe gebracht. Art. 6 Abs. 2 EUV rezipiert nur, was Verfassungsrichterrecht aus Luxemburg ist und er stellt es in den Kontexten weiterer Texte, etwa der EMRK und der "gemeinsamen Verfassungsüberlieferungen der Mitgliedstaaten"[243].

Im Übrigen bewährt sich in vielen Zusammenhängen die schöpferische Kraft des Einsatzes der Rechtsvergleichung als "fünfter" Auslegungsmethode[244], wobei auch hier die Trias von Texten, Judikatur und Literatur einschlägig wird. Da die aus Osteuropa stammenden Richter am EGMR und (dank der Osterweiterung[245] der EU) jetzt auch am EuGH nicht zuletzt ihr eigenes Verfassungsmaterial vor Augen haben, wenn sie als Mitglieder der beiden europäischen Verfassungsgerichte judizieren, ist es unverzichtbar, dieses Verfassungsmaterial aufzubereiten, so bruchstückhaft dies bleiben mag.

Bei aller unentbehrlicher Grundrechtsdogmatik i.S. von "juristischem Handwerkszeug" sollte aber auch der große Rahmen, der Horizont nicht aus dem Blick geraten: Alle Dogmatik *dient* dem "Europa der Bürger", denen im Ensemble vieler *Teil*verfassungen ein gemeineuropäischer Grundrechtestatus zuwächst: vorangetrieben durch EMRK und EGMR, fundiert in den "alten" Grundrechtsgemeinschaften der westlichen Verfassungsstaaten und vorstrukturiert nun auch in den nach Osteuropa national wie über Europarat und OSZE übergreifenden gemeineuropäischen Standards. Das Europa der Bürger meint das *ganze* Europa, im Kontext von "Europäischer Demokratie" und "Europäischem Rechtsstaat", welche Prinzipien in der Menschenwürde des homo europaeus ihre kulturanthropologische Basis haben[246]. Auch und gerade der "europäische Jurist" steht im *Dienste* des "Europas der Bürger". Die EU, in Brüssel gelegentlich zu technisch (miss)verstanden und praktiziert, oft auf den Markt reduziert, kann im Ver-

---

242 Dazu aus der Lit. m.w.N.: *T. Oppermann*, Europarecht, 2. Aufl. 1999, S. 185 ff., 189 ff.
243 Aus der Lit. zu Art. 6 und 7 EUV: *F. Schorkopf*, Homogenität in der Europäischen Union, 2000. Zur "Verfassungshomogenität und Osterweiterung der EU" gleichnamig: *O. Luchterhandt*, in: T. Bruha u.a. (Hrsg.), Welche Verfassung für Europa?, 2001, S. 125 ff. – Nachdem die EU-Kommission im Mai 2001 auch gegenüber Drittstaaten eine größere "Kohärenz" der EU-Menschenrechtspolitik fordert (FAZ vom 10. Mai 2001), ist ein neuer Schub über Europa hinaus zu erwarten, zumal seit 1992 in allen Abkommen Menschenrechtsklauseln enthalten sind; vgl. noch *F. Hoffmeister*, Menschenrechts- und Demokratieklauseln in den vertraglichen Außenbeziehungen der Europäischen Gemeinschaft, 1998.
244 Dazu noch H. I. 4. a).
245 Zum Stichwort Osterweiterung siehe noch aus der Tagespresse den Diskussionsbeitrag von *M. Brusis*, Vergemeinschaftungsfreundlich oder auf Vetopunkte bedacht? Koordinaten der Integrationsbereitschaft der ostmitteleuropäischen Staaten in einer erweiterten EU, FAZ vom 13. Nov. 2000, S. 12, und *W. Wessels*, Die EU darf nicht an Überdehnung zugrunde gehen, FAZ vom 14. Dez. 1999, S. 10. Siehe noch Anhang, Nachtrag und Ausblick
246 Siehe auch *H. Hofmann*, Menschenwürde und Naturverständnis in europäischer Perspektive, Der Staat 1998, S. 349 ff.; *C. Enders*, Die Menschenwürde in der Verfassungsordnung, 1997.

bund mit den durch die EMRK begründeten europäischen *Grundrechts*gemeinschaft in vielem Vorbild und "Vorhut" einer nach Osten verbundenen *gesamteuropäischen Bürgergesellschaft* sein – bis hin zu den theoretischen Konsequenzen der offenen Gesellschaft der Verfassunggeber und Verfassungsinterpreten in Europa. Die in Osteuropa dank der EMRK heranwachsenden gemeineuropäischen Grundrechtsstrukturen haben auf der nationalen Ebene schon ihre doch textlich hochrangigen Entsprechungen: in allen osteuropäischen Länder stehen die Grundrechte "vorn" bzw. "oben", wenn solche räumlichen Bilder hier einmal erlaubt seien. Und es sind die Grundrechte zugleich als *Grundwerte* in den Präambeln, die Osteuropa verfassungs- bzw. europatheoretisch nach Westen hin "anschlussfähig" machen: allgemeine menschliche Werte wie "Freiheit, Frieden, Humanismus, Gleichheit, Gerechtigkeit und Toleranz" (Präambel Verf. Bulgarien von 1991), "offene, gerechte, harmonische, bürgerliche Gesellschaft" (Präambel Verf. Litauen), "Grundsätze der Bürgergesellschaft" (Präambel Verf. Tschechien von 1992), "Bürgerrechte" (Präambel Verf. Polen, 1997). Diese Stichworte nähmen sich in einem europäischen *Grundwerte-Katalog* (z.B. der EU) gut aus. Ein solcher Wertekanon existiert schon: ungeschrieben.

Inkurs I: Die wachsende Relativierung aller drei nationalen Staatselemente, die Kultur als viertes bzw. erstes Staatselement, "Schengen", Europa und das Internet, das Europa (i.w.S.) der Grenzregionen

1. Die kulturelle Dimension der Staatselemente

Zu den traditionellen Kapiteln der allgemeinen Staatslehre[247] gehören die drei "Staatselemente" Staatsvolk, Staatsgewalt, Staatsgebiet. Typischerweise hat die "Verfassung" in dieser Trias (noch) keinen Platz – das kennzeichnet gerade "allgemeine Staatslehren", macht sie aber auch fragwürdig. Eine "Verfassungslehre", sei sie nationalstaatlich oder europäisch komponiert, muss die Einordnung suchen: Verfassung ist, wenn nicht bereits das "erste" Staatselement, so jedenfalls ein wesentliches. Konkret: Die Staatselementenlehre muss vom erwähnten Begriff der Kultur aus durchdekliniert (konjugiert) werden. Verfassung ist, wie schon in den Eingangskapiteln herausgearbeitet, ein Teil der Kultur, sie bildet, wenn man will (richtiger: muss) mindestens ein "viertes" Element. *G. Dürig* hat dies früh (1954) tendenziell gewagt, aber nicht weiter ausformuliert[248]. Spätestens heute ist dieser Schritt in einer europäischen Verfassungslehre zu wagen. Dies bedeutet, dass auch die übrigen Staatselemente kulturwissenschaftlich zu "erfüllen" sind. Beginnend mit dem Volk als "Menge Menschen unter Rechtsgesetzen" (*I. Kant*), aber eben dadurch im "*status culturalis*". Die – unterschiedliche – Identität der Völker Europas ist eine solche kultureller Art, und das macht die Vielfalt dieses Europas aus.

---

247 Z.B. *P. Pernthaler*, Allgemeine Staatslehre und Verfassungslehre, 1986, S. 82, 35 ff., 111 ff. S. jetzt auch die Kritik bei *P. Saladin*, Wozu noch Staaten?, 1995, S. 16 ff.
248 Der deutsche Staat im Jahre 1945 und seither, VVDStRL 13 (1955), S. 27 (37 ff.).

Das Staatsgebiet ist kulturell geprägtes Land, ein "*Kultur-Raum*", kein factum brutum[249]. *J.G. Herders* Verständnis von Geschichte als "in Bewegung gesetzte Geographie" mag hilfreich sein[250]. Die Staatsgewalt ist ihrerseits als kulturell bestimmte, nicht naturhaft wirkende vorzustellen: sie ist im Verfassungsstaat normativ begründet und begrenzt, und sie steht im Dienste kultureller Freiheit. Wie notwendig sie ist, zeigen die Bürgerkriegswirren in Ex-Jugoslawien nur zu dramatisch.

Dass und wie sich die Staatselemente kulturwissenschaftlich "komponieren" lassen, sei nur noch in Stichworten angedeutet: Nicht nur im "Kulturföderalismus" Schweizer und deutscher Prägung, nicht nur im vielleicht in Italien heranreifenden "nuovo regionalismo"[251], aus der *Vielfalt* der Kultur ist die Prägekraft des Kulturellen für *alle* Verfassungsstaatlichkeit offenkundig, in *allen* Erscheinungsformen von Kulturverfassungsrecht kommt sie zum Ausdruck. Das beginnt mit den Erziehungszielen wie Toleranz, Verantwortungsfreude und neu: Umweltbewusstsein[252] (vgl. ostdeutsche Verfassungen wie Art. 28 Brandenburg, Art. 22 Thüringen, zuvor auch Art. 131 Abs. 2 Bayern), und endet oder beginnt auch mit der Erziehung zu den Menschenrechten, wie dies neuere Verfassungen schon textlich verlangen. Das führt zur Fülle spezifisch kultureller Freiheiten wie der Glaubens-, Kunst- und Wissenschaftsfreiheit – in Goethes Diktum tiefgründig zusammengebunden: "Wer Wissenschaft und Kunst besitzt, der hat auch Religion, wer diese beiden nicht besitzt, der habe Religion"[253] – und das setzt sich fort in dem Verständnis von Spachen-Artikeln und Feiertagen, von Staatssymbolen (wie Hymnen) sowie in dem sich intensivierenden Kulturgüterschutz, der innerstaatlich wie transnational gerade in jüngster Zeit sich auch in textlich eindrucksvollen kulturellen Wachstumsprozessen dokumentieren lässt (Stichwort: "kulturelles Erbe" der Menschheit bzw. der Nationen)[254]. Eine Infragestellung bzw. Relativierung des Elements "Staatsgebiet" findet sich aber auch – textstufenhaft dokumentiert – in neuartigen Verfassungs-Artikeln aus jüngster Zeit zum Thema "Nachbarschaft" bzw. Grenzüberwindung. Denken wir an den neuen Art. 24 Abs. 1 a GG von 1992: Übertragung von Hoheitsrechten auf "grenznachbarschaftliche Einrichtungen", aus der Schweiz an den Präambelpassus aus der neuen Verfassung des Kantons Appenzell A.Rh. vom April 1995: "Wir wollen, über Grenzen hinweg, eine freiheitliche, friedliche und gerechte Lebensordnung mitgestalten" – das meint gewiss innere *und* äußere Grenzen, zumal in Art. 1 Abs. 2 von Zusammenarbeit "mit den anderen Kantonen und dem benachbarten Ausland" die Rede ist.

2. Die Relativierung der Staatselemente

---

249 Vgl. dazu meinen Beitrag: Das Staatsgebiet als Problem der Verfassungslehre, FS Batliner, 1993, S. 397 ff.

250 In Bezug auf die Entwicklungsländer meine Studien über die Entwicklungsländer und Kleinstaaten (1991), in: Rechtsvergleichung, aaO., S. 791 ff., 735 ff.

251 Zu erinnern ist daran, dass sich im Jahre 2001 die Regionalismus- bzw. Föderalismusdebatte verschärft hat; dazu *A. D'Atena*, L'Italia verso il "federalismo", 2003.

252 Aus der Grundlagenlit.: *R. Steinberg*, Der ökologische Verfassungsstaat, 1998.

253 Dazu die "Umsetzung" in meiner Studie: Die Freiheit der Kunst in kulturwissenschaftlicher und rechtsvergleichender Sicht, in: *Lerche u.a.*, Kunst und Recht, 1994, S. 37 ff.

254 Dazu mein Beitrag: National-verfassungsstaatlicher und universaler Kulturgüterschutz, in: F. Fechner/T. Oppermann u.a. (Hrsg.), Prinzipien des Kulturgüterschutzes, 1995, S. 91 ff.

Die Relativierung der Staatselemente war schon eine Grundmelodie im "allgemeinen Teil" dieser Verfassungslehre. Sie sei im Folgenden ausgebaut: "Schengen" (als Relativierung des "Staatsgebietes")[255], der EURO (als Schmälerung der Staatsgewalt, Verlust der Währungshoheit) und das Internet, das alle nationalen drei Staatsfunktionen (aber auch die nationale Kultur) buchstäblich überspringt und als Vehikel der Globalisierung vielfacher Grundwerte viele negative, aber auch einige positive Seiten hat (im vorliegenden Zusammenhang wechselseitige Kenntnisse der Rechtsquellen). Europa ist nicht nur das vielzitierte "Europa der Regionen", es ist auch ein "Europa der Grenzregionen", was Abgrenzung und zugleich Öffnung bedeutet.

Schon ausweislich geltender nationaler Verfassungstexte ist Europa auf dem Weg, auch ein *Europa der Grenzregionen* zu werden. Leitartikel bildet Art. 24 Abs. 1 Ziff. 4 a GG mit dem glücklichen Tiefenbegriff "grenznachbarschaftlicher Einrichtungen"[256]. Es gibt aber auch eine Reihe kleinerer Vorgängernormen vor allem in der Schweiz und in Deutschland, die Modellcharakter haben und in Auswahl vorgestellt seien[257].

Besonders "hochwertig" und allgemein sagt KV Appenzell A.Rh. (1995): "Wir wollen, über Grenzen hinweg, eine freiheitliche, friedliche und gerechte Lebensordnung mitgestalten"[258]. Pionierhaft formuliert Art. 60 Abs. 2 S. 2 Verf. Saarland (1992): "Es (sc. das Saarland) arbeitet mit anderen europäischen Regionen zusammen und unterstützt grenzüberschreitende Beziehungen zwischen benachbarten Gebietskörperschaften und Einrichtungen". Später bestimmt Art. 12 Verf. Sachsen (1992): "Das Land strebt grenzüberschreitende regionale Zusammenarbeit an, die auf den Ausbau nachbarschaftlicher Beziehungen, auf das Zusammenwachsen Europas und auf eine friedliche Entwicklung in der Welt gerichtet ist". Brandenburg (1992) hat sich in Art. 2 Abs. 1 auf das Ziel einer "Zusammenarbeit mit anderen Völkern, insbesondere mit dem polnischen

---

255 Sogar die Schweiz zeigt Interesse am Schengen-Abkommen sowie an einer Mitwirkung bei der Erst-Asylregelung (Abkommen von Dublin), seit 2005 ist sie beigetreten.
256 Dazu *M. Kotzur*, Habilitationsschrift: Grenznachbarschaftliche Zusammenarbeit in Europa, 2004. Weitere Lit.: *U. Beyerlin*, Zur Übertragung von Hoheitsrechten im Kontext dezentraler grenzüberschreitender Zusammenarbeit, ZaöRV 54 (1994), S. 587 ff.; *J. Schwarze*, Die Übertragung von Hoheitsrechten auf grenznachbarschaftliche Einrichtungen i.S. d. Art. 24 Abs. 1 a GG, FS E. Benda, 1995, S. 311 ff.; *K. Rennert*, Grenznachbarschaftliche Zusammenarbeit. Fragen zum neuen Art. 24 Abs. 1 a GG, FS E.-W. Böckenförde, 1995, S. 199 ff.; *S. Grotefels*, Die Novellierung des Art. 24 GG, DVBl. 1994, S. 785 ff. insbes. 789 ff.; *R. Rixecker*, Grenzüberschreitender Föderalismus – eine Vision der deutschen Verfassungsreform zu Art. 24 Abs. 1 des Grundgesetzes, in: K. Bohr (Hrsg.), Föderalismus, 1992, S. 201 ff. Die "Grenznachbarschaftliche Zusammenarbeit auf kommunaler Basis" behandelt auch *H. Heberlein*, DÖV 1996, S. 100 ff.; vor allem auch unter Berücksichtigung des Europäischen Rahmenübereinkommens über die grenzüberschreitende Zusammenarbeit zwischen Gebietskörperschaften (vom 21. Mai 1980), S. 107 ff.; früher etwa *ders.*, Kommunale Außenpolitik als Rechtsproblem, 1989. Aus der Kommentarliteratur zum neugefassten Art. 24 Abs. 1 a GG vgl. nur *I. Pernice*, in: H. Dreier (Hrsg.), Grundgesetz-Kommentar, Bd. 2, 1998, Art. 24 Rn. 39 ff. mit zahlreichen weiteren Nachweisen.
257 Vgl. bereits meine Darstellung in: Föderalismus und Regionalismus in den Mitgliedstaaten des Europarates, in: R. Streinz (Hrsg.), 50 Jahre Europarat: Der Beitrag des Europarates zum Regionalismus, 2000, S. 61 ff., insbes. 66 ff.
258 Zit. nach JöR 47 (1999), S. 286 ff.

Nachbarn" verpflichtet, und zuletzt spricht Art. 11 Verf. Mecklenburg-Vorpommern (1993) von "grenzüberschreitender Zusammenarbeit, insbesondere im Ostseeraum"[259].

Der Vergleich zeigt viel: Die Textstufen variieren und lassen bald das eine, bald das andere Element der Probleme hervortreten. Vor allem aber denken die deutschen Länder (auf eine Weise Regionen im Europa der Regionen) gerne an ihre jeweiligen Nachbarn (etwa an Polen oder den Ostseeraum), aber nicht nur an diese unmittelbar angrenzenden Nachbarn! In Europa bedeutet Nachbar wohl nicht nur das Land, mit dem man eine gemeinsame Grenze hat(?)[260].

Nimmt man diese Textbilder zusammen, so erscheint das Wort vom "Europa der offenen Grenzen", "offenes Europa" nicht mehr ganz utopisch, so defizient die Wirklichkeit in vielem noch sein mag. Begreift man den Begriff "grenznachbarschaftlich", "Grenze" nach der kulturwissenschaftlichen Seite hin, so rechtfertigt es sich, vom "*Europa der Grenzregionen*" als Ausdruck des Europa der Regionen zu sprechen[261]. Gemeint sind die Relativierungen der Grenze innerhalb Europas, aber auch die "Außengrenzen" dieses Europas. So vieles die "europäische Wirklichkeit" hier noch zu leisten hat: das konstitutionelle Euro-Regio-Recht ist ein Pfeiler der "Verfassungsgemeinschaft Europas".[262] Es macht dieses Europa vor allem im Kleinen, "bürgernah", erfahrbar und verständlich. Es ist ein Weg, um die viel zitierte Subsidiarität realiter zu machen, und es belegt erneut, dass mit der klassischen Dreielementenlehre im EU-Europa, aber auch darüberhinaus nicht mehr gearbeitet werden kann. Europa wächst via gemeinschaftsüberschreitende Grenzregionen buchstäblich "von unten" her, so problematisch dieses hierarchische Bild bleibt. Das Europa der Bürger wird auch als Europa der "Grenzbürger" und Grenzgänger fassbar. Die sich hier oft multikulturell verwirklichenden Grundrechte (man denke an Begegnungen zwischen Polen und Deutschen, Deutschen und Franzosen im grenzüberschreitenden Verkehr, Tschechien und Deutschen in der Euregio Egrensis). Einmal mehr rechtfertigt sich die Kultur als "viertes" bzw. erstes Element in der Verfassungsgemeinschaft Europa. Dass sie hier "*multikulturell*" ins Bild rückt, sei eigens erwähnt. Grenzregionen werden zu "*europabildenden Faktoren*" par excellence – auf eine Weise den kulturellen Minderheiten ähnlich, das gilt vor allem

---

259 Dazu auch *M. Gräfin Dönhoff*, Die neue Hanse – Europas Zukunft wird auch an der Ostsee gestaltet, Die Zeit vom 8. Februar 2001, S. 8; H. Heiss (Hrsg.), Brückenschlag zwischen den Rechtskulturen des Ostseeraums, 2001.

260 Ansätze zu einer europäischen (Kultur-)Philosophie des Raumes bei *J.M. Broekman*, A Philosophy of European Union Law, 1999, S. 35 ff.

261 Eine "Partnerschaft an europäischen Grenzen" fordert schon früh *V. v. Malchus* in seiner gleichnamigen Schrift aus dem Jahre 1975. Darüber hinaus etwa U. Bullmann (Hrsg.), Die Politik der dritten Ebene. Regionen im Europa der Union, 1994; *F. Esterbauer/P. Pernthaler*, Europäischer Regionalismus am Wendepunkt. 1991; G. Bossong (Hrsg.), Westeuropäische Regionen und ihre Identität: Beiträge aus interdisziplinärer Sicht, 1994; *M. Schulz*, Regionalismus und die Gestaltung Europas: Die konstitutionelle Bedeutung der Region im europäischen Drama zwischen Integration und Desintegration, 1993. Bsp. aus der neuesten Lit.: *M. Lezzi*, Porträts von Schweizer Euro-Regionen, 2000; *B. Seelbinder*, Probleme und Perspektiven der grenzüberschreitenden Zusammenarbeit am Beispiel der Euregio Egrensis, in: R. Streinz (Hrsg.), 50 Jahre Europarat ..., 2000, S. 39 ff. – Krit. zu Schengen *S. Leutheusser-Schnarrenberger*, ZRP 2004, S. 97 ff.

262 Dazu gehören auch partnerschaftliche Kooperationsräume wie z.B. die Ostseekooperation oder auch die immer wieder geforderte Verstärkung der Mittelmeerpartnerschaft der EU.

z.B. dort, wo, wie in Slowenien die italienische Minderheit sich an Italien anlehnt und Brücken schlägt.

Inkurs II: Unionsbürgerschaft – die "verbleibende" Staatsbürgerschaft: zwei europäische Konnexinstitute

1. Einleitende Aspekte

Die Aufbereitung des gemeineuropäischen Grundrechte-Rechts hat die Frage der Unionsbürgerschaft für das Europa im engeren Sinne der EU und der für das ganze Europa relevanten nationalen "Staatsangehörigkeit" noch beiseite gelassen; dies obwohl eine klassische "Einteilung" der Grundrechte zwischen den "Menschen-" und "Bürgerrechten" unterscheidet und obgleich es auch hier Relativierungen gibt (vgl. Art. 11 Abs. 3 Verf. Spanien)[263]. Im Folgenden sei in aller gebotenen Kürze in einem ersten Schritt die EU-rechtliche, neue "Unionsbürgerschaft" in die Verfassungsgemeinschaft der EU eingeordnet, ehe ein Blick auf die (verbleibende und) die "nationale Identität" mitbegründende sog. Staatsangehörigkeit geworfen sei. Sie wird freilich dem Verfassungsstaat bzw. seiner Bürgergesellschaft schon prima facie nicht mehr gerecht, da der Bürger nicht einem Staat "gehört", wie es einem postabsolutistischen Staatsverständnis entsprochen hat[264]. Dass dank der EMRK die Staatsangehörigkeit in all ihren Mitgliedstaaten ebenfalls tiefgreifend modifiziert bzw. relativiert ist, wird oft übersehen. Gleichwohl gelte das Folgende dem Europa im engeren Sinne der EU.

2. "Unionsbürgerschaft" – eine werdende EU-Teilverfassung

Die Unionsbürgerschaft (Art. 17 bis 22 EGV) kann in ihrer europa- bzw. verfassungstheoretischen Bedeutung kaum überschätzt werden.[265] Denn sie ist der positiv-

---

263 Auch einige Verfassungen in Osteuropa dehnen die Bürgerrechte schon textlich im Grundsatz auf Ausländer aus, z.B. Art. 22 Abs. 2 Verf. Bulgarien; Art. 19 Abs. 1 Verf. Republik Moldau; Art. 13 Verf. Slowenien; Art. 26 Abs. 2 Verf. Ukraine.

264 Dazu *P. Häberle*, Verfassungslehre als Kulturwissenschaft, 2. Aufl. 1998, S. 624 ff. und passim; zum Staatsangehörigkeitsbegriff aus völkerrechtlicher Sicht siehe *A. Verdross/B. Simma*, Universelles Völkerrecht, 3. Aufl., 1984, S. 787. Dass auf Gemeinschaftsebene von Unionsbürgerschaft, nicht von EU- oder EG-Angehörigkeit gesprochen wird (vgl. *Th. Oppermann*, Sinn und Grenzen einer EG-Angehörigkeit, FS K. Doehring, 1989, S. 713 ff.), gehört zu den grundlegend-gemeineuropäischen Akzentverschiebungen vom passiv-erleidenden "Angehörigen" zum aktiv-gestaltenden "Bürger". Weiterführend: *H. Bauer*, Zur Aufnahme einer Unionsbürgerklausel in das Grundgesetz, FS Maurer, 2001, S. 13 ff. S. noch Anhang.

265 Aus der Lit.: *E. Grabitz*, Europäisches Bürgerrecht zwischen Marktbürgerschaft und Staatsbürgerschaft, 1970; *N. Kotalakidis*, Von der nationalen Staatsangehörigkeit zur Unionsbürgerschaft, 2000; *R. Bieber*, Der Verfassungsstaat im Gefüge europäischer und insbesondere supranationaler Ordnungsstrukturen, in: D. Thürer/ J.-F. Aubert/J.P. Müller (Hrsg.), VerfR Schweiz, 2001, § 6; *A. Augustin*, Das Volk der europäischen Union, 2000, S. 38 ff.; *M. Degen*, Die Unionsbürgerschaft nach dem Vertrag über die europäische Union, DÖV 1993, S. 749 ff.; *A. Randelzhofer*, Maktbürgerschaft – Unionsbürgerschaft – Staatsbürgerschaft, GS Grabitz, 1995, S. 581 ff.; *R. Hrbek* (Hrsg.), Bürger und Europa, 1994; *Th. Oppermann*, Vom Marktbürger zum EG-Bürger?, in: Lüneburger Symposion für H.P. Ipsen, 1988; *S. Magiera*, Die Europäische Gemeinschaft auf dem Weg zu einem Europa der Bürger, DÖV 1987, S. 221 ff. Eine spezifisch sozialrechtliche Sichtweise

rechtliche Ansatzpunkt für eine europaverfassungsrechtliche Statuslehre, die allerdings erst noch entwickelt werden muss, welche Aufgabe in der Berichtspflicht gemäß Art. 22 EGV sogar schon positiviert ist, aber auch von der Wissenschaft vorbereitet werden sollte. Während der Grundrechtsstatus der EU-Bürger, wie der obige Abschnitt über das Gemeineuropäische Grundrechte-Recht gezeigt hat, von großer Dichte und Differenziertheit ist bzw. auch in der Praxis durchgehalten wird, muss das konstitutionelle Unionsbürgerschaftsrecht (zumal theoretisch) erst noch "wachsen", was mit einer Relativierung des klassischen Staatselements "Staatsvolk" Hand in Hand geht[266]. Einige Stichworte sollen genügen, doch sei zum Ausdruck gebracht, dass gerade die Unionsbürgerschaft ein zentraler Baustein jeder "europäischen Verfassungslehre" zu sein hat bzw. hoffentlich dazu wird.

Folgende Thesen wollen den hohen theoretischen Stellenwert der Unionsbürgerschaft andeuten:

- Die Unionsbürgerschaft kreiert einen spezifisch EU-rechtlichen Grundstatus des EU-Bürgers, der zum "Nucleus" vieler Teilrechte dieses Bürgers wird.

- Dank der Unionsbürgerschaft ist der EU-Bürger vom "Marktbürger" (*H.P. Ipsen*) endlich zum Europa-Bürger geworden[267]; die Fixierung auf Markt und Ökonomie ist korrigiert; die EU sieht den einzelnen in seinem kulturanthropologischen Reichtum, nicht mehr in der Eindimensionalität des "homo oeconomicus".

- Der Begriff "Unionsbürger" macht die EU als Verfassungsgemeinschaft greifbar und erlebbar und er lässt potentiell die Bürger als Beteiligte am europäischen Konstitutionalisierungsprozess erscheinen.

- Der Begriff Unionsbürgerschaft schiebt den Staatsbegriff beiseite, indem er ihn nicht verwendet.

- Unionsbürgerschaft ist ein Verweis auf die Identität[268] der europäischen Gemeinschaft (vgl. Präambel EUV: "Identität Europas"), die sich als Grundrechte-, Grundwerte-, ja Solidargemeinschaft mit einem bestimmten (vielfältigen) kulturellen Erbe (vgl. Art. 151 EGV) versteht.

---

findet sich bei *K.D. Borchardt*, Der sozialrechtliche Gehalt der Unionsbürgerschaft, NJW 2000, S. 2057 ff.; die rechtsphilosophischen Implikationen der Unionsbürgerschaft zu ergründen sucht *J.M. Broekman*, A Philosophy of European Union Law, 1999, S. 294 ff.; *S. Magiera*, Der Rechtsstatus der Unionsbürger, FS Delbrück, 2005, S. 429 ff. Aus der Kommentarlit.: *H.-J. Blanke*, in: Ch. Calliess/M. Ruffert (Hrsg.), Kommentar zu EU-Vertrag und EG-Vertrag, 1999, Art. 2 EUV, Rn. 9 f., und *W. Kluth*, in: ebd., Art. 17 EGV, Rn. 1 ff. (Rn. 3 zum Bürgerstatus, Rn. 9 zu den Wechselwirkungen mit dem nationalen Staatsangehörigkeitsrecht, Rn. 11 ff. zu den Rechten und Pflichten der Unionsbürger, jetzt 2. Aufl. 2002).

266 In diesem Sinne auch *D. Thürer*, Der Verfassungsstaat als Glied einer europäischen Gemeinschaft, VVDStRL 50 (1991), S. 97 ff., 124. Allg. krit. *K. Hailbronner*, Die Unionsbürgerschaft und das Ende rationaler Jurisprudenz durch den EuGH?, NJW 2004, S. 2185.

267 Tendenziell ähnlich *T. Oppermann*, Europarecht, 2. Aufl. 1999, S. 93.

268 Vgl. *P. Häberle*, Verfassungslehre als Kulturwissenschaft, 2. Aufl. 1998, S. 624 ff.; *J. M. Broekman*, A Philosophie of European Union Law, 1999, S. 295 (zu strukturellen Identitätsdefiziten der Union).

- Unionsbürgerschaft ist vor allem ein Verweis auf die europäische "*Bürger*gesellschaft"[269] und ihren "Contrat social" in der Gegenwart und Zukunft (kultureller Generationenvertrag).
- Sie macht den Menschen als "Bürger" (nicht "Bourgeois") zum Ausgangspunkt aller gemeinschaftsrechtlichen Regelungen und erleichtert es, die "europäischen Völker" (vgl. Präambel EGV) als Summe ihrer Bürger zum Subjekt der Verfassungsgemeinschaft zu sehen.
- Schließlich kann die klassische Statuslehre von *G. Jellinek* – heute verfassungstheoretisch revidiert – viele Folgerechte seit Maastricht/Amsterdam so klassifizieren, dass eine europäische Verfassungslehre damit zu arbeiten vermag.

Hierzu im Einzelnen: Die Unionsbürgerschaft ist das grundlegende *Rechtsverhältnis* zwischen den Europabürgern und der Union bzw. EG mit wechselseitigen Rechten und Pflichten. Es hat generalklauselartige Auffangfunktion für schon geltende Teilrechte und Reservefunktion bzw. Katalysatorfunktion für künftig zu schaffende neue (Grund-)Rechte. Zu Recht wird vom "europäischen Status" (*T. Oppermann*) gesprochen: *Status ohne Staat*! – das ist m.E. eine treffende Formel für die EU als Verfassungsgemeinschaft! Dank der ordnenden Kraft der grundrechtlichen Statuslehre dürfen folgende Kategorien unterschieden werden:

An erster Stelle fungiert der sich aus der Menschenwürde ergebende europäische *status activus politicus:* Wahlrecht zum Europäischen Parlament nach Art. 19 Abs. 2 EGV, Kommunalwahlrecht gemäß Art. 19 Abs. 1 EGV[270] sowie Petitionsrecht und das Zugangsrecht zum EU-Bürgerbeauftragten (Art. 21, 194, 195 EGV); anschaulich und konsequent stärkt die EU-Grundrechte-Charta diesen ersten Status im Kap. "Bürgerrechte" und sie ergänzt ihn in Art. 41 um aktivbürgerliche Elemente wie das "Recht auf eine gute Verwaltung" sowie das "Recht auf Zugang zu Dokumenten" (Art. 42), womit leistungsrechtliche Aspekte des "status" activus processualis"[271] ins Spiel kommen; im Parteienartikel 191 EGV stecken ebenfalls Elemente des status activus politicus ("politischer Willen der Bürger"), so wie auch auf der nationalen Ebene die Freiheit der politischen Parteien, z.B. nach Art. 21 GG; weitere Beispiele aus nationalen Verfassungstexten sind: Art. 11 Abs. 3 Verf. Bulgarien: "politischer Wille des Bürgers", ebenso Art. 8 Abs. 2 Verf. Rumänien; ein aktivbürgerliches Element in sich trägt besonders klar: Art. 26 Abs. 2 Verf. Georgien; Art. 43 Abs. 1 Verf. Kroatien; Art. 36 Verf. Ukraine.

Der *status negativus europaeus* ist im europäischen Verfassungsrecht besonders reich ausgestaltet: die sog. "wirtschaftlichen Freiheiten" (z.B. Art. 23 ff., 43 ff. EGV), aber auch die allgemeine Freizügigkeit (Art. 18 EGV) gehören ebenso hierher wie die vom EuGH prätorisch entwickelten Garantien der Religions- und Meinungsfreiheit,

---

269 Der Terminus findet sich auch bei *E. Denninger*, Menschenrechte und Staatsaufgaben – ein "europäisches" Thema, JZ 1996, S. 585 ff., 586.
270 Zum Kommunalwahlrecht für Unionsbürger gleichnamig *M. Zuleeg*, FS Schefold, 2001, S. 117 ff.
271 Im Sinne meiner Theorie über die "Grundrechte im Leistungsstaat" von 1971: VVDStRL 30 (1972), S. 43 (86 ff.); zu den Unionsbürgerrechten in der EU-Grundrechte-Charta von Nizza siehe jetzt *Ch. Grabenwarter*, Die Charta der Grundrechte für die Europäische Union, DVBl. 2001, S. 1 ff., 6 ff.; *H.-W. Rengeling/ P. Szczekalla*, Grundrechte, aaO., 2004.

Wohnungsfreiheit und Privatsphäre [272]; vgl. im übrigen Kap. II der Grundrechte-Charta, etwa Versammlungs-, Kunst- und Wissenschaftsfreiheit, auch die Berufsfreiheit, die unternehmerische Freiheit und das Eigentumsrecht; in den "Justiziellen Rechten" des Kap. VI der Grundrechte-Charta sind mehrere Statusebenen miteinander verknüpft: der status negativus z.B. in Art. 49 (Gesetzmäßigkeit, Verhältnismäßigkeit), auch in Art. 50 (ne bis in idem), sodann der status positivus (Art. 47: Recht auf einen wirksamen Rechtsbehelf).

Der aus dem "Doppelcharakter" der Grundrechte bzw. ihrer objektiven Seite fließende *schutzrechtliche Status* bildet eine weitere Kategorie, greifbar in Art. 20 EGV (diplomatischer und konsularischer Schutz) sowie im Kontext der Grundrechte-Charta die Schutzrechte zugunsten des Kindes, älterer Menschen und von Menschen mit Behinderungen (Art. 24 bis 26). Auch die Schutzklauseln zugunsten von Familien und Berufsleben sowie der Gesundheit (Art. 33 bzw. 34) gehören hierher, wie überhaupt das mit "Solidarität"[273] überschriebene Kap. IV soziale bzw. leistungsrechtliche Dimensionen der Grundrechte garantiert. In ihnen steckt der Impetus "sozialer Gerechtigkeit" (vom Staat her gedacht: des "sozialen Rechtsstaates").

Der *status positivus* (Ansprüche auf Leistungen) ist mit dem erwähnten schutzrechtlichen Status vielfach verschränkt. "Rein", d.h. als soziales Teilhaberecht, klingt er in Art. 34 (Soziale Sicherheit und soziale Unterstützung) an. Hier zeigt sich auch, wie intensiv viele europäische Gemeinwohlziele bzw. Verfassungsaufgaben aus den Grundrechten "erwachsen". Nur eine offene flexible Grundrechtstheorie kann dem gerecht werden. Ein Stück *status corporativus*[274] in der Gestalt von Schutzklauseln steckt in Art. 28 Grundrechte-Charta (Recht auf Kollektivverhandlungen im Arbeitsrecht) sowie in Art. 22 (Vielfalt der Kulturen, Religionen und Sprachen).

Im Ganzen: Das EU-rechtliche Grundrechtsmaterial kann mit Hilfe der revidierten Statuslehre aufgeschlüsselt werden, ohne dass die Zusammenhänge der Mehrdimensionalität der Grundrechte zerrissen werden dürften. All diese Dimensionen haben in der "Unionsbürgerschaft" jetzt ihren archimedischen Punkt. Der europäische bürgerschaftliche Status – Ausdruck des europäischen Menschenbildes[275] – ist ein ganzheitlich zu erschließender, die Verfassungsgemeinschaft der EU unterfangender Status. Dass er dank der Verknüpfungen mit der und der Analogien zur EMRK über die EU implizite hinausweist und vom Europa im weiteren Sinne auch Ausstrahlungen auf die Unionsbürgerschaft zurückkommen, zeigt einmal mehr: Die seit Maastricht neue "Unionsbürgerschaft" bildet ein Glanzstück einer europäischen Verfassungslehre und sie wirkt zugleich als Korrektur an der alten "Staatsangehörigkeit" klassischer "Allgemeiner Staatslehren", ohne dass das Problem – neu verstanden – aufzugeben wäre. Damit wird

---

272 Dazu aus der Lit.: *T. Oppermann*, Europarecht, 2. Aufl. 1999, S. 190; *R. Streinz*, Europarecht, 6. Aufl., 2003, S. 147 ff.
273 Auf die Studie von *U. Volkmann*, Solidarität – Programm und Prinzip der Verfassung, 1998, sei in diesem Kontext verwiesen.
274 Dazu meine Verfassungslehre als Kulturwissenschaft, 2. Aufl. 1998, S. 669 ff. und passim.
275 S. auch *P. Häberle*, Das Menschenbild im Verfassungsstaat, 3. Aufl. 2004, m.w.N.

der Blick frei für die Frage der sog. nationalen "Staatsangehörigkeit (besser: Staatsbürgerschaft) in Europa.

3. Die verbleibende Staatsbürgerschaft als Thema einer europäischen Verfassungslehre

a) Einleitung: Problem

Schon der deutsche Begriff "Staatsangehörigkeit" ist eine Provokation: Suggeriert er doch die Meinung, der Bürger "gehöre" dem Staat an oder er gehöre gar dem Staat. Das Umgekehrte ist richtig: Wenn nach der berühmten Formel des Verfassungsentwurfs von Herrenchiemsee (1948) der Staat um des Menschen willen da ist, "nicht umgekehrt", dann wirkt der deutsche Begriff "Staatsangehörigkeit" schief, wenn nicht falsch. Sodann: Im politischen Gemeinwesen gibt es nur so viel Staat, wie die *Verfassung* konstituiert (die Lehre von *R. Smend* und *A. Arndt*); darum darf bei der Grundlagenfrage nach der *Verbindung* konkreter Bürger mit ihrer "Res publica" nicht primär vom "Staat" die Rede sein. Gewiss ist das Staatsverständnis in den europäischen Nationen verschieden: in Frankreich steht die "Bürgernation", aber auch die "grande nation" mit ihrem Pariser Zentralismus im Vordergrund, nationale Einheit und demokratische Staatlichkeit sind eins; wo Auflockerungen "drohen", wie in Gestalt der etablierten europäischen Zentralbank bzw. des "Euro" ("System Tietmeyer"), fühlte sich Paris im Kern getroffen. Wir bewundern aber auch die Kunst der Franzosen, ihren Nationalfeiertag, den 14. Juli, so zu feiern, dass er als "plébiscite de jour" für "tous les jours" wirkt. Großbritannien ist durch die parlamentarische Demokratie und (noch) durch das Symbol der Einheit, die Monarchie, geprägt, im Übrigen insuläre "Handelsnation" mit in die Welt ausgreifenden Common-Wealth-Bürgern. Italien tut sich auf eine Weise wegen oder mit seinem "römischen Zentralismus" schwer und sucht die innere (vertikale) Gewaltenteilung durch Fortentwicklung seines Regionalismus, der in Spanien so fruchtbar weiter entfaltet wurde. Das heutige Russland ist wie nie zuvor auf der Suche nach einer neuen Staatsidee, die Präsident *B. Jelzin* nach seiner Wiederwahl 1996 anordnen zu können glaubte[276]. Deutschland schließlich lebt von und aus seiner föderalen Vielfalt; dem geglückten "Kulturföderalismus" steht freilich das schmerzende Wort vom "DM-Nationalismus" (*J. Habermas*) gegenüber, der zum Teil (hoffentlich) durch den "Verfassungspatriotismus" (*D. Sternberger*), den Glauben an das bis heute mehr als 50 mal geänderte Grundgesetz balanciert wird. Das Selbst- und Staatsverständnis Deutschlands ist durch die Debatte um die Themen "Einwanderungsland?"[277], "doppelte Staatsangehörigkeit?", "Erleichterung der Einbürgerung der Kinder von Gastarbeitern der 2. bzw. 3. Generation?"

---

276 Dazu *K. Holm*, Die Fünf-Millionen-Idee, Ach, Russland: Der Staat soll seinen Bürgern alles sein, FAZ vom 4. Febr. 1997, S. 35. Zur neuen Staatsidee mag auch die Verfassungsgerichtsbarkeit nach dem klassischen Muster europäischer Verfassungsstaatlichkeit gehören, dazu: *T. Schweisfurth*, Der Start der Verfassungsgerichtsbarkeit in Russland, EuGRZ 1992, S. 281 ff. Für seine staatliche Identität muss das "postkommunistische" Russland auch sein Beziehungen zu seinen Nachbarn und zur europäischen Union immer wieder neu ausloten, dazu *M. Niedobitek*, Die Europäische Union und Russland – zum Stand der Beziehungen, EuR 1997, S. 107 ff.

277 Wird Westeuropa gar ein "Einwanderungskontinent"?

aufs äußerste gefordert[278]. Nachdem es aber schon ein Kommunalwahlrecht für EU-Ausländer gibt (Art. 28 Abs. 1 S. 3 GG) – in Wahrheit sind sich die EU-Länder *einander* nicht mehr "Ausland"! – erhöht sich die Dringlichkeit, das Thema "Staatsangehörigkeit" von den Grundlagen aus zu durchdenken[279]. Gewagt sei dies von einer vergleichend betriebenen Verfassungslehre in bzw. von europaweltbürgerlicher Absicht aus, so skizzenhaft dies in diesem Abschnitt bleiben muss[280].

b) Rechtsvergleichende Aspekte: Modelle, Entwicklungstrends in anderen Verfassungsstaaten Europas (Elemente einer Bestandsaufnahme)

Ein so tiefgreifendes Problem wie die "Sache Staatsangehörigkeit" (besser: "*Staatsbürgerschaft*") kann schon allein wegen Europa nur vergleichend behandelt werden. Der Typus Verfassungsstaat, in Jahrhunderten aus Klassikertexten, positiven Rechtstexten, Wissenschaft und Judikatur zu dem geworden, was er ist, konstituiert sich besonders heute aus einem weltweiten Vergleichsmaterial. Er steht in intensiven Produktions- und Rezeptionsprozessen, und das einzelne Land kann, auch wenn es eigensinnig ist und sein will, gar nicht mehr "an und für sich" gedacht werden. Gerade in Sachen Staatsbürgerschaft bleibt jeder einzelne Verfassungsstaat in einem Problemverbund (auch "Grundrechtsverbund") mit anderen Ländern. Auch ist zu vermuten, dass sich gemeinsame Kulturtraditionen wie die iberoamerikanische Zusammengehörigkeit bzw. Völkerfamilie oder die afrikanische Einheit (beschworen z.B. in Präambel Verf. Mali von 1992 und Präambel Verf. Niger von 1992) sehr praktisch auswirken. I.S. der andernorts befolgten Textstufenanalyse[281], die die Verfassungstexte mindestens so ernst nimmt, wie die zugehörige wissenschaftliche Literatur, seien hier Normensembles *typologisch* untersucht und *problemorientiert* behandelt. Das Beispielsmaterial muss allerdings begrenzt gehalten werden. Folgende Fragen schlüsseln es auf:

aa) An welcher systematischen Stelle der Verfassungen und in welchen Kontexten ist die "Staatsangehörigkeit" geregelt: etwa im Grundrechtsteil, im Grundlagenteil, im Kontext typischer Staatlichkeits-Artikel wie Staatsgebiet, Staatssprache, Flag-

---

278 Aus der Lit.: *D. Kröger*, Einwanderungsland Bundesrepublik in der Europäischen Union (Tagungsbericht), ZRP 1996, S. 489 ff.
279 Dabei mag der Fall *Sean Dundee* ein "Stein des Anstoßes" sein: Die rasche Einbürgerung dieses südafrikanischen Fußballprofis hat der Stuttgarter Innenminister *T. Schäuble* mit einem "herausragenden öffentlichen Interesse" legitimiert, angesichts der "besonderen Funktion", die "Spitzensportlern als Vertretern der Bundesrepublik Deutschland bei internationalen Wettkämpfen im In- und Ausland zukommen kann" (zit. nach FAZ vom 14. Jan. 1997, S. 30). Empirisch aufschlussreich ist die Dokumentation über die "Einwanderungspolitik großer Staaten in Übersee", FAZ vom 17. April 1993, S. 6 f., mit Stichworten wie: "Quotenregelungen setzen dem Glück in der Ferne Grenzen; Willkommen ist, wer gebraucht wird, Investoren und hochqualifizierte Fachleute erhalten den Vorzug."
280 Vgl. die Vorarbeiten des Verf.: *P. Häberle*, Rechtsvergleichung im Kraftfeld des Verfassungsstaates, 1992; *ders.*, Europäische Rechtskultur, 1994; *ders.*, Verfassung als öffentlicher Prozess, 3. Aufl. 1998.
281 Dazu die oben zitierten Arbeiten des Verf., insbesondere in: Rechtsvergleichung, S. 3 ff., 361 ff. u.ö.

gen, Hymnen, Wappen (ist doch die Staatsangehörigkeit das personale Element in der *G. Jellinek'schen* "Trias" Staatsgewalt, Staatsgebiet, Staatsvolk)?

bb) Welches sind die *inhaltlichen* Direktiven etwa in Sachen ius soli oder ius sanguinis, doppelte Staatsangehörigkeit, Einbürgerung, Annäherung oder gar Gleichstellung von Inländern und Ausländern[282], (absolutes oder relatives) Entziehungsverbot oder Staatsangehörigkeit? Wie ist der klassische Dualismus zwischen Menschenrechten und "staatsbürgerlichen Rechten" aufgelockert? Finden sich Differenzierungen nach "Staatsangehörigkeit" und "Volkszugehörigkeit" wie im GG? Gehen etwa Entwicklungsländer und Kleinstaaten als eigenständige Varianten des Verfassungsstaates, auch ehemalige Kolonien als typische Einwanderungsländer anders vor als die "alten" Verfassungsstaaten?

cc) Zeichnen sich *Entwicklungstrends* ab, etwa zugunsten der doppelten Staatsangehörigkeit oder der Zuschreibung der (Möglichkeit der) Staatsbürgerschaft zu den Menschenrechten?

Im Einzelnen:

zu aa) Manche Verfassungen behandeln die Staatsangehörigkeit *systematisch* schon im Grundrechtsteil (so Art. 9 und 10 Verf. Luxemburg von 1868/1996, Art. 8 und 9 Verf. Belgien von 1994, Art. 4 Abs. 3 Verf. Griechenland von 1975/86, Art. 22 Verf. Italien von 1947/92, Art. 15 Verf. Mongolei von 1992); andere befassen sich mit der Staatsangehörigkeit im Rahmen der "Allgemeinen Bestimmungen" (so § 4 Verf. Finnland von 1919/1995, mit Festlegung auf das ius sanguinis[283], Kap. 2 § 7 Verf. Schweden von 1975/1980, Art. 11 Verf. Spanien von 1978/92, Art. 12 Verf. Tschechien von 1992, Art. 4 Verf. Ukraine von 1996). Andere rücken die Staatsangehörigkeit in den Kontext der typischen Staatlichkeits-Normen wie Staatsflagge, Nationalsprache etc. (so Art. 9 Verf. Irland von 1937/92, zugleich mit einer Grundpflicht der "Treue gegenüber der Nation und Loyalität gegenüber dem Staat", sowie Art. 6 Verf. Österreich von 1920/1994, s. auch Art. 12 Verf. Tschechien, Art. 2 Verf. Korea von 1987[284]). Vereinzelt finden sich *Mischsysteme* (so Art. 4 Verf. Portugal von 1976/1992 – Grundlagenteil, bzw. Art. 14, 15, 26 – Grundrechtsteil). Die Verf. Südafrika (1996/97) behandelt in ihrem Grundlagen-Teil nacheinander "Supremacy of Constitution", "Citizenship" und "National anthem" (Kap. 1 Ziff. 2 bis 4) – ein offenkundiges Vorrücken des Verfassungsgedankens.

zu bb) *Inhaltliche* Aussagen finden sich z.B. dadurch, dass sich eine Verfassung auf das ius sanguinis festlegt (so Finnland) oder das Territorialitätsprinzip mit dem Personalitätsprinzip verbindet (so Art. 144 Verf. Guatemala von 1985, um die außereuropäische Welt im Blickfeld zu behalten); auch werden die für totalitäre

---

282 Zum Thema siehe auch *M. Zuleeg*, Ausländer in Deutschland (BVerfG 83, 37 ff.), KritV 2000, S. 419 ff.

283 "Klassikertext" dürfte hierfür der relativ lange Titel II, Art. 2 Französische Revolutionsverfassung von 1791 sein: "Sont citoyens français: – Ceux qui sont nés en France d'un père français; ..." (zit. nach J. Godechot, éd., Les Constitutions de la France depuis 1789, 1979).

284 Zit. nach JöR 38 (1989), S. 587 ff.

Staaten typischen "Ausbürgerungen" verboten (Art. 22 Verf. Italien, Art. 16 Abs. 1 S. 1 GG). Manche Länder garantieren den eigenen Staatsangehörigen, die sich im Ausland aufhalten, *Schutzansprüche* gegenüber dem eigenen Staat (z.B. Art. 14 Verf. Portugal, Art. 7 Verf. Lettland von 1991, Art. 25 Abs. 5 Verf. Bulgarien von 1991[285]). Mitunter wird – vor allem in neueren Verfassungen – der klassische *Dualismus* zwischen "nationalen" Grundrechten und universalen, *jedem* zustehenden Menschenrechten aufgelockert (so in Art. 15 Verf. Portugal; s. auch Art. 26 Abs. 2 Verf. Bulgarien, Gesetzesvorbehalt).

Bemerkenswert sind die Verfassungen, die Staatsbürgern sprachgleicher bzw. -verwandter Länder gegenüber *Sonderrechte* zugestehen (so Art. 15 Abs. 3 Verf. Portugal für "portugiesischsprachige Länder", so Art. 11 Abs. 3 Verf. Spanien in Sachen doppelte Staatsangehörigkeit in Bezug auf "iberoamerikanische Länder" oder durch besondere Beziehungen mit Spanien geprägte). Hier wirkt sich die Sprache als einigendes *Kultur*-Band aus: ein Gedanke, der sich in ganz anderem Kontext in Deutschland wiederfindet, nämlich bei der "kulturellen Einbürgerungsvoraussetzung": Beherrschung der deutschen Sprache in Wort und Schrift[286]. Gleiches gilt für die Erleichterung, die *doppelte Staatsangehörigkeit* zu erwerben. So sagt Art. 17 Verf. Nicaragua (1986)[287] in Art. 17:

> "Gebürtige Mittelamerikaner haben das Recht, sich für die nicaraguanische Staatsbürgerschaft zu entscheiden, ohne die ursprüngliche Staatsbürgerschaft aufzugeben..."[288].

Auffallend ist das Postulat in Art. IV Sec. 5 Verf. Philippinen (1986):

> "Dual allegiance of citizens is inimical to the national interest and shall be dealt with by law."[289]

Manche Länder zeichnen sich durch besonders detaillierte Kapitel zur Staatsangehörigkeit aus (so Kap. 3 Ziff. 9 bis 19 Verf. Uganda von 1995 mit der Einrichtung einer "Immigration board", Ziff. 16 ebd.; Art. 144 bis 148 Verf. Guatemala von 1985; Kap. 2 Art. 4 Verf. Namibia von 1990[290]; Art. 120 bis 141 Verf. Singapur von 1963/1992[291]).

---

285 Zit. nach JöR 44 (1996), S. 497 ff. Besonders geglückt ist Art. 7 Abs. 3 Verf. Turkmenistan (1992), zit. nach JöR 42 (1994), S. 674 ff.: "Auch im Ausland garantiert der Staat dem Bürger Turkmenistans Schutz wie im Inland."

286 Dazu *K. Hailbronner/G. Renner*, Staatsangehörigkeitsrecht, Kommentar, 1991, RuStAG § 8 Rn. 38.

287 Zit. nach JöR 37 (1988), S. 720 ff.

288 Ähnlich schon Art. 92 alte Verf. Peru (1979) für "gebürtige Lateinamerikaner und Spanier" (zit. nach JöR 36 (1987), S. 641 ff.) sowie Art. 145 Verf. Guatemala (1985) unter dem Stichwort "Zentralamerikanische Nationalität" (zit. nach JöR 36 (1987), S. 555 ff.).

289 Vor allem *Kleinstaaten* sind der doppelten Staatsangehörigkeit gegenüber ablehnend eingestellt, was sich aus ihrer personalen "Ressourcenknappheit" erklären mag; Nachweise in *P. Häberle*, Der Kleinstaat als Variante des Verfassungsstaates (1993), auch in *ders.*, Rechtsvergleichung, aaO., 1992, S. 739 (763 ff.).

290 Zit. nach JöR 40 (1991/92), S. 691 ff.

291 Zit nach JöR 45 (1997), S. 600 ff.

zu cc) Zu den *Entwicklungstendenzen* dürfte es gehören, dass manche neueren Verfassungen dem Text nach Ausländer und Staatenlose auf ihrem Boden in Sachen "Rechte, Freiheiten und Pflichten" gleichstellen (so Art. 9 Abs. 1 Verf. Estland[292]) bzw. eine Differenzierung aus Gründen der Staatsangehörigkeit untersagen (so Art. 12 Abs. 2 Verf. Slowakei von 1992[293], Art. 6 Abs. 2 Verf. Bulgarien von 1991[294]). Art. 16 Verf. Türkei (1982) stärkt die grundrechtliche Stellung der Ausländer, insofern gesagt ist, die Grundrechte und Freiheitsrechte könnten für Ausländer "nach Maßgabe des Völkerrechts durch Gesetze eingeschränkt werden".

Bemerkenswert ist der Versuch, den Staatsbürgerstatus schon auf *Verfassungs*stufe zu umschreiben. So sagt Art. 4 Verf. Lettland von 1991[295]:

> "Republic of Latvia citizenship is a person's stable political and legal link with the Republic of Latvia.
> The content of citizenship is shaped by the totality of the mutual binding rights and responsibilities of the citizen and the State."

Darum ringt auch Art. 66 Abs. 4 Verf. Türkei (1982)[296], insofern er bestimmt:

> "Keinem Türken kann, solange er nicht eine mit der Bindung an das Vaterland unvereinbare Handlung begangen hat, die Staatsbürgerschaft aberkannt werden."

Der oft formelhaft garantierte *Schutzanspruch* für die eigenen Staatsbürger im Ausland wird mitunter eindrucksvoll verfeinert und zwar im Sinne einer Verstärkung der *kulturellen* Bindungen. Modellcharakter besitzt hier Art. 7 Verf. Rumänien (1991)[297]:

> "L'État soutient les reserrement des liaisons avec les romains vivant audelà des frontières du pays et agit dans le but de préserver, de développer et d'exprimer leur identité éthnique, culturelle, linguistique et religieuse, avec le respect de la législation de l'État dont ils sont les citoyens."

Diese reife Textstufe zeigt, wie ergiebig es ist, Verfassungstexte "*als Literatur*" zu behandeln, zunächst unabhängig von der ihr zugehörigen – vielleicht oft noch defizienten – Verfassungswirklichkeit.

Nicht ohne einen Hauch von Diskriminierung liest sich ein Parallel-Artikel in der Verfassung Liberia (1983)[298]. Art. 27 lit. b lautet:

> "In order to preserve, foster and maintain the positive Liberian culture, values and character, only persons who are Negroes or of Negro descent shall qualify by birth or by naturalization to be citizens of Liberia."

---

292 Zit. nach JöR 43 (1995), S. 306 ff. S. auch Art. 9 Abs. 5 Verf. Niger (1992): "Les étrangers beneficient sur le territoire de la Republique des mêmes droits et libertés que les citoyens dans les conditions determinées par la loi".
293 Zit. nach JöR 44 (1996), S. 478 ff.
294 Zit. nach JöR 44 (1996), S. 497 ff.
295 Zit. nach JöR 44 (1996), S. 395 ff.
296 Zit. nach JöR 32 (1983), S. 552 ff.
297 Zit. nach JöR 44 (1996), S. 514 ff.
298 Zit. nach JöR 35 (1986) S. 663 ff.

Art. 6 Abs. 3 Verf. Russland (1993)[299] sagt:

> "Dem Bürger der russischen Föderation darf weder seine Staatsbürgerschaft noch sein Recht auf den Wechsel der Staatsbürgerschaft genommen werden" (ein absolutes Entziehungsverbot, Konsequenz der alten totalitären Ausbürgerungspraxis der Sowjetunion[300]).

Nur als Merkposten sei schließlich – neben dem als "Kündigung" des Gesellschaftsvertrags zu verstehenden Auswanderungsrechts – das *Asylrecht* erwähnt, denn es ist ein Stück offene Republik im Namen der Menschenrechte. Am schönsten bringt dies Art. 28 Abs. 1 Verfassungsentwurf der polnischen "Solidarität" von 1994 zum Ausdruck:

> "A foreigner persecuted for defence of human rights and freedoms or drastically deprived of them, shall have the right so seek asylum in the Republic of Poland."

Eine "Vorstufe" findet sich in Art. 105 Verf. Bayern und Art. 7 Verf. Hessen von 1946. Einen besonderen *Einbürgerungstatbestand* schafft Art. 4 Abs. 6 Verf. Namibia (1990)[301]:

> "Nothing contained herein shall preclude Parliament from authorizing by law the conferment of Namibian citizenship upon any fit and proper person by virtue of any special skill or experience or commitment or services rendered to the Namibian nation either before or at any time after the date of Independence."

Auch hier ist die *kulturelle* Grundierung unverkennbar. Die Verf. Singapur (1963/1992) verlangt vom Einbürgerungskandidaten u.a., "that he is of good character, and that he has an adequate knowledge of the national language". Beide Anforderungen verweisen auf "Kultur".

c) Die positive Rechtslage und herrschende Meinung in Deutschland

aa) Sedes materiae ist der im Grundrechtsteil plazierte Art. 16 Abs. 1 GG ("Die deutsche Staatsangehörigkeit darf nicht entzogen werden. Der Verlust der Staatsangehörigkeit darf nur auf Grund eines Gesetzes und gegen den Willen des Betroffenen nur dann eintreten, wenn der Betroffene dadurch nicht staatenlos wird.") sowie die in den Übergangs- und Schlussbestimmungen verortete Legaldefinition des Begriffs "Deutscher" mit der zusätzlichen Schaffung des Begriffs "Flüchtling oder Vertriebener deutscher Volkszugehörigkeit" (Art. 116) sowie der Garantie des Anspruchs auf Wiedereinbürgerung für die, denen zwischen 1933 und 1945 die Staatsangehörigkeit entzogen worden ist. Im Übrigen ist die scharfe Gegenüberstellung von sog. "Deutschenrechten" (z.B. die Versammlungsfreiheit nach Art. 8 GG) und Menschen- bzw. Jedermann-Grundrechten (z.B. die Eigentumsgarantie nach Art. 14 GG) charakteristisch – und fragwürdig.

---

299 Zit. nach J.C. Traut (Hrsg.), Verfassungsentwürfe der Russischen Föderation, 1994, S. 381 ff.
300 S. auch Art. 7 Abs. 2 Verf. Turkmenistan (1992): "Keinem kann die Staatsbürgerschaft oder das Recht, die Staatsbürgerschaft zu wechseln, aberkannt werden."
301 Zit. nach JöR 40 (1991), S. 691 ff.

In diesen Dualismus ist nach der Wiedervereinigung Bewegung gekommen durch die erstaunliche Regelung in Art. 3 Abs. 3 Verf. Brandenburg (1992), in dem es heißt: "Angehörige anderer Staaten und Staatenlose mit Wohnsitz im Land Brandenburg sind den Deutschen im Sinne des Grundgesetzes gleichgestellt, soweit nicht diese Verfassung oder Gesetze etwas anderes bestimmen." Auch Art. 5 Abs. 1 Verf. Sachsen (1992) wagt Neues in den Worten: "Dem Volk des Freistaates Sachsen gehören Bürger deutscher, sorbischer und anderer Volkszugehörigkeit an." Schließlich sei das neue Normbild in Art. 18 Verf. Mecklenburg-Vorpommern (1993) zitiert: "Die kulturelle Eigenständigkeit ethnischer und nationaler Minderheiten und Volksgruppen von Bürgern deutscher Staatsangehörigkeit steht unter dem besonderen Schutz des Landes."[302] Der von der Gemeinsamen Verfassungskommission 1993 vorgeschlagene neue Art. 20 b GG ("Der Staat achtet die Identität der ethnischen, kulturellen und sprachlichen Minderheiten") kam nicht ins GG.

Der Klassikertext von *J.-J. Rousseau*: "Alle Staatsgewalt geht vom Volk aus" (vgl. Art. 20 Abs. 2 S. 1 GG) wird von der herrschenden Meinung gelesen als: Alle Staatsgewalt geht vom *deutschen* Volk aus (vgl. BVerfGE 83, 37 (50 ff.)), wobei wir uns durchaus von *K. Marx*' Diktum irritieren lassen dürfen, die herrschende Meinung sei die Meinung der Herrschenden! Das BVerfG spricht von einem "Status" und erwähnt wenigstens die Möglichkeit, dass durch staatsangehörigkeitsrechtliche Regelungen auf die "erhebliche Zunahme des Anteils der Ausländer an der Gesamtbevölkerung des Bundesgebietes" dadurch reagiert werden könne, dass "denjenigen Ausländern, die sich auf Dauer in der Bundesrepublik Deutschland niedergelassen haben, sich hier rechtens aufhalten und deutscher Staatsgewalt mithin in einer den Deutschen vergleichbaren Weise unterworfen sind, der Erwerb der Staatsangehörigkeit erleichtert wird".

Auf *einfacher Gesetzesebene* war bis vor kurzem das aus der Kaiserzeit stammende Reichs- und Staatsangehörigkeitsgesetz von 1913 einschlägig, das gemäß Art. 123 GG weitergilt. Danach sind regelmäßige Erwerbsgründe Geburt, Legitimation, Annahme als Kind und Einbürgerung. In Deutschland herrschte das "ius sanguinis" vor. Angesichts der Gleichberechtigung von Mann und Frau (vgl. BVerfGE 37, 217 (244)) gilt: Das Kind erwirbt durch die Geburt die deutsche Staatsangehörigkeit, wenn ein Elternteil Deutscher ist; ein nichteheliches Kind einer Deutschen erwirbt deren Staatsangehörigkeit (§ 4 RuStAG). Neben der Legitimation (§ 5 RuStAG) gibt es die Erlangung der Staatsangehörigkeit durch Einbürgerung (§ 8 RuStAG, der eine Kannvorschrift ist)[303]. Dazu wurden

---

302 Allgemein zum Thema: M. Dunne/T. Bonazzi (Hrsg.), Citizenship and Rights in multicultural Societies, 1995, darin der Beitrag von *G. de Vergottini*, Legal Rights, the New Minorities and Multiculturalism in Contemporary Italy, S. 169 ff.; T. Fleiner-Gerster (Hrsg.), Die multikulturelle und multi-ethnische Gesellschaft, 1995; *G. Brunner*, Nationalitätenprobleme und Minderheitenkonflikte in Osteuropa, 1996.

303 Dazu *H. von Mangoldt*, Öffentlichrechtliche und volksrechtliche Probleme mehrfacher Staatsangehörigkeit aus deutscher Sicht, JZ 1993, S. 965 ff.; *H. Quaritsch*, Die Einbürgerung der "Gastarbeiter", FS Doehring, 1989, S. 725 ff.; *H. Weidelehner/F. Hamburger*, Deutsches Staatsange-

Einbürgerungsrichtlinien des Bundesministers des Innern erlassen. Im ganzen sind die Erwerbs- und Verlustgründe der Staatsangehörigkeit durch folgende Grundgedanken geprägt: Vermeidung von Staatenlosigkeit und Doppelstaatigkeit sowie im Blick auf Art. 6 GG (Schutz von Ehe und Familie) die Herstellung staatsbürgerlicher Familienzusammengehörigkeit[304].

Der Begriff *"deutsche Volkszugehörigkeit"* verdient besondere Erwähnung. Denn darin kommen spezifisch *kulturelle Bande* zum Ausdruck, die die Flüchtlinge und Vertriebenen mit Deutschland verknüpfen. Verlangt wird, dass sich der Betreffende in seiner früheren Heimat zum deutschen Volkstum bekannt hat und durch Abstammung, Sprache oder sonstige ethnisch-kulturelle Merkmale auch objektiv diese Volkszugehörigkeit nachweisen kann (vgl. § 6 Bundesvertriebenengesetz). Nach einer Entscheidung des BVerwG[305] geht es um den verbindlich geäußerten Willen, Angehöriger des deutschen Volkes als einer national geprägten Kulturgemeinschaft zu sein und keinem anderen Volkstum anzugehören, sich dieser Gemeinschaft also vor jeder anderen nationalen Kultur verbunden zu fühlen. Damit wird die Fixierung auf das "ius sanguinis" – oft als völkische Blutideologie kritisiert – von der Idee einer Kulturgemeinschaft her *ein Stück weit* korrigiert.

bb) Die zum Teil schon erfolgreiche *Reformdiskussion* im Deutschland von heute konzentriert[306] sich vor allem auf die Erwerbstatbestände der Geburt und der Einbürgerung: die Einbürgerung soll grundsätzlich erleichtert werden; das Hindernis ist der Streit um die Frage, ob Deutschland "Einwanderungsland" ist, insbesondere ob es ein "multikulturelles Einwanderungsland" werden soll[307] – wir

---

hörigkeitsrecht, 4. Aufl. 1993; *B. Ziemske*, Die deutsche Staatsangehörigkeit nach dem Grundgesetz, 1995. Aus der allgemeinen (älteren) Lit.: *R. Grawert*, Staat und Staatsangehörigkeit, 1973; *ders.*, Staatsangehörigkeit und Staatsbürgerschaft, Der Staat 23 (1984), S. 179 ff.; *ders.*, Staatsvolk und Staatsangehörigkeit, HdBStR Bd. I (1987), S. 663 ff. (Band II 3. Aufl. 2004, S. 107 ff.).

304 Aus der Lit.: *P. Badura*, Staatsrecht, 3. Aufl. 2003, S. 97 f. Zum "Familiennachzug": BVerfGE 76, 1. Zu Ehegatten Deutscher: § 9 RuStAG.

305 BVerwG DVBl. 1995, S. 569.

306 Dazu *Ziemske*, aaO., S. 36 ff.; *J. Masing*, Wandel im Staatsangehörigkeitsrecht vor den Herausforderungen moderner Migration, 2001; *B. Ziemske*, Die Institutsgarantie der Staatsangehörigkeit und das "modernisierte" Staatsangehörigkeitsrecht, FS Schiedermair, 2001, S. 413 ff. – Aus der Kommentarliteratur: *K. Hailbronner/G. Renner*, Staatsangehörigkeitsrecht, 3. Aufl. 2001; s. auch *A. Wallrabenstein*, Untertan, Bürger oder Volkszugehöriger? Zum Verständnis des deutschen Einbürgerungsrechts, Der Staat 38 (1999), S. 260 ff.

307 Stichworte aus der vor allem in der Tagespresse intensiv geführten Diskussion sind "Eine Mischung aus Güte und Überheblichkeit, Die Weltfremdheit der deutschen Einwanderungs-Debatte und die Gefahren fortschreitender Ethnifizierung" (*J. Schmidt*, in FAZ vom 8. Nov. 1995, S. 11); "Es bleibt nicht viel zu regeln übrig" (*K. Hailbronner*, FAZ vom 26. April 1996, S. 14); "Deutschland ist kein Einwanderungsland" (Bundesinnenminister *M. Kanther*, FAZ vom 13. Nov. 1996, S. 11); "Macht hoch die Tür, Wissen, wen man einlädt: Einwanderung in Deutschland" (*W.J. Siedler*, FAZ vom 2. Dez. 1996, S. 35); "Deutschsein ist kein Gütesiegel" (*C. Sonntag-Wolgast*, in: Die Zeit vom 20. Dez. 1996, S. 8); "Ausländer erwünscht, Langfristig hat Deutschland Einwanderer bitter nötig, auch wenn sie kurzfristig auf dem Arbeitsmarkt Probleme bereiten können" (*N. Piper*, Die Zeit vom 17. Jan. 1997, S. 24). Abschließend sei auch auf die Problematik illegaler Einwanderung verwiesen: *K. Hailbronner*, Angebot und Nachfrage, Zwanzig Gedanken

erinnern uns, dass sich Preußens kulturelle und wirtschaftliche Größe nicht zuletzt dem Zuzug vieler Franzosen (Hugenotten) seit 1685 verdankt! Nach dieser überschlägigen Sichtung der "Materialien" wird der Theorierahmen möglich.

d) Umrisse einer europäischen Verfassungslehre in Sachen "Staatsbürgerschaft"

Nur umrisshaft seien Aspekte eines "europäischen" Verständnisses von "Staatsbürgerschaft" skizziert. Das kann hier nur programmatisch geschehen:

aa) Der deutsche Begriff "Staatsangehörigkeit" ist *zu verabschieden*. In der offenen Gesellschaft des Verfassungsstaates, der sich auf der kulturanthropologischen Prämisse "Menschenwürde" gründet, ist er ein Relikt traditionellen Staatlichkeitsdenkens: Der Untertan gehört "dem Staat" an, wird ihm "zugeschrieben". Insofern aber die *Jellinek*'sche Dreielementenlehre einer Revision durch die Kennzeichnung der Kultur als "viertem" Staatselement (*G. Dürig*) oder besser als "erstem" unterliegt, ist die Frage zu stellen, ob das letzte tiefste Band zwischen Verfassungsstaat und Bürger nicht die *Kultur* ist[308]. So ist es kein Zufall, dass in den deutschen Einbürgerungsvoraussetzungen der kulturelle Aspekt durchschlägt[309]. Kongenial spricht das BVerfG (E 37, 217 (239)) von der "inneren Beziehung des freien Bürgers zu einem freiheitlichen demokratischen Gemeinwesen", argumentiert es mit der "Generationenfolge" bzw. der "Familienbindung" (ebd. S. 240). Es geht um das Bekenntnis zu Grundwerten der Demokratie, die je nach Verfassung spezifisch eingefärbt sind.

bb) Der vordringende Begriff der "*Bürgergesellschaft*" ("civil society"), wie ihn schon manche neuen Verfassungen verwenden (z.B. Präambel Verf. Tschechien von 1992, Präambel Verf. Mongolei von 1992), kann den Abschied von der "Staats-Angehörigkeit" erleichtern. Sofern aus rechtstechnischen Gründen noch mit diesem Begriff gearbeitet werden muss, sollte er in Richtung auf "republikanische Verfassungszugehörigkeit" umgedacht werden: um einerseits an die Sinnfülle der (auf *Cicero*, den Deutschen Idealismus und die Weimarer Klassik, bis zum "Vormärz 1848" zurückgehenden) Reihung "res publica, salus publica, öffentliche Freiheit" anzuknüpfen, andererseits den jedenfalls für Deutschland und wohl auch für die USA glücklichen Begriff des "Verfassungspatriotismus" fruchtbar zu machen. Relevant wird also das grundwerteorientierte Verfassungsverständnis.

---

zur Verhinderung illegaler Einwanderung und zur Etablierung eines europäischen Flüchtlingsrechts, FAZ vom 17. Mai 2001, S. 10.

308 Zum ganzen schon *P. Häberle*, Die europäische Verfassungsstaatlichkeit, KritV 1995, S. 298 (302 f.) — hierzu bereits oben Inkurs I.

309 Vgl. die Einbürgerungsrichtlinien des BMI von 1977, Ziff. 3, abgedruckt in: *A.N. Makarov/H.von Mangoldt*, Deutsches Staatsangehörigkeitsrecht, 3. Aufl. 1993, S. 113: "Einstellung zum deutschen Kulturkreis", "Beherrschung der deutschen Sprache in Wort und Schrift", "Kenntnis der staatlichen Ordnung", "Einleben in die deutsche Umwelt" etc. Zur Lehre von der "materiellen Staatsangehörigkeit" (Stichwort "Identifizierung mit der Kulturnation") vgl. die Nachweise bei *Ziemske*, aaO., S. 45.

cc) Die "Staatsangehörigkeit" hat *Grundrechtsqualität*; sie wurzelt in der Menschenwürde; dies gilt auch dort, wo eine Verfassung das Institut "Staatsangehörigkeit" noch ganz im "*Staats*kontext" denkt (vorbildlich aber Art. 26 Abs. 1 Verf. Portugal: "Recht eines jeden auf die Identität der Person ... auf die Staatsbürgerschaft..."). Die Staatsbürgerschaft als Identitätselement kommt bereits vorbildlich zum Ausdruck in Art. 22 Verf. Italien: "Niemand kann aus politischen Gründen seiner Rechtsfähigkeit, seiner Staatsangehörigkeit und seines Namens beraubt werden." Hier sollten sich Rechtsgedanken auswirken, die sich schon früh in *internationalen Menschenrechts*dokumenten finden: so in Art. 15 AllgErklMenschenR der UN von 1948: "Jeder Mensch hat Anspruch auf Staatsangehörigkeit" bzw. "Niemand darf seine Staatsangehörigkeit willkürlich entzogen noch ihm das Recht versagt werden, seine Staatsangehörigkeit zu wechseln"; oder in Art. 24 Abs. 3 IPBürgR (1966): "Jedes Kind hat das Recht, eine Staatsangehörigkeit zu erwerben." Schließlich gehört Art. 20 Abs. 2 AMRK (1969) hierher: "Jede Person hat Anspruch auf die Staatsangehörigkeit des Staates, auf dessen Territorium sie geboren wurde, falls sie keinen Anspruch auf irgendeine andere Staatsangehörigkeit hat." Diese Reservestaatsangehörigkeit bzw. dieses Territoriumsprinzip ist Konsequenz der Menschenwürde. So ist auch das Gebot, nicht in die Schutzlosigkeit der "Staatenlosen" zu geraten, ein Menschenrecht. Und das absolute Ausbürgerungsverbot (Art. 16 GG, Art. 6 Abs. 3 Verf. Russland) bildet die Konsequenz dieses Ansatzes.

dd) Ius soli und ius sanguinis sind zwei *gleichermaßen* vertretbare Anknüpfungspunkte des Verfassungsstaates, sofern man sie vor allem *kulturwissenschaftlich* deutet ("Mischsysteme" sind besonders einleuchtend und zu empfehlen). D.h.: Das ius soli ist ein Anknüpfungspunkt aus dem Verständnis des Gebietes bzw. Raumes als kulturell "erfülltem" Raum, das ius sanguinis macht für sich die durch den kulturellen Sozialisationsprozess, eine in der Regel vom Elternteil erbrachte "Leistung", zu eigen. Doch sollten Öffnungen über die doppelte Staatsangehörigkeit möglich sein (dazu unten)[310].

Als wegleitende Erkenntnis wirkt bei all dem das Staatsverständnis, genauer, das Verfassungsstaatsverständnis – das hier ein *kulturell* grundiertes ist. Die "offene Staatlichkeit" (*K. Vogel*)[311], der "kooperative Verfassungsstaat", die "Europaoffenheit", wird andere Lösungen favorisieren als der klassische Nationalstaat zur Zeit von *G. Jellinek*[312].

---

310 Bemerkenswert bleibt die Umschreibung des IGH im Nottebohm-Fall: "a legal bond having as its basis a social fact of attachment, a genuine connection of existence, interests and sentiments" (zit. nach *R. Grawert*, HdBStR Bd. I, aaO., S. 678).
311 Siehe auch *B. Beutler*, Offene Staatlichkeit und europäische Integration, in: Offene Staatlichkeit, hrsgg. von R. Grawert u.a. 1995, S. 109 ff.
312 Anders: *B. Ziemske*, aaO., der zwar nach dem "Staatsverständnis" fragt (z.B. S. 252 ff.), in der Auseinandersetzung mit *J. Habermas* indes das geltende deutsche Staatsangehörigkeitsrecht vom "Institutionenschutz" (S. 267) her verteidigt, d.h.: das ius sanguinis und die "Einzelstaatigkeit" (S. 293). Dabei legt er (zu?) großes Gewicht auf die "Stabilitätsfunktion" der deutschen Staatsangehörigkeit (aaO., S. 56 ff.).

ee) Speziell im *Europa der 25 EU-Länder* ist der Begriff "Staatsangehörigkeit" aus weiteren Gründen zu *verabschieden*: Die Unionsbürgerschaft (Art. 17 bis 22 EG-Vertrag) bricht, wie schon mehrfach dargestellt, ein wesentliches Stück Staat bzw. "Staatsangehörigkeit" aus der Drei-Elementen-Lehre heraus, insofern sie den "Unionsbürger" schafft[313]. Wesentliche politische Rechte wie das aktive und passive Kommunalwahlrecht (das ja Teil der kommunalen Selbstverwaltung ist, die nach dem schönen Bild der Bayerischen Verfassung von 1946 (Art. 11 Abs. 4) dem "Aufbau der Demokratie von unten nach oben" dient), wie das Petitionsrecht nach Art. 21 Abs. 1 EGV (das bekanntlich für die Entwicklung des nationalen Verfassungsstaates bedeutsam war) sowie der Weg zum "Bürgerbeauftragten" (Art. 21 Abs. 2, 195) sind nicht mehr "staatsbezogen" sondern *EU*- bzw. *EG*-bezogen[314], was bekanntlich einen Verweis auf ein Ensemble von "Teil-Verfassungen" darstellt[315]. Nimmt man die europäische "Charta der kommunalen Selbstverwaltung" (1985) hinzu[316] und erhofft man sich im Zeichen des "Europas der Regionen" (vgl. auch Art. 263 bis 265 EG-Vertrag) ein weiteres Wachsen und Werden Europas von den *unteren Ebenen* her, so wird klar, dass die EU-Staaten einander nicht mehr "Ausland" sind, also der Dualismus von Inländern und Ausländern wie schon bei den Marktfreiheiten jedenfalls im Raum der "25" zum Teil zusammenbricht (wozu auch der wachsende Minderheitenschutz beiträgt). Ob wir auf dem Weg zu einem "konstitutionellen Unionspatriotismus" sind, muss offen bleiben. Die Konstituierung Europas aus einer kulturellen Vielfalt, aber auch Einheit[317], könnte diese Entwicklung befördern, wobei eine weitere Voraussetzung das Entstehen einer "*europäischen Öffentlichkeit*" ist, die es *politisch* wohl erst in Ansätzen gibt (vgl. die Parlamentsöffentlichkeit, den Rechnungshof nach Art. 248 Abs. 4, den Parteien-Artikel 191 EGV[318], das Petitionsrecht), die es *wirtschaftlich* offensichtlich schon übermächtig gibt, *kulturell* sehr diskret gibt und seit langem gab: Man denke textlich an Art. 151 Abs. 1 EGV ("gemeinsames kulturelles Erbe"), der Sache nach in der Tiefe des historischen Raumes an die Literatur, Wissenschaft und Kunst, die spezifisch europäisch sind bzw. Europa kulturell begründet haben – bis heute. So konstituieren die jeweiligen "Goldenen Zeitalter" der

---

313 Auch *G. Lübbe-Wolff*, in: H. Dreier (Hrsg.), Grundgesetz-Kommentar, Bd. 1, 1996, Art. 16 Rn. 18 f. spricht von "einem gewissen Bedeutungsverlust der mitgliedschaftlichen Staatsangehörigkeit zugunsten des neuen gemeinschaftsrechtlichen Zugehörigkeitsverhältnisses". Aus der weiteren Lit.: *S. Hobe*, Die Unionsbürgerschaft nach dem Vertrag von Maastricht, in: Der Staat 32 (1993), S. 245 ff.; *H.G. Fischer*, Die Unionsbürgerschaft, EuZW 1992, S. 566 ff.; *A. Zimmermann*, Europäisches Gemeinschaftsrecht und Staatsangehörigkeit der Mitgliedstaaten unter besonderer Berücksichtigung der Probleme mehrfacher Staatsangehörigkeit, EuR 1995, S. 54 ff.
314 Das Europäische Parlament verlangte im März 1996 eine "verbesserte Definition der europäischen Bürgerschaft", unter Ziff. 4 seiner "Prioritäten für die Regierungskonferenz 1996" (zit. nach EuGRZ 1996, S. 167 ff.).
315 Aus der unüberschaubar gewordenen Literatur hier nur: *D. Grimm*, Braucht Europa eine Verfassung?, 1995; *P. Häberle*, Gemeineuropäisches Verfassungsrecht, EuGRZ 1991, S. 261 ff.; *R. Bieber/P. Widmer* (éd.), Der europäische Verfassungsraum, 1995. Siehe noch Anhang.
316 Dazu F.-L. Knemeyer (Hrsg.), Die europäische Charta der kommunalen Selbstverwaltung, 1989.
317 Dazu mein Buch Europäische Rechtskultur, 1994, m.w.N.
318 Dazu *D. Tsatsos*, Europäische politische Parteien?, EuGRZ 1994, S. 45 ff.

Kunst (Italien, Spanien, Frankreich, Niederlande, Deutschland) die europäische Öffentlichkeit bis heute – Kristallen gleich – mit.

ff) In dem Maße, wie sich das geschlossene "Staatsangehörigkeits-Recht" öffnet durch erleichterte Einwanderung bzw. die Einbürgerung und die Zulassung doppelter Staatsangehörigkeit[319], in dem Maß wird es möglich, dem Bild der "offenen Republik" näherzukommen[320]. Offen wird die Republik in Gestalt der nationalen Verfassungsstaaten, offen aber auch der "Staatenverbund" (BVerfGE 89, 155) der EU. Beides bedingt sich und intensiviert sich. Mag manches heute noch utopischer Vorgriff sein: schreitet die Europäisierung stetig weiter, wird morgen wirklich sein, was heute erst als möglich erscheint. Eine Diskussion über den Begriff "Nation" wird dabei unumgänglich[321].

gg) Zu befürworten ist eine "*Europäisierung*" des Staatsbürgerschaftsrechts. So wie viele Teilbereiche der nationalen Verfassungsrechte heute europäisch werden, sollte die mehrfache Staatsbürgerschaft bei bzw. zwischen den *europäischen Ländern untereinander* erleichtert werden. Vorbild kann Art. 11 Abs. 3 Verf. Spanien sein ("iberoamerikanische Länder"). Das seit *F. von Martitz* (1875) zur Begründung der ausschließlichen Staatsangehörigkeit gepflegte Argument: "Niemand kann zwei Herren dienen"[322] ist fehl am Platze. In der Demokratie gibt es keine "Herren" über dem Bürger, alle "Staatsgewalt" wird von den Bürgern legitimiert. Überdies hätte ein *Goldoni* den Weg gefunden, wie z.B. im "Staatenverbund" der EU, der ja auch ein "Grundrechtsverbund" ist, konkurrierende Rechte und Pflich-

---

319 Zu Recht gegen die sog. "Übeldoktrin", wonach doppelte Staatsangehörigkeit ein "Übel" sei, mit Hinweis auf zunehmend günstige Stimmen: *G. Lübbe-Wolff*, aaO., Rn. 13 mit Anm. 43. Diese Übeltheorie findet sich in BVerfGE 37, 217 (254) in den Worten: "...dass innerstaatlich und international doppelte oder mehrfache Staatsangehörigkeit als Übel betrachtet wird, das sowohl im Interesse der Staaten wie im Interesse der betroffenen Bürger nach Möglichkeit vermieden oder beseitigt werden sollte." Aus der Lit. auch *M. Wollenschläger/A. Schraml*, Ius soli und Hinnahme von Mehrstaatigkeit, ZRP 1994, S. 225 ff., die zu Gesetzesentwürfen in Deutschland Stellung nehmen, die die (beschränkte) Einführung des ius-soli-Prinzips und die vermehrte Hinnahme von Mehrstaatigkeit bei Einbürgerungen vorsehen.- S. auch das (von der Bundesrepublik Deutschland bislang nicht ratifizierte) zweite Zusatzprotokoll zum Mehrstaatenübereinkommen vom 2. Jan. 1993, mit dem das Prinzip der Vermeidung einbürgerungsbedingter Mehrstaatigkeit für integrationspolitisch motivierte Reformen geöffnet wird.- Im Bericht der Gemeinsamen Verfassungskommission von Bundestag und Bundesrat, Zur Sache 5/93, wird das Thema "Staatsangehörigkeit" diskutiert, eine Empfehlung aber nicht ausgesprochen (S. 224 ff.).
320 Aus der Lit.: *B. Oberndörfer*, Die Offene Republik – Zur Zukunft Deutschlands und Europas, 1991; *ders.*, Vom Nationalstaat zur offenen Republik, in: Aus Politik und Zeitgeschichte, Beilage zur Wochenzeitung Das Parlament B 9/92 vom 21. Febr. 1992, S. 21 ff.; *ders.*, Der Wahn des Nationalen, Die Alternative der offenen Republik, 1993. S. auch den Bericht über eine Tagung in Florenz (1996) über "citizenship" von *M. Jeismann*, Aufgelassene Welt, Staatsbürgerschaft auf Wanderschaft, in FAZ vom 6. März 1996, S. N 5. Hier fielen Stichworte wie "nach-idealistisches Kommunikationsmodell", "europäische-multikulturelle Verständigungs-Gesellschaft"; s. noch *J. Delbrück*, Das Staatsvolk und die "Offene Republik", FS Bernhardt, 1995, S. 777 ff.
321 Vgl. nur *H. Münkler*, Die Nation als Modell politischer Ordnung, Vorüberlegungen zu einer wissenssoziologisch-ideengeschichtlich fundierten Theorie der Nation, in: Staatswissenschaften und Staatspraxis 5 (1994), S. 367 ff.; H. Berding (Hrsg.), Nationales Bewusstsein und kollektive Identität, 1994.
322 Zit. nach *B. Ziemske*, Die deutsche Staatsangehörigkeit nach dem Grundgesetz, 1995, S. 231.

ten ausgeglichen werden können. Ebenso wie die Einbürgerungsverfahren sollte auch im Verfahren der Verleihung der doppelten Staatsangehörigkeit die 1971 entwickelte Idee des "status activus processualis" effektiv werden[323]. Schon hier zeigt sich, dass Staatsbürgerschaft ein menschenrechtliches "Statusrecht" ist.

E. Gemeinwohl, Grund- bzw. Orientierungswerte, Verfassungsziele, Erziehungsziele, national und europäisch

Vorbemerkung

Die in der Überschrift aufgereihten Stichworte erforderten je für sich große Forschungsprogramme[324]. Sie sind teils klassischer Natur ("Gemeinwohl"), teils neuere Prägungen ("Grundwerte", "Orientierungswerte")[325]. Im Folgenden können sie nur skizziert werden. Über alle begrifflichen Unterscheidungen hinweg ist freilich im Auge zu behalten, dass sie alle in einem tiefen teils geistesgeschichtlichen, teils positivrechtlichen Zusammenhang stehen. War das klassische Gemeinwohl staatsbezogen, so verweisen heute Grund- und Orientierungswerte auf die verfassungsstaatliche Verfassung (und ihre Offenheit) ebenso wie ihrerseits die seit Art. 148 WRV klassischen auf den Begriff und Text gebrachten "Erziehungsziele" letztlich auf dieselbe Verfassung Bezug nehmen und sich derzeit in kräftigen Wachstumsprozessen ("Umweltbewusstsein") entwickeln. Es ist letztlich das gemeinsame Ziel der *kulturellen* Grundierung der offenen Gesellschaft, die diese Begriffe und Texte zusammenhalten und gerne leisten wollen. Darum gehören sie – *kontextlich* behandelt – zentral in jede europäische Verfassungslehre (auch wenn sie im Folgenden nur ausschnitthaft ins Bild kommen). Dies auch deshalb, weil das Europa im engeren und weiteren Sinne, wie mehrfach gezeigt, viele Themen und Normenensembles von der national/verfassungsstaatlichen Ebene auf die europäische projizieren bzw. transportieren: Eine "Verfassungsgemeinschaft" hat und braucht Gemeinwohlaspekte, Grundwerte und Verfassungsziele, ja vielleicht sogar in nuce Erziehungsziele, die sie "im Innersten" zusammenhalten wollen. "Europa" ist nicht für die EU-Mitgliedsländer innerstaatlich offen oder der Sache nach ein Erziehungsziel – so wie es auch "Staatsziel" (z.B. Art. 23 GG) ist (Stichwort "nationales Europaverfassungsrecht", oben Erster Teil A. II.). Europa ist auch vom Europäischen Verfassungsrecht her mindestens latentes Erziehungsziel[326]. Auch hier sehen wir uns einer Europäisierung von Prinzipien, Begriffen, Funktionen und Texten gegenüber.

Im Folgenden werden in einem ersten Schritt das Gemeinwohl und seine Korrelatbzw. Ersatzbegriffe am vergleichend erschlossenen Material der nationalen Verfas-

---

[323] P. *Häberle*, Grundrechte im Leistungsstaat, VVDStRL 30 (1972), S. 43 (86 ff.). Dazu die Aktualisierung im Blick auf "Einbürgerung als Verfahrensrecht?" bei *B. Ziemske*, aaO., S. 319 ff.
[324] Ein solches läuft in Berlin (Ltg. *H. Münkler*: "Gemeinwohl und Gemeinsinn": 2002, 3 Bde., 2001).
[325] Zum ganzen schon P. *Häberle*, Erziehungsziele und Orientierungswerte im Verfassungsstaat, 1981; *ders.*, Verfassungslehre als Kulturwissenschaft, 2. Aufl. 1998, S. 758 ff.
[326] Aus der Lit.: *M. Bothe*, Erziehungsauftrag und Erziehungsmaßstab der Schule im freiheitlichen Verfassungsstaat, VVDStRL 54 (1995), S. 7 (40 f.).

sungsstaaten behandelt (1). Erst danach kann um die Dimensionen des europäischen Gemeinwohls gerungen werden (2). Dabei bleibt freilich das EU-Europa im Vordergrund. Nur ansatzweise kann darüberhinaus gefragt werden, ob auch das Europa im weiteren Sinne Gemeinwohlstrukturen hat. Die Verfassungsgemeinschaft EU ist, wie gezeigt, bereits besonders "dicht" gewebt. Das kommt zuletzt in der EU-Grundrechte-Charta (2000) zum Ausdruck, in der die "gemeinsamen Werte" und damit das Gemeinwohl vorkommt (vgl. Präambel; Gleiches gilt in Bezug auf die "Solidarität", Kap. IV), in der das "öffentliche Interesse" aber auch als Mittel für Begrenzungen von Freiheit und Eigentum auftritt (Art. 17). Gemeinwohlaspekte werden sich aber auch dann zeigen, wenn die Bemühungen um eine "Grundwerte-Charta" Erfolg haben sollten (dazu Zweiter Teil D. III. 2.). Grundwerte normieren Gemeinwohlaspekte, wenn auch nicht ausschließlich. Käme zu diesen beiden Chartas noch eine Teilverfassung zur Abgrenzung der Kompetenzen von EU-Mitgliedsländern und Regionen nach Maßgabe der Subsidiarität hinzu, so hätte man schon fast eine "ganze" Verfassung der EU, die damit ihre Vielfalt und Einheit sichern könnte.

Auch das Europa im weiteren Sinne des Europarates und der OSZE hat längst einen Kanon von Grundwerten (sowohl auf der Grundrechts- wie Schrankenseite), vor allem die EMRK, aber auch in Form der in ihrer juristischen Geltungskraft schwächeren, indes nicht minder aussagekräftigen "Dokumente", die in der vorliegenden Verfassungslehre immer wieder beigezogen wurden: vom Kopenhagener Treffen über die menschliche Dimension über die Charta von Paris für ein neues Europa (beide 1990) bis zum Krakauer Symposium über das kulturelle Erbe der KSZE-Staaten (1991) und zuletzt zum Stabilitätspakt für Europa (1995) mit seiner Betonung der "Errungenschaften" auf dem Weg zur Demokratie, Achtung der Menschenrechte, Rechtsstaatlichkeit etc. sowie dem schönen Wort vom "für Dialog und Zusammenarbeit offenen Europa".

Da solche Prinzipien schon in den Schulen pädagogisch "gelernt" werden müssen, um eines Tages und z.B. schon heute im europäischen Haus juristisch zu gelten, deuten solche Texte auch auf ungeschriebene Erziehungsziele (Stichwort: Menschenrechte als Erziehungsziele). Das Erziehungsziel "in Sachen Europa" ist im Werden und verlangte eine eigene, hier nicht mögliche Abhandlung (Stichwort: Die Menschenrechtsgemeinschaft Europa als Erziehungsziel).

Der Begriff "Staatsziele", in der deutschen Literatur gerne gewählt[327], ist auch hier ungeeignet, zumal es keinen "europäischen *Staat*" gibt. Wenn einmal die Verfassung *vor* dem Staat zu denken ist, so jedenfalls im konstitutionellen Europa! Zu beginnen wäre mit dem Verfassungsziel "Europa" in den einzelnen nationalen Verfassungen. Dieses nationale Europaverfassungsrecht hat frühe Ausprägungen in Italien (Art. 11 Verf. Italien) und Deutschland (Präambel und Art. 24 a.F. GG von 1949), in unserer Gegenwart aber höchst erfindungsreiche Fortschreibungen hier auf Bundes- wie Landesebene (vgl. Art. 23 Abs. 1 n.F. GG einerseits, Art. 60 Abs. 2 Verf. Saarland, Art. 64 und 65 Abs. 2 Verf. Bremen andererseits; s. aber auch Art. 54 Abs. 1 Verf. Bern von 1993;

---

327 Z.B. *D. Merten*, Über Staatsziele, DÖV 1993, S. 368 ff.; zuvor tiefdringend *U. Scheuner*, Staatszielbestimmungen, FS E. Forsthoff, 1972, S. 325 ff.

auch Bayern hat seit 1997 einen eigenen Europa-Artikel[328]). Diesem nationalen Europaverfassungsrecht[329] "begegnet" auf der anderen, aber nicht etwa "höheren" Ebene das Ziel der "immer engeren Union der Völker Europas" (Art. 1 Abs. 2 EUV), speziell für die EU, aber auch in vielen Dokumenten des Europarechts i.w.S. Das "Europa-Bild" dieser Klauseln wäre ebenso auszuleuchten wie das "Menschenbild" bzw. "Weltbild". In der verfassungsstaatlichen "Bilderphilosophie"[330] ist jedenfalls Europa innerlich wie "äußerlich" heute mitkonstituierend.

I. Gemeinwohl als verfassungsrechtlicher Text und Kontext: der materiell/prozessuale Doppelansatz, die pluralistische Gemeinwohltheorie auf der national-verfassungsstaatlichen Ebene

1. Zusammenfassung der Gemeinwohltheorie von 1970/83[331], ihre "Fortschreibung"

a) Gesetzgeber, Regierung, Verwaltungsbeamte und Richter haben mit dem Gemeinwohlbegriff tagtäglich zu arbeiten; ein Ausweichen in die gängige "Leerformelthese" ist daher nicht möglich. In der pluralistischen Demokratie ist das – mit dem "öffentlichen Interesse" identische – Gemeinwohl unverzichtbar, so differenziert es zu ermitteln bleibt. Der Teilbeitrag der Jurisprudenz als praktischer Wissenschaft liefert Vorarbeit für ein interdisziplinäres Gesprächsforum.

b) Auf allen Ebenen der Normenhierarchie und in allen Rechtsbereichen, aber auch im Kontext aller Staatsfunktionen, findet sich das *Gemeinwohl* als *Rechtsprinzip, Rechtssatz oder Rechtstopos*. Aus dem zunächst diffus erscheinenden Rechtsmaterial lassen sich auf Gesetzgebungs- und Rechtsprechungsebene bestimmte *Typologien*, d.h. Konstellationen erarbeiten, in denen das öffentliche Interesse auftritt und bestimmte Funktionen erfüllt. Zu ihnen gehört z.B. das Gemeinwohl als Kompetenzbegründung und grundrechtsbeschänkender, pflichtenbegründender Titel, als Ausnahmeklausel und Titel für staatliche Geheimhaltung (Nichtöffentlichkeit). Zunehmend zeichnen sich aber auch Differenzierungen und Verklammerungen ab: das Gemeinwohl bestimmt sich auch aus privaten In-

---

328 Wortlaut des neuen Art. 3 a (1998): "Bayern bekennt sich zu einem geeinten Europa, das demokratischen, rechtsstaatlichen, sozialen und föderativen Grundsätzen sowie dem Grundsatz der Subsidiarität verpflichtet ist, die Eigenständigkeit der Regionen wahrt und deren Mitwirkung an europäischen Entscheidungen sichert. Bayern arbeitet mit anderen europäischen Regionen zusammen."

329 Begriff vom *Verf.*: Europaprogramme neuerer Verfassungen und Verfassungsentwürfe ..., FS Everling, 1995, S. 355 ff. Dazu schon Erster Teil A. II. 2.

330 Dazu P. *Häberle*, Das Menschenbild im Verfassungsstaat, 1988, bes. S. 19 ff. (3. Aufl. 2004); *ders.*, Das Weltbild des Verfassungsstaates – eine Textstufenanalyse zur Menschheit als verfassungsstaatlichem Grundwert und "letztem" Geltungsgrund des Völkerrechts, FS Kriele, 1997, S. 1277 ff. S. bereits *H. Gollwitzer*, Europabild und Europagedanke, Ein Beitrag zur deutschen Geistesgeschichte des 18. und 19. Jahrhunderts, 2. Aufl., 1964. Dazu schon Erster Teil A. II. 1.

331 P. *Häberle*, Öffentliches Interesse, aaO. bzw. *ders.*, Die Gemeinwohlproblematik in rechtswissenschaftlicher Sicht, Rechtstheorie 14 (1983), S. 257 ff. S. noch Anhang.

teressen, es kollidiert mit anderen (pluralen) öffentlichen Interessen ("Insichkonflikte"); grundrechtliche Freiheit wird zum konstituierenden Bestandteil des öffentlichen Interesses: So geben Meinungs-, Presse- und Informationsfreiheit den Weg frei für "Öffentlichkeitsaktualisierung und Gemeinwohlkonkretisierung" in der res publica. Die dritte Gewalt wird dank ihrer subtilen prätorischen Techniken bei der Konkretisierung der öffentlichen Interessen zur "*Gemeinwohljudikatur*". Für Verwaltung und Gesetzgebung ist das Gemeinwohl seinerseits entwicklungsoffener Leitbegriff.

c) Im Bereich des Gesellschaftlich-Öffentlichen formulieren Parteien und andere Pluralgruppen – etwa die Tarifpartner – öffentliche Interessen, die in der *pluralistischen Demokratie* ihre Staatsbezogenheit und Vorgegebenheit (jenseits der Verfassungsdirektiven) verloren haben. Demokratie, Pluralismus und Offenheit, aber auch die Grundrechte verleihen dem Gemeinwohl inhaltlich und prozessual Profil; es ist im Rahmen rechtlicher Einrichtungen – etwa der Verbandsklage (z.B. von Umweltschutz- bzw. Tierschutzverbänden) – auch in die Verantwortung des Juristen gestellt.

d) Theoriegeschichte und Theoriediskussion – in Klassikertexten ebenso greifbar wie im politischen Alltag – schwanken zwischen der kritiklosen Hypostasierung des Gemeinwohls zum "höchsten", nicht hinterfragten, sondern "geglaubten", "ontologischen" Begriff ("bonum commune", "Staatsräson", "Arkanmaxime"), in dessen Namen private Interessen beseitigt, ja wie in "geschlossenen Gesellschaften" unterdrückt werden ("Gemeinnutz geht vor Eigennutz" u.ä.) einerseits und der Degradierung zur bloßen "Leerformel" oder "Entzauberung" zum bloßen ideologisch verbrämten Machtinstrument andererseits. Demgegenüber erweist sich in offenen Gesellschaften (i.S. Sir *Karl Poppers*) das Gemeinwohl als eine *das menschliche Zusammenleben (mit-)konstituierende Formel*. Seine geschichtlich wandelbaren Inhalte verweisen auf letzte oder doch vorletzte Legitimationszusammenhänge wie Staats- und Verfassungsverständnis bzw. Herrschaftsform ("Republik", "Demokratie"), Sozialethik und Gerechtigkeit, und es muss im konkreten Einzelfall des positiven Rechts in die Praxis umgesetzt werden – unbeschadet aller Spannung zwischen Gemeinwohl als idealem Postulat und als (nicht selten defizienter) Wirklichkeit.

e) Im demokratischen Verfassungsstaat (mit der Menschenwürde als Prämisse, mit demokratischer Legitimation, Grundrechten und Gewaltenteilung, pluralistischer Öffentlichkeit und den "Staatszielen" des sozialen Rechts-, Umwelts- und Kulturstaates) wird eine *juristische Gemeinwohltheorie* möglich und notwendig. Verfassung, verstanden als rechtliche Grundordnung von Staat *und* Gesellschaft, gibt inhaltliche Direktiven für das Gemeinwohl, sie eröffnet aber auch eine Vielfalt von Verfahren zu seiner Konkretisierung und Revidierung: im Spektrum der "republikanischen Bereichstrias".

f) Stichworte sind "*salus publica ex constitutione*", "*salus publica ex processu*". Das – republikanische – Gemeinwohl ist im Rahmen des GG weniger vorgegeben als je konkret aufgegeben. Es ist Ergebnis von komplexen Prozessen im vielgliedrigen Zusammenspiel staatlicher Funktionen und öffentlicher Vorgänge.

g) Vielfältige Gemeinwohlimpulse kommen im Verfassungsstaat aus der ebenso *offenen wie verfassten Gesellschaft*. Pluralgruppen aller Art formulieren aggressiv oder defensiv, punktuell oder sektoral Gemeinwohlaspekte, die sie in die staatliche Gemeinwohlbestimmung einbringen wollen.

h) Trotz oder gerade wegen seiner juristischen Ausprägungen bedarf das Gemeinwohl *interdisziplinärer Forschung*. Seit der Antike eine Kategorie des Menschen, der über seine res publica nachdenkt und in ihr und für sie handelt, steht das Gemeinwohl in einem je konkreten Kulturzusammenhang. Juristische Grundlagenbegriffe wie das Gemeinwohl leben nicht aus sich selbst, sie erwachsen aus zahlreichen Integrationsleistungen der Kultur eines Volkes. Ein Katalysator ist das je konkret zu bestimmende und insofern "relative", aber auch mit klassischen Inhalten und Verfahren begabte "Gemeinwohl".

i) Die Verfassung des Pluralismus beruht auf letztlich nur *kulturwissenschaftlich* zu erschließenden Zusammenhängen, die der Jurist nicht alleine erarbeiten kann (ähnliches gilt für die Erziehungsziele). Ihr Minimal- bzw. Grundkonsens (z.B. auf Respektierung der Gemeinwohl-Verfahren, auf Minderheitenschutz, von Gewaltverbot und Toleranz) wurzelt in diesen Bezirken. Hier ist das heutige Gemeinwohlverständnis angesichts besonderer Krisen und Gefahren auf die Probe gestellt.

j) Während das verfassungsstaatliche Gemeinwohlverständnis immer neue Instrumente und Verfahren erarbeiten muss, um *Gemeinwohldefizite* zu verhindern (Konsumenten, Steuerzahler, Minderheiten der Minderheiten, Verbandsklage?), hat sich die interdisziplinäre Gemeinwohldiskussion auf gewaltige Herausforderungen ideeller und materieller Art gefasst zu machen (z.B. in Sachen "nachhaltige Entwicklung"). Das offene Gemeinwohlverständnis steht und fällt mit der Verfassung des Pluralismus und mit der Fruchtbarkeit des Dialogs unter den Einzeldisziplinen. Einzubeziehen sind die Staatsaufgaben bzw. Staatsziele[332]: als Teilaspekte des umfassenden Gemeinwohls.

2. *Konstitutionelle Gemeinwohltypologie, Textstufenanalysen und "Gemeinwohljudikatur" des BVerfG aus jüngerer Zeit*

Die folgende Bestandsaufnahme muss die Basis liefern, von deren Grund aus eine Gemeinwohltheorie heute gewagt werden kann. Das Gemeinwohl wird dabei nicht nur wörtlich in seinen typologisch reichen Erscheinungsformen untersucht; einbezogen seien auch Parallelbegriffe wie öffentliche Wohlfahrt, Staatsziele und Staatsaufgaben, Nachbarbegriffe wie "Interessen eines Landes", Teilaspekte wie die "öffentliche Sicherheit und Sittlichkeit". Vor allem sei das "öffentliche Interesse" synonym begriffen. So

---

332 Eine wichtige neuere Monographie ist *K.-P. Sommermann*, Staatsziele und Staatszielbestimmungen, 1997.

reizvoll es immer wieder ist, das spezifisch Öffentliche in den öffentlichen Interessen aufzuspüren oder beim "Gemeinwohl" das material Allgemeine zu suchen: die Vielfalt der Begriffe und der Pluralismus der Teilaspekte dessen, was das Gemeinwohl der Sache nach bezeichnet, muss im ganzen ins Blickfeld kommen. Dabei wird um die Problematik *typologisch* gerungen, d.h. es wird untersucht, wo und wie der Topos "Gemeinwohl" im Rechtsstoff erscheint, auch welche "Gegen- oder Korrelatbegriffe" er hat (z.B. mindestens vordergründig das "private Interesse"). In dem Maße, wie Verfassungslehre auch rechtsphilosophisch zu arbeiten hat, muss die klassische rechtsphilosophische Dimension des Gemeinwohls mit bedacht werden.

a) Textstufenanalyse: Gemeinwohlklauseln (Typologie) in neueren Verfassungen in Ost und West, Nord und Süd (Auswahl)

Nur stichwortartig seien einige neuere Verfassungstexte zusammengestellt, die belegen, dass der Verfassunggeber auch heute noch bereits textlich mit der Sache "Gemeinwohl" arbeitet (d.h. "denkt und handelt"). Es anzureichern ist dann Sache der offenen Gesellschaft der Verfassungsinterpreten. Ein vergleichender Blick i.S. der Textstufenanalyse gelte einigen osteuropäischen Verfassungen, sodann westeuropäischen wie Spanien, später einigen Verfassungen in Übersee.

Durchmustert man neuere Verfassungen auf den Gemeinwohl-Topos hin, so ergibt sich folgendes überschlägiges Bild: Die Verf. Polens (1997) fordert schon in der Präambel "alle diejenigen, die diese Verfassung zum Wohl der Dritten Republik anwenden werden" auf, dies "besonders im Blick auf die Würde des Menschen und seine Rechte auf Freiheit zu tun" – eine neue Verknüpfung von *Gemeinwohl und Menschenrechten!* Art. 104 Verf. Polen verlangt von den Sejm-Abgeordneten ein Gelöbnis u.a. im Blick auf "das Wohl des Vaterlandes und das Wohlergehen seiner Bürger" (vgl. auch den analogen Eid des Staatspräsidenten nach Art. 130 ebd.). Das Gemeinwohl ist, in welcher Umschreibung auch immer, oft Gegenstand von konstitutionellen *Eidesklauseln* (z.B. für den Präsidenten der Republik: Art. 33 Abs. 2 Verf. Griechenland; z.B. für die Abgeordneten: Art. 23 Abs. 3 Verf. Tschechien von 1992), von *bürgerbezogenen Staatsaufgaben* (z.B. Art. 21 Abs. 1 Verf. Republik Guinea von 1990: "Der Staat muss das Wohlergehen der Bürger fördern."). Die nBV Schweiz (2000) arbeitet innovativ: Die Präambel misst die "Stärke des Volkes" kühn am "Wohl der Schwachen" und sie definiert den "Zweck" der Schweiz in Art. 2 Abs. 2 u.a. mit dem Stichwort "gemeinsame Wohlfahrt", "nachhaltige Entwicklung", "innerer Zusammenhalt" und "kulturelle Vielfalt" (s. auch den Wohlfahrtsaspekt in Art. 94 Abs. 2 nBV)[333].

Als klassischer Titel für *Grundrechtsbeschränkungen* figuriert das "öffentliche Interesse" sehr allgemein in Art. 17 Abs. 1 Verf. Albanien von 1998 ("Any limitation ... may be established only by law for a public interest"); Art. 22 Verf. Polen erlaubt Einschränkungen der Freiheit wirtschaftlicher Tätigkeit "aus wichtigen öffentlichen Interessen" – parallel eröffnet Art. 21 ebd. Enteignungen für "öffentliche Zwecke". Ähnlich

---

333 Zur neuen Bundesverfassung insgesamt siehe: U. Zimmerli (Hrsg.), Die neue Bundesverfassung, 2000; T. Gächter/M. Bertsch (Hrsg.), Neue Akzente in der nachgeführten Bundesverfassung, 2000.

verlangt Art. 36 Abs. 2 nBV Schweiz (2000): "Einschränkungen von Grundrechten müssen durch ein öffentliches Interesse oder durch den Schutz von Grundrechten Dritter gerechtfertigt sein" – konkordant zu vielen neuen Kantonsverfassungen (z.B. Art. 28 Abs. 2 Verf. Bern von 1993). Art. 43 Verf. Uganda (1995) errichtet zwar ebenfalls das "öffentliche Interesse" als generelle *Grenze der Menschenrechte*, doch definiert es auch "the public interest", indem es bestimmt, was *nicht* im öffentlichen Interesse erlaubt ist (z.B. politische Verfolgung und was als Grenze "in einer freien und demokratischen Gesellschaft" nicht erlaubt ist) – der Versuch einer Normativierung und Differenzierung des Gemeinwohls "ex negativo". Weitere Beispiele für *Neuerungen* in Gestalt von konstitutionellen Gemeinwohltexten sind: die ausdrückliche Benennung der Zwecke des Zivildienstes ("im Interesse der Allgemeinheit") in Art. 30 Abs. 3 Verf. Spanien, die Förderungsaufgabe der öffentlichen Gewalt in Bezug auf die wissenschaftliche und technische Forschung "zum Wohle der Allgemeinheit" (Art. 44 Abs. 2 Verf. Spanien), die Ressourcenklausel in Art. 12 Abs. 2 Verf. Angola von 1992 ("Verteidigung der natürlichen Ressourcen, indem er (sc. der Staat) sich auf ihre Nutzung und Verwendung zum Wohle der ganzen Gemeinschaft orientiert"), die Verpflichtung des Staates auf die Förderung des "bien-être social des citoyens" (Art. 49 Abs. 3 Verf. Kroatien von 1991), die staatlichen Regulierungsaufgaben in Bezug auf die Wirtschaft ("general welfare of the people": Art. 46 Abs. 3 Verf. Litauen von 1992) und die Verpflichtung des Volkes auf das Wohlergehen künftiger Generationen (Präambel Verf. Armenien von 1995).

Mitunter finden sich auch *fragwürdige* Verfassungstexte: so wenn Art. 31 Verf. Niger (1992) jedem Bürger die Pflicht auferlegt, für das "gemeine Wohl" zu arbeiten[334], oder große Innovationen: so wenn Art. 27 Abs. 1 Verf. Paraguay (1992) die Tätigkeit der Massenmedien und ihre Organisation ausdrücklich als im öffentlichen Interesse liegend kennzeichnet (eine richtige wissenschaftliche Erkenntnis ist hier auf eine Textstufe gebracht!), oder ihr Art. 38 ein Jedermann-Recht statuiert, "to defend common interests", z.B. in Sachen Umweltschutz, Volksgesundheit, kulturelles Erbe der Nation (s. auch Art. 68: Gesundheitsschutz "in the best interests of the community").

b) Beispiele für "Gemeinwohljudikatur" in der Rechtsprechung des deutschen BVerfG aus jüngerer Zeit

"Gemeinwohljudikatur",[335] meint die vielen Auslegungstechniken bzw. die richterliche Konkretisierung von Gemeinwohltexten sowie den offenen und verdeckten "freien" Einsatz des öffentlichen Interesses durch die Judikatur. Nur als Merkposten und ohne Anspruch auf Vollständigkeit seien einige Judikate des BVerfG aus der neueren Zeit erwähnt. Sie zeigen, dass das Wort "*Gemeinwohljudikatur*" berechtigt bleibt. Sogar

---

334 Problematisch ist die generelle Verpflichtung des Bürgers auf das Gemeinwohl (vgl. Art. 33 Verf. Benin von 1990: "Jeder Bürger ... hat die Pflicht, für das Gemeinwohl zu arbeiten..."; ähnlich Art. 48 Abs. 2 Verf. Burundi von 1992).

335 Dazu *P. Häberle*, Öffentliches Interesse als juristisches Problem, 1970, S. 425 ff. u.ö.; *ders.*, "Gemeinwohljudikatur" und Bundesverfassungsgericht, AöR 95 (1970), S. 86 ff., 260 ff.

die alte "*Gemeinwohlgerechtigkeit*"[336] bleibt aktuell. Durchmustert man die jüngere Judikatur des BVerfG[337], figuriert das Gemeinwohl wie folgt:

aa) Es gibt Beispiele für die Konkretisierung verfassungsrechtlicher oder gesetzlicher ausdrücklicher Gemeinwohltatbestände, vor allem bei § 32 BVerfGG (z.B. E 91, 70 (81); 88, 25 (37 f.); 106, 51 (58 ff.); 109, 190 (236); 111, 147); dabei verdient besonders bei der Abwägung in Sachen der einstweiligen Anordnung Beachtung, dass in diesem Verfahren der Schutz des individuellen Grundrechts "auch dem Gemeinwohl" dient (E 94, 166 (237)).

bb) Bei der Fixierung der Grundrechtsgrenzen wird gerne auf das "ungeschriebene" Gemeinwohl zurückgegriffen, ausgeprägt bei Art. 12 GG (vgl. BVerfGE 93, 362 (369 ff.); 94, 372 (390); 96, 210 (211); 97, 228 (255 ff.); 101, 331 (347); 104, 357 (364 ff.); 106, 181 (192 ff.)), wobei auch Art. 5 Abs. 1 S. 2 GG gewichtend als Gemeinwohlinteresse ins Spiel kommt: keine Monopolisierung der Berichterstattung über Gegenstände von allgemeinem Interesse, aber auch bei der Grenze des Art. 2 Abs. 1 GG (BVerfGE 91, 335 (339 f.); 97, 228 (269); 97, 271 (286)); sowie bei der Eigentumsregelung nach Art. 14 Abs. 1 S. 2 GG (BVerfGE 91, 294 (308); 97, 378 (385); 100, 1 (37 f.); auch Art. 14 Abs. 2 GG, dazu E 102, 1 (15)); und im Rahmen der nach Art. 3 Abs. 1 GG dem Gesetzgeber erlaubten Differenzierungskriterien (BVerfGE 100, 1 (37 f.); 100, 138 (176); 100, 226 (240 f., 242, 244); 100, 289 (302); 110, 274 (299)) und auch bei der Koalitionsfreiheit nach Art. 9 Abs. 3 GG, obwohl sie ohne Gesetzesvorbehalt gewährleistet ist ("Schutz von Gemeinwohlbelangen", vgl. BVerfGE 100, 271 (283, 288)). Verallgemeinernd sagt das BVerfG sogar, bei jeder Grundrechtsbeschränkung bedürfe es einer gesetzlichen Regelung, "die einen legitimen Gemeinwohlzweck verfolgt und im Übrigen den Grundsatz der Verhältnismäßigkeit wahrt" (BVerfGE 100, 313 (359); vgl. auch E 100, 313 (375 f.)).

cc) Wirksam bleiben die Fälle, in denen das BVerfG sonst auf das Gemeinwohl oder dessen Nachbarbegriffe prätorisch zurückgreift; dies vor allem bei der Rückwirkung von Gesetzen (BVerfGE 89, 48 (66); 95, 64 (92); zuletzt E 103, 392 (403)).

dd) Bei der Rechtfertigung strafrechtlicher Sanktionen (z.B. BVerfGE 96, 10 (26 f.); 98, 17 (39)) erscheint ebenfalls das Gemeinwohl (zuletzt E 106, 51 (58 ff.).

ee) Gleiches gilt bei Fragen des Verfassungsprozessrechts, etwa der Entschlossenheit des BVerfG, "im öffentlichen Interesse trotz der Rücknahme der Verfassungsbeschwerde über die Sache zu entscheiden" (BVerfGE 98, 218 (243); s. auch E 89, 291; 104, 287 (305)), sowie bei der bloßen Verfassungswidrigerklärung der Norm anstelle einer Nichtigkeitserklärung (BVerfGE 91, 186 (207): "Das Gemeinwohl gebietet hier aber einen schonenden Übergang von der verfassungswidrigen zu einer verfassungsgemäßen Rechtslage").

---

336 Dazu P. *Häberle*, Öffentliches Interesse, aaO., S. 27, 100, 490 u.ö.; jetzt F. *Romig*, Gemeinwohlgerechtigkeit – Illusion oder Realität?, in: R. Weiler u.a. (Hrsg.), Gerechtigkeit in der sozialen Ordnung, 1999, S. 35 ff.; jetzt BVerfGE E 105, 185 (193).

337 Ältere Entscheidungen sind nachgewiesen in: P. *Häberle*, Kommentierte Verfassungsrechtsprechung, 1979, S. 235 ff. (Nachträge).

ff) Andeutungsweise dient das Gemeinwohl sogar der Rechtfertigung eines Grundrechts (Art. 9 Abs. 3 GG; vgl. BVerfGE 88, 103 (114 f.): Tarifautonomie wird eher den "Interessen der widerstreitenden Gruppen und dem Gemeinwohl gerecht" als eine staatliche Schlichtung).

gg) Schließlich taucht das "Gemeinwohl" in der Judikatur des BVerfG im Kontext der deutschen Wiedervereinigung auf. In E 95, 1 (23 ff.) rechtfertigt das Gericht die "Planung durch Gesetz" im Blick auf die " außergewöhnliche Situation" – das klassische Auftreten des Gemeinwohls in Ausnahme- bzw. Notfällen ("Die bei einer behördlichen Planfeststellung vorausgehende deutliche Verzögerung hätte angesichts der herausragenden Bedeutung des Vorhabens für die Stärkung der Wirtschaft in den neuen Ländern einen erheblichen Nachteil für das Gemeinwohl dargestellt").

hh) Zuletzt wird der neue Art. 20 a GG als "Gemeinwohlbelang" erwogen, BVerfGE 102, 347 (365); s. auch E 103, 293 (307): "soziale Sicherung".

II. Gemeinwohl im europarechtlichen Kontext: Elemente einer Bestandsaufnahme

1. Das Gemeinwohl im Verfassungsrecht der EU/EG

a) Geschriebene Rechtstexte

Hier können weniger Elemente als vielmehr nur Fragmente einer Bestandsaufnahme geliefert werden. Als Vorbereitung auf das neue Stichwort von der "Europäisierung des Gemeinwohls" sei, ähnlich wie im Zusammenhang mit der Repräsentation bereits unternommen, eine kurze tour d'horizon des *textlichen* und *kontextlichen* Vorkommens des hier behandelten Topos im positiven Recht der sich verfassenden EU unternommen (Kontextualisierung meint "Verständnis durch Hinzudenken"). Die alte Gemeinwohltypologie aus dem Jahre 1970 diene als Problemraster und "Schlüsselbund"[338].

Beginnen wir mit dem geschriebenen Verfassungsrecht der EU. Dabei wird sich zeigen, dass es – wie immer theoretisch konzipiert – ohne den alteuropäischen Topos "Gemeinwohl"[339] oder seine Korrelat- bzw. Ersatzbegriffe wie Aufgaben, Ziele, Kom-

---

338 Dazu Anm. 136. Vgl. weitere, oft anders arbeitende Lit. zum Gemeinwohl im nationalen Bereich: *J. Isensee*, Gemeinwohl und Staatsaufgaben im Verfassungsstaat, HdbStR Bd. III, 1988, § 57; *W. Brugger*, Gemeinwohl als Ziel von Staat und Recht, FS Quaritsch, 2000, S. 45 ff.; *W. Brugger*, Gemeinwohl als Ziel von Staat und Recht an der Jahrtausendwende, in: P.-C. Müller-Graff/H. Roth (Hrsg.), Recht und Rechtswissenschaft, 2000, S. 15 ff.; s. aber auch *M. Stolleis*, Öffentliches Interesse als juristisches Problem, VerwArch 1974, S. 1 ff.; *A. von Arnim*, Gemeinwohl und Gruppeninteressen, 1977; sowie die Beiträge in FS von Arnim und von Zezschwitz, 2004/05.

339 Gemeinwohlinteressen unterscheiden sich von der Kategorie der "Staatsaufgaben". Diese sind – trägerbezogen – der verfassten Staatlichkeit zugeordnet und umschreiben segmenthaft nur Ausschnitte des "Gemeinwohls", das aber auch den Bereich der verfassten Gesellschaft, insbesondere Öffentlichkeit, ihre Pluralität und vor allem die Grundrechtsfelder mit umfasst. Der verfassungsstaatliche Zusammenhang von grundrechtlicher Freiheit und Gemeinwohlrealisierung, die These von den "Grundrechtsaufgaben" des Staates (vgl. vom Verf.: Grundrechte im Leistungsstaat, VVDStRL 30 (1972), S. 43 (104)): all dies befreit das Gemeinwohl von seinen klassischen Konnotationen. Aus der kaum mehr überschaubaren Lit. zu den Staatsaufgaben: *M.W. Hebeisen*, Staatszweck, Staatsziele, Staatsaufgaben, 1996; *D. Grimm* (Hrsg.), Staatsaufgaben, 1994; *R.*

petenzen nicht auskommt. Vielleicht ist das Gemeinwohl sogar ein verbindender Brückenbegriff zwischen den einzelnen Nationalwohlaspekten und dem "gemeinen Wohl Europas" – im Element des "Allgemeinen" mag ein Stück der materialen Allgemeinheit Europas als Wertegemeinschaft anklingen.

Gemeinwohl bzw. öffentliche Interessen als rechtliches Element zum Zwecke *positiver Aufgaben-Umschreibung bzw. Kompetenzbestimmung* ist/sind eine aus dem nationalstaatlichen Stoff herauspräparierte Rechtsfigur[340]. Ihrer bedienen sich auch die EU/EG-Texte: der Sache nach in den großen Unions-Zielen in Art. 2 EUV, auch Art. 4 Abs. 1 ebd. ("allgemeine politische Zielvorstellungen") sowie Art. 6 Abs. 4 ("Politiken"), Art. 11 Abs. 1 ("gemeinsame Werte", "grundlegende Interessen") und Art. 43 Abs. 1 lit. a ("Interessen (sc. der Union) zu schützen"). Der reiche Aufgabenkatalog in Art. 2 EGV umschreibt Teilaspekte eines genuin EU-europäischen Gemeinwohls (z.B. Entwicklung des Wirtschaftslebens, Umweltschutz etc.) – das Wort "in der ganzen Gemeinschaft" lässt das Gemeinwohl auch sprachlich als solches erkennbar werden. Die "Erfordernisse des Umweltschutzes" (Art. 6 EGV), aber auch die Formel von "allgemeinem wirtschaftlichen Interesse innerhalb der gemeinsamen Werte der Union" (Art. 16) sind nichts anderes als spezielle – europäische – Gemeinwohltatbestände. Die "gemeinsame Verkehrspolitik" (Art. 70) gehört ebenfalls hierher. Europäischem Gemeinwohldenken am nächsten kommt aber Art. 87 Abs. 2 lit. b EGV, wonach Beihilfen zur Förderung wichtiger Vorhaben von "gemeinsamem europäischem Interesse" bzw. (lit. d) Beihilfen zur Förderung der Kultur und der Erhaltung des kulturellen Erbes (ausnahmsweise) zulässig sind, "soweit sie die Handels- und Wettbewerbsbedingungen in der Gemeinschaft nicht in einem Maß beeinträchtigen, das dem gemeinsamen Interesse zuwiderläuft". Das europäische Gemeinwohl i.S. der EU ist in diesem Tatbestand besonders eindeutig fixiert, überdies in der Form eines Ausnahme-Gemeinwohltatbestands präsent. Auch das Förderungsziel in Art. 158 Abs. 1 ("harmonische Entwicklung der Gemeinschaft als Ganzes") verweist auf einen Teilaspekt des auf die EU bezogenen europäischen Gemeinwohls. Gleiches gilt für das in Art. 131 EGV normierte "gemeinsame Interesse zur harmonischen Entwicklung des Welthandels" und das Gemeinwohlgut "Funktionieren des Gemeinsamen Marktes" (Art. 88 Abs. 1 EGV) sowie die Förderung des "technischen und wirtschaftlichen Fortschritts" (Art. 81 Abs. 3 EGV).

Das Gemeinwohl als *kompetenzbegründender Titel in Eil- und Notfällen*, ebenfalls aus dem innerstaatlichen Recht bekannt[341], findet sich auch im europäischen Verfassungsrecht. Art. 14 Abs. 6 EUV ermöglicht den Mitgliedstaaten "bei zwingender Notwendigkeit aufgrund der Entwicklung der Lage" "unter Berücksichtigung der allgemeinen Ziele der gemeinsamen Aktion die erforderlichen Sofortmaßnahmen" zu ergreifen. Der Ausnahmetatbestand des Art. 30 EGV lässt das *nationale* Gemeinwohl aufgrund

---

Wiederkehr, Die Kerngehaltsgarantie am Beispiel kantonaler Grundrechte, zugleich ein Beitrag zu den Grundrechten als Staatsaufgaben und zu den Grundrechtsverwirklichungsbestimmungen, 2000.

340 Dazu *P. Häberle*, Öffentliches Interesse, aaO., S. 39 ff. u.ö.- Recht versteckt spricht das BVerfG in E 73, 339 (386) von "Abwägungsfragen mit den Vertrags- und Gemeinwohlzielen der Gemeinschaft". Jetzt *M. Kotzur*, Die Ziele der Union, DÖV 2005, S. 313 ff.

341 Dazu *P. Häberle*, Öffentliches Interesse, aaO., S. 126 ff.

der "öffentlichen Sittlichkeit", des "nationalen Kulturgutes" etc. durchschlagen – wir sehen hier den Versuch der Lösung eines Konflikts zwischen den Grundsatz- bzw. Gemeinschaftsinteressen der EG und Teilaspekten des nationalen Gemeinwohls. Ähnlich denkt Art. 46 Abs. 1 EGV ("Zulässigkeit von Sonderregelungen für Ausländer aus Gründen der öffentlichen Ordnung"). "Notwendigkeitsdenken" i.S. der Trias von Möglichkeits-, Wirklichkeits- und Notwendigkeitsdenken[342] kommt auch in Art. 22 Abs. 2 EUV, Art. 59, Art. 120 Abs. 1 EGV ("unbedingt erforderlich"), Art. 121 Abs. 2 ebd., zum Ausdruck (s. auch Art. 153 Abs. 2 EGV: "Erfordernisse des Verbraucherschutzes"), Art. 6 EGV ("Erfordernisse des Umweltschutzes") sowie Art. 308 (erforderliches Tätigwerden der Gemeinschaft, "um im Rahmen des gemeinsamen Marktes eines ihrer Ziele zu verwirklichen").

Der Vorgang der intensiven *Anreicherung*, ja Überfrachtung von Tatbeständen mit Gemeinwohlzielen ist ebenfalls nachweisbar. Dies zeigt sich in der Buntheit des Zielekatalogs in Art. 2 EUV, ebenso in Art. 150 EGV (berufliche Bildung) sowie in Art. 152 EGV (Gesundheitswesen).

Die Verquickung mit *privaten Interessen* ist ein gängiges Stilmittel innerstaatlichen Gemeinwohlrechts[343]. Es dokumentiert sich auf EG-Ebene analog etwa in Art. 153 Abs. 1 – "Verbraucherschutz" –, insofern es hier heißt: "Zur Förderung der Interessen der Verbraucher und zur Gewährleistung eines hohen Verbraucherschutzniveaus leistet die Gemeinschaft einen Beitrag zum Schutz der Gesundheit, der Sicherheit ... der Verbraucher". Die "Interessen der Angehörigen" der Mitgliedstaaten stehen auch hinter der Unionsbürgerschaft (Art. 2 EUV).

Anklänge an den klassischen *prozessualen Gemeinwohltatbestand*[344] finden sich etwa in Art. 297 EGV (die Mitgliedstaaten "setzen sich miteinander ins Benehmen" bei Beeinträchtigungen des Marktes durch "innerstaatliche Störungen der öffentlichen Ordnung"). Auch die *präföderale Homogenitätsklausel* der Art. 6 und 7 EUV sowie Art. 309 EGV kommt dem Gedanken nahe, das europäische Gemeinwohl von der Verfahrensseite her, recht kompliziert, zu sichern.

Den *Konfliktfall* zwischen nationalen Egoismen und dem auf EU/EG bezogenen Gemeinwohl löst zugunsten von diesem und rechtstechnisch neu Art. 11 Abs. 2 S. 3 EUV ("Sie – die Mitgliedstaaten – enthalten sich jeder Handlung, die den Interessen der Union zuwiderläuft" – s. auch den Topos "Interesse der Gemeinschaft" in Art. 86 Abs. 2 EGV); andererseits schreibt Art. 33 EUV ein Reservat für einen Teilaspekt des nationalen Gemeinwohls vor bzw. fest ("Zuständigkeit der Mitgliedstaaten für die Aufrechterhaltung der öffentlichen Ordnung und den Schutz der inneren Sicherheit", vgl. auch den nationalen Gemeinwohlvorbehalt in Art. 40 Abs. 2 S. 2 EUV: "wichtige Gründe der nationalen Politik" sowie Art. 11 Abs. 2 S. 2 EGV: "wichtige Gründe der nationalen Politik") oder Art. 64 Abs. 1 EGV ("Aufrechterhaltung der öffentlichen Ordnung"), dies

---

342 Dazu P. *Häberle*, Verfassungslehre als Kulturwissenschaft, 2. Aufl. 1998, S. 546 ff., 573 ff.
343 Vgl. meine Nachweise in: Öffentliches Interesse, aaO., S. 60 ff.
344 Vgl. Öffentliches Interesse, aaO., S. 87 ff.

unter dem Titel "Zuständigkeiten der Mitgliedstaaten", worin sich einmal mehr der Zusammenhang von Kompetenz und Gemeinwohl zeigt.

Die Wirkung des (nationalen) Gemeinwohls als Titel zur *Grundrechtsbeschränkung* erscheint z.b. im Kontext der Marktfreiheit "Freizügigkeit" (Art. 39 Abs. 3 EGV: Vorbehalt der "aus Gründen der öffentlichen Ordnung" gerechtfertigten Beschränkungen; s. auch Art. 46 Abs. 1 EGV in Bezug auf das Niederlassungsrecht sowie strukturanalog in Art. 58 Abs. 1 lit. b EGV für den freien Kapital- und Zahlungsverkehr).

Die seinerzeit nationalstaatsbezogene Entdeckung, dass auch sog. *fiskalische* Interessen öffentliche sein können[345], bestätigt Art. 280 EGV (Bekämpfung von Delikten gegen die "finanziellen Interessen der Gemeinschaft").

Dem ist auch die auffallende *Gemeinwohlverpflichtung* der Mitglieder des Europäischen Rechnungshofes nahe: Art. 247 Abs. 4 EGV sagt von ihnen, sie übten ihre Tätigkeit "in voller Unabhängigkeit zum allgemeinen Wohl der Gemeinschaft" aus. Offenbar geht es um einen "Mehrwert" im Verhältnis zur bloßen Rechtmäßigkeitskontrolle.

b) "Gemeinwohljudikatur" des EuGH

Jetzt ein Blick auf die *Judikatur des EuGH*. Hier finden sich durchaus so viele Verwendungsweisen des Gemeinwohls und seiner Parallelbegriffe, dass von EU-bezogener "Gemeinwohljudikatur" gesprochen werden darf. Schon in einem Leitsatz (Nr. 6) ist im Bananenurteil vom 5. Okt. 1994[346] zentral davon die Rede, dass die VO "dem Gemeinwohl dienenden Zwecken entspricht" (im Blick auf die freie Berufsausübung). Das Gemeinwohl erscheint unabhängig von Texten als *prätorischer* Topos (wohl in Anlehnung an die Judikatur des BVerfG seit E 7, 377). Im Champagner-Urteil vom 13. Dez. 1994[347] werden die Beschränkungen von Eigentums- und Berufsausübungsfreiheit von "tatsächlich dem Gemeinwohl dienenden Zielen der Gemeinschaft" her legitimiert. Ähnlich wird in späteren Entscheidungen argumentiert[348]. Es geht also um den Typus Gemeinwohl als Rechtfertigung für die Beschränkung von (europäischen) Grundfreiheiten[349]. Weitere Problembereiche sind die Abwägung von Individualinteressen und Gemeinschaftsinteressen beim vorläufigen Rechtsschutz[350], bei der Rücknahme gemeinschaftswidriger Subventionsbescheide[351]. Dabei wird öfters von Zielen, die "im allgemeinen Interesse liegen", oder von "Erwägungen des Gemeinwohls" gesprochen[352], und zwar im Kontext der Mitgliedstaaten und ihrer Interessen. Die Abwägung zwischen

---

345   Dazu *P. Häberle*, "Fiskalische" Interessen als öffentliche Interessen i.S. des § 80 Abs. 2 Nr. 4 VwGO?, DVBl. 1967, S. 220 ff.; *ders.*, Öffentliches Interesse, aaO., S. 512 ff.
346   Zit. nach NJW 1995, S. 945 ff.
347   Zit. nach EuZW 1995, S. 109 ff.
348   Vgl. EuZW 1996, S. 595 (597), sowie EuZW 1997, S. 693 (695); vgl. auch EuGRZ 1995, S. 247 (249).
349   Dazu auch *R. Uerpmann*, aaO., S. 251 ff.- Zur "Gewährleistung des unabdingbaren Grundrechtsstandards durch den EuGH" gleichnamig: *P. Selmer*, 1998. S. auch *W. Pauly*, Strukturfragen des unionsrechtlichen Grundrechtsschutzes, EuR 1998, S. 242 ff.
350   Dazu die Nachweise bei *R. Uerpmann*, aaO., S. 245 ff.
351   Dazu *R. Uerpmann*, aaO., S. 248 ff.
352   Dazu *R. Uerpmann*, aaO., S. 251.

Gemeinschaftsinteressen und jenen führt notwendig zu einem "europäischen Interesse"[353]. M.E. erlaubt, ja fordert es das Konzept vom "Europäischen Verfassungsrecht" der EU[354] je nach der funktionellrechtlichen Arbeitsteilung zwischen Rat, Parlament, Kommission und EuGH als Ergebnis allseitiger Abwägungsprozesse ein "europäisches" Gemeinwohl im Kraftfeld europäischer Öffentlichkeit zu postulieren. Der kompetentielle, spezifisch verfassungsrechtliche Ansatz aus dem Jahre 1970 kann auf das Europa der verfassten EU schon heute übertragen werden. Die Gemeinwohljudikatur des EuGH ermutigt dazu, so punktuell sie arbeiten muss.

c) Zwischenbilanz

Fast alle der aus dem nationalen (deutschen) Recht bekannten Gemeinwohlfiguren kehren im Europäischen Verfassungsrecht der EU/EG wieder. Der alteuropäische Gemeinwohlgedanke erweist sich einmal mehr als unverzichtbar, um Problemfelder des positiven Rechts zu bezeichnen und zu lösen. Es zeigte sich, dass es ein *eigenständiges europäisches Gemeinwohl* gibt, das da und dort greifbar mit dem ebenfalls anerkannten *nationalen Wohl* der 25 Mitgliedstaaten in Konflikt gerät und letztlich "konkordant" zu lösen ist. Es sind vor allem viele einzelne – pluralistische – Gemeinwohlaspekte, die im europäischen Verfassungsrecht segmentartig umschrieben werden. Diese textliche und rechtsprechungsbezogene "Miniaturanalyse" darf weder über- noch unterschätzt werden. Das gemeinwohltypologisch aufgeschlüsselte Material ist später mit den größeren Linien einer spezifisch europäisch ansetzenden Gemeinwohltheorie zusammenzuführen. Dabei wird auch zu klären sein, ob und wie sich das nationalstaatliche Gemeinwohl "europäisiert" und ob sich das europäische Gemeinwohl mit den 25 einzelstaatlichen Gemeinwohlaspekten verbindet, wobei es kaum auf bloße quantitative Summierungsaspekte ankommen dürfte. Z.B. kann es notwendig werden, das "europäische Gemeinwohl" als Grundrechtsbeschränkung nicht nur in EU-Grundrechtsbereichen sondern auch im *nationalen* Freiheits-Bereich wirken zu lassen (Ausstrahlungswirkung).

2. Das Gemeinwohl im Europarecht im weiteren Sinne

a) Geschriebene Rechtstexte (Europarat, OSZE) – Auswahl

Nur in Auswahl seien einige gemeinwohlbezogene Texte, und zwar in der historischen Reihenfolge ihrer Inkraftsetzung, präsentiert, wobei textstufenhafte Rezeptions- und Evolutions-Vorgänge zwischen Europarats- und KSZE- bzw. OSZE-Texten erkennbar werden.

---

353 So *R. Uerpmann*, aaO., S. 263, der freilich trotz seines ebenfalls kompetenzrechtlichen Ansatzes sich noch schwer tut, verfassungs- bzw. europarechtstheoretisch ein "europäisches Gemeinwohl" anzuerkennen (vgl. ebd. S. 266 f.). Ein Teilaspekt bei *M. Pechstein*, Die Mitgliedstaaten der EG als "Sachverwalter des gemeinsamen Interesses" – Gesetzgebungsnotstand im EG-Recht, 1987. Von der ökonomischen Seite her liefert *J. Adolf*, Kohäsionspolitik und Gemeinwohlorientierung der Europäischen Gemeinschaft, 1999, einige Stichworte.

354 Dazu mein Beitrag in: Europa als werdende Verfassungsgemeinschaft, DVBl. 2000, S. 840 ff.

Ebenso früh wie ergiebig ist die *Satzung des Europarates* von 1949. Schon die Präambel umkreist Aspekte eines nicht nur regionalen, sondern sogar globalen Gemeinwohls in den Worten: "Überzeugung, dass die Festigung des Friedens auf den Grundlagen der Gerechtigkeit und internationalen Zusammenarbeit für die Erhaltung der menschlichen Gesellschaft und der Zivilisation von lebenswichtigem Interesse ist"[355]. Auch wird im gleichen Kontext von "sozialem und wirtschaftlichem Fortschritt" in Verbindung mit einer "Geist-Klausel"[356] gesprochen. Art. 1 formuliert die Aufgabe des Europarates (u.a. "Schutz und Förderung der Ideale und Grundsätze, die ihr gemeinsames Erbe bilden") und teilt den Organen des Rates ausdrücklich die "Beratung von Fragen von gemeinsamem Interesse" zu. So erweist schon eine Textanalyse den Europarat segmenthaft als "Hüter" von – europäischen – Gemeinwohlinteressen, auch wenn das Wort selbst nicht vorkommt. Besonders ergiebig ist die EMRK (dazu sogleich).

Die *Helsinki-Erklärung der KSZE* von 1975 formuliert in ihrem Vorspruch die Erkenntnis des "gemeinsamen Interesses an der Entwicklung der Zusammenarbeit überall in Europa", was so zum gemeineuropäischen Gemeinwohlgrund wird. Im Übrigen ist mehrfach von einem bestimmten "Interesse aller" bzw. vom "Wohlergehen der Völker" die Rede (Ziff. IX). Im "Korb 3" wird im Abschnitt über "Zusammenarbeit und Austausch im Bereich der Kultur" u.a. zur "Verstärkung des Bewusstseins gemeinsamer Werte unter ihnen (sc. der Teilnehmerstaaten) ein Zielekatalog" normiert, der offensichtlich Gemeinwohlcharakter besitzt. Das Ziel der Förderung der "Weiterentwicklung des Interesses für das Kulturgut der anderen Teilnehmer-Staaten" reicht ebenfalls auf einen Spezialbereich in gemeineuropäische Gemeinwohlbezirke.

Die *Europäische Sozialcharta* von 1961[357] wiederholt in der Präambel die bekannte Formel "Ideale und Grundsätze, die ihr gemeinsames Erbe sind" – eine kulturelle Erbesklausel, die in vielen europäischen Dokumenten steht, und sie fügt das Ziel der Förderung des "wirtschaftlichen und sozialen Fortschritts" hinzu; auch wird an die Förderung des "sozialen Wohls" der Bevölkerung gedacht. Nimmt man den überreichen Katalog von "Zielsetzungen und Aufgaben" hinzu, auf die sich die Vertragsparteien verpflichten (vgl. Art. 1), so ist der Schritt zu ihrer Deutung als europäische Gemeinwohlziele nicht weit.

Das *Dokument des Kopenhagener Treffens über die menschliche Dimension* der KSZE[358] stuft die "volle Achtung der Persönlichkeit des Menschen als höchstes Gut" ein und gibt damit eine Direktive für alle Gemeinwohlüberlegungen (unter I.2). Auf der Seite der Grundrechtsbeschränkungen taucht das "öffentliche Interesse" bei der Entziehung des Eigentums auf (unter II.9.6); allgemein werden fast alle Grundrechte dadurch geschützt, dass verlangt ist, dass die Einschränkungen "im Einklang mit inter-

---

355 Schon dieser Text beweist, wie intensiv Europa sich nach innen und außen als "Friedensgemeinschaft" versteht. Dieses Selbstverständnis erfährt auch im Rahmen der geplanten EU-Erweiterung Aktualisierung, auch die Kontroverse um die Integrationsfähigkeit der Türkei gehört in den Kontext des Friedens.
356 Zur Judikatur des EuGH in Sachen „Geistklauseln": *A.-C. Kulow*, Inhalte und Funktionen der Präambel des EG-Vertrages, 1997, S. 109 ff.
357 Dazu *P. Fischer/H.F. Köck*, Europarecht, 3. Aufl. 1997, S. 249 ff.
358 Zit. nach EuGRZ 1990, S. 239 ff.

nationalen Standards" stehen (z.B. die Versammlungs-, Demonstrations- und Vereinigungsfreiheit). Auch dies ist eine Vorgabe für Gemeinwohlabwägungen. Das Recht auf Ausreise wird sogar sehr streng unter den Vorbehalt eines "spezifischen öffentlichen Erfordernisses" gestellt (unter II. 9.5) und das Folterverbot gilt sogar absolut (auch in "öffentlichen Notstandssituationen", unter II. 16.3). Damit ist jedes denkbare Gemeinwohlinteresse ausgeschaltet. Im Übrigen soll die generelle Schrankenschranke (Ausnahmecharakter, "nicht missbräuchlich" und "willkürlich", unter II.24) alle Relativierungen der Menschenrechte begrenzen – auch dies ist eine Vorgabe für wirkliche oder mögliche Gemeinwohlinteressen!

Die *Charta von Paris für ein neues Europa* (1990)[359] liefert insofern Stichworte für das Gemeinwohldenken als die Demokratie als "ihrem Wesen nach repräsentativ und pluralistisch" definiert wird[360]. Auch werden "wirtschaftliche Freiheit, soziale Gerechtigkeit und Verantwortung für die Umwelt" als "unerlässliche Voraussetzungen des Wohlstands" benannt. Schließlich wird der Erfolg von Ländern, die den Übergang zur Marktwirtschaft anstreben, als "in unser aller Interesse" liegend qualifiziert. Die Brücke zu Grundwerten ist geschlagen, sofern von "unserem gemeinsamen Bekenntnis zu demokratischen Werten sowie zu den Menschenrechten und Grundfreiheiten" die Rede ist (s. auch den Passus: "Das unerschütterliche Festhalten an gemeinsamen Werten bindet uns aneinander"). Die Anerkennung des "wesentlichen Beitrags unserer gemeinsamen Kultur ... zur Überwindung der Teilung des Kontinents" ist ein Verweis auf die kulturelle Grundierung aller Gemeinwohlüberlegungen in Europa. Das *Krakauer Dokument über das kulturelle Erbe der KSZE-Teilnehmerstaaten* von 1991[361] krönt diese Erkenntnis (vgl. etwa den Passus zu den "gemeinsamen, durch die Geschichte geprägten Wertvorstellungen").

Im ganzen zeigen sich hier genügend Materialien für eine "Europäisierung" der bisher vor allem innerstaatlich geführten Grundwerte-Diskussion.

b) Insbesondere: Die EMRK und die zugehörige "Gemeinwohljudikatur" des EGMR

Die *EMRK* ist Teil des Europarechts *i.w.S.* und fast schon im ganzen Europa (derzeit in 46 Ländern) in Geltung. Das Gemeinwohl ist in diesen (Kon-)Texten teils verdeckt, teils offen präsent. Das beginnt "platonisch" beim Hinweis auf das "gemeinsame Erbe an geistigen Gütern" im Vorspruch und zeigt sich besonders an den Gemeinwohlvorbehalten, unter denen einzelne Menschenrechte stehen, etwa Art. 6 Abs. 1 EMRK in Gestalt der Klausel: Ausschluss der Gerichtsöffentlichkeit "im Interesse der Sittlichkeit oder der nationalen Sicherheit in einem demokratischen Staat" – damit steht klassisch Öffentlichkeit gegen öffentliche Interessen, ein "Insichkonflikt"[362]. Wenn überdies von den "Interessen von Jugendlichen" oder dem "Schutz des Privatlebens der Prozesspar-

---

359 Zit. nach EuGRZ 1990, S. 417 ff.
360 Ganz im Sinne von *H.-A. Winkler*, "Europa wird pluralistisch sein oder es wird nicht sein", Nordbayerischer Kurier vom 27. Juli 2001, S. 4.
361 Zit. nach EuGRZ 1991, S. 250 ff.
362 Dazu *P. Häberle*, Öffentliches Interesse, aaO., S. 420 ff.

teien" die Rede ist und gerade sie in den komplexen Vorgang der Interessenabwägung einbezogen werden, wenn die "Interessen der Gerechtigkeit" Schutzgut sind, so wird hier ein Gemeinwohltatbestand sichtbar, der dann auch in der Judikatur des EGMR zu "Gemeinwohljudikatur" führt. Eine Vielzahl von Teilaspekten "des" Gemeinwohls wird im Gesetzesvorbehalt zur Achtung des Privat- und Familienlebens (Art. 8 EMRK) sichtbar ("nationale Sicherheit", "öffentliche Ruhe und Ordnung", "das wirtschaftliche Wohl des Landes" etc.). Der Schutz dieser Güter muss "in einer demokratischen Gesellschaft" "notwendig" sein[363]. Das "Notwendigkeitsdenken" wird hier von der Ebene des demokratischen Verfassungsstaates als *Typus* her bestimmt, und ähnlich gehen die Gesetzes- bzw. Gemeinwohlvorbehalte bei der Religionsfreiheit (Art. 9 Abs. 2), Meinungsfreiheit (Art. 10 Abs. 2) und bei der Versammlungsfreiheit (Art. 11 Abs. 2) vor. Textlich scheint das Gemeinwohl *gegen* die Freiheit zu stehen; die Abwägungsvorgänge zur Schrankenziehung zeigen aber, dass in der Demokratie Gemeinwohlaspekte jeweils auch *für* die Freiheit streiten, nicht nur dort, wo es sich um öffentliche Freiheiten handelt[364] (Stichwort: Grundrechtsbezug des Gemeinwohls). In klassischer gegen eine Freiheit gerichteter Frontstellung steht das "öffentliche Interesse" indes als Voraussetzung der Enteignung (vgl. Art. 1 Abs. 1, 1. Zusatzprotokoll EMRK von 1952, dessen Absatz 2 überdies von nationalstaatlichen Gesetzen zur Benutzung des Eigentums "im Einklang mit dem Allgemeininteresse" spricht).[365]

---

363 Nach *M.E. Villiger*, Handbuch der EMRK, 1993, Rd.-Nr. 538, entsprechen die Eingriffszwecke nach Art. 8 bis 11 Abs. 2 EMRK dem "öffentlichen Interesse" der schweizerischen Grundrechtslehre. Im 4. Zusatzprotokoll EMRK von 1963 findet sich in Bezug auf die Freizügigkeit ein erklärter begrenzender Gemeinwohltatbestand (Art. 2 Abs. 4: "Einschränkungen ..., die gesetzlich vorgesehen und in einer demokratischen Gesellschaft durch das öffentliche Interesse gerechtfertigt sind"). Ein relativ verborgener Gemeinwohltatbestand findet sich in Art. 48 Abs. 4 der Verfahrensordnung, dazu EGMR, Urteil vom 11. Okt. 1988, EuGRZ 1988, S. 487 f.

364 Vgl. EGMR, Urteil vom 23. Sept. 1994, NStZ 1995, S. 238 (239), wo der Gerichtshof vom "Beitrag der Presse zur Diskussion von Themen öffentlichen Interesses" spricht, die er nicht behindert sehen will. Aus der (älteren) Lit.: *K.W. Weidmann*, Der europäische Gerichtshof für Menschenrechte auf dem Weg zu einem europäischen Verfassungsgerichtshof, 1985, S. 281. S. auch EGMR, Urteil vom 22. Febr. 1989, in: Medien und Recht 1989, S. 107: "Interesse an einer offenen Diskussion über Fragen öffentlichen Interesses", eine Abwägung, bei der die Staaten einen gewissen Beurteilungsspielraum haben, der aber einer europäischen Überprüfung unterliegt. Aus der Lit.: *J.P. Müller*, Grundrechte in der Schweiz, 3. Aufl. 1999, S. 195: "Öffentliches Interesse an der Meinungsäußerung".

365 Aus der Judikatur des EGMR: Urteil vom 23. Sept. 1994, NJW 1993, S. 718 ff.; Urteil vom 21. Febr. 1990, EuGRZ 1992, S. 5 ff.; Urteil vom 8. Juni 1986, EuGRZ 1988, S. 350 ff.- Besonders ergiebig: Urteil vom 21. Febr. 1986, EuGRZ 1988, S. 341 (343, 345) mit Stichworten wie "Fairness eines Rechtssystems" als "öffentliches Anliegen" bzw. "öffentliches Interesse" sowie "gerechtes Gleichgewicht" zwischen dem Allgemeininteresse der Gemeinschaft und der Bedeutung dieses fundamentalen Rechts für das Individuum. Aus der Lit. zum "öffentlichen Interesse" bei Eigentumsentziehungen: *W. Peukert*, in: J. A.Frowein/W. Peukert, EMRK-Kommentar, 2. Aufl. 1996, Art. 1 des 1. ZP, Rd.-Nr. 53 bis 56.

III. Aspekte einer Gemeinwohltheorie im Europäischen Verfassungsrecht

1. Die EU/EG-Ebene – Acht Thesen

Die Elemente der Bestandsaufnahme sowie die Vergegenwärtigung der "alten" Gemeinwohltheorien aus den 70er und 80er Jahren müssen den Blick freigeben für das Heute bzw. die künftigen Gemeinwohl-Möglichkeiten. Der Vorgang, der eine radikale Revision aller überkommenen Begriffe und Denkschemata erfordert, ist die *Europäisierung*. Nicht nur das Entstehen von europäischem Sozial-, Arbeits- und Strafrecht, vor allem die all dies überdachenden Konturen einer sich entwickelnden europäischen Verfassungslehre[366] zwingen dazu, Begriffe wie Souveränität oder die drei sog. „Staatselemente" der Allgemeinen Staatslehre und eben auch das Gemeinwohl ganz neu zu durchdenken. Die Europäisierung des Gemeinwohls bzw. der öffentlichen Interessen muss – parallel der Frage "Gibt es eine europäische Öffentlichkeit?"[367] – geleistet werden: "Gibt es ein europäisches Gemeinwohl?". Dabei sollten die innovationsreiche europäische Verwaltungsrechtswissenschaft[368] und die europäische Verfassungslehre Hand in Hand arbeiten. Vor allem ist das skizzierte Text- und Rechtsprechungsmaterial auszuwerten[369].

Das Gemeinwohl bzw. die öffentlichen Interessen können nicht mehr primär staatsbezogen, nationalstaatsorientiert oder gar etatistisch begriffen werden. So wie heute die nationalen Verfassungen nur noch "*Teil*verfassungen" in einem teils geschriebenen, teils ungeschriebenen Ensemble des "Europäischen Verfassungsrechts" sind (mit Kategorien der "allgemeinen Rechtsgrundsätze" bzw. des "gemeineuropäischen Verfassungsrechts" erfassbar), so wächst die Gemeinwohlidee in europäische Dimensionen hinein und

---

366 Vgl. meine Europäische Verfassungslehre in Einzelstudien, 1999.
367 Dazu mein gleichnamiger Beitrag in FS Hangartner, 1998, S. 1007 ff.; später vertieft in dem gleichnamigen Berliner Vortrag von 2000.
368 Repräsentativ: *J. Schwarze*, Europäisches Verwaltungsrecht, 2 Bde. 1988 (2. Aufl. 2005), ders. (Hrsg.), Das Verwaltungsrecht unter europäischem Einfluss, 1996; *E. Schmidt-Aßmann*, Das allgemeine Verwaltungsrecht als Ordnungsidee, 1999, S. 307 ff. (2. Aufl. 2004).
369 Im *europarechtlichen* Schrifttum ist der Gemeinwohlbegriff, soweit ersichtlich, bislang nicht grundsätzlich aufgearbeitet worden. Immerhin spricht *R. Streinz*, Bundesverfassungsgerichtlicher Grundrechtsschutz und Europäisches Gemeinschaftsrecht, 1989, S. 260 ff., früh von "Einbeziehung des europäischen Gemeinwohlinteresses in die deutsche Grundrechtsdogmatik"; s. auch *ders.*, Europarecht, 4. Aufl. 1999, S. 68: "systemkonforme Einbeziehung des Europäischen Gemeinwohls in die deutsche Grundrechtsdogmatik". Von "europäischer" Gemeinwohl- bzw. Grundrechtsschranke spricht schon *M. Schweitzer*, Das System der Erzeugungsquoten in der Europäischen Gemeinschaft für Kohle und Stahl, NJW 1982, S. 2705 (2706). Eher beiläufig ist bei *A.-R. Börner*, Nur noch Wettbewerb als Ziel der EG-Rechtsetzung für den Binnenmarkt?, RIW 1997, S. 773 ff., von Gemeinwohl die Rede. *E.-J. Mestmäcker*, Daseinsvorsorge und Universaldienst im europäischen Kontext, FS Zacher, 1998, S. 635 (644 f.), geht der EuGH-Judikatur in Sachen "zwingende Erfordernisse" bzw. "zwingende Gründe des Allgemeininteresses" nach. Vom (nationalen) *Verfassungsrecht* her hat jetzt *R. Uerpmann*, aaO., S. 245 ff., die Rechtsprechung des EuGH zum "öffentlichen Interesse" genauer untersucht. – Betont theologisch bzw. politisch fragen *J. Homeyer* bzw. *P.M. Schmidhuber*, in: P. Koslowski (Hrsg.), Europa imaginieren, 1992, S. 123 ff. bzw. S. 171 ff. nach dem "europäischen Gemeinwohl". S. noch aus der Kommentarlit.: *W. Kluth*, in: Ch. Calliess/M. Ruffert (Hrsg.), Kommentar zu EU-Vertrag und EG-Vertrag, 1999, Art. 191 EGV, Rn. 4 (2. Aufl. 2002).

kommt von hier in das nationale Verfassungsrecht "zurück", z.B. bei Grundrechtsbeschränkungen. Die Gemeinwohlperspektive ist wechselseitig zu erweitern[370], d.h. einerseits rechtfertigen sich Eingriffe in die Grundrechtspositionen deutscher Bürger über das "europäische Gemeinwohl" auch im Interesse anderer EU-Bürger. Andererseits wirken deutsche Interessen über das "europäische Gemeinwohl" auch in die Abwägungsprozesse anderer EU-Länder hinein. Die *räumliche Erweiterung* der Gemeinwohlperspektive stellt sich letztlich als Gewinn für alle EU-Bürger dar, jedenfalls wenn die Subsidiarität bzw. Föderalismus und Regionalismus ergänzend wirken. Es gibt zwar nach wie vor Felder, in denen das Gemeinwohl ganz oder primär nationalstaatlich geprägt ist, so wie es auch Verfassungsthemen und Rechtsbereiche gibt, die in der Kompetenz der 25 Mitgliedstaaten der EU verbleiben und Teil ihrer "nationalen Identität" sind (vgl. Art. 6 Abs. 3 EUV). Doch so wie "Amsterdam" und "Schengen" die Dreielementelehre *G. Jellineks* relativiert haben, so ist die Gemeinwohlidee von ihrer nationalen Fixierung, ja Monopolisierung zu befreien. Konkret heißt dies für das Europarecht *im engeren Sinne der EU*:

a) Die Verfassungsprinzipien dieser EU[371] wirken inhaltlich und prozessual als Direktiven auf die Prozesse der Konkretisierung von – europäischen – Gemeinwohlinteressen ein (materiell-prozessualer Doppelansatz wie beim nationalen Verfassungsrecht), bei welchem Vorgang viele beteiligt sind[372]. Statt eher farblos von "europäischem Interesse" sollte von konstitutionell geprägtem "*europäischem Gemeinwohl*" die Rede sein, das sich gerade auch auf die Effektivierung (gemeinschafts-)grundrechtlicher Freiheit richtet.

b) Das europäische Verfassungsrecht trifft *inhaltliche* Aussagen zum Gemeinwohl; zugleich stellt es *prozessuale* Wege zu seiner Konkretisierung bzw. schließlich Findung und Klärung bereit: man denke an die Leistungen des Europäischen

---

370 Deutlich in BVerfG, Zweiter Senat (1. Kammer), EuGRZ 2000, S. 175 (176): "Bei der Rücknahme gemeinschaftswidriger nationaler Beihilfen tritt neben das mitgliedstaatliche öffentliche Interesse an der Wiederherstellung eines rechtmäßigen Zustandes ein öffentliches Interesse der europäischen Gemeinschaft an der Durchsetzung der gemeinschaftsrechtlichen Wettbewerbsordnung. Nach der verfassungsrechtlich unbedenklichen Rechtsprechung des BVerwG muss dieses eigene öffentliche Interesse der Gemeinschaft bei der Rücknahmeabwägung Berücksichtigung finden (vgl. BVerwGE 92, 81 (85 f.)". Zur "neuen Dimension" der Schranke des Gemeinwohls *L. Michael*, Die Wiedervereinigung und die europäische Integration in der Rechtsprechung des BVerfG, AöR 124 (1999), S. 583 (610).

371 Die auf die EU bezogene, vor allem von *D. Grimm* problematisierte Verfassungsdiskussion ist bereits im Ersten Teil ausführlich behandelt worden. Aus der jüngeren Literatur hier nur noch zur Vergegenwärtigung: *I. Pernice*, Der Europäische Verfassungsverbund auf dem Weg der Konsolidierung, JöR 48 (2000), S. 205 ff.; *W. Hertel*, Die Normativität der Staatsverfassung und einer Europäischen Verfassung, JöR 48 (2000), S. 232 ff. m.w.N.; *P. Häberle*, Das Grundgesetz als Teilverfassung im Kontext der EU/EG, FS Schiedermair, 2001, S. 81 ff.; *M. Stolleis*, Europa – seine historischen Wurzeln und seine künftige Verfassung, 1997; *D. Tsatsos*, Die europäische Unionsgrundordnung, EuGRZ 1995, S. 287 ff.; *A. Weber*, Die Europäische Grundrechtscharta – auf dem Weg zu einer europäischen Verfassung, NJW 2000, S. 537 ff. Siehe noch Abschnitt F. und G.

372 Nicht nur die Kommission ist "Hüterin des europäischen Gemeinwohls" – "Gemeinschaftswohls".

Parlaments in Sachen Gesetzgebung oder an die Verwaltungsverfahren der EU-Kommission[373].

c) Auch die Rechtsprechungsfunktion seitens des EuGH hat ihre Dimension des europäischen Gemeinwohls: Es gibt *europäische "Gemeinwohljudikatur"*, greifbar etwa in den Abwägungsprozessen des EuGH bei der Bestimmung von Inhalt und Grenzen der Gemeinschaftsgrundrechte, aber nicht nur hier. Das Kraftfeld judizieller Öffentlichkeit in Luxemburg mag dabei auch ein Stück materieller – europäischer – Öffentlichkeit dank Richterspruch konstituieren.

d) Hand in Hand mit dem prozessualen, jetzt auf die Europaebene bezogenen Gemeinwohlverständnis geht das *pluralistische Gemeinwohldenken*: d.h., das Gemeinwohl ist auch im EU-Kontext nicht apriorisch, "fertig" vorhanden, es muss vielmehr ungeachtet der materiellen konstitutionellen Direktiven nach Maßgabe des Europarechts im engeren Sinne in komplexen Prozessen aus den Determinanten des europäischen Kräfteprallelogramms der Mitgliedstaaten, der EU-Organe, auch der Parteien und Verbände sowie der Kirchen erarbeitet werden. Auch hier ist die europäische Öffentlichkeit mehr als bloßer "Resonanzboden".

e) Zu unterscheiden ist ein *"hermeneutisches Dreieck"* zwischen Individual- bzw. Gruppen-Interessen einerseits, mitgliedstaatlichen Interessen und den EU-Gemeinschaftsinteressen andererseits. Es gibt viele Wechselwirkungen auf dem Weg zum europäischen Gemeinwohl.

f) Auch das den Nationen verbleibende *"nationale"* Gemeinwohl bzw. mitgliedstaatliche Interesse (angesprochen z.B. in der "nationalen Identität" nach Art. 6 Abs. 3 EUV Amsterdam) muss potentiell immer auch im europäischen Kontext gedacht werden: Grundlage dafür bildet die eigene Kategorie des "nationalen Europaverfassungsrechts" (z.B. Art. 23 n.F. GG oder Art. 7 Abs. 5 Verf. Portugal: Verstärkung der "europäischen Identität"[374]). Erst diese *innere* Europäisierung des Gemeinwohlbegriffs wird der heutigen Entwicklung des europäischen und nationalen Verfassungsrechts der 25 EU-Länder gerecht.

g) Nur als "Merkposten", aber bewusst schon hier sei erwähnt, dass die Europäisierung der Gemeinwohltheorie nicht auf das Europarecht im engeren Sinne der EU beschränkt bleiben darf. Auch das Europarecht im "weiteren Sinne" des Europarats (46 Mitglieder) und der KSZE/OSZE (55 Mitglieder) hat schon seine, wenn auch weniger "dichten" Gemeinwohldirektiven. So braucht und gebraucht der EGMR in Straßburg offen oder verdeckt Gemeinwohlaspekte in seiner schöpferischen Judikatur (Beispiele bei Grundrechtsabwägungen)[375]. Wenn die

---

373 Pionierhaft früh spricht *W. Hallstein*, Die Europäische Gemeinschaft, 1973, S. 79, 329 von "europäischem Gemeinwillen"; *M. Zuleeg*, Der Beitrag Walter Hallsteins zur Zukunft Europas, 2003.

374 Dazu mein Beitrag: Europaprogramme neuerer Verfassungen und Verfassungsentwürfe, in: FS-Everling, 1995, S. 355 ff.

375 Vgl. oben Anm. 363 sowie EGMR, Urteil vom 27. März 1996, in: Medien und Recht 1996, S. 123 ff.: Offenlegung einer journalistischen Informationsquelle ist nur dann mit Art. 10 EMRK vereinbar, "wenn sie durch eine überwiegende Notwendigkeit im öffentlichen Interesse gerechtfertigt ist." S. auch EGMR, Urteil vom 20. Sept. 1990, in: Medien und Recht 1995, S. 25 ff.: "Art.

Schweiz und Österreich die EMRK auf Verfassungsstufe "leben", so übernehmen sie auch die *in* dieser Konvention liegenden Gemeinwohlaussagen in ihr nationales Verfassungsrecht. Angesichts des Zusammenhangs von öffentlichen Interessen und Öffentlichkeit wird sich die prätorische oder legislative Gemeinwohlbildung im "ganzen" Europa auch an anderen Beispielen nachweisen lassen.

h) Bei all dem sei – vielleicht ein wenig "altmodisch" – am Konzept der "*republikanischen Bereichstrias*"[376] festgehalten, d.h. der Unterscheidung zwischen "staatlich", "privat" und "öffentlich". Sie bleibt dem Verfassungsstaat eigen, ist grundrechtlich abgesichert und nur so kann zwischen Gemeinwohl und privaten Interessen unterschieden, kann der Zusammenhang zwischen "öffentlich" und "öffentlichen Interessen" gewahrt werden. Die Skeptiker mögen einwenden: das Internet schaffe eine unbegrenzte Öffentlichkeit, zu beklagen sei mit *R. Senett* "Verfall und Ende des öffentlichen Lebens – die Tyrannei der Intimität" (1976). Kulturanthropologisch bleibt es beim Bedürfnis des Menschen, auch des Bürgers, nach privaten Reservaten, von denen aus das "Individuum im öffentlichen Austausch" (so gleichnamig *E. Goffmann*, 1971) wirken kann. Art. 1 GG setzt mit seiner Menschenwürdegarantie bzw. verfassungsstaatlichen Wertordnung allen Tendenzen wie "Big Brother" letzte Grenzen (kein Verkauf des "gefangenen" Privatbereichs), an denen gerade wir Juristen festhalten müssen: um der europäischen Identität willen.

Was am nationalstaatlich gewordenen Verfassungsstaat entwickelt wurde, ist auf das Europäische Verfassungsrecht zu übertragen: Dieses lebt ebenfalls von den menschlichen Ressourcen aus der Privatheit, auch die europäischen öffentlichen Interessen werden zu solchen auf dem schöpferischen Resonanzboden der "europäischen Öffentlichkeit"; wir haben zwar auf der europäischen Ebene keinen "Staat", doch sehen wir konstitutionelle Momente, die EU-weit segmenthaft das leisten, was dem klassischen Nationalstaat eigen war: Unions*bürgerschaft*, *Gebiets*hoheit ("Schengen"[377], Europol[378]), Währungs*hoheit* (herkömmlich ein Stück Staatsgewalt) dank des Euro, Rechtsprechungsfunktion des EuGH etc. All dies muss von den europäischen Verfassungsorganen EU-weit durchgesetzt werden.

2. Die gesamteuropäische Ebene – Sieben Thesen

Schon die Offenheit der EU/EG für homogen strukturierte Beitrittskandidaten aus Europa (Art. 49 i.V.m. Art. 6 EUV) legt es nahe, jetzt den Blick auf das "ganze Europa" zu weiten. Denn die EU/EG ist nur ein *Teil*europa. Bereits die EMRK als ein Stück le-

---

10 EMRK darf nicht so ausgelegt werden, dass er die im öffentlichen Interesse gelegene Einbeziehung von Gegenständen verbietet, deren Benutzung rechtmäßig als unerlaubt beurteilt wird".

376 Dazu *P. Häberle*, Verfassungslehre als Kulturwissenschaft, 2. Aufl. 1998, S. 656 ff.
377 Die "neuen Freiheiten" des Schengener Abkommens begünstigen ein "europäisches Weltbürgertum" grenzüberschreitender Künste und Wissenschaften. Schon im Mittelalter und in der Renaissance gab es Künstlerkarrieren ganz i.S. des Schengener Abkommens (*A. Dürer* oder *J. Liss*).
378 Bemerkenswert: *J.F. Lindner*, Europol – Baustein europäischen Polizeirechts, BayVBl. 2001, S. 193 ff.

bendes Verfassungsrecht verlangt, eine auf das ganze Europa bezogene Gemeinwohltheorie zu entwickeln, auch wenn nicht alle europäischen Staaten Mitglied sind. Entsprechendes gilt für die heute 55-köpfige OSZE-Gemeinschaft, auch wenn ihre konstitutionellen Strukturen noch deutlich schwächer und lockerer sind als die der heute 46 EMRK-Mitglieder. Es sei daran erinnert, dass manche Europarat-Texte Materialien für die EU/EG geliefert haben (vgl. nur Textpassagen der EMRK von 1950 mit parallelen EU-Artikeln und vor allem die Kulturrechtsklauseln im Europäischen Kulturabkommen von 1954 mit dem Kulturverfassungsrecht in der EU/EG: Art. 151 EGV-Amsterdam). Im Übrigen konstituiert die OSZE eine *regionale Verantwortungsgemeinschaft*. So wie es legitim ist, sogar auf der allgemeinsten Ebene, der Welt, der "Menschheit", nach Gemeinwohlelementen zu fragen[379], so sind auf der regionalen "Zwischenebene" Gemeinwohlprobleme zu behandeln. So stehen wir einer dreifachen Stufung der Gemeinwohlproblematik gegenüber: die verfassungsstaatliche, die regionale und die universale (verfassungsstaatliches, regionales, globales Gemeinwohl), – mit lebhaften Wechselwirkungen und Bedingtheitsverhältnissen.

Im Europa im weiteren Sinne ist mit den Konturen der fortentwickelten verfassungsstaatlichen und auf das EU/EG-Europa "analog" angewandten Gemeinwohltheorie zu arbeiten, bei allen Unterschieden der Bereiche und Gegenstände. Zu wählen ist zum einen ein materiell-rechtlicher und prozessualer Doppelansatz (d.h. Direktiven für das europäische Gemeinwohl sind aus inhaltlichen und verfahrensmäßigen Vorgaben zu gewinnen); zum anderen ist das 1970 entworfene offene, pluralistische Gemeinwohlverständnis des Verfassers auch auf das ganze Europa anzuwenden, d.h. neben rechtlich fixierten Vorgaben vor allem der regionalen Verträge, bleibt das Gemeinwohl sozusagen "auf dem Weg": es ist eine offene, unterschiedlich zu gewinnende Größe, insoweit eher aufgegeben als vorgegeben. Im Einzelnen:

a) In Gesamteuropa sind, bei allen Defiziten und Rückschlägen, die in der EMRK und anderen Abkommen verbürgten *Menschenrechte als "Gemeinwohlgut"* zu qualifizieren (Grundrechtsorientierung des Gemeinwohls). Nicht nur an der weitgehenden Pressefreiheit hängt ein öffentliches Interesse (dokumentiert z.B. im Pressebeauftragten der OSZE), auch andere Grundrechte, wie die Sicherung des Privat- und Familienlebens (Art. 8 EMRK) sind *auch* im Gemeinwohlinteresse garantiert. Das erfordert freilich, den damit gegebenen "Insichkonflikt" zu erkennen: Die den EMRK-Grundrechten beigefügten Eingriffsvorbehalte, vor allem im Interesse der "in einer demokratischen Gesellschaft notwendigen Maßnahmen" (vgl. z.B. Art. 9 Abs. 3 EMRK), wollen ihrerseits Gemeinwohlgüter schützen. Erforderlich wird eine konkordante Abwägung der verschiedenen pluralen Gemeinwohlaspekte.

b) Das in ganz Europa erhoffte friedliche Zusammenleben aller Bürger (und von ihnen ist ebenso primär auszugehen, wie dies innerverfassungsstaatlich geschieht), die gemeinsam verpflichtenden Rechtstexte der Verträge, die emo-

---

[379] Dazu mein Beitrag Öffentliches Interesse – revisited, in Colloquium Rinken, 2001, S. 157 ff. (Hrsg.: G. Winter).

tionale und rationale Zusammengehörigkeit im "*gemeinsamen Haus Europa*"[380] erlaubt es, den *Gemeinwohlbegriff* in Anspruch zu nehmen: er setzt ja eine "*Gemeinschaft*" voraus. Sie hat ihre territoriale Grundlage im Kontinent, bei allen offenen Grenzen, und sie hat ihre rechtlichen Basiselemente im Entstehen und Ausbau des "Gemeineuropäischen Verfassungsrechts"[381]. Die ideell-kulturelle Schicht dieser Wertegemeinschaft ist teils in ihren Rechtsprinzipien positiviert, teils in erlebter gemeinsamer Geschichte und in auf Frieden und Wohlstand gerichteten Zukunftshoffnungen gegenwärtig. Sie machen "gesamteuropäische Identität" aus und kommen etwa in der "Bekräftigung des tiefen Glaubens" an Grundfreiheiten sowie in der Geist-Klausel der Präambel der EMRK von 1950 zum Ausdruck (s. auch ebd.: "gemeinsames Erbe an geistigen Gütern"). Als besonders ergiebig erweist sich das Europäische Kulturabkommen von 1954 (vgl. das Präambel-Ziel, die "europäische Kultur zu wahren und ihre Entwicklung zu fördern" sowie die kulturelles Erbe-Klausel in Art. 1 und 2), sodann die Helsinki-Schlussakte von 1975, insofern sie an die "gemeinsame Geschichte" erinnert und die Erkenntnis formuliert, "dass die vorhandenen gemeinsamen Elemente ihrer Traditionen und Werte bei der Entwicklung ihrer Beziehungen dienlich sei können" (Präambel "Korb 1"). Das erwähnte Krakauer Dokument über das kulturelle Erbe der KSZE-Teilnehmerstaaten (1991) ist besonders reich an Bezugnahmen auf die gemeinsamen europäischen Wertvorstellungen und es lässt auch erkennen, dass die gemeinsame Kultur Europas das ist, was den Kontinent früher, heute und inskünftig zusammenhält. Diese kulturwissenschaftlich definierbaren Bindemittel der präkonstitutionellen "europäischen Gemeinschaft im weiteren Sinne" tendieren auch auf Gemeinwohlaspekte bzw. setzen solche voraus. Die regionale Verantwortungsgemeinschaft Gesamteuropa braucht das gemeinsame vielgliedrige Ringen um Gemeinwohlinteressen. Das Europäische Kulturabkommen des Europarates von 1954 lässt ebenso einen "Humus" für das schon als "Gemeinschaft" verstandene Europa erkennen wie Folgeabkommen oder KSZE- bzw. OSZE-Texte.

c) Die – regionalen – Gemeinwohlinteressen des ganzen Europa haben in der *europäischen Öffentlichkeit* mehr als einen bloßen "Resonanzboden". Ihre "Kristallisationen", ihre Bewegungen und ihre inhaltlichen Gegenstände, vor allem aus Kunst und Kultur gespeist, tragen wesentlich dazu bei, dass ein gesamteuropäisches Gemeinwohl entsteht. Der materiale Zusammenhang von Öffentlichkeit und öffentlichen Interessen, auf der innerverfassungsstaatlichen Ebene entwickelt[382], muss europaweit begriffen werden. Es gibt eine normierende Kraft der Öffentlichkeit in Europa, die gerade das gemein/gesamteuropäische Gemeinwohl

---

380 Aus der Lit. hier nur: *M. Stolleis*, Europa – seine historischen Wurzeln und seine künftige Verfassung, 1997; klassisch *P. Koschaker*, Europa und das Römische Recht, 1947; *H. Coing*, Europäisierung der Rechtswissenschaft, NJW 1990, S. 937 ff.
381 Dazu mein gleichnamiger Beitrag in EuGRZ 1991, S. 261 ff. sowie Erster Teil B. II.
382 Dazu meine Arbeit: Öffentliches Interesse als juristisches Problem, 1970, bes. S. 708 ff.

mitprägt. Es ist kein Zufall, dass Art. 35 der Satzung des Europarates Öffentlichkeit der Sitzungen der Beratenden Versammlung vorschreibt.

d) Die beiden gemeineuropäischen Prinzipien, die hohe Gemeinwohlrelevanz besitzen, sind *Rechtsstaat*[383] und *Demokratie*. Ursprünglich in nationalen Verfassungsstaaten entwickelt, sind sie heute zu "europäisieren", d.h. auch auf das gesamte Europa anzuwenden. Grundlage hierfür bilden mannigfache Texte, die beide Prinzipien nennen (vgl. Präambel EMRK von 1950: "wahrhaft demokratisches politisches Regime", "Vorherrschaft des Gesetzes"). Die Demokratie als kulturanthropologische Prämisse des Verfassungsstaates entwickelt, ist heute gemeineuropäisch und auf dieser Ebene vor allem ein Hinweis, dass die einzelnen Staaten und Gesamteuropa dem Gemeinwohl ja in ihren Bereichen von der Seite der Verfahren her näher kommen sollen (z.B. Verfahren der Beratenden Versammlung des Europarates: Art. 22 bis 35 der Satzung). In einer Vielzahl von Verfahren kristallisieren sich Gemeinwohlinteressen heraus: auf der gesamteuropäischen Ebene etwa im Europarat und in OSZE-Verfahren, so sehr hier nur zaghafte Anfänge zu erkennen sind. Die Rechtsstaatsidee ist gerade auch auf der gesamteuropäischen Ebene am weitesten entwickelt: durch die EMRK und ihren Gerichtshof in Straßburg. Die Entscheidungen dieses Organs können füglich in Anspruch nehmen, der "europäischen Gemeinwohlgerechtigkeit" zu dienen (auch dort, wo der *"ordre public européen"* umschrieben wird)[384].

e) Was innerverfassungsstaatlich Gemeinwohlaspekte umreißt, nämlich der Kanon der sog. "Staatsziele", ist – rudimentär – auch auf gesamteuropäischer Ebene sichtbar und ein Teil des vielfältigen europäischen Gemeinwohls. Europäische Gemeinwohlziele sind vor allem die im Europäischen Kulturabkommen sichtbaren *Kulturaufgaben* (vgl. Art. 3: "Förderung der im europäischen Interesse liegenden kulturellen Maßnahmen"), aber auch *soziale Ziele*, wie sie in der Europäischen Sozialcharta von 1961 umrissen werden (vgl. Präambel ESC: "soziales Wohl", Aufgaben in Art. 1 Ziff. 1 bis 4), schließlich *Umweltschutz*ziele.

f) Bei all dem ist ein um das Gemeinwohl ringender *gesamteuropäischer Trägerpluralismus* zu konzipieren: Materiell und prozessual bringen viele Beteiligte in Europa Gemeinwohlaspekte ein: die europäischen Verfassungsstaaten als Treuhänder ihrer Bürger, die sich in der europäischen Öffentlichkeit darstellenden pluralistischen Gruppen und Organisationen, die gesamteuropäisch agierenden Organe wie Europarat und Einrichtungen der OSZE und nicht zuletzt der Bürger, auf der Basis "seiner" EMRK-Grundrechte. Sie alle streiten in einem Kräfteparallelogramm um das erst im Ergebnis ermittelte "europäische Gemeinwohl".

g) Die *Wissenschaft der Juristen* hat eine nicht gering einzuschätzende Formulierungs- und Vermittlungsaufgabe: indem sie Klassikertexte zum Gemeinwohl

---

383 K. *Sobota*, Das Prinzip Rechtsstaat, 1997; E. *Schmidt-Aßmann*, Der Rechtsstaat, HdbStR Bd. I, 1987, S. 987 ff. (3. Aufl. 2004, II § 26); R. *Pitschas* u.a. (Hrsg.), Auf dem Weg..., 2004.
384 Dazu D. *Thürer*, Der Verfassungsstaat als Glied einer europäischen Gemeinschaft, VVDStRL 50 (1991), S. 97 (106). Von "Grundrechtsgemeinschaft, für die der Europarat ... bereits einen Rahmen bereit" hält, spricht H. *Steinberger*, ebd. S. 9 (49).

auf Europa hin denkt, ihnen neue Anwendungsbereiche erschließt, aber auch ganz neue Fragestellungen aufgreift.

IV. Ausblick: Eine europäische Grundwertediskussion? Globalisierung der Gemeinwohldiskussion?

1. Das Gemeinwohl im künftigen Europa

Gemeinwohlkonzepte sind innerverfassungsstaatlich in langen Generationen erprobt worden, sie können nicht von heute auf morgen in einem "großen Sprung" auf einen neuen Gegenstand, das sich einigende, in seiner Finalität offene Europa, übertragen werden. Möglicherweise sind neue Teilparadigmen erforderlich, bis "das" Gemeinwohl gesamteuropäisch (Stichwort: Europäisierung des Balkans) und nicht staatsbezogen begriffen werden kann. Wenn sogar auf der rechtlich so "dichten" EU/EG-Ebene der Gemeinwohlgedanke erst nach und nach erarbeitet wird, wie soll er dann, so "alteuropäisch" er auch ist, schon heute gesamteuropäisch konturierbar sein?

Zu fragen ist, ob und wie das Gemeinwohl bzw. seine Ersatz- und Nachbarbegriffe in einem "Verfassungsvertrag"[385] der europäischen EU-Länder i.S. der Berliner Thesen von Bundesaußenminister *J. Fischer* vom Sommer 2000 zu plazieren wären. Dessen Ideen von einer "Souveränitätsteilung von Europa und Nationalstaat", ja von einer "konstitutionellen Neugründung Europas" bzw. "überwölbenden Ordnung", auch der zuvor von vielen Seiten unterstützte Vorschlag zum Erlass einer Grundrechte-[386] und Grundwerte-Charta werden sich den Problemfeldern zu stellen haben, die der Gemeinwohl-Topos offen oder versteckt umschreibt.[387] Materialien liefert dazu die hier zum Teil dargestellte Ideen- bzw. Textgeschichte des Gemeinwohlbegriffs: ein Stück der gemeinsamen Identität. So wäre denkbar, dass die EU die Konturen eines europäischen Gemeinwohls im offenen Beispielsstil im Grundwerte-Teil umreißt und sich in einer schärferen Kompetenz- bzw. Zieleabgrenzung zwischen den durch das Subsidiaritätsprinzip gesteuerten Aufgaben der Mitgliedstaaten (bzw. ihrem "nationalen Wohl" im Rahmen ihrer "nationalen Identität") und der EU-Organe konstitutionell definiert. Dass *Gemeinwohl*aspekte stets auch *für* die europäischen Freiheiten des einzelnen und der Gruppen streiten, müsste dabei textlich angedeutet werden bzw. unverlierbare Erkenntnis der Literatur und Judikatur bleiben.

Die Verfassung des Pluralismus beruht auf letztlich nur kulturwissenschaftlich zu erschließenden Zusammenhängen, die der Jurist nicht allein erarbeiten kann (ähnliches

---

385 Siehe in diesem Kontext auch *W. Schäuble/K. Lamers*, Europa braucht einen Verfassungsvertrag, FAZ vom 4. Mai 1999, S. 10 f. S. noch Anhang.

386 Aus der Lit.: *B. Losch*, Grundrechtskatalog für die Europäische Union, ZRP 2000, S. 84 ff.; *A. Weber*, Die Europäische Grundrechtscharta –auf dem Weg zu einer europäischen Verfassung, NJW 2000, S. 537 ff. Allgemeiner: *I. Pernice*, Die Europäische Grundrechtscharta, DVBl. 2000, S. 847 ff.; *D. Tsatsos*, Die Europäische Unionsgrundordnung, EuGRZ 1995, S. 287 ff.; *P. Häberle*, Europa als werdende Verfassungsgemeinschaft, DVBl. 2000, S. 840 ff. S. noch Anhang.

387 Das Wort von der "Souveränitätsteilung" ist allerdings etwas schief, da die Mitgliedstaaten auch im Kontext der Völkergemeinschaft und der europäischen Einigung gar nicht mehr "souverän" sind.

gilt für die Erziehungsziele). Ihr Minimal- bzw. Grundkonsens (z.B. auf Respektierung der Gemeinwohl-Verfahren, auf Minderheitenschutz, Gewaltverbot und Toleranz) wurzelt in diesen Bezirken. Hier ist das heutige Gemeinwohlverständnis angesichts besonderer Krisen und Gefahren auf die Probe gestellt.

Während das verfassungsstaatliche Gemeinwohlverständnis immer neu Instrumente und Verfahren erarbeiten muss, um Gemeinwohldefizite zu verhindern (Konsumenten, Steuerzahler, Minderheiten der Minderheiten, Verbandsklage?), hat sich die interdisziplinäre Gemeinwohldiskussion auf gewaltige Herausforderungen ideeller und materieller Art gefasst zu machen (z.B. in Sachen "nachhaltige Entwicklung"). Das offene Gemeinwohlverständnis steht und fällt mit der Verfassung des Pluralismus und mit der Fruchtbarkeit des Dialogs unter den Einzeldisziplinen. Zu diesem Dialog gehört ohne jeden Zweifel auch das Ringen um einen (offenen) Grundwerte-Kanon.

2. Eine europäische Grundwerte-Diskussion?

Eine Vielzahl von Dokumenten vor und nach 1989 vergewissert sich europäischer Grundwerte: So spricht die *EMRK* (1950) vom "tiefen Glauben an diese Grundfreiheiten", vom "gleichen Geiste" und "gemeinsamen Erbe an geistigen Gütern, politischen Überlieferungen" etc. So berufen sich die Teilnehmerstaaten in der *Helsinki-Schluss-Akte* der KSZE (1975) auf die "gemeinsame Geschichte" und "Erkenntnis, dass die vorhandenen gemeinsamen Elemente ihrer Traditionen und Werte bei der Entwicklung ihrer Beziehungen dienlich sein können": (s. auch den Passus: "Verstärkung des Bewusstseins gemeinsamer Werte unter ihnen"). Das *Kopenhagener Dokument* zur menschlichen Dimension der KSZE[388] (1990) beruft sich auf "das Bekenntnis aller Teilnehmerstaaten zu den Idealen der Demokratie und des politischen Pluralismus"; in der *Charta von Paris für ein neues Europa* (1990)[389] ist im Anschluss an einen Grundrechtskatalog davon die Rede, dass die "Achtung dieser Gebote das Fundament ist, auf dem wir das neue Europa aufbauen wollen". Das Dokument des *Krakauer Symposiums über das kulturelle Erbe der KSZE-Teilnehmerstaaten*[390] unterstreicht "den Beitrag, den die Kultur zur Überwindung der Trennungen in der Vergangenheit und zur verstärkten Zusammenarbeit zwischen den Teilnehmerstaaten geleistet hat". Überdies formuliert es die "tief empfundene Überzeugung" der Teilnehmerstaaten, "dass sie gemeinsame, durch die Geschichte geprägte Wertvorstellung teilen", die auf der Anerkennung bestimmter Grundrechte und "der Bedeutung geistiger und kultureller Werte, der Verpflichtung zu Redlichkeit, Toleranz und Offenheit für einen Dialog mit anderen Kulturen beruhen". Das erinnert in Form und Inhalt an so manches innerstaatliche Erziehungsziel. "Stoff" und "Geist" dieser Textensembles deuten auf europäische Grundwerte, die bald in Gestalt von Erziehungszielen, Grundpflichten und in Verfassungspräambeln, teils über Gemeinwohlklauseln, teils in Gemeinsinn-Texten auftreten. An einer Stelle deutet sich sogar das pädagogische Moment an. Unter III Ziff. 32 des Krakauer

---

388   Zit. nach EuGRZ 1990, S. 239 ff.
389   Zit. nach EuGRZ 1990, S. 517 ff.
390   Zit. nach EuGRZ 1991, S. 251 ff.

Dokuments heißt es: "Die Darstellung sensibler Gedenkstätten kann ein wertvolles Mittel zur Förderung von Toleranz und Verständnis zwischen den Menschen sein". Anderwärts (Ziff. 38 ebd.) wird den Teilnehmerstaaten nahegelegt, ein bestimmtes Verständnis zu fördern (sc. für die Bewahrung naturgeschichtlicher Stätten und Sammlungen).

Kurz: Die ständige Selbstvergewisserung über die europäischen Grundwerte, zu denen jedes Land in Europa gemäß seinem eigenen kulturellen Erbe etwas beitragen kann, bildet einen Teil einer *europäischen Grundwertediskussion* und *Gemeinwohldebatte*. Für die EU wird sie unter dem Stichwort einer Grundrechte- und Grundwerte-Charta derzeit geführt[391]. Sie ist aber mit neuem Elan für ganz Europa zu eröffnen. Die Wissenschaften spielen hierbei mehr als bloß Moderatoren-Rolle. Das gilt auch für das letzte Stichwort zum Gemeinwohl – seine Globalisierung.

3. Globalisierung der Gemeinwohldiskussion?

Von der regionalen Verantwortungsgemeinschaft Europa sollte sich der Blick auch zur Welt im ganzen hin weiten[392]. Solange es keine "neue Schule von Salamanca" gibt, kann nur die Fragestellung angedeutet werden:

a) Im Zeichen der Globalisierung wandert das Gemeinwohl auch auf die völkerrechtliche Ebene: Das "Wohl aller Völker der Menschheit" im ganzen sollte ein potentieller und aktueller Topos werden: ohne weiteres greifbar im Umweltvölkerrecht, in Abkommen etwa zum Klimaschutz und Artenschutz etc. Vielleicht darf man von "globalem" bzw. "universalem Gemeinwohl" sprechen.

b) Agierende beim Erkennen und Durchsetzen von globalen öffentlichen Interessen sind neben den Nationalstaaten gewiss auch die Organe der UNO und die internationale Öffentlichkeit[393], nicht zuletzt die Nongovernmental Organisations, die sich immer mehr etablieren.

c) Die internationale Menschenrechtsdiskussion liefert ebenfalls Aspekte des "globalen Gemeinwohls": auf der Seite der Durchsetzung eines Kernbestands an universalen Menschenrechten streiten auch Gemeinwohlaspekte, nicht nur das Einzelwohl der in Frage stehenden einzelnen Menschen. Das "globale Gemeinwohl" wird freilich u.U. auch einmal begrenzend gegen bestimmte Grundrechte stehen: etwa bei der Begrenzung der Kommunikationsvorgänge des "Internets" im Interesse des Jugendschutzes, Gewaltverbots etc., wie überhaupt Elemente der alten *"Gemeinwohltypologie"* von 1970 auf die Teilrechtsordnungen der

---

391   Aus der Lit. etwa *A. Weber,* Die Europäische Grundrechte-Charta auf dem Weg zu einer europäischen Verfassung, NJW 2000, S. 537 ff. Zuletzt: *T. Schmitz,* Die EU-Grundrechtecharta aus grundrechtsdogmatischer und grundrechtstheoretischer Sicht, JZ 2001, S. 833 ff.

392   Als Vorstudie: *P. Häberle,* Das Weltbild des Verfassungsstaates, FS Kriele 1997, S. 1277 ff. Einige allgemeine Stichworte bei *I. Brusis,* Politik und Gemeinwohl, zwischen Globalisierung und Individualisierung, in: U. von Alemann u.a. (Hrsg.), Bürgergesellschaft und Gemeinwohl, 1999, S. 139 ff.; W. Brugger u.a. (Hrsg.), Gemeinwohl in Deutschland, Europa und der Welt, 2002.

393   Dazu *M. Kotzur,* Theorieelemente des internationalen Menschenrechtsschutzes, Dissertation Bayreuth, 2001, S. 180 ff.

"Welt" übertragbar werden (Stichwort: Kompetenzaspekt, Ausnahmetitel etc.), etwa in Sachen Umweltschutz bzw. Umweltvölkerrecht.

Ermutigen kann bei all dem, dass es schon lange völkerrechtliche Texte gibt, die der Gemeinwohlidee nahekommen. So ist in der Präambel der UN-Charta (1945) die "Menschheit" Bezugspunkt, auch wird von einem bestimmten "gemeinsamen Interesse" gesprochen; in der Satzung des Europarates (1949) ist im Kontext der Aufgaben von "Fragen von gemeinsamem Interesse" die Rede; im Nordatlantik-Vertrag (1949) wird als Vertragsziel u.a. die "Förderung des Wohlergehens" postuliert, im Antarktis-Vertrag (1959) spricht die Präambel von "interest of all mankind" und im Weltraumvertrag (1967) heißt es "in Anerkennung des gemeinsamen Interesses der Menschheit an der ... Nutzung des Weltraums zu friedlichen Zwecken" bzw. zum "Wohle aller Völker". Im Wiener Übereinkommen zum Schutze der Ozonschicht (1985) ist in Art. 1 von Ökosystemen die Rede, die "für die Menschheit nützlich sind". Schon in so klassischen Verträgen wie dem I. Haager Abkommen (1907) ist im Vorspruch von "Wohlfahrt der Völker" die Rede, und der Kellog-Pakt über die Ächtung des Krieges (1928) verwendet bereits das Wort vom "Interesse der Menschheit"[394]. Die Menschheit bzw. die Völker unseres Globus sind Bezugssubjekte allgemeiner Interessen, wenn man will: des völkerrechtlich konkretisierten und weiter zu konkretisierenden Gemeinwohls. Die vornehmste Bezugnahme steckt in allen Klauseln zum Schutz des "Gemeinsamen Erbes der Menschheit" ("common heritage"). Und Art. 43 Verf. Polen (1997) erklärt "Verbrechen gegen die Menschheit" für unverjährbar. Auch im internationalen "ordre public" dürften Gemeinwohlaspekte verborgen sein.

F. Rechtsstaatliche Strukturen im europäischen Verfassungsraum
   – der "europäische Rechtsstaat"

Vorbemerkung

Der "Rechtsstaat" hat national verfassungsstaatlich wie europa- und weltweit nicht erst seit 1989 eine besondere Erfolgsgeschichte aufzuweisen[395]. Er hat eine große Entwicklungsgeschichte hinter sich und gerade im Europäischen Verfassungsraum eine sich derzeit beschleunigende Zukunft vor sich. Das sei an Texten, Judikatur und Literatur wenigstens ausschnitthaft belegt. Freilich: So sehr der "Rechtsstaat" in all seinen Ausformungen vom "effektiven Rechtsschutz" über das Bestimmtheitsgebot, den Vertrauensschutz, das Übermaßverbot, die Amtshaftung und das Rückwirkungsverbot in den einzelnen *nationalen* Verfassungsstaaten Europas seinen gesicherten Platz besitzt: im Europa im engeren Sinne der EU und im weiteren Sinne der jetzt 55 Mitglieder der

---

394 Alle Texte zit. nach Völkerrechtliche Verträge, 6. Aufl. 1994 bzw. F. Berber (Hrsg.), Völkerrecht Bd. I 1967. – Zu den "Konturen eines ordentlichen Völkerstrafrechts": *G. Werle*, JZ 2001, S. 885 ff.
395 Aus der neueren Lit.: *K. Sobota*, Das Prinzip Rechtsstaat, 1997; *E. Sarcevic*, Der Rechtsstaat, 1996; *P. Kunig*, Das Rechtsstaatsprinzip, 1986; *ders.*, Der Rechtsstaat, in: P. Badura/H. Dreier (Hrsg.), FS 50 Jahre BVerfG II, 2001, S. 379 ff. Zuletzt BVerfGE 111, 54 (82).

OSZE kann er nicht als Rechts"*staat*" figurieren. Denn im Europäischen Verfassungsraum gibt es ja gerade keinen "Staat", wohl aber sind und bleiben die nationalen Verfassungsstaaten dieses Europa "*europäische*" Verfassungsstaaten. Im Folgenden wird sich zeigen, dass die rechtsstaatlichen Strukturen und Elemente in der *EU* fast vollständig "entwickelt" sind, auch dank viel Richterrechts aus Luxemburg, während etwa das Umweltverfassungsrecht in seinen Teilaspekten auf der europäischen Ebene hinter der nationalverfassungsstaatlichen stark zurückbleibt. Auch ist anzumerken, dass, anders als im deutschen GG, sich auf der europäischen Ebene Rechtsstaatlichkeit und *Sozial*staatlichkeit noch nicht – wie geboten – intensiv zusammen denken lassen ("sozialer Rechtsstaat"). Das soziale Programm ist derzeit hier eher schwach entfaltet, auch wenn es im Europa i.e.S. durch das Solidaritäts-Kapitel IV in der EU-Grundrechte-Charta einen kräftigen Schub erfahren hat und im Europa im weiteren Sinne in Gestalt der programmatischen ESC des Europarates sehr früh (1961) ein Stück konkreter Utopie geworden war. So viel das Europäische Verfassungsrecht dem nationalen Verfassungsrecht in Sachen "Rechtsstaat" verdankt: heute wirkt manches von Europa her in die Nationen hinein: etwa in die Beitrittsländer und -kandidaten der EU im Rahmen der Osterweiterung oder im Blick auf neue Verfassungsstaaten, Staaten wie die Ex-Jugoslawischen Länder auf dem Balkan. Zunächst sei nicht nur aus "Übungszwecken", sondern auch als Text-, Theorie- und Rechtsprechungsreservoir ein Blick auf die nationalverfassungsstaatliche Ebene geworfen.

I. Stichworte zur Rechtsstaatlichkeit auf der national-verfassungsstaatlichen Ebene: Der soziale Rechtsstaat

1. Entwicklungsgeschichte, Klassikertexte, Verfassungstexte

Die Formel vom "sozialen Rechtsstaat" (vgl. Art. 28 Abs. 1 S. 1 GG) zu einem zusammengehörigen Verfassungsprinzip verbunden zu haben, ist eine Gemeinschaftsleistung der deutschen Rechtswissenschaft und Verfassungspraxis. Ihre Klassiker sind *F.J. Stahl* und *R.v. Mohl* einerseits, insofern sie im 19. Jahrhundert wissenschaftliche Vorkämpfer der Rechtsstaatsidee waren[396], *H. Heller* andererseits, weil er im Blick auf die Weimarer Verfassung und allgemein den "Sozialstaat" propagiert hat[397]. Kein Geringerer als *Carlo Schmid*, einer der einflussreichsten "Väter" des Bonner Grundgesetzes, hat in den Verfassungsberatungen diese von *H. von Mangoldt* vorgeschlagene[398] Formel *H. Hellers* ausdrücklich auf den "soziale(n) Pathos der republikanischen Tradition"[399] zurückgeführt. Recht betrachtet, ist der *soziale Rechtsstaat* eine kongeniale "Fortschreibung" des alten Rechtsstaatsbegriffs für das 20. Jahrhundert, und heute fragt sich, ob es nicht einer erneuten Fortschreibung bedarf im Blick auf den Ver-

---

396 Dazu aus der Lit.: *K. Stern*, Staatsrecht I, 2. Aufl. 1984, S. 882.
397 Vgl. *H. Heller*, Rechtsstaat oder Diktatur, 1930, S. 11; dazu aus der Lit. *W. Schluchter*, Entscheidung für den sozialen Rechtsstaat. Hermann Heller und die staatstheoretische Diskussion in der Weimarer Republik, 1968; *A. Dehnhard*, Dimensionen staatlichen Handelns, 1996, S. 33 ff.
398 Vgl. *K. Stern*, aaO., S. 878.
399 Parl. Rat, Stenographischer Bericht S. 172; vgl. hierzu *Stern*, aaO., S. 880.

fassungsstaat, der Verantwortung auf für künftige Generationen hat und insofern zum Umweltschutz verpflichtet ist ("*ökologischer Rechts- bzw. Verfassungsstaat*"). Jedenfalls ist heute der "soziale Rechtsstaat" ein Wesenselement[400] im Ganzen des Verfassungsstaates, und dessen Textstufenentwicklung gibt dazu vielfältige Hinweise. So finden sich Textbelege in den meisten neueren Verfassungen, sei es in den Reformstaaten Osteuropas (Art. 1 Abs. 1 Verf. Mazedonien von 1991: "social state"; Art. 2 Verf. Polen von 1997 ("demokratischer Rechtsstaat, der die Grundsätze der sozialen Gerechtigkeit verwirklicht"), sei es in Art. 1 Verf. Ukraine von 1996: ("social, law-based state"); oder Afrika (Art. 1 Abs. 1 Verf. Äquatorial-Guinea von 1991: "sozialer und demokratischer Staat"; Präambel Verf. Madagaskar von 1995: "Rechtsstaat"; ebenso Art. 8 Abs. 1 Verf. Niger von 1996: "Rechtsstaat").

Die Formulierungen variieren, doch sie meinen im Grundsatz dasselbe: den auf *soziale Gerechtigkeit* verpflichteten Verfassungsstaat. Dies ist eine zugegeben sehr abstrakte und allgemeine Formel, sie ist vielfältiger (auch politischer) Ausgestaltung und Interpretation fähig und bedürftig. Doch ergeben sich im Rechtsvergleich gewisse "Teilprinzipien", die allen Verfassungsstaaten gemeinsam sind. Dazu gehören nach der *formalen* Seite hin der "Vorrang der Verfassung"[401], die Bindung an das Gesetz (u.a. Gesetzmäßigkeit der Verwaltung), nach der *materiellen* Seite hin ein gemeineuropäischer Standard an Menschenrechten, die Gewaltenteilung[402], die Staatshaftung, der Rechtsschutz durch unabhängige Richter etc. Bringt das deutsche Grundgesetz schon in Art. 20 Abs. 3 die Spannung von "Gesetz und Recht" zum Ausdruck und steht zwischen Positivität und Wertung, so bedeutet das Attribut "sozial" erst recht einen unmittelbaren Durchgriff auf (vorstaatliche) Gerechtigkeitselemente wie sozialer Ausgleich, Hilfe für die und Schutz der Schwachen ("soziale Sicherheit"). Hatte die *Bismarck'sche*-Sozialgesetzgebung von 1881 in der Praxis schon früh mit einem Sozialversicherungssystem begonnen, dessen "Umbau" wohl heute bevorsteht, so war die Sozialstaatsklausel auch ein Weg zur *Integration der Arbeiterschaft* in den Verfassungsstaat bzw. das parlamentarische System. Was in der angloamerikanischen Welt als "welfare state" diskutiert und in den USA wohl eher schwach ausgeprägt ist, ist in den europäischen Verfassungsstaaten heute Gemeingut (wobei der heutige Streit um eine "europäische Sozialcharta" der EU die Differenzen erkennen lässt). So zeichnen sich die nach dem Ende des zweiten Weltkrieges in Europa ergangenen Verfassungen alle durch mehr oder weniger ausgefeilte Klauseln aus, die im Grunde den "sozialen Rechtsstaat" meinen, so etwa in Italien (Art. 35, 36, 38 Verf. von 1947), aber auch in Griechenland (Art. 21 bis 23 Verf. von 1975), Spanien und Verf. Portugal von 1976 (Art. 1: "freie, gerechte und solidarische Gesellschaft"; Art. 63 Abs. 1: "Alle haben das Recht auf soziale Sicherheit"). Auch die Schweizer Kantonsverfassungen enthalten eine reiche Palette an dem Sozialstaatsgedanken verpflichteten Normtexten, so etwa Verf. Kanton Aargau von 1980: (§ 25

---

400 Vom "Wesensgehalt" spricht auch *C. Schmid*, ebd.
401 Vgl. *R. Wahl*, Der Vorrang der Verfassung, Der Staat Bd. 20 (1981), S. 485 ff.
402 Aus der Kommentarlit. zur Gewaltenteilung auch: *K.-P. Sommermann*, in: v. Mangoldt/Klein/Starck (Hrsg.), GG II, (2000), Art. 20, Rn. 187 ff.; ebd., Rn. 205 ff. zum Schutz der „Kernbereichs".

Abs. 1: "Der Staat fördert die allgemeine Wohlfahrt und die soziale Sicherheit"); zuletzt Verf. Bern von 1993 (Art. 29: "Sozialrechte"; Art. 30: "Sozialziele").

Nur Verfassungen, die wie die Niederlande von 1983 insgesamt in ihrem Regelungsprogramm eher karg bzw. zurückhaltend sind, bleiben bei bloßen Andeutungen (z.B. Art. 20 Abs. 2: "Vorschriften über den Anspruch auf soziale Sicherheit werden durch Gesetze erlassen"). Ein Blick auf Süd- und Mittelamerika ist demgegenüber sehr ergiebig bis hin zu sozialstaatlichen Überanstrengungen etwa in der Verf. Brasilien (1988), zum Teil auch (alte) Verf. Peru (1985). Vieles an Sozialstaatlichkeit kann erst der politische Prozess auf dem Weg der einfachen Gesetzgebung schaffen. Dennoch bedarf er "anregender" Verfassungstexte. Ein solches Regelungsoptimum (oder -minimum) an sozialer Gerechtigkeit gehört heute zum Standard des *Typus* "Verfassungsstaat", etwa durch einklagbare Ansprüche auf das wirtschaftliche Existenzminimum, des Gesundheitsschutzes, der Schutz der Familie und die Garantie auf menschenwürdige Arbeitsbedingungen[403].

Eine vergleichende europäische Verfassungslehre, die wie die hier entworfene kurz sein muss, kann nur einige Linien der Gehalte des Prinzips "sozialer Rechtsstaat" aufzeigen. Sie werden im Folgenden anhand der deutschen Literatur und Rechtsprechung angedeutet und bedürfen naturgemäß der Ergänzung durch Gelehrte anderer nationaler Rechtskulturen, etwa der italienischen. Auch müssen Divergenzen und Konvergenzen zwischen dem kontinental-europäischen "Rechtsstaat" und der US-amerikanischen "Rule of Law" erarbeitet werden. Unter diesem Vorbehalt das Folgende:

2. Die Ausgestaltung des Rechtsstaatsprinzips im deutschen Grundgesetz

Die Ausgestaltung des *Rechtsstaatsprinzips* im deutschen Grundgesetz setzt sich aus einer Vielzahl von Elementen zusammen, die über das ganze GG verteilt textlichen Niederschlag gefunden haben: Das reicht von den Grundrechten[404] (Art. 1-19 GG) einschließlich des Vorbehalts des Gesetzes[405], des Grundsatzes der Verhältnismäßigkeit[406] und der Garantie des Rechtsschutzes[407] (Art. 19 Abs. 4 GG) über die Gewaltenteilung[408] (vgl. Art. 20 Abs. 2 S. 2 GG), den Primat des Rechts[409], die Gesetzmäßigkeit der Verwaltung und den Vorrang der Verfassung[410] (Art. 20 Abs. 3 GG), die Staatshaftung[411]

---

403 Der gesamte Bereich der Daseinsvorsorge hat eine sozialstaatliche, daneben aber auch noch andere Dimensionen: siehe *J. Schwarze*, Daseinsvorsorge im Lichte des europäischen Wettbewerbsrechts, EuZW 2001, S. 334 ff. S. noch Anhang.
404 *K. Hesse*, Grundzüge, 20. Aufl. 1995 (Neudruck 1999), S. 83.
405 *P. Badura*, Staatsrecht, aaO, S. 276.
406 BVerfGE 23, 127 (133) m.w.N.; vgl. *P. Lerche*, Übermaß und Verfassungsrecht, 1961, S. 61 ff.; differenzierend zu dieser und anderen Herleitungen des Prinzips der Verhältnismäßigkeit *L. Michael*, Der allgemeine Gleichheitssatz als Methodennorm komparativer Systeme, 1997, S. 267 ff.
407 *Schmidt-Aßmann*, in: Maunz-Dürig, zu Art. 19 IV GG, Rz. 15 f.
408 Z.B. *K.-P. Sommermann*, in: v. Mangold/Klein/Starck (Hrsg.), GG II, 2000, Art. 20 Rn. 187 ff. m.w.N.
409 *K. Hesse*, Grundzüge, 20. Aufl. 1995 (Neudruck 1999), S. 86 ff.
410 *K. Hesse*, Grundzüge, 20. Aufl. 1995 (Neudruck 1999), S. 88; *P. Badura*, Staatsrecht, 3. Aufl. 2003, S. 316 ff.

(Art. 34 GG) und das richterliche Prüfungsrecht[412] (Art. 100 Abs. 1 GG) bis hin zu den justiziellen Garantien der Art. 101 ff. GG.

Das Rechtsstaatsprinzip ist aber nach der Rechtsprechung des BVerfG „in der Verfassung nur zum Teil näher ausgeformt"[413]. Der Begriff des Rechtsstaates wird im deutschen Verfassungsrecht deshalb auch aus seiner generalklauselartigen Verwendung in Art. 28 Abs. 1 GG entwickelt. Der so verwendete Topos Rechtsstaat „bedarf der Konkretisierung je nach sachlichen Gegebenheiten"[414] und ist in der Lehre und Rechtsprechung vielfältig ausdifferenziert worden.

Im Mittelpunkt der Diskussion steht dabei immer wieder die Rechtssicherheit.[415] Unter diesen Begriff fallen folgende Unteraspekte: das Problem der Rückwirkung von Gesetzen[416], die Frage der Bestimmtheit von Normen, der Bestandskraft von Verwaltungsakten und der Rechtskraft von Urteilen, der Selbstbindung der Verwaltung und Erfordernisse der Öffentlichkeit[417]. Gemeinsam ist diesen Aspekten die stabilisierende Funktion des Rechtsstaatsprinzips, als „Form der Herstellung von Kontinuität"[418]. Ursprung dieser verschiedenen verfassungsrechtlichen Gewährleistungen ist der Gedanke des Vertrauensschutzes, ja letztlich die „Idee der Gerechtigkeit"[419].

Methodisch bemerkenswert ist die Tatsache, dass das Rechtsstaatsprinzip mitunter zueinander gegenläufige Aspekte in sich vereint,[420] insbesondere im Widerstreit zwischen formaler und materialer Gerechtigkeit. Es wurde deshalb von einer „Janusköpfigkeit"[421] des Prinzips gesprochen.

3. Das Sozialstaatsprinzip

Das *Sozialstaatsprinzip* (vgl. bereits Art. 20 Abs. 1 GG) wird im Grundgesetztext in einem Atemzug mit dem Rechtsstaatsprinzip genannt (Art. 28 Abs. 1 S. 1 GG spricht von den Grundsätzen des „sozialen Rechtsstaates"). Das wirft die Frage nach dem Verhältnis beider Prinzipien zueinander auf. So wie das Rechtsstaatsprinzip in sich Antinomien vereint, so wurden auch das Rechts- und Sozialstaatsprinzip oft als Gegensatzpaar begriffen. Die Lehre hat jedoch die von *E. Forsthoff*[422] behauptete Unvereinbarkeit

---

411   P. *Badura*, Staatsrecht, 3. Aufl. 2003, S. 329 ff.
412   P. *Badura*, Staatsrecht, 3. Aufl. 2003, S. 317.
413   BVerfGE 65, 283 (290). Zuletzt BVerfGE 111, 54 (82).
414   Ebd.
415   Vgl. E. *Schmidt-Aßmann*, Der Rechtsstaat, HdBStR I, 2. Aufl. 1995, S. 1030 (3. Aufl., aaO., § 26); P. *Kunig*, Das Rechtsstaatsprinzip, 1986, S. 90 ff. – Aus der Kommentarlit. zum Rechtsstaat: H. *Schulze-Fielitz*, in: H. Dreier (Hrsg.), Grundgesetz-Kommentar, Bd. II, 1998, Art. 20 (Rechtsstaat), Rn. 1 ff.
416   Vgl. hierzu BVerfGE 13, 261 (272) st. Rspr., zuletzt etwa E 88, 384 (403 f.).
417   P. *Kunig*, Das Rechtsstaatsprinzip, 1986, S. 394 f.
418   K. *Hesse*, Grundzüge, 20. Aufl. 1995 (Neudruck 1999), S. 85.
419   BVerfGE 33, 367 (383) m.w.N.
420   BVerfGE 65, 283 (290).
421   P. *Kunig*, Das Rechtsstaatsprinzip, 1986, S. 378.
422   E. *Forsthoff*, Begriff und Wesen des sozialen Rechtsstaates, VVDStRL 12 (1954), S. 8 ff., 33.

Stück für Stück widerlegt bzw. abgemildert.[423] Dabei ist der Sozialstaatsgedanke jedoch zu einem denkbar unbestimmten Staatsziel („Blankettnorm"[424]) herausgebildet worden, bei dessen Ausgestaltung das BVerfG dem Gesetzgeber „einen weiten Raum zur freien Gestaltung"[425] zugesteht. Immerhin ist mit dem Sozialstaatsprinzip i.V.m. Art. 1 Abs. 1 GG nach und nach eine verfassungsrechtliche Garantie des Existenzminimums begründet worden.[426] Darüber hinaus spielt das Sozialstaatsprinzip als Argumentationstopos im Rahmen des allgemeinen Gleichheitssatzes[427], diverser Freiheitsrechte[428] und sogar des Demokratieprinzips[429] eine Rolle.

II. Rechts"staatliche" Strukturen im Verfassungsraum der EU

I.S. des Textstufenparadigmas sei zunächst untersucht, inwieweit die EU positivrechtlich, aber auch "hintergründig" das Prinzip Rechtsstaat kennt bzw. praktiziert. Stichworte ergeben sich aus der Trias: Texte, Judikatur und Literatur (bzw. wissenschaftlichen Theorien). So sehr die Sache Rechtsstaat im nationalen Verfassungsrecht der westeuropäischen Staaten nach 1945 sehr ausgeformt war und so groß die Faszinationskraft der Rechtsstaatlichkeit im Europarecht i.w.S. schon seit 1949 dokumentiert ist (zum Europarat unten 3): die alte EWG von 1957 kennt in ihren Vertrags- bzw. Verfassungsdokumenten keinen allgemeinen Begriff von "Rechtsstaatlichkeit". Freilich war hier das Richterrecht des EuGH auf Einzelfeldern pionierhaft tätig, bis dann die Rechtsstaatlichkeit auch plakativ in den Verträgen von Maastricht und Amsterdam auftritt.[430]

Im Einzelnen: Im EWG-Vertrag normiert die Präambel lediglich das Ziel der Wahrung der "Freiheit"; auch denkt der Vertrag in rechtsstaatlichen Kategorien, wenn er bestimmte (wirtschaftliche) Freiheiten schützt (z.B. die Freizügigkeit der Arbeitnehmer nach Art. 48); auch ist die Definition der Aufgabe des EuGH mit "Wahrung des Rechts" (Art. 164)[431] ebenso rechtsstaatlich konzipiert wie das Klagesystem oder das Diskriminierungsverbot (Art. 6). Der eigentliche "Schub" in Sachen Rechtsstaatlichkeit kommt jedoch von der langjährigen schöpferischen Tätigkeit des EuGH her, was dann die Texte von Maastricht und Amsterdam "honorieren", indem sie zur Rechtsstaatlichkeit verallgemeinern, was der EuGH im Schubwechsel zwischen "Grundsatz und Norm", "Ein-

---

423 K. Hesse, Grundzüge, 20. Aufl. 1995 (Neudruck 1999), S. 95 spricht von der Rechtsstaatlichkeit als Grenze der Sozialstaatlichkeit.
424 K. Stern, Staatsrecht Bd. I, 2. Aufl. 1984, S. 914. Aus der Kommentarlit. zum Sozialstaat: R. Gröschner, in: H. Dreier (Hrsg.), Grundgesetz-Kommentar, Bd. 2, 1998, Art. 20 (Sozialstaat), Rn. 15 ff.
425 BVerfGE 18, 257 (273). Vgl. zuletzt E 100, 271 (284); 110, 412 (445 f.).
426 Vgl. BVerfGE 1, 97 (104) einerseits, E 40, 121 (133) andererseits; zuletzt E 82, 60 (85). Früh BVerfGE 1, 159. Jetzt wieder BVerfGE 110, 412 (445 f.).
427 H. F. Zacher, Das soziale Staatsziel, HdBStR I, 2. Aufl. 1995, S. 1045 (1068) (3. Aufl. 2004 Band II § 28). VVDStRL 64 (2005): "Der Sozialstaat in Deutschland und Europa".
428 Zacher, aaO., S. 1070.
429 Zacher, aaO., S. 1096 ff. – T. Kingreen, Das Sozialstaatsprinzip im europ. Verf.-verbund, 2003.
430 Allgemein zur Anwendung und normativen Dimension des Amsterdamer Vertrages W. Hummer (Hrsg.), Rechtsfragen in der Anwendung des Amsterdamer Vertrags, 2001.
431 Dazu J. Schwarze, Die Wahrung des Rechts als Aufgabe und Verantwortlichkeit des Europäischen Gerichtshofes, FS Hollerbach, 2001, S. 169 ff.

zelfall und Leitentscheidung" entwickelt hat. So heißt es im Verfassungsrecht der EU/EG Maastricht/Amsterdam etwa in der Präambel der EU: "In Bestätigung ihres Bekenntnisses zu den Grundsätzen der Freiheit, der Demokratie und der Achtung der Menschenrechte und Grundfreiheiten und der Rechtsstaatlichkeit"; so ist ebenda von einem "Raum der Freiheit, der Sicherheit und des Rechts" die Rede[432], und so zählt Art. 6 Abs. 1 EUV neben den Menschenrechten und Grundfreiheiten die "Rechtsstaatlichkeit" zu den Grundsätzen, die allen Mitgliedstaaten gemeinsam sind. Im Grunde rückt so das Rechtsstaatsprinzip in den Kernbereich der Identität der EU, in dem der "nationalen Identität" der Mitgliedstaaten ist sie schon! Was der EuGH an Einzelprinzipien für diese Rechtsstaatlichkeit erarbeitet hat, nennt die Kommentarliteratur[433] neben den Grundrechten unter den Stichworten "Vertrauensschutz", "Rückwirkungsverbot", "Bestimmtheitsgrundsatz", man darf auch die Amtshaftung (Fall Francovich von 1991) hinzunehmen, sodann die Verhältnismäßigkeit, die Pflicht zur Begründung von Einzelfallentscheidungen; den Grundsatz der Gesetzmäßigkeit der Verwaltung[434]. Im Übrigen ist aber Maastricht wie Amsterdam rechtsstaatlich durchdacht. Man vergegenwärtige sich nur die differenzierten Instrumentarien des Handelns der EU-Organe (Art. 249 EGV), die Begründungspflicht für Rechtsakte (Art. 254 EGV) und die Grundlinien des Verfahrensrechts des EuGH (Art. 220 bis 245 EGV). Vor allem aber steuert der Rechtsstaatsgedanke das Profil der Grundrechtstatbestände und die Schrankendogmatik.

Ein Blick auf die *EU-Grundrechte-Charta* (Nizza, 2000)[435] zeigt den kontinuierlichen Fortgang der Verdichtungsprozesse, die Wechselwirkung zwischen den Texten vieler Ebenen (national, EU-Recht, Europaratsdokumente) und der kongenialen Rechtsprechung der beiden europäischen Verfassungsgerichte EuGH und EGMR. In der Präambel ist die Rede von den Grundsätzen der Demokratie und der Rechtsstaatlichkeit, vom "Raum der Freiheit, der Sicherheit und des Rechts", auch wird auf die EMRK verwiesen, ebenso auch auf die beiden europäischen Gerichtshöfe und -organe. Dies bündelt Rezeptionsvorgänge. In einzelnen Artikeln findet sich in Sachen Rechtsstaat aber auch ganz oder teilweise Innovatives: so in Art. 41 (Recht auf eine gute Verwaltung) unter Hinweis auf ältere Judikatur, und so in Art. 49 Abs. 3 ("Das Strafmaß darf gegenüber der Straftat nicht unverhältnismäßig sein"), dies mit dem Kommentar, der allgemeine Grundsatz der Verhältnismäßigkeit von Straftat und Strafmaß sei durch gemein-

---

432 *V. Götz*, Ein Raum der Freiheit, der Sicherheit und des Rechts, FS D. Rauschning, 2001, S. 185 ff.
433 *C. Stumpf*, in: J. Schwarze (Hrsg.), EU-Kommentar, 2000, Art. 6 EUV Rz 15 m.N.
434 Dazu *R. Streinz*, Europarecht, 6. Aufl. 2003, S. 144; *E. Pache*, Der Grundsatz der Verhältnismäßigkeit in der Rechtsprechung der Gerichte der Europäischen Gemeinschaften, NVwZ 1999, S. 1033 ff.; *E. Sarcevic*, Der EuGH als gesetzlicher Richter (Art. 101 Abs. 1 GG), DÖV 2000, S. 941 ff.; *S. Höllscheidt/Th. Schotten*, Immunität für Europol-Bedienstete – Normalfall oder Sündenfall?, NJW 1999, S. 2851 ff.; *E. Pache*, Der Grundsatz der fairen gerichtlichen Verfahrens auf europäischer Ebene, EuGRZ 2000, S. 601 ff.; *V. Schlette*, Der Anspruch auf Rechtsschutz innerhalb angemessener Frist – ein neues Prozessgrundrecht auf EG-Ebene, EuGRZ 1999, S. 369 ff. – Früh: *E.-W. Fuss*, Zur Rechtsstaatlichkeit der Europäischen Gemeinschaften, DÖV 1964, S. 577 ff.; s. auch *D. Buchwald*, Zur Rechtsstaatlichkeit der Europäischen Union, Der Staat 37 (1998), S. 189 ff.; *J. Schwarze*, Rechtsstaatliche Grundsätze für das Verwaltungshandeln in der Rechtsprechung des Europäischen Gerichtshofs, FS Rodriguez Iglesias, 2003, S. 147 ff.
435 Zur Literatur Zweiter Teil D. III. 1.

same verfassungsrechtliche Traditionen der Mitgliedstaaten und die Rechtsprechung des EuGH festgeschrieben worden. Art. 52 Abs. 2 EU-Grundrechte-Charta schreibt einen Schutz des Wesensgehalts der Grundrechte samt dem Grundsatz der Verhältnismäßigkeit vor und fest, wie ihn sowohl der EuGH seit Jahren und innerstaatliche Literatur z.B. in Deutschland und der Schweiz mindestens ebenso lange fordern[436]. Im Übrigen ist die EU-Grundrechte-Charta ein Dokument des Textstufenparadigmas par excellence: es legt mehrfach vorbildlich sogar selbst offen, aus welchen konstitutionellen Texten und Judikaten es seine Ideen gewonnen hat, die es in prägnante Texte umgoss!

III. Rechtsstaatliche Strukturen im Europa im weiteren Sinne

Die Konstituierung des Europas im weiteren Sinne ist in Bezug auf Teilaspekte des Rechtsstaates vor allem dank der EMRK-Texte und der Judikatur des EGMR am ehesten greifbar, nur das Demokratieprinzip, auch Aspekte des Minderheitenschutzes sind schon ähnlich dicht bzw. intensiv ein Strukturelement des konstitutionellen Europa i.w.S. Vielleicht lässt sich sagen, dass die Sache "Rechtsstaat" ein wesentliches Stück der Identität Gesamteuropas ist. Europa als Kultur als Vielfalt und Einheit definiert sich zuvörderst als Ensemble von Prinzipien zur Wahrung des Rechts und der Demokratie. Pionierleistungen vollbrachte (auch) hier der *Europarat*. Schon in der Präambel der Satzung (1949) heißt es: "Herrschaft des Rechts", in Art. 3: "Grundsatz der Vorherrschaft des Rechts". Die EMRK (1950) definiert das "gemeinsame Erbe an geistigen Gütern" etc. u.a. im Blick auf "Achtung der Freiheit und Vorherrschaft des Gesetzes". Der folgende Grundrechtskatalog ist nichts anderes als ein Konzentrat von Elementen des vom Nationalen ins Europäische wachsenden gemeineuropäischen *Rechtsstaatsrechts*. Das zeigt sich an Einzelgrundrechten wie den "habeas corpus" (Art. 5) ebenso wie an der Unschuldsvermutung oder am Recht auf faires Gerichtsverfahren (Art. 6). Auch die Strukturierung der Grundrechte nach dem Schema Lebensbereich/Prinzip bzw. – begrenzte – staatliche Einschränkungsmöglichkeiten (z.B. Art. 8 Abs. 2 oder 11 Abs. 2 EMRK) ist spezifisch "rechtsstaatlich". Nimmt man die Fülle und Dichte des diese Texte verlebendigenden Richterrechts des EGMR in Straßburg hinzu[437], so zeigt sich, dass Europa im weiten Sinne sich vor allem als *Rechtsgemeinschaft mit Grundrechten und unabhängiger rechtsprechender Gewalt* versteht. Bei all dem ist daran zu erinnern, dass nationalen Varianten genügend Spielraum bleibt, etwa über die Figur der Beurteilungsspielräume der nationalen Instanzen[438]. Dennoch ist die Wahrung des Rechts im pathetischen wie im alltäglich praktizierten Sinne *der* Integrationswert Europas.

---

436 Aus der Lit.: *K. Hesse*, Grundzüge des Verfassungsrechtes der Bundesrepublik Deutschland, 20. Aufl. 1995, S. 27 (Neudruck 1999); *P. Häberle*, Die Wesensgehaltgarantie des Art. 19 Abs. 2 GG, 3. Aufl. 1983, S. 51 ff., 325 ff.; aus der Schweiz: *J.P. Müller*, Grundrechte in der Schweiz, 3. Aufl. 1999.
437 Aus der Kommentarliteratur *J.A. Frowein/Peukert*, EMRK-Kommentar, 2. Aufl. 1996. S. auch R. Hofmann/Marko/Merli/Wiederin (Hrsg.), Rechtsstaatlichkeit in Europa, 1996; *K. Berchtold*, Die Herrschaft des Rechts als europäisches Erbe, FS Schambeck, 1994, S. 907 ff.
438 Dazu aus der Lit.: *R. Streinz*, Europarecht, 6. Aufl. 2003, S. 117, 226, 300.

Die Linien der Kontinuität und gelegentlich auch Weiterentwicklung werden auch in Texten nach 1949/50 greifbar. Mögen sie auch oft programmatischen, nicht rechtlich unmittelbar zwingenden Charakter haben, überall dort, wo der Form oder Sache nach von "Rechtsstaatlichkeit" bzw. einzelnen seiner Prinzipien gesprochen wird, liegt ein Stück Bekräftigung der Europäischen Einigung vor. Das Dokument des Kopenhagener Treffens der Konferenz über die menschliche Dimension der KSZE vom Juni 1990[439] fordert im Vorspruch den großen Satz, "dass pluralistische Demokratie und Rechtsstaatlichkeit wesentlich sind für die Gewährleistung der Achtung aller Menschenrechte und Grundfreiheiten". Auch im folgenden Text sind "pluralistische Demokratie und Rechtsstaatlichkeit" immer wieder als *Grundwerte* genannt: Die Würde des Menschen, als Element der Gerechtigkeit, das Diskriminierungsverbot, wirksame Rechtsmittel, Unabhängigkeit des Richters, unparteiisches Wirken der rechtsprechenden Gewalt sind dann in den einzelnen Artikeln normiert (z.B. Art. 5). Die Charta von Paris für ein neues Europa vom 21. November 1990 (KSZE)[440] denkt Demokratie und Rechtsstaatlichkeit ähnlich intensiv zusammen (z.B. Vorspruch: "Demokratie beruht auf Achtung vor der menschlichen Person und Rechtsstaatlichkeit). Auch kommen immer wieder Teilelemente der Rechtsstaatsprinzipien zum Ausdruck (z.B. "unparteiische Rechtspflege", "Schutz nationaler Minderheiten", "Menschenrechte und Grundfreiheiten"). Das Dokument des Krakauer Symposiums über das kulturelle Erbe der KSZE-Teilnehmerstaaten vom Juni 1991[441] spricht in seiner Präambel von "Verpflichtung zur Rechtsstaatlichkeit, Toleranz und Offenheit" für einen Dialog mit anderen Kulturen. Nimmt man andere Dokumente wie das Minderheitenschutzabkommen und das Sprachenschutzabkommen des Europarates hinzu[442], so zeigt sich die Entwicklungsfähigkeit des gemeineuropäischen Prinzips "Rechtsstaat". Es erobert sich immer neue Bereiche, ist neu herausgefordert (z.B. inskünftig in der Gentechnik), hat viele Dimensionen und Schichten, vom Programmansatz bis zum subjektiven einklagbaren Grundrecht (z.B. auf den unparteiischen Richter und das faire Verfahren) und ist wohl das Prinzip, in Bezug auf das sich alle Europäer einig sind: als Antwort auf alle früheren totalitären Systeme.

Nur die Gewaltenteilung, innerstaatlich ebenfalls als Ausdruck des Rechtsstaatsprinzips verstanden[443], ist (noch) kein gemeineuropäisch durchgehaltener Wert – allerdings als Ausgrenzung der unabhängigen dritten Gewalt präsent (dazu G.).

Im ganzen dürften die drei Ebenen des Nationalen, der EU und des Europarechtes im weiteren Sinne in Sachen Rechtsstaat intensiv zusammenwirken: in wechselseitigen Produktions- und Rezeptionsprozessen. Selbst das nationale Verfassungsrecht kann auf Teilgebieten vom europäischen Verfassungsrecht lernen (so das GG in Sachen Unschuldsvermutung und faires, auch zeitlich angemessenes Verfahren)[444]. Einmal mehr

---

439 Zit. nach EuGRZ 1990, S. 239 ff.
440 Zit. nach EuGRZ 1990, S. 517 ff.
441 Zit. nach EuGRZ 1991, S. 290 ff.
442 Dazu R. Streinz (Hrsg.), 50 Jahre Europarat, 2000, S. 134 ff. bzw. 148 ff.
443 Dazu etwa *Konrad Hesse*, Grundzüge des Verfassungsrechtes der Bundesrepublik Deutschland, 20. Aufl. 1995 (Neudruck 1999), S. 27.
444 Dazu s. auch EuGH, Urteil vom 17.12.1998, Überlange Verfahrensdauer vor dem EuG, JuS 1999, S. 597 ff. mit Anm. von *R. Streinz*.

zeigt sich der Erkenntnisgewinn dank der Theorie von den Teilverfassungen in Europa! Gerade Deutschland sollte bescheiden bleiben. Es hat zwar viel in Sachen Rechtsstaat entwickelt, zu beklagen waren bzw. sind aber auch manche Defizite, die erst durch "Europa" ausgeglichen wurden. Im Übrigen bleibt der Rechtsstaat Ausdruck der *gemeineuropäischen Suche nach Gerechtigkeit*.

G. "Checks and Balances" im konstitutionellen Europa

Vorbemerkung

Wie bei vielen, wenngleich nicht allen von der nationalen Verfassungslehre auf die europäische "umgedachten" (wenn man will: "weitergedachten") Themen ist die Gewaltenteilung, in welcher variierter Form auch immer, ein Eckstein des europäischen Verfassungsraums[445]. Was im geistigen "Schatzhaus" des Typus Verfassungsstaat sich im Laufe von Jahrhunderten an Verfahren und Instrumenten, an Erfahrungswerten und Hoffnungen angesammelt hat, um dem Problem des Machtmissbrauchs durch Menschen bzw. Institutionen zu begegnen, entwickelt sich heute auch intensiv in das engere und (zaghafter) in das weitere Europa hinein. Dabei verbinden sich die inspirierenden Klassikertexte von *Locke* und *Montesquieu*, auch der "Federalist Papers" (1787/88)[446] mit neuen politischen Herausforderungen. Die letztlich anthropologische Gegebenheit aber bleibt: der Mensch neigt dazu, die Macht zu missbrauchen, in welchem Amt auch immer, und diese traurige Erfahrung kennzeichnet ihn als Menschen im nationalen Raum ebenso wie als "homo europaeus", er bleibt derselbe. Gewiss bleibt viel vom eher positiven Menschenbild des *J. Locke* maßgeblich, grundrechtliche Freiheit und pluralistische Demokratie beweisen es; das Modell des (europäischen) Gesellschaftsvertrages kann dabei dienen[447]. Doch lehrt die Erfahrung, dass der "gesunde Skeptizismus" eines *Montesquieu* auch beim Bau des europäischen Hauses unverzichtbar ist, und dass die Macht gemäßigt werden muss.

In zwei Schritten sei das Material erschlossen: zunächst erfolge eine Vergegenwärtigung des Themas im national-verfassungsstaatlichen Raum. Sodann gelte der Blick den "beiden" europäischen Feldern. Sie unterscheiden sich von der nationalen Verfassungsgeschichte der innerstaatlichen Gewaltenteilung freilich prinzipiell: Während die ("alte") Gewaltenteilung in Europa historisch einen *vorgefundenen*, vorhandenen,

---

445 Zum Gewaltenteilungsprinzip in der EU: *M. Brenner*, Der Gestaltungsauftrag der Verwaltung in der europäischen Union, 1996, S. 157 ff. („Gewaltenteilungsprinzip als gemeineuropäisches Verfassungsprinzip"); *R. A. Lorz*, Der gemeineuropäische Bestand von Verfassungsprinzipien zur Begrenzung der Ausübung von Hoheitsgewalt – Gewaltenteilung, Föderalismus, Rechtsbindung, in: P.-C. Müller-Graff/E. Riedel (Hrsg.), Gemeinsames Verfassungsrecht in der Europäischen Union, 1998, S. 99 ff.; *H.-D. Horn*, Über den Grundsatz der Gewaltenteilung in Deutschland und Europa, JöR 49 (2001), S. 287 ff., 288.

446 Vgl. A. und W.P. Adams (Hrsg.), Hamilton/Madison/Jay, Die Federalist-Artikel, 1994 (besonders der 47. und 48. Artikel, S. 291 ff.).

447 Zur Problematik des europäischen Gesellschaftsvertrages vgl. *E.-J. Mestmäcker*, Risse im europäischen Contrat Social, in: H.M. Schleyer-Stiftung (Hrsg.), H.M. Schleyer-Preis 1996 und 97, Bd. 48, S. 53 ff.

alle Gewalten konzentrierenden absolutistischen Staat reformieren bzw. beschränken musste[448], z.B. durch Schaffung einer sachlich und persönlich unabhängigen dritten Gewalt, ist die Gewaltenteilung im sich entwickelnden europäischen Verfassungsraum von *vornherein* ein Bauprinzip, das das Europa als "werdende Verfassungsgemeinschaft" von Anfang an prägt. Das Europa der EU ist kein Staat, weder Einheitsstaat noch Bundesstaat, gegen das die Gewaltenteilung *nachträglich* in Stellung zu bringen ist, sondern die in der EU heranwachsenden Verfassungsorgane und Verfassungsaufgaben müssen von dem im "Prinzip Gewaltenteilung" gespeicherten juristischen Weisheiten begleitend "dirigiert" werden, weil auch hier zunehmend größere Macht von fehlbaren Menschen ausgeübt wird.

Im Europa i.w.S. des Europarates und der OSZE als weniger "dichten" Verfassungsraum, ist die Gewaltenteilung nur sehr fragmentarisch erkennbar[449], vor allem in Gestalt des von der EMRK getragenen EGMR in Straßburg: Die dritte Gewalt als unabhängige Funktion und die durch sie gesicherten Grundrechte einerseits, zaghafte neue Institute wie der Pressebeauftragte der OSZE andererseits bilden konstitutionelle Elemente im europäischen Verfassungsbau, die dem Prinzip Gewaltenteilung zuzurechnen sind. Die Beratende Versammlung des Europarates (Art. 22 bis 35 der Satzung von 1949) orientiert sich zwar an parlamentarischen Vorbildern (vgl. etwa Art. 35: Öffentlichkeit der Sitzungen, Art. 40: Immunität). Doch handelt es sich hier nur um Vorformen gewaltenteilender Strukturen (vgl. immerhin die Verhängung und Aufhebung von Sanktionen gegen Russland in Sachen Tschetschenien, 2000/2001). Nur EMRK und EGMR verfassen das Europa im weiteren Sinne ein Stück weit und dabei grundlegend vom Prinzip der Gewaltenteilung her. Sie werden in der hier unternommenen europäischen Verfassungslehre in gehörigem Zusammenhang entsprechend hoch plaziert (im Kontext der europäischen Grundrechte bzw. als "europäische Verfassungsgerichte"): Dritter Teil D. bis H.

Im Übrigen hat das "Prinzip Gewaltenteilung" vor allem im Europa i.e.S. der EU seine zentrale, z.T. neuartige Ausprägung. Gemeinsames und Trennendes im nationalen bzw. EU-Raum sei im Folgenden erarbeitet. Die Frage, ob und wie in der EU nicht mehr "Gewaltenteilungspolitik" zu leisten ist, etwa durch Stärkung des Europäischen Parlaments als "erster Gewalt", Schaffung einer Zweiten Kammer, Ausbaus des "Europas der Regionen und Kommunen", sei als Merkposten wenigstens erwähnt.

---

448 Aus der Kommentarlit. zur Gewaltenteilung vgl. auch: *K.-P. Sommermann*, in: v. Mangoldt/Klein/Starck (Hrsg.), GG II, (2000), Art. 20, Rn. 187 ff.; ebd., Rn. 205 ff. zum Schutz der „Kernbereichs".

449 Auch das Prinzip des "institutionellen Gleichgewichts" ist nur speziell für das Europa der EU bzw. EG ausgeformt, siehe z.B. *W. Bernhardt*, Verfassungsprinzipien ..., 1987, S. 86 ff., 110 ff.

I. Der national verfassungsstaatliche Bereich
(Organkonstituierung und Funktionenteilung)

1. Gewaltenteilung im engeren und weiteren Sinne

a) Der Gewaltenteilungsgrundsatz

Der Grundsatz der Gewaltenteilung ist sowohl "Klassikertext" seit *Montesquieu* (1748) als auch in der Trias Gesetzgebung, Vollziehung und Rechtsprechung konstituierendes Prinzip des *Typus* "Verfassungsstaat" und positives Verfassungsrecht in allen seinen nationalen Beispielsfällen und Varianten[450]. Zwischen den drei Ebenen bzw. Erscheinungsformen gibt es zahlreiche wechselseitige Überschneidungen und Befruchtungen. Das positive Verfassungsrecht vieler Länder bringt derzeit manches neue Verfassungsorgan (z.B. den Bürgerbeauftragten bzw. den Ombudsmann) hervor, das dann wieder in das Gesamtbild der Gewaltenbalance eingeordnet werden muss, so wie die stark gewordene Verfassungsgerichtsbarkeit in vielen Ländern erst nach und nach ihren "richtigen Standort" im Gesamtbild eines Verfassungsstaates findet. Inspirierender Klassikertext bleibt die Schrift von *Montesquieu* "De l'esprit des lois", in der es im XI. Buch, Kap. 4 heißt: "Eine ewige Erfahrung lehrt jedoch, dass jeder Mensch, der Macht hat, dazu getrieben wird, sie zu missbrauchen".

Dieses realistische Menschenbild der ständig akuten Gefahr des Machtmissbrauchs durch Menschen nicht nur in politischen bzw. staatlichen Ämtern leitet auch heute noch alles verfassungsstaatliche Ringen um optimale Gewaltenteilung an, und die immer neue schöpferische Rückkehr zum "Urtext" *Montesquieus* (und *J. Lockes*) vermag auch neue Gefahrenzonen von Machtmissbrauch zu erkennen und zu bekämpfen. M.a.W.: Gewaltenteilung ist ein *relativ offenes Prinzip*, mit Konstanten und Varianten. Während die Gefahr des Machtmissbrauchs konstant bleibt, weil der vom Verfassungsstaat in den Blick genommenen Mensch und Bürger wohl zu allen Zeiten und in allen Räumen (insofern) "derselbe" bleibt (in seinen Schwächen und Stärken), variieren die einzelnen Ausprägungen der Gewaltenteilung von Zeit zu Zeit und Land zu Land[451]. Dabei ist zwischen der Gewaltenteilung im *engeren* und *weiteren* Sinne zu unterscheiden. Gewaltenteilung im *engeren* Sinne meint die Teilung der *staatlichen* Gewalten; Gewaltenteilung im *weiteren* Sinne bezieht sich darüberhinaus auf den gesamten gesellschaftlichen Bereich: z.B. ist in Deutschland von einer "publizistischen Gewaltenteilung" zwischen privater Presse und öffentlich-rechtlichem Rundfunk und Fernsehen die Rede; z.B. ist auf eine Gewaltenbalance zwischen den Tarifvertragsparteien (Gewerkschaften und Arbeitgeberverbänden)[452] zu achten. Dies ist im Einzelfall sowohl Sache vor allem der Verfassungsgerichte, aber letztlich des gesamtgesellschaftlichen,

---

450 Dabei wird die Gewaltenteilung in einer bestimmten historischen Situation auch immer von den dann und dort wirkenden politischen Kräften bestimmt, siehe *D. Tsatsos*, Zur Geschichte und Kritik der Lehre von der Gewaltenteilung, 1968, S. 1 ff.; *K. Hesse*, Grundzüge des Verfassungsrechts der Bundesrepublik Deutschland, 20. Aufl. 1995 (Neudruck 1999), Rn. 481 ff.; auch *H. Dreier*, Demokratische Verwaltung im hierarchischen Staat, 1990, S. 175.
451 *K. Hesse*, aaO., Rn. 481 ff.
452 Vgl. *P. Badura*, Staatsrecht, 3. Aufl. 2003, S. 239 ff.

auch politischen Prozesses. Sogar im Privatrecht kann das Bild des Gleichgewichts hilfreich sein, etwa zwischen bürgerlichen Vertragsparteien, auf das vor allem beim Mietverhältnis (vgl. BVerfGE 89, 1) und bei der zivilrechtlichen Bürgschaft geachtet (vgl. BVerfGE 89, 214) werden muss. Das Kartellrecht bzw. Gesetz gegen Wettbewerbsbeschränkungen dient im Grunde ebenfalls der Idee der Gewaltenbalance auf dem "offenen" Markt, und manches grobe Ungleichgewicht wird z.b. durch die Generalklauseln des Zivilrechts (Verbot sittenwidriger Rechtsgeschäfte bzw. "Treu und Glauben") beseitigt. Zu denken ist auch an das innerbetriebliche Kräfteverhältnis zwischen Arbeitnehmern und Arbeitgebern, das bezeichnenderweise im (deutschen) "Betriebs*verfassungs*gesetz" geregelt ist.

Im Folgenden sei die Gewaltenteilung im engeren Sinne, die sich also auf den *Staat* bezieht, näher gekennzeichnet. Zu unterscheiden ist hier zwischen der "*horizontalen*" und der "*vertikalen*" Gewaltenteilung. Die *horizontale* bezieht sich klassisch auf die drei Gewalten Legislative, Exekutive und Judikative, organbezogen gedacht auf Parlament, Regierung bzw. Verwaltung sowie die Gerichte (vgl. Art. 20 Abs. 2 S. 2 GG). Bemerkenswert ist, dass sich die Zahl der Gewalten im Rahmen der gesellschaftlichen Wachstumsprozesse des Verfassungsstaates vermehrt hat. So gibt es in vielen Verfassungsstaaten die Rechnungshöfe[453] (auch die deutsche Bundesbank, jetzt die Europäische Zentralbank), die in ihrem unabhängigen Status den Gerichten nahestehen (vgl. Art. 100 Abs. 1 und 2 Verf. Italien); so haben sich "Ombudsmänner" oder benachbarte Formen wie Wehrbeauftragte (z.B. Art. 45 b GG), Datenschutzbeauftragte (z.B. Art. 21 b Verf. Berlin von 1950/1994) oder "Kinderanwälte" (Art. 72 Abs. 4 Verf. Polen von 1997) entwickelt. Dass mitunter sogar die freie Presse als "vierte Gewalt" bezeichnet wird, deutet daraufhin, dass Gewaltenteilung im engeren und weiteren Sinne zusammengedacht werden muss. M.a.W.: der Kanon der Gewalten und der von ihnen wahrzunehmenden Funktionen ist offen – wie die Entwicklungsgeschichte des Verfassungsstaates selbst.

Im staatlichen Bereich ist von der horizontalen Gewaltenteilung die *vertikale* zu unterscheiden[454]. Sie ist im Bundesstaat die Gewaltenteilung zwischen Bund und Ländern. Sie sichert aus deutscher Sicht (zusammen mit den Grundrechten) zusätzlich die politische Freiheit und rechtfertigt den Föderalismus dadurch in besonderer Weise. Aber auch Verfassungsstaaten, die sich "nur" für den Regionalismus entschieden haben (von Italien bis Spanien) oder um einen solchen ringen (Großbritannien als "devolution" in Schottland und Wales, seit 1998 auch in Nordirland) machen sich im Grunde die Idee der vertikalen Gewaltenteilung zunutze; dies umso mehr, wenn man den Regionalismus als zwar eigenständige Variante des Typus Verfassungsstaat ansieht, aber gleichwohl als "kleineren Bruder" des Föderalismus deutet.

---

453 Dazu *H. Schulze-Fielitz*, Kontrolle der Verwaltung durch Rechnungshöfe, VVDStRL 55 (1996), S. 231 ff. – Der Europäische Rechnungshof gewinnt an Aufmerksamkeit, vgl. z.B. FAZ vom 12. Nov. 1999, S. 13, Interview mit dem deutschen Mitglied *D. Friedmann*: "Mehr als 5 Prozent der Ausgaben sind nicht in Ordnung".
454 *K. Hesse*, Grundzüge des Verfassungsrechts, aaO., Rn. 231; über Wirkungen der vertikalen Gewaltenteilung aus Sicht der amerikanischen Bundesstaatskonzeption schon klassisch *E. Fraenkel*, Das amerikanische Regierungssystem, 2. Aufl. 1962, S. 106.

b) Die nationalen Varianten des "Prinzips Gewaltenteilung"

Die *nationalen Varianten* des "Prinzips Gewaltenteilung" sind groß. So hat die USA-Bundesverfassung von 1787 das System der "checks and balances" entwickelt, welches die *Trennung* der Gewaltenteilung betont, während die Demokratien mit parlamentarischem Regierungssystem, in denen die Regierung vom *Vertrauen* des Parlaments abhängt, Elemente vielfältiger Überschneidungen zwischen erster und zweiter Gewalt kennen (Gewaltenverschänkung). In ihnen bleibt freilich die unabhängige Gerichtsbarkeit stark ausgegrenzt und unabhängig, wenngleich es auch hier Einwirkungen gibt (z.B. Wahl bzw. Berufung der Richter teils durch die Parlamente, teils durch die Regierungen). Wie immer sich eine nationale gewaltenteilende Demokratie verfasst: entscheidend ist, dass der Grundgedanke der Gewaltenteilung, die Verhinderung von Machtmissbrauch, gewahrt bleibt.

Hierbei ist auch die jeweilige Inkompatibilitätsregelung in den Blick zu nehmen (vgl. Art. 94 Abs. 1 S. 3, 137 Abs. 1 und 55 Abs. 1 GG sowie § 2 GeschOBRat)[455]. So bemüht sich Frankreich 1998 um ein Inkompatibilitätsgesetz, das z.B. die gleichzeitige Mitgliedschaft im Parlament und die Innehabung eines Bürgermeisteramtes ausschließen soll. Dem Gedanken der Gewaltentrennung ist noch der der Gewaltenbalancierung hinzuzufügen, der wechselseitigen Kontrolle und Beschränkung[456].

Historisch und rechtsvergleichend gesehen, ist die *Gewaltenhäufung* ("Gewaltenkonzentration") das – abschreckende – *Gegenmodell*: Es ist im Marxismus-Leninismus und seiner Ideologie des sozialistischen Zentralismus ("sozialistische Gesetzlichkeit"), auch der "Parteilichkeit des Rechts" ebenso praktiziert worden wie im deutschen Nationalsozialismus ("Führerprinzip", der "geheime Führerbefehl" als oberste Rechtsquelle). Auch das SED-Regime im Deutschland der "DDR" hat in Gestalt des (geheimen) Schießbefehls an der "Mauer" bzw. innerdeutschen Grenze bis 1989 warnende Pervertierungen hervorgebracht.

So ist es kein Zufall, dass zahlreiche Reformstaaten Osteuropas nach dem "annus mirabilis" 1989 auf die Gewaltenteilung als *leitendes Konstitutionsprinzip* zurückgreifen (z.B. Art. 10 Abs. 1 Verf. Polen von 1997: "Die Staatsordnung der Republik Polen beruht auf der Teilung und dem Gleichgewicht der gesetzgebenden Gewalt, der vollziehenden Gewalt und der rechtsprechenden Gewalt".)

Auch Verfassungen in Übersee bekennen sich zur Gewaltenteilung und verwirklichen damit ein Stück "*Montesquieu*" in ihrer Verfassung (z.B. Präambel Madagaskar von 1992/95). *Montesquieu* ist heute ein universaler Klassikertext der *einen* Menschheit unseres "blauen Planeten Erde".

Das deutsche Bundesverfassungsgericht hat die Gewaltenteilung in einer feinziselierten Dogmatik ausgebaut und immer neu umschrieben. Der Text des Grundgesetzes, auch Art. 20 Abs. 2 S. 2 GG, enthält kein eindeutiges, ausdrückliches Bekenntnis zur Gewaltenteilung, weder zur Gewaltentrennung, noch zur Gewalten-

---

455 Hierzu *K. Hesse,* Grundzüge, aaO., S. 212, Rn. 489; zu letzterem *D. Th. Tsatsos,* Die Unzulässigkeit der Kumulation von Bundestags- und Bundesratsmandat, 1965.
456 *K. Hesse,* aaO., S. 207, Rn. 476.

balancierung[457], sondern impliziert nur die Gewalten*ver*teilung, ihre Gliederung [458]. Aber hinter der sparsamen Formulierung verbirgt sich das überpositive Gedankengut der Klassiker *Montesquieu* und *Locke*. Nach der Rechtsprechung des BVerfG ist die Gewaltenteilung ein tragendes Organisationsprinzip des Grundgesetzes (E 3, 225 (247); st. Rspr.; zuletzt E 95, 1 (15)). Will man dies in das GG "hineinlesen", bleibt zu beachten, dass das GG auch in der einzelnen Ausgestaltung den Gewaltenteilungsgrundsatz "nirgends rein verwirklicht" hat (BVerfGE 3, 225 (247); st. Rspr.; zuletzt E 95, 1 (15)). Diese differenzierte Betrachtung bringt das BVerfG zu einer bereichsspezifischen Einzelfall-Rechtsprechung. Sie ist methodisch von drei Gedanken geprägt: Erstens argumentiert das Gericht teleologisch, indem es auf den Zweck der Gewaltenteilung abstellt, die nämlich "der gegenseitigen Kontrolle der Staatsorgane und damit der Mäßigung der Staatsherrschaft" (E 95, 1 (15), st. Rspr. m.w.N.) diene. Zweitens stellt das BVerfG funktionelle Überlegungen an, "dass staatliche Entscheidungen möglichst richtig, das heißt von den Organgen getroffen werden, die dafür nach ihrer Organisation, Zusammensetzung, Funktion und Verfahrensweise über die besten Voraussetzungen verfügen" (E 68, 1 (86); zuletzt E 95, 1 (15)). Drittens bemüht das Gericht die Idee des "Wesensgehalts", dogmatisch verankerbar in Art. 79 Abs. 3 GG[459], indem es einen unveränderlichen Kernbereich jeder Gewalt für unveränderbar erklärt und die im GG "zugeschriebenen typischen Aufgaben" (E 34, 52 (59); zuletzt E 95, 1 (15)) schützt. Das schließt aber beispielsweise staatliche Planung durch Bundesgesetz nicht aus, jedenfalls "wenn hierfür im Einzelfall gute Gründe bestehen" (E 95, 1 (15)), d.h. Gründe für das "Gemeinwohl" (ebenda). Das BVerfG betrachtet die Gewaltenteilung somit nicht nur als negativen Schutzmechanismus gegen Machtmissbrauch, sondern auch als positives Konstitutionselement staatlicher Macht, als Element der funktionellen Optimierung und "Gewaltenverantwortung"[460].

Andere Länder können ein unterschiedliches Bedürfnis der Gewaltenteilung haben. Wichtig ist nur, dass sie den Machtmissbrauch *effektiv* verhindern. Im ganzen erweist sich die Gewaltenteilung als Herzstück jedes Verfassungsstaates. Sie ist eine der glücklichsten "Erfindungen" der Geistes- bzw. Kulturgeschichte und gleicht einem der 10 Gebote der Bibel – neben Menschenwürde und Demokratie, Menschenrechten und sozialem und ökologischem Rechtsstaat, auch Kulturstaat, Föderalismus bzw. Regionalismus, Rechtsschutz durch unabhängige Gerichte und Verfassungsgerichtsbarkeit. Vielleicht lässt sich sogar von einem verfassungsstaatlichen "Grundrecht auf Gewaltenteilung" sprechen: jedenfalls dient diese letztlich der Idee der Menschenrechte, dem Schutz der "Freiheit des Einzelnen" (BVerfGE 9, 268 (279)). Art. 16 der Erklärung der Menschen- und Bürgerrechte der französischen Nationalversammlung von 1789 nennt die Menschen- und Bürgerrechte in einem Atemzug mit der Gewaltenteilung und be-

---

457 *K. Hesse*, aaO., S. 20, Rn. 477.
458 *E. Schmidt-Aßmann*, Der Rechtsstaat, HdBStR I, 2. Aufl. 1995, § 24 Rn. 47, S. 1010.
459 Vgl. *E. Schmidt-Aßmann*, aaO., Rn. 56, S. 1016; siehe auch *K.-P. Sommermann*, in: v. Mangoldt/Klein/Starck (Hrsg.), GG II, 2000, Art. 20, Rn. 205 ff. zum Schutz des sog. "Kernbereichs".
460 *E. Schmidt-Aßmann*, aaO., Rn. 50, S. 1012 (3. Aufl. II, 2004, S. 568). Zuletzt BVerfGE 101, 1 (41): "gewaltenteilendes System des Grundgesetzes". Siehe auch BVerfGE 110, 193 (219).

zeichnet beide Elemente als schlechthin konstituierende: "Eine Gesellschaft, in der die Garantie der Rechte nicht zugesichert und die Teilung der Gewalten nicht festgelegt ist, hat keine Verfassung". Somit gehört die Gewaltenteilung zu den Hauptelementen des modernen Verfassungsstaates[461].

2. Organkonstituierung und Funktionenteilung im Interesse staatlicher Aufgabenerfüllung

a) Die Staatsfunktionen

Die verfassungsstaatliche Gewaltenteilung bezieht sich, soweit es um jene im engeren Sinne geht, auf bestimmte Staatsorgane, Verfassungsorgane bzw. Einrichtungen, auf die die staatlichen *Funktionen* als Aufgaben gleichgewichtig verteilt werden[462]. In dieser Darstellung hätte man auch zunächst mit diesen Organen beginnen können, weil sie von der Gewaltenteilung einander zugeordnet werden. Indes werden im Verfassungsstaat alle "Organe" durch die *Verfassung* konstituiert und das überzeitliche Prinzip, der Klassikertext, der alle verfasste Staatlichkeit "teilt", balanciert und ihre Erscheinungsformen einander zuordnet, ist eben die *Montesquieu*'sche Gewaltenteilung. Gewaltenteilung ist "zunächst Konstituierung unterschiedlicher Gewalten[463] und sie ist – gedanklich der klassischen Lehre von der "gemischten Verfassung"[464] nahe – das "organisatorische Grundprinzip der Verfassung" *(K. Hesse)*.

Die drei klassischen *Funktionen*, nämlich Gesetzgebung, Vollziehung und Rechtsprechung sowie die hinter ihnen stehenden Aufgaben, wie sie sich aus den Grundrechten und den sog. Staatszielen bzw. Gemeinwohlaufgaben ergeben, einerseits und die Organe und Kompetenzen andererseits sind von vornherein zusammen zu denken bzw. aufeinander zu beziehen – auch wenn sie in der vorliegenden Darstellung getrennt erörtert werden müssen.

Auch hier wird im raumzeitlichen Rechtsvergleich gearbeitet, werden die positiven Verfassungstexte und ihre *gestufte* Entwicklung in den Blick genommen. Dem Programm der Verfassungslehre als "Kulturwissenschaft" gemäß sind jedoch stets auch die kulturellen Kontexte, die politische Kultur, das, was Wissenschaft und Rechtsprechung aus den Texten "gemacht" haben, wie sie sie praktisch leben, hinzunehmen. Dass dies nur höchst fragmentarisch und punktuell gelingen kann, liegt angesichts der Fülle der zu

---

461 Vgl. *P. Badura*, Staatsrecht, 3. Aufl. 2003, S. 312 ff.; J. Isensee (Hrsg.), Gewaltenteilung heute, 2000. – Aus der Kommentarliteratur: *H. Schulze-Fielitz*, in: H. Dreier (Hrsg.), Grundgesetz-Kommentar, Bd. 2, 1998, Art. 20 (Rechtsstaat), Rn. 8.

462 *K. Hesse*, Grundzüge des Verfassungsrechts der Bundesrepublik Deutschland, 20. Aufl. 1995 (Neudruck 1999), Rn. 476 ff.; *Th. von Danwitz*, Die Gestaltungsfreiheit des Verordnungsgebers, 1989, S. 47 f.: "funktionsgerechte und organadäquate Aufgabenzuordnung für Europa"; *H.-D. Horn*, Über den Grundsatz der Gewaltenteilung in Deutschland und Europa, JöR 49 (2001), S. 287 ff.; *C. Möllers*, Gewaltengliederung, 2005; *K. Meßerschmidt*, Gesetzgebungsermessen, 2000.

463 *K. Hesse*, Grundzüge des Verfassungsrechts der Bundesrepublik Deutschland, 20. Aufl. 1995 (Neudruck 1999), S. 210.

464 *A. Riklin*, Aristoteles und die Mischverfassung, FS G. Batliner, 1988, S. 341 ff.; *ders.*, Mischverfassung und Gewaltenteilung, FS Pedrazzini, 1990, S. 21 ff.

verarbeitenden verfassungsstaatlichen Verfassungen aus aller Welt auf der Hand, ganz abgesehen davon, dass heute kein einzelner Gelehrter mehr alle Texte und Kontexte zu überblicken vermag. Das vermöchte nur ein *Aristoteles* oder *Montesquieu* unserer Zeit.

Im Folgenden werden zunächst die drei "typischen" Staats*funktionen* behandelt, sodann die typischen verfassungsstaatlichen *Organe*, nämlich das Parlament (ggf. auch zweite Kammern), das Staatsoberhaupt (Präsident oder Monarch), die Exekutive (d.h. Regierung und Verwaltung) sowie die Gerichte, insbesondere die Verfassungsgerichtsbarkeit; verwandte unabhängige Instanzen wie Rechnungshöfe, Staatsbanken oder Bürgerbeauftragte können nur "Merkposten" sein.

In einem eigenen Abschnitt sind die "*Staatsziele*"[465] zu behandeln, die als "Gemeinwohl" oder "Staatsaufgaben" eine eher abstrakte Bezeichnung haben, im Einzelnen nationalen Verfassungsstaat aber je unterschiedlich durch Prinzipien wie "sozialer und ökonomischer Rechtsstaat", "Kulturstaat" und durch die Menschen- bzw. Bürgerrechte konkret werden. So wie die Staats- bzw. Verfassungsorgane von den Funktionen her Gestalt gewinnen, so sind auch die "Organe" bzw. ihre Funktionen von der Erfüllung bestimmter Gemeinwohlziele bzw. Staatsaufgaben her zu verstehen.

Die drei typischen Staatsfunktionen *dienen* der Erfüllung bestimmter in der Verfassung inhaltlich oder prozessual vorgezeichneter Aufgaben. Sie sind ihrerseits dem geschichtlichen Wandel unterliegende *Instrumente* des Verfassungsstaates. Trotz aller nationalen Vielfalt und Aufgabenvermehrung, die freilich heute durch *Privatisierung* zurückgeführt werden soll, lassen sich nach wie vor die drei Staatsfunktionen Gesetzgebung, Vollziehung und Rechtsprechung unterscheiden.

b) Die Staatsorgane, die Vielfalt organisierter Staatsfunktionen

Die Konstituierung bestimmter "Organe" bzw. die Einrichtung von Kompetenzen geschieht im Verfassungsstaat um bestimmter, umgrenzter Aufgaben willen. Das "Primat des Rechts", die Funktion der Verfassung, "rechtliche Grundordnung" des Staates und der Gesellschaft zu sein, äußert sich darin, dass die "Organe" des Staates nur auf rechtlicher Grundlage agieren dürfen. Auch hier tut die Gewaltenteilung als Kontrollsystem i.S. von *checks and balances* ihr Werk. Kein Staatsorgan hat "Blankovollmacht" i.S. spät- oder nachabsolutistischer Staatslehren. Die Modellvielfalt ist im raum-zeitlichen Vergleich groß. Die Verfassungslehre kann auch hier nur *typisierend* vorgehen.

aa) Das Parlament

Das Parlament steht im demokratischen Verfassungsstaat an erster Stelle, da es das demokratisch unmittelbar legitimierte "Hauptorgan" ist[466]. Selbst in einer Präsidial-

---

465 Dazu auch *K.-P. Sommermann*, Staatsziele und Staatszielbestimmungen, 1997.
466 Deshalb erwecken mögliche Kompetenzeinschränkungen der Legislativkörperschaft durch Internationalisierungsprozesse auch manche Ängste. Schon früh zu Kompetenzverlusten der Volksvertretung im Rahmen der Prozesse der Internationalisierung und Europäisierung *Ch. Tomuschat*, Der Verfassungsstaat im Geflecht der internationalen Beziehungen, VVDStRL 36 (1978), S. 7 ff., 26 ff.

demokratie kommt ihm eine besondere Legitimation zu, da es die *Vielfalt* eines pluralistisch aufgespaltenen Volkes "repräsentiert"[467] und auf eine Weise ein "Spiegelbild", ein breites Forum der Nation ist, eingeschränkt selbst dann, wenn es nach "reinem" Mehrheitswahlrecht gewählt wurde ("gemischte" Wahlsysteme mit Elementen des Mehrheits- und Verhältniswahlrechts wie in Deutschland, auch Italien, verdienen eben wegen der breiten "Repräsentativität" den Vorzug)[468]. Dass das Parlament als Organ und die Gesetzgebung als staatliche Funktion nicht deckungsgleich sind, beweist die Unterscheidung zwischen materiellem und formellem Gesetz, wonach nicht alle abstrakt generellen Normen vom Parlament erlassen werden und nicht alle Parlamentsgesetze Rechtsnormen sind[469].

Klassisch ist bis heute die Unterscheidung von *W. Bagehot*[470]. Die Aufgaben des Parlaments liegen in seiner "elective", "expressive", "teaching" und "informing function" sowie in der "function of legislation". Die einzelnen Länder gehen sehr unterschiedliche Wege. Manche haben ein echtes Zweikammersystem (USA: Repräsentantenhaus und Senat), was primär durch den Föderalismus bedingt ist (s. auch Bundestag und Bundesrat in Deutschland). Es gibt aber auch zentralistische Staaten, die einen "Senat" besitzen (Tschechien, Slowenien, Polen). In dem Maße, wie der Regionalismus auf dem Vormarsch ist, kommt es auch zur Repräsentation der Regionen in eigenen Kammern, mindestens aber zu Regionalparlamenten. Im GG fallen dem Bundestag u.a. folgende Aufgaben zu: die Kompetenz der Gesetzgebung (Art. 77 Abs. 1 GG) einschließlich der Haushaltsverabschiedung (Art. 110 Abs. 2 S. 1 GG) sowie der europäischen (Art. 23 Abs. 2 und 3 GG) und auswärtigen (Art. 52 Abs. 2, 115 a Abs. 1, 115 l GG) Angelegenheiten, der politische Einfluss durch die Wahl des Kanzlers (Art. 63 GG) und die Kontrolle (z.B. Art. 43 Abs. 1, 44 GG). Von den sonstigen Aufgaben[471] sei hier nur die Wahl der Hälfte der Mitglieder des BVerfG (Art. 94 Abs. 1 S. 2 GG) genannt. Zu den typischen Aufgaben können aber nach der Rsprechung des BVerfG auch im Einzelfall untypische, wie etwa die der Legalplanung (E 95, 1) treten.

Auch wenn es unbestreitbar manche *Krisenerscheinungen* in Bezug auf die Parlamente[472] gibt, denen durch schrittweise "Parlamentsreformen" abzuhelfen ist (z.B. Einführung des Selbstauflösungsrechts, aktueller Stunden, Ausbau der wissenschaftlichen Hilfsdienste, Stärkung der Minderheitenrechte der Opposition gegenüber der Regierung, Verbesserung des Rechts der Untersuchungsausschüsse (z.B. durch öffentliche Sondervoten) etc.): Sie bleiben die repräsentative Stätte öffentlicher politischer Kontroversen, auf der sich die politischen Parteien verantworten müssen. Ein Stück "Öffentlichkeit der

---

467 Zur Repräsentation vgl. *H. Hofmann*, Repräsentation, 4. Aufl. 2003 sowie oben C. Inkurs.
468 Aus der Lit.: *K. Stern*, Staatsrecht I, 2. Aufl. 1984, S. 301.
469 *K. Hesse*, Grundzüge, aaO., S. 216 f.
470 *W. Bagehot*, The English Constitution, The World Classics, 1928, S. 117 ff.
471 Hierzu *K. Hesse*, Grundzüge, aaO., S. 252 f.
472 Dazu H.-P. Schneider/W. Zeh (Hrsg.), Parlamentrecht und Parlamentspraxis in der Bundesrepublik Deutschland, 1989; *K. Hesse*, Grundzüge, aaO., S. 246 f.; *M. Schröder*, Die Parlamente im europäischen Entscheidungsgefüge, EuR 2002, S. 301 ff.

Verfassung" wird gerade aus dem Parlament heraus geschaffen[473]. Die Parlamentswahlen sind auch heute noch ein wesentlicher *einheitsbildender Vorgang* für ein Volk, zumal dann, wenn die Demokratie wie im deutschen GG nur als mittelbare, nicht auch als unmittelbare (wie in der Schweiz: "halbdirekte Demokratie") ausgestaltet ist. Gerade hier zeigt sich auch die intensive Verknüpfung von bestimmten Grundrechten mit der Demokratie: Informations-, Meinungs- und Pressefreiheit sind "funktionelle Grundlage der Demokratie". Der Bürger, der sich über die Parlamentsarbeit informiert und sie bewertet, stellt ein Stück parlamentarischer Öffentlichkeit her. Auch wenn das Gewicht der Regierungs- und Administrativfunktionen gerade auch im Europa der EU (Kommission in Brüssel) zunimmt: Die in den Parlamenten und über sie gebildete *öffentliche Meinung*[474] ist für den Verfassungsstaat unverzichtbar. Sie wirkt als sein Elixier, so wie überhaupt Öffentlichkeit "Sauerstoff der Demokratie" (*G. Heinemann*) ist.

Ein Wort zu *zweiten Kammern*, auch wenn sie (wie in manchen Nationen) nur eine schwache (vor allem beratende) Position haben: Im Sinne der Lehre von der "gemischten Verfassung" können sie der Demokratie ein aristokratisches Element vermitteln; in jedem Falle aber sind sie ein Element der Gewaltenteilung im gekennzeichneten Sinne. Was an "Effizienz" verloren zu gehen scheint, stellt sich im Ganzen dann doch als Gewinn für Bürgerfreiheit und politische Pluralität dar.

Das *Parlamentsrecht*, formal oft in bloßen Geschäftsordnungen geregelt, ist in seinen Grundsätzen materielles Verfassungsrecht[475]: so grundlegend und wichtig ist es für die ganze res publica. Die innere Gliederung in die Fraktionen ("Parteien im Parlament") und Ausschüsse gehört hinzu.

Gerade hier zeigt sich aber, dass die Parlamente eigentlich keine "Staatsorgane" im engeren Sinne des Wortes sind oder jedenfalls nicht nur: Sie ragen in den *gesellschaftlich-öffentlichen* Bereich hinein, sie bündeln den Pluralismus einer offenen Gesellschaft; ihre Organisation als ein Stück verfasster Staatlichkeit ist sekundäre Folge. Auf eine Weise sind sie "das Volk" als Gesamtheit der Bürger und Gruppen. Auch die einzelnen Abgeordneten, die einen Status der Freiheit, Gleichheit und Öffentlichkeit haben[476], sind auf das Wohl des *ganzen* Volkes bezogen und nur ihrem Gewissen verpflichtet (vgl. Art. 38 Abs. 1 GG). Ebenso sind die politischen Parteien im Verfassungsstaat nicht "staatliche Einrichtungen" wie in Einparteienstaaten, sondern freie gesellschaftliche "Gebilde", so sehr sie Macht akkumulieren, den Staat, d.h. Gesetzgebung und Vollziehung beeinflussen wollen und können und obligatorische Strukturen haben, die durch innerparteiliche Demokratie (vgl. Art. 21 Abs. 1 S. 3 GG) nur zum Teil aufgelockert werden können; wohl aber ist es ein Vorzug der "halbdirekten" Demokratie der Schweiz, ein Gegengewicht gegen die "Arroganz der Macht", politische Parteien zu

---

473 Beachtlich in diesem Kontext: Auch das Recht des Europaparlaments, einen Untersuchungsausschuss einzusetzen (aktuell in der causa Genua, 2001), kann europäische Öffentlichkeit schaffen.
474 Aus der Lit.: *M. Kloepfer*, Öffentliche Meinung, Massenmedien, HdBStR Bd. II 1987, S. 171 ff.
475 *N. Achterberg*, Parlamentsrecht, 1984, S. 39; *J. Pietzker*, Schichten des Parlamentsrechts, in: H.-P. Schneider/W. Zeh (Hrsg.), Parlamentsrecht und Parlamentspraxis in der Bundesrepublik Deutschland, 1989, S. 333 ff., 354 spricht von sekundärem Verfassungsrecht.
476 Dazu *P. Häberle*, Freiheit, Gleichheit und Öffentlichkeit des Abgeordnetenstatus, NJW 1976, S. 537 ff.

schaffen. Eine einseitige "Parteienschelte", wie sie in Deutschland immer wieder beliebt ist[477] – Stichwort der "Staat als Beute" der Parteien, erkennt die positive unverzichtbare Funktion politischer Parteien wie sie im deutschen Recht anschaulich zum Ausdruck kommt nicht hinreichend an: Art. 21 Abs. 1 S. 1 (*Mit*wirkung an der politischen Willensbildung des Volkes), § 1 PartG ("verfassungsrechtlich notwendiger Bestandteil der freiheitlichen demokratischen Grundordnung"). Mögen sich die einzelnen Länder in ihrer Parteienstruktur und -kultur unterscheiden (eher lockere Gruppen in den USA, eher ideologisch orientiert in Deutschland): Der Verfassungsstaat bringt in vielen Parteienartikeln auch neuerer Verfassungen (z.B. Art. 11 Verf. Polen, Art. 19 Abs. 1. Verf. Südafrika, Art. 4 Verf. Angola von 1992, Art. 191 EG Vertrag Maastricht) zum Ausdruck, wie unverzichtbar ihr Wirken ist. Dass aber immer wieder *Reformbedarf* besteht (wegen "Ämterpatronage", Ämterhäufung, Inkompatibilitäten, Zurückdrängung des Einflusses in Rundfunk und Fernsehgremien) sei selbstkritisch angemerkt.

Im Übrigen ist auf das Gegengewicht durch *andere Pluralgruppen* wie Massenmedien[478], Kirchen und Verbände zu setzen. Ihre "Konkurrenz" schafft jene Pluralität des Verfassungsstaates, die ihn im ganzen zu einem freiheitlichen Gemeinwesen machen. Vereinzelt nehmen sich die neueren Verfassungen in neuer Weise dieser Vielfalt an. So finden wir zunehmend Aussagen zu den Massenmedien (Portugal, Art. 38; Spanien, Art. 20; Art. 183 bis 187 Verf. Tschad von 1996), zu Verbänden bzw. juristischer Personen (z.B. Art. 40 Abs. 1 Verf. Portugal). Religionen und Konfessionen werden in einer reichen Formenvielfalt von den nationalen Verfassungen zur Kenntnis genommen ("Religionsverfassungsrecht", vgl. unten K.). Die Verbände werden von der Grundrechtsseite her garantiert (z.B. Art. 9 GG)[479], auch in ihrer Grundrechtsfähigkeit geschützt (z.B. Art. 3 alte Verf. Peru von 1979). Sie sind aber auch in anderen Textensembles berücksichtigt (z.B. § 29 BNatSchG). Darum lässt sich im Typus Verfassungsstaat von einem "*status corporativus*" sprechen, der in manchem die einseitig individualistische Ausrichtung der klassischen Grundrechtskataloge korrigiert[480]. Die Verbände sollten als "Pressure groups", die sie gewiss *auch* sind, nicht nur negativ bewertet werden: In einer Verfassung des Pluralismus sind sie für den einzelnen, sich im "kleinen" vergemeinschaftenden Menschen ebenso unverzichtbar wie im großen. Dass das Parlamentsrecht Öffentlichkeit und Transparenz durch "Lobby-Listen"[481] u.ä. zu schaffen sucht (Offenlegung von Beraterverträgen der Abgeordneten[482]), ist nur konsequent. Der Streit um die Nebeneinkünfte der Abgeordneten kulminierte 2004/05.

---

477 Dazu aus der Lit.: *H.H. von Arnim*, Der Staat als Beute, 1993; s. aber auch P.M. Huber/W. Mößle/M. Stock (Hrsg.), Zur Lage der parlamentarischen Demokratie, 1995.
478 Zum Begriff siehe *N. Luhmann*, Die Realität der Massenmedien, 2. Aufl. 1996, S. 10; *M. Kloepfer*, Öffentliche Meinung, Massenmedien, in: HdBStR II, 1987, S. 35, Rn. 7-10.
479 Vgl. hierzu BVerwGE 1, 184. Zuletzt BVerfGE 100, 214 (223).
480 Dazu *P. Häberle*, Verfassungslehre als Kulturwissenschaft, 2. Aufl. 1998, S. 965.
481 Geregelt in Anlage 2 zur GeschO BT: vgl. hierzu *R. Steinberg*, Parlament und organisierte Interessen, in: H.-P. Schneider/W. Zeh, aaO., S. 217 ff., 256.
482 Geregelt in §§ 1 Abs. 2 Nr. 5, 6 Anl. 1 zur GeschO BT.

bb) Das Staatsoberhaupt – Staatspräsident bzw. Monarch

Ein wesentliches Stück verfasster Staatlichkeit mit kaum verzichtbaren Funktionen der *Integration* und *Repräsentation* ist im Verfassungsstaat das – sehr deutsche sogenannte – "Staatsoberhaupt" oder "head of state". Während sie in der Verfassungsgeschichte durch ihre oft absolutistische Fülle an Kompetenzen herausragten, bietet der Verfassungsstaat der jüngeren Textstufenentwicklung ein anderes Bild: Staatspräsidenten bzw. in den konstitutionellen Monarchien Europas (die allesamt Demokratien sind) die Monarchen, haben nur noch rechtlich begrenzte Kompetenzen, auch wenn sie unterschiedlich weit sind: man denke an die starke Stellung des US-amerikanischen Präsidenten dort, die schwache Position der skandinavischen Monarchen (Schweden, Norwegen und Dänemark) hier. Sie sind ein "Amt" im Gefüge der Staatsfunktionen, erfüllen bestimmte Aufgaben und bilden einen Teil der gewaltengliedernden Vielfalt des Verfassungsstaates.

Die verfassungsstaatlichen Verfassungstexte erfinden sehr verschiedene Formulierungen, um den Präsidenten bzw. Monarchen zu kennzeichnen. Verf. Japan (1946) spricht vom "Tenno" als Symbol Japans und der "Einheit des japanischen Volkes".

Art. 5 der *de-Gaulle*-Verfassung von 1958 formuliert: "Der Präsident der Republik wacht über die Einhaltung der Verfassung ... Er ist der Garant der nationalen Unabhängigkeit" – ein Beispiel, das sich in manchen osteuropäischen Reformverfassungen mit Präsidialstruktur, auch in Afrika (z.B. Art. 58 Verf. Togo von 1992) wiederfindet. In Italiens Verfassungsreform wird derzeit um die Position des (vom Volk zu wählenden?) Staatspräsidenten ("Semipräsidentialismus") gerungen. Deutschland hat in seiner Verfassungsgeschichte mehrere Varianten durchlebt: Während die Weimarer Verfassung den in unmittelbarer Volkswahl gewählten Reichspräsidenten fast als "Erben" des konstitutionellen Monarchen der Bismarck-Verfassung von 1871 einsetzte und damit einen Dualismus gegenüber dem Parlament ("Reichstag") begründete, sind die Kompetenzen des durch eine parlamentarische Körperschaft ("Bundesversammlung": Art. 54 GG) gewählten Bundespräsidenten bescheiden: er hat keine selbständige Teilhabe an der "obersten Staatsleitung"[483]. (Wieder einmal zeigt sich, wie sehr Verfassungen "Reaktionen" auf ihre Vorgängerverfassungen sind und wie sehr die Verfassungslehre Erfahrungswissenschaft[484] ist.) Gleichwohl kann der deutsche Bundespräsident – vor allem durch das "Wort", die Rede – als von den politischen Parteien und ihre Alltagsgeschäft "abgehobene" Instanz manches "anregen", auch kritisieren, etwa Reformen anstoßen. Er ist zwar kein "pouvoir neutre" i.S. von *B. Constant*; er befriedigt aber doch das menschliche Bedürfnis, im Verfassungsstaat – neben den Gerichten – auf Zeit eine möglichst unabhängige Instanz zu haben.

Bei jedem Neubau von Verfassungen, vor allem beim "Nation building" und "Constitution making" etwa in Südafrika, aber auch bei den neuen Verfassungen in Osteuropa ist auf den Zusammenhang von *Wahlverfahren und Kompetenzen* des "Staatsober-

---

483 Vgl. *K. Hesse*, Grundzüge, aaO., S. 274.
484 Grundlegender Klassikertext ist *H. Heller*, Staatslehre, 1934, S. 37 ff.; dazu *A. Dehnhard*, Dimensionen staatlichen Handelns, 1996, S. 50 ff.

hauptes" zu achten. Je größer die Kompetenzen des Präsidenten sind, desto eher ist an eine unmittelbare Volkswahl zu denken (vgl. etwa Art. 59 Verf. Togo, Art. 61 Verf. Tschad von 1996). Das ist zwar nicht zwingend so (vgl. Verf. Slowakei). Doch kann ein verfassungsstaatlicher Staatspräsident seine größeren Kompetenzen besser wahrnehmen, wenn er selbst unmittelbar demokratisch legitimiert ist (Beispiel: USA). Es kommt dann gegenüber dem Parlament zwar zu "Reibungen", ggf. auch Blockaden, doch können diese ein heilsames Stück "checks and balances" sein.

Die *Monarchie* ist als verfassungsstaatliche Einrichtung keine defiziente Form oder "abartige" Variante zum republikanischen Staatspräsidenten ("verfassungsstaatliche Monarchie")[485]. Ihr Merkmal der Berufung durch Erbfolge mischt dem Typus Verfassungsstaat national ein monarchisch/aristokratisches Element bei. Die aktuellen Beispiele Belgien (der verstorbene König *Baudoin*) und Spanien zeigen, wie intensiv monarchische Staatsoberhäupter Integrations- und Repräsentationsaufgaben für ihre z.T. sehr gespaltenen "Völker" erfüllen können. In Bezug auf den spanischen *König (Juan Carlos I)* hat man denn auch davon gesprochen, er sei "König der Republik Spanien". Das ist keine "contradictio in adjecto", sobald man mit "Republik" die Begriffe "freiheitlich", "demokratisch", in der Tradition eines *Cicero* auf die res publica und die "salus publica res populi" bezogen verbindet. Im Übrigen fühlt sich mancher Bürger von den "Herrscherhäusern" in seiner "emotio" durch ihre "Tradition" eher angesprochen als in seiner "ratio" wie beim Staatspräsidenten auf Zeit. Beides charakterisiert den Menschen – ratio *und* emotio –, und der Verfassungsstaat tut gut daran, auch irrationale Konsensquellen zu nutzen: z.B. in Gestalt von sog. Staatssymbolen oder von Staatsfeiern bzw. Verfassungstagen[486] (wie dem 14. Juli in Frankreich oder dem 4. Juli in den USA) bzw. ihrem neuen *Martin-Luther King*-Tag.

Bemerkenswerte Aufgabenkataloge finden sich in manchen neuen Verfassungen, auch in Abgrenzung zu Aufgaben des Parlaments und der Regierung (vgl. Art. 106 Ziff. 1 bis 30 Verf. Ukraine, Art. 84 bis 185 Verf. Südafrika).

cc) Die Regierung

Regierung im institutionellen Sinne meint im Verfassungsstaat die Einrichtung, die grundsätzlich mit der spezifischen "Regierungsfunktion" betraut ist und sich aus dem Ministerpräsidenten und den Ministern zusammensetzt. Während freilich der angelsächsische Begriff des "government" weiter ist und das Ganze der Wirksamkeit des Staates meint, ist der kontinental-europäische Begriff "Regierung" enger: Er bezeichnet die politische Staatsführung als verantwortliche Leitung des Ganzen der inneren und äußeren Politik[487]. Damit ergeben sich freilich Überschneidungen zu den Aufgaben und

---

485 Dazu mit zahlreichen weiteren Nachweisen *P. Häberle*, Verfassungslehre als Kulturwissenschaft, 2. Aufl. 1998, S. 1001 ff.
486 R. Poschner (Hrsg.), Der Verfassungstag, 1999.
487 *K. Hesse*, Grundzüge, aaO., S. 226 f., unter Hinweis auf *U. Scheuner*, Der Bereich der Regierung, in: *ders.*, Staatstheorie und Staatsrecht, 1978, S. 455 ff. – Aus der Kommentarliteratur zur "Regierungsverantwortung": *G. Hermes*, in: H. Dreier (Hrsg.), Grundgesetz-Kommentar, Bd. 2, 1998, Art. 65 Rn. 1 ff., 10 ff. – Vgl. auch BVerfGE 110, 199 (214 ff.).

Tätigkeitsweisen des Staatspräsidenten einerseits (so im Präsidialsystem Frankreichs) und des Parlaments andererseits (so im Bonner Grundgesetz, das die Regierungsfunktion eng mit der Gesetzgebungsfunktion verknüpft). Dennoch lässt sich der besondere Bezug zur *politischen* Funktion des Verfassungsstaates – im Unterschied zur vor allem in der Judikative verkörperten *Rechtsfunktion* – für die Regierung im institutionellen und funktionellen Sinne erarbeiten: Elemente der schöpferischen Dynamik und Aktivität, der eigeninitiativen Tätigkeit, der flexiblen Gestaltungsfreiheit, des "Führens" stehen im Vordergrund. Es geht beim Regieren sicher *auch* um Machtausübung, im Verfassungsstaat geschieht sie jedoch um bestimmter materiell und prozessual in der *Verfassung* umrissener (Gemeinwohl-)Aufgaben willen. Die Regierung kontrolliert nach "unten" bzw. innen die "Verwaltung", nach außen sucht sie durch Informationspolitik die *öffentliche* Meinung zu beeinflussen, von der sie freilich (ihrerseits) zugleich kontrolliert wird. Im Parlament muss sie die Mehrheiten gewinnen und sich mit der Opposition auseinandersetzen.

Die Verfassungen sind klug beraten, wenn sie textlich die Regierung im institutionellen und funktionellen Sinne nur im groben regeln und alles Übrige dem politischen Prozess überlassen. So sollte etwa die Zahl und Art der Ministerien von der Verfassung nicht vorgeschrieben werden: in Koalitionsregierungen parlamentarischer Systeme etwa muss Raum bleiben für das "bargaining" auch hier; vieles hängt von den beteiligten Personen und Parteien ab. Ein Verfassunggeber kann auch schwerlich alle neuen Bedürfnisse voraussehen, denen eine Regierung ad hoc und oft sehr rasch gerecht werden muss. So wurde z.B. im Freistaat Bayern ein Umweltministerium eingerichtet (1970), lange bevor sich die bayerische Verfassung im Wege einer Verfassungsänderung zum Umweltschutz als Staatsziel und Erziehungsziel bekannte (1984).

Es fällt freilich auf, dass nur neuere Verfassungen in Sachen Regierung umfangreiche Aufgabenkataloge normieren, die z.T. sehr detailliert werden. (Beispiele: Art. 40 und 41 Verf. Südafrika von 1996; Art. 116 Verf. Ukraine von 1995; s. auch Art. 146 Abs. 4 Verf. Polen von 1997.)

Vermutlich sollen solche "Aufgabentafeln" nicht nur der "Anregung", sondern auch der *Begrenzung* dienen: In Südafrika hat der Apartheidsstaat die Regierungsfunktion missbraucht, in Osteuropa hat der allmächtige sozialistische Staat als unumgrenzte Regierungsgewalt die Bürger zu Untertanen degradiert. So lassen sich die neuen Textstufen hier wie dort wohl erklären, dennoch muss daran erinnert werden, dass die regierungsbezogenen Aufgabenkataloge nicht allzu "barock" überlastet werden sollten.

dd) Die Verwaltung

Die *Verwaltung* im institutionellen und funktionellen Sinne ist im Verfassungsstaat nicht minder wichtig[488]. Das zeigt schon das Wort vom Verwaltungsrecht als "konkre-

---

488 Die Innovationskraft der Verwaltung spiegelt sich derzeit in Bänden wieder wie W. Hoffmann-Riem/E. Schmidt-Aßmann (Hrsg.), Innovation und Flexibilität des Verwaltungshandelns, 1994; dies. (Hrsg.), Konfliktbewältigung durch Verhandlung, 1990; Wandlungen des Verwaltungshandelns und vielfältige Erscheinungsformen des kooperativen, mitunter auch informalen Verwaltungsvollzugs beleuchtet: *H. Rossen*, Vollzug und Verhandlung, 1999. Vor allem verdient die Rol-

tisiertem Verfassungsrecht" (*F. Werner*), aber auch ein Blick in die Normalität des Alltags. Hohe Staatsziele in der Verfassung müssen *praktisch* "vor Ort" umgesetzt werden. Zu Recht spricht man seit langem von "Verwaltungskunst" und seit kurzem von "Verwaltungskultur"[489]. Die einzelnen Nationen unterscheiden sich gerade in dieser Hinsicht sehr: So ist im (freilich zentralistischen) Frankreich die Ausbildung durch die Hohen Verwaltungsschulen viel gerühmt, genießt die bayerische Verwaltung im Gegensatz zu manchen norddeutschen Ländern besonderes Ansehen. New Public Management-Methoden[490], die Tendenz zur Privatisierung freilich deuten derzeit auf einen "Umbau" der Verwaltung, der jeden Verfassungsstaat vor große Herausforderungen stellt[491]. In Bundesstaaten und Regionalstaaten kommt ein Stück freiheitsschützender Gewaltenteilung auch in die Verwaltungsinstitution und -funktion, weil sie vertikal in Ebenen aufgegliedert wird. Im Übrigen ist Verwaltung im Verfassungsstaat durch die "Verwirklichung der staatlichen Aufgaben im Einzelnen und besonderen in der Gebundenheit an rechtliche Maßstäbe" gekennzeichnet[492]. Insbesondere sind folgende Merkmale hilfreich: Verwaltung als "angeleitete" Tätigkeit mit der Aufgabe einzelfallbezogener Konkretisierung, bei der Fach- und Sachkunde verlangt ist. Mit dem Begriff "abhängiger Vollzug" und dem Bild "wertfreie Technik" kann sie in der verfassungsstaatlichen Wirklichkeit von heute nicht angemessen umschrieben werden. Denn die Rechtsgebundenheit ist differenziert: in relativ offenen Verfassungsprinzipien wie "Sozialstaat", "Umweltstaat", "Kulturstaat", aber auch im Bereich unbestimmter Rechtsbegriffe wie "Gemeinwohl" oder "öffentliches Interesse", auch auf dem Felde der planenden, leistenden Verwaltung sowie im Ermessensbereich ist die öffentliche Verwaltung freier. Stets ist sie aber verfassungsunmittelbar. Sie hat einen *selbstständigen* Verfassungsauftrag (vgl. BVerfGE 49, 89 (125 ff.), Kalkar), ihr kommt in ihren Kernfeldern ein verfassungskräftig geschützter Vorbehalt der Verwaltung zu[493]. Z.B. hat sie auch einen

---

le der Verwaltung bei der Konkretisierung und Effektuierung der Grundrechte eine herausgehobene Rolle, dazu siehe *P. Häberle*, Praktische Grundrechtseffektivität, insbesondere im Verhältnis zur Verwaltung und Rechtsprechung, Die Verwaltung 22 (1998), S. 409 ff.; *H.-D. Horn*, Die grundrechtsunmittelbare Verwaltung, 1999.

[489] *P. Häberle*, Verfassungslehre als Kulturwissenschaft, 1. Aufl. 1982, S. 20 Anm. 25; 2. Aufl. 1998, S. 1079 Anm. 1344 m.w.N. Dazu jetzt auch der von W. Kluth hrsgg. Sammelband "Verwaltungskultur", 2000 mit Beiträgen u.a. von *M. Wallerath, K.-P. Sommermann, W. Kluth* (Verwaltung und Verwaltungsgerichtsbarkeit, S. 75 ff.) sowie *M. Kilian* (Verwaltungskultur im Spiegel verschiedener Literaturgattungen, S. 113 ff.).

[490] Daneben sei auch auf das Stichwort vom "kooperativen Recht" verwiesen. Den Unterschiedlichsten Facetten zum Thema „Kooperatives Recht" gilt der von N. Dose/R. Voigt hrsgg. gleichnamige Band (1995) mit Beiträgen u. a. von *Th. Ellwein* zur historischen Perspektive („Kooperatives Verwaltungshandeln im 19. Jahrhundert", S. 43 ff.), *H. Schulze-Fielitz* („Kooperatives Recht im Spannungsfeld von Rechtsstaatsprinzip und Verfahrensökonomie", S. 225 ff.) oder *D. Beck* („Kooperatives Verwaltungshandeln aus Sicht der Sozialpsychologie", S. 329 ff.).

[491] *P. Mastronardi/K. Schedler*, New Public Management, 1998. Vgl. auch *G.F.Schuppert*, Die Erfüllung öffentlicher Aufgaben durch verselbständigte Verwaltungseinheiten, 1981, S. 24 ff. zu den "Public Corporations"; *J. A. Kämmerer*, Privatisierung, 2001.

[492] *K. Hesse*, Grundzüge, aaO., S. 229 f., dort auch zum folgenden.- Art. 195 Verf. Südafrika von 1996 legt ausdrückliche Verwaltungs-Ziele fest, z.B. "high standard of professional ethics", "transparence", "good human-resource management" etc.

[493] Dazu aus der Lit.: *W. Schmidt/R. Bartelsperger*, Organisierte Einwirkungen auf die Verwaltung, VVDStRL 33 (1975), S. 183 ff.; S. 306 (Diskussionsbeitrag *P. Häberle*); vgl. auch *M. Schröder*,

unmittelbaren Auftrag, Grundrechte zu schützen und bei ihrer Verwirklichung zu "helfen". Insofern behauptet sich die Verwaltung im Ganzen des Verfassungsstaates als eigenständige Gewalt, besser "Funktion", so sehr sie von der politischen Regierung "dirigiert" wird. Eine besondere Leistung des Verfassungsstaates, die immer wieder gefährdet ist, besteht in der Ausgestaltung von *Konnexgarantien* solchermaßen rechtsgebundener Gemeinwohlverwaltung. Hier gehört in neuerer Zeit immer mehr das Prinzip *Öffentlichkeit der Verwaltung* (z.B. in Gestalt eines Grundrechts auf Umweltinformation greifbar etwa Art. 74 Abs. 3 Verf. Polen von 1997); schon klassisch sind die mit dem Berufsbeamtentum verbundenen Postulate der "Unparteilichkeit" bzw. strengen "Sachbezogenheit" (vgl. Art. 130 Abs. 1 WRV: nicht "Diener einer Partei"), die freilich durch Ämterpatronage auch in vielen europäischen Demokratien oft gefährdet sind.

Zur zweiten Gewalt bzw. zur Verwaltung gehört auch die *kommunale Selbstverwaltung*, die im Verfassungsstaat sogar einen besonderen Bezug zu Demokratie und Grundrechtsentwicklung aufweist[494], was in Deutschland mit der Reform des *Freiherrn vom Stein* (1808) begonnen hat. Ein geglückter Verfassungstext ist insofern Art. 11 Abs. 4 Bayerische Verfassung von 1946: "Die Selbstverwaltung der Gemeinden dient dem Aufbau der Demokratie in Bayern von unten nach oben". Analogien finden sich in der Europäischen Charta der kommunalen Selbstverwaltung von 1985 und in neuen Verfassungstexten nach 1989 (z.B. Art. 3 Abs. 2 Verf. Mecklenburg-Vorpommern von 1993).

Ebenfalls zur zweiten Gewalt gehört die "*militärische Verteidigung*", auch wenn sie gegenüber den anderen Verwaltungsfunktionen ihre "Propria" hat. Für den Verfassungsstaat ist entscheidend, dass er der Verteidigung bzw. dem Militär gegenüber genügend effektive Kontrollmechanismen aufbaut, damit sie sich nicht zu einem "Staat im Staat" (wie in Weimar) verselbständigen. Dabei besteht ein Bedarf an funktionierender Kontrolle durch eine wache pluralistische Öffentlichkeit, aber auch an rechtlichen Kontrollmechanismen: Hierzu gehört die Frage, *wer* die Befehls- und Kommandogewalt über die Streitkräfte hat (oft liegt sie beim Staatsoberhaupt, z.B. dem US-Präsidenten oder dem französischen Staatspräsidenten (s. auch Art. 106 Ziff. 16 Verf. Ukraine; s. auch Art. 134 Abs. 1 Verf. Polen von 1997)), oder beim Monarchen (vgl. Art. 62 lit. h Verf. Spanien von 1978), mitunter beim Verteidigungsminister bzw. im Kriegsfall, beim Regierungschef (vgl. Art. 65 a, 115 b GG); hierzu gehört die Schaffung von effektiven Einrichtungen *parlamentarischer Kontrolle* (z.B. einen "Wehrbeauftragten": Art. 45 b GG[495]). In Systemen kollektiver Sicherheit wie der Nato geht viel Entscheidungskompetenz an deren Bündnisinstanzen über, auch wenn in Deutschland vom BVerfG ein sog. Parlamentsvorbehalt begründet wurde (vgl. E 90, 286). Im Grunde stehen wir

---

Die Bereiche der Regierung und der Verwaltung, HdBStR Bd. III, 1988, § 67, Rn. 22 ff. S. auch G. *Hermes*, in: H. Dreier (Hrsg.), Grundgesetz-Kommentar, Bd. 3, 2000, Art. 83 Rn. 18: "eigene Handlungs- und Entscheidungsspielräume" der Verwaltung.

494 Vgl. *P. Häberle*, Verfassungslehre als Kulturwissenschaft, 2. Aufl., 1998, S. 751 ff.

495 Vgl. hierzu *F.-H. Hartenstein*, Der Wehrbeauftragte des Deutschen Bundestages, 1977; *W. Heun*, in: H. Dreier (Hrsg.), Grundgesetz-Kommentar, Bd. 2, 1998, Art. 45 b.

auch hier vor Erscheinungen kooperativen Handelns[496] von Verfassungsstaaten, das traditionelle Leitbegriffe wie "Souveränität" fragwürdig macht[497]. Erst recht gilt dies in der europäischen Union: Hier ist "Europäisches Verwaltungsrecht" (*J. Schwarze*) entstanden[498].

Dass die Streitkräfte in machen Demokratien eine eigene "Wächterrolle" haben (so in der Türkei der Nationale Sicherheitsrat: vgl. auch Präambel sowie Art. 118 und Übergangsartikel 15, Verf. von 1982) oder dass sie einer solche praktisch ausüben (so wohl auf den Philippinen oder in Indonesien), ist ein Beleg dafür, dass diese Länder noch keine voll "entwickelten" Verfassungsstaaten sind.

ee) Die Rechtsprechung

Die Rechtsprechung hat als Institution und Funktion im Verfassungsstaat von heute eine unvergleichliche *Aufwertung* erfahren[499]. Das hängt mit den negativen Erfahrungen in kommunistischen und nationalsozialistischen Unrechtsstaaten zusammen, dürfte aber auch konvergent zu der herausgehobenen unabhängigen Stellung der Richter im angloamerikanischen Rechtssystem sein (im deutschen GG Art. 97 Abs. 1). Hinzu kommt, dass die "Krönung" von Rechtsschutz und Rechtsstaat oft in einer eigenen Verfassungsgerichtsbarkeit gesehen wird. Sie kann eine bespiellose Erfolgsgeschichte von Österreich (1920) bis ins ferne Südafrika (1996/97), von Italien, Frankreich, Portugal und Spanien bis zum deutschen BVerfG vorzeigen (von den klassischen Verfassungsstaaten besitzt nur Griechenland keine eigene Verfassungsgerichtsbarkeit). Hinzu kommt das Vorbild des US-amerikanischen Supreme Court und der Ausbau "europäischer Verfassungsgerichte" wie des EuGH und des EGMR, auch die Tätigkeit des inneramerikanischen Verfassungsgerichts und das der Andenpaktländer. Bei allen Unterschieden je nach der historisch geprägten Rechtskultur: Durchgängig hat sich der Verfassungsstaat von der Idee *Montesquieus*, der Richter sei nur "bouche de la loi" verabschiedet. Obgleich das Bild vom "Richterstaat" (*R. Marcic*) überzeichnet ist, wächst durchweg die Einsicht in die "prätorische" Funktion der dritten Gewalt, in ihre auch schöpferischen Aufgaben: "Wahrung des Rechts" (vgl. Art. 164 EG-Vertrag[500]) allein

---

496 In Erinnerung gerufen sei auch *E. Schmidt-Aßmanns* bewusst provozierende Frage, ob die Gewaltenteilung angesichts des "kooperativen Staates" ihre "strukturbildende Kraft" schon weitgehend verloren habe (Das allgemeine Verwaltungsrecht als Ordnungsidee, 1998, S. 159).

497 Sehr restriktiv allerdings *Ch. Enders*, Offene Staatlichkeit unter Souveränitätsvorbehalt, FS E.-W. Böckenförde, 1995, S. 29 ff. Ein interessantes Spezialkapitel zur Frage der nationalen Souveränität in Spanien behandelt *A. Timmermann*, Die nationale Souveränität in der Verfassung von Cádiz (1812), Der Staat 39 (2000), S. 570 ff.

498 Dazu auch *W. Hoffmann-Riem*, Strukturen des Europäischen Verwaltungsrechts – Perspektiven der Systembildung, in: E. Schmidt-Aßmann/W. Hoffmann-Riem (Hrsg.), Strukturen des Europäischen Verwaltungsrechts, 1999, S. 317 ff., 377; *J. Ipsen/B. Stüer* (Hrsg.), Öffentliche Verwaltung in Europa, Symposion H.-W. Rengeling, 1999; *S. Magiera/K.-P. Sommermann*, Verwaltung in der EU, 2001; *E. Schmidt-Assmann*, Strukturen Europäischer Verwaltung..., Liber Amicorum P. Häberle, 2004, S. 395 ff.

499 Vgl. meine Verfassungslehre als Kulturwissenschaft, 2. Aufl. 1998, S. 1076 und öfter.

500 Hierzu *I. Pernice*, in: E. Grabitz/M. Hilf (Hrsg.), Kommentar der Europäischen Union, Stand Mai 1998, zu Art. 164 Rn. 7-19; *J. Schwarze*, Die Wahrung des Rechts als Aufgabe und Verantwortlichkeit des EuGH, FS Hollerbach, 2001, S. 169 ff.

reicht nicht aus: es geht auch um behutsame Rechtsfortbildung bis hin zum *Richterrecht* als eigener "Rechtsquelle". In den USA spricht man plastisch von "law in action", was zu ergänzen ist um das die Öffentlichkeit einbeziehende Wort: "law in *public* action". Freilich ist die *demokratische Legitimation der Richter* in den einzelnen Ländern sehr unterschiedlich: In der Schweiz werden manche Richter auf Kantonsebene noch heute vom Volk direkt gewählt, ebenso in den USA in Einzelstaaten; in Deutschland wählen, höchst problematisch, Richterwahlausschüsse i.V. mit den Länderregierungen; auf die Sonderregelungen für Verfassungsrichter (bald werden Teile von ihnen durch den Staatspräsidenten, bald von anderen Organen, vgl. Art. 135 Verf. Italien, Art. 147 Verf. Bulgarien von 1991, berufen) sei verwiesen. Da auch die im Verfassungsstaat von heute so aufgewertete "dritte Gewalt" nur ein *Teil* der staatlichen Funktionen ist und in das Gesamtsystem der Gewaltenteilung eingeordnet bleibt, hat sie das Prinzip funktionsrechtlicher Grenzen der rechtsprechenden Tätigkeit zu beachten, mögen diese auch in Raum und Zeit, von Land zu Land variieren ("judicial activism"/"judicial restraint").

Der Verfassungsstaat tut gut daran, um des großen Vertrauens willen, das der dritten Gewalt fast überall entgegengebracht wird, viele *Konnexgarantien* zu schaffen, um die persönliche und sachliche Unabhängigkeit der Richter zu sichern. Ihre Unabsetzbarkeit und Unversetzbarkeit, ihre Freiheit von Weisungen sowie andere als "justizielle Grundrechte" ausgebaute Garantien wie rechtliches Gehör, effektiver Rechtsschutz, Verbot von Ausnahmegerichten, "nulla poena sine lege" und "ne bis in idem" sowie Öffentlichkeit sind unverzichtbare Elemente, um den "Verfassungsstaat" als solchen durchzusetzen. Gewiss, es gibt stets auch Probleme der "inneren Unabhängigkeit" der Richter: Sie müssen sich ihr kulturelles "Vorverständnis" eingestehen, tunlichst von parteipolitischen Einflüssen freihalten und mit Hilfe eines (seit *F.-C. von Savigny*, 1840) rational gesicherten (aber auch erweiterungsfähigen: Rechtsvergleichung!) Methodenkanons arbeiten, der das so gefundene Ergebnis an "letzten" und "vorletzten" Gerechtigkeitsmaßstäben orientiert. Mitunter sind sogar Durchgriffe auf vorstaatliches Naturrecht erforderlich[501]. Sowohl hinsichtlich der erwähnten Konnexgarantien als auch in Bezug auf die "Rechtsanwendung" bzw. Rechtsfortbildung gibt es heute einen Standard an Regeln und Verfahren, die den Typus Verfassungsstaat charakterisieren und an dem alle nationalen Verfassungsstaaten arbeiten müssen. Das BVerfG (E 34, 269 (286) – Soraya) hat die Rechtsfortbildungsfunktion der Gerichte auf die bewusste Abkehr des GG vom Gesetzespositivismus in Art. 20 Abs. 3 gestützt.

Fragt man vor diesem Hintergrund nach der "Grundtypik" der Rechtsprechung, so ist auf ihre weitgehende Absonderung von den übrigen staatlichen Funktionen einerseits, ihre Aufgaben "autoritativer und damit verbindlicher, verselbständigter Entscheidung in Fällen bestrittenen oder verletzten Rechts" andererseits zu verweisen[502]. Wegen des den

---

501 Wie bei der Beurteilung der Strafbarkeit der "Mauerschützen" an der innerdeutschen Grenze: vgl. zur Strafbarkeit der Hintermänner BVerfGE 95, 96.
502 So die Stimmen in der deutschen Lit. zusammenfassend: *K. Hesse*, Grundzüge, aaO., S. 234 f. S. auch *P. Badura*, Staatsrecht, 3. Aufl. 2003, S. 656 ff., 667 ff. Zur Rechtsprechungsfunktion aus der Kommentarlit.: *H. Schulze-Fielitz*, in: H. Dreier (Hrsg.), Grundgesetz-Kommentar, Bd. 3, 2000, Art. 92. – Aus der Reformliteratur: *W. Hassemer*, Für eine Reform der Dritten Gewalt, DRiZ

Verfassungsstaat kennzeichnenden "Vorrangs der Verfassung" (z.B. Art. 8 Abs. 1 Verf. Polen von 1997, Art. 3 Abs. 2 Verf. Benin von 1990), insbesondere der Bindung aller Staatsgewalten an die Verfassung, vor allem die Grundrechte, sind alle Gerichte in einem tieferen und weiteren Sinne "Verfassungsgerichte".

Nach diesem national-verfassungsstaatlichen Überblick jetzt "Europa".

II. Das konstitutionelle EU-Europa (Vorformen bzw. das "institutionelle Gleichgewicht")

In den EU/EG-Vertrags- bzw. Verfassungstexten ist das Prinzip "Gewaltenteilung" nirgends ausdrücklich normiert, es sei denn mittelbar über die Rechtsstaatsidee (z.B. unabhängige Wahrung des Rechts seitens des EuGH)[503]. Indes finden sich bei näherer Betrachtung doch schon viele textliche Teilaussagen, die – verstärkt durch die Judikatur des EuGH und ganzheitlich betrachtet – Gewaltenteilung als idée directrice auch "hinter" der EU als werdender Verfassungsgemeinschaft erkennbar werden lassen. Das Prinzip Gewaltenteilung ist ein europäisches Verfassungsprinzip, bei allen EU-typischen Modifikationen[504]. Dabei sei mit den Organen begonnen und danach kann nach den Funktionen gefragt werden.

1. Organkonstituierung im EU-Raum

Denkt man primär von der *Freiheit des Bürgers* her, so ist der *EuGH* das Organ, das dank seiner Unabhängigkeit in schon klassischer Weise der Gewaltenteilung dient[505]: Wahrung des Rechts und dessen schöpferische Fortentwicklung dienen der Machtkontrolle – parallel dem EGMR. Organ und Funktion eben dieser Judikative fallen zusammen. Das positive Verfassungsrecht der EU/EG nimmt hier unverkennbar Maß an der innerverfassungsstaatlichen Gewaltenteilung. Andere "Verfassungsorgane" kommen hinzu! Zunächst der Rechnungshof der EU, der in "voller Unabhängigkeit zum allgemeinen Wohl der Gemeinschaft" tätig wird" (Art. 247 Abs. 4 EGV) und schon ein Stück europäischer Öffentlichkeit schafft. Auch er dient der Kontrolle und Mäßigung politischer Macht und ist innerverfassungsstaatlichen Vorbildern nachgeformt (z.B. Art. 114 Abs. 2 GG). In ähnlichem Geist ist das Amt des "Bürgerbeauftragen" konstituiert (Art.

1998, S. 391 ff.; *W. Hoffmann-Riem*, Gewaltenteilung – mehr Eigenverantwortung für die Justiz, DRiZ 2000, S. 18 ff.; *ders.*, Modernisierung von Recht und Justiz, 2001.

503 Dazu *T. Oppermann*, Europarecht, 2. Aufl. 1999, S. 150 ff.; *J. Schwarze*, in: ders. (Hrsg.), EU-Kommentar, 2000, Art. 220 EGV, m.w.N.; *V. Epping*, Die demokratische Legitimation der Dritten Gewalt der Europäischen Gemeinschaften, Der Staat 36 (1997), S. 349 ff.

504 Zum Gewaltenteilungsprinzip in der EU: *M. Brenner*, Der Gestaltungsauftrag der Verwaltung in der europäischen Union, 1996, S. 157 ff. („Gewaltenteilungsprinzip als gesamteuropäisches Verfassungsprinzip"); *R. A. Lorz*, Der gemeineuropäische Bestand von Verfassungsprinzipien zur Begrenzung der Ausübung von Hoheitsgewalt – Gewaltenteilung, Föderalismus, Rechtsbindung, in: P.-C. Müller-Graff/E. Riedel (Hrsg.), Gemeinsames Verfassungsrecht in der Europäischen Union, 1998, S. 99 ff.; *H.-D. Horn*, Über den Grundsatz der Gewaltenteilung in Deutschland und Europa, JöR 49 (2001), S. 287 ff., 288.

505 Im weiteren Kontext "vertikaler Gewaltenteilung" siehe auch *M. Simm*, Der Gerichtshof der Europäischen Gemeinschaften im föderalen Kompetenzkonflikt, 1998.

195 EGV). Dem aus skandinavischen Ländern stammende "Ombudsmann" nachgebildet, dient er direkt den Freiheiten und Rechten der EU-Bürger, indem er EU-Organe kontrollieren kann. Ombudsmänner sind eine Fortschreibung der klassischen Gewaltenteilung (vgl. Abs. 3 S. 1 ebd.: "volle Unabhängigkeit"); sie zeigen die Offenheit und Entwicklungsfähigkeit dieses Prinzips. Dass sich das EU-Verfassungsrecht seiner bedient, ist ein weiterer Beleg seiner Lernfähigkeit, aber auch der Vitalität der Gewaltenteilung auf der europäischen Ebene. Aus gutem Grund ist der Bürgerbeauftragte[506] im Kontext des europäischen Grundrechts der Petitionsfreiheit (Art. 194 EGV) geregelt – es dient ebenfalls der Kontrolle von Macht.

Das EU-Organ, das von seinem Status (der Unabhängigkeit her) dem Prinzip Gewaltenteilung vom Text, Buchstaben und Geist des Europäischen Verfassungsrecht von EU/EG her verpflichtet ist, ist die Kommission. Freilich hat sie nationalverfassungsstaatlich weltweit wohl kein Vorbild. Sie ist ein genuin europapolitisches "Gewächs". Nach Art. 213 Abs. 2 EGV üben die Mitglieder der Kommission ihre Tätigkeit in "voller Unabhängigkeit zum allgemeinen Wohl der Gemeinschaften" aus. Oft als "Hüter der Verträge" apostrophiert, ist freilich auch der Kommission die "Hüterposition" zu verweigern: So wie innerverfassungsstaatlich alle Bürger auf eine Weise "Hüter der Verfassung" sind, sind auf EU-Ebene *alle* Verfassungsorgane und alle EU-Bürger "Hüter der Verträge" bzw. "Hüter" der werdenden Verfassung!

Je stärker das Parlament gegenüber dem Rat wird, gerade im System gegenseitiger Hemmungen und Beschränkungen zwischen Rat, Kommission, Parlament und EuGH, desto mehr wächst es in die i.S. der klassischen Gewaltenteilung "erste" Gewalt hinein. Dennoch gibt die heute noch defizitäre Rechtslage allen Grund, das Prinzip Gewaltenteilung spezifisch gemeinschaftsrechtlich zu deuten und fortzuentwickeln. Das ist Judikatur (und Literatur) durch die Idee vom "*institutionellen Gleichgewicht*" zwischen den Gemeinschaftsorganen geglückt[507]. Zu Recht wird auf die Idee der "checks and balances" hingewiesen[508]. Dieses aus der Anschauung der tatsächlichen Entwicklung *und* den Verfassungsnormen gewonnene Prinzip des europarechtlichen institutionellen Gleichgewichts hat eine Entsprechung in neuesten Verfassungen. Manche nehmen den Gedan-

---

506 Aus der Lit.: *R. Strempel*, Ombudsmann für Europa, DÖV 1996, S. 241 ff.
507 Aus der Lit. m.N. der Judikatur des EuGH: *M. Schweitzer/W. Hummer*, Europarecht, 5. Aufl. 1996, S. 286 f.; *T. Oppermann*, Europarecht, 2. Aufl. 1999, S. 147; *R. Streinz*, Europarecht, 6. Aufl. 2003, S. 217; *W. Bernhardt*, Verfassungsprinzipien und Verfassungsgerichtsfunktionen – Verfassungsprozessrecht im EWG-Vertrag, 1987, S. 86 ff., 110 ff. Allgemein: *P. Kirchhof*, Die Gewaltenbalance zwischen staatlichen und europäischen Organen, JZ 1998, S. 965 ff.; *W. Hummer*, Das "institutionelle Gleichgewicht" als Strukturdeterminante der EG, FS Verdross, 1979, S. 459 ff.; *H.-D. Horn*, Über den Grundsatz der Gewaltenteilung in Deutschland und Europa, JöR 49 (2001), S. 287 ff. – Zum Parlament: *G. Jarzembowski*, Das Europäische Parlament auf dem Weg zum gleichberechtigten Mitgesetzgeber in der EU, FS Gündisch, 1999, S. 113 ff.; *S. Magiera*, Das Europäische Parlament als Garant demokratischer Legitimation in der EU, FS Everling, 1995, S. 789 ff.
508 So *A. Bleckmann*, Europarecht, 6. Aufl. 1997, S. 431 f., der sogar der Auffassung ist, die Gewaltenbalancierung der Europäischen Gemeinschaftsverträge gehen in enger Dichte und Wirksamkeit über die Gewaltenteilung im nationalen Rechtsraum weit hinaus. *H.P. Ipsen*, Europäisches Gemeinschaftsrecht, 1972, S. 317 f., hatte noch vor "staatsverfassungsrechtlichem Analogie-Denken" gewarnt.

ken der "Balance" ausdrücklich auf (z.B. Art. 7 Verf. Albanien von 1998: Trennung und Gleichgewicht zwischen dem Gesetzgeber, der exekutiven und der richterlichen Gewalt; ähnlich § 4 Verf. Estland von 1992: "Prinzip der Gewaltentrennung und des Gewaltengleichgewichts"; s. auch Art. 10 Abs. 2 Verf. Polen von 1997[509]). Eine Verfassung in Afrika "erfindet" die Variante von der "Trennung und wechselseitigen Abhängigkeit der Funktionen der Hoheitsorgane" (so Art. 54 lit. d Verf. Angola von 1992)[510].

Dem EuGH ist auch hier eine richterrechtliche Pionierleistung geglückt: das alteuropäische Balance-Denken (vielleicht auch der "gemischten Verfassung") auf die neuen Institutionen der Gemeinschaftsverträge anzuwenden. Letztlich auch hier: *Montesquieu* im Europäischen Verfassungsrecht! Gleichwohl bleibt noch viel zu tun in Sachen Gewaltenteilungspolitik im EU-Raum. (Das Gericht erster Instanz sei erwähnt.)

Ein Stück *vertikaler Gewaltenteilung* schafft im Übrigen der Schutz der "nationalen Identität" (Art. 6 Abs. 3 EUV) und i.S. des Europa der Regionen der Ausschuss der Regionen sowie der Wirtschafts- und Sozialausschuss (Art. 263 f. bzw. 257 ff.)[511], beide auf das europäische Gemeinwohl ausdrücklich verpflichtet (Art. 263 Abs. 3 bzw. 258 Abs. 3 EGV).

2. Funktionenteilung

Sie sei hier nur stichwortartig als "Dreier-Schema" in Erinnerung gerufen und auf die EU/EG angewendet. Der Rat ist ein Gesetzgebungsorgan mit exekutiven Befugnissen, die Kommission ist ein Exekutivvorgang mit legislativen Befugnissen, das Parlament das Konsultativorgan mit Kontrollbefugnissen und der EuGH das Judikativorgan mit Rechtsprechungsaufgaben. Bei all dem gibt es aber zunehmend "gegenseitige Verschränkungen und Hemmungen"[512]. Vieles deutet darauf hin, dass die Gesetzgebungskompetenz des Europäischen Parlaments wächst und die Funktionen- und Machtverteilung sich verändert: der Rat könnte z.B. in Zukunft noch stärker vom Parlament kontrol-

---

509 Texte zit. nach H. Roggemann (Hrsg.), Die Verfassungen Mittel- und Osteuropas, 1999. – *H. Roggemann*, Verfassungsentwicklung und Verfassungsrecht in Osteuropa, in: Recht in Ost und West, 1996, S. 177 ff.; A. Stolz/B. Wieser (Hrsg.), Verfassungsvergleichung in Mitteleuropa, 2000; *A. Kaufmann*, Die Verfassung von Rumänien und das Gleichgewicht der Staatsgewalten, in: Recht in Ost und West, 1997, S. 113 ff.; *G. Freytag*, Die Verfassung der Republik Polen vom 2. April 1997 im Spiegel der gesamteuropäischen Verfassungsstandards, in: Recht in Ost und West, 1998, S. 1 ff.; *T. Diemer-Benedict*, Die neue Verfassung der Republik Polen, OER 1997, S. 223 ff.
510 Zit. nach H. Baumann/M. Ebert (Hrsg.), Die Verfassung der frankophonen und lusophonen Staaten des subsaharischen Afrikas, 1997; Verf. Madagaskar von 1995 spricht schon in der Präambel von "Teilung und Ausgeglichenheit der Gewalten", die durch demokratische Verfahren ausgeübt werden müssen. Eher traditionell Verf. Tschad von 1996, Art. 7: "Das Prinzip der Ausübung der Macht ist die Regierung des Volkes durch das Volk und für das Volk, die auf der Teilung der exekutiven, legislativen und judikativen Gewalt beruht".
511 Aus der Lit. zu ihnen: *T. Oppermann*, aaO., S. 160 ff. bzw. S. 156 ff.
512 So mit Recht *Schweitzer/Hummer*, aaO., S. 287; s. auch *C. von Buttlar*, Das Initiativrecht der Europäischen Kommission, 2003.

liert werden. Dazu ist der – letztlich schon "vor" Nizza begonnene – Post-Nizza-Prozess sorgfältig zu beobachten[513].

Hinzu tritt neben diese horizontale Gewaltenteilung die *vertikale*: greifbar ist sie in dem Struktur- und Organisationsprinzip des *Regionalismus*. Das „Europa der Regionen" ist rudimentär in Art. 263-265 EGV („Ausschuss der Regionen")[514] sichtbar; auch ist es in anderen Textstellen angelegt, wobei Schubkräfte aus dem Europarecht im weiteren Sinne kommen (Stichwort: Europäische Charta der kommunalen Selbstverwaltung sowie Gemeinschaftscharta der Regionalisierung, 1985 bzw. 1988)[515]. Vergegenwärtigt man sich, wie sehr es der Gewaltenteilung – wie einer „ganzen" Verfassung – um Verhinderung von Machtmissbrauch geht, welchen Zielen auch der Rechnungshof und der europäische Ombudsmann (Art. 246 ff. bzw. 195 EGV) dienen, so liegt der *Teil*verfassungscharakter dieses Elements auf der Hand. Hier ist auch der Ort für das in manchem nationalen Europa-Artikel (z.B. Art. 23 GG, Art. 7 Abs. 6 Verf. Portugal), aber auch in Maastricht und Amsterdam verbindlich gemachte *Subsidiaritätsprinzip* (Art. 5 EGV, Art. 2 EUV)[516].

---

513 Im Rahmen der Reformen nach Nizza ist um das fragile Gleichgewicht der Institutionen wie der Mitgliedstaaten in der Union immer wieder neu zu ringen. Für die Beibehaltung der deutsch-französischen Stimmengleichheit im Rat spricht z.b., dass das deutsch-französische Verhältnis nicht von den Zahlen der Demographie geprägt sein kann. S. noch Anhang.

514 Dazu *R. Theissen*, Der Ausschuss der Regionen (Art. 198 a-c EGV), 1996; *H.-W. Rengeling*, Europa der Regionen, FS Thieme, 1993, S. 445 ff.; *H. Schambeck*, Zur Bedeutung der föderalen und regionalen Dimension in der EU, FS Lendi, 1998, S. 445 ff.; *A. Weber*, Die Bedeutung der Regionen für die Verfassungsstruktur der EU, FS Heymanns Verlag, 1995, S. 681 ff.; *P. Pernthaler/S. Ortino* (Hrsg.), Europaregion Tirol, 1997; *G. Roller*, Die Mitwirkung der Länder und der belgischen Regionen an EG-Entscheidungen, AöR 123 (1998), S. 21 ff.; s. auch die Referate von *M. Hilf/T. Stein/M. Schweitzer/D. Schindler*: Europäische Union: Gefahr oder Chance für den Föderalismus in Deutschland, Österreich und der Schweiz, VVDStRL 53 (1994), S. 7 ff.; *R. Scholz*, Bundesstaaten in der Europäischen Union – Deutschland und Österreich im Vergleich, FS Winkler, 1997, S. 1015 ff.; *D. Merten*, Föderalistische Mitgliedstaaten in einer Europäischen Union, FS Adamovich, 1992, S. 446 ff.; *D.O. Reich*, Zum Einfluss des Europäischen Gemeinschaftsrechts auf die Kompetenzen der deutschen Bundesländer, EuGRZ 2001, S. 1 ff.; *R. Johne*, Die deutschen Landtage in der Europapolitik, in: Jahrbuch des Föderalismus 2001, 2001, S. 188 ff.; *T. Würtenberger*, Auf dem Weg zu lokaler und regionaler Autonomie in Europa, FS Maurer, 2001, S. 1053 ff.; *P. Badura*, Die föderative Verfassung der Europäischen Union, FS Heckel, 1999, S. 695 ff.

515 Dazu F.-L. Knemeyer (Hrsg.), Die europäische Charta der kommunalen Selbstverwaltung, 1989; *P. Häberle*, Der Regionalismus als werdendes Strukturprinzip des Verfassungsstaates und als europarechtspolitische Maxime, AöR 118 (1993), S. 1 ff.; *P. Rabe u.a.*, Der Kongreß der Gemeinden und Regionen des Europarates und seine „Europäische Charta der regionalen Selbstverwaltung", NiedersächsVBl. 1998, S. 105 ff.

516 Dazu aus der Lit.: *P. Häberle*, Das Prinzip der Subsidiarität aus der Sicht der vergleichenden Verfassungslehre, AöR 119 (1994), S. 169 ff.; *H. Lecheler*, Das Subsidiaritätsprinzip, Strukturprinzip einer europäischen Union, 1993; *Ch. Callies*, Das gemeinschaftsrechtliche Subsidiaritätsprinzip als "Grundsatz der größtmöglichen Berücksichtigung der Regionen", AöR 121 (1996), S. 509 ff.; *M. Kenntner*, Das Subsidiaritätsprotokoll des Amsterdamer Vertrages, NJW 1998, S. 2871 ff.; aus der Kommentarlit. zum Europarecht: *G. Langguth*, in: C.O. Lenz (Hrsg.), EG-Vertrag, 2. Aufl. 1999, Art. 5, Rn. 1 ff.; *R. Geiger*, EUV/EGV-Kommentar, 3. Aufl. 2000, Art. 5 EGV, Rn. 4 ff.; *R. Streinz*, in: ders. (Hrsg.), EUV/EGV, 2003, Art. 5, Rd. 30 ff.

Inkurs: (Prä)Föderalismus und Regionalismus in Europa

a) Einleitende Aspekte

Der Verfassungsstaat – und als "wachsendes" Element von ihm Föderalismus bzw. Regionalismus – ist als *Typus* eine gemeineuropäisch/atlantische Leistung, in großen Jahren wie 1776, 1789, 1848, 1945 greifbar, und zugleich Zukunftschance, bei allen Reformnöten heute – zumal seit dem "annus mirabilis" 1989[517]. Dabei war fast jedes Volk in einer bestimmten Phase "Stimmführer" zu einem ("seinem") Thema: Frankreich und die USA in Sachen Menschenrechte, Deutschland heute in Sachen dogmatisierter "Grundrechtskultur" und weitgreifender Verfassungsgerichtsbarkeit, die Schweiz in Sachen halbdirekter Demokratie, die Schweiz und Deutschland in Sachen Föderalismus (zuvor die USA mit ihren "Federalist papers" von 1787 als Klassikertexte bzw. Verfassungstexte i.w.S.), Italien (eher verbal) und Spanien (besonders real) in Sachen Regionalismus. Es darf vermutet werden, dass Föderalismus und Regionalismus heute fast weltweit "Wachstumsthemen" des Typus Verfassungsstaat sind. In Großbritannien ist im Blick auf Schottland und Wales im Herbst 1997 dem Prinzip der Regionalisierung ("Devolution") zum ("Erdrutsch")-Sieg verholfen worden, so dass die Weltpresse z.B. schreiben konnte: "Katalonien – ein Vorbild für Schottland"[518]. Das Nordirland-Abkommen ist ein weiteres Beispiel[519]. Die Pionierleistungen des Europarates als "europäische Familie" können gar nicht überschätzt werden. Zumal in Sachen Regionalismus war und ist er eine Werkstatt.

Drei Thesen deuten sich an: Zum einen: Die *gleichzeitige* Behandlung von Föderalismus und Regionalismus geschieht nicht zufällig, sie ist heute m.E. unumgänglich. Zum anderen: "*Europa*" ist, wie in dieser Verfassungslehre vielfach nachgewiesen, primär ein kultureller – *rechtskultureller* – Begriff, nur sekundär ein geographischer, darum ist z.B. der "spanische Blick" nach Iberoamerika erlaubt. Und schließlich: auch im Folgenden wird nicht nur im herkömmlichen Sinne juristisch gedacht, sondern im tieferen Sinne *kulturwissenschaftlich*. Hier führen die Leuchtspuren eines *H. Heller*, der ja nicht zuletzt dank Spanien, seinem Zufluchtland, ein Klassiker in Europa wurde und auf dessen "Schultern als Riesen" wir Zwerge unseren Weg suchen dürfen[520].

---

517 Ein Spezialthema aus der Fülle der Reformfragen nach 1989 behandelt *H.-J. Bauer*, Der Europarat nach der Zeitenwende 1989 - 1999, 2000.
518 So wörtlich NZZ vom 30./31. August 1997, S. 1. Zum Beispiel Schottland vgl. auch *R. Grote*, Regionalautonomie für Schottland und Wales – das vereinigte Königreich auf dem Weg zu einem föderalen Staat?, ZaöRV 58 (1998), S. 109 ff.
519 *R. Grote*, Die Friedensvereinbarung von Belfast ..., ZaöRV 58 (1998), S. 647 ff.; *R. Sturm*, Integration – Devolution – Unabhängigkeit? Schottland auf dem Weg zu einer Erneuerung seines politischen Gemeinwesens, JöR 48 (2000), S. 351 ff.
520 Vgl. den Sammelband von I. Staff/C. Müller (Hrsg.) über *H. Heller*, Der soziale Rechtsstaat, 1984; zuletzt aus der Sekundärliteratur: *A. Dehnhardt*, Dimensionen staatlichen Handelns, 1996. – Zur "Verfassungslehre als Kulturwissenschaft" mein gleichnamiges Buch, 2. Aufl. 1998.

b) Elemente einer Bestandsaufnahme

aa) Der Föderalismus

(1) Die innerverfassungsstaatliche Ebene

Der Föderalismus kann hier nur in Stichworten umrissen werden. In von vornherein vergleichender Betrachtung fallen seine vielfältigen Erscheinungsformen auf: im Sinn einer *Skala* kann er von seiner recht "unitarischen", dem (nur dezentralisierten) Einheitsstaat fast nahen Variante Österreich (1920) aus beschrieben werden – über Belgien (1994) bis hin zu Deutschland (1871/1949) und der Schweiz (1848). In der Schweiz[521] sind die Kantone wohl am stärksten hinsichtlich Identitätsbewusstsein, Kompetenzen, finanzieller Potenz, Lebenskraft und "Eigensinn". Wie stark in der Schweiz die föderale Vielfalt aus *Kultur* verstanden und gelebt wird, zeigt sich z.b. daran, dass die Initiative "Kulturprozent" (d.h. ein bestimmter Prozentsatz der Staatsfinanzen des Bundes sollte für Kulturpolitik verwendet werden) in den 80er Jahren vom Volk verworfen wurde. Erst die "nachgeführte" BV von 1999 wagt mehr differenzierte Kulturaufgaben für den Bund (Art. 63 bis 71). In Deutschland[522] hat der Föderalismus 1989/90 eine Bewährungsprobe bestanden, als die fünf neuen Länder hinzukamen (nach Art. 23 a.F. GG), vor allem der Bund hat bis heute seinen Solidaritätspflichten im ganzen genügt. Aus der Tiefe unserer Verfassungsgeschichte lässt sich sagen: *Deutsche Freiheit ist föderative Freiheit* – so stark wird das Selbstverständnis der Deutschen aus ihren "Kulturlandschaften" als Thüringer (*Goethe/Schillers* "Weimar"), oder Sachsen (*Bachs* "Leipzig"), Brandenburger (*Fontanes* "Wanderungen") geprägt (Pluralität kultureller Identitäten).

Der verfassungsstaatliche Föderalismus lässt sich nie aus dem jeweiligen Status quo heraus erklären bzw. auf *eine* "Theorie" festlegen. In Deutschland hat er lebhafte Wachstumsphasen und Wandlungen hinter sich und gewiss auch vor sich: Auf die frühe Periode nach 1949 mit besonders starken Ländern und Elementen des "seperative federalism" folgte die Blütezeit des "kooperativen Föderalismus" in den 70er Jahren (Stichwort "Gemeinschaftsaufgaben" nach Art. 91 a und b GG, Politikverflechtung, "Verbundföderalismus"). Die große Herausforderung brachte der Glücksfall der deutschen Einigung 1989/90 mit sich. M.E. lässt sich von "fiduziarischem Föderalismus" spre-

---

521 Aus der Lit.: *U. Häfelin/W. Haller*, Schweizerisches Bundesstaatsrecht, 6. Aufl. 2005, S. 54; 267 ff.; *P. Häberle*, Neuere Verfassungen und Verfassungsvorhaben in der Schweiz, JöR 34 (1985), S. 303 ff. Zur Nachführung der BV: *Y. Hangartner/B. Ehrenzeller* (Hrsg.), Reform der Bundesverfassung, 1995; zuletzt mein Beitrag in FS Maurer, 2001, S. 935 ff. m.w.N.

522 *K. Hesse*, Grundzüge des Verfassungsrechts der Bundesrepublik Deutschland, 20. Aufl. 1995 (Neudruck 1999), S. 96 ff.; *K. Stern*, Das Staatsrecht der Bundesrepublik Deutschland, Bd I, 2. Aufl. 1984, S. 635 ff.; *H. Maier*, Der Föderalismus, Ursprünge und Wandlungen, AöR 115 (1990), S. 213 ff.; *J. Isensee*, Der Föderalismus und der Verfassungsstaat der Gegenwart, ebd. S. 248 ff.; *H.-P. Schneider*, Die bundesstaatliche Ordnung im vereinigten Deutschland, NJW 1991, S. 2448 ff.; *S. Oeter*, Integration und Subsidiarität im deutschen Bundesstaatsrecht, 1998; *S. Korioth*, Integration und Bundesstaat, 1990; *E. Sarcevic*, Das Bundesstaatsprinzip, 2000; *J. Isensee*, Der Bundesstaat – Bestand und Entwicklung, in: *P. Badura/H. Dreier* (Hrsg.), FS 50 Jahre BVerfG, 2001, S. 719 ff.; vgl. auch *A. Dittmann*, Föderalismus im Gesamtdeutschland, HdBStR Bd. IX, 1997, S. 229 ff.; *H. Bauer*, Bundesstaatstheorie..., Liber Amicorum P. Häberle, 2004, S. 645 ff.

chen, weil und insofern Bund und westdeutsche Länder *auf Zeit* personell und materiell den neuen Ländern gegenüber Hilfe leisten mussten und dabei zusätzlich Kompetenzen auf Zeit gewannen[523]. Heute wird stärker über den "Konkurrenzföderalismus" nachgedacht. Die Föderalismusreform ist 2004 gescheitert.

Konnte man schon zuvor von Unitarisierungstendenzen sprechen – Stichwort *K. Hesses* "unitarischer Bundesstaat" von 1962 –, so zeichnen sich derzeit Tendenzen zu einer "Reföderalisierung" ab: die Länder werden wieder stärker, sie gewinnen Kompetenzen (vgl. Art. 23 Abs. 2 bis 7 n.f. GG und Art. 72 Abs. 2, Art. 75 Abs. 1 Ziff. 6 n.F. GG), wobei freilich manche Länderkompetenzen wegen der EU "erodieren"[524]. All diese Entwicklungen geben Anlass zu einer *"gemischten" Bundesstaatstheorie*[525], wobei die Elemente des Wettbewerbs wichtig sind, aber nicht verabsolutiert werden sollten. Mir scheint, dass auch andere Bundesstaaten immer ein *Ensemble* von Theorieelementen "leben", wobei bald der separative und konkurrierende, bald der kooperative und unitarische Aspekt in den Vordergrund rückt. Gerade darin zeigt sich die Vitalität des verfassungsstaatlichen Föderalismus, dessen Tenor *kulturelle Vielfalt* und *Freiheit* aus vertikaler Gewaltenteilung sowie Verfassungsautonomie der Gliedstaaten ist. In Österreich etwa zeichnen sich erst jüngst Tendenzen der Stärkung der Bundesländer gegenüber "Wien" ab[526]. In Belgien wird der Wechsel vom Einheitsstaat zum Bundesstaat (1994)[527] auch für die vergleichende Bundesstaatstheorie zur Herausforderung. Alle Theoriebildung ist dabei nicht nur postglossatorische "Nachhut", nicht nur Rechtfertigung des faktisch schon "Gelaufenen", sie kann – begrenzt – auch "wissenschaftliche Vorratspolitik" sein, Handlungsalternativen für kluge Verfassungspolitik liefern. Vor allem kann in Raum und Zeit vergleichend gelernt werden. Dass die Föderalismus- und Regionalismus-Theorie voneinander lernen können, wird später gezeigt.

---

523 *P. Häberle*, Aktuelle Probleme des deutschen Föderalismus, in: Die Verwaltung 24 (1991), S. 169 ff.; *M. Nierhaus*, Strukturprobleme des gesamtdeutschen Bundesstaates, in: Germania restituta, Symposium für Stern, 1993, S. 35 ff.; *H. Schulze-Fielitz*, Art. 35 Einigungsvertrag – Freibrief für eine Bundeskulturpolitik?, NJW 1991, S. 2456 ff.; *P. Häberle*, Kulturhoheit im Bundesstaat, AöR 124 (1999), S. 549 ff.;*ders.*, Föderalismus/Regionalismus…, JöR 54 (2006), i.E.

524 Dazu *M. Schröder*, Bundesstaatliche Erosionen im Prozess der europäischen Integration, JöR 35 (1986), S. 83 ff.; *M. Zuleeg*, Die Stellung der deutschen Länder und Regionen im europäischen Integrationsprozess, DVBl. 1992, S. 1329 ff.; *R. Hrbek*, Die Auswirkungen der EU-Integration auf den Föderalismus in Deutschland, in: Aus Politik und Zeitgeschichte B 24/97 vom 6. Juni 1997, S. 13 ff.

525 Dazu *P. Häberle*, VVDStRL 46 (1988), S. 148 f. (Aussprache) und *ders.*, in: Die Schlussphase der Verfassungsbewegung in den neuen Bundesländern, JöR 43 (1995), S. 355 (411 f.).

526 Aus der Lit.: *P. Pernthaler*, Das Forderungsprogramm der österreichischen Bundesländer, 1980; ders., (Hrsg.), Neue Wege der Föderalismusreform, 1992; *L.K. Adamovich/B.-C. Funk*, Österreichisches Verfassungsrecht, 2. Aufl. 1984, S. 106 ff., *L.K. Adamovich/B.-C. Funk/G. Holzinger*, Österreichisches Staatsrecht, Bd. 1, 1997, S. 158 ff., 263 ff.; W. Hummer/M. Schweitzer (Hrsg.), Österreich und das Recht der EU, 1996; 24. Bericht über die Lage des Föderalismus in Österreich, 2000 (Institut für Föderalismus, Innsbruck); *G. Holzinger*, Umsetzung und Anwendung des Gemeinschaftsrechts in Österreich, in: Magiera/Siedentopf (Hrsg.), Die Zukunft der Europäischen Union, 1997, S. 87 ff.

527 Aus der Lit.: *F. Delperée*, Le féderalisme de confrontation à la belge, in: J. Kramer (Hrsg.), Föderalismus zwischen Integration und Sezession, 1993, S. 133 ff.

Die Bundesstaatsstruktur ist – im vereinten Deutschland ganz besonders – integraler Bestandteil unseres Verfassungsstaates. Im Rahmen einer vergleichenden, nationalen und europäischen Verfassungslehre als juristischer Text- und Kulturwissenschaft liegt es daher nahe, auch bei der Erfassung des Bundesstaates den Akzent auf das Kulturelle zu legen, so wichtig das Wirtschaftliche als Substrat bleibt und so sehr andere Theoriemodelle ihr relatives Recht behalten. Dabei ist sowohl der engere (Erziehung und Bildung, Wissenschaft und Kunst, Denkmalpflege und Medien) als auch der weitere Kulturbegriff (z.B. Volkskunst und Sport) einschlägig[528]. Und gerade das eminent Pragmatische jeder Bundesstaatsentwicklung legt theoretisch das Mischmodell nahe. Der Begriff "Kulturföderalismus" ist ein geglücktes Wort, das für Deutschland historisch wie aktuell treffend die Verknüpfung von Bundesstaat und Kultur schon im Ansatz widerspiegelt. Das "offene Kulturkonzept", der "kulturelle Trägerpluralismus"[529] ist die juristische Verallgemeinerung dieses Gedankens.

In sieben prägnanten Stichworten lässt sich mit *K. Stern*[530] die positive Ausprägung des bundesstaatlichen Prinzips im deutschen Grundgesetz kennzeichnen, wobei diese Reihe von "Verfassungsnormen, Grundsätzen und Institutionen" auf eine "irgendwie geartete Pluralität der politischen Leitungsgewalt" ("two centres of government") rückführbar ist:

(a) Die jeweilige Staatlichkeit von Bund und Ländern, die ihnen einen jeweils "eigenen politischen Gestaltungsspielraum" lässt (vgl. BVerfGE 1, 14 (34); 36, 342 (360 f.)), wobei die Verfassungsräume des Bundes und der Länder einander selbständig gegenüberstehen (E 4, 178 (189); 36, 342 (360 f.); 107, 1 (10)).

(b) Die Kompetenzverteilung zwischen Bund und Ländern als "wichtige Ausformung des bundesstaatlichen Prinzips... und zugleich als ein Element zusätzlicher funktionaler Gewaltenteilung. Sie verteilt politische Macht und setzt ihrer Ausübung einen verfassungsrechtlichen Rahmen" (BVerfGE 55, 274 (318 f.)). Den Ländern ist nach dem deutschen GG noch verblieben: die Organisation ihres staatlichen Bereichs, das Kommunalwesen, das Polizei- und Ordnungswesen, der kulturelle Bereich (vor allem Schul- und Hochschulwesen) und der Bereich der Planung der eigenen Aufgaben (s. aber auch E 110, 33 (47 ff.)).

(c) Als "ungeschriebener Verfassungsgrundsatz" das bundesfreundliche Verhalten des Bundes gegenüber den Gliedstaaten und der Gliedstaaten gegenüber dem Bund (BVerfGE 1, 299 (315); 8, 122 (138); 12, 205 (254); 31, 314 (354); 34, 9 (20); 43, 291 (348)), das im Zuge der deutschen Einigung jetzt auch spezifisch zwischen den westdeutschen Ländern und dem Bund gegenüber den ostdeutschen Ländern gelten sollte, unterstützt durch die Garantie der "verfassungsmäßigen Ordnung" durch den Bund nach Art. 28 Abs. 3 GG (s. auch das "Ge-

---

528 Dazu *P. Häberle*, Vom Kulturstaat zum Kulturverfassungsrecht, in: ders. (Hrsg.), Kulturstaatlichkeit und Kulturverfassungsrecht, 1982, S. 1 (20 ff.); s. auch *U. Steiner*, Kulturauftrag im staatlichen Gemeinwesen, VVDStRL 42 (1984), S. 7 (8 ff.); *D. Grimm*, ebd., S. 46 (60 f.).
529 Dazu *P. Häberle*, Kulturpolitik in der Stadt, aaO., S. 34 f., 37; *ders.*, Kulturverfassungsrecht im Bundesstaat, 1980, S. 14 f. und passim.
530 *K. Stern*, Das Staatsrecht der Bundesrepublik Deutschland, Bd. I, 2. Aufl. 1984, S. 667 ff.

meinschaftswerk Aufschwung Ost", zuletzt: BVerfGE 92, 203 (230 f.)). Die "bundesstaatliche Solidargemeinschaft" (BVerfGE 101, 158 (222)) gehört ebenfalls hierher (E 104, 249 (269 f.): "bundesfreundlich"); zuletzt E 106, 225 (243).

(d) Das Homogenitätsprinzip (vgl. Art. 28 Abs. 1 und 3 GG), verstanden als "mittlerer Standard" an Übereinstimmung sowohl der Glieder untereinander wie der Glieder und des Bundes. Es wird durch Pluralität im Übrigen balanciert und ermöglicht im Grunde erst, den Bundesstaat als ein Stück pluralistischer Gewaltenteilung zu begreifen. (Dass sich in Art. 23 Abs. 1 S. 1 n.F. GG "Struktursicherungsklausel" eine Art europäisches Homogenitätsprinzip findet, sei angemerkt.)

(e) Die Einwirkungsmöglichkeiten des Bundes auf die Länder (z.B. als Bundesaufsicht oder Bundeszwang), die freilich durch die Einwirkungen der Länder auf den Bund (vgl. den Bundesrat nach Art. 50 GG) ausgeglichen werden.

(f) Der Vorrang des (verfassungsmäßigen) Bundesrechts vor Landesrecht (Art. 31 GG).

(g) Die Mitwirkung der Länder bei der Bundeswillensbildung[531], des Bundesrates als "föderativen Verfassungsorgans".

Diese sieben Elemente sind für den Bundesstaat ganz allgemein typus-bestimmend, doch bleiben die nationalen Beispiele höchst variantenreich. Auf gewisse Analogiemöglichkeiten beim "kleineren Bruder", dem Regionalismus, sei schon hier verwiesen.

Eines sei bereits an dieser Stelle nachdrücklich vermerkt, gerade auch mit Blick auf die europäische Verfassungsdebatte: Bei aller offenkundiger Überlegenheit föderaler Verfassungsstaaten gegenüber klassischen Einheitsstaaten und obwohl der Föderalismus (zusammen mit dem Regionalismus) heute fast weltweit Karriere macht: Weder Föderalismus noch Regionalismus sind *notwendige* Elemente des Typus Verfassungsstaat, der aber auf Menschenwürde und Menschenrechte, Demokratie und Gewaltenteilung bzw. unabhängige Gerichtsbarkeit nicht verzichten kann. Der Einheitsstaat bleibt eine *mögliche* und real existierende Variante des Verfassungsstaates, auch heute noch.

(2) Die europäische bzw. EU-Ebene

So vielgestaltig der Föderalismus in mehreren EU-Mitgliedstaaten ist, die EU-Ebene und erst recht der Europarat oder die OSZE sind nicht föderal verfasst. Die EU ist kein Bundesstaat, seit dem Maastricht-Urteil des BVerfG (E 89, 155) spricht man von "Staatenverbund"[532]. Auch die politischen Parteien sprechen nicht (mehr) vom "europäischen Bundesstaat" (das große Stichwort gab einst *W. Hallstein*), sondern lieber vom "Europa der Vaterländer" – "Euro" hin oder her. Die Frage bleibt, ob die EU eine *Vorform* des

---

531 Vgl. *K. Stern*, aaO., S. 726 ff. – Zum "Landesverfassungsrecht" vorbildlich *J. Menzel*, 2002.
532 Aus der Lit.: *H. Steinberger*, Die Europäische Union im Lichte der Entscheidung des BVerfG vom 12. Oktober 1993, FS Bernhardt, 1995, S. 1321 ff.; *R. Streinz*, Das "Kooperationsverhältnis" zwischen BVerfG und EuGH nach dem Maastricht-Urteil, in: FS Heymanns Verlag, 1995, S. 663 ff.; *J.A. Frowein*, Das Maastricht-Urteil und die Grenzen der Verfassungsgerichtsbarkeit, ZaöRV 1994, S. 1 ff.; *J. Schwarze*, Das Staatsrecht in Europa, JZ 1993, S. 591 ff.; *I. Pernice*, in: H. Dreier (Hrsg.), Grundgesetz-Kommentar, Bd. 2, 1998, Art. 23 Rn. 28 f.; *C. Schönberger*, Die EU als Bund, AöR 129 (2004), S. 81 ff.

Bundesstaates ist, worauf viele Strukturen deuten: etwa die gemeinsame Unionsbürgerschaft (Art. 17 ff. EGV), das kommunale Wahlrecht (Art. 19 b ebd.), die Verankerung des Subsidiaritätsprinzips (Art. 5 EGV und Art. 2 Abs. 2 EUV), die vielen gemeinsamen "Politiken", aber auch einzelne Normen wie Art. 191 EGV (politische Parteien), Art. 194 (Petitionsrecht) oder Art. 195 (Bürgerbeauftragter). Auch Einrichtungen wie Art. 151 EGV mit ihrem Balanceakt zwischen Wahrung der "nationalen und regionalen Vielfalt" der Mitgliedstaaten und Hervorhebung des "gemeinsamen kulturellen Erbes"[533] sind "präföderal", insofern sie Pluralitäts- bzw. Homogenitätsklauseln in Bundesstaaten (vgl. Art. 28 GG, Art. 7 EUV – "Amsterdam")[534] nachgebildet erscheinen. Vor allem aber lässt neben dem EuGH der "Ausschuss der Regionen" (Art. 263 EGV) an präföderale Strukturen denken – sofern man nicht den Regionalismus ganz selbständig *neben* dem Föderalismus konturiert.

Dies lenkt den Blick auf den *Regionalismus*, darf aber nicht vergessen lassen, dass der Föderalismus als europäisches Ordnungsprinzip nach wie vor "Pate" so mancher konstitutioneller Einrichtungen auf EU-Ebene sein dürfte – die EU hat und lebt schon ein Ensemble materieller *Teil*verfassungen. Die in dieser Verfassungslehre gestellte Frage, ob es ein europäisches Volk bzw. eine europäische Öffentlichkeit gibt, gewinnt im vorliegenden Kontext eigene Aktualität[535]. Der Rücktritt der EU-Kommission 1999 hat ein Stück politischer Öffentlichkeit in Europa geschaffen (dazu Erster Teil C.).

bb) Der Regionalismus

Der Regionalismus erlebt derzeit einen fast globalen Aufschwung, wobei er mitunter vom Föderalismus schwer unterscheidbar ist – man denke an Äthiopien (1994) oder Südafrika (1996/97), 2005 an Spanien und den Irak. Er sei hier einstweilen nicht mittels einer formalen "Definition" erfasst, sondern vergleichend nach und nach inhaltlich konturiert: aus der Fülle des Beispielsmaterials. Dabei wird es notwendig, die *verschiedenen Ebenen* in Europa zu unterscheiden. In ihrem Zusammenspiel wird deutlich, wie intensiv dieses Europa bereits regionalistisch strukturiert ist.[536] Im Einzelnen:

---

533 Aus der Lit.: *S. Schmahl*, Die Kulturkompetenz der Europäischen Gemeinschaft, 1996; *K. Weber*, Die Bildung im Europäischen Gemeinschaftsrecht und die Kulturhoheit der deutschen Bundesländer, 1994; *G. Ress*, Die neue Kulturkompetenz der EG, DÖV 1992, S. 944 ff.; *H.-J. Blanke*, Europa auf dem Weg zu einer Bildungs- und Kulturgemeinschaft, 1994; *G. Ress/J. Ukrov*, in: Kommentar zur Europäischen Union, hrsg. von E. Grabitz/M. Hilf, 1998, Art. 128 EGV. S. noch unten J. I.

534 Zu "Amsterdam" etwa: *U. Karpenstein*, Der Vertrag von Amsterdam im Lichte der Maastricht-Entscheidung des BVerfG, DVBl. 1998, S. 942 ff.; *R. Streinz*, Der Vertrag von Amsterdam, Jura 1998, S. 57 ff.

535 Dazu aus der Lit.: *D. Grimm*, Braucht Europa eine Verfassung?, JZ 1995, S. 581 ff.; *P. Häberle*, Gibt es eine europäische Öffentlichkeit?, FS Hangartner, 1998, S. 1007 ff. Siehe schon Erster Teil C.

536 Pionierhaft: F. Esterbauer (Hrsg.), Regionalismus, 1979. – Zuletzt D. Valadès et al. (Coord.), Federalismo y regionalismo, 2005 (Mexico)

(1) Die innerverfassungsstaatliche Ebene

Die innerverfassungsstaatliche Ebene ist in den Beispielsformen Italien und sein Ringen um einen "nuovo regionalismo"[537] gegenwärtig; vor allem in Gestalt des spanischen Modells[538]. In Großbritannien kommt es heute in Schottland und Wales, auch in Nordirland zu Regionalismus[539], hier sogar in besonders kunstvollen Flechtwerken. Blicken wir über die EU-Länder hinaus, so finden wir in den Reformstaaten Osteuropas Regionalstrukturen mindestens in oft noch allzu schwacher Vorform (vgl. Präambel Verf. Tschechien von 1992; Art. 15 Verf. Polen von 1997, allesamt Mitglieder des Europarates). Auch hier hilft das Bild der *Skala* von schwachen Regionen, die eher bloß dezentralisierte Strukturen andeuten[540], bis zu "blühendem", effektivem Regionalismus wie in Spanien als diesbezüglichen europäischen "Musterland".

(2) Die EU-Ebene

Auf EU-Ebene finden sich Regionalstrukturen vor allem im "Ausschuss der Regionen" (Art. 263 bis 265 EGV). Im Übrigen sind all jene Mitgliedsländer bzw. Verfassungsstaaten in den Blick zu nehmen, die Europa-Artikel, grenzüberschreitende Nachbarschafts-Artikel, Euro-Regio-Klauseln und ähnliches eingeführt haben bzw. eine entsprechende Praxis verfolgen. Denn dadurch schaffen sie ein Stück *europäische Regio-*

---

537 Dazu aus der Lit.: D'Atena (Hrsg.), Federalismo e Regionalismo in Europa, 1994, mit einem Beitrag des Verf., S. 107 ff.; S. Ortino/M. Sabella/N. Urbinati (Hrsg.), Quale Federalismo?, 1995; P. Pernthaler (Hrsg.), Verfassungsreform in Richtung Föderalismus, 1997. Aus der *italienischen* Regionalismus-Literatur: *L. Paladin*, Diritto regionale, 5. Aufl. 1992; *V. Onida*, Landesbericht Italien, in: F. Ossenbühl (Hrsg.), Föderalismus und Regionalismus in Europa, 1990, S. 239 ff.; *S. Cassese/D. Serrani*, Moderner Regionalismus in Italien, JöR 27 (1978), S. 23 ff.; *T. Martines*, Diritto Costituzionale, 6. Aufl. 1990, S. 757 ff. – Aus der *Schweizer* Sicht: *D. Thürer*, Region und Minderheitenschutz — Aufbauelemente einer europäischen Architektur?, FS Bernhardt, 1995, S. 1337 ff.

538 Dazu aus der Lit.: *P. Häberle*, Ein deutscher Beitrag zur italienischen Regionalismus- bzw. Föderalismusdebatte, FS Aubert, 1996, S. 483 ff.; *ders.*, Die Vorbildlichkeit der span. Verf., JöR 51 (2003), S. 587 ff.; *P. Cruz Villalón*, Die Neugliederung des Spanischen Staates durch die "Autonomen Gemeinschaften", JöR 34 (1985), S. 195 ff.; *A. López Pina* (Hrsg.), Das spanische Verfassungsrecht, 1993, mit Beiträgen von *P. Cruz Villalón, A. López Pina* und *J. Solé Tura*, S. 195 ff.; GS Ruiz Rico, 1997, Bd. II, S. 1161 ff. mit Beiträgen u.a. von *M. Carillo/F. Badia, M. Pérez Villabos*; J. Kramer (Hrsg.), Die Entwicklung des Staates der Autonomien in Spanien und der bundesstaatlichen Ordnung in der Bundesrepublik Deutschland, 1996; *J.-C. Pielow*, Gemeinden und Provinzen im Staat des territorialen Pluralismus, JöR 43 (1995), S. 511 (513 ff.).

539 *Schottland* soll ein eigenes Parlament erhalten mit Kompetenzen von der Steuer bis zur Gesundheits- und Erziehungspolitik; das *Waliser* Regionalparlament soll geringere Kompetenzen erhalten. Ob es zu einem "Vorbildeffekt" regionaler Selbstregierung kommt, ist abzuwarten; *R. Sturm*, Schottlands Nationalbewusstsein hat tiefe Wurzeln, FAZ vom 11. Sept. 1997, S. 10, ebd. auch zur administrativen und legislativen Struktur. 1999 ist die Umsetzung der Pläne in vollem Gange. Aus der Lit.: Zu Nordirland: *R. Grote*, Die Friedensvereinbarung von Belfast ..., ZaöRV 58 (1998), S. 647 ff.; *R. Sturm*, Integration — Devolution — Unabhängigkeit?, JöR 48 (2000), S. 351 ff.; *M. Mey*, Regionalismus in Großbritannien..., 2002.

540 Zu Frankreich: *D.-H. Voss*, Regionen und Regionalismus im Recht der Mitgliedstaaten der Europäischen Gemeinschaft, 1989, S. 365 ff.; *G. Héraud*, Die Regionalisierung Frankreichs, in: F. Esterbauer/P. Pernthaler (Hrsg.), Europäischer Regionalismus am Wendepunkt, 1991, S. 79 ff. So wurden jüngst (2001) Korsika mehr Rechte zugestanden (begrenztes Gesetzgebungsrecht, Korsisch-Unterricht in der Schule): "Dezentralisierung im Schritttempo" in Korsika.

nalverfassung. So normiert das GG in Art. 23 Abs. 1 S. 1 das Staatsziel "Europäische Union" mit der Präzisierung "föderativen Grundsätzen und dem Grundsatz der Subsidiarität verpflichtet"[541]. Nach Art. 24 Abs. 1 a GG ist die Übertragung von Hoheitsrechten auf grenznachbarliche Einrichtungen möglich. Einen gewaltigen Innovationsschub bzw. eine neue Textstufe verdanken wir Art. 60 Abs. 2 Verf. Saarland (1992), der mustergültig die "europäische Region" institutionalisiert in den Worten:[542]

> "Das Saarland fördert die europäische Einigung und tritt für die Beteiligung eigenständiger Regionen an der Willensbildung der Europäischen Gemeinschaften und des vereinten Europa ein. Es arbeitet mit anderen europäischen Regionen zusammen und unterstützt grenzüberschreitende Beziehungen zwischen benachbarten Körperschaften und Einrichtungen."

Pionierhaft ist hier u.a. die Andeutung eines *weiteren* Europabegriffs bzw. Europarechts i.w.S. Neben der EU sind der Sache nach unter dem Begriff "vereintes Europa" gewiss auch der Europarat und die OSZE zu verstehen. Damit wird aber auch eine das *gesamte* Europa verfassende Regionalstruktur möglich. Diese Norm hat Epoche gemacht. So heißt es in Art. 65 Abs. 2 Verf. Bremen neu:

> "Die Freie Hansestadt Bremen fördert die grenzüberschreitende regionale Zusammenarbeit, die auf den Ausbau nachbarschaftlicher Beziehungen, auf das Zusammenwachsen Europas und die friedliche Entwicklung der Welt gerichtet ist."

Ähnlich lautet Art. 12 Verf. Sachsen (1992). Art. 11 Verf. Mecklenburg-Vorpommern (1993) bekennt sich zur "grenzüberschreitenden Zusammenarbeit, insbesondere im Ostseeraum"[543]. Die Praxis ist hier sehr erfindungsreich. So arbeitet etwa die deutschsprachige Gemeinschaft in Belgien mit Rheinland-Pfalz zusammen[544]. So gibt es Pläne für eine eigene "Europaregion Tirol"[545]. - Vorbildlich ist die Klausel in Art.1 Abs. 3 Verf. Salzburg (1999). Von den wissenschaftlichen und politischen Pionierleistungen des Europarates bei all dem wird noch zu sprechen sein.

---

541 Aus der Lit.: *H. Hofmann/K. Meyer-Teschendorf*, Der "Europa-Artikel" 23 GG in der staatlichen Praxis, ZG 1997, S. 81 ff.; *P. Badura*, Staatsrecht, 3. Aufl. 2003, S. 423 ff.; *I. Pernice*, aaO.; *R. Streinz*, in: M. Sachs (Hrsg.), Grundgesetz, 3. Aufl. 2003, Art. 23 Rn. 1 ff.

542 Dazu *P. Häberle*, Europaprogramme neuerer Verfassungen und Verfassungsentwürfe, FS Everling, 1995, S. 355 ff. S. schon oben Erster Teil A. II. 2.

543 In Bayern ist (1998) ein eigener, neuer Europa-Artikel (Art. 3a) mit folgendem Wortlaut eingeführt worden: "Bayern bekennt sich zu einem geeinten Europa, das demokratischen, rechtsstaatlichen, sozialen und föderativen Grundsätzen sowie dem Grundsatz der Subsidiarität verpflichtet ist, die Eigenständigkeit der Regionen wahrt und ihre Mitwirkung an europäischen Entscheidungen sichert. Es arbeitet mit anderen europäischen Regionen zusammen." – *W. Berg*, Bayern im Europa der Regionen, BayVBl. 2001, S. 257 ff. Siehe auch das Stichwort: Oberfranken als "grenzüberschreitendes Beispiel für Integration" (*J. Santer*).

544 Dazu FAZ vom 30. Sept. 1997, S. 3.

545 Dazu *S. Ortino/P. Pernthaler*, (Hrsg.), Europaregion Tirol, 1997; *J. Marko* u.a. (Hrsg.), Die Verfassung der Südtiroler Autonomie, 2005; ferner: *M. Morass*, Regionale Interessen auf dem Weg in die Europäische Union, 1994; *P. Pernthaler* (Hrsg.), Außenpolitik der Gliedstaaten und Regionen, 1991. – Der *Dalai Lama* hält sogar Autonomie wie in Tirol in *Tibet* für möglich, FAZ vom 13. Sept. 1997, S. 4. – *T. Pfannkuch*, Ostseekooperation – Ein Phänomen, das seinesgleichen in Europa sucht, in: Jahrbuch des Föderalismus 2001, 2001, S. 379 ff.

(3) Die europäische, die EU-transzendierende Ebene (national)

Der Regionalismus gehört längst zu den Kräften, die das Zusammenwachsen des *ganzen* Europa voranbringen bzw. ein Strukturelement der "Verfassung Europas" werden. Das zeigt sich besonders dort, wo sich EU-Länder mit *Nicht*-EU-Ländern regionalistisch zusammenschließen, vor allem im Europarat. Hier kommen neben der Arge Alp und Alpen-Adria die Europaregionen an den Ostgrenzen der EU ins Blickfeld, etwa die "Euregio Egrensis", die Zusammenarbeit im Oderbruch, die durch das Hochwasser im Sept. 1997 verstärkt wurde[546] oder die Euroregion Pomerania (es gibt mehr als 120 Euro-Regionen). Im Westen ist die Regio Basilensis besonders weit fortgeschritten[547]. Dass sich damit die Schweiz nach Europa hin öffnet, sei besonders vermerkt. Tendenziell ermutigend wirken hier die neuen Textstufen in jungen Kantonsverfassungen der Schweiz. So heißt es in Art. 54 Abs. 1 Verf. Bern (1993): "Der Kanton beteiligt sich an der Zusammenarbeit der Regionen Europas". Dieser Text hat "Schule" gemacht (vgl. etwa Präambel und Art. 1 Verf. Appenzell A.Rh. von 1995). Ähnliches wurde für und in St. Gallen vorgeschlagen[548]. Zur Vollständigkeit sei als Merkposten angeführt, dass auch der grenzüberschreitende Regionalismus unter *Nicht*-EU-Ländern systematisch einbezogen werden müsste (etwa zwischen den Baltenrepubliken oder den Ländern Osteuropas); auch alle Länder des Europarates, oder noch weitergreifend: der OSZE.

Halten wir inne, um uns bewusst zu machen, welche Theoriekonsequenzen schon hier unmittelbar aus der Arbeit am Material erwachsen: Die grenzüberschreitenden Nachbarschafts- bzw. europäischen Regionalismus-Klauseln schieben nationales Verfassungsrecht im Namen Europas auf ein Terrain vor, das bislang vom Völkerrecht dominiert wurde bzw. das klassische Feld "auswärtiger Gewalt" bzw. "auswärtiger Beziehungen" war. Diese *Europäisierung via Regionen* fordert die Theoriebildung im Völkerrecht heraus, so wie sie das bisherige "Ausland" zum Inland macht und die sog. Allgemeine Staatslehre revolutioniert. Das Völkerrecht wird entweder vom nationalen Verfassungsrecht zurückgedrängt oder es kommt zu einer fast sensationellen "Gemengelage" von Völker- und Verfassungsrecht. Die Regionalstruktur verändert das Völkerrecht selbst. Sie wird zu einem Element des sog. "Völkerrechts". Jedenfalls sollte der Regionalismus nicht nur als Element des Europarechts im weiteren Sinne begriffen werden. An dieser Stelle wird die Erarbeitung des gesamten Theorierahmens unabweisbar.

(4) Die gesamteuropäische Ebene (übernational)

Neue Rechtsprinzipien pflegen sich heute meist auf *zwei Wegen* teils parallel, teils im Mit-, teils im Nacheinander zu entwickeln: auf der innerstaatlichen Ebene, d.h. in Gestalt von Verfassungsprinzipien, und auf der internationalrechtlichen bzw. transnationalen "Schiene". Das kann am Beispiel der Menschen- und Bürgerrechte belegt

---

546 Vgl. S. Lisiecki (Hrsg.), Die offene Grenze, Forschungsbericht der polnisch-deutschen Grenzregion (1991-1993), 1996.

547 Dazu B. *Speiser*, Der grenzüberschreitende Regionalismus am Beispiel der oberrheinischen Kooperation, 1993.

548 Dazu mein Beitrag: Die Kunst der kantonalen Verfassunggebung – Das Beispiel der Totalrevision in St. Gallen, Schweiz. Zentralblatt 1997, S. 97 ff. bes. S. 118 f.

werden – sie entwickeln sich heute in lebhafter "Konkurrenz" zwischen den verfassungsstaatlichen Verfassungen hier und den universalen bzw. regionalen Menschenrechtsdeklarationen dort, es lässt sich am Beispiel der Elemente "gemeineuropäischen Verfassungsrechts" z.B. für das Rechtsstaats- und Demokratieprinzip nachweisen[549], und derselbe Wachstums-, Entwicklungs-, Rezeptions- bzw. Kooperations-, auch Konkurrenzvorgang ist am Beispiel des Themas "Regionalismus" illustrierbar.

Vom *Europarat* aus kam es im Oktober 1975 zu einer ersten Konferenz der Regionalbehörden der Europäischen Randgebiete bzw. der sog. *Erklärung von Galway*[550]. In ihr wird beklagt, dass die Entwicklung der Randregionen Europas "langsamer vonstatten geht als diejenige der Zentralregionen", und drastisch heißt es: "die Auffassung der Europäischen Gemeinschaft über die Regionalpolitik verkennt vollständig die Region als lebendige Gemeinschaft; im Plan der Europäischen Gemeinschaft spielt die Region nur eine *passive* Rolle, nämlich nur als Verwaltungsrahmen wirtschaftlicher Tätigkeit." Bezug genommen wird auf die frühe *Europakonferenz der Gemeinden und Regionen* von 1970, in deren Entschließung es heißt, die regionale Selbständigkeit sei "mehr als Dezentralisierung der Staatsverwaltung". Sie beinhalte die direkte, allgemeine Wahl der regionalen gesetzgebenden und ausführenden Instanzen, die enge Zusammenarbeit mit den Gemeinden, die Mitwirkung in den Entscheidungen der Nationalstaaten und die Vertretung bei den europäischen Institutionen. In der Erklärung von *Galway* heißt es ebenfalls schon, es seien die notwendigen Maßnahmen zu treffen zum Schutze und zur Wiederauffrischung der Sprachen und Kulturen ethnischer Gemeinschaften, die oft vom Aussterben bedroht sind. Diese Maßnahmen sollten sich ausrichten an den europäischen Normen, betreffend den Respekt vor kulturellen Minderheiten.

Die *Konvention des Europarates über die Probleme der Regionalisation*, die sog. *Erklärung von Bordeaux* von 1978[551] repräsentiert bereits eine nächste – höhere – Textstufe mit genaueren Inhalten und differenzierteren, griffigen Textformen. Hier die wichtigsten Passagen:

"1. Als wesentlicher Bestandteil des Staates ist die Region ein Grundelement des Reichtums eines Landes. Sie bezeugt dessen kulturelle Mannigfaltigkeit. Sie gibt Anregungen für die wirtschaftliche Entwicklung (...).

2. Als Erben der Geschichte Europas und des Reichtums seiner Kultur stellen die Regionen Europas den unersetzlichen und unvergleichlichen Wert der europäischen Zivilisation dar (...).

3. Das Recht jedes Europäers "auf seine Region" ist Teil seines Rechts auf Verschiedenheit. Dieses Recht zu bestreiten hieße die Identität des europäischen Menschen in Frage stellen, und letztlich auch Europas selbst.

4. Der Begriff der Region, manchmal verschieden von Land zu Land, bedeutet (...) im Allgemeinen eine menschliche Gemeinschaft, die innerhalb der "größten, gebietsmäßigen Einheit eines Landes" lebt. Eine sol-

---

549 Dazu mein Beitrag Gemeineuropäisches Verfassungsrecht, EuGRZ 1991, S. 261 ff. sowie oben Erster Teil B. II.
550 Zit. nach F. Esterbauer (Hrsg.), Regionalismus, 1. Aufl. 1978, S. 209 ff.
551 Zit. nach F. Esterbauer, ebd, S. 215 ff.

che Gemeinschaft ist gekennzeichnet durch eine geschichtliche oder kulturelle, geographische oder wirtschaftliche Homogenität oder einer Kombination dieser Kennzeichen, "die der Bevölkerung eine Einheit verleiht in der Verfolgung gemeinsamer Ziele und Interessen" (...).

5. Ein Staat, der nicht die Mannigfaltigkeit der Regionen erkennen kann, aus denen er zusammengesetzt ist, ist auch unfähig, die Mannigfaltigkeit der europäischen Gemeinschaft festzustellen.

6. Durch Entwicklung und Selbstverwaltung auf den verschiedenen Ebenen, d.h. regional, örtlich und andersartig, fördert der Staat das Verantwortungsbewusstsein bei den Bürgern (...)".

Behandelt werden die Probleme des "Gleichgewichts zwischen den Regionen bei der Entwicklung eines freien Europas" sowie das Thema "Die Region und die Kultur". Hier fallen wesentliche Stichworte wie:

"Die Kulturautonomie muss jeder Region die Vollmacht garantieren, Verträge und Abkommen mit den anderen europäischen Regionen abzuschließen".

und (als Ziff. 28):

"Die Region ist der am besten geeignete Rahmen, um das regionale kulturelle Erbgut und seine Traditionen in bester Weise zu erhalten und zu entwickeln..."

Ziff. 30:

"... Die Region liefert den Rahmen für die Anerkennung ethnischer und kultureller Verschiedenheiten, die Bewahrung der regionalen Sprachen, der regionalen Kulturen und Traditionen. Die Übertragung von eigentlich der Regierung zustehenden Vollmachten auf die regionalen Institutionen ist die logische demokratische Antwort auf die Wiederbejahung der jeder Region eigenen ethnischen und kulturellen Traditionen."

Ziff. 31:

"Die Förderung der regionalen Kulturen ist ein unersetzliches Element für den Aufbau eines Europa, das seine kulturellen und sprachlichen Verschiedenheiten respektiert."

Ziff. 38:

"Die Region ist der ideale Rahmen für die grenzüberschreitende Zusammenarbeit, die dazu bestimmt ist, die teilenden Wirkungen der nationalen Grenzen zu mildern, die das Gesicht Europas zerschneiden..."

Ziff. 41:

"... eine Mitwirkung der Regionen in einem vereinten Europa sollte durch Schaffung einer zweiten, aus Gemeinde- und Regionalvertretern zusammengesetzten Kammer ins Auge gefasst werden".

Spätestens im Vergleich mit heute wird sichtbar, wie viel an Problemaspekten des verfassungsstaatlichen und europäischen Regionalismus in diesen Texten schon steckt. Sie bringen den Stand der damaligen Diskussion in Wissenschaft und Politik auf Begriff und Texte, sie wirken aber auch programmatisch. Sie verarbeiten Staatsrechtslehre als wissenschaftliche Literatur und sie inspirieren diese ebenso wie den Verfassunggeber späterer Verfassungen. Da die Literatur zum Thema heute fast unübersehbar geworden ist, lohnt es sich m. E. so sehr, den Verdichtungen in knappen *Texten* nachzugehen. Übrigens wird damit ein Stück jüngster Verfassungsgeschichte des Regionalismus nachgezeichnet, die als solche das unverzichtbare Komplementärstück zu jeder kontemporären Rechtsvergleichung bildet.

Vorausgegangen waren kleine Textpassagen in der *KSZE-Schlussakte "Korb 3"* vom August 1975. Unter Ziff. 3 ("Zusammenarbeit und Austausch im Bereich der Kultur") heißt es am Ende:

> "Die Teilnehmerstaaten, in Anerkennung des Beitrags, den die nationalen Minderheiten oder die regionalen Kulturen zur Zusammenarbeit zwischen ihnen in verschiedenen Bereichen der Kultur leisten können, beabsichtigen, wenn auf ihrem Territorium solche Minderheiten oder Kulturen existieren, diesen Beitrag unter Berücksichtigung der legitimen Interessen ihrer Mitglieder zu erleichtern."

Derselbe Text ist im Abschnitt 4 "Zusammenarbeit und Austausch im Bereich der Bildung" für diese wiederholt (am Ende).

Ein Blick auf die sog. *Regionalistischen Leitsätze* bzw. die Resolution der von der bayerischen Staatskanzlei u.a. im Herbst 1978 in Brixen veranstalteten Studientagung "Regionalismus in Europa":

Diese Leitsätze nehmen in mehrfacher Hinsicht eine Mittlerstellung ein: Sie stehen zwischen national-verfassungsstaatlichen und internationalen, europarechtlichen Texten und sie wurden auf einem sowohl wissenschaftlichen als auch politischen Forum erarbeitet[552]. In der Sache haben sie das Regionalismus-Thema auf eine neue Textstufe gebracht und große Ausstrahlung bis heute entfaltet. Das zeigen die folgenden Passagen:

"Regionale Eigenart

> 1. Das Recht auf regionale Eigenart ist Ausfluss des Rechts jedes einzelnen nicht nur auf Gleichheit im Recht, sondern auch auf Verschiedenheit bei der Selbstverwirklichung. Individuelle Identität ist sehr weitgehend auf regionale Identität, die unmittelbare Erlebniswelt, angewiesen...

Regionale Selbstbestimmung

> 4. Jeder – nicht nur der vom Selbstbestimmungsrecht der Völker betroffenen – Region soll die freie Wahl der Zugehörigkeit zu einem politischen System und des politischen Status in demselben zustehen, wobei in erster Linie ethnische und in zweiter Linie historische, schließlich geographische und eventuelle wirtschaftliche Kriterien zur Abgrenzung der Regionen heranzuziehen sind."

Von den weiteren gedankenreichen Stichworten und Leitsätzen seien erwähnt: "Föderalismus: vollendete Form des Regionalismus".

---

552   Aus der Lit.: *F. Esterbauer*, Der europäische Regionalismus, BayVBl. 1979, S. 328 ff.

Sodann:

> "Mehr Demokratie 9. Regionale Demokratie verwirklicht mit kleineren überschaubareren und dem Bürger einsichtigeren Gemeinschaften mehr Volksnähe als nur zentrale Demokratien großer Systeme."

> "Mehr Kontrolle 12. In einem Zusammenhang mit der demokratiefördernden Wirkung des Regionalismus steht sein Entgegenwirken gegen Machtballungen und damit die Verstärkung wechselseitiger Kontrollmöglichkeiten, was in besonderer Weise für den Föderalismus mit seinen originären Teilgemeinschaften gilt."

Ferner:

> "Kultur und Sprache 15. Freie kulturelle und sprachliche Ausdrucksformen dienen der individuellen und volklichen Selbstverwirklichung (Identität).
> 16. Im Interesse der Vielfalt und der vollen Entfaltung statt Uniformierung und Verflachung der Menschheits – und im besonderen der europäischen Kultur muss jedem regionalen Kulturbewusstsein und jeder Regionalsprache eine Kulturautonomie, eine territoriale für eine regionale Mehrheit und eine personale für eine regionale Minderheit, entsprechen."

Gefordert werden "Regionale Willensbildungsformen" (wie Regionalgesetzgebung und Regionalregierung, regionale Wirtschafts-, Sozial- und Kulturräte), sodann "Innerregionale Zusammenarbeit" (z.B. mit Hilfe einer "europäischen Regionalversammlung"). Unter dem Stichwort des letzten Abschnitts "Europäische Einheit und Vielfalt" heißt es:

> "27. Eine stabile, auf Freiheit beruhende Einheit, insbesondere eine europäische Identität als Wirtschafts-, Währungs-, Außen- und Verteidigungsunion auf demokratischer und Konflikte vermeidender oder verrechtlichender föderalistischer Grundlage, ist nur mit starker Berücksichtigung regionaler Vielfalt und Identitäten, sohin als Föderation von Völkern und Regionen erreichbar. (.....).
>
> 29. Der Erfolg der europäischen Einigung hängt sehr wesentlich von der Umsetzung der Erkenntnis in die europäische Regionalpolitik ab, dass nur auf der Grundlage der "Solidarität aller Regionen" (Erklärung von Galway) und nicht bloß von zentralen Regionen und Metropolen ein europäisches Gemeinschaftsbewusstsein entstehen kann"[553].

---

553 Einen Seitenblick verdient die *europäische Charta der kommunalen Selbstverwaltung* vom Oktober 1985 (zit. nach F.-L. Knemeyer (Hrsg.), Die Europäische Charta der kommunalen Selbstverwaltung, 1989, S. 273 ff.). Freilich sind die Regionen allenfalls mittelbar angesprochen: so wenn in der Präambel in Schutz und Stärkung der kommunalen Selbstverwaltung ein "wichtiger Beitrag zum Aufbau eines Europa" gesehen wird, "das sich auf die Grundsätze der Demokratie und der Dezentralisierung der Macht gründet", wenn die Subsidiarität umschrieben wird (Art. 4 Abs. 3). Manche Elemente wie Finanzausstattung (Art. 6, 9) können als textliches Vorbildmaterial für Regionalstrukturen genommen werden.- Der Entwurf eines Artikels für die *Europäische Verfassung* (ebd. S. 283) verdient ebenfalls Beachtung: "(1) Den kommunalen und regionalen

Diese Texte bilden die Vor- und Plattform für einen neuen Wachstumsschub des Regionalismus-Themas. Von der überstaatlichen, europäischen Ebene her kam es zu einer "Entschließung der Teilnehmer der Konferenz *"Europa der Regionen" am 18./19. Oktober 1989 in München*, in der es u.a. heißt[554]:

> "Die Regierungschefs und Präsidenten der in München versammelten Länder, Regionen und autonomen Gemeinschaften, (...)
>
> einig in dem Wunsch, die regionale grenzüberschreitende Zusammenarbeit und alle regionalen Initiativen, deren Ziel der größere europäische Zusammenschluss ist, zu verstärken, bekunden ihre gemeinsame Absicht... sich von folgenden politischen Zielsetzungen leiten zu lassen:
>
> 1. Europas Reichtum ist die Vielfalt seiner Völker und Volksgruppen, seiner Kulturen und Sprachen, Nationen, Geschichte und Traditionen, Länder, Regionen und autonomen Gemeinschaften. Ziel unserer Politik ist es, diese Vielfalt zu erhalten und zu fördern...
>
> 3. Subsidiarität und Föderalismus müssen die Architekturprinzipien Europas sein... Die künftige Europäische Union sollte in drei Stufen gegliedert sein: Europäische Gemeinschaften, Mitgliedstaaten, Länder oder Regionen oder autonome Gemeinschaften... Das (sc. die Zuweisung von Aufgaben nach dem Subsidiaritätsprinzip zur selbständigen Erledigung) gilt vor allem für die Bereiche regionale Entwicklung, Erziehungs-, Bildungs-, Medien- und Kulturpolitik, Umweltschutz, Gesundheitswesen, innere Sicherheit."

Gefordert wird ein Initiativ-, Anhörungs- und Mitwirkungsrecht der Länder, Regionen und autonome Gemeinschaften bei der Willensbildung und Entscheidung auf europäischer Ebene – Schaffung einer "repräsentativen Institution" (Ziff. 4), sodann ein "eigenständiges Klagerecht" vor dem EuGH (Ziff. 5) sowie eine Absicherung der Mitwirkungsrechte und des Klagerechts in den Römischen Verträgen bzw. in einer künftigen europäischen Verfassung.

Das *Dokument des Kopenhagener Treffens der Konferenz über die menschliche Dimension* der KSZE vom Juni 1991[555] geht das Regionalismus-Thema zwar nicht direkt an, doch lassen sich Textelemente ausmachen, die eine gewisse Basis bilden: Ziff. 33:

> "Die Teilnehmerstaaten werden die ethnische, kulturelle, sprachliche und religiöse Identität nationaler Minderheiten auf ihrem Territorium schützen und Bedingungen für die Förderung dieser Identität schaffen..."

Ziff. 35:

> "... Die Teilnehmerstaaten nehmen die Bemühungen zur Kenntnis, die ethnische, kulturelle, sprachliche und religiöse Identität bestimmter nati-

---

Gebietskörperschaften der Unionsstaaten wird das Recht auf Selbstverwaltung und Finanzautonomie im Rahmen der Gesetze nach Maßgabe des Prinzips der Subsidiarität gewährleistet."

554 Aus der Lit.: *F.-L. Knemeyer*, Subsidiarität und Föderalismus, Dezentralisation, DVBl. 1990, S. 449 ff.; der Text ebd. S. 453 f.
555 Zit. nach EuGRZ 1990, S. 239 ff.

onaler Minderheiten zu schützen und Bedingungen für ihre Förderung zu schaffen, indem sie als eine der Möglichkeiten zur Erreichung dieser Ziele geeignete lokale oder autonome Verwaltungen einrichten, die den spezifischen historischen und territorialen Gegebenheiten dieser Minderheiten Rechnung tragen und in Einklang mit der Politik des betreffenden Staates stehen."

Formuliert ist schließlich die Ansicht (Ziff. 40.3),

"auf nationaler, regionaler und lokaler Ebene wirksame Maßnahmen in Einklang mit ihrer Verfassungsordnung zu treffen, um Verständnis und Toleranz insbesondere in Erziehung, Kultur und Information zu fördern."

Das vorläufig jüngste Textstück, in dem die Regionalismus-Idee sich objektiviert und verdichtet hat, ist dem *Krakauer Symposium über das kulturelle Erbe der KSZE-Teilnehmerstaaten* vom 6. Juni 1991 zu verdanken[556]. Im Vorspruch heißt es u.a.:

"Sie (sc. Die Teilnehmerstaaten) sind der Ansicht, dass die Regionalaspekte der Kultur selbst einen Faktor bei der Völkerverständigung darstellen sollten.
Regionale kulturelle Vielfalt ist ein Ausdruck der reichen gemeinsamen kulturellen Identität der Teilnehmerstaaten. Die Bewahrung und der Schutz dieser Vielfalt trägt zur Schaffung eines demokratischen, friedlichen und vereinten Europas bei..."

Im Abschnitt "I. Kultur und Freiheit" heißt es unter Ziff. 9:

"Die Teilnehmerstaaten sind überzeugt, dass regionale und lokale Kulturen, einschließlich jener der nationalen Minderheiten eine Bereicherung des kulturellen Lebens darstellen."

Ein den Regionalismus inspirierender bzw. von ihm inspirierter Text könnte auch der Passus zum Stichwort "Kultur und kulturelles Erbe" sein:

"13. Die Teilnehmerstaaten würdigen das Erbe jener Kulturen, die aufgrund sprachlicher Barrieren, klimatischer Bedingungen und geographischer Entfernung, zahlenmäßig begrenzter Bevölkerung oder durch historische Entwicklungen und politische Umstände bisher nur wenig zugänglich waren, ebenfalls als wesentliches Element ihres gemeinsamen kulturellen Erbes."

Gleiches gilt für Ziff. 18 ebd.:

"Zusammenschlüsse zwischen verschiedenen Gruppen des privaten und öffentlichen Sektors auf lokaler, regionaler und nationaler Ebene leisten einen wertvollen Beitrag zur Gewähr einer wirkungsvollen und repräsentativen Erhaltung des kulturellen Erbes...".

Einen Höhepunkt in der bisherigen Textstufenentwicklung des Themas "Regionalismus" markiert die *"Gemeinschaftscharta der Regionalisierung"* vom 18. November

---

556   Zit. nach EuGRZ 1991, S. 250 ff.

1988, die das *Europäische Parlament* erarbeitet hat[557]. Gewiss, sie ist kein Verfassungstext, hat zunächst nur die Kraft von "soft law" und stammt von einem EG-Organ, gehört also nur dem Europarecht im engeren Sinne an. Gleichwohl ist hier eine "Zwischensumme" gezogen, die sowohl die innerverfassungsstaatliche Gestalt des Regionalismus als auch die europarechtliche Ebene befruchten kann. Die Wissenschaft bietet derzeit kaum Besseres und sie tut gut daran, die Regionalismus-Texte dieser Charta aufzugreifen und in ihr "System" zu integrieren. Umgekehrt ist erkennbar, wie sehr diese Charta auf den bisher geschaffenen Textensembles aufbaut und insofern das Paradigma der Textstufenentwicklung bestätigt.

Art. 1 lautet:

"1. Im Sinne dieser Charta versteht man unter Region ein Gebiet, das aus geographischer Sicht eine deutliche Einheit bildet, oder aber ein gleichartiger Komplex von Gebieten, die ein in sich geschlossenes Gefüge darstellen und deren Bevölkerung durch bestimmte gemeinsame Elemente gekennzeichnet ist, die die daraus resultierenden Eigenheiten bewahren und weiterentwickeln möchten, um den kulturellen, sozialen und wirtschaftlichen Fortschritt voranzutreiben.

2. Unter "gemeinsamen Elementen" einer bestimmten Bevölkerung versteht man gemeinsame Merkmale hinsichtlich der Sprache, der Kultur, der geschichtlichen Tradition und der Interessen im Bereich der Wirtschaft und des Verkehrswesens. Es ist nicht unbedingt erforderlich, dass alle diese Elemente immer vereint sind.

3. Die verschiedenen Bezeichnungen und die rechtlich-politische Stellung, die diese Einheiten in den verschiedenen Staaten haben können (Autonome Gemeinschaften, Länder, Nationalitäten, usw.) schließen sie nicht aus den in dieser Charta niedergelegten Überlegungen aus."

Bemerkenswert ist daran folgendes: Der die Region charakterisierende Begriff "Gemeinsame Elemente" ist erklärtermaßen offen und beweglich gehalten. Die (an Art. 29 GG erinnernden) "Richtbegriffe" Sprache, Kultur, geschichtliche Tradition etc. sind höchst glücklich alternativ, nicht kumulativ verwendet. Überdies bleibt auch insofern Raum für die Unterschiede des je nationalen "Regionalismus", als "Autonome Gemeinschaften" und "Länder", auch "Nationalitäten" als mögliche Formen anerkannt werden – der Föderalismus stellt sich insofern als *eine* Erscheinungsform des Regionalismus dar. Art. 2 fordert die Mitgliedstaaten der EG auf, "unter Berücksichtigung des Bevölkerungswillens, der geschichtlichen Tradition und der Notwendigkeit einer effizienten und ihren Aufgaben entsprechenden Verwaltung ... auf ihren Hoheitsgebieten Regionen im Sinne von Artikel 1 dieser Charta zu institutionalisieren bzw. beizubehalten, wo sie bereits bestehen."

Dieser Regionalisierungs- bzw. Föderalismusauftrag ist ein Beleg dafür, wie sich die europarechtliche Makroebene und die innerverfassungsstaatliche Mikroebene verschränken. Die Charta baut einerseits auf den Regionalismus- bzw. Föderalismus-

---

557 Nr. C 326/296 Amtsblatt der Europäischen Gemeinschaften; auch in J. Bauer (Hrsg.), Europa der Regionen, 2. Aufl. 1992, S. 33 ff.

Elementen der schon entsprechend gegliederten EG-Mitglieds- bzw. Verfassungsstaaten auf, andererseits macht sie die Regionalisierung für alle Staaten zum *Programm* und sie normiert Maximen, wie sie mindestens aussehen soll. Greifbar ist dies u. a. in Art. 3 Abs. 3 (volle Rechtspersönlichkeit für Regionen), Art. 4 (Feststellung der Grenzen unter Berücksichtigung des Bevölkerungswillens, sowie "demokratische Mechanismen" bei einer Grenzänderung). So viel die Wissenschaft hier noch verfeinernd zu erarbeiten hat, erstmals liegt so etwas wie eine *Modell-Verfassung für Regionen* vor, die weit über die EG hinaus, z.B. in Osteuropa, beachtet werden sollte.

Die weiteren Regelungen der Charta lassen ebenfalls erkennen, wie sich diese aus einem intensiven *Textvergleich* und *Wirklichkeitsvergleich* der in Europa bislang ausgeprägten Erscheinungsformen des Regionalismus (einschließlich seiner "Anleihen" beim Föderalismus) entwickelt haben und wie sehr sie diese zu "optimieren" sucht. Art. 6 verlangt "zumindest" eine Regionalversammlung und eine Regionalregierung mit einem Präsidenten- das erinnert an die Mindestgarantien in Bundesstaaten (z.B. Art. 28 GG). Gleiches gilt für das Gebot des Art. 7 Abs. 1, wonach die Regionalversammlung in freier, allgemeiner, unmittelbarer, gleicher und geheimer Wahl zu wählen ist. Die Aufgliederung der Gesetzgebungs- und Verwaltungskompetenzen ist ebenso modell- wie umrißhaft festgelegt, und auch hier springt die Orientierung an den bisherigen Regionalismus- bzw. Föderalismus-Beispielen in Europäischen Ländern ins Auge (z.T. auch an der kommunalen Selbstverwaltung)[558].

Erkennbar werden die Konturen einer "allgemeinen" Regionalismuslehre so wie es eine "allgemeine Bundesstaatslehre" gibt, bei aller nationalen Beispielsvielfalt. Stichworte müssen genügen. Die Charta formuliert eine Art Selbstverwaltungsgarantie (Art. 11 Abs. 1), sie schafft einen Katalog zur Aufteilung der Gesetzgebungsbefugnisse mit deutlichen Anklängen an die aus dem Föderalismus bekannten Formen der ausschließlichen (Art. 11 Abs. 2 lit. a) und der konkurrierenden Gesetzgebung (Art. 12 Abs. 2 ("gemeinsam oder konkurrierend")). Sie kennt Kompetenzen des Staates kraft der "Natur der Sache" (vgl. Art. 13 Abs. 1) und sie sieht für Kompetenzstreitigkeiten zwischen Staat und Region oder den Regionen untereinander "unabhängige Instanzen, vorzugsweise rechtsprechende Instanzen auf höchster Ebene" vor (Art. 15) – hier fällt wiederum die Analogie zum Föderalismus auf, man denke z.B. an die deutschen Bundesstaatsstreitigkeiten (Art. 93 Abs. 1 Ziff. 3 GG). Schließlich sei das Kapitel IV "Finanzmittel" erwähnt (Art. 17: "Die Regionen verfügen über eine finanzielle Eigenständigkeit und eigene Mittel..."), das sehr variantenreich und flexibel die "Finanzverfassung" der Regionen bis hin zur Steuerauftragsverwaltung (Art. 18 Abs. 2) und zum vertikalen und horizontalen Finanzausgleich (Art. 20 Abs. 2) normiert. Dabei findet sich

---

558 Siehe dazu M. Nierhaus (Hrsg.), Kommunale Selbstverwaltung. Europäische und nationale Aspekte. 1996; *F.-L. Knemeyer*, Kommunale Selbstverwaltung in Europa – die Schutzfunktion des Europarates, BayVBl. 2000, S. 449 ff.; *M. Kotzur*, Föderalisierung, Regionalisierung und Kommunalisierung als Strukturprinzipien des europäischen Verfassungsraumes, JöR 50 (2002), S. 257 ff.; *A. Weber*, Regionalismus und Föderalismus als Strukturprinzipien Europas, FS Folz, 2003, S. 369 ff.; Jahrbuch des Föderalismus 2003: Föderalismus, Subsidiarität und Regionen in Europa; *P. Häberle*, Kulturföderalismus in Deutschland – Kulturregionalismus in Europa, FS Fleiner, 2003., S. 61 ff.

sowohl der aus der Bundesstaatslehre bekannte "Grundsatz der Solidarität" als auch die (ebenfalls föderale) Formel von den "einheitlichen Lebensverhältnissen"[559].

Die Charta treibt die Textstufenentwicklung des "Regionalismus-Verfassungsrechts" bzw. die Regionalismuslehre noch auf einem anderen Felde kräftig voran. Während Kap. V die interregionale grenzüberschreitende Zusammenarbeit eher i.s. des schon erreichten Status quo des europäischen Gemeinschaftsrechts festschreibt (Art. 23), gelingen ihr in Kap. VI zum Stichwort "Beteiligung der Regionen an den Entscheidungen der Staaten und der Europäischen Gemeinschaft" beachtliche Neuerungen. Wenn sie dabei an Entwicklungen der Wissenschaft und Rechtsprechung anknüpfen (greifbar in Gestalt der Rezeption des "kooperativen Regionalismus", der in Italien entwickelt wurde[560]), wenn sie auch sonst an Tendenzen der föderativ oder regionalistisch gegliederten Verfassungsstaaten in Europa sowie an europa- bzw. regionalismus-politische Tendenzen und Forderungen anknüpft, so besteht ihre eigene Leistung doch darin, dass sie all dies auf konzentrierte Texte und knappe Begriffe gebracht hat, die, einmal in der (juristischen) Welt (Europas), die künftige Arbeit an konstitutionellem Regionalismus-Recht befruchten können. So sagt Art. 24 Abs. 2 in einer "Partizipationsklausel": "Die Regionen sind berechtigt, angemessen an der Erfüllung der Aufgaben des Staates, insbesondere derjenigen, die auf ihrem Gebiet durchgeführt werden, beteiligt zu werden". Und nach Abs. 3 muss die Beteiligung über "angemessene verfassungsmäßige Institutionen oder Institutionen auf der höchstmöglichen Rechtsebene gewährleistet werden." Abs. 4 bringt jüngste Entwicklungen konstitutionellen Regionalismus-Recht mancher Verfassungsstaaten wie Italien und Spanien auf einen Nenner, indem er dekretiert: "Diese Intervention muss auf den Grundsätzen eines kooperativen Regionalismus beruhen, der auf dem Konzept der horizontalen Koordinierung basiert, das an die Stelle des traditionellen vertikalen Konzepts der zentralistischen Staaten tritt." Damit ist eine verfassungspolitische Maxime formuliert, die an Lehrbuchwissen erinnert, aber jetzt in Textform auskristallisiert ist. Der Einheitsstaat wird in einem Europatext in die Horizontale umgedacht und auf kooperative Formen ausgerichtet, wie sie ohne die Modellelemente des in Praxis und Theorie gewachsenen, des "kooperativen Föderalismus" nicht denkbar wären[561].

Während diese Regelungen die Region innerstaatlich im Verhältnis zu den Organen, Kompetenzen und Aufgaben des nationalen Verfassungsstaates stärken wollen und die etablierten Bundesstaaten (wie Deutschland, Österreich oder Belgien kein Defizit aufweisen), gilt die Stoßrichtung von Art. 25 der Partizipation der EG, ihren Instanzen und Vorhaben. Die Regionen sollen innerstaatlich rechtzeitig und effektiv eingeschaltet werden sowie Art. 25 Abs. 1 verlangt, die "Regionen an der Ausarbeitung des Standpunktes, den die Staaten in den Gemeinschaftsinstanzen vertreten, im Rahmen ihrer

---

559 In diesem Zusammenhang vgl. auch noch *R. Streinz*, Einführung: 50 Jahre Europarat, in: ders. (Hrsg.), 50 Jahre Europarat: Der Beitrag des Europarates zum Regionalismus, S. 17 ff., 37.

560 Dazu die Nachweise in *P. Häberle*, Theorie-Elemente eines allgemeinen juristischen Rezeptionsmodells, JZ 1992, S. 1033 ff.

561 In diesem Kontext einer europäischen Föderalismus- und Regionalismuslehre sei noch auf zwei Sammelbände verwiesen: D. Merten (Hrsg.), Föderalismus und Europäische Gemeinschaften, 1990; P. Hänni (Hrsg.), Schweizerischer Föderalismus und europäische Integration, 2000.

Befugnisse oder wenn die zu behandelnden Themen direkt ihre Interessen berühren", zu beteiligen. Abs. 2 fordert rasche und umfassende Unterrichtung über die Gemeinschaftsvorhaben, und "zwar vorzugsweise durch die Institutionalisierung der Vertretung der Regionen"; Abs. 4 will die Mitgliedstaaten veranlassen, die von den Regionen geäußerten Standpunkte in die Gemeinschaftsinstanzen einzubringen. Es liegt auf der Hand, dass diese Postulate Vorstufe einer Revision der EG-Gründungsverträge sein können, die die Regionen der und in den 25 Mitgliedstaaten auf der "Hochebene" des primären Gemeinschaftsrechts verankern, bis hin zu einer Regionalkammer, Klagerechten von EuGH etc. Auch hier lässt sich somit eine *zweifache* Wirkung erkennen: die innerstaatliche Schaffung bzw. Verstärkung von "Regionen" und ihre supranationale bzw. europarechtliche Verortung und "Konstitutionalisierung". Schritt für Schritt entsteht so *gemeineuropäisches konstitutionelles Regionalismus-Recht* mit innerstaatlicher und europarechtlicher Ausformung. Sowohl das nationale Verfassungsrecht als auch das Europarecht sind gefordert, eine den bisherigen Texten "kongeniale" "Regionalismus-Lehre" zu entwickeln.[562]

Ein Vergleich der *innerstaatlichen* Regionalismustexte und der von der *Europaebene* kommenden, teils aus informellen Gremien, teils aus institutionalisierten transnationalen Formen stammenden Texten zeigt einen charakteristischen Unterschied: die "von außerhalb" der nationalen Verfassungsstaaten entwickelten Texte sind weniger technisch, "kultureller", farbiger, kühner, plastischer, insgesamt "freier" im Sinne eines effektiven vielgestaltigen Regionalismus weiter gediehen und dynamischer als die innerstaatlichen. M.a.W. In der Textstufenentwicklung liegt das "konstitutionelle Regionalismus-Recht" des nationalen Verfassungsstaates etwas zurück. Das dürfte mehrere Gründe haben: "soft law", Konventionen, Deklarationen, Entschließungen, Symposien, Arbeitskreise der Regionen stehen nicht in der unmittelbaren Verantwortung wie die Verfassungstexte der Nationalstaaten. Sie können zugunsten eines ausgebauten Regionalismus weiter vorpreschen und mehr wagen als diese; sie lassen das Korsett des zentralistischen Nationalstaates leichter hinter sich[563]. Sie sind der staatsfernen freien Wissenschaft und phantasievollen Regionalismuspolitik näher als die nationalen Verfassunggeber und ihre Ratgeber. Vielleicht sind sie auch der Europa-Idee gegenüber sensibler als so manche innerstaatliche Instanzen. Darum erfährt heute die Regionalismusidee wesentliche Impulse aus der Regionalismusbewegung, die sich in überstaatlichen Gremien und Kreisen Europas manifestiert. Was hier zu Texten "gerinnt", ist eine Art Vorhut in Sachen Regionalismus. Letztlich sollte es aber zu einer *Synthese* kommen zwischen den innerstaatlich entwickelten und den transnational vorgeschlagenen Regionalismus-Formen. Sobald die nationalen Verfassungsstaaten erkennen, dass sie sich selbst den besten Dienst leisten, wenn sie sich intern regionalistisch strukturieren und einem "Europa der Regionen" öffnen, kann die Werkstatt ihrer eigenen Texte fruchtbarer werden, können sie regionalistisches Neuland beschreiben und ihre

---

562 Siehe noch *J. Beck*, Netzwerke der transnationalen Regionalpolitik, 1997. Die Zeitschrift "Politische Studien" widmet in Heft Nr. 378 aus dem Jahre 2001 ein Schwerpunktthema der Frage: "Regionalisierung oder Globalisierung = Wo lebt der Mensch?"
563 Zu all dem auch schon meine Verfassungslehre als Kulturwissenschaft, 2. Aufl. 1998, S. 812 ff.

Staatlichkeits- und Nationalismus-Ideologie korrigieren, d. h. relativieren[564]. In der heutigen Entwicklungsphase ist aber noch europäischen Impulsen als Vorreiter besondere Aufmerksamkeit zu schenken.

c) Der Theorierahmen: der Regionalismus als eigenständiger "kleiner Bruder" des Föderalismus

Föderalismus und Regionalismus, hier als *eigenständige* Strukturen des Verfassungsstaates der heutigen Entwicklungsstufe verstanden, lassen sich durch Gemeinsamkeiten und Unterschiede umreißen. Solange es keine "Regionalistic Papers" in Analogie zu den "Federalist Papers" der werdenden USA (1787) gibt, muss mühsame Kleinarbeit geleistet werden.

aa) Gemeinsamkeiten zwischen Föderalismus und Regionalismus

(1) Die sieben Legitimationsgründe

Ins Auge springende *Gemeinsamkeiten* bestehen in Bezug auf die (sieben) *Legitimationsgründe*.

(a) So können Föderalismus wie Regionalismus zuvörderst *grundrechtstheoretisch* begründet werden. Texte z.B. des Europarates von 1978 sprechen[565] vom "Recht jedes Europäers" auf seine Region, das Teil seines Rechtes auf Verschiedenheit ist. Dieses Recht zu bestreiten hieße, "die Identität des europäischen Menschen in Frage zu stellen, und damit auch Europa selbst". Damit ist die gliedernde Einheit "Region" beim Einzelnen Menschen und seinen Freiheiten angesiedelt. In den Blick kommt so besonders die *kulturelle Freiheit* und korporativ institutionell – die *kulturelle Autonomie*. So spricht die schon mehrfach zitierte Gemeinschaftscharta der Regionalisierung des Europäischen Parlaments (1988) von "gemeinsamen Elementen einer bestimmten Bevölkerung" und nennt dabei "gemeinsame Merkmale" hinsichtlich der Sprache, der Kultur, der geschichtlichen Traditionen etc. Damit ist für den Regionalismus das konzipiert, was die kulturwissenschaftlich betriebene Bundesstaatslehre für den Föderalismus vorschlägt[566], wobei sie auf den Textpassus im Neugliederungs-Artikel 29 GG ("landsmannschaftliche Verbundenheit", "geschichtliche und kulturelle Zusammenhänge") verweisen kann. Freiheit aus Kultur, kulturelle Freiheit vor Ort, in der kleineren Einheit wie Region oder Kanton bzw. Bundesland, sind Stichworte. Das Größere, der Regional- bzw. Föderalstaat gewinnt dadurch kulturelle Vielfalt.

---

564 Für den Anwendungsfall Belgien siehe *A. Alen,* Der Föderalstaat Belgien – Föderalismus, Nationalismus, Demokratie, 1995. Vorbildlich Art.1, 3 Abs. 3 Statut Toscana von 2005.

565 Nachweise bei *P. Häberle,* Der Regionalismus als werdendes Strukturprinzip des Verfassungsstaates, AöR 118 (1993), S. 1 (28); Texte auch bei J. Bauer (Hrsg.), Europa der Regionen, 2. Aufl. 1992; *A. Gamper,* Die Regionen mit Gesetzgebungshoheit, 2004.

566 Dazu *P. Häberle,* Kulturverfassungsrecht im Bundesstaat, 1980; *ders.,* Aktuelle Probleme des deutschen Föderalismus, Die Verwaltung 24 (1991), S. 1 ff.; *ders.,* Kulturhoheit im Bundesstaat, AöR 124 (1999), S. 549 ff. S. auch P. Pernthaler (Hrsg.), Föderalistische Kulturpolitik, 1988.

(b) Die *demokratische* Legitimation von Regionalismus und Föderalismus bildet einen zweiten Legitimationsgrund. So heißt es trefflich in Art. 227 Abs. 2 Verf. Portugal (1976/1992), die Autonomie der Regionen ziele auf "die demokratische Teilhabe der Bürger". Die "regionalistischen Leitsätze" von Brixen (1978) formulieren:

"Mehr Demokratie – Regionale Demokratie verwirklicht mit kleineren überschaubaren und dem Bürger einsichtigeren Gemeinschaften mehr Volksnähe als nur zentrale Demokratie großer Systeme".

Diese "demokratiefördernde Wirkung" verbindet den Regionalismus mit dem Föderalismus. Die deutsche Bundesstaatstheorie hat seit langem Demokratie und Föderalismus zusammengedacht, u.a. mit dem Hinweis auf den Minderheitenschutz, den Einbau der Opposition in die demokratische Ordnung sowie die Auflockerung der inneren Ordnung der Parteien, was sich im dezentralisierten Einheitsstaat nicht erreichen lasse[567]. Genau diese Aspekte können aber auch auf den Regionalismus übertragen werden. Sie wäre für Osteuropa besonders wichtig. Die erhoffte "Europäisierung des Balkans" (Kosovo!) könnte über regionalistische Strukturen im Dienste des Minderheitenschutzes gelingen.

(c) Die *gewaltenteilende Legitimation* des Föderalismus ist unter dem Stichwort "vertikale Gewaltenteilung" geläufig[568]. Sie lässt sich analog für den Regionalismus begründen. Die Verhinderung von Machtakkumulation und die Verstärkung wechselseitiger Kontrollmöglichkeiten durch regionale Aufgliederung staatlicher Kompetenzen und Aufgabenerfüllung ist gerade im Einheitsstaat hilfreich, ja notwendig und vermittelt Freiheit der Bürger. Dabei ist der Begriff "vertikal" in Anführungszeichen zu setzen. Denn im Verfassungsstaat gibt es kein "Unten" für den Bürger und kein "Oben" für die staatlichen Ebenen. Die Menschenwürde ist die kulturanthropologische *Prämisse* des Verfassungsstaates, regionale, föderale und gesamtstaatliche Demokratie sind "nur" die *Konsequenz*[569].

(d) Die *wirtschaftspolitische, entwicklungspolitische Legitimation* ist dem Regionalismus wie dem Föderalismus gemeinsam. Auch hier ist der Textvergleich im Kontext der Verfassungspraxis hilfreich. So besteht in Deutschland heftige Konkurrenz zwischen den Bundesländern gerade in wirtschaftlicher Hinsicht, bis hin zu staatlicher Abwerbung von Industrieunternehmen. Der wirtschaftspolitische Nachholbedarf der fünf neuen Bundesländer (Finanztransfer seit 1990 pro Jahr 150 Milliarden DM!) ist groß und eine Ausnahme. Er ist auf heute noch nicht absehbarer Zeit eine gesamtstaatliche Aufgabe und verlangt viel Solidarität (z.B. in Gestalt des Werkes "Aufbau Ost", "Solidarpakt I und II", "Solidarbeitrag" etc.). Der *"fiduziarische Föderalismus"* hat hier seine Stunde. Es gibt den GG-Auftrag, "gleichwertige Lebensverhältnisse" zu schaffen, wozu auch das Wirtschaftliche gehört (vgl. Art. 72 Abs. 2 GG). Innerverfassungsstaatlich hat für den Regionalismus hier Verf. Spanien

---

[567] Grundlegend *K. Hesse*, Grundzüge des Verfassungsrechts der Bundesrepublik Deutschland, 20. Aufl. 1995, S. 100 f. (Neudruck 1999).
[568] Dazu *K. Hesse*, aaO., S. 101 f.
[569] Zu diesem Menschenwürde-Konzept: *P. Häberle*, Die Menschenwürde als Grundlage der staatlichen Gemeinschaft, HdBStR Bd. I (1987), S. 815 ff. (3. Aufl. Band II 2004, § 22).

(1978/1992) glückliche Textarbeit geleistet, insofern Art. 138 Abs. 1 von "Herstellung eines angemessenen und gerechten wirtschaftlichen Gleichgewichts" spricht und Art. 143 Abs. 1 neben den historischen, kulturellen, auch die wirtschaftlichen Eigenschaften als konstitutiv für eine Regionaleinheit ansieht. Hilfreich ist, auch für eine Europäische Verfassungslehre, die keine eurozentrische sein will, ein Blick nach Iberoamerika: Art. 259 Abs. 1 S. 2 (alte) Verf. Peru 1979 spricht plastisch von den Regionen als "geoökonomischen Einheiten", und die Verf. Guatemala (1985) postuliert in Art. 224 Abs. 2 die Bildung von "Entwicklungsregionen" nach "wirtschaftlichen, sozialen und kulturellen Kriterien". Kurz: Ökonomische Vielfalt, wirtschaftliche Differenz bilden ein Argument für die Gliederung des Verfassungsstaates in Länder bzw. Kantone oder Regionen. Dass dabei aber die föderale/regionale Solidarität, der Ausgleich hinzugedacht werden muss – als "Bundes"- bzw. "Regionaltreue" bekannt – sei schon hier vermerkt. In Deutschland ist der horizontale und vertikale Finanzausgleich[570] die handfeste Umsetzung des Postulats der Bundes- bzw. Ländertreue (vgl. Art. 104 a Abs. 4 GG: Ausgleich "unterschiedlicher Wirtschaftskraft", Art. 107 Abs. 2 S. 1: angemessener Ausgleich der unterschiedlichen Finanzkraft der Länder). Schon in der bereits erwähnten Erklärung von Galway (1975) findet sich das große Wort vom "Gemeinschaftsprinzip, d.h. Solidarität aller Regionen Europas".

(e) Die *Integrationsfunktion* ist für den Regionalismus in Ziff. 10 der Regionalistischen Leitsätze der Tagung von Brixen (1978) auf den Punkt gebracht worden:

> "Das im regionalen Bereich zusätzliche Maß an Zusammengehörigkeitsbewusstsein, wenn auch regionale Selbstbestimmung statt Fremdbestimmung herrscht, verstärkt die demokratische Integration, die Identifikation der Bürger mit ihren politischen Institutionen, wesentlich."

Unter dem GG werden die Deutschen wesentlich *als* Bayern, Hessen, Sachsen, Brandenburger etc. zu Deutschen, wie zuletzt die Wiedervereinigung bestätigt hat. Spaniens Verfassungsväter haben bereits die Integrationsfaktoren genannt, die Regionalbewusstsein schaffen bzw. befördern können: "Flaggen und Embleme der Autonomen Gemeinschaften" (Art. 4 Abs. 2), die "anderen Sprachen" bzw. die "unterschiedlichen sprachlichen Gegebenheiten Spaniens" (Art. 3 Abs. 2 und 3). Es ist kein Zufall, dass *R. Smend*, der Erfinder der "Bundestreue", zugleich der Schöpfer der Integrationslehre wurde – mit Fern- und Nachwirkungen auf ganz Europa bis heute[571]. Seine Integrationslehre hätte er jedenfalls auch bzw. heute am Regionalis-

---

570 Aus der Lit.: *D. Carl*, Bund-Länder-Finanzausgleich im Verfassungsstaat, 1995; *M. Kilian*, Das System des Länderfinanzausgleichs und die Finanzierung der neuen Bundesländer, JZ 1991, S. 425 ff.; *U. Häde*, Finanzausgleich, 1996; *S. Korioth*; Der Finanzausgleich zwischen Bund und Ländern, 1997; *T. Lenk*, Aspekte des Länderfinanzausgleichs, 2001. – Zur Reformdiskussion: *H. P. Bull*, Finanzausgleich im "Wettbewerbsstaat", DÖV 1999, S. 269 ff. S. auch *W. Luthardt*, Abschied vom deutschen Konsensmodell?, Aus Politik und Zeitgeschichte, B 13/99, S. 12 ff. – Jetzt die Entscheidung in: BVerfGE 101, S. 158 ff.

571 *R. Smend*, Ungeschriebenes Verfassungsrecht im monarchischen Bundesstaat (1916), jetzt in: Staatsrechtliche Abhandlungen, 3. Aufl. 1994, S. 39 ff.; *ders.*, Verfassung und Verfassungsrecht (1928), ebenda, S. 118 ff., 271 ff. S. noch unten Anm. 575.

mus "testen" können: Die "Zusammenordnung" von Zentralstaat und Regionen bzw. von Bundesstaat und Bundesländern (Kantonen), früher von Reich und Ländern, ergibt den "allgemeinen bündischen Rechtssatz der bundesfreundlichen Haltung", von *K. Hesse* als immanente Verfassungsnorm qualifiziert[572]. Die Integration ist eine doppelte: Sie gelingt auf der niederen Ebene (die Andalusier, Katalanen, Galicier etc. "finden sich" in ihrer Regionalverfassung) und sie gelingt zur höheren Ebene hin: was mit dem Begriff "Solidarität" in Art. 2 Verf. Spanien und Art. 227 Abs. 2 Verf. Portugal gemeint ist. Im sich einenden Europa von heute kommt dessen Ebene als drittes Integrationsfeld hinzu, gegebenenfalls mit direktem Durchgriff von der Regional- bzw. Landesebene, auch Stadtstaatenebene zur EU hin. Stichwort z.B. Bremen als "Europa-Land"[573] oder Andalusien, auch Venetien als *"europaunmittelbare" Region*. So ist es konsequent, dass sich in regional verfassten Nationen wie Italien und Spanien besonders viel Europabewusstsein in den Regionen findet. Die Regionen holen sich ein Stück regionale Legitimation und Selbststand von "Europa" her, was den (stärkeren) Ländern in Bundesstaaten im "ewigen" Kampf der Selbstbehauptung gegen den Gesamtstaat nicht gleichermaßen, aber auch wichtig ist.

(f) Die *aufgabenteilende, dezentralisierende Dimension, das Subsidiaritätsargument*, verbindet den Föderalismus mit dem Regionalismus. Schon in der Entschließung der verdienstvollen und folgenreichen Münchener Konferenz "Europa der Regionen" (1989) heißt es: "Subsidiarität und Föderalismus müssen die Architekturprinzipien Europas sein: Die größere Einheit darf niemals Aufgaben übernehmen, die die kleinere Einheit zufriedenstellend erfüllen kann". Heute ist die Subsidiarität nicht nur auf Europaebene ein Verfassungsprinzip (vgl. Art. 2 Abs. 2 EUV und Art. 5 EGV — "Amsterdam"), auch innerverfassungsstaatlich ist die von der Sozialenzyklika "Quadragesimo Anno" (1931) erfundene Subsidiarität zu einem Verfassungstext geronnen, vor allem in Art. 23 Abs. 1 S. 1 GG sowie Art. 7 Abs. 6 Verf. Portugal. Gewiss, die Subsidiarität ist schwer zu interpretieren[574]. Denn es bedarf eines Konsenses darüber, wer nach welchen Maßstäben entscheidet, ob eine Aufgabe auch auf der niederen Ebene zufriedenstellend erfüllt werden kann. Auch steht dieselbe Subsidiarität letztlich hinter *verschiedenen* Strukturprinzipien: Föderalismus, Regionalismus, auch kommunale Selbstverwaltung. Die Rechtskultur Großbritanniens versteht sie anders als etwa Deutschland. Hier bedarf es noch viel "*gemeineuropäischer Hermeneu-*

---

572 *K. Hesse*, Grundzüge, aaO., S. 117
573 Zu einer "föderalen Verfassungstheorie der Stadtstaaten" mein Bremer Festvortrag, 50 Jahre Landesverfassung Bremen, JZ 1997, S. 57 ff.
574 Aus der unübersehbaren Lit.: A. Riklin/G. Batliner (Hrsg.), Subsidiarität, 1994; *P. Häberle*, Das Prinzip der Subsidiarität aus der Sicht der vergleichenden Verfassungslehre, AöR 119 (1994), S. 169 ff.; D. Merten (Hrsg.), Die Subsidiarität Europas, 1993; *C. Calliess*, Das gemeinschaftsrechtliche Subsidiaritätsprinzip (Art. 3 b EGV) als "Grundsatz der größtmöglichen Berücksichtigung der Regionen", AöR 121 (1996), S. 509 ff.; zuletzt K.W. Nörr/T. Oppermann (Hrsg.), Subsidiarität: Idee und Wirklichkeit, 1997; *R. Streinz*, Europarecht, 6. Aufl. 2003, S. 64, 401; *M. Zuleeg*, Das Subsidiaritätsprinzip im Europarecht, Mélanges Schockweiler, 2000, S. 635 ff.; *W. Moersch*, Leistungsfähigkeit und Grenzen des Subsidiaritätsprinzips, 2001.

tik". Auch fragen sich derzeit ja wohl alle Verfassungsstaaten, welche und wie viele Aufgaben überhaupt vom Staat übernommen werden sollen, was etwa wie zu "privatisieren" ist (Stichwort in Deutschland: "schlanker Staat"). Kurz, die Subsidiaritätsdiskussion muss im Blick auf die Staatsaufgabenkontroverse geführt werden[575]. Hinter der aktuellen Privatisierungskontroverse stecken auch Subsidiaritätsfragen (s. a. die Subsidiarität in Art.3 Abs.3 Statut Toscana, 2005).

(g) Der siebte und letzte Legitimationsgrund für Regionalismus heute ist der *europäische*. Das Europarecht im engeren (EU- und EG-)Sinne und im weiteren Sinne (Europarat, OSZE), aber auch das je nationale Europaverfassungsrecht (z.B. Art. 60 Verf. Saarland, Art. 54 Abs. 1 Verf. Bern) verweist auf europäische Regionen. Europa versteht sich sozusagen (auch) als *Gemeinschaft von Regionen*, da die Vielfalt seiner Kultur sich in ihnen besonders ausdrückt. Das europarechtliche und europapolitische Argument verleiht den Regionen heute besondere Schubkraft: innerstaatlich wie transnational grenzüberschreitend. Der Europarat hat hier früh "Klassikertexte" geschaffen (1976/78), so wie er seit 1989 eine große Rolle bei der Einbeziehung Osteuropas gespielt hat und in seinen beiden Gipfeltreffen 1993 (Wien) und Straßburg (1997) die "demokratische Sicherheit" zum Stichwort machte. Regionalismus sollte in Zukunft dazugehören.

(2) Föderalismus und Regionalismus als "Solidargemeinschaften"

Zu den "Gemeinsamkeiten" zwischen den beiden verfassungsstaatlichen Strukturprinzipien gehören die wechselseitigen Solidaritätspflichten zwischen "kleiner" und "großer" Einheit. Für den Bundesstaat von *R. Smend* als Klassikertext etabliert, ist die "Bundestreue" heute ein Testfall für jeden Föderalismus[576]. Das BVerfG hat sie in großen Judikaten ausgebaut (z.B. E 6, 309; 8, 122; 12, 205; 43, 291; 61, 149; 81, 310 (337); 86, 148 (211 f., 213 f.)) und europaweit wird sie von den anderen nationalen Wissenschaftlergemeinschaften beachtet, wenn nicht rezipiert. Die "Erfolgsgeschichte" dieses Verfassungsprinzips zeigt sich aber auch darin, dass es sich auf dem Felde des *Regionalismus* zu etablieren beginnt: schon auf Verfassungstextebene, als "Solidarität" in den beiden iberischen Ländern Portugal (vgl. Art. 227 Abs. 3) und Spanien (Art. 2, s. auch Art. 156 Abs. 1, 158 Abs. 2) sichtbar, aber auch in Rechtsprechung und Wissenschaft[577]. M.a.W.: Die "Bundestreue" ist analogiefähig. In Regionalstaaten trifft die Regionen und Staaten eine wechselseitige Treuepflicht mit materiellen und prozessualen Auswirkungen, etwa Kooperationspflichten (was sich als *"kooperativer Regionalismus"*

---

575 P. Häberle, Verfassungsstaatliche Staatsaufgabenlehre, AöR 111 (1986), S. 595 ff.; J. Isensee, Gemeinwohl und Staatsaufgaben im Verfassungsstaat, HdBStR Bd. III 1988, S. 3 ff.; M.W. Hebeisen, Staatszweck, Staatsziel, Staatsaufgaben, 1996; D. Merten, Über Staatsziele, DÖV 1993, S. 368 ff.
576 Aus der Lit.: K. Hesse, Grundzüge, aaO., S. 116 ff.; H. Bauer, Die Bundestreue, 1992; A. Anzon, La "Bundestreue" e il systema federale tedesco, 1995; A. Alen u.a., Bundestreue im belgischen Verfassungsrecht, JöR 42 (1994), S. 439 ff.; M. Lück, Die Gemeinschaftstreue als allgemeines Rechtsprinzip im Recht der Europäischen Gemeinschaft, 1992.
577 Vgl. P. Cruz Villalón, Die Rechtsprechung des Verfassungsgerichts zu den Autonomen Gebietskörperschaften (1981-1986), in: A. López Pina (Hrsg.), Spanisches Verfassungsrecht, 1992, S. 195 (217 ff.).

darstellen mag), Pflichten zur gegenseitigen Information, Rücksichtnahme und Mitwirkung bis hin zum Beistand in finanzieller Hinsicht (dazu für den Finanzausgleich: BVerfGE 72, 330 (395 ff.); 86, 148 (211 f., 213 f.)). Auch der Regionalismus ist eine "Solidargemeinschaft" (so für den Bundesstaat: BVerfGE 86, 148 (214); 101, 158 (222)). Was das heißt, ist ja gerade auf dem Feld der Finanzen in Italien ebenso umstritten wie in Spanien.

Nach der Erarbeitung von Gemeinsamkeiten zwischen Föderalismus und Regionalismus wird jetzt die Konturierung der *Unterschiede* erforderlich.

bb) Unterschiede zwischen Föderalismus und Regionalismus

(1) Die Ausgangsthese

Ausgangspunkt ist die These, der Regionalismus sei ein *eigenwüchsiges* und *eigenständiges* Strukturprinzip des Typus Verfassungsstaat, keine bloße "Vorform" des Föderalismus. Je nach Raum und Zeit seien beide Strukturformen, Föderalismus wie Regionalismus, eine *gleichberechtigte Alternative*, wobei es ganz von der Verfassungskultur einer Nation abhängt, ob sie die eine oder andere Form wählt und wie sie sie ausgestaltet. Deutschland gäbe sich nie mit einem "nur" regionalistischen Staatsmodell zufrieden, allenfalls stellt sich die Frage, ob (intern) "zentralistische" Länder wie Bayern stärker regionalisiert werden müssten oder z.B. ein eigenes Bundesland Franken zu schaffen sei! Frankreich tut sich schwer, mit dem Regionalismus Ernst zu machen, während Spanien einen besonders weit gediehenen Regionalismus zustande gebracht hat, der in manchem schon auf dem Weg zu einer "Vorform" des Föderalismus zu sein scheint. Dass dem fernen Betrachter die Einordnung eines Staates als "regional oder föderal" auch einmal schwer fallen kann, zeigen die Beispiele Äthiopiens (1994) und Südafrikas (1996/97)[578].

(2) Einzelne Kriterien der Differenz

Einige *Kriterien der Unterschiedlichkeit* seien indes genannt:

(a) So bilden die Regionen *keinen "Staat"* wie das Bundesland, sie haben keine "Verfassung" im anspruchsvollen Sinne des Wortes (aber auch keine "verfassunggebende Gewalt") wie z.B. die Kantone der Schweiz, also auch keine Verfassungsautonomie, die das BVerfG zu recht für die deutschen Länder betont (vgl. E 9, 268 (279); 36, 342 (360 f.)). Indes finden sich wie in den Regionalstatuten doch *Teil*elemente (so in Sizilien, das 1947 noch *vor* der italienischen Verfassung sein Regionalstatut geschaffen hat[579]). Besonders weit in der Konstituti-

---

578 Dazu vgl.: *H. Scholler*, Der Verfassungsdialog in der Republik Südafrika, ZÖR 52 (1997), S. 63 (72 ff.); *L. Holle*, Das Verfassungsgericht der Republik Südafrika, 1994; *F. Venter*, Aspects of the South African Constitution, 1996: An African Democratic and Social Federal Rechtsstaat?, ZaöRV 57 (1997), S. 51 ff.; *A. Boraine*, A country unmasked, Inside South Africas Truth and Reconciliation Commission, 2000.

579 Dazu mein wissenschaftlicher Eröffnungsvortrag zum 50jährigen Bestehen in Palermo (Normannenpalast) im Juni 1997, abgedruckt im Jubiläumsband Sizilien (2001), sowie in JöR 47 (1999), S. 79 ff. Ergiebig jetzt Statut Toscana (2005).

onalisierung der Regionen ist im europaweiten Vergleich Spanien fortgeschritten, wobei zwei Perspektiven zu wählen sind: der Blick von der nationalen Gesamtverfassung her und der Blick vom jeweiligen Regionalstatut aus. Die spanische Verfassung ist der Eröffnung eines identitätsbegründeten Raumes für die Autonomen Gebietskörperschaften besonders aufgeschlossen: die Nennung des Rechts auf Autonomie der Nationalitäten und Regionen (Art. 2), die Anerkennung der "anderen Sprachen" als Amtssprachen (Art. 3 Abs. 2), die Zulassung eigener Flaggen und Embleme (Art. 4 Abs. 2) – der jüngste Hymnenstreit bzw. das geplante Dekret der Regierung *Aznar*, wonach die Nationalhymne immer *vor* der regionalen Hymne gespielt werden müsse[580], sollte sich durch das Prinzip vernünftiger "redlicher" Solidarität im Regionalstaat rasch entschärfen lassen, auch in analoger Anwendung von Art. 4 Abs. 2 Verf. Spanien ("zusammen"). Eine zeitliche Priorität für die Nationalhymne darf von Madrid m.E. *nicht* dekretiert werden!

Nimmt man einige Regionalstatute in den Blick, so fällt auf, wie intensiv etwa das Baskenland[581] und Andalusien[582] (z.B. in Sachen Symbole: Art. 5, kulturelles Erbe: Art. 6 Abs. 5, Art. 9 e: Teilhaberechte Statut Baskenland; Art. 11 S. 2 Statut Andalusien: Minderheitenschutz, Art. 12 Abs. 3 Ziff. 2: "Identität") diesen Verfassungsrahmen genutzt haben ("kleine Verfassung"). Für eine vergleichende Regionalismuslehre in Europa wäre zu klären, was auf der Ebene der Gesamtverfassung zu normieren ist – m.E. gehören einige Elemente bereits in die *geschriebene* Verfassung, weshalb Frankreich nach wie vor eher einem dezentralisierten Einheitsstaat gleicht[583]. Spanien hat hier Vorbildliches geschaffen, auch in dem Wort von der "grundlegenden institutionellen Norm" (Art. 147 Abs. 1) und in der Positivierung von Mindesterfordernissen für die Autonomiestatute (Abs. 2 ebd.). 2005 begann eine neue Phase.

(b) Der dabei gewonnene *konstitutionelle Selbststand* der Regionen ist durch eine *klare Aufgabenteilung* zwischen Region und Gesamtstaat auf den Ebenen der drei Gewalten zu ergänzen. Die reichen Aufgabenkataloge der Verfassungen Italiens (Art. 117 f. Verf. von 1947), Portugals (Art. 229 Verf. Portugal 1976/97), und Spaniens (Art. 147 bis 152 Verf. von 1978/92), hier übrigens in Anlehnung an bundesstaatliche Verteilungsinstrumente wie ausdrückliche, ausschließliche Grundsatz-Kompetenzen etc., gehören zur "Grammatik" des verfassungsstaatlichen Regionalismus. Sie müssen freilich Leben gewinnen, indem die Regionen ihrerseits in den Statuten Aufgabenkataloge konstitutionell festschreiben (z.B. Art. 12 und 13-21 Statut Andalusien) und praktisch politisch erfüllen, ja

---

580 Dazu FAZ vom 11. Oktober 1997, S. 6: "Regierung verärgert Regionalparteien".
581 Dazu *J. Corcuera Atienza*, La singularité basque au sein du système autonomique espagnole, JöR 43 (1995), S. 541 ff. mit Textanhang (1979): Art. 1: "dieses Statut als institutionelles Grundgesetz". Zu Barcelona: siehe meinen Beitrag in JöR 54 (2006), i.E.
582 Dazu *F. Balaguer Callejón*, Die Autonome Gemeinschaft Andalusien im Bildungsprozess des autonomischen spanischen Staates, JöR 47 (1999), S. 109 ff. mit Textanhang des Statuts von 1982.
583 Zu Frankreich: *M. Fromont*, Die französischen Dezentralisierungsgesetze, DÖV 1983, S. 397 ff.; *ders.*, Dezentralisation, JöR 54 (2006), i.E.; sowie unten Anmerkung 583.

sogar ein "Aufgabenerfindungsrecht" in Anspruch nehmen. Die reale Kulturautonomie als Seele "regionaler Vielfalt" ist dabei unverzichtbar (vgl. auch Art. 149 Abs. 2 Verf. Spanien). Die 1998 vom Volk in Portugal abgelehnte weitere Regionalisierung ist freilich ein Rückschritt.

(c) Das dritte Element eines Regionalismus, der diesen Namen verdient, ist sozusagen die "physische Seite", die Sicherung von *Haushalts- und Finanzautonomie*. Sie ist bekanntlich in Italien (vgl. Art. 119) der neuralgische Punkt. Für Schottland wird derzeit ein eigenes Besteuerungsrecht diskutiert. Art. 229 Abs. 1 lit. i Verf. Portugal spricht von "Steuerhoheit" und kennt "Rahmengesetze", die "finanzielle Autonomie" der Autonomen Gemeinschaften in Spanien (Art. 156 bis 158) ist vermutlich genauso umkämpft wie im föderalen Kontext in Deutschland.

(d) Das vierte und letzte Element eines verfassungsstaatlichen Regionalismus ist die Art und Weise der *gesamtstaatlichen Einordnung* der Regionen als "geokultureller Einheit", als "historischer Identität", als kulturerfülltem Raum bzw. einem Stück kultureller Freiheit (vgl. Art. 147 Abs. 2 lit. a Verf. Spanien), Gewaltenteilung und "regionaler Demokratie" als Lebensform. So wie der Bundesstaat je neu um eine Balance zwischen Homogenität und Pluralität ringen muss, so hat der regional gegliederte Verfassungsstaat parallel zu verfahren, wenn auch in stärkerer Betonung des Gesamtstaates. Neben den potentiell "scharfen" Instrumenten des "Regierungskommissars" (Art. 124 Verf. Italien), des Ministers der Republik (Art. 232 Verf. Portugal), neben Kontrollverfahren (Art. 153 und 154 Verf. Spanien) bis hin zum scharfen Schwert nach Art. 157 ebd., neben der kleinen Homogenitätsklausel in Art. 147 und 152 Abs. 1 Verf. Spanien, ist hier an das große Reservoir gestufter Treue- bzw. Solidaritätsmechanismen zu denken. Eigens erwähnt sei die *Verfassungsgerichtsbarkeit* als unabhängige Instanz. In dem Maße, wie sie auf der heutigen Entwicklungsstufe des Verfassungsstaates zu einem Charakteristikum seines *Typus* wird, sollte sie zum "Hüter" des Regionalismus berufen werden (vgl. Art. 134 Verf. Italien, Art. 280 Abs. 2, 281 Abs. 1 Verf. Portugal, Art. 153 lit. a Verf. Spanien). Hier besteht noch mancher Nachholbedarf. So ist zu fragen, ob nicht analog Art. 93 Abs. 1 Ziff. 3 GG den Regionen (wie dort den "Ländern") *eigene Klagerechte* zugesprochen werden sollten. Sie wären sozusagen die "Vollendung" eines *konstitutionellen Regionalismus-Rechts*, wobei freilich wiederum die Analogie zum Föderalismus in den Blick kommt. Eine offene Frage ist schließlich, ob und wie politische *Mitwirkungsrechte* der Regionen auf gesamtstaatlicher Ebene eingeräumt werden: etwa in Gestalt einer "zweiten", kleinen (Regional)Kammer – Italien diskutiert darüber immer wieder. Das bedeutete wiederum einen Rückgriff auf Vorbilder im Föderalismus, wozu man sich bekennen sollte, bei aller Richtigkeit der These von der "Eigenwüchsigkeit" des Regionalismus als verfassungsstaatlicher Alternative zum Föderalismus. Das spanische System der Autonomien ist sei 2005 im Umbruch.

(3) Konturen des verfassungsstaatlichen Regionalismus (Zusammenfassung)

Vom *Typus* Verfassungsstaat her gedacht ergeben sich an *Regionalismus-Strukturen* folgende "Anforderungen" (auch zur Unterscheidung von bloßen administrativen Dezentralisierungsstrukturen):

(a) Die Regionalstruktur muss in den Grundzügen in der geschriebenen Verfassungsurkunde normiert sein und Teil der Verfassung im materiellen Sinne bilden (Frankreich bleibt hier derzeit deutlich "unterentwickelt").

(b) Es muss eine effektive Kompetenzverteilung auf Gesetzgebungs-, Regierungs-, Verwaltungs- und Rechtsprechungsebene geben ("Spiegelbild" der Gewaltenteilung).

(c) Es können rudimentäre "Vorformen" einer Eigenstaatlichkeit vorliegen (wie Namen und Flaggen in Spanien: Art. 4 Abs. 2 Verf. Spanien).

(d) Die Organstruktur der Regionalismusfunktionen (z.B. Parlamente) sollte im Grundsätzlichen umrissen werden.

(e) Denkbar sind "kleine" Homogenitätsklauseln (vgl. Art. 152 Abs. 1 Verf. Spanien); doch sollte das Gegenprinzip der Pluralität und Vielfalt, das "Eigne" der Regionen sichtbar werden, bei allen möglichen Formen von Kooperation ("kooperativer Regionalismus"); auch der Weg zu "gemeinem Regionalrecht" muss offen bleiben; "Regionalismustreue" – als Analogie zur "Bundestreue" – sollte kein Lippenbekenntnis bleiben.

(f) Mitwirkungsrechte der Regionen auf gesamtstaatlicher Ebene sollten in Form einer "zweiten kleinen (Regional)Kammer" oder in Gestalt qualifizierter Zustimmungserfordernisse bestimmt sein.

(g) Verfahren der Konfliktregelung zwischen den Gesamtstaaten und den Regionen sowie den Regionen untereinander sollten vorgesehen und von einer unabhängigen Instanz geschützt werden.

(h) Haushalts- bzw. Finanzautonomie (durch eigene Steuern gesichert) sollte den Regionen eingeräumt werden, ergänzt durch Formen des Finanzausgleichs.

Diese *"verfassungsstaatliche Themenliste"* für Regionen braucht nicht kumulativ ausgeschöpft zu werden, die einzelnen Nationen dürfen sich sehr unterscheiden, doch sollten wesentliche Teile real werden, nur dann kann von "verfassungsstaatlichem Regionalismus" gesprochen werden; andernfalls würde der Regionalismus zu einem farblosen Allerweltsbegriff. Vieles deutet darauf hin, dass etwa *Frankreich* sich erst knapp an der *unteren* Grenze dieser Anforderungen bewegt[584], während *Spanien* an der "*oberen*" Grenze angelangt ist[585]. Im Rahmen einer europäischen Verfassungslehre des Regiona-

---

584 Zu *Frankreich*: *D.-H. Voss*, Regionen und Regionalismus im Recht der Mitgliedstaaten der Europäischen Gemeinschaft, 1989, S. 365 ff; *G. Héraud*, Die Regionalisierung Frankreichs, in: F. Esterbauer/P. Pernthaler (Hrsg.), Europäischer Regionalismus am Wendepunkt, 1991, S. 79 ff.

585 Dies zeigt sich auch darin, dass in Spanien diskutiert wird, wie die Autonomiestatuten die "territoriale Verfassung des Staates vervollständigt haben" (dazu *P. Cruz Villalón*, Die autonomen Gemeinschaften in Spanien, JöR 34 (1985), S. 195 (228 ff.) und "was sie zur materiellen

lismus wären freilich auch die beiden Kategorien "grenzüberschreitender" Regionalismus (z.B. Arge Alp) und "innerstaatlich-grenzüberschreitender" Regionalismus (Regionalismus innerhalb der Gliedstaaten eines Bundesstaates: z.B. Franken in Bayern!) typologisch aufzubereiten.

Welche Variante des Grundmusters eines "verfassungsstaatlichen Regionalismus" in der einzelnen Nation auch vorliegen mag: Ähnlich wie beim Föderalismus ist auch beim Regionalismus nach den *nicht-juristischen* Bedingungen und Voraussetzungen zu fragen. Der verfassungsstaatliche bzw. verfassungsrechtliche Regionalismus braucht eine bestimmte "kulturelle Ambiance", braucht gesellschaftliche Vorgegebenheiten, die ihn "tragen", lebendig halten und fortentwickeln, etwa Aspekte soziokultureller Vielfalt, sprachlicher, landsmannschaftlicher oder geschichtlicher Pluralität[586]. Nur wo sie vorliegen, kann verfassungsstaatlicher Regionalismus gedeihen, er bliebe sonst auf dem Papier des Verfassungstextes, realiter siegte letztlich wieder der Einheitsstaat.

cc) Insbesondere: "Differenzierter" Föderalismus bzw. offener Regionalismus?

(1) Differenzierter, offener Regionalismus

Eine Testfrage für praktische Föderalismus- bzw. Regionalismus-Politik wie für die begleitende vergleichende, kulturwissenschaftlich arbeitende Verfassungstheorie[587] ist die Frage nach *strukturellen Differenzierungsmöglichkeiten*. Italien hat von Anfang an ein differenziertes Modell gewählt, insofern es bestimmten Regionen wie Sizilien und Sardinien "besondere Formen und Bedingungen der Autonomie" ermöglicht (Art. 116 Verf. Italien), Spanien schuf neben den sog. historischen Regionen (wie Katalonien, Galicien und das Baskenland) den besonderen Autonomisierungsprozess (Art. 148 Abs. 2, Art. 151), und das Baskenland hat besonders weitreichende Autonomierechte. Freilich stellt sich die Grundsatzfrage, ob der Gesamtstaat solche "Asymmetrien" durchgängig erträgt. Wenn manche Regionen auf der "Schattenseite" des Regionalstaates bleiben, könnte das den unverzichtbaren Bindekräften eines Mindestmaßes an Homogenität schaden. Andererseits könnten die "starken" Regionen zum Triebwerk für einen Systemwechsel zum Föderalismus werden oder sogar zur Sezession führen[588]. Die Parallele

---

Verfassung" Spaniens beigetragen haben (S. 241 ebd.). Der Verf. hat schon 1983 für Spanien von einer "Vorform eines möglichen Bundesstaates" gesprochen, (JöR 32 (1983), S. 12 (Anm. 18)), dazu zustimmend und weiterführend: *P. Cruz Villalón*, aaO., S. 240.

[586] Grundlegend zu solchen Perspektiven *K. Möckl*, Der Regionalismus und seine geschichtlichen Grundlagen, in: F. Esterbauer (Hrsg.), Regionalismus, 1978, S. 17 ff. mit Aspekten wie "Geschichtslandschaften", "historische Räume", etc. S. auch z.B. *E. Kauntz*, Ein Name für die Nachbarn, Die Grenzregion Saar-Loor-Lux auf der Suche nach einer Identität, FAZ vom 12. Juni 1999, S. 8.

[587] Dazu meine Vorarbeiten: Verfassungslehre als Kulturwissenschaft, 1982 (2. Aufl. 1998); Rechtsvergleichung im Kraftfeld des Verfassungsstaates, 1992; Verfassung als öffentlicher Prozess (1978), 3. Aufl. 1998.

[588] Vgl. auch die Reaktionen bedeutender Basken auf den Mordanschlag im Sommer 1997: *F. López Castillo*, "Die Eta muss sich selbst auflösen", in: Die Zeit vom 26. Sept. 1997, S. 14, und *F. Savater*, "Die Geduld der Basken mit der Eta ist vorbei", in: Die Zeit vom 18. Juli 1997, S. 6. Auch im Frühjahr und Sommer 2001 wurde Spanien immer wieder von Terroranschlägen der Eta erschüttert. Fragwürdig sind die "Freistaats"-Pläne des Baskenlandes (2003), dazu JöR 54 (2006).

zur Kontroverse über Regierungs- und Flexibilisierungsmodelle in der EU liegt nahe. Wie dem auch sei: das Ringen um "differenzierten", "offenen" Regionalismus muss von der Verfassungslehre erst noch kongenial kommentiert werden.

(2) Differenzierter Föderalismus

Wie steht es aber um das in der deutschsprachigen Literatur in den letzten Jahren verstärkt umgehende Schlagwort vom *differenzierten Föderalismus*?[589] Hier ist m.E. Vorsicht geboten. Zwar kennt das deutsche GG insofern Momente der Differenzierung als etwa die Länder im Bundesrat je nach Bevölkerungszahl mehr (bis zu 6) oder weniger (mindestens 3) Stimmen haben (Art. 51 GG), während in den USA im Senat jeder Gliedstaat durch 2 Senatoren vertreten ist. Im Übrigen werden aber gerade die z.B. im vertikalen und horizontalen Finanzausgleich eingelösten Pflichten aus der Solidargemeinschaft "Bundesstaat" ausgeglichen, für die Stadtstaaten gelten überdies Besonderheiten[590]. Das unterschiedliche Profil der Glieder stößt wegen des Prinzips der "gleichwertigen Lebensverhältnisse" an eine gutgemeinte Grenze im Namen der Homogenität und Egalität, die Idee des "differenzierten" oder "asymmetrischen" Föderalismus hilft m.E. nicht weiter. Sie ist im Rahmen einer vergleichenden Bundesstaatslehre abzulehnen. Es käme zu "zentrifugalem Föderalismus". Hier zeigt sich eine echte weitere Differenz zwischen Föderalismus und Regionalismus: Das einzige "Ventil", das ein Bundesstaat für Veränderungen haben sollte, ist das Verfahren der *Neugliederung* (Art. 29 GG)[591]. Spanien erlaubt einen Zusammenschluss von Navarra und dem Baskenland, die Schweiz hat vorbildlich pragmatisch eine solche Neugliederung friedlich durch die Gründung des Kantons Jura (1977) geleistet – in Deutschland ist sie im Jahre 1996 in Berlin/Brandenburg (vgl. Art. 118 a GG) m.E. zu Recht gescheitert, im Südwesten (Baden/Württemberg) einst (1951) gelungen. Im Übrigen haben sich die bestehenden Länder "gehalten". Die mit dem finanziellen fiskalischen Argument von Politikern reicher Bundesländer immer wieder entfachte Diskussion ist m.E. von der Wissenschaft her nicht zu unterstützen.

d) Reformfragen in Deutschland, Spanien sowie auf EU- und Europaratsebene

Da Föderalismus und Regionalismus *lebende* Verfassungsprobleme sind, stellen sich auch immer wieder *Reformfragen*. Sie sollen hier für Deutschland kurz behandelt, für Spanien angedeutet werden; für den Europarat seien sie konkretisiert und die nationalen und europäischen anhand der Beispielstechnik zusammengeführt.

---

589 Dazu aus der Literatur: *D. Schindler*, Differenzierter Föderalismus, FS Häfelin, 1989, S. 371 ff; *P. Pernthaler*, Der differenzierte Bundesstaat, 1992, S. 1: "Unterschiedliche Rechtsstellung oder unterschiedlicher Wirkungsbereich"; *ders.*, Modell eines differenzierten Föderalismus, in: S. Ortino/P. Pernthaler (Hrsg.), Verfassungsreform in Richtung Föderalismus, 1997, S. 21 ff.

590 Dazu mein Bremer Festvortrag 50 Jahre Bremer Landesverfassung, JZ 1997, S. 57 ff.

591 Dazu aus der Lit.: *I. von Münch*, Staatsrecht, Bd. I, 5. Aufl. 1993, S. 201 ff. (jetzt 6. Aufl. 2000, S. 205 ff.); *P. Häberle*, Ein Zwischenruf zur föderalen Neugliederungsdiskussion, FS Gitter 1995, S. 315 ff.; *S. Greulich*, Länderneugliederung und Grundgesetz, 1995; *I. Pernice*, in: H. Dreier (Hrsg.), Grundgesetz-Kommentar, aaO., Art. 29 Rn. 1 ff.

aa) Die Bundesrepublik Deutschland

Neben der erwähnten Neugliederungsdiskussion konzentriert sich die Föderalismus-Kontroverse derzeit auf den *Bundesrat* sowie den Streit um den "Wettbewerbsföderalismus". Dem Bundesrat bzw. seinen von der SPD geführten Länderregierungen wurde bis zum Herbst 1998 "Blockadepolitik" vorgeworfen. Gewiss, große Reformen der bürgerlichen Mehrheit in Bonn in der Steuer- und Rentenpolitik wurden damals verhindert. Abgesehen davon, dass derselbe Vorwurf auch in früheren Jahrzehnten (freilich von entgegengesetzter parteipolitischer Konstellation) erhoben worden ist, ist er m.E. nicht von verfassungsrechtlicher oder -politischer Relevanz. In der Zusammensetzung und bei den Kompetenzen des Bundesrates sollte nichts geändert werden. Es ist eine Frage der politischen Kultur, nicht des Verfassungsrechts, wie kooperativ oder oppositionell sich die jeweilige Bundesratsmehrheit verhält. Nichts anderes gilt für die Reformvorhaben der Rot-Grünen Bundesregierung in der zweiten Hälfte der Legislaturperiode bis 2002 und ihre Auseinandersetzung mit der CDU/CSU-, FDP- und PDS-Opposition.

Zu erinnern ist daran, dass in den letzten Jahren so manche Kompetenz nach "Europa", d.h. nach Brüssel abgewandert ist und dies oft auf Kosten der Bundesländer. Darum kam es zu Art. 23 Abs. 2 bis 5 GG und seinen Informations- und Mitwirkungsrechten der Länder[592]. Auch hat eine gewisse "Reföderalisierung" stattgefunden. Manche Kompetenzen sind vom Bund an die Länder (zurück)gewandert (vgl. Art. 75 Abs. 1 Ziff. 6 n.F. GG: von der konkurrierenden Gesetzgebung zur "Rahmenkompetenz").

Ein Feld "ewiger Querelen" ist der Finanzausgleich[593]. Das jüngste Urteil des BVerfG E 101, 158 gibt eine – im Sinne des judicial activism zu weitgehende – Rahmenregelung vor.

Zum Streit um den Wettbewerbsföderalismus: Die hier entwickelte kulturelle Bundesstaatstheorie verbietet es, den Wettbewerb zum dominierenden Paradigma zu machen. Der Föderalismus lässt sich nicht auf das Marktmodell reduzieren, auch wenn die "Konkurrenz" ein *Teil*aspekt bleibt. Elemente der Kooperation und der Solidarität sind unverzichtbar. Auch der Streit um Substanz- oder Mitwirkungsföderalismus ist eine falsche Alternative. Die Föderalismusreform ist 2004 vorläufig gescheitert.

bb) Der Regionalstaat Spanien

Ein Merkposten bleibt aus meiner Sicht die Frage der Finanzautonomie[594] und einer kompetenten zweiten Kammer bzw. eines Senats als wirklicher Territorialvertretung im gekennzeichneten Sinne (Substanz- und Mitwirkungs-Regionalismus). Im Übrigen kann sich Spanien rühmen, eine Vorhut aller Regionalismus-Modelle zu sein[595]; wird sie von

---

592 Aus der Lit.: *R. Lang*, Die Mitwirkungsrechte des Bundesrates und des Bundestages in Angelegenheiten der Europäischen Union gemäß Art. 23 Abs. 2 bis 7 GG, 1997; *M. Meißner*, Die Bundesländer und die Europäischen Gemeinschaften, 1996.
593 Das jüngste Urteil des BVerfG: E 101, 158; dazu aus der Lit.: unten Anm. 669.
594 Für Schottland ist eine begrenzte Steuerhoheit geplant.
595 Aus der Lit. noch: *M.J. Montoro Chiner*, Landesbericht Spanien, in: F. Ossenbühl (Hrsg.), Föderalismus und Regionalismus in Europa, 1990, S. 167 ff.; *L.L. Guerra* bzw. *A. López Pina*, in: J.

einer von Sizilien bis Schottland, von Venetien bis Madeira greifenden vergleichenden Regionalismus- bzw. Föderalismus-Lehre begleitet, so wäre das für ganz Europa ein Gewinn: vor allem aber für den Verfassungsstaat als *Typus* mit Erfolgen von Äthiopien bis Südafrika, vielleicht auch Russland[596]. So ist bemerkenswert, dass der im Jahre 1999 gescheiterte Vertragsentwurf von Rambouillet (1999) für den Kosovo "multiethnische" differenzierte Regionalismusmodelle bzw. Autonomieverfassungen mit feinen Minderheitenrechten vorsah[597]. Auch in Bosnien bzw. im Dayon-Abkommen finden sich schon ähnliche Strukturen. In der Ukraine lebt das Regionalismusmodell nur im Blick auf die Halbinsel Krim, zu stark ist die Furcht vor einem Auseinanderfallen des Einheitsstaates[598] (auch nach der „orangenen Revolution", 2004).

cc) Reformen auf EU- und Europaratsebene – in Sachen Regionalismus

Ein vorletztes Stichwort gelte dem Reformbedarf auf EU-Ebene[599]. Nachdem wohl trotz aller Vorstösse der deutschen Bundesregierung im Frühjahr 2001 auch als "Fernziel" der Föderalismus nicht in Frage kommt, bleibt der Regionalismus, der freilich da und dort vom Problemlösungsvorrat des "älteren bzw. größeren Bruders" Föderalismus lernen kann. Die Stärkung der Kompetenzen des Ausschusses der Regionen (Art. 263 bis 265 EGV) sollte immer wieder angemahnt werden[600], der Vertrag von Amsterdam (1997) geht diesen Weg. Zu erwähnen ist auch ein eigenes Klagerecht dieser In-

---

Kramer (Hrsg.), Föderalismus zwischen Integration und Sezession, 1993, S. 23 ff. bzw. 37 ff. sowie J. Kramer (Hrsg.), Die Entwicklung des Staates der Autonomien in Spanien und der bundesstaatlichen Ordnung in der Bundesrepublik Deutschland, 1996, mit Beiträgen von u.a. von *F. Balaguer-Callejón, E. Alberti;* s. auch *V. Michel*, Regionen, Mitgliedsstaaten und EU, 1996. Vom *Verf.* s. auch den Band: Retos actuales del Estado Constitucional, 1996, bes. S. 47 ff.

596 Aus der Lit.: J.C. Traut (Hrsg.), Verfassung und Föderalismus Russlands im internationalen Vergleich, 1995. S. auch meine Dokumentation der Verfassungsentwürfe Russlands in JöR 45 (1997), S. 310 ff. – In der russischen Verfassung findet sich eine *Kombination zwischen Föderalismus und Regionalismus*, die die These vom "Regionalismus als dem kleinen Bruder des Föderalismus" bestätigen kann. Föderale und prä-föderale Strukturen sind miteinander verwoben – ein möglicherweise auch für die Europäische Union interessantes Strukturmodell.

597 Dazu *U. Schneckener*, Der Vertragsentwurf von Rambouillet, FAZ vom 24. April 1999, S. 4.

598 Dazu *P. Häberle*, Die Verfassung der Ukraine (1996) im europäischen Rechtsvergleich, in: DÖV 1998, S. 761-767 (766).

599 Die allgemeine Literatur hierzu ist unüberschaubar, vgl. nur S. Magiera/H. Siedentopf (Hrsg.), Die Zukunft der Europäischen Union, 1996; *G.C. Rodriguez Iglesias*, Zur "Verfassung" der Europäischen Gemeinschaft, EuGRZ 1996, S. 125 ff.; *ders.*, Gedanken zum Entstehen einer Europäischen Rechtsordnung, NJW 1999, S. 1 ff.; R. Hrbek (Hrsg.), Die Reform der Europäischen Union, 1997; *P.M. Huber*, Differenzierte Integration und Flexibilität als neues Ordnungsmuster der EU?, EuR 1996, S. 347 ff. Zur Frage nach der "Verfassung Europas" gleichnamig *T. Schilling*, in: Staatswissenschaften und Staatspraxis, 1996, S. 387 ff. S. zuletzt den Band: La Costituzione Europea tra Cultura e Mercato, a cura di *P. Ridola*, 1997, sowie *W. Hertel*, Supranationalität als Verfassungsprinzip, 1999; *A. Anzon*, Die "europäische Verfassung" als Rechtsproblem, JöR 49 (2001), S. 103 ff. S. noch Anhang.

600 Aus der Lit.: *R. Theissen*, Der Ausschuss der Regionen (Art. 198 a-c EG-Vertrag), 1996; *M. Borchmann*, Ausschuss der Regionen – die große Illusion?, EuZW 1994, S. 449 ff.; *K. Hasselbach*, Der Ausschuss der Regionen in der EU, 1996; J.J. Hesse (Hrsg.), Regionen in Europa, 1996; *T. Wiedmann*, Der Ausschuss der Regionen nach dem Vertrag von Amsterdam, EuR 1999, S. 49 ff.; *R. Hrbek*, Der Ausschuss der Regionen, in: Jahrbuch des Föderalismus 2001, 2001, S. 487 ff.

stitution[601], auch als Gegengewicht "gegen Brüssel". Je intensiver sich die herkömmlichen Einheitsstaaten wie Frankreich und Großbritannien intern regionalistisch verfassen, desto konsequenter wäre eine Stärkung des "Ausschusses der Regionen" der EG. Umgekehrt übt diese Einrichtung als solche schon einen Druck auf alle Mitgliedsländer aus, sich föderal oder regional zu verfassen. Das sollten auch die jüngsten Beitrittskandidaten wie Slowenien, Estland, Polen, Tschechien, Ungarn und Zypern[602] bedenken, die in sich bislang nur schwache Regionalstrukturen haben[603]. Darüberhinaus dürften die übrigen Länder Europas, die Mitglied des Europarates sind (heute insgesamt 46) allen Grund haben, ihre Regionalstrukturen auszubauen[604], Polen z.B. bemüht sich darum. Die EU-Mitglieder werden überdies von Tendenzen zur "Renationalisierung" abgehalten. Auch die OSZE-Länder sollten sich der Attraktivität regionalistischer Modelle nicht entziehen[605] und damit den Weg zum "Europa der Regionen" unterstützen, das eine effektive Form des "Europa der Bürger" ist.

Zuletzt ein Hinweis auf mögliche Rechts- bzw. Verfassungspolitik des *Europarates*: Bekanntlich leistet der Europarat mit seinen jetzt 46 Mitgliedern viel in Bezug auf die Durchsetzung von Minderheitenschutz, Demokratie, Rechtsstaatlichkeit und Grundrechten. Käme Bosnien bald hinzu, hätte dies gewiss Symbolkraft für den ganzen Balkan. Die Frage ist, ob man in ihm nicht Initiativen zu Klauseln zur "*grenzüberschreitenden Zusammenarbeit*" nach Art von Art. 24 Abs. 1 Ziff. 1 a GG und ähnlichen Normen (z.B.

---

601 Es wurde in einer sog. "Amsterdamer Erklärung der Regionen" *vor* Amsterdam gefordert (FAZ vom 17. Mai 1997, S. 2). Nach diesem Forderungskatalog soll auch das Subsidiaritätsprinzip verdeutlicht werden; die Kommission solle begründen müssen, wenn sie etwas europaweit regeln möchte. Als große Gewinner des Vertrags von *Amsterdam* (1997) gelten das Europäische Parlament und die deutschen Bundesländer. Sie erreichten u.a. die Wahrung von Privilegien für die öffentlichen Sparkassen und Landesbanken, den öffentlich-rechtlichen Rundfunk, den Ausbau der Stellung des Ausschusses der Regionen sowie die Beibehaltung des Einstimmigkeitsprinzips bei den ohnedies eng gezogenen Zuständigkeiten in der Kulturpolitik – dem klassischen Feld der Bundesländer. Der von manchen deutschen Ländern geäußerte Wunsch, den Ausschuss der Regionen neben Ministerrat und Parlament zu einer dritten Kammer (der Länder) auszubauen, setzte sich nicht durch. Wohl aber hat er Anhörungsrechte in der Beschäftigungspolitik sowie in der Sozial-, Umwelt- und Verkehrspolitik.
602 *C. Rumpf*, Die staats- und völkerrechtliche Lage Zyperns, EuGRZ 1997, S. 533 ff.
603 Dazu der Überblick bei *P. Häberle*, in J. Kramer (Hrsg.), aaO., 1996, S. 75 (98 ff.).
604 So ist bemerkenswert, dass im Sept. 1997 der Nationalrat der *Schweiz* den Bundesrat ermächtigt hat, die Europäische Charta zum *Schutz der Regional- und Minderheitensprachen* zu ratifizieren – nach Finnland, Ungarn, den Niederlanden und Norwegen. – So hat *Kroatiens* Beitritt zum Europarat, sie gilt als eine "therapeutische Aufnahme", "Auswirkungen auf die kroatische Verfassungsgerichtsbarkeit", dazu gleichnamig *F. Hoffmeister*, EuGRZ 1997, S. 93 ff. – Norwegen hat seit 1989 ein Regionalparlament der "Samen" ("Sameting"), der Ureinwohner Lapplands. Dieses hat gegenüber dem nationalen Parlament in Oslo beratende Funktionen, seine 39 Abgeordneten regeln kulturelle und soziale Angelegenheiten, vgl. FAZ vom 9. Oktober 1997, S. 6: "Norwegens König kritisiert jahrhundertelange Unterdrückung von dem Sameting." S. auch *H. Klebes*, Der Entwurf eines Minderheitenprotokolls der EMRK, EuGRZ 1993, S. 148 ff.; D. Blumenwitz/G. Gornig (Hrsg.), Der Schutz von Minderheiten- und Volksgruppenrechten durch die EU, 1996.
605 Insoweit treffend das Stichwort von *W. Böttcher*, Europafähigkeit durch Regionalisierung, ZRP 1990, S. 329 ff. S. auch *H.-W. Rengeling*, Europa der Regionen, FS Thieme, 1993, S. 445 ff.; *A. Weber*, Die Bedeutung der Regionen für die Verfassungsstruktur der EU, FS C. Heymanns Verlag, 1995, S. 681 ff.; *W. Berg*, Verwaltung ..., Liber Amicorum P. Häberle, 2004, S. 417 ff.

Art. 65 Abs. 2 Verf. Bremen) in europäischen Verfassungsstaaten anregen sollte – so wie er seinerzeit in Sachen Regionalismus (Stichwort: Erklärung von Galway, 1975, und von Bordeaux, 1978) und in der Europäischen Charta der kommunalen Selbstverwaltung (1985) Pionier-Artikel geschaffen hat[606]. Eine "Vorform" einer Klausel zur grenzüberschreitenden Kooperation ist auch Art. 172 Abs. 2 Verf. Polen von 1997: "Die Einheit der territorialen Selbstverwaltung hat das Recht, den internationalen Vereinigungen der lokalen und regionalen Gemeinschaften beizutreten und mit den lokalen und regionalen Gemeinschaften anderer Staaten zusammenzuarbeiten". 17 Nachbarregionen Russlands und der Ukraine praktizieren ebenfalls schon grenzüberschreitende Zusammenarbeit institutionalisiert in einem eigenen Rat[607] Die Idee einer *gemeineuropäischen Regionalismus-Wissenschaft* steht jedenfalls praktisch vor der Aufgabe, einen Problemkatalog der Hoheitsrechte zu entwickeln, die sich auf "grenznachbarschaftliche Einrichtungen" übertragen lassen ("*Kooperationsverfassungsrecht*")[608]. Dieser "Brückenbau" sollte gerade zu den Nicht-EU Ländern wie der Schweiz oder Norwegen verstärkt werden. Adressaten solcher Klauseln könnten die Länder in Bundesstaaten, die Regionen in Regionalstaaten sein. Der Begriff "Grenznachbarliche Einrichtung" bedarf der dogmatischen Auslotung[609]. Grenznachbarschaft darf nicht zu eng ausgelegt werden, sie ist "geokulturell" zu erschließen — zugleich im Bewusstsein, dass "Grenzen in Europa" ein immer stärker relativer Begriff ist. "Grenze" wie "Nachbar" sind kulturwissenschaftlich zu definieren. Orientierungen an den Leitbegriffen von Art. 29 Abs. 1 GG[610] sind denkbar. Auch an Dreiergrenzen (etwa am Oberrhein) ist zu denken. Im Übrigen müsste diese "Charta" so gefasst sein, dass auch grenznahe Teile von Einheitsstaaten partizipieren können. Es sollten Normenensembles entworfen werden, die zum einen von der Verfassung des "Dachstaates" aus vorgehen, zum anderen von den unteren Einheiten, Land oder Region auch Departement u.ä. her "ineinandergreifen".

e) Ausblick

Zu den Ergebnissen gehört die Einsicht, dass Föderalismus und Regionalismus wahrhaft "europäische" Themen und einander höchst verwandte Erscheinungsformen des Verfassungsstaates sind. Ihre Varianten bleiben vielfältig, die einzelnen Nationen stehen hier in gesundem Wettbewerb, aber auch in einem Verhältnis des Gebens und Nehmens. Es sei die These gewagt, der Regionalismus könne vielleicht sogar zu einem

---

606 Dazu aus der Lit.: F.-L. Knemeyer (Hrsg.), Die europäische Charta der kommunalen Selbstverwaltung, 1989; ders., (Hrsg.) Europa der Regionen — Europa der Kommunen, 1994; *F.-L. Knemeyer*, Kommunale Selbstverwaltung in Europa. Die Schutzfunktion des Europarates, BayVBl. 2000, S. 449 ff.
607 Dazu *M. Wehner*, Cherkir will wenigstens zweite Hauptstadt sein, FAZ vom 28. April 1999, S. 9.
608 Von "Typenvielfalt grenznachbarlicher Einrichtungen" spricht *J. Schwarze*, Die Übertragung von Hoheitsrechten auf grenznachbarschaftliche Einrichtungen i.S. d. Art. 24 I a GG, FS Benda, 1995, S. 311 (327); *M. Kotzur*, Grenznachbarschaftliche Zusammenarbeit in Europa, 2004.
609 Erste Lit. bei *R. Streinz*, in: Sachs, Grundgesetz, 3. Aufl. 2003, Art. 24 Rn. 43 f.; *I. Pernice*, aaO., Art. 24, Rn. 44 ff.
610 Dazu mein Beitrag, Ein Zwischenruf zur föderalen Neugliederungsdiskussion in Deutschland — Gegen die Entleerung von Art. 29 Abs. 1 GG, in: FS Gitter, 1995, S. 315 ff. Dazu oben Einleitung D. Inkurs.

Element des Völkerrechts als "völkerverbindendem Menschheitsrecht" werden. Diesem Blick auf das Große, Globale korrespondiert der Sinn für das Nähere, die Heimat, das Kleine, die "Provinz". Der katalanische Präsident *Jordi Pujol* sagte kürzlich: "Ich habe folgende Idee von Europa: "Die Staaten wird es zwar immer geben, doch sie werden zunehmend Kompetenzen nach oben an Brüssel sowie nach unten an die Regionen abgeben"[611]. So können alle Regionen in den 46 Ländern des Europarates wie anderswo "Provinzen des europäischen Geistes" sein bzw. werden, seien sie im föderalen oder regionalen Gehäuse. Sie können dabei "Grenzen" zu Brücken werden lassen. Die vergleichende Verfassungslehre ist hier nur "Rahmenwissenschaft" für andere Wissenschaften und vor allem für die Künste.

H. Europäische Verfassungsgerichte: EuGH und EGMR

I. Nationale Verfassungsgerichte in Europa: das BVerfG als "Muster"

1. Einleitende Aspekte

Das BVerfG ist als Institution, aber auch in Gestalt der "Erfindungen" und Entwicklungen seiner Judikatur vor allem zu Grundrechtsfragen und Problemen der Architektur des Rechtsstaates sowie z.T. des Föderalismus ("Bundestreue") weltweit anerkannt. Es strahlt über Europa hinaus aus[612], was sich nicht zuletzt in seiner eher informellen Ratgeberfunktion z.b. beim Besuch südafrikanischer Experten in Karlsruhe im Zusammenhang mit der Verfassunggebung in Südafrika (1996) zeigte. Die regelmäßigen Treffen der Verfassungsgerichte Europas (zuerst 1972 in Dubrovnik, später 1999 in Warschau) tun das Ihrige für Sache und Methoden des Rechtsvergleichs[613]. Die osteuropäischen Reformstaaten von Russland (1993)[614] bis Polen (1997)[615], von Slowenien (1991)[616] bis

---

611 Zit. nach FAZ vom 29. April 1999, S. 14. – Vgl. auch die sog. Politische Erklärung der konstitutionellen Regionen vom Mai 2001, in der sie mehr Macht fordern (SZ vom 26./27, Mai 2001).
612 Repräsentativ: *M. Fromont*, Das Bundesverfassungsgericht aus französischer Sicht, DÖV 1999, S. 493 ff. – In der im Ausland erscheinenden fremdsprachigen Literatur nimmt das BVerfG immer eine besondere Stellung ein: z.B. *J. Luther* et al., a cura di, Esperienze di Giustizia Costituzionale, t. 1, 2000, S. 159 ff. Ferner *D.P. Kommers*, Can German Constitutionalism Serve as a Model for the United States?, ZaöRV 58 (1998), S. 787 ff. – Umgekehrt aber auch *H. Wilms*, Die Vorbildfunktion des United States Supreme Court für das BVerfG, NJW 1999, S. 1527 ff.
613 *K. Hesse*, Bestand und Bedeutung der Grundrechte in der Bundesrepublik Deutschland (Länderbericht Deutschland, gehalten auf der IV. Konferenz der Europäischen Verfassungsgerichte in Wien), EuGRZ 1987, S. 427 ff. Später XI. Konferenz der Europäischen Verfassungsgerichte vom 17. – 21. Mai 1999 in Warschau, vgl. dazu die Länderberichte, den Fragebogen und die Übersicht über die vorangegangenen Konferenzen in EuGRZ 1999, S. 505 ff.
614 Aus der Lit.: *T. Schweisfurth*, Der Start der Verfassungsgerichtsbarkeit in Russland, EuGRZ 1992, S. 281 ff.; *M. Hartwig*, Verfassungsgerichtsbarkeit in Russland, EuGRZ 1996, S. 177 ff.; *A. Nussberger*, Die Grundrechte in der Rechtsprechung des russischen Verfassungsgerichts, EuGRZ 1998, S. 105 ff.; *A. Blankenagel*, Constructing and Defending one's self: Some Thoughts concerning the Institutional Identity of Constitutional Courts, Tel Aviv University Studies in Law, Vol. 15 (2000), S. 23 (35 ff.).

Georgien (1996) und der Mongolei (1992) haben in ihren Verfassungen durchweg eine selbständige Verfassungsgerichtsbarkeit etabliert, und man geht nicht fehl in der Annahme, dass das BVerfG auch hier Vorbildwirkung entfaltet hat, während der US-Supreme Court oder das Bundesgericht in der Schweiz zwar inhaltlich, nicht aber organisatorisch als Vorbild wirkten. So deutet manches darauf hin, dass die selbständige Verfassungsgerichtsbarkeit als "Krönung" des Verfassungsstaates der heutigen Entwicklungsstufe gelten darf.

Der Respekt vor dem BVerfG als Teil der Verfassungskultur Deutschlands[617] bedeutet kein Verbot für Kritik[618], obschon diese in den letzten Jahren in Bezug auf das BVerfG gelegentlich zu einseitig ausgefallen ist[619]. So vieles für die These vom BVerfG als "Muster" oder "Modell" spricht: eine europäische Verfassungslehre muss – auch wenn sie mit nationalen Beispielsmaterial arbeitet – um die Relativität bzw. Kontextabhängigkeit aller lebenden Normen bzw. Institutionen wissen und dementsprechend arbeiten[620].

---

615 Polen schon *vor* "1989": dazu *L. Garlicki*, Vier Jahre der Verfassungsgerichtsbarkeit in Polen (1985-1989), JöR 39 (1990), S. 285 ff.; später: *J. Zakrzewska*, L'Etat de Droit et Tribunal Constitutionnel en Pologne, JöR 41 (1993), S. 15 ff. – G. Brunner u.a. (Hrsg.), Verfassungsgerichtsbarkeit in der Tschechischen Republik, 2001.

616 Zu Slowenien: *I. Kristan*, Verfassungsentwicklung in Slowenien, JöR 42 (1994), S. 59 ff. – Soweit im folg. auf osteuropäische Verfassungen Bezug genommen wird, sind diese dokumentiert in der fünfteiligen Reihe im JöR (beginnend in Bd. 43 (1995), endend in Bd. 46 (1998)). – Afrikanische Verfassungen sind zit. nach H. Baumann/M. Ebert (Hrsg.), Die Verfassungen der frankophonen und lusophonen Staaten des subsaharischen Afrikas, 1997; lateinamerikanische nach L. López Guerra/L. Aguiar (ed.), Las Constituciones de Iberoamerica, 2. Aufl. 1998.

617 Vgl. für das BVerfG die Festgabe von 1976, hrsg. von *C. Starck*, 2 Bände. Ein Parallelband ist etwa die Festgabe zum 50jährigen Bestehen des Bayer. VerfGH (1997). Zu ihrer Übergabe: *P. Lerche*, Die Verfassung in der Hand der Verfassungsgerichtsbarkeit?, BayVBl. 1997, S. 17 ff. – S. auch *D.P. Kommers*, The Constitutional Jurisprudence of the Federal Republic of Germany, 2. Aufl. 1997. – C. Starck (Hrsg.), Fortschritte der Verfassungsgerichtsbarkeit in der Welt I, 2004. – *M. Bortfeld*, Der Afrikanische Gerichtshof für Menschenrechte, 2005.

618 Ein Teilaspekt bei *A. Voßkuhle*, Der Grundsatz der Verfassungsorgantreue und die Kritik am BVerfG, NJW 1997, S. 2216 ff.; *J. Limbach*, Die Schmerzgrenze bei der Richterkritik, ZRP 1996, S. 414 ff.

619 Vgl. *R. Scholz*, Karlsruhe im Zwielicht, Anmerkungen zu den wachsenden Zweifeln am BVerfG, in: FS Stern, 1997, S. 1201 ff.; sowie (eher referierend) von *H.H. Klein*, Gedanken zur Verfassungsgerichtsbarkeit, ebd. S. 1135 ff., und von *W. Knies*, Auf dem Weg in den "verfassungsgerichtlichen Jurisdiktionsstaat"?, ebd. S. 1155 ff.; s. auch den Band B. Guggenberger/T. Würtenberger (Hrsg.), Hüter der Verfassung oder Lenker der Politik?, Das Bundesverfassungsgericht im Widerstreit, 1998; sodann *O. Depenheuer*, Auf dem Weg in die Unfehlbarkeit?, FS Kriele, 1997, S. 485 ff.; s. auch die jüngste Kritik von *J. Isensee*, Verfassungsgerichtsbarkeit in Deutschland, in: Colloquium für R. Novak: B. Wieser/A. Stolz (Hrsg.), Verfassungsrecht und Verfassungsgerichtsbarkeit an der Schwelle zum 21. Jahrhundert, 2000, S. 15 ff.

620 Im Sinne meines Ansatzes: Verfassungslehre als Kulturwissenschaft, 1982, 2. Aufl. 1998. – Die "stare decisis"-Frage z.B. muss vor diesem Hintergrund behandelt und weitergeführt werden; vgl. aus der Lit.: *T. Lundmark*, Stare decisis vor dem Bundesverfassungsgericht, in: Rechtstheorie 28 (1997), S. 315 ff. – Zur Kontext-These: Einleitung B.

2. Aspekte selbständiger Verfassungsgerichtsbarkeit
– Rechtsvergleich in Raum und Zeit

a) Methodenfragen

Die methodischen Grundsatzfragen, in den letzten 25 Jahren vom Verf. in seiner Sicht entwickelt[621], seien wie folgt charakterisiert: Die Rechtsvergleichung in Sachen Verfassungsstaat entfaltet sich in zwei – letztlich zusammengehörenden – Dimensionen: als Rechtsvergleichung in der Zeit (Verfassungsgeschichte) und als Rechtsvergleichung im Raum (Komparatistik). Es geht um eine vergleichende Textstufenanalyse, die – kulturwissenschaftlich sensibilisiert – von vornherein die *Kon*texte einbezieht. Dort, wo neben den geschriebenen Verfassungstexten die ("ungeschriebene") Verfassungsrechtsprechung in den Vordergrund rückt, sind deren – konzentrierte – Texte entsprechend aufzuschlüsseln. Neben diese geschriebenen bzw. ungeschriebenen Verfassungstexte treten die – viele Verfassungstexte verbindenden – Klassikertexte als Verfassungstexte "im weiteren Sinne": Klassikertexte von *Aristoteles* bis *I. Kant*. Sie vermitteln den unmittelbar juristischen Texten zusätzliche und "ursprüngliche" Inhalte (so wie in Sachen Gewaltenteilung *Montesquieu:*1748). Damit kommt die sog. Verfassungswirklichkeit in das Blickfeld. Neben den klassischen Verfassungsfunktionen der Machtbeschränkung, Legitimierung und Einheitsstiftung, der Organisation von staatlichen Kompetenzen und Funktionen tritt eine weitere: die *kulturelle*. Lebende Verfassungen als ein Werk aller Verfassungsinterpreten der offenen Gesellschaft sind der Form und der Sache nach weit mehr Ausdruck und Vermittlung von *Kultur*, Rahmen für kulturelle (Re-)Produktion und Rezeption und Speicher von überkommenen kulturellen "Informationen", Erfahrungen, Erlebnissen, Weisheiten[622]. Entsprechend tiefer liegt ihre – kulturelle – Geltungsweise.

Aus ganzheitlichem Kulturvergleich wenn nicht aller, so doch vieler verfassungsstaatlicher Verfassungen[623] lässt sich ein Idealtypus der Verfassung konstruieren, der viele nationale realtypische Varianten hat. In solchem vielgliedrigen facettenreichen Vorgehen ist auch die Verfassungsgerichtsbarkeit zu erarbeiten.

b) Selbständige Verfassungsgerichtsbarkeit als Teilergebnis und Teilerfolg der europäischen Verfassungsgeschichte

Die selbständige Verfassungsgerichtsbarkeit setzt begrifflich eine unabhängige, gegenüber anderen Staats- bzw. Verfassungsorganen verselbständigte Institution mit bestimmten Kompetenzen bzw. Funktionen voraus. Von Österreich (seit 1867/1920) bzw.

---

621 P. *Häberle*, Verfassung als öffentlicher Prozess, 1978, 3. Aufl. 1998; *ders.*, Rechtsvergleichung im Kraftfeld des Verfassungsstaates, 1992.
622 Im nicht-juristischen, kulturanthropologisch bzw. ethnologisch gewendeten Sinne wird der Begriff "Verfassung" nicht zufällig benutzt bei *B. Malinowski*, Eine wissenschaftliche Theorie der Kultur (1941), 1975, S. 142.
623 Zur "kulturellen Verfassungsvergleichung" mein gleichnamiges Postulat in: Verfassungslehre als Kulturwissenschaft, Erstaufl. 1982, S. 33 ff.; zur "Verfassungsvergleichung als Kulturvergleichung" jetzt *R. Wahl*, FS Quaritsch, 2000, S. 163 ff. Verwiesen sei auch auf den englischsprachigen Sammelband: D. Nelken (Hrsg.), Comparing Legal Cultures, 1997.

H. Kelsen pionierhaft entwickelt[624] – für die USA wirkte Marbury vs. Madison (1803) vorbildlich[625] – hat sie im deutschen GG eine weithin als modellhaft empfundene Ausgestaltung erfahren, die im sog. "Statusbericht" (Berichterstatter *G. Leibholz*)[626] eine schon klassische "Denkschrift" gefunden hat. Weitere Modelle haben Portugal[627] und Spanien entwickelt[628]. Andere Verfassungsstaaten besitzen ebenfalls Gerichte, die in richterlicher Unabhängigkeit bestimmte verfassungsrechtliche Fragen entscheiden, aber dies eben als allgemeine Gerichte (wie das Bundesgericht in der Schweiz, vgl. Art. 189 nBV 2000, oder der Supreme Court in den USA)[629]. In Frankreich entwickelt sich der Conseil Constitutionnel immer mehr vom "Rat" zum echten Verfassungsgericht[630]. In Osteuropa[631] haben die neuen Verfassungsstaaten überwiegend eine selbständige Ver-

---

624 Vgl. *H. Kelsen*, Wesen und Entwicklung der Staatsgerichtsbarkeit, VVDStRL 5 (1929), S. 30 ff.; früh: *G. Jellinek*, Ein Verfassungsgerichtshof für Österreich, 1885. – Zum österreichischen Verfassungsgerichtshof: *L. Adamovich/R. Huppmann*, Die Judikatur des Verfassungsgerichtshofes 1975 – 1995, in: Österreichische Parlamentarische Gesellschaft (Hrsg.), 75 Jahre Bundesverfassung, Festschrift 1995, S. 503 ff.; *M. Holoubek*, Überblick über einige Grundpositionen des Grundrechtsschutzes in der jüngeren Rechtsprechung des österreichischen Verfassungsgerichtshofes, JöR 43 (1995), S. 573 ff.; *G. Kucsko-Stadlmayer*, Die Rechtsprechung des österreichischen Verfassungsgerichtshofs auf dem Gebiet der Glaubensfreiheit, EuGRZ 1999, S. 505 ff.

625 Im US-amerikanischen Kontext vgl. auch *U. Thiele*, Verfassunggebende Volkssouveränität und Verfassungsgerichtsbarkeit, Die Position der Federalists im Fadenkreuz der zeitgenössischen Kritik, Der Staat 39 (2000), S. 397 ff.

626 JöR NF 6 (1957), S. 109 ff., 120 ff. Vgl. den Abdruck von *Leibholz* in: P. Häberle (Hrsg.), Verfassungsgerichtsbarkeit, 1976, S. 224 ff.

627 Zu Portugal: *J.J. Gomes Canotilho*, Direito Constitucional, 4. Aufl., 1998, S. 879 ff.; *S. Richter*, Die Entwicklung der konkreten Normenkontrolle in Portugal, JöR 41 (1993), S. 319 ff.

628 Zum spanischen Verfassungsgericht: F. Balaguer Callejón (coord.), Derecho Constitucional, Vol. I 1999, S. 211 ff. So noch unten Anm. 660.

629 Aus der Lit. (kritisch): *M. Tushnet*, Taking the Constitution away from the Courts, 1999. Im übrigen *W. Haller*, Supreme Court und Politik in den USA, 1972; *H. Steinberger*, Konzeption und Grenzen freiheitlicher Demokratie, 1974, bes. S. 126 ff.; *W. Brugger*, Verfassungsinterpretation in den Vereinigten Staaten von Amerika, JöR 42 (1994), S. 571 ff.; *B. Maaßen*, Der US-Supreme Court im gewaltenteilenden amerikanischen Rechtssystem (1787-1972), 1977; *A.S. Miller*, The Supreme Court. Myth and Reality, 1978; *L. Tribe*, Constitutional Choices, 1985, S. 51 f.; *S. Estreicher/J. Sexton*, Redefining the Supreme Court's Role. A Theory of Managing the Federal Judicial Process, 1986; *A. Bickel*, The Least Dangerous Branch – The Supreme Court at the Bar of Politics, 2. Aufl. 1986; *W.H. Rehnquist*, The Supreme Court, 1987. Speziell zur Rolle des Supreme Court im Bereich des Grundrechtsschutzes vgl. *W. Brugger*, Grundrechte und Verfassungsgerichtsbarkeit in den Vereinigten Staaten von Amerika, 1987. Mit Blick auf eigentumsrechtliche Fragen: *G. Alexander*, "Takings" Jurisprudence in the U.S. Supreme Court: The Past 10 Years, ZaöRV 56 (1996), S. 857 ff. Eine rechtsvergleichende Studie zu den Sondervoten findet sich bei *K.-H. Millgramm*, Seperate Opinion und Sondervotum in der Rechtsprechung des Supreme Court of the United States und des Bundesverfassungsgerichts, 1985.

630 Dazu *C. Starck*, Der Schutz der Grundrechte durch den Verfassungsrat in Frankreich, AöR 113 (1988), S. 632 ff.; *F. Luchaire*, Le Conseil Constitutionnel, JöR 38 (1989), S. 173 ff.; *M. Fromont*, La protection des droits de l'homme par le Conseil Constitutionnel, FS K. Stern 1997, S. 1085 ff.; s. auch *J. Hecker*, Die europäische Integration vor dem Bundesverfassungsgericht und dem Conseil Constitutionnel, AöR 123 (1998), S. 577 ff. – Ein Beispiel für Rezeptionsprozesse Frankreich/Algerien liefert der neue Verfassungsrat hier, dazu *H.G. Knitel*, Der neue Verfassungsrat in Algerien und die Anfänge seiner Rechtsprechung, EuGRZ 1990, S. 201 ff.

631 Aus der Lit. besonders ergiebig: J. Frowein/T. Marauhn (Hrsg.), Grundfragen der Verfassungsgerichtsbarkeit in Mittel- und Osteuropa, 1998; M. Verdussen (coord.), La justice constitutionnelle en Europe centrale, 1997; *S. Milacic*, La démocracie constitutionnelle en Europe centrale et

fassungsgerichtsbarkeit (z.B. Tschechien, Slowakei[632], Ungarn[633], Ukraine, die baltischen Länder wie Litauen, sodann Russland[634], anders Estland), ferner die Türkei[635]. Dieser fast weltweite Erfolg der selbständigen Verfassungsgerichtsbarkeit auch in Teilen Afrikas, in Südafrika[636], Namibia, manchen schwarzafrikanischen Ländern (z.B. Art. 70 bis 74 Verf. Zentralafrikanische Republik (1995)), ebenso wie in Lateinamerika[637], schließlich sogar in islamischen Staaten[638] sollte freilich nicht zu der These führen, jeder Verfassungsstaat "*müsse*" heute zwingend eine selbständige Verfassungsgerichtsbarkeit gleichsam als "Krönung" seiner derzeitigen Entwicklungsstufe haben. Es gibt durchaus Alternativen[639] oder Konnexinstitute: etwa den Ombudsmann wie in vielen Ländern (etwa Polen oder Art. 89 bis 94 Verf. Namibia (1998)), "Volksanwälte" (Österreich), z.T. Rechnungshöfe oder Menschenrechtskommissionen (z.B. Togo (1992)). Im Übrigen: Großbritannien lebt bis heute ohne Verfassungsgerichtsbarkeit![640]

---

orientale, 1998; *D. Rousseau*, La justice constitutionnelle en Europe, 2. Aufl. 1996; *Th. Giegerich*, Verfassungsrichterliche Kontrolle der auswärtigen Gewalt im europäisch-atlantischen Verfassungsstaat, ZaöRV 57 (1997), S. 404 ff., ebenfalls mit einem Schwerpunkt auf den neueren Entwicklungen in Osteuropa.

632 *A. Bröstl*, Zur Spruchpraxis des Verfassungsgerichts der Slowakischen Republik im Verfahren der Normenkontrolle (1993 – 1997), ZaöRV 59 (1999), S. 109 ff.

633 Dazu *G. Brunner*, Zweieinhalb Jahre ungarische Verfassungsgerichtsbarkeit, Der Staat 32 (1993), S. 287 ff.; *G. Brunner/L. Sólyom*, Verfassungsgerichtsbarkeit in Ungarn, 1995; *G. Spuller*, Das Verfassungsgericht der Republik Ungarn, 1998; *M. Pajor-Bytomski*, Einführung in die ungarische Verfassungsgerichtsbarkeit, EuGRZ 1993, S. 220 ff.; *P. Sonnevend*, Der verfassungsmässige Schutz sozialrechtlicher Ansprüche in der jüngeren Rechtsprechung des ungarischen Verfassungsgerichts, ZaöRV 56 (1996), S. 977 ff.

634 Aus der allgemeinen Lit.: *G. Brunner*, Grundrechtsschutz durch Verfassungsgerichtsbarkeit in Osteuropa, FS Stern, 1997, S. 1041 ff.; *ders.*, Die neue Verfassungsgerichtsbarkeit in Osteuropa, ZaöRV 53 (1993), S. 819 ff.; *M. Hartwig*, Verfassungsgerichtsbarkeit in Russland. Der dritte Anlauf, EuGRZ 1996, S. 177 ff.

635 Zur Türkei: *E.E. Hirsch*, Die Verfassung der Türkischen Republik vom 9. November 1982, JöR 32 (1983), S. 507 ff. (mit Textanhängen). Die weiten Zuständigkeiten finden sich in Art. 146 bis 153 Verf. Türkei. Zur rechtsschöpferischen Verfassungsauslegung des türkischen Verfassungsgerichts im Blick auf die einstweilige Anordnung: *Z. Gören*, Die einstweilige Anordnung in der Rechtsprechung des türkischen Verfassungsgerichts, EuGRZ 1994, S. 597 ff. (dort auch das Stichwort: "Das deutsche Beispiel als Modell für die türkische Praxis"). Aus der weiteren Lit.: *C. Rumpf*, Das türkische Verfassungsgericht und die Grundzüge seiner Rechtsprechung, EuGRZ 1990, S. 129 ff.

636 *F. Oelkers*, Die Gleichheitsrechtsprechung des Südafrikanischen Verfassungsgerichts, ZaöRV 57 (1997), S. 899 ff.

637 Aus der Lit.: *H.-R. Horn/A. Weber* (Hrsg.), Richterliche Verfassungskontrolle in Lateinamerika, Spanien und Portugal, 1989; *D. García Belaunde/F. Fernandez Segado* (coord.), La Jurisdiccion Constitucional en Iberoamerica, 1997; *N. Lösing*, Die Verfassungsgerichtsbarkeit in Lateinamerika, 2001. - Spezifisch zum Problemkreis "Habeas Corpus": *D.G. Belaunde*, Latin American Habeas Corpus, JöR 49 (2001), S. 513 ff.

638 *K. Bälz*, Islamisches Recht, staatliche Rechtssetzung und verfassungsgerichtliche Kontrolle, ZaöRV 57 (1997), S. 229 ff.

639 Vgl. etwa den eigengearteten Schiedsgerichtshof in Belgien, dazu *L.-P. Suetens*, Die Verfassungsrechtsprechung in Belgien – Der Schiedsgerichtshof, JöR 36 (1987), S. 135 ff.

640 Als frühe Pionierleistungen der Rechtsvergleichung in Sachen Verfassungsgerichtsbarkeit dürfen gelten: H. Mosler (Hrsg.), Verfassungsgerichtsbarkeit der Gegenwart, Länderberichte und Rechtsvergleichung, 1962; C. Starck/A. Weber (Hrsg.), Verfassungsgerichtsbarkeit in Westeuropa, 1986; vorausgegangen war der deutschsprachige Vergleich: *K. Korinek/J.P. Müller/K. Schlaich*, Die Verfassungsgerichtsbarkeit im Gefüge der Staatsfunktionen, VVDStRL 39 (1981), S. 7 ff. Tief-

Vor allem sei vor allen Arten von "Hüterideologien" gewarnt. Die bekannte These, der Staatspräsident oder das Verfassungsgericht seien "Hüter" der Verfassung, ist abzulehnen. Zum einen bleibt der Schutz der Verfassung *allen* Bürgern und allen Staatsorganen gleichermaßen anvertraut. Der verfassungsstaatlichen Bürgerdemokratie widerspricht es, ein Organ als "höchstes" zu stilisieren. Zum anderen ist die Verfassung "öffentlicher Prozess", was sich in der Bewahrung von Vorhandenem nicht erschöpft. "Hüter" ist jedenfalls ein schiefes Bild. Es sollte in einer vergleichenden Lehre von der Verfassungsgerichtsbarkeit[641] keinen Platz finden. Auch der gelegentlich geäußerte Anspruch "authentischer" Verfassungsinterpret zu sein, ist wissenschaftlich abzulehnen (s. aber positivrechtlich für das Verfassungsgericht der Ukraine: Art. 147 Abs. 2, Art. 150 Abs. 1 Ziff. 2 Verf. Ukraine (1996) sowie Art. 149, 151 Verf. Burundi (1992)); Art. 124 Abs. 1 Verf. Albanien (1998) spricht wenig glücklich von der "endgültigen Auslegung".

c) Ein Katalog der typischen Elemente selbständiger Verfassungsgerichtsbarkeit – sieben Charakteristika

Ohne Anspruch auf Vollständigkeit seien im Folgenden – sieben – typische Elemente aufgelistet. Sie ähneln eher dem "beweglichen System" von *Wilburg*[642] denn einem geschlossenen Katalog. Im ganzen betrachtet, prägen sie aber den Idealtypus der institutionell selbständigen Verfassungsgerichtsbarkeit – bei allen Varianten ihrer nationalen Beispielsformen.

aa) Ein erstes Merkmal selbständiger Verfassungsgerichtsbarkeit ist ihre *Verfassungsorgan*qualität. D.h.: ihr "Status", ihre wichtigsten Kompetenzen müssen in der geschriebenen Verfassung selbst verankert sein. Vor allem die Garantie der richterlichen Unabhängigkeit ist – auch als materielles Verfassungsrecht – unverzichtbar. Zwar braucht die Verselbständigung nicht so weit zu gehen wie in Deutschland (eigener Haushaltstitel des BVerfG!), doch muss die Rechtsstaatlichkeit gesichert sein (auch in Gestalt der strikten Befolgung der Judikate durch die anderen Organe – negatives Beispiel ist hier in jüngerer Zeit das Peru von *Fujimori,* 1999/2000, positives die Zeit nach seinem Sturz).

---

dringend *A. von Brünneck,* Verfassungsgerichtsbarkeit in den westlichen Demokratien, 1992. Klassikertexte zum Thema versammelt der Band von P. Häberle (Hrsg.), Verfassungsgerichtsbarkeit, 1976.

641 Mehr als nur "Materialien" liefert hierzu z.B. *M. Fromont,* La justice constitutionnelle dans le monde, 1996; D. García Belaunde/F. Fernandez Segado (coord.), La jurisdicción constitucional en Iberoamerica, 1997; *C. Landa Arroyo,* Tribunal Constitucional y Estado Democrático, 1999 (2. Aufl. 2003); *D. García Belaunde,* De la Jurisdiccion constitucional al derecho procesal Constitucional, 2000. S. auch das "Annuaire International de Justice Constitutionnelle", betreut von *L.* Favoreu (Aix), sowie *G. Zagrebelsky,* La giustizia costituzionale, 2. Aufl. 1988. Ergiebig auch *H.J. Faller,* Zur Entwicklung der nationalen Verfassungsgerichte in Europa, EuGRZ 1986, S. 42 ff.; *A. Weber,* Verfassungsgerichte in anderen Ländern, in: M. Piazolo (Hrsg.), Das Bundesverfassungsgericht. Ein Gericht im Schnittpunkt von Recht und Politik, 1995, S. 61 ff.; H. Wille (Hrsg.), Verfassungsgerichtsbarkeit im Fürstentum Liechtenstein, 75 Jahre Staatsgerichtshof, 2001; *G. Batliner,* Der konditionierte Verfassungsstaat. Die Ausstandsregel des Art. 7 lit. d LVG für liechtensteinische Verfassungsrichter, in: FS A. Riklin, 2000, S. 388 ff.

642 *W. Wilburg,* Entwicklung eines beweglichen Systems im bürgerlichen Recht, 1951; dazu *L. Michael,* Der allgemeine Gleichheitssatz als Methodennorm komparativer Systeme, 1997.

bb) Die *demokratische Legitimation* bildet ein zweites Merkmal. So vermittelt sie ist (z.B. über das Wahlmännergremium nach § 6 BVerfGG wie in Deutschland): Das Verfassungsgericht muss lückenlos in der "Legitimationskette" *vom* Volk *zu* den Staatsorganen (*U. Scheuner*) stehen. Darum ist das Kooptationsmodell abzulehnen: Ergänzten sich die Verfassungsrichter durch ihre eigene Zuwahl, geriete die demokratische Legitimation mittelfristig bzw. letztlich zur Fiktion[643]. So intensiv in Deutschland die politischen Parteien die Verfassungsrichterstühle "für sich" reklamieren: Die Bundestags- bzw. Landtagswahlen sind ein real eingelöster, nicht nur ideeller, Demokratie begründender Zurechnungsvorgang. Das Postulat vorheriger (öffentlicher) Anhörung der Kandidaten bleibt ein Desiderat (vgl. jetzt Art. 112 Abs. 4 S. 4 Verf. Brandenburg)[644].

cc) Das *Prinzip Öffentlichkeit* hat nicht nur theoretisch (wegen des Zusammenhangs von "Öffentlichkeit und Verfassung") tragendes Organisationsprinzip für Status und Verfahren der Verfassungsgerichtsbarkeit zu sein, es hat auch praktisch wirksam zu bleiben (etwa in Gestalt der Öffentlichkeit der großen Prozesse, stets aber in Form öffentlicher Entscheidungsverkündung, ggf. auch der Sondervoten)[645]. Zu allem gehört die Bereitschaft zur selbstkritischen Überprüfung der eigenen Judikatur, nicht zuletzt dank der wissenschaftlichen Öffentlichkeit.

dd) *Rationale Rechtsprechungstätigkeit* – als Gericht – muss für das Verfassungsgericht kennzeichnend sein. Zwar hat es Teil an der "politischen Gesamtleitung" eines Gemeinwesens[646], doch ist Verfassungsrechtsprechung nicht "Politik", sie zeichnet sich vielmehr durch in ihren Methoden rational nachprüfbare, oft schöpferische "Anwendung" von "Gesetz und Recht" aus. Das schließt die Fortbildung der Verfassung nicht aus, sondern ein. (Bemerkenswert ist die Orientierung an bzw. Entwicklung einer "unsichtbaren Verfassung" durch das ungarische Verfassungsgericht)[647]. Es geht um Tätigkeit im Dienste der "Bewährung", nicht bloßer "Bewahrung" der Verfassung. Mag im Einzelfall der Pluralismus bzw. das Zusammenwirken der vier bzw. (einschließlich der Rechtsvergleichung) *fünf* Auslegungsmethoden offen sein, mag eine subtil gehandhabte Gerechtigkeitskontrolle nicht immer sogleich "intersubjektiv nachvollziehbar" sein: Verfassungsrechtsprechung ist eine handwerklich geprägte, sich in Juristen"kunst" ver-

---

643 Gegen das Kooptationsmodell zuletzt auch *D. Grimm*, Nicht den Parteien, sondern der Verfassung dienstbar, FAZ vom 19. Febr. 2000, S. 11.
644 Dazu mein Beitrag: Bundesverfassungsrichterkandidaten auf dem Prüfstand?, Ein Ja zum Erfordernis öffentlicher Anhörung, in: B. Guggenberger/A. Meier (Hrsg.), Der Souverän auf der Nebenbühne, 1994, S. 131 ff.
645 Zum besonderen Öffentlichkeitsbezug verfassungsgerichtlicher Verfahren jetzt eindringlich: *H. Schulze-Fielitz*, Das Bundesverfassungsgericht und die öffentliche Meinung, in: G.F. Schuppert/Chr. Bumke (Hrsg.), Bundesverfassungsgericht und gesellschaftlicher Grundkonsens, 2000, S. 111 (123 ff.). Sondervoten in der Rechtsprechung des BVerfG behandelt auch *J. Limbach*, Das Bundesverfassungsgericht, 2001, S. 33 ff.
646 Vgl. *K. Hesse*, Grundzüge des Verfassungsrechts der Bundesrepublik Deutschland, 20. Aufl. 1995, S. 241, 278 (Neudruck 1999).
647 Dazu *R. Grote*, Das Rechtsstaatsprinzip in der mittel- und osteuropäischen Verfassungsgerichtspraxis, in: *Frowein/Marauhn*, aaO., S. 3 (62), sowie *L. Sólyom*, ebd. S. 554 ff. (Diskussion).

längernde Tätigkeit in Sachen Verfassung als rechtliche Grundordnung von Staat und Gesellschaft. Die bekannten *"Prinzipien der Verfassungsinterpretation"*[648] – von der heute durch Europa zu relativierenden "Einheit der Verfassung" (Stichwort: Kontext Europa) über die Völkerrechtsfreundlichkeit bis zur Maxime funktionellrechtlicher Richtigkeit[649] – begründen die verfassungsrichterliche Tätigkeit zusätzlich. Verfassungsgerichtsbarkeit ist gewiss in der Wirkung auch politisch, nicht aber in sich. Im Übrigen darf, ja sollte sich ein Verfassungsgericht sein eigenes Prozessrecht, wenn nicht positivrechtlich vorhanden, nach "allgemeinen Grundsätzen" selbst schaffen[650].

ee) Ein *gemeinsamer Mindeststandard an Kompetenzen und Funktionen*, die sich in bestimmte Arten von "Streitigkeiten" gliedern, prägt die Verfassungsgerichtsbarkeit als häufig vorkommender, aber nicht unverzichtbar notwendiger Einrichtung des Verfassungsstaates der heutigen Entwicklungsstufe[651]. Art. 223 Verf. Portugal spricht treffend vom Verfassungsgericht als dem "im besonderen für die Rechtsprechung im verfassungsrechtlichen Bereich zuständigen Gericht". Hatte etwa der StGH der Weimarer Zeit noch zu wenig Kompetenzen, so besitzt das deutsche BVerfG ein Maximum, vielleicht auch (für Deutschland) ein Optimum an Zuständigkeiten. In grobem Rechtsvergleich lassen sich folgende, typisch werdende Arten verfassungsgerichtlicher Kompetenzen unterscheiden[652]:

- Organstreitigkeiten (z.B. Art. 138 Abs. 1 lit. c ÖsterB-VG; Art. 93 Abs. 1 Ziff. 1 GG; Art. 89 Abs. 1 lit. b Verf. Georgien (1995); Art. 120 Abs. 2 Verf. Bolivien (1967))[653]
- Verfassungsbeschwerdeverfahren (z.B. Art. 161 Abs. 1 lit. b und Art. 162 Abs. 1 lit. b Verf. Spanien; Art. 160 Verf. Slowenien (1991); Art. 87 d Verf. Tschechien (1992); Art. 89 Abs. 1 lit. f Verf. Georgien (1995); Art. 202 Abs. 2 Verf. Peru (1995)) mit den Varianten: gegen Gesetze bzw. Verordnungen, Verwaltungsakte oder sogar gegen richterliche Entscheidungen
- (in föderalen Ordnungen) Bundesstaatsstreitigkeiten (Föderalismus wie Regionalismus sollten tunlichst verfassungsrichterlich abgesichert sein:

---

648 Grundlegend *H. Ehmke*, Prinzipien der Verfassungsinterpretation, VVDStRL 20 (1963), S. 53 ff.
649 Zu diesen Fragen: *K. Hesse*, Grundzüge, aaO. S. 31 ff.; *ders.*, Funktionelle Grenzen der Verfassungsgerichtsbarkeit, FS H. Huber, 1981, S. 263 ff.; *G.F. Schuppert*, Funktionellrechtliche Grenzen der Verfassungsinterpretation, 1980; *H.-P. Schneider*, Verfassungsgerichtsbarkeit und Gewaltenteilung, NJW 1980, S. 2103 ff.
650 Zum hier besonders schöpferischen türkischen Verfassungsgericht: Anm. 635.
651 Von "Stufen der Entwicklung der deutschen Verfassungsgerichtsbarkeit" spricht *K. Hesse* in seinem gleichnamigen Beitrag in JöR 46 (1998), S. 1 ff. Zur Geschichte: *H. Triepel*, Wesen und Entwicklung der Staatsgerichtsbarkeit, VVDStRL 5 (1929), S. 2 ff.; *U. Scheuner*, Die Überlieferung der deutschen Staatsgerichtsbarkeit im 19. und 20. Jahrhundert, in: Festgabe für das BVerfG, 1976, Bd. I, S. 1 ff.; *K. Stern*, Das Staatsrecht der Bundesrepublik Deutschland, Band II, 1980, S. 967 ff.
652 Eine auf das GG bzw. BVerfG bezogene Typisierung bei *K. Stern*, aaO., S. 978 ff.
653 Auch außereuropäisches Beispielsmaterial sei bewusst einbezogen; Europa ist Teil einer weltweiten Produktions- und Rezeptionsgemeinschaft.

z.B. z.T. Art. 161 Abs. 1 lit. c Verf. Spanien; Art. 134 Verf. Italien; Art. 93 Abs. 1 Ziff. 3 GG; vgl. auch Art. 167 Abs. 4 lit. a Verf. Südafrika)
- Anklageverfahren (z.B. Art. 142 Abs. 2 lit. b ÖsterB-VG) bzw. andere Verfassungsschutzverfahren (z.B. das Parteiverbot nach Art. 21 Abs. 2 GG; s. auch Art. 188 Ziff. 4 Verf. Polen)
- konkrete Normenkontrolle (z.B. Art. 140 Abs. 1 S. 1 ÖsterB-VG; Art. 163 Verf. Spanien; Art. 152 Verf. Türkei (1982))
- abstrakte Normenkontrolle (z.B. Art. 140 Abs. 1 S. 2 ÖsterB-VG; Art. 155 Abs. 1 Verf. Angola)
- vorbeugende Normenkontrolle (z.B. Art. 278 Verf. Portugal; Art. 88 Abs. 2 Verf. Mali (1993); Art. 170 Verf. Tschad (1996), aber gerade nicht gemäß Art. 128 Abs. 2 Verf. Slowakei (1992))
- die völkerrechtliche Normenkontrolle (z.B. Art. 188 Ziff. 1 und 2 Verf. Polen; Art. 116 Abs. 4 Verf. Belarus (1994), s. auch Art. VI Ziff. 3 b am Ende Verf. Bosnien (1995))
- sonstige Streitigkeiten, wie Wahlprüfungsverfahren (z.B. Art. 105 Art. 2 Verf. Litauen (1992); Art. 89 Abs. 1 lit. d Verf. Georgien)
- Gutachtenkompetenz wie (bis 1956) das BVerfG und heute in Guatemala (Art. 272 lit. h und i Verf. von 1985) sowie in Rumänien (Art. 144 lit. f Verf. von 1991), Art. 112 Verf. Madagaskar (1995), Art. 105 Abs. 3 Verf. Litauen (1992), aber auch am EuGH und EGMR.

Nicht alle Kompetenzen brauchen gleichzeitig vorzuliegen. Doch sollte eine Verfassungsgerichtsbarkeit, die diesen Namen verdient, nicht allzu punktuell bleiben, wobei sich rechtspolitisch ein schrittweises Vorgehen bei der Erweiterung der Kompetenzen empfehlen mag.

ff) Unter den *vielerlei spezifischen* Funktionen sollten folgende vom Verfassungsgericht bewusst wahrgenommen und von der Wissenschaft verfassungstheoretisch aufbereitet werden:
- die evolutive Grundrechtssicherung im Kontext regionaler und internationaler Menschenrechtspakte
- der Schutz von Demokratie und Rechtsstaat, insbesondere des "Vorrangs der Verfassung" (z.B. Art. 272 bis 274 Verf. Ecuador (1998)), nicht nur, aber doch besonders in Gestalt der Normenkontrolle, sei sie präventiv oder repressiv, abstrakt oder konkret
- die Wahrung der Gewaltenbalance als Sicherung der "Trennung der Staatsgewalten": in Art. 134 Abs. 3 Verf. Moldau (1994) sogar positiviert
- die Sicherung des Pluralismus und in ihm der Schutz von Minderheiten aller Art
- die friedliche Einordnung des nationalen Verfassungsstaates in regionale und internationale Verantwortungsgemeinschaften (Stichwort: "Völker-

rechtsfreundlichkeit", vgl. BVerfGE 45, 83 (97); 92, 26 (48); 111, 307 (317 f.), Menschenrechtskonformität)
- die behutsame, buchstäblich so verstandene "Fortschreibung" der Verfassung.

Die gekonnte Bewältigung "außerordentlicher Lagen" (vorbildhaft z.B. in der deutschen Wiedervereinigung, BVerfGE 82, 322; 84, 133; 88, 384; 100, 1, sowie während der Transformationsphase in Polen und Ungarn seitens der dortigen Verfassungsgerichte) kann eine Bewährungsprobe für eine nationale Verfassungsgerichtsbarkeit sein, aber auch an ihre Grenzen führen. (Ob dies in Bosnien gemäß dem Dayton-Abkommen von 1995[654] gelingt, ist offen.)

gg) Im ganzen darf, ja soll eine funktionierende Verfassungsgerichtsbarkeit bewusst eine begrenzte Teilhabe am Vorgang des *Fortschreibens des Gesellschaftsvertrages* eines politischen Gemeinwesens sein[655]. Wenn Verfassung ein "immer neues Sich-Vertragen und Sich-Ertragen" aller Bürger ist, hat eine lebendige Verfassungsgerichtsbarkeit eben hierbei einen begrenzten Anteil, auch als Arbeit am Grundkonsens[656].

Damit sind zugleich Aspekte einer *Theorie der Verfassungsgerichtsbarkeit* angedeutet, an welcher es bis heute fehlt. In der "regionalen Verantwortungsgemeinschaft Europa" kann sie nur als *europäische* Theorie der Verfassungsgerichtsbarkeit konzipiert werden.

d) Auf dem Weg zu einer Verfassungstheorie der Verfassungsgerichtsbarkeit

aa) *Typologisch* wäre problemorientiert zu unterscheiden zwischen:
- den institutionell organisatorischen Fragen (etwa Organisation, Wahl und Status der Verfassungsrichter, z.B. Immunität), wozu auch die (mitunter selbst geschaffenen) Prinzipien des Verfassungsprozessrechts gehören
- den materiell funktionellen Fragen, etwa die Kompetenzen ("Verfahrensarten") und den bei ihrer Wahrnehmung praktizierten Methoden und Prinzipien der Verfassungsinterpretation einschließlich der den anderen Staats- bzw. Verfassungsorganen funktionell gelassenen Gestaltungsräume (z.B. im Verhältnis zum Parlament oder zur auswärtigen Gewalt).
- Die konkreten *Arbeitsfelder* wären nach den wichtigsten *Verfassungsthemen* aufzugliedern:

---

654 Zum Verfassungsgerichtshof in Bosnien: *W. Graf Vitzthum/M. Mack*, Multiethnischer Föderalismus in Bosnien-Herzegowina, in: W. Graf Vitzthum (Hrsg.), Europäischer Föderalismus, 2000, S. 81 (93, 112f., 130 f.).
655 Dies die These des Verf. von 1978: *P. Häberle*, Verfassungsgerichtsbarkeit als politische Kraft (1978), in: *ders.*, Kommentierte Verfassungsrechtsprechung, 1979, S. 425 (436 ff.); weiterführend *H. Schulze-Fielitz*, aaO., AöR 122 (1997), S. 1 (14 ff.).
656 Aus der Lit. vgl. *H. Kuriki*, Die Verfassungsgerichtsbarkeit als Erhalter des Grundkonsenses des Volkes, in: R. Weiler/A. Mizunami (Hrsg.), Gerechtigkeit in der sozialen Ordnung, 1999, S. 121 ff.

- Menschenwürde und Grundrechte (differenziert nach den bürgerlichen und politischen Rechten bzw. den wirtschaftlichen, sozialen und kulturellen Rechten (auch "Staatsziele"))
- der soziale Rechtsstaat (einschließlich des Vorrangs der Verfassung) bzw. zunehmend der Kulturstaat und "Umweltstaat"
- die (ggf. "wehrhafte") Demokratie (z.b. Parteiverbot)
- die horizontale (z.b. Organstreitigkeiten) und (in Föderalstaaten auch) vertikale Gewaltenteilung (einschließlich des etwaigen Schutzes von Regionen und Kommunen, in Bosnien der Ethnien)
- die Einordnung des nationalen Verfassungsstaates in regionale (Europa) und internationale Verantwortungsgemeinschaften (z.B. Normenkontrolle bei völkerrechtlichen Verträgen, Maßstabsbildung aus dem Völkerrecht bzw. den internationalen Menschenrechtspakten i.S. des "kooperativen Verfassungsstaates" (Völkerrechtsfreundlichkeit) bzw. der "general rule of public international law").

bb) *Dieser Problem- bzw. Themenkatalog ist offen.* Meist entspricht heute den Wachstumsstufen der Verfassungsentwicklung auch eine Wachstumsperiode der Verfassungsgerichte (mit zeitlich wechselnden Phasen der Aktivität und der Zurückhaltung), wobei diese, dem Vorrang der Verfassung gemäße, Kontrollfunktion immer auch eine (bei den einzelnen Ländern unterschiedlich intensive) Gestaltungsfunktion beinhaltet. Speziell in Europa konturieren sich immer deutlicher bestimmte "Standards" heraus, nicht zuletzt dank *aller* Verfassungsgerichte (Stichwort: "gemeineuropäisches Verfassungsrecht").

Bei all diesem Verallgemeinerungsbemühen muss methodisch und sachlich Raum bleiben für eine der *individuellen* Verfassungskultur eines Volkes gerecht werdende Ausgestaltung und Bewertung.

3. Der "Modellcharakter" des deutschen BVerfG

a) Vorfragen zum "Modellcharakter" bzw. Musterproblem

Ehe der Modell- bzw. Mustercharakter des BVerfG behandelt und – behutsam differenzierend – bejaht wird, stellen sich Vorfragen. Der Typus "Verfassungsstaat" entwickelt sich – vergleichend betrachtet – in vielen nationalen Varianten. Er hat seine Klassikertexte als Verfassungstexte im weiteren Sinne – etwa *J. Locke, Montesquieu* und *Rousseau* und zuletzt in Sachen Umwelt- bzw. Generationenschutz *H. Jonas* (vgl. nur Art. 20 a GG) – und er ist gekennzeichnet durch ein gemeinsames Minimum an Prinzipien, Verfahren und Institutionen, die seine Identität ausmachen. Dazu gehört – noch – nicht der Föderalismus bzw. Regionalismus als vertikale Gewaltenteilung, wohl aber die klassische Gewaltenteilung im horizontalen Sinne. Wohl kein Verfassungsstaat vereinigt derzeit in sich zugleich alle optimalen Modellelemente: So fehlt Frankreich und z.T. auch Italien bis heute noch ein effektiver Regionalismus, ebenso die Verfassungsbeschwerde. So lebt umgekehrt Großbritannien vorbildlich die parlamentarische Demokratie, ringt aber immer noch um einen geschriebenen Grundrechtskatalog[657]. Im Laufe der Entwicklungsgeschichte des *Typus* "Verfassungsstaat" haben viele Länder innovative Beiträge geleistet: In Deutschland schufen hier Organisation und Praxis des BVerfG Vorbildliches. Ob eine Einrichtung eines bestimmten Landes Modellcharakter für andere Verfassungsstaaten[658] hat, lässt sich nur in ganzheitlicher Rechtsvergleichung und nur kulturwissenschaftlich beantworten. D.h.: auch das *Ungleiche* der einzelnen Nationen ist zu erarbeiten. Eine bestimmte Einrichtung kann nicht absolut abstrakt als die "beste" angepriesen werden. Es hängt auch von der jeweiligen politischen und Verfassungskultur ab, ob und wann eine Einrichtung – vielleicht auch modifiziert – rezipiert werden kann. M.a.W.: Die *Kontext*abhängigkeit aller konstitutionellen *Texte*[659] ist mitzubedenken, wenn eine Regelung als Modell "empfohlen" wird. So können bzw. sollten sich sehr junge Reformstaaten Osteuropas noch nicht das verfassungsrichterliche Sondervotum leisten (vgl. aber Slowenien und Kroatien!) – für Spanien[660] war es 1978 bereits in der Verfassung (Art. 164 Abs. 1 S. 1) ein großes Wagnis, während es unter dem GG bekanntlich erst 1970 (§ 30 BVerfGG) eingeführt wurde. Nicht alle Verfassungsstaaten befinden sich jeweils auf der gleichen Entwicklungsstufe: Es gibt *Ungleichzeitigkeiten*, die bei aller Politik- und Verfassungsberatung bzw. Rechtsvergleichung zu bedenken sind und die auch eine Bereicherung bedeuten können.

Im Ganzen: Das Qualitätsurteil "Muster" bzw. "Erfolg" einer Einrichtung wie der Verfassungsgerichtsbarkeit muss ganzheitlich-rechtsvergleichend, abstrakt-individuell von den an das "Gelingen" einer Verfassung insgesamt gestellten Kriterien her gefällt werden (z.B. Menschenwürdeschutz, Freiheitssicherung, Minderheitenschutz, Bewahrung des Friedens nach innen und außen, Durchsetzung von Gerechtigkeit und Gemeinwohlzielen (z.B. Umweltschutz), Verhinderung von Machtmissbrauch etc.). Auch die Gegenfrage muss erlaubt sein: Wie wird in Ländern *ohne* jede Verfassungsgerichtsbarkeit oder mit einer solchen von nur geringem Gewicht der heute typisch verfassungsstaatliche "Vorrang der Verfassung" gewahrt? U.a. durch Wachsamkeit der öffentlichen Meinung, durch nationale und nicht nur in Europa zunehmend übernationale Staatsrechtslehrergemeinschaften, durch das Parlament, durch die einfachen Gerichte, die ohnehin in tieferem Sinne "Verfassungsgerichte" (weil an die Verfassung gebunden) sind (darum ist der deutsche Begriff "Fachgericht" – vgl. aber leider: BVerfGE 94, 1 (LS); zuletzt E 101, 158 (LS) – zutiefst fragwürdig). Immer wieder müssen die Anlie-

---

657 Als eine Vorstufe könnte jetzt die Inkorporierung der EMRK wirken, dazu *M. Baum*, Rights Brought Home, EuGRZ 2000, S. 281 ff. S. im übrigen *C. Starck*, Eine Verfassung für das Vereinigte Königreich?, AöR 119 (1994), S. 627 ff.
658 Solches Modell-Denken wurde unternommen vom Verf.: Allgemeine Probleme des Verfassungsrechts und der Verfassungsgerichtsbarkeit – auf der Grundlage des deutschen "Modells" und im Blick auf die Ukraine, JöR 48 (2000), S. 399 ff.
659 Zur Kontext-These (1979) jetzt näher mein Beitrag: Verfassung im Kontext, in: J.-F.Aubert u.a. (Hrsg.), Verfassungsrecht der Schweiz, 2001, S. 17 ff. sowie oben Einleitung B.
660 Zu Spanien: *A. Weber*, Die Verfassungsgerichtsbarkeit in Spanien, JöR 34 (1985), S. 245 ff.; *P. Cruz Villalón*, Weitere zehn Jahre spanische Verfassung, JöR 48 (2000), S. 311 ff.

gen der "Gegenklassiker" zur Verfassungsgerichtsbarkeit, etwa *T. Jefferson, B. Constant* oder *O. von Bismarck*[661], zur Diskussion gestellt werden.

Wenn das BVerfG als "Modell" qualifiziert wird, so kann dies im Übrigen theoretisch gemeint sein, sozusagen "platonisch": das BVerfG könnte Modell für andere Verfassungsstaaten sein. Denkbar ist aber auch eine praktische Sicht: das BVerfG ist für andere Länder in Sachen Verfassungsgerichtsbarkeit tatsächlich ganz oder (wie oft) zum Teil "Modell" geworden. Ob und wie etwaige Rezeptionsprozesse in der Wirklichkeit gelaufen sind, wer "Rezeptionsmittler" war (einzelne Verfassungspolitiker, nationale Wissenschaftlergemeinschaften oder einfach das "Internet"), ist schwer nachweisbar. Denkbar sind auch unbewusste "Wahlverwandtschaften". Heute gibt es jedoch weltweit Produktions- und Rezeptionsprozesse in Sachen Verfassungsstaat: in sein Kraftfeld gehört so oder so als vornehmes Element die Verfassungsgerichtsbarkeit. Sie hat *Teil* an den für die Verfassung typischen Funktionen: der Machtbeschränkung im Interesse der Freiheit, der Konstituierung von Kompetenzen, der Integration von Bürgern und gesellschaftlichen Gruppen, ja zu einem Gran sogar der "Erziehung zur Verfassung".

b) Einzelne Modellelemente des BVerfG

Nach Beantwortung solcher Vorfragen dürfen einzelne Elemente des BVerfG als Institution und aus seiner 55jährigen Praxis empfohlen werden. Wohl alle enumerativen Einzelkompetenzen des BVerfG haben sich so bewährt, dass sie grundsätzlich Modellcharakter haben; sogar der Verzicht auf die (bayerische) Popularklage – so sinnvoll diese auf Länderebene sein mag (Art. 98 S. 4 BayVerf.) – ist m.E. vorbildlich (anders Ungarn: Art. 32 A Abs. 2 Verf. von 1949/89 sowie Art. 241, 242 Verf. Kolumbien (1990)). Über einzelne Kompetenzen mag man sich streiten (etwa die abstrakte Normenkontrolle, unten 4. b). Für Deutschland ist das geltende Ensemble der Kompetenzen ein Glücksfall, was nicht ausschließt, dass andere Länder weniger wagen, weil hier der *politische* Prozess mehr leisten kann (etwa in den USA oder in der Schweiz – hier die z.T. unmittelbare Demokratie).

Vorbildlich ist überdies die Bewältigung außerordentlicher Verfassungsprobleme wie der deutschen Wiedervereinigung[662]. Die Gratwanderung zwischen judicial activism und judicial restraint erweist sich hier als besonders schwierig. Empfehlenswert bleibt die Entwicklung eines eigenständigen Verfassungsprozessrechts[663] (ebenso die Stärkung der Landesverfassungsgerichtsbarkeit[664]). Schließlich darf die weithin widerspruchslose

---

661 Dazu *K. Stern*, Das Staatsrecht der Bundesrepublik Deutschland, Band II 1980, S. 939.
662 Dazu (allgemein und vergleichend) der Band Verfassungsrecht und Verfassungspolitik in Umbruchsituationen, hrsg. von G.F. Schuppert und K. Harms, 1999, und darin besonders die Beiträge von *H. Schulze-Fielitz* (S. 65 ff.) und *B.-O. Bryde* (S. 197 ff.) sowie oben I. 2.
663 Dazu aus der Lit., z.T. kontrovers: *P. Häberle*, Verfassungsprozessrecht als konkretisiertes Verfassungsrecht, JZ 1976, S. 377 ff.; *ders*., Die Eigenständigkeit des Verfassungsprozessrechts, JZ 1973, S. 451 ff.; *E. Benda/E. Klein*, Lehrbuch des Verfassungsprozessrechts, 1991, S. 62 ff. (2. Aufl. 2001, S. 78 ff.); *C. Pestalozza*, Verfassungsprozessrecht, 3. Aufl. 1991, S. 2 f. ("Die Eigenständigkeit des Verfassungsprozessrechts").
664 Zur "Stärkung der Verfassungsgerichtsbarkeit im föderalen System Deutschlands in der jüngeren Rechtsprechung des BVerfG" gleichnamig: *C. Tietje*, AöR 124 (1999), S. 237 ff.

und "selbstverständliche" Befolgung der Judikate des BVerfG durch die anderen Verfassungsorgane und die Öffentlichkeit als vorbildlich gepriesen werden. Mag es manche Schwankungen und Selbstkorrekturen des BVerfG geben, bleiben manche Arbeitsfelder, etwa zu Art. 5 GG und Art. 4 GG[665], auch zu den "Einheitswertbeschlüssen"[666] sowie zum "Kind als Schaden"[667], die "familienpolitischen" Beschlüsse[668] ebenso wie die Entscheidung zum Finanzausgleich[669], stark kontrovers: Das Wechselgespräch zwischen der Verfassungsgerichtsbarkeit einerseits und den Medien, der Wissenschaft und sonstigen Öffentlichkeit andererseits, funktioniert. Selbst die Kritik an Entscheidungen wie dem missglückten, unseligen Antikruzifixbeschluss von 1995 (BVerfGE 93, 1) sowie die funktionellrechtliche Überschreitung der Grenzen der Verfassungsgerichtsbarkeit wie im erwähnten Urteil zum Länderfinanzausgleich bedeuten keine Kritik am BVerfG als solchem. Eher ist der politische Prozess zu sehr "Karlsruheorientiert"! Frau Präsidentin *J. Limbachs* Wort "Die Politik versteckt sich gern hinter dem BVerfG" ist nur zu berechtigt[670].

Im Übrigen sei auf die zahlreichen Würdigungen seitens der Wissenschaft verwiesen, beginnend mit *R. Smends* großer Rede zum 10jährigen Bestehen des BVerfG[671]. Der hohe Autoritätsgewinn von Karlsruhe – der dem *ganzen* GG zu Gute kam – ist der Glücksfall der deutschen Verfassungsgeschichte und kann gewiss auch anderwärts als vorbildlich gelten.

Weniger modellhaft bzw. seltener nachgeahmt ist das Verfahren zur *Wahl der Bundesverfassungsrichter*. Vom Bundestag und Bundesrat mit Zwei-Drittel-Mehrheit gewählt, praktisch aber von den politischen Parteien im "do ut des"-Verfahren ausgehandelt, wird immer wieder eine Reform dieses Verfahrens diskutiert[672]. Bislang ohne Er-

---

665 BVerfGE 93, 266 ff. ("Soldaten sind Mörder"); E 92, 1 ff. ("Sitzblockade"); E 93, 1 ("Anti-Kruzifixbeschluss"). Aus der Lit.: *W. Schmitt Glaeser*, Meinungsfreiheit, Ehrenschutz und Toleranzgebot, NJW 1996, S. 873 ff.; *P. Tettinger*, Die Ehre – ein ungeschütztes Verfassungsgut, 1995; *H. Otto*, Meinungsfreiheit contra Beleidigung der Bundeswehr und einzelner Soldaten, NStZ 1996, S. 127 ff.; *V. Krey*, Das BVerfG in Karlsruhe – ein Gericht läuft aus dem Ruder, JR 1995, S. 221 ff. S. aber auch *D. Grimm*, Die Meinungsfreiheit in der Rechtsprechung des Bundesverfassungsgerichtes, NJW 1995, S. 1698 ff. – Zum Antikruzifixbeschluss: *P. Badura*, Das Kreuz im Schulzimmer, BayVBl. 1996, S. 71 ff.; *W. Brugger/St. Huster* (Hrsg.), Der Streit um das Kreuz in der Schule, 1998; zuletzt m.w.N.: *A. Nolte*, Das Kreuz mit dem Kreuz, JöR 48 (2000), S. 87 (89 ff.); *J. Krüper*, Die grundrechtlichen Grenzen staatlicher Neutralität, JöR 53 (2005), S. 79 ff.
666 BVerfGE 93, 121 ff. und 165 ff.
667 BVerfGE 96, 775 ff. bzw. 96, 409 ff. Aus der Lit.: *B. Schöbener*, Menschliche Existenz als Schaden?, ZfP 1998, S. 326 ff.
668 BVerfGE 99, 216; 99, 246; 99, 268, schließlich E 99, 273. Aus der Lit.: *H.-P. Schneider*, Acht an der Macht! Das BVerfG als "Reparaturbetrieb" des Parlamentarismus?, NJW 1999, S. 1303 ff.
669 BVerfGE 101, 158 ff. Aus der Lit.: *B. Pieroth*, Die Missachtung gesetzter Maßstäbe durch das Maßstäbegesetz, NJW 2000, S. 1086 ff.; *H.H. Rupp*, Länderfinanzausgleich ..., JZ 2000, S. 269 ff.
670 ZRP-Rechtsgespräch, ZRP 2000, S. 351 ff.
671 Festvortrag 1962 (wieder abgedruckt in P. Häberle (Hrsg.), Verfassungsgerichtsbarkeit, 1976, S. 329 ff.). Als Klassikertext erweist sich auch *E. Friesenhahn*, Die Verfassungsgerichtsbarkeit in der Bundesrepublik Deutschland, 1963. Zu einem solchen Klassikertext wird jetzt *K. Hesse*, Verfassungsrechtsprechung im geschichtlichen Wandel, JZ 1995, S. 265 ff.
672 Vgl. z.B. *W.K. Geck*, Wahl und Status der Bundesverfassungsrichter, HdBStR Bd. II 1987, S. 697 ff.

folg: Die politischen Parteien dominieren die Auswahl bzw. Wahl. Selten haben sog. "neutrale" Kandidaten (d.h. Nicht-Sympathisanten bzw. Nicht-Parteimitglieder) eine Chance[673]. Andere Verfassungsstaaten, vor allem Italien (Art. 135 Abs. 1 Verf. Italien) und viele Reformstaaten Osteuropas, schalten den – freilich im Gesamtsystem meist ohnehin stärkeren – Staatspräsidenten ein (ein Drittel der Verfassungsrichter wird von ihm ausgewählt)[674]. Positive Beispiele in Italien waren die so erfolgte Berufung der Professoren *A. Baldassarre* und *G. Zagrebelsky* in die Corte in Rom. In dieser Frage wäre zu diskutieren, ob nicht umgekehrt die anderen Länder speziell hier Modell für das GG sein könnten!

4. Punktuelle Defizite und (Reform)Fragen

a) Zurückhaltung in Sachen Rechtsvergleichung, Defizite in Sachen Europa?

Die Rechtsvergleichung, nicht nur im Europa von heute als "fünfte" Auslegungsmethode zu kanonisieren[675], ist – noch – keine Lieblingsmethode des BVerfG, während sie in manchen Sondervoten nicht zuletzt zur Gewinnung höherer Legitimität gezielt eingesetzt wird[676]. Sie findet sich m.E. viel zu selten (vgl. aber E 32, 54 (70); 75, 1 (21 ff.); innerdeutsch: E 79, 127 (144, 149)): das BVerfG operiert meist im Kanon der klassischen vier Auslegungsmethoden *Savignys*. Demgegenüber arbeiten andere Verfassungsgerichte in Europa eher rechtsvergleichend (vgl. etwa Spaniens Tribunal Constitucional oder auch Italiens Corte), oft freilich verdeckt. Es mag sein, dass das BVerfG wegen seines hohen Ansehens auch im Ausland in Selbstgewissheit "introvertierter" arbeiten kann als Reformstaaten bzw. Entwicklungsländer. Dennoch dürfte in Zukunft eine stärkere "rechtsvergleichende Umschau" empfehlenswert sein – der US-Supreme Court ist sich hierzu trotz seiner mehr als 200jährigen Tradition nicht zu vornehm[677].

---

673 So vorbildlich etwa *K. Hesse:* 1975-1987.
674 Vgl. mit Varianten: Art. 103 Abs. 1 Verf. Litauen (1992); Art. 147 Abs. 1 Verf. Bulgarien (1991); Art. 140 Abs. 2 Verf. Rumänien (1991). Eine eindrucksvolle Mischung von Richtern, Staatsanwälten, Anwälten und Universitätsprofessoren verlangt Art. 122 Abs. 1 Verf. Kroatien (1991).
675 Dazu mein Beitrag: Grundrechtsgeltung und Grundrechtsinterpretation im Verfassungsstaat, JZ 1989, S. 913 ff.
676 Vgl. SV Rupp-v.-Brünneck, BVerfGE 39, 1 (68 ff.); SV Sommer, BVerfGE 90, 145 (212 ff., insbes. 221); weitere Analysen in *P. Häberle*, Die Wesensgehaltgarantie des Art. 19 Abs. 2 GG, 3. Aufl. 1983, S. 407 ff.
677 Schon früh greift der US-Supreme Court vergleichend auf die gemeinsame Rechtstradition des anglo-amerikanischen Rechtskreises zurück: *Hutardo v. California*, 110 U.S. 516, 528 (1884): Gemeinsamkeiten des "due process of law" in England und Amerika; *Malinski v. New York*, 324 U.S. 401, 416-17 (1945): "canons of decency and fairness which express the notions of justice of English-speaking peoples"; *Culombe v. Connecticut,* 367 U.S. 568, 602 (1961): "established test in Anglo-American Courts for two hundred years"; *Duncan v. Louisiana*, 391 U.S. 145, 149 (1968): "Anglo-American regime of ordered liberty". – Allg. rechtsvergleichende Ansätze finden sich – teilweise sehr zurückhaltend – in neueren Entscheidungen: *Stanford v. Kentucky*, 492 U.S. 361 (1989); *Raines v. Byrd*, 521 U.S. 811 (1997); *Printz v. United States*, 521 U.S. 898 (1997); vgl. dazu mit weiterführenden Nachweisen *M. Tushnet*, The Possibilities of Comparative Constitutional Law, Yale Law Journal, Vol. 108 (1999), S. 1225 ff.; insbes. 1230 ff. – Unter dem Titel "Justitices See Joint Issues with the EU" berichtet *E. Greathouse* in der Washington Post vom 9.

Überdies fallen beim BVerfG gewisse Defizite in Sachen "Europa" auf. Zum einen markiert die mit dem Maastricht-Urteil (E 89, 155) akzentuierte Tradition in Bezug auf das Europa im engeren Sinne der EU eine Linie, die mit Recht viel kritisiert[678] wurde. Mag *hier* das BVerfG auch in seinem Verhalten zum EuGH einen gewissen europaverfassungsrechtlichen Nachholbedarf haben, so besteht dieser erst recht in Bezug auf die EMRK. Diese materielle Teilverfassung des Europa im weiteren Sinne gilt in der Schweiz und in Österreich auf *Verfassungs*stufe. Das BVerfG praktiziert nur eine gewisse Ausstrahlung der "unter" dem GG geltenden EMRK auf das GG[679]. Die "innere Europäisierung", die das BVerfG zu einem *europäischen Verfassungs*gericht – neben dem EGMR und dem EuGH – macht, könnte in Zukunft noch verstärkt werden. Hier hätte das BVerfG noch Nachholbedarf in Sachen "Modell". Bislang leistet es ein "zu wenig" an spezifisch europäischer Verfassungsgerichtsbarkeit.

b) Infragestellung der abstrakten Normenkontrolle?

Die abstrakte Normenkontrolle bedeutet eine besonders weitgehende Kompetenz des BVerfG (Art. 93 Abs. 1 Ziff. 2 i.V.m. § 137 ff. BVerfGG). Ihr "Modellcharakter" zuzusprechen, ist m.E. kaum empfehlenswert. Sie wird in anderen neueren Verfassungsstaaten wohl eher seltener übernommen. Auch in Deutschland wird hin und wieder über ihren Sinn nachgedacht[680]. Sie ragt besonders weit in den politischen Prozess hinein. Es hängt wohl jeweils von den Besonderheiten des einzelnen Verfassungsstaates ab, ob er sich eine solche sehr "politische" Kompetenz seines Verfassungsgerichts leisten will. Für Deutschland als typischen "Rechtswegestaat" mag sie sich wohl bewährt haben. Bemerkenswert ist die Einfügung eines neuen Falles abstrakter Normenkontrolle in das

---

Juli 1998 (S. A 24) von einem Gespräch mit den Richtern *Sandra Day O'Connor* und *Stephen Breyer*, die darauf hinweisen, dass der US-Supreme Court noch stärker Entscheidungen des EuGH berücksichtigen und zitieren will. Ähnlich äusserte sich auch Chief Justice *W. Rehnquist* anlässlich einer deutsch-amerikanischen Juristentagung: "it is time that the United States Courts begin looking to decisions of other constitutional courts to add them in their own deliberative process." (*W. Rehnquist*, Verfassungsgerichte – vergleichende Bemerkungen, in: P. Kirchhof/D.P. Kommers (Hrsg.), Deutschland und sein Grundgesetz, 1993, S. 454). Die zu geringe Bereitschaft des Supreme Court, rechtsvergleichend zu arbeiten, kritisiert demgegenüber *M.A. Glendon*, Rights Talk. The Impoverishment of Political Discourse, 1991, S. 158 ("one way 'overseas trade' in rights"). 2005 zeichnet sichein Wandel ab.

678 Aus der Lit.: *J.A. Frowein*, Das Maastricht-Urteil und die Grenzen der Verfassungsgerichtsbarkeit, ZaöRV 54 (1994), S. 1 ff.; *J. Schwarze*, Europapolitik unter deutschem Verfassungsvorbehalt, Neue Justiz 1994, S. 1 ff.; *G. Hirsch*, Europäischer Gerichtshof und Bundesverfassungsgericht – Kooperation oder Konfrontation?, NJW 1996, S. 2457 ff.; *J.H.H. Weiler*, Der Staat "über alles", JöR 44 (1996), S. 91 ff. Zuletzt: *J. Hecker* Die Europäische Integration vor dem Bundesverfassungsgericht und dem Conseil Constitutionnel, AöR 123 (1998). S. 577 ff.; *N. Mac Cormick*, Das Maastricht-Urteil: Souveränität heute, JZ 1995, S. 797 ff.; *G. Nicolaysen*, Der Streit zwischen dem deutschen BVerfG und dem EuGH, EuR 2000, S. 495 ff. *F.C. Mayer*, Kompetenzüberschreitung und Letztentscheidung, 2000; *R. Nickel*, Die Zukunft des Bundesverfassungsgerichts im Zeitalter der Europäisierung, JZ 2001, S. 625 ff.
679 Vgl. BVerfGE 64, 135 (157); 74, 102 (128), 358 (370); 111, 307 (317f.).
680 Nachweise in: *Benda/Klein*, aaO., S. 296. Früh *A. Rinken*, in: AK Band 2, 2. Aufl. 1989 vor Art. 93 Rn. 132 (S. 1028). Allerdings erging manche "klassische" Entscheidung des BVerfG im Wege der abstrakten Normenkontrolle: z.B. E 39, 1; 52, 63; 73, 118; 88, 203.

GG (Art. 93 Abs. 1 Nr. 2 a i.V.m. Art. 72 Abs. 2 GG)[681]. Eine junge Demokratie sollte indes sehr behutsam mit der Einräumung von "abstrakten Kompetenzen" seines (selbständigen) Verfassungsgerichts umgehen. Sie könnte die erst noch zu erarbeitende Autorität des Verfassungsgerichts gefährden.

c) Reform der Verfassungsbeschwerde?

Die Verfassungsbeschwerde (Art. 93 a Abs. 1 Ziff. 4 a GG i.V.m. §§ 90 ff. BVerfGG) und ihre Reform[682] bleibt ein Dauerthema. So dringlich das Überlastungsproblem sein mag[683]: Die Verfassungsbeschwerde ist eine juristische und politische "Perle" im Kompetenzgeflecht des BVerfG. Sie macht das BVerfG zum "Bürgergericht" par excellence[684]. So relativ gering die "Erfolgsquote" ist: große Judikate sind auf ihrem Wege ergangen (z.B. E 7, 198 – Lüth; 53, 30 – Mülheim-Kärlich; 87, 181 – Rundfunkfinanzierung; 89, 155 – Maastricht; 97, 350 – Euro). Die Verfassungsbeschwerde macht das BVerfG auch zum Modell: Länder wie Spanien haben sie eingeführt, das Amparo-Verfahren in Lateinamerika wirkt als "Parallele"[685]. In Italien wird die Einführung der Verfassungsbeschwerde für die Corte in Rom seit langem diskutiert[686]. Deutschland als Land der höchst effektiven Verfassungsbeschwerde[687] sollte bei seinem Modell bleiben und z.B. gerade *nicht* das *freie* Annahmeverfahren i.S. des US-Supreme Court rezipieren. Seine Verfassungskultur nähme Schaden. Zu ihr gehört auch die immer klarer werdende Doppelfunktion der Verfassungsbeschwerde: neben der Garantie des individuellen Rechtsschutzes die Wahrung der Verfassung (BVerfGE 33, 247 (258 f.), zuletzt E 98, 218 (242 f.)).

---

681   Kritisch dazu *C. Pestalozza*, Das Bundesverfassungsgericht: Bonner Reform-Allerlei '98, JZ 1998, S. 1039 ff.

682   Vgl. etwa die *Benda-Kommission,* Bundesministerium der Justiz (Hrsg.), Entlastung des Bundesverfassungsgerichts, Bericht der vom Bundesminister der Justiz eingesetzten Kommission, 1998; *W. Graf Vitzthum*, Annahme nach Ermessen bei Verfassungsbeschwerden, JöR 53 (2005), S. 319 (327 ff.).

683   Aus der Lit.: *R. Zuck*, Die Entlastung des Bundesverfassungsgerichts, ZRP 1997, S. 95 ff.; *H.H. Klein*, Überlegungen zu einer Entlastung des Bundesverfassungsgerichts, Festgabe K. Grasshof, 1998, S. 367 ff.; *J. Wieland*, Das Bundesverfassungsgericht am Scheideweg, KritV 1998, S. 171 ff.; *U.F.H. Röhl*, Die Funktion der Verfassungsbeschwerde für die Verwirklichung der Grundrechte, ebd. S. 156 ff.; *E.G. Mahrenholz*, Zur Funktionsfähigkeit des BVerfG, ZRP 1997, S. 129 ff.; *C. Kirchberg*, Was wird aus dem Bericht der Benda-Kommission?, NVwZ 1999, S. 375 ff. Zu Liechtenstein: *W. Höfling*, Die Verfassungsbeschwerde zum StGH, 2003.

684   Vgl. meinen Beitrag: Die Verfassungsbeschwerde im System der bundesdeutschen Verfassungsgerichtsbarkeit, JöR 45 (1997), S. 89 (112 ff., 131).

685   Dazu etwa *H.-R. Horn*, 80 Jahre mexikanische Bundesverfassung – was folgt?, JöR 47 (1999), S. 399 (423 ff.).

686   Aus der Lit.: *J. Luther*, Die italienische Verfassungsgerichtsbarkeit, 1990; *ders.*, Die italienische Verfassung im letzten Jahrzehnt, JöR 43 (1995), S. 475 (480 ff.); *M. Dietrich*, Der italienische Verfassungsgerichtshof, 1995, S. 78 ff.

687   Zu den Gegnern des geltenden Verfassungsbeschwerdeverfahrens: *E.-W. Böckenförde*, Verfassungsgerichtsbarkeit: Strukturfragen, Organisation, Legitimation, NJW 1999, S. 9 ff.; "Benda-Kommission" (Anm. 682). S. aber *J. Limbach*, Die Ausstrahlung des Grundgesetzes auf das Privatrecht, Festgabe Zivilrechtslehrer 1934/35, hrsg. von W. Hadding, 1999, S. 383 ff.

d) Die deutsche Staatsrechtslehre als bloßer "Postglossator" des BVerfG?

Die Fülle der Literatur, die das BVerfG begleitet[688] und als "Kommentierte Verfassungsrechtsprechung" gelten darf[689], die Breite und mitunter Tiefe, die sich mit dem BVerfG als solchem beschäftigt[690], wirft die Frage nach Rolle und Selbstverständnis der deutschen Staatsrechtslehre auf. Hat sie sich selbst "entthront"?[691] Wirkt sie als "Glossator" oder gar "Postglossator" von "Karlsruhe"? Wenn ja, sollte dies von den "Wissenschaftlergemeinschaften" anderer Länder übernommen werden? M.E. steckt in der These von der "Selbstentthronung" eine *Teil*wahrheit. Teile der deutschen Wissenschaftlergemeinschaft neigen dazu, jeden Haupt- und Nebensatz einer Entscheidung so ernst zu nehmen wie einen Bibeltext. Jede nationale Staatsrechtslehrergemeinschaft bedarf eines Optimums an persönlicher Autonomie und fachlicher Selbständigkeit gegenüber der Verfassungsgerichtsbarkeit. Sie sollte sie rezensieren und kommentieren, aber im Entwurf neuer Paradigmen denkbar viel schöpferische Phantasie walten lassen, damit dann das Verfassungsgericht in "pragmatischer Integration von Theorieelementen" arbeiten und einer "Verfassung des Pluralismus" gemäß Mittelwege suchen kann. Die Rechtsvergleichung als Zukunftswissenschaft hat hier ihre Stunde. Sie stellt Kontexte her, relativiert die eigenen Texte und führt über die nationalen Verfassungsgerichte hinaus: z.B. auf die regionale Verfassungsgemeinschaft "Europa".

---

688 Vgl. nur die *Rechtsprechungsberichte* im AöR, z.B. *P. Lerche*, Das Bundesverfassungsgericht und die Verfassungsdirektiven, AöR 90 (1965), S. 341 ff. Zuletzt *H.A. Wolff*, Der Grundsatz "nulla poena sine culpa" als Verfassungsrechtssatz, AöR 124 (1999), S. 55 ff. Der von *C. Starck* betreuten Reihe "Studien und Materialien zur Verfassungsgerichtsbarkeit" kommt große Bedeutung zu (zuletzt etwa *K. Stüwe*, Die Opposition im Bundestag und das Bundesverfassungsgericht, 1997). – *O. Höffe*, Wieviel Politik ist dem Verfassungsgericht erlaubt?, in: Der Staat 38 (1999), S. 171 ff.; *R. Häußler*, Konflikt zwischen Bundesverfassungsgericht und politischer Führung, 1994; *A. Scherzberg*, Wertkonflikte vor dem Bundesverfassungsgericht – zur Bewältigung politisch-moralischer Streitfragen im Verfassungsprozess, DVBl. 1999, S. 356 ff.; *D. Grimm*, Politikdistanz als Voraussetzung der Politikkontrolle, EuGRZ 2000, S. 1 ff. Bemerkenswert ist der Rechtsprechungsbericht von *J. Luther*, bezogen auf die Jahre 1997/98, in: Giurisprudenza Costituzionale, 1999, S. 3411 ff. – Den Rang eines richterlichen Selbstzeugnisses (auch in Sachen Verfassungsbeschwerdeverfahren) nimmt ein: *U. Steiner*, Was Karlsruhe wirklich entscheidet, in: Colloquia für D. Schwab zum 65. Geburtstag, 2000, S. 95 ff.

689 *P. Häberle*, Kommentierte Verfassungsrechtsprechung, 1979.

690 Vgl. die *Handbuch-Artikel*: *G. Roellecke*, Aufgaben und Stellung des Bundesverfassungsgerichts im Verfassungsgefüge, HdBStR Bd. II (1987), S. 665 ff.; *H. Simon*, Verfassungsgerichtsbarkeit in: HdBVerfR, 2. Aufl. 1994, S. 1637 ff., S. 1253 ff.; *W. Löwer*, Zuständigkeit und Verfahren des Bundesverfassungsgerichts, ebd. S. 737 ff. *Aufsätze und Monographien: H. Schulze-Fielitz*, Das BVerfG in der Krise des Zeitgeistes, AöR 122 (1997), S. 1 ff.; *I. Ebsen*, Das Bundesverfassungsgericht als Element gesellschaftlicher Selbstregulierung, 1985; *U.R. Haltern*, Verfassungsgerichtsbarkeit, Demokratie und Misstrauen, 1998; *ders.*, Integration als Mythos, JöR 45 (1997), S. 32 ff. *Lehrbücher: K. Stern*, Das Staatsrecht der Bundesrepublik Deutschland, Bd. II, 1980, S. 933 ff.; *K. Schlaich*, Das Bundesverfassungsgericht, 4. Aufl., 1997 (5. Aufl 2001: *Schlaich/Korioth*). *Kommentare*: z.B. die Kommentierung im Alternativkommentar zum GG durch *A. Rinken*, AK, Bd. II, 2. Aufl. 1989, Art. 93 GG, sowie *G. Sturm*, in: M. Sachs, Grundgesetz, 3. Aufl. 2003, Art. 93 und 94.

691 So die These von *B. Schlink*, Die Entthronung der Staatsrechtswissenschaft durch die Verfassungsgerichtsbarkeit, in: Der Staat 28 (1989), S. 161 ff.; dazu auch mein Beitrag: Ein "Zwischenruf" zum Diskussionsstand in der deutschen Staatsrechtslehre, FS H. Maier, 1996, S. 327 (338 f.).

Das BVerfG gehört zum Grundkonsens unserer Republik, gerade auch in der Phase der deutschen Wiedervereinigung. Es hat sich wie nur wenige andere Institutionen "bewährt" und kann sich im Rechtsvergleich nicht nur "sehen" lassen. Es vermittelt der vergleichenden Verfassungslehre auch fruchtbare Impulse. Man mag sich allenfalls wünschen, dass sich das BVerfG noch deutlicher als spezifisch "europäisches Verfassungsgericht" versteht – dank stärkerer, offengelegter, innereuropäischer Rechtsvergleichung und dank stärkerer Öffnung zu Europa als "werdender Verfassungsgemeinschaft". Im Übrigen lebt die offene Gesellschaft der Verfassungsinterpreten in Europa die Rechtsprechung des BVerfG denkbar intensiv. Als Deutscher im "europäischen Deutschland" (*T. Mann*) kann man dafür nur dankbar sein.

II. Die beiden europäischen Verfassungsgerichte EGMR und EuGH

1. Analogie

In die "Musterproblematik" sind von vornherein die beiden europäischen Verfassungsgerichte EGMR und EuGH einzubeziehen[692]. Gewiss, sie entscheiden Rechtsfragen nicht nach Maßgabe einer nationalen Verfassung; doch gibt es schon heute viele, inskünftig vielleicht noch mehr Parallelen zwischen "Straßburg"[693] und "Luxemburg" bzw. "Karlsruhe": zunehmend mehr in dem Maße, wie sich Europa im weiteren Sinne

---

692 Früh *K.W. Weidmann*, Der Europäische Gerichtshof für Menschenrechte auf dem Weg zu einem europäischen Verfassungsgerichtshof, 1985; *J. Schwarze*, Der Europäische Gerichtshof als Verfassungsgericht und Rechtsschutzinstanz, 1983. S. auch *O. Dörr/ U. Mager*, Rechtswahrung und Rechtsschutz nach Amsterdam – Zu den neuen Zuständigkeiten des EuGH, AöR 125 (2000), S. 386 ff.; *W. Graf Vitzthum*, Gemeinschaftsgericht und Verfassungsgericht – rechtsvergleichende Aspekte, JZ 1998, S. 161 ff.; *G.G. Saner*, Der Europ. Gerichtshof als Förderer und Hüter der Integration, 1988; *C. Busse*, Die Geltung der EMRK für Rechtsakte der EU, NJW 2000, S. 1074 ff. – Zum EuGH: *P. Pernthaler*, Die Herrschaft der Richter im Recht ohne Staat, Ursprung und Legitimation der rechtsgestaltenden Funktionen des EuGH, Juristische Blätter 2000, S. 691 ff.; *M.P. Maduro*, We The Court, The European Court of justice and the european economic constitution, 1998; *M. Wittinger*, Die Einlegung einer Individualbeschwerde vor dem EGMR, NJW 2001, S. 1238 ff.; *K. Chryssogonos*, Zur Inkorporation der Europäischen Menschenrechtskonvention in den nat. Rechtsordnungen der Mitgliedstaaten, EuR 2001, S. 49 ff.; *W. Skouris*, Der Europ. Gerichtshof als Verfassungsgericht, in: M. Kloepfer u.a. (Hrsg.), Die Bedeutung der Europ. Gemeinschaften für das deutsche Recht und die deutsche Gerichtsbarkeit, 1989, S. 67 ff.; *A. Wolf-Niedermaier*, Der Europ. Gerichtshof zwischen Recht und Politik, 1997; *G.G. Sandner*, Europ. Gerichtshof und nationale Verfassungsgerichtsbarkeit, DÖV 2000, S. 588 ff.; *G. Hirsch*, Der EuGH im Spannungsfeld zwischen Gemeinschaftsrecht und nationalem Recht, NJW 2000, S. 1817 ff.; *U. Everling*, Richterliche Rechtsfortbildung in der Europ. Gemeinschaft, JZ 2000, S. 217 ff.; *C. Calliess*, Grundlagen, Grenzen und Perspektiven europ. Richterrechts, NJW 2005, S. 929 ff. – S. auch das sog. "Reflexionspapier" des EuGH und des Gerichts erster Instanz: die Zukunft des Gerichtssystems in der Europäischen Union, EuGRZ 2000, S. 101 ff.

693 Zum EGMR etwa *R. Bernhardt*, Europäische Menschenrechtsgerichtsbarkeit, in: P.-C. Müller Graff/H. Roth (Hrsg.), Die Praxis der Richterberufs, 1999, S. 119 ff.; *J.A. Frowein/W. Peukert*, Europäische Menschenrechtskonvention, 2. Aufl. 1996; *S. Winkler*, Der Europäische Gerichtshof für Menschenrechte, das Europäische Parlament und der Schutz der Konventionsgrundrechte im Europäischen Gemeinschaftsrecht, Anmerkung zum EGMR-Urteil im Fall Matthews, EuGRZ 2001, S. 18 ff.; *J. Limbach*, Die Kooperation der Gerichte in der zukünftigen europäischen Grundrechtsarchitektur, EuGRZ 2000, S. 417 ff.; *M.E. Villiger*, Handbuch der Europäischen Menschenrechtskonvention, 2. Aufl. 1999.

des Europarates und im engeren Sinne der EU verfasst. Vor allem der EuGH ist dank des "Ensembles von Teilverfassungen", das die 25 Mitgliedstaaten der EU prägt[694], Verfassungsgericht. EGMR wie EuGH haben institutionelle Selbständigkeit gegenüber anderen "Verfassungs"-Organen; sie agieren in einer erkennbarer werdenden "Europäischen Öffentlichkeit"[695], die ihrer eigenen Öffentlichkeit (vgl. Art. EGV 220 i.V.m. der Verfahrensordnung vom 19. Juni 1991) entspricht. Vor allem üben sie rationale Rechtsprechungstätigkeit als unabhängige Richter in bestimmten enumerativ normierten Verfahren (z.b. ähnelt das Vorabentscheidungsverfahren (Art. 234 EGV) der konkreten Normenkontrolle) und nach dem Antragsprinzip aus. Gewiss, Art. 220 EGV spricht nur von "Wahrung des Rechts"; die Praxis zeigt aber, wie sehr der EuGH[696] das Verfassungs-Vertragsrecht fortbildet: nicht nur bei der Entwicklung vieler Grundrechte als "allgemeine Grundsätze" aus den gemeinsamen Verfassungsüberlieferungen der Mitgliedstaaten (vgl. Art. 6 Abs. 2 EUV). Der EGMR[697] als "Verfassungsgericht" Europas

---

694 So die These des Verf. in: Europäische Verfassungslehre in Einzelstudien, 1999, passim, insbes. S. 7, 16, 86 f. und zuletzt *ders.*, Europa als werdende Verfassungsgemeinschaft, DVBl. 2000, S. 840 ff. Aus der unüberschaubaren Lit. zu den verschiedenen Konzeptionen Europas etwa *I. Pernice*, Eine Grundrechte-Charta für die Europäische Union, DVBl. 2000, S. 847 ff.; *A. Weber*, Eine einmalige Chance für eine europäische Verfassunggebung, FAZ vom 26. August 2000, S. 6. – Aus der nun schon älteren Lit.: *D. Grimm*, Braucht Europa eine Verfassung?, JZ 1995, S. 581 ff.; *A. v. Bogdandy*, Die europäische Option. Eine interdisziplinäre Analyse über Herkunft, Stand und Entwicklung der europäischen Integration, 1993; jetzt *ders.*, Supranationaler Föderalismus als Wirklichkeit und Idee einer neuen Herrschaftsform. Zur Gestalt der europäischen Union nach Amsterdam, 1999, S. 13 ff.; *D. Tsatsos*, Die europäische Unionsgrundordnung, EuGRZ 1995, S. 287 ff. Zuletzt *W. Hertel*, Supranationalität als Verfassungsprinzip, 1999; J. Schwarze (Hrsg.), Die Entstehung einer europäischen Verfassungsordnung, 2000 sowie oben Fn. 599 und Anhang.
695 Dazu meine Berliner Schrift: Gibt es eine europäische Öffentlichkeit?, 2000, nach älteren Vorarbeiten.
696 J. Schwarze (Hrsg.), Der Europäische Gerichtshof als Verfassungsgericht und Rechtsschutzinstanz, 1983; *U. Klinke*, Der Gerichtshof der Europäischen Gemeinschaften, 1989; *G. C. Rodríguez Iglesias*, Der Gerichtshof der Europäischen Gemeinschaften als Verfassungsgericht, EuR 1992, S. 225 ff.; *J. Schwarze*, Grundzüge und neuere Entwicklung des Rechtsschutzes im Recht der Europäischen Gemeinschaft, NJW 1992, S. 1065 ff.; *U. Fasselt-Rommé*, Parteiherrschaft im Verfahren vor dem EuGH und dem Europäischen Gerichtshof für Menschenrechte, 1993; *M. Zuleeg*, Die Rolle der rechtsprechenden Gewalt in der europäischen Integration, JZ 1994, S. 8 ff.; *J. Ukrow*, Richterliche Rechtsfortbildung durch den EuGH, 1995; *F. Schockweiler*, Die richterliche Kontrollfunktion: Umfang und Grenzen in Bezug auf den Europäischen Gerichtshof, EuR 1995, S. 1919 ff.; *I. Pernice*, Die Dritte Gewalt im europäischen Verfassungsverbund, EuR 1996, S. 27 ff.; *A. Wolf-Niedermaier*, Der Europäische Gerichtshof zwischen Recht und Politik, 1997; *H. Niedermühlbichler*, Verfahren vor dem EuG und EuGH: Gerichtsorganisation, Zuständigkeit, Verfahrensarten, 1998; *T. Oppermann*, Europarecht, 2. Auflage 1999, Rz. 372 ff. u. 709 ff.; *O. Dörr/U. Mager*, Rechtswahrung und Rechtsschutz nach Amsterdam – Zu den neuen Zuständigkeiten des EuGH, AöR 125 (2000), S. 386 ff.; *E. G. Mahrenholz*, Europäische Verfassungsgerichte, JöR 49 (2001), S. 15 ff., 22 ff.; *G. Hirsch*, Die Rolle des Europäischen Gerichtshofs bei der europäischen Integration, JöR 49 (2001), S. 79 ff.; *V. Skouris*, Demokratie und Verfassungsgerichtsbarkeit aus der Sicht des Europäischen Gerichtshofes, Symposion zum 60. Geburtstag von K. Korinek, 2002, S. 151 ff.
697 H. Mosler, Der Europäische Gerichtshof für Menschenrechte nach 20 Jahren, FS H. Huber, 1981, S. 595 ff.; *F. Schellenberg*, Das Verfahren vor der Europäischen Kommission und dem Europäischen Gerichtshof für Menschenrechte, 1983; *K. W. Weidmann*, Der Europäische Gerichtshof für Menschenrechte auf dem Weg zu einem europäischen Verfassungsgerichtshof, 1985; *J. A. Frowein*, Der europäische Menschenrechtsschutz als Beginn einer europäischen Verfassungsrecht-

i.w.S. des Europarates konzentriert sich sogar ganz auf die Menschenrechte und damit die typisch verfassungsgerichtliche Grundrechte-Sicherung. Sowohl den Kompetenzen, den Verfahren, dem Status nach als auch in der Methodenwahl und den Rechtsprechungsergebnissen nach ist der EGMR ein "Verfassungsgericht".

2. Inhalte, das "europäische Rechtsgespräch"

Bezüglich der Inhalte verdienen die beiden Gerichtshöfe erst recht eine Einbeziehung in jede Theorie der Verfassungsgerichtsbarkeit heute. Denn sie stehen mit den nationalen Verfassungsgerichten in lebhaftem Rechtsprechungsaustausch. Die europäische Grundrechtsjudikatur lebt besonders intensiv von Materialien aus "Karlsruhe". Auf anderen Feldern wirken auch die übrigen nationalen Verfassungsgerichte. Umgekehrt suchen diese inhaltlich das Gespräch mit "Straßburg" bzw. "Luxemburg". So wirken die EMRK und die Judikatur des EGMR in die Rechtsprechung des BVerfG hinein (vgl. E 74, 358 (370); 76, 1 (81); 82, 106 (125); 83, 119 (128); 96, 152 (170); 103, 44 (64)). Gleiches gilt für die Europäische Sozialcharta (BVerfGE 88, 103 (111) und die Internationalen Menschenrechtspakte (vgl. E 88, 203 (260)). Alle nationalen und übernationalen europäischen Verfassungsgerichte sind Partner im konstitutionellen Entwicklungsprozess Europas; gelegentlich auch Kritiker, ja Zensoren[698].

Das Gesagte gilt auch für andere Gerichtshöfe in Übersee, die wie der Interamerikanische Gerichtshof für Menschenrechte im Rahmen einer regionalen Verantwortungs- bzw. Grundrechtegemeinschaft Menschenrechte sichern (vgl. die AMRK von 1968)[699].

Durch seine schöpferische Judikatur, die weit über die "Wahrung des Rechts" (Art. 220 EGV) hinausgeht, seine "wertende Rechtsvergleichung", seine Erarbeitung allge-

---

sprechung, JuS 1986, S. 845 ff.; *K.-P. Sommermann,* Der Schutz der Menschenrechte im Rahmen des Europarates, 1990; *J. Polakiewicz,* Die Verpflichtung der Staaten aus den Urteilen des Europäischen Gerichtshofs für Menschenrechte, 1993; *J. Meyer-Ladewig,* Ein neuer ständiger Europäischer Gerichtshof für Menschenrechte, NJW 1995, S. 2813 ff.; *V. Schlette,* Das neue Rechtsschutzsystem der Europäischen Menschenrechtskonvention, ZaöRV 56 (1996), S. 905 ff.; *D. Gomien,* The Strasbourg Court – the arbiter of human rights standards in Europe, in: The Challenges of a greater Europe. The council of Europe and democratic security, 1996, S. 71 ff.; *E. Klein/H. Stender/H. Petzold/R. Liddell (Hrsg.),* The European Court of Human Rights – Organisation and Procedure, 1997; *I. Siess-Scherz,* Das neue Rechtsschutzsystem nach dem Protokoll Nr. 11 zur EMRK, in: C. Grabenwarter/R. Thiemel (Hrsg.), Kontinuität und Wandel der EMRK, 1998; *E. G. Mahrenholz,* Europäische Verfassungsgerichte, JöR 49 (2001), S. 15 ff., 20 ff.; *F.C. Mayer,* Europäische Verfassungsgerichtsbarkeit, in: A. von Bogdandy (Hrsg.), Europäisches Verfassungsrecht, 2003, S. 229 ff.; *H. Sauer,* Die neue Schlagkraft..., ZaöRV 2005, S. 35 ff.

698 Vgl. den vom EGMR gegenüber dem BVerfG erhobenen Vorwurf, dieses habe wegen überlanger Verfahrensdauer Art. 6 Abs. 1 EMRK verletzt (zwei Urteile aus dem Jahre 1997: EuGRZ 1997, S. 310 ff. und ebd. S. 405 ff.). Aus der Lit.: *J. Limbach,* Die Kooperation der Gerichte in der zukünftigen europäischen Grundrechtsarchitektur, EuGRZ 2000, S. 417 ff.; *P. Funk-Rüffert,* Kooperation von Europäischem Gerichtshof und Bundesverfassungsgericht im Bereich des Grundrechtsschutzes, 1999; *G. Nicolaysen/C. Nowak,* Teilrückzug des BVerfG aus der Kontrolle der Rechtmäßigkeit gemeinschaftlicher Rechtsakte: Neuere Entwicklungen und Perspektiven, NJW 2001, S. 1233 ff.; *S. Kadelbach,* Der Status der EMRK..., JuS 2005, S. 480 ff.

699 Dazu *M. Kotzur,* Theorieelemente des Internationalen Menschenrechtsschutzes, 2001.

meiner Rechtsgrundsätze und seine praktizierten Unabhängigkeit, ist der EuGH schon ein "Verfassungsgericht" par excellence – parallel dem EGMR in Straßburg und in Kooperation mit ihm wie auch mit den nationalstaatlichen Gerichtshöfen, etwa der Corte in Rom, dem Tribunal Constitucional in Madrid und dem BVerfG in Karlsruhe, die im Rahmen ihrer (nationalen) Kompetenz, weil an das Gemeinschaftsrecht gebunden, ebenfalls "gemeinschaftsrechtliche(!)" Gerichte sind, so wie jedes nationale Gericht, weil an die nationale Verfassung gebunden, auf eine Weise ein "Verfassungsgericht" ist. Die auf die nationale Verfassungsgerichtsbarkeit bezogen entwickelten "*Prinzipien der Verfassungsinterpretation*" (*H. Ehmke/K. Hesse*) lassen sich – modifiziert – auch auf den und durch den EuGH anwenden. Zu ihnen gehören vor allem die Einheit des Gemeinschaftsverfassungsrechts, Ausdruck der normativen Kraft der "Unionsgrundordnung", sodann das Effektivitätsprinzip ("effet utile"), den Schutz der Grundrechte als "allgemeinen Rechtsgrundsatz", das Prinzip der Verhältnismäßigkeit als Ausdruck des Rechtsstaates, das institutionelle Gleichgewicht nach Maßgabe "funktioneller Richtigkeit" sowie das Subsidiaritätsprinzip. Die viel berufenen "Vertragsziele" bzw. ungeschriebenen "Geist- oder Verträge-Klauseln" überdachen das an diesen Verfassungsprinzipien orientierte Zusammenspiel der Auslegungsmethoden. Der bekannte "Methodenpluralismus" ist von der teleologischen bzw. vom EuGH praktizierten "dynamischen", "evolutiven" Auslegung gesteuert.

Was hier für den EuGH als "europäisches Verfassungsgericht" des Verfassungsrechts der EU/EG angedeutet wurde, wäre für den EGMR als Verfassungsgericht von Europa im *weiteren* Sinne zu entwickeln. Das Verständnis der EMRK als *Teil*verfassung Europas kann durchaus mit dem Prinzip der Einheit der Verfassung, nur eben auf die ganze EMRK als Teil bezogen werden. Integrierende Bezugnahmen auf die anderen Teilverfassungen des europäischen Ensembles von Teilverfassungen sind damit nicht ausgeschlossen. Z.B. wäre denkbar, dass der EGMR auch einmal auf Grundsätze der OSZE verweist: so wie der EuGH gelegentlich auf die EMRK Bezug nimmt. Soweit EuGR und EGMR Beurteilungsspielräume der Mitgliedstaaten respektieren, kommt hier das auf die Gewaltenteilung bezogene Prinzip "funktioneller Richtigkeit" zum Zuge. Dies ist zugleich ein Beispiel für ein dem EuGH wie EGMR gemeinsames "Prinzip der Verfassungsinterpretation". Der wachsenden Bedeutung der Fallrechtsmethode kommt zusammen mit dem Wechselspiel von "Text und Kontext" eine an dieser Stelle noch nicht auslotbare Rolle zu.

I. Konstitutionelle Elemente und Dimensionen sozialer Gerechtigkeit in Europa

Vorbemerkung

Die "soziale Gerechtigkeit"[700] ist mehr als nur ein "Folgekapitel" des "europäischen Rechtsstaates". So wie dieser innerstaatlich-national im Westeuropa der Nachkriegszeit längst zum "*sozialen* Rechtsstaat" geworden ist, hat das Prinzip der "sozialen Gerech-

---

700 Dazu aus der Lit.: *O. Höffe*, Soziale Gerechtigkeit als Tausch, in: *ders.*, Vernunft und Recht, 1996, S. 202 ff.; *J. Martínez Soria*, Das Recht auf Sicherung des Existenzminimums, JZ 2005, S. 644 ff.

tigkeit"[701], in welcher Textgestalt auch immer, auf der nationalen wie auf der europäischen Ebene den Rang eines Verfassungsprinzips eingenommen. So variantenreich dies geschehen ist und sich ständig weiterentwickelt, so sehr ist zu vermuten, dass es gemeineuropäische Standards aus vielen "Rechtsquellen" gibt, die in das Gebäude der "sozialen Gerechtigkeit" gehören. Auch die Rechtsphilosophie ringt seit Aristoteles' Idee der iustitia distributiva[702] darum, soziale Gerechtigkeit auf den Begriff zu bringen. *John Rawls*[703] hat hierzu das "Prinzip des Unterschieds" formuliert, wonach soziale Privilegien nur legitim sind, wenn sie auch den weniger Begünstigten nützen. Es gibt auch kritische Stimmen gegen die Idee der sozialen Gerechtigkeit als solche[704].

Im Folgenden sei bewusst mit einer Bestandsaufnahme sozialstaatlicher Ausprägungen in den neuen Verfassungen *Ost*europas begonnen: von ihren Präambelaussagen bis zu Folgeinstituten wie der Staatshaftung. Denn zum einen ringen sie erst seit 1989, also ganz neu, um "soziale Gerechtigkeit", zum anderen kamen einzelne Elemente der Bestandsaufnahme der nationalen Verfassungen Westeuropas schon im vorangegangenen Abschnitt F. zum "europäischen Rechtsstaat" zur Sprache. Mit dieser Systematik sei aber auch einmal mehr unterstrichen, dass das Verfassungsmaterial Osteuropas *gleichrangig* mit dem Westeuropas zu behandeln ist. "Westeuropäische Egozentrik" hat in einer europäischen Verfassungslehre von heute keinen Platz.

In einem zweiten Schritt seien dann Verfassungstexte und Dokumente von Europa im engeren Sinne der EU und im weiteren Sinne des Europarates seit der ESC ausgewertet. Erst dann liegt genügend Verfassungsmaterial vor, das verfassungsrechtlich erlaubt, von "Sozialer Gerechtigkeit in Europa" zu sprechen. Der Bogen spannt sich so z.B. von dem heranwachsenden Staatshaftungsrecht in vielen Verfassungen Osteuropas bis zum Francovich-Urteil des EuGH[705] oder vom jetzt getexteten, früher richterrechtlichen Sozialhilfeanspruch in der Schweiz (Art. 12 nBV) bis zu den kongenialen Textverbürgungen in osteuropäischen Verfassungen. Die Beispielsvielfalt anzureichern erforderte ein eigenes Buch. Im Folgenden seien nur Stichworte und besonders prägnante Textgruppen ausgewählt. Gerade junge Texte sind besonders aussagekräftig, während im Laufe der Zeit innerstaatlich stets die heranwachsende Praxis – als "Kontext" – hinzuzunehmen ist.

---

701   Dazu meine Verfassungslehre als Kulturwissenschaft, 2. Aufl. 1998, S. 1044 ff.
702   *Aristoteles*, Nikomachische Ethik, V 5, Ziff. 1130 b ff. Dazu aus der älteren Lit.: *H. Salomon*, Der Begriff der Gerechtigkeit bei Aristoteles, 1937; später *G. Robbers*, Gerechtigkeit als Rechtsprinzip, 1980, S. 77.
703   *J. Rawls*, Eine Theorie der Gerechtigkeit (1971, dt. 1975), S. 95 ff.
704   *F.A. von Hayek*, Die Illusion der sozialen Gerechtigkeit, 1981; dagegen *O. Höffe*, aaO., S. 207.
705   Dazu *C. Tomuschat*, Das Francovich-Urteil des EuGH – Ein Lehrstück zum Europarecht, FS Everling, 1995, S. 1585 ff.; *D. Detterbeck*, Haftung der Europäischen Gemeinschaft und gemeinschaftsrechtlicher Staatshaftungsanspruch, AöR 125 (2000), S. 202 ff. Aus der Lehrbuchliteratur: *T. Oppermann*, Europarecht, 2. Aufl. 1999, S, 213; *R. Streinz*, Europarecht, 6. Aufl. 2003, S. 173 ff.

I. Verfassungsstaatliche Strukturen auf den nationalen Ebenen Osteuropas

Im Folgenden seien repräsentative Textgruppen aufgelistet, die das neue nationale Verfassungsrecht in Osteuropa in Sachen "soziale Gerechtigkeit" geschaffen hat.

1. Generalklauselartige Bezugnahmen

Oft bekennen sich schon die Präambeln zur "sozialen Gerechtigkeit" oder synonymen Begriffen. Das gilt für Ungarn (1949/90: "soziale Marktwirtschaft")[706], Serbien (1990: "soziale Gerechtigkeit"), ebenso Mazedonien von 1991, für Verf. Albanien (1998: "soziale Solidarität"), Verf. Bulgarien (1991: "sozialer Rechtsstaat"), Verf. Ukraine (1996: "demokratischer, sozialer und Rechtsstaat"), Verf. Georgien (1995: "sozialer Rechtsstaat").

Verf. Polen (1997) definiert ihr Selbstverständnis im Grundlagenartikel 2: "demokratischer Rechtsstaat, der die Grundsätze der sozialen Gerechtigkeit verwirklicht". Art. 1 Abs. 1 Verf. Montenegro (1992) wagt die neue Textstufe: "demokratischer, sozialer und ökologischer Staat". Art. 3 Verf. Kroatien (1990) rechnet die "soziale Gerechtigkeit" zu den "höchsten Werten der verfassungsmäßigen Ordnung" (ähnlich Art. 8 Abs. 1 Verf. Mazedonien – im Westes: ; Art. 1 Abs. 1 Verf. Vorarlberg (1999): „soziale Ordnung").

2. "Soziale Grundrechte"

Sie finden sich der Form und der Sache nach fast allgemein: z.B. in Ungarn in § 17 ("Sorge für die Bedürftigen mit weitreichenden Maßnahmen"), speziell als Recht auf Arbeit (§ 70 B ebd.), als Recht auf soziale Sicherheit (§ 70 ebd.). Verf. Albanien als jüngste, garantiert die wirtschaftlichen, sozialen und kulturellen Freiheiten und Rechte im gleichen Kontext (Art. 49 bis 58) und steckt sich in seiner Partitur des Sozialstaates auch nicht einklagbare "soziale Ziele" wie Fürsorge für die Alten, Waisen und Invaliden (Art. 59) zum Ziel. Verf. Bulgarien (Art. 48 Abs. 1) relativiert das "Recht auf Arbeit" durch den realistischen Vorbehalt: "Der Staat bemüht sich um die Schaffung von Voraussetzungen für die Verwirklichung dieses Rechts". Damit ist die in Deutschland viel diskutierte Teilhabeseite auf einen guten Verfassungstext gebracht.

Gerade bei diesem Thema wird viel aus dem Textreservoir der ESC (1961) und der UN-Menschenrechtspakte (1966) rezipiert (z.B. Art. 48 ff. Verf. Kroatien; Art. 30 ff. Verf. Mazedonien, Art. 64 ff. Verf. Polen), wobei es auch zu Innovationen kommt (vgl. z.B. das Umweltinformationsrecht nach Art. 56 Verf. Albanien, das Recht auf "Freiheit der Kultur" gemäß Art. 54 Verf. Bulgarien, das Informationsrecht über den Zustand der Arbeits- und Lebensbedingungen nach Art. 37 Abs. 5 Verf. Georgien, das Recht über die Menschenrechte informiert zu werden nach Art. 50 Abs. 3 Verf. Mazedonien, der

---

706 Es gilt auch in diesem Kontext immer wieder zu beachten, dass die soziale Marktwirtschaft eine der Voraussetzungen für die Durchsetzung der Menschenrechte ist.

Schutz der Behinderten gemäß Art. 51 Abs. 1 Verf. Republik Moldau von 1994 und Art. 46 Verf. Rumänien von 1991)[707].

3. Sonstige Textensembles im Dienste "sozialer Gerechtigkeit"

Hier sind Staatshaftungsgarantien zu erwähnen (z.B. Art. 26 Verf. Slowenien, Art. 7 Verf. Bulgarien, Art. 53 Verf. Republik Moldau, Art. 77 Verf. Polen, Art. 56 Verf. Ukraine), sodann die variantenreichen Garantien des Schutzes der Minderheiten (z.B. Art. 33 und 34 Verf. Slowakische Republik sowie Art. 3, 20 Verf. Albanien, Art. 32 B Verf. Ungarn, Art. 27, 35 Verf. Polen); schließlich sei das Recht auf Fürsorge der Staatsangehörigen im Ausland seitens ihres Heimatstaates genannt (z.B. Art. 36 Verf. Polen, auch Art. 8 Verf. Albanien sowie Art. 13 Abs. 1 Verf. Litauen) bzw. die analogen Schutzrechte (z.B. Art. 25 Abs. 4 Verf. Bulgarien, § 13 Verf. Estland, Art. 13 Abs. 1 Verf. Georgien, Art. 10 Verf. Kroatien, Art. 49 Verf. Mazedonien): eine Ausprägung des sozialen Rechtsstaates, die in Osteuropa einem gemeinsamen Standard nahekommt (vgl. auch Art. 61 Abs. 2 Verf. Russische Föderation, Art. 12, 25 Abs. 3 Verf. Ukraine, § 69 Abs. 3 Verf. Ungarn) und verglichen mit manchen alten Verfassungen Westeuropas eine neue verfassungsstaatliche Textstufe darstellt[708].

Als *Zwischenbilanz* ergibt sich: Das Ideal "sozialer Gerechtigkeit" wird in allen neuen Verfassungsstaaten in Osteuropa hoch gehalten. Trotz aller Rezeptionsvorgänge von West nach Ost seit 1989 ist es dem "osteuropäischen Verfassungsstaat" in vielen Varianten geglückt, den sozialen Rechtsstaat, soziale Mindeststandards, auch neue soziale Bedürfnisse auf prägnante Textstufen zu bringen. Mag es heute auch noch viele Vollzugsdefizite geben: An die sozialstaatlichen Partituren auf diesen nationalen Ebenen ist zu denken, wenn über "soziale Gerechtigkeit" im gesamteuropäischen Raum nachgedacht und entsprechendes Handeln seitens der Politik eingefordert wird. Der oft zu rasch erhoffte Übergang zur Marktwirtschaft[709] hat die osteuropäischen Reformstaaten nicht dazu verführt, den Gedanken des sozialen Ausgleichs, der sozialen Verantwortung, in nuce auch der Verteilungsgerechtigkeit zu vernachlässigen. Dies ist mehr als eine bloße äußere Korrektur des Denkens in Märkten und Wirtschaftskategorien. Es

---

707 Allgemein zu den sozialen Grundrechten im europäischen und weltweiten Textvergleich meine Verfassungslehre als Kulturwissenschaft, 2. Aufl. 1998, S. 386, 563, 566 und passim. – *R. Arango*, Der Begriff der sozialen Grundrechte, 2001.

708 Der Variantenreichtum osteuropäischer Verfassungstexte im Dienste sozialer Vielfalt bestätigt einmal mehr, wie wichtig die Staatenvielfalt und die Vielfalt ihrer konstitutionellen Texte für das sich verfassende Europa ist. Dazu auch *P. Kirchhof*, Die Staatenvielfalt – ein Wesensgehalt Europas, FS Schambeck, 1994, S. 947 ff.; *T. Oppermann*, Größere und kleinere Mitgliedstaaten in der EU, FS Schmitt Glaeser, 2003, S. 559 ff.

709 Zum Transformationsproblem aus der Lit.: *M. Pavcnik*, Bewährung von Recht in gesellschaftlichen Umbrüchen, ARSP 86 (2000), S. 553 ff. Eine spezifisch strafrechtliche Analyse findet sich bei A. Eser/J. Arnold (Hrsg.), Strafrecht in Reaktion auf Systemunrecht. Vergleichende Einblicke in Transformationsprozesse, 2000. S. auch *K. Harms*, Verfassungsrecht in Umbruchsituationen, 1999.

ergibt sich letztlich aus der Garantie der Menschenwürde[710]. Die Suche nach gemeineuropäischen Standards muss an dieses positivierte Verfassungsmaterial anknüpfen.

II. "Soziale Gerechtigkeit" in Europa im engeren und weiteren Sinne

1. Das konstitutionelle Europa der EU

Obwohl in einigen Verfassungen der Gründerstaaten der EWG von 1957 der soziale Gedanke früh lebendigen Ausdruck gefunden hatte (man denke an Verf. Italien von 1947, vgl. Art. 1: "auf die Arbeit gegründete Republik" sowie Art. 29 ff., 35 ff., auch an die Erfolgsgeschichte des "sozialen Rechtsstaates" im GG von 1949) und obwohl die EMRK von 1950 allen Grund gab, den Menschen nicht zum Marktbürger, "Wirtschaftssubjekt" oder gar "Produktionsfaktor" zu degradieren: "Tropfen sozialen Öls" finden sich in dem römischen Vertragswerk von 1957 nur punktuell – zu stark war die Fixierung auf Markt, Wettbewerb und wirtschaftlichen Wohlstand sowie "wirtschaftlichen Fortschritt". Vielleicht bleiben auch die Gegensätze zwischen einigen Ländern in Sachen Wirtschaftsverfassungsrecht zu groß: man denke an Frankreichs staats- und planwirtschaftliche Strukturen und Deutschlands "Ordoliberalismus"[711]. Immerhin geben manche frühen Texte der EWG einiges her und die spätere Entwicklungsgeschichte der EWG in Sachen "sozialpolitisches Aktionsprogramm" (1974), das Ziel des "wirtschaftlichen und sozialen Zusammenhalts" der EEA sowie das Dokument zur Sozialen Dimension des Binnenmarktes (1988), schließlich die "Gemeinschaftscharta der sozialen Grundrechte der Arbeitnehmer" (1989)[712] markieren weitere Versuche, etwaige Defizite des sozialen Gedankens im Gründungsdokument von 1957 auszugleichen bzw. zu korrigieren. Erst recht setzen Maastricht/Amsterdam einige Akzente[713]. Im Einzelnen:

Im römischen Gründungsdokument von 1957 denkt schon die Präambel an den "wirtschaftlichen und sozialen Fortschritt", an die "stetige Besserung der Lebens- und Beschäftigungsbedingungen" als wesentliches Ziel. In Art. 51 EWGV ist im Rahmen der personalen Freizügigkeit an die "soziale Sicherheit" der Arbeitnehmer gedacht. In Art. 92 Abs. 2 werden Beihilfen sozialer Art an einzelne Verbraucher erlaubt, und in

---

710   Die "Neukonstitution Europas" nach 1989 gründet auf der Menschenwürde. Die EU ist schon deshalb nicht nur "Finanzunion" und Marktgemeinschaft, sondern auch Sozialunion. Für ein Konzept der "stufenweisen Integration" (*G. Konrad*) ist die soziale eine unverzichtbare Stufe, auch im Dienste eines zukunftsoffenen europäischen Gesellschaftsvertrages als "Generationenvertrag".
711   Zum "Streit um das Wirtschaftsverfassungsrecht" klassisch: *E.R. Huber*, DÖV 1956, S. 97 ff., 135 ff., 172 ff., 200 ff. S. auch *H.H. Rupp*, Grundgesetz und "Wirtschaftsverfassung", 1974; *ders.*, Die soziale Marktwirtschaft in ihrer Verfassungsbedeutung, HdBStR IX, 1997, S. 129 ff.; *M. Schmidt-Preuß*, Soziale Marktwirtschaft und Grundgesetz vor dem Hintergrund des Staatsvertrages zur Währungs-, Wirtschafts- und Sozialunion, DVBl. 1993, S. 236 ff.; *P. Badura*, Staatsrecht, 3. Aufl. 2003, S. 290 f.: "Wirtschaftsverfassung des Grundgesetzes?", mit dem Hinweis, dass die deutsche Rechts- und Wirtschaftsordnung zunehmend "gemeinschaftsrechtlichen Rahmenbedingungen unterliege" und die europäische Wirtschaftsverfassung nicht dem Leitprinzip der "wirtschaftspolitischen Neutralität" folge.
712   Zu alldem *R. Streinz*, Europarecht, 6. Aufl. 2003, S. 138 ff., 386 ff.
713   Aus der neuesten Lit. zum Thema siehe *G. Haverkate*, Die Zukunft des Sozialstaates in Europa, in: P.-C. Müller-Graff/H. Roth (Hrsg.), Recht und Rechtswissenschaft, 2001, S. 101 ff.

Art. 117 ist der Weg zur "Abstimmung der Sozialordnungen" vorgezeichnet im Interesse einer Verbesserung der Lebens- und Arbeitsbedingungen der Arbeitskräfte. Auch der Katalog zur Zusammenarbeit in sozialen Fragen (Art. 118) nimmt sozialverfassungsrechtliche Elemente wie soziale Sicherheit und Gesundheitsschutz in den Blick. Zuletzt darf man Art. 119 (Gleiches Entgelt für Männer und Frauen) hinzunehmen[714]. Auf der institutionellen Seite sucht der (beratende) Wirtschafts- und Sozialausschuss, so schwach er ist, den "Gruppen des wirtschaftlichen und sozialen Lebens" und ihren Interessen ein Forum zu schaffen (Art. 193 bis 198 EGV alt).

Maastricht/Amsterdam (1992/97) ergeben dem Geist und Buchstaben ihrer Texte nach ein anderes ergiebigeres Bild – vielleicht wirken sich hier langfristig die Texte der ESC von 1961, ebenso später abgeschlossene Abkommen aus, vielleicht wurden Textstufenentwicklungen von den neu hinzugekommenen stark sozial geprägten Verfassungen Portugals und Spaniens, auch Judikatur der EU, wirksam; vielleicht waren die Textgeber sich ihres europäischen Wohlstands in der Praxis so sicher, dass sie jetzt stärker an die soziale Gerechtigkeit denken konnten. Nimmt man die EU-Grundrechte-Charta von 2000 hinzu, so verstärkt sich der Eindruck einer Tendenz zu einem "Mehr an sozialer Gerechtigkeit" im Europa der EU/EG. Nicht zuletzt sei vermutet, dass die europäische Gemeinschaft in dem Maß, in dem sie zur "*Verfassungs*gemeinschaft" wird, die Balancen in Sachen sozialer Gerechtigkeit suchen muss und immer mehr findet.

Bereits in der Präambel des EU-Vertrags von Maastricht/Amsterdam wird auf die ESC von 1961 und die Gemeinschaftscharta der sozialen Grundrechte der Arbeitnehmer von 1989 bestätigend verwiesen, im Anschluss an das Bekenntnis zu Freiheit, Demokratie, Menschenrechten und Rechtsstaatlichkeit. Damit hat die soziale Idee den Rang eines *europäischen Grundwertes* angenommen, der präambelgemäß normative Kraft bzw. Ausstrahlung auf Gesetzgebung und Judikatur haben kann[715]. Im Übrigen ergänzt die Präambel die wirtschaftliche bzw. soziale Fortschrittsklausel von 1957 um die "nachhaltige Entwicklung". Im Zielkatalog von Art. 2 bleibt es bei der Klausel vom "sozialen Fortschritt", hinzugefügt ist aber der Text von der Stärkung des "wirtschaftlichen und sozialen Zusammenhalts". In der Präambel des EGV wird erneut der "soziale Fortschritt" und "stetige Besserung der Lebens- und Beschäftigungsbedingungen" beschworen, der Aufgabenkatalog des Art. 2 ist aber deutlich durch Textelemente angereichert, die auf das Prinzip "sozialer Gerechtigkeit" deuten, nämlich: "hohes Beschäftigungsniveau", "hohes Maß an sozialem Schutz", "Gleichstellung von Männern und Frauen". Neben der Beibehaltung der Möglichkeit zu Beihilfen sozialer Art (Art. 87 Abs. 2 lit. a), mancherlei neuen Zuständigkeiten des Wirtschafts- und Sozialausschusses sei der Neue Titel XI "Sozialpolitik[716], allgemeine und berufliche Bildung und Jugend"

---

714 Dazu aus der Lit.: *Ch. Langenfeld/B. Jansen*, in: Grabitz/Hilf (Hrsg.), Kommentar zur Europäischen Union, Bd. I, Stand 1999, Art. 119 EGV; *M. Bieback*, Nomos-Kommentar zum Europäischen Sozialrecht, 1994, Art. 119 EGV; *P. Hilpold*, Der Schutz sozialer Grundrechte in der EU, FS Pernthaler 2005, S. 167 ff.
715 In der deutschen Kommentarliteratur widerspiegelt sich der hohe Stellenwert der sozialen Idee auf Gemeinschaftsebene in dem Kommentar zum Europäischen Sozialrecht (Nomos, 1994).
716 Zur sozialpolitischen "Philosophie" der Verträge, zur "Sozialunion", zum "Sozialpolitischen Aktionsprogramm" 1995 – 1997: *T. Oppermann*, Europarecht, 2. Aufl. 1999, S. 694 ff., der die neuen

erwähnt. Aus seinen Texten verdient die Bezugnahme auf die Europäische Sozialcharta ebenso Aufmerksamkeit wie das Ziel des "allgemeinen sozialen Schutzes", des "sozialen Dialogs", "die Verbesserung der Arbeitsumwelt", "soziale Sicherheit", "Chancengleichheit" zwischen Männern und Frauen. Zuletzt sei an den Europäischen Sozialfonds (Art. 146 EGV) und an den Titel VIII zur Beschäftigung erinnert (Art. 125 bis 130).

Addiert man diese Einzeltexte wie Mosaiksteine, so ergibt sich ein facettenreiches Gesamtbild sozialer Kompetenzen und Aktivitäten der EU/EG, die einmal mehr rechtfertigen, dass die Gemeinschaft sich nicht selbst mehr als *EWG* bezeichnet und die Wissenschaft den Begriff der *Verfassungs*gemeinschaft wagen kann. Rechtsstaat, Demokratie, Wirtschaft, Kultur und Umwelt als konstitutionelle Themen sind glaubwürdig um die Sache der sozialen Gerechtigkeit bereichert.

Ein erfreulicher Textschub auf diesem Weg ist der EU-Grundrechte-Charta von 2000 geglückt[717]. Sie rezipiert Stichworte aus der bisherigen Verfassungsentwicklung der Gemeinschaft und schafft neue Texte bzw. Kontexte. Schon in der Präambel wird auf die vom "Europarat beschlossene Sozialcharta" bezug genommen. Vor allem aber finden sich viele Konkretisierungen der "sozialen Gerechtigkeit" des Typus Verfassungsstaat der heutigen Entwicklungsstufe im Kap. III Gleichheit bzw. IV Solidarität. Die Schutzrechte des Kindes, älterer Menschen und der Behinderten (Art. 24 bis 26) lehnen sich u.a. an die ESC (1961) und die Gemeinschaftscharta der sozialen Grundrechte der Arbeitnehmer an und sie sind Ausformungen des sozialen Rechtsstaates im heutigen Verständnis. Das Kap. "Solidarität" liest sich wie ein Kompendium heutigen Sozial- bzw. Arbeitsverfassungsrechts. Die EU gleicht sich dabei in Themen und Texten an die Standards des Verfassungsrechts vieler ihrer Mitgliedsländer an, auch an beitrittswillige Kandidaten in Osteuropa. Stichworte wie das Recht auf Kollektivverhandlungen (Art. 28), wie "Gerechte und angemessene Arbeitsbedingungen" (Art. 31), "Soziale Sicherheit und soziale Unterstützung" (Art. 34) und "Gesundheitsschutz" (Art. 35) belegen dies.

Ganz unabhängig von dem derzeit noch offenen Geltungsgrad und -grund dieser Charta[718]: sie komplettiert die Union zur Verfassungsgemeinschaft im Dienst sozialer

---

Art. 136 – 145 EGV als "zentrale Sozialnormen" qualifiziert. S. auch *R. Pitschas*, Die soziale Dimension der EG, DÖV 1992, S. 277 ff.; *O. Martinek*, Die Weiterentwicklung der europäischen Sozialcharta in jüngster Zeit, FS Adamovich, 1992, S. 388 ff.; *M. Zuleeg*, Der Schutz sozialer Rechte in der Rechtsordnung der EG, EuGRZ 1992, S. 329 ff.; *W. Balze*, Die sozialpolitischen Kompetenzen der EU, 1994; *D. Dohmes-Ockenfels*, Die Rechte auf Arbeit und Bildung der Asylbewerber in der Europäischen Union, 1999; J. Iliopoulos-Strangas (éd), La protection des droits sociaux fondamentaux dans les Etats membres de l' Union européenne, 2000; *D. B. Schulte*, Der Sozialstaat in Europa als Aufgabe der Rechtswissenschaft, FS Zacher, 1998, S. 1047 ff.; *J.C.K. Ringler*, Die Europäische Sozialunion, 1997; *G. Haverkate/S. Huster*, Europäisches Sozialrecht, 1999. Zur "Sozialpolitik": *R. Streinz*, aaO., S. 386 ff.

717 *C. Grabenwarter*, Die Charta der Grundrechte für die Europäische Union, DVBl. 2001, S. 1 ff.; *ders.*, Europäisches und nationales Verfassungsrecht, VVDStRL 60 (2001), S. 290 ff., 338 ff.; *P.J. Tettinger*, Die Charta der Grundrechte der Europäischen Union, NJW 2001, S. 1010 ff.

718 Dazu *H.-W. Rengeling*, Eine Europäische Charta der Grundrechte, FS Rauschning 2001, S. 225 (228).

Gerechtigkeit, in welcher Rahmenordnung den Verfassungsorganen und der Politik freilich noch genug Spielraum, aber auch Verantwortung bleibt.

2. Das Europa im weiteren Sinne

Hier ist die ESC des Europarates von 1961[719] das hoffnungsvolle, gerade jüngst belebte, neu bis in die EU-Grundrechte-Charta ausstrahlende Dokument (vgl. z.B. deren Art. 26, 32, 33, 35). Schon die Präambel sorgt sich um das "soziale Wohl" und die Einzelartikel liefern fast alle die Stichworte, die mehr soziale Gerechtigkeit schaffen wollen: etwa Recht auf gerechte Arbeitsbedingungen (Teil II Art. 2), das Recht auf soziale Sicherheit (ebd. Art. 12), das Recht auf Fürsorge (ebd. Art. 13). Nicht wenige Themen und Texte sind von den Reformstaaten in Osteuropa nach 1989 rezipiert und fortentwickelt worden, und einmal mehr zeigt sich, dass Texte, einmal in der Welt, über Raum und Zeit hinweg vitale "Vorratslager" sein können, selbst wenn sie zunächst in der Wirklichkeit nicht greifen oder nicht "gelten".

Es fällt freilich auf, dass weder das Kopenhagener Treffen der KSZE noch die Charta von Paris für ein neues Europa (beide 1990) auf dieses Reservoir grundsätzlich zurückgreifen (vgl. nur Präambel Charta von Paris: "soziale Gerechtigkeit", welches Prinzip sich dann nur im Abschnitt "Wirtschaftliche Freiheit und Verantwortung" wiederfindet, auch in den Leitsätzen: "Wir werden soziale Gerechtigkeit und sozialen Fortschritt sowie das Wohlergehen unserer Völker fördern")[720]. Der soziale Aspekt der Verantwortung kommt auch in der Idee von der "Verantwortung gegenüber den Mitmenschen" (Art. 8 Abs. 2 KV Bern (1993)) zum Ausdruck. Offenbar waren die Prioritäten unmittelbar nach dem Zusammenbruch der sozialistischen Staatenwelt zunächst andere: Demokratie, Rechtsstaat, Grundrechte, Marktwirtschaft.

Im Ganzen kommt also in Europa i.w.S. der Gedanke sozialer Gerechtigkeit primär von der ESC und von den nationalen Verfassungen in West (vgl. nur Art. 1 Abs. 1 Verf. Spanien: "sozialer Rechtsstaat") und Ost her. Das "europäische Haus" hat auf diesem Feld noch viele Aufgaben vor sich. Die EU könnte dabei im Verbund mit ihrer neuen Grundrechte-Charta Pionier und Vehikel sein.

---

719 Aus der Lit.: *T. Oppermann*, aaO., S. 34 f., 712.
720 Im Stabilitätspakt für Europa der 52 bzw. 55 OSZE-Staaten vom März 1995 (zit. nach U. Fastenrath (Hrsg.), KSZE/OSZE-Dokumente, 1992 ff.) findet sich u.a. das Ziel, "die Errungenschaften auf dem Weg zur Demokratie, Achtung der Menschenrechte, Rechtsstaatlichkeit, wirtschaftlichem Fortschritt, sozialer Gerechtigkeit und Toleranz zu fördern und unumkehrbar zu machen" – ein Wertekanon des gemeinsamen Erbes Europas! An anderer Stelle ist ebd. vom "wirtschaftlichen und sozialen Fortschritt" die Rede.

J. Europäisches Kulturverfassungsrecht

Vorbemerkung

Obwohl diese europäische Verfassungslehre im ganzen und einzelnen als "kulturwissenschaftliche" erarbeitet ist, bleibt das "Kulturverfassungsrecht" ein abgrenzbarer Bereich von Textgruppen und Problemfeldern, etwa neben dem Wirtschafts-, Arbeits-, Sozial- und Umweltverfassungsrecht. Es hat verselbständigte spezielle Ausformungen wie das "Staatskirchenrecht" (besser: "Religionsverfassungsrecht" als "spezielles Kulturverfassungsrecht"[721]) und es lebt auch in und aus vielen Querverbindungen zu anderen Rechtsgebieten, selbst etwa zur Finanzverfassung: man denke an das Stiftungsrecht bzw. Subventionen in Form von Steuerermäßigungen. Das kulturwissenschaftliche Verfassungsverständnis und das Konzept von "Europa als Kultur" schließen also den folgenden Abschnitt "Europäisches Kulturverfassungsrecht" nicht aus sondern ein. Eine sorgfältige, ganz Europa zunächst auf der nationalen, dann auf der "supranationalen" Ebene erfassende typologische Bestandsaufnahme der textlichen Erscheinungsformen von Kulturverfassungsrecht und z.t. der ihnen zuwachsenden Praxis dient der europäischen Verfassungslehre auf ganz spezifische Weise. Auch hier müssen freilich oft Stichworte genügen, kann es sich nur um eine Auswahl der "Prototypen" etwa für die Kulturgehalte in Präambeln, in allgemeinen Klauseln, in Grundrechtsbestimmungen, Minderheitenschutz-Garantien oder in Erziehungszielen handeln.

Im Übrigen wirkt das *J. Monnet* zugeschriebene Wort inspirierend: "Würde ich nochmals anfangen können, würde ich mit der Kultur beginnen". Als "Gegenklassiker" freilich muss gelten, was *J. Rueff* (1950) sagte: "Europa entsteht über das Geld, oder es entsteht gar nicht". Was die nationalen Verfassungsstaaten und Europa unter "Kultur" verstehen, bleibe hier noch offen: denkbar ist der eher traditionale Kulturbegriff: Religion, Bildung, Wissenschaft und Kunst, neuerdings auch Medien und Internet, näherliegend der pragmatische, von vornherein offene[722].

In all dem sei auch hier Osteuropa von vorherein einbezogen. Seine Beispielsvielfalt und Innovationskraft in Sachen Kulturverfassungsrecht seit 1989 muss jede europäische Verfassungslehre zur Kenntnis nehmen und auch theoretisch verarbeiten, etwa im Blick auf die zahlreichen Kulturelles-Erbe-Klauseln, die wohl verhindern sollen, dass die Nationen nach dem Zusammenbruch des Ostblocks ins Bodenlose stürzen. Nationale bzw. kulturelle Identitätsklauseln wollen dem entgegenwirken[723].

---

721 Dazu *P. Häberle*, Kulturverfassungsrecht im Bundesstaat, 1980, S. 20; *ders.*, Verfassungslehre als Kulturwissenschaft, 2. Aufl. 1998, S. 8, 22, 464 und passim. – Zum „Kulturbegriff" in der Rechtsprechung des BVerfG gleichnamig *M. Naucke*, 2000.
722 Zu diesen Fragen: *P. Häberle*, Verfassungslehre als Kulturwissenschaft, 1. Aufl. 1982; *U. Steiner*, Kulturauftrag in staatlichen Gremien, VVDStRL 42 (1984), S. 7 ff. – Zum Ganzen unten J. und K.
723 Zu diesem Thema siehe auch *E.V. Heyen*, Kultur und Identität in der europäischen Verwaltungsrechtsvergleichung, mit Blick auf Frankreich und Schweden, 2000. Zur Schweizer Identität gehören Stichworte wie "Willensnation", "Sonderfall", "Abgrenzungen". – Kulturelle Identitätsklauseln sind um so wichtiger, als die Bürger (nationalen) Identitätsverlust fürchten, zumal angesichts der Europäisierung. Zum Ganzen oben Einleitung E sowie Aublick 2006.

I. Bestandsaufnahme der Erscheinungsformen von Kulturverfassungsrecht auf der nationalen und europäischen Ebene

1. National-verfassungsstaatliche Typologie

a) Präambeln

Präambeln[724] sind, wie gezeigt, die "höchste" Erscheinungsform von Kulturverfassungsrecht im Verfassungsstaat. Als Kategorie der Grundlegung und des Bekenntnisses, als "Konzentrat" der Verfassung, als Forum der Verarbeitung von Geschichte und des Entwurfs von Zukunft, kurz: als Umschreibung von (nationaler) Identität sind sie per se "Kulturverfassungsrecht". Mitunter wirken sie aber auch schon dem Wort nach prima facie als "Kulturreservoir". Besonders augenfällig wird dies in der Präambel der Verf. Polen (1997) und zwar durchgängig, besonders aber in dem Passus: "für die im christlichen Erbe des Volkes und in allgemein menschlichen Werten verwurzelte Kultur". Schon zuvor hatte Präambel Verf. Montenegro (1992) von "Gerechtigkeit und Kultur des Menschengeschlechts" gesprochen, hatte Präambel Verf. Bulgarien (1991) sich zur "Treue zu den allgemeinen menschlichen Werten: Freiheit, Frieden, Humanismus, Gleichheit, Gerechtigkeit und Toleranz" bekannt. Das neueste Beispiel aus Osteuropa findet sich in der Präambel Verf. Albanien (1998) in der Aussage: "dem Frieden, dem Wohlergehen, der Kultur und der sozialen Solidarität verpflichtet". Um einen "nahen" EU-Beitrittskandidaten zu Worte kommen zu lassen, sei aus Osteuropa schließlich Präambel Verf. Tschechien (1992) zitiert. Sie nennt durchgängig Kulturgehalte, als Beispiel sei das Wort vom "Geiste der Unantastbarkeit der Menschenwürde" genannt, auch der Begriff der "Grundsätze der Bürgergesellschaft" und die kulturelle Erbes-Klausel ("gemeinsam den ererbten natürlichen und kulturellen, materiellen und geistigen Reichtum zu hüten"). Präambel Verf. der Slowakischen Republik (1992), spricht einerseits vom "politischen und kulturellen Erbe unserer Vorfahren", andererseits von der "Entfaltung der geistigen Kultur". Präambel Verf. Estland (1992) verpflichtet sich sogar auf die "Erhaltung des ethnischen Volkes und der ethnischen Kultur".

Ein Blick auf die Präambeltexte westeuropäischer Verfassungen runde diese Auswahl ab. Der vielleicht beste Prototyp ist Verf. Spanien (1978) zu verdanken. Denn ihr "konstitutionelles Schatzhaus" formuliert z.B. den Passus: "alle Spanier und Völker Spaniens bei der Ausübung der Menschenrechte und bei der Pflege ihrer Kultur und Traditionen, Sprachen und Institutionen zu schützen, den Fortschritt von Wirtschaft und

---

724 *Gottesklauseln* (wahrlich "kulturträchtiges" Recht) wie zuletzt vor nBV Schweiz (2000) bleiben hier ausgeklammert. Sie finden sich bezeichnenderweise zwar in nicht wenigen nationalen Verfassungen Westeuropas (z.B. Präambel GG), aber nur als "Alternativforum" auch in Osteuropa (z.B. Polen, Präambel Verf. 1997; Albanien, Präambel von 1998): "Glauben" an Gott und/oder andere universelle Werte; Gottesbezüge fehlen aber im Europarecht im engeren und weiteren Sinne. Die Art und Weise der Bezugnahme auf das Religiöse war zuletzt im Konvent der EU-Grundrechte-Charta umstritten (dazu K. II. 3. a). Zu Gottesklauseln vergleichend: *P. Häberle*, Verfassungslehre als Kulturwissenschaft, 2. Aufl. 1998, S. 951 ff.

Kultur zu fördern, um würdige Lebensverhältnisse für alle zu sichern"[725]. Die Verfassungspräambel des neuen deutschen Bundeslandes Thüringen (1993) beginnt mit dem Satz: "In dem Bewusstsein des kulturellen Reichtums und der Schönheit des Landes"; andere wie Brandenburg (1992) bedienen sich der (kulturellen) "im Geiste-Formel" ("im Geiste der Traditionen von Recht, Toleranz und Solidarität"). Gleich zwei Geist-Klauseln zeichnen die Präambel Verf. Hamburg (1952) aus. Die neue Schweizer BV (2000) schließlich formuliert Grundwerte wie "Solidarität und Offenheit gegenüber der Welt", macht sich aber auch die "gemeinsamen Errungenschaften" bewusst, welcher Begriff gewiss auch das Kulturelle umschließt. Auf Kantonsebene hat z.B. die Verfassungspräambel Solothurn (1986) die Formel aufgenommen: "den Kanton in seiner kulturellen und regionalen Vielfalt zu erhalten"; Zürich: „kulturell starker Gliedstaat".

b) Allgemeine und spezielle Kulturstaatsklauseln

Allgemeine und spezielle Kulturstaatsklauseln bilden eine zweite Artikelgruppe, in denen sich Kulturverfassungsrecht "speichert", ja besonders hoch konzentriert zeigt[726]. Auch hier seien zunächst Beispiele aus Osteuropa gebracht, um die dortigen Verfassungsmaterialien auch äußerlich sogleich erkennbar möglichst intensiv in diese europäische Verfassungslehre zu integrieren. Dass Osteuropa sich oft an westeuropäischen Beispielen orientiert haben mag, ist kein Grund, anders vorzugehen. Um auch hier mit der ausgereiften Verf. Polens zu beginnen: ihr Art. 6 Abs. 1 formuliert eine beispielhafte kulturelle Identitätsklausel, verknüpft mit Elementen des Staatsziels und der Grundrechte: "Die Republik Polen schafft Voraussetzungen für eine allgemeine Verbreitung von und einen gleichen Zugang zu den Gütern der Kultur, welche die Quelle der Identität des polnischen Volkes, seines Fortbestands und seiner Entfaltung ist". In die Form eines Staatsziels gießt Art. 59 Abs. 1 lit. j Verf. Albanien den "Schutz des nationalen Kulturerbes und die spezielle Fürsorge für die albanische Sprache", nachdem schon der Grundwerte-Artikel 3 das "nationale Erbe" hervorhebt. Art. 23 Verf. Bulgarien normiert: "Er (sc. der Staat) sorgt für die Erhaltung des nationalen und historischen kulturellen Erbes". Eine Variante ist Art. 68 Abs. 3 Verf. Kroatien (1990) geglückt, insofern er die vom Staat zu schützenden "wissenschaftlichen, kulturellen und künstlerischen Güter" als "geistige Werte des Volkes" ausweist. Neuland zeichnet sich in Art. 33 Abs. 3 Verf. Moldau (1994) ab, insofern die Kulturstaatsklausel neben den Werken von nationalem auch solche von "weltweitem Rang" umfasst.

In Deutschland darf die allgemeine Kulturstaatsklausel in Art. 3 Verf. Bayern (1946/84) als Modell gelten: "Bayern ist ein Rechts-, Kultur- und Sozialstaat. Er dient dem Gemeinwohl. Der Staat schützt die natürlichen Lebensgrundlagen und die kultu-

---

725 Beim Blick auf die romanischen Länder und romanischen Sprachen – neben Spanien vor allem Italien – wird auch deutlich, wie stark zum kulturellen Erbe Europas heute – noch – das Latein gehört.

726 S. dazu auch meine Verfassungslehre als Kulturwissenschaft, 2. Aufl. 1998, S. 93 ff., 798. Allgemein zum Thema Kulturstaat siehe noch *W. Palm,* Öffentliche Kunstförderung zwischen Kunstfreiheitsgarantie und Kulturstaat, 1998; *B. Weck,* Verfassungsrechtliche Legitimationsproblem öffentlicher Kunstförderung aus wirklichkeitswissenschaftlicher Perspektive, Diss. Bayreuth, 2001; *W. Hertel,* Kulturföderalismus in Deutschland, Jahrbuch des Föderalismus 2001, S. 154 ff

relle Überlieferung". Für die neuen Bundesländer ist etwa Art. 16 Abs. 1 Verf. Mecklenburg-Vorpommern (1993) repräsentativ: "Land, Gemeinden und Kreise schützen und fördern Kultur, Sport, Kunst und Wissenschaft". In der Schweiz bestimmt § 36 Abs. 1 KV Aargau (1980) beispielhaft: "Der Kanton fördert kulturelles Schaffen und Gemeinschaftsleben"; KV Zürich (2004): „günstige Rahmenbedingungen für kult. Innovation". Im Übrigen Westeuropa ist Art. 3 Abs. 3 Verf. Spanien vorbildlich: "Der Reichtum der unterschiedlichen sprachlichen Gegebenheiten Spaniens ist ein Kulturgut, das besonders zu achten und zu schützen ist"[727]. Art. 16 Abs. 1 Verf. Griechenland (1975) verknüpft bestimmte kulturelle Grundrechte mit einem Kulturauftrag des Staates: "Kunst und Wissenschaft, Forschung und Lehre sind frei; deren Entwicklung und Förderung sind Verpflichtung des Staates".

Spezielle Kulturstaatsklauseln beziehen sich z.B. auf die Erwachsenenbildung (Art. 29 Verf. Thüringen) oder das "historische und künstlerische Erbe der Nationen" (Art. 9 Abs. 2 Verf. Italien).

c) Kulturelle Grundrechte

Kulturelle Grundrechte sind eine ebenso klassische wie sich schöpferisch fortentwickelnde Kategorie von (nationalem) Kulturverfassungsrecht. In Osteuropa fällt hier die neue Textstufe in Art. 54 Abs. 1 ("Freiheit der Kultur") Verf. Bulgarien auf: "Jedermann hat ein Recht darauf, die nationalen und allgemein menschlichen kulturellen Werte zu nutzen sowie seine eigene Kultur in Übereinstimmung mit seiner ethnischen Zugehörigkeit zu entwickeln ...". Denn darin ist der kulturelle Minderheitenschutz mitgedacht. In die grundrechtliche Teilhabeseite hinüber führt auch Art. 34 Abs. 1 Verf. Georgien, der zugleich eine vorbildliche "Kulturstaatsklausel" innovativ gestaltet hat: "Der Staat fördert die Entwicklung der Kultur, die uneingeschränkte Teilnahme am kulturellen Leben, die Entfaltung der kulturellen Eigentümlichkeiten und deren Bereicherung, die Anerkennung der nationalen und allgemein menschlichen Werte und die Vertiefung der internationalen kulturellen Beziehungen". Der letzte Textpassus ist ein Stück "kooperativer Kulturstaatlichkeit", Teil des kooperativen Verfassungsstaates der heutigen Entwicklungsstufe[728]. Art. 34 Abs. 2 wählt zugleich auch die überkommenen kulturellen Erbes-Klauseln: ein schönes Beispiel, wie sich Neues und Altes zum Kulturverfassungsrecht im gleichen Artikel verbindet. Im Übrigen seien klassische Rechte wie das Recht auf Bildung (Art. 35 Verf. Moldau, Art. 32 Verf. Rumänien, Art. 53 Verf. Ukraine), die Freiheit von Wissenschaft und Kunst (z.B. Art. 59 Verf. Slowenien) oder

---

727 Zum Kulturwert der "Sprachenfreiheit" siehe *P. Häberle*, Verfassungslehre als Kulturwissenschaft, 2. Aufl. 1998, S. 744 ff. mit zahlreichen weiteren Nachweisen, vor allem auch aus der schweizerischen Literatur. Zu "Kulturelle Rechte und Verfassung": *G. Britz*, 2000.

728 Zum kooperativen Verfassungsstaat gleichnamig mein Beitrag in FS Schelsky, 1978, S. 141 ff., fortgeführt in Verfassungslehre als Kulturwissenschaft, 2. Aufl. 1998, S. 175 ff.- Auch von der verwaltungsrechtlichen Literatur wurde die Idee des Kooperativen – vor allem im Hinblick auf das Verhältnis von staatlichen und privaten Akteuren aufgegriffen: *E.-H. Ritter*, Der kooperative Staat, AöR 104 (1989), S. 389 ff.; *E. Schmidt-Aßmann*, Das allgemeine Verwaltungsrecht als Ordnungsidee, 1998, S. 26 ff.; *L. Michael*, Rechtsetzende Gewalt im kooperierenden Verfassungsstaat, 2002.

die Urheberrechte (z.B. Art. 50 Verf. Montenegro) erwähnt. Besonders allgemein bestimmt Art. 73 Abs. 1 Verf. Portugal: "Jeder hat das Recht auf Bildung und Kultur", wobei ein ganzes Bündel von Schutzaufträgen und Einzelgarantien, Staatszielen und Teilhaberechten i.S. von Kulturpolitik folgt (Art. 74 bis 79 im großen Abschnitt "Kulturelle Rechte und Pflichten").

Zur Grundpflicht von jedermann wird die Wahrung der Natur und des Kulturerbes sogar in Art. 73 Verf. Slowenien (ebenso Art. 44 Abs. 2 Verf. Slowakei; s. auch Art. 78 Abs. 1 Verf. Portugal). Art. 23 Ziff. 5 Verf. Belgien (1994/99) garantiert jedem "das Recht auf kulturelle und soziale Entfaltung". Aus der Schweiz sei hier nur das große kulturelle Grundrecht der "Sprachenfreiheit" genannt (z.B. Art. 15 Verf. Bern von 1993, Art. 18 nBV; Art. 12 KV Zürich von 2004). Im Übrigen bereichert sich das Textbild durch kulturelle Zugangsrechte (z.B. Art. 34 Abs. 3 Verf. Brandenburg), Teilhaberechte (z.B. Art. 11 Abs. 2 Verf. Sachsen).

d) Minderheitenschutz

Der Schutz der *Minderheiten*[729] gerade von der kulturellen Seite her ist die vielleicht prekärste Form von Kulturverfassungsrecht. Hier kann sich textlich, weniger oft in der Wirklichkeit, manche nationale Verfassung in Osteuropa durchaus "sehen" lassen. So sagt Art. 45 Abs. 1 Verf. Litauen (1992): "Die aus Staatsbürgern bestehenden Volksgruppen regeln die Angelegenheiten ihrer Volkskultur, die Bildung, Wohltätigkeit und gegenseitige Hilfe selbständig". So bestimmt Art. 48 Abs. 2 Verf. Mazedonien (1991): "Die Republik garantiert den Schutz der ethnischen, kulturellen, sprachlichen und religiösen Identität der Nationalitäten". Nicht nur für Osteuropa sei im Übrigen auf den Abschnitt zum Minderheitenschutz (vgl. oben D. VI.) verwiesen. In Deutschland ist Art. 5 Abs. 2 Verf. Sachsen vorbildlich ("Das Land gewährleistet und schützt das Recht nationaler und ethnischer Minderheiten deutscher Staatsangehörigkeit auf Bewahrung ihrer Identität sowie auf Pflege ihrer Sprache, Religion, Kultur und Überlieferung"). Auch die Schweiz hat sich um eine neue Textstufe bemüht (z.B. Art. 4 Abs. 1 Bern: "Den Bedürfnissen von sprachlichen, kulturellen und regionalen Minderheiten ist Rechnung zu tragen").

e) Erziehungsziele

Erziehungsziele sind ein weiterer Themenbereich von Kulturverfassungsrecht. Bereits an anderer Stelle behandelt (vgl. oben E.), sei ihre Erscheinungsform hier nur als "Merkposten" erwähnt: so das Beispiel aus Art. 131 Verf. Bayern (z.B. "Aufgeschlossenheit für alles Wahre, Gute und Schöne"), Art. 28 Verf. Brandenburg (z.B. "Solidarität im Zusammenleben der Kulturen und Völker", ähnlich Art. 22 Abs. 1 Verf. Thüringen).

---

729 Dazu mit zahlreichen Nachweisen meine Verfassungslehre als Kulturwissenschaft, 2. Aufl. 1998, S. 624 ff., 737 ff.

f) Sonstige Erscheinungsformen von Kulturverfassungsrecht

Als Beispiel für *sonstige Erscheinungsformen von Kulturverfassungsrecht* sei erwähnt der sog. kulturelle Trägerpluralismus. Er, der wie später zu zeigen sein wird, ein Pfeiler der Theorie des (offenen) Kulturverfassungsrechts ist, kommt modellhaft in Art. 12 Abs. 2 Verf. Baden-Württemberg (1993) zum Ausdruck: "Verantwortliche Träger der Erziehung sind in ihren Bereichen die Eltern, der Staat, die Religionsgemeinschaften, die Gemeinden und die in ihren Bünden gegliederte Jugend"[730]. Dem nationalen Kulturverfassungsrecht in Ost- und Westeuropa liegt er der Sache nach zugrunde: insofern alle Bürger (und Gruppen) dieselben kulturellen Grundrechte haben, auch die Minderheiten, die individuell und korporativ geschützt sind (z.b. Art. 35 Verf. Polen) und der Staat, der wegen der typischen Anti-Staatsideologieklauseln (z.B. Art. 13 Abs. 1 und 2 Verf. Russische Föderation von 1993), bei seiner Kulturförderung offen sein muss.

Die auch, aber nicht nur durch den Trägerpluralismus vermittelte *Offenheit des Kulturkonzepts*[731] ist ein Charakteristikum des nationalen (und europäischen) Kulturverfassungsrechts. Verfassungstextliche Ansätze finden sich z.B. in Art. 78 Abs. 2 Verf. Portugal: "in Zusammenarbeit mit allen Kulturträgern obliegt es dem Staat: a) den Zugang aller Bürger zu den Möglichkeiten und Mitteln kultureller Betätigung zu gewährleisten ...." Wenn lit. c die Aufgabe nennt, "das Kulturgut zu fördern und zu schützen, damit es zu einem erneuernden Element der gemeinschaftlichen kulturellen Identität werde", so ist damit eine neue Textstufe in Sachen Kulturverfassungsrecht geglückt: Kulturgut als lebendiges Element der (nationalen) kulturellen Identität.

Zu den sonstigen Formen von (nationalem) Kulturverfassungsrecht gehören *Staatssymbolartikel* (prägnant Art. 14 Verf. Albanien, Art. 164 bis 169 Verf. Bulgarien, Art. 11 Verf. Georgien ("staatliche Wahrzeichen"), Art. 5 Verf. Makedonien, §§ 65 und 76 Verf. Ungarn, Art. 11 Verf. Portugal und (klassisch) Art. 2 Verf. Frankreich (Sprache, Flagge, Hymne, Wahlspruch))[732], vor allem aber auch die (Staats-)*Sprachen-Artikel* (z.B. Art. 8 Verf. Irland von 1937, Art. 3 Verf. Spanien, Art. 4 Verf. Lettland, Art. 27 Verf. Polen), mit unterschiedlicher Toleranz gegenüber Minderheiten bzw. Volksgruppen (vorbildlich Art. 11 Verf. Slowenien, Art. 9 Abs. 3 Verf. Montenegro). Die Sprachenfreiheit der Schweiz[733] bildet hier das im Übrigen Europa unerreichte Modell

---

730 S. auch Art. 34 Abs. 3 Verf. Brandenburg: "Das Land, die Gemeinden und Gemeindeverbände unterstützen die Teilnahme am kulturellen Leben und ermöglichen den Zugang zu den Kulturgütern".
731 Dazu *P. Häberle*, Kulturpolitik in der Stadt, 1979, S. 34 f.
732 Aus der Lit. zu Staatssymbolen *R. Smend*, Staatsrechtliche Abhandlungen, 3. Aufl. 1994, S. 93 f., 163, 217, 241, 260 f.; *H. Krüger*, Von der Staatspflege überhaupt, in: H. Quaritsch (Hrsg.), Die Selbstdarstellung des Staates, 1977, S. 47; *P. Häberle*, Verfassungslehre als Kulturwissenschaft, 2. Aufl. 1998, S. 633 ff., 984 und öfter. Aber auch Negatives, sogar Unrecht kann gemeinschaftsstiftende Symbolkraft entfalten: Offenbar sind die Beneš-Dekrete für Tschechien so etwa wie "gemeinschaftsstiftende Staatssymbole", dazu *K.-P. Schwarz*, Mit der Vertreibung vollendet (FAZ vom 1. Juni 2001, S. 8). Dies verbietet es aber nicht, dieses Element nationaler Identität an den europäischen Grundwerten zu messen und seine Symbolkraft kritisch zu hinterfragen.
733 Aus der Lit.: *J.P. Müller*, Grundrechte in der Schweiz, 3. Aufl. 1999, S. 140 ff.

für offenes Kulturverfassungsrecht, das Grundwerte bezogene *Feiertagsrecht* (z.B. Art. 32 Verf. Hessen: "Der 1. Mai... versinnbildlicht das Bekenntnis zur sozialen Gerechtigkeit...")[734]. Das EU-Europa kann hier bislang nur auf die Europaflagge und auf die glücklicherweise wechselnde Kulturhauptstadt[735] verweisen. Die umstrittene Sprachenfrage[736] bleibe ein Merkposten, zeigt aber zusammen mit den anderen Erscheinungsformen und Problemfeldern von Kulturverfassungsrecht einmal mehr, dass ohne "nationalstaatliche Analogie" keine europäische Verfassungslehre arbeiten kann.

2. Die europaverfassungsrechtliche Ebene

a) Kulturverfassungsrecht im Europa der EU

In dem Maße, wie das Europa der EU zur "Verfassungsgemeinschaft" reift, übernimmt es neben Feldern wie Wirtschaft und Umwelt auch das eigene Themenfeld der Kultur. Dies hier in einem zunächst positivistischen Sinne, denn letztlich und erstlich kommen das Europa im engeren und weiteren Sinne in der Tiefe historisch von der Kultur her, so unverzichtbar die Wirtschaft als Vehikel für die europäische Einigung bleibt. Nachdem vorstehend die vielfältigen Ausdrucksformen von Kulturverfassungsrecht im nationalen Rahmen in Ost- und Westeuropa an typologisch aufgelisteten Beispielen erkennbar wurden, stellt sich jetzt die Frage, ob und wie das Europa der EU von diesen Strukturen und Textensembles "gelernt" hat, wie es sie rezipiert und im neuen eigenen Kontext wandelt. M.a.W.: "Europa in kulturverfassungsrechtlicher Perspektive"[737] kann ohne das nationale Beispielsmaterial kaum gedacht werden; umgekehrt liegt es nahe, dass in Zukunft auch Rückwirkungen nachweisbar werden: die europaverfassungsstaatlichen Strukturen der EU und des Europa im weiteren Sinne wirken auch auf die nationalen "Werkstätten" von Kulturverfassungsrecht zurück: eine *gemeineuropäische Werkstatt*, eine gemeineuropäische Produktions- und Rezeptionsgemeinschaft.

Ehe unter II. grundsätzlich nach dem Theorierahmen gefragt wird, aufbauend auf der nationalen und europäischen Bestandsaufnahme, muss im Folgenden eine Analyse im Geist der vergleichenden Textstufenanalyse unternommen werden[738]. In diesem Sinne sind folgende Textfiguren zu unterscheiden:

---

734 Aus der Lit.: *P. Häberle*, Feiertagsgarantien als kulturelle Identitätsgarantien des Verfassungsstaates, 1987. Neue Texte: Art. 7 Abs. 5 Verf. Vorarlberg (1999) zit. nach JöR 54 (2006) i.E.
735 Aus der Lit.: *T. Oppermann*, aaO., S. 862. S. noch Anhang.
736 Dazu aus der Lit.: *R. Streinz*, Europarecht, 6. Aufl. 2003, S. 95 ff.; T. Bruha/H.-J. Seeler (Hrsg.), Die Europäische Union und ihre Sprachen, 1998; *T. Oppermann*, Reform der EU-Sprachenregelung?, NJW 2001, S. 2663 ff. Siehe auch Erster Teil B. III. 3 c).
737 So der Titel der Abhandlung des Verf. aus dem Jahre 1983: JöR 32 (1985), S. 9 ff.
738 Aus der "europarechtlichen" Lit. zur Kultur: *G. Ress*, Die neue Kulturkompetenz der EG, DÖV 1992, S. 944 ff.; *I. Hochbaum*, Der Begriff der Kultur im Maastrichter und Amsterdamer Vertrag, BayVBl. 1997, S. 641 ff., 680 ff.; *H.-J. Blanke*, Europa auf dem Weg zu einer Bildungs- und Kulturgemeinschaft, 1994; *M. Niedobitek*, Kultur und europäisches Gemeinschaftsrecht, 1992; *ders.*, Die kulturelle Dimension im Vertrag über die Europäische Union, EuR 1995, S. 349 ff.; *J. Schwarze*, Der Schutz nationaler Kulturgüter im europäischen Binnenmarkt, JZ 1994, S. 111 ff.; *J. Sparr*, Kulturhoheit und EWG-Vertrag, 1999; *J. Schwarze*, Die Kompetenz der Europäischen Gemeinschaft auf dem Gebiet der Kultur, in: ders. (Hrsg.), Geistiges Eigentum und Kultur im

aa) In *Präambelform* werden auch in der "überstaatlichen" EU/EG Kulturgehalte ohne weiteres greifbar: so wenn in der Präambel EUV der Wunsch formuliert wird, "die Solidarität zwischen ihren Völkern unter Achtung ihrer Geschichte, ihrer Kultur und ihrer Traditionen zu stärken". Auch die Worte von der "Stärkung der Identität und Unabhängigkeit Europas" sind letztlich kulturwissenschaftlich zu erschließen. Die Präambel des EGV denkt an einen Ausschnitt der Kultur, insofern sie die Entschlossenheit kund tut, "durch umfassenden Zugang zur Bildung und durch ständige Weiterbildung auf einen möglichst hohen Wissensstand ihrer Völker hinzuwirken".

Einen mächtigen Textschub in Sachen Kulturverfassungsrecht in Präambelform leistet die EU-Grundrechte-Charta (2000)[739]. Das manifestiert sich in den Texten: "Auf der Grundlage gemeinsamer Werte", "In dem Bewusstsein ihres geistig-religiösen und sittlichen Erbes", "Die Union trägt zur Erhaltung und zur Entwicklung dieser gemeinsamen Werte unter Achtung der Vielfalt der Kulturen und Traditionen der Völker Europas sowie der nationalen Identität der Mitgliedstaaten ... bei".

Damit sind Textfiguren, die teils aus dem nationalen Verfassungsmaterial bekannt sind, teils aus dem Europarecht im weiteren Sinne stammen (zum Europäischen Kulturabkommen von 1954, unten Ziff. 2), schon in die Präambelhöhe aufgestiegen: etwa kulturelles Erbe- und Identitätsklauseln sowie Aspekte des kulturellen Pluralismus. Einmal mehr zeigt sich, wie sich in der europäischen *Verfassungswerkstatt* national und supranational alle Ebenen in Zeit und Raum verschränken und sich gegenseitig bereichern.

bb) Kultur"staats"klauseln[740] können sich auf EU-Ebene nicht finden, da diese Verfassungsgemeinschaft kein Staat ist, wohl aber finden sich Textensembles zu *Kulturzielen*, die ungewöhnlich differenziert neue Textstufen andeuten. Der eigene "Titel XII Kultur" im EGV ist ein Konzentrat von bisher im nationalen Rahmen herangewachsenen Kulturverfassungsrecht mit z.T. neuen Akzenten. Zunächst wird in Art. 151 der Gemeinschaft eher komplementär ein Beitrag "zur

---

Spannungsfeld von nationaler Regelungskompetenz und europäischem Wirtschafts- und Wettbewerbsrecht, 1998, S. 125 ff.; *F. Fechner*, Auf dem Weg vom Kulturverfassungsrecht zu einem europäischem Kulturrecht, liber amicorum T. Oppermann, 2001, S. 687 ff.; *R. Mußgnug*, Die deutsche Renitenz gegen das Kulturrecht der EG, EuR 2000, S. 564 ff. – Aus der Kommentarlit.: *J. Sparr*, Art. 151 EGV, in: J. Schwarze (Hrsg.), EU-Kommentar, 2000; *H.-J. Blanke*, in: Ch. Calliess/M. Ruffert (Hrsg.), Kommentar zu EU-Vertrag und EG-Vertrag, 1999, Art. 151 EGV, Rn. 2, 14 ff. (2. Aufl. 2002).

739 Aus der wachsenden Lit. zu ihr etwa: *A. Weber*, Die Europäische Grundrechte-Charta auf dem Weg zu einer europäischen Verfassung, NJW 2000, S. 537 ff.; *I. Pernice*, Eine Grundrechte-Charta für die europäische Union, DVBl. 2000, S. 847 ff.; *M. Zuleeg*, Zum Verhältnis nationaler und europäischer Grundrechte, EuGRZ 2000, S. 511 ff.; *H.-W. Rengeling*, Eine Europäische Charta der Grundrechte, FS Rauschning, 2001, S. 225 ff.; *Ch. Grabenwarter*, Die Charta der Grundrechte für die Europäische Union, DVBl. 2001, S. 1 ff.; *A. Manzella u.a.*, Riscrivere i diritti in Europa, 2001. S. noch Anhang.

740 Nachweise in meiner Verfassungslehre als Kulturwissenschaft, 2. Aufl. 1998, S. 23 ff., 158, 798, 1165.

Entfaltung der Kulturen der Mitgliedstaaten" abverlangt, wobei die Pluralität der Kulturen (*J. Schwarze*) zu ihrem Recht kommt. Diesem dynamisch offenen Aspekt wird der traditional bewahrende zur Seite gestellt: "unter Wahrung ihrer nationalen und regionalen Vielfalt sowie gleichzeitiger Hervorhebung des gemeinsamen kulturellen Erbes" (Absatz 1) – damit ist die integrierende, einheitsstifende Seite angesprochen. In Absatz 2 werden Teilbereiche der Sache Kultur bzw. europäische Identität herausgegriffen, in denen die Gemeinschaft stützend tätig wird, nämlich Verbesserung der "Kenntnis und Verbreitung der Kultur und Geschichte der europäischen Völker", "Erhaltung und Schutz des kulturellen Erbes von europäischer Bedeutung", "nichtkommerzieller Kulturaustausch, künstlerisches und literarisches Schaffen"[741]. In Absatz 3 findet sich eine kulturverfassungsrechtlich den (auch im Subsidiaritätsprinzip angelegten) kulturellen Trägerpluralismus andeutende Kooperationsklausel, die auch auf den Europarat verweist, und Absatz 4 enthält die – wohl neue – kulturelle "Querschnittsklausel"[742] sowie wiederum eine sprachliche Wendung zugunsten der "Vielfalt ihrer Kulturen".

Nimmt man die *spezielle* Kulturzieleklausel des Art. 149 und 150 EGV hinzu (Allgemeine und berufliche Bildung der Jugend), vorbereitet durch eine "dynamische Bildungsrechtsprechung des EuGH" (*Oppermann*) und praktiziert durch EU-Bildungsprogramme (z.B. "Erasmus", 1987)[743], so zeigt sich, dass die EU/EG textlich zwar nicht von der grundrechtlichen Seite her das europäische Kulturverfassungsrecht bereichert hat (vgl. aber das Recht auf Bildung im Zusatzprotokoll der EMRK und die Judikatur des EuGH zur Religionsfreiheit als einem kulturellen Grundrecht par excellence (Fall Prais)), wohl aber dass sie auf der Seite der Gemeinschaftsziele bzw. -politiken z.T. Neuland betreten hat. Besonders erwähnt seien die traditionale und zugleich die für die Zukunft offene Dimension der Kultur(en) – Stichwort kulturelles Erbe, aber auch Entfaltung von Neuem, sowie der mehr oder weniger klar zu Tage tretende kulturelle Träger-

---

741 Zu Einzelfragen der Auslegung: *Sparr*, in Schwarze, aaO., Art. 151 Rd.-Nr. 32 ff.
742 Aus der Lit.: *T. Oppermann*, Europarecht, 2. Aufl. 1999, S. 857: "Die Gemeinschaft darf nirgendwo 'kulturblind' handeln".
743 Aus der Lit.: *R. Wägenbaur*, Auf dem Weg zur Bildungs- und Kulturgemeinschaft, GS Grabitz, 1995, S. 851 ff.; *F. Fechner*, Kultur und Bildung im Europarecht, RdJR 1996, S. 35 ff.; *T. Oppermann*, aaO., S. 826 ff.; *M. Simm*, Art. 150, in: J. Schwarze (Hrsg.), EU-Kommentar, 2000. – Zum Europäischen Hochschulinstitut in Florenz: *Chr. Sasse*, Wirtschafts- und gesellschaftspolitische Ordnungsprobleme der Europäischen Gemeinschaften (Band I der Schriftenreihe des Arbeitskreises Europäische Integration e.V.), 1978, S. 19 ff. – Zu den beiden Forschungs- und Ausbildungsprogrammen (1963 – 1971) der Europäischen Atomgemeinschaft als gemeinsamer Politik: *A. Sattler*, Die Europäischen Gemeinschaften an der Schwelle zur Wirtschafts- und Währungsunion, 1972, S. 72 ff. – Zur Forschungs- und Bildungspolitik aus der Literatur: *B. Beutler u.a.*, Die Europäische Gemeinschaft: Rechtsordnung und Politik, 1979, S. 400 ff. (5. Aufl 2001, S. 646 ff.); C.O. Lenz (Hrsg.), EG-Vertrag, 2. Aufl. 1999, dort die Kommentierung von *H.G. Fischer*, vor Art. 149 u. 150, Rn. 1 ff.; zur europäischen Bildungspolitik und Forschungsförderung: *P. Badura*, Die Universität in Europa, FS Schiedermair, 2001, S. 465 (468 ff.); siehe auch noch das Stichwort vom "Europa der Universitäten" (*L. Jospin*); J. Schwarze u.a. (Hrsg.), Regulierung im Bereich von Medien und Kultur, 2002.

pluralismus – (Stichwort: "Gemeinschaft", "Völker", "Mitgliedstaaten", "Nationen", Regionen als "Subjekte" im Kulturleben Europas)[744].

cc) *Kulturelle Grundrechte par excellence* hat die EU-Grundrechte-Charta (2000) rezipiert: neben der Gedanken-, Gewissens- und Religionsfreiheit (Art. 10) gemäß Art. 9 EMRK sind es vor allem die Freiheit von Kunst und Wissenschaft (Art. 13) und das Recht auf Bildung (Art. 14), die das Kulturverfassungsrecht der EU freiheitlich-pluralistisch machen und die drei kulturellen Urfreiheiten Religion, Kunst und Wissenschaft bündeln, eingedenk des *Goethe*-Wortes: "Wer Wissenschaft und Kunst besitzt, hat Religion, wer diese beiden nicht besitzt, habe Religion". Auch der Schutz des "geistigen Eigentums"[745] (Art. 11 Abs. 2) gehört in diesen Kontext. Wenn im an sich grundrechtlichen Kapitel III "Gleichheit" gesagt ist: "Die Union achtet die Vielfalt der Kulturen, Religionen und Sprachen", verbunden mit einem Hinweis auf Art. 6 EUV und Art. 151 I und IV EGV sowie die Erklärung 111 zur Schlussakte von Amsterdam betreffend den Status der Kirchen und weltanschaulichen Gemeinschaften, so ist hier nicht nur eine Mehrfach-Rezeption erfolgt, vielmehr wird auch die Grenzlinie zwischen Grundrechten und Unionszielen evident durchlässig. Der Achtungsauftrag ist ein grundrechtsrelevantes Unionsziel. Im ganzen nimmt die Verfassungsgemeinschaft EU immer bald die nationale Ebene ins Blickfeld (vgl. auch Art. 30 EGV: "Schutz nationalen Kulturgutes von künstlerischem, geschichtlichem oder archäologischem Wert"), bald die gemeineuropäische (vgl. Art. 151 Abs. 1 und 2: "gemeinsames kulturelles Erbe", "kulturelles Erbe von europäischer Bedeutung"). Dass die EU/EG auf dem Felde des Kulturverfassungsrechts besonders viel vom Kulturrecht im Europa im weiteren Sinne rezipiert hat, zeigt das Folgende, womit zugleich die Osmose[746] zwischen beiden Teilen des europäische Hauses dokumentiert wird. Auch hier diene die Systematik der Trias von Präambeln, Zielen und Grundrechten der Erschließung des Rechtsstoffes.

b) Kulturverfassungsrecht in Europa im weiteren Sinne

Den Grundlagentext bildet hier das Europäische Kulturabkommen des Europarates (1954).

aa) Schon die *Präambel* schafft innovative Maßstäbe. Gleich eingangs ist die Rede von "Idealen und Grundsätzen, die ihr gemeinsames Erbe bilden", vom Ziel des Europarates und seiner Mitglieder, "die europäische Kultur zu wahren und ihre Entwicklung zu fördern", vom Ziel aller Vertragsparteien, das Studium "auch ihrer gemeinsamen Kultur zu fördern".

---

744 Zur Forschung vgl. Art. 163 bis 173 EGV.- Aus der Lit.: *E. Schmidt-Aßmann*, Organisationsfragen der Europäischen Forschungspolitik, FS Everling, 1995, S. 1281 ff.
745 Aus der deutschen Lit.: *F. Fechner*, Geistiges Eigentum und Verfassung, 1999.
746 Von "osmotischer Rezeption" spricht auch *G. Frankenberg*, Stichworte zur "Drittwirkung" der Rechtsphilosophie im Verfassungsrecht, in: R. Gröschner/M. Morlok (Hrsg.), Rechtsphilosophie und Rechtsdogmatik in Zeiten des Umbruchs, 1997, S. 105 ff., 110.

bb) *Allgemeine und spezielle Kulturzielklauseln* finden sich in den nachfolgenden Artikeln: zum Schutz und zur Mehrung ihres Beitrags zum "gemeinsamen kulturellen Erbe Europas" allgemein (Art. 1), sodann (Art. 2) zum Studium der Sprachen und Geschichte. In Art. 3 ist von der Abstimmung der "im europäischen Interesse liegenden kulturellen Maßnahmen" die Rede.

cc) Ein *grundrechtlicher Teilhabeaspekt* kommt in Art. 4 zum Ausdruck ("soweit wie möglich Bewegungsfreiheit und Austausch von Personen und Kulturgütern"). Dasselbe gilt für Art. 5 (europäische Kulturgüter als "Bestandteil des gemeinsamen europäischen kulturellen Erbes" und Erleichterung des "Zugangs zu ihnen").

Die EMRK (1950) und ihre prätorische Fortentwicklung durch den EGMR[747] sei hier nicht auf ihre spezifischen Kulturgehalte untersucht, so sehr sie ins Auge springen. Die Menschenrechte sind Kulturverfassungsrecht par excellence, beginnend mit der Menschenwürdeklausel[748], eine Konzeption, die die gesamte europäische Verfassungslehre grundiert, hier aber nur als Merkposten genannt sei. Der "interkulturelle Dialog über universale Menschenrechte" (*J. Habermas*) führt freilich über Europa hinaus[749].

Im Folgenden ein Blick auf KSZE- bzw. OSZE-Texte: Hier enthält "Korb 3" der Helsinki Schlussakte (1975) beachtliches Material. In einem eigenen Abschnitt "Zusammenarbeit und Austausch im Bereich der Kultur" finden sich u.a. folgende Textpassagen: "in diesem Geist ihren Kulturaustausch wesentlich erweitern, sowohl im Blick auf Personen als auch auf Werke" oder "unter Achtung der Eigenart einer jeden (Kultur) sowie zur Verstärkung des Bewusstseins gemeinsamer Werte unter ihnen", "gegenseitige Kenntnis ihrer Leistungen auf den verschiedenen Gebieten der Kultur", "Weiterentwicklung des Interesses für das Kulturgut... eingedenk der Vorzüge und des Wertes jeder Kultur", "Zugang aller zu den Leistungen ... auf den verschiedenen Gebieten der Kultur ihrer Länder".

Nach dem "annus mirabilis 1989" kam es zu Dokumenten, die den Kulturgedanken für und in Europa in unterschiedlicher Weise zum Ausruck bringen. Während noch das Kopenhagener Treffen (Juni 1990)[750] nur andeutungsweise an die Sache Kultur denkt (Hinweis auf die kulturellen Rechte in I.13) sowie an Rechte von Angehörigen von nationalen Minderheiten, "ihre ethnische, kulturelle, sprachliche und religiöse Identität frei zum Ausdruck zu bringen ... und ihre Kultur in allen ihren Aspekten zu erhalten und zu

---

[747] Aus der Lit.: *A. Frowein/Peukert*, EMRK-Kommentar, 2. Aufl. 1996.
[748] Der Kulturbezug der Menschenwürde wird – allerdings – im grundgesetzlichen Kontext – von *R. Gröschner* für ein spezielles Themenfeld herausgearbeitet: Menschenwürde und Sepulkralkultur in der grundgesetzlichen Ordnung, 1995. Wenn *W. Vögele* die "Menschenwürde zwischen Recht und Theologie" (so die gleichnamige Monographie, 2000) verortet, kommt darin auch ein Kulturbezug zum Ausdruck. Das religiöse, theologische Element ist auch ein Kulturelles.
[749] Vgl. auch *L. Kühnhardt*, Die Universalität der Menschenrechte, 1987. Dazu noch ein aktuelles Beispiel: Wenn der IGH im Juni 2001 feststellt, dass im Fall LaGrand die USA das Recht auf konsularischen Beistand gemäß der Wiener Konvention von 1963 verletzt haben, so ist dieses Recht auf dem Weg zu einem universalen Menschenrecht.
[750] Zit. nach EuGRZ 1990, S. 239 ff.

entwickeln": (IV, 32), auch mit Hinweisen auf das "gemeinsame kulturelle Erbe[751], gibt es in der Charta von Paris für ein neues Europa (November 1990)[752] einen eigenen Abschnitt zur "Kultur", wobei vorweg unter dem Stichwort "Menschenrechte, Demokratie, Rechtsstaatlichkeit" bereits der Schutz der kulturellen Identität nationaler Minderheiten herausgestellt wurde. Ein Kernsatz lautet: "Wir erkennen den wesentlichen Beitrag unserer gemeinsamen europäischen Kultur und unserer gemeinsamen Werte zur Überwindung der Teilung des Kontinents an. Wir unterstreichen daher unser Eintreten für die schöpferische Freiheit sowie für den Schutz und die Förderung unseres kulturellen und geistigen Erbes in all seinem Reichtum und all seiner Vielfalt".

Damit hat das ganze Europa der Kultur einen Klassikertext geschaffen, der seinesgleichen sucht und den jede europäische Verfassungslehre als Grundstein verwenden darf. Dank ihr kann Europa seine eigene Identität gewinnen – zumal im Zeitalter der Globalisierung. Das Dokument des Krakauer Symposiums über das kulturelle Erbe der KSZE-Staaten[753] (1991) liefert weitere wertvolle Stichworte wie "Anerkennung der Bedeutung geistiger und kultureller Werte", "Dialog mit anderen Kulturen", "kultureller Dialog", "Religionsaspekte der Kultur", "gemeinsame kulturelle Identität der Mitgliedstaaten". Während diese Passagen in der Präambel stehen, wird es noch konkreter in den Artikeln, etwa zur "Kultur und Freiheit" mit Aussagen zur "kulturellen Kreativität", zur "Vielfalt vom Staat unabhängiger Mitgliedstaaten", zum "Pluralismus", zum "ungehinderten Zugang zur Kultur", zu den nationalen Minderheiten als Bereicherung des kulturellen Lebens". Aus dem Abschnitt "Kultur und kulturelles Erbe" sind neue Wortschöpfungen wie "kollektives Gedächtnis", ebenso bemerkenswert wie Aussagen zum Ziel, das "Bewusstsein der Öffentlichkeit für den Wert des kulturellen Erbes" zu fördern. Dass das kulturelle Erbe nicht nur retrospektiv zu verstehen ist, verlangt Ziff. III. 29: "Die Teilnehmerstaaten werden auch den neueren Beiträgen zum kulturellen Erbe (Kunst des 20. Jahrhunderts...) Aufmerksamkeit schenken". Mit all dem liegt genügend Material vor, um einen Theorierahmen zu skizzieren[754]. Doch zuvor noch ein spezifischer Blick auf private und gesellschaftliche Kulturinitiativen, die schon seit mehr als drei Jahrzehnten ein Stück der kulturellen Öffentlichkeit Europas formen.

c) Insbesondere: Private und gesellschaftliche Kulturinitiativen: Aktivitäten einzelner Bürger im Kraftfeld der kulturellen Öffentlichkeit Europas in den 70er und 80er Jahren.

Spätestens jetzt bedarf das aktuelle Bild des "offiziellen" Europa als Kultur der Ergänzung um "private" Aktivitäten und Stellungnahmen auf der europäischen Ebene. So sehr ihnen Verbindlichkeit fehlt, so wirksam können sie mittelfristig kulturell werden.

---

751   S. auch Ziff. 35 ebd.: "ethnische, kulturelle, sprachliche und religiöse Identität bestimmter nationaler Minderheiten.
752   Zit. nach EuGRZ 1990, S. 517 ff.
753   Zit. nach EuGRZ 1991, S. 250 ff.
754   Siehe auch *R. Wägenbaur*, Auf dem Weg zur Bildungs- und Kulturgemeinschaft, GS Grabitz, 1995, S. 851 ff. Bei der Theoriebildung muss vor allem auch der Gemeinschaftsgedanke immer mit bedacht werden.

Auf Dauer leben die Vielfalt und Identität der europäischen Kultur weniger von den staatlichen/überstaatlichen Institutionen, so wichtig und ausbauwürdig diese sind, als vielmehr aus dem Bewusstsein der europäischen Bürger und Völker und aus ihrem praktischen Handeln und Gestalten. Künstlern, Wissenschaftlern, Literaten und einzelnen Politikern kommt hier eine besondere Verantwortung zu. Sie schaffen und beleben die *kulturelle Öffentlichkeit Europas*[755] durch Wort und Tat, durch Spruch und Widerspruch, durch Phantasie und Utopie, durch "Eigensinn" und Gemeinsinn. Vielleicht ist Europa schon jetzt und auch in Zukunft mehr eine Kultur der vielfältigen Europäischen *Gesellschaft* als eine Kultur seiner *Staaten* und ihrer *überstaatlichen* Einrichtungen, was diese von ihrer – nicht geringen – Verantwortung für Kultur indes keineswegs freistellt.

Blicken wir in diesem Sinne auf das Europa in den Köpfen – und Herzen – der Künstler, Wissenschaftler, Literaten und (auch politischen) Einzelpersönlichkeiten, so wird hier *Europa als Kultur* ebenso greifbar wie lebendig. Das zeigt sich z.B. an der Europa-Anthologie 1982, die *L. Schöne* im EG-Magazin (9/82), Sonderteil "Leben in Europa", herausgegeben hat: Elf deutschsprachige Schriftsteller variieren in ihren Antworten die Frage nach dem "Leben in Europa"[756]. Nach *Schöne* selbst kann der Begriff Europa nur meinen: "Idee einer gemeinsamen Kultur, über die Jahrhunderte hinweggetrieben, von der griechischen Polis und den Evangelisten ... hin zur italienischen Renaissance, der deutschen Reformation und dem spanischen Barock bis zur französischen Aufklärung, der deutschen Klassik, der französischen Revolution, der europäischen Restauration, dem literarischen Realismus in Russland, England und Frankreich, der europäischen Agonie um die Jahrhundertwende. Europa – getrieben, erschüttert und gewachsen durch eine Folge geistiger Impulse."

Aus den Antworten der Schriftsteller selbst sei noch *G. Uedings* Beitrag "Die Europamüden" herausgegriffen: "Vom Glanz und Verlust eines Themas in der deutschsprachigen Literatur dieses Jahrhunderts"[757]. *Ueding* spricht vom geistigen und ästhetischen Reduktionismus der deutschen Gegenwartsliteratur und er glaubt, eine allgemeine Europamüdigkeit beobachten zu können.

Als weiteres Beispiel diene die Fernsehdiskussion zum Thema Europa im Herbst 1982[758]: *P. Wapnewski* sieht Europa als historische Größe, eine kulturelle Größe, ohne das Historische überbetonen zu wollen, *R. Dahrendorf* möchte für Europa immer auch die osteuropäischen Länder hinzunehmen, *R. Liebermann* beruft sich auf das "Vom-Ural-bis-zum-Atlantik"-Zitat de Gaulles, *M. von Bieberstein* spricht nicht von einer europäischen Identität, sondern von einer (aus Frankreich, Italien, Schweiz etc.) "zusammengesetzten Identität", *R. Dahrendorf* charakterisiert es als "Kernmerkmal von Europa, dass man sich in diesem Europa zu Hause fühlt und dass trotzdem dieses Europa so verschiedene Kulturen und Sprachen hat". Er bezweifelt die Berechtigung einer inhaltli-

---

755   Dazu auch meine Berliner Schrift: Gibt es eine Europäische Öffentlichkeit?, 2000, S. 17 ff.
756   Schon 1973 hat *T. Koch* eine vergleichbare Anthologie "Europa persönlich" herausgegeben und resümiert, alle Autoren fühlten sich in Europa wohl.
757   AaO., S. 29 ff.
758   Veröffentlicht in der "Zeit" Nr. 45 vom 5. Nov. 1982, S. 33-35 unter dem Titel "Zwischen Käse und Kultur. Ist Europa, die Keimzelle des Abendlandes, zu einem Markt heruntergekommen?".

chen europäischen Kulturpolitik und möchte diese "dezentralisiert" sehen, unterstützt von *M. v. Bieberstein,* der die kulturpolitischen Projekte des Europarates fast ausschließlich von der Region ausgehen sieht[759].

Lässt man die zitierten Äußerungen und erwähnten Aktivitäten im ganzen Revue passieren, so ergibt sich ein Gesamtbild in Sachen Kultur, so fragmentarisch diese "Bilanz" naturgemäß ist: Kultur hat als Thema "Konjunktur"; das mag Gefahren in sich bergen, bringt aber zunächst einmal auch Vorteile. Inhaltlich werden Vielfalt und Identität von Kulturen bewusst, ihre große Bedeutung für die Unverwechselbarkeit der Völker, aber auch für die Verwirklichung des einzelnen Menschen und Bürgers. Das *offene Kulturkonzept*[760] ist insofern angesprochen, als auch "Alternativkulturen" gewürdigt werden. Austausch und Kommunikation der Völker untereinander werden gerade der Vielfalt ihrer Kulturen wegen ein Programm; aber auch der Schutz dieser Kulturen vor zivilisatorischer Einebnung (etwa über die Massenmedien) ist als wichtiges Ziel erkannt. Freiheit von Kunst und Kultur bleibt ein Leitmotiv von Künstlern und Kulturschaffenden. Schließlich wird Kultur und Kulturpolitik nicht nur als Sache des Staates und seiner Institutionen erkannt; Potenzen und Kompetenzen Einzelner und gesellschaftlicher Gruppen werden ebenso gesehen. Die Künstler fordern neben Freiheit mehr Repräsentation, sie fordern Partizipation, auch Förderung[761].

All dies betrifft nicht nur die Ebene Europas, es zeigt sich ebenso innerhalb der Einzelstaaten dieses Europas wie weltweit. Dennoch ist *Europa* als Ganzes heute kulturell in besonderer Weise gefordert. Die Vielfalt der Kulturen seiner Völker ist in einen Gesamtrahmen eingebettet, der diese Völker zum Europa als Kultur verbindet. *Wie* diese Vielfalt und Einheit "zusammenstimmen" können, wie das gemeinsame kulturelle Erbe *und* die gemeinsame kulturelle Zukunft bewahrt bzw. gewonnen werden können, das dürfte die Gretchenfrage sein. Die *europäische Öffentlichkeit* von heute ermutigt (dazu Erster Teil C.).

II. Ein Theorierahmen: Die werdende Kulturverfassung Europas

Die Bestandsaufnahme hat eine große Vielfalt und Lebendigkeit kulturpolitischer Vorgänge und Initiativen,[762] Hoffnungen und Aktivitäten in Bezug auf Europa sowie in

---

759 Im Sinne eines Votums nur für kulturelle Regionalpolitik auch *R. Liebermann,* ebd. Für die erstmals von *R. Liebermann* 1979 angeregte "Europäische Kulturinitiative" sprach sich Altbundespräsident *W. Scheel* in Zürich aus (Nordbayrischer Kurier vom 11. Febr. 1983, S. 14): die kulturellen Fragen seien bei der wirtschaftlichen und politischen Einigung Europas zu sehr vernachlässigt worden. *Scheel* ist der Überzeugung, "dass wir die einzelne nationale Kultur verfälschen, wenn wir sie aus dem europäischen Zusammenhang isolieren". Das Thema europäischer Kulturpolitik behandelt auch *O. Schwencke,* Europa eine Seele geben. Kulturpolitik auf dem Weg zu einer europäischen Bürgergesellschaft?, in: T. Röpke/B. Wagner (Hrsg.), Jahrbuch für Kulturpolitik 2000, Bd. 1, 2000, S. 303 ff.
760 Dazu *P. Häberle,* Kulturpolitik in der Stadt – ein Verfassungsauftrag, 1979, S. 35.
761 Eine besondere Form "privater Kulturinitiativen" in Europa mögen auch "Brieffreundschaften in Europa" sein, zu denken ist an das Beispiel von *G.W. Leibniz.*
762 Dem Wort und der Sache nach kommt "Kultur" als Ganzes und in einigen Teilaspekten in dem bekannten *Tindemans*-Bericht vom 29. Dez. 1975 (Bulletin der Europäischen Gemeinschaften, Beilage 1/76) zum Ausdruck. Im Schreiben von *L. Tindemans* an seine Kollegen im Europäischen

Europa erkennbar werden lassen, und sie hat eine Reihe von *fundierenden* kulturrechtlichen Texten zu Tage gefördert, die schon jetzt Elemente eines kulturellen Europas in juristischer Gestalt bilden. Beides führt mittel- und langfristig zu europäischem Kulturverfassungsrecht "im Werden". Dabei können Anleihen bei den Strukturen des innerstaatlichen Kulturverfassungsrechts gemacht werden.

Mehr als in jedem anderen Teilbereich einer verfassungsstaatlichen Verfassung ist freilich der Bereich der Kultur von vornherein nur begrenzt "verfassbar": weil Autonomie und Freiheit von Wissenschaft und Kunst, von Alternativ- und Gegenkulturen nur *begrenzt* vom Recht erfasst werden dürfen und sollen: es schafft eher Rahmenbedingungen, zieht schützende Grenzen und regt nur sehr bedingt an. An diese *Grenzen der Verrechtlichung* muss gerade von einem "offenen Kulturkonzept" aus immer wieder erinnert werden. Und speziell Europa wird ja gerade als Kultur durch Vielfalt und Austausch, regionale Autonomie und Dezentralisierung[763], kulturelle Freiheit und Pluralismus konstituiert. Diese Aspekte sind Teil des vielberufenen "kulturellen Erbes" Europas, das ihm auch für die Zukunft mit auf den Weg gegeben ist. Vor allem die Freiheit des Einzelnen bildet *das* ererbte "Kulturgut" Europas und diese Freiheit ist zugleich eine Garantie dafür, dass sich die Kultur Europas weiterentfaltet[764].

Im Folgenden werden einige jener Prinzipien erarbeitet, die Ansatzpunkte für ein europäisches Kulturverfassungsrecht "im Werden" sind. Dabei ist das Koordinatensystem zu entwickeln, in dessen Rahmen sich in Zukunft Prozesse der Verdichtung kultur*politischer* Programme und Inhalte zu kultur*rechtlichen* Prinzipien abspielen könnten. Das Ganze ist als ein spezielles Anwendungsfeld kulturwissenschaftlicher Arbeitsmethoden zu begreifen[765].

Rat heißt es: "Sinn der Europäischen Union muss es sein, uralte, oft zwischen Nationalstaaten aufrechterhaltene Gegensätze zu überwinden und eine humanere Gesellschaft zu erreichen, in der bei gegenseitiger Achtung unserer nationalen und kulturellen Eigenarten das Gewicht eher auf das gelegt wird, was uns eint, als auf das, was uns trennt". Im Bericht selbst ist mehrfach von der "europäischen Identität" die Rede; gefordert wird der Aufbau einer "Gesellschaftsform, die uns eigen ist und die Werte widerspiegelt, die zugleich Erbe und gemeinsame Schöpfung unserer Völker sind". Unter dem Stichwort "eine konkrete Solidarität" heißt es: "Die Europäische Union muss im täglichen Leben fühlbar werden und bürgernah sein. Sie muss in Bildung und Kultur, Information und Nachrichtenwesen, Jugendbetreuung und Freizeitgestaltung ihren Ausdruck finden." *Tindemans* fordert auch eine "gemeinsame Forschungspolitik", und unter dem Stichwort "die äußeren Zeichen unserer Solidarität" heißt es: "Ebenso müssen wir eine stärkere Verflechtung im Bildungswesen fördern, indem der Schüler- und Studentenaustausch unterstützt wird. Den Europäern von morgen muss die europäische Realität als eine persönliche und konkrete Erfahrung vor Augen geführt werden, und es muss ihnen eine gründliche Kenntnis unserer Sprachen und unserer Kultur vermittelt werden, denn hieraus erwächst das gemeinsame Erbe, das eben die Europäische Union schützen muss."

763 Eine radikale Dezentralisierung Europas forderte jüngst Kommissionspräsident *R. Prodi* (2004).
764 Der katholische "Rat der Europäischen Bischofskonferenzen" rief mit seinem "Wort zu Europa" vom 3.7.1977 früh zur Einigung Europas auf. Er wies darauf hin, dass das "Christentum zu den Kräften gehört habe, die Europas Geschichte, Entwicklung und Kultur gestaltet hätten" (zit. nach SZ vom 30. Juni 1977; dazu auch *I. Pernice*, JZ 1977, S. 777 (781)). Siehe dazu auch *H. Maier*, Europa ohne Christentum – was wäre anders?, FAZ vom 17. Mai 2001.
765 Vgl. meinen Beitrag: Vom Kulturstaat zum Kulturverfassungsrecht, in: P. Häberle (Hrsg.), Kulturstaatlichkeit und Kulturverfassungsrecht, 1982, S. 53 ff. – Kulturwissenschaftlich in der Sache setzt *W. Hallstein*, Die europäische Gemeinschaft, 1. Aufl. 1973, S. 14 an: "Die wissen-

1. Europa zwischen kulturellem Erbe und kulturellem Auftrag: die Zeitdimension, Europa als kultureller Prozess

Der vielzitierte Reichtum des "kulturellen Erbes" Europas ist nicht von heute auf morgen entstanden. Diese – banale – Einsicht zwingt zu Folgerungen: Europa als Kultur war und ist vor allem ein *Prozess in der Zeit*. Seine Vielfalt – auch seine Ungleichzeitigkeiten – sind eine Form des Pluralismus in der Zeit. Rechtlich muss alles getan werden, dass Europa dieser Prozess bleibt: Nur so ist seine Vielfalt garantiert. Was in Präambeln und anderen kulturbezogenen Rechtstexten (nicht nur in Art. 151 Abs. 1 EGV) als "Erbe" charakterisiert wird[766], kann nur "in processu" weiter vermittelt werden. Die Rechtsordnung hat ein Optimum an Rahmenbedingungen hierfür zu schaffen: Genannt seien kulturelle Grundrechte sowie regionale, präföderale und föderale Staatsstrukturen als Pluralismusgarantien.

Ein Europa, das bei aller Vielfalt als eine "einheitliche Kultur" begriffen wird, muss sich seiner Identität bewusst werden, um sie schützen zu können. Es darf sich vor allem nicht zur *Politik* hin bzw. von ihr her instrumentalisieren, und es sollte sich auch nicht von der *Wirtschaft* vereinnahmen lassen. Der Streit um die Subventionierung der Filmwirtschaft (bzw. genauer: Filmkultur!) ist hier ein warnendes Beispiel[767]. So unentbehrlich historisch die Wirtschaft für das Zusammenwachsen Europas war und so wichtig die wirtschaftliche Basis bleibt: Sie ist kein Selbstzweck. Europa ist Europa als *Kultur*, es bleibt Europa nur *als* Kultur, und alle kulturpolitischen Bemühungen in und um Eu-

---

schaftliche Darstellung spiegelt diese Tatsache vielleicht stärker in der Kunst- und Literaturgeschichte, die europäisch blieb, und weniger stark in anderen Zweigen wie der politischen Geschichte, die weithin eine Addition von Nationalgeschichten wurde, oder der Rechtswissenschaft, die allzu leicht der Schwerkraft der nationalen Gesetzgebungsmassen erlag, oder der Wirtschaftswissenschaft, die unbeschadet des Vielen, das wir ihr für unsere wirtschaftspolitische Arbeit verdanken, uns noch manchmal durch ihre "national"-ökonomische Einstellung enttäuscht." Unter dem Aspekt "Kultur" ist *W. Hallsteins* Buch "Die Europäische Gemeinschaft" in seiner 5. Aufl. 1979 noch ergiebiger: Das Plädoyer für die Ausdehnung der europäischen Einigung auf Kulturpolitik (S. 31) und der Hinweis auf die Bedeutung der Niederlassungsfreiheit für die freien Berufe für die Kulturpolitik (S. 141). *Hallstein* spricht sogar von der "kulturellen Persönlichkeit Europas" (S. 212), im Rahmen eines eigenen Abschnitts über "Kulturpolitik" (S. 211-216). – S. auch *C. Schmid*, Erinnerungen, 1981, S. 484 ff., den den Europa-Gedanken mit der "Freiheit der Kultur" in Konfrontierung mit dem Totalitarismus in Zusammenhang bringt; *ders.* ebda. zur Kulturkonferenz der Europäischen Bewegung, die 1949 in Lausanne stattfand und aus der der Kongreß für die Freiheit der Kultur in Berlin Ende Juni 1950 entstand. Vgl. auch des Vorsitzenden *G. Thorns* geglücktes Wort von der "kulturellen Finalität der wirtschaftlichen Entwicklung" (zitiert nach FAZ vom 16. Mai 1983, S. 23). Aus der älteren Lit. noch: *G. Hindrichs*, Kulturgemeinschaft Europa, 1968.

[766] Zu "kulturelles-Erbe-Klauseln" in verfassungstheoretischer Sicht allgemein mein Münchener Vortrag "Zeit und Verfassungskultur" (1981), in: A. Mohler (Hrsg.), Die Zeit, 1982, S. 289 (295 ff.); ferner meine Schrift: Verfassungslehre als Kulturwissenschaft, 1982, (2. Aufl. 1998), S. 98 ff. u.ö.

[767] Dazu für heute: *T. Oppermann*, Europarecht, 2. Aufl. 1999, S. 680. Positiv sei allerdings erwähnt, was z.B. ein "Europa-Filmpreis" für die kulturelle Öffentlichkeit in Europa bedeuten kann.

ropa wollen ja gerade dies bewusst machen: Europa muss seine Zukunft im kulturellen Bereich suchen bzw. wiederfinden[768]. Was folgt daraus praktisch?

Kulturpolitisch und kulturrechtlich sollte einerseits dafür gesorgt werden, dass dieses kulturelle Erbe *als Ganzes* und in seinen *Teilen* bewahrt wird. Gesetze zum Schutz nationalen Kulturgutes sind insofern konsequent[769]. Im Interesse der Kommunikation in Europa ist aber möglicherweise zu differenzieren: Vielleicht ist ein Verkauf von bestimmten Kulturgütern an andere Teile *Europas* zulässig, ja sogar erwünscht: im Interesse der Kommunikation und des Austausches bzw. der gegenseitigen Anerkennung der kulturellen Identität des Nachbarn. Die nationalen Kulturgüter sind ja ein Teil des "gemeinsamen Erbes"[770]. Vielleicht lässt sich in dieser Richtung das Gesetz über die unerwünschte Abwanderung deutschen Kulturgutes ins Ausland reformieren, ebenso alle Parallelgesetze in anderen Ländern. Das *europäische* "Ausland" wird privilegiert, ist es mittlerweile ohnehin schon "europäisches Inland" geworden.

Ein weiteres Beispiel ist der Streit um die Rückgabe abhanden gekommenen nationalen Kulturgutes[771]. Er müsste sich *innerhalb* Europas eher schlichten lassen als weltweit (man denke an den Streit zwischen England und Griechenland um Teile der Akropolis in Athen: die Elgin-Marbles, an den Beutekunststreit zwischen Russland und Deutschland).

Es geht aber nicht nur um die *Bewahrung* und Vermittlung des kulturellen Erbes als solchem. Europas kultureller Auftrag als in die *Zukunft* weisender Prozess verlangt z.B. Öffnung und Offenheit für neue kulturelle Entwicklungen, etwa für "Alternativkulturen". Das kann sich bei regionalen Förderungspolitiken europäischer Instanzen auswirken. Ein Europa, das im Selbstverständnis auf dem Status quo seines überkommen Erbes "sitzen" bliebe, stellte sich selbst in Frage. M.a.W.: Der Pluralismus, der im *Rückblick* auf die Vergangenheit Europas praktiziert wird, muss auch die *Zukunft* prägen. Insofern ist die Kultur Europas und d. h. Europa *unterwegs:* ein offener Prozess. Die Freiheit *der* Kultur und die Freiheit *als* Kultur ist eine Bedingung dafür, dass dieses Europa auch eine kulturelle Zukunft hat. Soweit begrenzte Leistungen staatlicherseits

---

768   Im Schlusskommuniqué der Haager Gipfelkonferenz vom Dezember 1969 wurde die Notwendigkeit betont, Europa als "eine ungewöhnliche Quelle der Entwicklung, des Fortschritts und der Kultur zu erhalten", vgl. für eine gemeinsame Bildungspolitik, Bulletin der Europäischen Gemeinschaften, Beil. 3/74, Ziff. 2; Ziff. 56 ebd., spricht von der "politischen, sozialen und kulturellen Realität des Aufbaus der Europäischen Gemeinschaft". – Zum Fehlen einer europäischen öffentlichen Meinung damals aber: *L.J. Constantinesco,* Das direktgewählte Parlament, in: Ged.-Schrift für Sasse, Bd. I, 1981, S. 247 (256 ff.). – Von einem sehr "unterschiedlichen sozial-kulturellen 'Unterbau'" innerhalb der EG spricht *T. Oppermann,* Juristische Fortschritte durch die europäische Integration?, in: Tradition und Fortschritt im Recht, 1977, S. 415 (427). Zur Kulturgutssicherung der EU/EG: *T. Oppermann,* Europarecht, aaO., S. 863.

769   Siehe in diesem Zusammenhang auch: *F. Fechner,* Die Vorhaben der EG zum Kulturgüterschutz, DÖV 1992, S. 609 ff.; *J. Schwarze,* Der Schutz nationalen Kulturguts im europäischen Binnenmarkt, JZ 1994, S. 111 ff.; *W. Eberl,* Probleme und Auswirkungen der EG-Vorschriften zum Kulturgüterschutz, NVwZ 1994, S. 729 ff.

770   Art. 5 des oben zitierten Europäischen Kulturabkommens vom 19. Dez. 1954.

771   Bemerkenswert ist der Entwurf der "Kopernikus-Gruppe" für eine Lösung der Probleme um kriegsbedingt verbrachte Kulturgüter in Deutschland und Polen, dazu FAZ vom 11. Dez. 2000, S. 14: "Gemeinsam europäisches Kulturerbe wahren".

erforderlich werden, sollten sie grundsätzlich dezentralisiert, nur ausnahmsweise (z.B. im Weg der Harmonisierung des Kulturrechts wie des Urheberschutzes etc.) einheitlich erbracht werden[772].

2. Einzelne Garantien der Vielfalt und Einheit, Offenheit und Identität Europas als Kultur

Die Konzeption der Vielfalt und Einheit, Offenheit und Identität Europas als Kultur verlangt Analogien zu Rechts*prinzipien*, die im *inner*staatlichen Kulturverfassungsrecht einzelner Länder bereits erprobt sind. Vor allem die deutschsprachigen Länder, insbesondere die Bundesrepublik Deutschland und ihre Einzelstaaten, die Schweiz als Bundesstaat und ihre Kantone, begrenzt auch Österreich[773], zeichnen sich schon heute durch ein *exemplarisches* Kulturverfassungsrecht aus. Seine Bestandteile sind vor allem differenzierte Kataloge kultureller Grundrechte im engeren Sinne (in Deutschland), Erziehungsziele sowie Vorformen kultureller Bundesstaatlichkeit (Regionen in Italien und in Spanien), Dezentralisierungstendenzen in England ("devolution") und Frankreich und Formen kultureller Bundesstaatlichkeit (Kulturhoheit bei den Ländern bzw. Kantonen). Diese kulturverfassungsrechtlichen Strukturen können Anschauungsunterricht sein und "Baumaterial" liefern für die künftige Arbeit am europäischen Kulturverfassungsrecht: de lege (bzw. constitutione) lata und de lege (bzw. constitutione) ferenda.

Das sei im Folgenden näher umrissen.

---

772 Im Rahmen der EG gab es schon früh vielfältige *kulturelle* Initiativen: vgl. die Entschließung des Europäischen Parlaments zum Schutz des europäischen Kulturgutes (Amtsblatt der EG, Nr. 62/5; 30.5.1974). Ihre Stichworte sind: "drohender Verlust europäischen Kulturgutes"; Notwendigkeit, "die Zeugen der historischen und künstlerischen Vergangenheit zu bewahren und der Öffentlichkeit den Reichtum, den dieses Erbe für alle Völker bedeutet, klarer bewusst zu machen"; der Hinweis auf die Erklärung über die europäische Identität der Staats- und Regierungschefs der Länder vom 14.12.1973; das Erziehungsziel bei der Jugend, "Verständnis für alte Kulturschätze zu wecken ..., ohne das zeitgenössische Kulturgut zu vernachlässigen"; die Überzeugung, dass sich die Jugend "chancengleich mit diesen Kulturschätzen vertraut" machen sollte; "Schutz und Förderung des Kulturschaffenden". Die *kulturelle* Dimension wird der *wirtschaftlichen* gleichsam 'angelagert': Das zeigt sich darin, dass der Dienststelle für "Umwelt und Verbraucherschutz" auch die Kompetenz "Schutz des Kulturgutes" zugeschrieben wird (Ziff. 7 der Entschließung) und eine Abteilung "Fragen im Kulturbereich" geschaffen wird. Vgl. die Schaffung eines Fonds zur Finanzierung der Restaurierung von Kulturdenkmälern und historischen Stätten und die Aufforderung an alle Mitgliedstaaten, die UNESCO-Konvention vom 14.11.1970 über die "Maßnahmen zum Verbot und zur Verhinderung der rechtswidrigen Einfuhr, Ausfuhr und Weitergabe von Kulturgut" zu ratifizieren. Die schrittweise Erweiterung wirtschaftlicher um kulturpolitische Kompetenzen zeigt sich auch in der Entschließung des Rates vom 6. Juni 1974 (Amtsblatt, Nr. C 98/1) über die gegenseitige Anerkennung der Diplome etc.: "zweckmäßig, dass die Bildungspolitik einen positiven Beitrag zur Niederlassungsfreiheit leistet". Vgl. den Bericht der Kommission vom 8. Okt. 1982: "Le renforcement de l'action communautaire dans le secteur culturel" mit Stichworten wie: "Le libre échange des biens culturels", "L'amélioration des conditions de vie et de travail des travailleurs culturels" und "La conversation du patrimoine architectural". In diesem Kontext sollte auch die Buchpreisbindung kurze Erwähnung finden, dazu: *B. Lunkewitz*, Bitte keine Brüssler Einheitsfrisur!, FAZ vom 2. August 2001, S. 47.

773 Dazu mein Kulturverfassungsrecht im Bundesstaat, 1980, vor allem ebd. S. 77 ff. zu den beispielhaften Kulturförderungsgesetzen. Weiteres in JöR 54 (2006), i.E.

a) Kulturelle Grundrechte als ein Stück Freiheit der Kultur

Auf Europaebene gelten schon jetzt Aspekte der Freiheit der Kultur[774] in Gestalt kultureller Grundrechte (im engeren Sinne). Einmal insofern und direkt, als die EMRK-Grundfreiheiten in allen Staaten Europas in Kraft sind. Zum anderen in der Weise, dass viele Länder in Europa in gleicher oder doch ähnlicher Weise kulturelle Grundrechte nicht nur für ihre Staatsbürger, sondern für jedermann gewährleisten. Darin sind schon jetzt Elemente europäischen Kulturverfassungsrechts zu erblicken.

Als Beispiel seien genannt:

Aus der EMRK[775] von 1950: etwa das spezielle kulturelle Grundrecht auf Achtung der privaten Sphäre (Art. 8) oder die Gedanken-, Gewissens- und Religionsfreiheit (Art. 9), auch die Versammlungs- und Vereinsfreiheit (Art. 11). Art. 2 des Zusatzprotokolls vom 20.3.1952 (Recht auf Bildung, Erziehungsrecht der Eltern) ist ebenfalls ein kulturelles Grundrecht per excellence[776], aus der EU-Grundrechte-Charta (2000): Art. 11, Art. 13 und 14.

Soweit sich kulturelle Grundrechte in den einzelnen Verfassungsstaaten Europas ganz oder teilweise entsprechen, stellt sich die Frage, ob sich insofern schon *gemeineuropäisches* Recht, in concreto "gemeineuropäisches Kulturverfassungsrecht" entwickelt hat bzw. noch entwickelt. Eine "parallele" Geltung der Religionsfreiheit in allen europäischen Verfassungsstaaten oder der Freiheit von Kunst und Wissenschaft ist ein Stück europäischen Kulturverfassungsrechts. Mag formal Rechtsquelle der einzelstaatliche Gesetzgeber sein, im *kulturellen Gesamtrahmen* Europas und im Ergebnis kommt es zu einem *gemeineuropäischen Standard* an kultureller Freiheit auf dem Gebiet von Religion[777], von Wissenschaft und Kunst. Entsprechendes kann für das elterliche Erziehungsrecht[778] oder die Ausbildungsfreiheit gesagt werden[779]. In der Zukunft dürften Aspekte der Medienfreiheit in den Vordergrund rücken.

---

774 W. *von Simson* hat im Zusammenhang mit der Problematik der Menschenrechte mehrfach den Aspekt des Kulturellen betont: vgl. *ders.*, Die Bedingtheit der Menschenrechte, in: Liber amicorum, FS B.C.H. Aubin, 1979, S. 217 (218): "Kulturgemeinschaft", und *ders.*, Internationaler Gerichtshof für Menschenrechte?, wiederabgedruckt in: *ders.*, Der Staat und die Staatengemeinschaft, 1978, S. 195 (197): "gemeinsame Rechtsüberzeugung oder gemeinsame Kultur der Freiheit" ... wird offenbar, dass diese Gemeinsamkeit der Rechtsüberzeugung oder der Kultur die unentbehrliche Bedingung für einen rechtlichen Schutz von Menschenrechten ist ...".

775 Zit. nach *Berber*, aaO. – Zum Schutz des "Privatlebens" durch Art. 8 MRK vgl. *H.-U. Evers*, in: FS H.R. Klecatsky, Bd. 1, 1980, S. 177 ff.; durch den EuGH: *R. Streinz*, Europarecht, 6. Aufl. 2003, S. 147.

776 Eine Einzelanalyse der *Europäischen Sozialcharta* könnte auch in ihren Artikeln kulturelle Aspekte ausmachen, so sehr diese bloßem "soft law" ähneln: Art. 7 (Jugendschutz), Art. 10 (Recht auf berufliche Ausbildung, z B. Zugang zu Universitäten nach "alleiniger Maßgabe der persönlichen Eignung").

777 Zum Urteil des EuGH in der Sache "Prais" bzw. zu *religionsrechtlichen* Aspekten im Europäischen Gemeinschaftsrecht s. den gleichnamigen Aufsatz von *I. Pernice*, JZ 1977, S. 777 ff.

778 S. die Rechtsprechung des EGMR, die hier "Vorreiter" ist. Zum Recht auf *Bildung* nach Art. 2 des Ersten Zusatzprotokolls zur EMRK: *H. Walter*, Die Rechtsprechung des Europäischen Gerichtshofs für Menschenrechte 1959-1974, JöR 24 (1975), S. 25 (45 f.). – Zum belgischen *Sprachenstreitfall* des EGMR *ders.*, ebd. S. 44.: *C. Eiselstein*, Staatliches Bildungsmonopol und Europäische Menschenrechtskonvention, in: Birk/Dittmann/Erhardt (Hrsg.), Kulturverwaltungsrecht im

An dieser Stelle kann keine Theorie gemeineuropäischen Rechts im allgemeinen und gemeineuropäischen Kulturverfassungsrechts im Besonderen entworfen werden. Nur die Kategorie "gemeinen Rechts auf Europaebene" als solche sei zur Diskussion gestellt. Sie besitzt innerstaatlich in der Lehre vom "gemeindeutschen Verfassungsrecht"[780] ein Gegenstück. Das Besondere an der Idee und Wirklichkeit gemeinen Rechts auf Europaebene liegt darin, dass hier Europa als *kultureller Rahmen* auch *rechtlich* greifbar wird. Die parallele Geltung von Rechtsprinzipien wird Ausdruck gemeinsamer Rechtskultur bzw. Kultur. Wo sich "Lücken" im geltenden innerstaatlichen Recht zeigen, wo sich Auslegungsprobleme ergeben, kann *subsidiär* auf den in Europa vorhandenen Standard zurückgegriffen werden. Das schafft ein Stück kultureller und dann auch rechtlicher Einheit dieses Europas und es setzt zugleich ein Stück dieser Einheit als Rahmen voraus: weil das einzelstaatliche Recht in das gesamteuropäische kulturelle Erbe eingebettet ist. Der Interpret, sei es der Richter oder Wissenschaftler[781], der Gesetzgeber oder Verwaltungsbeamte, wirkt damit zugleich als Katalysator europäischer Integration. Sie ist hier primär kulturelle, nicht wirtschaftliche Integration. Und bei aller

---

Wandel, 1981, S. 178 (180 f.). – Zu Aspekten der *Medienfreiheit* vgl. *M. Seidel*, Rundfunk, insbesondere Werbefunk und innerstaatliche Dienstleistungsfreiheit, in: Ged.-Schrift für Sasse, Bd. I, 1981, S. 351ff.; ebd. S. 365:"Die innerhalb der Gemeinschaft bestehende Freizügigkeit der Arbeit und der freiberuflichen Betätigung schließt die wechselseitige kulturelle Unterrichtung und Durchdringung der Mitgliedstaaten ein". - Zur "Medienvielfalt", die der EuGH schützt: *R. Streinz*, Europarecht, 6. Aufl. 2003, S. 316. S. auch *T. Oppermann*, Europarecht, 2. Aufl. 1999, S. 523; *J. Schwarze*, Medienfreiheit und Medienvielfalt im Europäischen Gemeinschaftsrecht, ZUM 2000, S. 779 ff.; *D. Dörr*, Multimedia und die Rundfunkfreiheit des Art. 10 EMRK, FS Kriele, 1997, S. 1417 ff. – Vergleichend: *B. Holznagel*, Rundfunkfreiheit in Europa, 1996.

779 Zumal hier vom EG-Recht her Kompetenzen und Aktivitäten früh stützend hinzutreten, die z. T. zu europäischem Kulturverwaltungsrecht führen. In den Gesamtberichten über die Tätigkeit der EG finden sich Abschnitte über Politik auf dem Gebiet des Bildungswesens, z.B. 8. Gesamtbericht EG 1974-1976, 208 ff.; 9. Gesamtbericht EG, Ziff. 334 ff.; 10. Gesamtbericht EG, Ziff. 402 ff: Ziff. 406, ebd. berichtet von der dem Parlament vorgelegten "Mitteilung über die gemeinschaftliche Aktion im kulturellen Bereich", die das Parlament in seiner Entschließung vom 8.3.1976 "mit Genugtuung" begrüßt hat. Siehe ferner die Entschließung der im Rat vereinigten Minister für Bildungswesen vom 6. Juni 1974 über die Zusammenarbeit im Bereich des Bildungswesens (Amtsblatt Nr. C 92/2: Schaffung einer "Chancengleichheit für den uneingeschränkten Zugang zu allen Bildungsformen"). Zu Aktivitäten der EG im Erziehungs- und Ausbildungsbereich aus der Literatur: *H.H. Schwan*, Die deutschen Bundesländer im Entscheidungssystem der Europäischen Gemeinschaften, 1982, S. 15 ff. Zur europäischen Wissenschaftsstiftung ebd. S. 18. Vgl. jetzt Art. 149 EGV.

780 Dazu *P. Häberle*, "Landesbrauch" oder parlamentarisches Regierungssystem?, JZ 1969, S. 613 ff. später in: *ders.*, Kommentierte Verfassungsrechtsprechung, 1979, S. 200 ff. mit Nachtrag (S. 213).

781 Auf einem Festakt der Juristenfakultät von Freiburg i. Ue. führte *P. Pescatore,* Mitglied des EuGH in Luxemburg aus, wie sich am EuGH seit Großbritanniens Beitritt zu der EG die beiden reichsten juristischen Traditionen Europas zu einer neuen Rechtskultur vermischten: i.S. eines Beitrags zur Bewahrung und Erneuerung der europäischen Identität (NZZ vom 14.12.1982, S. 32). – Die 1982 von *N. Horn* herausgegebene Festschrift für H. Coing trägt den charakteristischen Titel: "Europäisches Rechtsdenken in Geschichte und Gegenwart". *W. Maihofer*, ebd. S. 579 (580) spricht im Blick auf den Jubilar von "Wiedererinnern und Fortdenken Europäischer Rechtskultur" aus der Sicht der Wissenschaft wie der Philosophie des Rechts. – Die Betonung des Kulturellen darf freilich nicht zum Vorwand dafür werden, zurückzufallen in den Stand eines *nur* geistigen Europas i.S. eines "von den Griechen und Römern 'imaginierten' und von den "lettrés" der Nationen des Kontinents ausgebauten Reiches des Geistes – un jeu de l'esprit" *(de Gaulle* nach *C. Schmid,* Erinnerungen, 1979, S. 751).

Vielfalt der europäischen Kultur: Ein Mindestmaß an kultureller Integration bleibt unentbehrlich.

In Frage stehen also nicht nur die kulturellen Grundrechte im engeren Sinne. *Alle Grundrechte*[782] – verstanden als hart erkämpfte Ergebnisse eines kulturellen Reifungsprozesses – sind Ausdruck von Kultur, d. h. der Kultur des Europa und die USA sowie Kanada verbindenden Typus "Verfassungsstaat". Hinter allen Bemühungen auf EG- oder EMRK-Ebene "Gemeineuropäisches Recht" auszumachen, stehen letztlich *gemeinsame Kulturgehalte, wie* immer sie umschrieben werden[783].

b) Erziehungsziele als Direktiven für Offenheit und für Kommunikation mit anderen (europäischen) Kulturen: Der Weg zur "multikulturellen Gesellschaft" in Europa als Ganzem und in seinen Einzelstaaten

Erziehungsziele, wie sie sich vor allem in den westdeutschen Länderverfassungen nach 1945 finden[784], in den ostdeutschen nach 1989, bilden ein wesentliches Stück des deutschen Kulturverfassungsrechts; besonders prägnant ist das Erziehungsziel nach Art. 26 Verf. Bremen[785]. Sie finden sich aber auch in internationalen Texten[786].

Schließlich lassen sich manche Verfassungsprinzipien "als" Erziehungsziele interpretieren (z.B. Art. 24-26 GG). Die Frage ist, ob sich schon nach geltendem Recht in Euro-

---

782   Im Rahmen der Diskussion über das Thema "Ein Grundrechtskatalog für die Europäischen Gemeinschaften" meint *C. Starck* in seinem gleichnamigen Aufsatz in EuGRZ 1981, S. 545 (548) zu recht: "Es wäre selbst Ausdruck der Kraft gemeinsamer europäischer politischer Kultur, wenn ein europäischer Grundrechtskatalog für die Gemeinschaften zustande gebracht würde. Europa ist nicht nur eine Wirtschaftsunion. Die dahinter stehende Einheit der Kultur zeigt sich eindrucksvoll in der Entwicklung der Grundrechte in Europa ...". S. auch *E. Benda,* Europa als Grundrechtsgemeinschaft, in FS F. Schäfer, 1980, S. 12 ff. – Zu Problemen einer "Charta der Rechte des Bürgers der Europäischen Gemeinschaft" vgl. früh den gleichnamigen Aufsatz von *M. Zuleeg,* in: FS Schlochauer, 1981, S. 982 ff. Der kulturelle Aspekt ist darin indes explizit nicht berührt. Die EU-Grundrechte-Charta von 2000 hat die Voten aus den 80er Jahren eindrucksvoll bestätigt und ist heute gemeinschaftsbildendes "Kulturereignis" im europäischen Konstitutionalisierungsprozess.

783   Vgl. *J. Schwarze,* in: ders., (Hrsg.), Europäisches Verwaltungsrecht im Werden, 1982, S. 19: "gemeineuropäische Verwaltungsordnung" (im Anschluss an *J. Rivero),* wobei auf die "hinter den einzelnen nationalen Verfassungs- und Verwaltungsordnungen stehenden gemeinsamen Wertvorstellungen" (S. 13) Bezug genommen wird. Auch die berühmte Formel des EuGH von den Grundrechten als "allgemeinen Rechtsgrundsätzen, deren Wahrung der Gerichtshof zu sichern hat", gehört hierher, zumal danach die Gewährleistung dieser Rechte von den "gemeinsamen Verfassungsüberlieferungen der Mitgliedsstaaten" getragen sein muss, sich aber auch in die "Struktur und die Ziele der Gemeinschaft einfügen muss" (Internationale Handelsgesellschaft Rs. 11/70, Slg XVI S. 1125 (1135) und ständig). Hier werden die Umrisse eines *gemein-europäischen Grundrechte-Rechts* sichtbar. Dazu schon oben D. II.

784   Aus dem Schrifttum grundlegend *H.-U. Evers,* Die Befugnis des Staates zur Festlegung von Erziehungszielen ... 1979; später *P. Häberle,* Verfassungsprinzipien als Erziehungsziele, FS H. Huber, 1981, S. 211 ff.; *ders.,* Erziehungsziele und Orientierungwerte im Verfassungsstaat, 1981 sowie Verfassungslehre als Kulturwissenschaft, 2. Aufl. 1998, S. 758 ff.; *M. Botha/A. Dittmann u.a.,* Erziehungsauftrag im staatlichen Gemeinwesen, VVDStRL 54 (1995), S. 7 ff.

785   Zit. nach C. Pestalozza (Hrsg.), Verfassungen der deutschen Bundesländer, 6. Aufl. 1999.

786   Vgl. Art. 13 des Menschenrechtspaktes über wirtschaftliche, soziale und kulturelle Rechte: "Die Vertragsstaaten ... stimmen überein, dass die Bildung auf die volle Entfaltung der menschlichen Persönlichkeit und des Bewusstseins ihrer Würde gerichtet sein und die Achtung vor den Menschenrechten und Grundfreiheiten stärken muss".

pa Erziehungsziele ergeben, die spezifisch die *europäische Kultur* zum Gegenstand haben: Indem sie zur Achtung vor ihr und ihren Ausprägungen, zu Toleranz gegenüber der Kultur anderer Völker in Europa erziehen wollen. Die Frage ist zu bejahen. Tendenziell lässt sich solches aus der Präambel der EMRK von 1950 gewinnen: Insofern dort vom Ziel der Entwicklung der Menschenrechte und Grundfreiheiten die Rede ist und das "gemeinsame Erbe an geistigen Gütern, politischen Überlieferungen, Achtung der Freiheit und Vorherrschaft des Gesetzes" beschworen wird. Ähnlich formuliert die Satzung des Europarates vom 5.5.1949[787] in ihrer Präambel und in ihrer auf das kulturelle und wissenschaftliche Gebiet erstreckten Aufgabenklausel in Art. 1 b. Das Europäische Kulturabkommen vom 19.12.1954[788] spricht noch deutlicher vom "gemeinsamen europäischen kulturellen Erbe". Eindrucksvoll und auch in und für Europa verbindlich ist Art. 13 des erwähnten Menschenrechtspaktes. Danach muss die Bildung "Verständnis, Toleranz und Freundschaft unter allen Völkern und allen rassischen, ethnischen und religiösen Gruppen fördern". Dieses Ziel kann aber nur über ein entsprechendes Bildungsziel "Toleranz" und "Öffnung für andere Kulturen" eingelöst werden[789].

Hinzuzunehmen sind Bestimmungen in europäischen Verfassungen[790], die sich wie Art. 24-26 GG als gemeineuropäische Erziehungsziele interpretieren lassen. Ja noch weitergehend: Die Völkerrechtsoffenheit des GG wird zur Achtung nicht nur vor der Kultur des territorial benachbarten Staates *in* Europa: Sie wird auch zur Achtung vor der (anderen) Kultur, die sich auf dem eigenen Boden des jeweiligen Verfassungsstaates entfaltet: Indem sie von europäischen Gastarbeitern u. ä. staatsintern *gelebt* wird. Art. 24-26 GG werden sozusagen "introvertiert" verstanden: Mit Bezug auf die dank der EG-Freizügigkeit (Art. 18 EGV) sich *innerhalb* der eigenen Grenzen entfaltenden Vielfalt von Kulturen. Art. 24-26 GG werden zum Test für Möglichkeiten und Grenzen einer *"multikulturellen Gesellschaft"* in Europa[791].

Rechts- und kulturpolitisch ist hier noch viel zu leisten: So wird "Europa" *als Erziehungsziel* in den staatlichen Schulen zu formulieren und zu lehren sein, so muss die sich

---

787 Zit. nach F. Berber (Hrsg.), Völkerrecht, Dokumentensammlung, Bd. I, 1967.
788 Zit. nach F. Berber, ebd.
789 Vgl. auch aus den 10 Thesen zur kulturellen Begegnung und Zusammenarbeit mit Ländern der Dritten Welt des Deutschen Auswärtigen Amtes (März 1982) z. B: "Die Vielfalt der Kulturen macht den geistigen Reichtum unserer Welt aus"; "Minimum an Grundbildung für alle Menschen"; "Förderung der kulturellen Identität"; "frühzeitige Begegnung mit fremden Kulturen im Schulunterricht".
790 Siehe die Typologie in *P. Häberle*, Der kooperative Verfassungsstaat, FS Schelsky, 1978, S. 141 ff.
791 Insofern ist Europa eine "multikulturelle Gesellschaft", ist schon heute das europäische Miteinander ein "multikulturelles Miteinander". Das schließt die in dieser Verfassungslehre schon mehrfach entwickelte *Europäische Identität* nicht aus sondern ein. Die Evangelische Akademie in Arnoldshain/Ts. führte im November 1982 eine Tagung zu Ausländerproblemen durch. Dabei spielte der Begriff der "multikulturellen Gesellschaft" *innerhalb* der BR Deutschland eine Rolle (FAZ vom 23.11.1982, S. 23: "Der Preis der Multikultur"). Die Frage, wie der Verfassungsstaat seine je *nationale Identität* behalten und gleichwohl offen sein kann für ein "multikulturelles Miteinander" von Deutschen und Ausländern, ist erst noch zu klären. S. auch den Band: Die multikulturelle und multiethnische Gesellschaft, hrsg. von T. Fleiner-Gerster, 1995.

daraus ergebende Achtung vor der kulturellen Identität der europäischen Völker[792] ebenso vermittelt werden wie die Fähigkeit, im Austausch (begrenzt auch: in Konkurrenz) mit ihnen zu leben. Europa als Kultur sollte auch in Erziehungszielen "auf den Begriff" gebracht werden; die Vermittlung von europäischem Kulturbewusstsein[793], auch hier nicht als Indoktrination verstanden, sondern als das "große Angebot". Insbesondere die Ziele Toleranz, Menschenrechte, etc. – ihrerseits *der* Bestandteil des "europäischen Erbes" – müssen als ein Stück Zukunft auf den Weg gebracht werden: Das *beginnt* mit ihrem Verständnis und ihrer Normierung als Erziehungsziel. Die Erziehungsziele der *Bremischen* Verfassung bleiben daher europaweit vorbildlich: Erziehung zur "friedlichen Zusammenarbeit mit anderen Menschen und Völkern" sowie zur "Teilnahme am kulturellen Leben des eigenen Volkes und fremder Völker" (Art. 26 Ziff. 1 bzw. 4) könnte jede Verfassung jeden Staates in Europa auszeichnen, ebenso wie dieselbe Idee die Präambel der Verfassung von *Hamburg* (1952) prägt: Hamburg will "im Geiste des Friedens eine Mittlerin zwischen allen Erdteilen und Völkern der Welt sein".

3. Dezentralisierte Organisationsstrukturen: eine Essenz von Kulturverfassungsrecht in Europa

Aus der hier vorgeschlagenen Sicht ist der kulturell verstandene und praktizierte Bundesstaat die optimale Organisationsstruktur für den Kulturstaat[794]. Die Schweiz und die Bundesrepublik Deutschland scheinen mit ihrem Prinzip der Kulturhoheit der Kantone bzw. der Länder, die aber Raum gibt für *sektorale* Kulturstaatlichkeit des jeweiligen Bundes, dem Ideal nahe. Der österreichische Bundesstaat lässt den Ländern - noch - wenig kulturelles Eigengewicht, doch deutet manches daraufhin, dass sich dies ändern kann. In Europa gibt es indes auch andere Modelle innerstaatlichen Kulturverfassungsrechts. Von Land zu Land verschieden sind die Erscheinungsformen des kulturellen Regionalismus, man denke an Italien und das Autonomie-Statut von Südtirol, an die Regionalisierung in Spanien (Baskenland, Galicien, Katalonien), die möglicherweise Vorform von kultureller Bundesstaatlichkeit ist, sowie an den Beginn der kulturellen Dezentralisierung in Frankreich, die sich indes wegen der besonderen Tradition dieses Landes wohl kaum zur Bundesstaatlichkeit entwickeln kann[795].

Gerade die neueren Verfassungsentwicklungen in Europa lassen eine Tendenz zu mehr Dezentralisation im kulturellen Bereich erkennen, so unterschiedlich die Einzelstaaten bleiben. Auf einen Nenner gebracht wird indes die *kulturelle Dezentralisation* als staatenübergreifendes Prinzip sichtbar, in verschiedener Intensität gewiss: am

---

792 Dazu oben Einleitung E. II.
793 In diesem Kontext von europäischem und eigenem, je nationalem Kulturbewusstsein siehe auch Juristische Fakultät der Universität Heidelberg (Hrsg.), Kultur, Tradition, eigenes Kulturbewusstsein und Europäisches Gemeinschaftsrecht, 1999.
794 Dazu mein Kulturverfassungsrecht im Bundesstaat, 1980, zuletzt *P. Häberle*, Kulturhoheit im Bundesstaat, AöR 124 (1999) S. 549 ff. – Zur Lage des österreichischen Föderalismus *P. Pernthaler/K. Weber*, in: Der Staat 21 (1982), S. 576 ff., *P. Häberle*, Beitrag in JöR 54, (2006), i.E.; sowie oben G. II. Inkurs. Für die Schweiz vgl. *Y. Hangartner*, Grundzüge des schweizerischen Staatsrechts, Bd. I, 1980, S. 47 ff.; sowie die Beiträge in FS Hangartner, 1998, bes. S 659 ff.).
795 Dazu oben G. II. Inkurs: Regionalismus und (Prä)Föderalismus in Europa.

schwächsten noch im Regionalismus Italiens, am stärksten im deutschen und schweizerischen Bundesstaat. Heute scheint der Verfassungsstaat als *Typus* einer Tendenz zur Dezentralisation ausgesetzt zu sein, und diese beruht letztlich auf kulturellen Entwicklungen. Fragt man nach den Hintergründen, so dürften das erhoffte Mehr an kultureller Freiheit für den Einzelnen, das Mehr an kulturellem Pluralismus, der Trend zur kleineren kulturellen Einheit und die Entstehung von Alternativkulturen zu nennen sein. So vielgestaltig die einzelnen Modelle der Dezentralisation in den Verfassungsstaaten sind und auch bleiben werden, so einheitlich ist also das ihnen zugrundeliegende Prinzip. *Kulturelle Dezentralisation* darf schon heute als ein die europäischen Verfassungsstaaten *verbindendes* Prinzip mit kulturverfassungsrechtlicher Perspektive qualifiziert werden. Es ist ein Stück europäischen Kulturverfassungsrechts "im Werden".

4. Insbesondere: Dezentralisierte Kulturpolitik

Für die Kulturpolitik in Europa dürften zwei Maximen maßgebend sein:

Erstens das Postulat vom *Minimum an zentraler Kulturpolitik* der Staaten bzw. der Europagremien - das auch in der Inanspruchnahme zentraler Kompetenzen dem Leitziel der regionalen Vielfalt, des kulturellen Trägerpluralismus, der kulturellen Freiheit "vor Ort" verpflichtet bleibt (für die EU angedeutet in Art. 151 EGV).

Zweitens das Postulat vom Optimum an *dezentraler Kulturpolitik* in den Organisationsformen regionaler[796], präföderaler oder föderaler Strukturen. "Dezentralisation" diene hier als Oberbegriff. Vielleicht lässt sich vom "Subsidiaritätsprinzip im kulturellen Bereich" sprechen. Jedenfalls scheidet der Zentralismus als Prinzip von vornherein für jedes Bemühen um Strukturierung des "werdenden Kulturverfassungsrechts" in Europa aus.

Abgrenzungsprobleme bleiben noch genug, etwa in der Frage, welche Felder von Kulturpolitik die EG in Brüssel ihren Kompetenzen "anlagern" soll, wie sich die Aktivitäten des Europarates in Straßburg kulturpolitisch verstärken lassen. So unentbehrlich hier kulturpolitische Initiativen sind, so sehr bleibt auch ihnen das Postulat der *Achtung vor der jeweiligen Regional- oder Alternativkultur* als Vorgabe, bleibt die Bewahrung und Förderung des kulturellen Pluralismus und die kulturelle Freiheit das Ziel. Schließlich muss vor einem Zuviel an (staatlicher oder supranationaler) Kulturpolitik gewarnt werden: Sie führt meist zu Einengungen, zu mehr Bürokratie und zu einem Zuviel von Recht.

---

796 Das Votum für lediglich regionale Kulturpolitik verband auch die meisten Teilnehmer der Fernsehdiskussion über Europa, teilabgedruckt in "Die Zeit" Nr 45 vom 5. Nov. 1982, S. 33 – 35: von R. *Dahrendorf* über *J. Ertl* bis zu *M. v. Bieberstein, H. Gresman* und *R. Liebermann*. – Im Entwurf einer europäischen Kulturdeklaration findet sich der Passus, Kulturpolitik müsse "gewissen vereinheitlichenden Tendenzen der Kulturindustrie entgegensteuern" (zitiert nach FAZ vom 16.5.1983, S. 23). – Beachte die Bologna-Erklärung vom Juni 1999, wonach bis 2010 ein europäischer Hochschulraum geschaffen werden soll, was einen freiwilligen Verzicht auf viele Themen nationaler Bildungs- und Universitätspolitik bedeutet (derzeit von 33 europäischen Ländern unterzeichnet); s. auch *F.-R. Jach*, Schulverfassung und Bürgergesellschaft in Europa, 1999.

Im ganzen sollte es um die Ermöglichung von mehr kulturellem Austausch und gegenseitigem Verständnis für "das andere" gehen. Hier liegen Arbeitsfelder überregionaler Kulturpolitik.

Der Weg zur Weiterentwicklung der *Europäischen Union* ist auf Dauer nur dann gangbar, wenn Europa *als Kultur* lebendig wird. So sehr das *Politische* oft vorangeht und vorangehen muss[797]: Von Dauer sind seine Bewegungen und Vorgänge nur, wenn sich ein *kultureller* Gesamtrahmen bildet bzw. bewusst wird und wenn sich lebendige kulturelle Prozesse in ihm vollziehen. "Europa in kulturverfassungsrechtlicher Perspektive" ist dabei ein Teilaspekt mit der "europäischen Öffentlichkeit" als "Resonanzboden".

K. Europäisches Religionsverfassungsrecht

Vorbemerkung

Die *Sache* "Religion" ist *kulturanthropologisch* begründet. Dieser Abschnitt will in erster Linie Fragen stellen. Dies soll in *drei* Schritten geschehen:

- die Fragestellung
- Elemente einer Bestandsaufnahme: Staat/Kirche-Modelle in Europa
- Theorieaspekte des Religionsverfassungsrechts in Europa als spezielles Kulturverfassungsrecht, endend in einem Inkurs: ein verfassungsstaatlicher "Euro-Islam"?

"Europa" wird dabei als kulturell so gewordener Raum verstanden, als flexibles, geistig konstituiertes Gebilde mit offenen Grenzen; es ist von einer als Kulturwissenschaft betriebenen Geographie aus zu ergründen und zu begründen, nicht von irgendwelchen – gar ökonomischen – "Standort"-Ideologien her. Europa reicht von Sizilien bis zum Nordkap, von Madeira bis Israel, von der Schweiz bis auf den Balkan. Vor diesem Hintergrund sei ein zentrales Arbeitsfeld der "europäischen Verfassungslehre"erörtert: das Verhältnis von Staat und Kirchen bzw. Religionsgemeinschaften.

I. Die Fragestellung: Europäisierung, fortschreitende Säkularisierung, islamischer Fundamentalismus

1. Das Verhältnis von Staat und Kirche lässt sich heute nicht mehr nur national behandeln. Gewiss, die Vielfalt Europas prägt sich auch darin aus, dass jede Nation ihre unterschiedlichen Modelle hat: vom "Staatskirchentum" in skandinavischen Ländern über die sog. "hinkende Trennung" des Modells der Weimarer Verf. von 1919, die das GG von 1949 rezipiert hat und die es in vielen Koopera-

---

[797] Aus der wissenschaftlichen Literatur zur Europäischen Union schon früh: H. von der Groeben/H. Möller (Hrsg.), Möglichkeiten und Grenzen einer Europäischen Union, Bd. I, Die Europäische Union als Prozess, 1980.

tionsvarianten praktiziert[798], bis hin zum Trennungsprinzip in einigen Schweizer Kantonen und bis vor kurzem "reinen" Trennung in Frankreich, die jetzt in vielen Reformstaaten Osteuropas wiederkehrt. Denn alle Verfassungsstaaten Europas stehen heute im Prozess einer intensiven *Europäisierung*: Die Frage ist, ob und wie die Europäisierung auch das Verhältnis von Staat und Kirche ergreift oder ob hier Restbestände "nationaler Identität" i.S. von Art. 128 EGV Maastricht (Art. 151 Amsterdam) bleiben, so dass jeder EU-Verfassungsstaat "*sein*" "Staatskirchenrecht" bzw. besser "Religionsverfassungsrecht" behält, obwohl ja auch die Religionsfreiheit individuell und korporativ via EMRK (Art. 9) bzw. als allgemeiner Rechtsgrundsatz via EU in Europa gilt und ihrerseits ein Stück weit Europa insoweit "verfasst".

2. Fortschreitende Säkularisierung bildet das zweite Stichwort. Sie ist für die westliche Welt charakteristisch und beeinflusst auch das rechtliche Staat/Kirchen-Verhältnis. Die "Verweltlichung der Welt" wird in Deutschland greifbar im Streit um das "LER-Fach" in Brandenburg, der im Jahre 2001 endlich durch das BVerfG geregelt werden sollte[799]. Die durch ein römisches Machtwort weitgehend (anders im Bistum Limburg) beendete Kontroverse um die Beteiligung der katholischen Kirche am staatlichen Beratungsverfahren bei ungewollter Schwangerschaft innerhalb der Drei-Monatsfrist gehört ebenfalls hierher (Stichworte sind hier: "fauler Kompromiss", "doppelte Moral"). Zieht sich die Kirche hier ganz zurück, überlässt sie auch "der Welt" wieder ein Stück Terrain. Gewiss, es gibt "Gegenbewegungen": im Aufkommen von Jugendreligionen, von schwer durchschaubaren Sekten wie der "Scientology"[800]; vielleicht gehört auch

---

798 Dazu etwa *A. v. Campenhausen*, Das bundesdeutsche Modell des Verhältnisses von Staat und Kirche, ZevKR 42 (1997), S. 169 ff; *B. Jeand'Heur/S. Korioth*, Grundzüge des Staatskirchenrechts, 2000, Rz. 46 ff.

799 Dazu aus der Lit.: *S. Muckel/R. Tillmanns*, "Lebensgestaltung – Ethik – Religionskunde" statt Religionsunterricht, RdJB 1996, S. 361 ff.; *H. de Wall*, Zum Verfassungsstreit um den Religionsunterricht in Brandenburg, ZevKR 42 (1997), S. 353 ff.; *A. Uhle*, Die Verfassungsgarantie des Religionsunterrichts und ihre territoriale Reichweite, DÖV 1997, S. 409 ff.; *S. Mückl*, Verfassungswidriger Ethikunterricht?, VBlBW 1998, S. 86 ff.; *A. Hollerbach*, Religion und Kirche im freiheitlichen Verfassungsstaat, 1998, S. 17 ff.; *B. Nacke/P. Seitzmayer/D. Skala*, Der Religionsunterricht im Zusammenhang von Wertebildung und LER, in: B. Nacke (Hrsg.), Kirche in Staat und Gesellschaft, Mainz 1998, S. 88 ff.; *M. W. Ramb*, Das Verhältnis von Kirche und Staat nach der deutschen Wiedervereinigung in der Krise? Der staatskirchenrechtliche Grundlagenstreit um den Religionsunterricht und das neue Schulfach LER im Bundesland Brandenburg, 1998; *M. Heckel*, Religionskunde im Lichte der Religionsfreiheit, ZevKR 44 (1999), S. 147 ff.; *C. Starck*, Religionsunterricht in Brandenburg. Art. 141 GG als Ausnahme von der Regel des Art. 7 Abs. 3 GG, in: FS Listl, 1999, S. 391 ff.; *R. Puza*, Rechtsfragen um den Religionsunterricht und das brandenburgische Unterrichtsfach LER, in: FS Listl 1999, S. 407 ff.; *M. Germann*, Beweist die Entstehungsgeschichte der "Bremer Klausel" die Exemtion des Landes Brandenburg von der Garantie des Religionsunterrichts?, ZevKR 45 (2000), S. 631 ff.; *H. Goerlich*, Art. 141 GG und staatliche Neutralität in "neuem Licht"? – Eine Anmerkung, NVwZ 2000, S. 898 f.; *J. Isensee*, Die Garantie des Religionsunterrichts im Grundgesetz, in: G. Bitter (Hrsg.), Religionsunterricht hat Zukunft, 2000, S. 19 ff. (35 ff.); *L. Renck*, Der Streit um den Bekenntnis- und Ethikunterricht in Brandenburg und Berlin, NJ 2000, S. 393 ff.

800 Aus der Lit.: *A. v. Campenhausen*, Staatskirchenrecht, 3. Aufl. 1996, S. 83 ff.; *H. Albert*, Beobachtung der Scientology-Organisation durch die Verfassungsschutzbehörden, DÖV 1997, S. 810 ff.; *J.*

die Suche nach einem "Weltethos" i.S. von *H. Küng* hierher, jedenfalls soweit sie um ein Konzentrat der Ethiken aller Weltreligionen ringt. All diese Bewegungen bzw. Entwicklungen sind jedoch nur die eine Seite.

3. Der Fundamentalismus wird zu der Herausforderung des europäischen Verfassungsstaates: Während etwa jüdische Glaubensgemeinschaften in Deutschland meist das staatliche "Kleid" der öffentlich-rechtlichen Körperschaft tragen (vgl. Art. 137 Abs. 5 WRV i.V. m. Art. 140 GG) und insofern in "Nähe" zum Staat bleiben, während die Zeugen Jehovas jüngst diesen "Mantel" suchten, er ihnen aber vom BVerwG verweigert wurde[801], fordert der islamische Fundamentalismus den Verfassungsstaat an vielen Fronten heraus[802]. Das beginnt in Deutschland bei der Frage, ob der Islam ordentliches Lehrfach als Religionsunterricht werden soll[803], führt auch in Frankreich zum Streit um das Tragen des Schleiers[804] und endet bei der Grundsatzfrage des Verhältnisses von Verfassungsstaat

---

Winter, Scientology und neue Religionsgemeinschaften, ZevKR 42 (1997), S. 372 ff.; *K. Schmidt*, Entziehung der Rechtsfähigkeit bei unrechtmäßig eingetragenen Wirtschaftvereinen – Zum Stellenwert des Scientology-Urteils des BVerwG vom 6.11.1997, NJW 1998, S. 1124; *S. Muckel*, Religionsfreiheit für die "Church of Scientology"?, KuR 1999, S. 81 ff. = 110, S. 127 ff.; *M.-D. Dostmann*, Kirche und Staat: Kooperation oder Konfrontation? – am Beispiel Scientology als Religionsgemeinschaft, DÖV 1999, S. 993 ff.; *G. Thüsing*, Ist Scientology eine Religionsgemeinschaft? Rechtsvergleichende Gedanken zu einer umstrittenen Frage, ZevKR 45 (2000), S. 592 ff.; *R. B. Abel*, Die aktuelle Entwicklung der Rechtsprechung zu neueren Glaubens- und Weltanschauungsgemeinschaften, NJW 2001, S. 410 ff (412 ff.).

801 Dazu BVerwG JZ 1997, S. 1114 ff. m. Anm. *Hollerbach* und BVerfG, 2 BvR 1500/97 vom 19.12.2000, NJW 2001, S. 429 ff. (BVerfGE 102, 370 ff.); *H. Weber*, Körperschaftsstatus für die Zeugen Jehovas in Deutschland, ZevKR 41 (1996), S. 172 ff.; *J. Müller-Volbehr*, Rechtstreue und Staatsloyalität, NJW 1997, S. 3358 ff.; *G. Thüsing*, Kirchenautonomie und Staatsloyalität, DÖV 1998, S. 25 ff.; *S. Huster* Körperschaftsstatus unter Loyalitätsvorbehalt?, JuS 1998, S. 117 ff.; *R.B. Abel*, Zeugen Jehovas keine Körperschaft des öffentlichen Rechts, NJW 1997, S. 2370 ff.; *C. Link*, Zeugen Jehovas und Körperschaftsstatus, ZevKR 43 (1998), S. 1 ff.; *S. Korioth*, Loyalität im Staatskirchenrecht? Geschriebene und ungeschriebene Voraussetzungen des Köperschaftsstatus nach Art. 140 GG i.V.m. Art. 137 Abs. 5 WRV in: Gedächtnisschrift für Jeand´Heur, 1999, S. 221 ff.; *M. Morlok/M. Heinig*, Parität im Leistungsstaat – Körperschaftsstatus nur bei Staatsloyalität? Ein Beitrag zur Dogmatik des Art. 140 GG i. V. mit Art. 137 I 2 WRV, NVwZ 1999, S. 697 ff.; *R. B. Abel*, Die aktuelle Entwicklung der Rechtsprechung zu neueren Glaubens- und Weltanschauungsgemeinschaften, NJW 2001, S. 410 ff. (411 ff.).

802 Aus der Lit.: *F. Hufen*, Fundamentalismus als Herausforderung des Verfassungsrechts und der Rechtsphilosophie, in: Staatswissenschaften und Staatspraxis, 1992, S. 455 ff.; *P. Häberle*, Der Fundamentalismus als Herausforderung des Verfassungsstaates, liber amicorum J. Esser, 1995, S. 50 ff.; *H.-T. Conring*, Der Islam und das Menschenrecht der Religionsfreiheit, KuR 1996, =110, S. 127 ff.; *H.-G. Ebert*, Arabische Verfassungen und das Problem der Menschenrechte, VRÜ 30 (1997), S. 520 ff.; *J. Isensee*, Die Zukunftsfähigkeit des deutschen Staatskirchenrechts, in: FS Listl, 1999, S. 67 ff. (84 ff.); *E. Jayme*, Religiöses Recht vor staatlichen Gerichten, 1999, S. 6 ff.; *C. Hillgruber*, Der deutsche Kulturstaat und der muslimische Kulturimport. Die Antwort des Grundgesetzes auf eine religiöse Herausforderung, JZ 1999, S. 538 ff.; *N. Janz/S. Rademacher*, Islam und Religionsfreiheit. Die religiöse und weltanschauliche Neutralität des Staates auf den Prüfstand, NVwZ 1999, S. 706 ff.; *S. Huster*, Die ethische Neutralität des Staates, 2002.

803 Dazu weiter unten IV., insb. Anm. 829.

804 *A. Spies*, Verschleierte Schülerinnen in Frankreich, NVwZ 1993, S. 637 ff.; *A. Gromitsaris*, Laizität und Neutralität in der Schule. Ein Vergleich der Rechtslage in Frankreich und Deutschland, AöR 121 (1996), S. 359 ff. (381 ff.); *C. Grewe*, Die islamischen Kopftücher oder die

und (fundamentalistischem) Islam. Stichwort: Wird ein verfassungsstaatlicher "Euro-Islam"[805] möglich?

II. Elemente einer Bestandsaufnahme: Staat/Kirche-Modelle in Europa

Die folgende Bestandsaufnahme ist primär juristisch ausgerichtet; wirklichkeitswissenschaftlich, hier i.S. von religionssoziologisch, kann nur punktuell gearbeitet werden.

1. Die innerverfassungsstaatliche Ebene: nationale Modellvielfalt

Auch hier sei nur ein Ausschnitt behandelt: ein Blick auf Deutschland, auch die ostdeutschen Bundesländer mit ihren neuen Verfassungen, ein Blick auf die Schweiz[806], auf Italien, Portugal und Spanien im Süden sowie auf osteuropäische Reformländer. Dabei sei das "Textstufenmodell" angewendet bzw. mit der Rechtsvergleichung als "fünfter" Auslegungsmethode gearbeitet. Nur so kann der Entwicklungs- und "Fortschreibungsgedanke", die große Produktions- und Rezeptionsgemeinschaft, in der alle Verfassungsstaaten heute besonders intensiv in Europa miteinander kommunizieren, erfasst werden. Im *Vergleich* wird sichtbar, wie das, was in Sachen Staat/Kirche sich in älteren Verfassungsstaaten in der Wirklichkeit *entwickelt* hat, in jüngeren dann später textlich auf Verfassungsstufe fixiert wird. Auch ist ein Rückzug bzw. eine Schrumpfung der traditionellen "Themenliste" in Sachen Staat/Kirche bzw. Religionen zu vermuten. Im Einzelnen:

In Deutschland haben einige ostdeutsche Landesverfassungen neue Textstufen entwickelt. So anerkennt Art. 36 Abs. 3 S. 1 Verf. Brandenburg (1992) "den Öffentlichkeitsauftrag der Kirchen und Religionsgemeinschaften"[807]. Damit wird eine Praxis, die sich in der Bundesrepublik nach 1945 herausgebildet hat bzw. von *R. Smend* (1951) theoretisch konzipiert wurde, auf einen Verfassungstext gebracht. Bemerkenswert ist auch Art. 109 Abs. 1 Verf. Sachsen (1992): "Die Bedeutung der Kirchen- und Religionsgemeinschaften für die Bewahrung und Festigung der religiösen und sittlichen Grundlagen des menschlichen Lebens wird anerkannt" – eine ähnliche Aussage findet sich schon in Art. 4 Abs. 2 Verf. Baden-Württemberg (1953), danach in Vorarlberg (Art. 1 Abs. 1 S. 3 von 1984/99). Verfassungswirklichkeit ist auch in Art. 109 Abs. 3 Verf. Sachsen auf den Text gebracht ("Die diakonische und karitative Arbeit der Kirchen und Religionsgemeinschaften wird gewährleistet"). Art. 32 Abs. 1 S. 2 Verf. Sach-

---

Reinterpretation der französichen Laizität, KuR 1997, 11 = 140, S. 27 ff. Zur deutschen Rechtslage s. u.

805 Siehe dazu den Inkurs: Ein verfassungsstaatlicher "Euro-Islam"?, a.E. des Kapitels.

806 Aus der neueren Lit. nur: *P. Hafner*, Staat und Kirche im Kanton Luzern, 1991; *ders.*, Kirche und Demokratie, Schweizerisches Jahrbuch für Kirchenrecht, 1997, S. 37 ff.; *A.C. Kellerhals*, Die öffentlich-rechtliche Anerkennung von Kirchen und Religionsgemeinschaften im Kanton Solothurn, 1993; Schweiz. Vereinigung für evang. Kirchenrecht (Hrsg.), Kirche in der Stadt, 1997. S. im übrigen *P. Häberle*, Neuere Verfassungen und Verfassungsvorhaben in der Schweiz, JöR 34 (1985), S. 303 (390 ff.) m.w.N.; *D. Kraus*, Schweizerisches Staatskirchenrecht, 1993.

807 Die Entwicklungen sind dokumentiert in JöR 39 (1990), S. 319 ff.; 40 (1991/92), S. 291 ff.; 41 (1993), S. 69 ff.; 42 (1994), S. 149 ff.; 43 (1995), S. 355 ff. bzw. JöR 47 (1999), S. 171 ff.

sen-Anhalt (1992) gewinnt textlich Neuland in dem Satz: "Das Recht, zu öffentlichen Angelegenheiten Stellung zu nehmen, wird gewährleistet" – sicher auch ein Ausdruck der aktiven Rolle der Kirchen in der Wende von 1989.

Die Schweizer Kantonsverfassungen befinden sich seit den späten 60er Jahren in lebhafter Bewegung[808]. Neben der Pionierleistung der KV Obwalden (1968), Anerkennung des "kirchlichen Selbstverständnisses", ist die schrittweise Öffnung und Offenheit des schweizerischen Staatskirchenrechts und seine Tendenz hin zum *pluralistischen Religionsverfassungsrecht* als spezielles Kulturverfassungsrecht nachweisbar. In einer Themen- bzw. Problemliste wären folgende Felder zu nennen: Bistumsprobleme, Fragen des Religionsunterrichts, Kirchengutsgarantien, Feiertagsgarantien, Kirchenaustrittsregelungen, Beziehungen zu Universitäten, Möglichkeit der vertraglichen Regelungen zwischen Staat und Kirchen, Staatsleistungen. Die im ganzen sehr schöpferische Kantonsverfassung von Bern (1993) unterscheidet zwischen den drei schweizerischen Kirchen als "anerkannten Landeskirchen" mit öffentlichrechtlicher Körperschaftsqualität (Art. 121) und sagt von den "israelitischen Gemeinden" in einem eigenen Artikel 126 Abs. 1, sie seien "öffentlichrechtlich anerkannt". Bern öffnet sich auch einer entsprechenden Anerkennung "weiterer Religionsgemeinschaften". Damit ist ein "Brückenelement" zwischen Staat und Kirchen bzw. Religionsgemeinschaften geschaffen, wie sie in Deutschland herkömmlich bestehen (Anstaltsseelsorge, Religionsunterricht in staatlichen Schulen, staatlicher Einzug der Kirchensteuer, Staatsleistungen); darum spricht man bei uns von "hinkender Trennung". Vermerkt sei der Streit, ob der Bistumsartikel in der nachgeführten Schweizer Bundesverfassung bleibt (vgl. jetzt Art. 72 Abs. 3 BV).

Ein Blick auf Italien und die iberische Halbinsel – Portugal (1976) legt sich ausdrücklich auf das Trennungsmodell fest (Art. 41 Abs. 4), gewährleistet aber die Freiheit, "eigene Massenkommunikationsmittel" im Zusammenhang mit der Konfessionsausübung einzusetzen. Verf. Italien[809] sagt in Art. 7 Abs. 1: "Der Staat und die katholische Kirche sind, jeder im eigenen Bereich, unabhängig und souverän". Abs. 2 verweist auf die Lateranverträge. Art. 8 Abs. 1 S. 2 garantiert ein korporatives Element ("Die von der katholischen Konfession abweichenden Bekenntnisse haben das Recht, sich nach ihren eigenen Statuten zu organisieren"). Überdies ist auf die Möglichkeit von Vereinbarungen verwiesen. Auch hier finden wir also "Brückenelemente". Eine salomonische Lösung ist Art. 16 Abs. 3 Verf. Spanien geglückt (1978): "Es gibt keine Staatsreligion. Die öffentliche Gewalt berücksichtigt die religiösen Anschauungen der spanischen Gesellschaft und unterhält entsprechende kooperative Beziehungen zur Katholischen Kirche und den sonstigen Konfessionen". 2005 kommt es zu intensiven Spannungen.

---

808 Dazu *P. Häberle*, Neuere Verfassungen und Verfassungsvorhaben in der Schweiz, JöR 34 (1985), S. 303 (390 ff.); *ders.*, Die Kunst der kantonalen Verfassunggebung – das Beispiel der Totalrevision in St. Gallen (1996), Schweiz. ZBl. 1997, S. 97 ff. – hier II.5; *D. Thürer*, "Wir, die Männer und Frauen ...", Ein Porträt der jüngsten schweizerischen Kantonsverfassung, Schweiz. ZBl. 1996, S. 433 ff. – Neue Texte: Art. 130 – 131 KV Zürich (2004); Art. 108 - 112 KV Schaffhausen (2000).

809 Aus der Lit.: *S. Ferrari*, Staat und Kirche in Italien, in: G. Robbers (Hrsg.), Staat und Kirche in der Europäischen Union, 1995, S. 185 ff. (187 ff.) (2. Aufl. 2005); *Mirabelli/F. Onida*, Religioni e sistemi giuridici, 1997.

In den osteuropäischen Reformstaaten[810] herrscht die individualrechtliche Religionsfreiheit vor, verbunden mit einer Absage an eine "Staatskirche" (z.B. Art. 40 Verf. Estland von 1992, Art. 35 Verf. Lettland von 1991) bzw. in der Verankerung der Trennung (z.B. Art. 13 Abs. 2 Verf. Bulgarien von 1991, Art. 35 Abs. 3 Verf. Ukraine von 1996). Die Verf. der Slowakischen Republik von 1992 nimmt sich darüberhinaus ausdrücklich der "Kirchen und Religionsgemeinschaften" an (Art. 24 Abs. 2) und normiert Aspekte der korporativen, institutionellen Kirchenfreiheit[811]. Art. 29 Verf. Rumänien von 1991 räumt den "cultes religieux" Autonomie ein und deutet sogar Unterstützung seitens des Staates an (in der Armee, in Krankenhäusern, Strafanstalten und Waisenhäusern). Art. 41 Verf. Kroatien (1991) postuliert einerseits Gleichheit aller Religionsgemeinschaften und das Trennungsprinzip, andererseits aber auch das Recht, Schulen und andere Institute, auch sozialer und karitativer Art, zu gründen und verspricht Schutz und Hilfe seitens des Staates (ähnlich Art. 19 Verf. Mazedonien von 1991). Die Verf. Serbien von 1990 wagt den Satz (Art. 41 Abs. 4): "Der Staat kann Religionsgemeinschaften materiell unterstützen". Besonders intensiv und extensiv nimmt sich die Verf. von Polen (1997) des Themas an und zwar zunächst im Ersten Abschnitt über die "Republik", sodann im Grundrechtsteil. In Art. 25 wird der wörtlich für das GG nach 1949 entwickelte Begriff der "Neutralität" des Staates gebraucht und die "Freiheit der Artikulierung im öffentlichen Leben" gewährleistet. Der Garantie der Autonomie und gegenseitigen Unabhängigkeit "eines jeden in seinem Bereich" (sc. Staat und Kirchen sowie anderer Religionsgemeinschaften) folgt die neue Textstufe "Zusammenwirken zum Wohle der Menschen und der Allgemeinheit". Im Übrigen wird allgemein die Möglichkeit zu Verträgen eröffnet. Art. 53 regelt im grundrechtlichen Kontext die Religionsfreiheit in wohl allen ihren Facetten (individuell oder gemeinsam, öffentlich oder privat); sogar das Besitzen von Gotteshäusern und anderen Kultstätten sowie die Möglichkeit des Religionsunterrichts in den Schulen ist positiv geregelt.

Da "Europa" das *ganze*, sich konstituierende "Haus Europa" einschließlich der europäischen postkommunistischen Reformstaaten meint, sind diese Texte im Auge zu behalten – auch angesichts der OSZE (dazu unten).

2. Europäisches Religionsverfassungsrecht als spezielles Kulturverfassungsrecht

Hier begegnet uns eine enorme Erscheinungsvielfalt: zum einen national, wie gezeigt, die verschiedenen Modelle herkömmlichen "Staatskirchenrechts" mit ihren *gestuften* Nähe-Verhältnissen bzw. "Brückenelementen" zwischen Staat und Kirchen bzw. Religionsgesellschaften, sei es das reine Trennungsmodell mancher Schweizer Kantone oder Frankreichs, gemildert in Spanien, oder das noch intensive Kooperationsmodell der deutschen Tradition (öffentlich-rechtliche Körperschaftsqualität, Religionsunterricht an staatlichen Schulen, Anstaltsseelsorge, sogar Kirchensteuer, vgl. Art. 140 GG), z.T.

---

810 Dokumentiert in JöR 43 (1995), S. 105 ff.; 44 (1996), S. 321 ff.; 45 (1997), S. 177 ff.; 46 (1998), S. 123 ff. Siehe dazu auch Essener Gespräche zum Thema Staat und Kirche: Die Neuordnung des Verhältnisses von Staat und Kirche in Mittel- und Osteuropa, Bd. 29 (1995).
811 R. Potz/K. Schwarz/B. Schinkele/E. Synek/W. Wieshaider (Hrsg.), Recht und Religion in Mittel- und Osteuropa, Band I: Slowakei, 2000.

innovativ fortgeschrieben in ostdeutschen Länderverfassungen, z.B. Art. 109 Abs. 1 und 3 Verf. Sachsen von 1992[812].

Aber auch auf der "anderen", von der *europäischen Verfassungslehre* zu behandelnden Ebene gibt es konstitutionelle Teilstrukturen, die es rechtfertigen, von "europäischem Religionsverfassungsrecht" zu sprechen[813]. Dabei ist freilich der unglückliche Begriff "Staatskirchenrecht" zugunsten des "Religionsverfassungsrechts" entschlossen zu verabschieden[814], zumal es hier keinen Staat, sondern nur *Teil*verfassungen gibt: innerstaatlich in Deutschland schon wegen Art. 137 Abs. 1 WRV i.V.m. Art. 140 GG: "Es besteht keine Staatskirche"; europaverfassungsrechtlich aber wegen der Multikulturalität bzw. Multireligiosität Europas, das nicht mehr allein von den (christlichen) Kirchen ausgehen kann. Zwar bleibt das Christentum (in den Worten des BVerfGE 41, 29 (64)) "Kulturfaktor", doch ist der Islam in Frankreich, auch Italien, längst zweite Religion (in Deutschland nach den beiden Großkirchen an dritter Stelle). In den *Teil*verfassungsrechten Europas wie der Religionsfreiheit der EMRK (Art. 9 ebd.), früh sogar in der korporativen Dimension und der öffentlichen wie privaten getextet, ist jetzt nach der schon vom EuGH 1976 entwickelten Religionsfreiheit[815] der Kirchen- bzw. Religions-Artikel in der Schlusserklärung zum Vertrag von Amsterdam (1997) in den Blick zu nehmen[816]. Er ist wohl auch als Fortschreibung von Art. 128 bzw. 151 n.F. EGV zu "lesen". Kirchen sind in vielen nationalen Verfassungsstaaten ein Teil der "Kulturen der Mitgliedstaaten", gehören zu ihrer "nationalen Vielfalt", aber sie sind nur als *Religionen* "gemeinsames kulturelles Erbe". Es bedarf jedenfalls heute einer Begriffsebene, die die

---

812 Zu solchen Modellvergleichen aus Anlass der kantonalen Verfassungsvorhaben in der Schweiz mein Beitrag in JöR 34 (1985), S. 303 (385 ff.).
813 Pionierhaft zum Problem: *A. Hollerbach*, Europa und das Staatskirchenrecht, ZevKR 35 (1990), S. 263 ff.; *G. Robbers*, Staat und Kirche in der Europäischen Union, in: G. Robbers (Hrsg.), Staat und Kirche in der Europäischen Union, 1995, S. 351 ff.; Essener Gespräche zum Thema Staat und Kirche: Die Staat-Kirche-Ordnung im Blick auf die Europäische Union, Bd. 31 (1997), insbesondere der Beitrag von *R. Streinz*; *J. Winter*, Das Verhältnis von Staat und Kirche als Ausdruck der kulturellen Identität der Mitgliedstaaten der EU, FS Hollerbach, 2001, S. 893 ff.
814 Wie vom Verf. immer wieder gefordert, z.B. in JöR 34 (1985), aaO., S. 385 ff., und in der Rezension des zit. Buches von *G. Robbers*, AöR 121 (1996), S. 677 ff.; *M. Morlok/M. Heinig*, Parität im Leistungsstaat – Körperschaftsstatus nur bei Staatsloyalität? Ein Beitrag zur Dogmatik des Art. 140 GG i.V. mit Art. 137 V 2 WRV, NVwZ 1999, S. 697 ff.; *G. Czermak*, "Religions(verfassungs)recht" oder "Staatskirchenrecht"?, NVwZ 1999, S. 743 f.; *M. Heinig*, Zwischen Tradition und Transformation: das deutsche Staatskirchenrecht auf der Schwelle zum europäischen Religionsverfassungsrecht, Zeitschrift für evangelische Ethik 43 (1999), S. 294 ff.; *C. Walter*, Staatskirchenrecht oder Religionsverfassungsrecht?, in: R. Grote/T. Marauhn (Hrsg.), Religionsfreiheit zwischen individueller Selbstbestimmung, Minderheitenschutz und Staatskirchenrecht, 2001, S. 215 ff.; *A. Hense*, Staatskirchenrecht oder Religionsverfassungsrecht: mehr als ein Streit um Begriffe?, kleine Staatsrechslehrertagung 2003. Zur Begriffsgeschichte *A. Hollerbach*, Staatskirchenrecht oder Religionsrecht? Begriffs- und problemgeschichtliche Notizen, in: FS H. Schmitz, 1994, S. 869 ff., und gleichnamige Erweiterung in: KuR 1997, S. 1 ff. = 110, S. 49 ff.
815 Dazu *I. Pernice*, Religionsrechtliche Aspekte im Europäischen Gemeinschaftsrecht, JZ 1977, S. 777 ff.; *W. Bausback*, Religions- und Weltanschauungsfreiheit als Gemeinschaftsgrundrecht, EuR 2000, S. 261 ff.; *H. Weber*, Die individuelle und kollektive Religionsfreiheit im europäischen Recht einschließlich ihres Rechtsschutzes, ZevKR 47 (2002), S. 265 ff.
816 Dazu unten nach Anm. 819.

christlichen Kirchen mit anderen Religionen verbindet: Dies kann nur der Oberbegriff "Religion" leisten.

3. Die europäische Ebene: Religionsverfassungsrechtliche Direktiven

Die Bestandsaufnahme sei jetzt auf der europäischen Ebene genauer ergänzt, wobei klar ist, dass sich beide, die innerverfassungsstaatliche und die eurokonstitutionelle, heute immer mehr verschränken. Dabei müssen alle am europäischen Verfassungsprozess Beteiligten samt ihren Beiträgen einbezogen werden: vom Europarat, der in Sachen Minderheitenschutz, auch EMRK in Osteuropa immer stärker zu einem *mittelbaren Verfassunggeber* wird, über das EU-Parlament und den EuGH, soweit er früh, d.h. schon 1976 die Religionsfreiheit anerkannt hat (Fall Prais)[817], bis hin zu den 15 EU-Regierungschefs. Sie nämlich schrieben in Form eines Zusatzes im Vertrag von Amsterdam (1997) als Zusatz einen Kirchen- bzw. Religions-Artikel in Form einer "Erklärung" fest, der maßgeblich auf Initiativen der deutschen katholischen Bischofskonferenz und der EKD zurückgeht[818].

a) "Maastricht","Amsterdam" und die Grundrechte-Charta der EU

Zunächst ein Wort zu *Maastricht* (1992). Das Staat/Kirchen-Verhältnis ist hier nicht ausdrücklich behandelt, aber es gibt zwei Normfelder, denen es durch *Interpretation* zuzuordnen ist. Zum einen heißt es in der Präambel des EU-Vertrages: "unter Achtung ihrer (sc. der Völker) Geschichte, ihrer Kultur und ihrer Traditionen", und in Art. 6 Abs. 3 EUV wird die Union auf die Achtung der "nationalen Identität" verpflichtet. M.E. ist das Verhältnis von Staat und Kirchen – bei allem Wandel – ein wesentliches Stück der "nationalen Identität". In Frankreich gehört die Trennung von Staat und Kirche spätestens seit 1905 zum republikanischen Staatsverständnis. Wenn die Verf. von 1958 Frankreich als "laizistische Republik" definiert (Art. 1 S. 1), so ist es nur konsequent, dass die Kirchen bzw. Religionsgemeinschaften keinen "Anker" im öffentlichen Recht haben. In Deutschland hingegen haben die Kirchen und z.T. auch die Religionsgemeinschaften einen öffentlich-rechtlichen Status. Diese Verschiedenheit und Vielfalt kann und will "Maastricht" nicht einebnen. Das folgt m.E. erst recht aus Art. 128 EGV bzw. dem dort herauswachsenden europäischen Kulturverfassungsrecht[819]. Die wesent-

---

817 Dazu *I. Pernice*, Religionsrechtliche Aspekte im Europäischen Gemeinschaftsrecht, JZ 1977, S. 777 ff. – *S. Hobe*, Die Verbürgung der Religionsfreiheit ..., FS Rüfner, 2003, S. 317 ff.
818 Vgl. FAZ vom 12. Juni 1997, S. 6: "Kirchen dringen auf eigenen Artikel, Bischofskonferenz und EKD: Im Maastricht-Vertrag die "Besonderheit des Religiösen" berücksichtigen"; *G. Robbers*, Partner für die Einigung. Die Kirchenerklärung der Europäischen Union, Herder-Korrespondenz 1997, S. 622 ff.; *B. Jeand'Heur/S. Korioth*, Grundzüge des Staatskirchenrechts, 2000, Rz. 379 m.w. N.; zuletzt allgemein: *S. Mückl*, Europäisierung des Staatskirchenrechts, 2005
819 Aus der Lit.: Essener Gespräche zum Thema Staat und Kirche, Bd. 31 (1997), der Beitrag von *R. Streinz*, aaO., S. 53 ff., und *C. Starck*, ebd. S. 5 ff.; pionierhaft *A. Hollerbach*, Europa und das Staatskirchenrecht, ZevKR 35 (1990), S. 250 ff.; *G. Robbers* (Hrsg.), Staat und Kirche in der Europäischen Union, 1995 (dazu meine Besprechung in AöR 121 (1996), S. 677 ff.); *H. Böttcher*, Kirche und Staat in Europa, ZevKR 42 (1997), S. 113 ff.; *C. Link*, Staat und Kirche im Rahmen des europäischen Einigungsprozesses, ZevKR 42 (1997), S. 130 ff.; *A. Hollerbach*, Religion und

lichen Strukturelemente des deutschen "Staatskirchenrechts" gehören gewiss zur statusquo-Garantie von Abs. 1: "Wahrung ihrer nationalen und regionalen Vielfalt". Wenn (jetzt in Art. 151 EGV Amsterdam) von "gleichzeitiger Hervorhebung des gemeinsamen kulturellen Erbes" die Rede ist, so ist darin die christliche Dimension Europas mindestens als Kulturaspekt, als "Kulturfaktor" (vgl. BVerfGE 41, 29 (64)) mit angesprochen. Auch die kulturelle Querschnittsklausel in Art. 128 (jetzt Art. 151) Abs. 4 EGV ist in diesem Licht zu lesen. Schließlich ist für Deutschland zu fragen, ob nicht auch das Subsidiaritätsprinzip gemäß Art. B Abs. 2 EUV bzw. Art. 3 EGV (jetzt Art. 5) den "Wesensgehalt" des deutschen Staatskirchenrechts mitschützt[820].

Der *Vertrag von Amsterdam* (1997) hat in der Erklärung zur Schlussakte folgende Klausel geschaffen (die freilich nur "Erklärung" ist):

"Die Union achtet den Status, den Kirchen und religiöse Vereinigungen oder Gemeinschaften in den Mitgliedstaaten nach deren Rechtsvorschriften genießen, und lässt ihn unangetastet.

Ebenso achtet die Union den Status von weltanschaulichen und nichtkonfessionellen Organisationen."

Dabei fällt mehreres auf: Es handelt sich sowohl um einen "Kirchen"- als auch um einen "Religions"-Artikel, wenngleich nur um eine "Erklärung", die "soft law" ist. Bemerkenswert ist die Anerkennung des statusrechtlichen Elementes je nach Mitgliedstaat. Vielleicht lässt sich sagen, "Amsterdam" habe ein Stück *europäisches pluralistisches Religionsverfassungsrecht* geschaffen mit begrenzenden und "anregenden" Funktionen. Den einzelnen Nationen und Regionen (in Deutschland z.B. den Ländern, die ja eine große Variationsbreite von Bayern bis Brandenburg haben), bleibt genügend Spielraum für "ihr" unterschiedliches Religionsverfassungsrecht. Deutschland kann sein sog. "Staatskirchenrecht" weiter pflegen, auch wenn m.E. der Begriff "Staatskirchenrecht" längst zu ersetzen ist durch "Religionsverfassungsrecht". Denn in Art. 137 Abs. 1 WRV i.V.m. Art. 140 GG heißt es eindeutig: "Es besteht keine Staatskirche" – m.E. also auch

---

Kirche im freiheitlichen Verfassungsstaat – Bemerkungen zur Situation des deutschen Staatskirchenrechts im europäischen Kontext, 1998; *P. M. Huber*, Das Staatskirchenrecht. Übergangsordnung oder Zukunftskonzept?, in: E. Eichenhofer, 80 Jahre Weimarer Reichsverfassung – Was ist geblieben?, 1999, S. 117 ff. (140 ff.); *M. Vachek*, Das Religionsrecht der Europäischen Union im Spannungsfeld zwischen mitgliedstaatlichen Kompetenzreservaten und Art. 9 EMRK, 2000; *H. de Wall*, Europäisches Staatskirchenrecht, ZevKR 45 (2000), S. 157 ff.; *J. Winter*, Das Verhältnis von Staat und Kirche als Ausdruck der kulturellen Identität der Mitgliedstaaten der Europäischen Union, FS Hollerbach, 2001, S. 893 ff.; *M. Heintzen*, Die Kirchen im Recht der Europäischen Union, FS Listl, 1999, S. 29 ff.; *H. Lecheler*, Ansätze zu einem "Unions-Kirchen-Recht" in der Europäischen Union, FS Leisner, 1999, S. 39 ff.; A. von Campenhausen (Hrsg.), Deutsches Staatskirchenrecht zwischen Grundgesetz und EU-Gemeinschaft, 2003. – Neue Texte: Art.3 Abs. 3 Statut Toscana (2005); Art.7 Abs.1 Verf. Vorarlberg (1999); Art. 5 KV Zürich (2004).

820 Aus der unüberschaubaren Lit. zur "Subsidiarität" nur: D. Merten (Hrsg.), Die Subsidiarität Europas, 1993; G. Batliner/A. Riklin (Hrsg.), Subsidiarität, 1994; *P. Häberle*, Das Prinzip der Subsidiarität aus der Sicht der vergleichenden Verfassungslehre, AöR 119 (1994), S. 169 ff. Siehe noch oben Anm. 573.

kein "Staatskirchenrecht"[821]! Interpretiert man diese Klausel von Amsterdam auf dem Hintergrund der erörterten Bestimmungen von "Maastricht", so lässt sich sehr wohl sagen, dass das jeweilige nationale bzw. regionale Religionsverfassungsrecht als Teil der mitgliedstaatlichen Identität geschützt ist. Auch im Schutz der "Kulturen der Mitgliedstaaten" bleibt das jeweilige nationale bzw. regionale Religionsverfassungsrecht im *Hegel*'schen Sinne "aufgehoben", d.h. bewahrt. Insofern ist m.E. die Rechtslage nicht weit entfernt von der Klausel, die die deutschen Kirchen im Vorfeld von Amsterdam vorgeschlagen haben: Die EU "achtet die verfassungsrechtliche Stellung der Religionsgemeinschaften als Ausdruck der Identität der Mitgliedsstaaten und ihrer Kulturen sowie als Teil des gemeinsamen kulturellen Erbes"[822]. Die Kirchen haben hierbei sogar auf den Begriff "Kirchen" verzichtet – sie sind also selbst auf dem Weg zum Religionsverfassungsrecht! Bemerkenswert ist freilich die Ersetzung des Begriffs "verfassungsrechtliche Stellung" durch das Wort "Status". Europäisch gesehen war dies notwendig, um dem in Teilen Europas herrschenden Trennungsmodell Rechnung zu tragen. In Frankreich (oder z.B. Neuenburg in der Schweiz) haben die Kirchen als solche keine "verfassungsrechtliche Stellung".

Man wird abwarten müssen, ob und wie die Maastricht- und Amsterdam-Texte gemeinsam die Schwierigkeiten bewältigen, denen sich die Kirchen Deutschlands angesichts der europäischen Gesetzgebung zum Datenschutz, bei den Medien oder im Arbeitsrecht gegenüber sehen[823]. Auf keinen Fall sollten wir das "deutsche Modell" als solches anpreisen, zu verschieden sind die Rechtskulturen der europäischen Staaten – auch wenn Altbundeskanzler *H. Kohl* in seiner Bundestagsrede vom 1. Juli 1999 zu Recht von dem "einzigartigen Verhältnis" von Staat und Kirche gesprochen hat.

Ein wesentliches Stück europäisches Religionsverfassungsrecht hat die *EU Grundrechte-Charta (2000)* geschaffen, teils rezeptiv, teils innovativ, und zwar auf der ganzen Bandbreite von Textensembles im Teilverfassungsrecht der EU. Das beginnt mit der Präambel als Erbesklausel (geistig-religiöses und sittliches Erbe), wobei anzumerken ist, dass ein Gottesbezug, wie zuletzt in der nBV Schweiz (2000) normiert, fehlt und Frankreich wegen seines laizistischen Staatsverständnisses (vgl. Art. 1 S. 1 Verf. Frank-

---

821 Zu dieser Kontroverse: *P. Häberle*, "Staatskirchenrecht" als Religionsrecht der verfassten Gesellschaft, DÖV 1976, S. 73 ff.; Votum in: H.-P. Schneider/R. Steinberg (Hrsg.), Verfassungsrecht zwischen Wissenschaft und Richterkunst: *K. Hesse* Colloquium, 1990, S. 98 f.; vgl. auch Fn. 16; a.A. zuletzt wieder *A. Hollerbach*, Staatskirchenrecht oder Religionsrecht?, FS Schmitz, 1994, S. 869 ff. – Zum Vertrag von Amsterdam: *M. Hilf/E. Pache*, Der Vertrag von Amsterdam, NJW 1998, S. 705 ff.; *R. Streinz*, Der Vertrag von Amsterdam, EuZW 1998, S. 137 ff.; *M. Hilf*, Amsterdam – Ein Vertrag für die Bürger?, EuR 1997, S. 347 ff.; *H. Lecheler*, Die Fortentwicklung des Rechts der EU durch den Amsterdamer Vertrag, JuS 1998, S. 392 ff.
822 Zit. nach FAZ vom 12. Juni 1997, S. 6.
823 Dazu aus der Lit.: *C. Starck*, Das deutsche Kirchensteuerrecht und die Europäische Integration, FS U. Everling, Bd. II (1995), S. 1427 (1432 ff.). S. auch die gemeinsame Stellungnahme der EKD bzw. der deutschen Bischofskonferenz zu Fragen des europäischen Einigungsprozesses vom Januar 1995, abgedruckt in: Essener Gespräche, Bd. 31 (1997), S. 153 ff. (z.B. zu Einzelfragen wie Sonn- und Feiertagsschutz, Kirchliches Dienst- und Arbeitsrecht, Kirchensteuerrecht). Zuletzt *R. Streinz*, Auswirkungen des Europarechts auf das deutsche Staatskirchenrecht, Essener Gespräche, ebd. S. 53 (73), zum Arbeitsrecht: G. Robbers (Hrsg.), Europäisches Datenschutzrecht und die Kirchen, 1994. *A. Kupke*, Die Entwicklung des deutschen „Religionsverfassungsrechts"…, 2004.

reich) in Gestalt der Person seines Staatspräsidenten *J. Chirac* gegen eine deutlichere Betonung des Religiösen beim Konvent mit Erfolg interveniert hatte – einmal mehr zeigt sich, wie die einzelnen Nationen bei der Fortbildung des europäischen Verfassungsrechts ihre eigenen Verständnisse, Vorverständnisse und Textensembles einbringen wollen (und zum Teil können). In Form eines *kulturellen Grundrechts* taucht die Religionsfreiheit in Art. 10 auf, wobei viele Dimensionen dieses Grundrechts (analog Art. 9 EMRK) zu textlichem Ausruck gelangt sind ("einzeln oder gemeinsam", d.h. individuell oder korporativ, "öffentlich oder privat"). Wenn dabei Erscheinungsformen der Religionswirklichkeit genannt sind (Gottesdienst, Unterricht, Bräuche und Riten), so ist dies eine geglückte neue Textstufe. Eher institutionell kommt der religionsverfassungsrechtliche Aspekt im Artikel zur kulturellen Pluralität (Art. 22) zum Ausdruck ("Vielfalt der Kulturen, Religionen und Sprachen"), wobei die Begründung auf die Erklärung Nr. 11 der Schlussakte des Vertrags von Amsterdam verweist. *Im ganzen:* Das europäische Religionsverfassungsrecht hat in der EU-Grundrechte-Charta einen erfreulichen Textschub erfahren. Sie wird ausstrahlen, unabhängig davon, welchen Geltungsrang die Charta letztlich erhält, und es ist denkbar, ja wünschenswert, dass dieses Stück europäischen Verfassungsrechts auch im Europa im weiteren Sinne (z.B. via EMRK) wirkt und es ein Stück weit verfasst.

b) Europarat (EMRK) und KSZE bzw. OSZE

In den europäischen *Teil*verfassungstexten des Europarates z.B. der EMRK (Art. 9) ist "nur" die Religionsfreiheit geschützt, die der EuGH prätorisch 1976 entwickelt hat (im Fall *Prais*). Doch findet sich in dem Dokument der Teilnehmerstaaten der KSZE-Konferenz von Wien (1989) die Pflicht, das Recht religiöser Gemeinschaften von Gläubigen, die im verfassungsmäßigen Rahmen ihres Staates wirken, zu achten, u.a. "sich nach ihrer eigenen hierarchischen und institutionellen Struktur zu organisieren" und "ihr Personal in Übereinstimmung mit ihren jeweiligen Erfordernissen und Normen, wie mit etwaigen zwischen ihnen und ihrem Staat freiwillig vereinbarten Regelungen auszuwählen, zu ernennen und auszutauschen"[824]. Damit kommt der institutionell-korporative Aspekt der Religionsfreiheit, die "Kirchenfreiheit" klar zum Ausdruck[825]. Wenn die Krakauer Erklärung zum kulturellen Erbe (1991) eine "prinzipielle Anerkennung des bedeutenden Beitrags von Glaubensgemeinschaften sowie religiösen Institutionen und Organisationen zum kulturellen Erbe" formuliert, so verweist dies auf Art. 1 und 5 des Europäischen Kulturabkommens von 1954 zurück ("gemeinsames kulturelles Erbe Europas"). M.a.W.: Die OSZE legt sich nicht auf das Trennungsmodell fest.

---

824 Dazu *A. Hollerbach*, Religions- und Kirchenfreiheit im KSZE-Prozess, FS Benda, 1995, S. 117 (128). Allg. H. Lehmann (Hrsg.), Koexistenz und Konflikt von Religionen, 2004.
825 S. auch *A. Hollerbach*, aaO., S. 129.

III. Theoretische Aspekte eines europäischen Religionsverfassungsrechts
(Thesen)

Nach dieser – fragmentarischen – Bestandsaufnahme, die freilich immer auch schon in einem gewissen Theorie-Raster erarbeitet ist, jetzt thesenartig der Theorierahmen dieser Skizze:

1. "Maastricht" (1992) i.V. mit "Amsterdam" (1997), auch "Nizza" (Grundrechte-Charta 2000) haben begrenzendes und "anregendes" Religionsverfassungsrecht als *Teil*verfassung Europas etabliert – so wie andere Lebensbereiche, etwa die Grundrechte oder das Recht der Wirtschaft und Umwelt, ein Stück *konstitutionelles* Europa geschaffen haben.

2. Dieses *europäische Religionsverfassungsrecht* ist *pluralistisch*, weil und insofern es die große Vielfalt der historisch gewordenen und in Zukunft möglichen Staat/Kirchen-Religions-Modelle bestehen lässt und allen Religionsgemeinschaften Raum lässt.

3. Das europäische Religionsverfassungsrecht ist in der Tiefe *spezielles Kulturverfassungsrecht*, das als solches einen glücklichen Gegenakzent zum bislang (über)betonten "Europa der Wirtschaft" setzt.

4. Dieser Rahmen für Kirchen und Religionsgemeinschaften schafft ein Stück jener *Öffentlichkeit Europas*, die auf Dauer nur als Öffentlichkeit aus *Kunst und Kultur* gedeihen kann; denn neben der Freiheit von Wissenschaft und Kunst bleibt die Religionsfreiheit die tiefste kulturelle Freiheit und "Quellgebiet" menschlicher Kultur.

5. Die letztlich *kulturanthropologisch* begründete "*Besonderheit des Religiösen*" verweist auf eine Weise auf den europäischen Bürger bzw. eine europäische Zivilgesellschaft, die derzeit von den vorherrschenden ökonomistischen bzw. Marktideologien verdrängt werden.

Die europäische Gesetzgebung muss im Einzelfall viel Sorgfalt aufwenden, um die in Europa bestehende *Modellvielfalt* in Sachen Staat/Religion bzw. Kirchen-Verhältnisse zu respektieren. Besondere Fragen stellen sich im Blick auf den *Islam*. Dazu ein abschließender *Inkurs:*

IV. Ein verfassungsstaatlicher "Euro-Islam"?

Vor allem ist nach den Möglichkeiten eines verfassungsstaatlichen "Euro-Islam" zu fragen. In Deutschland stellt sich das Problem "Islamischer Religionsunterricht und Art. 7 III GG"[826] dringlich. Wird sich der Islam in Europa so entwickeln, dass er sich den Rahmenprinzipien des Verfassungsstaates einfügt? Kann der Muslim seinen Absolutheitsanspruch zurücknehmen und Toleranz lernen? Kann er die Säkularität der offenen Gesellschaft anerkennen? Es stellen sich aber auch Fragen an die Kirchen im zum Teil

---

826 M. Heckel, Religionsunterricht für Muslime? Kulturelle Integration unter Wahrung der religiösen Identität. Ein Beispiel für die komplementäre Natur der Religionsfreiheit, JZ 1999, S. 741.

postchristlichen Europa: Welche Aufgaben sollen sie wahrnehmen?, etwa nur für die Ethik zu sorgen?

Das Problem lässt sich derzeit nur in Frageform erörtern. Ist der Islam, der ja viele Facetten aufweist und keinem Monolith im Sinne des aggressiven Fundamentalismus gleicht, in der Lage, sich in Europa so zu entwickeln, dass er in den Rahmen der "Verfassung Europas" paßt, aber Toleranz praktiziert und die Säkularität von Staat und Gesellschaft anerkennt? – der Verfassungsstaat muss auf seine Toleranzgrenzen via "ordre public" bestehen. Die orthodoxe Auslegung der "Sharia" ist ja kaum mit dem Typus Verfassungsstaat kompatibel[827]. Wo sind die Frontstellungen bzw. heiklen Punkte? Sie seien abschließend genannt: Bei Gottesklauseln nach Art des GG (Präambel) oder der "invocatio dei" der Schweizer Bundesverfassung von 1874/1999 dürfte es keine Schwierigkeiten geben: Der Gott Mohammeds ist auch der Gott der christlichen bzw. jüdischen Tradition[828]. Doch schon bei der Sonntags-Garantie (auch bei den Feiertagen) stellen sich – wie in Europa insgesamt – Fragen. Wie steht es mit dem Ruf des Muezzin?[829] Wie steht es mit dem islamischen Religionsunterricht in den Schulen?[830] Dürfen

---

827 Bemerkenswert ist ein Vorschlag der Enquete-Kommission "Sogenannte Sekten und Psychogruppen" des 13. Deutschen Bundestages (zit. nach *H. Schmoll*, Der Islam als Vorwand, FAZ vom 12. April 1999, S. 16). Danach sollte Art. 140 GG dahin geändert werden, dass Religionsgesellschaften Körperschaften öffentlichen Rechts werden können, "sofern ihre Lehre und ihr Wirken mit der Wertordnung des Grundgesetzes vereinbar sind und sie die Gewähr dafür bieten, die ihnen übertragenen Rechte im Einklang mit dem geltenden Recht und in Kooperation mit anderen staatlichen Stellen auszuüben". Die Mehrheit votierte gegen die Änderung. Die SPD-Fraktion legte daraufhin ein Sondervotum vor, das dem 14. Deutschen Bundestag empfiehlt, "Art. 140 daraufhin zu überprüfen, ob eine ausdrückliche Aufnahme der Kriterien der Rechtstreue und der Loyalität gegenüber dem demokratisch verfassten Staat als Voraussetzung für die Anerkennung einer Religionsgemeinschaft als Körperschaft des öffentlichen Rechts angebracht ist".

828 Zum Problem: *P. Häberle*, "Gott" im Verfassungsstaat? (1987), jetzt weiter ausgearbeitet in: *ders.*, Verfassungslehre als Kulturwissenschaft, 2. Aufl. 1998, S. 951 ff., mit neuesten Textstufen.

829 *B. Guntau*, Der Ruf des Muezzin in Deutschland – Ausdruck der Religionsfreiheit?, ZevKR 43 (1998), S. 369 ff.; *S. Muckel*, Streit um den muslimischen Gebetsruf – Der Ruf des Muezzin im Spannungsfeld von Religionsfreiheit und einfachem Recht, NWVBl. 1998, S. 1 ff.; *E. Sarcevic*, Religionsfreiheit und der Streit um den Ruf des Muezzins, DVBl. 2000, S. 519 ff. Allgemein: *H.-J. Conring*, Korporative Religionsfreiheit in Europa, 1998.

830 Dazu *S. Korioth*, Islamischer Religionsunterricht und Art. 7 III GG, NVwZ 1997, S. 1041 ff.; *S. Mückl*, Staatskirchenrechtliche Regelungen zum Religionsunterricht, AöR 122 (1997), S. 513 ff. (548 ff.); *M. Heckel*, Religionsunterricht für Muslime?, JZ 1999, S. 741 ff.; *C. Langenfeld*, Integration und kulturelle Identität zugewanderter Minderheiten: Eine Herausforderung für das deutsche Schulwesen – Einführung in einige grundrechtliche Fragestellungen, AöR 123 (1998), S. 375 ff. (401 ff.); *Y. Hassan Bajwa*, Muslime eine Gefahrenquelle für die Demokratie?, NZZ vom 30. April 1999, S. 110; *F. Fechner*, Islamischer Religionsunterricht an öffentlichen Schulen, NVwZ 1999, S. 735 ff.; *R. Tillmanns*, Islamischer Religionsunterricht in Berlin. Anmerkungen zu einem langjährigen Rechtsstreit, RdJB 1999, S. 471 ff.; *U. Häußer*, Islamische Inhalte im deutschen Schulwesen – Verfassungsrechtlicher Anspruch und schulische Wirklichkeit, ZAR 2000, S. 159 ff.; *M. Rohe*, Rechtliche Perspektiven eines islamischen Religionsunterrichts in Deutschland, ZRP 2000, S. 207 ff. Für die Schweiz: *J.-F. Aubert*, L'Islam à l'école publique, FS Hangartner, 1998, S. 479 ff. – Allgemein: *E. Mikunda Franco*, Derechos humanos y mundo islamico, 2001, mit islamischen Grundrechtstexten im Anhang (S. 222 ff.); *ders.*, Der Verfassungsstaat in der islamischen Welt, in: M. Morlok (Hrsg.), Die Welt des Verfassungsstaates, 2001, S. 151 ff.; *J.C. Bürgel*, Der Islam und die Menschenrechte, in: FS A. Riklin, 2000, S. 31 ff.

dort Schülerinnen und Lehrerinnen ein Kopftuch tragen?[831], insbesondere: wer soll auf islamischer Seite Ansprechpartner sein, wo sich dieser mit den Organisationsformen der westlichen Rechtskultur so schwer tut?[832] Dabei ist stets von beiden Seiten aus zu denken: nicht nur muss sich der "Euro-Islam" fragen lassen, wie er dem verfassten Europa entgegenkommt (als "*verfassungsstaatlicher Euro-Islam*"), auch umgekehrt ist selbstkritisch zu fragen: Was muss Europa tun als Rechts- und Kulturgemeinschaft, um dem Islam, der z.b. in Frankreich schon zweitstärkste Religion ist, tolerant entgegen zu kommen, um eine "Heimat" zu sein, z.b. für die Türken, ihn als werdenden "Kulturfaktor" anzuerkennen? Ist hier nur das Trennungsmodell hilfreich, oder kann man wie in Österreich[833] die Figur der öffentlich-rechtlichen Körperschaft wagen? Die Religionskriege in Ex-Jugoslawien erinnern uns schmerzlich an das hohe Gut der *Toleranz*, zu dem *Lessing,* auf *Boccacio* zurückgreifend, in der Ringparabel des "Nathan" *den* Menschheitstext geschrieben hat. Der Kosovo, auch Makedonien, wird zur Bewährungsprobe für uns alle (jetzt die Terroranschläge in Madrid und London 2004/05).

L. Europäisches Umweltverfassungsrecht

Vorbemerkung

Es dürfte wenige Verfassungsthemen geben, die in kurzer Zeit solche fast stürmischen Wachstumsprozesse erleben wie das Umweltverfassungsrecht. Nichtjuristische Klassiker haben dem wirkkräftig vorgearbeitet: Von "The silent spring" (*R.L. Carson,* 1962) über "Frieden mit der Natur" (*Meyer-Abich*) bis zu *H. Jonas*' "Prinzip Verantwortung" von 1984[834]. Auf diesem Hintergrund haben sich nach und nach konstitutionelle Textstufen entwickelt, die im Folgenden in ihren typischen Erscheinungsformen dargestellt seien: zunächst an nationalen Beispielen, dann auf der europäischen Ebene. Auch hier hat die vergleichende Verfassungslehre von der nationalen Ebene auszugehen, um von hier aus den europäischen Raum, das "europäische Haus" zu strukturieren. Die Wege zur Konstitutionalisierung dürfen dann – gedanklich wie real – wieder auf die nationalen Ebenen zurückführen, vor allem in Osteuropa.

---

831 *M. Jestaedt*, Grundrechtsschutz vor staatlich aufgedrängter Ansicht. Das Kopftuch der Lehrerin als Exempel, in: FS Listl, 1999, S. 259 ff.; *K.-H. Kästner*, Religiös akzentuierte Kleidung des Lehrpersonals staatlicher Schulen, FS Heckel, 1999, S. 359 ff.; *S. Muckel*, Religionsfreiheit für Muslime, in: FS Listl, 1999, S. 239 ff. (247 ff.); *R. Zuck*, Nur ein Kopftuch? Die Schavan-Ludin Debatte, NJW 1999, S. 2948 ff.; *T. Böhm*, Dürfen islamische Lehrerinnen im Dienst ein Kopftuch tragen?, SchuR 2000, S. 208 ff.; *R. Halfmann*, Der Streit um die "Lehrerin mit Kopftuch" – Die Religionsfreiheit von Beamten ..., NVwZ 2000, S. 862 ff.; *E.-W. Böckenförde*, "Kopftuchstreit" auf dem richtigen Weg?, NJW 2001, S. 723 ff. Die "Kopftuch"-E. des BVerfG bringt keinen "Religionsfrieden", E 108, 882.

832 Zu einem Versuch des französischen Innenministeriums, die Vertreter verschiedener Strömungen institutionell zu verbinden s. *B. Basdevant-Gaudemet*, Staat und Kirche in Frankreich, in: G. Robbers (Hrsg.), Staat und Kirche in der Europäischen Union, 1995, S. 127 ff. (128).

833 *Inge Gampl*, Staatskirchenrecht. Leitfaden, 1989, S. 164 ff.

834 Dazu *J. Schubert*, Das "Prinzip Verantwortung" als verfassungsstaatliches Rechtsprinzip, 1998.

Verantwortung für die und Schutz der Umwelt ist zwar heute ein globales Thema. Seit den Gipfelkonferenzen von Rio (1992) und Kyoto (1999) hat sich ein auf die ganze Welt bezogenes Umweltbewusstsein entwickelt, auch wenn viele Bekenntnisse "platonisch" blieben und auf reale Umsetzung warten[835]. Das "Umweltvölkerrecht"[836] ist nur ein Stichwort unter vielen. Dennoch muss vor Ort, im kleinen, in der Region in Sachen Umwelt Ernst gemacht werden. Jedenfalls die Koordinaten einer europäischen Verfassungslehre dürfen das Umweltthema nicht "auslassen". Die theoretischen und praktischen Friktionen mit der Wirtschaft und ihrer Globalisierung seien als Merkposten wenigstens erwähnt. Europa, als schon konstituierte regionale Verantwortungsgemeinschaft muss sich auch mit den Mitteln der gesamten (europäischen) Rechtswissenschaft der Sache Umwelt annehmen, vielleicht sogar in Kooperation mit den 2001 so ins Zentrum gerückten sog. "Lebenswissenschaften".

Das (aufgeklärte) anthropozentrische Verständnis des Umweltschutzes dürfte freilich dabei nach wie vor dem nationalen Verfassungsstaat ebenso wie der europäischen Verfassungsgemeinschaft kongenial sein. "Eigenrechte der Natur" sind, bei allem "Tierschutz", abzulehnen[837]. Ein "grüner Kant" lässt sich noch nicht entdecken.

I. Nationalstaatliche Erscheinungsformen vom Umweltverfassungsrecht ("Umweltstaat")

So sehr sich in Deutschland wohl alle Literaturgattungen von der Kommentarliteratur[838] über die Handbücher[839], Lehrbücher[840] bis zur Monographie[841], auch dem Grundlagenaufsatz[842] des Themas angenommen haben, eine (bislang fehlende) vergleichende Textstufenanalyse bleibt ergiebig und vermittelt erste Orientierungen. Gewiss, erst im

---

835 Aus der Lit. mein Diskussionsbeitrag in Symposium Pernthaler: Neue Wege der Allgemeinen Staatslehre, 1996, S. 92 f.: "ökologischer Menschheitspakt"; vgl. auch noch *S. Albin*, Die Vollzugskontrolle des europäischen Umweltrechts, 1999.
836 Aus der Lit.: *W. Graf Vitzthum*, in: ders. (Hrsg.), Völkerrecht, 1997 (2. Aufl. 2001), S. 379 (432 ff.); *A. Epiney/M. Scheyli*, Strukturprinzipien des Umweltvölkerrechts, 1998.
837 Zum Problem: *H. Schulze-Fielitz*, in: H. Dreier (Hrsg.), Grundgesetz-Kommentar Bd. II, 1998, Art. 20 a, Rn. 25 ff. m.w.N.; andere Akzente bei *D. Murswiek*, in: Sachs, Grundgesetz, 2. Aufl. 1999, Art. 20 a Rn. 22 ff. (3. Aufl. 2003). Allerdings bleibt der Schutz der Tiere als Schutz von "Mitgeschöpfen" ein wichtiges Postulat der Ethik: Treffend *F. Kromka*, Warum Tiere in der Ethik herumlaufen. Die Menschen verraten die Schöpfung, also auch sich selbst, wenn sie das Tier nur als nützliche Ware betrachten, FAZ vom 4. April 2001, S. 12.
838 *H. Schulze-Fielitz, D. Murswiek*, ebd.
839 Z.B. H.-W. Rengeling (Hrsg.), Handbuch zum europäischen und deutschen Umweltrecht, 2 Bde. 1998.
840 *M. Kloepfer*, Umweltrecht, 2. Aufl., 1998 (3. Aufl. 2004); *W. Hoppe/M. Beckmann/P. Kauch*, Umweltrecht, 2. Aufl. 2000.
841 *R. Steinberg*, Der ökologische Verfassungsstaat, 1999; *H. Hofmann*, Rechtsfragen der atomaren Entsorgung, 1981; früh *P. Saladin/Ch. Zenger*, Rechte künftiger Generationen, 1988; *T. Brönneke*, Umweltverfassungsrecht, 1999.
842 *D. Murswiek*, Staatsziel Umweltschutz (Art. 20 a GG), NVwZ 1996, S. 222 ff.; *D. Thym*, Umweltschutz in den Verfassungen der EU-Mitgliedstaaten, Natur und Recht, 2000, S. 557 ff.; *H. Hofmann*, "Umweltstaat": Bewahrung der natürlichen Lebensgrundlagen und Schutz vor den Gefahren und Risiken von Wissenschaft und Technik in staatlicher Verantwortung, in: P. Badura/H. Dreier (Hrsg.), FS 50 Jahre BVerfG II, 2001, S. 873 ff.

Kontext von Klassikertexten und den sich in ihnen speichernden Theorien, von großen Urteilen der Verfassungsgerichte und der glossatorischen Detailarbeit der Dogmatik ergibt sich das *ganze* Bild des Umweltverfassungsrechts auf der heutigen Entwicklungsstufe des Verfassungsstaates. Dennoch bleibt m.E. die Textstufenmethode auch hier ein, wenn nicht primärer, so doch herausragender Erkenntnisweg der (europäischen) Verfassungslehre. Denn Verfassungstexte, einmal in der Welt, können auch nach längerer "Inkubationszeit" oft unerwartete normative Kraft entfalten (man denke an die Sozialstaatsklausel des Art. 20 GG). Sie sind jedenfalls weniger vergänglich als so manche juristische Sekundärliteratur! Vor allem eröffnet sich dank der Textstufenanalyse eine erste Strukturierung und Bändigung des riesigen Stoffes, der sich mittlerweile sowohl national als auch auf der europäischen Ebene, kaum mehr überschaubar, angehäuft hat.

Die Textgruppentrias von Umweltschutz als Staatsziel, als Erziehungsziel und als Grundrecht bzw. Grundpflicht ermöglicht eine erste Orientierung.

1. Der Umweltschutz als nationales Staatsziel (in Präambeln oder Grundlagen-Artikeln)

Umweltschutz als Staatsziel bildet eine erste Textgruppe. Sie hat sich in westeuropäischen Ländern seit den 80er Jahren entwickelt und findet sich heute auch in den Reformstaaten Osteuropas seit 1989, was mittelfristig auf die europäische Ebene ausstrahlen kann und sollte.

Als höchste Textform, die den Umweltschutz zum Staatsziel macht, aber auch in die Bürgerethik verweisen will, begegnet die Verfassungkategorie *Präambel*. Mag sie oft eher "unverbindlich" erscheinen, ihre normative Kraft ist mittelfristig bekanntlich groß. Ihre dirigierende Kraft wirkt, buchstäblich vor die Klammer der nachstehenden Artikelgruppen gezogen, "nachhaltig". Gerade relativ neue Themen wie der Umweltschutz suchen sich bezeichnenderweise zuerst besonders gern den Weg in die würdevolle Präambel einer verfassungsstaatlichen Verfassung.

Über die Schweiz hinaus kommt hier der Verf. Aargau (1980)[843] eine Leitfunktion zu. Schon in der Präambel heißt es: "... in der Absicht, die Verantwortung vor Gott gegenüber Mensch, Gemeinschaft und Umwelt wahrzunehmen ..." – eine Formel, die etwa in der KV Basel-Landschaft von 1984 Schule gemacht hat. Der Aargau hat mit diesem Thema dann auch in Gestalt eines Staatsziels Ernst gemacht. § 42 Abs. 1 lautet:

> "Kanton und Gemeinden sorgen durch ihre Rechtsetzung und bei der Wahrnehmung aller ihrer Zuständigkeiten für den größtmöglichen Schutz des Menschen und seiner natürlichen Umwelt gegen schädliche und lästige Einwirkungen".

Die hochzonige Plazierung des Umweltthemas schon in der Präambel hat sowohl in der Schweiz (vgl. nur Präambel KV Solothurn von 1986; Präambel KV Bern von 1993: "Gemeinwesen, ... in dem alle in Verbindung mit der Schöpfung zusammenleben"; KV

---

[843] Zit. nach P. *Häberle*, Dokumentation in JöR 34 (1985), S. 437 ff.; dort und in JöR 47 (1999), S. 171 ff., auch die weiteren Schweizer Verfassungstexte.

Appenzell-A.Rh. von 1995: "Schöpfung in ihrer Vielfalt ..."; s. auch den erfolgreichen Privatentwurf Kölz/Müller von 1984: "im Bewusstsein der Verantwortung für die Bewahrung einer gesunden und lebenswerten Umwelt auch für die kommenden Generationen", ebenso 3. Aufl. 1995; zuletzt BV 2000: "in der Verantwortung gegenüber der Schöpfung ... gegenüber den künftigen Generationen ...", ähnl. KV Zürich, 2004), als auch in vielen späteren Verfassungen anderswo in Europa Gefolgschaft erfahren. So findet sich die auf die "Schöpfung" bzw. "Nachwelt" bezogene Verantwortungsphilosophie etwa in den Präambeln der Verfassungen der neuen Bundesländer in Deutschland (Verf. Brandenburg von 1992: "Natur und Umwelt zu bewahren und zu schützen"; Verf. Sachsen von 1992: "Bewahrung der Schöpfung"...; Verf. Mecklenburg-Vorpommern von 1993: "die natürlichen Grundlagen des Lebens zu sichern"; Verf. Thüringen von 1992: "der Verantwortung für zukünftige Generationen gerecht zu werden").

Ein Blick auf so manche Präambeltexte der osteuropäischen Reformstaaten nach dem "annus mirabilis 1989" bringt deutlich geringeren Ertrag. So spricht Verf. Estland (1992) in ihrer Präambel von "gemeinsamen Nutzen zukünftiger Generationen"[844]. Text, Präambel Verf. Montenegro (1992) fordert pathetisch: "aufgrund der Überzeugung, dass die Natur eine Quelle der Gesundheit, der Geistigkeit und der Kultur des Menschengeschlechts und der Staat der Wächter des Heiligtums und der Reinheit der Natur ist". Manche Verfassungen bauen in ihre Präambel zwar den Generationenbezug ein (vgl. Polen von 1997, Ukraine von 1996), doch denken sie dabei nicht erklärtermaßen an den Umweltschutz schon in der Präambel. Wegen der totalitären Vergangenheit sind den Verfassunggebern hier andere Themen wie Rechtsstaat, Demokratie, Grundrechte, kulturelles Erbe in dieser Form offenbar noch wichtiger.

Den Reigen der umweltschutzbezogenen *Staatsziele* eröffnet in Deutschland Bayern mit seiner Verfassungsrevision von 1984. Ihr in Deutschland Schule machender Art. 3 Abs. 2 lautet: "Der Staat schützt die natürlichen Lebensgrundlagen und die kulturelle Überlieferung", der das Thema in das "soft law" der Erziehungsziele weiterdenkt (Art. 131 Abs. 2, dazu unten). Andere deutsche Länder rezipieren diese Idee sukzessive dem Geist oder Buchstaben nach in späteren Verfassungsnovellen (vgl. nur Art. 1 Abs. 2 Verf. Niedersachsen, Art, 59 a Verf. Saarland, Art. 29 a Verf. NRW). In Ostdeutschland ist das Umweltverfassungsrecht in Staatszieleform besonders reich ausgeprägt (vgl. Art. 39 und 40 Verf. Brandenburg; Art. 35 Verf. Sachsen-Anhalt von 1992; Art. 31 bis 33 Verf. Thüringen von 1993 mit dem pionierhaften Auskunftsrecht über Umweltdaten). In Verfassungen westlicher Demokratien (z.B. Art. 66 Abs. 2 Verf. Portugal, Art. 45 Abs. 2 Verf. Spanien) ist die allgemeine oder spezielle Staatszieleform ebenfalls nachweisbar (ebenso in Art.4 Abs.1 1 Statut Toscana, 2005).

In Osteuropa finden sich viele Beispiele (z.B. Art. 37 Abs. 4 Verf. Georgien von 1995; Art. 3 Verf. Kroatien von 1990: Erhaltung der Natur und der Umwelt des Menschen als "höchste Werte"; Art. 54 Verf. Litauen von 1992; Art. 5, 74 Verf. Polen); Art. 8 Verf. Makedonien (1991): "Grundwerte" ...: Ordnung und Humanisierung des Raumes und Schutz und Förderung der Umwelt und der Natur".

---

844 Zit. nach H. Roggemann (Hrsg.), Die Verfassungen Mittel- und Osteuropas, 1999.

Im europäischen Rechtsvergleich ist nach alledem Art. 20 a GG von 1994 eher Rezeption denn Innovation, eher "Nachzügler" denn "Vorhut", so gefällig er sich heute ausnimmt ("Der Staat schützt auch in Verantwortung für die künftigen Generationen die natürlichen Lebensgrundlagen ...")[845].

2. Der Umweltschutz als konstitutionelles Erziehungsziel

Plazieren manche Verfassungsstaaten den Umweltschutz schon in der Präambel, so ist es nur konsequent, dass sie den Grundwert auch in den Katalog der Erziehungsziele umsetzen[846]. Das ist vorbildlich Bayern schon 1984 gelungen (Art. 131 Abs. 2: "Verantwortungsbewusstsein für Natur und Umwelt"), und andere deutsche Länderverfassungen sind dem gefolgt (vgl. nur Art. 28 Verf. Brandenburg; Art. 7 Abs. 2 Verf. NRW; Art. 22 Abs. 1 Verf. Thüringen).

In ausländischen Verfassungen in Europa findet sich diese Textgestalt seltener (vgl. Ansätze etwa in der Schweiz: Art. 36 a Abs. 1 Verf. Appenzell A.Rh. von 1995: "Verantwortung für die Mitwelt" als Erziehungsziel; ähnlich schon Art. 42 Abs. 1 Verf. Bern von 1993: "Verantwortungsbewusstsein gegenüber der Umwelt"). Der verfassungsrechtliche Kanon von Erziehungszielen ist seit der WRV (vgl. ihren Art. 148) ein sehr deutsches "Erbstück" und wird in anderen Ländern eher auf die Menschenrechte bezogen (z.B. Art. 22 Abs. 3 alte Verf. Peru von 1979; Art. 72 Verf. Guatemala von 1985[847]). Gleichwohl muss eine europäische Verfassungslehre sich den Zusammenhang des "Erziehungsziels Umweltschutz" vergegenwärtigen: Die *juristischen* staatsbezogenen Umweltschutznormen greifen letztlich generationenüberschreitend erst dann, wenn sie schon die Schule über das entsprechende Erziehungsziel vermittelt. Als mögliche Textstufe bzw. Alternative auf nationaler wie europäischer Ebene ist jedenfalls das "Bewusstsein für den Schutz von Natur und Umwelt" als Erziehungsziel bereit zu halten[848]. Als Element des europäischen Kulturverfassungsrechts sollte es in das Blickfeld der Europapolitik in EU und Europarat rücken.

3. Umweltschutz als Grundrecht bzw. Grundpflicht

Diese dritte Kategorie vom Umweltverfassungsrecht ist die am meisten problematische. Während Staatsziele und Erziehungsziele m.E. dem Verfassungsstaat auf seiner heutigen Entwicklungsstufe entsprechen und sie sich bald in Abwägungsprozessen, bald als Argumentationstopoi auch sonst in das (einfache) Recht umsetzen lassen, ist das "Grundrecht" auf eine gute Umwelt eher irreal und eine Überforderung dessen, was von

---

845 Dazu aus dem Kommentarlit. mit zahlreichen weiteren Nachweisen *H. Schulze-Fielitz*, in: H. Dreier (Hrsg.), Grundgesetz-Kommentar, Bd. II, 1998, Art. 20 a.
846 Dazu *P. Häberle*, Erziehungsziele und Orientierungswerte im Verfassungsstaat, 1981.
847 Zit. nach JöR 36 (1987), S. 641 ff. bzw. 555 ff.
848 Dieses durch Erziehung vermittelte Bewusstsein ist letztlich auch Voraussetzung der Europäisierung der nationalen Umweltrechte als Gemeinschaftsaufgabe. Für Deutschland siehe z.B. *R. Steinberg*, Probleme der Europäisierung des deutschen Umweltrechts, AöR 120 (1995), S. 549 ff.

der Themenliste verfassungsstaatlicher Verfassungen her geleistet werden kann. Ein Umweltgrundrecht ist nicht einklagbar. Die Normierung von Pflichten des einzelnen mag Ausstrahlungswirkung haben, indem sie eine Sozialpflichtigkeit z.B. des Eigentums konkretisiert (vgl. Art. 65 Abs. 2 Verf. Montenegro: Umweltschutz als Grenze unternehmerischer Freiheit!). Im Übrigen aber ist sie allenfalls als verdecktes Erziehungsziel brauchbar. Dennoch finden sich nicht wenige Beispiele solchen Umweltverfassungsrechts.

Beginnen wir mit Verfassungen in *Westeuropa*: Art. 33 Verf. Belgien (1994) wagt als Ausformung des Rechts, ein menschenwürdiges Leben zu führen u.a. "das Recht auf den Schutz einer gesunden Umwelt" (Ziff. 4). § 20 Verf. Finnland (1999) bedient sich der Pflichtenethik in dem Satz: "Jeder trägt Verantwortung für die Natur und ihre Mannigfaltigkeit sowie für die Umwelt und das Kulturerbe". Schon Art. 66 Abs. 1 Verf. Portugal bestimmt: "Jeder hat das Recht auf eine menschenwürdige, gesunde Umwelt und ökologisch ausgewogene Umwelt und ist verpflichtet, für ihre Erhaltung Sorge zu tragen". Art. 46 Abs. 1 Verf. Spanien normiert: "Alle haben das Recht, eine der Entfaltung der Persönlichkeit förderliche Umwelt zu genießen, sowie die Pflicht, sie zu erhalten.

Die Schweiz bleibt vorsichtiger. So fortschrittlich und aufgeschlossen sie in Sachen Umweltschutz als Staatsziel, z.T. wie gezeigt schon in Präambelform mit sozialethischen Dimensionen auf der Seite des Bürgers, arbeitet, ein Grundrecht auf eine bestimmte Umwelt findet sich weder in den Kantonen noch in der nBV 2000 (vgl. deren Art. 73 (Nachhaltigkeit) bis zum Tierschutz (Art. 80)). Nicht einmal in dem einflussreichen "grünen" Privatentwurf Kölz/Müller (1984/93) bzw. seinem Art. 34 steht ein Grundrecht auf gesunde Umwelt, wohl aber finden sich stilbildende Normen zum Verursacherprinzip und Beschwerderecht (Art. 35). Immerhin spricht Art. 114 Verf. Solothurn (1986) "von Schutz und Pflege der Umwelt als Aufgabe aller", postuliert Art. 6 nBV eine individuelle und gesellschaftliche Verantwortung[849], was auch auf den Umweltschutz zielen dürfte.

In *Osteuropa* seien als Beispiele erwähnt: Art. 55 Verf. Bulgarien (1991):

"Die Bürger haben ein Recht auf eine gesunde und gedeihliche Umwelt in Übereinstimmung mit den festgelegten Standards und Normen. Sie sind verpflichtet, die Umwelt zu schützen".

§ 53 Verf. Estland (1992) normiert eine Umweltschutzpflicht samt Schadensersatzpflicht. Art. 69 Abs. 2 Verf. Kroatien (1990) verspricht: "Der Staat sichert das Recht des Bürgers auf eine gesunde Umwelt". Art. 43 Verf. Makedonien gibt jedermann einen "Anspruch auf eine gesunde Umwelt" und verpflichtet jedermann, die Umwelt und die Natur zu fördern und zu schützen (ähnlich Art. 44 Slowakische Verf. von 1992). Die vielleicht ausgereifteste Textstufe gelingt Art. 74 Verf. Polen. Er verlangt eine "Politik, welche den gegenwärtigen und zukünftigen Geschlechtern die ökologische Sicherheit gewährleistet", normiert eine Pflicht der öffentlichen Gewalten, die Umwelt zu schützen, gibt jedermann ein Recht auf Information über den Stand des Umweltschutzes und

---

849 Dazu meine Kommentierung in St. Galler Kommentar zur nBV, 2002, S. 67 ff.

sagt zuletzt in Abs. 4 klug: "Die öffentlichen Gewalten fördern Tätigkeiten der Bürger zu Gunsten des Schutzes und der Lageverbesserung der Umwelt". (Einige Textbausteine ähnlicher Art schon in Art. 16 Verf. Ukraine: "ökologische Sicherheit", "ökologisches Gleichgewicht".)

Im Ganzen: Gemeineuropäische Standards (z.B. die Staatsaufgaben) in Sachen Umweltschutz sind erst in vagen Umrissen zu erkennen. Das Ob ist Ost und West gemein, aber das Wie ist höchst facettenreich. Impulse könnten von der europäischen Ebene her kommen[850]. Die Achtung der Tiere als "Lebewesen und Mitgeschöpfe" (Art. 32 Verf. Thüringen) ist die wohl am weitesten gehende Textstufe, die auch das Menschenbild des "homo europaeus" beeinflusst. Natur- und Kulturschutz stehen auch hier wechselseitig im Kontext.

II. Konstitutionalisierungstendenzen im Europäischen Raum: europäisches Umweltverfassungsrecht im Werden

Auch hier sei zunächst das Europa im engeren Sinne der EU, dann das Europa im weiteren Sinne in den Blick genommen. So sehr einleuchtet, dass der Umweltschutz an den nationalen Grenzen nicht Halt macht, die Sache Umwelt ist in Europa auf der Textebene bei weitem nicht so stark ausgeformt wie etwa des Rechtsstaats- oder Demokratieprinzip, ganz zu schweigen von der oft fehlenden Umsetzung in die Wirklichkeit bzw. den sog. Vollzugsdefiziten. M.a.W.: die "Textdichte" ist auf der europäischen Ebene im ganzen eher gering bzw. sie hat noch große Wachstumsaufgaben vor sich. Gibt es auf EU-Ebene viele positive Anzeichen, das übrige Europa lässt noch viele Defizite erkennen. Um so wichtiger wird die Aufgabe der europäischen "Verfassungslehre": sie hat "wissenschaftliche Vorratspolitik" zu leisten, d.h. einen Vorrat an aus dem nationalen Verfassungsrecht gewonnenen Problemlösungsmaterial in Alternativen-Form anzubieten, so dass "Europa" sich auch in Sachen Umwelt intensiver und extensiver als bisher "verfassen" kann.

Bei all dem erstaunt, dass die neuen Verfassungsstaaten in Osteuropa in ihren Texten sich des Umweltthemas figurenreich angenommen haben, was auf lange Sicht in den ganzen europäischen Raum ausstrahlen kann.

1. Umweltverfassungsrecht in der EU/EG

Während die Umwelt im Römischen Vertrag der EWG von 1957 noch kein Thema war bzw. ist, hat sich das Bild in der Einheitlichen Europäischen Akte (1987), sodann darauf aufbauend in den Verträgen von Maastricht und Amsterdam (1992/97) substantiell geändert[851]. Das zeigt einmal mehr, dass zunächst die nationalen Verfassungs-

---

850 Dabei ist sogar an die EMRK zu denken, siehe *A. Kley-Struller*, Der Schutz der Umwelt durch die EMRK, EuGRZ 1995, S. 507 ff.
851 Aus der Lit.: *W. Kahl*, Umweltprinzip und Gemeinschaftsrecht, 1993; *I. Pernice*, Kompetenzordnung und Handlungsbefugnisse der Europäischen Gemeinschaft auf dem Gebiet des Umwelt- und Technikrechts, Die Verwaltung 1989, S. 1 ff., *ders.*, Europäischer Binnenmarkt und Umweltrecht, NVwZ 1990, S. 201 ff.; *D. Scheuing*, Umweltschutz auf der Grundlage der Einheit-

staaten mit ihren Texten die "Werkstatt" für die werdende Verfassungsgemeinschaft Europas sind, sich Analogiebildungen von ihnen zu ihr hin vollziehen. Denn nur als "Landschaftsschutz" war das Umweltthema ansatzweise bereits in den 70er Jahren bekannt (vgl. Art. 9 Abs. 1 Verf. Italien von 1947: "Sie (sc. die Republik) schützt die Landschaft", vgl. auch unter den westdeutschen Bundesländerverfassungen etwa Art. 62 Verf. Hessen von 1946). Freilich bleibt zu beachten, dass von einer "Anfangsphase der EG-Umweltpolitik 1972 - 1987" gesprochen werden kann[852], die dann in Gestalt der Einheitlichen Europäischen Akte 1987 mit Art. 130 r-t, 100 a EGV a.f., jetzt 174-176, 95 EGV auf Verfassungshöhe intensivierte, was zuvor in "Aktionsprogrammen" und umfangreicher Rechtsprechungstätigkeit Gestalt angenommen hatte – Wissenschaft und Judikatur (des EuGH) hatten begleitend durch erweiternde bzw. vertiefende Auslegung der Präambel und des Art. 2, 100 und 235 EWGV auch den Umweltschutz als wesentliches Ziel der Gemeinschaft vorweg definiert[853]. Einmal mehr wird anschaulich, wie Texte durch die gemeinsame schöpferische Arbeit von Literatur und Judikatur, auch dem Rechtsetzer (des "Sekundärrechts") bzw. die umweltpolitische Wirklichkeit normative Kraft erlangen und neue Inhalte gewinnen. Der Umweltschutz "suchte" sich sozusagen seine konstitutionellen Texte innerhalb des EWGV, bis dann Maastricht/Amsterdam mit Art. 130 r Abs. 2 S. 3 EGV a.F. bzw. 174, jetzt als Grundsatz herausgehoben in Art. 6 EGV eine neue explizite Textstufe schufen.

Diese Verträge arbeiten denn auch mit Textfiguren, die z.T. aus der vergleichend erschlossenen Textwerkstatt verfassungsstaatlicher Verfassungen bekannt sind. Das beginnt schon in der Präambel, die sich in vielen nationalen Verfassungen als "erste Gestalt" für Umweltverfassungsrecht erwiesen hat. So heißt es in der Präambel EUV: "In

---

lichen Europäischen Akte, EuR 1989, S. 151 ff.; *H.-W. Rengeling*, Zum Umweltverfassungsrecht der Europäischen Union, FS Heymanns Verlag 1995, S. 469 ff.; *B. Wieberneit*, Europarechtlicher Rahmen für Umweltsubventionierung, 1997; *A. Epiney*, Umweltrecht in der Europäischen Union, 1997; *D.H. Scheuing*, Regulierung und Marktfreiheit im Europäischen Umweltrecht, EuR 2001, S. 1 ff.; *C. Wepler*, Europäische Umweltpolitik. Die Umweltunion als Chance für die materielle und institutionelle Weiterentwicklung der europäischen Integration, 1999; *S. Caspari*, Die Umweltpolitik der Europäischen Gemeinschaft, 1995; *U. Beyerlin*, Umweltvölkerrecht, 2000; *A. Epiney*, Umweltschutz in der Europäischen Gemeinschaft, 1997; *M. Zuleeg*, Umweltschutz in der Rechtsprechung des EuGH, NJW 1993, S. 31 ff.; H.-W. Rengeling (Hrsg.), Umweltschutz und andere Politiken der Europäischen Gemeinschaft, 1993; *T. Schroer*, Die Kompetenzverteilung zwischen der Europäischen Wirtschaftsgemeinschaft und ihren Mitgliedern auf dem Gebiet des Umweltschutzes, 1992. – *W. Kahl*, in: Ch. Calliess/M. Ruffert (Hrsg.), Kommentar zu EU-Vertrag und EG-Vertrag, 1999, Art. 95 Rn. 53 rechnet u.a. neben dem Demokratie- oder dem Integrationsprinzip das „Umweltprinzip", d.h. den „Grundsatz des bestmöglichen Umweltschutzes", zu den materiellen Verfassungsprinzipien der Gemeinschaft; *B. Ziemske*, Die Durchdringung der europäischen Wirtschaftsfreiheiten durch das Europäische Umweltrecht, GS *H.G. Helm*, 2001, S. 885 ff.; *L. Krämer*, Die Rechtsprechung der EG-Gerichte zum Umweltrecht 1998 und 1999, EuGRZ 2000, S. 265 ff.; *W. Schroeder*, Die Euratom auf dem Weg zu einer Umweltgemeinschaft, DVBl. 1995, S. 322 ff.; *W. Frenz*, Außenkompetenzen der EG und der Mitgliedstaaten im Umweltbereich, 2001.

852 So *T. Oppermann*, Europarecht, 2. Aufl. 1999, S. 866 ff. Allgemein zur europäischen Umweltpolitik vgl. auch *P. Fischer/H.F. Köck*, Europarecht, 3. Aufl. 1997, S. 663 ff.; *M. Herdegen*, Europarecht, 2. Aufl. 1999, S. 307 ff.; *J. Scherer/S. Heselhaus*, in: M. Dauses (Hrsg.), Handbuch des EU-Wirtschaftsrechts, Bd. 2, 2000, Buchstabe O: "Umweltrecht".

853 Nachweise bei *T. Oppermann*, aaO., S. 867.

dem festen Willen, im Rahmen der Verwirklichung des Binnenmarktes sowie der Stärkung des Zusammenhangs und des Umweltschutzes den wirtschaftlichen und sozialen Fortschritt ihrer Völker unter Berücksichtigung des Grundsatzes der nachhaltigen Entwicklung zu fördern...". Und der Zielkatalog des Art. 2 EUV nimmt diesen "Grundton" auf in der Textwendung: "Herbeiführung einer ausgewogenen und nachhaltigen Entwicklung". Solche thematischen Zusammenhänge zwischen Präambelinhalten und Grundlagen-Artikeln aus dem nationalen Verfassungsrecht sind nur zu bekannt. (Die "Nachhaltigkeit" wurde aus dem UN-Recht rezipiert)[854]. Das Umweltschutzdenken prägt aber auch den neuen EG-Vertrag von 1992/97. Mag man schon in seiner Präambel den Umweltschutz aufgehoben sehen ("stetige Besserung der Lebens(!)- und Beschäftigungsbedingungen"), so prägt dieser den Vertrags- bzw. Verfassungstext in vielen Kontexten: so figuriert er im Aufgabenkatalog von Art. 2 ("hohes Maß an Umweltschutz und Verbesserung der Umweltqualität"), er gewinnt den hohen Rang einer allgemeinen (so in den nationalen Verfassungen nicht bekannten) Querschnittsklausel in Art. 6 ("Die Erfordernisse des Umweltschutzes müssen bei der Festlegung und Durchführung der in Art. 3 genannten Gemeinschaftspolitiken ... insbesondere zur Förderung einer nachhaltigen Entwicklung einbezogen werden"[855]), und schließlich schmückt das Thema "Umwelt" den eigenen Titel XIX. Aus diesen ungemein dicht gearbeiteten Artikeln 174 bis 176 seien einige bekannte Stichworte wie das Verursacher- und Ursprungsprinzip, auch der Vorsorge- und Vorbeugungsgrundsatz erwähnt, freilich auch Innovationen, wie die Verfahren nach Art. 175 EGV[856]. Art. 95 Abs. 4 und 5 EGV erlaubt nationale Ausnahmen zur Rechtsangleichung zum Schutz der Umwelt.

Von Bedeutung ist auch das gemeinschaftsrechtliche Sekundärrecht zum Umweltschutz, sei es in seiner direkten Wirkung, sei es vermittelt durch nationale Umsetzungsakte. Erwähnt seien hier die frühe, noch auf Art. 100, 235 EGV a.F. gestützte Richtlinie 85/337 zur Umweltverträglichkeitsprüfung[857]; die Richtlinie 90/313 über den freien Zugang zu Informationen über die Umwelt[858], sowie die neuen Wege der Steuerung beschreitende Verordnung (EWG) Nr. 1836/93 zum so genannten Öko-Audit[859] und

---

[854] Siehe *R. Streinz*, Auswirkungen des Rechts auf "Sustainable Development" – Stütze oder Hemmschuh? Ansätze im nationalen, europäischen und Weltwirtschaftsrecht, in: Die Verwaltung 31 (1998), S. 449 ff.; aus der europarechtlichen Kommentarlit.: *R. Geiger*, EUV/EGV-Kommentar, 3. Aufl. 2000, Art. 6 EGV Rn. 3.

[855] Dazu *R. Streinz*, Europarecht, 6. Aufl. 2003, S. 400 ff.

[856] Zu den "Instrumenten": *R. Streinz*, aaO., S. 345 f. Zu dem relativ dichten Normenbestand der EU, der nahezu alle Umweltbereiche abdeckt: *J. Jahns-Böhm*, in: J. Schwarze (Hrsg.), EU-Kommentar, 2000, Art. 174 EGV, Rn. 2; ebd. auch zum Tierschutz (Rn. 7 f.).

[857] *H.D. Jarass*, Auslegung und Umsetzung der EG-Richtlinie zur Umweltverträglichkeitsprüfung, 1989.

[858] Aus der Lit.: *H.-U. Erichsen*, Das Recht auf freien Zugang zu Informationen über die Umwelt – Gemeinschaftsrechtliche Vorgaben und nationales Recht, NVwZ 1992, S. 409 ff.

[859] *G. Lübbe-Wolff*, Die EG-Verordnung zum Umwelt-Audit, DVBl. 1994, S. 361 ff.; *J. Falke*, "Umwelt-Audit"-Verordnung. Grundsätze und Kritikpunkte, ZUR 1995, S. 4 ff.; *W. Köck*, Das Pflichten- und Kontrollsystem des Öko-Audit-Konzepts nach der Öko-Audit-Verordnung und dem Umweltauditgesetz, VerwArch 87 (1996), S. 644 ff.; *W. Ewer/R. Lechelt/A. Theuer*, Handbuch Umweltaudit, 1998.

hierzu das deutsche Umweltauditgesetz (UAG)[860]. Für die Textstufenentwicklung ist dabei besonders interessant: das Sekundärrecht eilte zunächst mit der UVP-Richtlinie (1985) voraus, das Primärrecht hat den Impetus mit der EEA (1987) aufgegriffen und seither eine *"verfassende"* Schrittmacherrolle übernommen.

Einen neuen Textschub hat die EU-Grundrechte-Charta von 2000 geleistet. Auch sie arbeitet mit den schon bekannten Text- bzw. Stilelementen. In der Präambel findet sich der Begriff "ausgewogene und nachhaltige Entwicklung" sowie die Generationenperspektive ("Verantwortlichkeiten und Pflichten"), und Art. 37 rezipierte Textelemente aus dem schon geltenden EU-Recht *in Verbindung* mit nationalverfassungsstaatlichen Vorbildern in dem Satz: "Ein hohes Umweltschutzniveau und die Verbesserung der Umweltqualität müssen in die Politiken der Union einbezogen und nach dem Grundsatz der nachhaltigen Entwicklung sichergestellt werden". Die "nachhaltige Entwicklung" hat damit über Zeiten und Räume hinweg eine "konstitutionelle Weltkarriere" gemacht, allenfalls den Menschenrechten vergleichbar.

Im ganzen lässt sich wohl sagen, dass das Wort von der EU als "Umweltunion" nicht übertrieben ist. Der Umweltschutz, in den modernsten Textensembles ausgestaltet, gehört zu den konstitutionellen Grundwerten von Europa im engeren Sinne[861]. Er hält dieses "im Innersten zusammen" (den Tierschutz eingeschlossen). Die EU als regionale Verantwortungsgemeinschaft wird hier besonders greifbar. Die nationalen Verfassungsrechte der 25 Mitgliedsländer werden besonders tief vom europäischen Umweltrecht her dirigiert. Es ist ein wesentliches Integrationsvehikel. Die EU-Umweltpolitik hat genügend differenzierte Verfassungstexte, die sie mit Leben erfüllen kann und erfüllt hat. Nimmt man die Textgruppen der nationalen Verfassungsstaaten in West- und Osteuropa hinzu, so bestätigt sich die These, dass eine Europäische Verfassungslehre ohne das Umweltthema heute nicht mehr erarbeitet werden kann. Da und dort werden auch schon Standards sichtbar, die auf dem Weg sind, gemeineuropäisches Verfassungsrecht zu werden (z.B. das Verursacherprinzip). Das EU-Umweltverfassungsrecht (z.B. die Querschnittsklausel) könnte aber auch stimulierend für manche beitrittswillige Länder in Osteuropa wirken, auch darüberhinaus.

2. Umweltverfassungsrecht im übrigen europäischen Raum ("Haus")

Hatten die schon klassischen Teilverfassungen Europas, die EMRK[862], die ESC dem damaligen Zeitgeist der 50er und 60er Jahren gemäß verständlicherweise den Umweltschutz noch nicht thematisiert, so ändert sich dies in späteren Dokumenten. Ohne Anspruch auf Vollständigkeit sei aus der Charta von Paris für ein neues Europa (November

---

860 Hierzu aus der Lit.: *J. Schnutenhaus*, Die Umsetzung der Öko-Audit-Verordnung in Deutschland, ZUR 1995, S. 9 ff.; *G. Lübbe-Wolff*, Das Umweltauditgesetz, NuR 1996, S. 217 ff.
861 Die Grundwerte-Dimension beweist auch, dass für den Umweltschutz nicht nur der Staat, sondern auch und gerade die Bürger in die Verantwortung genommen sind. Siehe in diesem Kontext auch *P.M. Huber*, Weniger Staat im Umweltschutz, DVBl. 1999, S. 489 ff.
862 Siehe aber *A. Kley-Struller*, Der Schutz der Umwelt durch die EMRK, EuGRZ 1995, S. 507 ff.

1990)[863] der Passus zitiert: "Der Schutz der Umwelt liegt in der gemeinsamen Verantwortung aller unserer Nationen". In den nachfolgenden "Leitsätzen für die Zukunft" figuriert nach der wirtschaftlichen Zusammenarbeit immerhin das Thema "Umwelt". Stichworte sind hier z.B. "gesundes ökologisches Gleichgewicht in Luft, Wasser und Boden", "gut informierte Gesellschaft als Voraussetzung", "Einführung sauberer und abfallarmer Technologien", "wirksame Durchführung umweltpolitischer Maßnahmen". Auch das Krakauer Symposium über das kulturelle Erbe der KSZE-Teilnehmerstaaten vom Juni 1991[864] denkt, wenn auch von seinem Anliegen her negativ an das Umweltthema (Ziff. 35: koordinierte Maßnahmen zum Schutz des gemeinsamen kulturellen Erbes vor schädigenden Umwelteinflüssen; auch Ziff. 36 und 37 wollen der "Umweltverschmutzung" entgegen wirken).

Im Ganzen: Das Umweltthema ist in Gesamteuropa bislang nur eine schwache *Teil*verfassung. Obwohl die osteuropäischen Staaten auf ihrer nationalen Ebene textlich ein ausgreifendes Umweltverfassungsrecht seit 1989 "nachgeholt" haben, ihre Armut aber viele Vollzugsdefizite zulässt, von der gesamteuropäischen Ebene der OSZE her bieten sich ihnen nur sehr allgemein gehaltene Leitbilder. Hier besteht noch großer Nachholbedarf. Die europäische Verfassungslehre kann begrenzt "vorarbeiten". Die Idee der gesamteuropäischen "Verfassungswerkstatt" dürfte dabei ebenso hilfreich sein wie die Erkenntnis der europaweiten, z.T. weltweiten Produktions- und Rezeptionsgemeinschaft in Sachen "Verfassung", seien es Texte, Theorien, Judikatur oder (politische) Praxis.

M. Das europäische Wirtschaftsverfassungsrecht

Vorbemerkung

Wenn das Thema "europäisches Wirtschaftsverfassungsrecht"[865] im Rahmen dieser europäischen Verfassungslehre äußerlich eher ans Ende gerückt ist, so geschieht dies nicht ganz zufällig. Entgegen der am positiven Recht ablesbaren Entwicklungsgeschichte von der EWG (1957) zur EU/EG (1993/97) kann heute für die Wissenschaft bzw. die Verfassungstheorie nur das *Europa der Kultur* der übergeordnete Rahmen bzw. die tragende Grundstruktur sein. So wichtig das Europa der Wirtschaft ist, so viel europäische Vitalität sich in den Märkten zeigt, so viel Positives der wachsende Wohlstand bei der europäischen Einigung bewirkt hat: die letzten bzw. vorletzten "Ressourcen Europas"

---

863 Zit. nach EuGRZ 1990, S. 517 ff. Aus der Lit.: *A. Kley-Struller*, Der Schutz der Umwelt durch die Europäische Menschenrechtskonvention, EuGRZ 1995, S. 507 ff.; *R. Schmidt-Radefeldt*, Praktische Relevanz der EMRK für den Umweltschutz, EuGRZ 1999, S. 192 ff.
864 Zit. nach EuGRZ 1991, S. 250 ff.
865 Siehe dazu auch R. Ohr/T.Theurl (Hrsg.), Kompendium Europäische Wirtschaftspolitik, 2001; *M. Wohlgemuth*, Institutioneller Wettbewerb als Entdeckungsverfahren. Zur Rolle von Abwanderung und Widerspruch im Europäischen Binnenmarkt, 1998; *M. Lutter*, Stand und Dynamik des europäischen Wirtschaftsrechts, 1991; *E. Grabitz*, Über die Verfassung des Binnenmarktes, FS Steindorff, 1990, S. 1229 ff. Allgemein zur Einordnung nationalen Wirtschaftsrechts in internationale Wirtschaftszusammenhänge: *R.A. Lorz*, Die Integration des nationalen Wirtschaftsrechts in die internationale Wirtschaftsordnung, in: T. König u.a. (Hrsg.), Das europäische Mehrebenensystem, 1996, S. 180 ff. *C. Gaitanides*, Das Recht der Europäischen Zentralbank, 2005.

als Verfassungsgemeinschaft kommen aus der Tiefe seiner Kulturgeschichte, der Vielfalt seiner nationalen Kulturen, den vielerlei Rezeptions- und Produktionsprozessen in Sachen Kultur, der Pluralität seiner vielen Mischkulturen (z.B. in *Mozarts* "Türkischen Märschen" hörbar oder in Palermos "Mon reale" sichtbar). Überdies mussten die Elemente und Dimensionen sozialer Gerechtigkeit, früh im idealistischen Entwurf der ESCE (1961) sichtbar, zuletzt in Gestalt der "Solidarität" in der EU-Grundrechte-Charta erkennbar, als immanente Grenzen der Sache Wirtschaft angedeutet werden (unter J.), waren das Europäische Umweltverfassungsrecht (L.) und das europäische Religionsverfassungsrecht (K.) zu skizzieren.

Wie bei den anderen Abschnitten sei auch hier das *Analogieverfahren* bevorzugt. Der erste Blick gilt den nationalen Wirtschaftsstrukturen, ehe nach den Möglichkeiten und Grenzen ihrer Übertragung auf die beiden Räume des "europäischen Hauses", das Europa der EU bzw. des Europarates samt KSZE, gefragt wird. Gerade das Europa im weiteren Sinne kann aber ohne die nationalen Wirtschaftssysteme der neuen Reformstaaten in Osteuropa nicht erfasst werden. Auf eine Weise schließt sich so der Kreis: von West nach Ost. Gerade wenn nach und nach viele osteuropäische Länder der EU formal beitreten wollen oder mit ihr assoziiert sind, muss ihr Verfassungsmaterial berücksichtigt werden. Der gemeineuropäische Raum ist so i.S. des "Mehrebenendenkens"[866] von vornherein im ganzen in den Blick zu nehmen, so stückwerkhaft dies immer bleiben mag. Die "Querelles allemandes" i.S. des deutschen Streits um das Wirtschaftsverfassungsrecht können dabei nur ein kleines Stück im Mosaik sein. Die mit der EURO-Einführung verbundenen Umbrüche seien als Stichwort in Erinnerung gerufen. Der "Stabilitätspakt" für den EURO ist (noch?) eine Konstante im europäischen Wirtschaftsverfassungsrecht[867].

I. Stichworte zum nationalen Wirtschaftsverfassungsrecht: Fünf Thesen zur Verfassungstheorie des Marktes

1. Einleitende Aspekte

Das fast globale Scheitern des Marxismus-Leninismus hat viele Strukturelemente des Verfassungsstaates, vor allem die Menschenrechte, die Demokratie, den Rechtsstaat und auch die (soziale) Marktwirtschaft weltweit positiv ins Bewusstsein gerückt und als große Reformziele in Osteuropa legitimiert. Nicht zuletzt die Erfolgsgeschichte der "Marktwirtschaft" übt eine Faszination aus, die von den einzelnen Wissenschaften erst noch analysiert und erklärt werden muss, auch und gerade heute, da sich in Osteuropa drastisch zeigt, wie schwer die Umstellung von der Kommandowirtschaft auf die soziale Marktwirtschaft praktisch ist: personell, institutionell und rechtlich, aber auch psychologisch-mental und "moralisch". Die Verfassungslehre muss sich den Grundlagen-

---

[866] Dazu die Ansätze bei *I. Pernice*, im Blick freilich (nur) auf die EU, VVDStRL 60 (2001), S. 148 ff. Wegweisend: *J. Schwarze*, Auf dem Weg zu einer europäischen Verfassung – Wechselwirkungen zwischen europäischem und nationalem Verfassungsrecht, EuR 35 (2000), Beiheft 1, S. 7 ff.

[867] Vgl. dazu Bundesfinanzminister *H. Eichel*, FAZ vom 21. Aug. 2001, S. 13: "Am Stabilitätspakt wird nicht gerüttelt" (anders die Wirklichkeit 2004/05).

Fragen stellen: Welches sind die Perspektiven einer Verfassungstheorie des Marktes, die diesen als Teil der pluralistischen Gesellschaft konstituiert und in das Ganze der verfassungsstaatlichen Grundwerte einordnet? Der bundesdeutsche "Streit um das Wirtschaftsverfassungsrecht" liegt weit zurück und betrifft nur einen nachgeordneten Teilbereich der Grundsatzfrage[868]. Im Übrigen hat auch die Europa(rechts)wissenschaft dringlich – neu – nach dem "Markt" zu fragen[869], und das Entstehen eines riesigen einzigen Weltmarktes über alle Staatsgrenzen hinweg liefert einen weiteren Grund, nach dem Markt, einem trotz aller Popularität recht "unbekannten Wesen" in der Breite vieler Teildisziplinen und der Tiefe jeder einzelnen sehr prinzipiell zu fragen. Die Verfassungslehre ist hier umso mehr gefordert als im Westen ein neuer Ökonomismus bzw. Materialismus um sich greift, Ökologie und Ökonomie verknüpft werden müssen und verfassungspolitisch in allen heutigen Prozessen der Verfassunggebung (z.B. in Mittel- und Osteuropa) praktisch zu entscheiden ist, was in Sachen Markt und Marktwirtschaft wie und auf welche Verfassungstexte gebracht werden soll[870]. *B. Geremek* hat mit Recht den Satz formuliert[871]: "Es hat sich als leichter erwiesen, auch wenn das im Lichte der Geschichte Polens während der letzten zweihundert Jahre wie ein Paradoxon erscheint, die Freiheit zu erringen, als die Demokratie und die Marktwirtschaft wieder aufzubauen". Damit sind die zwei Prinzipien genannt, die im Verfassungsstaat von heute *untrennbar* zusammengehören: *Demokratie* und – soziale – *Marktwirtschaft*. Der moderne Verfassunggeber sollte diesem Zusammenhang gerecht werden und die soziale Marktwirtschaft textlich auf die Verfassungsstufe heben.

---

868 Aus der Lit.: U. Scheuner (Hrsg.), Die staatliche Einwirkung auf die Wirtschaft, 1971; *H. H. Rupp*, Grundgesetz und "Wirtschaftsverfassung", 1974; *R. Schmidt*, Staatliche Verantwortung für die Wirtschaft, HdBStR Bd. III (1988), S. 1141 (1147 ff.); *J. Isensee*, Im Spannungsfeld: Marktwirtschaft – Moral – Recht – Verfassungsstaat, in: H.J. Müller/J. Isensee, Hrsg., Wirtschaftsethik-Wirtschaftsstrafrecht, 1991, S. 87 ff. Grundlegend: *E.R. Huber*, Der Streit um das Wirtschaftsverfassungsrecht, DÖV 1956, S. 97 ff., 135 ff., 172 ff., 200 ff. – Im Blick auf die deutsche Wiedervereinigung: *M. Schmidt Preuß*, Soziale Marktwirtschaft und Grundgesetz ..., DVBl. 1993, S. 236 ff. – Die "innere Europäisierung" des deutschen Grundgesetzes lässt sich auch am Beispiel des Wirtschaftsverfassungsrechts verdeutlichen. Das überkommene nationale Dogma von der wirtschaftspolitischen Neutralität des GG gilt aufgrund des überlagernden Europäischen Verfassungsrechts nicht mehr. Die EU-Verfassung bleibt wirtschaftspolitisch nicht "neutral", weder mit Blick auf die Marktorientierung noch mit Blick auf die Relativierung des Marktparadigmas durch soziale Ausgleichsmechanismen. Auch in diesem Kontext schrumpft das Grundgesetz zur bloßen Teilverfassung; speziell *J. Seitz*, Die Vergemeinschaftung von Staatszielbestimmungen, Art. 109 Abs. 2 GG im Lichte des Europarechts, FS Schiedermair, 2001, S. 265 ff.

869 Aus der Lit. etwa: *C. Joerges*, Markt ohne Staat? – Die Wirtschaftsverfassung der Gemeinschaft und die regulative Politik, in: R. Wildenmann (Hrsg.), Staatswerdung Europas?, 1991, S. 225 ff.; *S. Langer*, Grundlagen einer internationalen Wirtschaftsverfassung, 1995; *H. Schäffer*, Europäische und nationale Wirtschaftsverfassung, FS Winkler, 1997, S. 933 ff.; *M. Seidel*, Die Auswirkungen des Europäischen Gemeinschaftsrechts auf das Wirtschaftsverfassungsrecht der Mitgliedstaaten, FS Everling, 1995, S. 1393 ff.

870 Im Folgenden ist nur eine Skizze möglich, die an frühere Arbeiten des Verf. anknüpft, diese aber jetzt systematisiert: *P. Häberle*, Die Entwicklungsstufe des heutigen Verfassungsstaates ..., in: Rechtstheorie 22 (1991), S. 431 (443 ff.); *ders.*, Verfassungsentwicklungen in Osteuropa – aus der Sicht der Rechtsphilosophie und der Verfassungslehre, in: AöR 117 (1992), S. 169 (178 ff.); *ders.*, Grundrechte in pluralistischen Gesellschaften, in: Die Verwaltung 26 (1993), S. 421 ff.

871 *B. Geremek*, Polens Botschaft für Europa, FAZ vom 3. Mai 1991, S. 37.

2. Die Einzelausarbeitung

a) Der Markt in kulturwissenschaftlicher Sicht, die "Zweihände-Lehre" Markt/Recht, das integrierende Verfassungsverständnis

Der "Markt" sei im ersten Zugriff mit Hilfe des Alltagsverständnisses lexikalischer Stichworte erschlossen: "Unter dem Markt ist die Ebene des Leistungsaustausches von Angebot und Nachfrage zu verstehen"[872], Markt = "ökonomischer Ort des Tausches, an dem sich durch das Zusammentreffen von Angebot und Nachfrage Preise bilden"[873] oder Markt = "Prozess, durch den in der auf dem Sondereigentum an den Produktionsmitteln beruhenden arbeitsteiligen Wirtschaft (Marktwirtschaft) die Erzeugung in die Wege gelenkt wird, auf denen sie der Befriedigung der dringendsten Bedürfnisse der Verbraucher am besten dient"[874]. Die Einzelwissenschaften – gerade hier zu arbeitsteiliger Interdisziplinarität aufgerufen – haben tiefer um die Eigenart des Marktes gerungen: Erwähnt sei das jetzt geflügelte Wort *F. A. von Hayeks* vom Markt als "Entdeckungsverfahren" bzw. "Wissensgewinn aus trial and error"[875] oder die fragwürdige These vom Markt als Raum des "Dialogs über Werte"[876]. Dieser Idealisierung des Marktes[877] steht die anfechtbare Dämonisierung seitens des Marxismus gegenüber (Markt als Naturzustand für menschliche Wolfsnaturen, die einseitig das Recht des Stärkeren durchsetzen). Verkannt ist, dass der Markt im Verfassungsstaat weder rechts-, noch staats- und ethikfreier Raum ist. Die "invisible hand" des Marktes (*A. Smith*)[878] und die "sichtbare Hand des Rechts" (*E.-J. Mestmäcker*)[879] sind *gleichzeitig* zu denken. Das Netz von Millionen von rechtlich geordneten Verträgen, die Vertrauen voraussetzen und schaffen, ähnelt jenem Gesellschaftsvertrag, der aus dem Urzustand ("status naturalis") in den "status civilis vel culturalis" herausführt und für den Verfassungsstaat im Ganzen charakteristisch ist: als immer neues Sich-Vertragen und Sich-Ertragen aller Bürger. Der Markt ist ein Sektor dessen, was der Gesellschaftsvertrag umfasst: life, liberty, estate, property, Arbeit aller gleichen Vertragspartner. Das empirisch nachweisbare Vertragsverhalten im

---

872 Art. Markt, Münchener Rechtslexikon Bd. 2, 1987, S. 891.
873 Art. Markt, Gabler Wirtschaftslexikon, 2. Band, 12. Aufl., 1988, S. 283.
874 Art. Markt, in: HdSW 7. Bd., 1961, S. 131.
875 *F.A. von Hayek*, Die Verfassung der Freiheit, 1991; *ders.*, Der Weg zur Knechtschaft, 1991. Eine gute Einführung in das Lebenswerk *von Hayeks* gibt die Sondernummer Heft 5 a (1992) der Schweizer Monatshefte: In memoriam F. A. von Hayek 1899 bis 1992, dort auch zu seinem Verhältnis zu *Popper* (S. 106 ff.); ferner *M. Streit*, Wissen, Wettbewerb und Wirtschaftsordnung, in: ORDO Bd. 43 (1992), S. 1 ff.; *R. Kley*, F.A. Hayeks wissenschaftliche Verteidigung des Liberalismus, ZfP 1993, S. 30 ff.
876 So *W. Fikentscher*, Wirtschaftsrecht, Bd. 1 (1983), S. 10.
877 Bekannt geworden ist die liberale Lehre von den "Drei Marktplätzen" (wirtschaftlicher, politischer und geistig-kultureller Wettbewerb).
878 Der "locus classicus" findet sich in *A. Smith*, Der Wohlstand der Nationen, hrsg. von H. C. Recktenwald, 1986, S. 371: "Und er wird in diesen wie auch in vielen anderen Fällen von einer unsichtbaren Hand geleitet, um einen Zweck zu fördern, den zu erfüllen er in keiner Weise beabsichtigt hat".
879 Vgl. *E.-J. Mestmäcker*, Recht und ökonomisches Gesetz, 2. Aufl., 1984; *ders.*, Wirtschaftsrecht, RabelsZ 54 (1990), S. 409 ff.; *ders.*, Die sichtbare Hand des Rechts. Über das Verhältnis von Rechtsordnung und Wirtschaftssystem, 1978.

Markt ("Marktpartner") sollte den Anschluss suchen im Verhältnis zu den klassischen und neueren Vertragstheorien (und Gerechtigkeitslehren bis hin zu *J. Rawls*). Der Markt ist im Verfassungsstaat wie alles gesellschaftliche Leben strukturiert, funktionalisiert und normativ geprägt, d. h. konstituiert. Er ist realiter und ideell vom *Natur*zustand in den *Kultur*zustand transformiert: z.B. durch die materiellen und prozessualen Gerechtigkeits- und Gemeinwohlpostulate der Verfassung und die Rechtsordnung im ganzen. Seine Freiheiten sind – auch durch die geschichtliche Entwicklung belegbar – von vornherein kulturelle, nicht natürliche Freiheiten. Und gerade einer Verfassungstheorie des Marktes muss es gelingen, im Prinzipiellen *Rousseau*'s "Zurück zur Natur" das "Zurück zur Kultur" (*A. Gehlen*) entgegen zu setzen. Der Verfassungsstaat nimmt die spezifischen Leistungen des Marktes in seinen Dienst als unverzichtbares materielles Substrat seiner ideellen, auf die Menschenwürde und die Demokratie gerichteten Ziele. Weder die Dämonisierung noch die Idealisierung des Marktgeschehens wird diesem gerecht. Der realistische Blickwinkel auf einer *mittleren Linie* ist gefordert. Dadurch bleibt Raum für die Differenzierung nach *Teil*märkten: wie den "Kunst-"[880], Medien-, auch "Meinungsmarkt" hier, den Arbeits- und Kapitalgütermarkt dort[881], wobei heute die Europäisierung und Globalisierung der Märkte neue Herausforderungen an die Theorie des kooperativen Verfassungsstaates stellen. Gleiches gilt für die großen Verantwortungszusammenhänge, in die die nationalen und internationalen Märkte wegen des Umweltschutzes geraten[882]. Das "Prinzip Verantwortung" (*H. Jonas*) nimmt sie verfassungsstaatlich wie auf dem Forum der Menschheit in "weltbürgerlicher Absicht" spezifisch neu in Dienst.

Der Markt ist als Teil der offenen Gesellschaft von deren *Verfassung* (aus)gestaltet: als solcher nicht "naturwüchsig" vorgegeben, sondern verfasst, nicht Reservat oder ausgegrenzt, sondern ein gesellschaftlicher Bereich, in dem sich die Ausübung vieler Grundrechte durch viele trifft: in Konkurrenz und Partnerschaft, in Austausch und Bündelung, im Mit- und Gegeneinander. Diese *Kommunikationsvorgänge* sind nicht "wild", ein Freiraum ungezügelter Egoismen, die bürgerkriegsähnlich aufeinander prallen, sondern buchstäblich "kultiviert"- ein Stück Kultur. Damit werden die harten Interessengegensätze und Auseinandersetzungen der Marktbürger und ihrer (durch gewaltenteilende Strukturen disziplinierten) Gruppen nicht geleugnet, aber das Gewaltmonopol des Ver-

---

880   Dazu *P. Häberle*, in: *Berka/Häberle* u.a., Kunst und Recht im In- und Ausland, 1994, S. 37 (71 ff.).
881   Dementsprechend hat das sich in der Geschichte ändernde Erscheinungsbild des Marktes bzw. der Wirtschaft Teil einer *Kultur*geschichte zu sein. Die Geistesgeschichte hat mit keinem geringeren als *Aristoteles* zu beginnen: vgl. *H. Flashar/O. Issing/S. Todd Lowry/B. Schefold*, Aristoteles und seine "Politik", Vademecum zu einem Klassiker des antiken Wirtschaftsdenkens, 1992; *E. Salin*, Politische Ökonomie, Geschichte der wirtschaftspolitischen Ideen von Platon bis zur Gegenwart, 5. Aufl., 1967; *B. Schefold* (Hrsg.), Die Darstellung der Wirtschaft und der Wirtschaftswissenschaften in der Belletristik, 1992. Kulturwissenschaftlich arbeitet auch *E. Heuss*, Evolutorik und Marktwirtschaft, Jöhr-Vorlesung St. Gallen, 1992, S. 11 ff.
882   Aus der jetzt schon kaum mehr übersehbaren Lit.: *U. Hampicke*, Ökologische Ökonomie. Individuum und Natur in der Neoklassik, 1992; *M. Hauff/U. Schmid* (Hrsg.), Ökonomie und Ökologie – Ansätze zu einer ökologisch verpflichteten Marktwirtschaft, 1992. – Zu *H. Jonas*: *J. Schubert*, Das Prinzip "Verantwortung" als verfassungsstaatliches Rechtsprinzip, 1998.

fassungsstaates, das sich vielfältig ausdifferenzierende (oft genug auch verfehlte) Verbot des Missbrauchs wirtschaftlicher Macht (z.B. in den Generalklauseln des Bürgerlichen Rechts), das Einfordern von Sozialpflichtigkeit und Gemeinsinn, insgesamt das subtile Gebäude der lange gewachsenen Rechtskultur eines Volkes prägen das Markt- bzw. Wirtschaftsleben und machen es zu einem *inneren* Bestandteil der lebenden Verfassungsordnung. Die Intensität des Verfassens der Marktwirtschaftsvorgänge unterscheidet sich zwar in Raum und Zeit von Nation zu Nation im Laufe der Geschichte, und die große Bandbreite wird sogar innerhalb desselben Verfassungsstaates z.b. durch Frankreichs (an "trial and error" orientierten) Pendeln zwischen Planwirtschaft und Sozialisierung bzw. Marktwirtschaft und Privatisierung unter den Präsidenten *de Gaulle* und *F. Mitterrand* illustriert[883]. Gleichwohl vollzieht sich all dies auf dem Boden und im Rahmen einer die Marktkräfte und ihre Leistungen nutzende Verfassung: jedenfalls im Lichte des hier vertretenen *Verfassungsverständnisses*. Danach ist Verfassung "rechtliche Grundordnung" von Staat *und* Gesellschaft, sie dient nicht nur der Beschränkung und Rationalisierung von Macht"prozessen", sie konstituiert diese auch. Sie vergegenwärtigt den nationalen Grundkonsens, ist "Norm und Aufgabe" (*U. Scheuner*), "Anregung und Schranke" (*R. Smend*), ein öffentlicher Prozess. Das "gemischte" Verfassungsverständnis greift viele Teilaspekte der bisherigen Diskussion auf und unternimmt eine pragmatische Integration von Theorieelementen. Vor allem setzt es kulturwissenschaftlich an. Verfassung ist nicht nur juristischer Text oder normatives "Regelwerk", sondern auch Ausdruck eines kulturellen Entwicklungszustandes, Mittel der kulturellen Selbstdarstellung des Volkes, Spiegel seines kulturellen Erbes und Fundament seiner Hoffnungen[884]. Einbezogen in all diese Zusammenhänge ist der Markt im ganzen wie im Einzelnen: in seinen Strukturen und Funktionen, aber auch in seinen Grundrechtsbezügen, d. h. seiner Bedeutung für die Realisierung der Grundrechte und umgekehrt in seinem Konstituiert-Werden durch die Grundrechte der einzelnen und Gruppen. In der Tiefe, letztlich und erstlich sind die "wirtschaftlichen Freiheiten" *kulturelle*: Freiheiten im Kulturzustand, zu dem auch die Wirtschaft gehört, obschon sie sich von den klassischen Kulturfeldern Religion und Bildung, Kunst und Wissenschaft unterscheidet[885].

---

883   So gibt es die italienische Variante der (sozialen) Marktwirtschaft mit dem (noch) hohen Anteil an Staatswirtschaft, die französische mit viel "Industriepolitik" oder den englischen "Thatcherismus" (bis "New-Labour").
884   Vgl. *P. Häberle*, Verfassungslehre als Kulturwissenschaft, 1982, S. 19 (2. Aufl. 1998, S. 28 ff.).
885   Vgl. *L. Raiser*, Wirtschaftsverfassung als Rechtsproblem, FS J. von Gierke, 1950, S. 181 (188), Wirtschaft und Recht seien "Teilbereiche ein und derselben Kultur, Schöpfungen eines Geistes, Glieder einer Wertwelt, Zeugnisse eines Gesamtstils ihres Volkes". – S. auch *W. Röpke* (1944), zit. nach Grundtexte zur Sozialen Marktwirtschaft, 1981, S. 229: "Sie (sc. die lebensfähige und befriedigende Marktwirtschaft) ist vielmehr ein kunstvolles Gebilde und ein Artefakt der Zivilisation, ..."; "...dass auch der Ablauf der so eingerahmten und überwachten Marktwirtschaft bestimmter wohldosierter und wohlerwogener Eingriffe des Staates bedarf."

b) Der Markt im Koordinatensystem staats- und rechtsphilosophischer Klassiker-Texte: Menschenbild, Gesellschaftsvertrag, Erziehungsziele und Gewaltenteilung im wirtschaftlichen Bereich

Eine Verfassungstheorie des Marktes hat sich den Paradigmen der klassischen Rechts- und Staatsphilosophie ganz unmittelbar zu stellen. Dies ist, soweit ersichtlich, bislang nicht geschehen. Es kann hier nicht "nachgeholt", kaum begonnen werden. "Auf den Schultern von Riesen" wären Gipfelgespräche unter den Klassikern selbst – mit Blick auf die Verfassung – erforderlich[886]. Denn der Markt ist mit den Grundlagen sozialen Zusammenlebens eng verknüpft (z.b. mit "Menschenbild" und "Gesellschaft") und er bleibt dem Gerechtigkeits- und Gemeinwohlpostulat ebenso unterworfen wie andere Teilbereiche einer pluralistischen Demokratie. Nicht zuletzt ist die Frage nach den Strukturen und Funktionen des Marktes auch eine Frage nach dem "richtigen" Verfassungsverständnis. In dem Maße, wie die Rechts- und Staatslehre heute in die Lehre vom Verfassungsstaat zu integrieren ist, wird eine Verfassungstheorie des Marktes erforderlich, die diesen im ganzen und im Einzelnen erfasst. Hier einige Stichworte: Der als Teil der pluralistischen Gesellschaft zu sehende Markt ist wie diese *verfasst*, d. h. er meint den Menschen nicht im Naturzustand ("status naturalis"), sondern im "status civilis", d. h. Kulturzustand. Der Markt darf kein "bellum omnium contra omnes" sein bzw. werden, kein Feld für die vielleicht wirklich z.T. wölfische Natur des Menschen, so wie der Verfassungsstaat ja auch nicht von *T. Hobbes*, sondern von *J. Locke* her konstruiert und i.S. *I. Kants* ein Gesellschaftsvertrag fingiert wird. Das "gedämpft optimistische Menschenbild", nicht das pessimistische, auf den Erfahrungen des Bürgerkriegs beruhende von *T. Hobbes*, prägt den Verfassungsstaat ganz allgemein wie auch das Verständnis seines "Marktbürgers"[887]. *A. Smith* hat sein Menschenbild ebenso realistisch umschrieben wie klassisch formuliert[888]: "Dagegen ist der Mensch fast immer auf Hilfe angewiesen, wobei er jedoch kaum erwarten kann, dass er sie allein durch das Wohlwollen der Mitmenschen erhalten wird. Er wird sein Ziel wahrscheinlich viel eher erreichen, wenn er deren Eigenliebe zu seinen Gunsten zu nutzen versteht, indem er ihnen zeigt, dass es in ihrem eigenen Interesse liegt, das zu tun, was er von ihnen wünscht... Wir wenden uns nicht an ihre Menschen -, sondern an ihre Eigenliebe, und wir erwähnen nicht die eigenen Bedürfnisse, sondern sprechen von ihrem Vorteil". Dieser Menschenbildaspekt ist der vom Verfassungsstaat auch im Blick auf den Markt gemeinte. In seinen Prinzipien, die das Wirtschaftsleben prägen, kommt dies immer wieder zum Ausdruck: etwa dank der Garantie des Privateigentums (bis hin zur Testierfreiheit) in Gestalt der "Privatnützigkeit"[889]. Dieses Menschenbild des "privatnützigen" Bürgers ist aber mit der

---

886 Eine reiche Fundgrube wirtschaftswissenschaftlicher Klassikertexte stellt für die Verfassungslehre der Band dar: Grundtexte zur Sozialen Marktwirtschaft, 1981 (hrsg. von *W. Stützel* u. a.).
887 Dazu *P. Häberle*, Das Menschenbild im Verfassungsstaat, 1988 (2. Aufl. 2001, 3. Aufl. 2004).
888 *A. Smith*, Der Wohlstand der Nationen, 1776, hrsg. von H. C. Recktenwald, 1986, S. 17.
889 Dazu BVerfGE 31, 229 (240); s. meinen Basler Vortrag, Vielfalt der Property Rights und der verfassungsrechtliche Eigentumsbegriff (1984), auch in: Rechtsvergleichung im Kraftfeld des Verfassungsstaates, 1992, S. 484 ff. – Vgl. *W. Eucken* (1952): "Nur im Rahmen der Wettbewerbsordnung gilt der viel genannte Satz, dass Privateigentum nicht nur dem Eigentümer, sondern auch dem Nichteigentümer Nutzen bringe" (zit. nach Grundtexte, aaO., S. 153).

Kunstfigur des viel zitierten "*homo oeconomicus*"[890] nicht identisch. Der "rationale Nutzenmaximierer" trifft nur einen *Teil*aspekt: denn weder ist der Mensch selbstsüchtig *nur* am *ökonomischen* Nutzen und Gewinnstreben orientiert, noch wird er allein vom *Rationalen* motiviert[891]. Die "frei und gleich an Würde und Rechten" geborenen, mit "Vernunft und Gewissen begabten", auf den "Geist der Brüderlichkeit" verpflichteten Menschen (vgl. Art. 1 AllgErklMenschenR der UN von 1948) sind in ihrer "Natur" – und Kultur – viel zu komplex (*auch* emotional, *auch* altruistisch, *auch* idealistisch), als dass sie sich auf solche simplen Formeln bringen ließen. Vor allem besteht die kulturelle Leistung des Verfassungsstaates gerade darin, die Vielfalt der Menschenbildelemente zur Kenntnis zu nehmen, sie zu schützen, auf sie zu setzen und sie zu "bilden und zu bessern". In seinen *Erziehungs*zielen werden Teilaspekte "seines" Menschenbildes sichtbar. So soll nach Art. 26 Ziff. 2 der erwähnten AllgErkMenschenR die Ausbildung die volle Entfaltung der menschlichen Persönlichkeit und die "Stärkung der Achtung der Menschenrechte" sowie "Verständnis und Duldsamkeit" zum Ziele haben; so verlangt z.B. Art. 26 Ziff. 1 Verf. Bremen (1947) die "Erziehung zu einer Gemeinschaftsgesinnung, die auf der Achtung der Würde jedes Menschen und auf dem Willen zu sozialer Gerechtigkeit und politischer Verantwortung beruht"[892]. Im Übrigen sollte ein Stück der anthropologischen Weisheit fruchtbar gemacht werden, die *Montesquieu* 1748 dazu veranlasst hat, seine *Gewaltenteilungslehre* zu "erfinden": Der Mensch neigt von Natur aus dazu, Macht zu missbrauchen. Das gilt nicht nur für den Menschen in staatlichen Ämtern und öffentlicher Verantwortung; es gilt auch für den am Marktgeschehen teilnehmenden Bürger. Darum ist der Verfassungsstaat immer wieder gefordert, zur Eindämmung von Vermachtungsprozessen die Gewaltenteilung im engeren (d. h. auf den Staat bezogenen) Sinne zu erweitern im Blick auf den gesellschaftlichen und das bedeutet auch wirtschaftlichen Bereich! Die staatliche Wettbewerbspolitik dient dem. Die

---

890 Dazu aus der Lit.: *W. Heinrichsmeyer/O. Gans/J. Evers*, Einführung in die Volkswirtschaftslehre, 6. Aufl., 1985, S. 38, 166; *W. Meinhold*, Grundzüge der allgemeinen Volkswirtschaftslehre, 1972, S. 31 f.; *G. Kirchgässner*, Homo oeconomicus, 1992, S. 12 ff. (2. Aufl. 2000). – Klassisch *W. Röpke*: Ethik und Wirtschaftsleben (1955), zit. nach Grundtexte, aaO., S. 439 ff. (insbes. S. 441: "Es gibt einen Ökonomismus, der das Mittel zum Zweck macht und nur an das Brot denkt..."; S. 447: "Ein solcher "homo oeconomicus" existiert aber als Durchschnittstyp so wenig wie die Helden und Heiligen"; S. 448: "das Wirtschaftsleben spielt sich nicht in einem moralischen Vakuum ab. Es ist vielmehr dauernd in Gefahr, die ethische Mittellage zu verlieren ...").

891 *Philosophisch* ist das Modell des "homo oeconomicus" zu kritisieren, weil es die sozialen Bezüge übersieht, in denen jeder Einzelne von vornherein steht; *ethisch* verkennt es die Bindung des Menschen an überideelle Werte; *empirisch* übersieht es, dass der Mensch nicht nur rational ist und seine Präferenzen nicht immer dieselben sind. Schließlich ist mit *W. Röpke* (1955) daran zu erinnern, dass der Gewinnmaximierer den Markt untergräbt, weil Markt und Wettbewerb nur "von moralischen Ressourcen zehren, selbst aber keine schaffen" (zit. nach Grundtexte zur Sozialen Marktwirtschaft, 1981, S. 439 (448)).

892 Hier wird *W. Röpkes* Lehre von der "Asymmetrie der Marktwirtschaft" einschlägig: Der Markt ist selbst auf außermarktliche Bedingungen angewiesen. Dazu gehören Gesetze und Vorschriften, aber auch die kulturellen und moralischen Voraussetzungen. "Markt, Wettbewerb und das Spiel von Angebot und Nachfrage erzeugen jene sittlichen Reserven nicht. Sie setzen sie voraus und verbrauchen sie". *Röpke* zählt zu den Normen einer Marktwirtschaftsethik "Selbstdisziplin, Gerechtigkeits- und Gemeinsinn, Ehrlichkeit, Fairness, Achtung vor der Menschenwürde des anderen, feste sittliche Normen, – das alles sind Dinge, die die Menschen bereits mitbringen müssen, bevor sie auf den Markt gehen" (zit. nach Grundtexte, aaO., S. 448).

Gewaltenteilung in diesem "weiteren Sinne" bildet die Grundidee, die viele verfassungsstaatliche Prinzipien in Sachen Markt hervorgebracht hat: von der Festlegung der "sozialen Funktion" des Privateigentums (Art. 42 Abs. 2 Verf. Italien von 1947) über die Staatsaufgabe "Verteilung des Wohlstandes" (Art. 20 Verf. Niederlande 1983) bis zum Verbot des "Missbrauchs wirtschaftlicher Macht" (Art. 81 lit. e Verf. Portugal von 1976) und aller "unsittlichen Rechtsgeschäfte" (Art. 151 Abs. 2 S. 2 Verf. Bayern 1946).

c) Marktwirtschaft und Demokratie – ein Analogon?

Vieles deutet auf einen *inneren* Zusammenhang von Demokratie und Marktwirtschaft: die Gleichzeitigkeit, mit der sie beide in den Revolutionen Osteuropas seit 1989 gefordert werden, die Texte demokratischer Verfassungsstaaten, die die (soziale) Marktwirtschaft als Staatsziel bzw. Strukturnorm normieren, aber auch darüber hinaus gehende, die etwa eine "Verbindung der politischen Demokratie mit den Ideen der wirtschaftlichen Demokratie" wollen (Präambel Verf. Hamburg 1952), die auf die Verwirklichung einer "wirtschaftlichen, sozialen und kulturellen Demokratie" zielen (Art. 2 Verf. Portugal) oder die innerbetriebliche Mitbestimmung verlangen (Art. 47 Abs. 2 Verf. Bremen 1947, Art. 26 Verf. Nordrhein-Westfalen 1950). Parallelisierungen zwischen Markt und Demokratie liegen bereits aus historischen Gründen nahe, ist doch 1776 sowohl das Jahr der *Virginia Bill of Rights* als auch der Veröffentlichung von *A. Smith*'s "The Wealth of Nations". Die späteren Klassiker vertiefen die Analogie: *F. Böhm*[893] vergleicht den Markt mit idealen Formen der plebiszitären Demokratie, mit täglichen Abstimmungen, Konsumentensouveränität, alltäglichen Wahlmöglichkeiten aller, und bereits *J. A. Schumpeter*[894] hat den Satz diskutiert: "Es gibt keine demokratischere Institution als einen Markt"[895]. Provozierend wirkt schließlich der Satz von *F. Tönnies*[896]: der Markt sei die "Waage" der ökonomischen Justitia. Hat der Markt im Verfassungsstaat aber wirklich die Gestalt einer *ökonomischen* Form der Demokratie?[897]

---

[893] *F. Böhm*, Die Ordnung der Wirtschaft als geschichtliche Aufgabe und rechtsschöpferische Leistung, 1937; ders., Wirtschaftsordnung und Staatsverfassung, 1950; ders., Privatrechtsgesellschaft und Marktwirtschaft, Ordo XVII (1966), S. 75 ff.

[894] *J. A. Schumpeter*, Kapitalismus, Sozialismus und Demokratie, 1946, S. 294.

[895] S. auch die These "liberaler Demokraten" (zit. nach *H. Krüger*, Sozialisierung, in: K. A. Bettermann/H. C. Nipperdey/U. Scheuner (Hrsg.), Die Grundrechte III, 1, 1958, S. 267 (273)), der Markt sei eine Demokratie, "auf dem jeder Pfennig, der ausgegeben wird, einen Stimmzettel darstellt". – Vgl. aber auch *J. Habermas*, Drei normative Modelle der Demokratie: Zum Begriff deliberativer Politik, in: H. Münkler (Hrsg.), Die Chancen der Freiheit. Grundprobleme der Demokratie, 1992, S. 11 ff.

[896] *F. Tönnies*, Gemeinschaft und Gesellschaft, 8. Aufl. 1935 (Nachdruck 1963), S. 42.

[897] Der Markt ist "der messende, wägende, wissende Richter, welcher das objektive Urteil fällt. Dieses müssen alle anerkennen... also denselben Maßstab gebrauchen, mit derselben Waage wägen."

Hier bedarf es einer *differenzierenden* Antwort: Nur die *soziale* Marktwirtschaft[898] kann Gegenstand einer begrenzten Analogie zur *pluralistischen* Demokratie sein, so dass die "Marktbürger" die "Demokratiebürger" sind. Die über das Sozialstaatsprinzip vermittelten Gerechtigkeitslehren von *Aristoteles* bis *J. Rawls* prägen die Marktwirtschaft des Verfassungsstaates mit: z.b. in Form von "Verbraucherschutz" (vgl. Art. 51 Verf. Spanien), von "sozialen Minimalrechten für die Arbeitsgesetzgebung" (vgl. Art. 102 Verf. Guatemala), von Ansprüchen auf "soziale Sicherheit" (vgl. Art. 20 Abs. 2 Verf. Niederlande), von Gewerkschaftsfreiheit und Streikrecht (vgl. Art. 23 Abs. 2 Verf. Griechenland). Die Verfassungslehre steht vor der Aufgabe, die Strukturen und Funktionen, die wohlstandsfördernden Leistungen und Grenzen von Markt und Marktwirtschaft in ihr offenes Koordinatensystem zu integrieren. Die Enzyklika von *Papst Johannes Paul II* "Centesimus annus" (1991)[899] liefert dazu manche Stichworte, sofern sie als Modell für die wirtschaftliche und soziale Entwicklung ein Wirtschaftssystem bezeichnet, "das die grundlegende und positive Rolle des Unternehmens, des Marktes, des Privateigentums und der daraus folgenden Verantwortung für die Produktionsmittel, der freien Kreativität des Menschen im Bereich der Wirtschaft" anerkennt. Die politische (und das heißt *demokratische*) Freiheit und die *wirtschaftliche* sind – auch als Ausdruck der *einen* Würde des Menschen – gewiss "unteilbar", insofern gehören soziale Marktwirtschaft und freiheitliche Demokratie im Verfassungsstaat unteilbar zusammen[900]. Indes bedarf es kräftiger "Rahmenbedingungen" (besser: Konstitutionsbedingungen), ja rechtlicher Kontrollen und nicht weniger sozialstaatlicher "Eingriffe" im Rahmen der Gerechtigkeit, z.B. zum Schutze der Schwächeren[901], um Markt und Demokratie in A-

---

898 Nach *A. Müller-Armack* besteht der Grundgedanke der Sozialen Marktwirtschaft darin, "das Prinzip der Freiheit auf dem Markte mit dem des sozialen Ausgleichs zu verbinden" (zit. nach Grundtexte, aaO., S. 85); vgl. noch *A. Müller-Armack*, Die Wirtschaftsordnung, sozial gesehen (1947), in: E. Tuchtfeld/E. Dürr (Hrsg.), Genealogie der sozialen Marktwirtschaft, 1974, S. 73 ff.; vgl. zu *A. Rüstow* als Mitbegründer der Sozialen Marktwirtschaft: *K. Meier-Rust*, A. Rüstow, Geschichtsdeutung und liberales Engagement, 1993. Aus der Sekundär-Lit.: *G. Ambrosius*, Die Durchsetzung der Sozialen Marktwirtschaft in Westdeutschland, 1945 – 1949, 1977.

899 Noch 1991 hat auch die EKD für die "Soziale Marktwirtschaft" plädiert: vgl. die Denkschrift: "Gemeinwohl und Eigennutz. Soziale Marktwirtschaft als Chance für zukunftsfähiges wirtschaftliches Handeln"; in ihr wird die Effizienz des Marktes positiv bewertet, doch ist den klassischen Zielen der Marktwirtschaft (Vollbeschäftigung, Geldstabilität, Wirtschaftswachstum und gerechte Eigentumsverteilung) das neue Ziel "Erhaltung der natürlichen Umwelt" hinzugefügt. – Bemerkenswert ist die Erklärung zur Volkskammerwahl 1990 seitens des gemeinsamen Aktionsausschusses katholischer Christen in der DDR vom Febr. 1990 (zit. nach FAZ vom 22. Febr. 1990): Erkenntnis der katholischen Soziallehre, "dass freie Marktwirtschaft nicht sozusagen im Selbstlauf Wohlstand für alle bringt, sondern diese zwingend eines ausgebauten Systems sozialer Sicherheiten und wechselseitiger Unterstützung als fester Komponente bedarf, um zur sozialen Marktwirtschaft zu werden".

900 Vgl. als jüngere Stimme: *E. Hoppmann*, Freiheitliche Wirtschaftspolitik und Verfassung, Jenenser Vorträge, 1992, S. 7: "Eine Wirtschaftsordnung freier Menschen ... umfasst zweierlei: Erstens die freiheitssichernden Verhaltensregeln und zweitens die aus diesen herauswachsenden konkreten Marktprozesse, die ein selbstregulierendes, evolutorisches System bilden. Freiheit und Marktwirtschaft sind insofern miteinander verknüpft...".

901 Vgl. Art. 45 Abs. 4 Nr. 1 Verf. Irland (1937/72): "Der Staat gelobt, die wirtschaftlichen Interessen der wirtschaftlich schwächeren Gruppen der Gemeinschaft mit besonderer Sorgfalt zu schützen, sowie, wo es notwendig ist, zum Unterhalt der Kranken, Witwen, Waisen und Alten beizutragen". – Ähnlich nennt *W. Röpke* (1950), zit. nach Grundtexte, aaO., S. 49 (60 f.) unter den "nichtwirt-

nalogie zu bringen⁹⁰². Die Leistung des demokratischen Verfassungsstaates besteht gerade darin, Marktwirtschaft und den sozialen Rechtsstaat in der Geschichte Stück für Stück in "praktischer Konkordanz" entwickelt zu haben. Die offene Gesellschaft besitzt ihr Pendant in der Offenheit und Freiheit der Märkte. Die soziale Marktwirtschaft ist *verfassungsimmanentes Prinzip* des Typus "Verfassungsstaat" geworden.

d) Drei Grenzen des Prinzips "Markt und Marktwirtschaft"⁹⁰³

Obwohl das "Markt-Bild" seit dem "Schwellenjahr" 1989 tendenziell immer mehr Bereiche beansprucht, ja mitunter ausufert, insofern nicht nur von "Meinungs-" und "Kunstmarkt" die Rede ist, sondern eine ganze Nation als "Supermarkt" (*M. Ruthven*) bezeichnet wird und der seit 1993 gemeinsame Binnenmarkt in der EG das Europa der *Kultur* "marktschreierisch" zu überdecken scheint: Es wird hohe Zeit, dass die Verfassungslehre entschlossen an die *Grenzen* erinnert. Der Markt ist nicht das Maß aller Dinge und schon gar nicht das Hauptmaß des Menschen. Nicht alles menschliche Zusammenleben ist unter Marktgesichtspunkten zu ordnen und zu bewerten. Im Verfassungsstaat ist immer wieder an die in Texten greifbare *instrumentale* Natur zu erinnern ("Wirtschaft im Dienst des Menschen", Dienst am Gemeinwohl, insbesondere an der Menschenwürde, allmähliche Wohlstandsmehrung, Dienst an der sozialen Gerechtigkeit u. ä.). Bereichs- und funktionsspezifisch lassen sich die Grenzen von Markt und Marktwirtschaft wie folgt konkretisieren: Zum einen ist das Marktmodell in bestimmten *kulturellen* Bereichen wie der Erziehung, Bildung und Ausbildung, z.T. auch der Forschung sowie der Familie, in sozialen wie den Kernbereichen des Arbeitsrechts gerade *nicht anwendbar*. Der Verfassungsstaat muss sensibel dafür bleiben, ob die einzelnen gesellschaftlichen Felder marktfähig bzw. -bedürftig sind oder nicht, wobei sich in der geschichtlichen Entwicklung Veränderungen ergeben können (in Deutschland: neben dem öffentlich-rechtlichen gibt es auch privates Fernsehen, soziales Mietrecht, staatliches Gesundheitswesen und (noch) das staatliche Monopol der Arbeitsvermittlung etc.). Zum anderen ist bei aller ordoliberalen Einsicht in die "Interdependenz der Ordnungen" bzw. die Unteilbarkeit politischer und wirtschaftlicher Freiheit die Offenheit des demokratischen Willensbildungsprozesses⁹⁰⁴ (als Teil der Verfassung des Pluralismus) durchzusetzen. Dem dient das Verfassungspostulat "Unterordnung der wirtschaftlichen

---

schaftlichen Bereichen" u. a. "die sozialen Fragen der Korrektur der Einkommensverteilung, der Sicherheit und des Schutzes der Schwachen." Dies ist ein Beleg unter vielen für die *Parallelität* von Klassikertexten der Lit. und Verfassungstexten!

902 Speziell die Texte zur "wirtschaftlichen Demokratie" sind missverständlich und treffen nicht das hier Gemeinte. Auch die wirtschaftliche Mitbestimmung ist kein *Demokratie-*, sondern ein Grundrechtsproblem; dazu schon *P. Häberle*, Grundrechte im Leistungsstaat (1972), jetzt in: Die Verfassung des Pluralismus, 1980, S. 163 ff.

903 Vgl. die Fragestellung von *W. Röpke* (1950): "Grenzen der Marktwirtschaft", "die nichtmarktwirtschaftlichen Bereiche" (zit. nach Grundtexte zur Sozialen Marktwirtschaft, aaO., S. 49 (56 ff., 60 f.)).

904 Dazu *K. Hesse*, Grundzüge des Verfassungsrechts der Bundesrepublik Deutschland, 20. Aufl., 1995, S. 12 (Neudruck 1999).

Macht unter die demokratische Staatsgewalt" (Art. 80 lit. a Verf. Portugal[905]) und das Verbot jeden Missbrauches der wirtschaftlichen Freiheit ("insbesondere zu monopolistischer Machtzusammenballung und zu politischer Macht": Art. 39 Abs. 1 Verf. Hessen; ähnlich Art. 81 Verf. Portugal). Schließlich findet die wirtschaftliche Freiheit des einzelnen ihre *Grenze* "in der Rücksicht auf den Nächsten und auf die sittlichen Forderungen des Gemeinwohls" (Art. 151 Abs. 2 S. 3 Verf Bayern, ähnlich Art. 52 Abs. 2 Verf. Rheinland-Pfalz [906]). Hier ist der Ort für die minimalethischen Gehalte der bürgerlichen Rechtskultur[907] (von der Generalklausel "Treu und Glauben" bis zum "ehrbaren Kaufmann") – deren Fehlen sich im Aufbau einer freiheitlichen Wirtschaftsordnung in den postkommunistischen Gesellschaften in Osteuropa derzeit so schmerzlich bemerkbar macht[908]. Im ganzen sollten wir die Einsicht von *Jorge Semprun*, dem Friedenspreisträger des deutschen Buchhandels von 1994 beachten: "Die Marktwirtschaft ist darauf angelegt, immer neue Ungleichheit zu schaffen. Sie erarbeitet Reichtum und Wohlstand, aber keine Gerechtigkeit. Also muss es darum gehen, die Auswirkungen der Krise zu korrigieren"[909].

Insofern ist allen gegenwärtigen Tendenzen zu einer immer weiter ausufernden sozialdarwinistischen "totalen" Marktwirtschaft entgegenzutreten. Das verlangt nach *wirtschaftsethischen* Fundierungen der Marktwirtschaft, die übrigens angesichts der "*Globalisierung der Märkte*" die einzelnen Verfassungsstaaten transzendiert und so teils neue Chancen eröffnet, teils neue Gefahren mit sich bringt. *Weltweit* werden so Minimalstandards der Menschenwürde, Sozial- bzw. Umweltverträglichkeit erforderlich.

e) Die soziale Marktwirtschaft als "dritter Weg" zwischen Kapitalismus und Sozialismus: die Kulturleistung des Verfassungsstaates

Auf dem Forum des Verfassungsstaates wird die Kontroverse "Kapitalismus oder Sozialismus" gegenstandslos: denn er hat sich in seiner langen Textstufenentwicklung

---

905 S. auch Art. 38 Abs. 4 Verf. Portugal: "Der Staat gewährleistet die Freiheit und Unabhängigkeit der Massenkommunikationsmittel gegenüber der politischen Gewalt und der wirtschaftlichen Macht".
906 Provozierend: *R. Dahrendorf*, in: Der Spiegel Nr. 3/1993 vom 18. Jan. 1993, S. 21 (23): "Es stellt sich heraus, dass Demokratie und Marktwirtschaft kalte Projekte sind, eisige Projekte ... Der Versuch, Demokratie oder Marktwirtschaft herzerwärmend zu ideologisieren, ist ein Irrtum. Beide bieten Mechanismen, Konflikte gewaltlos zu bewältigen, mehr nicht".
907 Vgl. *W. Röpke*, Ethik und Wirtschaftsleben (1955), zit. nach Grundtexte, aaO., S. 439 (449): "Wenn wir eine solche Ordnung als eine "bürgerliche" im weitesten Sinne bezeichnen, so ist dies der Untergrund, auf dem das Ethos der Wirtschaft ruhen muss". – S. noch *K. H. Biedenkopf*, Über das Verhältnis wirtschaftlicher Macht zum Privatrecht, 1965; *P. Ulrich*, Integrative Wirtschaftsethik, 3. Aufl. 2001.
908 Neben diese "indirekte" Wirtschaftsethik tritt das heutige Ringen um Wirtschaftsethik insgesamt: *A. Rich*, Wirtschaftsethik, 1984; s. auch *P. Koslowski*, Gesellschaftliche Koordination. Eine ontologische, kulturwissenschaftliche Theorie der Marktwirtschaft, 1991; *K. W. Rothschild*, Ethik und Wirtschaftstheorie, 1992; *H. G. Nutzinger*, Das System der natürlichen Freiheit bei A. Smith und seine ethischen Grundlagen, in: Ökonomie und Gesellschaft, Jahrbuch 9 (1991), S. 79 ff. – Theoretisch-systematisch ist sie eine eigene Form der Begrenzung der wirtschaftlichen Freiheit und ein Stück Konstitutionalisierung des Marktes im Verfassungsstaat.
909 Zit. nach Frankfurter Allgemeine Magazin vom 7. Oktober 1994, S. 58 (59).

idealiter und realiter durch die Schaffung des Arbeits- und Sozialverfassungsrechts im Kontext zum Wirtschaftsverfassungsrecht die *soziale* Marktwirtschaft als solche voll integriert[910]. Sie bildet den so oft berufenen "dritten Weg" (*O. Schlecht*)[911] und stellt eine kulturelle Leistung von Rang dar. Es wäre falsch, nach dem Zusammenbruch des Sozialismus vor allem in Osteuropa (1989) das "kapitalistische System"[912] als das "siegreiche" zu bezeichnen. "Siegreich" ist der *Typus* Verfassungsstaat, und dies nicht zuletzt deshalb, weil er es verstanden hat, für die soziale Frage *gerechte* Lösungen auf den Weg zu bringen. Gewiss, in der Frage, wie soziale Gerechtigkeit mit, zuweilen ggf. auch gegen die Wirtschaft verwirklicht wird, gibt es große Unterschiede: etwa im Vergleich zwischen den USA und Deutschland (man denke hier an die "dynamische Rente" und das Mitbestimmungsrecht (vgl. BVerfGE E 50, 290)). Tendenziell aber hat der "Kapitalismus" in keinem europäischen Verfassungsstaat überlebt. Wo er in seiner Frühform wiederzukehren scheint, etwa in der heutigen Transformationsphase mancher postkommunistischer Gesellschaften wie in Russland, ist sein wölfisches Aussehen erschreckend genug, und gerade im Kontrast lässt sich erkennen, wie weit sich das verfassungsstaatliche Wirtschaftsleben vom "Kapitalismus" entfernt hat. Auch dort, wo die soziale Marktwirtschaft nicht das ausdrückliche Verfassungsziel bildet, ist sie der Sache nach durch ihre "Mosaiksteine" wie wirtschaftliche, soziale und kulturelle Freiheiten bzw. das Arbeits- und Sozialverfassungsrecht gleichwohl garantiert. Grundrechte "der" Arbeit, etwa Kündigungsschutz, Recht auf menschenwürdige Arbeitsbedingungen, Sozialversicherung (auch "Sozialpolitik") formen die Marktwirtschaft zur "sozialen" um und sie vermitteln dadurch dem Verfassungsstaat ein wesentliches Stück seiner Legitimation. Der Markt ist zum *sozialen* und *kulturellen* Raum geworden, in dem Menschenwürde nicht nur postuliert, sondern auch praktiziert wird. Der Verfassungsstaat weist in den Strukturen, die er für "seinen" Markt entwickelt hat, in den positiven Funktionen, die er durch die leistungsfähige Marktwirtschaft erfüllen lässt und den Korrekturen, die er immer wieder anbringen muss, durch materielle und prozessuale Prinzipien den "dritten Weg" zwischen "Staatsversagen" und "Marktversagen" in den bekannten Streitparolen. Die in Gestalt der Tarifautonomie gefundene, stets neu gefährdete Balance der Arbeitgeber- und Arbeitnehmerinteressen bildet dabei ein Fundament seiner "sozialen" Marktwirtschaft. Die angelsächsische Idee der "caring, sharing society" sollte freilich stärker rezipiert werden[913].

---

910 Ob das 2001 von der CDU-Parteivorsitzenden geprägte Stichwort von der "Neuen sozialen Marktwirtschaft" einen Innovationsschub bringt, bleibt skeptisch abzuwarten. Insbes. der Arbeitnehmerflügel der CDU steht dem Positionspapier der Kommission: "Neue soziale Marktwirtschaft" kritisch gegenüber. Vgl. dazu SZ vom 22. August 2001, S. 1 und 6.
911 Vgl. *O. Schlecht*, Grundlagen und Perspektiven der Sozialen Marktwirtschaft, 1990.
912 Neuere Lit. zur Versöhnung bzw. Verdammung des "Geistes des demokratischen Kapitalismus": *M. Novak*, Der Geist des demokratischen Kapitalismus, 1992, bzw. *H. Assmann/F. J. Hinkelammert*, Götze Markt, 1992.
913 Vgl. das "Zeit"-Gespräch von *J.K. Galbraith*: Ein gemischtes Wirtschaftssystem ist auf Dauer unausweichlich, in: Die Zeit Nr. 17 vom 23. April 1993, S. 34 mit Sätzen wie: "enorme Schwierigkeiten der ehemaligen Sowjetunion auf dem Weg vom umfassenden Sozialismus zu einem Marktsystem – nicht zu einem reinen Kapitalismus, den haben wir ja selbst nicht, sondern zu einer pragmatischen gemischten Ökonomie", "Insofern aber der neoklassische Ansatz dem Markt alles

3. Zusammenfassender Ausblick

Markt und Marktwirtschaft bilden heute ein zentrales, "inneres" Verfassungsproblem. Klassikertexte von *A. Smith* bis *Sir Popper*, hier als Verfassungstexte im weiteren Sinne verstanden[914], und die Entwicklungsstufen der (mit ihnen oft verknüpften) geschriebenen Verfassungstexte im engeren Sinne liefern mehr als bloße Problemhinweise. Sie zeigen – ganzheitlich betrachtet –, dass es im Wirtschaftsleben um ein Stück verfasster Freiheit – und Verantwortung –, einen Ausschnitt der kulturellen Freiheit, um Gemeinwohl und Gerechtigkeit geht, und beweisen, dass der Verfassungsstaat nicht "natürliche" Räume umhegt, sondern *kulturelle* Bereiche konstituiert. Anders gesagt: Die pluralistische Gesellschaft verfasst sich auch in der Weise immer neu, dass sie für das Wirtschaften Rahmenordnungen und rechtliche Institute schafft, mit dem rechtsethischen Konsens (der auch ein Stück indirekter "Wirtschaftsethik" ist) vor allem im einfachen Recht Ernst macht und das Sozialstaatsprinzip (z.B. im Sozial- und Arbeitsrecht) so verwirklicht, dass die Marktwirtschaft zur *sozialen* Marktwirtschaft als Gemeinwohlaspekt wird. Markt und Wettbewerb bedeuten für die offene Gesellschaft viel, wenngleich nicht alles. Der "homo oeconomicus" ist nur eine Teilwahrheit. Die viel berufene Offenheit des Verfahrens der demokratischen Willensbildung darf nicht durch ökonomische Vermachtungsprozesse verfälscht werden. Gewaltenteilende Strukturen, vom Staat auf die Wirtschaft übertragen (z.B. Kartellgesetze, Pressefusionsgesetze!), müssen dem vorbeugen. Wettbewerbspolitik ist insofern "Demokratiepolitik", zugleich Dienst an der sozialen Marktwirtschaft.

Eine Verfassungstheorie des Marktes steht heute vor neuen Herausforderungen, so vieles bisher erreicht ist: Die Ökologie muss zur Ökonomie in ein Verhältnis "praktischer Konkordanz" wachsen, wie dies manche Staatsziele programmatisch fordern (so z.B. Verfassung Thüringen vom Oktober 1993, Art. 38: "Die Ordnung des Wirtschaftslebens hat den Grundsätzen einer sozialen und der Ökologie verpflichteten Marktwirtschaft zu entsprechen"). Und: Die pluralistische Demokratie überlebt nur dann, wenn sie sich in einer Verantwortungsbereitschaft mit den "werdenden" Verfassungsstaaten Osteuropas weiß und die dortigen Transformationsprozesse unterstützt[915]. Die Verfassungs*theorie* des sozial abgefederten und dem Umweltschutz verpflichteten Marktes sollte weltweit zur gelebten Verfassungs*praxis* werden. Der gemeineuropäisch/atlantische Verfassungsstaat hätte dann einmal mehr bewiesen, dass er die Menschenwürde zur kulturanthropologischen Basis hat, die pluralistische Demokratie als deren Konsequenz begreift und am Ziel des "Wohlstands der Nationen" gerechtigkeits- und gemeinwohlorientiert arbeitet, ohne einem "Ökonomismus" anheimzufallen. Dieser verbietet sich schon wegen der Moralität und Idealität, die das republikanische Zusam-

---

überlässt und keine – auch nur eine minimale – Rolle für den Staat vorsieht, ist er selbstverständlich tot. Denn eines wissen wir über den modernen Kapitalismus: Er funktioniert nur mit einer pragmatischen Verbindung aus staatlichem Handeln und Marktanreizen", "Ich war immer davon überzeugt, dass eine gemischte Ökonomie unausweichlich ist."

914   Dazu *P. Häberle*, Klassikertexte im Verfassungsleben, 1981; s. auch oben Erster Teil A. I.
915   Dazu mein Beitrag: Verfassungsentwicklungen in Osteuropa, AöR 117 (1992), S. 169 ff., jetzt auch in *ders.*: Europäische Rechtskultur, 1994, S. 101 ff.

menleben der Bürger in einem Verfassungsstaat und dank des Verfassungsstaates auszeichnet. Und er missachtete auch, was die Menschen in Osteuropa in meist friedlichen Revolutionen 1989 gewagt haben: vielleicht sogar schon in "weltbürgerlicher Absicht"; jedenfalls mit weltbürgerlichen Konsequenzen.

II. Konstitutionelle Teilverfassungen in Sachen Wirtschaft in Europa

1. Europa im engeren Sinne der EU

Eine europäische Verfassungslehre kann sich hier kürzer fassen. Denn kaum ein Thema ist so intensiv behandelt worden wie die EG als Wirtschaftsgemeinschaft[916]. Herauszuarbeiten sind nur die Textgruppen und Themen, die in ihrer *typologischen* Struktur Analogien zum bisher bekannten nationalen Wirtschaftsverfassungsrecht zeigen bzw. von der EU aus auf die nationale Ebene vor allem in Osteuropa ausstrahlen können oder die Neues schaffen. An erster Stelle rangieren präambelartige Aussagen bzw. Grundlagen-Artikel, an zweiter Stelle die wirtschaftlichen Freiheiten, an dritter sonstige Ausdrucksformen von Wirtschaftsverfassungsrecht in der EU. Dabei sei abweichend von anderen Abschnitten dieses Buches nicht die historische Entwicklungsgeschichte, sondern der heute geltende Normenbestand bis hin zur EU-Grundrechte-Charta von 2000 aufgeschlüsselt.

a) *Präambeln* bzw. *Grundlagen-Artikel* im EU/EG-Recht nehmen sich der Sache Wirtschaft teils allgemein, teils näher zielorientiert an. So spricht Präambel EUV von der "Verwirklichung des Binnenmarktes", womit der "Markt" konstitutionalisiert worden ist, so entwirft Art. 2 EUV das Ziel "einer Wirtschafts- und Währungsunion". Präambel EGV nennt u.a. "beständige Wirtschaftsausweitung, ausgewogenen Handelsverkehr und redlichen Wettbewerb", auch das Ziel des "Zusammenschlusses der Wirtschaftskräfte". Im Aufgaben-Artikel 2 ist die Errich-

---

916 Aus der Lit. zuletzt: *U. Everling*, Wirtschaftsverfassung und Richterrecht in der EU, FS Mestmäcker, 1996, S. 365 ff.; *E.-J. Mestmäcker*, Die Wirtschaftsverfassung der EG zwischen Wettbewerb und Intervention, in: T. Bruha u.a. (Hrsg.), Welche Verfassung für Europa?, 2001, S. 163 ff.; *C. Nowak*, Perspektiven einer umweltverfassungskonformen Auslegung der europäischen Wirtschaftsverfassung, ebd. S. 215 ff. – Zu den Marktfreiheiten: *M. Herdegen*, Europarecht, 3. Aufl. 2001, S. 222 ff.; *E.-U. Petersmann*, Thesen zur Wirtschaftsverfassung der EG, EuZW 1993, S. 593 ff. – Aus der Lehrbuchliteratur: *T. Oppermann*, Europarecht, 2. Aufl., 1999, S. 349 ff. mit Stichworten wie: "eine unvollständige Verfassung", Mischung aus marktwirtschaftlich/freiheitlichen ("liberalen") und interventionistischen ("dirigistischen") Elementen. – Aus der Kommentarliteratur: *D. Hattenberger*, Art. 98 EGV, in: J. Schwarze (Hrsg.), EU-Kommentar, 2000. – Aus der schon älteren Lit.: *E.-U. Petersmann*, Thesen zur Wirtschaftsverfassung der EG, EuZW 1993, S. 593 ff.; *N. Reich*, Binnenmarkt als Rechtsbegriff, EuZW 1991, S. 203 ff.; *J. Basedow*, Von der deutschen zur europäischen Wirtschaftsverfassung, 1992; *P. Behrens*, Die Konvergenz der wirtschaftlichen Freiheiten im europäischen Gemeinschaftsrecht, EuR 1992, S. 145 ff.; *E. Grabitz*, Über die Verfassung des Binnenmarktes, FS Steindorff, 1990, S. 1229 ff.; zuletzt *W. Mussler*, Die Wirtschaftsverfassung der Europäischen Gemeinschaft im Wandel. Von Rom nach Maastricht, 1998; jetzt: *P. Badura*, Von der D-Mark zum Euro, FS Vogel, 2000, S. 545 ff.; *E.-J. Mestmäcker*, Wirtschaft und Verfassung in der Europäischen Union, 2003; *A. Hatje*, Wirtschaftsverfassung, in: A. von Bogdandy (Hrsg.), Europäisches Verfassungsrecht, 2003, S. 683 ff.

tung eines Gemeinsamen Marktes genannt, auch die "Konvergenz der Wirtschaftsleistungen". Neben den hier nicht zu wiederholenden einzelnen Wirtschaftspolitiken der Gemeinschaft (z.B. Art. 70: gemeinsame Verkehrspolitik) sei nur noch Art. 98 erwähnt: die Textpassage vom "Grundsatz der offenen Marktwirtschaft mit freiem Wettbewerb, wodurch ein effizienter Einsatz der Ressourcen gefördert wird" (s. auch Art. 4 Abs. 1 und Art. 105 Abs. 1 EGV).

b) Die *wirtschaftlichen* bzw. sog. *Marktfreiheiten* bilden einen essentiellen Bestandteil des Wirtschaftsverfassungsrechts der EU und sie folgen dem national verfassungsstaatlich bekannten Schema von Grundsatz und Ausnahme bzw. Einschränkungsmöglichkeiten und Vorbehalten (vgl. z.B. Art. 56 bis 60 EGV). Neuland sind aber die Maßnahmekataloge zur (allmählichen) Herstellung der erhofften Grundrechtewirklichkeit (vgl. für die Freizügigkeit: Art. 40, für das Niederlassungsrecht: Art. 43, 44 für die Dienstleistungen: Art. 49 bzw. 52). Hier handelt es sich um nichts anderes als um die für den nationalen Bereich 1971 erarbeitete sog. "Grundrechtspolitik"[917], jetzt auf der übernationalen Ebene.

Die EU-Grundrechte-Charta bereichert vor allem den Katalog wirtschaftlicher Freiheiten und Rechte. Ihre Präambel vorweg kann als Akzentuierung des kulturellen bzw. Wertehintergrund der EU gelesen werden ("gemeinsame Werte", "geistig-religiöses und sittliches Erbe", "Vielfalt der Kulturen und Traditionen", "Identität der Mitgliedstaaten"). Sie kommt dann aber auch zur Sache Wirtschaft, in den Worten: "Die EU stellt den freien Personen-, Waren-, Dienstleistungs- und Kapitalverkehr sowie die Niederlassungsfreiheit sicher." Im Kapitel "Freiheiten" spricht Art. 12 vom "Recht, sich insbesondere im politischen, gewerkschaftlichen und zivilgesellschaftlichen Bereich... mit anderen zusammenzuschließen" (was die Gewerkschaftsfreiheit einschließt). Art. 15 garantiert die Berufsfreiheit und das Recht zu arbeiten, Art. 16 schützt die "unternehmerische Freiheit", Art. 17 das Eigentumsrecht. Das Kap. "Solidarität" schafft in Art. 27 ein Recht auf Unterrichtung und Anhörung der Arbeitnehmer im Unternehmen; die folgenden Garantien sichern soziale Schutzrechte im Arbeitsleben (Art. 28 bis 32). Den wirtschaftlichen Schutz der Familie nennt ausdrücklich Art. 33 Abs. 1. Art. 36 regelt den Zugang zu Dienstleistungen von allgemein wirt-

---

917 *P. Häberle*, Grundrechte im Leistungsstaat, VVDStRL 30 (1972), S. 43 (75). – Aus der Speziallit.: *U. Scheffers*, Die Marktfreiheit des EG-Vertrages als Ermessensgrenze des Gemeinschaftsgesetzgebers, 1997; *T. Schubert*, Der Gemeinsame Markt als Rechtsgriff – die allgemeinen Wirtschaftsfreiheiten des EG-Vertrages, 1999; *I. Millard*, Die Schranken des freien Warenverkehrs in der EU, 2001; *T. Schilling*, Eigentum und Marktordnung nach Gemeinschafts- und nach deutschem Recht, EuGRZ 1998, S. 177 ff.; *W. Kluth*, Die Bindung privater Wirtschaftsteilnehmer an die Grundfreiheiten des EG-Vertrages, AöR 122 (1997), S. 557 ff.; *P.O. Mülbert*, Privatrecht, die EG-Grundfreiheiten und der Binnenmarkt, ZHR 159 (1995), S. 2 ff.; *M. Zuleeg*, Die Grundfreiheiten des Gemeinsamen Marktes im Wandel, FS Everling, 1995, S. 1729 ff.; *H. Lecheler*, Zum Bananenmarkt-Beschluss des BVerfG, NJW 2000, S. 3124 ff.; *J. Schwarze*, Der Grundrechtsschutz für Unternehmen in der Europäischen Grundrechtecharta, EuZW 2001, S. 517 ff.; *J. Schwarze* (Hrsg.), Die rechtsstaatliche Einbindung der europäischen Wirtschaftsverwaltung, Europarecht Beiheft 2/2002; *A. Epiney/A. Felder*, Europäischer Wirtschaftsraum und Europäische Gemeinschaft: Parallelen und Divergenzen, ZVglRWiss 100 (2001), S. 425 ff.

schaftlichem Interesse, Art. 38 den Verbraucherschutz. Kurz: Die Grundrechte-Charta "vollendet" das Wirtschaftsverfassungsrecht der EU von der grundrechtlichen Seite her fast ideal.

c) In die Kategorie "*sonstiger Erscheinungsformen von Wirtschaftsverfassungsrecht*" gehört etwa das Regelwerk zur Zulässigkeit staatlicher Beihilfen (Art. 87 bis 89), das sich so kaum in nationalen Verfassungen getextet findet. Auch die differenzierten Normen zum Wettbewerb (Art. 81 ff., 96 und 97) dürften konstitutionelle Neuheiten im Panorama einer national vergleichenden Verfassungslehre sein[918]. Die Normen zum Missbrauch einer marktbeherrschenden Stellung (Art. 82 EGV) und das Monopolverbot (Art. 86 EGV) haben demgegenüber in ausdrücklichen Verboten von Monopolstellungen, wie sie sich in einigen osteuropäischen Verfassungen finden, ein Gegenstück (z.B. Art. 49 Abs. 2 Verf. Kroatien). Im Übrigen bleibt nationales Verfassungsrecht auf die grundrechtlichen Implikationen des Konfliktes zwischen den Wettbewerbern (Stichworte: Vertragsfreiheit, Berufsfreiheit) beschränkt.

Art. 98 EGV ist der Wirtschaftspolitik gewidmet. Sie obliegt den Mitgliedstaaten, die dabei dem "Grundsatz einer offen Marktwirtschaft mit freiem Wettbewerb" (Art. 98 S. 2 EGV) verpflichtet sind. Allerdings bezweckt die Europäische Gemeinschaft eine "engere Koordinierung der Wirtschaftspolitik und eine dauerhaft Konvergenz der Wirtschaftsleistungen der Mitgliedsstaaten" (Art. 99 Abs. 3 EGV).

Die gemeinsame Währungspolitik (Art. 105 ff.)[919] bleibe hier nur ein "Merkposten": als Stichwort in Sachen Verlust der nationalen Währungshoheit als klassischem Bestandteil des "Staatselements" Staatsgewalt bzw. Souveränität[920].

---

918 Zur europäischem Wettbewerbsordnung allgemein: J. Schwappach (Hrsg.), EU-Rechtshandbuch für die Wirtschaft, 2. Aufl. 1996; H.-Ch. Salger (Hrsg.), Handbuch der europäischen Rechts- und Wirtschaftspraxis, 1996; *M. Herdegen*, Europarecht, 2. Aufl. 1999, S. 256 ff.; M. Dauses (Hrsg.), Handbuch des EU-Wirtschaftsrechts, Bd. 1, 1998, Bd. 2, 2000.

919 Aus der Lit.: *M. Seidel*, Konstitutionelle Schwächen der Währungsunion, EuR 2000, S. 861 ff.; *J. Hellermann*, Die Europäische Wirtschafts- und Währungsunion als Stabilitätsgemeinschaft und der nationale Stabilitätspakt in der bundesstaatlichen Solidargemeinschaft, EuR 2000, S. 24 ff.; *W. Heun*, Die Europäische Zentralbank in der Europäischen Währungsunion, JZ 1998, S. 866 ff. – Zur "stufenweisen Verwirklichung der Wirtschafts- und Währungsunion": *P. Fischer/H.F. Köck*, Europarecht, 3. Aufl. 1997, S. 635 ff.; *M. Herdegen*, Europarecht, 3. Aufl. 2001, S. 311 ff.; *M. Selmayr*, Die Wirtschafts- und Währungsunion als Rechtsgemeinschaft, AöR 124 (1999), S. 357 ff.

920 Vgl. hierzu aus Sicht des nationalen Verfassungsrechts BVerfGE 97, 350 – Euro. Zur Euro-Entscheidung vgl. die Anmerkungen von *M. Sachs* (JuS 1999, S. 705 ff.); *H. Kortz* (EWS 1998, S. 225 ff.) und *H. Siekmann* (EwiR Art. 105 EGV 1/98, S. 743 f.). Aus der Lit.: *W. Ehrlicher*, Der Weg zum Euro, FS Leisner, 1999, S. 159 ff.; *R. Zuck/C. Lenz*, Warum die Verfassungsbeschwerde gegen den Euro scheitern wird, NJW 1998, S. 1119 ff.; *W. Kilb*, Rechtsgrundlagen des Euro, in: JuS 1999, S. 10 ff.; *D. Kröger*, Das Grundrecht auf Preisstabilität nach Art. 14 Abs. 1 GG unter Berücksichtigung der Euro-Entscheidung des BVerfG, VersR 1998, S. 1338 ff.; *S. Mengelkoch*, Bundesverfassungsgericht lässt Euro rollen, EuR 1998, S. 563 ff. – Die Beschwerdeführer haben ihre Beschwerdeschrift veröffentlicht: *W. Hankel/W. Nölling/K.A. Schachtschneider u.a., Die Euro-Klage. Warum die Währungsunion scheitern muss, 1998.

2. Europa im weiteren Sinne einschließlich gemeinsamer Strukturen in den osteuropäischen Reformstaaten

Osteuropas Übergang zur (sozialen) Marktwirtschaft (1989 folgende), der Herkulesvorgang der "Transformation"[921] kann hier nicht im Einzelnen dargestellt werden. Gleichwohl sei wenigstens an den juristischen Texten belegt, dass und wie Osteuropa auf dem Weg ist, konstitutionell den Anschluss an das westeuropäische Wirtschaftsverfassungsrecht zu finden. Materialien finden sich dabei auf zwei Ebenen: Zunächst seien die konstitutionellen Texte von Europa im weiteren Sinne befragt, denn die EMRK ist auch in ihren wirtschaftsrelevanten Direktiven schon heute weithin Bestandteil der osteuropäischen Reformstaaten und die OSZE entwickelt hohe Ideale, etwa im Stabilitätspakt für Europa von 1995 ("gutnachbarliche Beziehungen", "wirtschaftlicher Fortschritt", "offenes Europa")[922]. In einem zweiten Schritt seien die nationalen wirtschaftsverfassungsrechtlichen Prinzipien verglichen und auf einen bzw. mehrere gemeinsame Nenner gebracht: i.S. von osteuropäischem Wirtschaftsverfassungsrecht, national und verallgemeinert auch *gemein(ost)europäisch*. Im Einzelnen:

a) Texte in Sachen Wirtschaft

Nur in Stichworten sei gefragt, welches die Vorgaben sind, die Texte von Europarat und KSZE in Bezug auf die Sache Wirtschaft und ihre "Subjekte" machen. An erster Stelle fungieren Aussagen in der EMRK (1950). Sie ist zwar keine "Charta wirtschaftlicher Grundrechte", doch bewirkt sie mittelbar auch die Freiheitlichkeit des Wirtschaftslebens, indem sie "Achtung der Freiheit und Vorherrschaft des Gesetzes" postuliert (Präambel), jedem Menschen ein "Recht auf Freiheit und Sicherheit" garantiert (Art. 5 Abs. 1) oder Vereinigungs- bzw. Gewerkschaftsfreiheit sichert (Art. 11 Abs. 1). Das 1. Zusatzprotokoll von 1952 nimmt das "Recht auf Achtung und Eigentum", das 4. von 1963 die Freizügigkeit in den Katalog auf und normiert damit implizit auch wirtschaftliche Freiheiten.

Die EMRK skizziert so paradigmatisch Elemente eines Menschenbilds, das nicht primär vom "homo oeconomicus" geprägt ist[923], sondern diesen allenfalls als *Teil*aspekt des "homo europaeus" versteht. Dass dies in der "Frühzeit" der europäischen Einigung geschieht, sei hervorgehoben und als Korrektur am einseitigen Bild von "Europa als Markt" und der heute vordringenden "lingua oeconomica" gewertet.

Ein Blick auf spätere Texte liefert folgende Stichworte: Schon das erste große Dokument nach dem "annus mirabilis", das des Kopenhagener Treffens in Sachen "menschliche Dimension" der KSZE (Juni 1990)[924] liest sich auch als ein Stück freiheit-

---

921 Dazu aus der Lit.: *P. Häberle*, in: *ders.*, Europäische Rechtskultur, 1994, S. 149 ff.
922 Zit. nach U. Fastenrath (Hrsg.), KSZE/OSZE-Dokumente, Loseblattsammlung.
923 Dazu die nicht überzeugende Behauptung von *G. Kirchgässner*: "Es gibt keinen Gegensatz zwischen dem Menschenbild des Grundgesetzes und dem homo oeconomicus!", in: C. Engel/M. Morlok (Hrsg.), Öffentliches Recht als ein Gegenstand ökonomischer Forschung, 1998, S. 49 ff. Differenziert demgegenüber *R. Gröschner*, Der homo oeconomicus und das GG, ebd., S. 31 ff.
924 Zit. nach EuGRZ 1990, S. 239 ff.

licher Wirtschaftsverfassung. Es gibt zwar primär Rechtsstaatlichkeit, Demokratie und Grundrechtskataloge "vor", doch kommen auch die Grundstrukturen des europäischen Wirtschaftsverfassungsrechts zentral ins Bild, weil die Freiheit der Gewerkschaften garantiert wird (Ziff. I 10.3; s. auch Ziff. III 27: "freie und unabhängige Gewerkschaften, Genossenschaftsbewegungen, Aufbau anderer freier Vereinigungen und Interessenvertretungen"). Den großen Durchbruch aber bringt erst die Charta von Paris für ein neues Europa (Nov. 1990)[925]. Hier findet sich ein eigener Abschnitt "wirtschaftliche Freiheit und Verantwortung", der sich im ganzen und einzelnen wie ein Konzentrat gemeineuropäischen Wirtschaftsverfassungsrechts liest und ein "Bauplatz" für die nationalen Elemente darstellt. Er sei darum auszugsweise direkt abgedruckt – als positivrechtlicher jüngerer Klassikertext in Sachen Wirtschaft, auch wenn er nur "soft law" sein kann:

> "Wirtschaftliche Freiheit, soziale Gerechtigkeit und Verantwortung für die Umwelt sind unerlässliche Voraussetzungen des Wohlstandes. – Der in der Demokratie zum Ausdruck gebrachte und durch den Rechtsstaat gewährleistete freie Wille des Einzelnen bildet die notwendige Grundlage für eine erfolgreiche Wirtschafts- und Sozialentwicklung. Wir wollen eine die Würde des Menschen achtende und schützende Wirtschaftstätigkeit fördern. – Freiheit und politischer Pluralismus sind notwendige Elemente unserer gemeinsamen Bemühungen um die Entwicklung von Marktwirtschaften hin zu dauerhaftem Wirtschaftswachstum, Wohlstand, sozialer Gerechtigkeit, wachsender Beschäftigung und rationeller Nutzung der wirtschaftlichen Ressourcen."

In den "Leitsätzen für die Zukunft" steht im Abschnitt unter "wirtschaftliche Zusammenarbeit" der Satz:

> "Wir betonen, dass die wirtschaftliche Zusammenarbeit auf der Grundlage der Marktwirtschaft einen entscheidenden Beitrag zum Aufbau eines prosperierenden und geeinten Europa leisten wird."

Diese gewiss von der Erfolgsgeschichte der damaligen EWG und den nationalen Wirtschaftverfassungsrechten in (West)Europa geprägten Sätze können im Rahmen der werdenden europäischen Verfassungslehre (hier in Sachen Wirtschaft) gar nicht überschätzt werden. Sie liefern Teilstücke für Denken und Handeln auf der nationalen wie gesamteuropäischen Ebene. Ob und wie sie als Werkstatt schon auf die neuen nationalen Verfassungen in Osteuropa wirken bzw. wie sie in Zukunft als "Vorratslager" für Bauelemente im europäischen Haus insgesamt verwendet werden könnten, lässt sich aus dem folgenden systematisierenden Vergleich der einschlägigen Textmaterialien in Osteuropas *nationalen* Verfassungen erschließen.

b) *Wirtschaftsverfassungsrechtliche Prinzipien in Osteuropa*

Die wirtschaftsverfassungsrechtlichen Prinzipien in den neuen osteuropäischen Verfassungsstaaten dürften schon auf den ersten Blick ausgewogen im Kontext von Kulturbzw. kulturellem Erbe sowie Postulaten sozialer Gerechtigkeit stehen. Die Abwendung

---

925 Zit. nach EuGRZ 1990 S. 517 ff.

von der Zentralverwaltungswirtschaft und die nationale Befreiung von totalitärer Bevormundung durch die UdSSR wirken sich gerade auch in den einschlägigen Textbildern aus. Dabei sei im ersten Zugriff zwischen allgemeinen staatszielhaften Aussagen zu Markt und Marktwirtschaft unterschieden gegenüber von typisch wirtschaftlichen Freiheiten und sonstigen Textformen von Wirtschaftsverfassungsrecht. Da und dort mögen auch ausschnitthaft vergleichende Textstufenvorgänge sichtbar werden, doch sei die Methode als solche (dazu oben Einleitung I) vorausgesetzt. Soweit wie möglich sei die zeitliche Entwicklungsgeschichte der Texte berücksichtigt.

aa) Markt und (soziale) Marktwirtschaft als allgemeine Strukturnorm

Die Verfassung Ungarns (1949/90)[926] hat das Verdienst ebenso früh wie hochrangig das Thema zu behandeln. Sogar in der Präambel heißt es: "... Übergang in einen das Mehrparteiensystem, die parlamentarische Demokratie und die soziale Marktwirtschaft verwirklichenden Rechtsstaat". In § 9 Abs. 1 ist die Wirtschaft Ungarns als eine "Marktwirtschaft" definiert, "in der öffentliches und privates Eigentum gleichberechtigt sind." Als Grundlagenartikel formuliert Art. 19 Verf. Bulgarien wenig später (1991): "Die Wirtschaft der Republik Bulgarien gründet sich auf die freie wirtschaftliche Initiative". Eigenständig normiert Art. 49 Abs. 1 Verf. Kroatien (1990) das Thema früh: "Die Freiheit der Unternehmerschaft und des Marktes sind das Fundament des Wirtschaftssystems der Republik Kroatien". Verf. Mazedonien (1991) nennt unter ihren "Allgemeinen Bestimmungen" vorweg das Prinzip (Art. 8 Abs. 1: "Freiheit des Marktes und des Unternehmertums" (wiederholt in Art. 53 Abs. 1)). Verf. Moldauische Republik (1994) versucht sich ebenfalls an einer umfassenden Umschreibung der sozialen Marktwirtschaft in den Worten des Art. 126 Abs. 1: "Die Wirtschaft der Republik ist eine Marktwirtschaft mit sozialer Ausrichtung, gegründet auf Privateigentum und öffentlichem Eigentum, die sich in freiem Wettbewerb befinden." In Absatz 2 werden teils wirtschaftliche Freiheiten in Gestalt des status negativus (Freiheit des Handels), teils Schutzrechte (Schutz der Umwelt), teils leistungsorientierte Aufgaben (Förderung der wissenschaftlichen Forschung) katalogartig angefügt. Schon Art. 9 Abs. 3 verkündet lapidar: "Der Markt, die freie wirtschaftliche Initiative und der lautere Wettbewerb sind die Grundfaktoren der Wirtschaft". Diese Textfiguren haben ihren Vorläufer in Art. 134 Verf. Rumänien (1991), denn hier wird ebenfalls zunächst das Prinzip normiert ("Die Wirtschaft Rumäniens ist eine Marktwirtschaft"), ehe dann bestimmte Grundrechte einerseits, Gemeinwohlinteressen anderseits verbürgt sind ("Aufrechterhaltung des ökologischen Gleichgewichts").

Textlich und inhaltlich gelingt Verf. Polen (1997) eine neue konstitutionelle Entwicklungsstufe der (sozialen) Marktwirtschaft. Ihr Art. 20 im Grundlagenteil lautet: "Die auf die Freiheit wirtschaftlicher Tätigkeit, das Privateigentum sowie die Solidari-

---

[926] Die folgenden Texte sind zitiert nach H. Roggemann (Hrsg.), Die Verfassungen Mittel- und Osteuropas, 1999 bzw. nach der fünfteiligen Dokumentation in JöR, beginnend Bd. 43 (1995), endend Bd. 46 (1998). S. auch *G.G. Sander*, Die Teilhabe mittel- und osteuropäischer Staaten an wirtschaftlichen Integrationsräumen, am Beispiel der Tschechischen Republik, liber amicorum T. Oppermann, 2001, S. 301 ff.

tät, den Dialog und die Zusammenarbeit der Sozialpartner gestützte soziale Marktwirtschaft bildet die Grundlage des wirtschaftlichen Aufbaus der Republik Polens." Denn damit sind neue Begriffe wie "Dialog" und "Solidarität" bzw. Voraussetzungen der sozialen Marktwirtschaft beim Namen genannt, so dass die späteren sozialen Schutzrechte (z.B. Grundrecht der Arbeit in Art. 24) ebenso konsequent sind wie die Garantie der wirtschaftlichen Freiheit, die nur "in Ansehung eines wichtigen öffentlichen Interesses" eingeschränkt werden kann (Art. 21).

bb) Wirtschaftliche Freiheiten

Sie werden schon durch die UN-Pakte von 1966 ("wirtschaftliche, soziale und kulturelle Rechte") vorgeformt und oft rezipiert[927]. Doch finden sie in Osteuropa manche eigene Textprägungen und spezifische Kontexte, die als Mosaiksteine im Gesamtbild des europäischen Wirtschaftsverfassungsrechts nicht übersehen werden dürfen. Pionierhaft wirkt auch hier Verf. Ungarn (1949/90), ihr § 9 Abs. 1 lautet: "Die Republik Ungarn anerkennt und unterstützt das Recht zur Unternehmung und die Freiheit des Wettbewerbs in der Wirtschaft". Nach der Garantie von Eigentum, Erbrecht, Ehe und Familie heißt es in § 17: "Die Republik Ungarn sorgt für die Bedürftigen mit weitreichenden sozialen Maßnahmen" – ein Postulat sozialer Gerechtigkeit! Verkündet § 70/B ein nicht einklagbares "Recht auf Arbeit", so sind die folgenden sozialen Schutzrechte realistischer, etwa der status corporativus nach § 70 Abs. 1 C ("Recht zum Schutz seiner wirtschaftlichen und gesellschaftlichen Interessen mit anderen zusammen eine Organisation zu bilden") oder der status positivus nach § 70 E bzw. F (Recht auf soziale Sicherheit bzw. Recht auf Bildung). Verf. Georgien (1995) verleiht der Einführung der "wirtschaftlichen Freiheit" im Kontext des Aufbaus des "sozialen Rechtsstaates" sogar Präambelrang.

cc) Sonstige Erscheinungsformen von (nationalem) Wirtschaftsverfassungsrecht

Unter dem Auffangstichwort "*Sonstige Erscheinungsformen* von (nationalem) Wirtschaftsverfassungsrechts" seien einige prägnante Beispiele heterogener Themen herausgegriffen. So betritt Art. 19 Abs. 2 Verf. Bulgarien Neuland in dem Satz: "Das Gesetz schafft und gewährleistet jedem Bürger und jeder juristischen Person die gleichen rechtlichen Bedingungen für eine wirtschaftliche Tätigkeit" – eine leistungsrechtliche Grundrechtsdimension. Präambel Verf. Kroatien (1990) spricht von "wirtschaftlichem und kulturellem Wohlstand". Verf. Litauen (1992) benennt ihren Abschnitt IV "Volkswirtschaft und Arbeit", wobei wirtschaftliche Freiheiten und soziale Schutzrechte in einen geglückten Zusammenhang geraten. Statusähnlich sagt Art. 55 Abs. 2 Verf. Mazedonien prägnant: "Die Republik gewährleistet die gleiche Rechtsstellung aller Marktteilnehmer". Auch findet sich in derselben Verfassung eine wirtschaftliche Fortschrittsklausel (Art. 57).

Wie variantenreich dasselbe Thema normiert werden kann, zeigt sich in Art. 13 Abs. 3 S. 2 Verf. Ukraine (1996): "Der Staat gewährleistet allen Subjekten des Eigentums-

---

[927] Dazu z.B. W. Kälin u.a. (Hrsg.), Die Schweiz und die UNO-Menschenrechtspakte, 1997.

rechtes und der Wirtschaft Rechtsschutz und die soziale Ausrichtung der Wirtschaft". Im Kontext eines Grundrechtes ist hier in der Sache die soziale Marktwirtschaft normiert. Schließlich gelingen auch der Russischen Föderation neue Texte und Kontexte zu "alten Themen". Art. 8 Abs. 1 ihrer Verfassung (1993) lautet: "In der Russischen Föderation werden die Einheit des Wirtschaftsraums, die freie Bewegung von Waren, Dienstleistungen und Finanzmittel, die Förderung des Wettbewerbs und die Freiheit der Wirtschaftstätigkeit garantiert."

Im ganzen: Die neuen osteuropäischen Verfassungen thematisieren Markt und Marktwirtschaft samt ihren konstituierenden Voraussetzungen, aber auch Folgerechten bzw. Schutzaufträgen für den Staat überaus figurenreich. Sie vergessen dabei den korrigierenden Kontext "sozialer Gerechtigkeit" und Kultur keineswegs. In Sachen wirtschaftliche Rechte zeigen sich gemeineuropäische Standards von der unternehmerischen Freiheit bis zum Schutz der Gewerkschaftsfreiheit[928]. Sichtbar wird auch eine fruchtbare Textstufenentwicklung von West nach Ost und zurück. Auch innerhalb Osteuropas zeigen sich Rezeptionsvorgänge. Wirtschaftsverfassungsrecht ist in West- und Osteuropa kein leeres Wort. Es bildet ein zentrales Kapitel einer auf der nationalen und der gemeineuropäischen Ebene erarbeiteten europäischen Verfassungslehre. Wirtschaft hat sich schon textlich auch in einer "Verfassungslehre als Kulturwissenschaft" ihren wichtigen, wenn auch *immanent begrenzten* Platz erobert. Dass bei all dem genügend Offenheit für die Wirtschaft*spolitik*[929] (Art. 98 ff. EGV) bleibt, sei ebenso angemerkt wie an die Grenzen zu erinnern ist, an die das Verfassungsrecht hierbei stößt.

III. Der Theorierahmen: Europa als Markt im Europa als Kultur

1. Vom Marktbürger und "Wirtschaftssubjekt" zum Europabürger der EU

Das bisherige aufgeschlüsselte Verfassungsmaterial hat genügend Belege dafür geliefert, dass Markt und Marktwirtschaft zwar unentbehrliche Elemente des Europas der EU sind, dass sie aber nicht verabsolutiert werden dürfen. Es ist das Europa der *Kultur*, das den letzten Grund für das Europa der EU und das ganze "europäische Haus" schafft. Soweit Europa eine "Verfassungsgemeinschaft" ist, ergibt sich dies aus dem hier entwickelten kulturwissenschaftlichen Ansatz. Vergegenwärtigt man sich die Geschichte Europas im Ganzen, so präsentiert sie sich in Höhen und Tiefen als *Kultur*geschichte. Sie hat Vielfalt und Einheit dieses Europas entwickelt, hat zahlreiche "Mischkulturen" hervorgebracht, viele kulturelle Minderheiten in den ohnehin relativierten Nationalstaaten heranwachsen lassen. Obgleich die Minderheiten-Rechte auf kulturelle Identität immer gefährdet sind und manche neuen nationalen Verfassungstexte in Ost und West sich ihrer wörtlich annehmen, sieht die Wirklichkeit zugegebenermaßen oft anders aus. Den-

---

[928] S. auch die Fragestellung von *P.-C. Müller-Graff*, Die wettbewerbsverfasste Marktwirtschaft als gemeineuropäisches Verfassungsprinzip?, in: ders./E. Riedel (Hrsg.), Gemeinsames Verfassungsrecht in der Europäischen Union, 1998, S. 53 ff.
[929] Dazu jetzt der von R. Ohr/T. Theurl hrsg. Sammelband, "Kompendium Europäischer Wirtschaftspolitik", 2001.

noch ist es mit den Worten des Kulturverfassungsrechts der EU (Art. 151 EGV) die "Entfaltung der Kulturen der Mitgliedstaaten" *und* das "gemeinsame kulturelle Erbe", die "Kultur und Geschichte der europäischen Völker" *und* das " kulturelle Erbe von europäischer Bedeutung", die Europa im Innersten zusammenhalten. Europa gründet sich nicht auf den Markt, sondern auf die "nationale und regionale Vielfalt" seiner Kultur. Der Markt ist nur *instrumental* zu verstehen, er hat keinen Selbstzweck. Was der EGV in seinem Kulturartikel 151 für sich sagt, kann auch heute schon für das ganze europäische Haus beansprucht werden. Art. 151 ist tendenziell schon heute von *gemeineuropäischer Qualität* und dies wird im Europäischen Kulturabkommen des Europarates von 1954 z.T. vorweggenommen.

2. Der homo europaeus in ganz Europa

Das lenkt den Blick auf den "Europabürger" des *ganzen* Europa. Er ist von den Elementen des bereits skizzierten europäischen Menschenbildes her geprägt. Seine "Gesichtszüge" sind in der EMRK ebenso umrissen wie sie sich aus einer Gesamtschau der in Osteuropa auf der nationalen Ebene heranwachsenden Verfassungsstruktur in Austausch und Wertung ergeben. Der homo europaeus ist ein Werk von Kunst und Kultur – als "zweiter Schöpfung". Er ist nicht der "homo oeconomicus".

Jedenfalls steht die Wirtschaft im Dienste eines menschenwürdigen Europa als Kultur. Allmacht des Marktes ist weder vom nationalen Verfassungsstaat her noch europäisch erträglich (Staat und Markt sollten um ein einander "komplementäres" Verhältnis ringen!), ein "Euro-Marktstaat" bleibt ein Horror-Bild, auch wenn die Einführung des "Euro" Europa dienen kann, sofern die politische Union nachzieht[930] und die Vielfalt der Kultur bleibt. Darum sollte man sich auch weigern, den Begriff "Markt" auf alle Lebensbereiche anzuwenden – obwohl die FAZ den "Kunst-Markt" wöchentlich einmal salonfähig gemacht hat. Der Markt kann auf *Teil*gebieten Schrittmacher sein, "Quellgebiet" alles Menschlichen aber ist die Kultur. Die wirtschaftliche Globalisierung mag ja unvermeidlich sein, die kulturelle wäre aber eine Katastrophe (*M. Druon*). Jedenfalls fällt es mir schwer, von einem "Markt der Kulturen" zu sprechen[931]. Ein Testfall für all dies wird der Streit um die deutsch-österreichische Buchpreisbindung; sie sollte ein Instrument der Kulturförderung bleiben und qualifiziert das Buch als Kulturgut, nicht als

---

930 BVerfGE 97, 350; aus der Lit. nur: *I. Pernice*, Das Ende der währungspolitischen Souveränität Deutschlands und das Maastricht-Urteil des BVerfG, FS Everling, Bd. 2, 1995, S. 1057 ff.; *G. Meier*, Die Europäische Währungsunion als Stabilitätsgemeinschaft und das Grundgesetz, NJW 1996, S. 1027 ff.; *P.J. Tettinger*, Das Schicksal der Deutschen Mark, FS Stern, 1997, S. 1365 ff.; *H. Kortz*, Die Entscheidung über den Übergang in die Endstufe der Wirtschafts- und Währungsunion, 1996; s. auch *P.-C. Müller-Graff*, Die wettbewerbsorientierte Marktwirtschaft als gemeineuropäisches Verfassungsprinzip?, EuR 1997, S. 433 ff.; *M. Seidel*, Braucht die Europäische Union eine einheitliche Währung?, in: L. Krämer u.a. (Hrsg.), Recht und diffuse Interessen in der Europäischen Rechtsordnung, 1997, S. 373 ff.; *S. Weinbörner*, Die Stellung der Europäischen Zentralbank und der nationalen Zentralbanken in der Wirtschafts- und Währungsunion nach dem Vertrag von Maastricht, 1998.

931 S. aber *C. Landfried*, Ein Markt der Kulturen böte vielen Ländern Platz. Warum die Türkei in die EU aufgenommen werden sollte, in: Die Zeit vom 26. Dez. 1997, S. 8. Anregend: *J. Beckert*, Grenzen des Marktes, 1997.

ökonomische Ware[932]. Der Kompromissvorschlag des EU-Wettbewerbskommissars (Stichwort: "Kulturell wertvolle Werke") ist grotesk.

"Europa", oft primär juristisch-technisch, oft nur historisch definiert, muss auf der Spur des hier entwickelten Ansatzes kulturell, weit, offen und nicht primär ökonomisch verstanden werden. Das "europäische Haus" ist eine gute Metapher, wenn man sich die Fülle des griechischen "oikos" vergegenwärtigt[933]. Der "Markt Europa" ist nur ein Teilaspekt, denn demokratisch-politische Ordnungen legitimieren sich nicht primär ökonomisch, sondern kulturell. Die soziale und ökologische Komponente harren der politischen und wissenschaftlichen Verstärkung (Stichwort "Europäischer Sozialstaat" bzw. "Umweltunion"). Der Mensch ist das Maß der Dinge, nicht die Wirtschaft und der Markt. So wichtig sie sind, sie bleiben ein *Mittel* zum Zweck des kulturell vielfältigen Europa als Haus mit vielen Zimmern und "Erkern", z.B. mit Blick nach Iberoamerika oder auf die USA und Kanada. Das europäische kulturelle Erbe *und* die nationale Identität der Einzelstaaten sind gemeint. Dabei gehört Osteuropa zu Europa, ebenso Russland ohne seine asiatischen Teile; wohl auch die Türkei, weil wir heute nicht mehr vom "christlichen Europa" ausgehen dürfen, sondern um einen "verfassungsstaatlichen Euro-Islam"[934] ringen müssen, der sich freilich seinerseits tolerant zu gerieren hat.

Vor allem ist Europa *Kultur*, das vom Menschen hier seit Jahrhunderten, oft in "Renaissancen", Geschaffene, und dies oft als "Mischkultur" auch in den einzelnen Nationen (Insofern ist die "europäische Identität" Teil der nationalen und umgekehrt![935]). Man denke an Palermos "Capella Palatina" oder die türkischen Elemente in der Musik des göttlichen *Mozart*. Vielleicht darf man sogar von "europäischem Kulturpatriotismus" sprechen. Hier ist auch der Ort von Europa als "Erziehungsziel". Der "Euregio-Lehrer" der Oberrheinkonferenz (1998) markiert einen Anfang[936]. Dieser vorsichtige europäische Kulturoptimismus steht gegen alle Positionen der Euroskeptiker, der Markteuropäer und Staatlichkeitsdenker. Kongenial ist ihm der gedämpfte wissenschaftliche bzw. Menschenbild-Optimismus, der auch auf die schrittweise mögliche Erfüllung verfassungsstaatlicher Reformbedürfnisse setzt.

---

932 Dazu *K.-H. Fezer*, Güter sind nicht gleich, Preisbindung schützt mehr als Bücher, FAZ vom 21. Febr. 1998, S. 31; *U. Everling*, Buchpreisbindung im deutschen Sprachraum und Europäisches Gemeinschaftsrecht, 1997.
933 Dazu *M. Stolleis*, Europa – seine historischen Wurzeln und seine künftige Verfassung, 1997, S. 28.- Aspekte der geistesgeschichtlichen Entwicklung des Begriffs "Europa" in: H. Timmermann (Hrsg.), Die Idee Europa in Geschichte, Politik und Wirtschaft, 1998, und J. Schlumberger/P. Segl (Hrsg.), Europa – aber was ist es?, 1994; aktuell: D. Dörr/M. Dreher (Hrsg.), Europa als Rechtsgemeinschaft, 1997.
934 S. dazu K.: Europäisches Religionsverfassungsrecht.
935 Dazu aus der Lit.: *F.R. Pfetsch*, Die Problematik der europäischen Identität, in: Aus Politik und Zeitgeschichte B 25-26/98 vom 12. Juni 1998, S. 3 ff.; *F. Rittner*, Wieviel Europa braucht Europa?, EuR 1998, S. 3 ff.; *M. Hilf*, Europäische Union und nationale Identität der Mitgliedstaaten, Ged.-Schrift für E. Grabitz, 1995, S. 157 ff.; *K. Doehring*, Die nationale Identität der Mitgliedstaaten der EU, FS Everling, 1995, S. 263 ff.; *H. Schauer*, Nationale und europäische Identität, Die unterschiedlichen Auffassungen in Deutschland, Frankreich und Großbritannien, in: Aus Politik und Zeitgeschichte B 10/97 vom 28. Febr. 1997, S. 3 ff. Zum ganzen Einleitung E. II.
936 Vgl. NZZ vom 11. Juni 1998, S. 15: Der "Euregio-Lehrer" kommt.

Diese Pluralität von Öffentlichkeit in Europa wird wohl so bleiben, weil sich in ihr das Europa der Bürger, Kommunen und Regionen wiederfindet. Kann man nach einem berühmten Wort von *J. Delors* den europäischen Binnen-Markt nicht "lieben", so sehr wohl die europäische Kultur. Das sauertöpfische Wort von Bundespräsident *G. Heinemann*, er liebe seine Frau, nicht die Verfassung, hilft uns zumal angesichts des "Verfassungspatriotismus" in Deutschland nicht weiter. Man wird sehen, ob uns Deutschen dauerhaft der Übergang vom "DM-Nationalismus", jenem schmerzenden, aber wohl auch wahren Wort von *J. Habermas*, zum geeinten Europa gelingt: mit seinen *vielen* Muttersprachen und der *einen* "Vatersprache" Europas als Rechts- und Kulturgemeinschaft.

Beteiligte sind Parteien, Verbände, Gewerkschaften und Unternehmen, Kirchen, Medien, und sie agieren, grundrechtlich gesichert, im Interessenwettstreit. Auch der hier vorgestellte "Markt"[937] ist ein solches gesellschaftlich-öffentliches Teilfeld – freilich nicht das Maß aller Dinge und schon gar nicht das Maß des Menschen! Im Verfassungsstaat steht das Öffentliche im Spannungsbogen der erwähnten "republikanischen Bereichstrias" zwischen Staat und Privat, aber es ist mehr als bloßes "Zwischenglied".

Jedenfalls sind die "Großen" bzw. "Goldenen Zeitalter" gewiss sowohl "kulturelles Erbe von europäischer Bedeutung" (Art. 151 Abs. 2 EGV)[938] als auch ein Stück nationale Identität (Art. 6 Abs. 3 EUV). Und eben darin manifestiert sich europäische Öffentlichkeit. Europa lässt sich nicht auf den wirtschaftlichen Markt reduzieren! Es gibt einen gesicherten Kunst- und Wissenschaftsdialog in Europa.

So gibt es zunehmend "Kultursponsoring", es bleiben aber auch die unverzichtbar vom Verfassungsstaat zu erbringenden bzw. zu vermittelnden Kulturleistungen: als "Grundversorgung". Zu Recht postuliert jetzt die "Erklärung von Paris" der Sozialistischen Internationale vom November 1999: "Wir verwechseln nicht Markt und Demokratie". Es gebe Güter, die außerhalb der Regeln der Marktwirtschaft zu schützen seien: Erziehung, Gesundheit, Kultur und Umwelt[939].

Das Europa als – verfassungsfähige – *Rechtsgemeinschaft*[940] ist so öffentlich wie Rechtsetzung, Rechtsfindung und -fortentwicklung öffentlich sind, die bekannten Demokratiedefizite freilich bleiben. Der Lebensbereich *Wirtschaft* ist ambivalent: Einer-

---

937 Aus der italienischen Lit. vgl. dazu noch: *L. Cassetti*, La cultura del mercato fra interpretazioni delle Costituzione e principi Comunitario, 1997.
938 Bemerkenswert *Hans Mayer*, Kulturschöpfung, Kulturzerstörung, FAZ-Beilage Bilder und Zeiten vom 8. März 1997, der "unseren Begriff des kulturellen Erbes" für eine geschichtliche Spätgeburt hält und ihn als "Erfindung der bürgerlichen Aufklärung aus der Spätzeit des 18. Jahrhunderts" definiert. Aus der juristischen Literatur: *A. Bleckmann*, Die Wahrung der "nationalen Identität" im Unionsvertrag, JZ 1997, S. 65 ff. S. auch Anm. 934.
939 Zit. nach FAZ vom 10. November 1999, S. 8.
940 Zur EU als Grundrechtsgemeinschaft auch schon vor der feierlichen Deklaration der EU-Grundrechte-Charta: *G. Hirsch*, Die Europäische Union als Grundrechtsgemeinschaft, Mélanges en hommage à F. Schockweiler, 1999, S. 177 ff.; *P. Selmer*, Die Gewährleistung des unabdingbaren Grundrechtsstandards durch den EuGH, 1998; *W. Pauly*, Strukturfragen des unionsrechtlichen Grundrechtsschutzes, EuR 1998, S. 242 ff.; *P. Funk-Rüffert*, Kooperation von Europäischem Gerichtshof und BVerfG im Bereich des Grundrechtsschutzes, 1999. Vgl. zum Ganzen oben "Gemeineuropäisches Grundrechte-Recht", Dritter Teil D.

seits ermöglicht er dank der Marktfreiheiten viel erlebbare Öffentlichkeit. Europas Einigung wurde stark vom Ökonomischen her befördert; andererseits ist Europa eine durch das Ökonomische und die globale Weltwirtschaft bedrohte *Kulturgemeinschaft*. Materialistisches und ökonomisches Effizienzdenken verfehlt und gefährdet das Inhaltliche am Öffentlichkeitsbegriff: seinen Bezug auf das "gemeinsame Erbe an geistigen Gütern", sein Bekenntnis, dass die europäischen Staaten vom "gleichen Geiste beseelt sind" (so die Präambel der EMRK von 1950!), seinen Entschluss, die "Solidarität" zwischen den Völkern "unter Achtung ihrer Geschichte, ihrer Kultur und ihrer Traditionen zu stärken" (so Präambel Maastricht-Vertrag von 1992). Europa lebt aus bestimmten inhaltlichen und prozessualen Grundwerten, die immer wieder – öffentlich – wiederholt, bestätigt und fortentwickelt werden müssen. Nur vor diesem Hintergrund ist der "homo europaeus" als solcher zu begreifen.

N. Das EU-Steuer- bzw. Finanzverfassungsrecht (Auswahl)

Vorbemerkung

Die Steuer- bzw. Finanzordnung gehört zu den klassischen Themen (bzw. meist Schlusskapiteln) jeder nationalen Verfassung und damit auch jeder nationalen Verfassungslehre. Die Frage ist, ob die Zeit für das Thema Steuerordnung als Teil der Finanzverfassung als Gegenstand der europäischen Verfassungslehre schon reif ist. Soweit es sich um eine Vergleichung der nationalen Beispiele handelt und es um die Suche nach gemeinsamen Standards zwischen ihnen geht, gewiss[941]. Indes ist fraglich, ob und wie die EU und ihre Steuer- bzw. Finanzordnung schon ebenso in die vorliegende europäische Verfassungslehre integriert werden könnten wie andere Themen, etwa der Rechtsstaat als "europäischer Rechtsstaat", die Demokratie als "europäische Demokratie", das "europäische Kultur- und Umweltverfassungsrecht"[942].

Die Finanz- und Steuerhoheit der Mitgliedsstaaten wird "im Grundsatz" als unangefochten fortbestehend angesehen (auch wegen des Grundsatzes der begrenzten Einzelermächtigung nach Art. 5 EUV, 5 Abs. 1 EGV), doch fällt schon prima facie auf, dass Art. 90 EGV mit seinem steuerlichen Diskriminierungsverbot und Art. 93 wegen seines Harmonisierungsgebots ein Stück Steuerverfassungsrecht der EU schaffen, ganz abgesehen von der EU-Finanzgewalt in Art. 268 bis 280 EGV. Wenn *T. Oppermann* sagt[943], über die Ausübung des nationalen parlamentarischen Budgetrechts blieben die Mitgliedstaaten "bis auf weiteres finanziell Herren der Gemeinschaft", so fragt sich, ob diese schon klassische Herrenideologie in der Zukunft noch fortleben kann, wo sie doch für die EU im Übrigen abzulehnen ist. Sind ausgerechnet die Finanzen das letzte Reser-

---

941 Aus der *europarechtlichen* Lit.: *T. Oppermann*, Europarecht, 2. Aufl. 1999, S. 307 ff.; *C. Stumpf*, Art. 90 EGV, in: J. Schwarze (Hrsg.), EU-Kommentar, 2000.
942 Erinnert sei auch daran, dass eine bessere Abstimmung auf den Feldern der Finanz-, Wirtschafts- und Strukturpolitik, für die es keine unmittelbare EU-Zuständigkeit gibt, ein immer wichtigeres Anliegen der nationalen Politiken wird.
943 AaO., S. 308.

vat einer im Übrigen überholten "Herrenideologie"? oder wie kann diese Kompetenz der Mitgliedsstaaten in das Bild der EU als Verfassungsgemeinschaft konsistent eingeordnet werden?

Im Folgenden sei sozusagen "auf Vorrat" für die weiter in Zukunft wachsende "Verfassungsgemeinschaft" EU zunächst der nationale Bestand an Steuerverfassungsrecht gesichtet, ehe gefragt wird, ob und wie europa- bzw. verfassungstheoretisch mit "Steuern und Finanzen", "Währung und Haushalt" umzugehen ist (Stichworte: substanzielle Relativierung des Staatselements "Hoheit" durch den EURO, "europäischer Gesellschaftsvertrag" als unverzichtbare Basis für den Umgang mit den Finanzen: "no European taxation without European representation").

I. Das nationale Steuerverfassungsrecht im Textstufenvergleich

1. Elemente einer Bestandsaufnahme (Auswahl)

a) Die Schweiz

Die Schweiz ist für eine sensible Textstufenanalyse in Sachen nationalen Steuerverfassungsrechts besonders ergiebig. Sie hat nach und nach viele Prinzipien und Textvarianten entwickelt, die höchst kreativ als Problemlösungsmaterial auf der Ebene der Verfassungslehre bereit liegen und mehr als nur "anregend" sind. Beginnen wir mit den *Kantonsverfassungen*[944], die zeigen, wie sehr der Föderalismus in fast allen Grundsatzthemen des Verfassungsrechts einer "Werkstatt" gleicht.

In Sachen *"Besteuerungsgrundsätze"* findet sich das im Vergleich wohl ausgereifteste Modell in § 119 KV Aargau (1980):

"(1) Bei der Ausgestaltung der Steuern sind die Grundsätze der Solidarität und der Leistungsfähigkeit der Steuerpflichtigen zu beachten".

(2) Die Steuern sind so zu bemessen, dass die gesamte Belastung der Steuerpflichtigen mit Abgaben nach sozialen Grundsätzen tragbar ist, die Leistungsfähigkeit der Wirtschaft nicht überfordert, der Wille zur Einkommens- und Vermögenserzielung nicht geschwächt und die Selbstvorsorge gefördert wird.

(3) Steuerhinterziehung und Widerstände gegen die Steuererhebung sind wirksam zu ahnden".

Diese kluge Mischung verschiedener Prinzipien ist zu einem oft ganz oder teilweise nachgeahmten "Leit-Artikel" geworden, was umso bemerkenswerter ist, als in der Schweizer halbdirekten Demokratie alle Total- und Teilrevisionen sowie die Steuergesetzgebung selbst vor das Volk kommen. Zunächst wirkte das Steuerverfassungsrecht von Aargau auf die Totalrevision in Basel-Landschaft (1984). Dem dortigen §133 ("Grundsätze der Steuererhebung") gelingen sogar noch einige Verfeinerungen. So sind als Grundsätze u.a. zusätzlich genannt: die "Erhaltung des Leistungswillens des einzel-

---

944 Die folgenden Texte sind zitiert nach der Dokumentation in JöR 34 (1985), S. 424 ff., fortgeführt in JöR 47 (1999), S. 171 ff. – Neue Texte: Art. 122 – 129 KV Zürich (2004).

nen", die "Schranken der Eigennutzungsgarantie und die Gesamtbelastung der Steuerpflichtigen mit Abgaben", die "Auswirkung auf Wirtschaftsablauf und Wettbewerbsverhältnisse", die "Gleichbehandlung juristischer Personen ungeachtet ihrer Rechtsform". Neuartig sind die (verfassungsbezogenen) Richtpunkte steuerlicher Begünstigung wie "die Familie sowie Personen mit Unterstützungspflichten", die Selbstvorsorge, namentlich eine "angemessene Vermögensbildung" und das "selbstgenutzte Wohnungseigentum". Schon eine erste Analyse dieser höchst schöpferischen Verfassungstexte gibt der vergleichenden Dogmatik manche Hilfestellung: etwa in Sachen normative Kraft der Eigentumsgarantie gegenüber dem Steuergesetzgeber, die steuerlichen Förderungsaufträge gegenüber der Familie, das Prinzip der Begünstigung angemessener Vermögensbildung und der Förderung des selbstgesetzten Wohnungseigentums: wenn man will "leistungsstaatlicher" Elemente im Blick auf Privateigentum und Wohnungseigentum[945].

Die beiden Normensembles in den Kantonsverfassungen von Aargau und Basel-Landschaft haben in der Schweiz "Schule gemacht". So ähnelt Art. 60 der späteren Verf. Uri (1984) diesen Vorbildern ebenso wie Art. 133 KV Solothurn (1986), dem freilich insofern eine Verfeinerung glückt als dort gesagt ist (Abs. 3): "Bei der Besteuerung von Einkommen und Vermögen sind die Grundsätze einer angemessenen Progression anzuwenden" – und sogar der Zeitfaktor in dem Gebot berücksichtigt ist: "Die kalte Progression ist periodisch auszugleichen" – womit ein steuerwissenschaftlicher Begriff in eine (wohl bislang einzigartige) neue Textstufe eingegangen ist. Der Katalog von Steuererleichterungen (Art. 134) ist insofern gegenüber den erwähnten älteren Vorbildern angereichert worden als auch die "berufliche Weiterbildung und Umschulung" erwähnt wird (lit. e). Auch die Kantonsverfassung Bern (1993) trägt viel zu einem *gemeinschweizerischen* Bestand an Besteuerungsgrundsätzen bei (Art. 104), wobei (in Absatz 3) genau verlangt wird, "dass die Sozialleistungen sowie die Anstrengungen zur Sicherung der Vollbeschäftigung berücksichtigt werden". Einmal mehr zeigt sich, wie sehr sich das Steuerverfassungsrecht in das Ganze einer Verfassung, hier ihrer "Sozialziele" bzw. Staatsaufgaben einordnet, allgemein auch in ihre Grundrechtspolitik ("angemessene Vermögensbildung" bzw. "Wohnungseigentumsförderung"). Einmal mehr bestätigt sich die These, dass in den sich fortschreibenden Verfassungstexten, vergleichend betrachtet, viel Problemlösungsmaterial gespeichert ist, das die (national introvertierte) Wissenschaft und Judikatur nur zu gerne übersieht[946].

Neueste Kantonsverfassungen wie etwa Appenzell A. Rh. (1995) mögen zwar nur einzelne der genannten Grundsätze rezipieren (Art. 98 Abs. 3: Grundsätze der Rechtsgleichheit und wirtschaftlichen Leistungsfähigkeit); andere mögen sich des Themas sogar ganz enthalten (so KV Tessin von 1997). Dennoch ist in der Schweiz Bahnbrechendes in Sachen Steuerverfassungsrecht, insonderheit Besteuerungsgrundsätze

---

945 Zu diesem Grundrechtsverständnis mein Koreferat Grundrechte im Leistungsstaat, VVDStRL 30 (1972), S. 43 ff.
946 Zu diesem Ansatz meine Verfassungslehre als Kulturwissenschaft, 2. Aufl. 1998, S. 342 ff. und öfters.

geglückt[947]. Dass das Thema Steuerpflicht als Grundpflicht spärlicher behandelt ist, sei angemerkt (vgl. etwa Art. 122 KV Jura von 1977): "Devoir fiscal: Les contribuables participent solidairement, selon leur capacité economique, aux charges de l'Etat et des communes"; s. auch Art. 51 KV Glarus von 1988: "Steuerpflicht: Alle Steuerpflichtigen haben nach ihren Mitteln und ihrer wirtschaftlichen Leistungsfähigkeit die Staats- und Gemeindelasten zu tragen"). Besonders betont sei aber der in Deutschland so schwer vermittelbare Gedanke vom Zusammenhang von *Staatsaufgaben und Steuern*. Schon Art. 121 KV Jura (1977) formuliert ihn prägnant in den Worten: "L'Etat et les communes perçoivent les impôts et autres contributions publiques nécessaires à l'execution de leures tâches", oder noch schlichter: § 85 Abs. 1 KV Thurgau (1987): "Der Kanton erhebt Steuern zur Erfüllung seiner Aufgaben".

Zuletzt ein Blick auf die *Bundesebene*: Die alte Bundesverfassung (Stand 1994) kannte zwei umfangreiche Steuer-Artikel (Art. 41 bis und 41 ter); sie sorgte sich auch um eine "Harmonisierung der direkten Steuern" (Art. 42 quinquies), wobei eine Grundsatzgesetzgebung des Bundes für die Kantone und Gemeinden in Sachen Steuerprüfpflicht, Gegenstand, zeitliche Bemessung der Steuern etc. genannt ist. Inhaltliche Besteuerungsgrundsätze finden sich nicht. Auch der Verfassungsentwurf 1977[948] schweigt sich insoweit aus.

Die neue Bundesverfassung vom 18. Dezember 1998, die als "Nachführung" ein Stück Transparenz der Verfassungswirklichkeit schaffen will, bringt hier Fortschritte. Art. 127 Abs. 2 lautet:

> "Soweit es die Art der Steuer zulässt, sind dabei insbesondere die Grundsätze der Allgemeinheit und der Gleichmäßigkeit der Besteuerung sowie der Grundsatz der Besteuerung nach der wirtschaftlichen Leistungsfähigkeit zu beachten."

Im Übrigen sind detaillierte Direktiven zur Steuerharmonisierung (Art. 129) und Artikel zu den verschiedenen Steuern normiert, von den direkten Steuern (Art. 128) über die Mehrwertsteuer (Art. 130) bis zu "besonderen Verbrauchssteuern" (Art. 131). Schon der Entwurf 1995[949] hatte sich mit dem Steuerverfassungsrecht beschäftigt (bemerkenswert Art. 107 Abs. 2 mit dem Gebot, die Folgen der "kalten Progression" periodisch auszugleichen; s. auch Art. 119 Abs. 2 Entwurf 1996[950]).

---

947 Auch eine Reihe inoffizieler bzw. für die Schweiz so typischer „Privatentwürfe" normiert Besteuerungsgrundsätze, vgl. etwa Art. 125 Privatentwurf *T. Jaag/A. Kölz* für Zürich (1993), zit. nach JöR 47 (1999), S. 239 ff., und Art. 130 VE EVP Zürich (1993), zit. ebd. S. 239 ff. – Art. 131 des VE der Grünen für Zürich (1994), zit. ebd. S. 268 ff., erweitert den Katalog der Begünstigungsaufträge – in sich konsequent – um den Tatbestand „Gewährung von finanziellen Anreizen für nachhaltiges und ökologisches Verhalten".
948 Zit. nach JöR 34 (1985), S. 536 ff.
949 Zit. nach JöR 47 (1999), S. 349 ff.
950 Zit. nach JöR, ebd., S. 372 ff.

b) Die osteuropäischen Reformstaaten

Ein Blick auf die *osteuropäischen Reformstaaten*. Welche Teile des Steuerrechts haben sie in welchen Textvarianten konstitutionalisiert? Haben sie nur westliche Themen rezipiert oder auch schon Eigenes geschaffen? So eng die Produktions- und Rezeptionsgemeinschaft der Verfassungsstaaten nach 1989 geworden ist[951], es fällt auf, dass die neuen Verfassungsstaaten in Osteuropa nur sehr punktuell auf das Problem Steuer schon in ihren Verfassungsurkunden eingehen. Immerhin finden sich einige bemerkenswerte Regelungen und Entwicklungen. Im Einzelnen:

Beginnen wir mit Polens langem Weg zu einer neuen Verfassung[952]: Ein früher Verfassungsentwurf des Seym (1991) ordnet die Steuerpflicht immerhin den Grundpflichten zu (Art. 36); ein Verfassungsentwurf des Senats (1991) lässt sie als Teilaspekt der Verpflichtung, zum Gemeinwohl einen Beitrag zu leisten, erscheinen (Art. 47). Die Verfassung von 1997 integriert die Steuerpflicht in die "responsibilities and duties". Während Art. 60 Verf. Bulgarien (1991) die Steuerpflicht nur erwähnt, verlangt Art. 53 Abs. 2 Verf. Rumänien (1991) immerhin Steuergerechtigkeit ("juste répartition des charges fiscales"). Sehr blass bleibt der steuerverfassungsrechtliche Artikel 33 Verf. Mazedonien (1991), auch Art. 52 Verf. Serbien (1990) und Art. 39 Verf. Turkmenistan (1992) sowie Art. 51 Verf. Usbekistan (1992).

Bemerkenswert ist die Entwicklung der Verfassungstexte in Russland[953]. Der frühe Verfassungsentwurf von 1993 stellt einen vortrefflichen Zusammenhang zwischen Steuerpflicht und Staatsaufgaben her ("The payment of taxes ... is the duty and obligation of citizens and their associations in order to defray the state's expenditure on defense, social needs, and other state needs"). Auch wenn diese Textstufe in anderen bzw. späteren Entwürfen wieder "verloren" geht, einmal in der Welt, bleibt er ein unvergeßlicher Fingerzeig für die Verfassungspolitik und Dogmatik in Sachen Steuern. Die Verfassung Russlands von 1993 kommt zwar auf diese Idee nicht zurück, sie steuert aber etwas Eigenes zu anderen Themen bei: eine Textvariante zur Rückwirkung von neuen oder neu belastenden Steuern, die sie ausschließt (Art. 57).

Während eine Reihe anderer Verfassungen Osteuropas wenig einfallsreich sind und meist nur an die Steuerpflicht denken (z.B. Art. 54 Verfassungsentwurf Moldawien von 1993, Art. 17 Verf. Mongolei von 1992 sowie Art. 73 Verf. Asserbeidschan von 1996 und Art. 35 Verf. Kasachstan von 1996)[954], verdient die Entwicklung der Steuer-Artikel in der Ukraine besondere Aufmerksamkeit[955]. Art. 74 Verfassungsentwurf 1992 legt die Steuerpflicht fest: "in accordance with principles of equal and progressive taxation", im späteren Verfassungsentwurf desselben Jahres gehen diese materiellen Prinzipien verloren (Art. 62), ebenso in Art. 63 Verfassungsentwurf 1993, der ebenfalls sich mit der

---

951 Dazu meine Analyse: Verfassungsentwicklungen in Osteuropa – aus der Sicht der Rechtsphilosophie und der Verfassungslehre, AöR 117 (1992), S. 169 ff.
952 Vgl. die Dokumentation in JöR 43 (1995), S. 184 ff.
953 Zit. nach JöR 45 (1997), S. 310 ff.
954 Zit. nach JöR 46 (1998), S. 354 ff. bzw. 433 ff. und 448 ff., sowie JöR 47 (1999), S. 634 ff. (Kasachstan).
955 Zit. nach JöR 46 (1998), S. 124 ff.

bloßen Gesetzmäßigkeit dieser Grundpflicht begnügt. In Art. 67 Abs. 2 der Verf. von 1996 wird dem aber eine neue Konnexpflicht hinzugefügt (die jährliche Steuererklärungspflicht!). Wieder einmal zeigt sich, dass selbst im Entstehungsprozess einer konkreten Verfassung wechselt, was der Verfassunggeber für so wichtig hält, dass er es in den Rang der formellen Verfassung hebt. Nimmt man aber in Raum und Zeit vergleichend alle (geschriebenen) Steuerrechtsprinzipien zusammen, so hat man ein Ensemble der Steuerproblematik im Verfassungsstaat der heutigen Entwicklungsstufe.

c) Westeuropa

Zurück nach *Westeuropa*: Art. 73 Abs. 1 Verf. Türkei (1982)[956] schreibt das Leistungsfähigkeitsprinzip fest. Wenn Absatz 2 sagt: "Das soziale Ziel der Finanzpolitik ist die gerechte und ausgewogene Verteilung der Steuerlast", so zeichnet sich darin – programmatisch – das Prinzip des Sozialstaates und der Steuergerechtigkeit ab, was dem Gesamten der Verfassung entspricht (vgl. nur Art. 2: "sozialer Rechtsstaat, Gerechtigkeit").

Die beiden iberischen Länder Portugal und Spanien nehmen sich des Steuerverfassungsrechts sehr grundsätzlich an. Verf. Portugal (1976/1992)[957] normiert die Ziele des Steuersystems ("Befriedigung des Finanzbedarfs und gerechte Einkommens- und Vermögensverteilung": Art. 106 Abs. 1), sie präzisiert den Gesetzesvorbehalt (Abs. 2 und 3) und sie umschreibt die Einkommensteuer (Art. 107 Abs. 1: "ist einheitlich und progressiv und berücksichtigt die Bedürfnisse und Einkünfte der zum Haushalt gehörenden Personen"). Das Programm der Erbschafts- und Schenkungssteuer ist ebenfalls bestimmt (Abs. 3 ebd.: "dergestalt progressiv, dass sie zur Gleichheit unter den Bürgern beiträgt"). Abs. 4 ebd. formuliert Leitziele für die Besteuerung des Konsums (z.B. "soziale Gerechtigkeit" und Besteuerung von Luxusgütern).

Verf. Spanien (1978/92) regelt ebenfalls Teilaspekte eines umfassenden Steuerverfassungsrechts. Im Abschnitt "Rechte und Pflichten der Bürger" findet sich die Grundpflicht samt materiellen Besteuerungsgrundsätzen (Art. 31 Abs. 1: "gemäß ihren wirtschaftlichen Möglichkeiten und mittels einer gerechten und auf den Grundsätzen der Gleichheit und der Progression beruhenden Steuersystems, das in keinem Fall konfiskatorischen Charakter haben darf"). In Absatz 3 ist der Gesetzesvorbehalt normiert, im Abschnitt "Wirtschaft und Finanzwesen" wird gesagt (Art. 134 Abs. 7): "Das Haushaltsgesetz kann keine neuen Steuern festlegen. Es kann Steuern modifizieren, wenn ein materielles Steuergesetz das vorsieht."

Andere Mitgliedsländer der EU beharren meist auf dem Gesetzesvorbehalt (z.B. Art. 78 Abs. 1 Verf. Griechenland von 1975; s. auch Art. 99 Abs. 1 Verf. Luxemburg von 1968/96), sie formulieren ein Rückwirkungsverbot (Art. 78 Abs. 2 Verf. Griechenland), denken aber auch an die Besteuerung der "Wertsteigerungen benachbarter Privatgrundstücke" (Art. 78 Abs. 4 S. 2 ebd.), verlangen ein "progressives Steuersystem" (Art. 53

---

956 Zit. nach JöR 32 (1983), S. 552 ff.
957 Aus der Lit: *A.P. Dourado/R. Prokisch*, Das steuerrechtliche Legalitätsprinzip in Portugal und Deutschland, JöR 47 (1999), S. 35 ff.

Abs. 1 Verf. Italien von 1947; sie will überdies die Spartätigkeit ermutigt wissen, Art. 47 Abs. 1 ebd.). § 61 Finnische Regierungsform 1919/95 verbindet die Regelung des Gesetzesvorbehalts mit der Forderung nach Aussagen über den "Rechtsschutz des Steuerpflichtigen". Eine ungewöhnlich detaillierte Regelung des Rückwirkungsproblems findet sich in § 10 Abs. 2 Verf. Schweden von 1975/1980.

Auffällig im guten Sinne ist Verf. Island (1944/1968)[958]. Ihr § 64 Abs. 2 formuliert einen Grundsatz, den in Deutschland erst das BVerfG (E 19, 268 (273) erarbeiten musste: "Niemand ist verpflichtet, an eine religiöse Gemeinschaft, die seiner Überzeugung nicht entspricht, Steuern zu zahlen".

Frankreich, das so viele Grundlagen des Typus Verfassungsstaat geschaffen hat, sei in einigen "Urtexten" befragt. Art. 13 der Erklärung von 1789 sieht für den Unterhalt der Streitmacht und die Aufgaben der Verwaltung vor: "une contribution commune est indispensable; elle doit être également repartie entre tous les citoyens, en raison de leurs facultés"[959]. Die Verfassung von 1791 regelt die "contributions publiques" überdies in einem eigenen Teil V. In Art. 20 Verf. von 1793 wird gesagt: "Nulle contribution ne peut être établie que pour l'utilité générale. Tous les citoyens ont le droit de concourir à l'établissement de contributions, d'en surveiller l'èmploi, et de s'en faire rendre compte". Eine Variante zu diesen Grundgedanken findet sich in Art. 16 Verf. 1795: "toute contribution est établie por l'utilité générale; elle doit être répartie entre les contribuables, en raison de leurs facultés". In der Acte Additionnel von 1815 findet sich ein eigener Titel III über "De la loi de l'impôt", u.a. mit der Unterscheidung zwischen direkten und indirekten Steuern. In der Verf. von 1830 rückt die Steuerpflicht sogar in den Art. 2 vor: ("indistinctment, dans la proportion de leur fortune"). In der Verf. von 1848 wird die causa der Steuer definiert ("pour l'utilité commune": Art. 15); auch das Prinzip "en proportion de ses facultés et de sa fortune". Art. 16 formuliert den Gesetzesvorbehalt. Art. 17 erlaubt die direkte Steuer nur für ein Jahr, die indirekten für mehrere Jahre.

Wertet man die Entwicklungsgeschichte des französischen Steuerverfassungsrechts, so fällt auf, wie sich Stück für Stück die einzelnen Grundsätze herausgebildet haben, sie aber auch variiert worden sind. Dass das Steuerverfassungsrecht diesen hohen Stellenwert im Gesamtgefüge des Verfassungsstaates gewonnen hat, ist bleibende Erkenntnis.

---

958 Zit. nach P.C. Mayer-Tasch (Hrsg.), Die Verfassungen Europas, 2. Aufl. 1975.
959 Texte zit. nach J. Godechot (Hrsg.), Les Constitutions de la France depuis 1789, 1979. Zu Art. 13 der Erklärung von 1789 auch BVerfGE 84, 239 (269).

d) Deutschland

Erst zuletzt seien die Textvarianten in *Deutschland* aufgelistet. Das GG regelt zwar Grundsatzfragen wie Gesetzgebungshoheit, Verwaltungs- und Ertragshoheit in Sachen Steuern, doch statuiert es weder eine Grundpflicht von jedermann, noch materielle Besteuerungsgrundsätze – ein Grund mehr für das BVerfG, selbst kräftig materielles Steuerverfassungsrecht zu schaffen (z.B. E 82, 60, 198; 84, 239; 93, 121, 165; 96, 1; 98, 106; 110, 412 (433 ff.)).

Ergiebiger wird ein Blick in die Landesverfassungen nach 1945. In den ostdeutschen Länderverfassungen findet sich ein in anderen Staaten, vor allem in der Schweiz, unbekanntes Verbot von Volksentscheiden über Abgabengesetze (Art. 59 Abs. 4 Verf. Mecklenburg-Vorpommern (1947)[960], ebenso Art. 59 Abs. 5 Verf. Sachsen (1947), Art. 38 Abs. 4 Verf. Thüringen (1946)). Gelegentlich ist der Gesetzesvorbehalt für Steuern und Abgaben ausdrücklich formuliert (Art. 53 Verf. Mark Brandenburg von 1947, Art. 81 Verf. Mecklenburg-Vorpommern, Art. 83 Abs. 1 Verf. Sachsen). Vereinzelt findet sich aber auch eine bemerkenswerte Gesamtkonzeption der einzelnen Steuern. So sagt Art. 84 Verf. Sachsen:

> "(1) Vermögens-, Einkommens- und Verbrauchersteuern sind in einem angemessenen Verhältnis zueinander zu halten und nach sozialen Gesichtspunkten zu staffeln. Hierbei ist die Leistungsfähigkeit einerseits und die Aufrechterhaltung einer mittleren Lebenshaltung andererseits zu berücksichtigen
>
> (2) Durch eine starke Staffelung der Erbschaftssteuer soll eine volksschädliche Kapitalanhäufung verhindert werden."

Fast gleichlautend waren Art. 68 Verf. Thüringen und Art. 82 Verf. Mecklenburg-Vorpommern.

Unter den westdeutschen Länderverfassungen zeichnet sich Bayern (1946) besonders aus. Art. 123 normiert die Grundpflicht ("alle sind im Verhältnis ihres Einkommens und Vermögens und unter Berücksichtigung ihrer Unterhaltspflicht zu den öffentlichen Lasten heranzuziehen"), verlangt ein "angemessenes Verhältnis" zwischen Verbrauchs- und Besitzsteuern und sieht den Zweck der Erbschaftssteuer "auch" darin, die "Ansammlung von Riesenvermögen in den Händen einzelner zu verhindern". Art. 70 Abs. 2 Verf. Bremen (1947) nimmt u.a. die Steuern vom Volksentscheid aus; Art. 68 Abs. 1 S. 3 Verf. Nordrhein-Westfalen (1950) schließt entsprechende Volksbegehren aus (ähnlich Art. 99 Abs. 1 S. 3 Verf. Saarland (1947/1993), Art. 81 Abs. 1 S. 3 Verf. Sachsen-Anhalt (1992)).

Eine Fundgrube für Steuerverfassungsrecht stellen die drei alten süddeutschen Länderverfassungen unter einem besonderen Aspekt dar: Sie dekretieren: "Jedem Staatsbürger und seinen versorgungsberechtigten Angehörigen ist ein steuerfreies Mindesteinkommen zu belassen" (so Art. 103 Verf. Württemberg-Baden von 1946, Art. 106 Verf. Baden von 1947). Wenn Art. 15 Abs. 1 S. 3 Verf. Württemberg-Hohenzollern (1947) sagt: "Durch Arbeit und Sparsamkeit erworbenes Vermögen wird besonders ge-

---

[960] Zit. nach B. Dennewitz (Hrsg.), Die Verfassungen der modernen Staaten, 2. Band 1948.

schützt" (ebenso Art. 8 Abs. 2 Verf. Württemberg-Baden), so richtet sich dies auch an den Steuergesetzgeber. Art. 15 Abs. 2 Verf. Baden sagt dies sogar ausdrücklich in einem Zusatz ("insbesondere bei der Besteuerung"). Der Grundsatz von Steuerfreiheit von Mindesteinkommen hätte dem BVerfG in einer einschlägigen Judikatur (E 82, 60; 87, 153) mehr als nur (innerdeutsch) rechtsvergleichendes Material sein können!

Ein Blick auf die Landesverfassungen der *Weimarer Zeit*[961] erweist sich in einem Punkt als ergiebig: Fast alle nehmen Gesetze über Steuern und Abgaben grundsätzlich von der Volksabstimmung aus (vgl. § 23 Verf. Baden von 1919, § 77 Verf. Bayern von 1919, Art. 41 Verf. Braunschweig von 1922, Art. 58 Verf. Hamburg von 1920, § 46 Verf. Mecklenburg-Schwerin von 1920, Art. 6 Verf. Preußen von 1920). Art. 134 WRV (1919) hatte zuvor den Pionierartikel geschaffen: "Alle Staatsbürger ohne Unterschied tragen im Verhältnis ihrer Mittel zu allen öffentlichen Lasten nach Maßgabe der Gesetze bei."

Nur als Merkposten seien die Stichworte in Erinnerung gerufen, die das Thema Steuern im deutschen Verfassungsrecht des *19. Jahrhunderts* kennzeichnen: das Steuerbewilligungsrecht der Stände (z.B. VII §§ 5, 7, 9 Verf. Bayern von 1818)[962] und die Garantie der Auswanderungsfreiheit "ohne Bezahlung einer Nachsteuer" (vgl. § 32 Verf. Königreich Württemberg) und Vorformen des Gesetzesvorbehalts (z.B. § 37 Verf. Sachsen von 1831; Art. 99 preußische oktroyierte Verf. von 1848). In § 39 Verf. Sachsen findet sich sogar ein harmonisierendes Gesamtkonzept: "Es soll ein neues Abgabensystem festgestellt werden, wobei die Gegenstände der direkten und indirekten Besteuerung nach möglichst richtigem Verhältnis werden zur Mitleidenschaft gezogen" – eine Vorform späterer Regelungen, z.B. in Bayern (1946).

2. Ein typologischer Problemkatalog

Schon aus der in Raum und Zeit vergleichenden Textstufenanalyse lässt sich als Zwischenbilanz ein typologischer Problemkatalog herausfiltern[963], der – bei allen nationalen Varianten – für das materielle Steuerverfassungsrecht im Verfassungsstaat der heutigen Entwicklungsstufe charakteristisch ist:

a) Steuern als Problem der *Grundrechte und Grundpflichten*, dies in Gestalt der (allgemeinen) Steuerpflicht ("Abgabengleichheit"), jenes teils begrenzend (Gleichheit als Grundsatz), "letzter" Schutz durch die Eigentumsgarantie, bedingt auch durch das Erbrecht, andererseits aber auch Begrenzung des Eigentums und Erbrechts durch (gestaffelte) Steuer(progression), schließlich Schutz von Ehe und Familie im Steuerrecht, Förderung breiter Eigentumsstreuung; die

---

961 Zit. nach O. Ruthenberg (Hrsg.), Verfassungsgesetze des Deutschen Reichs und der deutschen Länder, 1926. – F. Wittreck (Hrsg.), Weimarer Landesverfassungen, 2004.
962 Zit. nach E.R. Huber (Hrsg.), Dokumente zur deutschen Verfassungsgeschichte, Bd. 1, 1961.
963 Einige treffende Aspekte finden sich auch bei *C. Waldhoff*, Verfassungsrechtliche Vorgaben für die Steuergesetzgebung, 1997, S. 217, der sich allenthalben auf das Textstufenparadigma des Verf. beruft (z.B. S. 307, 343).

Grundpflicht hängt mit der demokratischen (gleichen) Staatsbürgerschaft zusammen.

b) Steuern als Problem der *Demokratie* (gegenläufige Beispiele in der Schweiz einerseits, Stichwort: Referendumsdemokratie, in Deutschland andererseits: Steuern sind hier vom Referendum ausgenommen).

c) Besteuerung als Gegenstand des (demokratischen) *Gesetzesvorbehalts* einschließlich des Problems der Rückwirkung, mit der Variante des Steuerverfassungsvorbehalts[964].

d) Prinzip der Besteuerung nach (wirtschaftlicher) *"Leistungsfähigkeit"*[965] und die Formulierung ihrer Teilaspekte, auf den Gleichheitssatz bezogene, typisierende Gesetzesgeltung, typisierende Rechtsanwendung, Systemkonsequenz etc.

e) *Materielle Besteuerungssätze* wie (allgemeine) "soziale Gerechtigkeit", Staatsziele wie Sozialstaat, Schutz der Arbeit und Familie, Umweltschutz, Eigentumspolitik, worin auch der Zusammenhang zwischen Staatsaufgaben und Steuern partiell zum Ausdruck kommt.

f) Sonstige Verfassungsthemen wie harmonisches Gesamtkonzept der Einzelsteuern (wie Verbrauchs- und Besitzsteuern), Schutz der Glaubensfreiheit, Freistellung bestimmter (Kultur-)Einrichtungen von der Steuerpflicht, Verbot "kalter Progression", "Luxussteuer", Verbot der Doppelbesteuerung; Föderalismus und Regionalismus stellen besondere Fragen.

g) Dieser Problem- bzw. Regelungskatalog ist, der Eigenart des Verfassungsstaates gemäß, *offen*. In keiner Verfassung von heute sind gleichzeitig alle Steuerthemen normiert. M.a.W.: die konstitutionelle Regelungsthematik und -geschichte des Steuerrechts variiert in Raum und Zeit, je nach dem einzelnen Land, seiner Geschichte, seiner Befindlichkeit im ganzen. Wichtig ist nur die Erkenntnis, dass die Sache Steuern ein Element des materiellen Verfassungsrechts ist, auch wenn (wie auf GG-Ebene) das meiste nach und nach prätorisch vom Verfassungsgericht entwickelt worden ist. Gleichwohl mag es einen Idealtypus des möglichen Regelungsprogramms des Steuerverfassungsrechts geben. Die wissenschaftlich beratende Verfassungspolitik kann sich hieraus Anregungen holen. Auch wäre es von einem eigenen Reiz, das vom BVerfG nach und nach geschaffene materielle Steuerverfassungsrecht auf prägnante "kongeniale" Verfassungstexte zu bringen – Parallelen zu längst vorhandenen Texten wurden ja schon aufgedeckt (z.B. in Sachen Steuerfreiheit des Existenzminimums). Man hätte so ein Reservoir von Texten und Problemen.

h) Der Begriff *"Steuerstaat"* ist eine terminologische Verengung, die der Sache nicht gerecht wird. Steuern verweisen, schon textlich sichtbar, auf das Ganze der

---

964 Aus der Lit.: *L. Osterloh*, Gesetzesbindung und Typisierungsspielräume bei der Anwendung von Steuergesetzen, 1992. – Zu „Finanzgrenzen der Kompetenzordnung": *H. Kube*, 2004.

965 Aus der Lit.: *D. Birk*, Das Leistungsfähigkeitsprinzip als Maßstab der Steuernormen, 1983; *M. Jachmann*, Wider das Steuerchaos, 1998, S. 30 ff.; *dies.*, Leistungsfähigkeitsprinzip und Umverteilung, StuW 1998, S. 293 ff.

Verfassung, von der der Staat nur ein Teil ist. Sie greifen weit in das Gesellschaftliche hinüber. Die Verstrebung des Steuerrechts im *Ganzen* der Verfassung von den Grundrechten und Grundpflichten über die sog. Staatsziele bzw. Staatsaufgaben bis hin zu einzelnen Kompetenzen[966] verbietet es, wie bisher vom "Steuerstaat" zu sprechen[967]. Denn diesem etatistischen Begriff fehlt die Verfassungsorientierung. Das Steuerrecht wird immer stärker zu einem *Verfassungsthema par excellence*[968]. Seine Teilprinzipien erobern teils die Verfassung im formellen Sinne, insofern sie in die geschriebene Verfassungsurkunde Eingang finden: bald auf dem Weg der Verfassunggebung, bald in Gestalt von Verfassungsänderungen. Das Steuerrecht "wächst" aber auch in das Verfassungsrecht im materiellen Sinne hinein: Es wird zu einem Aspekt des für das politische Gemeinwesen "Wichtigen" bzw. "Grundlegenden". In Deutschland zeigt sich dies insofern als das BVerfG prätorisch ungeschriebene Prinzipien des Steuerrechts ausformuliert und in Gestalt "stiller" Verfassunggebung zu vielen Einzelheiten "als Gesetzgeber" ausformuliert, etwa zum "Halbteilungsgrundsatz"[969]. Anders gesagt: Die stagnierende, seit langem geforderte "große" Steuerreform wird als verdeckte Verfassungsreform vom BVerfG selbst ein Stück weit vorangetrieben. Der Vorwurf der Überschreitung der funktionellrechtlichen Grenzen im Verhältnis zum Gesetzgeber greift m.E. hier nicht: "judicial activism" ist dort am Platze, wo der parlamentarische Gesetzgeber sich lange Zeit hindurch verweigert bzw. unfähig zeigt, grundlegende Gerechtigkeitsprinzipien in seinem Steuerrecht durchzusetzen[970]. Darum war auch das Familienurteil des BVerfG von 1999 (E 99, 246) gerechtfertigt: Es durfte zum "Ersatzgesetzgeber" werden.

i) Das juristische Thema "Steuern im Verfassungsstaat" bedarf einer *interdisziplinären Ergänzung*, d.h. auch andere (Kultur-)Wissenschaften müssen die Probleme aufbereiten, etwa in Sachen "Schattenwirtschaft", Steuerhinterziehung (als "Kavaliersdelikt") und ihre Gründe, allgemein die "Steuermoral" als ein Stück "Ethik im Verfassungsstaat". Sie bedeutet auch, dass der Steuern einziehende Verfassungsstaat sparsam, solide und "wahr" mit Geld umgeht – die

---

966 Vgl. schon meinen Diskussionsbeitrag in: VVDStRL 39 (1981), S. 405 f. – Aus der Lit. zu den Staatsaufgaben: *J. Isensee*, Gemeinwohl und Staatsaufgaben im Verfassungsstaat, HdBStR Bd. III. 1988, § 57; *P. Häberle*, Verfassungsstaatliche Staatsaufgabenlehre, AöR 111 (1986), S. 595 ff.
967 Anders aber die Lit.: z.B. *J. Isensee*, Steuerstaat und Staatsform, FS Ipsen, 1977, S. 409 ff.; zu den "Entwicklungslinien" des Steuerstaates: *K. Vogel*, Der Finanz- und Steuerstaat, HdBStR Bd. I 1987, § 27, Rdn. 55 ff. Viele einschlägige Beiträge jetzt in FS Selmer, 2004.
968 Auf eine Weise ebenso *P. Kirchhof*, Die Steuer als Ausdruck der Staatsverfassung, FS Sendler, 1991, S. 65 ff.; *ders.*, Die Steuerrechtsordnung als Wertordnung, StuW 1996, S. 3 ff.; *ders.*, Die verfassungsrechtliche Rechtfertigung der Steuern, Symposium für K. Vogel, 1996, S. 27 ff., S. 32: "Die Steuer als Ausdruck einer freiheitlichen Staatsverfassung"; *M. Lehner*, Einkommensteuerrecht und Sozialhilferecht. Bausteine zu einem Verfassungsrecht des sozialen Rechtsstaates, 1993.
969 BVerfGE 93, 121; aus der Lit.: *H. Butzer*, Freiheitsrechtliche Grenzen der Steuer- und Sozialabgabenlast, 1999.
970 Dazu schon mein Votum beim Symposium "Steuern im Verfassungsstaat" für K. Vogel, 1996, S. 55 ff.; zustimmend *K. Vogel*, ebd. S. 62 f.

Rechnungshöfe[971] sind in diesem, über das Juristische hinausführenden Kontext zu sehen.

3. Perspektiven einer Verfassungstheorie des nationalen Steuerrechts

Im Folgenden seien Verfassungsperspektiven des nationalen Steuerrechts skizziert, die umso mehr zu überzeugen vermögen, als sie auf einer Bestandsaufnahme aufbauen und aus dem Verfassungs-, Gesetzes- und Rechtsprechungsmaterial "herauswachsen". Nachdem Materialien des positiven Rechts aus rechtsvergleichender Sicht aufbereitet worden sind, ist auch ein Forum geschaffen, das bei allen nationalen Varianten relativ allgemeine Aussagen zum Thema "Steuerrecht im Verfassungsstaat" treffen kann.

a) Das Modell des Gesellschaftsvertrags, fiktiv gedacht oder real praktiziert als "immer neues Sich-Vertragen und Sich-Ertragen aller" im politischen Gemeinwesen, liefert den Theorierahmen für den "Steuerbürger". Der Bürger zahlt Steuern letztlich als Äquivalent für die Erfüllung der auch ihm dienlichen Staatsaufgaben. Die innere Rechtfertigung der Steuerpflicht[972] liegt in diesem Ansatz. Die dogmatische bzw. rechtspraktische Definition der Steuer durch das Fehlen der "Gegenleistung" verdeckt den tiefen rechtsphilosophischen Zusammenhang zwischen allgemeiner Steuerpflicht und konkreten Staatsaufgaben.

b) Das auf den Verfassungsstaat der heutigen Entwicklungsstufe fortgedachte bzw. "fortgeschriebene" Modell des Gesellschaftsvertrages, von der Menschenwürde aus konzipiert, führt zu deren "organisatorischer Konsequenz": zur *Demokratie* – greifbar im Satz "No taxation without representation" und zu der Konsequenz "strikter Legalität"[973] bzw. Tatbestandsmäßigkeit[974]. Und sie ist es auch, die viele praktisch relevante Vorgaben gegenüber dem Steuerrecht macht: Neben der Geltung des Gleichheitssatzes i.S. der Gleichheit der Besteuerung ist es die Rolle der politischen Parteien (Art. 21 GG), die das Steuerrecht mit "dirigiert". Die begrenzte Abzugsfähigkeit der Spenden an Parteien um des Dienstes willen, den diese der Demokratie leisten, gehört z.B. hierher – freilich folgen aus dem Demokratieprinzip auch bestimmte Grenzen (vgl. BVerfG 85, 264 (314 ff.)).

Schließlich lassen sich die Theorie des Gesellschaftsvertrags bzw. das Demokratieprinzip auch für die *Grenzen der Staatsverschuldung* fruchtbar machen.[975]

---

971 Dazu *H. Schulze-Fielitz*, Kontrolle der Verwaltung durch Rechnungshöfe, VVDStRL 55 (1996), S. 231 ff.
972 Dazu schon *P. Häberle*, Verfassungslehre als Kulturwissenschaft, 2. Aufl. 1998, S. 715 (Anm. 371), 737.
973 BVerfGE 84, 239 (271).
974 Dazu BVerfGE 6, 55 (70); 74, 182 (199 f.); 84, 239 (268 ff.) mit historisch-rechtsvergleichender Argumentation (z.B. Hinweis auf Art. 13 der französischen Erklärung von 1789 und Art. 134 WRV).
975 Dazu aus einer Rechtsphilosophie der Zeit bzw. des Generationenvertrags: *P. Häberle*, Zeit und Verfassungskultur (1982), jetzt integriert in: *ders.*, Verfassungslehre, 2. Aufl. 1998, S. 93 ff., 602 ff.; *R. Wendt/M. Elicker*, Staatsverschuldung und intertemporäre Generationengerechtigkeit, DVBl 2001, S. 457 ff.

c) Das Demokratieprinzip verlangt aber auch Gestaltungsfreiheit für den parlamentarischen Steuergesetzgeber[976]. Innerhalb der Rahmenregelungen der Verfassung muss ein Spielraum bleiben. Darum bestehen Zweifel, ob der Topos "Widerspruchsfreiheit der Rechtsordnung" wie im Verpackungssteuerurteil des BVerfG[977] voreilig eingesetzt werden darf[978]. Denn der parlamentarische Prozess ist kein Logik-Seminar, er bleibt voller Widersprüche in Zeit und Raum, die aus den ureigenen Spannungen der politischen Parteien und der Notwendigkeit, zu *Kompromissen* zu finden, resultieren. Auch ist es eine Überforderung des Gesetzgebers, von ihm eine "Einheit" ex ante zu verlangen, die nicht einmal ein rechtsphilosophisches Seminar ex post erarbeiten kann!

d) Die Grundrechte des Steuerbürgers kommen in ihrer ganzen Komplexität ins Blickfeld. Sie wirken zunächst als *Grenzen* für den Steuergesetzgeber, man denke an die Menschenwürde[979] und den Gleichheitssatz (Steuergleichheit)[980]. Aber auch die Garantie des Privateigentums (Art. 14 GG)[981] zieht mindestens eine letzte Grenze (Stichwort: Erdrosselungssteuer[982], Halbteilungsgrundsatz[983]); schließlich folgen Grenzen aus der Garantie des Erbrechts[984], das freilich jüngst in Deutschland besonders stark strapaziert worden ist. Es ist aber nicht nur der grundrechtliche "status negativus", der die Kompetenzen des Steuergesetzgebers begrenzt[985]. Auch die übrigen Gehalte der mehrdimensional zu interpretierenden Grundrechte strukturieren das Steuerverfassungsrecht. So sind aus Art. 6 GG positive Förderungsaufträge mit Folgen für den Steuergesetzgeber herauszulesen[986].

e) Der gesellschaftsvertragstheoretische Ansatz lenkt den Blick nicht nur auf die Seite des Bürgers ("Steuerpflicht"), sondern auch auf dessen "Gegenüber": den Verfassungsstaat bzw. seine *Aufgaben und Ziele*. Konkret: Die Staatsziele und

---

976 Vgl. BVerfGE 13, 181 (202 f.); 74, 182 (200).
977 NJW 1998, S. 2341 (= BVerfGE 98, 83).
978 Aus der Lit.: *K. Fischer*, Die kommunale Verpackungssteuer und die Wiederspruchsfreiheit der Rechtsordnung – BVerfG, NJW 1998, S. 2341 und BVerwGE 96, 272, JuS 1998, S. 1096 ff. S. auch allgemein *D. Felix*, Einheit der Rechtsordnung, 1998; *K. Tipke*, Über die Einheit der Steuerrechtsordnung, FS Friauf, 1996, S. 741 ff.; *H. Sodan*, Das Prinzip der Widerspruchsfreiheit der Rechtsordnung, JZ 1999, S. 864 ff.
979 BVerfGE 82, 60 (85). – *T. Beyer*, Die Freiheitsrechte…als Kontrollmaßstäbe…, 2004.
980 Vgl. BVerfGE 97, 332 (346): "Steuergerechtigkeit im Sinne von Art. 3 Abs. 1 GG verlangt Gleichmäßigkeit der Besteuerung". S. schon E 74, 182 (200). Aus der Lit.: *L. Osterloh*, in: Sachs, Grundgesetz, 3. Aufl. 2003, Art. 3 Rdn. 134, 151 ff.; *R. Wernsmann*, Das gleichheitswidrige Steuergesetz, 2000. Vgl. zuletzt BVerfGE 110, 274 (291 ff.), 412 (431 ff.).
981 Aus der Lit.: *P. Kirchhof*, Besteuerung und Eigentum, VVDStRL 39 (1981), S. 213 ff.
982 BVerfGE 14, 221 (241); 82, 159 (190).
983 BVerfGE 93, 121. Dazu *H. Sendler*, Streitigkeiten über den Streit um den Halbteilungsgrundsatz, NJW 2000, S. 482 ff.
984 BVerfGE 93, 165.
985 Aus der Lit.: *G.F. Schuppert*, Verfassungsrechtliche Prüfungsmaßstäbe bei der verfassungsgerichtlichen Überprüfung von Steuergesetzen, FS Zeidler, Bd. 1, 1987, S. 691 ff.
986 Beispiele BVerfGE 6, 55 (71 ff.); 61, 319 (342 ff.); 82, 60 (86); 82, 198; 89, 346 (352 ff.); 93, 165 (174). Zuletzt E 108, 351 (363 ff.).

Staatsaufgaben sind inhaltliche Vorgaben für das Steuerrecht – bei aller Gestaltungsfreiheit des Steuergesetzgebers im Einzelnen. Das Staatsziel *sozialer Rechtsstaat* (vgl. die Besteuerungssätze in KV Basel-Land bzw. Aargau und Bern sowie BVerfG: "Sozialstaatsprinzip"[987]) wirkt hier ebenso prägend wie der *Rechtsstaat*[988], der *Umweltschutz* (Stichwort "ökologische Steuerreform", Besteuerung von Energie etc. – Argumentationshilfe gibt jetzt Art. 20 a GG[989]) und die (in vielen deutschen Ländern verbürgte) *Kulturstaatsklausel*[990]. Letzteres zeigt sich in der "besonderen" Behandlung von Spenden für kulturelle Zwecke. Soweit heute das Stiftungsrecht reformiert werden soll, liegt ihm letztlich die verfassungsstaatliche Begünstigung kultureller Zielsetzungen zugrunde. Ob in der Verfassung eine ausdrückliche quantitative Grenze (etwa Steuerhöchstsätze nach kalifornischem Vorbild[991]) eingeführt werden soll, erscheint fraglich.

Das verfassungstheoretische "Raster", das hier skizziert wird, hat auch einen praktischen Zweck: Es dient dazu, dem Bürger "pädagogisch" den "Ort" des weithin undurchschaubaren Steuerrechts verständlich zu machen. Und es kann vielleicht sogar eines Tages eine Handreichung für eine der Transparenz (Rechtssicherheit) und "Praktikabilität" dienende "große" Steuerreform sein.

II. Ein europäischer Theorierahmen für die EU

Er kann nur stichwortartig angedeutet werden[992]. So wie die klassische Allgemeine Staatslehre das Steuer- bzw. Finanzrecht in ihr Koordinatensystem eingeordnet hat, wenn sie konsequent war, so muss eine europäische Verfassungslehre sich dem Thema analog stellen, jedenfalls sollte sie einige Kategorien bereit halten, die dem Europabürger, der europäischen Öffentlichkeit verständlich machen, wie sich die EU heute und rechtspolitisch in Zukunft den Problemen stellen muss.

1. Die Übertragung der Währungshoheit von den nationalen Mitgliedstaaten auf die EU (EURO) kann in ihrer Bedeutung gar nicht überschätzt werden. Denn damit wird eines der wichtigsten Staatlichkeitsattribute auf die Verfassungsgemeinschaft EU verlagert. Das Thema "Währungshoheit" wandert nach Europa und das nationale Verfassungsrecht verliert ein Thema, ganz abgesehen davon, dass so aus der angeblich virtuell allzuständigen Staatsgewalt ein klassisches Element herausgebrochen wird, unwiderrufbar. Zu beachten ist hier auch die symbolische

---

987 BVerfGE 29, 402 (412).
988 Vgl. BVerfGE 13, 153 (160).
989 Aus der Lit.: *R. Hendler*, Umweltabgaben und Steuerstaatsdoktrin, AöR 115 (1990), S. 578 ff.; *W. Höfling*, Verfassungsfragen einer ökologischen Steuerreform, StuW 1992, S. 242 ff.; *H. Söhn*, Umweltsteuern und Finanzverfassung, FS Stern, 1997, S. 587 ff.; *M. Rodi*, Umweltsteuern, 1993.
990 Vgl. aber auch BVerfGE 81, 108 (118, 121). – Die FDP hat jetzt einen Gesetzesentwurf zur Reform des Stiftungsrechts vorgelegt. Damit soll privates Vermögen für die Förderung von Kunst und Kultur erschlossen werden (FAZ vom 29. Januar 1999, S. 6).
991 Dazu *C. Waldhoff*, aaO., S. 378 ff.
992 D. Birk (Hrsg.), Handbuch des Europäischen Steuer- und Abgabenrechts, 1995; *R. Voß*, in: M. Dauses ((Hrsg.), Handbuch des EU-Wirtschaftsrechts, Bd. 2, 2000, Buchstabe J: "Steuerrecht"; *F.S.M. Heselhaus*, Abgabenhoheit der Europäischen Gemeinschaft in der Umweltpolitik, 2001.

Seite. Die Währung gehört – neben Flaggen, Hymnen, Hauptstädten – zu den klassischen "Staatssymbolen", in einzelnen Mitgliedstaaten waren sie sogar Herzstück des Staatsverständnisses der Bürger (vor allem in Deutschland). Das Identifizierungsfeld des Europabürgers erweitert sich um den EURO, das nationale Identifizierungsfeld verkleinert sich – emotional und rational. Dass die EZB als unabhängige Institution konstituiert wurde (als Verfassungsorgan), war die Rezeption des deutschen Modells.

2. Schon dieser Vorgang kann nur im Rahmen eines (noch fiktiven) europäischen Gesellschaftsvertrags eingeordnet werden. Eigentum und Arbeit, auch Freiheit, werden ja durch die europäische Währung mitgeprägt und gesichert. Sie aber gehören zu dem, was der Europabürger in den Vertrag einbringt und wofür er Leistungen erhält.

3. Alles, was der Bürger für Europa indirekt oder direkt zahlt, lässt sich nur aus den Aufgaben bzw. Zielen rechtfertigen, die die Verfassungsgemeinschaft EU für den Bürger erbringt. Hier muss der im nationalen Kontext erarbeitete Zusammenhang von Ausgaben und Aufgaben[993] europäisiert werden. Die Gemeinschaftsziele, das europäische Gemeinwohl, alle EU-Politiken sind in diesem Zusammenhang zu sehen. Sie lassen sich nur so rechtfertigen.

4. Prinzipien, wie sie ein nationalverfassungsstaatlicher Vergleich ergeben hat, so z.B. Gleichheit (Diskriminierungsverbot), Belastung nach der Leistungsfähigkeit etc., gelten auch im werdenden Steuer- und Finanzverfassungsrecht der EU. Der "europäische Rechtsstaat" muss sich auch hier durchsetzen.

5. Die hier wohl noch nicht geltende "europäische Demokratie" muss Schritt für Schritt im vorliegenden Problemfeld entwickelt werden. Die national parlamentarische Budgethoheit bleibt, aber auch sie wird wohl Bereiche abgeben müssen, an eine demokratisch legitimierte Budgethoheit der EU (sie hat im Mai 2001 für das Europäische Parlament der Bundeskanzler *G. Schröder* gefordert). Die EU/EG müsste sich bei einer etwa beginnenden eigenen Steuergesetzgebung[994] frühzeitig von vornherein an den oben erwähnten Prinzipien des Schweizerischen Steuerverfassungsrechts orientieren (z.B. Gleichheit, Erhaltung des Leistungswillens des Einzelnen, Begünstigung für Familien und Personen mit Unterstützungspflichten)[995]. Die Einführung einer EU-Steuer, im Sommer 2001 von BM *H. Eichel* erwogen, könnte sich mittelfristig auf dem Hintergrund des Satzes "no representation without taxation" als richtig erweisen. Eine EU-Steuer an Stelle der undurchsichtigen Finanzgebahren diente auch der Transparenz der EU.

---

993 Dazu mein Diskussionsbeitrag, in: Colloquium K. Vogel, Steuern im Verfassungsstaat, 1996, S. 55 (56).
994 *J. Wieland*, Steuerwettbewerb in Europa, EuR 2001, S. 119 ff. – Auch ist noch auszuloten, ob das Europarecht und seine Grundfreiheiten dem deutschen Steuerrecht stärkere Grenzen zieht (vgl. FAZ vom 23. Mai 2001, S. 31) – bei allem sinnvollen "Steuerwettbewerb". S. jetzt BM *H. Eichels* Hinweis auf die Möglichkeit einer EU-eigenen Steuer (FAZ vom 16. Juni 2001), die vom Stand der Integration abhänge, anders *ders*. 2004.
995 *K. Tipke*, Europäisches Steuerverfassungsrecht – Eine rechtsvergleichende Übersicht, FS Vogel, 2000, S. 561 ff.

Freilich bedeutete ein EU-Steuerverfassungsrecht auch ein Stück europäische Staatlichkeit.

6. Ein weniger einschneidendes Gestaltungsprinzip im Rahmen der "EU-Steuerverfassung" ist der Gedanke der Steuerharmonisierung. Harmonisierung und Rechtsangleichung wurden bereits in den Eingangskapiteln als wesentliche Elemente der Europäisierung umschrieben.[996] Im Steuerrecht erlange sie besondere Bedeutung, es gibt differenzierte Modelle. So wird im Streit um die Steuerharmonisierung in der EU vorgeschlagen, nur die Bemessungsgrundlagen sollten vereinheitlicht werden, die Steuersätze sollten dagegen oberhalb eines Mindestsatzes weiter miteinander konkurrieren können[997].

---

[996] Zu den Grenzen richterlicher Rechtsangleichung sei noch verwiesen auf *O. Remien*, Grenzen der gerichtlichen Rechtsangleichung mittels der Grundfreiheiten des EG-Vertrags, JZ 1994, S. 349 ff.
[997] Vgl. FAZ vom 29. Juni 2001, S. 15.

Ausblick und Schluss:
Reformbedürfnisse und Reformfähigkeit des konstitutionellen Europa

Vorbemerkung

Reformbedürfnisse und Reformfähigkeit sind Bewährungsproben für jeden nationalen Verfassungsstaat. Die Bandbreite der Wege ist groß: Systematisch geordnet reichen sie von der Verfassunggebung ("Totalrevision") über die Verfassungsänderung (Teilrevision), einfache Gesetzgebung, Verfassungsrichterspruch (samt Sondervoten) bis zur "einfachen" Verfassungsinterpretation. Jedes Gemeinwesen muss sich dem Problem der Zeit stellen und sich im "Laufe der Zeit" bewähren. Das gilt auch für solche, die durch kulturelles-Erbe-Klauseln oder sonstige kräftige Bezugnamen auf die Tradition wie in Osteuropa ein traditionelles Moment einbauen (z.B. Präambel Verf. Polen: "beste Tradition der Ersten und Zweiten Republik", und Präambel Verf. Moldau: "Kontinuität der Staatlichkeit"). Formen der Offenheit und Öffnung sind unverzichtbar und sie ergreifen auch den kulturellen Grund einer Verfassung, wenn auch langsamer.

Im Folgenden sei zunächst am Modell des nationalen Verfassungsstaates gearbeitet (A.). Sodann folgt der Versuch einer Benennung der Reformbedürfnisse von heute, teils auf der allgemeinen Ebene des Typus, teils auf der speziellen Ebene des einzelnen nationalen Verfassungsstaates (B.), wobei auch die Weltebene in den Blick zu nehmen ist (Stichworte: Menschenpflichten?, Ständiger Internationaler Gerichtshof, Entwicklungshilfe, Abbau von Armut). Punkt (C.) gilt den Reformwegen und -verfahren im Verfassungsstaat: von der "großen" Form, dem Zeitfaktor gerecht zu werden, der "Totalrevision", bis zum "feinen" Instrument der Enquetekommissionen oder verfassungsrichterlichen Sondervoten. Ob und wie wer die Kraft zu Reformen aufbringt, sei eine Gretchen- und Schlussfrage, unter Punkt (D.) auf Europa erstreckt.[1] Die Osterweiterung der EU, andere EU-Erweiterungen (z.B. Zypern und Malta) sind für *alle* Beteiligten materielle *Verfassungs*vorgänge.[2] Blickt man auf das Europa im weiteren Sinne, so stehen auch hier Reformfragen auf der Tagesordnung, nicht nur im Blick auf den Beitritt zur EMRK (einer europäischen Teilverfassung), sondern vor allem im Blick auf die Europäisierung des Balkans, besonders die Rückkehr Serbiens nach Europa (Stabilitätspakt für den Balkan[3]). Hier ist ebenfalls Bescheidenheit angesagt: Der Volks-, der europäische und der Weltgeist lassen sich nicht so leicht "dingfest" machen. Schon gar nicht von uns Juristen[4].

---

[1] Dazu R. Hrbek (Hrsg.), Die Reform der Europäischen Union, 1997; K. Stern (Hrsg.), Zukunftsprobleme der Europäischen Union, 1998. S. noch Anhang.

[2] Schon deshalb spielt die Dynamik des Erweiterungsprozesses eine so wichtige, "konstitutionelle" Rolle, ein Stillstand wäre auch für die "Europäische Verfassung im Werden" kontraproduktiv. Vgl. dazu aus der Tagespresse *A. Inotai*, Den Erweiterungsstillstand beenden, FAZ vom 23. Sept. 2000, S. 11; *K. Hänsch*, Die Erweiterung der EU darf nicht zum Vehikel ihrer Verengung werden, FAZ vom 6. Sept. 2000, S. 12.

[3] Zit. nach U. Fastenrath (Hrsg.), KSZE/OSZE – Dokumentierte Loseblattsammlung, seit 1992.

[4] Hilfreich: *K.O. Hondrich*, Ein Horrortrip ins Niemandsland? Über die Beschränktheit unserer Zukunftsvorstellungen, NZZ vom 27./28. Dez. 1997, S. 49 f., mit dem (optimistischen) Schlusssatz: "Die Zukunft bleibt offen".

A. Reformfragen der nationalen Verfassungsstaaten in Europa

I. Problemstellung

Das Thema[5] ist seit langem aktuell. Indes ist eine Selbstbescheidung angesagt: Der Abschnitt vermag keinen Beitrag zur "Zukunftsforschung" zu leisten. Wie vorsichtig wir Juristen in Sachen Nachdenken über die Zukunft indes sein müssen ("wohin geht die Reise?"), zeigt das Wende-Jahr 1989 als "annus mirabilis", eine "Weltstunde des Verfassungsstaates". 1988 hätte gewiss niemand auch nur das nächste Jahr – eben "1989" – vorausgesehen. Gleiches gilt für die heute so drängenden ethischen Fragen wie die Humangenetik, das medizinische "Klonen" oder die sogenannte Präimplantationsdiagnostik. Hier erfolgt die Skizzierung der Entwicklungsgeschichte des Verfassungsstaates als Typus, gegliedert nach den Methoden seiner Erfassung und den heutigen Inhalten seiner Gestalt bzw. seiner nationalen Beispielsvarianten (II. und III.).

II. Methoden der wissenschaftlichen Erfassung: weltweite Produktions- und Rezeptionsprozesse seit Jahrhunderten, kultur- bzw. erfahrungswissenschaftlicher Ansatz, Klassikertexte, das Textstufenparadigma, Rechtsvergleichung in "weltbürgerlicher Absicht"

Der Verfassungsstaat, begriffen auf der mittleren Abstraktionshöhe als *Typus* und konkret greifbar in den *nationalen Beispielsvarianten* unter Einschluss auch der außereuropäischen Entwicklungsländer und Kleinstaaten, ist jeweils eine Zwischensumme aus politischen Philosophien[6], Klassikertexten, Parteiprogrammen, Erfahrungswissen, auch "Wunden" vieler Generationen sowie konkreter Utopien, eine Zwischensumme auch aus revolutionären und evolutionären Prozessen. Greifbar wird dies in großen Daten, etwa der Jahre 1776 (Virgina Bill of Rights), 1787 ("Federalist Papers"), 1789 (französische Menschenrechtserklärung), 1848 (Schweizer Bundesverfassung), 1849 (Deutsche Paulskirche), 1947 (Verf. Italien), 1948 (Universale Menschenrechtserklärung der UN), 1968 ff. (Schweizer Kantonsverfassungen), 1976 (Verf. Portugal), dann "1989". Inwieweit das Jahr 2000 mit der feierlichen Proklamation der EU-Grundrechte-Charta von Nizza in diese Reihe gehört, muss die Zukunft erweisen. Sichtbar wird das, was den Verfassungsstaat ausmacht, ebenso in seinen Klassikertexten, etwa von *Aristoteles* zum Zusammenhang von Gleichheit und Gerechtigkeit, von *Montesquieu* zur Gewaltenteilung (1748), von *J.-J. Rousseau* zum Gesellschaftsvertrag (1762), von *I. Kant*

---

5   Parallele Fragen etwa bei A. Rossnagel/U. Neuser (Hrsg.), Reformperspektiven im Umweltrecht, 1995; H. Koch (Hrsg.), Herausforderungen an das Recht: Alte Antworten auf neue Fragen?, 1997; H.F. *Zacher*, Erhaltung und Verteilung der natürlichen Gemeinschaftsgüter – eine elementare Aufgabe des Rechts, FS Lerche, 1993, S. 107 ff. S. auch das ARSP-Beiheft Nr. 62 (1995) zum Thema "Herausforderungen an das Recht am Ende des 20. Jahrhunderts" (hrsg. von F. Paychère). Der *Verf.* hat sich erstmals 1990 zum Thema geäußert: Das Grundgesetz und die Herausforderungen der Zukunft – Wer gestaltet unsere Verfassungsordnung?, FS Dürig, 1990, S. 3 ff.
6   Einigen Aspekten geht für das deutsche GG der von W. Brugger hrsg. Band nach: Legitimation des GG aus der Sicht von Rechtsphilosophie und Gesellschaftstheorie, 1996 (dazu meine Besprechung in AöR 123 (1998), S. 476 ff.).

zur Menschenwürde, von *J. Rawls* zur Gerechtigkeit (1971), von *H. Jonas* zum "Prinzip Verantwortung" (1979). Solche Texte von Klassikern, diese verstanden als Wert- und Erfolgsbegriff[7], transportieren die Entwicklung des Verfassungsstaates. So offen dessen Zukunft ist: im Rückblick darf wohl das allgemeine Evolutionsmodell auf ihn angewandt werden – bei allen bekannten Defiziten, stets neuen Gefährdungen, auch schmerzhaften Rückschritten und Anfälligkeiten[8]. Die Entwicklungs*fähigkeit* und -*bedürftigkeit* des Verfassungsstaates als Typus gehört zum Credo dieses Schlusskapitels, ohne dass damit mehr als ein Minimum von unverzichtbarem wissenschaftlichem Optimismus gewagt werden kann. Den "Sinn" der (Verfassungs-)Geschichte vermögen wir nicht zu erkennen, wohl aber i.S. der Stückwerkstechnik *Poppers* daran zu arbeiten, dass der Verfassungsstaat mit seinen spezifischen Inhalten und Verfahren als Gegenstand und Forum "ewiger" menschlicher Anstrengungen in Sachen Menschenwürde, Freiheit und sozialer Gerechtigkeit sowie Demokratie als "Res publica semper reformanda" verstanden und weiterentwickelt wird.

Welche sind die Methoden, die Entwicklungen des Verfassungsstaates bis heute einzufangen? In aller Kürze hier nur dieses: Gearbeitet wird mit dem in dieser Verfassungslehre durchweg angewandten *kulturwissenschaftlichen Ansatz*[9]. Das heißt: Mit bloß juristischen Umschreibungen ist es nicht getan. Verfassung ist nicht nur rechtliche Ordnung für Juristen und von diesen nach alten und neuen Kunstregeln zu interpretieren – sie wirkt wesentlich auch als Leitfaden für Nichtjuristen: für den Bürger. Verfassungstexte, einmal in der Welt, ggf. auch "nur" als Entwürfe, entfalten in der offenen Gesellschaft der Verfassungsinterpreten eine schwer vorauszusagende Potenz, zumal schon der juristische Methodenpluralismus der Auslegung dazu führt, dass offen bleibt, wie die klassischen (seit *F.C. v. Savigny*) vier, m.E. wegen der Rechtsvergleichung fünf Interpretationsmethoden im Einzelfall zu bündeln sind[10]. Dennoch sind die Verfassungstexte, auch ihr weltweiter Austausch heute, aber auch schon seit 1787 bzw. 1789, die "Träger" der einzelnen Bestandteile des Typus Verfassungsstaat. Das "Textstufenparadigma" kann und will nachweisen, dass über allseitige Rezeptionsprozesse von Verfassungstexten mittelbar auch Verfassungs*wirklichkeit* transportiert wird: weil etwa eine neu totalrevidierte Verfassung später das auf Begriffe bzw. Texte bringt, was in anderen Verfassungsstaaten sich bislang in der Praxis (auch dank Judikatur und Wissenschaft), aber auch vor Ort, durchgesetzt hat. Bei den Normtexten der Grundrechte, der politischen Parteien, dem Föderalismus und Regionalismus, lassen sich leicht praktische Beispiele hierfür finden[11].

Auch für eine Europäische Verfassungslehre gilt: In Absage an den beliebten "Eurozentrismus" – der Verfassungsstaat ist heute ein Gemeinschaftswerk vieler Zeiten und

---

7   Dazu meine Schrift: Klassikertexte im Verfassungsleben, 1981.
8   Zum "Verfassungsstaat in entwicklungsgeschichtlicher Sicht" mein gleichnamiger Beitrag in FS K. Stern, 1996, S. 143 ff. Ein Klassikertext dieser Sicht: *H.S. Maine*, Ancient Law, 1861 (neu übersetzt: 1997).
9   Vgl. meine Schrift: Verfassungslehre als Kulturwissenschaft, 1982, 2. Aufl. 1998.
10 Aus der neueren Lit.: *E.A. Kramer*, Juristische Methodenlehre, 1998 (2. Aufl. 2004).
11 Nachweise in *P. Häberle*, Theorieelemente eines allgemeinen juristischen Rezeptionsmodells, JZ 1992, S. 1033 ff.

Räume, so sehr er historisch ein europäisch/atlantisches Projekt war –, sind die *Entwicklungsländer* und *Kleinstaaten* in diese Rechtsvergleichung "in weltbürgerlicher Absicht" von vornherein einzubeziehen. Konkret: Wir haben uns zu fragen, ob und wie diese Länder schon eigenständige Beiträge zum Typus Verfassungsstaat leisten. Dasselbe gilt für die Reformstaaten in Osteuropa. So haben beispielsweise Madagaskar (1992/95) und Äthiopien (1994) das neue Postulat der "Transparenz" des politischen Lebens konstitutionell getextet – das klassische Öffentlichkeitsprinzip reicht offenbar nicht mehr aus. So wird in Kleinstaaten, auch föderal eingebundenen Stadtstaaten Bürgernähe praktiziert, die für andere vorbildlich sein kann[12]. So hat Südafrika in seiner Verfassung von 1996 Bereicherungen des Auslegungskanons gewagt, wie sie in der Wissenschaft vorweg gefordert worden waren (Art. 39 Abs. 1 lit. c: "may consider foreign law"). So hat Polen 1997 in Sachen Gottesbezug kompromisshaft eine Verfassungspräambel geschaffen, wie sie in der pluralen Gesellschaft (Verfassungs-)Geschichte machen sollte, während etwa die Kantonsverfassung Bern (1993) in Sachen Internationale Zusammenarbeit und Hilfe einen vorbildlichen Artikel entworfen hat (Art. 54), so wie es in Art. 28 den (deutschen) Streit um den "Wesensgehalt" von Grundrechten durch absolute *und* relative Momente entschärft und einen Beispielskatalog gewagt hat[13]. Solche "Textstufen" ermutigen, Rechtsideen aus den Verfassungsmaterialien weltweit zu erschließen und zu befördern, etwa bei der praktischen Verfassungsberatung vor Ort in Osteuropa. Dabei empfiehlt sich ein "*gemischtes Verfassungsverständnis*": Verfassung ist auch, aber nicht nur Beschränkung von "Macht", sie ist "Anregung und Schranke" (*R. Smend*), "Norm und Aufgabe" (*U. Scheuner*), "öffentlicher Prozess" *und* Kultur.

III. Kennzeichnung der wesentlichen Inhalte (Prinzipien) des Verfassungsstaates

Von den Methoden zu den Inhalten, so sehr beides zusammenhängt: Der Verfassungsstaat zeichnet sich durch ein – *gewordenes* – Ensemble von Prinzipien aus, die hier nur stichwortartig genannt seien, wobei der Prinzipienkatalog – trotz sog. "Ewigkeitsklauseln" i.S. von Art. 79 Abs. 3 GG – offen ist, so wie die verfassungsstaatliche Themenliste insgesamt in die Zukunft hinein offen bleibt: So hat etwa die Verfassung Ukraine (1996) einen bislang einzigartigen Tschernobyl-Artikel geschrieben (Art. 16); so hat das Thema "Schutz alter Menschen und der Behinderten"[14] (z.B. Art. 68 Abs. 3 Verf. Polen), auch dank UN-Texten von 1989[15] erst im Laufe der letzten Jahre, heute

---

12 Aus der Lit. zu Liechtenstein zuletzt: *G. Batliner*, Aktuelle Fragen des liechtensteinischen Verfassungsrechts, 1998; zu Stadtstaaten mein Beitrag: Die Zukunft der Landesverfassung der Freien Hansestadt Bremen, JZ 1998, S. 57 ff.

13 Aus der Lit.: *J.P. Müller*, Elemente einer schweizerischen Grundrechtstheorie, 1982, S. 141 ff.; *P. Häberle*, Die Wesensgehaltgarantie des Art. 19 Abs. 2 Grundgesetz, 1962, 2. Aufl. 1972, S. 39 ff., 3. Aufl. 1983, bes. S. 326 ff.

14 Ein Beispiel für das diesbezügliche, auch sprachliche "neue" Bewusstsein ist die jüngste Verfassungsänderung in Bayern (1998): Kinder, nicht mehr "gesunde Kinder", sind das köstlichste Gut eines Volkes (Art. 125 Abs. 1 S. 1).

15 Dazu *K. Hailbronner*, Der Staat und der Einzelne als Völkerrechtssubjekt, in: W. Graf Vitzthum (Hrsg.), Völkerrecht, 3. Aufl. 2004, S. 157 (213 ff.).

aber weltweit Karriere gemacht; so beginnen sich Grundrechte für Kinder durchzusetzen (z.B. Art. 28 Verf. Südafrika, Art. 72 Verf. Polen[16]). In Osteuropa sind auf Grund der Erfahrungen mit dem totalitären Staat des Marxismus-Leninismus Antistaatsideologie- bzw. Pluralismus-Klauseln geschaffen worden (z.B. Art. 11 Verf. Bulgarien von 1991; Art. 1 Abs. 3 Verf. Rumänien von 1991; Art. 3 Verf. Kroatien von 1991; Art. 8 Verf. Mazedonien von 1991; Art. 13 Abs. 1 und 2 Verf. Rußland von 1993); auch in afrikanischen Staaten findet sich das Bekenntnis zum politischen Pluralismus (z.b. Präambel Tschad von 1996; Art. 2, 159 lit. c Verf. Angola von 1992).

Es gibt jedoch einen *Grundbestand* von Verfassungsprinzipien auf der heutigen Entwicklungsstufe des Verfassungsstaates, sozusagen ein "*konstitutionelles Pflichtprogramm*". Es beginnt mit der Menschenwürde als kulturanthropologischer Prämisse, die zur Demokratie als "organisatorische Konsequenz" führt. Die sehr deutsche Trennung von Menschenwürde und Demokratie und deren Verengung zur repräsentativen als "eigentlicher" lässt sich schon im Rechtsvergleich nicht halten[17]. Die "Volksrechte" der Schweiz sind die Einlösung der Menschenwürde, sie werden ja auch so verstanden. Nehmen wir die Ausformungen der Menschenwürde in einzelne Menschenrechte bis hin zum Recht auf Entwicklung (in diesem Kontext auch das im Völkerrecht diskutierte Recht auf Frieden) hinzu (Grundrechte der "Dritten Generation"), auch zur Absicherung durch soziale Grundrechte und kulturelle Freiheiten mitsamt dem reichen Filigran von mehreren "Dimensionen", so haben wir eine verfassungsstaatliche "Grundrechtskultur", die die verschiedenen Länder im Einzelnen freilich recht unterschiedlich leben: Frankreich stark vom Kulturellen, National-republikanischen her ("öffentliche Freiheiten"), Deutschland derzeit eher von seinem betont ökonomischen Selbstverständnis her, immerhin verstehen wir "deutsche Freiheit" als "föderative Freiheit", so stark ist der Kulturföderalismus bei uns verwurzelt. Die Gewaltenteilung ist ein weiteres unverzichtbares Strukturelement, wobei wir die klassische, auf den Staat bezogene (horizontale und vertikale), um die gesellschaftliche, die Gewaltenteilung im weiteren Sinne ergänzt sehen sollten (gesellschaftliche Gewaltenteilung, z.B. zwischen den Tarifpartnern oder den Medien). Die Anfälligkeiten des Menschen im Amt für Machtmissbrauch stellt dem Verfassungsstaat immer neu die Aufgabe, Gewaltenteilungsmechanismen zu ersinnen (Beispiel Rechnungshöfe, Ombudsmänner bzw. -frauen, Medienräte, vorbildlich z.B. Art. 183-187 Verf. Tschad von 1996).

Die abstrakte Verpflichtung auf das Gemeinwohl muss konkret in der Gestalt des sozialen Rechtsstaates und des Kulturstaates eingelöst werden. Letzteres ist textlich sehr variantenreich besonders in kulturelles Erbe-Klauseln in Entwicklungsländern (Art. 60 und 61 Verf. Guatemala von 1985) sowie in Osteuropa (z.B. Präambel und Art. 6 Verf. Polen von 1997, Art. 11, 54 Abs. 4 Verf. Ukraine von 1996), aber auch im reich gegliederten Kulturverfassungsrecht neuer Schweizer Kantonsverfassungen oder der 5 neuen

---

16 Auf Wunsch des Schweizer Nationalrats sollen sogar in der Schweiz Kinderrechtsartikel in die Verfassung: NZZ vom 20. März 1998, S. 17. Vgl. jetzt die Staatsziele in Art. 41 Abs. 1 lit. f. und g. sowie das Schutzrecht in Art. 11 nBV.
17 Dazu siehe schon oben Dritter Teil B. II.

deutschen Bundesländer greifbar[18]. Der von vornherein *sozial* zu denkende Rechtsstaat stellt viele weitere Staatsaufgaben – bei aller Kontroverse zum "Umbau" des Sozialstaates. Er reicht auch den Verfassungsauftrag an die "Marktpropheten" weiter, um *soziale* Marktwirtschaft zu ringen und an die Grenzen des Marktes (die "sichtbare Hand" des Verfassungsrechts) zu denken. Es gibt sie wohl auch bei den kulturellen Aufgaben der Länder und Gemeinden (Stichwort Privatisierung, Kultursponsoring).

Zum typischen Bestand verfassungsstaatlicher Verfassungen heute gehört die Öffnung gegenüber größeren Regionen: in Europa die sog. Europa-Artikel[19], was auf der iberischen Halbinsel bzw. in Südamerika und Afrika Entsprechungen hat, sofern wörtlich oder der Sache nach von iberoamerikanischer (vgl. Art. 7 Abs. 4, 15 Abs. 3 Verf. Portugal; Art. 11 Abs. 3 Verf. Spanien) bzw. afrikanischer Einheit und Identität die Rede ist (z.B. Präambel und Art. 117 Verf. Mali von 1996; Art. 122 Verf. Niger von 1996; Präambel Verf. Senegal von 1992; Art. 146 f. Verf. Burkina Faso von 1991/97). Hierher gehört aber auch das vielen Verfassungen eigene "Weltbild"[20]: Sie ordnen ihre Völker in die Weltgemeinschaft ein, bekennen sich zu den universalen Menschenrechten oder/und sichern Entwicklungshilfe und andere Formen der Kooperation zu: An die Stelle des introvertierten Nationalstaates tritt der "kooperative Verfassungsstaat". Menschheitsaufgaben werden sichtbar, das verfassungsstaatliche "Menschenbild" wird zur auf die ganze Welt bezogenen "Menschheit"[21]. Die verfassungsstaatliche Ewigkeitsklausel, deren Karriere in Art. 112 Verf. Norwegen von 1814 beginnt, in Art. 79 Abs. 3 GG einen Höhepunkt erlangt, der sich auch in vielen wissenschaftlichen Deutungen fortsetzt, und die seitdem in so manchen Verfassungen auf allen Kontinenten Nachfolge gefunden hat (z.B. Art. 159 Verf. Angola von 1992; Art. 104 Verf. Äquatorial-Guinea von 1991; Art. 64 Verf. Kamerun von 1996[22]; Art. 157 Verf. Ukraine von 1996), ist mit dem hier umschriebenen Mindestbestand nicht identisch. Auch ist gerade hier national zu denken: Die Schweiz braucht keine solche geschriebene "Ewigkeitsklausel", ihre Verfassungskultur hält sich selbsttragend und sichert ihre Identitätselemente von selbst "ewig"[23]. Frankreich garantiert nur die Republik "ewig" (Art. 89 Abs. 5 Verf. von 1958), Portugal hingegen schuf einen reich gefächerten Katalog (Art. 228 Verf. von 1976), das

---

18 Dazu meine Analysen in: JöR 40 (1991/1992), S. 291 ff.; 41 (1993), S. 69 ff.; 43 (1995), S. 355 ff.
    – Aus der allgemeinen Literatur: (für die Schweiz) in JöR 34 (1985), S. 303 (320 ff.); (für Ostdeutschland:) *H. v. Mangoldt*, Die Verfassungen der neuen Bundesländer, 2. Aufl. 1997; *C. Starck*, Die Verfassungen in den neuen deutschen Ländern, 1994.
19 Dazu meine vergleichende Zusammenstellung in FS Everling, 1995, S. 355 ff. Siehe auch oben Erster Teil A. II. 2.
20 Dazu der Beitrag: Das "Weltbild" des Verfassungsstaates – eine Textstufenanalyse zur Menschheit als verfassungsstaatlichem Grundwert und "letztem" Geltungsgrund des Völkerrechts, FS Kriele, 1997, S. 1277 ff.
21 Dazu im Anschluss an die Idee des "kooperativen Verfassungsstaates" (1978) mit allen Textnachweisen meine Verfassungslehre als Kulturwissenschaft, 2. Aufl. 1998, S. 1159 ff.
22 Diese Texte sind zitiert nach: H. Baumann/M. Ebert (Hrsg.), Die Verfassungen der frankophonen und lusophonen Staaten des subsaharischen Afrika, 1997.
23 Aus der Lit.: *J.P. Müller*, Materielle Schranken der Verfassungsrevision?, FS H. Haug, 1986, S. 195 ff.; *P. Häberle*, Verfassungsrechtliche Ewigkeitsklauseln als verfassungsstaatliche Identitätsgarantien, ebd. S. 81 ff.; *P. Kirchhof*, Die Identität der Verfassung in ihren unabänderlichen Inhalten, HdBStR Bd. I (1987), S. 775 ff. (2. Aufl. 1995, 3. Aufl. 2004 Band II, § 21).

deutsche Grundgesetz nimmt auch Elemente des Föderalismus in Art. 79 Abs. 3 auf, während die beiden iberischen Staaten in Sachen vertikale Gewaltenteilung nur dessen "kleineren Bruder", den Regionalismus kennen – zu ihm entwickelt sich Großbritannien, mühsam genug, erst heute ("devolution" in Schottland und Wales, der halbautonome Status für Nordirland). Gerade hier zeigt sich, dass stets auf *zwei Ebenen* gearbeitet werden muss: auf der abstrakteren des *Typus* "Verfassungsstaat" und zugleich auf der konkreten des nationalen Beispiels, so sehr sich auf lange Sicht beide Ebenen verschränken: Der Ombudsmann aus Skandinavien ist auf dem Weg, ein "normales" Prinzip verfassungsstaatlicher Verfassungen zu werden (z.B. Polen von 1997; s. auch Art. 156–158 Verf. Togo von 1992: "Nationale Menschenrechtskommission"). Hinzuzunehmen ist das ungeschriebene Verfassungsrecht, das wie in der Schweiz im Blick auf manche Grundrechte erst durch Wissenschaft und Praxis vorgeformt wird, oft durch Verfassungstexte fremder Länder "angestoßen". Damit sind wir unversehens bei den Reformproblemen, wobei die formalen und inhaltlichen Voraussetzungen für die Reformwege Verfassunggebung bzw. Verfassungsänderung hier nur ein "Merkposten" bleiben (beispielhaft Art. 115 Verf. Brandenburg von 1992).

B. Reformbedürfnisse heute, eine Bestandsaufnahme in Auswahl

I. Einleitende Aspekte

Die folgende Bestandsaufnahme ist höchst fragmentarisch. Sie soll zugleich dokumentieren, dass der hier skizzierte Verfassungsstaat nicht idealistisch überschätzt bzw. überhöht werden darf. Er steht heute fast weltweit unter "Reformdruck", mancherorts leistet man sich sogar einen "Reformstau". Dass ausgerechnet das Jahr 1989, das den "Druck" seitens des totalitären Sozialismus wegnahm, den Beginn verstärkter Reformnotwendigkeiten markiert, ist eine Pointe, die vielleicht mit der Dialektik *Hegels* gedeutet werden kann: "Sieger der Geschichte" müssen Probleme der "Besiegten" übernehmen. Dass ausgerechnet heute ein Materialismus im Westen als fast grenzenloser Ökonomismus praktiziert wird, gehört zu den Rätseln der Weltgeschichte dieser Tage.

In den Blick genommen werden sollten nicht nur die Reformbedürfnisse der westlichen Hemisphäre. Auch in Osteuropa und Asien, soweit sich die dortigen Länder zum Typus "Verfassungsstaat" auf den Weg gemacht haben, gibt es – im Rahmen der unerwartet heiklen Transformationsphasen – Reformprobleme – in Polen wurde dies im Frühjahr 1998 angesichts seiner Bezirksreform offenkundig: hinter einem scheinbar nur technisch-organisatorischen Problem verbergen sich inhaltliche Fragen des Minderheitenschutzes, so in Oppeln für die Deutschen[24].

Zu unterscheiden ist zwischen zwei Arten von Reformnotwendigkeiten: solchen, die primär national verfassungsstaatlich bezogen sind, und solchen, die diese (nationale) politische Gemeinschaftsform übersteigen bzw. letztlich weltbezogen sind. Beide Felder können miteinander verzahnt sein, sind jedoch zunächst zu trennen. Das zeigt sich

---

24 Dazu der Bericht in FAZ vom 27. März 1998.

schon an mehr oder weniger "informellen", jedenfalls nicht primär staatlichen Organisationen bzw. Einrichtungen wie "Amnesty international", "Human Rights Watch", "Freedom House", "Greenpeace" oder "Robin Wood" und der Anti-Korruptions-Organisation "Transparency International". Sie alle nehmen Defizite national wie weltweit bzw. weltöffentlich in den Blick. Als "Frühwarnsysteme" operieren sie gerade auf dem Forum von Verfassungsstaaten optimal, sie sind im Ganzen wohl auch unentbehrlich, wenngleich Wahrheitsverstöße schmerzen (so geschehen bei Greenpeace in Sachen "Brent Spar", 1995). Nicht immer ist die pluralistische Öffentlichkeit sensibel genug, um Gefahrenherde rechtzeitig zu erkennen (z.B. "Instandbesetzungsaktionen" in Berlin, Hintergrund: Grundstücksspekulationen) – hier mag man die Lehre vom "Zivilen Ungehorsam" (*Thoreau*) bemühen, die eine neue Verfassung Afrikas sogar textlich rezipiert hat (Art. 121 Abs. 2 S. 2 Verf. Mali von 1992).

II. National verfassungsstaatsbezogene Reformbedürfnisse

Unterschieden sei zwischen dem *Typus* Verfassungsstaat, d.h. Reformfragen, die allgemein anstehen, und einzelnen auf die verschiedenen Nationen bezogenen.

1. Wohl alle Beispielsnationen stehen in Frage, d.h. der Typus Verfassungsstaat ist gefordert bei folgenden Themen:

   - Abbau der internen Massen-Arbeitslosigkeit, wobei im Hintergrund der Streit um die "richtige" Abgrenzung zwischen Staat und Wirtschaft steht (Markt gegen Staat, Privatisierung?, Deregulierung angesichts einer "Überforderung" des Staates); die Globalisierung und die damit verbundenen Ängste (siehe zuletzt die Proteste in Genua, 2001, Gleneagles 2005) geben ein neues Stichwort
   - Reform der Alterssicherungssysteme[25] (Umbau der Sozialversicherung auf dem Weg zu einer "dritten Säule"); Reform des Sozialhilfesystems (in Deutschland die jüngst durch den Ministerpräsidenten Hessens, *R. Koch,* angestossene Rezeption des US-amerikanischen "Wisconsin-Modells"); private Altersvorsorge
   - "Zähmung" des neuen Kapitalismus (*Gräfin Dönhoff*)
   - Rückführung der Verschuldung (besonders dringlich in Belgien und Italien, auch Deutschland, erforderlich schon wegen des Generationenvertrages als Sicherung intergenerativer Gerechtigkeit) [26], auch wegen der Stabilitätskriterien des "Euro"
   - Verringerung von Umweltbelastungen (Atommüllagerung etc.), die "ökologische Herausforderung"[27]

---

25 Dazu etwa *A. Börsch-Supan*, Eine umfassende Verpflichtung zur Solidarität, das Festhalten am Umlageverfahren gefährdet den Generationenvertrag, FAZ vom 14. Juni 1997, S. 15. – Zum Generationenvertrag aus der verfassungsrechtlichen Literatur mein Beitrag in FS Zacher, 1998, S. 215 ff. m.w.N.
26 Aus der Lit.: *W. Höfling*, Staatsschuldenrecht, 1993; *J. Isensee*, Schuldenbarriere für Legislative und Exekutive, FS Friauf, 1996, S. 705 ff.
27 Aus der deutschen Lit.: *W. Berg*, Über den Umweltstaat, FS Stern, 1997, S. 421 ff.; *M. Kloepfer*, Umweltschutz als Verfassungsrecht: Zum neuen Art. 20 a GG, DVBl. 1996, S. 73 ff.

- Reduzierung der Staatsbürokratie (Stichwort "schlanker Staat", "l'état modeste", "new public management"[28])
- Bekämpfung der organisierten Kriminalität (vordringlich nicht nur in Italien und Russland, sondern auch in Osteuropa, in Deutschland "großer Lauschangriff"), allgemeiner Missbrauch im Internet (Pornographie)
- Bekämpfung der Korruption (Frankreich, Italien, Belgien, auch Deutschland)
- pluralistische Einbindung der Massenmedien
- Gefahr für die Freiheit der Journalisten (in vielen Ländern Asiens und Afrikas)
- Bewältigung der Herausforderungen durch neue Techniken (Stichwort: Gentechnik, Bioethik, Präimplantationsdiagnostik, moderne "Informationsgesellschaft")[29]
- Herausforderung durch islamischen Fundamentalismus, in national unterschiedlicher Stärke, damit im Zusammenhang die "multikulturelle Gesellschaft" (jüngst der Konflikt des afghanischen Taliban-Regimes mit der Hilfsorganisation "Shelter now"). Der 11. September 2001 mit den Terroranschlägen auf das World Trade Center in New York und das Pentagon in Washington steht für eine in der Menschheitsgeschichte bisher nicht dagewesene Form des internationalen Terrorismus. Seine fanatisch-fundamentalistischen Wurzeln in globaler Kooperation zu bekämpfen, wird zu einer der größten sicherheitspolitischen Herausforderungen für den Verfassungsstaat zu Beginn des 21. Jahrhunderts
- Krise der Parteiendemokratie (stärker in Deutschland, Stichwort: "Politikverdrossenheit", schwächer wohl in der Schweiz, dank der halbdirekten Demokratie)[30], Auswüchse der "Gefälligkeitsdemokratie"
- rechtliche und ethische Verstärkung der Idee von "Menschenpflichten" ("Allgemeine Erklärung der Menschenpflichten", z.B. dank *Helmut Schmidt*[31])
- Migrationsbewegungen (was schon die überregionale und Weltebene betrifft).

Hinter vielen dieser Reformthemen lassen sich allgemeinere Entwicklungen und Konflikte entdecken: Manchen Problemfeldern liegt der viel beklagte Werteverfall und ein

---

28 Siehe z.B. *S. Fisch*, Verwaltungskulturen – Geronnene Geschichte, in: Die Verwaltung 33 (2000), S. 303 ff., 313; *K. König*, Öffentliche Verwaltung – postindustriell, postmodern, postbürokratisch, FS F. Knöpfle, 1996, S. 141 ff.
29 Dazu *M. Bullinger*, Die Allgemeinkommunikation, Vom Werden einer rechtlichen Kategorie, FS Winkler, 1997, S. 127 ff.; *J.N. Druey*, Kommunikationsfreiheit – ein Programm, FS Hangartner, 1998, S. 523 ff.
30 P.M. Huber/W. Mößle/M. Stock (Hrsg.), Zur Lage der parlamentarischen Demokratie, 1995.
31 Abgedruckt in: Die Zeit Nr. 41 vom 3. Okt. 1997, S. 18: "Den Vereinten Nationen und der Weltöffentlichkeit zur Diskussion vorgelegt vom InterAction Council". Dazu *H. Schmidt*, "Zeit, von den Pflichten zu sprechen", ebd. S. 17. Aus der weiteren Diskussion: *C. Stelzenmüller*, Die gefährlichen achtzehn Gebote, Die Zeit Nr. 42 vom 10. Okt. 1997, S. 10, und *H. Küng*, Fürchtet euch nicht vor dem Ethos, Die Zeit Nr. 31, Okt. 1997, S. 15. – Es fällt auf, dass diese Diskussion die in der deutschen Staatsrechtslehre seit langem geführte Kontroverse nicht zur Kenntnis nimmt, vgl. etwa *H. Hofmann*, Grundpflichten als verfassungsrechtliche Dimension, VVDStRL 41 (1983), S. 42 ff. und die dortigen Nachweise.

Erziehungsdefizit zugrunde; so mag man in Deutschland eine neue Grundwerte-Debatte fordern, auch einen "neuen Gesellschaftsvertrag" verlangen. Andere lassen einen Generationenkonflikt, um nicht zu sagen Generationen-Kampf, erkennen oder doch schon ahnen (so beim Umbau der Sozialsysteme, bei der Lagerung von Atommüll).

2. Nur als "Merkposten" seien jetzt einige Beispiele für primär auf *einzelne Nationen* bezogene Reformthemen genannt: Die vertikale Gewaltenteilung in Form eines noch so bescheidenen Regionalismus muss Großbritannien intensiver suchen. Für Italien steht seit langem eine Verfassungsreform an. Belgien hat erst jüngst den Durchbruch zum Föderalismus geschafft (Verf. von 1994). Spanien ringt um eine Neuformulierung seines Regionalismus, Österreich und Deutschland bemühen sich um (2004 gescheiterte) Bundesstaatsreformen. Ungarn muss trotz seiner ingeniösen Kennzeichnung der Minderheiten als "staatsbildende Faktoren" (1989) in der Praxis (durch Brückenbauen) am Minderheitenschutz arbeiten. Deutschland sollte sich von den ökonomischen Standortideologien aus dem Primat der Ökonomie befreien, um dem Kulturabbau entgegen zu wirken (z.B. Schließung der Goethe-Institute), während Frankreich unbeirrt seine nationale Kulturpolitik im Ausland durchzieht. (Vom "Meisterwerk" der deutschen Rechtschreibreform sei bewusst geschwiegen.) Frankreich diskutiert im Rahmen der "Modernisierung des politischen Lebens" über ein Verbot der Ämterhäufung. Der Streit um die Einwanderung[32] bleibt bei uns mittelfristig ein Reformthema, auch das Stiftungsrecht sowie die Ergänzung der sozialen Marktwirtschaft um die ökologische Dimension (ökologische Steuerreform): Der Mensch, nicht der Markt ist das Maß der Dinge. In Deutschland macht sich ausgerechnet nach dem Glück der Wiedervereinigung eine schwer zu begreifende Zukunftsverdrossenheit bemerkbar[33]. Auch muss wohl das Anspruchsdenken zurückgeführt werden (Reform des öffentlichen Dienstrechts[34]). Im Rahmen einer deutschen Justizreform stehen neue Formen außergerichtlicher Streitbeilegung an ("Mediation"). In Südafrika (auch in den USA) bleibt die Überwindung der Rassendiskriminierung ("affirmative action") ein Reformthema. Die Schweiz hat wohl ihr Verhältnis in "Europa" zu klären.

---

32 Dazu *R. Zuck*, Die Deutschen in der demographischen Falle, NJW 1998, S. 880 ff. Inwieweit der von Bundesinnenminister *O. Schily* im Sommer 2001 vorgelegte Entwurf eines Einwanderungsgesetzes überparteiliche Zustimmung finden wird, bleibt trotz mancher Ängste der Opposition vor einer "Konsensfalle" noch abzuwarten, siehe z.B. SZ vom 24. August 2001, S. 1 u. 4 (es kam zu einem Kompromiss).

33 Vgl. etwa Bundespräsident *R. Herzog*, Eine Gesellschaft der Selbständigkeit, Deutschland muss wieder eine Vision seiner Zukunft haben, Berliner Ansprache, FAZ vom 29. April 1997, S. 11. Symptomatisch, wenn auch polemisch zugespitzt: *W. Hennis*, Totenrede des Perikles auf ein blühendes Land, Die Regierungsmaschine steht still, die Steuerreform ist gescheitert: Das Dach Europas wird gebaut, das Fundament verfällt – Über die Ursachen der politischen Blockade, FAZ vom 27. Sept. 1997, S. 36.

34 Aus der Lit.: *E. Denninger/G. Frankenberg*, Grundsätze zur Reform des öffentlichen Dienstrechts, 1997; *P. Gutjahr-Löser*, Staatsinfarkt, 1998.

III. Auf die Welt bzw. die Menschheit bezogene Reformbedürfnisse

Auch hier nur einige Stichworte, um im Zeitrahmen zu bleiben: Es sei nicht verkannt, dass nicht alle Staaten auf diesem *einen* "blauen Planeten" Verfassungsstaaten im gekennzeichneten Sinn offene – Gesellschaften – sind. Manche Entwicklungsländer in Schwarzafrika sind nur auf dem Papier Mitglied der "Familie der Verfassungsstaaten". Andere Länder bleiben halbautoritär. "Wunder" wie das Südafrika *N. Mandelas* sprechen für sich. Nordkorea, Kuba und China sind nach wie vor sozialistisch. Die islamischen Staaten[35] begeben sich oft nicht einmal auf den Weg in Richtung auf den *Typus* "Verfassungsstaat"(Irak 2005 ?). Dennoch sei die These gewagt, dass die Völkerrechtsgemeinschaft wegen der UN-Charta, der Verpflichtung auf universale Werte wie die Menschenrechte[36] letztlich und erstlich von konstitutionellen Werten getragen wird.

Welt- bzw. Menschheitsbezogene Reformthemen in diesem Sinne sind:

- Die Einstellung der Verfassungsstaaten auf die Herausforderung der Globalisierung der Märkte[37], auch Medien (Internet), die freilich gerade den Verfassungsstaat an seine spezifischen, nur von ihm wahrnehmbaren Verantwortungen erinnert; überdies ist die ökonomische "Globalisierung" nur durch kulturelle Regionalisierung im Kleinen, durch Verwurzelung in der "Heimat"[38] zu ertragen: der Mensch fiele sonst ins Bodenlose

- Kulturgüterschutz[39]

- Subsidiaritätsdenken nicht nur im Rahmen der EU, sondern als weltweites Strukturprinzip für das Miteinander der "kooperativen Verfassungsstaaten"

- Angesichts der weltweit wachsenden Knappheiten in Sachen Umwelt/Wasser, Luft, Stichwort: "sustainable development"[40] der Rio-Konferenz von 1992 stellt sich die Gemeinschaftsaufgabe in Sachen Umweltschutz, was dem Thema "Menschenpflichten" zusätzlich Schub gibt, die Konvention zum Schutz der biologischen Vielfalt (1996) ist eine geglückte Etappe. Die Rettung von "Kyoto"

---

35 Ihre Verfassungstexte finden sich in: H. Baumann/M. Ebert (Hrsg.), Die Verfassungen der Mitgliedsländer der Liga der Arabischen Staaten, 1995.
36 *L. Kühnhardt*, Die Universalität der Menschenrechte, 1987; *E. Riedel*, ebenso, 2003.
37 Dazu für Deutschland: Zeit Punkte, Die mageren Jahre, Deutschland in der Klemme zwischen Globalisierung und Sparzwang, Die Zeit, 1997. Das Verhältnis von Globalisierung und Recht behandeln Beiträge wie *Ch. Walter*, Die Folgen der Globalisierung für die europäische Verfassungsdiskussion, DVBl. 2000, S. 1 ff.; *H. Trabold*, Zum Verhältnis von Globalisierung und Sozialstaat, in: Aus Politik und Zeitgeschichte, B 48/2000, S. 23 ff.; allgemein *R. Durth*, Globalisierung und Wirtschaftswachstum, in: Aus Politik und Zeitgeschichte, B 48/2000, S. 5 ff. Siehe schon oben Dritter Teil M. I.
38 Dazu auch die bereits zitierte Rede von *V. Havel*.
39 Dazu F. Fechner/T. Oppermann/L.v. Prott (Hrsg.), Prinzipien des Kulturgüterschutzes, 1996.
40 Aus der Lit.: *C. Theobald*, Sustainable Development – ein Rechtsprinzip der Zukunft?, ZRP 1997, S. 439 ff.; *R. Streinz*, Auswirkungen des Rechts auf "Sustainable Development" – Stütze oder Hemmschuh? Die Verwaltung 31 (1998), S. 449 ff.; *Ch. Callies*, Die neue Querschnittsklausel des Art. 6 ex 3c EGV als Instrument zur Umsetzung des Grundsatzes der nachhaltigen Entwicklung, DVBl. 1998, S. 559 ff., 560 f. m.w.N.

auf der Bonner UN-Klimakonferenz vom Sommer 2001 gibt – trotz ablehnender Haltung der USA unter Präsident *G.W. Bush* – Hoffnung
- der Abbau von Armut, Entwicklungshilfe zur Selbsthilfe (Entschuldung der Entwicklungsländer), Kampf gegen Analphabetentum und moderne Form des "Menschenhandels"
- Völkerverständigung durch weltweit praktizierten Schüler-, Studenten- und Wissenschaftleraustausch[41]
- Einrichtung eines ständigen Internationalen Gerichtshofes der UN zu Verbrechen gegen die Menschlichkeit bzw. Völkermord nach dem Vorbild des UN-Tribunals für Ex-Jugoslawien und Ruanda[42]
- Die Durchsetzung der universalen Menschenrechte, auch beim Wegfall effektiver Staatsgewalt ("The Failed State")[43]
- Bekämpfung des internationalen Terrorismus.

C. Reformwege und -verfahren in Verfassungstheorie und -praxis

I. Die drei Arten verfassungstheoretischen Denkens: Möglichkeits-, Notwendigkeits- und Wirklichkeitsdenken

Der Verfassungsstaat ist selbst das geschichtliche Ergebnis von Revolutionen und Reformen (zuletzt 1989). Er kann sich im Strom der Zeit nur dadurch behaupten, dass er Wege und Verfahren institutionalisiert, die ihn "im Laufe der Zeit" an den Wandel anpassen, diesem aber auch Grenzen ziehen, wobei selbst das Verständnis seiner identitätsbestimmenden Merkmale wie Menschenwürde und Demokratie, Gewaltenteilung und soziale Gerechtigkeit nicht unwandelbar ist. Die Thematisierung des Verhältnisses von "Zeit und Verfassungskultur"[44] führt zu einer Vielzahl von gestuften Verfahren, auf bzw. in denen Reformen – auch die bisher skizzierten – möglich und notwendig sind. Philosophischer Hintergrund für die Benennung und Umsetzung von konkreten Reformthemen in Verfassungs- bzw. Rechtspolitik bildet die Trias von Möglichkeits-,

---

41 Vgl. *H.F. Zacher*, Die Internationalität der Forschung: ein Forschungsprogramm, FS Winkler, 1997, S. 1273 ff.
42 Dazu aus der Lit.: *C. Stahn*, Zwischen Weltfrieden und materieller Gerechtigkeit: Die Gerichtsbarkeit des ständigen internationalen Strafgerichtshofs (IntStGH), EuGRZ 1998, S. 577 ff.; *K. Ambos*, Der neue Internationale Strafgerichtshof – ein Überblick, NJW 1998, S. 3743 ff.; *U. Fastenrath*, Der internationale Strafgerichtshof, JuS 1999, S. 632 ff. Auch die nationalen Gerichte und Verfassungsgerichte können ihren Beitrag zum Weltrechtsprinzip in Sachen Völkermord leisten. Beachtlich ist z.B. die seit 1993 bestehende universelle Jurisdiktionskompetenz der belgischen Gerichte in Sachen Völkermord, Verbrechen gegen die Menschlichkeit und Kriegsverbrechen.
43 Dazu *D. Thürer*, Der Wegfall effektiver Staatsgewalt: "The Failed State", in: Berichte der Deutschen Gesellschaft für Völkerrecht, Bd. 34 (1997), S. 9 (24 ff.); *R. Geiss*, YIL 47 (2004) S. 457 ff.
44 So der gleichnamige Beitrag des Verf. von 1983, in: Die Zeit, hrsg. von A. Peisl/A. Mohler (3. Aufl. 1992), S. 289 ff.; s. schon den Beitrag des Verf. von 1974: "Zeit und Verfassung", ZfP 1974, S. 111 ff. (S. 132 ff. ebd. zu Erfahrungs-, Experimentier- und Reformklauseln).

Notwendigkeits- und Wirklichkeitsdenken. Erstmals 1977 vorgeschlagen[45], sucht sie gedanklich das Koordinatensystem zu erschließen, in dem sich Reformen durchsetzen: Das Möglichkeitsdenken, in der Dichtung von *R. Musil* ("Möglichkeitsmensch") konzipiert, in *Bismarcks* Politik als "Kunst des Möglichen" gegenwärtig, sucht die Horizonte des Denkens und des Handelns zu erkunden; m.E. bis hin zu "konkreten Utopien" – der Verfassungsstaat braucht ein bestimmtes "Utopiequantum". Beispiele waren die Hoffnung auf die deutsche Wiedervereinigung, heute noch auf die irische; Beispiele sind der "Ewige Friede" i.S. *I. Kants* (1795) oder der ökumenische, weltumspannende Religionsfrieden i.s. des Projekts "Weltethos" von *H. Küng*[46]. Das Notwendigkeitsdenken thematisiert die Erfordernisse, wie sie in Gemeinwohlklauseln und Staatsaufgabenkatalogen positiviert sind, das Wirklichkeitsdenken (i.S. von *H. Lenz*' "Wirklichkeitsmensch") konfrontiert die "hohen Ziele" mit der jeweiligen "defizienten" Wirklichkeit. Diese "drei Arten verfassungstheoretischen Denkens" spielen variantenreich zusammen. Reformmöglichkeiten, Reformnöte und die von den Reformplänen betroffene Wirklichkeit des Verfassungsstaates als Typus bzw. seines nationalen Beispielsfalles im Kontext der "Weltgesellschaft" stecken das Feld ab.

II. Die Vielzahl gestufter Reformwege und -verfahren

Auf der Zeitschiene gedacht, lassen sich folgende Reformwege bzw. -verfahren unterscheiden:

1. Die *Verfassunggebung*[47] bzw. *Totalrevision* bildet das Verfahren, das die intensivste und extensivste Weise der Verfassungsreform eröffnet. Sie ist heute nicht als Dezision, "normativ aus dem Nichts" i.S. von *C. Schmitt* und seinen Epigonen zu konzipieren, sondern in kulturwissenschaftlich-rechtsvergleichender Sicht als vielgliedriger kultureller Prozess zu verstehen, bei dem der Kompromiss im Pluralismus der Ideen und Interessen im Vordergrund steht. Anschauungsmaterial liefern die offenen Verfassunggebungsprozesse in Portugal (1976), Spanien (1978)[48], Südafrika (1996), aber auch die Totalrevisionen der Schweizer Kantonsverfassungen seit Ende der 60er Jahre[49] bis heute (Bern 1994,

---

45 Vom Verf.: Demokratische Verfassungstheorie im Lichte des Möglichkeitsdenkens, AöR 102 (1977), S. 361 ff.; auch in: *ders.*, Verfassung als öffentlicher Prozess, 3. Aufl. 1998, S. 558 ff.

46 Bemerkenswert auch das Plädoyer der Weltgesellschaft der "Buddhisten" für gute Zusammenarbeit der Religionen, FAZ vom 15. Juli 1997, S. 6.

47 Aus der Grundlagenliteratur: *E.-W. Böckenförde*, Die verfassunggebende Gewalt des Volkes – ein Grenzbegriff des Verfassungsrechts, 1986; *H.-P. Schneider*, Die verfassunggebende Gewalt, HdBStR Bd. VII, 1992, S. 3 ff. – S. auch *P. Häberle*, Die verfassunggebende Gewalt des Volkes, eine vergleichende Textstufenanalyse, AöR 112 (1987), S. 54 ff.; *G. Schmid*, Verfassunggebung in einer zusammenwachsenden Welt, FS Hangartner, 1998, S. 1043 ff.

48 Dazu *K.-P. Sommermann*, Der Schutz der Grundrechte in Spanien nach der Verfassung von 1978, 1984; A. López Pina (Hrsg.), Spanisches Verfassungsrecht, 1993, bes. S. 309 ff.; *A. Thomashausen*, Die revidierte Verfassung der Republik Portugal, JöR 32 (1983), S. 443 ff.

49 Dazu *P. Häberle*, Neuere Verfassungen und Verfassungsvorhaben in der Schweiz, JöR 34 (1985), S. 303 ff. Zu St. Gallen *ders.*, Die Kunst der kantonalen Verfassunggebung, das Beispiel der Totalrevision in St. Gallen (1996), in: Schweiz. ZBl. 1997, S. 97 ff.; *S. Möckli*, Die Reform der direkten

Appenzell A.Rh. 1995, St. Gallen 2001, Zürich 2004). Der "Neubau" der Verfassung mag sich dabei abschwächen bis zur bloßen "Nachführung" i.S. der Schweizer Diskussion für die Bundesverfassung[50], die im Jahre 2000 zu einem erfolgreichen Abschluss kam.

Dennoch bildet die Totalrevision das Forum für die grundsätzlichste Neufassung einer Konstitution. In der Schweiz sind hierzu längst konkrete Verfahrensschritte entwickelt worden (z.B. Art. 129 Verf. Bern von 1993, Art. 121 Verf. Uri von 1984); klassisch bleibt bis heute das Erfordernis der Abstimmung des Volkes am Anfang oder Ende des Verfassunggebungsprozesses. Den Klassikertext bildet der französische Satz von 1792: "Eine Verfassung, die nicht vom Volk akzeptiert wurde, ist keine Verfassung"[51] – die Geburtsfehler des deutschen GG von 1949 und der Wiedervereinigung von 1990 sind bekannt[52]. Bemerkenswert erscheint der Versuch der Verf. Brandenburg (1992), das Verfahren der Verfassunggebung positivrechtlich zu konstitutionalisieren (Art. 115).

2. Die *Verfassungsänderung bzw. Teilrevision* bildet ein weiteres Verfahren, in dem Reformmöglichkeiten erkundet und auf den Weg gebracht werden können. Die meisten Verfassungsstaaten haben die zur Initiative Berechtigten sowie Beteiligten, die Verfahrensetappen und die übrigen formellen Voraussetzungen, auch etwaige Grenzen, normiert[53]. Die Vielfalt der unterschiedlichen Regelungen ist groß. Ins Auge springen aber auch die Differenzen in der Verfassungspraxis. Zahlenmäßig liegt das deutsche GG mit seinen bis heute über 50 Änderungen seit 1949 wohl an der Spitze, während die US-Bundesverfassung seit 1787 erst durch 27 amendments ergänzt worden ist. Die Österreichische Bundesverfassung von 1920 gilt heute als bis zur "Ruine" verunstaltet, während die vielen Teilrevisionen in der Schweiz auf Bundesebene heute gerade Anlass zur Forderung nach "Nachführung" gegeben haben. Den Hintergründen für dieses facettenreiche Bild kann hier nicht nachgegangen werden: Unterschiede im Verfassungsverständnis, in der "Verfassungskultur", der Weite des Interpretationsradius etc. wären zu nennen. Wichtig bleibt die Erkenntnis, dass die formalisierte Verfassungsänderung Reformbedürfnissen den Weg freigibt – wenn, ja wenn die politischen Kräfte auch tatsächlich den Willen haben, Reformen in

---

Demokratie im Rahmen der Gesamtrevision der Verfassung des Kantons St. Gallen, FS Hangartner, 1998, S. 585 ff.

50 Dazu *R.J. Schweizer*, Zum Entwurf der nachgeführten Bundesverfassung, Schweiz. ZBl. 1997, S. 481 ff.; *K.A. Vallender*, Nachführung der Wirtschaftsverfassung, ebd. S. 489 ff.; Y. Hangartner/B. Ehrenzeller (Hrsg.), Reform der Bundesverfassung, 1995; *R. Rhinow*, Die Bundesverfassung 2000, 2000.

51 Dazu *J.A. Frowein*, Deutschlands aktuelle Verfassungslage, VVDStRL 49 (1990), S. 197 (Diskussion).

52 Zu dieser Diskussion: *P. Häberle*, Verfassungspolitik für die Freiheit und Einheit Deutschlands, JZ 1990, S. 358 ff.; der Sammelband B. Guggenberger/A. Meier (Hrsg.), Der Souverän auf der Nebenbühne, 1994; *R. Scholz*, Grundgesetz zwischen Reform und Bewahrung, 1993; siehe auch HdBStR Bd. IX, 1997; *ders.*, Deutschland – in guter Verfassung?, 2001. Eine Bilanz jetzt in: K. Eckart u.a. (Hrsg.), Wiedervereinigung Deutschlands, 1998.

53 Dazu der Überblick in: Verfassungslehre als Kulturwissenschaft, 2. Aufl. 1998, S. 270 ff.

Angriff zu nehmen. Die juristischen Wege der Verfassungen geben freilich nur den Rahmen ab[54]. Der deutsche "Reformstau" im Wahljahr 1998 (z.B. Steuerreform) zeigte dramatisch "Blockadeverhalten" der politischen Verantwortlichen, die nicht dem GG als solchem anzulasten sind, wohl aber den politischen Parteien[55]. Im Föderalismus können die Länder bzw. Kantone oft als Wegbereiter für Verfassungsreformen wirken. Beispiele für geglückte "experimentelle Verfassunggebung" gibt es in der Schweiz und Deutschland (Art. 3 Abs. 2 S. 2, Abs. 3 S. 2 sowie Art. 20 a GG). In Österreich schickt sich das Bundesland Salzburg an, das weitverbreitete "Proporzsystem" zu beseitigen[56].

3. Die *parlamentarische Gesetzgebung* ist sozusagen das normale Verfahren, Reformbedürfnissen Rechnung zu tragen[57]. Große, in die Zonen der "Verfassung" reichende Werke des parlamentarischen Gesetzgebers wie das deutsche BGB (1900) oder das Schweizer ZGB (1911), aus unserer Zeit etwa das deutsche Transplantationsgesetz (1997) oder die Fülle der Umweltschutzgesetze zeigen, wieviel hier geleistet oder verfehlt werden kann. Dabei muss auch eine "Reform der Reformen" möglich sein – die SPD hat sie nach ihrem Wahlsieg im Herbst 1998 in Deutschland zum Teil umgesetzt. Mit Blick auf die Bundestagswahl 2002 strebte die CDU/CSU-Opposition im Falle ihres Wahlsieges vergleichbare "Korrekturen" in Sachen Rentenreform oder Atomkonsens an (ebenso 2005). Die Erfindung der sog. "Experimentierklausel", in Deutschland in den 70er Jahren für die Juristenausbildung erprobt, in den 90er Jahren für das Kommunal- und Hochschulrecht erneut praktiziert, ist eine spezielle Technik, den Zeitfaktor im Recht einzubauen und Reformen einzuleiten – übrigens leisten dies auf ihre, subtile, Weise auch die Generalklauseln im Privatrecht. Auf die Möglichkeit der "Vorwirkung" von Gesetzen sei verwiesen[58].

4. Auf der Ebene der *Verfassungsinterpretation* sei an die Möglichkeit und Wirklichkeit von Verfassungswandel erinnert[59], so können sich Reformgedanken in einer neuen "Organisierung" im Pluralismus der vier bzw. fünf Auslegungsmethoden durchsetzen. Ein besonders "feines" Instrument findet sich, neben dem

---

54 Aus der Lit.: *P. Badura*, Verfassungsänderung, Verfassungswandel, Verfassungsgewohnheitsrecht, HdBStR Bd. VII, 1992, S. 57 ff.; *K. Hesse*, Grenzen der Verfassungswandlung, FS Scheuner, 1983, S. 123 ff.; *S. Schaub*, Der verfassungsändernde Gesetzgeber 1949 bis 1980, 1984; *C. Bushart*, Verfassungsänderung in Bund und Ländern, 1989. – Ein Klassiker bleibt: *K. Loewenstein*, Über Wesen, Technik und Grenzen der Verfassungsänderung, 1961.

55 Die Angst der Opposition vor einer "Konsensfalle" der rot-grünen Bundesregierung im Jahre 2001 (Steuerreform, Zuwanderung etc.) ist ebenfalls Ausdruck parteipolitischer Kalküls.

56 Dazu NZZ vom 21./22. Febr. 1998, S. 7: Politik minus "Proporz und Packelei".

57 Aus der Praxis des Deutschen Bundestages: *H. Schulze-Fielitz*, Theorie und Praxis parlamentarischer Gesetzgebung, 1986; s. auch *R. Stettner*, Verfassungsbindungen des experimentierenden Gesetzgebers, NVwZ 1989, S. 806 ff. Aus der Schweiz: *P. Richli*, Interdisziplinäre Daumenregeln für eine faire Rechtsetzung, 2000.

58 Dazu mein Beitrag: Zeit und Verfassung von 1974, ZfP, aaO., S. 130 ff.

59 Dazu etwa *B.-O. Bryde*, Verfassungsentwicklung, 1982, S. 431 ff. Eine "Verabschiedung" des Begriffs "Verfassungswandel" propagiert mein Beitrag, aaO., S. 129 f. Siehe aber aus verfassungsgeschichtlicher Sicht den bemerkenswerten Sammelband von M. Kirsch/P. Schiera (Hrsg.), Verfassungswandel um 1848 im europäischen Vergleich, 2001.

"obiter Dictum", in Gestalt der "dissenting vote". Man vergegenwärtige sich, wie im US-Supreme Court "im Laufe der Zeit" alternative Verfassungsinterpretation, die sich in Sondervoten ankündigte, zur Mehrheit wurde. Im deutschen BVerfG gibt es für ein Sondervotum von Frau *Rupp-von Brünneck* ein Parallelbeispiel (BVerfGE 32, 129 (142) bzw. E 53, 257 (289)). In Spanien kennt sogar die Verfassung selbst das verfassungsrichterliche Sondervotum (Art. 164), in Italiens Corte Costituzionale wird hierüber seit Jahren diskutiert. Sondervoten und ihre Wirkkraft sind ein Beleg für die Verfassung als "öffentlicher Prozess".

5. Ein Ensemble von staatlichen und nichtstaatlichen *"Zukunfts-Kommissionen"* kann Reformfragen initiieren, auf den Weg bringen – sozusagen als "Vorverfahren"[60]. Der Beispielsbogen reicht von der formell eingesetzten parlamentarischen Enquetekommission[61], etwa zur "Verfassungsreform" (1970), dem Sachverständigenrat "Schlanker Staat" oder Reform des Umweltrechts (UWG-Buch) über gesellschaftlich/staatliche "Zukunftskommissionen" (Beispiel bayrisch/sächsische Zukunftskommission, Bericht von 1997[62]) bis zu wissenschaftlichen Reform- bzw. Zukunftskreisen bzw. -gremien[63]. Auch "Gemeinsame Worte" der beiden Kirchen in Deutschland, 1997 z.B. zu den Herausforderungen durch Migration und Flucht[64], können Reformpotentiale erschließen[65], sogar private Stiftungen wie die *Ludwig-Erhard*-Stiftung mit ihrem 6 Punkte-Programm 1998[66], der Deutsche Juristentag (im Jahre 2001 in Nürnberg auch der Europäische Juristentag[67]) oder einzelne kritische Intellektuelle wie *N. Bobbio* in Italien, *J. Habermas*, *G. Grass* oder *J. Reich* in Deutschland, *R. Dahrendorf* in Europa, *A. Muschg* in der Schweiz. Als Beispiel für eine "überflüssige" Reform, die auch die Intellektuellen nicht verhinderten, darf die Rechtschreibungsreform gelten (BVerfGE 98, 218), als Beispiel für eine gescheiterte die Föderalismusreform.

---

60 Dazu näher mein Beitrag: Das Grundgesetz vor den Herausforderungen der Zukunft, FS Dürig, 1990, S. 3 (10 ff.). Im Jahre 2001 umstritten war und ist die Bildung eines "Nationalen Ethikrates" an der Enquete-Kommission des Bundestages vorbei (dazu *M. Schröder*, Die Institutionalisierung des Nationalen Ethikrates: Ein bedenklicher Regierungsakt?, NJW 2001, S. 2144 ff.).
61 Dazu aus der Lit.: *P. Badura*, Staatsrecht, 3. Aufl. 2003, S. 10 f., 48 ff. Zur "Gemeinsamen Verfassungskommission" (1991/93) *ders.*, ebd. S. auch *R. Scholz*, Aufgabe und Grenzen einer Reform des Grundgesetzes, FS Lerche, 1993, S. 65 ff.
62 Zit. nach FAZ vom 28. Nov. 1997, S. 16, Stichworte: "unternehmerische Wissensgesellschaft", ehrenamtliche "Bürgerarbeit".
63 Z.B. P.L. Berger (Hrsg.), Die Grenzen der Gemeinschaft, Ein Bericht der Bertelsmann Stiftung zu dem Club of Rome, 1997.
64 "... und der Fremdling, der in deinen Toren ist", FAZ vom 5. Juli 1997, S. 8.
65 S. auch das Gemeinsame Wort "zur wirtschaftlichen und sozialen Lage in Deutschland: Für eine Zukunft in Solidarität und Gerechtigkeit", FAZ vom 1. März 1997, S. 1, oder die Thesen zur Arbeitsmarktpolitik bzw. die "Elemente für einen neuen Beschäftigungspakt aus der Feder des Zentralkomitees der deutschen Katholiken": "Gemeinnützige Arbeit muss aufgewertet werden" (FAZ vom 2. Okt. 1997, S. 19).
66 FAZ vom 27. März 1998, S. 17: z.B. Rückführung der Staatsverschuldung bzw. auch kapitalgedeckte Alterssicherung etc.
67 Dazu der Sammelband 1. Europäischer Juristentag (1st European Jurists Forum, 1ère Journée des Juristes Européens) Nürnberg, 2001, u.a. mit den folgenden Themen: I. Der Bürger in der Union, II. Gemeinschaftsweite Unternehmenstätigkeit, III. Justitielle Zusammenarbeit in der Union.

III. Ausblick

Wodurch ist bedingt, ob eine offene Gesellschaft "rechtzeitig" die Kraft zu Reformen findet? Gibt es eine näher bestimmbare "Stunde der Reform"? Wie hoch können die "Kosten" verpaßter Reformen sein – bis hin zu gewaltsamen Auseinandersetzungen? Insofern müssen Reformen in der Demokratie "Akzeptanz" haben. Reformideen springen gerne über Ländergrenzen und Kontinente bzw. Räume hinweg, wie wir bei Rezeptionen einzelner Institutionen des Verfassungsstaates (Ombudsmann, Verfassungsgerichtsbarkeit etc.) beobachten können. Was sind die kulturellen Bedingungen für "gelingende" Rezeptionen?[68] – etwa, dass sie im aufnehmenden Verfassungsstaat *produktiv* fortgedacht werden? Vermutlich könnte erst eine umfassende empirische Bestandsaufnahme (z.B. der Reformen in Osteuropa seit 1989 und steckengebliebener Verfassungsänderungen etwa in westeuropäischen Staaten) weiterhelfen. Gibt es Nationen, die für Reformen besonders "begabt" sind – wie die Franzosen für Revolutionen? – sie haben auch das Thema Arbeitslosigkeit erstmals (1998) kollektiv in ihrer verfassungsstaatlichen Öffentlichkeit durch die Betroffenen selbst auf die Tagesordnung gesetzt mit Rückwirkungen auf die europäische Öffentlichkeit[69].

Wie dem auch sei: An dieser Stelle konnten nur einige der verfassungsstaats- und menschheitsbezogenen Reformbedürfnisse namhaft gemacht werden, wobei Menschenwürde und Demokratie, Menschheitswerte sowie der Glaube an Kunst und Kultur "letzte" sinnstiftende Orientierungswerte darstellen. Das "Prinzip Hoffnung" und das "Prinzip Verantwortung" bleiben die intellektuellen Vorbedingungen des Nachdenkens über den Verfassungsstaat und seine Reformbedürfnisse, Reformnotwendigkeiten – und hoffentlich auch – Reformmöglichkeiten.

D. Reformfragen in Europa im engeren und weiteren Sinne

I. Die EU-Ebene

Wege und Verfahren, auch Sachthemen (etwa die Grundwerte-Charta) wurden bereits genannt[70]. Im Übrigen kann die Agenda der EU[71] nicht einmal in Stichworten er-

---

[68] Zum Versuch einer *kulturwissenschaftlichen* Konzeption der "Reform" vgl. mein Votum, in: G. Müller u.a. (Hrsg.), Zur Funktion des Rechts für die Reform staatlicher Institutionen, 1993, S. 64 f.

[69] Dass Reformen gelingen können, zeigt das viel berufene Beispiel Schweden, das den Sozialstaat modernisierte, oder Holland, in dem ein flexibleres Arbeitsrecht geschaffen wurde, auch die USA, die neue Dienstleistungsindustrien aufbauten; im Übrigen Südafrika dort, viele neue Schweizer Kantonsverfassungen hier. Auf der Weltebene ermutigen die punktuellen Umweltschutzkonventionen (z.B. zur Artenvielfalt). Auch die bis jetzt gelungenen Etappen des Projekts "Europa" im engeren Sinne (von 1957 bis 1998) und im weiteren Sinne (1949 bis heute) sind positiv zu erwähnen.

[70] Zu Nizza: *E. Brok*, Der Vertrag von Nizza: Wird die EU handlungsunfähig?, FAZ vom 13. Jan. 2001, S. 11; *W. Hummer/O. Obwexer*, Der Vertrag von Nizza, 2001. – Vgl. auch den privaten Entwurf einer europäischen Verfassung seitens Münchner Juristen, SZ vom 1. Dez. 2000, S. 6: "Kühne Visionen in 350 Artikeln" (z.B.: "Die Union soll sich über einheitliche Steuern selbst finanzieren"); *W. Weidenfels*, Die europäische Zeitwende. Über den Gipfel von Nizza ist die Geschichte längst hinweggegangen, FAZ vom 2. Dez. 2000, S. 8; das (vorläufige?) Nein aus dem

wähnt werden. Genügen muss der Hinweis, dass systematisch das Reformproblem am Ende dieser europäischen Verfassungslehre anzusiedeln ist. Verwiesen sei auch auf ein zweites Phänomen. Wo, wie im Rahmen der EU, eine Verfassungsgemeinschaft erst im Werden ist, wo die notwendige Infrastruktur zum Teil erst noch geschaffen und der konstitutionelle Rahmen weiterentwickelt werden muss, gehen die Reform der Institutionen und der Konstitutionalisierungsprozess als solcher Hand in Hand. Die – vermeintliche – Ungleichzeitigkeit einer Reform von schon Bestehendem und der Schaffung von völlig Neuartigem ist aufgehoben. Reformprozesse werden *qualitativ* zu Konstitutionalisierungsprozessen und das konstitutionelle Europa von heute verdankt einen wesentlichen Teil seiner Identität dem kreativen Potential seiner Reformfreudigkeit und -offenheit.

II. Das Europa im weiteren Sinne von Europarat und OSZE

Inhaltlich seien einige Merkposten konstitutioneller Einzelelemente genannt: das Minderheitsschutzabkommen und seine Umsetzung, die effektivere Gestaltung der OSZE und ihrer Projekte. Dass Reformen möglich sind, hat sich jüngst am Beispiel der EMRK bzw. des EGMR gezeigt. Vermutlich besteht die Reformchance auch darin, dass Stück für Stück einzelne konstitutionelle Elemente in der sich verdichtenden Verfassungsgemeinschaft des Europa im weiteren Sinne eingefügt werden. Die Assoziationsverträge der EU dürften weit ausstrahlen und auf eine Weise konstitutionell "vorwirken"[72]. Die erwähnten Standards gemeineuropäischen Verfassungsrechts dürften allenthalben als Richtschnur wirken. Die Wiedereinführung des Rechtsstaatsprinzips in Serbien ermutigt. Russlands Gebaren in Tschetschenien entmutigt. Wichtig bleibt, dass konstitutionelle Strukturen in der europäischen Öffentlichkeit so präsent bleiben, dass sich kein europäisches Land dem bei seinen Reformen entziehen kann. Umgekehrt muss

---

europäischen "Musterknaben" Irland gegen den Vertrag von Nizza (Juni 2001). Schon wird von einem "Abschied von Nizza" gesprochen: *A. Epiney u.a.*, Der Vertrag von Nizza, DVBl. 2001, S. 941 ff. Eine Post-Nizza-Konferenz 2004 (Konvent) hätte das bisherige Normengeflecht überschaubarer, transparenter und bürgernäher zu machen: i.S. der Schweizer BV-Praxis der sog. "Nachführung". Gegen den "Intergouvernementalismus" à la Nizza; *E. Pache/F. Schorkopf*, Der Vertrag von Nizza, NJW 2001, S. 1377 ff. S. auch *R. Streinz*, Die Abgrenzung der Kompetenzen zwischen der EU und den Mitgliedstaaten, BayVBl 2001, S. 481 ff. S. noch Anhang.

71 Z.B. *I. Pernice*, Kompetenzabgrenzung im Europäischen Verfassungsverbund, 2000. – Stichworte sind: Rückübertragung von europäischen Zuständigkeiten an die Mitgliedstaaten in der Agrar- und Strukturpolitik; Renationalisierung der Regionalpolitik? Siehe auch noch *H.D. Jarass*, Die Kompetenzverteilung zwischen der Europäischen Gemeinschaft und den Mitgliedstaaten, AöR 121 (1996), S. 174 ff.; *I. Boeck*, Die Abgrenzung der Rechtsetzungskompetenzen von Gemeinschaft und Mitgliedstaaten in der EU, 2000. Zur "Kompetenzerschleichung" durch die Organe der EG bei der Tabakwerbeverbotslinie kritisch (im Anschluss an den EuGH): *H.-P. Schneider*, Grenzen der Rechtsangleichung in Europa, FAZ vom 16. Okt. 2000, S. 12. Der hier erwähnte EuGH-Richterspruch gegen das Tabakwerbeverbot ist ein prekärer Mosaikstein der Kompetenzabgrenzung zwischen Mitgliedstaaten und Gemeinschaft.

72 Durch den Stabilisierungs- und Assoziierungsprozess (SAP) bereitet die EU die künftige Mitgliedschaft der Beitrittskandidaten vor. Sie erfüllt damit eine "Leitfunktion" im europäischen Einigungsprozess.

das "alte" Europa sensibel bleiben für etwaige Innovationen aus anderen Teilen Europas.

III. Wechselwirkungen zwischen den nationalen und europäischen Reformproblemen

Immer wieder wurde in dieser europäischen Verfassungslehre erkennbar, dass zwischen den nationalen Reformnöten und -lösungen sowie den europäischen eine Wechselwirkung besteht. Gewiss, es gibt auch streng national bleibende Reformfragen, etwa der schwierige Weg Italiens vom Regionalismus zu einem "neuen Regionalismus" oder zu Vorformen des Föderalismus[73]. Gleichwohl sind sehr viele nationale Reformfragen erst im Kontext zu anderen Nationen bzw. Europas lösbar, man denke an den Umweltschutz europaweit. Was die Texte angeht, so zeigt sich, wie einerseits schon im Ganzen "europäischen Haus" eine lebendige Rezeptions- und Produktionsgemeinschaft besteht. Zunehmend wachsen aber auch die nationalen Wissenschaftlergemeinschaften zusammen, so wie die nationalen Verfassungsgerichte längst ihr gemeinsames Forum haben.

Bei all dem sei das *Regionale* betont. Es gibt viele typische regional bleibende Verantwortungsgemeinschaften im gemeinsamen Europa, etwa der Nordseerat oder das Zusammenwirken der "Visegradländer" in Osteuropa. Die Kooperationsformen reichen von informellen, teilweise rein konsultativen, teilweise schon institutionalisierten Abspracheformen ("ARGE") über die "Euregiones" bis hin zur Übertragung von Hoheitsrechten auf "unterstaatliche" politische Einheiten nach dem Modell von Art. 24 Abs. 1 a GG.[74] Die gleichen Beitrittsbedingungen des Europarats schaffen zwar viel "Homogenität", Gleiches gilt für die "Kopenhagener Beitrittsbedingungen" (1993) für die EU, doch müssen die nationalen und regionalen Besonderheiten innerhalb des einen Europa vital bleiben und von der europäischen Verfassungslehre wissenschaftlich unterstützt werden. Dem dienen u.a. die Konzeption der Rechtsvergleichung als Vergleich und Anerkennung, auch des Ungleichen, die Betonung der Subsidiarität, der Achtung der "nationalen Identität", des Respekts vor dem "nationalen Kulturgut" etc.

IV. Wechselwirkungen und Abhängigkeiten mit anderen Kontinenten und der "Verfassung der Völkergemeinschaft"

Das osmotische Miteinander *sich verfassender Teilordnungen*, in dieser Verfassungslehre für das Europa im engeren und weiteren Sinne modellhaft entwickelt[75],

---

73 Dazu aus der Lit. mein Beitrag Zwei Aspekte der Verfassungsreform in Italien (1997), FS Leser, 1998, S. 399 ff. m.w.N.; *A.A. Cervati u.a.*, Studi sulla riforma costituzionale, 2001.

74 *K. Rennert*, Grenznachbarschaftliche Zusammenarbeit, FS E.-W. Böckenförde, 1995, S. 199 f., 200, 201 ff.; vgl. schon *H. Heberlein*, Kommunale Außenpolitik als Rechtsproblem, 1989, S. 31 ff.; *U. Beyerlin*, Grenzüberschreitende Zusammenarbeit benachbarter Gemeinden und auswärtige Gewalt, in: A. Dittmann/M. Kilian (Hrsg.), Kompetenzprobleme der Auswärtigen Gewalt, 1982, S. 109 ff. – Was hier für die kommunale Zusammenarbeit ausgeführt wird, kann auch manche Anregungen für das Profil regionaler Verantwortungsgemeinschaften haben.

75 Vgl. auch noch *P. Häberle*, Die europäische Verfassungsstaatlichkeit, in: *ders.*, Europäische Verfassungslehre in Einzelstudien, 1999, S. 64 ff., 89 ff.; *D. Th. Tsatsos*, Die europäische Unions-

sollte auf internationaler Ebene Schule machen und dem Gedanken einer sich verfassenden Völkergemeinschaft neue Impulse verleihen. Die Idee einer internationalen "society of communities in formation"[76] ist ohnehin kein völkerrechtliches Novum. Schon *Alfred Verdross* entwickelte in seiner 1923 erschienenen Schrift über die "Einheit des rechtlichen Weltbildes auf Grundlage der Völkerrechtsverfassung" eine monistische Rechtstheorie, die die Völkerrechtsverfassung zur Grundlage eines einheitlichen Rechtssystems macht[77] – weitere Theorieentwürfe stammen von *Rudolf Bindschedler*[78], *Alf Ross* oder *C.W. Jenks* ("constitutional law of international organisations")[79]. Doch auf der anderen Seite gewinnt Europa ein Stück seiner kulturellen und rechtlichen Identität auch in spannungsreichen Austauschprozessen mit der Völkergemeinschaft als solcher, mit überseeischen Ländern und anderen Kontinenten. Diese Wechselwirkungen seien nur als Stichwort vermerkt. Der europäische Verfassungsstaat bzw. die einzelnen europäischen Länder sowie das ganze Europa als Verfassungsgemeinschaft verdanken viel den USA (nicht nur die "Federalist Papers"!), sie sollten aber auch Lateinamerika, ja sogar Afrika wissenschaftlich im Auge behalten. In dieser europäischen Verfassungslehre ist dies vereinzelt geschehen, etwa beim Blick auf die Grundrechtsentwicklungsklausel in Guatemala und (alte) Verf. Peru sowie der Kanonisierung der Rechtsvergleichung in Südafrika. Auf der völkerrechtlichen Ebene entwickeln sich beachtliche Konstitutionalisierungsvorgänge. Sie zeigen sich nicht nur bei der Wirkung der Menschenrechtspakte, vor allem ihrer Präambeln[80], sie sind auch sonst nachweisbar, zuletzt bei den Internationalen Kriegsverbrechertribunalen in Ruanda und Den Haag, auch beim Gerichtshof in Rom[81]. M.a.W.: die europäische Verfassungslehre müsste

---

grundordnung, EuGRZ 1995, S. 287 ff.; vgl. auch *R. Streinz*, Der Verfassungsstaat als Glied einer europäischen Gemeinschaft, DVBl. 1990, S. 949 ff.; *ders.*, Europarecht, 6. Aufl. 2003, S. 135, zu den Gemeinschaftsverträgen als "Verfassung" der EG/EU.

76   *G. McGhee*, International Community, 1992, S. 39; zu den Entwicklungsbedingungen einer internationalen Rechtsgemeinschaft vgl. auch *G. Schwarzenberger*, Über die Machtpolitik hinaus?, 1968, S. 43 ff.; zu ersten Ansätzen eines "Recht(es) der Gemeinschaft", eines "International Law of Co-Ordination" siehe *ders.*, Machtpolitik, 1955, S. 136 f., und *ders.*, The Frontiers of International Law, 1962, S. 34 ff. Aus rechtsvergleichender Sicht *C.W. Jenks*, The Common Law of Mankind, 1958, S. 169 f., 414: "International law is in process of development from the law of a unorganised society into that of an organised community". Vgl. auch *W. Hertel*, Supranationalität als Verfassungsprinzip, 1998, S. 87.

77   *A. Verdross*, Die Einheit des rechtlichen Weltbildes auf Grundlage der Völkerrechtsverfassung, 1923, S. 126 ff.; programmatisch fortgeführt in *ders.*, Die Verfassung der Völkerrechtsgemeinschaft, 1926; siehe schließlich auch *ders./B. Simma*, Universelles Völkerrecht, 3. Aufl. 1984, S. 59 f.

78   *R. Bindschedler*, Rechtsfragen der europäischen Einigung, 1954, S. 21.

79   *C.W. Jenks*, The Common Law of Mankind, 1958, S. 26.

80   Dazu *M. Kotzur*, Theorieelemente des internationalen Menschenrechtsschutzes, 2001.

81   Dazu *J.P. Müller*, Kolloquium Wildhaber, 1997; Text des Statuts: A/CONF. 183/9 vom 17. Juli 1998, deutsche Übersetzung in: EuGRZ 1998, S. 618 ff. Aus der Lit.: *Ch. Tomuschat*, Das Statut von Rom für den internationalen Strafgerichtshof, Friedens-Warte 73 (1998), S. 335 ff.; *A. Zimmermann*, Die Schaffung eines ständigen internationalen Strafgerichtshofs, ZaöRV 58 (1998), S. 47 ff.; *C. Stahn*, Zwischen Weltfrieden und materieller Gerechtigkeit: Die Gerichtsbarkeit des Ständigen Internationalen Strafgerichtshofs (IntStGH), EuGRZ 1998, S. 577 ff., 590 f.; *U. Fastenrath*, Der Internationale Strafgerichtshof, JuS 1999, S. 632 ff.; *K. Ambos*, Der neue Internationale

offen sein für eine amerikanische oder afrikanische Verfassungslehre bzw. ihre über sie vermittelten gemeinsamen Völkerrechtsprinzipien. Dass bereits über "Gemeinislamisches Verfassungsrecht"[82] nachgedacht wird, ist eine Ermutigung.

Gemeinsamer, kulturwissenschaftlich immer neu zu erschließender Bezugspunkt des hier skizzierten gegenseitigen Gebens und Nehmens zwischen der Europäischen Verfassungsgemeinschaft und der um verfassende Strukturen ringenden Völkerrechtsgemeinschaft ist der beide Dimensionen umfassende Gedanke der Menschheit.

Die "*Menschheit*" ist in jüngster Zeit zum Bezugssubjekt bzw. -objekt neuen Völkerrechts geworden, was mit der Menschheit als innerverfassungsstaatlicher "Figur" zusammengedacht werden sollte. Die Meeresbodenprinzipien-Deklaration der UN (1970) erklärte den Meeresboden und Meeresgrund zum "gemeinsamen Erbe der Menschheit"[83]. Ähnliches wurde später für die Antarktis gefordert[84]. Der "Mondvertrag" (1979) erklärt den Mond und seine natürlichen Ressourcen zum "common heritage of mankind"[85]. Art. 22 Abs. 1 der Afrikanischen Menschenrechtserklärung (1982) spricht allen Völkern u.a. ein Recht auf "gleichmäßige Beteiligung an dem gemeinsamen Erbe der Menschheit" zu[86]. Jüngst macht die Idee des "common concern of mankind" "Weltkarriere"[87]. So dürfte das Common heritage-Prinzip zu einem völkerrechtlichen "Schlüsselbegriff" werden[88] und in die Nähe der allgemeinen Rechtsgrundsätze rücken[89]. Der Be-

---

Strafgerichtshof – ein Überblick, NJW 1998, S. 3743 ff. (3746); *ders.*, „Verbrechenselemente" sowie Verfahrens- und Beweisregeln des Internationalen Strafgerichtshofs, NJW 2001, 405 ff.

82 Dazu *E. Mikunda*, Der Verfassungsstaat in der islamischen Welt, in: M. Morlok (Hrsg.), Die Welt des Verfassungsstaates, 2001, S. 151 ff.

83 Dazu *A. Verdross/B. Simma*, Universelles Völkerrecht, 3. Aufl. 1987, S. 737; *W. Graf Vitzthum*, Der Rechtsstatus des Meeresbodens, 1972, S. 247 ff., 358. Zu dieser "grandiosen Wortprägung" des maltesischen Botschafters *A. Pardo* (1967): *T. Oppermann*, Vom Marktbürger zum EG-Bürger, Lüneburger Symposium für H.P. Ipsen, 1988, S. 87. *Pardo* umschreibt dieses neue Konzept als "a new legal principle" (zit. nach *K. Ipsen*, Völkerrecht, 3. Aufl. 1990, S. 704). S. auch *D. Rauschning*, Gemeinsames Erbe der Menschheit, HdUR, 1. Bd., 2. Aufl. 1994, Sp. 853 ff. Der Gedanke des gemeinsamen Menschheitserbes erstreckt sich auch auf das Weltkulturerbe. Die Unesco erweiterte 2001 den Weltkulturerbe-Begriff auf Mündliches und Traditionelles wie die chinesische Oper und das japanische Nogako-Theater (FAZ vom 22. Mai 2001).

84 Dazu *Verdross/Simma*, aaO., S. 747.

85 Dazu *Verdross/Simma*, aaO., S. 761.

86 Zur entsprechenden Tendenz der *Unesco* vgl. *E.H. Riedel*, Theorie des Menschenrechtsstandards, 1986, S. 213. – Vgl. Satzung der UNESCO (1945), Art. 1 Ziff. 2 lit. c: "Schutz des Erbes der Welt an Büchern, Kunstwerken und Denkmälern der Geschichte und Wissenschaft...".

87 In der Klimakonvention (1990), dazu *R. Schmidt*, Einführung in das Umweltrecht, 4. Aufl. 1995, S. 196. S. auch *J. Brunnée*, "Common Interest"-Echoes from an Empty Shell?, ZaöRV 49 (1989), S. 791 ff.; *A. Rest*, Ökologische Schäden im Völkerrecht, Natur und Recht, 1992, S. 155 (158 f.).

88 Vgl. *W.A. Kewenig*, Common heritage of mankind – politischer Slogan oder völkerrechtlicher Schlüsselbegriff?, FS Schlochauer, 1981, S. 385 ff.; *E. Riedel*, Menschenrechte der dritten Dimension, EuGRZ 1989, S. 9 ff., 15; *R. Dolzer*, Die Deklaration des Kulturgutes zum "common heritage of mankind", in: R. Dolzer/E. Jayme/R. Mußgnug, Rechtsfragen des internationalen Kulturgüterschutzes, 1994, S. 13 ff.; *M.Y.A. Zieck*, the Concept of "Generations" of Human Rights and the Right to Benefit from the Common Heritage of Mankind with Reference to Extraterrestrial Realms, VRÜ 25 (1992), S. 161 ff., 177 ff.; *R.St.J. McDonald*, The Common Heritage of Mankind, FS Bernhardt, 1995, S. 153 ff.

89 Dazu *R. Wolfrum*, The Principle of the Common Heritage of Mankind, ZaöRV 43 (1983), S. 312 ff., bes. S. 333 ff. – *R.St.J. McDonald*, The Common Heritage of Mankind, FS Bernhardt, 1995,

zug zum Gedanken der Menschheit als "zumindest vorletztem Geltungsgrund des Völkerrechts"[90] gewinnt an Boden.

All dies gehört zur Tendenz des Völkerrechts, "von einem bloßen Zwischenmächterecht zur Rechtsordnung der vielfach gegliederten Menschheit ausgestaltet zu werden"[91].

Hier bleibt die These der klassischen Schule von Salamanca wegleitend, wonach das "bonum commune humanitatis" das Ziel des Völkerrechts bilde (*F. de Vitoria*)[92]. Die wachsende Bedeutung der Menschenrechte im Völkerrecht, der Kulturgüterschutz sowie das Weltraum- und Umweltrecht sind geeignete Elemente, dieses zum "*Menschheitsrecht*" reifen zu lassen. Die "Rückwendung zum Naturrecht" (*U. Scheuner*) gehört in das Gesamtbild. Die erwähnten Klassikertexte aus "Weimar", "Königsberg" bzw. dem Deutschen Idealismus und seiner "Menschheitsbotschaft" (*F. Schillers/v. Beethovens* "Neunte") erleichtern diese Wege.

V. Europäische Verfassungslehre als Kulturwissenschaft – Selbstbescheidung

Die volle Entfaltung einer europäischen Verfassungslehre als Kulturwissenschaft ist wohl eine Jahrhundertaufgabe. Nötig wäre eine Quintessenz aus allen gleichberechtigt zu nehmenden nationalen Wissenschaftlergemeinschaften der europäischen Länder samt dem, was die Rechtswissenschaft allgemein und in den Farben der derzeit 25 EU-Mitgliedsstaaten erarbeitet hat. So bleibt dieses Buch von heute mehr als fragmentarisch. Nötig wäre ein Gemeinschaftswerk in Raum und Zeit. Das glückliche Bild vom "Europäischen Haus" müsste noch deutlicher verfassungs- und europatheoretisch umgesetzt werden. Leitbild hätte das Wort vom "*weltoffenen Europa*" zu sein; der europäische Jurist steht in seinem Dienst. Die normative Kraft der offenen europäischen Verfassung als Ensemble von Teilverfassungen ist immer wieder gefährdet, aber auch herausgefordert, etwa in Gestalt der Europäisierung des Balkans als Friedensauftrag. Die Wissenschaft hat eine hohe, aber selbstbescheiden zu verstehende Aufgabe. So wie sie die Reformschritte Europas als Stückwerktechnik i.S. *Poppers* einordnet, kann sie selbst

---

S. 153 ff., prophezeit der "Common Heritage story" nach Mondvertrag und Seerecht-Konvention eine weitere Zukunft (S. 171).

90 *E.H. Riedel*, Theorie der Menschenrechtsstandards, 1986, S. 341. In diesem Kontext ist auch das Verhältnis von Völker- und Europarecht immer wieder kritisch zu beleuchten, dazu etwa der Sammelband von B. Simma/C. Schulte (Hrsg.), Völkerrecht und Europarecht in der aktuellen Diskussion, 1999; s. auch *A. Weber*, Menschenrechte, 2004.

91 *Verdross/Simma*, aaO., S. 916. Später *A. Bleckmann*, Allgemeine Staats- und Völkerrechtslehre: Vom Kompetenz- zum Kooperationsvölkerrecht, 1995.

92 Zit. nach *Verdross/Simma*, aaO., S. 915. Zum geplanten "Weltstrafgesetzbuch" der UN: *M. Reichart*, ZRP 1996, S. 134 ff.; vgl. auch *S. Ulrich*, Die Welt bekommt Recht, SZ vom 1. Feb. 2001, S. 4; *C.H. Safferling*, Zum aktuellen Stand des Völkerstrafrechts, JA 2000, S. 164 ff. Das von der deutschen Bundesjustizministerin *Däubler-Gmelin* im Mai 2001 angekündigte deutsche "Völkerstrafgesetzbuch" ist eine beachtliche Initiative (FAZ vom 4. Mai 2001, S. 12). In diesem Kontext dürfen auch die Bemühungen der regionalen Verantwortungsgemeinschaften, allen voran der EU, zur Entwicklung einer leistungsfähigen Strafrechtspflege nicht unbeachtet bleiben, vgl. z.B. *G. Dannecker*, Strafrecht in der Europäischen Gemeinschaft, JZ 1996, S. 809 ff.

nur Stückwerk leisten. Aber dies vielleicht letztlich gemeinsam mit dem Europäischen Bürger, in dessen Dienst jeder Rechtstext, jedes richterliche Urteil und jedes wissenschaftliche Paradigma steht. Auch der Wissenschaftler ist (nur) ein Europabürger, gewiss in der europäischen Gelehrtenrepublik gewachsen, aber nicht um seiner selbst willen.

Anhang:
"Versuch und Irrtum" in der jüngsten
Verfassungsentwicklung der EU

Erster Teil:
Die Herausforderungen des europäischen Juristen vor
den Aufgaben unserer Verfassungs-Zukunft:
17 Entwürfe auf dem Prüfstand

*I. "Schaulaufen" und "Konkurrenz" der jüngsten Verfassungsentwürfe –
der eigene Ansatz*

Im Folgenden sei ein kleiner Vergleich der bislang zugänglichen EU-Verfassungsentwürfe einschließlich des *Giscard*-Textes unternommen[1]. Sie bilden schon jetzt ein Stück europäischer Öffentlichkeit, das Internet schafft ein neues Forum für "Öffentlichkeit und Verfassung" sowie "Identität aus Verfassung"[2], und sie bleiben auch dann von nicht nur wissenschaftlicher Relevanz, wenn sie im Ganzen und Einzelnen im Entwurfsstadium verharren; die buchstäblich "potentielle" Relevanz von *Entwurfs*verfassungs*texten* haben wir nicht zuletzt dank mancher sog. Privatentwürfe vor allem in der

---

[1] Eine erste Bestandsaufnahme zu den Verfassungsentwürfen findet sich bei *W. Loth*, Entwürfe einer europäischen Verfassung – eine historische Bilanz, 2002; aus der Lit. vgl. darüber hinaus *Th. Oppermann*, Vom Nizza-Vertrag 2001 zum Europäischen Verfassungskonvent 2002/2003, DVBl. 2003, S. 1 ff.; *J. Schwarze*, Europäische Verfassungsperspektiven nach Nizza, NJW 2002, S. 993 ff.; *F.-J. Lindner*, Der Konvent zur Zukunft Europas – Ein Überblick über die aktuelle europäische Reformagenda, BayVBl. 2002, S. 513 ff.; *R. Wägenbaur*, Zur Zukunft der Europäischen Union: Was bringt die Erklärung von Laeken?, ZRP 2002, S. 94 f.; *N.K. Riedel*, Der Konvent zur Zukunft Europas. Die Erklärung von Laeken zur Zukunft der Europäischen Union, ZRP 2002, S. 241 ff.; *W. Hummer*, Vom Grundrechte-Konvent zum Zukunfts-Konvent – Semantische und andere Ungereimtheiten bei der Beschickung des Konvents zur Zukunft Europas, ZParl 2002, S. 323 ff.; *I. Pernice*, Welche Verfassung braucht Europa?, WHI Paper 3/02, http://www.whi-berlin.de/pernice-thesen.htm. Auf die folgenden Verfassungsentwürfe sei vorab verwiesen: Vorschläge der CDU und CSU für einen europäischen Verfassungsvertrag vom 26. November 2001, http://www.cdu.de/europapolitik.pdf; Beschluss der SPD zur Europapolitik, November 2001, Beschluss E 1 – Verantwortung für Europa – Deutschland in Europa, http://www.spd-parteitag.de/servlet/PB/Menu/1002021/index.html; A Constitution for a Strong Europe, Document adopted by the European Peoples' Party Congress of 18 October 2002, Estoril (Portugal), http://www.whi-berlin.de; Priorities for Europe: The Party of European Socialists in the Convention on the Future of Europe, http://www.whi-berlin-de; ebenfalls unter http://www.whi-berlin.de finden sich: Constitutional Treaty of the European Union and Related Documents by *A. Dashwood, M. Dougan, Ch. Hillion, A. Johnston, E. Spaventa*; Entwurf einer Verfassung der Europäischen Union von *E.O. Paciotti*, Mitglied des Konvents; Ein Verfassungsmodell für eine Föderale Europäische Union von *A. Duff*, Mitglied des Konvents; Eine Europäische Verfassung von *R. Badinter*, stellvertretendes Mitglied des Konvents; Verfassung der Europäischen Union – Diskussionspapier von *E. Brok*, Mitglied des Konvents; Entwurf: Verfassung der Europäischen Union von *J. Leinen*, Mitglied des Europäischen Parlaments. – Ein Teil der Texte ist zitiert in JöR 53 (2005) S. 517 ff.

[2] Siehe etwa *A. Bleckmann*, Die Wahrung der "nationalen Identität" im Unionsvertrag, JZ 1997, S. 265 ff.; *E. Pache*, Europäische und nationale Identität: Integration durch Verfassungsrecht?, DVBl. 2002, S. 1154 ff.; *S. Korioth* und *A. Bogdandy*, Europäische und nationale Identität: Integration durch Verfassungsrecht?, VVDStRL 62 (2003), S. 117 ff bzw. 156 ff.; *W. Graf Vitzthum*, Die Identität Europas, EuR 2002, S. 1 ff.

Schweiz (*Kölz/Müller*, 1. Aufl. 1984, 3. Aufl. 1995) gelernt. Im Folgenden seien stichwortartig Gemeinsamkeiten und Unterschiede der EU-Verfassungsentwürfe zur Sprache gebracht:

II. Gemeinsamkeiten der Entwürfe

1) Fast alle Entwürfe bedienen sich der "Kunstform" der Präambel, oft sogar besonders umfangreicher und dichter. Dies ist kein Zufall: Ein so tiefgreifender Konstituierungsakt wie die Schaffung einer europäischen Verfassung bedarf der spezifisch legitimierenden und integrierenden Kraft der Präambel, die dank ihrer bürgernahen, auch feierlichen Sprache, ihres Konzentratcharakters und ihrer den Zeithorizont (Vergangenheit, Gegenwart und Zukunft) umgreifenden Eigenschaft, seit langem in nationalen Verfassungen bewährt, jede europäische Verfassung eröffnen sollte[3].

2) Alle Verfassungsentwürfe sind oder nehmen in Anspruch "Vollverfassungen" zu sein, d.h. alle derzeit für die EU "wichtigen" Themen in Textform umzugießen[4]. Was "im Kleinen" die Verfassungen von föderalen Gliedstaaten bzw. Kantonen darstellen, sind sozusagen "im Großen" die neuen Entwürfe. Dabei mag es schon jetzt da und dort je nach Herkunftsnation nationale "Einfärbungen" geben, etwa aus Großbritannien, Spanien oder Italien, auch Deutschland. Der Begriff "Verfassungsvertrag"[5] verliert an Terrain (auch Engländer sprechen von "Constitution"). Die "Föderalisten" gewinnen gegenüber den "Supranationalisten" ein Stück Boden. Die aus den USA stammende Konventidee "europäisiert" sich[6].

3) Alle Entwürfe nehmen mehr oder weniger erkennbar Bezug auf die EU-Grundrechtecharta von Nizza[7], die ihrerseits aus schöpferischem Vergleich erarbeitete Rezeption ist; alle späteren EU-Grundrechte-Kataloge werden im Vergleich zu "Nizza" wegen der hohen Qualität eher "Nachführung" i.S. der Schweizer Verfassungsdiskussion sein, punktuelle Revisionen nicht ausgeschlossen.

---

3   Zu einer europaverfassungsrechtlichen Präambeltheorie meine Europäische Verfassungslehre, 2001/2002, S. 272 ff. in der ersten Auflage dieses Werkes.

4   Vgl. *S. Oeter*, Ansichten zur Gemeinschaftsverfassung, in: M. Hilf/Th. Bruha (Hrsg.), Perspektiven für Europa, Verfassung und Binnenmarkt, EuR 2002, Beiheft 3, S. 43 ff.

5   Siehe aber *J. Schwarze*, Europäische Verfassungsperspektiven nach Nizza, NJW 2002, S. 993 ff., 996 m.w.N.

6   Die Konventidee behandeln auch *F.-J. Lindner*, Der Konvent zur Zukunft Europas – Ein Überblick über die aktuelle europäische Reformagenda, BayVBl. 2002, S. 513 ff., 514; *R. Wägenbaur*, Zur Zukunft der Europäischen Union: Was bringt die Erklärung von Laeken?, ZRP 2002, S. 94 f.; *N.K. Riedel*, Der Konvent zur Zukunft Europas. Die Erklärung von Laeken zur Zukunft der Europäischen Union, ZRP 2002, S. 241 ff.; *D. Tsatsos*, Der Europäische Konvent, FS Fleiner, 2003, S. 749 ff.

7   Die Lit. ist unüberschaubar: etwa *I. Pernice*, Eine Grundrechte-Charta für die Europäische Union, DVBl. 2000, S. 847 ff.; *J. Schwarze*, Europäische Verfassungsperspektiven nach Nizza, NJW 2002, S. 934 ff.; *A. Weber*, Die Europäische Grundrechte-Charta auf dem Weg zu einer europäischen Verfassung, NJW 2000, S. 537 ff.; La Carta Europea dei Diritti (a cura di P. Costanzo), 2002; G. Zagrebelsky (a cura di), Diritti e Costituzione n'ell Unione Europea, 2003; *S. Hobe*, Die Verbürgung der Religionsfreiheit in der EU-Grundrechtcharta, FS Rüfner, 2003, S. 317 ff.

4) An durchgängig gemeinsamen Normenensembles seien eigens erwähnt: die in allen Entwürfen erfolgte Normierung der Unionstreue[8], wechselseitig bezogen auf Union wie Mitgliedstaaten, die Verankerung des Grundsatzes der Verhältnismäßigkeit und – oft im Verein mit ihm – des Prinzips der Subsidiarität, Pluralismus-Klauseln vor allem auf die Gebiete der Kulturen, der Religionen und Ethnien bezogen, schließlich optimale Anforderungen an Bürgernähe und Transparenz[9]. Mögen sich kleine Abweichungen in der Formulierung zeigen: In der Substanz besteht bei diesen Themen unter allen Entwürfen eine erstaunliche Übereinstimmung. Dass sie aus vielen Teilen Europas und aus vielen (auch akademischen) Gremien bzw. von Einzelpersonen kommen, ist bemerkenswert und zeigt, dass auch im *Entwurfs*stadium schon ein *gemeineuropäisches Verfassungsrecht* herangewachsen ist bzw. bekräftigt wird. Es ist zu hoffen, dass die in der Sache schon konsentierten Teile im Endverfahren rasch übernommen werden, da es auf anderen Feldern (etwa bei einer Gottes-Klausel, Stichwort: "Präambel-Gott" oder andere Gottesbezüge als Hinweis auf Transzendenz), dem Mehrheitsprinzip, auch der sog. "doppelten" – Mehrheit in Organen und Mehrheit der Völker – sowie den Elementen direkter Demokratie und dem EU-Präsidenten sowie dem EU-Außenminister mit "doppeltem Hut" oder der "Doppelspitze" ständiger Ratspräsident/gewählter Kommissionspräsident noch genug Dissens geben dürfte[10] und z.T. bis zum 13. Dezember 2003 gab. Erinnert sei auch an das Problem flexibler Kompetenzen und ihrer Kontrolle, etwa durch nationale Parlamente und den EuGH[11]. Der sensible, wahrlich transnationale Textvergleich will entlastend und integrierend wirken.

III. Insbesondere: der Strukturplan des Giscard-Entwurfs
(Konventspräsidium, Oktober 2002)

Ein Wort zum sog. "*Vorentwurf*" des Konventspräsidiums zu einem "Vertrag über die Verfassung für Europa" (Oktober 2002). Er ist ein exzellentes Dokument einer Verfassungspolitik für Europa, bemüht sich um ein hohes Maß an Transparenz, arbeitet fast in cartesianischer Systematik und bildet insofern eine Pioniertat, als er eine Art konstitutionelles Gerüst, einen Strukturplan für das einzuarbeitende Dickicht an mehr als 400 schon vorhandener "alter" Artikel des europäischen Vertragsrechts und etwaiger neuer Normen liefert. Schon die Einordung des Entwurfs in das bisherige Instrumenta-

---

8   Jüngst *P. Unruh*, Die Unionstreue, EuR 2002, S. 41 ff. m.w.N.
9   Zum Stichwort "Transparenz" vgl. *Ch. Heitsch*, Die Transparenz der Entscheidungsprozesse als Element demokratischer Legitimation der Europäischen Union, EuR 2001, S. 809 ff.
10   Dazu etwa Frankfurter Allgemeine Sonntagszeitung vom 19. Januar 2003, S. 2.
11   Vgl. *I. Pernice*, Kompetenzabgrenzung im europäischen Verfassungsverbund, JZ 2000, S. 866 ff.; *A. v. Bogdandy*, Die vertikale Kompetenzordnung in der EU, EuGRZ 2001, S. 441 ff.; *F.C. Mayer*, Die drei Dimensionen der europäischen Kompetenzdebatte, ZaöRV 2001, S. 577 ff.; *U. Everling*, Quis custodiet custodes ipsos, EuZW 2002, S. 357 ff. (in Bezugnahme auf *Goll/Kenntner*, Brauchen wir ein europäisches Kompetenzgericht?, ebd., S. 101 ff.); U. Leonardy (Hrsg.), Europäische Kompetenzabgrenzung als deutsches Verfassungspostulat, 2002; *B. Herchenhan*, Die Kompetenzabgrenzung zwischen der EU und ihren Mitgliedstaaten, BayVBl. 2003, S. 649 ff.

rium (nationaler) Verfassungspolitik ist schwierig. Man könnte von "Rahmenwerk" sprechen, auch von "konstitutionellem Baugerüst" oder "Skelett". Der Vorentwurf ähnelt in manchem der aus der "Werkstatt Schweiz" bekannten sog. "Nachführung" (Systematisierung, sprachliche Überarbeitung etc.) des Bestehenden auch "Fortschreibung", er arbeitet mit der Alternativen-Technik (z.B. in Art. 6 in Sachen Grundrechte-Charta), er bedient sich auf vielen Feldern der Rezeptionstechnik (z.B. bei der Subsidiarität und bei vielen einzelnen Politikfeldern), er schafft aber auch Neues bzw. steckt den Rahmen hierfür ab (z.B. in Art. 19 – Kongress der Völker Europas[12] – und in Art. 38 – Finanzierung aus Eigenmitteln der Union). Was immer von diesem Vorentwurf bzw. Bauplan übrigbleibt bzw. wie intensiv er auch den endgültigen Verfassungsvertrag prägen mag: Der *Giscard*-Entwurf ist in jedem Falle ein höchst respektables "Werkstück" europäischer Verfassungspolitik, ja -kunst, er leistet konstitutionelle Europa-Architektur.

Im Einzelnen nur dieses: Das Fehlen einer Skizzierung der Präambel ist bemerkenswert: sie, eine oft kunstvolle "Geist"-Klausel, in schon klassischer Tradition ein Konzentrat des nachstehenden Textes, im formalen Ductus eine prologhafte "Einstimmung" auf das Ganze, kann am besten erst im nachhinein gelingen, zu vieles hat der Verfassungskonvent noch selbst in den Grundsatzfragen (z.B. ein Gottes-Bezug?) inskünftig zu bestimmen – auch *Mozart* schrieb die Ouvertüre zu seinem "Don Giovanni" erst nach Vollendung dieser Meisteroper! Im Übrigen fällt auf: Das "Inhaltsverzeichnis" ("A.") und die "Kurzbeschreibung des Textes" ("B.") sind nicht deckungsgleich. Freilich erstaunt das Defizit in Sachen Kultur. Im Inhaltsverzeichnis sind im 2. Teil unter A5. IV. und V. Kultur bzw. allgemeine Bildung, berufliche Bildung, Jugend unter den Bereichen aufgeführt, "in denen die Union beschließen kann, eine unterstützende Maßnahme durchzuführen", man sucht aber in Art. 3 bei den sog. "Zielen der Union" vergeblich einen Passus, der an den Kulturartikel 151 EGV erinnert, ein Spiegelstrich nennt allein die "Förderung des technischen und des wissenschaftlichen Fortschritts". Im Positiven gar nicht überschätzt werden kann Titel II, d.h. "Unionsbürgerschaft und Grundrechte". Das Wort von der "doppelten Staatsbürgerschaft" ist eine z.T. geglückte, freilich auch provokante Prägung. Sie stellt nämlich den Bürger in den *gleichrangigen* Bezug zur Union und seinem eigenen Staat – freilich ist die Union nach wie vor kaum ein "Staat", auch wenn eine Passage wie der "föderale Modus" in Art. 1 dies nahe zu legen scheint. Art. 5 Abs. 2 verdient wegen seiner konzentrierten Zusammenfassung der mit der Unionsbürgerschaft verknüpften (bislang verstreuten) Rechte Beifall. Die Pluralismus-Klausel in Art. 1 wird noch viel Diskussionsstoff liefern (Plural in Bezug auf was: Kultur, Sprache, Religion, Ethnien?), ebenso die Zustimmung verdienende Postulierung des Grundsatzes einer "partizipatorischen Demokratie" (Art. 34), anders die Charta von Paris (1991) mit ihrer Festlegung auf die repräsentative Demokratie. Er ist wohl mehr als ein "Parteien-Artikel" – "Bürgervereinigungen" meint auch andere Gruppierungen, etwa die NGO's.

Abschließend seien drei in Artikelform gegossene Prinzipien erwähnt. Zum Ersten der ausdrückliche Werte-Charakter von Verfassungsordnungen (vgl. nur Art. 1 und Art.

---

12 Siehe dazu das Interview mit *V. Giscard d' Estaing*, SZ vom 23. Juli 2001, S. 8.

2: "Werte der Union" etwa Menschenwürde, Grundrechte, Demokratie, Rechtsstaat, Toleranz, s. auch Art. 3: Wahrung der gemeinsamen Werte, ferner Art. 45). Zum Zweiten ist die übergreifende Pflicht zur loyalen Zusammenarbeit der Mitgliedstaaten gegenüber der Union (Art. 8 Abs. 5), aber auch in den Beziehungen der Institutionen untereinander (Art. 14 letzter Spiegelstrich) zu erwähnen: ein weiterer Sieg von *Smends* "Bundestreue"[13]: Neben der Fortschreibung von Subsidiarität und Verhältnismäßigkeit (Art. 7 und 8 Abs. 3) sei die ausdrückliche Austritts-Klausel (Art. 46) erwähnt. Vom Verfassungsvertrags-Gedanken her ist sie wohl konsequent. Kommt es jedoch zu einem veritablen Akt der Verfassunggebung der beteiligten Völker (und Bürger) Europas, gäbe es einen Austritt – analog dem Austritt aus einem Bundesstaat, etwa in Deutschland: Bayern steigt aus der Bundesrepublik aus oder in Spanien: das Baskenland verlässt als sog. "Freistaat" das System der Autonomen Gebietskörperschaften –, so stellen sich brisante Fragen.

Im Ganzen: Das Dokument schafft ein Stück europäischer Öffentlichkeit, wie es deren Diskussionsforen schon voraussetzen – Verfassung durch Öffentlichkeit sowie Öffentlichkeit durch Verfassung[14]. Der Europa-Diskurs muss sich der Interdisziplinarität öffnen.

IV. Kurzanalyse der charakteristischen Unterschiede der jüngsten Verfassungsentwürfe

1) Der Entwurf Badinter (September 2002)

Sprachlich von hoher Eleganz und Präzision, inhaltlich von bemerkenswerter Gedankentiefe und großem Problembewusstsein geprägt, sei der Entwurf *Badinter* nicht nur aus zeitlichen Gründen an erster Stelle behandelt (Eingang im Konvent am 30. September 2002)[15]. Sowohl der Begleitbericht als auch der Verfassungstext selbst bestechen in vielerlei Hinsicht, sie sind sehr "französisch", doch zugleich europa-, ja weltoffen. Im Einzelnen:

a) *Das Verfassungs- bzw. Staatsverständnis* wird in seltener Klarheit offengelegt. Nur ein Franzose (oder ein Vertreter des kulturwissenschaftlichen Ansatzes[16]) kann gleich eingangs sagen: Jede Verfassung sei "un instrument politique, une

---

13 Aus der Lit.: *J. Woelk*, Konfliktregelung und Kooperation im italienischen und deutschen Verfassungsrecht, 1999; *H. Bauer*, Die Bundestreue, 1992; *P. Unruh*, Die Unionstreue, EuR 2002, S. 41 ff.
14 Weitere Merkposten sind: Art. 37: konstruktive Enthaltung; Art. 39: Haushaltsdisziplin; Art. 3: europäisches Gemeinwohl?; Verwaltungs-Artikel 14 (offen, effizient, unaufwendig). Art. 42: "Nachbarstaat" (räumlich, kulturell?). Wären die USA, Kanada "Nachbarstaaten"?
15 Zur Entwicklung der Entwürfe *Th. Oppermann*, Vom Nizza-Vertrag 2001 zum Europäischen Verfassungskonvent 2002/2003, DVBl. 2003, S. 1 ff.; ältere Ansätze bei *P.C. Müller-Graff*, Der Post-Nizza-Prozess. Auf dem Weg zu einer neuen europäischen Verfassung, Integration 2001, S. 208 ff.
16 Vom Verf. seit 1982 entwickelt: Verfassungslehre als Kulturwissenschaft, 1. Aufl. 1982, 2. Aufl. 1998.

architecture juridique, un moment historique et une oeuvre littéraire". Nur er kann die Eingangssätze der französischen Verfassung 1791 (von *Mirabeau*) mit *Mozarts* Ouvertüre zu Don Giovanni vergleichen. *Badinter* spricht zu Recht von "art du constitutionnalisme". Sein wertbezogenes Verfassungsverständnis kommt schon in der Präambel zum Ausdruck: "Traité qui donne à l'Union européenne une constitution fondée sur nos valeurs communes", also keine typisch deutsche Berührungsangst mit "Werten"! *Badinter* problematisiert auch das Staatsverständnis, wenn er *J. Delors'* Formel von der Union als "Fédérations d'Etats-Nations" beipflichtet, aber zugibt, dass dies dem Staatsverständnis der Belgier oder der Briten nicht gerecht wird. "Französisch" i.S. der klassischen Tradition bleibt auch Art. 1, die Europäische Union konstituiere sich aus der "communauté des Etats souverains". Im Begleitbericht heißt es unmissverständlich: "Die Union ist sicher kein Bundesstaat. Sie bleibt eine Föderation souveräner Staaten"[17]. Nachgebessert wird dies durch den Satz, die Union würde ggf. eine "féderation d' Etats et de régions", eine solche Anerkennung "transnationaler europäischer Regionen" (etwa in den Pyrenäen oder am Oberrhein) wäre aber eine neue Konzeption Europas. Halten wir fest, dass *Badinter* den Verfassungscharakter seines EU-Konzepts durchweg bejaht.

b) Die *Präambel*, von großer sprachlicher Dichte, ist in hohem Maße werthaltig und prinzipienorientiert, zugleich in der Zeitachse konzipiert ("héritiers d'une longue et douloureuse Histoire"). Neben dem Bekenntnis zu Frieden, Demokratie und Menschenrechten findet sich auch "l'éducation et la culture", neben dem wirtschaftlichen und sozialen Fortschritt auch der "Umweltschutz und die Solidarität". (Der Begriff "Prinzipien" findet sich auch in Art. 79 Abs. 1 S. 1 sowie Art. 2 Abs. 1.)

c) *Weltoffenheit* und stolzer Weltbezug sind weitere Charakteristika (vgl. Art. 9 Abs. 2 Einsatz für die Menschenrechte in der Welt). Und recht französisch und selbstsicher klingt: Die Union "contribue au rayonnement de la culture européene dans le monde" (s. auch Art. 13: "équilibres naturels de la planète").

d) Die *Kultur* spielt eine herausragende Rolle, etwa in Art. 11 ("patrimoine culturel européen", "diversité culturelle des Etats membres et des régions").

e) Der Entwurf ringt um kraftvolle und präzise *Legaldefinitionen*, etwa bei der Kompetenzverteilung (Art. 17 bis 20) oder bei der Umschreibung der "Akte der EU", etwa den konstitutionellen Normen, den Organbestimmungen, den gesetzgeberischen Akten etc.

f) Eine Besonderheit ist der wohl neue "Rat der nationalen Parlamente" (Art. 53) – vier Parlamentarier aus jedem Mitgliedstaat.

g) Der knappe *Parteien-Artikel* 48 lautet: "Die Parteien auf der europäischen Ebene tragen zur Integration und Demokratisierung der EU bei". Das Demokratiedefizit

---

[17] In diesem Sinne auch *J.-F. Lindner*, Der Konvent zur Zukunft Europas – Ein Überblick über die aktuelle Europäische Reformagenda, BayVBl. 2002, S. 513 ff.

wird im Begleitbericht beim Namen genannt, der Begriff "Zivilgesellschaft"[18] taucht auf.

h) An mehreren Textstellen findet sich der Begriff "*interêt general de l'Union*", was füglich mit europäischem Gemeinwohl übersetzt werden darf[19] (z.B. Art. 69 Abs. 5, Art. 40 Abs. 1, Art. 15 Abs. 2, Art. 14 Abs. 5). Dieser kursorische Durchgang in Stichwortform konnte nur überschlägig vorgehen, indes vielleicht doch die sehr eigene Handschrift von *Badinter* erkennen lassen.

2) Der erste Entwurf von E. Brok (1./8. Oktober 2002)

Dieser umfangreiche Entwurf verdient eine eigene Würdigung. Formal wie inhaltlich sofort als "deutscher" Text erkennbar (umfangreich, viele Details, vielsagend), gelingen ihm manche Innovationen[20].

a) Die sehr lange *Präambel* bringt teils Bekanntes in Anlehnung an die EU-Grundrechte-Charta, teils prägnant Neues: Das gilt vor allem für den schönen Satz: "Determined to place the individual at the heart of the activities of the European Union", sodann: "more transparent and more comprehensible for the citizens of the Union".

b) Die weitgehende *Rezeption der EU-Grundrechte-Charta*, nicht in der Form des generellen Verweises wie im Entwurf *Badinter*, sondern in allen Details (z.B. Art. 22 Abs. 2: "cultural, religious and linguistic diversity" oder der grundrechtliche Wesensgehaltschutz in Art. 52 Abs. 1) sei erwähnt.

c) Eigene Konturen gewinnt der *Brok*-Entwurf in seinem zweiten Teil über die *"Prinzipien der Union"* (Art. 55 bis 75). Zitiert seien Wendungen wie "as openly and as closely to the citizens as possible" (Art. 55 Abs. 1), die genaue Unions-Loyalität (Art. 58), von der Seite der Union her der Respekt vor der nationalen Identität der Mitgliedstaaten, die Fixierung allgemeiner Aufgaben und Ziele der Union in einem Katalog (Art. 60), die Benennung von Erziehung und Kultur als

---

18 Dazu etwa *J. Gebhardt*, Der bürgerschaftliche Begriff des Politischen, Ursprünge und Metamorphosen, in: FS A. Riklin, 2000, S. 139 ff. Siehe auch die Forderung von *R. Prodi*, Die EU muss offener werden. Brüssels Pläne für mehr Transparenz, SZ vom 25. Juli 2001, S. 9: "Um das Vertrauen unserer Bürger zurückzugewinnen, sollten wir schon heute eine weit größere Aufgeschlossenheit für die Erwartungen zeigen, die uns von einer breiten Öffentlichkeit, der Zivilgesellschaft, den Regionen und lokalen Organisationen entgegengebracht werden." Schließlich *Th. Oppermann*, Vom Nizza-Vertrag 2001 zum Europäischen Verfassungskonvent 2002/2003, DVBl. 2003, S. 1 ff., 4 (dort in Fn. 17).

19 Dazu aus der Lit.: *P. Häberle*, Gibt es ein europäisches Gemeinwohl?, FS Steinberger, 2002, S. 1153 ff. Siehe noch Anm. 37.

20 Vgl. auch *E. Brok*, Die Ergebnisse von Nizza. Eine Sichtweise aus dem Europäischen Parlament, Integration 24 (2001), S. 86 ff. Allgemein: *J. Schwarze*, Europäische Verfassungsperspektiven nach Nizza, NJW 2002, S. 993 ff.; D. Melissas/I. Pernice (Hrsg.), Perspectives of the Nice Treaty and the Intergovernmental Conference in 2004, 2001; *T. Bender*, Die verstärkte Zusammenarbeit nach Nizza, ZaöRV 2001, S. 729 ff.; *R. Streinz*, (EG-)Verfassungsrechtliche Aspekte des Vertrages von Nizza, ZÖR 58 (2003), 137-161.

Komplementär-Kompetenz der Union (Art. 69 Abs. 2), die mehrfache Normierung der Grundsätze von Subsidiarität und Proportionaliät (Art. 70).

d) Eigene Bewertung verdient das umfassende *Begründungsgebot* in Art. 74: "obligation to state reasons". Dieser Begründungszwang ist verfassungstextlich meines Wissens noch nie so klar festgeschrieben worden.

e) In den Allgemeinen und Schlussbestimmungen fällt auf, dass die EU aus der unglücklichen "Causa Österreich" doch etwas gelernt hat. Art. 175 sieht bei der Verletzung fundamentaler Prinzipien durch einen Mitgliedstaat vor, dass der Rat vorher diesen *anhören* muss.

3) Das Verfassungsprojekt von D.L. Garrido et.al.
(Sept./Okt. 2002)

Fast wie im Konzert der "Stimmen der Völker" i.S. von *Herder* sei im folgenden der Beitrag spanischer Konventsmitglieder zu Gehör gebracht. Dabei handelt es sich nicht um einen in Artikeln gegliederten Verfassungsentwurf, sondern eher um ein wissenschaftliches Dokument, eine Art Seminar-Papier, aus dem etwaige Artikel noch "geschöpft" werden müssten[21]. Das hat Vor- und Nachteile: Liegen "fertige" Artikel vor, kann dies ihrer Übernahme in den endgültigen Verfassungstext dienlich sein, doch gehen manche Kontexte verloren. Umgekehrt kann ein nur wissenschaftlicher Beitrag differenzierter vorgehen, er liefert mehr Materialien, aus dem Texte gegossen werden können, indes verlangen seine Stichworte und Prinzipien noch mühevolle Umsetzungsarbeit in Richtung auf redaktionell glückende Texte. Da indes andere Beiträge schon viel alternatives, ausformuliertes Textmaterial liefern, ist der spanische Beitrag aller Ehre wert und besonders zu begrüßen. Dies um so mehr, als er überaus inhaltsreich ist und viele eigene, z.T. auch neue Wege geht. Im Einzelnen:

a) In der *Einleitung* ist von den "neuen Missionen Europas" die Rede. Gesprochen wird von den weltweiten multikulturellen und multiethnischen Migrationsbewegungen, von der wirtschaftlichen Krise der Länder Lateinamerikas[22] und von den daraus erwachsenden besonderen Aufgaben der EU als supranationales Integrationsmodell. Zukunftsorientierte Stichworte sind z.B.: der erhoffte "Zivildialog" zwischen Institutionen und der "Zivilgesellschaft", die Solidarität ohne Grenzen zwischen den Generationen und Ländern, die Nachhaltigkeit, der Raum kultureller Vielfalt und Toleranz, der Kampf gegen Rassismus und Diskriminierung. Die Rede ist von der "humanistischen Kultur Europas" und von seinem "Sozialmodell". Damit sind Themen genannt, denen sich Europa heute politisch und philosophisch gegenüber sieht und die weit und hoch zugleich ausgreifen.

---

21 Insoweit findet die Poppersche Stückwerktechnik ein Pendant in der praktischen Verfassunggebung, dazu meine Europäische Verfassungslehre 2001/2002, S. 240 (Erstauflage), sowie der von Th. Bruha hrsgg. Sammelband "Welche Verfassung für Europa?", 2001.

22 Zu ihnen hat Spanien gerade heute eine immer wieder begriffene Brückenfunktion.

b) Die *Europa-Bürgerschaft* ("Ciudadania Europea") ist als erster Abschnitt formuliert[23]. Damit ist ein cantus firmus erkennbar, der das ganze Papier durchzieht: das Denken vom Europabürger her. Vom Staat wird zunächst nicht gesprochen, auch nicht von den Nationalstaaten. Die Rede ist vielmehr vom gemeinsamen öffentlichen Raum als Bezugsrahmen für den Europabürger, sodann vom "allgemeinen Interesse", die den europäischen Bürgern ein gemeinsames Projekt umschreiben sollen. Der Konvent soll eine europäische Verfassung ausarbeiten, die dem Referendum der europäischen Völker unterliegen müsse. Erneut wird auf das "gemeinsame" oder "allgemeine Interesse" als Topos verwiesen.

c) Wiederum vom Bürger her gedacht ist der zweite Abschnitt: "*Was die europäischen Bürger von Europa fordern*". Genannt werden: Europa als relevante Globalmacht, eine Menschenrechtspolitik, die auch außerhalb der Gemeinschaft verfolgt wird, das Sozialmodell Europa, in Sachen Umwelt die Nachhaltigkeit mit ausdrücklichem Verweis auf das Kyoto-Protokoll. Die Grundfreiheiten und die Sicherheit werden als miteinander vereinbare, sich gegenseitig verstärkende Werte qualifiziert, eine gemeinsame Einwanderungs- und Asylpolitik sind als Ziel postuliert.

d) Im Abschnitt *Europa als demokratische Macht* wird das Demokratie-Defizit beim Namen genannt, wird demokratische Glaubwürdigkeit, Transparenz und Bürgerlegitimation gefordert[24]. Auch soll ein Statut für die europäischen Parteien die Beziehungen zwischen den Institutionen der EU und der öffentlichen

---

23 Zur Unionsbürgerschaft bereits *E. Grabitz*, Europäisches Bürgerrecht zwischen Marktbürgerschaft und Staatsbürgerschaft, 1970, S. 103 ff. Aus der jüngeren und jüngsten Lit.: *H. Bauer*, Zur Aufnahme einer Unionsbürgerklausel in das Grundgesetz, FS H. Maurer, 2001, S. 13 ff.; *A. Augustin*, Das Volk der Europäischen Union, 2000, S. 38 ff.; aus spezifisch sozialrechtlicher Sicht *K.-D. Borchardt*, Der sozialrechtliche Gehalt der Unionsbürgerschaft, NJW 2000, S. 2057 ff.; zu den Unionsbürgerrechten in der EU-Grundrechtecharta von Nizza siehe *Ch. Grabenwarter*, Die Charta der Grundrechte für die Europäische Union, DVBl. 2001, S. 1 ff., 6 ff. Darüber hinaus *P. Häberle*, "Staatsbürgerschaft" als Thema einer europäischen Verfassungslehre, in: *ders.*, Europäische Verfassungslehre in Einzelstudien, 1999, S. 113 ff.; *S. Hobe*, Die Unionsbürgerschaft nach dem Vertrag von Maastricht, Der Staat 32 (1993), S. 245 ff.; *H. G. Fischer*, Die Unionsbürgerschaft, EuZW 1992, S. 566 ff.; *M. Degen*, Die Unionsbürgerschaft nach dem Vertrag über die europäische Union unter besonderer Berücksichtigung des Wahlrechts, DÖV 1993, S. 749 ff.; *I. Pernice*, Der verfassungsrechtliche Status der Unionsbürger im Vorfeld des Vertrags über eine Verfassung für Europa, FS Rodriguez Iglesias, 2003, S. 177 ff.; *S. Kadelbach*, Unionsbürgerschaft, in: A. von Bogdandy (Hrsg.), Europäisches Verfassungsrecht, 2003, S. 539 ff.

24 Auch zur Überwindung des Demokratiedefizits gibt es eine reichhaltige Diskussion, viele Legitimationsmodelle stehen zur Debatte: Bundespräsident *J. Rau*, Plädoyer für eine Europäische Verfassung. Rede vor dem Europäischen Parlament am 4. April 2001, http://www.bundespraesident.de/dokumente/Rede/ix_35628.htm; dazu auch *J. Schwarze*, Europäische Verfassungsperspektiven nach Nizza, NJW 2002, S. 993 ff., 997. Die Idee, der Rat könne eine "Staatenkammer" werden, findet sich bereits in der viel zitierten Berliner Humboldt-Rede von Bundesaußenminister *J. Fischer* (12. Mai 2000), abgedruckt unter dem Titel: Vom Staatenbund zur Föderation – Gedanken über die Finalität der europäischen Integration, Integration 23 (2000), S. 149 ff., 154; in diese Richtung weist auch der Leitantrag "Verantwortung in Europa" des SPD-Parteitages vom November 2001 in Nürnberg, siehe FAZ vom 22. November 2001, S. 4. Siehe schließlich *J. Pinder*, Der Vertrag von Nizza – Wegbereiter eines föderalen oder intergouvernementalen Europa?, Integration 24 (2001), S. 77 ff., 81.

Meinung Europas regeln – selten wurde in einem Text so klar die "europäische Öffentlichkeit" angesprochen[25]. Die Rede ist sodann vom Defizit in Sachen europäisches Gemeinwohl und europäische Identität bzw. der erforderlichen Bürgerpartizipation der EU. Ausgesprochen wird die Vokabel von der "Föderation der Staaten".

e) Die Errichtung einer *Staatenkammer* soll eine bicamerale Struktur schaffen, gesprochen wird sogar von doppelter föderaler Legitimität: dank der Wähler als europäischer Bürger *und* als Staatsbürger.

f) Die *Regionen und Kommunen* in der EU werden besonders herausgestellt und zwar mit einem sonst nicht so gehörten Akzent ("La realidad regional", "Participacion de las instituciones regionales y locales"). Nicht zufällig figuriert hier auch die Subsidiarität. Die lokale Autonomie wird sogar als "Teil der politischen Tradition Europas" bezeichnet – der Weg zu den "Kommunen als europäischer Verfassungsform" ist nicht mehr weit, der Kommunalismus gewinnt Terrain. Konsequent wird eine Stärkung des Regionalismus verlangt[26]. Das föderale Deutschland könnte "Schutzpatron" der Kleinen sein! (wurde es aber am 13. Dezember 2003 und im Juni 2005 in Brüssel nicht).

g) Der letzte Abschnitt gilt der *europäischen Verfassung*. Als Grundkonsens wird hier der "Sozialvertrag der Völker" bezeichnet, ist von der "Föderation der Staaten und der europäischen Völker" die Rede. Zum klassischen Inhalt einer Verfassung werden Prinzipien und Ziele der Union, die Grundrechte, die Kompetenzen der Union, Organe und europäische Rechtsquellen etc. gerechnet.

Im Ganzen: mehr als ein phantasievolles Diskussionspapier, das oft Themen des wissenschaftlichen Diskurses aufgreift.

4) *Der Verfassungsentwurf A. Dashwood*
(14. Oktober 2002)

Dieser aus England stammende Entwurf versteht sich als "Verfassungsvertrag", er weist auch sonst in manchem sehr englische Züge auf.

a) Der Entwurf beginnt mit einer "*Proklamation*" und lehnt die klassische Eröffnung durch eine Präambel, schwer begreiflich, ausdrücklich ab. Denn sprachlich-formal und inhaltlich-funktional enthält die Proklamation alle Kennzeichen einer Präambel: der hohe Ton, die sprachliche Bündigkeit, die Verwendung höchst wertbezogener Prinzipien und Begriffe, wie "common interests", "general well-being of humankind", "rule of law" etc.

---

25 Dazu *P. Häberle*, Gibt es eine europäische Öffentlichkeit?, FS Hangartner, 1998, S. 1007 ff. (auch in griechischer Übersetzung als selbstständige Schrift, Athen 1999). Im speziellen: *H.H. von Arnim/ M. Schurig*, Das Abgeordneten-Statut des Europäischen Parlaments, DVBl. 2003, S. 1176 ff.; es ist im Januar 2004 gescheitert.

26 Aus der Lit.: *M. Kotzur*, Föderalisierung, Regionalisierung und Kommunalisierung als Strukturprinzipien des europäischen Verfassungsraums, JöR 50 (2002), S. 257 ff.

b) Besonders auffällig ist die Betonung der "*Souveränität* der Mitgliedstaaten", auch wenn sie sich verbinden: "combining their sovereignties"[27] (Proklamation, s. auch Art. 1 Abs. 2 "constitutional order of sovereign States"). Wie anders ist das Wort von der "Souveränitätsteilung" (*J. Fischer*). Die "parliamentary sovereignty" wirkt stark, von der "Devolution" in Teilen Englands (Schottland, Nordirland, Wales) her könnten sich jedoch Auflockerungen ergeben[28].

c) Positive Erwähnung verdient Art. 2, der mit "*basic values of the Union*" überschrieben ist und "principles" benennt (z.B. Freiheit, Demokratie, rule of law), "which are common to the Member States".

d) Ebenfalls positive Erwähnung verdient die sprachliche Umschreibung des *Kultur*aspektes. Schon in der Proklamation ist unter Ziff. 5 die Rede von "cultural and linguistic traditions that enriches European civilisation", und in den Komplementärzuständigkeiten der Union findet sich auch die Kultur (Art. 10).

e) Schließlich sei der geglückte Art. 7 zu den organisatorischen Prinzipien der Verfassungsordnung gerühmt, er bündelt prägnant: "conferred powers", "Subsidiarität", "Verhältnismäßigkeit" und als letztes "principle" die "loyal cooperation"[29].

5) *Der Verfassungsentwurf E.O. Paciotti (Fondatione Basso)*
(10. Oktober 2002)

Die italienische Stimme[30] leistet einen konstitutionellen Beitrag auf höchstem Niveau. Auch dieser veritable Verfassungsentwurf behält unabhängig von der weiteren Entwicklung schon als Entwurf großen Wert.

a) Bereits die *Präambel* ist ein Meisterwerk. In feierlicher, hoher Sprache werden die Grundwerte und Ziele des verfassten Europas postuliert. Hier nur Ausschnitte: "sviluppo di tipo federale", "valori communi", "diversità della loro storia, della loro cultura, della loro lingua", "modello sociale europeo", "l' identita dell' Europa".

b) Im Vergleich einzigartig und vorbildlich ist die *Offenlegung der Rezeptionsvorgänge*. Der Verfassungsentwurf gibt in fast jedem Artikel Aufschluss darüber, woran er anknüpft: an Maastricht/Amsterdam, an die EU-Grundrechte-Charta, an einzelne Entwürfe etwa von *Spinelli*, *Leinen*, *de Vigo*

---

[27] Ungarn änderte soeben seine Verfassung (FAZ vom 18. Dezember 2002, S. 2). Danach werden die abtretbaren Souveränitätsrechte "gemeinsam mit den anderen EU-Mitgliedsländern ausgeübt". S. noch: *M. Niedobitek*, Tschechien und Polen auf dem Weg in die Europäische Union, DÖV 2003, S. 67 ff.; *M. Nettesheim/ T. Oppermann*, Die Tschechische Republik und die Europäische Union, 2003.

[28] Dazu *M. Mey*, Regionalismus in Großbritannien – kulturwissenschaftlich betrachtet, 2003.

[29] Zum Zusammenhang von Kooperation und "Unionstreue" *P. Unruh*, Die Unionstreue, EuR 2002, S. 41 ff.

[30] Aus der italienischen Literatur: Le Riforma istituzionali e la participazione dell' Italia all Unione Europea, 2002 (a cura di S. Panunzio e E. Sciso). S. auch *M. Selmayr*, Die Arbeit des Konvents und der Verfassungsentwurf von Frascati, Europablätter 2002, S. 256 ff.

oder *Herman*. Damit gewinnt der Entwurf Züge der Schweizer "Nachführung", er verleugnet den vorhandenen Verfassungsbestand nicht, bringt ihn vielmehr auf transparente Begriffe und systematisch gute Zusammenhänge und er ist so für die Wissenschaft eine höchst dankbare Arbeitsgrundlage.

c) Neue Wege beschreitet der Entwurf in Art. 55 Abs. 1. Denn danach konstituiert sich die EU aus den Mitgliedstaaten *und* ihren Bürgern. Darauf folgt der inhaltsreiche Satz: "Ogni potere dell' Unione emana da questi ultimi". Nicht von den Mitgliedstaaten bzw. vom Volk, sondern von den *Bürgern* geht alle Unionsgewalt aus! Dieser Bruch mit einer klassischen Tradition und diese rigorose Anknüpfung an den *Bürger* kann gar nicht überschätzt werden. Die Union versteht sich als "Bürgergemeinschaft". Die verfassunggebende Gewalt müsste von den Bürgern her konzipiert werden (wie in einigen ostdeutschen Länderverfassungen, z.B. Präambel Verf. Brandenburg von 1992). Diese neue Textstufe, von der Wissenschaft z.T. schon gefordert[31], einmal in der Welt, ist wichtiger als alle Lehrbuch-Weisheit.

d) Das *Identitätsdenken* ist erweitert, wenn es in Art. 55 Abs. 1 heißt: "L' Unione rispetta l' identità storica, culturale e linguistica degli Stati membri e la loro struttura costituzionale". Die jeweils nationale Verfassungsstruktur ist in die Nähe der kulturellen Identität gerückt.

e) Mitunter wird ausdrücklich von "gemeinsamen Werten" gesprochen (vgl. Art. 57 lit. c).

f) Die Loyalitäts- bzw. Solidaritäts-Klausel nimmt die Gestalt einer "im Geiste-Klausel" an (Art. 58 Abs. 2): "spirito di lealta e di solidiarieta reciproca".

g) Die *Kultur*, schon in der Präambel plaziert, kehrt als Gegenstand komplementärer Kompetenz der Union wieder (Art. 64 Abs. 3 lit. c).

h) Schließlich findet sich das aus anderen Entwürfen bekannte Prinzipien-Denken auch hier: Art. 115 Abs. 1 spricht von den "Prinzipien der Verfassung", so wie auch fast alle Entwürfe ohne weiteres von "Verfassung" sprechen! (s. auch Art. 116).

Einmal mehr zeigt sich, auf welch hohem Niveau Italien am europäischen Haus gerade wissenschaftlich mitarbeitet – trotz *S. Berlusconi*! Italien hatte in „Ventotene" bereits eine frühe Vision von Europa.

---

31 P. *Häberle*, Die Menschenwürde als Grundlage der staatlichen Gemeinschaft, HdBStR Bd. I 1987, S. 815 ff. (845 ff.), (Bd II, 3. Aufl 2004, § 22).

6) *Der "grüne" Verfassungsentwurf von Seifert u.a.*
(September 2002)

Der sich selbst als "First green draft for a european Constitution" bezeichnende Entwurf verdient als farbiges Kontrastprogramm Aufmerksamkeit. Denn ihm gelingen einige neue Stichworte bzw. Texte, die in das Schatzhaus der Vorgeschichte einer Europäischen Verfassung nicht aus musealen Gründen aufgenommen werden sollten.

a) Die *Präambel* beginnt mit der glücklichen Wendung: "We the Citizens of Europe". Damit wird die klassische US-Formel "We the people" fortgeschrieben zum Bürger hin. Er ist die Ausgangsbasis des Denkens über Verfassunggebung, Verfassung und Staat. Auch weitere Textstellen der – höchst konzentrierten Präambel – verdienen Beachtung: vor allem die glückliche Wendung von "different identities and traditions on local, regional, national and European level", die Rezeption des *Popperschen* Begriffes der "open society", das Bekenntnis zu universalen Werten wie die Menschenwürde, Toleranz, Solidarität und zur Umwelt, "in der wir leben".

b) Der Katalog zu den "*Principles*", "Objectives" and "Citizens of the Union" ist nicht weniger komprimiert. In § 1 Abs. 1 findet sich der schöne Satz: "The Union shall always act with the interests of its Citizens in mind". Auch ist der folgende Passus höchst gelungen: "The Union shall respect the different cultures, languages and traditions that exist in the Member States and its regions". Dieser gleichrangige Verweis auf die *Regionen* ist vorbildlich. In § 2 findet sich der beachtliche Gedanke vom "common minimum social and environmental standards". Wir erinnern uns des Klassikertextes der "Grünen": "Wir haben die Erde von unseren Kindern nur geliehen": der Treuhandgedanke, der mindestens bis auf *K. Marx*, letztlich die Bibel zurückgeht.

c) Im *Kompetenzparagraph* 6 IV ist die *Kultur* allein der Verantwortung der Mitgliedstaaten zugewiesen.

d) Eine eigene Norm (§ 8) gilt den Grundsätzen "Openness and transparency" mit dem guten Zusatz "in order to allow public scrutiny in its decision-making procedures".

e) Die "*direkte Demokratie*" in § 9 regelt die Referendumsdemokratie, auch in Bezug auf Änderungen dieser Verfassung[32].

---

32 Allgemein zur Frage der demokratischen Legitimation des Integrationsprozesses *P.M. Huber*, Die Rolle des Demokratieprinzips im europäischen Integrationsprozess, Staatswissenschaften und Staatspraxis 3 (1992), S. 349 ff.; *I. Pernice*, Maastricht, Staat und Demokratie, Die Verwaltung 29 (1993), S. 449 ff.; *D. Murswiek*, Maastricht und der pouvoir constituant, Der Staat 32 (1993), S. 191 ff.; *H.H. Rupp*, Europäische Verfassung und Demokratische Legitimation, AöR 120 (1995), S. 269 ff.; *M. Kaufmann*, Europäische Integration und Demokratieprinzip, 1997, S. 284 ff.; *A. Augustin*, Das Volk der Europäischen Union, 2000, S. 246 ff.; *G. Lübbe-Wolff*, Europäisches und nationales Verfassungsrecht, VVDStRL 60 (2001), S. 247 ff.; *A. Peters*, Elemente einer Theorie der Verfassung Europas, 2001, S. 95 ff. und passim; *P. Häberle*, Europäische Verfassungslehre, 2001/2002, S. 305 ff. Erstauflage; *K.-P. Sommermann*, Verfassungsperspektiven für die Demokratie in der erweiterten EU ..., DÖV 2003, S. 1009 ff.

f) Der *Parteien-Artikel* § 10 bringt manchen wissenschaftlichen Diskussionsbeitrag zum Thema auf den Satz: "Political parties at European level contribute to the development of the European publish space and to European democracy"[33]. Damit haben langjährige Bemühungen um die "europäische Öffentlichkeit" textlichen Ausdruck gewonnen.

7) Verfassungsentwurf von F. Dehousse und W. Coussens
(17. September 2002)

Unter einer Reihe weiterer Entwürfe[34] verdient das Textwerk von *Dehousse/Coussens* eine besondere Beurteilung, sowohl wegen der geglückten Rechtssprache als auch wegen der Inhalte.

a) Die dicht gearbeitete *Präambel* bringt den schon gemeineuropäischen Kanon von Demokratie und Menschenrechten, von nachhaltigem, wirtschaftlichem und sozialem Fortschritt, Freiheit, Gerechtigkeit und Frieden auf gute Texte. Auch ist das europäische Gemeinwohl angedeutet ("common interests in the world"), wird der Respekt vor den "diversen Kulturen Europas" bekräftigt und die Verfassung als solche bezeichnet.

b) Der Abschnitt *"Founding values"* (Grundwerte), in diesem Kontext eine Innovation, befasst sich in Art. 1 mit der "demokratischen Natur" der Union, in der das klassische Prinzipienbündel wie Freiheit, Demokratie, rule of law ebenso figuriert, wie der Fall einer Verletzung dieser Prinzipien samt den Konsequenzen umschrieben ist und der Respekt vor den "national identities of its Member States and the diverse cultures of Europe" formuliert wird. Hoch greift Art. 2 mit den Zielen der Union unter dem Stichwort "European model of society".

c) Eine wohl neue Variante ist die Unterscheidung zwischen *"Internal missions of the European Union"* (Art. 25 und 26) und den *"External missions "*(Art. 27 und 28). Hier fällt die Formel von den "common values, fundamental interests, interdependance and integrity of the Union" auf. Der auch in den übrigen organisatorischen Bestimmungen gut durchgegliederte Entwurf wird gewiss in der einen oder anderen Wendung die Diskussion bereichern.

---

33 Grundlegend: *D.T. Tsatsos*, Verfassung – Parteien – Europa, 1998/99.
34 Vgl. etwa den Entwurf von *A. Duff*, A model Constitution for a Federal Union of Europe, vom 3. September 2002, der mit seinen 19 Artikeln sehr knapp ist, dem jedoch eine konzentrierte Präambel gelingt (z.B. "diverse cultures of Europe"); in Art. 4 (Governance) ist das Ziel der Offenheit und Solidarität ebenso normiert wie der Respekt vor den "nationalen Identitäten der Mitgliedstaaten".

8)Der Verfassungsentwurf von J. Leinen (23. Oktober 2002)

Einen der besten Entwürfe hat das Mitglied des Europäischen Parlamentes *J. Leinen* vorgelegt. Sprachlich-redaktionell wie thematisch-inhaltlich gehört er m.E. zu den herausragenden Dokumenten des Reformprozesses.

a) Schon die *Präambel* trägt vorbildliche Züge, auch und gerade weil sie sich an Passagen des schon vorhandenen europäischen Präambel-Materials anschließt. Einige Innovationen seien herausgestellt, so die Sätze: Die EU "stellt den Menschen in den Mittelpunkt ihres Handelns. Sie begründet die Unionsbürgerschaft als Ausdruck einer gemeinsamen politischen und rechtlichen Identität." Sodann: Die EU "trägt zur Erhaltung und Entwicklung dieser gemeinsamen Werte unter Achtung der Vielfalt der Kulturen und Traditionen Europas sowie ihrer Mitgliedstaaten und Regionen bei." Der Zusatz "und Regionen" ist in dieser Textform neu! Die nur kulturwissenschaftlich auslotbaren "Identitätsgehalte" dehnen sich jetzt auf die Regionen Europas aus! Nicht minder vorbildlich ist der Schlusssatz der inhaltsreichen Präambel: "Die Bürgerinnen und Bürger der Union geben sich folgende Verfassung". Ein Federstrich des Textgebers löscht die klassische Volkssouveränitätsideologie aus.

b) Während im Grundrechtsteil das Meiste nur rezipiert wird, beschreitet der Entwurf bei den *Grundlagen* der EU neue Wege. Fixiert Art. 54 die bekannten Ziele der Union (z.B. "Raum der ökologischen Nachhaltigkeit", "faire Partnerschaft mit den Staaten und Völkern der Welt") und beschäftigt sich Art. 55 mit den "emotionalen Konsensquellen" wie Europaflagge und Europahymne (*Beethovens* "Ode an die Freude"), so gelingt Art. 57 in Sachen Mitgliedschaft in der Union etwas Besonderes: In Abs. 1 heißt es: "Jeder international anerkannte Staat, der die Prinzipien, Ziele und Werte" der EU teilt. Auch in Abs. 3 ist von "Werten und Prinzipien" die Rede. Das sind zutreffende, in der (vor allem deutschen) Wissenschaft oft noch umstrittene, auf Verfassungen aber anwendbare Begriffe. Verfassungen enthalten ein Ensemble von Prinzipien, Werten, Gemeinwohlinteressen, Verfahren und Institutionen. Diese "gemischte" Sicht sollte sich endlich durchsetzen. Sie hat jetzt einen guten Bezugstext[35].

c) Das klar konzipierte *Kompetenzkapitel* (Art. 61 ff.) geht insofern einen neuen Weg, als ein guter Oberbegriff für die innerstaatlichen Ebenen der Mitgliedstaaten gefunden ist. Art. 61 Abs. 3 lautet: "Kompetenzen, die keiner dieser drei Kategorien zugeordnet sind, verbleiben bei den Mitgliedstaaten oder den konstitutionellen Einheiten unterhalb der Staatsebene". Damit ist ein neuer Dachbegriff für Länder, Kantone sowie Regionen, Kommunen gefunden. Als "ergänzende Kompetenz" der EU figuriert in Art. 66 die Kultur.

d) Weitere Positiva finden sich im *organisatorischen Bereich*: Art. 70 über die Handlungsinstrumente und – unter dem bemerkenswerten Stichwort: "Gewalten-

---

35 Zum Gemeinwohltopos s. zuletzt W. Brugger/S. Kirste/M. Anderheiden (Hrsg.), Gemeinwohl in Deutschland, Europa..., 2002. In Kürze: *P. Häberle*, Öffentliches Interesse, 2. Aufl. i.E.

teilung" in Art. 77 – die Zweiteilung der Legislative in eine "Bürgerkammer" und eine "Staatenkammer" (Senat). Art. 78 wählt statt dem klassischen Prinzip "Öffentlichkeit" übrigens die "Transparenz" – m.E. sollte man wegen der spezifischen Inhalte von Öffentlichkeit (Bezug auf die res publica, die salus publica, die öffentliche Freiheit), indes die Öffentlichkeit nicht aus den Vokabular von Verfassungen streichen[36].

e) Die vielleicht größte Auffälligkeit im Vergleich mit den anderen Entwürfen findet sich in Art. 80 und Art. 94. Art. 80 regelt die *"direkte Demokratie"*, d.h. die Möglichkeit zu Volksbegehren und Volksentscheid. Art. 94 verlangt ein Verfassungsreferendum in den Worten des Abs. 1: "Diese Verfassung tritt in Kraft, wenn in einem europäischen Referendum die Mehrheit der Unionsbürger und die Mehrheit der Mitgliedstaaten zustimmen." Dieser Text sollte Schule machen. Für die Schweizer halbdirekte Demokratie wäre er selbstverständlich.

f) Die mehrfache Verwendung der *Gemeinwohlbindung* sei zuletzt hervorgehoben: Die Mitglieder des Rechnungshofes (Art. 86 Abs. 6), des Wirtschafts- und Sozialausschusses (Art. 90 Abs. 3) und die des Ausschusses der Regionen (Art. 91 Abs. 3) sind alle auf das Gemeinwohl hin verpflichtet. Diese Texte liefern auch einen Beleg für die in Deutschland zu beobachtende Renaissance des Gemeinwohlbegriffs, der m.E. längst auch auf der europäischen Ebene Inhalte und Funktionen hat[37].

9) Der Europäische Verfassungsvertrag der CDU/CSU vom 26. November 2001 und der EVP-Verfassungsentwurf vom Oktober 2002

Hier sollen zwei Dokumente zu Wort kommen, die sich geistig nahe stehen. Der unter der Leitung von *W. Schäuble* und *R. Bocklet* erarbeitete "Verfassungsvertrag" hat zunächst das Verdienst, ein sehr früh vorgelegtes Dokument zu sein. Er ist nicht in Artikel-Form redigiert, sondern ein Bericht. In ihm finden sich teils beifallswürdige Aussagen, teils fragwürdige Thesen. Unter Ziff. 1 f ist u.a. gesagt, grundsätzlich alles, was "zu den gewachsenen Traditionen in Zivilisation und Kultur und der sogenannten Zivilgesellschaft" gehöre, solle den Mitgliedstaaten vorbehalten bleiben (z.B. "Bildung, Kultur, Sport"). Unter Ziff. 2 heißt es aber auch zutreffend: "Die Mitgliedstaaten haben Teilbereiche der klassischen staatlichen Aufgaben an Europa abgegeben". Während das Begründungserfordernis für die besondere Vergemeinschaftung von Zuständigkeiten Beifall verdient (Ziff. 3 a), auch die "Querschnittsklauseln" (ebd. lit. h) und das Prinzip der Unionstreue (lit. 1) mit Recht auch zu Gunsten der Mitgliedstaaten wirken sollen,

---

36 Aus der Lit. zuletzt: *P. Häberle*, in: G. Winter (Hrsg.), Das Öffentliche heute, 2002, S. 157 ff.; *ders.*, Gibt es eine europäische Öffentlichkeit? – Kunst, Kultur und Recht in Europa am Beispiel Liechtenstein, 2003.

37 Dazu *P. Häberle*, Gibt es ein europäisches Gemeinwohl?, FS Steinberger, 2002, S. 1153 ff. Zum Gemeinwohl: *ders.*, Öffentliches Interesse als juristisches Problem, 1970; in jüngster Zeit: H. Münkler/K. Fischer (Hrsg.), Gemeinwohl und Gemeinsinn im Recht, 3 Bde., 2001/02. S. auch *R. Uerpmann*, Das öffentliche Interesse, 1999; zuletzt: *C. Caliess*, Gemeinwohl in der EU, in: W. Brugger u.a. (Hrsg.), Gemeinwohl in Deutschland, Europa und der Welt, 2002, S. 173 ff.

verdienen andere Teile des Dokuments harsche Kritik. So wenn nach Ziff. 5 lit. h die Mitgliedstaaten immer noch als "Herren der Verträge" tituliert werden. Das Europa der Bürger verträgt schwerlich eine derartige "Herrenideologie". In einer Demokratie sind Staaten auf keinem Felde "Herren". Die europäische Bürgerdemokratie sollte auch terminologisch ernst genommen werden.

Im EVP-Entwurf vom Oktober 2002 finden sich ebenfalls Licht und Schatten. Zu den positiv zu beurteilenden Stichworten gehören die Benennung der "Solidarität", das Wort von "federal European Union", European Constitution", die Forderung nach einem "more democratic and transparent Europe". Wie im *Schäuble-Bocklet*-Papier ist die Rede von den "grown traditions of civilizations and culture", wobei Erziehung, Kultur und Sport als bleibende Verantwortungsbereiche der Mitgliedstaaten erwähnt werden. An späterer Stelle wird die EU treffend als "community of values" bezeichnet. Doch heißt es auch: "The European Union is neither a federation in the classical sense nor a state." Immerhin folgt wenig später der schöne Satz: "The citizens and their ability to democratic control are at the centre of our ideas for reforming the European Institutions". Und – konsequent –: "EU citizens have a right to a transparent process of legislation and decision making".

10) Der sog. Berliner Entwurf vom November 2002

Zwei SPD-Bundestagsabgeordnete (*G. Gloser* und *M. Roth*) haben im November 2002 einen von ihnen als sog. Berliner Entwurf für die "Verfassung" der EU vorgelegt. Er will den "sozialdemokratischen Anspruch an eine europäische Verfassung" herausstellen: "Solidarität, europäische Grundrechte mit wirklichem Verfassungsgehalt und individuelle Klagemöglichkeiten, Sozialunion und Binnenmarkt als untrennbar miteinander verbundene Elemente des europäischen Gesellschaftsmodells". Ist schon diese Offenlegung des Vorverständnisses vorbildlich, so zeigt sich auch bei einer Einzelanalyse der knappen, präzisen 54 Artikel, dass der Entwurf hohen Respekt verdient. Im Einzelnen:

a) Die Offenlegung der Rezeptionsvorgänge und Inspirationsquellen

Einmal mehr bestätigt sich die Richtigkeit des Textstufenparadigmas. Der neue Verfassungstext beruft sich auf ältere Texte bzw. auf die EuGH-Rechtsprechung, den kürzlich 50 Jahre alt gewordenen "Wächter und Anreger" EuGH[38] und zwar ausdrücklich. Die bisherigen Verträge (auch "Nizza"), beim neuen konstruktiven Misstrauensvotum sogar eine nationale Verfassung wie das GG (Art. 67) und die Judikatur werden im eigenen Anmerkungsapparat zitiert, mitunter mit dem Zusatz: "modifiziert". Auch syste-

---

38 Dazu *U. Everling*, 50 Jahre Gerichtshof der Europäischen Gemeinschaften, DVBl. 2002, S. 1293 ff.; *Everling u.a.*, Die Zukunft der Europäischen Gerichtsbarkeit nach Nizza, Europarecht Beiheft 1/2003; *C.O. Lenz*, Die Gerichtsbarkeit in der Europäischen Gemeinschaft nach dem Vertrag von Nizza, EuGRZ 2001, S. 433 ff.; *V. Skouris*, Der Gerichtshof der Europäischen Gemeinschaften: Rechtsschutzinstanz und /oder Integrationsfaktor, FS Tsatsos, 2003, S. 638 ff.

matische Wanderungsvorgänge werden als solche kenntlich gemacht: so bei Art. 22 i.V. Fn. 45: Aufgaben der Europäischen Kommission: die Wahrung des allgemeinen Wohls der EU "als Ganzes". Damit ist die gemeinwohlbezogene Amtspflicht der Kommissare im bisherigen Recht zum Gemeinwohlauftrag für die ganze Institution geworden – deutlicher könnte das Vordringen des Begriffs "europäisches Gemeinwohl" nicht werden!

b) Die Präambel

Die Präambel, eine typische "Im Geiste-Klausel", inspiriert sich an anderen "vorgefundenen" Präambeln, vor allem an der EU-Grundrechte-Charta. Freilich wagt auch sie keine Bezugsnahmen auf das "religiöse Erbe", sondern nur auf das "geistige und sittliche Erbe". Im Übrigen ist die Präambel von großer inhaltlicher Dichte und sprachlicher Ausdruckskraft. Vieles aus den vorliegenden Texten findet sich wieder. Es sei nicht im Einzelnen wiederholt ("gemeinsame Werte", "Vielfalt der Kulturen" und "Traditionen der Völker Europas" und plastisch die Trias der drei Ebenen national, regional und lokal – leider nicht in umgekehrter Reihenfolge!).

c) Die Grundrechte

Sie werden in toto aus der EU-Grundrechte-Charta rezipiert, freilich mit einer allgemeinen redaktionellen und inhaltlichen Verbesserung: Sie sind als "allgemeine Rechtsgrundsätze" qualifiziert, was meines Wissens so noch nicht in Textform umgegossen worden ist (Art. 2).

d) Die Unionstreue

Sie ist in Art. 3 besonders komprimiert in Textform umgesetzt: "Die Mitgliedstaaten und die Europäische Union erleichtern sich gegenseitig die Erfüllung ihrer Verpflichtungen aus dieser Verfassung". Damit ist eine neue Textstufe geglückt ("gegenseitig").

e) Weitere Charakteristika

Hier nur noch einige weitere Stichworte zu "Geist und Buchstaben" des Berliner Entwurfs. Neben dem schon erwähnten konstruktiven Misstrauensvotum gegenüber der Kommission in Anlehnung an das deutsche GG (Art. 67) und neben der öffentlichen Ratssitzung im Rahmen des Gesetzgebungsverfahrens (Art. 20) sowie einer Einbindung der nationalen Parlamente (Art. 11 Abs. 3, Art. 8 Abs. 5) sei die "Gleichrangigkeit der Staaten" in Art. 21 genannt (Mehrheitsentscheidungen im Rat als Regel sowie das Prinzip der doppelten Mehrheit), die ausdrückliche Kennzeichnung des EuGH als "Verfassungsgericht" (Art. 26), die Postulierung des "sozialen Dialogs" im Zielekatalog (Art. 33 Abs. 1), die Formulierung des Grundsatzes einer sozialen, offenen und wettbewerbsfähigen Marktwirtschaft, "wodurch ein effizienter Einsatz der Ressourcen gefördert wird" (Art. 41), das Bekenntnis zu "gemeinsamen Werten" (etwa in Art. 44 Abs. 1), bei den Politikbereichen der EU die Nennung der "Bildung, Jugend, Kultur und Medien" (Art. 46 Abs. 1), die Institutionalisierung eines Konvents für Änderungen dieser Verfassung (Art. 51 Abs. 19), das faire Verfahren bei einer "schwerwiegenden und anhaltenden Verletzung von Grundsätzen der EU durch einen Mitgliedstaat" (Art. 53 Abs. 1).

Im Ganzen: Der Berliner Entwurf ist ein Wurf: redaktionell wie inhaltlich.

11) Der EPP-Entwurf vom 10. November 2002 ("Frascati")

Dieser neue Artikel-Entwurf seitens der europäischen Volksparteien spiegelt in denkbar glücklicher Weise die Textstufen- und Konsolidierungsvorgänge, die allseitigen Produktions- und Rezeptionsprozesse in Sachen Verfassung der EU wider. Zu Recht spricht die Einleitung selbst von einem "work in progress", ist offengelegt, dass ältere offizielle und akademische Dokumente aufgenommen wurden und in die Struktur des *Giscard*-Entwurfs eingepasst worden sind. Im Einzelnen:

a) Ein offener Diskurs

Der über die Veröffentlichung von Entwürfen, Texten und Dokumenten allseitig geführte bislang noch "herrschaftsfreie Diskurs" wird allenthalben greifbar. In seinem ebenso reichen wie ehrlichen Fußnotenwerk von nicht weniger als 283 Anmerkungen bekennt sich der Entwurf für eine "Verfassung" der EU ausdrücklich zu seinen Rezeptionsvorgängen und Inspirationsquellen. Im Besonderen seien genannt: Der *Giscard*-Entwurf (in toto rezipiert), die EU-Grundrechte-Charta, die Erklärung von Laeken, EPP-Entwürfe, ein Entwurf der "Grünen" (in Bezug auf ein Präambelelement, vgl. Fn. 14) und – fast sensationell in Art. 57 Abs. 1 i.V.m. Fn. 49 – ein Passus der Verfassungspräambel Polens (von 1996):

> "Union values: those who believe in God as the source of truth ... as well as those who do not share such a belief but respect these universal values arising from other sources".

Damit gelangt ein Gottesbezug in die "europäische Verfassung", wenigstens als Alternative ein guter Kompromiss, der eine endgültige Rezeption im Konvent (und darüber hinaus) verdiente. Im Übrigen finden sich weitere Rezeptionen: für die Unionstreue als wechselseitige Verpflichtung in Art. 62 Abs. 3 i.V.m. Fn. 68 Bezugnahmen auf den EuGH. Besonders häufig wird ein Bericht von *A. Lamassoure* rezipiert, sodann auch "Nizza", die Konventsgruppe Subsidiarität (zu Art. 92 Abs. 2), immer wieder erklärtermaßen der Strukturplan des Präsidiums unter *Giscard*, der damit die jüngste Diskussion schon erkennbar vorgeformt hat. Ist somit der Ausarbeitungsprozess in Sachen europäische Verfassung überaus transparent geworden, so seien im Folgenden nur noch einige Stichworte gebracht, um Geist und Buchstaben des m.E. sehr geglückten Entwurfs zu kennzeichnen.

b) Einige Charakteristika

Genannt seien: Art. 61 zum Stichwort "symbols of Union identity" (wie Flaggen, Hymne, Unionstag), die Anreicherung des Artikels 88 zum Regionalismus um das Textelement: "due regard to the diversity of the cultures and traditions of the people of Europe as well as the national identies of the Member States and the organization of their public authorities at national, regional and local levels" – ein geglückter Textfortschritt im Vergleich mit dem bisherigen Material, das Bekenntnis zur (folgenlosen?) "partizipatorischen Demokratie" in Art. 102 in markanten Sätzen wie "government of the people, by the people and for the people" – die Rezeption eines Klassikertextes aus den USA[39] – und schließlich die glückliche Überschrift vor Art. 101 "The democratic life of the Union" eingelöst in dem Satz (Art. 102 Abs. 2): "The Union's institutions shall ensure a high level of openness, permitting citizens organizations of all kinds to a play full in the Union's democratic life"; in Art. 104 wird das Öffentlichkeitsprinzip konstituiert ("openness").

Zuletzt sei der Präambel Tribut gezollt. Sie ist recht umfangreich, gleichwohl dicht in den Inhalten und bürgernah, zugleich feierlich in der Sprache. Sie lebt teils von Rezeptionen, teils von Innovationen. Das schöne Wort von der Platzierung des Individuums "at the heart of the activities of the European Union" berührt, die "kulturelle Vielfalt" jeweils auf den drei Ebenen des staatlichen, regionalen und lokalen bzw. ihrer hier angesiedelten "public authorities" beeindruckt; eher neu ist die Wendung von der "multipolaren Welt", kompromisshaft die Verbindung von offener Marktwirtschaft und Solidarität sowie Respekt vor der Umwelt ("social market economy").

Im Ganzen: erneut ein Entwurf, der den Beteiligten Ehre macht und auf der Zeitachse ein neues Stadium des Textprogrammes der EU-Verfassung markiert.

12) Das Manifest der Lambsdorff-Kommission (November 2002)

Das "Manifest" der Föderalismus-Kommission der F. Naumann-Stiftung unter der Leitung von *O. Graf Lambsdorff* (zit. nach FAZ vom 14. Nov. 2002, S. 16) verdient ein eigenes Wort. Es zeigt Licht und Schatten. Zu den *positiv* zu bewertenden Elementen gehört Folgendes: die Benennung des "Demokratiedefizits", die aber leider nicht zu einem legislativen Initiativrecht des Europäischen Parlaments führen soll (Formen direkter Demokratie werden gleich gar nicht erwähnt). Für den Rat wird immerhin gefordert, der "legislative Teil" bedürfe "öffentlicher Transparenz". Positiv ist auch die Klage über die "Bürgerferne" der derzeitigen EU zu beurteilen. Sie ist ein Grund für das Manifest, besonders großes Gewicht auf die wirksame Ausgestaltung des Subsidiaritätsprinzips zu legen. Dies wird getragen von der Erkenntnis, die Subsidiarität beginne schon beim Einzelnen, auch von dem Wunsch Europa "schlank" zu machen. Vorgeschlagen wird ein "justitiables Kompetenzzuteilungskriterium", sodann ein Klagerecht der nationalen gesetzgebenden Körperschaften gegen Verstöße gegen das

---

39   Angemerkt sei, dass dieser Klassikertext bereits in manch völkerrechtlichem Dokument Einzug gefunden hat, etwa in die Präambel der UN-Charta.

Subsidiaritätsprinzip; die geplante Vermehrung der Möglichkeiten zum "Opting Out" gehört hierher. Die Reformziele "Freiheit, Vielfalt, Bürgernähe, Wettbewerb und Wohlstand" verdienen ebenfalls Zustimmung. Doch ist der Verabsolutierung des "Wettbewerbsföderalismus" zu widersprechen (dazu sogleich). Schließlich ist die aus dem Schrifttum rezipierte "vertikale" Gewaltenteilung als solche zu begrüßen, ebenso der Versuch, eine schärfere Abgrenzung der Kompetenzen vorzunehmen (durch Instrumente wie parallele Gesetzgebung oder die Streichung von Kompetenzen).

Kritik verdient das Manifest in folgender Hinsicht: die fast alleinige Fixierung auf Markt und Wettbewerb bzw. das Ökonomische. Zwar wird eingangs gesagt, der Prozess der europäischen Einigung habe auch "politische und kulturelle Vielfalt" ermöglicht. Im Übrigen kommt das Wort Kultur aber nicht mehr vor (der Teilbereich Bildungspolitik nur negativ, insofern sie allein den Mitgliedstaaten zugeordnet werden solle). Der Begriff "Wettbewerbsföderalismus" wird verwendet, obwohl man sich mit dem schiefen Wort vom "Staatenverbund" behilft und das von Vertrag zu Vertrag gewachsene Gebilde nicht durch eine "Verfassung" reformiert werden soll, sondern durch einen "neuen Verfassungsvertrag" (immerhin ist von "konstitutionellen Regeln und Institutionen" die Rede). Zwar wird auf die Grundrechtecharta von Nizza Bezug genommen, doch kommt das dort auch geschaffene Kulturverfassungsrecht nicht in den Blick (kulturelle Vielfalt, einzelne kulturelle Freiheiten etc.). Kennt das Manifest einen "supranationalen Wettbewerbsföderalismus" ohne Staats- und Verfassungsbezug? Zuletzt sei die These "Keine eigene Europasteuer" unter die Lupe genommen. M.E. gilt nicht nur der Satz "No taxation without representation" sondern auch die Umkehrung: "No representation without taxation". Das Europa der Bürger könnte gerade durch eine vorsichtige eigene Steuer Transparenz, Verständlichkeit, ja Legitimität gewinnen, so sehr hier disziplinierte Instrumente wirksam bleiben müssten (Subsidiarität, ausgeglichener Haushalt, etc.).

Im Ganzen zum Lambsdorff-Manifest: in vielem im guten Sinne eine "liberale Handschrift", um den hohen Preis der Verschärfung von Markt und Wettbewerb bzw. eines Ökonomismus. Die Wirtschaft ist aber nicht das Maß des Menschen, sie hat nur instrumentale Bedeutung, sie steht im Dienst der Würde des Einzelnen, des status culturalis. Der Mensch darf nicht zum "Markt" werden (Stichwort: "Klonbaby Eva").

Eine Zwischensumme: Die ausführliche Analyse vieler Entwürfe und Dokumente will keinem "Warenlager" gleichen, aus dem ohne die Kontexte[40] Einzelstücke beliebig herausgebrochen werden können und sollen. Wohl aber kann deutlich werden, dass ein fruchtbarer Ideenwettstreit von Texten und Stichworten in Sachen Europäische Verfassung im Gange ist. Dass viele Nationen, auch Einzelpersonen, Parteien und wissenschaftliche Institutionen bislang dazu etwas beigetragen haben, gibt Anlass zu Optimismus. Auch hier zeigt sich ein Stück europäischer Öffentlichkeit aus Verfassungsentwürfen – so wie Europa später im gelingenden Falle Identität aus seiner neuen Verfassung gewinnen kann.

---

40   Zur Kontext-These von 1979 jetzt meine Europäische Verfassungslehre, aaO., S. 9 ff. (1. Aufl.).

13) Zwei "Privatentwürfe" von Staatsrechtslehrern: R. Scholz
bzw. J. Schwarze/J.F. Flauss

Es ist bemerkenswert, dass im Gegensatz zur Verfassungsdiskussion im Rahmen der deutschen Einigung 1989/90 jetzt, d.h. 2004, *private* Verfassungsentwürfe seitens prominenter deutscher Staatsrechtslehrer erarbeitet worden sind. Damit wird an eine große Schweizer Tradition angeknüpft, etwa die Arbeit von *K. Eichenberger* für den Aargau (1980), *R. Rhinows* für Basel-Land (1984)[41] bzw. an den Entwurf *Kölz/Müller* für die Bundesebene (1. Aufl. 1984, 3. Aufl. 1995). Es darf spekuliert werden, warum Kraft, Engagement und Phantasie für ein erneuertes GG bei der *deutschen* Einigung fehlten, sie sich aber jetzt für die *europäische* Einigung nach allen Regeln von Handwerk und Kunst der Verfassunggebung einstellen. War es damals der heute doch ebenfalls vorhandene Zeitdruck oder schlicht parteipolitisches Kalkül des "einfachen" Beitrittes der Noch-DDR zum Grundgesetz? Die wenig ergiebigen Arbeiten der sog. Gemeinsamen Verfassungskommission (1991/93) zählen m.E. nicht, eher schon manch guter Rat westdeutscher Staatsrechtslehrer im Rahmen der neuen ostdeutschen Länderverfassungen[42]. Wie dem auch sei: dass *R. Scholz* und in deutsch-französischer Gemeinschaftsarbeit *J. Schwarze* zwei ausgefeilte Verfassungsentwürfe vorlegen, gibt Anlass zu Freude, auch wenn im Folgenden einzelne Kritikpunkte nicht verschwiegen seien. Diese Verfassungstexte, einmal in der Welt, mögen rein politisch mehr oder weniger erfolgreich sein bzw. werden, wissenschaftlich bleiben sie über Zeiten hinweg ein bzw. zwei große Dokumente von dauerndem Wert. Im Einzelnen:

a) Der Verfassungsentwurf von R. Scholz, publiziert Anfang Dezember 2002
(in: Zeitschrift für Gesetzgebung, 17. Jahrgang, Sonderheft)

Schon die Präambel des Entwurfs von *R. Scholz* entspricht in Form, Struktur, Diktion und Inhalt dem klassischen Kanon dieser Text-, Wissenschafts- und Literaturgattung. Eigens hervorgehoben sei die zunächst überraschende, in Art. 7 wiederholte bekenntnishafte Bestätigung der sozialen Grundrechte gemäß der Europäischen Sozialcharta des Europarates von 1961. Diese wird damit neu zu einem Element europäischer Verfassunggebung und aus ihrem "Dämmerschlaf" als bloßes "soft law"[43] in den Himmelsglanz von gemeineuropäischem Präambelrecht gehoben. Zu rühmen ist auch ein weiteres Textereignis in der Präambel: das Wort von einer "auch unionsrechtlichen Verfassungsunion". Hier sind Anleihen an den Begriff "Unionsgrundordnung" von *D. Tsatsos*, vielleicht auch an den der sog. "Verfassungsgemeinschaft"[44] nicht ganz fernliegend. In den anschließenden Verfassungstexten pendelt der Entwurf *Scholz* zwischen eher konventionellem Gedankengut und Innovationen. So bleibt Art. 2 Abs. 1 zurück,

---

41 Dazu die Dokumentation und Kommentierung des Verf. in JöR 34 (1985), S. 303 ff., 40 (1991/92), S. 167 ff., 47 (1999), S. 149 ff.
42 Dazu die Dokumentation und Kommentierung in JöR 39 (1990), S. 319 ff., 40 (1991/92), S. 291 ff., 41 (1993), S. 69 ff., 42 (1994), S. 149 ff., 43 (1995), S. 355 ff.
43 Dazu schon die Kontroverse in VVDStRL 30 (1972), S. 152 f., 187.
44 *D. Tsatsos*, Die europäische Unionsgrundordnung, EuGRZ 1995, S. 287 ff.; *P. Häberle*, Europa als werdende Verfassungsgemeinschaft, DVBl. 2000, S. 840 ff.

wenn er nur sagt, die Union beruhe "auf ihren Mitgliedstaaten". Das Konstituierungspotenzial von den europäischen Bürgern her wird weder hier noch in den späteren einschlägigen Artikeln angedeutet bzw. ausgeschöpft – anders manche der bisher analysierten Entwürfe. Indes rezipiert der schon erwähnte Art. 7 nicht nur den Begriff des "sozialen Dialogs" aus fremden Texten (Abs. 1), sondern es gelingt ihm auch das wohl neue Wort von der "Vielfalt der einzelstaatlichen Gepflogenheiten" (Abs. 2), bezogen auf die verschiedenen arbeits- und wirtschaftspolitischen Traditionen. Eine glückliche Vokabel ist auch die "Weiterentwicklung des unionsmäßigen Besitzstandes" in Art. 3 Abs. 3 im Kontext der Ziele der Union. Die kluge verfassungspolitische Verwendung der Technik von Textalternativen (in Sachen Subsidiaritätsprinzip: Art. 66) sei ebenso positiv erwähnt wie die Aufnahme von sog. "Annexkompetenzen" in Art. 64, eine dogmatisch bzw. prätorische Figur aus dem deutschen Verfassungsrecht. Diszipliniert durch das Subsidiaritätsprinzip (Art. 71 verweist auf Art. 66), ist in Art. 71 u.a. das Tätigkeitsfeld der Union auch auf die "Entfaltung des Kulturlebens in den Mitgliedstaaten" erstreckt, eine zwar schüchterne, aber sehr begrüßenswerte "kleine" Kulturklausel. Beifall verdient auch der entschlossene Artikel zur "grenzüberschreitenden Zusammenarbeit" (Art. 99), die Wortschöpfung von der "Verbesserung der Arbeitsumwelt" (Art. 215) und die erneute Nennung des "Dialogs zwischen den Sozialpartnern" (Art. 216). Eine große "Kulturklausel" nach dem Vorbild des bisherigen unionsrechtlichen Besitzstandes findet sich analog in Art. 191 EGV und Art. 228, einschließlich der kulturellen Querschnittsklausel (Abs. 4). Gemeineuropäisches in der EU wird auch sichtbar in der Begründungspflicht für praktisch alle Rechtsakte der EU-Organe (Art. 282) sowie im Recht auf Zugang zu Dokumenten (Art. 284). Was die unionsbezogene Gemeinwohlklausel angeht, so findet sie sich auch im Entwurf *Scholz*, etwa für die Mitglieder der Kommission bzw. des Rechnungshofes (Art. 319 Abs. 4 bzw. 354 Abs. 4), auch des Ausschusses der Regionen (Art. 361 Abs. 3), doch bleibt der Gemeinwohlauftrag stark personenbezogen, wie herkömmlich, und wird nicht auf die betreffenden *Organe* als solche bezogen, was, wie erwähnt eine neue gute Textstufe wäre bzw. eine weitere Textreife darstellen sollte. Rätselhaft erscheint Art. 384: "Dieser Vertrag läßt die Eigentumsordnung in den verschiedenen Mitgliedstaaten unberührt". Denn die Rezeption der einschlägigen Artikel der EU-Grundrechtecharta von Nizza (Art. 9 bis 62) kann auf Dauer gar nicht ohne Ausstrahlungswirkung auf die verbleibenden *Teil*verfassungen der Mitgliedsländer bzw. ihrer Eigentumsordnung bleiben; übrigens wird sich auch eine umgekehrte Wechselwirkung in der Zeitachse entwickeln.

Im Ganzen: nicht nur ein Verfassungsentwurf, sondern ein "Wurf": handwerklich-formal wie inhaltlich. Die sehr deutsche "Handschrift" ist allenthalben erkennbar; das darf und soll aber auch sein, sofern bewusst bleibt, dass man *letztlich* das europäische Verfassungsrecht nicht primär oder gar ausschließlich vom deutschen Verfassungsrecht her denken und schreiben darf.

*b) Der sog. "Freiburger Entwurf" für einen europäischen
Verfassungsvertrag vom 12. November 2002
(Federführung J. Schwarze, unter Beteiligung von J.F. Flauss u.a.)*[45].

Ein Novum in der europäischen Verfassungs- bzw. Wissenschaftsgeschichte dürfte der von einer deutsch-französischen Arbeitsgruppe vorgelegte Entwurf sein. Selbst die Schweiz hat hierfür bislang kein Vorbild geliefert. Dass sich Staatsrechtslehre und zwei nationale Rechtskulturen "privat" zusammenfinden, ist wohl ohne Beispiel. Zwar haben in der Schweiz welsche, d.h. französisch-sprachige Staatsrechtslehrer (vor allem *J.-F. Aubert*) bei einem kantonalen Verfassungsentwurf (konkret des Kantons Tessin (1997)[46] mitgearbeitet, doch gibt es meines Wissens keinen von einem deutschsprachigen und französisch-sprachigen Team erarbeiteten (privaten) Verfassungsentwurf. Was innerschweizerisch auf der innerbundesstaatlichen Ebene nicht geschah, glückte nun auf der deutsch-französischen nationalen Ebene: im Zeichen Europas. Solche Wissenschaftskooperation, die in einen ausgefeilten Text mündet, hat wohl nicht einmal in den Prozessen der nationalen Verfassunggebung in Osteuropa ein Vorbild. Denn dort waren es stets nur (mit)beratende Tätigkeiten, die in den offiziellen Verfassungsgebungsprozess vor Ort eingebunden waren (so der Verf. dieser Zeilen etwa in Polen und Estland), andere Staatsrechtslehrer in Albanien[47]. Die binationale Wissenschaftskooperation, die in einem gemeinsam entworfenen Verfassungstext gipfelt, stellt ja besondere Anforderungen an das wechselseitige Einfühlungsvermögen beider Repräsentanten ihrer unterschiedlichen Rechts- bzw. Wissenschaftskulturen, und dass dies gerade zwischen einem Franzosen und dessen Tradition von *R. Descartes* bis *Mirabeau* geschulten, am französischen Textpathos gereiften und stets im Kontext der Antipoden *Montesquieu* und *J.-J. Rousseau* stehenden Frankreich einerseits, deutscher ausladender Wissenschaftstradition andererseits gelingen könnte, ist schon als solches ein Glücksfall. Denn die Unterschiede der Denkschulen bestehen nicht nur in Sachen "intergouvernemental" oder "integrationistisch".

Mit höchsten Erwartungen versenkt man sich also in den "*Schwarze/Flauss*"-Text und darf wohl in einem ersten Zugriff stichwortartig Folgendes würdigen:

aa) Der nach dem Modell einer "*Zweiteilung*" gefertigte Entwurf versteht sich als (Grundlagen)Vertrag für eine europäische Verfassung (Vorwort). Vorgelegt werden 120 ausgefeilte Artikel sowie prägnante Anmerkungen, während auf den zweiten Vertrag über die Unionspolitiken als Ergänzung nur pauschal verwiesen ist.

bb) Im Anmerkungsteil sind die vielfältigen Rezeptionsquellen der 120 Texte vorbildlich offengelegt. Dies entspricht der seit langem vom Verf. entworfenen rezeptionstypologischen Theorie, die zwischen der Rezeption von Texten, Theorien sowie der

---

45 S. auch *J. Schwarze*, Votum in: G. Kreis (Hrsg.), Der Beitrag der Wissenschaften zur künftigen Verfassung der EU, 2003, S. 30 ff.
46 Beginnend Mitte der 80er Jahre: Costituzione Ticínese, Progetto di Revisione Totale, 1986 (a cura di M. Borghi). Siehe zuletzt die neue KV Zürich (2004).
47 Kommentiert und dokumentiert in JöR 43 (1995), S. 105 ff., sowie in JöR 44 (1996), S. 313 ff. bzw. *G. Frankenberg*, Verfassunggebung zwischen Hobbesianischem Naturzustand und Zivilgesellschaft, JöR 49 (2001), S. 443 ff.

Praxis der Gerichte und sonstiger Staatspraxis unterscheidet und "Rezeptionsmittler" ebenso benennen will, wie sie kombinierte Erscheinungsformen wie "Überkreuzrezeptionen" kennt[48]. Viele Rezeptionsvorgänge, auch unterbliebene bzw. "abweichende" Lösungen werden oft ausdrücklich transparent gemacht, bald sind sie ohne weiteres erkennbar bzw. spürbar, wobei oft eine gemeinsame deutsch-französische Handschrift glückt. So findet sich z.B. ein Verweis auf Art. 2 EG (Art. 7) oder allgemeiner auf das bisherige Vertragsrecht (Art. 12; s. auch Art. 45 in Bezug auf die politischen Parteien bzw. Art. 191 EG). So findet sich ein Verweis auf die Judikatur des EuGH (Art. 1 Abs. 2) oder das deutsche BVerfG (Art. 23 in Bezug auf die Rechtsprechung zu Art. 72 Abs. 2 GG). So wird bald übereinstimmend "Nizza" (Art. 64, Art. 108 bis 111, verstärkte Zusammenarbeit), bald einmal abweichend von "Nizza" getextet (Art. 59 in Bezug auf die Ernennung der Kommission)[49]. So enthält Art. 63 die an Art. 19 Abs. 4 GG angelehnte (effektive) Rechtsschutzgarantie, kombiniert mit einem Hinweis auf den EuGH. So findet sich sogar die Anknüpfung an Unionspraxis beim Untersuchungsausschuss nach Art. 49 (interinstitutionelle Vereinbarung von 1995). Die aber wohl spektakulärste Erscheinungsform einer Rezeption von Praxis bzw. ihrer Umsetzung in einen Verfassungs*text* dürfte sich (wie übrigens auch in Art. 69 VE *Scholz*!) bei der Aussetzung von mitgliedschaftlichen Rechten nach Art. 13 finden. Denn hier ist "Text und Fleisch" geworden, was im positiven Sinne in der "Causa Österreich" geschah: die Berufung unabhängiger Persönlichkeiten zur Erstellung eines Berichts über die Lage in dem Mitgliedstaat, der eine "schwerwiegende Verletzung" von in Art. 2 Abs. 1 genannten Grundsätzen begangen haben soll. Was hier pragmatisch über die Berufung durch den Präsidenten des EGMR *L. Wildhaber* in Bezug auf die sog. "Drei Weisen" geschah, wird jetzt in Textform gebracht – ein Fall normierender Kraft der Praxis. Freilich wird auch die *vorherige* Anhörung des "betroffenen Mitgliedstaates" verlangt. Damit widerfährt dem kleinen Österreich nachträglich Genugtuung, war doch 2001 eindeutig Europäisches Verfassungsrecht verletzt worden (rechtsstaatliches Anhörungsgebot und präföderale Bundes- bzw. Unionstreue aller Beteiligten[50]). Dass Deutschland bis heute kein Wort der Entschuldigung geäußert hat und seinerseits der *Rats*präsident *J. Chirac* als solcher den Weisenbericht in Paris in Empfang genommen hat, spricht Bände! Die europäische wissenschaftliche und politische Öffentlichkeit scheint aber aus der "Causa Österreich" etwas gelernt zu haben.

---

48 Dazu *P. Häberle*, JöR 34 (1985), S. 303 (354 ff.); sodann *ders.*, Theorieelemente eines juristischen Rezeptionsmodells, JZ 1992, S. 1033 ff., und später durchgängig in *ders.*, Verfassungslehre als Kulturwissenschaft, 2. Aufl. 1992 und Europäische Verfassungslehre, 2001/2002 (Erstauflage).

49 So gehört die Reformdiskussion um die Kommission überhaupt zu den wichtigsten Themen der Verfassungsdebatte. Wie Bundesaußenminister *J. Fischer* in seiner Berliner Humboldt-Rede und der belgische Premierminister *G. Verhofstadt* vermittelte auch der damalige französische Premierminister *L. Jospin* der Reformdiskussion mit Blick auf die Kommission entscheidende Anstöße von politischer Seite, siehe FAZ vom 29. Mai 2001, S. 6.

50 Zu dieser Kontroverse mein Votum in VVDStRL 60 (2001), S. 404 f. und aus der späteren Literatur: C.P. Wieland (Hrsg.), Österreich in Europa, 2001; *W. Hummer/A. Pelinka*, Österreich unter "EU-Quarantäne", 2002.

cc) Zu den *schöpferischen Neuerungen* gehört inhaltlich u.a. der zu einer kulturellen Erbesklausel gereifte Artikel zur Sprachenvielfalt (Art. 11 Abs. 2: "Die Union erkennt die Sprachenvielfalt als Teil des kulturellen Erbes der Union an") sowie die Formulierung eines Stücks Religionsverfassungsrechts im Kontext der zu schützenden "nationalen Identität" (Art. 24 Abs. 1 lit. e: "Die Rolle der Kirchen und der religiösen Gemeinschaften", ausgestattet mit einer neuartigen Kerngehaltsklausel in Abs. 2, die sich hier von den Grundrechten in Deutschland – Art. 19 Abs. 2 GG und Art. 36 Abs. 4 nBV Schweiz von 2000 – her neue Felder erschließt). "Neu" ist auch die Anreicherung des Raums der Freiheit, der Sicherheit und des Rechts um die Klausel gegen "Rassismus und Fremdenfeindlichkeit" (Art. 39), aus deutschem wie französischem aktuellem Anlass geboren. Zustimmung verdient auch die in dem Anmerkungsteil geforderte Präambel, die durch das Bekenntnis Europas zu seinen "geistig-religiösen Wurzeln und Traditionen" besonderen Stellenwert haben soll – dies ist in der deutschen Tradition gedacht, nicht in der trennungsrechtlichen Frankreichs. Es hatte sich bekanntlich in der EU-Grundrechtecharta[51] von Nizza einer Bezugnahme auf das auch Religiöse verweigert. Ob sich jetzt die Wissenschaft gegen die Politik durchsetzt?

dd) Damit ist ein weiteres Stichwort gefallen, das bei einer umfassenden Bewertung des Entwurfs eine Rolle spielen sollte. Wo ist formal und materiell jeweils die *deutsche* bzw. *französische "Handschrift"* erkennbar? Mir scheint, dass vieles gemeinsam geglückt ist, doch ist bereits bei der Verteilung der Zuständigkeiten der Union (Art. 15 ff.) das deutsche Schema erkennbar (ebenso bei der Unionstreue: Art. 2 Abs. 3), während in der schon wörtlich scharfen Betonung der "mitgliedstaatlichen Souveränität" (Art. 24) als solcher sich eine französische Traditionslinie spiegelt. Ein Stück "*Kelsen* und Frankreich" zeigt sich im Wort der "hierarchischen Stufung, Normenhierarchie" (Art. 80 Abs. 1). Deutlich ist Art. 84 Abs. 1 S. 2 – Verordnungen – nach dem Vorbild von Art. 80 Abs. 1 S. 2 GG konzipiert. Der Begriff "Daseinsvorsorge" (Art. 24 Abs. 1 lit. b) stammt von *K. Jaspers* bzw. *E. Forsthoff*[52]. Sie ist jetzt zum europäischen Text geronnen. Gemeinsam gedacht und getextet ist die mittlerweile schon bekannte Formel von Art. 1 Abs. 2 S. 3: "Die Union stellt den Unionsbürger in den Mittelpunkt ihres Handelns". Positiv ist auch Art. 41 Abs. 1 zu bewerten, weil er den Unionsbürger ernst nimmt ("Das Europäische Parlament besteht aus Vertretern der Bürger der Union"). Die präzise Textredigierung dürfte ebenfalls in der französischen Tradition liegen. Eher problematisch ist die pauschale Verwendung des Begriffs der "Souveränität der Mitgliedstaaten" in Art. 107 (beschränkte Zuständigkeit des Gerichtshofes, die ja funktionellrechtlich richtig ist – bei der Außen- und Sicherheitspolitik –, sich aber auch ohne den Begriff

---

51 Dazu *P.J. Tettinger*, Die Charta der Grundrechte der Europäischen Union, NJW 2001, S. 1010 ff. mit zahlreichen Hinweisen auf die kaum mehr zu überblickende Lit.: *S. Magiera*, Die Bedeutung der Grundrechtecharta für die Europäische Verfassungsordnung, in: D.H. Scheuing (Hrsg.), Europäische Verfassungsordnung, 2003, S. 118 ff.; s. noch Anm. 62.
52 Dazu *M. Bullinger*, Französischer service public und deutsche Daseinsvorsorge, JZ 2003, S. 597 ff.; *S. Broß*, Daseinsvorsorge – Wettbewerb – Gemeinschaftsrecht, JZ 2003, S.874 ff.; s. noch Anm. 56.

"Souveränität" hätte umschreiben lassen[53]). Auch die Anmerkungen zu Art. 18 verwenden noch den Begriff "Souveränität" (s. auch Art. 24).

Ob *Montesquieu* sich am "Geist der Verfassung" aus französisch-deutscher Hand gefreut hätte? Vieles spricht dafür!

14) Inkurs: Der überarbeitete Verfassungsentwurf von E. Brok vom 5. Dezember 2002

a) Wenn ein Konventsmitglied wie *E. Brok* innerhalb von nur zwei Monaten einen zweiten Entwurf vorlegt, so ist schon dies bemerkenswert. Sind ihm dabei aber auch substantielle Verbesserungen gelungen, so verdient dies besondere Hervorhebung. Vor allem lässt sich nachweisen, dass der neue Entwurf Ergebnis eines intensiven und extensiven "Gesprächs" mit Vorgängertexten aller Seiten ist, fast könnte man von einem "imaginären Runden Tisch" sprechen, der sich mit einem Male dank Internetvorgänge oder anderer Medien, gewiss auch persönlicher Kontakte im Plenum bzw. den Arbeitsgruppen des Konvents konstituiert hat.

b) Die *Offenlegung der Rezeptionsquellen*, von Vorgängerpapieren schon praktiziert, wird im Zweitentwurf *Brok* meisterlich gehandhabt. Damit wird jene "Transparenz" und "Bürgernähe" geschaffen, die alle Entwürfe für die neue Union und ihr Verfassungsrecht durchgängig verlangen: "Transparenz durch offengelegte Rezeption" und "Integration durch (z.T. schöpferische) Rezeptionen" könnten Stichworte sein. Die Textstufenvorgänge werden öffentlich in einer selten bekannten Intensität. Die Wissenschaft kann diesen Vorgang durch Systematisierungs- und Strukturierungsvorgänge unterstützen. Der Konsolidierungs-, ja Verdichtungsvorgang bzw. die Klärung der Herkunft der Textbausteine ist erkennbar. Dabei bekennt sich der Zweitentwurf *Brok* vorweg zu zwei Referenztechniken: fett und unterstrichen sind die zahlreichen Übernahmen von bzw. Bezugnahmen auf Texte und Strukturen des Entwurfs des Konventspräsidiums, des *Giscard*-Entwurfs[54]. In Fußnotenform ist überdies der Ursprung der Artikel des *Brok*-Textes im sog. "acquis comunautaire" (auf deutsch wohl am besten als unionsverfassungsrechtlicher Besitzstand übersetzt) und der Tätigkeiten der Arbeitsgruppen des Konvents angegeben; hinzu kommen Rezeptionen von Werkstücken einer Resolution des Europäischen Parlaments bzw. des *A. Lamassoure*-Berichts über die Kompetenzverteilung[55] des Dokuments der Europäi-

---

53 Dem traditionellen Souveränitätskonzept verhaftet bleibt etwa auch *Ch. Hillgruber*, Souveränität – Verteidigung eines Rechtsbegriffs, JZ 2002, S. 1072 ff. Siehe aber auch *G. Nolte*, Zum Wandel des Souveränhitätsbegriffs, FAZ vom 6. April 2005, S. 8. Neue Lit.: *U. Schliesky*, Souveränität und Legitimität von Herrschaftsgewalt, 2004; *J. Kokott*, Souveräne Gleichheit und Demokratie im Völkerrecht, ZaöRV 64 (2004), S. 517 ff.
54 Ausdrücklich *gegen* den *Giscard*-Text stellt sich *Brok* in Sachen Austrittsregelung, die er nicht treffen möchte (vgl. Anmerkung 1 zu Titel X vor Art. 17).
55 Aus der Lit. zuletzt: *C. Jennert*, Die zukünftige Kompetenzabgrenzung zwischen der EU und den Mitgliedstaaten, NVwZ 2003, S. 936 ff.; *I. Pernice*, Eine neue Kompetenzordnung für die EU, FS Tsatsos, 2003, S. 477 (490 f.).

schen Volksparteien (Estoril-Kongress), des *Frascati*-Entwurfs und zahlreicher Kommentare, die von Konventsmitgliedern und "academics" abgegeben worden sind.

Hier nur eine schmale Auswahl aus der Vielzahl der Rezeptions- bzw. Rechtsquellen: Der konventspräsidiale *Giscard*-Entwurf strahlt u.a. aus auf die Präambel, auf die von Nizza her übernommenen EU-Grundrechte, die bei *Brok* neue Übernahme der Unionsbürgerschaft (Art. 51), die Unionsloyalität (Art. 62), die Außenkompetenzen der Union (Art. 70), die Flexibilitätsklausel (Art. 71), das Initiativenmonopol der Kommission (Art. 77), auf das "demokratische Leben" (Art. 101, 102). In Sachen Ombudsmann (Art. 107) – kürzlich wurde der Grieche *N. Diamandouros* gewählt (2002) – wird eine vom *Giscard*-Entwurf nicht erwähnte Figur aus dem bisherigen Recht übernommen (ebenso in Sachen europäische Investitionsbank: Art. 86). Auf weitere Rezeptionen vom *Giscard*-Entwurf her sei verwiesen (etwa Art. 116, 117, 118). Als besonders lebendige "Rezeptionsquelle" wirkt die EU-Grundrechtecharta (etwa in Sachen Präambel, Grundrechte und Unionsbürgerschaft, Art. 1 ff.), was einmal mehr die normierende Kraft von sog. "soft law" beweist. Der Vertrag von Nizza wirkt als (zweiter) Ideenlieferant und Textgeber, z.B. bezüglich von Art. 79, 80, 81, 88 Abs. 1 und 3 sowie in Textbauteilen von Art. 98, 99 und 100. Beispiele der Bezugnahmen auf und Übernahme von Arbeiten des Europäischen Parlaments (hier des sog. *Lamassoure*-Entwurfs), bildet eine dritte Kategorie von Referenztexten, die wirkmächtig auf den Zweitentwurf *Brok* ist: vor allem beim Kompetenz- und Aktions-Teil. Erwähnt seien Elemente der Art. 64, 65, 67 und 68, sodann beim Kapitel über den Gesetzgebungsprozess der Union (Art. 94 Abs. 3). Urteile eines europäischen Verfassungsgerichts (des EuGH) wirken z.B. auf die Präambel (vorletzter Absatz) und Art. 63 Abs. 2, Art. 70 Abs. 2. *Die EU-Sozialcharta* von 1996 (nicht jene des Europarates von 1961) wirkt auf Art. 23 Abs. 1, Art. 62 Abs. 3, Gleichheit von Mann und Frau).

Arbeitsgruppen des Konvents und ihr "work in progress" schlagen sich in Text und Kontext der "Subsidiarität" (Art. 69) nieder (s. auch Art. 96 Abs. 6), auch in Sachen Gerichtsbarkeit (Art. 81 lit. d); die Arbeitsgruppe "Economic Governance" wirkt z.B. in Art. 60. Auch das Dokument der Europäischen Volksparteien beeinflusst z.B. Art. 78 Abs. 3, "Frascati" etwa Titel II vor Art. 64. Im Übrigen seien die vielen Textstellen, die sich dem bisherigen unions(verfassungs)rechtlichen Besitzstand verdanken, nicht eigens erwähnt, wohl aber einige Bezugnahmen auf sonstige "Inspirationsquellen", etwa Protokolle (z.B. Art. 61 Abs. 6).

c) *Inhaltlich* sei auf die Rezeption der Textpassage "to place the individual at the heart of the activities of the European Union" verwiesen (Präambel), überdies auf die Einarbeitung der Unionsbürgerschaft gemäß der EU-Grundrechtecharta (s. auch Anmerkung 3 zu Art. 62 Abs. 2) und die Artikel zum demokratischen Leben in der Union als neue Anreicherung und Bereicherung (Art. 101 bis 107).

Im Ganzen: Der Zweitentwurf *E. Brok* besticht durch seine große Lernfähigkeit und systematisch geschulte Integrationskraft in Bezug auf vorfindliche Texte anderer. Dass er von einem Konventsmitglied stammt, verleiht ihm eine demokratische Legitimation, die Entwürfe seitens einzelner Wissenschaftler nicht besitzen, was keine Abwertung der Wissenschaft sein will, aber doch eine Grenze andeutet und Mahnung zur Bescheidenheit aller Wissenschaft als "ewiger Wahrheitssuche" sein muss: Sie kann "kompromisslos" arbeiten, europäische Verfassungspolitik muss pragmatische Kompromisse suchen.[56]

15) Der sog. Prodi-Entwurf vom 4. Dezember 2002

a) Die aus dem Schoß der Kommission erwachsene sog. "Durchführbarkeitsstudie", (auch als "Beitrag zum Vorentwurf einer Verfassung der Europäischen Union, Arbeitspapier" bezeichnet), markiert eine neue Etappe im evolutiven Textstufen-Prozess einer europäischen Verfassung. Sie ist eine beachtliche Systematisierungsleistung: ein formal und inhaltlich auf dem "letzten" Entwicklungsstand beruhendes Dokument und sie macht dem, der sie anregte, *R. Prodi*, Ehre. Sie folgt im Wesentlichen "der vom Präsidium des Konvents konzipierten Struktur" – nach eigenem Bekunden, aber auch in kritischer Würdigung ist dies zutreffend. Damit kommt es praktisch zu einem europäischen Verfassungsgespräch zwischen zwei Verfassungsorganen: dem Konvent bzw. seinem Präsidium unter *V. Giscard* und der Kommission. Ziele, wie die "Vereinfachung", sind erreicht, man darf darüber hinaus von Transparent-machen des bisherigen Verfassungszustands bzw. der EU-Verfassungswirklichkeit und behutsamer "Fortschreibung" bisheriger Texte sprechen, um ein schönes deutsches Wort zu verwenden. Die zusammenfassende Konkretisierungsleistung ist nicht gering: die Gliederung in die drei Teile "Grundsätze", "Grundrechte", "Politiken" bzw. die Verabschiedung der "Säulenstruktur", die kritische Überprüfung der Ausnahmeregelungen für einige Mitgliedstaaten. Unbeschadet des Postulats von der "gleichbleibenden Rechtslage" besteht genügend Spielraum für neue "politik-

---

56 Der sog. Grundriss einer europäischen Verfassung von MEP *J. Voggenhuber* vom Dezember 2002 verdient mehr als eine Fußnote. Da er jedoch nicht in Artikelform abgefasst ist, nur Stichworte: Es handelt sich im guten Sinne um einen "grünen" Verfassungsentwurf. Die Präambel verwendet die vom Verfasser schon oft vorgeschlagene Formel: "Wir, die Bürgerinnen und Bürger Europa". Interessant ist die Distanzierung von einem "europäischen Bundesstaat", ebenso die Erwähnung der Möglichkeit der EU Steuern zu erheben. Gelegentlich gibt sich der Entwurf naiv: "Es gilt die Gemeinschaftsmethode". Für den EuGH wird ein "Annahmeverfahren" empfohlen. Als Aufgabe ist die "Wahrung der Medienvielfalt" postuliert. Geglückt ist die Formel vom "republikanischen System von checks and balances". Empfohlen werden "direkt demokratische Instrumente auf europäischer Ebene" (Volksbegehren zur Gesetzgebung, Volksvertretung). Die Rede ist von "Grundelementen" europäischer Identität. Rezipiert wird das Wort vom "sozialen Dialog". Zentral ist die soziale und ökologische Marktwirtschaft als Grundwert der EU. Auch der deutsche Begriff der "öffentlichen Daseinsvorsorge" ist rezipiert. Dazu: *M. Ronellenfitsch*, Daseinsvorsorge als Rechtsbegriff – Aktuelle Entwicklungen im nationalen und europäischen Recht, in: W. Blümel (Hrsg.), Ernst Forsthoff, 2003, S. 53 ff.; *J.A. Kämmerer*, Daseinsvorsorge als Gemeinschaftsziel oder: Europas "soziales Gewissen", NVwZ 2002, S. 1041 ff.

bezogene Bestimmungen des Konvents"[57]. In auf eine Weise immer leichterer ex-post-Betrachtung seitens der Wissenschaft, die sich freilich stets auch das Feld "wissenschaftlicher Vorratspolitik" vorbehalten sollte, darf überschlägig folgendes angemerkt werden:

b) Dank des Dokuments des *Prodi*-Entwurfs ist jetzt fast ein *Tableau der offenen Gesellschaft der Verfassunggeber* in Europa erkennbar. Dieses 1975 vom Verf. für die offene Gesellschaft der Verfassungsinterpreten entworfene, später (1982/2000/02) auf die Verfassunggeber hin fortentwickelte Bild kennt heute bzw. derzeit folgende Beteiligte ("Akteure"):

- den Konvent und seine Arbeitsgruppen (z.B. zur "Subsidiarität" oder "good Governance")
- einzelne Mitglieder des Europäischen Parlaments, die wie *J. Leinen* und *E. Brok* individuell als Textgeber hervorgetreten sind
- einzelne politische Parteien bzw. Parteigruppierungen wie die Europäischen Volksparteien
- akademische Kreise, die im Auftrag der Kommission tätig werden (wie das Europäische Hochschulinstitut in Florenz, 2000)
- das Präsidium des Konvents (*Giscard*-Entwurf, 2002)
- die Europäische Kommission (*Prodi*-Papier, 2002)
- Staatsrechtslehrer, die autonom, ohne Auftrag tätig wurden (*Dashwood*, zuletzt *J. Schwarze/Flauss*, 2002).

Die offene Gesellschaft der Verfassunggeber für Europa ist fast "komplett", nimmt man andere informell Beteiligte wie NGO's oder Internet-Engagierte hinzu. Die aktuell und virtuell entstandene und noch entstehende europäische Öffentlichkeit in Sachen Verfassunggebung, kann wegen ihrer Teilobjektivierungen in greifbaren Texten kaum überschätzt werden.

c) Im Einzelnen sei stichwortartig zum *Prodi*-Entwurf folgendes herausgestellt:

- die vorbehaltlose Kennzeichnung als "Verfassung" (vgl. Präambel sowie Art. 1, Art. 4 Abs. 1: "Verfassungsziele" und öfter als Übereinkommen (s. auch Zusammenfassung I: "rein konstitutionelle Inhalte")
- die Nutzung der Kunstform der Präambel in all ihren Möglichkeiten (allgemeine Präambel)
- die Offenlegung von Rezeptionsquellen (z.B. in Bezug auf die Präambel oder eine Rede von *Giscard*: Art. 2 Abs. 3 Fußnote 1, im Ganzen vielleicht zu selten)
- das Wagnis des Wortes vom "europäischen Gesellschaftsmodell" (Präambel, Art. 9 Abs. 1), womit die sehr deutsche Dichotomie von "Staat und Gesellschaft" zu Recht beiseite geschoben wird

---

57 Dazu auch die Ausführungen bei *Th. Oppermann*, Vom Nizza-Vertrag 2001 zum Europäischen Verfassungskonvent 2002/2003, DVBl. 2003, S. 1 ff., 6 ff.

- das in diesen Kontext gehörende Wort vom "sozialen Dialog" (sowie zum "wirtschaftlich-sozialen Zusammenhalt", III Politiken bei V)
- die Betonung der Generationenperspektive (Präambel: "eine intakte Umwelt, ein intaktes kulturelles Erbe sowie bessere Lebens- und Arbeitsbedingungen zu hinterlassen")
- (eher kritisch) die Selbstüberschätzung als "Weltmacht" (Präambel, Art. 9 Abs. 4)
- positiv der überlegte Einsatz von "Im Geiste-Klauseln" (z.B. Art. 1 Abs. 1: im Geiste der Solidarität die gleichen Werte, Art. 99 ebenso)
- das glückliche *Giscard*-Wort vom "föderalen Modus" (Art. 1 Abs. 3), was den herkömmlichen Souveränitätsideologien gegenüber ein Fortschritt in Richtung auf das föderale Europa ist
- das Ziel der "Dezentralisierung" (Art. 10 Abs. 2)
- die Totalrezeption der EU-Grundrechtecharta in Art. 7
- die mehrfachen Texte in Sachen Europäisches Kulturverfassungsrecht, z.B. "das kulturelle Erbe" (Präambel), Art. 9, sodann Art. 25 Abs. 1, III Politiken 49: "europäischer Forschungsraum sowie die Bildung"
- das Bekenntnis zu "gemeinsamen Werten" (Art. 26 Abs. 1 lit. b, Art. 1 Abs. 1 "gleiche Werte")
- das Umweltverfassungsrecht (Präambel, Art. 9 Abs. 1, 15, 20, 25 Abs. 1 lit. f., Art. 26 Abs. 1 lit. d)
- das Bekenntnis zur offenen Marktwirtschaft mit freiem Wettbewerb (Art. 14)
- die Konzeption eines "europäischen Gemeinwohls" (z.B. Art. 26 Abs. 1 lit. a: "grundlegende Interessen", Zusatzakte Art. 43: "allgemeines Wohl der Union", Art. 80, s. auch Art. 68 a.E.)
- die vortreffliche Legaldefinition der Subsidiarität (Art. 30)
- die Schaffung eines "Europäischen Rates" (Art. 42)
- die Verpflichtung zu wechselseitiger Solidarität und Loyalität (Art. 4 Abs. 1, Art. 5 Abs. 1, Art. 6)
- die Ergänzung des Rechtsprechungsauftrags des EuGH um die Wahrung der "Verteilung der Zuständigkeiten" (Art. 53)
- die "Einteilung der Rechtsakte" (Art. 72)
- der Begründungszwang (Art. 75)
- die Rezeption des Prinzips der Transparenz (Art. 10 Abs. 2, Art. 82)
- die Normierung der "Anhörung der Fachkreise" (Art. 88)
- die Lektionen, die aus der "Causa Österreich" zu lernen waren (Art. 104)
- die Ausschöpfung der Potentiale bei der speziellen Präambel zum Grundrechtsteil samt Bezugnahmen auf "das geistig-religiöse und sittliche Erbe"
- die Ausrichtung auf die Person

- die drei Ebenen nationaler Identität – national, regional, lokal –
- die Rezeption der ESC von 1961
- ein Menschenbild, das "Verantwortlichkeiten und Pflichten gegenüber den Mitmenschen" kennt (s. auch Art. 1 Abs. 1: "geistig-religiöse und sittliche Werte")
- die Konkretisierung des europäischen Gesellschaftsmodells von einzelnen Politikfeldern her, u.a. Umwelt, Gesundheit und Kultur (Art. III)
- als ergänzende Tätigkeiten pluralistische Kulturaktivitäten (Art. III Ziff. 18 Abs. 1 mit einer erkennbar gegen *S. Berlusconi* gerichteten Medienvielfaltsklausel: "Pluralismus in den Medien")
- die Rezeption des alten Parteien-Artikels (Art. 85)
- die Differenzierungen im Verfahren der Verfassungsänderung, je nachdem ob es um die Teile Grundsätze und Grundrechte geht oder um "Politiken" und "Zusatzakten" (vgl. VI der Einführung, Art. 42 Abs. 3, 44, Art. 101, Zusatzakten Titel II)
- neue Wege zur Wahrung des Subsidiaritäts- und Verhältnismäßigkeitsprinzips (Art. 63: Einsichtsrecht der nationalen Parlamente, s. auch Art. 32 Abs. 1 S. 2, Art. 65 Abs. 2)
- die Institutionalisierung des Datenschutzes (Art. 89)
- die Rezeption der bereits bewährten Rechtsfigur der "allgemeinen Rechtsgrundsätze" (Art. 97 Abs. 2)
- Begrenzung der Regelungen mit "variabler Geometrie" (EURO, Verteidigungspolitik, "Schengen"), da sie im Übermaß desintegrierend wirken können[58]
- Die Möglichkeit des Austritts aus der Union (Art. 103).

Im Ganzen: viel mehr als eine "Zwischensumme", eine in Geist und Buchstaben, Texten und Kontexten europäische Verfassung[59].

---

58 Öffnungsklauseln in der Verfassung, die die weitere Integration erleichtern sollen (*K. Hänsch*, FAZ vom 27. Dezember 2002, S. 5), müssen dies beachten.

59 Der deutsch-französische Beitrag zum europäischen Konvent bzw. Brief *G. Schröders* und *V. Giscard d' Estaings* (FAZ vom 17. Januar 2003, S. 6) enthält wichtige "Stichworte", wie: Die drei Ziele: "Klarheit, Legitimität und Effizienz", sodann: "Europa ist eine Union der Staaten, Völker und Bürger", ferner: Wir wollen eine "Werte- und Rechtsgemeinschaft" sowie "Die europäische Kommission als Hüter der Verträge und als Verkörperung des europäischen Gemeinschaftsinteresses", schließlich: "Die nationalen Parlamente nehmen an der Subsidiaritätskontrolle im Rahmen eines 'Frühwarnmechanismus' teil".

Zweiter Teil:
Hat Europa eine Verfassung?

*1) Die "alte" EWG bzw. EU/EG – Verfahren und
juristische Qualifizierung*

Die "alte" Europäische Gemeinschaft – das meint die Verträge von Rom (1957) über Maastricht/Amsterdam (1992/97) bis Nizza (2000/2001)[60], Stück für Stück textstufenartig "fortschreibend", hat sich hier eine "Konstitutionalisierung" vollzogen, die auf "reine Begriffe" zu bringen der europäischen Wissenschaftlergemeinschaft bislang weder national noch supranational geglückt ist. Was diese "Stückwerk-Verfassung" juristisch sei, darüber ließ sich kein Konsens herstellen, obwohl der EuGH recht früh, später ständig von "Verfassung" gesprochen hat (Gent und Loos, 1963, Costa Enel, 1964). Formal gesehen hat kein Verfahren der "Verfassunggebung" im klassisch-nationalen Sinne stattgefunden. Es kam nur zu immer neuen Vertragsänderungen auf der Basis vorausgegangener intergouvernementaler Konsense, auch wenn das geschaffene Europarecht eine autonome Rechtsordnung geworden war. Zuweilen wurden einzelne Entwicklungsstufen in einzelnen Mitgliedsländern vom Volk approbiert – so der Maastricht-Vertrag etwa in Frankreich und Dänemark, so zuletzt "Nizza" in Irland, so z.B. der Beitritt von Polen und der Slowakei. Freilich sind auch große Judikate einzelner nationaler Verfassungsgerichte hinzunehmen, sogar das umstrittene Maastricht-Urteil des deutschen BVerfG (E 89, 155) oder die einschlägigen Urteile der Gerichtshöfe in Madrid oder Paris. Materiell betrachtet wurde damit ein Stück punktueller Verfassunggebung bzw. -interpretation von den Mitgliedsländern her geleistet. Im Ganzen aber blieb das Volk als Bürgergemeinschaft auf der europäischen Ebene "ausgeschlossen", auch wenn die inhaltlichen Themen immer mehr zu typischen Verfassungsthemen reiften: von dem alten Wirtschaftsverfassungsrecht der klassischen EWG (Rom 1957) bis zum Sozial- und Kulturverfassungsrecht der EU/EG von Maastricht/Amsterdam: erinnert sei an die fünf wirtschaftlichen Grundfreiheiten, aber auch an viel prätorisches Grundrechts-Recht aus Luxemburg: von der Gleichberechtigung bis zur Religionsfreiheit, von der Eigentumsgarantie bis zum effektiven Rechtsschutz und zur Staatshaftung. Das sich entwickelnde "Gemeineuropäische Verfassungsrecht", ein Begriff der Jahre 1983/1991, legte m.E. immer mehr die These nahe, es handele sich um eine "Teilverfassung", eine "Verfassungsgemeinschaft". Dies waren jedoch Theorievorschläge, die sich nicht die Zustimmung der sog. "herrschenden Meinung" erfreuten, sofern es eine solche überhaupt gab. Diese zersplitterte sich in viele Begriffsbildungsversuche: "Staatenverbund" (BVerfG), "europäische Unionsgrundordnung" (*D. Tsatsos*), "Mehrebenensystem", "Souveränitätsteilung" u.a.m. Über die EU/EG als "Rechtsgemeinschaft", als "Grundrechtsgemeinschaft" war man sich einig, nachdem der etwas technische Begriff vom

---

60 *R. Gnan*, Der Vertrag von Nizza, BayVBl. 2001, S. 449 ff.; *K.H. Fischer*, Der Vertrag von Nizza, 2001; *C. Dorau*, Die Verfassungsfrage der EU – Möglichkeiten und Grenzen der europäischen Verfassungsentwicklung nach Nizza, 2001; *M. Stolleis*, Europa nach Nizza. Die historische Dimension, NJW 2002, S. 1022; *M. Kotzur*, Ein nationaler Teilbeitrag zur Europäischen Verfassungsdiskussion: deutsche Erfahrungen im Post-Nizza-Prozess, FS Tsatsos, 2003, S. 257 ff.

"supranationalen Zweckverband" des großen Europarechtlers *H.P. Ipsen* in den Hintergrund trat. Indes: Es blieb verfahrensmäßig beim reinen Vertragsweg, das Volk kam auf der EU/EG-Ebene realiter nicht vor, mochten sich auch noch so viele heranwachsende konstitutionelle Gehalte inhaltlich geradezu aufdrängen. Das viel zitierte demokratische Legitimationsdefizit konnte auch nicht durch die direkten Europawahlen (1979) und das schrittweise neue Kompetenzen hinzugewinnende Europäische Parlament kompensiert werden. Der Kontrast zwischen der nicht vorhandenen Verfassunggebung im formalen, verfahrensmäßigen Sinne und der sich intensivierenden und expandierenden Verfassung im materiellen Sinne blieb groß und scheint umso größer zu werden, je mehr Elemente und Dimensionen materieller Verfassung auf EU/EG-Ebene heranwuchsen. Man denke an die "allgemeinen Rechtsgrundsätze", an alle Erscheinungsformen von "Gemeineuropäischem Verfassungsrecht", vor allem an den "Rechtsstaat". Dabei gewannen die Nationen auf Gemeinschaftsebene in Verbundform Themen wieder, die sie auf nationaler Ebene verloren: Ihre eigenen Verfassungen "schrumpften" zwar, die Gemeinschaftsverfassung aber wuchs. Konnte es, kann es bei diesem Europa der Regierungen, der Gerichtshöfe, der "Brüsseler Bürokratie" und dem Bürger als bloßem, nicht mitbestimmenden "Grundrechtsträger" bleiben, um die Frage zuzuspitzen? In welcher Form, in welchen Verfahren sollte die werdende Verfassung auf EU-Ebene gebracht bzw. entwickelt werden, zumal angesichts der großen Erweiterung im Blick auf 10 neue Kandidaten?

II. Die "neue" EU/EG – Verfahren und juristische Qualifizierung, das Konventsmodell

Von "neuer" EU/EG soll hier deshalb gesprochen werden, weil das "Konventsmodell" in den Verfahren der Fortentwicklung des Gemeinschaftsrechts einen m.E. *qualitativen* Sprung bedeutete. In dem Dokument von Laeken (2001)[61] beschlossen, nach dem Vorbild der werdenden USA konzipiert (Verfassungskonvent von Philadelphia, 1787), hat sich in Gestalt des Verfahrens zur Ausarbeitung der Grundrechtecharta von Nizza (1999/2000) sozusagen als "Generalprobe" ein eigener, in Europa neuer Weg der Verfassunggebung entwickelt, der im EU-Verfassungskonvent unter seinem Präsidenten *Giscard* bzw. im Abschlusstext von Thessaloniki (Juni 2003) gipfelte. Der evolutive Prozess in Sachen europäische Verfassung hatte dank der beiden Konvente ein neues transparentes Stadium erreicht. Hatte der EU-Grundrechtskonvent 62 Mitglieder (15 persönliche Beauftragte der Staats- und Regierungschefs, 16 Mitglieder des Europäischen Parlaments, 30 Mitglieder der nationalen Parlamente und 1 Mitglied der Kommission), so setzte sich der neue Konvent (2002/2003) aus 105, nicht "pluralistischer" (wenngleich sein Teilnehmerkreis breiter ist) Mitgliedern zusammen. Dieser "Europäische Konvent" umfasst neben dem Präsidenten seine beiden Vizepräsidenten, 15 Vertreter der Staats- und Regierungschefs des Mitgliedstaates, 30 Mitglieder der nationalen Parlamente, 16 Mitglieder des Europäischen Parlaments, 2 Vertreter der Kommission.

61　Dazu *R. Wägenbaur*, Zur Zukunft der EU: Was bringt die Erklärung von Laeken?, ZRP 2002, S. 94 f.

Neben den Beteiligten der Beitrittsländer gibt es Beobachter. 3 Vertreter des Wirtschafts- und Sozialausschusses, 3 Vertreter europäischer Sozialpartner sowie 6 Vertreter des Ausschusses der Regionen. Man mag einwenden, auch dieser Konvent sei nicht "repräsentativ", nach wie vor blieben die Nationalstaaten bzw. Regierungen wegen Art. 48 EUV die "Herren der Verträge", eine fragwürdige Ideologie bzw. Terminologie, weil es in der Demokratie keine "Herren" gibt und eine Bürger- und Grundrechtsgemeinschaft wie die EU mit unabhängigen Verfassungsgerichten mit solchen spätabsolutistischen Metaphern nicht arbeiten sollte: gleichwohl verändert das praktizierte Konventsmodell die Verfassunggebung der EU positiv. Gewiss, es gibt Defizite. Auffällig ist, dass in den Verfahren des Konvents nicht nationale und europäische Wissenschaftler *als solche* beteiligt waren, auch nicht als "Sachverständige". Immerhin sei vermerkt, dass es EU-Verfassungsentwürfe nicht nur aus der Hand politischer Parteien, einzelner Abgeordneter oder Persönlichkeiten gab (schon 1984 kam es zu einem Verfassungsentwurf des Europäischen Parlaments, 1994 zu einem zweiten), sondern auch seitens einzelner Staatsrechtslehrer (z.B. Entwürfe *Dashwood, R. Scholz* bzw. *Schwarze/Flauss*). In der offenen Gesellschaft der Verfassunggeber ist die Wissenschaft nur eine Stimme, besser eher eine beratende, zumal die intellektuelle Unabhängigkeit im Schlepptau von politischen Parteien immer gefährdet ist. *J.H. Weilers* Idee eines "Constitutional Council for the Community" ist diskutabel.

Das große Monitum bleibt freilich die m.E. erforderliche Beteiligung durch das *Volk*. Ein europaweites Referendum ist unverzichtbar. Das praktizierte, in den Verfassungstexten bisher nicht vorgesehene (!) Konventsmodell ist als Fortschritt zu rühmen, es bildet indes nur eine Vorstufe zur "Verfassunggebung" der EU und sollte als solche in das geltende Recht eingebaut werden (Österreich hat jetzt ebenfalls einen "Konvent" etabliert, 2004 gescheitert). Die gemeineuropäische Verfassungskultur verlangt nach Wort und Tat der sich in ihren Bürgern findenden bzw. darstellenden Völker.

III. Konstitutionelle Gehalte auf EU-Ebene

1) Die EU-Grundrechtecharta (2000) als werthafte Teilverfassung, ihre verfassungspolitische Prägekraft und Ausstrahlung

Die EU-Grundrechtecharta von Nizza[62] besitzt zwar formell bisher nur die Qualität von "soft law", doch entfaltet sie schon jetzt normierende Kraft, z.B. in einer Entscheidung des europäischen Gerichts der ersten Instanz, und ihre Ausstrahlungswirkung auf

---

62 Aus der Lit. zur Grundrechtecharta: J. Meyer (Hrsg.), Kommentar zur Charta der Grundrechte der Europäischen Union, 2003 (2. Aufl. 2005); *N. Bernsdorff/M. Borowsky*, Die Charta der Grundrechte der Europäischen Union, 2002; P. Costanzo (a cura di), La Carta Europea dei Diritti, 2002, mit Beiträgen u.a. von *P. Ridola* und *J. Luther* (S. 6 ff. bzw. S. 96 ff.); *C. Busse*, Eine kritische Würdigung der Präambel der Europäischen Grundrechtecharta, EuGRZ 2002, S. 559 ff.; *I. Pernice*, Eine Grundrechte-Charta für die Europäische Union, DVBl. 2000, S. 847 ff.; *P.J. Tettinger*, Die Charta der Grundrechte der EU, NJW 2001, S. 1010 ff.; *C. Calliess*, Die Charta der Grundrechte der EU ..., EuZW 2001, S. 261 ff.; s. schon Anm. 7.

Judikate wie auf die nationalen Verfassunggeber, Gesetzgeber, Exekutiven und Gerichte dürften von Tag zu Tag zunehmen. Schon jetzt wird sie in der fachjuristischen Literatur als "geltendes Kodifikationswerk" ohne weiteres mitbehandelt, eine Art "Vorwirkung". Und es ist kein Zufall, dass sich alle späteren amtlichen und privaten EU-Verfassungsentwürfe auf sie beziehen, meist in Gestalt der en bloc-Rezeption. War schon ihre Vorgeschichte ein Erfolg, so wird erst recht die Nachgeschichte dieses Dokuments erfolgreich sein. Es handelt sich um einen "ganzen Grundrechtsentwurf", wohl alle für das EU-Europa wichtigen Grundrechtsthemen sind auf der Höhe der Zeit bzw. auf der gegenwärtigen Entwicklungsstufe des Verfassungsstaates behandelt: es finden sich sowohl die wichtigsten klassischen Grundrechte wie auch neue Themenfelder, es finden sich auch alle wichtigen Grundrechtsdimensionen bzw. -funktionen: von der abwehrrechtlichen über die objektiv-institutionellen bis zur schutz- und leistungsrechtlichen sowie prozessualen. Gewiss, vorherrschend ist der Geist der produktiven Rezeption: viele Rechtsquellen sind verarbeitet, die EMRK und die alte EU/EG ebenso wie die nationalen Grundrechtskataloge, Entscheidungen nationaler Verfassungsgerichte ebenso wie solche der beiden europäischen Verfassungsgerichte, samt Stimmen der Literatur. Die Pluralität der Rezeptions- und Bezugsquellen macht die EU-Grundrechtecharta indes nicht zu einem bloß "epigonalen" Werk. Innovativ ist sie schon in der Einschmelzung vieler Textstufen aus vielen Nationen und Kodifikationen. Innovativ ist sie in der Systematisierung des fast unüberschaubaren nationalen und europäischen Grundrechtsmaterials, innovativ ist sie auch bei einigen Themen wie im Titel IV "Solidarität" und in Art. 41 ("Recht auf eine gute Verwaltung"). Es handelt sich um einen guten Verfassungskompromiss auf einem klassischen, stark beachteten Feld des Verfassungsstaates, das jetzt "europäisiert" ist und viele nationale Grundrechtsgemeinschaften so zusammenführt, dass niemand die Identität seiner Rechtskultur genommen wird und jeder sich wiedererkennt, gleichzeitig aber auch via Grundrechte ein Herzstück des Europäischen Verfassungsrechts entstanden bzw. fest- und fortgeschrieben ist. Gerade Grundrechtskataloge können dank bürgernaher, prägnanter Sprache, aber auch Genauigkeit und Allgemeinheit bürgerintegrierende Kraft entfalten; sie sind "Integrationsverfassungsrecht" par excellence. Zu vermuten ist, dass im Rückblick die Pionierleistung der EU-Grundrechte-Charta für das "Europäische Haus" sehr hoch eingeschätzt wird. Es dürfte auch kein Zufall sein, dass die Leitung des 62 Mitglieder umfassenden EU-Grundrechtekonvents einem deutschen Staatsrechtslehrer anvertraut worden ist, denn Deutschland genießt dank der Judikatur des BVerfG und mancher großer Literatur vor allem der Weimarer Zeit sowie der frühen 50er Jahre in Sachen Grundrechte europaweit großes Ansehen: *R. Herzog* war überdies Bundespräsident mit fortune.

Im Folgenden nur einige Stichworte: Schon die umfangreiche und dicht gewebte Präambel lässt erkennen, dass es nicht nur um eine Grundrechte- sondern auch um eine Grund*werte*charta geht ("universelle Werte", "gemeinsame Werte unter Achtung der Vielfalt der Kulturen"). Der Prinzipiencharakter vieler verfassungsrechtlicher Themen ist zum Ausdruck gebracht ("Grundsätze der Demokratie und der Rechtsstaatlichkeit"). Auch der Umweltschutz wird zum Präambelthema ("ausgewogene und nachhaltige Entwicklung"), die "gemeinsamen Verfassungstraditionen" werden einmal mehr beschworen und ohne Scheu wird überdies auf die EMRK und die ESC sowie die Rechtsprechung von EuGH und EGMR Bezug genommen. Die Charta nimmt vieles von dem vorweg, was auch in einer "ganzen" EU-Verfassung normiert sein könnte und müsste. Das zeigt sich im vorletzten Absatz der Präambel, etwa in dem Passus, der an die "Verantwortlichkeit und Pflichten sowohl gegenüber den Mitmenschen als auch gegenüber der menschlichen Gemeinschaft und den künftigen Generationen" erinnert. In anderen jüngeren Verfassungen ist das Umweltthema längst integrierendes Element der Präambel (vgl. zuletzt etwa in der Schweiz: KV Schaffhausen (2000), KV Zürich (2004)).

In den Einzelabschnitten findet sich manche punktuelle Neuerung, neben vielen "Nachführungen": etwa das eindeutige Verbot des reproduktiven Klonens von Menschen (Art. 3 lit. d) sowie das (vor allem an Italien gerichtete) Gebot (Art. 12 Abs. 2): "Die Freiheit der Medien und ihre Pluralität werden geachtet". Das vom deutschen BVerfG entwickelte pluralistische Medienverfassungsrecht hat hier einmal mehr Textgestalt angenommen. Sehr "deutsch" klingt auch der Satz in Art. 13: "Kunst und Forschung sind frei. Die akademische Freiheit wird geachtet". Im Titel III ("Gleichheit") ist manches zusammengewürfelt: neben dem weitreichenden Diskriminierungsverbot (Art. 21) findet sich die aus dem bisherigen Recht bekannte Klausel sehr bündig: "Die Union achtet die Vielfalt der Kulturen, Religionen und Sprachen". Soziale Grundrechte sind den Kindern, älteren Menschen und Menschen mit Behinderung zuerkannt (Art. 24 bis 26). Dabei kommen Schutzansprüche, Teilnahme- und Teilhabe-Aspekte zum Ausdruck, wie sie Literatur und Rechtsprechung entwickelt haben: ein Beleg für die allenthalben erkennbaren Textstufenvorgänge.

Das für ein liberales, auf den status negativus fixiertes Grundrechtsdenken fragwürdige, auf der heutigen Entwicklungsstufe aber konsequentes Stichwort prägt den Titel IV, die "Solidarität". Die Themen reichen vom Arbeitnehmerschutz über den Kinder- und Familienschutz bis zum Gesundheits-, Umwelt- und Verbraucherschutz (Art. 27 bis 38). Die modernen Grundrechtsaufgaben des Verfassungsstaates, seine grundrechtlichen Schutzpflichten sind hier in vorbildlicher Weise kodifiziert.

Neuland begeht die Charta im Kontext der "Bürgerrechte" (Titel V) bei Art. 41, dem "Recht auf eine gute Verwaltung". Detailliert wird hier rechtsstaatliches Verwaltungshandeln umschrieben bis hin zum Begründungserfordernis und zu Staatshaftungsansprüchen nach "den allgemeinen Rechtsgrundsätzen, die den Rechtsordnungen der Mitgliedsstaaten gemeinsam sind". Erneut wird das gemeineuropäische Verfassungsrecht der und in der EU sichtbar, auch das gemeineuropäische Verwaltungsrecht.

Im Titel VI ("Justizielle Rechte") findet sich der gemeineuropäische Standard der rechtskulturelle "aquis communautaire" dieses Themenfeldes, doch ragt als textlich innovativ der Satz heraus: (Art. 49 Abs. 3): "Das Strafmaß darf gegenüber der Straftat nicht unverhältnismäßig sein".

Unter den "Allgemeinen Bestimmungen" des Titels VII verdient die ausdrückliche Wesensgehaltsklausel Beachtung: (Art. 52). Damit gerinnt auch dieser Grundsatz aus dem Kompendium Allgemeiner Grundrechtslehren immer mehr zu einem gemeineuropäischen Verfassungsprinzip. Denn nicht nur deutsche und österreichische Verfassungsgerichte, nicht nur EuGH und EGMR arbeiten mit der geschriebenen und ungeschriebenen grundrechtlichen Wesensgehaltsklausel, auch in der Schweiz wird um sie gerungen. Nach frühen Vorgaben des Schweizer Bundesgerichts in Lausanne haben neuere Kantonsverfassungen fast durchweg einen ausdrücklichen Wesensgehalts- bzw. Kerngehaltsschutz entwickelt. Auch in Europa im weiteren Sinne vor allem in den Reformstaaten des Ostens finden sich einschlägige Texte (z.B. Art. 31 Abs. 3 Verf. Polen von 1997). Bezeichnenderweise ist dem auf "absoluten" Kerngehalt deutenden Schutz in S. 1 des Art. 52 der auf das Relative deutende Grundsatz der Verhältnismäßigkeit in S. 2 angefügt. Damit ist ein alter (deutscher) Streit entschärft. Bemerkenswert ist überdies, dass der Begriff "europäisches Gemeinwohl" auftaucht ("Einschränkungen" ..., wenn sie notwendig sind und den von der Union anerkannten dem Gemeinwohl dienenden Zielsetzungen ... tatsächlich entsprechen").

Ein wohl neues Konkordanzangebot findet sich in Art. 52 Abs. 4: "Soweit in dieser Charta Grundrechte anerkannt werden, wie sie sich aus den gemeinsamen Verfassungsüberlieferungen der Mitgliederstaaten ergeben, werden sie im Einklang mit diesen Überlieferungen ausgelegt". Dadurch wird mittelbar gesagt, dass viele Grundrechte der Charta aus den "gemeinsamen Verfassungsüberlieferungen" stammen, zugleich wird aber auch eine ständige interpretatorische Anbindung an die "Überlieferungen verlangt". Der Begriff "Überlieferung" sollte jedoch nicht Anlass sein, eine neue Versteinerungstheorie zu verkünden. Es geht um gemeineuropäische Grundrechtskonformität.

Im Ganzen: eine geglückte Bürgercharta, ein ausgereiftes, sprachlich griffiges Dokument, ein "nachführendes" Werkstück, das Bisheriges zusammenfasst und mitunter auch Neues wagt. Die Ausstrahlungskraft der Charta dürfte in Raum und Zeit nachhaltig sein. Sie ist Grundrechte- und Grundwerte-Charta in einem und stabilisiert die Textstufenvorgänge in Europa auf hohem Niveau. Sie ist mehr als eine Etappe auf dem Weg der "Konstitutionalisierung" der EU.

2) "Der endgültige" EU-Verfassungsentwurf (2003) als vorläufig letzte Textstufe

Der im Juni/Juli 2003 vorgelegte Verfassungsentwurf des Konvents stellt die vorläufig letzte "Textstufe" dar.[63] Sie speist sich erkennbar aus den vielen Vorgänger- bzw.

---

63 Aus der Lit. zu den Arbeiten des Europäischen Konvents: *H.-G. Dederer*, Die Konstitutionalisierung Europas – Zum Stand der Arbeiten des Europäischen Konvents, ZG 2003, S. 97 ff.; *W. Hallstein-Institut für Europäisches Verfassungsrecht* (Hrsg.), Die Konsolidierung der europäischen Verfassung: von Nizza bis 2004, 2002; *P.-C. Müller-Graff*, Der Kopfartikel des Verfassungsentwurfs für Europa, Integration 2003, S. 111 ff.; *T. Oppermann*, Vom Nizza-Vertrag 2001 zum Europäischen Verfassungskonvent 2002/2003, DVBl. 2003, S. 1 ff.; *N.K. Riedel*, Der Konvent zur Zukunft Europas, ZRP 2002, S. 241 ff.; *J. Schwarze*, Die Medien in der europäischen Verfassungsreform, AfP 2003, S. 209 ff.; *B. Wägenbaur*, Die Europäische Verfassung, (k)ein Platz für abendländische Werte?, EuZW 2003, S. 609 ff.; *F.C. Mayer*, Ein Referendum über die Europäische Verfassung?, EuZW 2003, S. 321; *ders.*, Macht und Gegenmacht in der Europäischen Verfassung, Zur Arbeit des europäischen Verfassungskonvents, ZaöRV 63 (2003), S. 59 ff.; *I. Pernice*, Eine neue Kompetenzordnung für die Europäische Union, FS Tsatsos, 2003, S. 477 ff.; *M. Kotzur*, Ein nationaler Teilbeitrag zur Europäischen Verfassungsdiskussion: deutsche Erfahrungen im Post-Nizza-Prozess, ebd. S. 257 ff.; *S. Magiera*, Die Arbeit des europäischen Verfassungskonvents und der Parlamentarismus, DÖV 2003, S. 578 ff.; *F. Reimer*, Wertegemeinschaft durch Wertenormierung? Die Grundwerteklausel im europäischen Verfas-

Vorläufertexten aus der Hand von Konventsmitgliedern, politischen Parteien, Politikern, Kreisen anderer Art, etwa von (privaten) Wissenschaftlern, lebt von vielen (auch schöpferischen) Rezeptionen, "Nachführungen", um die bewährte Schweizer Terminologie aufzugreifen einerseits, manchen Innovationen andererseits. Da der Konventsentwurf im Gegensatz zu den vielen Vorgängertexten europaweit schon einen gewissen Bekanntheitsgrad erlangt hat, sei er nur in Stichworten kommentiert. Vorweg: Der Text ist ein sehr gelungenes, vom Geist des Kompromisses getragenes Dokument, das ein gutes Beispiel für gesamthänderische Verfassunggebung ist, auch wenn die Bürger, das Volk bislang nicht beteiligt sind. Ohne späteres Referendum wäre die Formel "We the people" oder "Wir, die Bürger der EU" freilich eine schriftliche Lüge. So heißt es in der Präambel glücklicherweise auch nur: "im Namen der Bürgerinnen und Bürger". Dank der relativ pluralistischen Zusammensetzung des EU-Verfassungskonvents sind Beiträge vieler nationaler Rechtskulturen erkennbar, nicht etwa nur die deutsche, angelsächsische oder französische "Handschrift". Es handelt sich formal wie inhaltlich um eine "Vollverfassung" präföderaler Art, der Begriff "Verfassung" wird auch an mehreren Stellen verwendet (vgl. etwa Art. 1 Abs. 1, Art. 5 Abs. 2, Art. 8 Abs. 2, Art. 9 Abs. 2, Art. 17 Abs. 1, Art. 20 Abs. 4, Art. 25 Abs. 2, Art. 37 Abs. 1), auch wenn vorweg vom "Entwurf eines Vertrags über eine Verfassung für Europa" die Rede ist. Dass es um "Werte" geht, wird immer wieder zum Ausdruck gebracht (z.B. in Art. 3 Abs. 1, Art. 18 Abs. 1).

Im Einzelnen: Die Präambel ist ein Meisterstück dieser Literaturgattung, formalsprachlich (feierlich) wie inhaltlich. Zum einen wird die Geschichte des europäischen Kontinents in großen Strichen bzw. Worten nachgezeichnet ("Werte entwickelt haben, die den Humanismus begründen: Gleichheit der Menschen, Freiheit, Geltung der Vernunft"); auch wird das "Erbe" als lebendiges beschworen, zum anderen wird die Zukunft in den Blick genommen ("voranschreiten", "offen für Kultur, Wissen und sozialen Fortschritt", "immer enger vereint"). Die Präambel, der sogar ein klassisches Motto von *Thukydides* zur Demokratie vorangestellt ist (freilich nur zur Mehrheit, der neuzeitliche Minderheitenschutz fehlt), stellt sich mit Grundprinzipien und -werten auch als Konzentrat der folgenden Artikel dar (Stichwort: Verfassung in der Verfassung): "zentrale Stellung des Menschen", "Demokratie und Transparenz", "Frieden, Gerechtigkeit und Solidarität in der Welt", "nationale Identität" der Völker Europas, "Wahrung der Rechte des Einzelnen", "Verantwortung gegenüber den künftigen Generationen und der Erde". An Idealismus und Pathos ist diese Präambel kaum zu übertreffen. Sie wird durch die anschließenden Verfassungstexte im Einzelnen wie Ganzen nicht dementiert. Die europäischen Menschenbild-Elemente sind unverkennbar.

---

sungsvertrag, ZG 2003, S. 208 ff.; *D. Tsatsos*, Der Europäische Konvent, FS Fleiner, 2003, S. 749 ff.; *S. Hobe*, Bedingungen, Verfahren und Chancen einer europäischen Verfassunggebung: Zur Arbeit des Brüsseler Konvents, EuR 2003, S. 1 ff.; ZSE-Themenheft: Der "EU-Verfassungskonvent", eine erste Bilanz, Heft 3/2003, S. 297 ff.; *M. Schröder*, Vertikale Kompetenzverteilung und Subsidiarität im Konventsentwurf für eine Europäische Verfassung, JZ 2004, S. 8 ff; *S. Hölscheidt*, Europäischer Konvent..., JöR 53 (2005), S. 429 ff.

Eigens erwähnt seien der dichte Werte-Artikel 2, der fast beschwörend auf Werte wie "Menschenwürde, Freiheit, Demokratie, Gleichheit, Rechtsstaatlichkeit und die Wahrung der Menschenrechte" verweist, überdies alle Mitgliedstaaten durch "Pluralismus, Toleranz, Gerechtigkeit, Solidarität und Nichtdiskriminierung" ausgezeichnet sieht – die "Kultur" fehlt hier leider. Art. 3 formuliert Verfassungsziele wie Frieden und Wohlergehen der Völker der Union, Umweltschutz, soziale Gerechtigkeit und Solidarität zwischen den Generationen, auch die "Weiterentwicklung des Völkerrechts", sie will aber auch den "Reichtum der kulturellen und sprachlichen Vielfalt" der Union gewahrt wissen, ebenso die Sorge um die "Entwicklung des kulturellen Erbes Europas". Schon in Art. 3 werden die Umrisse des (in den Politikbereichen später konkretisierten) Wirtschafts-, Umwelt-, Sozial- und Kulturverfassungsrechts der EU entworfen, wobei die Absicherung des Status der Kirchen und religiösen Vereinigungen (Art. 51) mitzulesen ist.

Nach der Präambel und der Grundwerte- bzw. Verfassungsziele-Klausel bieten sich systematisch die Grundrechte als nächstes großes Thema an. Sie finden sich nicht nur in der en bloc rezipierten EU-Grundrechte-Charta (Art. 7 Abs. 1), sondern auch an anderen Stellen: Art. 7 Abs. 2 verweist auf das Ziel des Beitritts zur EMRK und bedient sich der bekannten Technik der Bezugnahme auf die "gemeinsamen Verfassungsüberlieferungen der Mitgliedstaaten" bzw. die "allgemeinen Grundsätze des Unionsrechts". Überdies werden die bewährten fünf wirtschaftlichen Grundfreiheiten der EU und die Nichtdiskriminierung (Art. 4) bekräftigt, auch das Petitionsrecht (Art. 8) sowie der Datenschutz (Art. 50), ferner der "Raum der Freiheit, der Sicherheit und des Rechts" (Art. 41): hier herrschen Rezeptionen vor.

Die Demokratie als weiteres typisches Verfassungsthema ist in Titel IV normiert. Aus älteren Entwürfen wird das Wort vom "demokratischen Leben der Union" übernommen (s. auch Art. 45 Abs. 3). Vorgeordnet erscheint der "Grundsatz der repräsentativen Demokratie" (Art. 44), nachgeordnet der der sog. "partizipativen Demokratie" (Art. 46). Hier ist immerhin vom offenen, transparenten und regelmäßigen "Dialog" mit den repräsentativen Verbänden und der Zivilgesellschaft die Rede: Art. 46 Abs. 2; Abs. 4 ebd. erlaubt sogar – innovativ – Bürgerinitiativen; Art. 45 Abs. 3 verlangt "bürgernahe Entscheidungen". In Sachen gelebte Demokratie bleibt der Text freilich hinter den Postulaten mancher älterer Entwürfe zurück: die Elemente unmittelbarer Demokratie sind zurückgebildet bzw. unterentwickelt, allerdings ist die Betonung von Transparenz und Offenheit (Art. 49), des "Dialogs" (Art. 47, 51 Abs. 3) auffallend, ein Versuch wohl, den Vorwurf des "Demokratiedefizits" zu entkräften. Auf die grundsätzliche Stärkung der Kompetenzen des Parlaments (Art. 19) sei nur verwiesen, die bald schon klassische Solidaritätsklausel in Art. 42 ("Geist der Solidarität"), auch des Grundrechts der "loyalen Zusammenarbeit" (Art. 5 Abs. 2) erinnert an präföderales Gedankengut, ebenso der die "Causa Österreichs" verarbeitende Art. 58 (*vorherige* Anhörung beim Vorwurf der schwerwiegenden Verletzung der Werte). Nicht bundesstaatstypisch ist die Möglichkeit des freiwilligen Austritts aus der Union (Art. 59). Der Gerichtshof (Art. 28) bleibt nach Rang und Kompetenzen ein "europäisches Verfassungsgericht". Von den anderen Verfassungsorganen sei nur wegen der – europäischen – Gemeinwohlklausel die Kommission erwähnt (Art. 25 Abs. 1: Förderung der "allgemeinen europäischen Interessen"), ebenso der beratende Ausschuss der Regionen sowie der Wirtschafts- und Sozialausschuss (Art. 31 Abs. 4: "zum allgemeinen Wohl der Union"). Nimmt man die eingehenden z.T. neuen Zuständigkeitsverteilungsregelungen mit den Direktiven der Subsidiarität und Verhältnismäßigkeit hinzu (Art. 9, Art. 11 bis 17) und ergänzt man sie um die detaillierten Kataloge zu den Politiken der Union (Teil III), so bestätigt sich die Eingangsthese von der "Vollverfassung". Auch lassen sich die oben erörterten Verfassungskonzepte von der Schutzfunktion und Garantie bis zur wertgebundenen Anregungs- und Orientierungsfunktion, von der Schrankenaufgabe bis zum Norm- und Anregungscharakter bzw. zur öffentlichen Prozessqualität je nach Artikelgruppe nachweisen. Der "endgültige" Konventstext der EU legt es nahe, wie bei den nationalen Verfassungen von einem "gemischten" Verfassungsverständnis auszugehen. Der Schutz der "nationalen Identität" kraft nationalen Verfassungsrechts (vgl. Art. 5 Abs. 1, Präambel) bleibt bestehen, aber als "andere" Teilverfassung kommt das europäische EU-Verfassungsrecht hinzu, mit einer eigenen Identität. "Verfassungskultur" wird besonders in der wertehaltigen Präambel sowie Art. 1 bis 3 greifbar. Geist-, kulturelles Erbe-Klauseln und Werte-Artikel sprechen eine beredte Sprache. Konzipiert und ausgeformt ist eine europäische "Verfassung des Pluralismus": kongenial dem europäischen Menschenbild. Der Entwurf ist auch eine Grundwerte-Charta.

3) Eine Bilanz zum Konventsentwurf

Eine Bilanz fällt im Ganzen positiv aus[64]. Zwar sind die Ziele "mehr Transparenz und Bürgernähe" in dem umfangreichen Regelwerk mit seiner "neuen Unübersichtlichkeit" wohl kaum erreicht worden – nur die prägnante EU-Grundrechtecharta genügt diesen Anforderungen mit ihren nur 54 Artikeln –, doch ist das EU-Verfassungsrecht in vielen Details gut "fortgeschrieben" worden. Es handelt sich um eine "Nachführung" im Schweizerischen Sinne, d.h. eine sprachliche und systematische Verbesserung, eine Einarbeitung der aus der Praxis von Gerichtsurteilen und Wissenschaft erwachsenden europäischen Verfassungswirklichkeit und um manche Innovationen. Zum Positiven gehört vorweg aus meiner Sicht die Absage an die Idee vom "avantgardistischen Kerneuropa" i.S. der sog. Europainitiative von *J. Habermas* und *J. Derrida* (2003). Ein Europa von zwei und mehr "Geschwindigkeiten", gar von einer europäischen Achse, brächten den kleineren Ländern Nachteile, wie überhaupt im Europa aus Pluralität und Identität, aus einem Optimum an Differenz und Minimum an Homogenität, die sog. "Kleinen" nicht beeinträchtigt werden dürfen. Darum sollte es auch auf Dauer beim Prinzip "jedes Land ein Kommissar" sowie bei der Rotation der Präsidentenämter bleiben. Im Übrigen ist der Schlachtruf "Monnet oder Metternich" (*E. Brok*) schief. Es geht doch um ein ausgewogenes Verhältnis zwischen der "Gemeinschaftsmethode" ("Integrationisten") und intergouvernementalem Handeln; Felder für diese sollten als Aus-

---

[64] Vgl. auch *V. Giscard d' Estaing*, Verfassungsrecht vor dem Plenum des EP, EuGRZ 2003, S. 528. S. auch die Dokumentation der "EU-Verfassungsdebatte" in EuGRZ 2003, S. 649 ff.

druck "geteilter Souveränität" bestehen bleiben. Wohl aber ist zu fragen, ob für alle Zukunft *Regierungs*konferenzen in Fragen der Änderung des EU-Verfassungsrechts praktisch das erste und letzte Wort haben sollen (vgl. Art. IV 6). Weitere Kritikpunkte sind: das Defizit an direktdemokratischen Elementen. Neben einem, die jetzige neue Integrationsstufe legitimierenden europaweiten, auch symbolisch wichtigen Referendum sollte für bestimmte Themen "mehr Demokratie" gewagt werden (z.B. Direktwahl des Kommissionspräsidenten). Es ist bemerkenswert, dass alle 10 neuen Beitrittsländer Volksabstimmungen durchgeführt haben, während in alten EU-Ländern wie der Bundesrepublik Deutschland das Volk ausgeschlossen bleibt (anders Frankreich, Dänemark, Irland, Norwegen lehnte ab). Sogar das GG von 1949 ist formell nicht vom Volk gebilligt worden, doch wurde es kontinuierlich akzeptiert und gelebt. Weiterhin ist zu fragen, ob ein Gottesbezug (in die Präambel) einzubauen ist bzw. das religiöse Erbe als z.T. "christliches" bzw. "jüdisches" gekennzeichnet wird. Dass Europas Symbole, das Sternenbanner und die Beethovenhymne, auch der 9. Mai als Europatag konstituiert werden (in den Allgemeinen und Schlussbestimmungen), ist ein Gewinn und es zeigt, dass der Konvent Verständnis für die ideellen Integrationsfaktoren hat. Überhaupt wird einmal mehr erkennbar, wie viele Errungenschaften des Konstitutionalismus längst ganz selbstverständlich auf die EU-Ebene übertragen worden sind: der Staatsbezug der Verfassungsidee ist verzichtbar. Von "Mehrebenenkonstitutionalismus" sollte m.E. nicht gesprochen werden, weil das Missverständnis hierarchischer Vorstellungen droht. Freilich ist zu bedauern, dass das ältere Wort vom "föderalen Modus" im neuen Entwurf von Thessaloniki nicht mehr vorkommt (es fand sich in einem alten Giscard-Text von 2002). Denn das so schwer einzuordnende Gebilde "EU" hat nun einmal quasi-föderalen Charakter. Es geht um eine eigenwüchsige Vorform eines Bundesstaates, was nur wegen der Animositäten gewisser EU-Länder offen nicht beim Namen genannt werden darf. Anders gesagt: Europa "hat" schon eine Verfassung, es braucht aber eine, wie jetzt geschehen bzw. erhofft, "nachgeführte", verbesserte "neue" Verfassung.

Weitere Kritikpunkte sind die zu schwache Betonung der kommunalen Selbstverwaltung (vgl. z.B. Art. 5 Abs. 1), die bekanntlich eine traditionsreiche Verfassungsform Europas ist (von Italiens Stadtrepubliken bis zu den Hansestädten). Auch sollte eine effektive und sensible Minderheitenpolitik deutlicher gefordert werden (Art. 21 Abs. 1 EU-Grundrechtecharta reicht nicht aus) – auf der Probe steht sie ja im neuen Mitglied Lettland, das seine große russische Minderheit nicht eben fair behandelt. Entgegen vielen Stimmen ist es aus meiner Sicht zu begrüßen, dass die Außen- und Sicherheitspolitik nicht dem Mehrheitsprinzip unterworfen wird: nicht nur in der Irakfrage hat sich gezeigt, wie groß hier der Dissens zwischen den europäischen Nationen bleibt. Ob Deutschland mit Recht durchgesetzt hat, dass auch die Einwanderungspolitik nicht vergemeinschaftet wird bzw. nicht dem Mehrheitsprinzip unterliegt, bleibe offen. Das Prinzip der "begrenzten Einzelermächtigung" ist zu Recht festgeschrieben.

Speziell für Deutschland stellt sich eine heikle Grundsatzfrage: Bedarf die Annahme des "Verfassungsauftrags" einer Zweidrittelmehrheit nach Art. 23 Abs. 1 S. 3 GG oder genügt die einfache Mehrheit gemäß Art. 59 Abs. 2 GG? M.E. handelt es sich um eine "Änderung" bzw. "Ergänzung". Da nach dem geltenden GG wiederum kein Referendum vorgesehen ist, müsste um so stärker für ein *europaweites* Referendum geworben werden (ein konsultatives Referendum wäre abwegig). Im Übrigen ist daran zu erinnern, dass sich der Text als im Namen bzw. Dienst bzw. Willen der Bürger und der Mitgliedstaaten stehend sieht (Art. 1 Abs. 1). Auf die Pluspunkte wie die Stärkung des Europäischen Parlamentes bei der Wahl der Kommission und beim Gesetzgebungs- und Haushaltsrecht (auf Kosten des Rates) sei erinnert. Das Austrittsrecht für die Mitgliedstaaten ist problematisch, weil es innenpolitisch instrumentalisiert werden kann. Richtig ist das Festhalten am Ratifikationserfordernis bei Verfassungsvertragsänderungen. Weitere Pluspunkte: die Reduzierung und Neuordnung der Handlungsformen, die Trias der Kompetenzen in ausschließliche, geteilte und ergänzende Zuständigkeiten (auch wenn die Gefahr der Ausweitung der Kompetenzen der EU besteht und manches wenig transparent ist), positiv ist die Einschaltung der nationalen Parlamente in die Subsidiaritätsprüfung wie überhaupt die nationalen Parlamente jetzt in die "Architektur Europas" einbezogen sind.

Im Ganzen: wohl keine "Konstitutionelle Neugründung" Europas i.S. von *J. Fischer*, wohl aber eine konstitutionelle Fortschreibung, eine pragmatische Verfassungsreform. Die "Finalität" Europas bleibt offen. Sie zu erkunden ist Sache aller Bürger Europas, langer künftiger Entwicklungsprozesse, bei denen die Regierungen keine "Herren" sind, sondern Diener: an der res publica Europea! ("Europa von unten").

4) Gott in der – europäischen – Verfassung? Die theologische Dimension der Verfassunggebung

Wie steht es um "Gott" in der – europäischen – Verfassung, um eine 1989 für den nationalen Verfassungsstaat geprägte Wendung aufzugreifen? Die Kontroverse um Gottesbezüge ist in vielen Ländern lebendig. Die neue Schweizer Bundesverfassung von 2000 wagte, Kritiker werden sagen fast "naiv", eine invocatio dei, während mehrere der fünf neuen deutschen Bundesländerverfassungen (1991/93) auf Gottesbezüge verzichten. Polens Verfassungspräambel von 1997 hat einen vorbildlichen Kompromiss gefunden, der alternativ entweder auf Gott oder andere Instanzen bzw. universale Werte Bezug nimmt. Die Verfassung Südafrikas (1997) wiederholt den alleinigen Gottesbezug, andere neue Verfassungen kennen ihn ebenfalls (Ruanda 2003). M.E. verträgt sich ein auf die drei monotheistischen Weltreligionen bezogene Gottesklausel durchaus mit der "Verfassung des Pluralismus" bzw. dem Toleranzgebot des Typus Verfassungsstaat. Da sich Europas Identität aus der kulturellen Vielfalt seiner Länder speist, sollte aber für die europäische Verfassung in Rücksicht auf das laizistische Trennungsmodell Frankreichs die *polnische* Lösung favorisiert werden. Im Übrigen ist daran zu erinnern, dass Verfassunggebung in eine theologische Dimension verweist. (Stichwort Gottesbezüge, das antike: "omne jus a Jove", heute: "In Verantwortung vor Gott" und den Menschen bzw. vor universalen Instanzen). Man hätte hier die *Habermas*'sche Frankfurter Buchpreisrede einzubringen. Da es aber einen europäischen *Lykurgos* nicht gibt und wir uns auch nicht mit *Empedokles* in den Ätna stürzen wollen, müssen wir uns auf diese Weise menschlich bemühen.

Dritter Teil:
Ein eigener Ansatz: der Europäische Jurist in der heutigen
Verfassungs-Werkstatt Europas – Neun Thesen zum
"Geist der Verfassung Europas"

Im Folgenden sei von der Theorie her eine Art "Grundriss" skizziert, in dem sich als Ensemble Rechte, Kompetenzen, Prinzipien, Werte, Gemeinwohlinteressen, neue und alte Klassikertexte sowie wissenschaftliche Erkenntnisse bis hin zu Texten von Verfassungsentwürfen und Judikatur der europäischen Verfassungsgerichte als Teil eines Gesamt-Mosaiks finden. Es seien stichwortartig Grundlinien ausgezogen, in denen sich das Forum der Verfassungszukunft Europas finden kann. In ihrem anspruchsvollen Dienste steht der "europäische Jurist" heute. Es geht um ein konstitutionelles Europa[65] als

1) *Europa der Bürger, Kommunen, Regionen und Nationen bzw. Mitgliedstaaten.* Was hier in verschränkten Ebenen, aber nicht Hierarchien gedacht ist, hat seine philosophische und verfassungsrechtliche Grundlegung in den *zugleich* zu denkenden Grundrechten (in all ihren Themen, Statusformen und Dimensionen) und der Demokratie (einschließlich direktdemokratischer Elemente, z.B. in Gestalt eines Referendums über die Europäische Verfassung, zuvor von durch öffentliche Dialoge über Europa vorbereiteten Volksabstimmungen in den neuen Beitrittsländern auf der Basis der Kopenhagener Beschlüsse von 2002). Textlichen Niederschlag sollte dies teils in Präambeln, teils in Prinzipien-, Grundrechts- und Zielkatalogen, teils in organisatorischen Bestimmungen finden. Die Idee vom "europäischen Gesellschaftsvertrag" i.V.m. der "Zivilgesellschaft" hat hier ihren hohen, ersten Ort. Fiktiver und realer Vertragspartner sind die Unionsbürger *und* die Völker Europas. Die auf die Mitgliedstaaten bezogene "Herren der Verträge-Ideologie" ist zu verabschieden. "We the citizens of Europe" ist die richtige Formel. Direkt-demokratische Elemente sollten gewagt werden. Frankreichs "Wir sind Europa"-Initiative ist vorbildlich. Sie vergegenwärtigt die europäische Verfassunggebung und Verfassungsentwicklung vom Bürger her. Die sog. "Finalitäts-Diskussion" muss hier ansetzen, auch die Frage des Kopenhagener "Rendezvous-Angebotes" an die Türkei vom Dezember 2002. Überdies: Auch die "europäischen Deutschen" (*Thomas Mann*) sollten fragen dürfen, ob die Beneš-Dekrete von 1945 nicht doch dem Werte-Kanon und den allgemeinen Rechtsgrundsätzen Europas widersprechen.

---

65 Aus der Grundsatzliteratur: *A. Peters*, Elemente einer Theorie der Verfassung Europas, 2001; *M. Zuleeg*, Die Vorzüge der europäischen Verfassung, Der Staat 41 (2002), S. 359 ff.; *I. Pernice*, Die Europäische Verfassung, FS Steinberger, 2002, S. 1319 ff.; *H.H. Rupp*, Anmerkungen zu einer Europäischen Verfassung, JZ 2003, S. 18 ff.; *R. Scholz*, Wege zur Europäischen Verfassung, ZG 2002, S. 1 ff.; *E. Pache*, Eine Verfassung für Europa – Krönung oder Kollaps der europäischen Integration?, EuR 2002, S. 767 ff.; *A. von Bogdandy*, Europäische Prinzipienlehre, in: ders. (Hrsg.), Europäisches Verfassungsrecht, 2003, S. 149 ff.; *P.-Ch. Müller-Graff*, Europäische Verfassungsordnung – Notwendigkeit, Gestalt und Fortentwicklung, EWS 2002, S. 206 ff.; *M. Hilf/Th. Bruha*, Perspektiven für Europa: Verfassung und Binnenmarkt, EuR Beiheft 3/2002; *F. Palermo*, La Forma de stato dell'Unione europea, 2005.

2) Es geht um Europa, das seine *Identität* aus der eigenen Kultur *und* aus *vielen* Teilkulturen gewinnt (die Osterweiterung ist auch eine *kulturelle* Bereicherung!): kulturelles Erbe und kulturelle Offenheit, Kulturen der Minderheiten und Mehrheiten, schichtenspezifische Kulturen, Hoch-, Alltags- und Subkulturen auf allen Ebenen, vom Bürger über Kommunen und Regionen bis zur nationalen und supranationalen Ebene. Systematischer Normierungsort sollten wiederum teils die Präambeln, teils kulturelle Freiheiten, Minderheitsschutzklauseln und Sprachen-Artikel, Pluralismus-Klauseln sein. Auch die "Subsidiarität" gehört hierher. Sie ist Konsens aller bisherigen Entwürfe bzw. Dokumente, muss aber von den Verfahren her abgesichert werden (durch eigene Kontrollorgane, ein besonderes Kompetenzgericht[66]?, Begründungserfordernisse). Auf bestimmten Feldern muss das Einstimmigkeitsprinzip bestehen bleiben, auch um die präföderale Ungleichzeitigkeit[67], eine Lehre aus der Schweiz, zu sichern.

3) Als Teilbereiche seien das Europa der Kulturfelder *Religion, Bildung, Erziehung, Wissenschaft und Kunst, auch Sport* konstitutionell festgeschrieben, sei es im Grundrechts-, sei es im Kompetenzteil. Übergreifender Gedanke ist die Vielfalt, die Pluralität und Offenheit der Kulturbereiche, in eigenen Klauseln fassbar, vielleicht vor der Präambel durch eine Gottes-Klausel eröffnet (sie schlösse auch den Monotheismus des Islam ein, so dass nicht von einem "christlichen Club" die Rede sein könnte), die sich aber wie in der Verfassungspräambel Polens (1997) relativierte (leider war der EU-Grundrechte-Konvent seinerzeit dazu nicht bereit). Die oben analysierten Verfassungsentwürfe unterbreiten diesbezüglich ein reiches Spektrum von Normierungsvorschlägen. Das 1979 entwickelte "offene Kulturkonzept"[68], bildet den Hintergrund. Momente der unverzichtbaren Abgrenzung seien nicht verschwiegen: man denke an das Problemfeld EU/Türkei. Tagespolitisch gibt es schon Stichworte wie Europa als Hochschulraum, Europa als Bildungskanon. Erinnert sei aber auch an das Stichwort: "Menschenrechte als Erziehungsziele", Toleranz, ja sogar "Europa als Erziehungsziel". Ein Baustein, abgesichert durch die Garantie der "nationalen Identität", müsste in Sachen "Europäisches Religionsverfassungsrecht" die Verbürgung der korporativ-institutionellen Dimension der Kirchen und Religionsgemeinschaften sein. Einen ehrlichen Platz sollte der "Euro-Islam" haben. Ein weiterer Mosaikstein in diesem gedanklichen Bauplan Europas muss das "Wir- Bewusstsein" bilden für

4) Europa als *Rechtskultur in Einheit und Vielfalt*. Abgedeckt ist die Einheit durch die viel zitierten "allgemeinen Rechtsgrundsätze", insbesondere die Grundrechte und die gemeinsamen Werte von (gewaltenteilender) Demokratie und Rechtsstaat, das europäische Gemeinwohl. Die Europäisierung, das "gemeineuropäische Verfassungsrecht" gehört hierher. Zur *Vielfalt* gehören die unterschiedlichen nationalen

---

66 U. Everling, Quis custodiet custodes ipsos?, EuZW 2002, S. 357 ff.; M. Lais, Die Rolle der nationalen Parlamente in einer künftigen europäischen Verfassung, ZEuS 2003, S. 199 ff.

67 Mein Beitrag: Neuere Verfassungen und Verfassungsvorhaben in der Schweiz, insbesondere auf kantonaler Ebene, JöR 34 (1985), S. 303 (339).

68 P. Häberle, Kulturpolitik in der Stadt – ein Verfassungsauftrag, 1979.

Rechtskulturen im Plural: in allen drei Rechtsgebieten, Zivil-, Strafrecht sowie Öffentliches Recht, übergreifend die Eigenheiten der nationalen Verfassungskulturen (als Teil der "nationalen Identität"). Einige Verfassungsentwürfe und die wissenschaftliche Literatur haben hier viel Vorarbeit geleistet. Wir Deutschen müssen uns hüten, das Verfassungsrecht Europa "vorzuschreiben". Es geht auch hier um eine "Verfassung des Pluralismus".[69]

5) Europa konstituiert sich buchstäblich aus seiner *pluralen Öffentlichkeit*, nicht nur aus Kunst und Kultur, sondern zunehmend auch aus der *Politik*. In dieses durch einzelne Artikel abzusichernde Problemfeld gehören die politischen Parteien auf Europaebene mit besonderen Aufgaben, ferner die Verbände, Kirchen, NGO's, aber auch die Wissenschaft, insbesondere die vergleichende Verfassungslehre. Einzelne Verfassungsdokumente nehmen schon auf den öffentlichen Raum, die öffentliche Meinung Europas Bezug. Öffentlichkeitspostulate an das Europäische Parlament, den Rat oder den Rechnungshof, auch die Europäischen Verfassungsgerichte kommen hinzu. Der Begriff "Transparenz" mag hilfreich sein. Das "öffentliche Wohl" Europas sollte als Verweis auf die "res publica europea" verstanden werden. Ihr sind die Organe wie die Amtsträger verpflichtet.

6) Europa erbaut sich als pluraler "Verfassungsraum" aus einem Konzept, das die nationalen Verfassungen zu "*Teil*verfassungen" macht, und die EU als Europa im engeren Sinne als "*Verfassungsgemeinschaft*" erweist. Begriffe wie die EU als Grundrechtsgemeinschaft, die "Unionsgrundordnung" (*D. Tsatsos*), Wirtschaftsraum, Raum der Sicherheit, der Freiheit und des Rechts umschreiben nur Teilaspekte. Die Wissenschaft und das geltende Europarecht haben hier schon viel geleistet. Das Wort von den Kommunen als "Verfassungsform Europas" gehört hierher. Die "Ebenen" von Bürgern über die Kommunen und Regionen bis zu den Staaten müssen samt den sie "repräsentierenden" Institutionen bzw. Organen greifbar und transparent sein. Die Kompetenz-Artikel verlangen gute Techniken (in Sachen Gemeinschaftskompetenzen, mitgliedstaatliche Kompetenzen, gemeinsame Kompetenzen). Gleiches gilt für die Balancierung des "institutionellen Dreiecks" Parlament, Rat und Kommission[70].

7) Die Methode, um das "Haus Europa", wohl eine "ewige" Werkstatt mit offener Finalität zu erfassen, ist aus meiner Sicht die kulturwissenschaftliche, mit Stichworten wie Verfassungslehre als Kulturwissenschaft, Relevanz der kulturellen Kontexte, "Verfassungskultur", Freiheit und Identität aus Kultur, Kultur als Inhalt und Prozess. Alle Grundrechte sind in einem tieferen Sinne kulturelle Freiheiten, Freiheiten jenseits des "status naturalis". Der kulturwissenschaftliche Ansatz will die anderen bewährten Konzepte nicht ersetzen, er möchte sie ergänzen, z.T. auch grundieren. Die Tiefendimension der Präambeln, das (monotheistische) Gottesproblem, die Sprachen-Artikel und Hymnen, aber auch viele Grundrechte und

---

69 Aus der Lit. zuletzt: *C. Landfried*, Das politische Europa, Differenz als Potential der EU, 2002 (2. Aufl. 2005); *A. Pizzorusso*, Il patrimonio costituzionale europeo, 2002.
70 Dazu *J. Rau/C.A. Ciampi*, Ein neuer Aufbruch in Europa, FAZ vom 16. Januar 2003, S. 10.

Minderheitenschutzklauseln lassen sich nur in diesem Ansatz erschließen. Identitätsklauseln sowie kulturelles bzw. geistiges Erbe-Klauseln u.ä. sind nur in diesem "Geiste" zu entwerfen und in Textformen umzugießen. Und: Sind die vielen EU-Erweiterungen nicht durch die alte Idee vom "Kern-Europa" ("konzentrische Kreise") zu balancieren? Gibt es nicht doch eine geographische Selbstbegrenzung Europas? Soll die EU nicht nur auf den Balkan, sondern auch auf die Anrainerstaaten am Mittelmeer in Nordafrika blicken (Stichwort: Überforderung der EU)? Es gibt freilich auch (kulturelle und geographische) Grenzen der Integrationskraft durch die Verfassung.

8) Vor allem geht es um einen *Abschied vom sog. "Europarecht"* als eigener Wissenschaftsdisziplin, die in *H.P. Ipsen* 1972 ihren ersten Klassiker gefunden hatte. Sie geht in allen ihren Elementen und Fragmenten auf im "Europäischen Verwaltungsrecht" (*J. Schwarze*, 1988) und im "Europäischen Verfassungsrecht". Beide Teildisziplinen werden gesteuert vom Theorierahmen der Europäischen Verfassungslehre, die auch ihren Weg zwischen dem Wort vom "Verwaltungsrecht als konkretisiertem Verfassungsrecht" und der Eigenständigkeit des Verwaltungsrechts als Teilgebiet mit Propria zu suchen hat. Diese neuen Gebiete kompensieren das Schrumpfen der nationalstaatlichen Verfassungen in der EU zu *Teil*verfassungen und die Wachstumsprozesse der EU zur "Verfassungsgemeinschaft". Hier hat die Diskussion um das Selbstverständnis Europas anzusetzen, nicht an dem alten Streit um die sog. "staatsrechtliche Qualität" der künftigen EU. (Das Europäische Zivilrecht und Strafrecht[71] stellt eigene Probleme.)

9) Verfassunggebung reicht – und dies selbst in der säkularisierten oder postsäkularisierten Gesellschaft – in eine theologische, transzendentale Dimension (Stichwort Gottesbezüge, das antike: "omne jus a Jove", heute: "In Verantwortung vor Gott", z.B. KV Schaffhausen (2000) und den Menschen bzw. vor universalen Instanzen).

Ist der "Europäische Jurist" all dem gewachsen? Sind sich die Europäischen Politiker ihrer Verantwortung bewusst?[72]

---

71 Aus der Lit. zuletzt: *E.A. Kramer*, Der Beitrag des Zivilrechts zur europäischen Rechtskultur bzw. *G. Dannecker*, Der Beitrag des Strafrechts zur europäischen Rechtskultur, JöR 52 (2004), S. 121 ff. bzw. 127 ff.
72 Vgl. etwa *D. de Villepin*, Die Lehren von Brüssel, FAZ vom 20. Dezember 2003, S. 9.

Nachtrag:
Die Brüsseler EU-Verfassung vom Juni/Oktober 2004 auf dem Forum der Europäischen Verfassungslehre

Einleitung

Die EU-Gipfel-Verfassung vom Juni 2004[1], (keine "Gipfelverfassung"), – nach Aussage von *V. Giscard* zu "mehr als 90 Prozent" auf dem Entwurf des Europäischen Konvents beruhend – sei hier im Theorieraster der 2001/2002 entwickelten Europäischen Verfassungslehre gewürdigt. Diese bildet nur ein wissenschaftliches, theoretisches Forum und sie ist als solches mindestens so vorläufig wie der neue EU-Text selbst; indes darf die Wissenschaft, ohne unbescheiden zu sein, Licht und Schatten benennen. Dabei sei vorweg klargestellt, dass Verfassunggebung aus der Hand von Konventen, Konstituanten und auch Staats- und Regierungschefs, die rund 450 Millionen Bürger repräsentieren, stets Kompromisscharakter hat. Was die Wissenschaft als "reine" Theorie entwerfen kann und buchstäblich "kompromisslos" verfechten darf, können die an der prozessualen Verfassung"gebung" Beteiligten nur im Geben und Nehmen, im harten kräftemessenden, schweißtreibenden Aushandeln praktisch zustandebringen. "Grüne" und "Runde Tische", wissenschaftliche Seminare sind etwas anderes als streitbare Auseinandersetzungen unter politischen Parteien. Eine zweite Vorbemerkung: Der neue EU-Text ist seinem Selbstverständnis nach eine "Verfassung", der Text spricht selbst mehrfach davon (z.B. Art. I-28 Abs. 3b[2]), inhaltlich und formal besitzt er alle Züge einer "Vollverfassung", die gelegentlich in der Literatur erfolgende Abwertung zum bloßen "Vertrag" bzw. "Verfassungsvertrag" geht fehl (s. aber Art. IV-2 bis 9). So ist es auch

---

[1] Der Verfassungstext ist fast vollständig abgedruckt in: Die Welt vom 9. Juli 2004, S. 1 bis 15, zum Teil in FAZ vom 24. Juni 2004, S. 4 mit den Stichworten: "Vereinfachte Verfahren, Institutionelle Neuerungen, kein straffes Dokument; die Frage der Finalität bleibt unbeantwortet"; *K.H. Fischer*, Der Europäische Verfassungsvertrag, 2004. Aus der weiteren juristischen Grundsatzliteratur: *D. Thym*, Ungleichzeitigkeit und europäisches Verfassungsrecht, 2004; *F. Müller/R. Christensen*, Juristische Methodik, Band II, Europarecht, 2004; *M. Kotzur*, Grenznachbarschaftliche Zusammenarbeit in Europa, 2004; *A. von Bogdandy*, Zur Übertragbarkeit staatsrechtlicher Figuren auf die EU, FS Badura, 2004, S. 1033 ff.; *U. Schliesky*, Souveränität und Legitimität von Herrschaftsgewalt: Die Weiterentwicklung von Begriffen der Staatslehre und des Staatsrechts im europäischen Mehrebenensystem, 2004; Ch. Calliess/H. Isak (Hrsg.), Der Konventsentwurf für eine EU-Verfassung im Kontext der Erweiterung, 2004; *K. Beckmann/J. Dieringer/U. Hufeld*, Eine Verfassung für Europa, 2004; R. Herzog/S. Hobe (Hrsg.), Die EU auf dem Weg zum verfassten Staatenverbund: Perspektiven der europäischen Verfassungsordnung, 2004; *N. Petersen*, Europäische Verfassung und europäische Legitimität, ZaöRV 64 (2004), S. 429 ff.; W. Weidenfeld (Hrsg.), Die europäische Verfassung in der Analyse, 2005; sowie viele Beiträge in: A. Blankenagel et. al. (Hrsg.), Verfassung im Diskurs der Welt, 2004, und in: F. Balaguer (Coord.), Derecho Constitutional y Cultura (FS zu Ehren von P. Häberle), Madrid 2004.

[2] Der Begriff "Verfassung" findet sich auch in Art. I-4, 5 Abs. 1, Art. I-9 Abs. 2, 11 Abs. 1, 22 Abs. 3, 28 Abs. 3 c, 32 Abs. 1, 33 Abs. 3, Art. I-48, Art. I-58 Abs. 3, 59 Abs. 3, Art. III 69-Abs. 1 und 2, Art. III-72 Abs. 1, 107. Freilich fällt auf, dass die "Allgemeinen und Schlussbestimmungen" wohl wegen der anstehenden Ratifizierungsverfahren fast durchweg vom "Vertrag über die Verfassung" sprechen (Art. IV-2 bis 10). Dies ist entweder ein "Formelkompromiss", eine Nachlässigkeit oder Ausdruck der Nähe zum Völkerrecht.

kein Zufall, dass viele Themen und Rechte, Figuren, Begriffe und Textformen vom nationalstaatlichen Verfassungsdenken herkommen bzw. in ihnen Vorbilder haben (z.B. Art. III-5 a)[3]. Neben der Präambel seien der Grundrechtekatalog, die Demokratie- und Rechtsstaatselemente, sodann Ansätze zu Gewaltenteilung[4] bzw. Gewaltengliederung und nicht zuletzt Figuren wie "kulturelles Erbe"-Klausel"[5] und "Im-Geiste-Texte" genannt (z.B. Art. I-15 Abs. 2), aber auch Elemente des Umwelt- und Wirtschaftsverfassungsrechts (z.B. Art. III-129 bzw. 70). Im Übrigen sei an die (erwähnten) Verfassungs*elemente* ebenso erinnert wie an die Verfassungs*funktionen* (etwa Organisation, Begrenzung, Legitimation, Identifikation).

Im Rahmen dieser *Vorbemerkung* folge zuletzt eine grobe Skizzierung der Stichworte einer Europäischen Verfassungslehre als eigene Disziplin: Vorweg sei an die Unterscheidung zwischen dem Europa im engeren Sinne der EU und im weiteren Sinne des Europarats (45 Mitglieder, mit Monaco jetzt 46 Mitglieder, 800 Millionen Bürger) und der OSZE (55 Mitglieder) erinnert. Jene ist längst eine denkbar dichte "Verfassungsgemeinschaft" eigener Art. Auch diese lebt schon ein Ensemble von Teilverfassungen wie die EMRK. Der Zugang zum Verständnis der "Verfassungsgemeinschaft EU" erschließt sich durch den vergleichenden kulturwissenschaftlichen Ansatz. Nach ihm ist Verfassung selbst Kultur, die europäischen Integrationsschritte sind Etappen teils der "Wiederholung" alter, teils der Eröffnung neuer kultureller Prozesse. Die "nationale Identität" der jetzt 25 Mitgliedstaaten – ein "Schlüsselbegriff", ein Bild, das Wege zu einem Ganzen eröffnet – ist primär kulturwissenschaftlich zu erschließen, auch in ihrem Spannungsverhältnis zur "europäischen Identität" und "Europäisierung". Die Besinnung auf Kultur ermöglicht auch, die überbordende Ökonomisierung i.S. des heutigen Zeitgeistes in Grenzen zu halten und an die bloß instrumentale Bedeutung von Markt und wettbewerbsfähiger Marktwirtschaft (keine "Theologie des Marktes"!) zu erinnern. Sie sind kein Selbstzweck, sondern stehen im Dienste von Europa als Kultur bzw. der Menschen als Bürger. Die Begriffe von Europa als "Grundrechtsgemeinschaft", "Wertegemeinschaft", "Friedensgemeinschaft", "Solidar- und Wirtschaftsgemeinschaft" etc. behalten ihren Wert, ebenso die verschiedenen Verfassungsverständnisse von "Anregung und Schranke" (*R. Smend*) über Verfassung als "Norm und Aufgabe" (*U. Scheuner*) bis zur Verfassung als öffentlicher Prozess und Kultur, aber auch als Beschränkung von Macht (*H. Ehmke*). Diese Konzepte sind "hinter" den einzelnen Normgruppen des Europäi-

---

3   Zu diesen *Schlüsselbegriffen* gehört auch die "Solidarität". Sie findet sich z.B. in Verfassung Spanien (1978: Art. 2) und wanderte von dort nach hier. Im EU-Entwurf taucht sie in mehreren Kontexten auf: im Grundwerteartikel I-2, als Solidarität zwischen den Generationen (Art. I-3 Abs. 3), s. auch Präambel Charta der Grundrechte Abs. 6: gegenseitige Solidarität der Mitgliedstaaten, Art. I-15 Abs. 2, als "Geist der Solidaritäts-Klausel" in Art. I-42 Abs. 1, als eigener Titel IV in der EU-Grundrechtecharta; s. auch Art. III-195 Abs. 2. Aus der Lit.: *C. Calliess*, Subsidiaritäts- und Solidaritätsprinzip in der EU, 2. Aufl. 1999; *U. Volkmann*, Solidarität – Programm und Prinzip der Verfassung, 1998.

4   Bislang dem "institutionellen Gleichgewicht", dazu *Th. Oppermann*, Europarecht, 2. Aufl. 1999, Rdnr. 370 m.w.N.; *R. Streinz*, Europarecht, 6. Aufl. 2003, Rdnr. 312 ff. Früh: *W. Hummer*, Das institutionelle Gleichgewicht als Strukturdeterminante der EG, FS Verdross, 1979, S. 129 ff.

5   Das "Kulturelles Erbe" findet sich z.B. in: Art. III-181 Abs. 1. Von "kultureller und sprachlicher Vielfalt" ist die Rede in Art. III-217 Abs. 4.

schen Verfassungsrechts auszumachen (die Begrenzungsfunktion etwa steht hinter vielen Grundrechten und hinter der Demokratie als "Herrschaft auf Zeit", auch hinter der institutionellen Gewaltenteilung bzw. dem institutionellen Gleichgewicht). Beiträge zur Europäischen Verfassungslehre sind aus allen Rechtskulturen aller 25 Mitgliedstaaten der EU ernst zu nehmen, zu erwarten, buchstäblich "abzuhören", zu ermutigen und zu integrieren. Manches ist in sog. "Privatentwürfen" z.b. aus Großbritannien oder Frankreich und Deutschland greifbar, vgl. auch das Werk von Frau *C. Grewe* (1995)[6], vieles ist im Text des Brüsseler Gipfelentwurfs von 2004 erkennbar. Spanien leistet ständig zahlreiche Verfassungsbeiträge: man denke an den vorzüglichen spanischen Verfassungsentwurf von *D.L. Garrido* et al. (Sept./Okt. 2002) und an Schriften der "neuen Schule von Granada" (aus der Feder von *F. Balaguer* und *G. Camara* bzw. ihren Schülern in der Festschrift "Derecho Constitucional y cultura" (2004)).

Die Europäische Verfassungs*lehre* ist ein *wissenschaftlicher* Beitrag zur Verfassung Europas, so fragmentarisch und "vorläufig" sie bleibt. Als "Lehre" arbeitet sie ein Stück "über" dem konkreten positiven europäischen Verfassungsrecht, z.B. leistet sie "wissenschaftliche Vorratspolitik" dank der schöpferischen Möglichkeiten der Verfassungsvergleichung als Kulturvergleichung, auch im Blick auf das Besondere, Ungleiche, Verschiedene. Der längst fällige Abschied vom herkömmlichen "Europarecht" ist infolge dieser Entwicklung der Europäischen Verfassungslehre das Europäische Verfassungs- und Verwaltungsrecht, das Europäische Zivil- und Strafrecht. Es gibt kein eigenes "Europarecht" mehr (auch wenn es in Kurzlehrbüchern und Kommentaren noch lange fortgeschleppt werden dürfte). Die Europäische Verfassungslehre ist auch konstitutiver Teil der sich entwickelnden Europäischen Öffentlichkeit[7], die ihr "Verfassungsbewusstsein" noch erarbeiten muss. (Art. I-49 Abs. 2, die Garantie der Öffentlichkeit für jedes Gesetzgebungsverfahren nicht nur der Sitzungen des Parlaments, sondern auch des Ministerrats und zwar für die Beratung und Beschlussfassung, ist ihrerseits auf Öffentlichkeit angelegt).

---

6   *C. Grewe/H.Ruiz Fabri*, Droits constitutionnelles européens,1995; *C. Grewe*, Demokratie ohne Volk oder Demokratie der Völker?, in: J. Drexl u.a. (Hrsg.), Europäische Demokratie, 1999, S. 59 ff.; *diess.*, Frankreichs Beitrag zur europäischen Verfassungskultur, JöR 52 (2004), S. 43 ff.; *diess.*, Vergleich zwischen den Interpretationsmethoden europäischer Verfassungsgerichte und des Europäischen Gerichtshofes für Menschenrechte, ZaöRV 61 (2001), S. 459 ff.; s. auch C. Grewe/C. Gusy (Hrsg.), Französisches Staatsdenken, 2002. – Eine wichtige Stimme aus *Italien*: *D.-U. Galetta*, Der Vertrag über eine Verfassung für Europa aus italienischer Perspektive, DÖV 2004, S. 828 ff.; U. Morelli (ed.), A constitution for the European Union, 2005. – Ein Beitrag aus *Griechenland*: *J. Iliopoulos-Strangas*, Nationales Verfassungsrecht ..., FS Selmer, 2004, S. 123 ff. – Aus Österreich zuletzt: *T. Öhlinger*, Europa auf dem Weg zu einer Verfassung, FS Selmer, 2004, S. 379 ff.

7   Dazu jetzt auch *A. Peters*, Europäische Öffentlichkeit im europäischen Verfassungsprozess, EuR 39 (2004), S. 375 ff.; *P. Häberle*, Gibt es eine europäische Öffentlichkeit?, Kunst, Kultur und Recht am Beispiel Liechtenstein, 2003.

Erster Teil:
Die Positiva des Entwurfs vom Juni/Oktober 2004

Entgegen aller Kunst des Pädagogen und aller Tradition von Begutachtungen sei das Positive vorweg in einem Ersten Teil zur Sprache gebracht[8]. Der Zweite Teil ist den Schattenseiten des Entwurfs gewidmet (mit denkbaren Textalternativen). Die Brücke zur konstruktiven verfassungspolitischen Kritik und Vorschlägen zur Verbesserung im künftigen Entwicklungsprozess der EU bildet der Artikel IV-7. Denn hier wird die Konventsmethode[9] als ein Stück Parlamentarisierung mit der ihr bekannten Eigendynamik, auch Einigungsdynamik institutionalisiert, obwohl die Regierungen letztlich (formal) noch die "Herren der Verfahren" bleiben. Die bisherige Praxis des Konvents der EU-Grundrechtecharta und des Giscard-Konvents gewinnt ein Stück normierende Kraft, insofern sie nun auf einen ausdrücklichen Verfassungstext gebracht ist und nicht mehr "praeter constitutionem" verläuft. Die die Teilverfassungen allein aushandelnden Regierungskonferenzen gehören der Geschichte an. Die nach wie vor "offene Finalität" der EU – ein glücklicher Schlüsselbegriff – beweist sich auch und gerade in den Möglichkeiten des Art. IV-7 Abs. 2. Eher stichwortartig sei zu den *Inhalten* Folgendes aufgelistet:

I. Die Präambel

Die *Präambel* verdient als konstituierende "Kunst-" und Wissenschaftsform viel Zustimmung. Man denke an geglückte Neuerungen wie die Einbeziehung der "Schwächsten und Ärmsten", die an Schweizer Vorläufer erinnernde "Verantwortung gegenüber den künftigen Generationen und der Erde", die Zusammenbindung von "Demokratie, Transparenz und öffentlichem Leben"[10]. Man darf der Präambel bescheinigen, dass sie zu den wirklich bürgernahen, "verständlichen", "transparenten" Teilen des Textes gehört. Ihre normative Ausstrahlung auf die "ganze" Verfassung sollte nicht unterschätzt werden, etwa auf den Grundwerte- und Grundrechtsteil, auch bei Freiheitsbeschränkungen. Sie ist ein "Textereignis" (s. aus dem späteren Text noch Art. III-5 a: "Tiere als fühlende Wesen": ein pathetisches, aber gutes Wort). Ob man freilich *Thukydides* zum "Vater" der Europ. Verfassung stilisieren darf, ist fraglich. Noch fragwürdiger ist das Selbstlob in der "Dankbarkeitsklausel" (Abs. 6), sie ist

---

[8] Siehe auch *C. Einem*, Eine Verfassung für Europa. Anmerkungen zu ausgewählten Aspekten des Verfassungsentwurfs, Europarecht 39 (2004), S. 202 ff.

[9] Zur "Konventsmethode": *D. Göhler/H. Marhold*, in: Integration 2003, S. 317 ff.; s. auch *E. Brok*, Der Konvent – eine Chance für die Europäische Verfassung, ebd. S. 338 ff.; zum Konventsmodell in der US-amerikanischen Verfassungsgeschichte: *T. Herbst*, Legitimation durch Verfassunggebung, 2003, S. 41 ff., 51 ff.; *S. Hölscheidt*, Europäischer Konvent, Europäische Verfassung, nationale Parlamente, JöR 53 (2005), S. 429 ff. Die Analogien zwischen der Verfassungsgeschichte der EU und dem Werden der USA (1776, 1787, 1791, 1803) sind naheliegend.

[10] *J. Bröhmer*, Transparenz als Verfassungsprinzip…, 2004; *F. Riemann*, Die Transparenz der EU, 2004. Vorbehalte gg. die "Karriere" des Begriffs "Transparenz": mein Votum in VVDStRL 63 (2004), S. 445 f. – *N. Marsch*, Das Recht auf Zugang zu EU-Dokumenten, DÖV 2005, S. 639 ff.

wohl ohne Beispiel und zeugt von großer Eitelkeit derer, die sie sich ausgedacht haben.

II. Der Grundwerte- bzw. Grundziele-Artikel

Der Grundwerte- bzw. Grundziele-Artikel formuliert ein vortreffliches Konzentrat der konstitutionellen Substanz des bislang Erreichten[11] (die in Deutschland beliebte Polemik gegen "Werte" ist ad acta gelegt[12], wobei freilich das Bürgerbewusstsein für die europäischen Grundwerte wachsen muss und von Texten nur "angeregt" werden kann). Die Benennung der Rechte der Angehörigen von Minderheiten (Art. I-2 S. 1), Gleichheit von Mann und Frau und (nach spanischem Vorbild) des Pluralismus sei ebenso positiv bewertet wie die Formel von der "wettbewerbsfähigen sozialen Marktwirtschaft" (Art. I-3 Abs. 3) und die mehrfache Bezugnahme auf den Schutz der Rechte des Kindes (ebd. Abs. 3 und 4). Aus den Werten von Art. I-5 sei herausgegriffen, dass von "grundlegender politischer und verfassungsrechtlicher Struktur" einschließlich der regionalen und kommunalen Selbstverwaltung die Rede ist (Abs. 1), was zur "nationalen Identität" gerechnet wird: eine deutliche Aufwertung der regionalen und kommunalen Selbstverwaltung im Europa der EU[13] (s. auch den Ausschuss der Regionen nach Art. I-31 Abs. 2 sowie Art. III–129 Abs. 3 d, Art. III-181 Abs. 5 a, Art. III-270 Abs. 3 - Klagerecht). Erwähnt sei das vorbildliche "Recht auf eine gute Verwaltung" (Art. II-41)[14], welches den Standard des GG überschreitet.

III. Der Grundrechtsteil

Der Grundrechtsteil sei hier nicht im Einzelnen gewürdigt[15]. Er verdient das Lob, das die wortgleiche EU-Grundrechtecharta, unter der Präsidentschaft von R. Herzog erarbeitet, allseits gefunden hat, weil sie in wertender, aber schöpferischer Rechtsvergleichung, in kluger Mischung von Innovation und Tradition vorgeht. Erinnert sei an Altes (Wesensgehaltgarantie in Art. II-52 Abs. 1) und (etwa für das geschriebene GG) Neues (Art. II-49: Verhältnismäßigkeit im Strafrecht). Der Grund*rechte*-

---

11 F. Reimer, Ziele und Zuständigkeiten. Die Funktionen der Unionszielbestimmungen, Europarecht 38 (2003), S. 992 ff.

12 Der Entwurf spricht von "Werten" in: Art. I-1, Art. I-2, 3 Abs. 1, Art. I-18 Abs. 1, Art. I-40 Abs. 5, Art. I-56 Abs. 1. S. auch Art. III-193 Abs. 1 – 2.

13 Die Wiederkehr als "Klassiker" gelingt A. Gasser: A. Gasser/U. Mentz, Gemeindefreiheit in Europa, 3. Aufl. 2004. – Zu den "Regionen mit Gesetzgebungskompetenzen in der EU" gleichnamig M.-O. Pahl, 2004; s. auch O. Tauras, Der Ausschuss der Regionen, institutionalisierte Mitwirkung in der EU, 1997; H.-J. Blanke, Der Ausschuss der Regionen, 2002; Jahrbuch des Föderalismus, 2004, Föderalismus, Subsidiarität und Regionen in Europa, 2004.

14 Dazu M. Bullinger, Das Recht auf eine gute Verwaltung, FS Brohm 2002, S. 25 ff.; M. Zuleeg, Der rechtliche Zusammenhalt der EU, 2004, S. 151.

15 Vgl. etwa M. Ruffert, Schlüsselfragen der Europäischen Verfassung der Zukunft. Grundrechtsinstitutionen – Kompetenzen – Ratifizierung, Europarecht 39 (2004), S. 165 ff., 169 ff.; S. Broß, Grundrechte und Grundwerte in Europa, JZ 2003, S. 429 ff.; F.C. Mayer, La Charte européenne des droits fondamentaux et la Constitution européenne, RTDE 39 (2003), S. 175 ff.; W. Frenz, Grundfreiheiten und Grundrechte, EuR 2002, S. 603 ff.

katalog ist auch ein Grund*werte*katalog (z.B. Art. II-37 Umweltverfassungsrecht), wie sich umgekehrt Grundrechte in anderen Verfassungsnormen finden (Art. III-2: Gleichstellung von Mann und Frau). Die Teilhabe-Dogmatik (Regensburger VVDStR-Tagung 1971)[16] dürfte ebenso neu zu diskutieren sein wie die Lehre von den Grundpflichten[17].

IV. Die schrittweise Aufwertung des Europäischen Parlaments

Die schrittweise deutliche *Aufwertung des Europäischen Parlaments*[18] (mit heute 22 Ausschüssen) – mit vielen Arbeits- und Kontrollaufgaben und wachsenden Repräsentationsleistungen – sei nicht vergessen. Sie zeigt sich in Anhörungsrechten (z.B. Art. I-40 Abs. 8, Art. III-68 Abs. 2), in sonstigen Kompetenzen (z.b. Unterrichtungsgebote, Art. III-161)[19]: "Outputlegitimation". Das besonders heftige Ringen um Mehrheits- und Minderheitsregeln, um "Sperrminoritäten" (z.B. Art. I-43) ist zwar in einen äußerst komplizierten Verfassungstext geronnen. Doch verdienen die komplexen (z.b. in Art. I-24) Kompromissregeln zur "doppelten Mehrheit" ("qualifizierte Mehrheit") im Ganzen Zustimmung. Sie berücksichtigen die unterschiedliche demographische Lage der Mitgliedstaaten mit dem Schutz der "Kleinen", die nun einmal gottlob zur "Identität Europas" gehören. Im Ganzen geht es um einen fairen Ausgleich – eine Balance – zwischen großen und kleinen Ländern. (Die missglückte Stimmengewichtung im Vertrag von "Nizza" läuft am 31. Oktober 2009 aus). Die "Sperrminorität" muss mindestens 4 Staaten umfassen (Art. I-24 Abs. 1), damit nicht wenige größere Mitglieder blockieren können (s. noch Art. I-43 Abs. 3). Zu erinnern ist aber auch daran, dass die "Politiken" aktive Gestaltungsaufgaben sind und effizient sein sollten. Nach "Außen" gilt dies etwa für das (vor allem deutsche) Ringen um einen ständigen EU-Sitz im UN-Sicherheitsrat, eine Konsequenz der Gemeinsamen Außen- und Sicherheitspolitik (Art. I-40). Das Völkerrecht als "verfassungsstaatlicher Grundwert" ist ein spezifisch europäisches Verfassungsele-

---

16 VVDStRL 30 (1972), S. 3 ff., 43 ff.

17 Dazu die Konstanzer Tagung: VVDStRL 41 (1983), S. 3 ff.; die sehr deutsche "Asymmetriethese" ist wegen der "Verantwortlichkeiten und Pflichten" (Präambel Abs. 6) zu revidieren.

18 Aus der Lit. zuletzt: *S. Hölscheidt*, in: Grabitz/Hilf (Hrsg.), Das Recht der EU, Art. 189-192 EGV (Erg.Lief. 2004).

19 Vgl. die *Staffelung* von der schwachen "*Unterrichtung*" (Art. I-57 Abs. 2, III-107, 161) über die "*Anhörung*" (Art. I-40 Abs. 8, III-68 a a.E., Art. III-76 Abs. 13 a.E., Art. III-58 a.E., 78 Abs. 2, III-68 a.E.) und "*Aufforderung*" (Art. III-234 S. 2) bis zur *Zustimmung* (Art. I-26 Abs. 2, Art. I-58 Abs. 2). S. auch das Gebot der *Berücksichtigung*: die Kommission als Hüterin der Verfassung bzw. des Gemeinwohls muss bei der Benennung der Kommissare das Ergebnis der Europawahlen berücksichtigen (Art. I-26 Abs. 1). Die Kommission ihrerseits muss sich dem "*Zustimmungsvotum*" des EP stellen (Art. I-26 Abs. 2). – Auf die Unterscheidung zwischen dem "ordentlichen Gesetzgebungsverfahren" (Art. I-33 Abs. 1 – Gleichstufigkeit von Parlament und Rat) und dem "besonderen" (Abs. 2 ebd.) sei verwiesen. Das Gesetzesinitiativrecht bleibt bei der Kommission konzentriert (Art. I-25 Abs. 2), Ausnahmen z.B. in Art. III-232 Abs. 2 S. 2. Die originäre Verordnungsermächtigung in der Verfassung (z.B. Art. III-14 Abs. 3) und die delegierten Verordnungen sind eine EU-Eigenart.

ment. Dass "dank" des Falles Buttiglione im Oktober 2004 ein Stück "Parlamentarisierung" der EU erfolgt ist, ist zu begrüßen ("Machtzentrum Straßburg"); anders *G.P. Hefty*, Wieder in Rom, FAZ vom 29. Oktober 2004, S. 1: "Das Schauspiel von Straßburg degradiert den Verfassungsvertrag zu einem 'Verfahrenskorsett für die Arbeitsgemeinschaft europäischer Staaten'".

V. Sonstige positiv zu bewertende Innovationen

Sonstige positiv zu bewertende Innovationen und Elemente der EU-Verfassungslandschaft sind:

1) der vorbildliche neue *Nachbarschaftsartikel* I-56: "Gute Nachbarschaftspolitik" wird Europapolitik und leistet Brückenbau. Die Öffnung der nationalen Verfassung für grenzüberschreitende Kooperation hat hier ihre Parallelen. Der Begriff "Nachbar" bedarf jedoch noch der Umschreibung (räumlich, kulturell, historisch, zeitlich)[20]

2) die Erwähnung der Kirchen und anderer Religions- und Weltanschauungsgesellschaften (Art. I-51), mit einem bemerkenswerten Bekenntnis zu regelmäßigem offenen "Dialog" (Abs. 3 ebd.) – dieses neue Element im "europäischen Religionsverfassungsrecht" ist zu begrüßen

3) die Erwähnung der sog. (europäischen) *"Zivilgesellschaft"* (Art. I-46 Abs. 2, I-49 Abs. 1[21]), die freilich der wissenschaftlichen Umschreibung bedarf (etwa mit Blick auf mögliche demokratische Partizipationselemente, bürgerschaftliches Engagement, die Rezeption der US-amerikanischen "civil society", vielleicht soll die "Bürgergesellschaft" die Macht der Parteien und Medien relativieren[22]); das Initiativrecht für Bürger (Art. I-46 Abs. 4) gehört hierher.

4) die Institutionalisierung der neuen Verwaltungszusammenarbeit (Art. III-185)[23] und des gemeinsamen Katastrophenschutzes (Art. III-184)

---

20 Ansätze hierzu bei *M. Kotzur*, Grenznachbarschaftliche Zusammenarbeit in Europa, 2004, S. 240 ff.
21 Von "Zivilgesellschaft" ist die Rede in: Art. 1-31 Abs. 3, Art. 46 Abs. 2, Art. 49 Abs. 1.
22 S. zuletzt *H. Goerlich*, "Gemeinschaft" aus der Sicht der Staatsrechtslehre, in: T. Litt-Jahrbuch 2003/3, S. 67 ff. Schon klassisch: *H. Ehmke*, "Staat" und "Gesellschaft" als verfassungstheoretisches Problem, FS Smend, 1962, S. 23 ff.
23 Allgemein: E. Schmitt-Aßmann/W. Hoffmann-Riem (Hrsg.), Strukturen des europäischen Verwaltungsrechts, 1999; *P.M. Huber*, Das Kooperationsverhältnis von Kommission und nationaler Verwaltung beim Vollzug des Unionsrechts, FS Brohm, 2002, S. 127 ff.; *G. Sydow*, Strukturen europäischen Planungsverfahrens. Die EG und ihre Mitgliedstaaten im Planungsverbund, DÖV 2003, S. 605 ff.; *M. Zuleeg*, aaO., S. 96 ff.; H. Siedentopf, (Hrsg.), Der Europäische Verwaltungsraum, 2004.

5) das Ziel der Erleichterung des "Zugangs zum Recht" (Art. III-158 Abs. 4), eine neue Textstufe (eine verwandte Textstufe ist Art. 23 Abs. 1 Verf. Slowenien von 1991: "Recht auf Gerichtsschutz", s. auch Art. 42 Verf. Georgien von 1995 – das Verwaltungsverfahren dürfte mit gemeint sein, auch in Bezug auf das "Recht auf eigene Sprache" (vgl. 2. Kap. § 17 Grundgesetz Finnland von 2000, s. auch Art. 4 Abs. 7 Verf. Niederösterreich)

6) das Gebot der Begründung *aller* (!) Rechtsakte (Art. III-37 Abs. 2), für Gesetze ist dies neu[24]

7) die Absicherung des Prinzips der (bürgernahen) Subsidiarität von der Verfahrensseite her (Art. I-9 Abs. 3 und Art. III-160, Stichwort "Frühwarnsystem")[25] – Kompetenzaufteilung[26] ist immer auch Machtverteilung, die nationalen Parlamente sind in der Architektur des europäischen Verfassungsraums gestärkt, die neue Kompetenzordnung ist ein Stück transparenter und bürgernäher, der Grundsatz der begrenzten Einzelermächtigung bleibt (Art. 1-9 Abs. 2)

8) die verstärkte Zusammenarbeit (Art. I-43 Abs. 1, Art. III-322 bis 329) und ihre durch den Irak-Dissens geprägte komplizierte Regelung sowie die Flexibilitätsklausel (Art. I-17)[27]; der Übergang von der klassischen

---

[24] Zur Begründungspflicht nach Art. 253 EGV: *M. Zuleeg*, Der rechtliche Zusammenhalt der EU, 2004, S. 83 f. Allgemein: *U. Kischel*, Die Begründung, 2002; *J. Lücke*, Begründungszwang und Verfassung, 1987.

[25] S. auch das Protokoll über die Anwendung der Grundsätze der Subsidiarität und der Verhältnismäßigkeit. Es dürfte eine Art "Soft Law" sein, vielleicht mehr als dies, ein "Ausführungsgesetz" eigener Art (vgl. noch Art. IV-6).

[26] Zur Aufteilung der Kompetenzen: *M. Zuleeg*, aaO., S. 58 ff.; *I. Pernice*, Kompetenzregelung im Europäischen Verfassungsverbund, JZ 2000, S. 866 ff.; *M. Nettesheim*, Kompetenzen, in: A. v. Bogdandy (Hrsg.), Europäisches Verfassungsrecht, 2003, S. 415 ff.; *C. Trüe*, Das System der EU-Kompetenzen, ZaöRV 64 (2004), S. 391 ff.; *H.-J. Blanke*, Die Zuständigkeiten der Union, ZG 2004, S. 225 ff. Flexibilität wird zum Vehikel der offenen Finalität der EU und insofern ein europäisches Verfassungselement. Unterschieden ist zwischen den taxativ aufgezählten *ausschließlichen* Zuständigkeiten der Union (Art. I-12), Bereiche mit *geteilter* Zuständigkeit (Art. I-13) und sonstigen Kompetenzen. Daneben gibt es *Unterstützungs*, *Koordinierungs-* und *Ergänzungs*kompetenzen (Art. I-11 Abs. 5-16), die die Union zu Maßnahmen berechtigen, für die grundsätzlich die Zuständigkeit der Mitgliedstaaten besteht. Gesonderte Kompetenzkategorien finden sich in der Koordinierung der Wirtschafts- und Beschäftigungspolitik (Art. I-11 Abs. 2 und Art. I-14) und der GAP einschließlich der schrittweisen Festlegung der gemeinsamen Verteidigungspolitik (Art. I-11 Abs. 4 und Art. I-15). Nach der Judikatur des EuGH kommen ungeschriebene Zuständigkeiten hinzu (dazu kritisch *M. Nettesheim*, Kompetenzen, in: A. v. Bogdandy (Hrsg.), Europäisches Verfassungsrecht, 2003, aaO., S. 422).

[27] Aus der Lit.: *N. Arndt*, Engere Zusammenarbeit und Flexibilität im Vertrag von Amsterdam, in: R. Scholz (Hrsg.), Europa als Union des Rechts, 1999, S. 179 ff.; *Thym*, aaO. S. 43 ff.; *R. Hofmann*, Wie viel Flexibilität für welches Europa?, EuR 1999, S. 713 ff.; *U. Diedrichs*, Flexible Formen der Zusammenarbeit in der EU, ZSE 2004, S. 239 ff. In Beibehaltung des "acquis communautaire" soll es einer bestimmten (Mindest)Anzahl von Staaten möglich gemacht werden, als "Avantgarde" oder Vorreiter bereichsspezifisch auf eine intensivere Integration hinzuwirken ("Europa der zwei Geschwindigkeiten", "géometrie variable", aber Gefahr einer Zweiklassen-Mitgliedschaft).

"Kohärenz" (Auflockerungen waren z.B. schon der Euro, Schengen und das Sozialabkommen von Maastricht) zur positiven Differenzierung ist eingeleitet, Flexibilität wird zum Element des anhaltenden Integrationsprozesses

9) die Innen- und Rechtspolitik (Kap. IV Art. III-158 Abs. 1 ff.), hier wird um eine beim Binnenmarkt erfolgreiche Verknüpfung von Mehrheitsentscheidungen der Regierungen mit der Gleichberechtigung des gesetzgebenden Parlaments auf weiten Feldern gerungen; auf "Eurojust" (Zusammenarbeit zwischen den Ermittlungs- und Strafverfolgungsbehörden) sei ebenso verwiesen, wie auf den "Europäischen Staatsanwalt" und den europäischen Haftbefehl[28]

10) der Schutz des geistigen Eigentums (Art. III-68 Abs. 1)[29]

11) die Institutionalisierung der "humanitären Hilfe" (Art. III-223) – vgl. schon Art. 54 Abs. 2 Verf. Bern (1993): "humanitäre Hilfe für notleidende Menschen und Völker".

Zweiter Teil:
Kritik, Defizite, Korrekturvorschläge für spätere Verfassungsänderungen nach Maßgabe der – begrenzten – Konventsmethode (Textalternativen)

Vorbemerkung

Wissenschaftliche Kritik *ex post* ist immer relativ leicht, indes seien gleichwohl Defizite zur Sprache gebracht, auch "faule" Kompromisse benannt, die vielleicht zum Thema der künftigen EU-Verfassungsentwicklung bzw. möglicher Integrationsschritte in der als offen gedachten Geschichte werden könnten. Der Text selbst spricht von "Fortentwicklung" der EU (Art. III-13). Auch "Fehler", Mängel, Auslassungen oder Ungereimtheiten seien als solche gekennzeichnet. Die Kritik kann heute nur selten Textalternativen vorschlagen, wie dies einer guten Tradition schweizerischer Privatentwürfe und offizieller Textvarianten auf kantonaler und Bundesebene entspräche. Auch sei erneut an die begrenzten Möglichkeiten der Verfassungsrechtswissenschaft bzw. der hier geforderten Europawissenschaften ("im Plural") erinnert. Auf die Analyse des Art. IV-7 sei verwiesen. Nachgetragen seien die zwei vereinfachten Verfahren der Verfas-

---

28 Dazu *T. Milke*, Europopol und Eurojust, 2002; *O.M. FawzyK*, Die Errichtung von Eurojust..., 2005. Aus der älteren Lit.: A. Ackermann u.a. (Hrsg.), Schengen und die Folgen, 1995; P.-C. Müller-Graff (Hrsg.), Europäische Zusammenarbeit in den Bereichen Justiz und Inneres, 1996. Das dt. Gesetz zum europäischen Haftbefehl hat das BVerfG 2005 für nichtig erklärt, dazu *C. Tomuschat*, EuGRZ 2005, S. 453 ff.; *J. Vogel*, JZ 2005, S. 801.

29 Vgl. *D. Behrens* (Hrsg.), Stand und Perspektiven des Schutzes geistigen Eigentums in Europa, 2004.

sungsänderung. Zum einen soll an die Stelle des "klassischen" schwerfälligen Verfahrens (Einstimmigkeitszwang) bei bestimmten Verfassungsänderungen (etwa zur Außen- und Sicherheitspolitik) der einstimmig vom Rat beschlossene Übergang zum Mehrheitsprinzip möglich sein (bei Einschaltung der Volksvertretung). Ein weiteres "vereinfachtes Verfahren zur Änderung der Verfassung" sieht die Neufassung von Bestimmungen bei sog. internen Politiken (z.B. Marktintegration, polizeiliche Zusammenarbeit) vor. Verlangt werden einstimmige Beschlüsse der Regierungen mit anschließender Ratifizierung; vorgeschaltete Regierungskonferenzen entfallen. Die Gesamtregelung ist höchst komplex. Sie birgt also drei Verfahren der Verfassungsänderung!

Jedes Land hat den "Vertrag über eine Verfassung" nach seinen eigenen innerstaatlichen Vorschriften zu ratifizieren. Für Deutschland stellt sich die Frage, ob die EU-Verfassung vom Juni/Oktober 2004 einer formellen Verfassungsänderung bedarf, weil es sich um eine materielle Änderung des GG handelt (siehe die ausdrückliche Regelung in Art. 23 Abs. 1 S. 3[30]). M.E. handelt es sich um eine substantielle Verfassungsänderung, weil das GG mehr als nur "überlagert" und erneut zur "Teilverfassung" relativiert wird.

I. Sieben Kritikpunkte

Sieben Kritikpunkte seien behandelt:

1) Sollte es über die EU-Verfassung ein nationales und europaweites Referendum geben? In Deutschland wäre eine GG-Änderung nötig (z.B. beim Europa-Artikel 23), dafür spräche die Legitimierung durch die europäische Bürgerdemokratie (die Postulierung der "partizipativen Demokratie" in Art. I-46 des Entwurfs bleibt allzu platonisch, s. aber die Möglichkeit von Bürgerinitiativen nach Abs. 4 ebd.). Welche Mehrheiten wären auf EU-Ebene zu verlangen? Neben einer Mehrheit der EU-Bürger etwa eine Zweidrittel-Mehrheit der Einzelstaaten? Dadurch könnte auch das "Europadefizit" ausgeglichen werden, das darin liegt, dass die politischen Parteien auch bei den Europawahlen 2004 primär nationale Themen diskutiert haben – die geringe Wahlbeteiligung am 13. Juni 2004 sollte uns warnen. Die Parteien wären gezwungen "Europabewusstsein" zu schaffen und den "Popularitätstest" gut vorzubereiten,[31] einen Lerneffekt bei den Bürgern zu bewirken. Im Übrigen ist zu unterscheiden zwischen einem *europaweiten* Referendum und den nach den *einzelstaatlichen* Verfassungen ggf. notwendigen bzw. möglichen (teils bindenden, teils nicht bindenden) Referenden (heute mindestens elf, bisher – neben Großbritannien, Frankreich, Dänemark – auch Spa-

---

30 Aus der älteren Lit.: *M. Fuchs*, Art. 23 GG in der Bewährung, DÖV 2001, S. 233 ff.; zuletzt *M. Cornils*, Art. 23 Abs. 1 GG: Abwägungsposten oder Kollisionsregel?, AöR 129 (2004), S. 336 ff.; *N. Görlitz*, Europäische Verfassung und Art. 23 GG, ZG 2004, S. 249 ff. Ob und wie Deutschland durch die Föderalismusreform "europafähig" gemacht werden kann, muss nach dem Scheitern der Reform 2004 hier offen bleiben.

31 Immerhin hat etwa die FAZ vom 3. Juni 2004, S. 5 im Einzelnen aufgelistet, wie die Parteien zum Verfassungsentwurf, zur Erweiterung und zur Türkei sowie zum Stabilitätspakt und zur Finanzierung der Gemeinschaft stehen.

nien, so dass der EU-Text von Brüssel wohl erst in etwa zwei Jahren (also 2006) alle 25 nationalen Ratifikationsverfahren durchlaufen hat). Die halbdirekte Demokratie der Schweiz bleibt m.E. ein – unerreichtes – Vorbild. Weder ist die repräsentative Demokratie eine nur "formale" oder "eigentliche", noch ist unmittelbare Demokratie die "wahre". Eine *Mischung* wäre das Ideal.

Im Juli/August/September 2004 wächst die Zahl der Befürworter eines nationalen EU-Referendums in Deutschland auffällig. Zu ihnen gehört auch Altbundespräsident R. *Herzog* und der Bayerische Ministerpräsident E. *Stoiber*. Einer Zeitungsmeldung zufolge sind "Drei Viertel der Deutschen für ein EU-Referendum (Die Welt vom 10. Juli 2004, S. 59). Ausgerechnet der "grüne" Bundesaußenminister J. *Fischer* fürchtet indes eine "politische Falle". Wenig später lautet eine Schlagzeile: "Parteienübergreifende Forderung nach EU-Referendum" (Die Welt vom 16. Juli 2004, S. 4). Im "Basta-Stil" verordnet Bundeskanzler G. *Schröder* freilich noch im Juli 2004: "In Deutschland kein Referendum" (FAZ vom 16. Juli 2004; s. auch FAZ vom 28. Juli 2004, S. 1: "Müntefering: SPD gegen EU-Referendum"). Im September/Oktober 2004 mehren sich die Stimmen für ein Referendum auch in der SPD (vor allem im Zusammenhang mit der geplanten Einführung von Elementen direkter Demokratie, außenpolitische Fragen wie der Beitritt der Türkei[32] sollen jedoch ausgeschlossen bleiben). Zu unterscheiden wäre m.E. ein etwaiges Sonderreferendum über die EU-Verfassung und eine allgemeine Einführung von direkten Demokratieelementen, wie es sie in vielen deutschen Bundesländern gibt. Den deutschen Befürwortern könnte die auf dem französischen Nationalfeiertag 2004 platzierte "Anordnung" eines nationalen Referendums in Frankreich seitens des Staatspräsidenten J. *Chirac* (FAZ vom 15. Juli 2004, S. 1: "Ein guter Text") Auftrieb geben. Schon zuvor hatte der französische Finanzminister N. *Sarkozy* für ein Referendum votiert (FAZ vom 10. Mai 2004). Der deutsche FDP-Vorsitzende G. *Westerwelle* verlangt, die rechtlichen Voraussetzungen für ein nationales Referendum über die Europäische Verfassung zu schaffen (FAZ vom 22. Juli 2004)[33]. Für die CSU will M. *Glos* die Abstimmung über die EU-Verfassung zum "Testlauf" für direkte Demokratie machen (FAZ vom 2. Sept. 2004, S. 2). Der britische Premier T. *Blair* hatte sich im Juni 2004 auf die europäische Verfassung festgelegt, die aber 2006 vom Volk gebilligt werden soll (FAZ vom 22. Juni 2004, S. 4: "ein historischer Erfolg"). Im Ganzen ist noch viel Öffentlichkeitsarbeit zu Gunsten der EU-Verfassung nötig. Die Forderung, im "EU-Machtdreieck" müssten sich Parlament, Kommission und Ministerrat als "An-

---

32 Siehe allgemein M. *Akyürek*, Das Assoziationsabkommen EWG – Türkei, 2005.
33 S. auch FAZ vom 3. August 2004, S. 2: "FDP beharrt auf Volksabstimmung". Weitere Wortmeldungen: O. *Höffe*, Notwendige Störung, Ein Plädoyer für den Volksentscheid, SZ vom 29. Juli 2004, S. 13; H. *Prantl*, Die Angst der Demokraten vor dem Volk, SZ vom 26. Juli 2004, S. 2; K. *Feldmeyer*, Büchse der Pandora, FAZ vom 24. Juli 2004, S. 4; P. *Häberle*, Man muss dem Volk vertrauen können, NBK vom 4. August 2004, S. 11; H.-J. *Vogel*, Plädoyer für das Plebiszit, SZ vom 4. August 2004, S. 2. – Aus der wissenschaftlichen Literatur zuletzt: K. Schmitt (Hrsg.), Herausforderungen der repräsentativen Demokratie, 2003.

wälte der Verfassung" begreifen (*J. Leinen*) lässt hoffen; ebenso die von *I. Mendéz de Vigo* für das EU-Parlament geforderte "aufklärerische, pädagogische Rolle". Es braucht Zeit, bis die Verfassungstexte zur Verfassungs*wirklichkeit* werden.

2) Im langen Streit um die "doppelte Mehrheit" im Rat muss man sich das Ziel vor Augen halten, dass die sogenannten "Kleinen" geschützt bleiben. Sie sollten realistische Sperrminoritäten erhalten, um nicht von den "Großen" wie Frankreich und Deutschland als "Lokomotive ohne Anhänger" über den Tisch gezogen zu werden (unseliges Beispiel: ihr Bruch des Stabilitätspaktes 2003, jetzt vom EuGH als solcher gekennzeichnet, seitens des Rats rechtswidrige Aussetzung des Defizitverfahrens; der EuGH dürfte im größer werdenden europäischen Verfassungsraum an Gewicht gewinnen, auch im Verhältnis zum EGMR (Kooperation oder Konflikt?[34])). Die neue Regelung für Abstimmungen im Rat (55 % der Staaten und 65 % der Bevölkerung) ist einleuchtend. Man sollte ihre Bewährung in der künftigen Praxis abwarten. Das Ziel der Preisstabilität wurde zu Recht festgeschrieben (Art. I-29 Abs. 2)[35]. Hier gerät das Verfassungsrecht freilich an Grenzen.[36] Die "Lissabon Agenda" (2000) ("wettbewerbsfähigste und dynamischste wissensbasierte Wirtschaft der Welt") dürfte allzu vollmundig sein.

3) M.E. sollte jeder Mitgliedstaat "für immer" *einen* Kommissar haben. Das verlangt die "nationale Identität", auch und gerade dann, wenn es zu 27 oder 28 Mitgliedern (z.B. Rumänien, Bulgarien, Kroatien) kommt (anders der neue Text: Verringerung der Zahl der Kommissare auf 18 – von 2014 an). Eine diesbezügliche punktuelle Verfassungsänderung in der Zukunft der EU wäre wünschenswert. Die Beförderung und Bereicherung der nationalen Verfassungsentwicklung

---

34 Suggestiv: *M. Maduro*, We, the Court, 1998. – Zum Urteil des EuGH aus der Tagespresse: FAZ vom 14. Juli 2004, S. 1: EU-Kommission sieht sich im Haushaltskonflikt bestätigt, EuGH: Aussetzen des Defizitverfahrens gegen Berlin und Paris rechtswidrig; *R. Müller*, Kein rechtsfreier Raum, Der EuGH und das "politische" Defizitverfahren, FAZ vom 14. Juli 2004, S. 3; ebd.: S. 11: Die Luxemburger Richter halten sich mit einer inhaltlichen Bewertung zurück. - Handelsblatt vom 14. Juli 2004, S. 1: "Europäische Richter weisen Berlin und Paris in die Schranken, Brüsseler Kommission muss ausgesetzte Defizitverfahren neu aufrollen" (Kommentar von *T. Hanke*: "Ein Sieg des Rechts" ebd.). Des Weiteren *R. Streinz/Ch. Ohler/Ch. Herrmann*, Totgesagte leben länger – oder doch nicht, NJW 2004, S. 1553 ff.; *U. Palm*, Der Bruch des Stabilitäts- und Wachstumspaktes, EuZW 2004, S. 71 ff.; *M. Kotzur*, Urteilsanmerkung, JZ 2004, S. 1072 ff. Die Entscheidung ist abgedruckt in NJW 2004, S. 2359 ff. – Für 2004 wird ein Staatsdefizit von 3.7 Prozent gemeldet (FAZ vom 1. Sept. 2004, S. 9). Der Stabilitätspakt wird also zum dritten Mal von Deutschland verletzt (Griechenland hat ihn, erst im September 2004 entdeckt, mehrfach verletzt; Italien 2005); die Forderung nach "Transparenz" beim Stabilitätspakt ist berechtigt.

35 Aus der Tagespresse: *J.B. Donges*, Ein Stabilitätspakt ohne Wenn und Aber, FAZ vom 10. Juli 2004, S. 13.

36 Allg. zu den wirtschaftsverfassungsrechtlichen Aspekten des Verfassungsentwurfs *J. Schwarze*, Das wirtschaftsverfassungsrechtliche Konzept des Verfassungsentwurfs des Europäischen Konvents – zugleich eine Untersuchung der Grundprobleme des europäischen Wirtschaftsrechts, EuZW 2004, S. 135 ff. S. auch *J. Wieland*, Die Finanzordnung der EU nach der Osterweiterung, JZ 2004, S. 774 ff.; *C. Trüe*, EU-Kompetenzen für Energierecht, Gesundheitsschutz und Umweltschutz nach dem Verfassungsentwurf, JZ 2004, S. 772 ff.; *E. Thiel*, Die Wirtschaftsordnungspolitik im Europäischen Verfassungsentwurf, integration 2003, S. 510 ff.

in den potentiellen Beitrittskandidaten durch die EU bildet ein eigenes wissenschaftliches Thema (auch die Bereicherung der "Alten", z.B. Deutschlands in Sachen "Recht auf eine gute Verwaltung", z.B. in Spanien: die geplante Verfassungsreform soll die 17 "Autonomien" im Verfassungstext selbst nennen (wie in Italien) und deren Kompetenzen erweitern, auch den vom Verf. seit langem geforderten Europa-Artikel schaffen. Wenn Italien einen "Bundes-Senat" erhalten soll, wirkt hier das Beispiel des deutschen "Bundesrates"). Im Ganzen wird die EU zum Akteur vieler nationaler Verfassungspolitiken (vorwirkend schon jetzt in Bezug auf die Türkei erkennbar). Deutschland sollte die deutschen Richterkandidaten für EuGH und EGMR normativ regeln (Auswahlgremien aus Mitgliedern von Bundestag und Bundesrat).

4) Müsste man nicht an eigene EU-Steuern denken, so unpopulär dies wäre? Der klassische Satz: "No taxation without representation" müsste umgekehrt werden: "No representation without taxation". Immerhin fordert jetzt auch Kommissionspräsident *R. Prodi* eine Debatte über eine EU-Steuer (Handelsblatt vom 16. Juli 2004). Das im Ganzen gestärkte, oft unterschätzte EU-Parlament (mit seinen jetzt 22 Ausschüssen) sollte hierum gesetzlich kämpfen[37]. Dass Deutschland drei Abgeordnete verlieren wird, ist zu begrüßen.

5) Die eindrucksvolle EU-Erweiterung am 1. Mai 2004[38] müsste durch einen "neuen 1. Mai" jährlich als Feiertag bzw. Symbol regelmäßig bekräftigt werden (Der "Europatag" am 9. Mai genügt nicht, Art. I-6a Abs. 5). Ausnahmsweise kann man einmal die Massenmedien loben, als sie am 1. Mai 2004 von Estland bis Malta den Beitritt der "neuen 10" mitgefeiert haben. Neben der Europaflagge und der *Beethoven*-Hymne könnte der neue Feiertag als "emotionale Konsensquelle" Europa als Verfassungsgemeinschaft lebendig machen. (Nur die deutsche Bundesregierung verkennt solche Zusammenhänge, wie man an der im November 2004 vorgeschlagenen Abschaffung des "Dritten Oktober" sieht.) Beethovens Absage an Napoleon, als dieser sich zum Kaiser krönte (1804), sollten wir uns zusätzlich vergegenwärtigen (Streichung der Widmung der "Eroica"). Dieser neue Feiertag steht wohl unter "Verfassungsvorbehalt". Es müsste durch eine Verfassungsänderung eingeführt werden. Sobald die neue EU-Verfassung in Kraft tritt, kann sie in ihren Grundsätzen zum "Symbol" reifen. Sie vermag Identität zu schaffen und Integration zu bewirken. Die jetzt 20 Amtssprachen der EU schaffen eigene Probleme[39]. Bleibt die EU auch diesbezüglich "handlungsfähig"?

---

[37] S. zum Streit über das europäische Abgeordnetenstatut: *H.H. von Arnim*, 9.053 EURO Gehalt für Europaabgeordnete? 2004; *E. Uppenbrink*, Das europäische Mandat, 2004.

[38] Dazu etwa *M. Niedobitek*, Völker- und europarechtliche Grundfragen des EU-Beitrittsvertrages, JZ 2004, S. 369 ff.

[39] Aus der älteren Lit.: H. Haarmann (Hrsg.), Europäische Identität und Sprachenvielfalt, 1995; zuletzt: *C. und K. Luttermann*, Ein Sprachenrecht für die EU, JZ 2004, S. 1002 ff.; *M.A. Kürten*, Die Bedeutung der deutschen Sprache im Recht der EU, 2004; *F. C. Mayer*, Europäisches Sprachen-

6) Die eine "Gretchenfrage" lautet: ein Beitritt der Türkei (gar durch Volksentscheid)? Ich denke mit der CDU/CSU bzw. MdB *K.-T. von Guttenberg* eher an eine sogenannte "privilegierte Partnerschaft" i.S. der neuen "europäischen Nachbarschaftspolitik" (etwa mit Blick auf die Ukraine[40], Marokko, Israel und Jordanien (FAZ vom 13. Mai 2004, S. 6)). M.E. gibt es kulturell bedingte Grenzen des Wachstums Europas (dessen "Interessen" nach ideellen, politischen und ökonomischen Gesichtspunkten differenziert werden müssen). Auch die Tagespresse trägt hier wichtige Stichworte zur "europäischen Öffentlichkeit" bei.[41] Ob es eines eigenen "europäischen Außenministers" bedarf (Art. I-27), dürfte strittig bleiben. Das neue Amt des für 2 ½ Jahren gewählten, nicht mehr rotierenden Ratspräsidenten (Art. I-21) sollte im "trial and error"-Verfahren erprobt und je nachdem verändert werden.

7) Am Herzen liegt dem Verf. der Einbau eines monotheistischen Gottesbezugs in der Präambel bzw. die polnische Lösung (Verfassungspräambel von 1997) mit dem *alternativen* Verweis auf den Respekt vor universalen Werten aus anderen Quellen als Gott. Dies ist die andere "Gretchenfrage": "Wie hältst du es mit Gott?" (auch die "Kirchenmänner" *W. Huber* und *K. Lehmann* sind für einen Gottesbezug (FAZ vom 5. Juni 2004)). Diese Alternative könnte unsere Verantwortung gegenüber einer höheren Instanz bekräftigen und Toleranz andeuten. Damit wäre die viel zitierte "europäische Identität" sichtbar. Ein Hinweis auf das "christlich-jüdische" Erbe sollte gelingen, der Papst fordert zu Recht den Verweis auf das christliche Erbe, der Juni/Oktober-Text spricht nur von "religiösem und humanistischem Erbe" (Präambel)[42]. Leider wird dies Frankreich kaum hinnehmen[43].

All dies sollte ein Thema sein, wenn es zu einer durch einen neuen *Konvent* vorbereiteten späteren Verfassungsänderung (Art. IV-7) kommen sollte. Ob das alte Ziel "Demokratie, Transparenz und Effizienz"[44] dann besser erreicht wird? Von Bürgernähe des Verfassungstextes kann kaum die Rede sein, auch wenn das

---

verfassungsrecht, Der Staat, 44 (2005), S: 368 ff.; *I. Schübel-Pfister*, Sprache und Gemeinschaftsrecht, 2005.

40 Vgl. FAZ vom 27. Junli 2005, S. 4: „Polen fordert EU-Perspektive für Kiew".

41 Vgl. nur *A. Strohmeyer*, Gleichgewicht der Christenheit, Woran Europa anknüpfen will: Das Osmanische Reich als Teil des diplomatischen Staatensystems, FAZ vom 22. April 2004, S. 38; *W.G. Lerch*, Allzeit westwärts, Die EU-Vollmitgliedschaft ist für die Türkei auch eine Frage der Ehre, FAZ vom 15. Juli 2004, S. 8; s. aber auch *J. Manemann*, Seufzer der Kreatur, Ohne Christentum wäre Europa leer, SZ vom 3. Mai 2004, S. 15.

42 S. auch *J. Weiler*, Die europäische Alternative, EU-Verfassung braucht Gottesbezug, SZ vom 18. Juni 2004, S. 16. Den Verzicht auf den Hinweis auf die "christlichen Wurzeln" des Kontinents begrüßt *M. Vargastosa*, Religion ist Privatsache, FAZ vom 26. Juli 2004, S. 32; s. auch *M. Vargas Llosa*, Religion ist Privatsache, FAZ vom 26. Juli 2004, S. 32.

43 Vgl. noch *H.-G. Franzke*, Die Laizität als staatskirchenrechtliches Leitprinzip Frankreichs, DÖV 2004, S. 388 ff. Freilich ist das Adjektiv "*staatskirchenrechtlich*" gerade in Frankreich verfehlt, es kann nur um "Religionsverfassungsrecht" gehen.

44 Aus der Lit.: *J. Bröhmer*, Transparenz als Verfassungsprinzip, Grundgesetz und Europäische Union, 2004.

bisherige Geflecht der Texte bereinigt ist. Die Aussage des irischen Ratspräsidenten *B. Ahern*, nun gebe es endlich einen Verfassungstext, mit dem sich der Bürger "auf der Straße" identifizieren könne (FAZ vom 21. Juni 2004, S. 11), ist kühn. Eine jüngste "Eurobarometer-Meinungsumfrage" indiziert eine Vertrauenskrise[45]. Ein positives Votum des Europäischen Parlaments selbst wäre wünschenswert, um den sogenannten "pädagogischen Prozess" in Bezug auf die Bürger voranzutreiben.

8) *Im Ganzen* sind die Stellungnahmen zur EU-Verfassung von Brüssel sehr unterschiedlich. In Deutschland tönt es aus der CSU etwa (FAZ vom 30. Juni 2004, S. 2): "Keine Hallelujas auf EU-Verfassung". Die Stimmen der Tagespresse und Wissenschaft sind vielfältig. So heißt es in der FAZ (vom 21. Juni 2004, S. 3, seitens *M. Stabenow*): "Ein ungewisser Vertrag für ein ungewisses Europa. Durchschaubarer, handlungsfähiger, demokratischer?". Zu pauschal ist das antizipierende Wort von *P. Welter*: "Abschied von Maastricht" (FAZ vom 14. Juni 2004, S. 15). Die Stiftung "Marktwirtschaft" gibt "Warnungen vor einer Zentralisierung der Sozialpolitik" zu Protokoll (FAZ vom 24. Juni 2004). Die "doppelte Mehrheit" zieht das Verdikt auf sich: "Entscheiden und Blockieren" (FAZ vom 21. Juni 2004). Ungerecht ist auch der Kommentar der FAZ (vom 22. Juli 2004, S. 1): "Verstiegen. Der Vertrag ... ist weder als Text ein großer Wurf, noch bringt er in der Sache einen wesentlichen Fortschritt". Andere formulieren "Sieben Einwände" (*R. Vaubel*, in: Die Welt vom 9. Juli 2004, S. 15: "In zentralen Bereichen muss der vorliegende Verfassungstext noch verbessert werden"). Die SZ titelt am 19./20. Juni 2004, S. 2: "Kabale ohne Liebe, Der bittere Kampf um Europas Spitzenjobs vergiftet den Kompromiss über die EU-Verfassung". *Positiv* lässt sich sagen, dass der Brüsseler Entwurf in den zitierten Stimmen ein neues Stück europäischer Öffentlichkeit geschaffen hat, so diffus das Meinungsbild bleibt. Freilich müssten alle 25 nationalen Öffentlichkeiten (auch im Osten) in dieses Spektrum einbezogen werden, um ein ganzes Bild zu skizzieren, dies ist hier und heute jedoch nicht möglich. Immerhin sagt sogar der britische Außenminister *J. Straw*: "Die neue EU-Verfassung ist gut" (Die Welt vom 10. Juli 2004, S. 9). Vielleicht kommt es im Rahmen der nationalen Ratifizierungsverfahren zu Nachbesserungen. Auf neueste *wissenschaftliche* Literatur sei hier nur pauschal verwiesen.[46]

---

45 FAZ vom 20. Juli 2004, S. 17. Weiter sinkende Werte: FAZ vom 19. Juli 2005, S. 2.
46 J. Schwarze (Hrsg.), Der Verfassungsentwurf des Europäischen Konvents, 2004; *H. Kleger u.a.*, Europäische Verfassung, 3. Aufl. 2004; E. Busek/W. Hummer (Hrsg.), Der Europäische Konvent und sein Ergebnis, 2004; *D. Blumenwitz*, Der Europäische Verfassungsvertrag ..., ZfP 2004, S. 115 ff.; *R. Veser*, Die Neuen in der EU, 2004; C. Calliess/H. Isak (Hrsg.), Der Konventsentwurf für eine EU-Verfassung im Kontext der Erweiterung, 2004; s. auch die "Weimarer Tagung" Vom Vertrag zur EU-Verfassung?, EuGRZ 2004, S. 541 ff.; M. Zuleeg (Hrsg.), Ein Europa mit 25 Mitgliedsstaaten, 2005; *N. Görlitz*, Europäischer Verfassungsvertrag und künftige EU-Kompetenzen, DÖV 2004, S. 374 ff.; M. Jopp u.a. (Hrsg.), Der Vertrag über eine Verfassung der EU, 2005. – S. auch FAZ vom 21. Juni 2004, S. 13: "Ökonomen zur Europäischen Verfassung" (*M.J.M. Neumann*: für Wirtschafts- und Finanzverfassung eher undramatische Retuschen. Positiv ist, dass die

Eine wissenschaftliche Würdigung kann nur *differenziert* ausfallen. Der Entwurf hat Licht und Schatten. Er ist gewiss kein Dokument einer großen "Stunde" der Verfassunggebung in Europa, indes ein guter Kompromiss. Europa bleibt ein offenes Verfassungsprojekt, ein offener, öffentlicher Prozess. Der Juni-Text könnte die EU – verglichen mit "Nizza"[47] – handlungsfähiger gemacht haben. Die Europawissenschaften bleiben mehr denn je unverzichtbar: vor allem das Forum der "Europäischen Verfassungslehre". Sie ist eine übergreifende Disziplin, keine bloße "Teildisziplin". Sind also die fast mehr als 450 Artikel von 2004 "europäische Federalist Papers"? Sie markieren jedenfalls eine weitere Etappe auf dem Weg zur "Konstitutionalisierung Europas". Die feierliche "Vertragsunterzeichnung" in Rom am 29. Oktober 2004, als "Krönung des Einigungsprozesses" gerühmt (dazu FAZ vom 30. Oktober 2004, S. 1 f.) lässt hoffen.

II. "Europäische Identität" – eine Selbstvergewisserung als Ausblick

Vorbemerkung

Zuletzt folge im Geist der Europäischen Verfassungslehre ein verfassungstheoretischer *Ausblick*: "Europäische Identität"[48] lässt sich nur unter Einbeziehung der im Europäischen Verfassungsrecht positivrechtlich schon oft verwendeten „nationalen Identität" verstehen: diese ist ein Konnex- oder Komplementärbegriff zu jener. Im „in Vielfalt geeinten" Europa gehört beides zusammen, so schwierig Abgrenzungen sind. *A. de Gasperis* "Unser Vaterland Europa" (1954) bleibt ein suggestives Stichwort.

Autonomie der nationalen Wirtschaftspolitiken nicht wesentlich eingeschränkt wird. Der Steuerwettbewerb der Standorte bleibt mit dem Vetorecht erhalten, Preisstabilität betont offizielles Ziel. – *N. Walter*: Der vorliegende Entwurf ist ein "nützliches Destillat, mit dem man die Weiterentwicklung Europas aufnehmen kann". – *R. Vaubel*: ... bleibt für sich bei der "Schlussfolgerung der European Constitutional Group", dass dieser Vertrag die Probleme per saldo noch verschlimmert". Er "verschärft die Zentralisierung der Wirtschaftspolitik in Europa. Besonders gefährlich sind ... die sozialen Anspruchsrechte aus der EU-Grundrechtecharta und der Autonomieverlust der EZB". – Undifferenziert *G. Nonnenmacher*, Eine befremdliche Debatte, FAZ vom 30. Juli 2004, S. 1: "'Verfassung', die nicht viel mehr leistet, als bestehende Verträge unter einem Dach zusammenzuführen ... "; einseitig auch: *G.P. Hefty*, FAZ vom 3. August 2004, S. 1: ein "verwirrendes Werk".

47 Dazu etwa *A. Hatje*, Die institutionelle Reform der EU und der Vertrag von Nizza auf dem Prüfstand, EuR 2001, S. 143 ff.; W. Weidenfeld (Hrsg.), Nizza in der Analyse, 2001; *C. Dorau*, Die Verfassungsfrage der EU, 2001.

48 Aus der Lit.: *H. Schauer*, Europäische Identität und demokratische Tradition: zum Staatsverständnis in Deutschland, Frankreich und Großbritannien, 1996; *W. Graf Vitzthum*, Die Identität Europas, EuR 2002, S. 1 ff. – S. auch *U. Beck/E. Grande*, Das kosmopolitische Europa, 2004.

1) Methodenfragen

Die Aufschlüsselung der „europäischen Identität" ist nur in kulturwissenschaftlichem Ansatz möglich. Dieser überschreitet die „rein juristische Betrachtung", so wichtig Normen und Rechtstexte aller Art von Verfassungen über Gesetze und die Praxis, etwa die Richtersprüche, bleiben. Mit relevant werden die *kulturellen Kontexte*. Sie erschließen auch innere, tiefere Zusammenhänge, die eine nur normative juristische Wissenschaft nicht herstellen bzw. bewusst machen kann (i. S. der vom Verf. entwickelten „Verfassungslehre als Kulturwissenschaft": 1982, 2. Aufl. 1998 mit Stichworten wie „kulturelle Verfassungsvergleichung", „kulturelle Rezeptions- und Produktionsvorgänge"). Die – europäischen – emotionalen Konsensquellen, auf die z. B. die Europahymne von Beethovens "Neunter" verweist (vgl. jetzt Art. I-6a EU-Verfassungsentwurf vom Juni/Oktober 2004), werden nur so erfahrbar. Wenn die Präambel ebd. auf das „kulturelle, religiöse und humanistische Erbe Europas" Bezug nimmt, so ist dies ein Hinweis auf eine Errungenschaft der – kulturellen – Evolution par excellence.

2) Inhalte

In dieser knappen Stellungnahme lassen sich nur einige Stichworte zu den Inhalten der "europäischen Identität" formulieren: sie finden sich vor allem in der Präambel als eigener Wissenschafts- und Kunstgattung (vergleichbar der Ouvertüre, dem Präludium und Prolog), denn sie ist das Konzentrat der nachstehenden Texte, eine Art „Verfassung (in) der Verfassung", und sie verknüpft auf der Zeitebene das kulturelle Erbe mit dem Zukunftsentwurf (z. B. „Verantwortung gegenüber den künftigen Generationen", Entfaltung der "Hoffnung der Menschen"). Die Rückbindung an die „nationale Identität der Völker Europas" ist gleichermaßen charakteristisch. Weitere Elemente des Inhalts der „europäischen Identität" finden sich vornehmlich in der EU-Grundrechtecharta, in den Grundwerte-Artikeln (Art. I-1 bis 3 Entwurf), im Kultur-Artikel (Art. III-181) oder auch an eher versteckter Stelle (z. B. Art. III-185, Verwaltungszusammenarbeit). Hinter oder vor diesen Texten stehen Erfahrungen, auch leidvolle wie die Kriege, weshalb die EU nach ihrem Selbstverständnis u.a. eine Friedensgemeinschaft sein will (vgl. Präambel und Art. I-39 und 40). Identitätselemente verbergen sich auch im „europäischen Gemeinwohl" (z. B. Art. I-30 Abs. 3), so offen es ist. Für das Europa im weiteren Sinne des Europarats ist die EMRK ein konstitutives Element seiner kulturellen Identität, kurz: die "europäische Freiheit".

Beispiele für die *nationale Identität* finden sich in Italien etwa mit Blick auf den Gefangenenchor in Verdis „Nabucco" als geheimer Nationalhymne oder in Gestalt bitterer Erfahrungen wie "Tschernobyl" in der Ukraine (vgl. Art. 16 von deren Verfassung von 1996). Feier- und Gedenktage wie in Südafrika der „Soweto-Tag" oder in Frankreich der „14. Juli" sind weitere Beispiele. Für die Schweiz bleibt *F. Schillers* "Tell" kulturell prägend. In Deutschland darf die "Weimarer Klassik" im doppelten Sinne des Wortes (Goethe/Schiller und die WRV von 1919) einen hohen Stellenwert im kulturellen Gedächtnis der Nation beanspruchen. In Spanien hat die Monarchie seit ihrer Bewährung im Jahre 1981 dauerhafte Symbolik gewonnen (zuvor das "Goldene Zeitalter").

3) Abgrenzungen

Abgrenzungen zu anderen nationalen und überregionalen "Identitäten" sind unvermeidlich, auch wenn stets um Brücken gerungen werden muss: so etwa hinsichtlich der "Afrikanischen Einheit" als Identitätsbegriff oder (begrenzt) im Verhältnis zu den USA. Abgrenzungen sind Wege zur Selbstfindung, nicht Ausschluss von Verbindungen; ein grenzenloses Wachstum der EU nach Süden über Malta hinaus und nach Osten bis zu Asien hin (Russland/Ural) kann es nicht geben. M. E. erinnert die "europäische Identität" auch an die kulturellen (auch geschichtlichen und geographischen) Grenzen des Wachstums bzw. der Ausdehnung Europas bzw. der EU als Europa im engeren Sinne. Indes gibt es Beispiele für "europäische Identitätspolitik": etwa im Blick auf die (pluralistische) Kultur (als Angebot).

4) Konkrete Problemfelder

Die europäische Identität sieht sich heute auf mindestens *vier Problemfeldern* besonders herausgefordert:

1) Bei der (schon erwähnten) Frage nach der Rolle des *Christentums* bzw. eines *Gottesbezugs*: Der Verf. argumentiert seit längerem für eine geschriebene Bezugnahme auf das Christentum als Kulturfaktor in einer EU-Verfassung und für eine Gottesklausel nach dem Beispiel der polnischen Variante: Präambel von 1997 (damit bliebe auch Raum für den Islam, für Buddhisten, für Agnostiker oder bloße Trennungsideologen wie den französischen Staatspräsidenten *J. Chirac* und seine „Republik").

2) Die europäische Identität ist sodann (wie bereits erwähnt) herausgefordert angesichts des Streits um den Beitritt der *Türkei*. Ist sie ein "europäisches Land"? Sie grenzt an den Irak. Hier spricht vieles für eine „privilegierte Partnerschaft" (CDU/CSU, insbesondere MdB *K.-T. von Guttenberg*). Schon die schiere Größe der Türkei an Raum und Menschen, aber auch ihre sehr andere (Kultur-)Geschichte rät zur Vorsicht. Sollte man nicht i. S. von *Poppers* „trial and error"-Verfahren schrittweise vorgehen? Erweiterungskommissar *G. Verheugen* wird schon als "Überdehnungskommissar" kritisiert. An die Kopenhagener Kriterien ist zu erinnern, etwa die "Kapazität der EU, neue Mitglieder zu integrieren".

3) Die EU-Erweiterung wird eines Tages an *Grenzen* stoßen: nach Süden z. B. im Blick auf die Länder des Maghreb (etwa Tunesien und Marokko). Sie können sich Europa indes durch den überaus geglückten neuen Nachbarschafts-Artikel (I-56 EU-Verfassungsentwurf von 2004) annähern. Der Barcelona-Prozess genügt. Der Begriff "Nachbar" verlangt Brückenbau, nicht Integration und "Anschluss". Eine Überforderung der EU (auch ihrer Handlungsfähigkeit) ist gerade dank des Begriffs der "europäischen Identität" (und das ihm durch die gemeinsamen Grundwerte eigene "Wir-Gefühl") vermeidbar. Europäische Nachbarschaftspolitik hat große Zukunft.

Europas "Identität" (vgl. Präambel Abs. 10 und Art. 2 EUV) wird heute u.a. auf dem Gebiet des *Militärischen* und der *Verteidigung* nicht zuletzt gegenüber den *USA* in Stellung gebracht. Hierauf ist differenziert einzugehen: Zwischen den USA und Europa besteht seit den Gründungsjahren von vor 1776 bis 1787 eine enge geistige, innere Partnerschaft. Die Väter der „Federalist Papers" rezipierten *John Locke* und *Montesquieu*; neu schufen sie den Föderalismus, der seinerseits auf Europa zurückwirkte (Schweiz, 1848, deutsche Paulskirchenverfassung, 1849). Ganz abgesehen von der den USA zu verdankenden Befreiung Europas von zwei Diktaturen und der europäisch-atlantischen Partnerschaft darf indes auf das Eigene, je Besondere beider Kontinente, Regionen und Kulturen hingewiesen werden: nicht aber i. S. einer Ausgrenzung und Distanzierung – zumal Deutschland dazu den geringsten Anlass hat (Rettung Berlins, 1948/49 und Wiedervereinigung dank der USA, 1990). Auch hier zeigt sich die Fruchtbarkeit des kulturwissenschaftlichen Ansatzes; nur auf seinem Boden kann eine *Europäische Verfassungslehre* als eigene Disziplin gelingen. „Europäische Identität" ist entwicklungsoffen und zugleich retrospektiv, ihr Werk ist allen in Europa anvertraut, nicht zuletzt den Bürgern. *B. Geremeks* Wort: "Wir haben Europa. Nun brauchen wir Europäer", sollte Ansporn und Mahnung sein.

Ausblick 2006:
Juristische und politische Konsequenzen des doppelten Neins von Frankreich und den Niederlanden zur EU-Verfassung

Vorbemerkung:

Nach dem ein „Erdbeben", ja einen „Schock" auslösenden und die EU wohl doch in eine (Identitäts-)Krise stürzenden „Nein" Frankreichs zur EU-Verfassung (29. Mai 2005: 54,87%)[49] und dem Nein der Niederlande (1. Juni 2005: 61,6 %) sowie nach dem Scheitern des Finanzgipfels in Brüssel am 19. Juni 2005 wird die neue eigene Disziplin der *Europäischen Verfassungslehre*[50] noch unentbehrlicher. Denn die Fülle der Verträge, Textentwürfe[51] und zukünftigen Vorhaben braucht einen Theorierahmen bzw. ein „Reservoir" und eine Werkstatt. Dies kann nur der seit 1999 unternommene Versuch einer Europäischen Verfassungslehre liefern. Stichworte sind dabei: Verfassunggebung in Europa, Europäische Öffentlichkeit, Gemeineuropäisches Verfassungsrecht, nationale Identität, regionale und nationale Identitätsbedürfnisse der Bürger, europäischer Gesellschaftsvertrag, europäisches Volk, Europäische Zivilgesellschaft und anderes mehr. Da der nach wie vor im wohl letztlich im Rahmen von sogenannten Denkpausen fortgesetzten Europäischen Ratifizierungsverfahren befindliche EU-Vertrag von Juni/Oktober 2004[52] gewürdigt wurde, sei im Folgendem auf die juristischen und politischen Folgen des – vorläufigen (?) – Neins der Franzosen und Niederländer eingegangen (bemer-

---

49   Die beste Dokumentation findet sich in *Le Monde* vom 31. Mai 2005, S. 1 – 14. S. auch Der Spiegel vom 6. Juni 2005, S. 94 ff.: „Die Diktatur der Bürokraten"; *H. Prantl*, Vox populi, vox Rindvieh?, SZ vom 4./5. Juni 2004, S. 4. Siehe auch SZ vom 3. Juni 2005, S. 3: "Die Trutzburg der ratlosen Räte".

50   *P. Häberle*, Europäische Verfassungslehre in Einzelstudien, 1999; *ders.*, Europäisches Verfassungslehre, 1. Aufl. 2001/2002, 2. Aufl. 2004, 3. Aufl. 2005.

51   Ein Teil der Entwürfe ist abgedruckt in JöR 53 (2005), S. 515 ff. Vom *Verf.* zuletzt: Verfassunggebung in Europa, JöR 54 (2006), i. E.

52   Neue Lit.: D. Tsatsos (Hrsg.), Zum Konstitutionalisierungsprozess in der EU, 2005; Institut für europäische Verfassungswissenschaften (Hrsg.), Die EU als Verfassungsvertrag, 2005; W. Hallstein-Institut, Berlin (Hrsg.), Ein Verfassungsentwurf für die EU, 2005; *R. Streinz*, et. al., Die neue Verfassung für Europa, 2005. S. auch die einschlägigen Beiträge in FS Zuleeg, 2005: "Europa und seine Verfassung". – Neue Grundsatzliteratur: H. Joas/K. Wiegandt (Hrsg.), Die kulturellen Werte Europas, 2. Aufl. 2005; K. Beckmann et. al. (Hrsg.), Eine Verfassung für Europa, 2. Aufl. 2005; *C. Landfried*, Das politische Europa, 2. Aufl. 2005; *C. Starck*, Der Vertrag über eine Verfassung für Europa, FS Götz, 2005, S. 125 ff.; *R. Wahl*, Erklären staatstheorethische Leitbegriffe die EU?, JZ 2005, S. 916 ff.; R. Hofmann u.a. (Hrsg.), Eine Verfassung für Europa, 2005; D. Blumenwitz u.a. (Hrsg.), Die Europäische Union als Wertegemeinschaft, 2005; Die Europäische Verfassung – Verfassungen in Europa (Hrsg. Assistentagung), 2005; M. Zuleeg (Hrsg.), Eine Verfassung für Europa mit 25 Mitgliedstaaten: Vielfalt und Einheit zugleich, 2005; *T. Oppermann*, Zur normativen Kraft des Europarechts in einer sich erweiternden „Groß-EU", JZ 2005, S. 1017 ff.; *B. Thalmaier*, Die zukünftige Gestaltung der Europäischen Union, 2005; J. J. Hesse (Hrsg.), Vom Werden Europas, 2005. – Kommentarlit:: *C. Vedder/W. Heintschel von Heinegg*, Europäischer Verfassungsvertrag, 2005.

kenswert ist, dass in Deutschland wohl alle überregionalen Zeitungen in allen Sparten berichtet haben: im politischen Teil, im Wirtschaftsteil und im Feuilleton).

1. Juristische Konsequenzen

Sollte die EU-Verfassung – wie jetzt geschehen – von auch nur einem oder wie jetzt 2 der 25 Mitglieder nicht ratifiziert bzw. (mindestens von Großbritannien, Dänemark und Schweden) auf „Eis" gelegt werden, stellt sich die geltende Rechtslage wie folgt dar:

a) Weitergeltung von „Nizza"

Der zu Recht vielgescholtene Vertrag von Nizza (2000) gilt „bis auf weiteres" weiter, mit allen Mängeln, wie komplizierte Mehrheitsregelungen, textliche Unübersichtlichkeit, unbefriedigende Finanzregelung in Sachen Agrarsubventionen zugunsten Frankreichs und des „Britenrabatts"[53]. Die Nizza-EU ist (angesichts der Osterweiterung und Globalisierung) schwerfällig, kann für 25 (und mehr) Mitglieder kaum entscheidungsfähig sein. Der EU-Vertrag von Maastricht und der EG-Vertrag in der Fassung von Nizza samt vielen Protokollen und Beitrittsverträgen bleiben also vorderhand in Kraft. Beide Vertragswerke haben bereits konstitutionellen Charakter, insbesondere wenn die EuGH-Rechtsprechung (vor allem zu den Grundrechten) und die EMRK als Rechtserkenntnisquelle für den EuGH mit hinzugedacht wird.[54] Schon heute ist die EU und EG „Verfassungsverbund" (*I. Pernice*), „Verfassungsgemeinschaft" (*P. Häberle*), weist das europäische Primärrecht[55] viele „verfassungsqualitative Momente" (*D. Th. Tsatsos*) auf. Solche „verfassungsqualitativen" Momente sind u.a.:

- eine verfassungsspezifische Normenhierarchie
- Gemeinschaftsgrundrechte (allgemeine Rechtsgrundsätze, EU-Grundrechtecharta als „soft law", EMRK als Rechtserkenntnisquelle für den EuGH)
- Werte- und Zielekataloge; die Gemeinschaftsziele sind den nationalen Staatszielbestimmungen zwar nicht völlig strukturanalog, aber es gibt viele Parallelen

---

53 Neue Kompromissmöglichkeiten könnten die neue Bundeskanzlerin *A. Merkel* und der EU-Ratspräsident *T. Blair* erschließen, dazu Die Welt vom 25. November 2005, S. 6.
54 Aus der Literatur: *M. Breuer*, Offene Fragen im Verhältnis von EGMR und EuGH: Der Fall Emesa Sugar, EuGRZ 2005, S. 229 ff.; *E. Stieglitz*, Allgemeine Lehren im Grundrechtsverständnis nach der EMRK und der Grundrechtsjudikatur des EuGH, 2003; *F. Brosius-Gersdorf*, Bindung der Mitgliedstaaten an die Gemeinschaftsgrundrechte, 2005. – Zum EuGH selbst zuletzt *T. Mähner*, Der Europäische Gerichtshof als Gericht, 2005; *J. Schwarze*, Der Schutz der Grundrechte durch den EuGH, NJW 2005, S. 3459 ff.– Unsachlich *J. Jahn*, Tugendterror aus Luxemburg, FAZ vom 3. Dezember 2005, S. 11 (aus Anlass der Entscheidung in Sachen „Diskriminnierung wegen des Alters").
55 Aus der Lit.: *M. Sichert*, Grenzen der Revision des Primärrechts in der EU, 2005.

- Gemeinschaftsorganisationsrecht: insbesondere Kompetenzverteilungsmechanismen und Verfahren der Rechtssetzung/Rechtserzeugung
- Rechtsstaatliche und demokratische Herrschaftslegitimation auf Gemeinschaftsebene schon greifbar
- EuGH als „Verfassungsgericht"
- Primärrecht erfüllt typische Verfassungsfunktionen der Herrschaftsbegründung und Herrschaftsbegrenzung.

b) Vorwirkung?

Denkbar ist eine teilweise sog. *„Vorwirkung"* des Entwurfs. Die Kategorie der Vorwirkung wurde 1974 von *M. Kloepfer* und mir[56] gleichzeitig und unabhängig voneinander beobachtet und theoretisch eingeordnet. Schon jetzt wirkt die EU-Grundrechte-Charta z.T. vor (so in einer Entscheidung des europäischen Gerichts erster Instanz und auch politisch), obwohl sie juristisch noch nicht gilt.[57] Die Frage ist, welche Prinzipien in welchen Grenzen vorwirken dürfen; es muss aber auch Grenzen aus dem Demokratie- und Rechtsstaatsprinzip geben. Vermutlich lässt sich die Vorwirkung der EU-Grundrechtecharta theoretisch am leichtesten begründen, da sie „bürgerfreundlich" ist. Im Übrigen darf die „Vorwirkung" die Voraussetzungen der Inkraftsetzung von Verfassungen bzw. Verträgen und Gesetzen nicht grundsätzlich beiseite schieben. Doch könnte der Entwurf im Kontext der künftigen Judikatur des EuGH[58] ausstrahlen. Denkbar ist auch eine „Nachwirkung" der „steckengebliebenen" Normen im großen Horizont von „Zeit und Verfassung" (1974).

c) Nachholung der Abstimmungen?

Die Abstimmung in Frankreich wird *„nachgeholt"*[59] (ein zweites Referendum im Rahmen des ebenso bekannten wie unbekannten „Plan B", jetzt um den „Plan D" ergänzt– „Demokratie, Dialog und Debatte"[60]), so wie dies seinerzeit in Dänemark in Bezug auf den Vertrag von Maastricht und in Irland in Bezug auf den Vertrag von Nizza

---

56 *M. Kloepfer*, Die Vorwirkung von Gesetzen, 1974; *P. Häberle*, Zeit und Verfassung, ZfP 1974, S. 111 ff. S. auch meine Rezension von J. Meyer (Hrsg.), Kommentar zur Charta der Grundrechte der EU, 2003, JZ 2005, S. 456 f.
57 Ein Beleg aus der Praxis: Ministerpräsident *Oettinger*: „Die Kommission muss...schon jetzt das Subsidiaritätsprinzip zur Richtschnur ihres Handelns machen. (...) Ich fordere die Kommission auf, die im europäischen Verfassungsvertrag vorgesehene frühzeitige Information der nationalesn Parlamente sofort umzusetzen", FAZ vom 12. August 2005, S. 4.
58 Aus der Lit.: *M. Dederichs*, Die Methodik des EuGH, 2004; *T. Groh*, Die Auslegungsbefugnis des EuGH im Vorabentscheidungsverfahren, 2005.
59 Siehe aber jetzt *J. Chirac*: „Kein zweites EU-Referendum", FAZ vom 15. Juli 2005, S.6; wenig glaubwürdig, weil zu spät, *ders.*, Für ein starkes und solidarisches Europa, FAZ vom 26. Oktober 2005, S. 12.
60 Vgl. FAZ vom 7. Okt. 2005, S. 5.

geschehen ist. Ironischer Zusatz: Man lässt das Volk solange abstimmen („nachsitzen"), bis es das aus Sicht der politischen Eliten und Parteien Richtige wählt (man erinnere sich des Klassikerzitats von *B.Brecht*: "Wäre es da nicht einfacher, die Regierung löste das Volk auf und wählte ein anderes?")[61]. Ob dies bei den Gründungsmitgliedern Frankreich und Holland (in dem zum ersten Mal eine Volksabstimmung statt fand) angebracht ist, bleibe offen. Jedenfalls darf die These gewagt werden: Die nationalen Bürger sind die „Herren der Verträge". Und sicher dürfte sein, dass das doppelte Nein Frankreichs und der Niederlande kein Votum gegen Europa überhaupt war.

2. Politische Konsequenzen

a) Fortführung der Ratifizierungsverfahren in den anderen Ländern?

Es stellt sich die Frage, ob sich die *Ratifizierungsverfahren*, die noch ausstehen (zum Teil handelt es sich um bindende oder nur konsultative Referenden bzw. bindende Parlamentsbeschlüsse), in den übrigen Ländern *fortgeführt* werden (Das im Sommer 2005 vom deutschen Bundespräsidenten *H. Köhler* verfügte „Halt" in Bezug auf das deutsche Ratifizierungsgesetz stellt eigene Fragen). 10 (bzw. 13) EU-Mitglieder haben ja bereits zugestimmt, darunter Spanien als erstes (schon im Februar 2005) mit einem eindrucksvollen Referendum − 76,7 %[62](aber auch Griechenland, Ungarn, Litauen, Slowenien, Slowakei[63], Italien), es folgten Österreich und Deutschland ohne Referendum (abgesehen vom unseligen tschechischen Staatspräsidenten *V. Klaus*[64] befürworten nach neuestem Stand alle übrigen EU-Mitglieder die geplante Fortsetzung des vielleicht verlangsamten Ratifizierungsverfahrens, ungeachtet des Neins Frankreichs und Hollands, Anfang Juni 2005 kam ein Ja von Lettland). Auf dem Gipfel vom 17./18. Juni 2005 hatten freilich 4 Länder und Großbritannien die geplanten Referenden auf unbestimmte Zeit verschoben[65]. Belgien und Malta wollen ihr geplantes Ratifizierungsverfahren in ihren Parlamenten fortsetzen. Auf die Abstimmung der Niederlande am 1. Juni 2005 durfte man gespannt sein. Kommt es zu einem (weiteren) „Domino-Effekt"?[66], einer "Dynamik des Neins"? Leider „ja" − wie wir jetzt wissen. Mit Sorge blickt man auf die Abstimmung in Tschechien, Polen[67] und Großbritannien. *T. Blair* hatte seinem Volk ein Verfassungsreferendum versprochen, das rein juristisch nicht erforderlich war.

---

61 Vgl. *B. Brecht* „Die Lösung", zuerst veröffentlich in: Die Welt vom 9. Dezember 1959.
62 Nicht ohne Stolz berichtet die spanische Presse auch über das anschließende breite "Ja" im Parlament; z. B. Granada Hoy vom 29. April 2005, S. 29.
63 Siehe aber FAZ vom 16. Juli 2005, S. 6, wonach der slowakische Verfassungsgerichtshof die Ratifizierung des EU-Verfassungsvertrags durch das Parlament vorläufig ausgesetzt hat (Argument: vor Annahme des Verfassungsvertrags sei eine Volksabstimmung möglicher Weise notwendig).
64 Er forderte einen Abbruch der Ratifizierung: Die Welt vom 31. Mai 2005, S. 1.
65 Ermutigend : FAZ vom 21. November 2005, S. 2:„Estland will europäischen Verfassungsvertrag unterzeichnen".
66 Vgl. FAZ vom 31. Mai 2005, S. 4: Kommt jetzt der Domino-Effekt?
67 Aus der Lit.: C.D. Classen et al. (Hrsg.), Polens Rechtsstaat am Vorabend des EU-Beitritts, 2005.

Wird er „aussteigen"?[68] Er setzt aus – wie lange –, wie vorläufig? Jetzt soll der sog. „Plan D" Europa retten (D wie Dialog, Debatte, Denkpause, Demokratie). Mittlerweile haben Malta und Zypern zugestimmt (Juli 2005), 56,5% der Luxemburger billigten am 10. Juli 2005 die EU-Verfassung und gaben damit zur rechten Zeit ein "positives Signal" zur "Wiederbelebung" des Verfassungsentwurfs. Somit haben bis Juli 2005 13 der 25 EU-Mitglieder zugestimmt (teils direktdemokratisch, teils parlamentarisch).[69]

b) Nachverhandlungen?

Denkbar sind auch *„Nachverhandlungen"*, die der glücklose französische Staatspräsident *J. Chirac* bis zur Volksabstimmung in Frankreich freilich immer ausgeschlossen hat. Folgende Fragen stellen sich: Welche Teile des Verfassungstextes sollen neu verhandelt („verbessert", „überarbeitet") werden: etwa die Normen zum europäischen Außenminister oder zum Übergang vom Einstimmigkeitsprinzip zum Mehrheitsprinzip[70] bzw. zur doppelten Mehrheit? Vielleicht sollte die EU den Integrationseifer verlangsamen, die Erweiterung vorsichtiger vorantreiben. Jedenfalls darf das Votum der Franzosen „kein Veto" werden (*G. Fini*).

c) Anlass zur Selbstkritik

Im Übrigen sind sowohl die Politiker in Europa als auch die nationalen Wissenschaftlergemeinschaften gefordert, sich viele *selbstkritische Fragen* zu stellen (Stichwort „Phase des Nachdenkens"): Wurden die Bürger über die EU-Texte genügend informiert (immerhin hat das Referendum in Frankreich das Interesse vieler Bürger für den Text geweckt, die niederländische Regierung begann ihre Informationskampagne freilich sehr spät). Vielleicht haben Franzosen bzw. Holländer auch deshalb mit Nein

---

68 Vgl. SZ vom 31. Mai 2005, S. 8: „Blair spielt auf Zeit". – Der tschechische Ministerpräsident *J. Paroubek* will den Ratifizierungsprozess über 2006 hinaus verlängern. – *T. Blair* nannte später den "Britenrabatt" eine "Anomalie", die wie die andere (die überhöhte Agrarsubvention) verschwinden müsse (FAZ vom 22. Juli 2005, S. 1). Später bekannte er sich zur Vereinigung Europas als "politisches Projekt", sie sei "nicht nur Freihandelszone" (FAZ vom 24. Juni 2005, S. 1).

69 Bemerkenswert jetzt der Anspruch des EU-Parlaments auf eine Führungsrolle in der Verfassungsdebatte und der Wunsch von *Voggenhuber*, den Ratifizierungsprozess fortzusetzen, FAZ vom 15. Juli 2005, S. 6.

70 Vgl. etwa Die Welt vom 31. Mai 2005, S.2: „Die Fledderei der Verfassung beginnt, Union will Kernstücke der Verfassung retten". S. auch SZ vom 31. Mai 2005, S. 1: „EU-Politiker möchten die Verfassung retten". – *G. Schröder* sagte, die Abstimmung sei ein Rückschlag für den Verfassungsprozess, aber nicht das Ende, FAZ vom 2. Juni 2005, S. 1; zuletzt *ders.:* „ Verfassung nicht aufgeben" (FAZ vom 28. Sept. 2005, S. 3).– Bemerkenswert der Stufenplan Brüsseler Abgeordneter:„ Keine Siesta für EU-Verfassung" , FAZ vom 23. September, S. 6).– Zuletzt setzt sich die FDP für einen schlanken Vertragstext und erst zu einer Zeit ein, in der in Europa „die Wirtschaftslage günstiger ist" (FAZ vom 6. September 2005, S. 2). – Der Kommissionspräsident *J. M.D. Barroso* meinte jüngst, in zwei bis drei Jahren könnte man die Krise mit überwinden. „Wir müssen zunächst über die Substanz der EU reden" (FAZ vom 17. November 2005, S. 5). „ – Die beiden prominenten EU-Parlamentarier *A. Duff* und *J. Voggenhuber* schlagen jetzt eine von einem neuen Konvent vorzubereitende Verfassung vor, die nach einer „rechtlich unverbindlichen" EU-weiten Volksbefragung am Tage der nächsten Europawahlen im Juni 2009 noch im selben Jahr in Kraft treten kann (FAZ vom 24. Oktober 2005, S. 6).

gestimmt, weil sie den überladenen, barocken Text mit der prägnanten Menschenrechtserklärung von 1789 bzw. mit dem bündigen Verfassungstext der Niederlande von 1983 verglichen haben)?[71] Was kann getan werden, damit nicht europäische Verfassungsfragen (die europapolitische Motivierung) durch nationale politische Themen (innenpolitische Motivierung) überlagert werden (so geschehen in Frankreich, z.T. wohl auch in Holland): Die Bürger wollten *J. Chirac* einen „Denkzettel" verabreichen[72] und fühlten sich vielleicht durch die Wahlreden der Deutschen *J. Fischer* und *G. Schröder* bevormundet, auch durch das unglückliche Duo bzw. europäische Direktorium *Schröder/Chirac*, später leider durch den spanischen Ministerpräsidenten *Zapatero* zu einer Art Triumvirat erweitert.[73] Die Teilnahme von Politikern anderer EU-Nationen hat freilich auch etwas Positives. Sie könnte ein Indiz für das Werden einer europäischen Öffentlichkeit sein (so warb *V. Giscard* vor dem deutschen Bundesrat für die Annahme der EU-Verfassung). Darauf deutet das Wort vieler Politiker „Wir haben verstanden". Die Verfassungskrise könnte eine ein heilsames, europäisches Bewusstsein schaffende sein, die europäische Bürgergesellschaft ist von den Politikern ernst zu nehmen. Das doppelte Nein sollte weder verharmlost, noch dramatisiert werden. Die Koinzidenz von Verfassungs- und Finanzierungskrise ist freilich fatal: Geld und Verfassung prallen unglücklich aufeinander. So scheiterte der EU-Finanzgipfel in Brüssel am 19. Juni 2005 an fehlender Kompromissbereitschaft mehrerer "alter" EU-Mitglieder[74] (die 10 "neuen" und „ärmeren" hatten zur Vermeidung des Scheiterns sogar einen Verzicht auf EU-Zuwendungen angeboten!).

---

71 S. etwa *M. Zeeman*, Die Europarhetorik der Regierung war uns Holländern einfach zu billig, FAZ vom 3. Juni 2005, S. 36. S. noch die Dokumentation in FAZ vom 31. Mai 2005, S. 35: Europäische Reaktionen auf das französische Nein zum Vertrag.

72 Bemerkenswert im Vorfeld des französischem Referendums: „Wir wollen Arbeit, keine Verfassung", FAZ vom 27. Mai 2005, S. 3.

73 Eindrucksvoll jetzt aber ein gemeinsamer Artikel der Staatsoberhäupter H. Köhler, T. Halonen, C. A. Ciampi, V. Vike-Freiberga, H. Fischer, A. Kwasinewski und F. Branco de Sampaio: „Gemeinsam für Europa", FAZ vom 15. Juli 2005, S. 10, mit Stichworten wie „Periode des Nachdenkens nutzen", „Politik der offenen Tür der EU hat sich als erfolgreich erwiesen"; mit Bezugnahme auf *J. Juncker*: „Frieden in Europa ist keineswegs selbstverständlich"; *ders.* zuletzt FAZ vom 29 Juli 2005, S. 5: „Der Friedensdiskurs reicht nicht mehr", „Dabei gerät aus dem Blick, dass der Zweck der Union ist, kontinentalen Mehrwert zu schaffen.". Bemerkenswert ist seine letzte Stellungnahme zur Krise der EU, wonach seiner Ansicht nach seine Generation in der Europapolitik oft ein „armseliges Schauspiel" biete (FAZ vom 8. November 2005, S. 10).– Als Stimme eines sogenannten „Verfassungsökonomen": *S. Voigt*, Ein neuer Anlauf für die EU, Lehren aus dem gigantischen Misserfolg des Verfassungsentwurfs, FAZ vom 29. Oktober 2005, S. 15, mit dem schon von anderer Seite vertretenen Vorschlag eine neue verfassungsgebende Versammlung direktdemokratisch wählen zu lassen und über einen neuen Entwurf in sämtlichen Mitgliedstaaten Referenden abzuhalten.

74 Dazu FAZ vom 20. Juni 2005 S. 1: "Wohin treibt die EU?", "Traum und Trauma". – Le Monde vom 21. Juni 2005, S. 1: "La panne de l'Europe inquiète ses partenaires".

Es genügt nicht, die „Vitalität des Verfassungsvertrages" zu beschwören und von trotzige Entschlossenheit zu praktizieren. Der EU-Ratsvorsitzende, der Luxemburger *Jean-Claude Juncker* sagte zwar m.E. zu Recht: „Die Verfassung ist nicht tot."[75] Er sagte mit guten Gründen aber auch: „Bevor wir über die Zukunft der EU entscheiden, müssen auch die anderen Völker gehört werden".[76] Es wäre m.E. doch eine Missachtung der 10 bzw. 13 Völker, die (parlamentarisch oder durch Referendum) zugestimmt haben, würde der Ratifizierungsprozess abgebrochen.[77]

Es sei daran erinnert, dass in einem römischen Zusatzprotokoll zum EU-Vertrag (Dezember 2004) vorgesehen ist, dass die Staats- und Regierungschefs über die Lage beraten, falls nach Ablauf der zweijährigen Frist im November 2006 „vier Fünftel der Mitglieder" (also 20) den genannten Vertrages ratifiziert haben, aber bei einem Mitglied oder mehreren Mitgliedern „Schwierigkeiten bei der Ratifizierung aufgetreten sind". Im Übrigen mag man mit *J. Leinen*[78] auf Art. 18 des Wiener Übereinkommens von 1969 über das Recht der Verträge verweisen; danach sind Staaten, die einen völkerrechtlichen Vertrag unter dem Vorbehalt der Ratifizierung unterzeichnet haben, verpflichtet, „sich aller Handlungen zu enthalten, die Ziel und Zweck eines Vertrages vereiteln würden". Im engen eigenständigen Staaten- oder „Verfassungsverbund'" der EU ist diese Pflicht m.E. noch intensiver, nicht nur politisch, sondern auch rechtlich (Stichwort: „Vorwirkung der Unionstreue", Gemeinschaftstreue nach Art. 10 EGV). Überdies wäre an einen Ausbau der verstärkten Zusammenarbeit nach Art. 44 Vertrag von Nizza zu denken (Europa der "zwei (oder mehrerer) Geschwindigkeiten", sog. „Kerneuropa"), ohne Frankreich allerdings kaum möglich.

---

75 Die Welt vom 31. Mai 2005, S.3. Voreilig *G. Nonnenmacher*, FAZ vom 31.Mai 2005, S.1: „Die Verfassung ist … endgültig gescheitert"; *K.-D. Frankenberger*, FAZ vom 3. Juni 2005, S. 1: „Dieser Vertrag ist … tot". Anders zu Recht *J. Leinen*: „Der Verfassungsvertrag ist angeschlagen, aber nicht tot." (FAZ vom 24. Oktober 2005, S. 6). Fragwürdig *J. Schloemann*, Das plebiszitäre Europa entmachtet die Demokratie, SZ vom 2. Juni 2005, S. 13; unqualifiziert *M. Rüb*, FAZ vom 15. Juni 2005, S. 11: „Die Wähler haben mit ihrem Nein zum Verfassungsvertrag den von der politischen Elite in schönsten Bürokratenbeton gegossenen Grundstein dieser europäischen Nation kurzerhand pulverisiert". – Einseitig: *K- D. Frankenberger/ G. Nonnenmacher*, Überladen, überdehnt, FAZ vom 11. August 2005, S. 6; kritikwürdig ebenfalls *K.-D. Frankenberger*, Ende der Träumereien, FAZ vom 9. November 2005, S. 1 („Versuche, den Vewrfassungsvertrag aus dem Koma zu erwecken, haben heute etwas von Traumtänzerei"); fragwürdig: *K. Marcinkiewicz*, neuer polnischer Ministerpräsident: „Die EU-Verfassung ist gescheitert", FAZ vom 28. November 2005, S. 6. – Zutreffend wohl *K.-D. Frankenberger*, Europa hat Migräne, FAZ vom 25. Oktober 2005, S. 12.
76 SZ vom 31. Mai 2005, S. 8.
77 Siehe auch *K. De Gucht*, Belgiens Außenminister: "Alle 25 müssen ratifizieren" ,FAZ vom 7. Juli 2005, S. 6.
78 FAZ vom 1. Juni 2005, S. 2. Anders *C. Hillgruber*, Leserbrief, FAZ vom 9. Juni 2005, S. 38. Dagegen *P. Szczekalla*, Leserbrief, FAZ vom 8. Juli 2005, S. 9: "Der Verfassungsvertrag lebt".

d) Gründe für das Scheitern der Referenden

Vergegenwärtigen wir uns noch kurz die möglichen *Gründe für das Scheitern* des Referendums in Frankreich und Holland,[79] die auch in der übrigen europäischen Öffentlichkeit nicht unbekannt, ja vielleicht diffus verbreitet sein dürften: die Überdehnung der EU durch ständig neue Erweiterungen[80] (bald Bulgarien, Rumänien[81] und später Kroatien[82] oder sogar die Ukraine und Mazedonien[83]) – Altkanzler *H. Schmidt* spricht von „bodenloser Erweiterungspolitik"[84] –, der Streit um den Beitritt der Türkei[85], vielleicht auch das Fehlen eines Gottesbezuges, die fast systematische und unverfrorene Durchlöcherung des Stabilitätspakts[86] durch Frankreich, Deutschland und Griechenland und zuletzt die Verletzung durch Italien, auch Portugal, die Angst der Bürger vor der Brüsseler Bürokratie und deren ungezähmter Regelungswut[87], fehlende [88]Bürgernähe, die Furcht vor einem europäischen „Superstaat", die Angst vor Billiglohnländern, deren Arbeitnehmer „an die EU-Tür klopfen", die Arbeitslosigkeit, gewiss auch das viel zi-

---

[79] Differenziert und profund die Analyse des Österreichischen Bundeskanzlers *W. Schüssel*, FAZ vom 16. August 2005, S. 1 bzw. S. 5, „Schüssel: EU wieder vom Kopf auf die Füße stellen", bzw. „Das Tempo war für viele Europäer einfach zu hoch".

[80] Bemerkenswert der ungarische Staatspräsident *L. Sólyom*, „Wer die Kopenhagener Kriterien erfüllt, kann Mitglied werden" (FAZ vom 7. Okt. 2005, S. 6).

[81] Eindrucksvoll der rumänische Präsident *T. Basescu*: „eine politische Union braucht eine Verfassung", FAZ vom 6. Juli 2005, S. 5. – Zuletzt aber muss nach Ansicht der Kommission weiter mit der Verschiebung des EU-Beitritts von Bulgarien und Rumänien gerechnet werden (FAZ vom 26. Oktober 2005, S. 5.).

[82] Am 3. Okt. 2005 wurde der Beginn von Betrittsverhandlungen mit Kroatien beschlossen (FAZ vom 4. Okt. 2005, S. 1).

[83] Vgl. FAZ vom 10.November 2005, S. 2: EU-Kommission: Mazedonien sollte Beitrittskandidat werden.

[84] *H. Schmidt*, Wir brauchen Mut, Die Zeit vom 9. Juni 2005, S. 1.

[85] Am 3. Oktober 2005 wurde der Beginn von Beirtrittsverhandlungen mit der Türkei beschlossen. S. aber auch *E. Brok*: „ Türkei-Beitritt könnte EU beerdigen". (FAZ vom 6. Okt. 2005, S. 5); zuvor schon die lettische Präsidentin *Vike-Freiberga*: „Die Türkei ist eine harte Nuss" (FAZ vom 12. Sep. 2005, S. 2). – S. aber auch die türkische Sicht: „ Türkische Logik, der angestrebte EU-Beitritt Ankaras als Konsequenz er jüngeren Geschichte" (*W.G.Lerch* in FAZ vom 5. Okt. 2005, S. 12). Kritisch *H. Bacia*, „ Über das Für und Wider einer Mitgliedschaft der Türkei oder die Grenzen Europas wurde in der EU nicht grundsätzlich debattiert" (FAZ vom 4. Okt. 2005, S. 6). Differenziert: *O. Pamuk*, Frieden oder Nationalismus, FAZ vom 24. Oktober 2005, S. 8

[86] Aus der Lit.: *G. Nicolaysen*, Der EuGH zum Defizitverfahren nach Art. 104 EGV und dem Stabilitätspakt – Urteilsanmerkung…., DVBl 2004, S. 1321 ff.; *P.Henseler*, Galgenfrist für den Stabilitätspakt – Interinstitutionelle Handlungsspielräume von Rat und Kommission im Verfahren bei einem übermäßigen Defizit nach Auffassung des EuGH, ZEuS 2004, S. 541 ff.; R. Streinz u.a., Totgesagte leben länger – oder doch nicht? – Der Stabilitäts- und Wachstumspakt nach dem Beschluss des Rates vom 25.11.2003 über das Ruhen der Defizitverfahren gegen Frankreich und Deutschland, NJW 2004, S. 1553 ff. – Aus der älteren Lit.: *M. Sutter*, Der Stabilitäts- und Wachstumspakt in der EU…, 2000.

[87] Ein erster Schritt zu Einsicht der EU ist die Nachricht „ Brüssel streicht 68 Gesetzesvorhaben" (FAZ vom 27. Sept. 2005, S. 16). Der EU-Kommissar *G. Verheugen* ist neuerdings für „ Bessere Rechtsetzung" zuständig; zuletzt FAZ vom 26. Oktober 2005, S. 15: „EU-Kommission will Recht entschlacken".

[88] Vgl. etwa *M. Vasilesein*, Ungebetene Gäste?, FAZ vom 6. Juni 2005, S. 31.

tierte Demokratie-Defizit.[89] Man sollte sich hüten, das Referendum grundsätzlich schlecht zu reden: die Schweiz mit ihrer "halbdirekten Demokratie" belehrt uns. Vermutlich haben die Bürger Frankreichs und der Niederlande (leider) übersehen, dass Elemente der „sozialen Gerechtigkeit"[90] und Solidarität in der EU-Grundrechtecharta durchaus innovativ vorhanden sind. Der „Markt", die Wirtschaft sind nicht verabsolutiert. Die EU-Grundrechtecharta[91] ist ein überdies sehr „lesbares Dokument". Vielleicht sollte sie *gesondert* ratifiziert werden, i.S. von *Poppers* Stückwerkreform, ebenso wie die Teile zum Subsidiaritätsprinzip (Stichwort: Respekt vor kleineren Einheiten wie Regionen und Kommunen) und zur Stärkung des Europäischen Parlaments: das sog. „Nizza Plus-Modell". Zu erwägen ist auch eine Abtrennung von Teilen, etwa zu den Zielen und Grundwerten.[92]

In Spiegelstrichform zusammengefasst lauten die Gründe für das doppelte Nein Frankreichs und der Niederlande:

- Instrumentalisierung des Referendums zur Kritik an der nationalen Regierungspolitik (insbesondere Krise des Sozialstaates, Arbeitslosigkeit)

- Globalisierungsängste, Konkurrenz auf dem Arbeitsmarkt durch EU-Osterweiterung, Sorge vor einer Überforderung der Gemeinschaft durch künftige Erweiterungsprozesse,vor allem den Beitritt der Türkei

- Insbesondere in Frankreich mit seiner großen Tradition einer klaren Verfassungssprache seit 1789: Verfassungsentwurf erscheint als ein überkomplex formulierter, schwer verständlicher, bürgerferner Text und allzu „fauler" politischer Kompromiss, der das Prädikat „Verfassung" nicht verdient ("ungeliebte Bauruine", so die NZZ)

- Der Begriff „Verfassung" weckt Ängste, obwohl er das positiv-integrative Moment unterstreichen will; die Bürger fürchten, durch eine europäische Verfassung den vertrauten Raum „ihres" Nationalstaates zu „endgültig" zu verlieren; der auf Dauer angelegte Geltungsanspruch einer Verfassung weckt auch Ängste, wenn der Verfassungstext eher als macht- und interessenpolitisch angeleiteter Kompromiss denn als ein zukunftsfähiges Regelungsoptimum erscheint

---

89 Der italienische stellvertretende Ministerpräsident G. *Tremonti* spricht von einer starken „Asymmetrie", zwischen dem, was die europäischen Völker empfinden und wollen und dem, was die Politik Europas ist und vorschlägt, FAZ vom 1. Juni 2005, S. 8. Sehr französisch ist auch der Satz von *L. Fabius*, Chirac stehe in der Pflicht, sich als Interpret des Volkswillens an den europäischen Verhandlungstisch zu setzen, FAZ vom 1. Juni 2005, S. 1.

90 Der EU-Abgeordnete *E. Brok* forderte den Verzicht, auf manche Gesetze, wie die Dienstleistungsrichtlinie, SZ vom 2. Juni 2005, S. 1. S. auch Die Welt vom 3. Juni 2005, S. 1: EU will ihre „Sozialverträglichkeit" prüfen. Brüssel geht auf Verfassunggegner zu.

91 Aus der Lit.: *C. Eisner*, Die Schrankenregelung der Grundrechtecharta der EU, 2005; *K. Preedy*, Die Bindung Privater an die europäischen Grundfreiheiten, 2005; *A. Schultz*, Das Verhältnis von Gemeinschaftsgrundrechten und Grundfreiheiten im EGV, 2004.

92 Der tschechische EU-Abgeordnete *J. Zieleniec* forderte, die ersten beiden Teile des EU-Vertrages abzutrennen und gesondert zur Ratifizierung vorzulegen (FAZ vom 10. Juni 2005).

- Die Verfassung kommt zu spät: Obwohl die Verfassung die Rechtsstellung des Europäischen Bürger stärkt und eine deutliche Verbesserung gegenüber dem jetzigen Zustand schafft, wird sie abgelehnt; die europäischen Bürger wollen den Politikern einen „Denkzettel" dafür erteilen, dass der bisherige Integrationsprozess rein intergouvernemental über ihre Köpfe hinweg erfolgte

- Populistisch-demagogische Kritik an der Verfassung aus einer „unheiligen" Allianz von extremer Rechten und extremer Linken weckt Ressentiments, die in Zeiten der Krise auf nur allzu fruchtbaren Boden fallen

- Bürger erwarten mehr als nur „einen Tropfen sozialen Öls" in der Verfassung

- Bürger fürchten, dass die gemeinsame Außen- und Sicherheitspolitik einen zu starken Akzent auf die militärische Kooperation setzen könnte.

3. Schluss und Anfang

Es muss alles getan werden, dass der doch erfolgreiche EURO nicht auch noch ins „Gerede" kommt (so geschehen von Seiten der „Lega Nord" in Italien)[93]. Vielleicht sollte auch die europäische Beitrittspolitik, z.B. in Sachen Ukraine, verlangsamt werden. *F. Hölderlins*: „Wo Gefahr ist, wächst das Rettende auch", möge ebenso wegweisend sein, wie die Erinnerung daran, dass die europäische Einigung in ihrer Geschichte immer wieder einmal Krisen zu bewältigen hatte (z.B. 1992). Den Europaskeptikern darf das Feld nicht überlassen werden. Das „europäische Projekt" muss auch um der Friedensordnung willen seine grundsätzliche Dynamik behalten und die „Finalität"[94] der EU sollte offen bleiben – wie bisher. Z.B. sollten auf einzelnen Politikfeldern wie der Finanzplanung von 2007 bis 2013[95] nationale Egoismen zurücktreten und Kompromisse gefunden werden (Stichwort: gerechte Lastenverteilung, auch für Nettozahler, Neuordnung des EU-Haushalts, 40 % fließen bisher in die Landwirtschaft, circa 50 Milliarden Euro). Die Verfassungskrise darf nicht vom Finanziellen her auf Dauer verschärft werden, auch sind die Erfolge des sog. „Graswurzeleuropa" (z.B. Gemeindepartnerschaf-

---

[93] Vgl. Le Monde vom 21. Juni 2005, S. 3. – Zum großen Beitrag Italiens zu europäischen Einigung: *B. Thomas*, Die Europa-Politik Italiens, 2005.

[94] Dazu *I. Pernice*, Zur Finalität Europas, in: G.F. Schuppert u.a. (Hrsg.), Handbuch der Europawissenschaften, 2005, S: 743 ff.

[95] Kommissionspräsident *Barroso* warnte vor den Risiken einer Lähmung der EU und verlangt einen Kompromiss in der Finanzplanung (FAZ vom 23. Juni 2005, S. 5). Im Vorfeld warnte die polnische EU-Kommissarin *D. Hübner*: "Die Bürger müssen folgen können" (Die Zeit vom 26. Juni 2005, S. 29).

ten) herauszustellen,[96] um zu beweisen, dass das europäische Projekt noch "Überzeugungskraft" besitzt.

Da hier und heute vieles offen ist, muss der jetzt buchstäblich „in Frage" stehende EU-Verfassungsvertrag nach wie vor wissenschaftlich behandelt werden. Dabei bedarf es nach wie vor eines Enthusiasmus[97] für Europa, neuer Konzepte[98], vielleicht auch einer „Vision". Europa muss mit anderen Worten „unser Europa" bleiben[99]. Nationale Alleingänge sind zu unterlassen. Es muss alles getan werden, um die Substanz des EU-Vertrages als Verfassung[100] zu retten. Welch eine Ironie: ausgerechnet das Schweizer Volk hat jüngst für die Schweiz als „Schengen- bzw. Dublin-Land" votiert: Es bekannte sich zu einer Art privilegierten Partnerschaft mit der EU (auch die Nichtmitglieder Island und Norwegen gehören dem Schengen-Projekt an, ein Feld vertiefter Zusammenarbeit[101]). Die jetzt beschlossene „Auszeit" für ausführliche Diskussionen in Parteien, Verbänden und Zivilgesellschaft muss genutzt werden. Wird der „Europafrust" der Bürger abebben? Wie wird sich die „Brüsseler Sprachverwirrung" auswirken?[102] Sollte ein europaweites Verfassungsreferendum gewagt werden, etwa in Verbindung mit den nächsten Europa-Wahlen? Im Frühjahr 2006 soll unter österreichischer Ratspräsidentschaft beraten werden, wie weiter zu verfahren ist und welche Elemente des Entwurfs bewahrt werden können.[103] Die in Deutschland zunächst gescheiterte Föderalismuskommission könnte in der „Großen Koalition" (2005/2006) wieder auferstehen und eigene Fragen der „Europafähigkeit" des GG aufwerfen.[104] Im Übrigen ist zu hoffen, dass

---

96 Industriekommissar *G. Verheugen* ruft nach "besserer Gesetzgebung", Durchforstung des Vorschriftendschungels und verbesserte Abschätzung der möglichen Folgen von EU-Gesetzen (FAZ vom 21. Juni 2005, S. 2).
97 *N. Kermani*, Verzweiflungsdruck und Enthusiasmus, SZ vom 2. Juni 2005, S. 15. S. aber auch *J. Habermas*, Über die Köpfe hinweg gerollt, SZ vom 6. Juni 2005, S. 15.
98 Anregende neuere Lit.: *P. Henry/Loretoni*, The Emerging European Union, 2004; J.M. Beneyto Pérez/I. Pernice (ed.), The government of Europe: Which Institutional Design for the European Union?, 2004; *A. Mangas Martín/D. J. Liñán Nogueras*, Instituciones y Derecho de la Unión Europea, 4. Aufl. 2004.
99 Vgl. jetzt das Bemühen der Staats- und Regierungschefs um „lebenserhaltende Maßnahmen" für den Verfassungsvertrag, NZZ vom 18./19. Juni 2005, S. 1. S. aber auch ebd. S. 3: „Ratlosigkeit am EU-Gipfel". – *H. Vetrine*, "Europa muss zu seinen Grenzen stehen", FAZ vom 11. Juni 2005, S. 8. – Bemerkenswert der Bericht aus politischen Zeitschriften von *A. Baring*: „ Vergreister Kontinent, Wie wird Europa im Jahr 2050 aussehen? Kann sich eine europäische Leitkultur herausbilden?, FAZ vom 29. Sept. 2005, S. 7.
100 Anders *H.A. Winkler*, Grundlagenvertrag statt Verfassung, FAZ vom 18. Juni 2005, S. 8.
101 Aus der Lit.: *U. Derpa*, Die verstärkte Zusammenarbeit im Recht der EU, 2003; *G. Sydow*, Verwaltungskooperationsrecht der EU, 2004; *F. Shirvani*, Das Kooperationsprinzip im deutschen und europäischen Umweltrecht, 2005; *F. Wettner*, Die Amtshilfe im Europäischen Verwaltungsrecht, 2005.– Für das Strafrecht: *K. Ligeti*, Strafrecht und strafrechtliche Zusammenarbeit in der EU, 2005.– Als besondere Form der Kooperation darf die „Euro-Mediterrane Partnerschaft" gelten, dazu *J. Solana*, Neue Impulse für eine langfristige Perspektive, FAZ vom 28. November 2005, S. 10.
102 *A. Ross*, Man spricht maltesisch, FAZ vom 18. Juni 2005, S. 10.
103 Vgl. FAZ vom 12. Juli 2005, S. 6.
104 Dazu *S. Bartelt*, Die Europafähigkeit des GG und die Föderalismuskommission, DÖV 2005, S. 894 ff.

vielleicht aus der Mitte des Europarats Impulse besonderer Art für den Fortgang der Europäisierung Europas entspringen könnten[105].

Im Ganzen also[106]: Wäre es nicht zu vermessen, dürfte man in Abwandlung von *O. Mayer* sagen: Europäisches Verfassungsrecht vergeht, Europäische Verfassungslehre besteht. Das kann zugleich aber auch ermutigen, das „Europäische Verfassungsrecht" fortzuschreiben.

---

105 Zum Europarat: *M. Wittinger*, Der Europarat: Die Entwicklung seines Rechts und der „europäischen Verfassungswerte", 2005; R. Streinz (Hrsg.) 50 Jahre Europarat, 2000.
106 S. SZ vom 18./19. Juni 2005, S. 1: „EU-Verfassung kommt frühestens 2007". Ergiebig die Dokumentation in: Die Zeit vom 9. Juni 2005, S. 4 ff.: „Ist die EU noch zu retten?".– Ermutigend: Belgiens Ministerpräsident *G. Verhofstadt*, Plädoyer für die „Vereinigten Staaten von Europa", FAZ vom 2. Dezember 2005, S. 7 (mit dem Votum für eine bundesstaatliche Einigung des Kontinents und eine EU der zwei Geschwindigkeiten).

Abkürzungsverzeichnis

aaO.	am angegebenen Ort
ABGB	Allgemeines Bürgerliches Gesetzbuch
AbgG	Abgeordnetengesetz
ABl.	Amtsblatt
Abs.	Absatz
AcP	Archiv für civilistische Praxis
AdV	Archiv des Völkerrechts
a.F.	alte Fassung
AfP	Archiv für Presserecht
AfrMRK	Banjul Charta der Menschenrechte und Rechte der Völker
AJDA	Actualité juridique/ Droit administratif
AJP	Archiv für Juristische Praxis
AJIL	American Journal of International Law
AK GG	Alternativkommentar zum Grundgesetz
AllgERklMR	Allgemeine Erklärung der Menschenrechte/UN
ALR	Allgemeines Landrecht für die preußischen Staaten
Anm.	Anmerkung
AMRK	Amerikanische Menschenrechtskonvention
AO	Abgabenordnung
AöR	Archiv des öffentlichen Rechts
ARG	Allgemeine Rechtsgrundsätze
ARSP	Archiv für Rechts- und Sozialphilosophie
Art.	Artikel
Aufl.	Auflage
AVR	Archiv für Völkerrecht
B`90	Bündnis 90
BAföG	Bundesausbildungsförderungsgesetz
BAG	Bundesarbeitsgericht
BauR	Baurecht
BayVBl.	Bayerische Verwaltungsblätter
BB	Der Betriebs-Berater
BBauG	Bundesbaugesetz
BDSG	Bundesdatenschutzgesetz
BFH	Bundesfinanzhof
BG	Bundesgericht (Schweiz)
BGB	Bürgerliches Gesetzbuch
BGBl.	Bundesgesetzblatt
BMF	Bundesminister für Finanzen
BMI	Bundesminister des Innern
BT Drs	Bundestag-Drucksache
BV	Schweizerische Bundesverfassung
BVerfG	Bundesverfassungsgericht
BVerfGE	Entscheidungen des Bundesverfassungsgerichts
BVerfGG	Gesetz über das Bundesverfassungsgericht
BVerwG	Bundesverwaltungsgericht
BV-G	Bundes-Verfassungsgesetz (Österreich)

CDU	Christlich Demokratische Union
CIC	Codex Iuris Canonici
CIG	Christ in der Gegenwart
CODESA	Convention for a Democratic South Africa
ČSFR	Tschechoslowakische Föderative Republik
ČSSR	Tschechoslowakische Sozialistische Republik
CSU	Christlich Soziale Union in Bayern
DA	Demokratischer Aufbruch
DDR	Deutsche Demokratische Republik
ders.	derselbe
DFG	Deutsche Forschungsgemeinschaft
DGB	Deutscher Gewerkschaftsbund
DKP	Deutsche Kommunistische Partei
DJT	Deutscher Juristentag
DÖV	Die Öffentliche Verwaltung
DRiZ	Deutsche Richterzeitung
DSU	Deutsche Soziale Union
DtZ	Deutsch-Deutsche Rechts-Zeitschrift
DV	Die Verwaltung
DVBl.	Deutsches Verwaltungsblatt
E	Entscheidung
EEA	Einheitliche Europäische Akte
EFTA	European Free Trade Association
EG	Europäische Gemeinschaft
EGMR	Europäischer Gerichtshof für Menschenrechte
EGV	Vertrag zur Gründung der Euopäischen Gemeinschaften
EJIL	European Journal of International Law
EKD	Evangelische Kirche in Deutschland
EMRK	Konvention zum Schutze der Menschenrechte und Grundfreiheiten
EnWG	Energiewirtschaftsgesetz
ESC	Europäische Sozialcharta
EU	Europäische Union
EuGH	Europäischer Gerichtshof
EuGRZ	Europäische Grundrechte-Zeitschrift
EuR	Europarecht
EUV	Vertrag zur Gründung der Europäischen Union
EuZW	Europäische Zeitschrift für Wirtschaftsrecht
EWGV	Vertrag zur Gründung der Europäischen Wirtschaftsgemeinschaft
EwiR	Entscheidungen zum Wirtschaftsrecht
EWR	Europäischer Wirtschaftsraum
EWS	Zeitschrift für Europäisches Wirtschafts- und Steuerrecht
FAZ	Frankfurter Allgemeine Zeitung
F.D.P.	Freie Demokratische Partei
FG	Finanzgericht
Fn.	Fußnote
FR	Frankfurter Rundschau
FS	Festschrift
FTG	Feiertagsgesetz
GBl.	Gesetzblatt
Ged.-Schrift	Gedächtnisschrift

GemO	Gemeindeordnung
GewArch	Gewerbearchiv
GG	Grundgesetz
ggf.	gegebenenfalls
GUS	Gemeinschaft unabhängiger Staaten
GVBl.	Gesetz- und Verordnungsblatt
GVG	Gerichtsverfassungsgesetz
GVK	Gemeinsame Verfassungskommission von Bundestag und Bundesrat
GWB	Gesetz gegen Wettbewerbsbeschränkungen
HCHE	Herrenchiemsee-Entwurf
HdBStKirchR	Handbuch des Staatskirchenrechts
HdBStR	Handbuch des Staatsrechts
HdBVerfR	Handbuch des Verfassungsrechts
HdUR	Handbuch des Umweltrechts
HdSW	Handwörterbuch der Sozialwissenschaften
HGR	Handbuch der Grundrechte
Hrsg.	Herausgeber
i.E.	im Erscheinen
IGH	Internationaler Gerichtshof
IntKomm	Internationaler Kommentar
IPbürgR	Internationaler Pakt über bürgerliche und politische Rechte
IPR	Internationales Privatrecht
IPRax	Praxis des Internationalen Privat- und Verfahrensrechts
IPwirtR	Internationaler Pakt über wirtschaftliche, soziale und kulturelle Rechte
IPR	Internationales Privatrecht
IWF	Internationaler Währungsfonds
JA	Juristische Arbeitsblätter
JöR	Jahrbuch des öffentlichen Rechts
JR	Juristische Rundschau
Jura	Juristische Ausbildung
JuS	Juristische Schulung
JZ	Juristenzeitung
KAS	Konrad-Adenauer-Stiftung, Auslandsinformationen
KJ	Kritische Justiz
KMK	Kultusministerkonferenz
KPD	Kommunistische Partei Deutschlands
KPdSU	Kommunistische Partei der Sowjetunion
KritV	Kritische Vierteljahresschrift für Gesetzgebung und Rechtswissenschaft
KSchG	Kündigungsschutzgesetz
KultSchG	Kulturgüterschutzgesetz
KSZE	Konferenz über Sicherheit und Zusammenarbeit in Europa
KV	Kantonsverfassung
KZfS	Kölner Zeitschrift für Soziologie und Sozialpsychologie
LES	Liechtensteinische Entscheidungssammlung
LGBl.	Landesgesetzblatt
lit.	littera
Lit.	Literatur
LKV	Landes- und Kommunalverwaltung
LL-PDS	Linke Liste ...
LS	Leitsatz
LV	Landesverfassung

m.w.N.	mit weiteren Nachweisen
MdB	Mitglied des Deutschen Bundestages
Nds.VBl.	Niedersächsische Verwaltungsblätter
n.F.	neue Fassung
NF	Neues Forum
NJ	Neue Justiz
NJW	Neue Juristische Wochenschrift
NPD	Nationaldemokratische Partei Deutschlands
NRW	Nordrhein-Westfalen
NVwZ	Neue Zeitschrift für Verwaltungsrecht
NWZ	Neue Wüttembergische Zeitung
NZZ	Neue Zürcher Zeitung
OER	Osteuropa-Recht
ORDO	Jahrbuch für die Ordnung von Wirtschaft und Gesellschaft
OSZE	Organisation für Sicherheit und Zusammenarbeit in Europa
OVG	Oberverwaltungsgericht
PartG	Parteiengesetz
PEN-Club	Internationale Schriftstellervereinigung
PDS	Partei des Demokratischen Sozialismus
PVS	Politische Vierteljahresschrift
RabelsZ	Zeitschrift für ausländisches und internationales Privatrecht
RdA	Recht der Arbeit
RdJB	Recht der Jugend und des Bildungswesens
Rdnr.	Randnummer
REDP/ERPL	Revue Europeenne de Droit Public/ European Review of Public Law
RFH	Reichsfinanzhof
ROW	Recht in Ost und West
RuP	Recht und Politik
RuStAG	Reichs- und Staatsangehörigkeitsgesetz
Rz	Randziffer
SächsVBl.	Sächsische Verwaltungsblätter
SBZ	Sowjetische Besatzungszone
sc.	scilicet
SED	Sozialistische Einheitspartei Deutschlands
SJZ	Schweizerische Juristen-Zeitung
Soc.Sc.Qu.	Social Science Quaterly
SPD	Sozialdemokratishe Partei Deutschlands
Stasi	Staatssicherheitsdienst der DDR
StGB	Strafgesetzbuch
StGH	Staatsgerichtshof
StPO	Strafprozeßordnung
StWStP	Staatswissenschaften und Staatspraxis
SV	Sondervotum
SZ	Süddeutsche Zeitung
TB	Taschenbuch
ThürVBl.	Verwaltungsblätter für Thüringen
TVG	Tarifvertragsgesetz
UdSSR	Union der Sozialistischen Sowjetrepubliken
UN	United Nations

UNESCO	United Nations Educational, Scientific and Cultural Organization
VBlBW	Verwaltungsblätter für Baden-Württemberg
VE/VerfE	Verfassungsentwurf
Verf.	Verfassung; Verfasser
VerwArch	Verwaltungsarchiv
VGH	Verwaltungsgerichtshof
VRE	Versammlung der Regionen Europas
VRÜ	Verfassung und Recht in Übersee
vs	versus
VVDStRL	Veröffentlichungen der Vereinigung der Deutschen Staatsrechtslehrer
VSSR	Vierteljahresschrift für Sozialrecht
VwGO	Verwaltungsgerichtsordnung
VwVfG	Verwaltungsverfahrensgesetz
WGO	Die wichtigsten Gesetzgebungsakte in den Ländern Ost-, Südeuropas und in den ostasiatischen Volksdemokratien (1.1959-8.1966, darin Monatshefte für Osteuropäisches Recht)
WHO	World Health Organization
WPflG	Wehrpflichtgesetz
WRV	Weimarer Reichsverfassung
WSI	Wirtschafts- und sozialwissenschaftliches Institut
WuB	Entscheidungssammlung zum Wirtschafts- und Bankrecht
YIL	Gearman Yearbook of International Law
ZaöRV	Zeitschrift für ausländisches öffentliches Recht und Völkerrecht
ZBJV	Zeitschrift des Bernischen Juristenvereines
ZBl.	Schweizer Zentralblatt für Staats- und Verwaltungsrecht
ZEuP	Zeitschrift für Europäisches Privatrecht
ZEuS	Zeitschrift für europarechtliche Studien
ZevKR	Zeitschrift für evangelisches Kirchenrecht
ZfA	Zeitschrift für Arbeitsrecht
ZfBR	Zeitschrift für deutsches und internationales Baurecht
ZfP	Zeitschrift für Politik
ZfRV	Zeitschrift für Rechtsvergleichung
ZfV	Zeitschrift für Verwaltung
ZG	Zeitschrift für Gesetzgebung
ZGB	Schweizerisches Zivilgesetzbuch
ZHR	Zeitschrift für das gesamte Handelsrecht und Wirtschaftsrecht
Ziff.	Ziffer
zit.	zitiert
ZnR	Zeitschrift für neuere Rechtsgeschichte
ZÖR	Zeitschrift für öffentliches Recht (Österreich)
ZParl	Zeitschrift für Parlamentsfragen
ZRG	Zeitschrift der Savigny-Stiftung für Rechtsgeschichte
ZRP	Zeitschrift für Rechtspolitik
ZSE	Zeitschrift für Staats- und Europawissenschaften
ZSR	Zeitschrift für Schweizerisches Recht
ZStW	Zeitschrift für die gesamte Strafrechtswissenschaft
ZUM	Zeitschrift für Urheber- und Medienrecht
ZVglRWiss.	Zeitschrift für vergleichende Rechtswissenschaft

Sachregister

Hinweis:
Alle Angaben bezeichnen die Seitenzahlen; das gilt auch für Verweise auf Fußnoten

Abgeordnete 180, 191, 304, 312 ff., 324 ff.
Abstimmungen
   (*siehe* Nachholungen der Abstimmungen)
afrikanische Einheit 663
Agrarsubventionen 667
Akzeptanz 593
allgemeine Rechtsgrundsätze
   (*siehe* Grundrechte)
Allgemeine Staatslehre 36, 230, 349, 434, 574
Allgemeine und Schlußbestimmungen, 647
Alternativendenken, pluralistisches
   (*siehe* Möglichkeitsdenken)
Amtseid 190
Amtssprachen, 659
Anstaltsseelsorge 517 f.
annus mirabilis (1989) 5, 10, 68, 90, 111, 168 f., 408, 426, 499, 529
aquis communautaire 636, 654
Arbeit als Verfassungsrecht 244, 547 f., 556 f.
Arbeitslose 203
Asylrecht 362
Aufklärungsphilosophie, französische 115, 501
Ausbürgerungsverbot, absolutes 366 ff.
Ausland
- EU-Länder einander nicht mehr Ausland 36 ff., 199, 221, 358
- Grundrechtsschutz für Ausländer 361 ff.
Auslegung, europarechtsfreundliche (*siehe* auch Europarechtsfreundlichkeit) 5
Auslegungsmethode
- menschenrechtsfreundliche 259

- Rechtsvergleichung als fünfte A.
   (*siehe* Rechtsvergleichung)
- verfassungskonforme 259
Ausschuß der Regionen der EG 457 f.
Außen/Innen-Schema 39
Außenminister, europäischer 660, 669
Außenpolitik (*siehe* gemeinsame Außen- und Sicherheitspolitik)
Austrittsklausel 604
Austrittsrecht 642
Auswanderungsfreiheit 569
Auswanderungsrecht 362
Autonomie
- kulturelle 120 f., 438, 445 f.
- A.-Statute 51, 428 f., 451 f., 518
„avantgardistisches Kerneuropa" 640

Baskenland 604
Barcelonaprozess, 664
Beethovenhymne 614, 641, 659
begrenzte Einzelermächtigung 641
Begründungsgebot 607, 654
Beitritts-Klauseln
   (*siehe* Staatsgebietsänderungen)
- Kandidaten 658
Beitritt der Türkei (*siehe* Türkei)
Bekenntnis-Normen 22 ff., 100, 147 f., 235 ff., 274 ff., 383
Belgien 669
Beneš-Dekrete 643
Bilderphilosophie 72 ff.
Bildung 26 f., 130 ff., 220 ff, 492 f., 541., 603, 617, 630, 644
Bildungswesen 26
Bischofskonferenz, katholische 520
Bistumsartikel 517
bonum commune humanitatis 30, 372

683

Britenrabatt 667
Brüsseler EU-Verfassung vom Juni 2004 647 ff.
Buchpreisbindung 171, 559
Bundesgericht (Schweiz) 337, 461, 463
bundesfreundliches Verhalten 429 f., 448
Bundesstaat
- als Werkstatt 91
- europäischer 79 ff.
- unitarischer 258, 427 f.
Bundesstaatstheorie
- gemischte 428
- vergleichende 428
Bundestreue 4 ff.
Bundesverfassungsgericht (BVerfG)
- als Bürgergericht 476
- Richterwahl 421
- und der Gesellschaftsvertrag 469
Bürger, nationale 667
Bürger als Hüter der Verfassung 423
Bürgerbeauftragter 306, 423 ff.
Bürgerdemokratie 268, 302, 307 f., 656
„Bürgergemeinschaft" 611
Bürgergesellschaft 653
- europäische 365, 670
Bürgerkammer 615
Bürgernähe 308, 602, 620, 626, 640
Bürgernation 357
Bürgerrechte 636

Causa Österreich 38, 58, 161 f., 607, 624 f., 631, 639
Checks and Balances 404 ff.
Christentum als Kulturfaktor 17, 519
christlich-jüdisches Erbe 660
civil society 245, 365
common concern of mankind 30
constitutio Europaea 277 ff.
Contrat social, europäischer (*siehe* auch europäischer Gesellschaftsvertrag) 158, 181, 218, 355
Contract to Status 36

Dankbarkeitsklausel 650

Daseinsvorsorge 64, 625, 628
Datenschutz 119, 522
- Institutionalisierung des 631, 639
Defizitverfahren 658
Demokratie 604
- als Herrschaft auf Zeit 136
- als organisatorische Konsequenz der Menschenwürde 127
- Bürgerdemokratie 296
- Defizit der EU (*siehe* auch Legitimationsdefizit) 136 f., 606, 608, 619, 671
- direkte 602, 612, 615, 657
- Elemente 648
- europäische 306 ff.
- freiheitliche 302
- Grenzen 300 f.
- halbdirekte (Schweiz) 60, 70
- mittelbare 194, 222
- Mischformen 296
- partizipatorische 603, 656
- pluralistische 193, 296
- repräsentative 603 f., 619, 656
- unmittelbare 194, 296
Demokratieprinzip 110, 136, 153, 303 ff., 400, 402, 532, 572, 667
Demokratisierungsschub 304
Demonstrationsfreiheit 166
D´Estaing, Giscard 602 f., 631, 640, 626
- Entwurf von (*siehe* Entwurf des EU-Verfassungsvertrages)
- Text von 2002 641
Deutschenrechte 362
Deutschland
- europäisches (T. Mann) 34
deutscher Idealismus 30, 113, 173, 365
Devolution 610
Dezentralisierung 630
Dezisionismus 7
Dialog 639
- „sozialer Dialog" 617, 622, 630
DM-Nationalismus 9, 178, 357, 560
Doppeltes Nein von Frankreich und den Niederlanden, 666
„Drei Weise" 624

EGMR
- als europäisches Verfassungsgericht 478 ff.

Eigentumsordnung 622
Einbürgerung 357 ff.
Einheit der Verfassung 23, 259 f.
Einheitsstaat 51, 222, 405, 427 ff., 446, 454 ff.
Einstimmigkeitszwang 655
Einstimmigkeitsprinzip 669
Einwanderungsland
- multikulturelles 364
„emotionale Konsensquellen" 614
Einzelermächtigung, begrenzte 654
EMRK
- als Rechtserkenntnisquelle 667
Entwicklungsklauseln 271
Entwicklungsländer 12, 21, 154, 203, 213, 359, 474
Entwurf eines EU-Verfassungsvertrages
- Badinter-Entwurf 604 ff.
- Berliner-Entwurf 616 ff.
- Brok-Entwurf (Erster) 606 ff.
- Brok-Entwurf (Zweiter) 626 ff.
- Dashwood-Entwurf 609 ff., 634
- Dehousse-Coussens-Entwurf 613
- endgültiger Entwurf 637, 639 f.
- EPP-Entwurf („Frascati") 618 ff., 627
- Freiburger-Entwurf (Schwarze/Flauss) 623 ff.
- Giscard-Entwurf 602 ff., 627
- Leinen-Entwurf 613
- Paciotti-Entwurf 610
- Prodi-Entwurf 628 ff.
- Scholz-Entwurf 621 ff.
- Schwarze/Flauss-Entwurf 621 ff.
- Seifert-Entwurf 612 ff.
- Voggenhuber-Grundriss 628

Enzyklika
- Centesimus annus (1991) 545
- Quadragesimo anno (1931) 448

Ernst-Gutachten 40
Erweiterungspolitik 671
Erziehung 644

Erziehungsziele
- als Direktiven 509 ff.
- durch Verfassungsvergleichung 369 ff.
- in weltbürgerlicher Absicht 493
- Grund- und Menschenrechte als E. 370
- Umweltschutz (*siehe* Umweltschutz)
- und Orientierungswerte 542
- zur Wahrheitsliebe 198

Estoril-Kongress 627
EU
- als Friedensgemeinschaft 663
- als Verfassungsgemeinschaft 667

EU-Beitrittsdebatte 103
EuGH 658
- als europäisches Verfassungsgericht 478 ff., 667

EU-Grundrechtskonvent 634
EU-Grundrechtecharta 672
EU-Referendum 657
Euro 9, 35, 64, 170, 178, 226, 250, 351, 388, 537, 557, 574, 673
Eurobarometer 660
Euro-Islam
- toleranter 525 f.
- verfassungsstaatlicher 524 ff.

Eurojust 655
Europa 662
- als Bildungskanon 645
- als/der Kultur 102 ff.
- als Erziehungsziel 645
- als Friedensgemeinschaft 648
- als Grundrechtsgemeinschaft 648
- als kultureller Begriff 100 ff.
- als Kulturgemeinschaft 216
- als Rechts- und Wertegemeinschaft 38, 154, 180, 183, 525, 559 f.
- als werdende Verfassungsgemeinschaft eigener Art 37, 209 ff., 405
- als Wertegemeinschaft 648
- Begriff, offener 101 f.
- Bürgerschaft 609
- christliches (*siehe* christliches Europa)
- Diskurs 605
- "der zwei Geschwindigkeiten" 648

- Europatag 642
- Flagge 615, 620
- Grenzen des Wachstums 659
- Hymne 614, 646, 662
- im engeren Sinne (der EU) 648
- im weiteren Sinne (des Europarats) 648
- Kern-E. (*siehe* Kern-Europa)
- Konstitutionalisierung 662
- konstitutionelles 37, 216, 523
- multikulturelles 131

Europa der Bürger 330
Europa der Gemeinden 99
Europa der Grenzregionen 351
Europa der Kommunen 99
Europa der kulturellen Vielfalt
 (*siehe* kulturelle Vielfalt)
Europa der kulturellen Vaterländer 31
Europa der Regionen 52, 80, 98 ff, 176, 192
 350 f., 463, 447
Europa der Vaterländer 31, 245
Europa-Abkommen 87
Europa-Artikel 24 ff., 39, 53, 92 ff., 656
- als offene Verweisung 93 f.

Europabeauftragter
Europabegriff, offener
- Wandel 90, 100 f., 113, 143, 432
- Europabewußtsein 656

Europa-Bezüge
- in gliedstaatlichen Verfassungen 79 f.
- in osteuropäischen Verfassungen 84 f.
- in Präambeln 72 f.
- in Regionalismus-Klauseln 79

Europa-Bild 72 ff., 102 ff., 278
europäische Architektur 97, 603, 642
europäische Bürgergesellschaften
 (*siehe* Bürgergesellschaften)
europäische Demokratie
 (*siehe* Demokratie)
europäische Einigung
 (*siehe* Einigung)
"europäische Federalist Papers" 662
europäische Freiheit 663
europäische Grundrechtecharta
 (*siehe* Grundrechte-Charta (EU))

europäische Identität 54 ff., 660, 662 ff.
europäische Integrationsgemeinschaft 61
europäische Jurist(en) 35 ff., 142 ff, 600
 ff., 643 ff.
Europäische Kommission 618, 630
Europäische Menschenrechtskonvention
 (EMRK) 636 ff.
europäische Nachbarschafts-Klausel
 (*siehe* Nachbarschaft)
europäische Öffentlichkeit 61 ff, 163 ff.,
 214 ff, 270, 321 f, 367, 500 ff, 592, 649,
 660, 661, 671
- aus Kultur 171

Europäische Rechtsakademie 221
europäische Rechtskultur 152 ff., 198 ff.
- als Vielfalt und Einheit 107
- Geschichtlichkeit 104
- Partikularität und Universalität 110
- Unabhängigkeit der Rechtsprechung 106
- weltanschaulich-konfessionelle Neutralität 107
- Wissenschaftlichkeit 105

europäische Rechtswissenschaft 151, 162,
 173, 176
europäische Regionalverfassung
 (*siehe* Regionalverfassung)
europäische Republik 34
europäische Solidarität 88
europäische Staatsanwaltschaft 655
Europäische Unionsgrundordnung 156, 208
 ff.
Europäische Verfassung 208, 215 ff., 231
 ff.
Europäische (Verfassungs-)Familie 53 ff.
europäische Verfassungsgerichte 420, 460
 ff.
Europäische Verfassungslehre
 (*siehe* Verfassungslehre)
europäische Verfassungsrichter 123
europäische Verfassungsorgane 325 f.
Europäische Verfassungsgemeinschaft 596
europäische Verfassungsrechtswissenschaft
 (*siehe* Verfassungsrechtswissenschaft)

Europäische Wirtschaftsgemeinschaft, „alte" 633 ff.
europäische Wissenschaftlergemeinschaft
  (*siehe* Wissenschaftlergemeinschaft)
Europäische Zentralbank 407
Europäische Zivilgesellschaft 666
europäischer Außenminister 660, 669
europäischer Gesellschaftsvertrag
  (*siehe* auch Contrat Social) 561, 644, 666
Europäischer Juristentag
  (*siehe* euopäische Juristen)
Europäischer Konvent 650, 661
Europäischer Kulturpatriotismus 559
europäischer Ombudsmann
  (*siehe* Ombudsmann)
Europäischer Rat 631
europäischer Regionalismus
  (*siehe* Regionalismus)
europäischer Verfassungsstaat
  (*siehe* Verfassungsstaat)
europäisches Arbeitsrecht 32
europäisches Bewußtsein 54 ff, 321
europäisches Deutschland
  (*siehe* Deutschland) europäisches Erbe 173, 327
europäisches Gemeinwohl 38, 64, 328
europäisches Gesellschaftsmodell 617, 632
europäisches Haus 2, 390, 488, 518, 535 ff., 612, 636, 646
europäisches Interesse 320
europäisches kulturelles Erbe
  (*siehe* kulturelles Erbe)
europäisches Kulturverfassungsrecht
  (*siehe* Kulturverfassungsrecht)
europäisches Italien
  (*siehe* Italien)
Europäisches Parlament 405, 620, 626, 643, 672
- Aufwertung 651 ff.
europäisches Parteienrecht 303
europäisches Privatrecht 31 f.
europäisches Religionsverfassungsrecht
  (*siehe* Religionsverfassungsrecht)

europäisches Selbstverständnis
  (*siehe* Selbstverständnis)
europäisches Selbstbewußtsein 61
europäisches Sozialrecht 32
europäisches Steuer- bzw. Finanzverfassungsrecht 560 ff
europäisches Strafrecht 32
europäisches Umweltverfassungsrecht 526 ff
europäisches Verfassungsbuch
  (*siehe* Verfassungsbuch)
europäisches Verfassungsgericht
  (*siehe* Verfassungsgericht, EuGH und EGMR)
europäisches Verwaltungsrecht 419 f.
europäisches Wirtschaftsverfassungsrecht 536 ff.
europäisches Wohl 378 ff.
Europäisierung 10, 31 ff.
- Europas 61
- der Jurisprudenz (*siehe* Jurisprudenz)
- der Nationen 31 ff.
- der Rechtsquellenlehre (*siehe* Rechtsquellenlehre)
- des Art. 29 Abs. I GG 52 f.
- des Rechts 223 ff.
- des Staatsbürgerschaftsrechts (*siehe* Staatsbürgerschaftsrecht)
- der Staatsrechtslehre (*siehe* Staatsrechtslehre)
- des Verfassungsrechts (*siehe* Verfassungsrecht)
- des Verfassungsstaates (*siehe* Verfassungsstaat)
innere Europäisierung 60, 63
Europa-Klauseln 78 ff.
Europaoffenheit 15, 139 ff., 366
Europaprogramm 52, 79
- transnationales Europaprogramm 52 f.
Europapolitik 34, 36, 39, 86 f., 151, 530
Europarat 402, 677
Europarecht
- Abschied vom 646
- herkömmliches 649

- im engeren Sinne 37 ff., 56 ff.
- im weiteren Sinne 37 ff., 56 ff.
- konstitutionelles 126

Europa(rechts)freundlichkeit (*siehe* auch Auslegung) 5
Europarechtswissenschaft 54
Europa-Rhetorik 89
Europaverfassungsrecht
- nationales 31 ff., 76 ff., 92 ff., 118 f.

Europaverständnis 102 ff.
Europawissenschaften 54, 655, 662
European Constitutional Group 661
Europol 655
Eurozentrik 110
EU-Steuern, eigene 659
Ewigkeitsklausel 23
Experimentiergesetze 194

Federalist Papers (1787/88) 9, 104, 183, 250, 404, 664
Feiertage 19, 55, 172, 659, 663
Feiertagsgarantien 77, 125, 185, 495
„Finalitäts-Diskussion" 643, 650
Finalität der EU 673
Finanzausgleich 47, 442 ff.
Flaggen 185, 447 ff.
Flexibilitätsklausel 627, 654 f.
„föderaler Modus" 603, 630, 641
Föderalismus 664
- alimentierter 49
- fiduziarischer 49, 258, 427 Kommission 676
- kooperativer 258, 427
- Kulturföderalismus 11 f., 47 ff.
- Reform 656
- Wettbewerbsf. 258

Folter, Verbot der 294
Fortführung der Ratifizierungsverfahren 668
Französische Revolution 501
Freiheit
- kulturelle 46 f., 107, 171
- natürliche 171
- private 16, 166

- öffentliche 167

Freundesland 38
Freund-Feind-Denken 20
Fundamentalismus
- islamischer 585

Geist-Klauseln 382, 491, 603, 617, 636
geistig-religiöses und sittliches Erbe 631
Gelehrtenrepublik, weltweite 329
Gemeindepartnerschaften 673
Gemeineuropäische(n)(s)
- gemeineuropäisch/atlantischer Typus Verfassungsstaat 5 .f.
- Grundrechterecht 53
- Grundwerte 62
- Grundrechtstheorie 6
- Hermeneutik 6 ff., 27, 93 f.
- Verfassungsrecht 104 ff., 124 ff., 222 f., 294, 470, 592, 602, 632

Gemeinrecht 114 ff.
Gemeinsame Außen- und Sicherheitspolitik 673
Gemeinsame Verfassungsüberlieferungen der Mitgliedstaaten 133, 169, 321
Gemeinschaftsaufgaben 190, 427
gemeinschaftskonforme Auslegung 63
Gemeinschaftsmethode 640
Gemeinschaftsorganisationsrecht 667
Gemeinschaftstreue 4, 138, 208
Gemeinwohl 256 f., 316 ff., 377 ff., 615
- europäisches 606, 609, 613, 630, 637
- Interessen 643

Gemeinwohlbindung 615
Gemeinwohltheorie 371 ff.
Generationenfolge 67
Generationenperspektive 630
Generationenvertrag
- kultureller 2, 162, 207
- verfassungstextlich 355

Gerechtigkeit, soziale 257, 481 ff., 672
Geschwindigkeit (Integration) 640
Gesellschaft
- offene 33, 94
- verfaßte 685

- im Übergang 31
Gesellschaft der Verfassunggeber, offene 629, 634
Gesellschaftsvertrag 572 ff., 586
Gesetz und Recht 152, 198, 265, 397, 466
Gesetzesbegriff, demokratischer 132
Gesetzesinterpretationsprozesse
- offene Gesellschaft der Gesetzesinterpreten 260
Gesetzesinitiativrecht 652
Gesetzesnovellen 194
Gesetzgebungslehre 105
Gewaltenteilung 614 ff., 648
- im engeren und weiteren Sinne 406 ff.
- vertikale 137 ff., 407, 620
Gewerkschaften 166, 198
Giscard-Konvent (*siehe* Europäischer Konvent)
Glaubensfreiheit (*siehe* Religionsfreiheit)
Gleichgewicht, institutionelles 422 ff., 648
Globalisierung 62, 587
goldene Regel 184
Gottes-Klauseln (*siehe* auch Präambeln) 274, 525, 602, 644
Gottesbezug 618, 641 f., 660
Gottesbezüge im Verfassungsstaat 16 ff., 125, 244, 522
Graswurzeleuropa 673
Grenznachbarschaft (*siehe* auch Nachbarschaft) 350 ff.
grenznachbarschaftliche Einrichtungen 350, 459 f.
grenzüberschreitende Nachbarschafts-Artikel 351 f.
Großbritannien, 669
Grundfreiheiten, drei kulturelle 192
Grundgesetz (1949)
- als Teilverfassung 221
- Erfolgsgeschichte 276
Grundkonsens 19, 137
Grundpflichten 343
Grundrechte 617 ff., 629
- als Abwehrrechte 159

- als allgemeine Rechtsgrundsätze 117, 141 f., 597
- Drittwirkung 261
- Doppelcharakter 334
- EU-Konvent 644
- europäische 616
- -Katalog 648
- leistungsstaatliche Seite 258, 335, 563
- Schutzbereich 309
- soziale 483 f.
- status activus processualis 258, 355
Grundrechtecharta (EU) 159 f., 243, 332, 520 ff., 601, 603, 606, 611, 618, 625, 630 ff., 634 f., 650 f., 672
Grundrechtsaufgaben 377
Grundrechtsdenken 636
Grundrechtskultur 6
Grundrechtslehren, allgemeine 331
Grundrechtsschutz für Ausländer (*siehe* Ausland)
Grundrechtsverbund 358, 368
Grundrechtsverwirklichung 64, 268
Grundrechtsverwirklichungsgarantien 335 f.
Grundwerte 610
- Charta (EU) 243 ff.
- gemeineuropäische 62, 392 ff., 486
- Grundwerte („Founding values") 613, 631
- Klausel 637
- -Katalog 651
Grundwerte-Charta 635, 637
Grundziele 651

Habeas corpus 402
Haushalt, Neuordnung des 673
Haushaltskonflikt 658
Hearings 264
Heimat 103 f., 176, 286, 460, 526
Herren der Verträge 36, 192, 218, 308, 616, 634, 643, 668
"Herrenideologie" 616
Herrschaft des Rechts 136, 146, 281, 402
homo europaeus 291 ff., 404, 558 ff.

Homogenität 60
- europäische 58 f.
- Homogenitätsprinzip 430
homo oeconomicus 543, 549
Hymne (*siehe* Nationalhymne)

Idealismus (*siehe* deutscher I.)
Identität
- aus eigener Kultur 645
- aus Verfassung 600
- europäische 609
- europäische (*siehe* europäische I.)
- kulturelle 500
- nationale (*siehe* nationale I.)
- nationale 607, 625, 631, 628, 640 f., 662
Identitätspolitik 664
Im-Geiste-Texte 648
Immunität
- der Europol-Bediensteten 181
informationelle Selbstbestimmung 288, 337
Initiativrecht für Bürger 653
Integrationslehre (R. Smend) 7 f., 197, 248 f.
Internationalisierung 62
internationales Privatrecht 62
Interpretationskonkurrenz
invocatio dei 16, 22,525
Israel 659
Italien
 - Lega Nord 673
ius soli 359, 366
ius sanguinis 363 f., 366

Judicial activism 421
judicial self-restraint 421
Jurisprudenz, vergleichende 76 f.
Juristenausbildung
- Europäisierung 33, 122, 140
justizielle Rechte 636

Kategorischer Imperativ 18, 184
katholische Sozialllehre (*siehe* auch Subsidiaritätsprinzip) 71, 545
Kern-Europa 130, 671

Kirchen 159, 414, 516 ff.
Klassiker
- Begriff 67 ff.
- und Gegenklassiker 66
- Weimarer Klassik 105, 598
Klassikertexte 11 ff., 30 ff., 57, 65 ff., 71 f., 612, 619, 643
Kleinstaat
- islamisch geprägter 49 ff.
- Zukunft des K. 578 ff.
Klonen, reproduktives 636
kollektives Gedächtnis 20, 67
kollektives Gewissen (Europas) 6
kollisionsrechtliche Lösungen 63
Kommissar 658
Kommissionspräsident 641
kommunale Selbstverwaltung 641
Kommunalismus 609
Kommunalwahlrecht (für EU-Ausländer) 36, 90, 158, 306
Kommunen 609, 614
Kompetenz-Artikel 645
Kompetenzaufteilung 654
Kompetenzgericht 602, 644
Kompetenzkapitel 614
Konnexbegriffe Nation und Europa 57 ff.
Kontext 607, 613, 620 ff.
- als "Verständnis/Verstehen durch Hinzudenken" 11
- intrakonstitutioneller 23
- kultureller 23 f., 662
- Kontextbegriff 10 ff.
- Kontextpotenz 25
- Kontextthese 10 f., 14, 27
- Kontextualismus 10 f.
- Recht 25
Konventsmethode 650
Konventsmodell 601, 633
Kooperationsklauseln 59
Kopenhagener Kriterien 664
Kritischer Rationalismus (K. Popper) 157
KSZE (*siehe* OSZE)
Kultur (*siehe* auch Grundrechtskultur, [europäische] Öffentlichkeit, Präambelkul-

tur, [gemeineuropäsche / europäische] Rechtskultur, Staatsbegriff, Verfassung[skultur], Verwaltungskultur, Weltbürgertum, Zeit)
- Begriff 201 ff., 603, 605, 610 ff.
- als viertes Staatselement 126 ff., 365
- Erinnerungsk. (*siehe* Erinnerungskultur)
- Europa als K / der K. (*siehe* Europa)
- Freiheit aus K. (*siehe* Freiheit)
- Hochkultur 14, 44 f.
- Kompetenz der (europäischen) Gemeinschaft 94, 322
- Natur und K.(*siehe* Natur)
- offenes Konzept 644
- politische (*siehe* politische K.)
- schichtenspezifische 644
- Vielfalt der 614

Kulturartikel 603, 663
Kulturautonomie 436
kulturelle Aufgaben 46
kulturelle Erbesklausel 625, 630, 638 f., 645
kulturelle Freiheit 46
kulturelle Identität 21
kulturelle Vielfalt 619
- Europa der k. V. 41 ff.
kulturelle Zusammengehörigkeit 46
kulturelle Zusammenhänge 40, 43 ff.
kultureller Trägerpluralismus 45 f., 391 f., 429, 494 ff.
kulturelles Bundesstaatskonzept 42
kulturelles Erbe (*siehe* auch europäisches E., nationales E., KSZE) 33, 54 ff., 663
„kulturelles Erbe"-Klauseln 489 ff., 648
kulturelles Europa-Bild 65 ff.
kulturelles Gedächtnis der Nationen 663
Kulturförderung 95, 177, 252, 494, 559
Kulturgeschichte
- Europas 55, 178, 220, 557
Kulturgut von europäischer Bedeutung 210 f.
Kulturgüterschutz 21, 25, 30, 202, 558
Kulturhauptstadt Europas 174, 495
Kulturklausel 623

Kulturkonzept
- offenes 43
- pluralistisches 189
Kulturlandschaften 45
Kulturpolitik 512 f.
Kulturstaaten 43 ff.
Kulturstaatsartikel 42
Kulturstaatsklausel 41
- allg. und spez. 491 f.
- vorbildliche K. 492
Kulturverfassungsrecht
- Dezentralisierung von K. 511 f.
- europäisches 489 ff.
- gemeineuropäisches 507 ff.
- korporatives 203 f.
Kulturwissenschaft 9 ff., 27 f.
kulturwissenschaftlicher Ansatz 33 ff., 65 ff., 205 ff., 495 ff., 557, 645,665
Kulturwunder 48
Kunst 644
Kyoto-Protokoll 608

Laeken, Erklärung von 600, 618, 633
Landwirtschaft 673
Lamassoure
- Bericht 618, 627
- Entwurf 627
Lambsdorff-Kommission, Manifest 619 ff.
Law
- in action 345, 421
- in public action 266, 421
- soft law 26, 116, 224, 441
Legaldefinitionen 605, 642
Legitimationsdefizit, demokratisches 633
LER-Fach (Brandenburg) 173
"Lissabon Agenda" 658
Literatur und Literaten, im Verfassungsstaat 55, 116, 205

Maastricht-Vertrag (1992) 520 ff.
Maghreb 664
Malta 663, 669
Markt 620
- Verabsolutierung des M. 8, 155, 214

691

- Verfassungstheorie des M. 537 ff.
Marktfreiheiten 180, 225
Marktwirtschaft 648, 651
- ökologische 628
- offene 212, 551, 617, 619, 630
- soziale M. 158, 213, 537 ff.
- soziale M. als „dritter Weg" 547 f.
Marokko 659
Mehrebenenkonstitutionalismus 641
Mehrebenensystem 632, 647
Mehrheit, „doppelte" 602, 617, 651, 657
Mehrheitsprinzip 299 f., 641, 669
Menschenbild 21, 72 ff., 297, 371, 404 ff., 542 f., 558, 631, 638, 640
Menschenrechte 4, 28 ff., 81 ff., 132 ff., 278 ff., 359 f., 397
- als Erziehungsziel 644
Menschenrechtsentwicklungsklausel 508
Menschenrechtserziehung 19
Menschenrechtsfreundlichkeit 15
Menschenrechtsgemeinschaft 60
Menschenrechtspolitik 29, 82
Menschenrechtsschutz 149, 480
Menschenwürde 612 f., 639
- als kulturanthropologische Prämisse 286 ff.
- interkulturell 287, 289
- Objekt-Formel (G. Dürig) 288
- und Du-Bezug 288 f.
- Zusammenhang von M. und Demokratie 289 ff.
Menschheit
- Bezüge im Verfassungsstaat 28 ff.
Menschheitsrecht 28
Methodenlehre, europäische 271 f.
Methodenpluralismus 481
Migrationsbewegungen 607
Minderheiten
- als staatsbildende Faktoren 304
Minderheitenschutz 337 ff., 493, 638, 646
Mitgliedstaat 602 ff., 643
Modellstrafgesetzbuch für die EU 32
multikulturelles Europa (*siehe* Europa)
multilevel-constitutionalism 64

Multireligiosität Europas 519
Musik 32, 55, 173 ff., 277, 559
Muttersprache 560

Nachbar 664
- Begriff 653
Nachbarschaft (*siehe* auch Grenznachbarschaft) 291, 350 ff.
Nachbarschaftsartikel 653
Nachbarschafts-Klausel, europäische 432 ff.
Nachbarschaftspolitik 659
„Nachführung" (Schweiz) 602, 611, 636, 638, 640
Nachholung der Abstimmungen 668
Nachverhandlungen 669
Nachverständnis 14, 75
Nachwirkung 668
Nation
- nationale Bürger 668
- nationale Identität 54 ff., 160 f.
- nationale Vielfalt 108, 153
- nationale Verfassung nur noch Teilordnung 5, 15, 60, 123
- nationales Erbe 59
Nationalfeiertag, französischer 657
Nationalhymne 19, 32, 55, 197 f., 205, 451, 575
Nationalstaat 1, 76 f., 108 f., 242, 388
Natur und Kultur 36
"Neue Schule von Granada" 649
Nein Frankreichs zum Verfassungsvertrag (*siehe* doppeltes Nein)
Neugliederung Bundesgebiet, Art. 29 GG
- Neugliederungs-Artikel 49
- Neugliederungsdiskussion 47 ff., 50
Nichtregierungsorganisationen (NGOs) 604, 629, 645
Nizza (*siehe* auch Vertrag von N.) 662
Nizza-Plus Modell 672
No taxation without representation 620

Oeffentlichkeit(s)
- als Wertbegriff 166

692

- -arbeit 657
- Begriff 164
- europäische 600, 604, 609, 620, 671, siehe auch europäische Öffentlichkeit)
- Juristenöffentlichkeit Europas 151 f., 176
- kulturelle Öffentlichkeit 500 ff.
- Parlamentsöffentlichkeit (siehe dort)
- plurale 645
- prinzip 321, 619
- und Verfassung 165 ff.
- Verfassungsöffentlichkeit Europas 216
- verfassungsstaatliche 164, 214 f.
- Weltöffentlichkeit 168

Öffentlichkeitspostulate 645
Öffnungsklauseln 59
Ökologie 20 ff.
Ökonomie 20 ff., 354, 538
Ökonomisierung 648
- allen Denkens 21, 155, 209
Ökonomismus 9, 48, 146, 167, 214, 250, 538
Ombudsmann
- europäischer 406, 423 ff.
Oppositions-Artikel 298
ordre public européen 339 ff., 391
Orientierungswerte 369 ff.
Osterweiterung der EU 114, 149, 217, 396, 658
Osteuropa
- Reformstaaten 460 f., 565 f.
OSZE 6, 36 f., 114 ff., 199, 244 ff., 405

Parlamentarisierung der EU 652
Parlamentsgesetze 412
Parlamentsöffentlichkeit 165, 176, 367
Parlamentsreform 412
Parteien-Artikel 605 f., 613, 631
Parteien, politische 37, 323 ff.
Parteiprogramme 85 ff.
Petitionsrecht 37, 136, 164, 305 f.
Phase des Nachdenkens 669
Plan „B" 668
Plan „D" 669

Pluralismus 651
- der Auslegungsmethoden 250 ff.
- der Verfassunggeber 236
- Klauseln 19, 602 f., 631, 644
- Konzept des kulturellen Trägerp. 15, 47, 242, 299, 391, 494 ff.
- Prinzip 120
- Verfassung des P. (siehe dort)
Polen, Präambel 660
politische Parteien 624, 629
Post-Nizza-Prozess 60
Präambel 601, 605 ff., 610 ff., 617 ff., 621, 628 ff., 643 ff., 648, 650, 660
- als Kunstform 601
„Präambel-Gott" 602
Präambeln
- Entwicklungen 490 f.
- europaverfassungsrechtliche 284 ff.
- Funktionen 273 ff.
- Feiertagssprache 277 f.
- generationenorientierte 276
- Gottesbezug 274, 276
- im Geiste-Klauseln 490 f.
- Präambelkultur 490 f.
präföderaler Prozeß in Europa 104, 161, 200, 208, 228, 241, 379, 426 ff., 512
praktische Konkordanz (K. Hesse) 259, 546
Prätexte 10
Preisstabilität 658
Prinzip Hoffnung (E. Bloch) 141
Prinzip Verantwortung (H. Jonas) 17, 540
Prinzipiencharakter 635
Prinzipiendenken 611
Privatautonomie 32, 104, 261
Privatentwürfe 601, 621 ff., 649
Privatisierung, Grenzen 8, 249, 449, 541
Privatrecht
- als Stück Verfassung der Freiheit (siehe auch europäisches P.) 31 f.
Privatheitsschutz 300
Privilegierte Partnerschaft 659, 664, 674
Produktions- und Rezeptionsgemeinschaft (siehe auch Rezeption, Rechtsrezeption) 324

693

Programmatik,
- konstitutionelle Europap. 89, 285
property rights
- Theorie der Verfügungsrechte 21, 542
Proportionalität 607
Publizität von Normen 165

Querschnittsklauseln 615, 623
- kulturelle 497, 521, 534 f.

Radbruch'sche Trias 254
Rassismus 607, 625
Rafitizierungsverfahren 670
- Fortführung der 668
Ratspräsident 660
Raum
- Mehrdimensionalität des R. 106
- Verfassungstheorie des kulturellen R. 114
Rechnungshof 11, 35, 169, 316 ff.
"Recht auf eine gute Verwaltung" 635, 651
Rechte des Kindes 651
Rechtsakte 622, 630
Rechtsangleichung 34, 58
Rechtsgrundsatz, allgemeiner 617, 631, 633, 636, 643 f.
Rechtskreislehre 5, 106 ff., 133, 256
Rechtskultur 635, 644, 649 (*siehe* europäische R.)
Rechtspolitik, wissenschaftlich beratende 31, 105
Rechtsprechung, Unabhängigkeit 170, 403, 421 ff., 481
Rechtsprechungsrezeptionen (*siehe* Rezeption)
Rechtsquellen
- Europäisierung der R. 270 ff.
- Pluralisierung der R. 63
Rechtsquellenmonopol, etatistisches 270
Rechtsrezeptionen (*siehe* auch kulturelle Rezeptionen)
- als schöpferische Re-Produktion 61
Rechtsschutz 344 ff.
Rechtsstaat

- europäischer 395 ff.
- sozialer 396
Rechtsstaatselemente 648
Rechtsstaatsprinzip 398 f.; 668
Rechtsvereinheitlichung 63
Rechtsvergleichung
- Bundesstaatsrechtsvergleichung 49
- als fünfte Auslegungsmethode 5, 31 ff., 60, 63, 250 ff., 466, 474, 516
- horizontale 9
- im Raum 462 ff.
- in der Zeit 462 ff.
- vertikale 9
- wertende 480 f.
Rechtswissenschaft
- als Sozialwissenschaft
Referendum 608, 612, 615, 634, 638, 641 f., 656, 668
Reföderalisierung 428, 456
Reformbedürfnisse 576 ff.
Reformdemokratien Osteuropas (*siehe* Osteuropa)
Reformländer (*siehe* Osteuropa)
Reformstaaten in Osteuropa (*siehe* Osteuropa)
Regierungskonferenz 641, 650
Region 651
- als gesellschaftskulturelle Einheit 31 ff.
- europäische 436 ff.
- Europäisierung via R. 434
- konstitutioneller Selbstand 26 ff.
Regionalbürgerschaft 28
Regionalismus 609 f., 619
- als Solidargemeinschaft 449 f.
- als Strukturprinzip des Verfassungsstaates 50, 137 ff.
- Analogiemöglichkeiten zum Föderalismus („kleiner Bruder") 103, 193
- differenzierter 454 f.
- europäischer 431 ff.
- grenzüberschreitender 90
- in kulturwissenschaftlicher Sicht 431 f.
- konstitutionelles R.-Recht 452
- Kulturregionalismus 511

- Legitimationsgründe 431 f., 445 ff.
- offener 454 f.
- verfassungsstaatlicher 35, 453 f.

Regionalismus-Klauseln 79
Regional(ismus)-Treue 4
Regionalstaaten 51
Regionalverfassung, europäische 432 f.
Regionen und Kommunen (EU) 609, 644 f.
Religion(en) 605, 609, 614, 643
- Ausschuss der 615, 622, 634, 640
- Buchr. 9, 205
- islamische 100, 204
- Trias R., Wissenschaft und Kunst 12, 203
- Weltr. 19, 22, 31, 205, 514

Religion 602 f., 632, 644
- Welt- 642

Religions-Artikel 519
Religionsfreiheit 11, 147 ff., 199, 322, 497, 507, 517 ff.
Religionsunterricht
- islamischer 515, 524

Religionsverfassungsrecht 644 ff., 660
- als spezielles Kulturverfassungsrecht 17, 488, 518 f.
- Begriff 518
- Brückenelemente zwischen Staat und Kirche 276
- europäisches 513 ff., 653
- nationales 521
- pluralistisches 516 f.
- regionales 521

Religionswissenschaft 17 f.
Renaissance(n) 70, 102 f., 202, 501, 559
Renationalisierung 54, 61, 98, 112, 140
Repräsentation 64, 311 ff., 325 f.
republikanische Bereichstrias 165 ff., 214, 388
„Rezeptionsmittler" 624
Rezeptionsquellen 623 f., 627, 635
- Offenlegung von 626, 630

Rezeptionsvorgänge 611, 616 f.
- kulturelle 662

Richterrecht 272, 396, 400, 402, 421, 424, 482
„Runder Tisch" 66, 626, 647
Russland 663

Säkularisierung 16, 104, 107, 513 ff.
Schäuble-Bocklet-Papier 616
Schengen, Abkommen von 631
Schlüsselbegriff 648
Schöpfung
- in Verfassungstexten 529
- Kultur als zweite S. 171, 202, 558
- der Verfassung 129

Schutz der "Kleinen" 651
Schutzpflichten, grundrechtliche 243, 333 f.
Schweiz
- als Werkstatt 26, 293, 335, 603
- Konkordanzdemokratie 61
- als „Schengen-" bzw. „Dublin-Land" 674
- Steuerverfassungsrecht 561 ff.

Schweizer Bundesgericht (in Lausanne) 637
SED-Regime 408
SED-Staat 48
Selbstverständnis
- der EU 663
- des Verfassunggebers 82, 274
- Europäisches 52, 505
- kirchliches 516
- kulturelles 43
- Relevanz für Verfassungsinterpretation (siehe auch Grundrechte) 17, 263

Selbstverwaltung, kommunale 651
Sicherheitspolitit (siehe gemeinsame Außen- und Sicherheitspolitik)
Skandalöffentlichkeit 38, 151, 179, 200, 216, 229
soft law 654
Solidargemeinschaft 27 ff.
Solidarität 605, 607, 638, 616, 630, 672
- aller Regionen 443 ff.
- Solidaritätspflichten 28
- Solidaritätsprinzip 562

- Klausel 611
- zwischen den Generationen 639

Sondervoten 108, 183, 269, 412, 474 f.
Sonntagsgarantie 525
Souveranität 59, 63, 74, 127 f. 268 ff., 289 ff., 551, 610, 625 f.
soziale Grundrechte 481
Sozialmodell
- Europa 607 f.

Sozialstaatsprinzip
- in der EU 544 ff.
- im Grundgesetz 399 f.

Sozialstaat, Krise des 672
Sozialunion 120, 225
„Sozialvertrag der Völker" 609
Spanien 649, 663, 668
Sperrminorität 651, 657
Sport 615 f., 644
Sprache
- Amtssprache171, 451
- als einigendes Kulturband 360
- als Kulturgut 364
- Sprachebenen 277 f.

Sprachen-Artikel 23, 156, 494, 644
Sprachenfreiheit 55, 156, 338, 492 ff.
Staat und Verfassung,
- Verhältnis (*siehe* Staatsbegriff)

Staatenlosigkeit, Vermeidung von 364
Staatenkammer 609, 615
Staatenverbund der EU (BVerfG) 36 f., 208, 368, 620, 632, 647
Staatlichkeits-Artikel 71, 190
Staatlichkeit,
- Europas 64, 126, 573 f.
- offene (K. Vogel) 29
- Relativierung der S. 190 ff.

Staatsangehörigkeit 357 ff.
Staatsaufgaben 189, 257, 373 f., 411, 449, 531, 563 f., 569 ff.
Staatsbegriff
- herkömmlicher, nach der Dreielementenlehre (*siehe* Staatselemente)
- viertes Element Kultur 126, 349 ff.

- Verhältnis von Staat und Verfassung 241

Staatsbild 297
Staatsbürgerschaft
- demokratische 73
- „doppelte" 603, 608
- Europäisierung des Staatsbürgerschaftsrechts 37, 160, 353
- Normierungen in Verfassungen 90, 127
- Reform des Staatsbürgerschaftsrechts 353 ff.

Staatselemente 228 f., 349 ff.
Staatsfunktionen 226 ff.
Staatsgebiet 229
Staatshaftung 5, 134, 199, 345, 397, 632, 636
Staatskirchenrecht (*siehe* Religionsverfassungsrecht)
Staatsleistungen 517
Staatsoberhaupt 144
Staatsorgane 226 ff., 411 ff.
Staatsrechtslehre
- als Postglossator 477 f.
- als Wissenschaft und Literatur 437
- der runde Tisch der S. in Europa 122
- Europäisierung 94, 110, 153, 208
- nationale 10 f., 20, 36, 110, 209
- übernationale 471

Staatsrechtslehrer 621, 629
Staatsrechtslehrertagung, Europäische 215
Staatssymbole 494
Staatsverständnis 127, 189, 304, 353, 520 ff., 574
Staatsvolk 36 f., 189 f., 228, 313 ff., 354
Staatszielbestimmungen 16, 225
Staatsziele 14, 22, 25, 81, 89, 95, 128, 224 f., 370 ff., 391, 410 f., 529 f., 569 f.
Stabilitätspakt 658
Stadtstaaten
- eigene Theorie 448
- föderalistische Verfassungstheorie der S. 455
- problematik 47

status activus processualis (*siehe* Grundrechte)
status civilis vel culturalis 539 ff.
status corporativus 356, 414
Statuslehren 332 f.
status naturalis 539
staatus negativus 572 f.
status negativus europaeus 355 f.
status politicus 308
Steuern, im Zusammenhang mit Staatsaufgaben 563
Steuergleichheit 572
Strafgerichtshof, internationaler 193
Strukturplan 602 f., 618
Stückwerk-Technik (K. Popper) 241 ff., 597, 672
Stufenbau der Rechtsordnung (*siehe* Rechtsquellenlehre)
Subsidiarität 129, 603 f., 610, 619, 654
- Konventsgruppe 618
- Legaldefinition der 630
- Prinzip der 602, 619 f.
Subsidiaritätsklauseln 57
Subsidiaritätsprinzip
- als Schranke der Europäisierung 64
- in Europa 307, 425, 512, 520 f.
- katholische Soziallehre (*siehe* dort)
- und Föderalismus 161 f.
- und kommunale Selbstverwaltung 147
- und Regionalismus 307
Subtexte 10
Süderweiterung der EU 114, 173
Symbole (*siehe* auch Staatssymbole) 188, 339, 451
„symbols of Union identity" 619
Systemtheorie (N. Luhmann) 18

Teilordnung 123
Teilprinzipien, konstitutionelle 5, 397, 570
Teilöffentlichkeiten 5
Teilrevisionen
- materielle 239, 562
Teilverfassung 5, 37 ff., 64 f., 221 ff., 535, 648, 656

Text- und Kulturwissenschaft 16
Textrezeptionen 146
Textstufe(n) 622, 628, 653
- analyse 5, 77, 462, 527
- entwicklung 28, 89, 120, 135 f., 235, 308 ff., 440 ff., 547
- konstitutionelle 526
- modell 516
- paradigma 4 ff., 145 ff., 578, 616
- vergleich 561 ff.
- Textstufenvorgänge 626, 635 f.
„Theologische Dimension" (Verfassunggebung) 642
Thessaloniki, Abschlusstext von 633
Tiere als Mitgeschöpfe 531, 650
Toleranz 604, 607, 612, 639, 642, 644
- als Verfassungsprinzip 6, 299
- alteuropäische 19
- in Religionssachen 107
- Klassikertexte zur T. 66
- Verfassungsrecht der T. 73
- zum/im Islam 17, 111, 173, 469, 549, 552
Totalrevision 20, 26 f., 83, 194, 235 ff. 562
Transformation 111, 173, 469, 549, 552,
Transparenz 164, 291, 414, 564, 573 ff., 602, 608, 615, 630, 638, 650, 658, 660
- öffentliche 619
trial and error Verfahren 664
Türkei 643 f., 659, 660, 664
- Beitritt 659, 671, 672

Uebergangs- und Schlußbestimmungen 149, 273, 362
Übeldoktrin 368
„Überkreuzrezeptionen" 624
Übermaßverbot 341 f.
Übertragung von Hoheitsrechten
- auf grenznachbarliche Einrichtungen 39, 91, 350, 433
Ukraine 659, 673
Umweltethik 22
Umweltinformationsrecht 165

Umweltrecht (*siehe* auch europäisches U.) 591
Umweltschutz 605, 635, 639
- als Erziehungsziel 529 f.
- als Grundrecht bzw. Grundpflicht 530 f.
- als Reformthema des Verfassungsstaates 528
- Staatsziel 281, 417, 527 ff.
Umweltunion 179
Umweltverfassungsrecht (*siehe* auch europäisches U.) 11, 16, 19, 21, 23, 128, 395, 527 ff., 648
Umweltvölkerrecht 73, 394 f., 526
Ungleichzeitigkeit 75, 131
Unionsbürgerschaft 307, 353 ff., 603, 608, 614, 627 f.
Unionsgrundordnung, europäische 619, 621, 632, 643, 645
Unionsloyalität (*siehe* auch Unionstreue) 627
Unionspatriotismus, konstitutioneller 367
Unionspolitiken 623
Unionstreue (*siehe* auch Unionsloyalität) 602, 615, 617, 624
"Unser Vaterland Europa" 662
Untersuchungsausschuß 191, 299 f., 325, 412
Utopien
- konkrete 205, 277, 396
- Klassiker der U. 71
Utopiequantum 327

„Variable Geometrie" 631
Vatersprache 559
Verantwortung für zukünftige Generationen 11 f., 26, 148, 244 f., 276, 282 f., 288 f., 343, 375, 528 ff.
Verantwortungsethik 22 ff.
Verantwortungsgemeinschaften
- der Verfassungsstaaten 29
- universal 27
Verbandsklage 372 f.
Verbraucherschutz 636
Verfassung 637 ff.

- als Anregung und Schranke 579
- als Kultur/Kulturzustand 11 ff., 204 ff.
- als Norm und Aufgabe 579
- als öffentlicher Prozeß 8, 139, 579
- als (Teil der) Kultur 155
- als Begriff, Konsequenzen 672
- Begriff, kulturwissenschaftlicher 32 ff. 69 ff.
- der EU/Europas (*siehe* Europa, Europäische V.)
- Verfassung des Pluralismus 642, 645
- Einheit der V. (*siehe* dort)
- Funktionen 648
- gemischtes Verfassungsverständnis (*siehe* Verfassungsverständnis)
- Hüter der V. 423
- Identität aus Verfassung (*siehe* Identität)
- Öffentlichkeit und V. (*siehe* Öffentlichkeit)
- Privatrecht als Stück V. (*siehe* Privatrecht)
- Ruanda 642
- „Stückwerk-Verfassung" 632
- Südafrika 642
- Teilverfassung siehe Teilverfassung, siehe auch EMRK, Grundgesetz
- verfassungsstaatliche V. 7, 11, 66, 292
- Vollverfassung siehe Vollverfassung
Verfassung des Pluralismus 18, 62, 197, 247, 373, 477
Verfassunggeber (*siehe* auch Pluralismus der V.)
- mittelbarer 6
- nationaler 7
- Selbstverständnis der V. 274
Verfassunggebung 187 ff., 233 ff., 647
Verfassungsauftrag 418
Verfassungsbeschwerde 467, 476
Verfassungsbewußtsein 649
Verfassungsentwicklung 4
Verfassungsentwürfe, hohe Relevanz 78 ff.
Verfassungsethik 18
Verfassungsform Europas 641, 645
Verfassunggebung der EU 634

Verfassungsgemeinschaft (EU) 621, 632, 645 ff., 648
Verfassungsgerichtsbarkeit
- Europäische 135 f., 269, 460 ff., 639
- Kompetenzen 296, 465 ff.
- nationale 5
- Rezeptionen 467 ff.
- Richterwahl 466
- Sondervoten (*siehe* auch Sondervotum) 474

Verfassungsgeschichte
- der Schweiz 23

Verfassungsglaube 9

Verfassungsinterpretation
- Begriff 246
- europäische 246 ff.
- Prinzipien der V. (H. Ehmke/K. Hesse) 92 ff., 481

Verfassungsinterpreten
- im weiteren Sinn 66
- Gesetzgeber als V. 301 f.
- offene Gesellschaft der (europäischen) 6, 65, 261 ff., 268 ff.
- Pluralismus der V. 65

Verfassungskonvent, Europäischer 603, 628, 637
- Arbeitsgruppen des 626
- Idee zum (*siehe* Konventsidee) 601, 603
- von Philadelphia 633

Verfassungskrise 670

Verfassungskultur 6, 461, 634, 640

Verfassungslehre
- der Völkergemeinschaft 29, 80 ff.
- Europäische 31 ff.
- Kategorie 2
- Öffnung der V. 4 ff.

Verfassungsordnung
- Wertecharakter 604

Verfassungspädagogik 18

Verfassungspatriotismus (D. Sternberger) 9, 285, 365, 559

Verfassungspolitik
- für Europa 97 ff., 311 ff.
- in Sachen Demokratie 307 f.

Verfassungsprojekt, offenes 662

Verfassungsraum (*siehe* auch europäischer V.) 295

Verfassungsrecht,
- europäisches 602, 640, 644
- Europäisierung 224 ff.
- gemeineuropäisches (*siehe* gemeineuropäisches Verfassungsrecht)
- gemeinschweizerisches 25
- Kulturverfassungsrecht 620, 630, 632, 639
- Sozial- und Kulturverfassungsrecht 632, 639
- Umweltverfassungsrecht 630
- Wirtschaftsverfassungsrecht 632

Verfassungssprache 672

Verfassungsstaat
- annus mirabilis (1989) (*siehe* dort)
- entwicklungsgeschichtlich 3
- europäischer, 5 f., 31
- Europäisierung 224 ff.
- kooperativer V. 29
- Projekt 72
- Typus V. 5 11ff., 108 141 273 293ff.
- Weltbild des V. (*siehe* dort)
- Weltstunde des V. (1989) 51, 106

Verfassungstexte
- Artenreichtum und Vielschichtigkeit 289ff.
- Funktionenvielfalt 27
- Offenheit der Themenliste 273ff.

Verfassungstextvergleich 4 250

Verfassungstheorie 6f., 248 ff.

Verfassungstradition, gemeinsame 636

Verfassungsverbund 36, 208

Verfassungsvergleichung
- als fünfte Auslegungsmethode 252 ff.
- als Kulturwissenschaft 254
- als Kulturvergleichung 649
- kulturelle 252 ff., 662

Verfassungsverständnis 605, 639 f.
- anthropozentrisches 187
- gemischtes 8 ff., 124 ff., 187 ff.
- kontextualistisches 14, 23

699

- kulturwissenschaftliches 9 ff., 124 ff., 187 ff., 248 ff.
- wertbezogenes 605

Verfassungsvertrag 601, 609, 615, 647
- der CDU/CSU 615

Verfassungsvolk, europäisches 191, 228
Verfassungswandel
- kraft Verfassungsinterpretation 14, 139

Verfassungswerkstatt 130, 532 ff.
Verfassungsziel Europa 370
Vergemeinschaftung 57 f., 63
Verhältnismäßigkeit 639, 640, 651
- Prinzip der 631

Vernehmlassungsverfahren 167
Versammlungsfreiheit 306, 309, 362, 384
Vertrag
- von Amsterdam 632
- von Dayton 28
- von Maastricht 632, 667
- von Nizza 604, 606, 627, 632, 652, 660, 667 (*siehe* auch Weitergeltung von „Nizza")

Verwaltungskultur 418
Verwaltungszusammenarbeit 653
Volk (*siehe* auch Staatsvolk) 9, 14 f., 36, 64, 73 f., 127, 236
Völker Europas 57, 86 ff., 147, 174, 279 ff., 306 ff., 510
Völkergemeinschaft, europäische 82
Völkerrecht 28 ff.
- als ein Stück Menschheitsrecht 28
- als verfassungsstaatlicher Grundwert 652
- Entwicklungsvorgänge 72
- humanitäres 30
- und Globalisierung 394

Völkerrechtsfreundlichkeit 15, 467 ff.
Völkerrechtsoffenheit in Verfassungstexten 510
Völkerversöhnung 20
Völkerverständigung 20, 148, 440
Volksgruppenschutz 100, 119, 134, 216
Volkskultur 14, 189
Volksrechte 24

Volkssouveränität (*siehe* Souveränität)
Volkstum 45
Vollverfassung 221 ff., 601, 638 f., 647
Vollzugsdefizit, konstitutionelles 56, 338, 484, 531, 535
Vorherrschaft des Gesetzes 133, 146, 225, 391, 509, 552
Vorrang der Verfassung 8
Vorrang des Gemeinschaftsrechts 63
Vorverständnis
- europäisches 149
- kulturelles 421
- und Methodenwahl (J. Esser) 6, 74, 105, 112, 195, 246 ff., 326

Vorverständnis-Diskussion 272
Vorwirkung 635, 667
- der Unionstreue 670

Wahlsystem 412
Wahlverwandtschafts-Artikel 85, 472
Wahrheit
- Wahrheitskommissionen 167, 194
- Wahrheitsprobleme im Verfassungsstaat 65, 195
- Wahrheitssuche 106, 153

Währungshoheit 35, 60, 190, 226, 351, 388, 551, 574
Wappen 359
Weisenbericht (*siehe* „Drei Weise")
Weitergeltung von Nizza 667
Welt des Verfassungsstaates 72 ff.
Weltbild des Verfassungsstaates 31
weltbürgerliche Absicht 28, 72, 111 f., 140, 181, 213, 358, 540, 549
Weltbürgerrecht 28
Weltbürgertum
- aus Kunst und Kultur 113
- europäisches 388

Weltethos 72
Weltgemeinschaft der Verfassungsstaaten 28
Weltgesellschaft 73
Weltoffenheit 23, 605
Weltreligionen (*siehe* Religion)

Werkstatt (*siehe* Bundesstaat, Schweiz und
  Verfassungsw.)
  - kulturelle 240
Werte-Artikel 639 f.
Werte-Katalog 667
Wertsystemdenken 161
Wesensgehaltgarantie 606, 636, 651
- Art. 19 Abs. 2 GG 7, 95, 105, 240, 342,
  341
Wettbewerbsföderalismus 620
Wiener Übereinkommen 670
Wiedervereinigung, deutsche 14, 205, 222,
  272, 276 f., 363, 377, 447, 478
Wir-Gefühl 664
Wirtschaftsethik 21, 548
Wirtschaftsstandort 9, 250
Wirtschaftsverfassungsrecht 21, 226, 485,
  536 ff., 648
Wissenschaft (*siehe* auch Religion, Trias
  von R.) 4 f., 20 f., 26, 106, 137, 151,
  162, 173, 189, 234, 267, 350, 367, 429,
  473, 492, 541, 611, 621, 644
Wissenschaftlergemeinschaft
- europäische 10, 124
- nationale 2, 34, 158, 209, 477
wissenschaftliche Vorratspolitik 122, 629
Wissenschaftskooperation
- binationale 623

Zeit
- faktor 23, 52, 194
- geist 21, 107
- und Verfassung 69, 668
- und Verfassungskultur 587
Zivilgesellschaft 192, 606 f., 615, 639, 643,
  653
Zivilrechtslehre 4, 253
Zugang zu Dokumenten
- Recht auf 622
Zugang zum Recht 653 f.
Zukunfts- und Fortschrittsklauseln
  216 ff.
Zurück zur Kultur (A. Gehlen) 171
Zustimmungsvotum 652

Peter Häberle

I. Europäische Verfassungslehre in Einzelstudien
Nomos Verlagsgesellschaft, Baden-Baden 1999, 400 Seiten, geb., 85,– €

»Die Beiträge verdienen Aufmerksamkeit über den Kreis der 'Europarechtler', ja über den der Juristenzunft hinaus. Dem Verfasser, einem 'europäischen Juristen' aus Überzeugung und mitreißender Überzeugungskraft, gelingt es, seine These, daß die europäischen Voll-Verfassungen, wie insbesondere das deutsche Grundgesetz, nach und nach zur 'Rumpf-', bzw. 'Schrumpf'- und *Teil*verfassung im Rahmen einer gesamteuropäischen Verfassung werden, nicht nur rechts- und kulturwissenschaftlich zu belegen und dies nicht als Verlust, sondern als Teilhabe an einem wichtigen Ganzen zu vermitteln.«

Günter Hirsch, in: DÖV 2001, S. 219 f.

»Ein 'Principe' auf dem Gebiet des Verfassungsrechts.«

José Joaquim Gomes Canotilho, in: M. Morlok (Hrsg.), Die Welt des Verfassungsstaates, Nomos Verlagsgesellschaft, Baden-Baden 2001, S. 229

II. Europäische Rechtskultur
Nomos Verlagsgesellschaft, Baden-Baden 1994, 407 Seiten, geb., 79,– €

»Auch dieser Sammelband (...) zeigt die außerordentliche Produktivität des Autors und seine wissenschaftliche Präsenz über die Bundesrepublik hinaus (...). Seine Arbeiten werden gekennzeichnet durch Ideenflug, umfassende Bildung, konzeptionelle Stärken. Der Zugriff auf Europa, insbesondere gen Osten, die Instrumentierung von Verfassung und Rechtsordnung als einigende Kulturträger und integrierende Mittler erweisen den Autor als wissenschaftlichen Promotor einer europäischen Rechts- und Friedensordnung.«

Hans Peter Ipsen, in DVBl. 3/95, S. 167

Bitte bestellen Sie bei Ihrer Buchhandlung oder bei:
Nomos Verlagsgesellschaft | 76520 Baden-Baden
Tel. 0 72 21/21 04-37 | Fax -43 | vertrieb@nomos.de

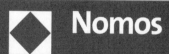

III. Das Grundgesetz zwischen Verfassungsrecht und Verfassungspolitik

Nomos Verlagsgesellschaft, Baden-Baden 1996, 799 Seiten, geb., 113,– €

»Trotz der Fülle an jeweils angesprochenen Einzelthemen, die aus verschiedenen Anlässen behandelt worden sind, präsentiert sich das Buch in erstaunlicher Einheitlichkeit. Das beruht nicht nur darauf, daß die ersten beiden Abteilungen 'Das Grundgesetz des sich vereinigenden Deutschlands' und 'Das Grundgesetz im Kontext des sich vereinigenden Europas' tatsächlich die zwei Seiten desselben europäischen Deutschlands (...) betreffen, sondern vor allem deshalb, weil alle Abhandlungen auf derselben methodologischen Grundlage stehen, die Häberle in seinen früheren Büchern über die Verfassungslehre und die Rechtsvergleichung gelegt, erläutert und mit dem Schlagwort 'Textstufenparadigma' umschrieben hat.«
Otto Kimminich, in: DÖV 1997, S. 348 f.

IV. Wahrheitsprobleme im Verfassungsstaat

Nomos Verlagsgesellschaft, Baden-Baden 1995, 99 Seiten, brosch., 20,50 €
[griechische (1997), japanische (1998) und italienische (2000) Übersetzung]

»Häberles Analysen reichen von den Wahrheiten, die die amerikanische Unabhängigkeitserklärung von 1776 für 'self-evident' hielt (...) bis zu völkerrechtlichen Diskussionen (...). Dies überzeugend dargelegt und mit einer Fülle von Beispielen aus den unterschiedlichsten Bereichen illustriert zu haben, ist Peter Häberles Verdienst in 'Wahrheitsproblemen im Verfassungsstaat'.«
Winfried Brugger, in JZ 1995, S. 1005 f.

V. Das Grundgesetz der Literaten

Nomos Verlagsgesellschaft, Baden-Baden 1983, 115 Seiten, brosch., 11,50 €

»Aus einem Wunderhorn, unerschöpflich wie dessen sagenhaftes Vorbild, hat Peter Häberle einmal wieder Neues, als wichtig deutlich Gemachtes vor uns ausgeschüttet (...). Mit seiner gewohnten, gründlich-heiteren Sezierkunst macht er sich ans Werk (...). So ist die Schrift ein schönes Geschenk an unsere Zunft. Darf man hoffen, daß auch die Zunft der Gesellschaftskritiker sie sich zu Herzen nimmt?«
Werner von Simson, in AöR 109 (1984), S. 458 ff.

Bitte bestellen Sie bei Ihrer Buchhandlung oder bei:
Nomos Verlagsgesellschaft | 76520 Baden-Baden
Tel. 0 72 21/21 04-37 | Fax -43 | vertrieb@nomos.de

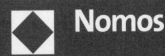